KB175216

리걸플러스⁺146

항공우주법개론

제2판

리걸플러스+ 146

항공우주법개론

제2판

박원화 · 정영진 · 이구희 지음

　외교부 조약국의 직원으로서 1983년 대한항공 007편의 소련전투기에 의한 피격사건이라는 대형 국제 사건을 담당한 것을 계기로 항공우주법을 공부하고 저술활동도 한 것을 인연으로 하여 30여 년의 외교관 생활을 정리한 후 한국항공대학교에서 항공우주법을 가르친 지 6년이 지났다. 그런데 대학교에서 항공우주법개론을 강의할 때 내 욕심 때문에 저술한『항공법』과『우주법』두 권의 책을 교재로 사용한 결과 나와 학생들 모두 불편을 느꼈다. 이를 해소하기 위하여 두 개의 내용을 하나의 개론서로 집필하고 싶은 욕망을 가지고 있던 차에 우주법을 전문으로 공부한 한국항공우주연구원(KARI) 소속 정영진 박사와 2012년『우주법 제3판』을 공동 저술한 데 이어『항공우주법개론』서를 발간하였다. 동 개론서를 발간한 지 근 2년 만에 내용을 보완하여『항공우주법개론 제2판』으로 발간한다. 동 제2판은 대한항공에서 25년 근무하면서 항공 법규를 전문으로 하고 국내항공법에 정통한 이구희 박사가 공저자로 참가하면서 국내항공법의 내용을 대폭 보강하였는 바 이에 따라 독자들이 실생활에서 부딪히는 항공법의 내용을 보다 알기 쉽고 친숙하게 느끼게 될 것으로 본다. 그러나 국내 항공우주법의 문제점들을 비판적으로 지적한 것은 본인의 몫이었음을 밝힌다.

　매일 매일의 국제교류와 협력의 바탕이 되고 있는 항공 업무를 원활하게 하는 데에 있어서 국제동향과 관련 국제법의 내용을 파악하는 것도 중요하지만 여사한 내용을 국내법에 제대로 반영하는 것 역시 중요한 일이다. 그러나 우리의 인식과 전문 인력이 부족하기 때문인지 국내법 제정과 개정에 실수가 자행되고 있는 것은 2014년 세계항공운송실적상 한국이 세계 여덟 번째의 항공대국이라는 사실을 감안할 때 참으로 어울리지 않는 일이다. 항공운송에 관한 제6편을 신설하여 2011년 말부터 발효한「상법」개정 내용이 그러하고 또 현재의 우리나라「항공법」은 여러 문제점을 해결하고 새로운 기술과 시장의 수요에 부응하기 위해 대폭 개편과 정비가 요구되나 우리 항공 당국이 이러한 일을 도외시한 채 항공 기술적 측면에서 땜질 형식의 부분적인 항공법규의 개정을 위주로 하다가 분법화 하는 것을 추진하고 있는 것이 그러하다.

　본 서는 항공법의 제반 요소를 기술하였다. 연후 우주법의 이론을 간단히 다룬 뒤 실용적 측면에서 통신과 방송 위성 등을 발사할 때 한정된 자원인 우주 궤도와 주파수 배정을 규율하는 국제전기통신연합(ITU)의 업무를 소개하였고, 보통 하나의 위성을 발사하는 데 수천 억 원의 예산이 드는 아리랑 등 우리의 원격탐사위성으로부터 획득되는 귀한 위성 자료를 국민들이 관심을 가질 경우 선진국에서처럼 유용하게 활용할 수 있는 방법도 강구할 수 있다는 것을 염두에 두면서 저술하였다.

본 서가 항공 산업의 여러 분야에 종사하고 우주 통신과 방송, 그리고 원격탐사 자료를 이용하는 사업에 관여하는 여러 사람들의 항공우주법 입문서 역할을 하면서 국제화에 도움이 되고 관련 국내법의 내용과 문제점을 파악하는 데 일조를 하였으면 한다.

본 서의 간행에 있어서 내 조교 일을 하고 있는 대학원 생 송제환 군의 도움이 컸다.

2016년 1월
한국항공대학교 연구실에서
대표 공저자 박원화

목차

제2편   우주법

부록

A.I.P.	: Aeronautical Information Publication
AASL	: Annals of Air and Space Law (Canada)
ADIZ	: Air Defence Identification Zones
AJIL	: American Journal of International Law (USA)
Am. Bar Ass'n. J.	: American Bar Association Journal
ANC	: Air Navigation Commission (ICAO)
API	: Advanced Public Information
App.	: Appendix
AR	: Administrative Regulations
ARABSAT	: Arab Satellite Communications Organization
ASAT	: Anti-Satellite Weapon
ASEAN	: Association of South East Asian Nations
ATA	: Air Transport Association of America
ATCS	: Air Traffic Control Services
ATS	: Air Traffic Services
Avi.	: Aviation Cases (Commerce Clearing House) (USA) 1822 −
AWST	: Aviation Week & Space Technology (USA)
BSS	: Broadcast Satellite Service
CAB	: Civil Aeronautics Board (USA)
CCIR	: International Radio Consultative Committee (ITU) (Comité consultatif international des radiocommunications)
CCITT	: International Telegraph and Telephone Consultative Committee (ITU) (comité consultatif international télégraphique et téléphonique)
CD	: Conference on Disarmament
CEOS	: Committee on Earth Observation Satellites
cert, den'd	: Certiorari denied (USA)
CGMS	: Coordination Group of Meteorological Satellites
Cir.	: Circuit Court of Appeals (US federal)
CITEJA	: Comité International Technique d'Experts Juridiques Aériens

CNES	: Centre National d'Etudes Spatiales
COPUOS	: Committee on the Peaceful Uses of Outer Space (UN)
CSO	: Optical Space Component
DBS	: Direct Broadcast Satellite
DC	: District of Columbia (USA)
DDI	: Due Diligence Information
DLR	: Deutsches für Luft und Raumfahrt
EARC	: Extraordinary Administrative Radio Conference
ELDO	: European Launcher Development Organization
ESA	: European Space Agency
ESCAP	: Economic and Social Commission for Asia and Pacific
ESRO	: European Space Research Organization
EUMETSAT	: European Organization for the Exploitation of Meteorological Satellites
EUTELSAT	: European Telecommunications Satellite Organization
FAA	: Federal Aviation Administration (USA)
FIC	: Flight Information Center
FIR	: Flight Information Region
FSS	: Fixed Satellite Service
GCOS	: Global Climate Observing System
GIS	: Geographic Information System
GMES	: Global Monitoring for Environment and Security
GNSS	: Global Navigation Satellite System
GPS	: Global Positioning System
I.E.E.E.	: Institute of Electrical and Electronics Engineers
I.L.R.	: International Law Reports
IADC	: Inter-Agency Space Debris Coordination Committee
IAEA	: International Atomic Energy Agency
IATA	: International Air Transport Association
ICAO	: International Civil Aviation Organization
ICBM	: Intercontinental Ballistic Missile
ICJ	: International Court of Justice
ICSU	: International Council of Scientific Unions
IFIC	: International Frequency Information Circular
IFRB	: International Frequency Registration Board
IGY	: International Geophysical Year
ILA	: International Law Association
ILM	: International Law Materials
ILO	: International Labour Organization
IMO	: International Maritime Organization
INMARSAT	: International Maritime Satellite Organization

INTELSAT	: International Telecommunications Satellite Organization
IOC	: Intergovernmental Oceanographic Commission (UNESCO)
IPCC	: Intergovernmental Panel on Climate Change
ISO	: International Standardization Organization
ITAR	: International Traffic in Arms Regulations
ITSO	: International Telecommunication Satellite Organization
ITU	: International Telecommunication Union
ITU-BR	: International Telecommunication Union Radiocommunication Bureau
J. of Sp. Law	: Journal of Space Law
JALC	: Journal of Air Law and Commerce (USA)
JAXA	: Japanese Aerospace Exploration Agency
LNTS	: League of Nations Treaty Series
MIFR	: Master International Frequency Register
Mil. Law Rev.	: Military Law Review
MSS	: Mobile Satellite Service
NASA	: National Aeronautics and Space Administration
NOAA	: National Oceanic and Atmospheric Administration
Northrop U.L.J. of Aerosp. Energy and Env.	: Northrop University Law Journal of Aerospace, Energy and Environment
P.C.I.J.	: Permanent Court of International Justice
PAROS	: Prevention of an Arms Race in Outer Space
PDD	: Presidential Decision Directive
PPWT	: Treaty on the Prevention of the Placement of Weapons in Outer Space, the Threat or Use of Force against Outer Space Objects
R.I.A.A.	: Reports of International Arbitration Awards
RARC	: Regional Administrative Radio Conference
RFDA	: Revue Française de Droit Aérien (France)
RKA	: Russian Federal Space Agency or Roscomos
RNSS	: Regional Navigation Satellite System
RR	: Radio Regulations
RRB	: Radio Regulations Board
SAR	: Synthetic Aperture Radar
S. Ct.	: Supreme Court Reporter (USA)
SDR	: Special Drawing Right
SPOT	: Satellite Pour l'Observation de la Terre
Stat.	: Statutes at large
U.S.C.	: United States Code
UHF	: Ultra High Frequency
UN COPUOS	: United Nations Committee on the Peaceful Uses of Outer Space
UNEP	: United Nations Environment Program

UNESCO	: United Nations Economic, Scientific and Cultural Organization
UNGA	: United Nations General Assembly
UNISPACE	: United Nations Conference on Exploration and Peaceful Uses of Outer Space
UNTS	: United Nations Treaty Series
UPU	: Universal Postal Union
US	: United States Supreme Court Reporter (USA)
USGS	: U.S. Geological Survey
VHF	: Very High Frequency
WARC	: World Administrative Radio Conference
WIPO	: World Intellectual Property Organization
WMO	: World Meteorological Organization
WRC	: World Radio Conference
3G	: 3rd Generation
4G	: 4th Generation

항공법

제1장

항공법의 개념과 내용

1. 비행의 국제적 성격과 중요성

항공법규를 제정하고 발전시키기 위한 요건 중에 국제성과 전문성은 매우 중요하게 다루어진다. 항공기를 이용한 비행은 항공 산업의 가장 기본적인 활동이며 특별히 제한하지 않는 한 모든 국가로의 비행을 목적으로 한다. 따라서 항공기를 이용한 비행 및 항공 산업과 관련하여 항공질서 확립 및 항공기 사고를 방지하기 위해 국제적으로 적용할 통일된 기준이 필요할 수밖에 없다. 기구를 이용한 비행에서 동력비행으로 발전한 데 이어 제트기를 이용한 항공여행이 활발해지면서 국제적으로 통일된 기준의 적용 필요성은 더욱 중요시되고 있다. 과학기술 및 항공 산업의 발전과 함께 고도화된 항공기 장비를 이용한 효율적인 항공기 운영 및 활용을 위해서도 국제적으로 통일된 표준지침의 적용이 불가피한 실정이다.

항공기 운항, 항공종사자 자격, 비행규칙, 항행안전시설, 사고조사 등과 같은 항공안전관련 기준 뿐 아니라 항공범죄, 항공운송인의 책임 등과 관련해서도 국제적으로 통일된 기준의 적용이 불가피한 가운데 동 내용이 계속 보완되고 있다.

2. 항공법의 정의

항공법(Air law)이란 항공기에 의하여 발생하는 법적 관계를 규율하기 위한 법규의 총체로서 공중의 비행 그 자체 뿐 아니라 그 전제로서의 지상에 미치는 영향, 항공기 이용 등을 모두 포함한 개념이다.

논쟁의 여지가 있고 불명확함에도 불구하고 지난 백년 이상 사용되어오는 Air law라는 용어는 라이트형제가 최초로 동력비행을 하기 1년 전인 1902년에 브뤼셀대학의 Ernest Nys 교수가 '법과 발룬'(droit et aerostat)을 주제로 국제법학회(Institute de Droit International)에 보고한 내용에서 불어로 처음 표기한데에 연유한 것으로 보인다.[1]

대다수 학자들이 'air law' 또는 'aeronautical law'를 사용하나 일부 학자들은 'aviation law', 'air-aeronautical law', 'law of space and flight'를 사용하기도 한다. 항공법이라는 용어는 항공법의 정의 및 관장하는 내용과 밀접한 관련이 있음에도 불구하고 대다수의 학자들은 공기나 항공기로 한정하여 정의하는 것에는 비판적이다. Eacalada 교수는 항공법이 다루는 것은 항행에 관련한 법과 제도의 총체임을 강조하면서 이를 정확히 표현한다는 Aeronautical law를 다음과 같이 정의하였다.

> 항공법(Aeronautical law)은 공법과 사법, 국내와 국제적 성격의 양자를 포괄하며 항행활동 또는 동 활동으로부터 변경되어 나오는 것의 제도와 법적 관계를 규율하는 원칙과 규범의 총체이다.[2]

이와 같이 항공법은 항공분야의 특수성을 고려하여 항공활동 또는 동 활동에 파생되어 나오는 법적 관계와 제도를 규율하는 원칙과 규범의 총체로서 국내 항공법과 국제 항공법, 그리고 항공 공법과 항공 사법을 망라하는 내용으로 구성된다.

3. 항공법의 내용

항공법의 분류에 대해서는 적용지역에 따라 국제항공법과 국내항공법으로 구분하며, 일반적인 법률의 분류 개념에 따라 항공공법과 항공사법으로 구분한다. 이와 같은 항공법의 분류는 명확한 기준이 있는 것은 아니나 항공분야에 대한 전반적인 법의 이해 및 적용과 관련하여 필요하다 하겠다.

예컨대 국제민간항공 협약(Convention on International Civil Aviation. 이하 시카고 협약)[3]은 국제민간항공의 질서와 발전에 있어서 가장 기본이 되는 국제조약으로 대표적인 국제항공법이면서 동시에 항공공법에 해당한다.

시카고 협약에 의거 설립된 국제민간항공기구(International Civil Aviation Organization. 이하 ICAO)는 항공안전기준과 관련하여 부속서(Annexes)를 채택하고 있으며, 부속서에서는 모든 체약국들이 준수할 필요가 있는 '표준(standards)'과 준수하는 것이 바람직하다고 권고하는 '권고방식(recommended practices)'을 주 내용으로 하고 있다. 이에 따라 각 체약국은 시카고 협약 및 동 협약 부속서에서 정한 '표준 및 권고방식'(Standards and Recommended Practices. 이하 SARPs)[4]에 따라 항공법규를 제정하여 운

---

1) Michael Milde, international air law and icao, 2nd ed., Eleven International Publishing, The Hague, 2012, p.1.

2) F.N.V. Escalada, Aeronautical Law(1979), p.2.

3) 1944년 시카고에서 채택된 'Convention on International Civil Aviation. 즉 국제민간항공 협약, 약칭 시카고 협약'을 말함. 국내항공법 및 항공·철도사고 조사에 관한 법률에서는 '국제민간항공조약'으로 표기하였으며, 항공보안법에서는 '국제민간항공 협약'이라고 표기하였음. 한국 외교부가 정리한 조약 표기법을 감안할 때 국제민간항공 협약이 올바른 표현이며, 혼선을 피하는 번역이기도 함. 동 협약은 채택된 지명을 택하여 시카고 협약으로 통칭되며 2015년 말 현재 당사국은 191개국임.

영하고 있다. 한국도 SARPs를 국내 항공법령에 반영하여 적용하고 있다.

3.1 국제항공법과 국내항공법

국제항공법은 국제적으로 통용되는 항공법인데 반해 국내항공법은 한 국가 내에서 적용되는 항공법을 말한다.

국제항공법은 국제민간항공에게 적용되는 국가항공법 사이의 충돌과 불편을 예방하고 제거하면서 국경을 달리하는 항공운항에 있어서 통일적인 적용을 목적으로 한다. 국가들은 항공분야에 있어서 자국 국내법을 국제항공법상 표준이 되는 규정을 따르면서 안전과 효율 및 편리를 도모한다. 각 국가가 국내항공법을 규정함에 있어 국제항공법과 상충되게 규정한다면 항공기 운항 등과 관련하여 안전이 저해될 뿐만 아니라 혼선이 발생할 것이다.

이런 연유로 각 국가는 국제항공법과 상충됨이 없이 세부적인 기준을 국내항공법에 규정한다. 한국의 경우 국내항공법으로 「항공법」, 「항공보안법」, 「항공·철도 사고조사에 관한 법률」, 「항공운송사업진흥법」, 「항공안전기술원법」, 「상법(항공운송편)」 등이 있다.

항공법을 구성하는 가장 중요한 내용은 시카고 협약과 같은 다자조약에 근거한다. 1919년 파리와 런던 사이에 세계 최초로 정기 항공운항이 시작된 해에 세계 첫 항공 관련 다자조약인 파리 협약이 채택된 것은 국제항공운항을 규율하는데 있어서 다자조약의 필요성을 보여주는 것이다.

3.2 항공공법과 항공사법

항공공법은 항공기 및 항공기 운항과 관련된 법률분야 중 공법상의 법률관계를 정한 법규의 총체를 말하며, 국가가 주체인 대부분의 항공법은 항공공법에 해당한다. 일반적으로 항공공법은 항공사법에 관한 사항보다 광범위한 내용을 규율하고 있다. 국제항공공법은 국제협정에 의하여 사법규칙을 통일하고 조정할 뿐만 아니라 ICAO와 같은 특정 국제기구가 '표준'(standards)과 '권고방식'(recommended practices)을 제정하여 국제 민간항공의 발전과 안전을 촉진하기 위한 제반 기준을 규율하도록 한다. 항공공법은 비행허가, 노선개설허가, 항공안전 및 보안을 위한 국가 간 협정, 사고조사, 항공기업의 감독에 관한 각종 법규, 항공범죄 처벌 등 매우 광범위하다.

우리 국내 항공법규 중 「항공법,「항공보안법」, 「항공·철도 사고조사에 관한 법률」, 「항공운송사

---

4) 시카고 협약 당사국이 준수할 표준 및 권고방식으로 19개 Annexes에 기술된 내용을 말하며, 10,000 개 이상의 '표준' 조항이 있음.(2014.10.1. 기준).

업진흥법」,「항공안전기술원법」,「항공기등록령」등이 한국의 국내항공공법에 해당된다. 국제항공공법으로는 타국의 영공을 통과함에 따라 발생하는 공역주권 및 항행관련 기준 등을 규율한 파리 협약(1919), 하바나 협약(1928), 시카고 협약(1944) 등과, 항공기 운항 상의 안전을 위하여 체결된 형사법적 성격의 조약인 동경 협약(1963), 헤이그 협약(1970), 몬트리올 협약(1971) 등이 있다.

항공사법은 항공기 및 항공기 운항과 관련된 법률분야 중 사법상의 법률관계를 정한 법규의 총체를 말하며, 항공 사고가 발생하여 항공기, 여객, 화물 등의 피해에 대해 운항자 또는 소유자의 책임관계 규율 및 항공기의 사법상의 지위, 항공운송계약, 항공기에 의한 제3자의 피해, 항공보험, 항공기 제조업자의 책임 등이 이에 해당한다. 국제항공사법에 해당하는 조약으로 바르샤바 협약(1929), 로마 협약(1933), 헤이그 의정서(1955), 과달라하라 협약(1961), 몬트리올 추가의정서 1/2/3/4(1975), 몬트리올 협약(1999), 항공기 유발 제3자 피해 배상에 관한 2개의 몬트리올 협약(2009) 등이 있다.

한편 국가는 항공사법을 국제적으로 통일하는 조약체결의 주체이기도 하며, 때로는 사법의 적용과 통일이 국가의 관여하게 통일적 적용이 보장되고 있다. 1929년 바르샤바 협약과 후속 관련 조약, 2001년 케이프타운 협약 등 항공사법 관련 조약 모두의 체결 당사자는 국가이다.

3.3 항공법의 법원

항공법을 구성하는 내용들을 다음과 같이 정리할 수 있다.
- 다자조약
- 양자조약
- 국제법의 일반원칙
- 국내법
- 법원 판결
- 지역적 합의내용(European Union, 즉 구주연합에서 적용되는 법률 등)
- IATA 등 국제 민간기구의 규정
- 항공사들 간의 계약, 항공사와 승객 간의 계약, 기타 항공운송과 항행에 관련한 관계 당사자들 간의 계약

그러나 항공법을 구성하는 가장 중요한 내용은 국제항공법에서는 다자조약이고 국내항공법에서는 관련 국내법이다. 그런데 오늘날 국제사회에서 국제협력을 위한 규범 제정이 다반사인바 그 성격상 국제성을 띨 수 밖에 없는 항공법 분야에 있어서 국내 항공법이라 하더라도 그 기반은 국제협력의 결과물인 조약에 두고 있다. 그러나 국제적으로 통일할 필요성이 없거나 주요 주권사항으로 간주되는

내용에 있어서는 그 국가만의 고유한 국내법이 적용된다. 또 항공의 급속한 발달에 보조를 같이하여 온 항공법은 많은 경우 법원(法源)으로서 관습법(customary law)을 추월하게 되었으며 그 결과 오늘날 항공법은 거의 다 성문법(written law)으로만 존재하고 있다.

한편 분쟁 발생 시 적용되는 바를 가지고 국제항공법의 법원을 살펴보는 것도 가능하다.

국제사법재판소(ICJ) 규약 제38조 (1)항은 법원이 분쟁을 해결하는 데 있어서 적용할 사항으로서 다음 4가지를 열거하였다.

(a) 분쟁국이 명시적으로 인정한 규칙을 규정하는 일반 또는 특수 국제협약.

(b) 법으로 수락된 일반 관행으로서의 국제관습.

(c) 문명제국에 의하여 인정된 법의 일반 원칙.

(d) 본 규약 제59조[5]의 규정에 따른, 법의 규칙 결정 보조수단으로서의 여러 국가의 사법적 결정 및 유수한 국제법 학자의 학설.

상기 조문은 일반적으로 국제법 법원의 선언으로 간주된다.

국제항공법의 가장 중요한 법원(法源)은 다자 혹은 양자의 형태를 불문하고 조약[6]이다. 가장 일반적 의미의 법원은 다자간 법 제정 조약으로서 이러한 조약은 다수 국가가 이행하고 있는 법을 선언적으로 표시하며, 새로운 체제를 형성하며 또는 이 두 가지 기능을 겸하기도 한다. 양자조약은 두 당사국만을 위한 법원을 형성한다.

관습국제법은 더 이상 국제 항공법의 주요 연원이 아니다. 그러나 조약이 규율하지 않은 국제항공법 부문에서 관습법은 적용규칙의 중요한 연원이 된다. 더구나, 조약 자체도 관습법의 연원이 될 수 있다.

사법적 결정이 법의 규칙을 정하는데 있어서 '보조적 수단'이지만, 이는 국제법에서 상당한 중요성을 갖는다. 예를 들면 1929년 바르샤바 협약의 용어를 해석하는 국내법원의 결정은 지대한 영향을 끼쳤으며 중요한 법의 연원이 되고 있다. 국내 법원에서의 사법적 결정은 국내 항공법에서 중요한 법원이 된다. 이는 한 국가 내에서의 항공법 관련 규율내용이 모호하거나 미비하여 해석이나 판정을 요할 경우 결정적인 행위가 되기 때문이다.

---

5) ICJ 규정 제59조는 '재판소의 결정은 당사자 사이와 그 특정 사건에 관하여서만 구속력을 가진다.'라고 규정하고 있음.

6) 협약, 협정, 의정서 등 명칭여하를 불문하고 국가 간 또는 국가와 국제기구 사이 및, 국제기구들 상호간에 채택된 합의문은 조약임(1969년 조약법에 관한 비엔나 협약 제2조의 a) 및 1986.2.21 비엔나에서 채택된 국가와 국제기구 간 또는 국제기구 간 조약법에 관한 협약 제2조1항 (a)참조). 여러 가지 명칭의 조약에 대하여 본서는 한국 외교부가 사용하고 있는 바를 따르겠는바, 이에 따라 Treaty 조약, Convention 협약, Agreement 협정, Protocol 의정서, Covenant 규약, Constitution 헌장, Charter 헌장, Statute 규정, Memorandum of Understanding(MOU) 양해각서 등으로 표기하였음.

제2장

국제항공공법과 국제항공사법

1. 항공 공법의 발달

1.1 역사적 배경

1783년 Montgolfier가 제작한 몽골피에 발룬(balloon)의 비행 후 유럽 각국에서는 발룬의 제작과 비행이 확산되었다. 발룬의 비행은 국내뿐만 아니라 국제적으로 규제의 필요성을 인식시키기에 족한 소란을 야기하였다. 몽골피에 발룬의 비행이 있기 몇 달 전 프랑스 물리학자 Charles가 수소로 채운 발룬을 사람을 태우지 않은 채 띄워 올렸는바, 이 발룬이 상승 후 구름 밑으로 하강하여 Gonesse라는 조그마한 농촌 근처에 착륙한 것을 본 주민들은 하늘에서 괴물이 내려온 것으로 알고 농기구를 동원하여 발룬을 공격하여 갈기갈기 찢은 후 말에 묶어 끌고 다니면서 산산조각을 낸 사건이 있었다. 아마 이 사건이 가장 처음 발생한 항공기에 대한 불법방해(unlawful interference)가 아닌가 본다. 동 사건 후 약 200년이 지난 후 ICAO가 불법방해위원회(Committee on Unlawful Interference)를 구성하였다는 사실이 흥미롭다.

위와 같이 아무런 제어도 없이 방기된 발룬은 1784년에 영국, 이태리, 스페인, 그리고 미국에서도 나타난 현상이 되었다. 다음 해에는 사람을 실은 발룬의 비행이 벨기에, 독일, 네덜란드에서도 시행되었으며 이러한 비행은 유럽의 경우 특히 국경을 초월하여 이루어지기 십상이었다. 이에 따라 발룬의 등장 시에도 그러했지만 점차 발룬의 비행 목적에 대해서 의구심을 품는 정부 지도자가 많아지게 되었다. 섬이라는 지리적 여건상 대륙의 모든 동요에 영향을 받지 않는 것으로 생각하고 있던 영국인들은 1785년 Blanchard와 Jeffries가 발룬을 타고 세계 첫 국제비행으로 간주되는 영·불 해협을 건너간 데 대하여 경악하였다.

이러한 상황에서 유럽의 각국 법률가들은 무분별하게 이루어지고 있는 발룬의 비행에 대한 규제의 필요성을 느꼈으며 당시 저명한 사립단체인 국제법 협회(Institut du Droit International)는 1880년 영국 Oxford에서 개최된 모임에서 항공에 관한 문제를 의제로 채택하였다.[1] 또한 정부 간 차원에서 1889년

---

1) D. W. Freer, "The roots of internationalism - 1783 to 1903", ICAO Bulletin.(Mar.1986), p.32.

프랑스 정부가 만국박람회 개최와 때를 맞추어서 최초의 국제 항공회의를 파리에서 소집하였으며 동 회의에 브라질, 프랑스, 영국, 멕시코, 러시아, 미국 등이 참석하였다.

항공기의 등장은 무엇보다도 군사적 목적에서 큰 관심의 대상이 되기에 충분하였다. 정찰, 군인 및 군용물품의 수송, 기상관측, 통신, 수색·구조를 위한 항공기의 역할은 경이적이었다. 1870~1871년 프러시아·프랑스 전쟁 시 양국 모두 발룬을 이용한 것으로 나타난다. 이때 프러시아 군대가 파리를 포위하고 있던 중 Bismarck는 1870.11.19.자 프랑스 정부에 대한 외교서한을 통하여 프랑스 군대가 발룬을 타고 프러시아 점령지역(원 프랑스 영토)으로 비행할 경우 동 군대가 전선 배후에서 군사작전을 하는 것으로 간주하겠다는 경고를 전달하였다.[2] 이 경고는 air space에 대한 주권을 처음 주장한 것으로서 당시 법 인식으로는 납득하기 어려운 것이었다.

1899년 제1차 헤이그 국제평화회의가 발룬과 또는 유사한 항공기구로부터 총포류의 발사를 금지하는 선언을 조약으로 채택하였다. 1902년에는 국제법 협회의 요청에 따라 프랑스 변호사이자 학자인 Fauchille이 처음으로 항공법을 기초하였다.[3]

한편 발룬의 국경침해는 계속되었는바, 프랑스 상원은 이를 우려한 나머지 1908년 11월 장시간 토의 끝에 월경이 가져오는 국방 및 국제 상업관계에 대한 연구를 계속하도록 결정하였다.[4] 이러한 일이 있은 직후 독일에 주재하는 프랑스 대사는 독일 정부에 프랑스 상원의 우려를 전달하였으며 독일 정부는 추후 프랑스 영토로 가는 발룬 비행을 줄이겠다고 약속하였다.[5] 연후 프랑스 정부의 관심이 계속되어 프랑스 정부는 1909년 12월 21개 유럽국가에 대해서 유럽에서의 항공규제를 논의하기 위한 1910년의 파리 외교 회의에 참석하도록 초청하였다. 또한 프랑스 정부는 계속되는 월경에 대처하기 위하여 1909년부터 프랑스 내로 날아오는 발룬을 억류하여 수입관세를 부과하고 동 발룬 비행의 구체적인 내용을 중앙정부에 전문(電文) 보고하도록 지방정부에 지시하였다.[6]

1.2 1919년 파리 협약[7]

러시아를 포함한 19개 유럽국가가 모인 1910년 파리 회의는 공 비행기와 사 비행기의 구분, 비행기 국적, 항행증명서, 등록, 승무원 자격, 이착륙 규칙 등을 토의하였으나 핵심의 문제인 타국 영토 위에

2) P. H. Sand, G. N. Pratt, J. T Lyon, A Historical Survey of the Law of Flight(1961), p.4.

3) Shawcross, I (1).

4) Freer, "An aborted take-off for internationalism - 1903 to 1919", ICAO Bulletin(Apr, 1986), p.25.

5) 상동.

6) 상동.

7) 정식 명칭은 International Convention Relating to the Regulation of Aerial Navigation임.

서의 비행권리와 특권에 대해서 시원한 해답을 찾을 수 없었다.

5.18.부터 6.29.까지 계속된 1910년의 파리 회의는 독일이 기초한 협약안을 중심으로 토의하였으나 영국이 국가보안상 외국항공기를 자국 민간항공기와 동일하게 취급할 수 없다는 입장을 고수함으로써 실패로 끝났지만 동 문제 조항만을 제외하고는 훌륭한 협약안을 성안하였으며 이는 1919년의 파리 협약, 그리고 1944년 시카고 협약의 중요한 바탕을 제공하는 계기가 되었다. 각국은 1910년 파리회의 때까지 민간항공기의 자유비행을 허용하는 입장이었으나 제1차 및 2차 세계대전을 겪으면서 이러한 입장은 폐쇄적인 방향으로 정립되고 운영되기 시작하였다.

제1차 세계대전 중 많은 항공구간이 군사작전을 이유로 폐쇄되었다. 종전(終戰)과 함께 민간항공계는 폐쇄된 항공(aer clausum)이 조속히 개방되기를 희망하였다. 한편 전쟁 중에 눈부신 항공 산업의 발전이 있었으며 비행기 숫자가 엄청나게 증가함과 동시에 다목적으로 이용되었다. 예를 들면 1914년 전쟁 발발 시 12대의 군용기만을 보유하였던 영국이 1918년 11월 종전 시에는 22,000대의 비행기를 보유하였다.[8]

전쟁 중 영공주권에 대한 인식이 절대적으로 제고된 데다가 전승국과 패전국 간의 상호 불신은 전후 영공의 개방을 어렵게 하는 요소로 작용하였다. 이러한 분위기에서 영공의 절대적 주권을 파리 협약 제1조로 규정하는 데 아무런 이론이 있을 수 없었다. 영국은 지금까지의 주권원칙을 주장하여 온 입장을 바꾸어, 향후 영연방 간의 신속한 연결을 도모하기 위한 목적으로 공중의 자유를 주장하였으나 대다수 국가는 이에 반대하면서, 영국의 전전(戰前) 주권 존중 논리를 역으로 원용하였다.

전쟁 중인 1917년 4대국(미, 영, 불, 이)의 각 2명으로 구성된 '연합국항공위원회'(Inter−Allied Aviation Committee)는 각국 항공 산업 간의 교류, 항공기 종류, 엔진 및 기타 항공장비의 표준화 등 항공기 제작 문제를 다루었다. 동 위원회는 곧이어 주요 국제 경제문제를 다루는 상설기관으로서의 '평화회담 항공위원회'(Aeronautical Commission of the Peace Conference)로 변경되면서 일본 대표 2명과 벨기에, 브라질, 쿠바, 그리스, 포르투갈, 루마니아, 슬로베니아세르보·크로아티아로부터 각 1명씩의 대표를 받아들여 위원회를 확대하였다. 동 위원회는 프랑스 제안에 따라 항공에 관련한 협약안을 기초하였으며 동 협약안은 추후 평화회담의 최고 위원회에 의하여 승인된 후 32개 전승연합국에 의하여 1919.10.13. 서명·채택되고 1922.7.11. 발효되었다.[9] 제2차 대전 발발 시인 1939년 9월 34개 당사국으로 늘어난 동 파리 협약은 패전국과 중립국을 제외한 전승국만의 이해를 염두에 두고 작성된 것이라는 일부 비난을 받았다.[10]

---

8) Shawcross Ⅰ(3).

9) N. M. Matte, Treatise on Air−Aeronautical Law(1981), p.104.

10) 상동.

파리 협약에 의하여 국가 간 항공문제가 처음으로 상설기구에서 취급되게 되었다. 동 협약은 추후 여타 지역의 항공에 관한 협약 체결을 촉진하면서 항공문제에 대한 세계의 관심을 고조시키는 역할을 하였다. 평등의 원칙에 입각한 국가대표제도는 중, 소(小) 국가의 활발한 참여를 가능하게 하였으며, 동 협약은 또한 제2차 대전 종료를 앞두고 체결된 1944년 국제민간항공 협약의 모델이 되었다는 데에 그 의의가 크다. 동 협약은 A부터 H까지의 부속서를 협약 조문(총43조)과 동등하게 취급하면서 협약의 일체를 이루게 하였다. 항공에 관련한 제반 기술적 문제를 규율한 동 부속서는 각국의 항공규칙을 통일하는 규범이 되어 항공안전운항에 크게 기여하였다.

협약 초안 작성 시 제5조는 비체약 당사국의 항공기가 체약 당사국의 영공을 비행할 경우에는 체약 당사국의 특별한 잠정허가를 얻도록 성안되었는바, 이를 지득한 중립국(제1차 대전 시) 등 비체약 당사국은 강한 반발을 보였다. 덴마크, 핀란드, 스웨덴, 노르웨이, 네덜란드, 스페인, 스위스 대표는 1919년 12월 코펜하겐에서 모임을 갖고 동국의 참여 없이 기초된 파리 협약의 불합리성을 지적한 후 동 조항이 개정되지 않는 한 협약에 가입하지 않겠다는 의사를 표명하였다. 동 중립국들은 또한 협약 제34조에 의하여 창설된 협약 상설기구인 국제항행위원회(International Commission for Air Navigation: ICAN)의 의사 결정을 5개 전승국 위주로 하지 말고 모든 참가국의 동등한 투표권에 의할 것을 요청하였다.

파리 협약 당사국은 상기 중립국의 요청을 거의 수용하여 1922년 및 1923년 협약 개정의정서를 채택, 제5조와 34조를 개정하였으며 이에 따라 스웨덴, 덴마크, 네덜란드가 협약에 가입하였다.

한편 미국은 일부 유보와 함께 1920.5.31 협약 서명을 하였지만 미 상원에서 비준을 거부하는 바람에 협약 당사국이 되지 못하였다. 당시 국제 항공운항이라고 할 때 항공기술 수준이 대서양 횡단을 활성화할 수 없는 관계로 사실상 유럽대륙에 국한된 내용이었기 때문에 미국에서 파리 협약의 유용성이 적었겠지만 법적 측면에서의 구체적인 비준 거부 이유는 협약의 부속서를 협약의 조문과 동등하게 취급하면서 협약의 부속서의 개정은 후술하는 국제항행위원회(ICAN)에서 결정하도록 한 결과 ICAN에 백지수표를 위임한 형상이었기 때문이다.[11] 미국의 비준거부는 파리 협약의 중요성을 크게 저하시키는 것으로 작용하였다. 동 협약의 당사국이 된 국가 수는 모두 37개국이나 볼리비아, 칠레, 이란과 파나마는 당사국이 된 후 협약에서 탈퇴하였다.

---

11) M Milde, international air law and icao, 2nd ed., Eleven International Publishing, The Hague, 2012, p.11.

1.3 1944년 이전의 기타 조약들

1.3.1 마드리드 협약(1926)

스페인은 제1차 대전 중 중립국으로서 1919년 파리 협약이 중립국에 불리한 규정을 한 것에 대하여 여타 중립국과 함께 반발하였다. 스페인인 조종사 Franco가 1926년 남대서양 횡단비행에 성공한 데 대하여 큰 자부심을 가지고 있던 스페인은 전 식민국인 중남미와의 보다 긴밀한 관계 형성을 염두에 두고, 다른 한편으로는 자국이 국제연맹으로부터 탈퇴한 이상 새로운 국제항공협약을 체결하여 당시 국제무대에서 독자세력을 형성하고자 하였다. 이러한 배경에서 1926년 10월 마드리드에서 스페인과 중남미 제국 등 도합 21개국 대표가 참석한 가운데 '항행에 관한 스페인·미주 협약'을 채택하였다. 체약 당사국이 기존 항공협약(파리 협약 등) 당사국을 겸하여도 무방하도록 한 마드리드 협약은 대부분 파리 협약규정을 모방한 것이었다. 단지, 마드리드 협약은 다음 몇 가지 점에서 파리 협약과 상이하다.

① 체약 당사국은 비체약 당사국 항공기가 자국영공을 비행하는 것을 허가하고 또는 금지하는 데에 대한 절대적인 결정권을 갖고(제5조)
② 파리 협약의 ICAN 대신 IACAN(Ibero-American Commission for Air Navigation)을 설치하고 국제연맹과의 관계를 단절(제34조)하며 IACAN위원의 동등한 투표권을 규정한 것이다. 같은 이유로 체약 당사국 간의 분쟁 해결은 상설국제법원(PCIJ)에 의뢰하지 않고 중재(仲裁)에만 의존하여 해결(제37조)하며
③ 파리 협약 부속서 중 F, G, H를 삭제하는 것이다.

IACAN 위원의 동등한 투표권 규정은 1929년 파리 협약 개정 시 ICAN에 반영되었다. 그러나 마드리드 협약에서 국제 항공운송에 기여하는 새로운 요소를 찾아보기 힘들다.

마드리드 협약은 아르헨티나, 코스타리카, 도미니카 공화국, 엘살바도르, 멕시코, 파라과이, 스페인 등 7개국에 의해서만 비준되었다. 그런데 ICAN의 동등한 투표권을 허용한 1929년의 파리 협약 개정이 1933년에 발효한 다음 스페인과 아르헨티나가 파리 협약에 가입함으로써 마드리드 협약은 발효도 되지 않은 채 사장되었다.

1.3.2 하바나 협약(1928)

파리와 마드리드 협약은 상업항행의 구성에 대하여서는 규율하지 않은 채 제15조 말미에서 국제항로 설치를 당사국 간 쌍무 또는 다자 조약으로 해결하도록 하였다.

파리 협약에 참가하지 않은 미국과 중남미 국가는 워싱턴 D.C.에서 1927년 5월 범미주위원회를 소집하여 상업항공에 관한 협약안을 준비하였다. 이 협약안은 1928.1.20. 쿠바 하바나에서 21개국에 의하여 채택되었는바, 동 하바나 협약은 파리 협약을 모방하였지만 중요한 새 규정을 상당수 포함하였

다. 이는 다음과 같다.

① 제1조는 영공주권을 절대적으로 허용하였다. 그러나 식민지에도 영공주권이 적용되느냐에 관한 규정은 없다.

② 제5조는 체약 당사국 간 항행에 이용되는 내·외국 항공기를 동등하게 대우한다.

③ 제6조는 자국의 금지구역 상공을 비행하는 항공기의 착륙을 요구할 수 있되, 착륙공항은 국제공항이 되도록 하였다.

④ 제12조는 일 체약 당사국이 발행한 감항(airworthiness) 증명을 타 체약 당사국이 인정하지 않을 수도 있도록 하였다. 따라서 이 경우 체약 당사국은 문제가 되는 타 체약 당사국 항공기의 운항을 계속 금지할 수도 있다.

⑤ 제15조는 국제 상업항공에 사용되는 일 체약 당사국의 항공기는 타 체약 당사국이 지정한 공항에서만 승객과 짐을 하역시키며, 같은 체약 당사국 내 다른 지점으로 비행할 경우, 나머지 승객과 짐만을 하역할 수 있으며 새로 탑승하는 승객과 짐은 그 목적지가 타국일 경우에만 운송이 허용된다. 단, 타국을 목적지로 하는 승객과 짐의 운송은 탑승지 국가의 법령에 따라 행하여야 한다. 내·외국 국제 항공기 간 차별을 하지 않아야 하는 동 법령은 타 체약 당사국과 범미주연맹(Pan-American Union)에 통보되어야 한다(제21조).

　동 규정은 처음으로 항공교통의 자유와 국제 교역의 자유를 향한 내용을 포함하였다는 데에 그 의의가 크다. 그러나 동 항공의 자유는 국제민간항공 협약을 탄생시킨 1944년 시카고 회의 시까지 구체화되지 않았다. 또한 미주의 두 대륙 간에 상이한 법령 내용과 상업항공에 대한 각 체약 당사국의 규제경향은 동 규정을 무력화하였다. 따라서 하바나 협약의 발효 후 체약 당사국 간 항공운항은 해당국 간의 개별 합의를 전제로 하였다. 그런데 하바나 협약은 협약 이행을 감시할 상설기구를 설치하지 않았기 때문에 우선 체약 당사국 간 정보교환을 위한 제도적 장치마저 결여되어 있었다. 이의 해결책으로 범미주연맹이 항공기 등록 등 협약 관련 사무 업무를 담당하게 되었다.

⑥ 적절한 규정의 부재 시 기장은 각국이 허용하는 한도 내에서 선박의 선장과 유사한 권리·의무를 행사한다.

⑦ 체약 당사국 간 분쟁의 해결은 분쟁에 이해관계가 없는 타국 정부가 중재인이 되는 중재결정에 의한다.

　부속서를 가지지 않은 하바나 협약은 16개국(볼리비아, 브라질, 칠레, 코스타리카, 쿠바, 도미니카 공화국, 에콰도르, 과테말라, 아이티, 온두라스, 멕시코, 니카라과, 파나마, 미국, 우루과이, 베네수엘라)이 당사국으로 발효되었으나 1944년 시카고 협약(국제민간항공 협약의 별칭)의 채택으로 적용이 중단되었다. 상기 16개 당사국 중 우루과이를 제외하고 파리 협약의 기존 당사국으로서 하바나 협약 당사국이 된 국가는 없다.

2. 국제항공사법의 발달

2.1 바르샤바 체제의 성립 배경

　바르샤바 체제는 1929년에 채택된 '국제 항공운송에 있어서의 일부 규칙의 통일에 관한 협약'(Convention for the Unification of Certain Rules Relating to International Carriage by Air. 통칭 바르샤바 협약)을 기본으로 하고 연후 채택된 1955년 헤이그 의정서, 1961년 과달라하라 협약, 1966년 미국을 운항하는 항공사 간의 몬트리올 협정, 1971년 과테말라시티 의정서, 1975년 몬트리올 추가 의정서 4개 (1, 2, 3, 4)를 지칭한다. 이 중 1971년 과테말라시티 의정서와 1975년 몬트리올 추가 의정서 3이 발효되지 않았다. 이들 조약에 관하여서는 제9장 1항에서 구체 설명한다.

바르샤바 협약은 국경을 넘나드는 항공운송에 있어서 법적 문제가 발생할 경우 적용할 법이 확실치 않아 법적용의 통일된 기준을 제시하여 주기 위하여 채택된 조약이다. 항공운송의 발전과 함께 당장 제기된 법의 충돌(conflict of laws) 문제는 CITEJA[12](Comité International Technique d'Experts Juridiques Aériens)의 주요 과제로 이미 논의되어 왔었다. 이 결과 1929년에 바르샤바 협약이 채택되었고 이로써 항공운송 사고 발생 시 승객과 화물소유인의 권한 및 항공운송자의 책임을 둘러싸고 어느 국가의 법을 적용하느냐에 관련하여 야기된 혼동과 불확실성이 제거되었다. 동 협약은 항공운송에 있어서의 여객과 화물소유자의 권한을 정의하고, 동 권한의 한계와 이행을 명시하며, 항공운송자의 책임을 규정하고 있다. 동 협약은 한마디로 거의 모든 사고의 경우에, 항공운송자의 책임을 전제로 하는 대신 '고의적 과실'(wilful misconduct)의 경우가 아닌 한 항공운송자의 책임한도를 일정한 금액으로 한정함으로써 항공운송사업의 발전에 크게 기여하였다. 이는 책임한도를 일정한 금액으로 한정하는 것이 항공운송사업자의 책임 발생 시의 배상액을 예상할 수 있게 하여 주며 동 배상액으로부터 역산하여 보험료, 항공요금 및 재투자 등 사업 전반에 대한 계획 수립을 가능하게 함으로써 안정과 예측을 통한 항공운송산업의 발전이 가능할 수 있었기 때문이다.

이러한 항공운송산업에 대한 특별한 배려는 항공기 제작기술의 미숙에서 오는 항공안전의 불확실성과 초창기 항공기 운송 산업의 육성이라는 목적에 대하여 각 체약 당사국이 인식을 같이 하여 베푼 정책적 혜택이었다. 동 배상한도액은 협약 채택 후 상당한 기간이 경과하면서 산업 발전과 함께 많은 나라의 생활수준이 향상됨에 따라 승객 사망 배상금액 등의 인상조정이 필요하다는 판단 아래 1955년 헤이그에서 협약 개정의정서를 채택, 승객 사상 시 1인당 배상한도를 협약이 규정하는 금액의 배인 25만 프앙카레 프랑(1만 6,600불)으로 개정하였다.

헤이그 의정서는 바르샤바 협약 운용의 경험에서 발견된 몇 가지 문제점도 동시에 해결하였다. 이 헤이그 의정서에 거의 대부분의 바르샤바 협약 당사국이 비준 또는 가입하였으나 미국은 승객 배상금액이 작은 데에 불만을 표시하여 2003년까지 헤이그 의정서를 비준하지 않았다.

한편 항공운송 시 계약 운송자가 아닌 자에 의하여 운송이 되었을 경우의 법적 운송책임 관계를 규율

---

12) '항공법 전문가 국제기술위원회'를 의미하는 불어로서 후술함.

할 목적으로 1961.9.18. 과달라하라(멕시코 소재 도시)에서 바르샤바 협약의 보충협약이 채택되었다.

　승객 배상한도액 문제로 돌아와서 미국은 바르샤바 협약과 헤이그 의정서의 배상액이 미국의 기준으로 볼 때 사람의 가치를 터무니없이 낮게 평가한 것이라는 거센 국내 반발을 이유로 바르샤바 협약을 탈퇴하기로 결정한 후 협약 탈퇴를 1965.11.15.자로 통고하였다. 이로써 미국의 탈퇴는 통고 후 6개월 후인 1966.5.15. 발효하게 되었다. 동 사실에 접한 세계의 민간항공업계는 제1의 민간항공운송실적(당시 세계의 약 50% 차지)을 차지하는 미국이 협약에서 이탈할 경우 바르샤바 체제가 붕괴할 뿐만 아니라 법 적용상 혼란이 야기될 것에 크게 긴장하였다. 따라서 각국은 미국의 협약 잔류를 설득하기 위한 모든 노력을 전개하였는바, 이때 '국제항공운송협회'[13](IATA)가 개입하여 미국의 협약 탈퇴 발효 하루 전인 1966.5.14. 미국이 탈퇴통고서를 철회토록 하는데 성공하였다.[14] IATA가 개입하여 주선한 내용은 미국을 출발점, 종착점 또는 경유지로 한 승객을 운항하는 항공사가 승객사상 사고 시 1인당 7만 5,000미불을 배상한다는 것을 내용으로 한 협정을 수락하고 대신 미국은 바르샤바 협약 탈퇴를 철회한다는 것이다. 정부가 당사자로 되어 있지 않는 동 협정이 1966년의 몬트리올 협정이다. 이전의 배상금보다 그 한도가 훨씬 인상된 동 배상금액은 추후 세계의 많은 항공사가 미국으로의 비행여부에 관계없이 적용 지급하는 모델이 되었다.

　미국의 계속적인 배상금 한도 인상 주장은 또 하나의 국가 간 조약을 요하게 되었는바, 이것이 1971.3.8. 채택된 과테말라시티 개정의정서이다. 21개국이 채택한 과테말라시티 의정서는 헤이그 의정서에 의하여 개정된 바르샤바 협약을 다시 개정하는 것으로서 승객 사상 시 배상금액의 한도를 150만 프랑카레 프랑(10만 미불)으로 인상하며 사고 시 항공운항자의 절대적 책임(과실 여부를 불문한)을 부과함으로써 적어도 두 가지 면에서 승객사상 시 승객 측 배상청구 입장을 유리하게 하였다.

　1975년에 몬트리올에서 또 한 번의 회의가 개최되어 추가 의정서 1, 2, 3, 4 등 모두 4개의 추가 의정서를 채택하였다. 제1 추가 의정서는 1929년 바르샤바 협약의 승객 및 화물 등의 배상금액표시를 SDR(Special Drawing Right)로 변경 표시하고, 제2 추가 의정서는 1955년 헤이그 의정서를 같은 방법으로, 제3 추가 의정서는 1971년 과테말라시티 의정서를 역시 같은 방법으로 규정한 것이다. 그러나 제4 추가 의정서는 1955년 헤이그 의정서의 배상금액을 SDR로 표기함은 물론, 항공화물의 문서와 책임문제 그리고 우편운송에 관한 본질적인 내용의 개정을 포함한 것으로 여타 추가 의정서와는 그 성격이 다르다.

　이상 바르샤바 체제 성립 배경을 간략하게 설명하였는데 구체적인 내용은 최근 상황과 함께 제9장

<hr>

13) 조직과 기능에 관하여 후술함.
14) Matte의 저서 p.470.

'국제항공운송 시 피해배상'에서 기술한다.

2.2 CITEJA의 작업

제1차 대전 후 각국은 각기 상이한 국내법이 국제 항공의 사법 분야에 적용될 경우 야기되는 혼란을 제거하기 위하여 통일된 법의 제정 필요성을 인식하고 있었다. 이러한 인식은 1922년 3월 국제연맹의 통신·통항 기술협의 위원회(Consultative and Technical Commission of Communications and Transit)에서 표명되었으며, 1923년 7월 런던에서 개최된 항공회의에서는 정부대표로 구성된 국제협의체를 구성하여 각국이 비준·채택할 수 있는 법안을 작성하도록 건의하였다. 이러한 상황에서 프랑스 정부는 동 문제에 큰 관심을 갖고 1923.8.17. 타국 정부에 서한을 발송하여 항공운송자의 책임에 관한 협약을 기초하고 항공분야의 사법에 관한 통일된 국제법을 계속 연구하는 것이 필요할지를 논의하기 위한 목적으로 개최하는 국제회의에 참석할 것을 초청하였다.[15] 동 프랑스 초청에 응하여 43개국 대표 70명이 1925.10.26.~11.4. 파리에서 개최된 제1차 항공 사법 국제회의에 참석하였다.

회의 참석자들은 추후 외교회의에서 조약으로 채택할 전반적인 국제 항공 사법을 기초하기 위한 목적으로 전술한 CITEJA를 설치하였다. CITEJA는 1926년 파리 외무부에서 제1차 회의를 개최하였는바, 이때 28개국이 대표를 파견하였다.

CITEJA는 창설 시 그 임무로서 첫째, 항공 사법의 제반 문제를 다루는 활동계획의 수립, 둘째, 국제회의에서 다룰 법적 문제에 관한 국제협약안의 준비, 셋째, 단일 국제 항공 사법 법전의 점진적 형성을 위한 원칙 수립을 부여받았다. CITEJA가 채택한 협약안은 프랑스 정부를 통하여 각국 정부에 송부된 후 협약 채택을 위한 국제회의 개최 순서를 밟는 것으로 하였다.[16]

CITEJA는 1926년 설치 시부터 1944년 시카고 협약이 발효한 1947년까지 16회기(sessions)를 개최하였다. 각 위원회는 제2차 대전 중의 기간을 제외하고는 대체로 연 2회 회의를 가졌으며 CITEJA는 연 1회 전체회의를 개최하였다. CITEJA의 여러 회기에 참가한 국가 수는 총 39개국에 이르나 전체회의 시 통상 15 내지 20개국의 대표가 참석하였다.

CITEJA가 성안한 협약은 다음과 같이 4개 협약과 1개 의정서이다.

- 바르샤바 협약(1929)
- 지상에서의 제3자에 대한 피해에 관한 일부 규칙의 통일을 위한 로마 협약(1933)

15) G. F. FitzGerald, "The International Civil Aviation Organization and the Development of Conventions on the International Air Law(1947~1978)", Ⅲ Annals of Air & Space Law(이하 AASL)(1978) 53.

16) 상동. pp.53~54.

- 상기 로마 협약을 개정하는 브뤼셀 의정서(1938)
- 항공기의 압류(Precautionary Arrest)에 관한 특정 규칙의 통일을 위한 로마 협약(1933)
- 해상에서의 항공기 구조에 관한 특정 규칙의 통일을 위한 브뤼셀 협약(1938)

상기 이외에 CITEJA는 여러 항공법 문제에 관한 협약안과 보고서를 작성하였는데, 이는 1947년 소멸과 동시에 ICAO에 이관된 후 일부는 국제협약과 각국의 국내법 형태로 입법화되었다.

2.3 해석 적용의 문제

이상과 같이 여러 개의 후속 개정, 보완 의정서로 존재하는 바르샤바 체제를 하나의 문서로 정리하기 위하여 1999년 몬트리올 협약(제9장 3항에서 설명)이 채택되었다. 그러나 2016.1.4 현재 119개 당사국인 1999년 몬트리올 협약이 보편적으로 적용될 때까지 당분간 바르샤바 체제가 병행하여 적용되는 경우를 무시할 수 없다. 1929년 바르샤바 협약의 당사국은 152개국이기 때문이다.

바르샤바 체제의 조약은 크게 볼 때 3가지의 요소가 작용하여 서로 달리 해석·적용될 수 있다.

첫째는 1929년 바르샤바 협약이 불어로 작성되었다는 점에 유의하여야겠다. 이에 따라 프랑스 법률용어가 영·미법에서 사용하는 법률용어의 개념으로 정확히 해석될 수 없는 문제가 나온다. 가령 불어의 dol이 영어의 wilful misconduct로 정확히 번역되었다고 할 수 없고, 대륙법상 계약의 개념이 대가를 받지 않고 하는 계약도 포함하는 반면 영·미법에서는 계약의 원인행위(consideration)의 대가로 무료라는 것은 인정이 안 되는 것 등이다. 위와 같이 대륙법과 영·미법의 차이 및 언어의 상이에서 오는 법률개념의 차이는 그대로 조약의 해석·적용에 반영될 수밖에 없다.

둘째, 국내법 차이에서 오는 문제이다. 이는 조약이 구체적인 특정내용을 소송이 제기된 국가의 국내법에 위임하는 경우가 있는데[17] 이때 국가에 따라 원고 또는 피고에게 유리한 또는 불리한 내용으로 국내법이 제각기 규정되어 있는 데에 따른 것이다. 바르샤바 협약은 또 소송을 제기할 수 있는 재판관할지로 4개 장소를 지정하고 있다.[18] 이 4개 장소는 4개국이 될 수도 있는바, 이 경우 소송을 제기하는 원고는 자신에게 가장 유리한 판결을 하여줄 국가의 법원에서 소를 제기할 것임은 당연하다.[19] 소송을 제기 받은 국가의 법원은 다소 자국의 국내법 개념을 준거로 하여 조약을 해석함은 물론이거니와

---

17) 예를 들어 바르샤바 협약 제28조 2항은 소송제기 시 절차 사항을 소송이 제기된 법원의 국내법에 의하도록 규정하고 있고 제25조1항은 wilful misconduct와 이에 상응한 과실을 소가 제기된 국가의 국내법에 의하도록 규정하였음.

18) 바르샤바 협약 제28조 1항.

19) 유리한 판결을 얻을 수 있는 법원을 선택하는 것(이를 forum shopping이라 함)은 인명 피해를 고가로 보상 판결하는 미국의 법원을 관할 법원으로 택하고자 하는 결과를 가져옴.

(이 경우 첫 번째와 유사한 문제가 발생) 조약이 위임하는 국내법은 소가 제기된 국가의 것으로 정해진다.

셋째, 시대가 달라짐에 따라 사람의 인식도 달라지듯이 같은 법률을 해석하는 것도 시대에 따라 달라지는 데서 오는 차이이다. 이러한 인식의 차이는 과거 원시시대의 농경생활에서 적용하는 법이 오늘날의 그것과 같을 수 없듯이 시대발전에 따라, 법이 추구하는 형평의 방법 역시 변화한다. 항공기 산업이 유치(幼稚)한 단계에 있을 때에는 산업 육성과 항공여행 증진의 관점에서 항공 운송자와 여객을 동등한 입장으로 취급하였으나, 고도의 자본주의 사회인 오늘날 일 개인의 여객을 거대한 기업과 일대일로 대결하게 할 수 없는 정책적 고려가 작용하고 있다. 또한 기업은 배상을 감당할 수 있는 영업기관이라는 점도 감안되어 항공기 사고로 불행한 처지에 있는 여객 또는 사망여객의 유족은 예전과 달리 유리한 판결을 받는 것으로 경향이 바꾸어진 것이 그 예이다. 이에 따라 항공 운송자의 부주의(헤이그 의정서 제14조 'recklessly')를 광범위하게 해석하고 항공운송 시 발생하는 승객에 대한 피해(바르샤바 협약 제17조의 damage)를 과거와는 달리 정신적 피해까지 포함시킨 판례도 나왔던 것이다.

제3장

국제민간항공 협약(시카고협약)과 ICAO에서의 국제항공협력

1.국제민간항공 협약[1]의 체결

제2차 대전 중 항공기는 군사무기로서 그 효용이 크게 증가하였다. 항공기의 발전은 동시에 전후 평화유지를 위한 교통수단의 관점에서 당연히 주목을 받게 되었다.

1941년 8월 당시 미국 대통령 루스벨트와 영국 수상 처칠은 '대서양 헌장'에 서명하여 전후 정치, 경제 등 제반 세계질서를 평화롭게 유지하기 위한 대원칙을 천명하였다. 동 헌장의 제4원칙은 전후 설립될 국제연합을 통하여 모든 국가가 평등하게 경제 번영에 필요한 자연자원과 상업에 대한 자유를 향유할 수 있도록 하였으며 제6원칙은 두려움과 비참으로부터 해방된 모든 사람의 정상적인 생활을 보장하는 진정한 평화수립을 천명하였으며 제7원칙은 그러한 평화가 아무런 장애가 없이 대양을 건너서 모든 사람에게 허용되는 것이어야 함을 명시하였다.[2]

자유로운 이동에 바탕을 둔 국제 교류의 자유는 제2차 대전 연합국의 일반적인 견해였다. 이러한 배경 하에서 1944년 미국이 국제민간항공회의에 관한 회의를 미국 시카고에서 소집하였다. 1919년 파리 협약을 비준하지 않은 미국은 새로운 항공질서를 규율할 상설기구 설치를 희망하였는바, 이는 세계 제1의 대국으로 부상한 미국이 더 이상 과거와 같이 고립적인 태도를 취할 수 없었기 때문이다. 항공법전(Code of the Air)을 제정하기 위한 동 회의에 55개국이 초청되어 52개국이 참가[3]하였다. 1944.11.1.부터 12.7.까지 계속된 동 시카고 회의는 동 회의 개최지명을 딴 통칭 시카고 협약 또는 국제민간항공 협약(Convention on International Civil Aviation)을 채택하였다.

동 시카고 협약은 원래 예정하였던 한 개의 총괄적인 협약이 되지 못하였는바, 이는 회의 중 상반된 2개의 견해가 대립된 결과로서 회의는 한 개의 협약 대신 다음과 같이 4개 협약을 채택하였다.

① 국제 민간항공에 관한 임시협정(The Interim Agreement on International Civil Aviation): 시카고 협약 발효 시까지를 규율.

---

1) 1947.4.4. 발효. 2015년 12월 현재 191개 당사국. 국문과 모든 개정을 반영한 영문 협약문은 부록 참조.
2) Matte의 저서 p.126.
3) 사우디아라비아는 초청에 응하지 않았고 소련은 자국과 외교 관계가 없는 포르투갈, 스페인 및 스위스가 동시에 참가 초청을 받았다는 이유로 마지막 순간에 불참 통고를 하였음(Matte의 저서 p.127 주(4)).

② 시카고 협약: 국제항공공법의 모법.
③ 국제항공통과협정(The International Air Services Transit Agreement)[4]: 국제 정기 항공노선의 영공 통과와 영공 이·착륙권을 허용하는 일명 Two Freedoms Agreement.
④ 국제항공운송협정(The International Air Transport Agreement)[5]: 항공의 5개 자유를 허용하는 일명 Five Freedoms Agreement.

　회의 진행내용을 간략히 살펴 보건데, 우선 회의 참석자들은 협약에 전후 민간항공업무를 전담할 상설기구로서 국제민간항공기구(International Civil Aviation Organization)를 설치하는 데 아무런 이의가 없었다. 시카고 협약은 ICAO의 설립헌장일 뿐 아니라 추후 체약 당사국 간 국제 항공운송에 관한 다자협약을 채택할 법적 근거도 마련하여 주었다. 시카고 협약은 국제 항공운송을 정기와 비정기로 엄격히 구분하여 비정기로 운항되는 국제 항공운송에 대해서는 타 체약 당사국의 영공을 통과 또는 이·착륙하도록 특정한 권리를 부여(제5조)하나 정기 국제 민간항공에 대해서는 이를 허용하지 않고 있다 (제6조). 국제 민간항공기의 통과 및 이·착륙의 권리를 상호 인정할 것인지에 대하여 회의 참석자들은 의견 대립을 보였는바, 회의는 동 권리를 인정하지 않는 내용으로 시카고 협약을 채택한 다음 통과 및 단순한 이·착륙의 권리는 상기 ③ 국제항공통과협정에서, 승객 및 화물의 운송을 위한 이·착륙에 관한 권리는 상기 ④ 국제항공운송협정에서 따로 규율하여 이를 원하는 국가들 사이에서만 서명·채택되도록 하였다. 2015년 12월 현재 130개국이 국제항공통과협정의 당사국으로 되어 있어 동 협정은 상당히 보편화되어 있는 반면 국제항공운송협정은 미국 등 8개국이 탈퇴한 후 11개국만이 당사국으로 되어 있어 국제 항공에서 차지하는 의미가 없다.

　국제 정기 민간항공의 운항을 확보할 수 있는 국제항공운송협정이 어떠한 형태로든지 간에 다수국이 지지하는 다자협정으로 탄생할 가망이 없다는 것을 안 시카고 회의 참가자들은 이를 추후 양국 간 협정으로 체결하는 데 도움을 주고자 양자협정의 모델을 작성, 시카고 회의 최종의정서(Final Act)[6]에 포함시켰다. 따라서 시카고 회의는 국제항공운송협정을 채택하였지만 동 협정의 실효성이 없을 것이라는 것을 이미 예상하였던 것인바 그 배경은 다음과 같다.

　시카고 회의 당시 미국은 국제노선의 약 80%[7]를 운항할 정도로 항공 산업이 여타 국가에 비하여 월등히 앞서 있었다. 미국은 따라서 완전한 공중의 자유를 주장하면서 상업용 국제 항공운항에 관하여서는 양자협정에서 규율할 것을 제의하였다. 이에 반하여 영국은 당시까지(1919년 파리 협약 채택

---

4) 1945.1.30. 발효. 2015년 12월 현재 130개 당사국.

5) 1945.2.8. 발효. 2015년 12월 현재 11개 당사국.

6) 최종의정서는 다자 국제회의, 특히 조약 채택을 목적으로 한 국제회의를 종료하면서 참석국가 명단, 회의결과(조약 채택 시 동 조약문), 기타 합의된 내용(예: 채택된 조약의 조속한 비준을 촉구하는 결의문 채택 등)을 수록한 문서임.

7) Matte 저서 p.129.

이후) 주장하여 온 공중의 자유 입장을 변경하여 항공의 규제를 선호하면서 국제 상업항공을 관장·규율할 기관으로 상당한 권한을 가진 국제기구를 설치할 것을 제의하였다. 영국은 이러한 자국 입장에 대한 영연방의 지지를 획득하기 위하여 노력하였으나 실패하였다. 영국이 설치 제의한 국제기구는 법적·경제적 및 정치적 질서까지를 관장하는 것을 내용으로 하였다. 한편 호주와 뉴질랜드는 공동제안을 통하여 모든 국제 항공교통의 국제화를 주장하였다. 이는 모든 간선 국제선의 항공교통사업을 국제적인 소유형태로 운용하면서 이를 담당할 항공사는 세계 평화와 친선을 상징하는 독자적인 국제기(international flag)를 달도록 하자는 것이었다. 마지막으로 캐나다의 안은 보다 강력하고 구체적인 세계 항공 규율을 목적으로 12명으로 구성된 위원회를 구성하여 항공운송에 관한 경제적·기술적 및 정책문제까지를 담당토록 하는 것이었다. 동 위원회는 수개의 지역 위원회로 나누어져 지역 이사회의 의견이 반영되도록 하며 위원회는 지역위원회와 협의하여 기술적인 규제권한은 물론 항공요금, 국제노선에 운항할 국가별 항공기의 운항횟수 및 국제항공법령의 제정임무를 부여받는다는 것이었다. 캐나다의 제안은 국제 민간항공노선의 항공기 운항을 조정하여 과도한 경쟁을 제어하는 데 그 목적이 있기 때문에 운항 항공사의 국제적인 소유를 주장한 뉴질랜드 및 호주의 공동제안과 구별된다.

위와 같이 상호 상이한 제안은 당초 계획하였던 하나의 협약안에 모두 포함시킬 수 있는 성질의 것이 아니었다. 따라서 그 해결책으로서 모든 회의 참석국이 수락할 수 있는 최대 공약수의 내용으로 시카고 협약안을 작성한 후, 영공 통과 및 이·착륙을 허용하는 국제항공통과협정안과 보다 중요한 공중의 자유를 보장하는 국제항공운송협정안의 3가지 협약안을 작성하여 각국이 원하는 대로 자유 선택하여 채택하는 방식을 취한 것이다.

한편 과거 파리 협약이 채택된 지 3년 후인 1922년에야 발효한 시간적 지연을 방지하기 위하여 금번 시카고 협약 채택 시에는 상기 ① 국제 민간항공에 관한 임시협정을 동시에 채택하였다. 동 임시협정은 1945.6.6. 발효되어 ICAO의 임시기구인 PICAO(Provisional International Civil Aviation Organization)를 가동시켰다. PICAO는 1946년 5~6월 캐나다 몬트리올에서 PICAO 총회를 한 번 개최하였으며 이때 몬트리올을 ICAO의 본부로 결정하였다.

시카고 협약은 26개국이 비준 또는 가입한 연후인 1947.4.4.부터 발효되었으며 이에 따라 PICAO는 ICAO로 명칭을 바꾸어 가동하기 시작하고, 협약 제80조에 따라 이전의 파리 협약과 하바나 협약은 시카고 협약에 의하여 대체됨으로써 더 이상의 존재가치를 상실하였다.

1.1 파리 협약과의 차이점

시카고 협약과 파리 협약과의 주요 차이점은 다음과 같다.

① 시카고 협약은 국가항공기(State aircraft)를 정의하는 데 있어서 우편물 운송에 이용되는 항공기를 국가항공기 범주에서 제외하였다.

② 시카고 협약은 정기 민간항공과 비정기 민간항공을 보다 엄격히 구분하였다.

③ 시카고 협약은 무인항공기를 규제하여 무인항공기가 허가 없이 영공을 비행하는 것을 금지하였다.

④ 시카고 협약은 전염병의 확산방지 조치를 포함하여 타 체약국의 항공기가 도착하고 출발하는 것에 관련한 규정을 두었다.

⑤ 파리 협약은 항공기의 국적을 바로 규율하였지만 시카고 협약은 항공기 국적에 관련된 등록문제를 각 체약국의 국내법에 위임하였다.

⑥ 시카고 협약은 통관을 포함하여 항공의 편의를 증진시키는 규정을 포함하였다.

⑦ 시카고 협약은 사고조사 절차를 규정하였다.

⑧ 시카고 협약은 특정한 경우에 항공기를 압류하는 것을 금하였다.

⑨ 시카고 협약은 노선, 비행장, 비행시설, 공동 운항 항공사 등을 포함한 광범위한 항공 관련 규정을 두었다.

⑩ 시카고 협약은 분쟁 해결절차를 두었다.

⑪ 파리 협약과는 달리 시카고 협약은 주요한 용어 3개에 대한 정의를 포함시켰는바, 이는 국제 항공(international air service), 정기 항공사(airline) 및 운수목적이 아닌 착륙(stops for non-traffic purposes)이다.

또 하나의 중요한 차이는 파리 협약이 부속서 A부터 H까지를 제정하여 협약조문과 일체를 이루도록 한 데 반하여 시카고 협약은 부속서를 협약조문과는 별도로 취급하여 부속서의 구속력을 약화시켰다. 파리 협약 부속서를 위반하는 것은 협약의 위반이지만 시카고 협약의 부속서를 위반하는 것은 일정한 사전통고를 하였을 경우 위법이 아니다. 그러나 실제적인 적용의 관점에서 볼 경우 모든 체약당사국이 항공안전과 발전을 위하여 최대공약수로 집약한 시카고 협약의 부속서를 함부로 위반하는 일이 흔하지 않기 때문에 결과는 큰 차이가 없다고 보아야겠다. 이는 상호 보다 긴밀한 관계를 유지하고 국가의 체면이 중시되는 국제사회에서 타국의 비난을 받는 행동을 최대한 자제하는 결과이겠다.

시카고 협약이 ICAO를 창설하고 ICAO 산하 기구로 법률위원회(Legal Committee)가 구성되어 과거 CITEJA의 기능을 대신하고 있지만 파리 협약 당시 CITEJA는 별도의 독립기구였다. 이 점에 있어서도 두 협약의 내용이 다르다.

1.2 국제민간항공 협약의 개정

1944년 시카고 협약이 채택된 후 2015년 12월 현재 15차례의 개정이 있었다. 아랍어와 중국어를 협약의 정본 문서로 하는 개정을 제외하고는 모든 개정내용이 발효하여 협약에 반영되었다. 그러나 개정내용이 발효될 때까지 통상 약 10년 이상이 소요된다.

이렇게 발효가 지연되는 것은 협약 자체의 규정, 즉 제94조에 의거하여 개정 당시 총 체약국 수의 2/3가 개정의정서를 비준 또는 가입한 경우 개정이 발효하게끔 한 엄격한 개정조건 때문이다.

개정의 주요 내용은 ICAO 이사회의 구성국 수를 증가시키기 위한 것이 4차례나 되며, 시대적 상황 발전에 따라 항공기의 임차, 차터 및 교환 시 항공기의 국적국이 가지는 법률적 책임과 권한을 임차 등으로 실제 항공기를 운항하는 회사 또는 국민의 국가가 부담하는 것으로 개정한 것과 1983년 9월 1일 소련 전투기에 의한 대한항공 007기의 피격 사건 이후 민항기의 안전을 보호하기 위한 개정 등이다.[8]

2. ICAO 설립과 목적 및 조직

시카고 협약은 4개의 Part로 나누어져 있으며 Part Ⅱ는 ICAO를 설치·운영하는 문제를 규율한다. 시카고 협약은 ICAO를 설립한 헌장이기 때문에 시카고 협약에 가입하면 ICAO 회원국이 된다. 시카고 협약에 가입하지 않고 ICAO 회원국이 되는 방법은 없다.

총 96조의 시카고 협약 중 제43조부터 제66조까지(Part Ⅱ)가 ICAO의 기구, 총회, 이사회, 항행위원회, 인원, 재정, 기타 국제문제를 규율하고 있다. 동 협약 제44조는 ICAO의 목적을 다음과 같이 규정한다.

> 이 기구의 목적은 국제 공중항행의 원칙과 기술을 발전시키며 국제 항공운송의 계획과 발달을 진작시킴으로써
> ① 전 세계에 걸쳐 국제 민간항공의 안전하고 질서 있는 성장을 보장하며
> ② 평화적 목적을 위한 비행기 디자인과 운항의 기술을 권장하며
> ③ 국제 민간항공을 위한 항로, 비행장, 항공시설의 발달을 권장하며
> ④ 안전하고, 정기적이며, 효율적임과 동시에 경제적인 항공운송을 위한 세계 모든 사람의 욕구를 충족하며
> ⑤ 불합리한 경쟁에서 오는 경제적 낭비를 방지하며
> ⑥ 체약국의 권리가 완전 존중되고 각 체약국이 국제 민간항공을 운항하는 공평한 기회를 갖도록 보장

---

8) 제3조의 2로 1984.5.10. 개정하였으나 개정 발효에 필요한 102개국의 비준이 완료된 1998년 10월에야 발효하여 개정이 채택된 지 14년 만에 발효되었음.

하며

⑦ 체약국 간 차별을 피하며

⑧ 국가 공중항행에 있어서 비행의 안전을 증진하며

⑨ 국제 민간항공 제반 분야의 발전을 일반적으로 증진한다.

ICAO 이사회는 상기 목적을 충족하기 위하여 준입법기능을 가지고 시카고 협약 부속서를 제정 또는 개정하며 또한 체약국 간 협약 해석·적용에 관련한 분쟁을 해결하는 준사법적 기능도 부여받았다. 그러나 이사회가 과거 준사법적 기능을 행사하는 것을 부담스러워하면서 스스로 동 기능을 포기한 행태를 보였으며, 이사회에 참석하는 각 이사국 대표의 법률적 자질과 이사국의 기존 태도를 감안할 때 이사회의 입법·사법적 기능에 내재적인 결함과 한계가 있다.

시카고 협약은 ICAO의 목적을 수행하기 위하여 동 기구 내에 총회, 이사회, 사무국 등 세 기관을 구성하였다. 또한 2015년 12월 현재 36개국으로 구성된 이사회의 산하 기관으로 협약은 항행위원회(Air Navigation Commission), 항공운송위원회(Air Transport Committee) 등의 설치를 명시하고 있다. 각 기관별 기능은 다음과 같다.

2.1 총회

총회는 시카고 협약의 모든 체약국(2015년 12월 현재 191개국)으로 구성된다. 체약국은 분담금을 지불하지 않았다든지(협약 제62조) 또는 분쟁 해결에 관한 협약 제18장의 내용을 위반하였을 경우에 총회에서 투표권을 상실할 수 있는 것을 제외하고는 1국 1표의 동등한 투표권을 행사한다. 총회는 체약국의 과반수 참석으로 정족수(quorum)가 되며 별도의 규정이 없는 한 참석자의 과반수 찬성으로 의사를 결정한다. 과반수 이상의 찬성을 요하는 경우는 협약 개정을 위한 2/3 찬성(94조 (a)), 제2차 대전 중 적국이었던 국가의 협약 가입 시 4/5의 찬성(93조) 및 ICAO 본부를 이전하기 위한 결정 시 재적 체약국 수의 2/3 찬성(45조) 세 경우이다.

총회는 현재 3년마다 통상 1회 개최되고 있지만 이는 원 협약 제48조 (a)가 매년 개최토록 한 것을 개정한 뒤의 일이다. 또한 이사회의 요청이나 전 체약국의 1/5 이상의 요청에 의하여 특별총회가 소집될 수 있다(제48조 (a)).[9]

시카고 협약은 ICAO의 최고기관인 총회의 강제적 권한과 의무를 다음과 같이 규정하고 있다.

① 이사국 선출(제50~55조)

---

9) 특별 총회는 주로 시카고 협약 개정을 위하여 개최되었는바 1983년 대한항공 007기가 소련 전투기에 의하여 격추된 후 민간항공기 안전을 강화하는 내용으로 협약을 개정하기 위하여 1984년 소집된 제25차 ICAO 총회도 특별 총회임.

② 이사회의 보고서를 심의하고 적의 조처하며 이사회가 제기하는 모든 문제에 관하여 결정(제49조 (c))

③ 자체의사 규칙을 채택하며 필요시 보조기구를 설치(제49조 (d))

④ 예산안 투표 및 협약 제12장(제61~63조) 규정에 따른 ICAO의 재정분담 결정(제49조 (e)).

⑤ 기구(ICAO)의 지출을 심사하고 계정을 승인(제49조 (f))

⑥ 이사회 또는 자체 보조기구에 자체 심의안건을 이송하고, 이사회에 기구의 임무수행 권한을 위임(제49조 (g), (h))

⑦ 기타 유엔 기구와의 협정 체결권 등을 규정한 협약 제13장(제64~66조)의 규정을 이행

⑧ 협약의 개정안 심의 및 체약국에 대한 동 권고(제94조)

⑨ 이사회에 부여되지 않은 기구 관할 사항인 모든 문제(제49조 (k))

상기 ③ 총회의 보조기구는 총회에 따라 편의상 행정위원회, 경제위원회, 법률위원회[10](Legal Commission) 및 기술위원회 중 1~2개 또는 전부를 설치하거나 또는 전부를 설치하지 않은 채 총회를 진행하기도 하는데 동 위원회들은 총회 개최 중에만 임시적으로 설치되는 총회의 보조기구이다. 아무런 위원회도 설치되지 않은 채 진행되는 총회도 빈번히 있는바, 이때 총회는 본회의(Plenary)와 집행위원회(Executive Committee)로 구성되어 집행위원회 회의에서 심의·채택한 안건을 본회의에서 최종 채택하는 형식을 취한다.[11]

2.2 이사회

협약 제9장(제50~55조)에 따라 설치된 이사회는 의무적 기능(mandatory function)과 허여 기능(permissive function)을 갖는다. 이사회는 총회에 책임을 지는 상설기구로서 3종류의 다른 카테고리의 회원국을 대표하는 36개 이사국으로 구성된다. 매 3년 정기 총회 시마다 선출되는 36개 이사국은 항공운송의 주요국, 세계 민간항공시설에 큰 공헌을 하는 국가, 지역 대표 국가의 세 카테고리로 나누어서 각기 11, 12, 13개국을 선출하고 있다. 이사국 대표의 유고로 공석이 되었을 경우 이사국은 다른 자국인으로 잔여임기를 채운다. 모든 이사국 대표는 ICAO 본부 건물에 사무실을 두고[12] 일 년에 3번의 회기(session. 한 회기 당 약 2개월 소요)로 열리는 이사회 회의에 참석한다. 이사회 대표는 자국으로부터 봉급을 받으면서 일하지만 어떠한 국제 민간항공사의 업무에 동업자로 또는 재정적으로 관여할 수 없다(제50조).

---

10) 이사회 산하 기구로 상설된 Legal Committee와는 별개의 기구임. 항공법 제정에 Legal Committee가 많이 관여하여 왔음. Legal Commission은 총회 개최 중 종종 구성되는 분과위원회 성격의 임시기구임. Legal Affairs and External Relations Bureau는 ICAO 사무국 중 한 국(局)으로서 상시기관임.

11) 국제기구의 다수 총회가 본회의와 집행위원회 회의로 양분하여 회의를 진행하며 집행위원회 회의는 규정상 그 참석 범위를 각 체약국의 수석 대표와 고문으로만 한정하지만, 실제로는 한 회의장에서 각국의 모든 대표단이 그대로 앉은 채로 본회의와 집행위원회 회의라는 명칭만 달리한 채 회의를 진행함.

12) ICAO 소재국인 캐나다 정부는 이사국 대표의 사무실 임차료 중 2/3를 보조하여 주는 등의 혜택을 부여하고 있음.

이사회는 이사국 출신 인사인지에 관계없이 한 사람을 이사회 의장으로 선출한다. 의장은 투표권이 \없다. 만약 이사국의 대표가 의장으로 선출될 경우 동 이사국은 다른 자국민을 대표로 임명한다. 이사회 의장은 3년 임기이다. 이사회는 통상 과반수 찬성으로 의결한다. 단, 분쟁에 관련한 표결을 할 경우 분쟁 당사국인 이사국은 투표를 할 수 없다. 어느 체약국이든지 자국의 이해에 관계되는 문제가 토의되는 이사회에 투표권 없이 옵서버로 참가할 수 있다. 이사회는 자체의사 규칙을 정한다. 이사회는 보조(또는 산하)기구로 항공운송위원회(Air Transport Committee)와 항행위원회(Air Navigation Commission)를 설치·운영하고 동 보조기구의 업무를 조정한다.

또한 이사회는 이사회의 보조 기구로서 상기 2개의 위원회 이외에 총회의 결정에 따라 항행공동지원위원회(Committee on Joint Support of Air Navigation Service), 재정위원회(Finance Committee), 불법방지위원회(Committee on Unlawful Interference) 및 법률위원회(Legal Committee) 등을 설치·운영 중이다. 이상 설명한 ICAO 이사회의 조직은 다음과 같다.

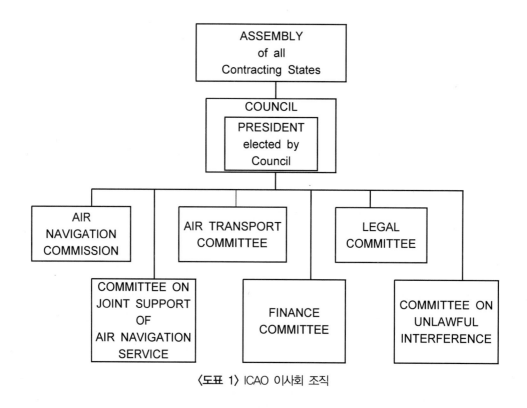

〈도표 1〉 ICAO 이사회 조직

이사회의 기능을 계속 살펴본다. 이사회는 전술한 내용 이외에도 권리와 의무를 부여받고 있다. 이를 기능별로 다음과 같이 간략히 정리할 수 있다.

① 일반적 기능
- 총회에 연차보고서 제출(제54조 (a))
- 총회의 지시를 이행하고 협약에 규정된 권리·의무를 수행(제54조 (b))
- 체약국이 제기하는 협약에 관련한 모든 문제를 심의(제54조 (n))

② 국제 행정 및 사법 기능
- 여타 국제기구와 협정 등을 체결(제65조)
- 국제항공통과협정과 국제항공운송협정이 위임한 업무를 수행(제66조)
- 공항과 여타 항행시설의 제공과 개선(제69조-76조)
- 분쟁의 해결 및 협약 위반에 대한 제재(제84조-88조)
- 협약의 위반 또는 이사회의 권고사항이나 결정의 위반을 총회와 체약국에 보고(제54조 (j)-(k))

③ 입법기능[13]
- 항행의 안전, 질서 및 효율에 관련한 문제에 있어서의 '국제표준과 권고방식'(International Standards and Recommended Practices. 약하여 SARPS)을 수록하는 협약의 부속서를 채택하고 개정(제54조 (l), (m))

④ 정보교류기능
- 항행과 국제 항공운항의 발전에 필요한 정보를 취합하고 발간(제54조 (i))
- 체약국의 국제 항공사에 관련한 운송보고와 통계를 접수(67조)
- 체약국이 당사자로 되어 있는 항공 관련 협정을 등록받고 발간(제81조, 83조)

⑤ 기구 내부 행정
- 협약 제12장과 제15조의 규정에 따른 재정을 관리(제54조 (f))
- 사무총장 등의 인선과 임무부여(제54조 (h), 58조)

⑥ 연구·검토
- 국제적 중요성을 갖는 항공운송과 항행에 관련한 모든 부문에 대한 연구(제55조 (c))
- 국제 항공운송의 기구와 활동에 영향을 주는 모든 문제를 검토하고 이에 대한 계획을 총회에 보고(제55조 (d))
- 체약국의 요청에 따라 국제 공중항행의 발전에 지장을 줄 수 있는 모든 상황을 조사하고 이에 관하여 보고서를 제출(제55조 (e))

이사회의 산하 기관인 항행위원회는 체약국이 추천한 인사 중 이사회가 임명한 19명의 위원으로 구성된다. 항공학의 전문가로 구성되는 동 위원회는 항공운송의 발전과 안전을 위한 제반 기술적 문제에 대하여 이사회에 자문을 한다. 동 위원회는 기술적 항공문제에 관련한 시카고 협약의 부속서 제정 및 개정에 있어서 중요한 자문 역할을 수행한다.

항공운송위원회는 같은 이사회의 보조기구이지만 항행위원회와는 달리 협약에 그 구성과 임무가 명시되어 있지 않고 단지 이사회 회원인 각 이사국의 대표 중에서 택한다고만 되어 있다. 이사회가 지정하는 임무와 역할을 수행하는 동 위원회는 주로 국제 민간항공 운송에 있어서의 경제적 측면을 다루고 있다. 항행공동지원위원회는 제1차 ICAO 총회의 결의(AI-7)에 의하여 설치되었다. 동 위원회의 위원도 이사회 회원 중 일부가 겸하고 있다. 동 위원회는 국제 민간항공의 간접자본(infrastructure)

---

13) 시카고 협약 제12조는 ICAO 이사회가 공해상의 항행규칙을 제정하도록 규정함으로써 ICAO 이사회에 명백한 입법권을 부여하였음. 이사회의 동 입법기능에 관해서는 Jean Carroz, "International Legislation in Air Navigation over the High Seas", 26 Journal of Air Law and Commerce(이하 JALC)(1959) 158~172 참조.

설치 및 유지를 위한 경제·기술적 원조를 담당하고 있는바, 북대서양을 비행하는 항공기의 안전운항을 위하여 ICAO가 덴마크 및 아이슬란드와 각기 협정을 체결하여 동국에 항공업무(관제, 통신, 기상 등) 제공 시설을 설치, 운영하는 일 등을 주요업무로 하고 있다.[14]

재정위원회 역시 제1차 총회 시 채택된 결의(AI-58)에 따라 설치되어, 일부 이사회 회원이 위원을 겸임하면서 ICAO의 재정문제에 관한 이사회 업무를 보조한다.

불법방지위원회는 협약 제52조(이사회 회원으로 구성된 위원회에 이사회 업무를 일부 이양)에 따라 1969년 이사회가 설치한 것인바, 동 위원회는 점증하는 항공기 납치 및 테러행위방지를 목적으로 활동하고 있다. 동 위원회도 물론 이사회 회원 중 일부에 의하여 구성되어 운영되면서 이사회 업무를 보조한다.

기타 위원회로는 인사위원회, 기술위원회 및 1995.3.27. 신설된 통신·항행·감시 및 교통운영 이행위원회(Communications, Navigations and Surveillance/Air Traffic Management Implementation Committee)가 있다. 이사회 회원(이사국 대표)을 포함하는 모든 이사회 산하 위원회의 위원은 소속국으로부터 보수를 받는다.

이사회는 이상의 상설위원회와는 별도로 협약 제54조 (c)에 따라 working group 등의 임시기구를 설치하여 주요 항공문제에 관한 연구 검토를 진행시키고 있다. 1988.5.2.~20.간 ICAO 본부에서 개최된 제4차 FANS[15](Special Committee on Future Navigation Systems) 회의도 이러한 working group 중의 하나이다. FANS와 유사한 여러 panel group이 특정과제를 토의하기 위하여 수시 회합하면서 활동하고 있는 바, 이러한 임시기구의 회의에는 어느 체약국도 자유롭게 참석할 수 있고 또한 동 panel(또는 working) group의 회원이 되어 적극적인 활동을 할 수 있다.

정부 대표 성격으로 구성되어 있는 이사회가 입법기능은 물론 시카고 협약의 해석과 적용에 관련하여 사법적 결정까지 할 수 있도록 한 것은 문제이다. 이러한 결과 이사회는 자신에게 제기되었던 여러 건의 사법적 사안들에 대하여 판정을 회피하는 것으로 일관하였다.

이사회 의장은 2006년 멕시코인 Roberto Gonzalez가 선출된 후 3선을 연임한 다음 2013년 나이제리아인 Olumuyiwa Benard Aliu가 선출되어 2014.1.1.부터 2016.12.31.까지 3년 간 재임 중이다.

2.3 ICAO 법률위원회

이사회의 산하 기관으로 표시된 법률위원회는 그 명칭 상 우리의 관심 대상이기 때문에 그 설립 역

---

14) 항행시설의 설치 및 유지를 위한 ICAO의 joint financing 업무 실적은 ICAO Doc 8900/2(2nd ed, 1977) Repertory-Guide to the Convention on International Civil Aviation, Chapter ⅩⅤ 참조.

15) 위성 통신 등 신기술을 이용하여 장래 25년에 걸쳐서 항공기의 운항안전과 효율을 도모하는 방안을 강구하기 위하여 설립된 FANS는 1984년부터 상기 1988년까지 4차례의 회의를 가진 후 회의 보고서를 제출한 제1단계 임무를 종료하였음. 연후 FANS는 ICAO CNS/ATM(Communication, Navigation, and Surveillance/Air Traffic Management) system으로 명칭을 변경하였음.

사와 기능을 알아볼 필요가 있다. 법률위원회는 1947년 제1차 ICAO 총회 시 채택된 결의(AI-46)에 의하여 협약의 해석·개정 및 항공법의 연구와 이에 관한 자문을 할 목적으로 이사회를 보조하는 상설기구로서 설치되었다. 상기 법률위원회가 부여받은 항공법 연구의 임무는 국제 민간항공에 관련한 항공사법도 포함하는바, 이 점에 있어서 법률위원회는 1926년 창설되어 국제 항공 사법을 연구하여 이를 발전시키고 법전화 시켜 온 CITEJA의 기능도 대신한다.

법률위원회는 시카고 협약의 모든 체약국에 개방되어 있다. 따라서 법률위원회 회의에 참석을 희망하는 체약국은 누구나 참석할 수 있기 때문에 기구의 짜임새가 없어 보이지만 법을 성안하고 채택하는 데에 있어서 현실적으로 이에 관여할 수 있는 능력을 가지고 있는 국가의 대표가 참여하고 자신들의 의사를 반영시킨다는 점에 있어서는 인위적으로 참가국을 고정시키고 있는 여타 상설기구의 운영보다 더 효율적이라고 볼 수도 있다. 법률위원회의 이러한 운영방식이 일부 참석국가의 의사만을 반영시켜 다수 국가의 의견이 무시되는 내용으로 국제법을 성안시킬 수 있다는 비난도 있음직하나, 법률위원회는 성안하는 선에서 작업을 끝내고 성안된 특정한 국제법을 채택하느냐는 다시 한 번 모든 국가에게 참석이 개방된 외교회의에서 최종 채택 여부를 결정하기 때문에 비난할 여지가 적다고 본다.

법률위원회의 사무는 ICAO 사무국의 법률·대외 관계국(Legal Affairs and External Relations Bureau)에서 뒷받침한다.

설립 후 약 60여년이 경과하는 동안 법률위원회는 23개의 항공법을 조약으로 채택하는 데 기여하였다. 이 중 첫 번째 것은 ICAO 총회에서 채택되고 나머지는 외교회의에서 채택되었는바 다음과 같다.

- 1948년 제네바 협약: 항공기 소유권 보호를 규정
- 1952년 로마 협약: 지상 제3자 피해 보상을 규정
- 1955년 헤이그 의정서: 1929년 바르샤바 협약 개정
- 1961년 과달라하라 협약: 운송계약 당사자가 아닌 실제 운송 항공사의 운송계약 관계를 규정
- 1963년 동경 협약: 항공기 선상의 범죄 규율
- 1970년 헤이그 협약: 항공기 불법 납치를 규율
- 1971년 몬트리올 협약: 항공기 및 항공시설에 대한 범죄를 규율
- 1971년 과테말라시티 의정서: 1955년 헤이그 의정서로 개정된 1929년 바르샤바 협약을 개정
- 1975년 몬트리올 추가 의정서 4개: 1929년 바르샤바 협약, 1955년 헤이그 의정서, 1971년 과테말라 의정서를 개정하여 배상금액을 SDR로 표시하는 제1, 제2, 제3 의정서와 국제화물운송에 관한 새로운 내용으로 헤이그 의정서를 개정한 제4 의정서
- 1978년 몬트리올 의정서: 상기 로마 협약을 개정
- 1988년 몬트리올 의정서: 1971년 몬트리올 협약을 개정, 공항 파괴행위도 범죄로 포함
- 1991년 플라스틱 폭약 표지 협약: 플라스틱 폭약 검색이 가능하도록 폭약 제조에 반영
- 1999년 몬트리올 협약: 당시까지의 바르샤바 체제를 하나의 조약문서로 통일
- 2001년 케이프타운 협약: 고가의 이동장비에 대한 담보권 보장
- 2001년 항공기 장비 의정서: 케이프타운 협약을 바탕으로 항공기 장비에 적용하는 조약
- 2009년 일반위험협약: 지상 포함 제3자 피해 배상 1978년 몬트리올 의정서를 현대화
- 2009년 불법방해 배상협약: 항공기를 무기로 사용한 테러행위 발생 시 제3자 피해 배상을 규율한 내용

- 2010년 북경 협약: 1971년 몬트리올 협약과 1988년 몬트리올 의정서를 개정한 새 조약
- 2010년 북경 의정서: 1970년 헤이그 협약을 개정
- 2014년 동경 협약 개정 몬트리올 의정서: 1963년 동경 협약을 개정하여 난동승객을 규율

　　법률위원회는 연 1회 개최를 상정하고 있다.[16] 그러나 실제로 평균 약 3년 만에 한 번씩 개최되고 있는 실정이다.[17] 법률위원회는 2000년 개최 제31차 회기에서 지상 제3자에 대한 외국항공기 유발 피해 관련 1952년 로마 협약의 현대화를 의제에 포함시킨 후 2001년 9/11사태를 계기로 국제사회의 관심이 제고된 제3자에 대한 민간항공기 유발 피해 관련 협약안을 2004년 개최 제32차 회기(session)에서 집중 심의하였다. 이 결과 로마 협약의 현대화가 필요하다고 결론 내린 후 1952년 로마 협약의 현대화를 2개의 조약으로 나누어 성안하였다. 2007년 제36차 ICAO 총회는 이를 바탕으로 이사회로 하여금 법률위원회에서 심의토록 결정하였고 2008년 개최 제33차 법률위원회 회기에서 일부 수정된 2개의 조약안은 2009년 4월 몬트리올 개최 외교회의에서 정식 채택되었다. 이에 관하여 제9장 5항 제3자 피해 배상에서 설명한다. 또 항공의 안전에 대한 관심이 제고된 가운데 납치 방지에 관한 1970년 헤이그 협약과 민간항공 안전에 관한 1971년 몬트리올 협약을 강화하는 작업을 한 결과 이를 각기 개정하는 안을 제34차 법률위원회 회기(2009년 9월)에서 심의한 후 2010년 9월 북경 개최 외교회의에서 북경의정서와 북경협약으로 각기 투표 채택하였다. 법률위원회는 이에 그치지 아니한 채 항공기 내에서 발생하는 승객의 난동(unruly passengers)을 범죄화 하는 내용으로 1963년 동경 협약을 개정하는 작업을 진행하였는바, 2013년 5월 제35차 회기(session)에서 성안된 협약안이 2014년 4월 몬트리올 개최 외교회의에서 채택되었다.

　　이상에서 ICAO 법률위원회의 최근 항공조약 제정 관련 작업내용을 보았는 바, 현 법률위원회는 제2차 세계대전 전까지 활약하였던 CITEJA와 비교할 때 전문성이 부족하여 큰 기여를 하지 못하고 있는 실정이다. 따라서 ICAO는 협약 성안 시 study group 또는 special group을 설치하여 활용하면서 형식적 절차로 법률위원회를 거치고 있다. 그러나 오늘날 법률위원회의 문제는 9/11사태 이후 테러의 주 피해국인 미국 등 일부 선진국이 주도하여 또는 IATA의 제안 하에 항공기 안전에 관한 조약의 기존 내용을 대폭 강화하는 방향으로 다수의 조약을 채택하고 있는 것인데, 이들 조약이 과도한 규정을 포함하면서 국제사회의 호응을 받지 못하고 사장될 위험에 있다는 것이다. 그러면서 ICAO 법률위원회에 대한 국제항공사회의 신뢰도 저하하고 있다.

　　법률위원회의 안건을 예시적으로 살펴보기 위하여 2015.11.30.-12.3. 몬트리올 개최 법률위원회 제36차 회기의 안건을 보면 다음과 같다.[18]

---

16) 법률위원회 의사규칙 제1조

17) 1987년 개최된 법률위원회 제26차 회기부터 2013년 개최된 제35차 회기를 감안할 때 근 3년마다 한 번씩 개최되는 형편임.

- 현존 항공법이 커버하지 않고 있는 행위 또는 범죄로서 국제 항공사회의 관심사항
- 이해 충돌에 관한 안내서 검토
- 경제자유화와 시카고 협약 제83조의 2의 안전 측면
- 무인항공기 관련 법적문제 검토
- 세계위성항법장치를 포함한 CNS/ATM 관련 입법 고려
- 국제항공법 조약 비준 증진
- 민항기과 군용기의 지위 확정

2.4 사무국

시카고 협약은 사무국의 최고 책임자인 사무총장의 임명을 이사회에서 하도록 규정하였다. ICAO 사무총장은 임기 3년으로서 2009년 8월부터 프랑스인 Benjamin Raymond가 2015.7.31.까지 연임한 후 중국인 Fang Liu가 3년 임기로 재임 중이다.

ICAO 조직의 운영은 이사회 의장이 사실상 최고의 의사결정기관인 이사회의 장으로서 ICAO의 제1인자 역할을 하며 사무국은 이사회를 보조하는 사무적 역할을 하는 것으로 되어 있다.

이사회는 사무총장과 사무국 직원의 임명, 봉급, 연수, 근무조건 등을 결정할 권한을 가지고 있다 (제54조 (h)와 58조). 협약은 사무국 직원이 국제공무원으로 근무할 수 있도록 동 직원이 소속국가 또는 기타 외부로부터 업무 관련 지시를 받지 못하도록 규정하였다(제59조). 한편 사무국 직원은 국제기구 직원으로서 특권과 면제를 부여받는다.

사무총장의 임무는 협약에 명시되지 않고 이사회에 의하여 정해지고 있다. 사무국의 통상업무로는 연구, 통계와 협정의 정리와 분석, 문서 발간, 기금의 취급과 전달, ICAO와 여타 국제기구 간 연락업무, 홍보 등이다. 이사회는 1973년 리비아 민항기가 이스라엘 전투기에 의하여 추락된 사건과 1983년 대한항공 007기가 소련 전투기에 의해 격추된 사건 및 1988년 페르시아 만에서의 미 함정에 의한 이란항공 피격사건 등에 관련하여 사무총장에게 각기 사건조사를 지시하였다. 사무국은 이에 따라 조사단을 구성하여 사건을 조사한 다음 이사회에 보고서를 제출하였으며 이사회는 이 보고서를 근거로 각기의 사건을 심층 심의하였다.

사무국은 5개의 국(局), 즉 항행국, 항공운송국, 기술협력국, 행정서비스국, 법률대외국으로 구성되며 7개의 지역사무소와 1개의 지역 분(分)사무소를 설치하고 있다. ICAO는 동 지역사무소를 통하여 체약국의 국제표준 및 권고방식(SARPS)의 이행에 있어서 충고와 원조를 해주며 지역 단위로 항공운항계획(노선 등)을 수립한다.[19] 2015년 현재 ICAO 사무국 조직은 다음 페이지(55쪽)와 같다.

---

18) 제36차 ICAO 법률위원회 문서 LC/36-WP/1-1, 2/10/15.
19) 우리나라는 방콕 소재 아시아·태평양 지역사무소가 관장함.

3. 시카고 협약 부속서

1919년 파리 협약은 항공기 운항에 관련하여 국제적 통일을 하는 것이 필요하다고 생각한 기술적 내용까지도 협약의 일체를 이루도록 하였음은 이미 설명한 바와 같다. 그러나 기술적 사항들은 과학 기술의 발전과 기술의 실제 적용에서 오는 경험을 바탕으로 수시로 개선되기 마련인바, 동 개선을 반영하기 위하여 파리 협약은 계속 개정되어야만 하였다. 반면, 1928년의 하바나 협약은 기본원칙만을 협약에 규정한 결과 한 번도 개정할 필요가 없었다.

시카고 협약의 기초자는 상기 파리 협약과 같은 폐단을 없애기 위하여 협약 자체에는 기본원칙만을 규정하고 국제적으로 통일 적용할 필요가 있는 기술적 사항은 부속서에 기술하여 기술적 사항의 수시 개정을 용이하게 하였다.

부속서는 '국제표준'(International Standards)과 '권고방식'(Recommended Practices)을 수록하고 있는데, 체약국은 최대한 동 부속서 내용을 준수할 의무가 있다. 이사회는 부속서를 채택하고 개정할 권한과 기능을 행사하면서 항공의 안전, 질서 및 효율에 관련한 국제질서를 수립하고 있다(협약 제54조 (l), (m)). 협약 제90조 (a)는 이사회가 부속서를 채택하는데 이사회의 2/3 찬성[20]을 요하도록 규정하고 부속서 개정에 관해서는 아무런 언급을 하지 않고 있다. 그러나 이사회는 협약의 합리적인 해석을 통하여 부속서 개정도 이사회의 2/3 찬성으로 처리하고 있다.[21] 2/3 찬성을 얻어 채택된 부속서의 내용은 각 체약국에 송부되는바, 체약국의 과반수가 이에 반대하지 않는 한 통상 3개월 후에 발효한다.

동 부속서가 시카고 협약의 일체를 이루는 조약문이 아니지만 모든 체약국이 최대한 적용하는 규범을 이루고 있는 관계상 이러한 부속서를 제정하는 이사회는 Cheng 교수가 지적한 대로 준입법기능을 보유한다.[22]

---

20) 동 2/3는 시카고 협약(제90조)상 명확하지 않지만 이사회는 1947.7.1. 재적 이사국 수의 2/3로 해석하였음.

21) 상동 문서 참조. 한편 이사회는 어느 한 부속서나 PANS(Procedures for Air Navigation Services, 본문에서 후술)를 1년에 한 번 이상 개정하지 않으며, 예외적 상황이 아닌 한 체약국이 1년에 2번 이상 국내 규정을 개정하지 않도록 SARPS(Standards and Recommended Practices의 두 문자로서 '표준'과 권고방식을 말함)와 PANS의 발효일자를 정한다는 원칙을 세웠음(총회 결의문 A 21-21, Appendix A, (8)).

22) Cheng, The Law of International Air Transport(1962), p.54.

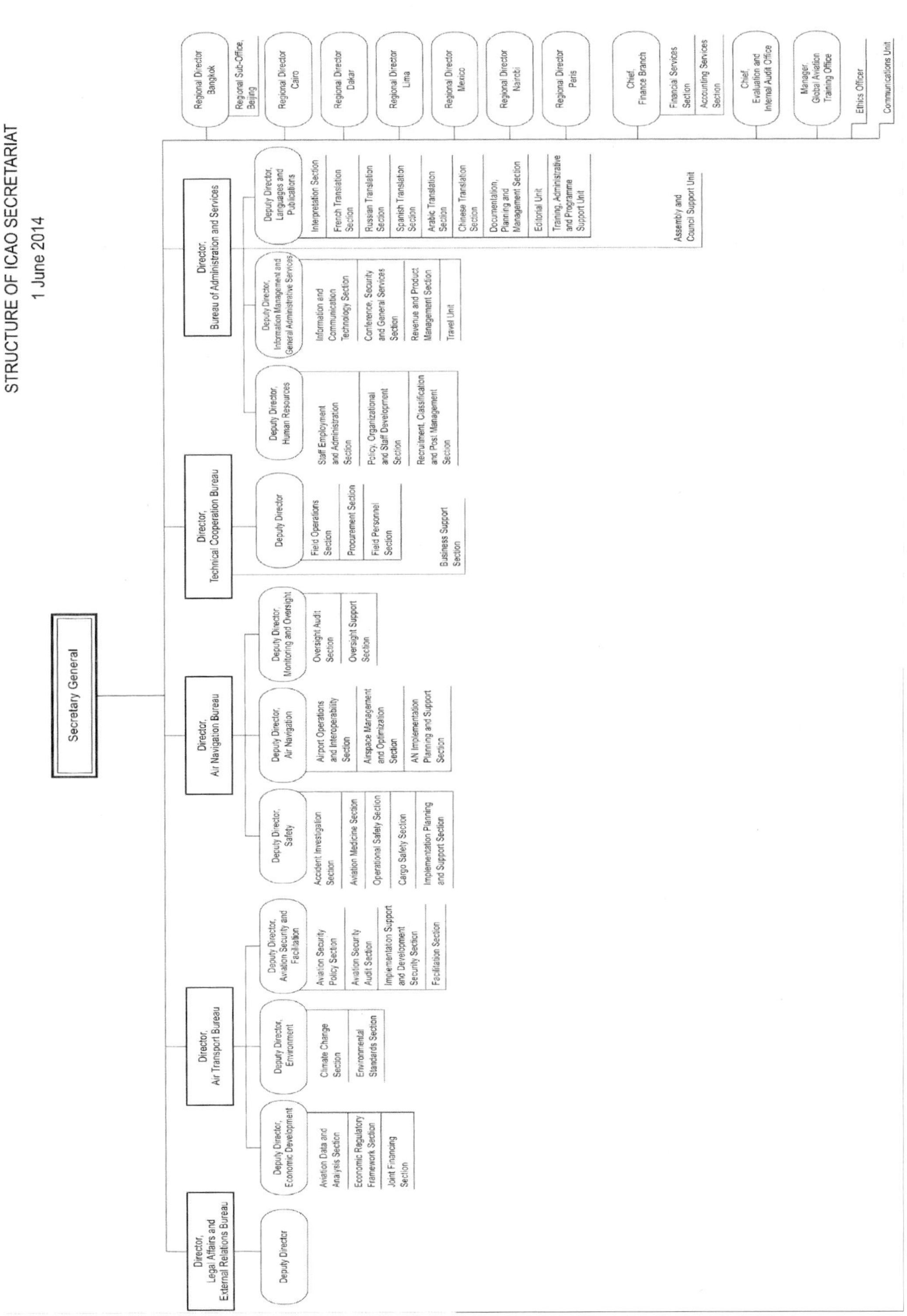

STRUCTURE OF ICAO SECRETARIAT
1 June 2014

〈도표 2〉 ICAO 사무국 조직

부속서는 필요한 대로 계속 추가 제정될 수 있다. 부속서 1부터 19까지의 목록은 다음과 같다.

Annex 1. Personnel Licensing
Annex 2. Rules of the Air
Annex 3. Meteorological Service for International Navigation
Annex 4. Aeronautical Charts
Annex 5. Unit of Measurement to be Used in Air—Ground Communications
Annex 6. Operation of Aircraft
Annex 7. Aircraft Nationality and Registration Marks
Annex 8. Airworthiness of Aircraft
Annex 9. Facilitation
Annex 10. Aeronautical Telecommunications
Annex 11. Air Traffic Services
Annex 12. Search and Rescue
Annex 13. Aircraft Accident and Incident Investigation
Annex 14. Aerodromes
Annex 15. Aeronautical Information Services
Annex 16. Environmental Protection
Annex 17. Security—Safeguarding International Civil Aviation against Acts of Unlawful Interference
Annex 18. Safe Transport of Dangerous Goods by Air
Annex 19. Safety Management

3.1 국제표준과 권고방식

ICAO는 제1차 총회(1947년) 시 내부사용을 목적으로 하여 Standard와 Recommended Practice를 다음과 같이 정의하였다.[23]

Standard: 그 통일적 적용이 국제 항공의 안전과 질서를 위하여 '필요'(necessary)하다고 인정되고 회원국이 협약에 따라 준수할 물질적 특성, 형상, 물체, 행위, 인적 또는 절차에 관한 모든 구체적인 것(필자 밑줄).
Recommended Practice: 그 통일적 적용이 국제 항공의 안전, 질서 또는 효율을 위하여 '바람직'(desirable)하고 회원국이 준수하고자 노력할 물질적 특성, 형상, 물체, 행위, 인적 또는 절차에 관한 모든 구체적인 것(필자 밑줄).

협약 제38조는 상기 표준과 권고방식에 대하여 각기 다른 의미를 부여하고 있다. 양자가 그대로 구속력 있게 적용되는 것은 아니지만 일정한 조건하에서는 구속력이 있다. 표준(또는 국제표준)과 자국의 국내규칙 사이에 차이가 있을 경우 체약국은 이를 즉각 ICAO에 통보할 의무를 진다. ICAO 표준의 개정내용이 자국규칙과 상이한 체약국은 자국규칙을 ICAO 표준에 부합하도록 개정하는 조치를 취하지 않는 경우 국제표준 채택으로부터 60일 이내에 ICAO이사회에 통보할 의무가 있다. 국제표준과 자

---

23) 제1차 총회 결의문 AI-31("Definition of 'International Standard' and 'Recommended Practice'"). 동 결의문은 약간의 수정을 가하여 제14차 총회 시부터 통합 결의문(consolidating resolution)으로 정기 총회 시마다 채택되어 오고 있음.

국의 규칙 사이의 차이점을 ICAO 이사회에 통보하지 않을 경우 국제표준이 구속력 있게 적용된다. 또 동 차이점과 관련하여 협약 부속서 15(Aeronautical Information Services)는 국내의 규정과 방식(practices)이 ICAO의 표준 및 권고방식과 상이할 때 체약 당사국이 이를 항공간행물로 발간할 의무를 부과하였다.

한편 권고방식과 상이한 국내규칙에 관하여 통보할 의무는 협약에 규정되어 있지 않다. 따라서 표준이 권고방식보다는 규범성이 강한 내용으로서 이 표준내용에 대하여 더 강한 규범성을 부여한다면 이는 협약조문으로 포함시켜야 할 성질의 것이 되겠다. 권고방식과 국내에서 실시하는 규칙과의 상이점을 통보하는 것이 협약상의 의무는 아니나 ICAO 총회와 이사회는 결의문을 통하여 표준과 권고방식을 따르도록 권고하고 이것이 불가할 경우에는 표준은 물론 권고방식하고도 다른 국내규칙상의 차이점을 ICAO에 통보하도록 요청하고 있다.[24] 동 차이점으로 ICAO에 통보할 내용의 기준은 다음과 같다.[25]

① 아래 경우에서 체약국의 국내규칙이 자국영토(영공을 포함)에 있는 타 체약국 소속 항공기의 운항에 영향이 미칠 때, 즉
- 부속서의 규정 범주에 들어가 있으나 ICAO 표준에는 포함되어 있지 않은 의무를 부과할 때.
- 상응하는 ICAO 표준과는 성격이 다른 의무를 부과할 때.
- 상응하는 ICAO 표준보다 과도한 것을 요구할 때.
- 상응하는 ICAO 표준보다도 덜 보호적일 때.
② 타 체약국 영토에서 국제 운항되고 있는 자국항공기와 동 유지, 그리고 승무원에 적용하는 자국 국내규칙이
- 상응하는 ICAO 표준과 상이할 때.
- 상응하는 ICAO 표준보다도 덜 보호적일 때.
③ 체약국이 제공하는 국제 항행을 위한 시설과 업무가
- ICAO 표준 이상으로 안전요건을 부과할 때.
- 추가의무를 부과하지는 않지만 상응하는 ICAO 표준으로부터 원칙, 형태 또는 제도가 다를 때.
- 상응하는 ICAO 표준보다도 덜 보호적일 때.

ICAO 이사회는 표준과 권고방식 이외에 '항행업무절차'(Procedures for Air Navigation Services, 약하여 PANS)와 '지역 보충 절차'(Regional Supplementary Procedures, 약하여 SUPPS)를 채택하여 항공에 관련한 기술적 문제의 통일적 적용을 보조하는 규칙으로 활용하고 있다. 이 2가지 절차는 너무 구체적이고 또한 임시적인 성격 때문에 부속서 내용을 구성하지는 않으나, 동 절차를 적용한 결과 권고방식이나 표준으로 지위를 상승시킬 정도의 중요성이 인정될 경우 동 내용을 권고방식이나 표준으로 격상시켜 부속서에 포함시킨다.

---

24) 이사회의 1950.11.21. 채택 결정
25) 상동.

ICAO 총회와 이사회는 결의문을 채택하여 각 체약국이 PANS와 상이한 자국규칙을 ICAO에 통보하고 자국의 항공정보 간행물에도 게재하도록 촉구하고 있다.[26]

협약 제37조는 ICAO 이사회의 권능으로 국제표준, 권고방식 및 '절차'(Procedures)를 채택 또는 개정할 수 있도록 하였는데 제38조에서 이들과 상이한 국내규칙을 설명하면서 권고방식은 제외시켰다. 그런데 제38조 서두에서 국제표준과 같이 설명한 '절차'를 문장서두에는 언급하였지만 그 다음에 오는 기술에서는 누락하였기 때문에 '절차'를 언급한 의의가 다소 모호하게 되었다.

3.2 일탈(deviation)이 불허되는 국제표준

시카고 협약 제12조는 공해상공에서의 항행규칙은 ICAO가 정한 내용을 준수하도록 하면서 동 구체 내용을 수록한 협약 부속서 2(Rules of the Air)의 내용과 체약국의 항행규칙이 차이가 나는 것을 ICAO 이사회에 통보토록 하면서 공해상공에서의 항행규칙에 일탈이 되는 것을 허용하지 않았다.

또 체약국은 협약 제26조에 따라 항공기 사고 시 사고조사를 하여야하는데 동 내용을 구체적으로 규정한 협약 부속서 13(Aircraft Accident and Incident Investigation)에서 국제표준으로 기술한 사고 발생지 국이 사고조사를 하여야 하고, 항공기 등록국에서 사고가 발생하지 않았을 경우 등록국이 사고 조사국의 사고 조사에 옵서버를 파견하며, 사고 조사국이 사고조사 보고서를 항공기 등록국에 송부하는 것에 대한 내용도 일탈을 불허한 채 세계적인 통일을 기하였다.

다른 부문에 있어서 자국의 항행규칙이 국제표준과 차이가 날 때 이를 ICAO 이사회에 통보할 경우 일탈이 허용되지만 동 차이의 내용을 간행하여야 하는 의무는 협약 부속서 15(Aeronautical Information Services)의 국제표준의 내용으로 구성하면서 동 국제표준의 내용에 대하여서도 일탈을 허용하지 않았다.

4. 시카고 협약과 국내 항공법[27]

항공법은 국제적 성격이 강한 바, 항공질서 확립을 목적으로 하는 국내 항공 법규에서도 국제법과의 관계를 명시하고 있다. 따라서 항공법규의 적용 및 해석에 있어, 해당 항공법령 이외에 헌법, 국제

---

26) 총회 결의문 A21 –21(제21차 총회의 21번째 결의문을 말함)과 1950.11.21.자 이사회 결정.
27) 이구희, "항공법정책", 한국학술정보(주), 2015, pp.67–68. 참조.

조약 등에서 규정한 내용을 준수해야 하는 것은 당연하다.

유엔헌장 제103조[28])는 어느 조약도 유엔헌장에 우선할 수 없다고 규정하였다. 따라서 유엔헌장과 조약 그리고 우리 국내법 3자간의 조약에 관련한 내용에 있어서는 유엔헌장이 먼저이고 조약과 국내법은 동등한 지위에 있는 것으로 해석된다. 또한 헌법 제6조 제1항은 "헌법에 의하여 체결·공포된 조약과 일반적으로 승인된 국제법규는 국내법과 같은 효력을 가진다."라고 규정하여 시카고 협약의 내용을 국내법과 동등한 지위에 두었다.

시카고 협약과 항공법의 관계에서 알 수 있듯이 시카고 협약 체약국은 항공질서 및 통일성 확보에 협력하고 ICAO에서 정한 국제표준은 특별한 경우가 아닌 한 준수된다. 이를 위하여 체약국은 SARPs를 기반으로 하는 체약국의 법규를 마련하여 항공안전체계가 유지될 수 있도록 관리 감독한다. 또한, 모든 시카고 협약 체약국은 자국을 운항하는 외국 항공사 및 항공기에 대해서도 국제법적으로 인정되는 범위 내에서 항공기 사고 등을 방지할 목적으로 SARPs 내용의 이행상태를 확인 점검할 권리를 가진다. 최근 세계 각국 항공당국의 외국 항공사 및 항공기에 대한 점검 활동 강화 및 확대도 이러한 맥락으로 이해되며 이들에 대한 실제 점검 내용도 국제표준을 어떻게 준수하고 있는지를 확인하고 필요 조치를 취하는 것이다.

〈표 1〉 국제항공법과 국내항공법과의 관계

구분	내용
국제 항공법	· (UN 헌장): 국제조약과 상충 시 헌장상의 의무가 우선함 · 국제민간항공 협약 및 국제민간항공 협약 부속서 (국제 표준 및 권고방식) · 항공기 운항 상 안전을 위해 체결된 형사법적 국제조약 (1963 동경 협약, 1970 헤이그 협약, 1971 몬트리올 협약 등) · 항공기 사고 시 승객의 사상과 화물의 피해에 대한 배상 등에 관한 국제조약 (1929 바르샤바 협약, 1999 몬트리올 협약 등) · 항공기에 의한 지상 피해 시 배상에 관한 조약 (1952 로마협약, 1978 몬트리올 의정서)
국내 항공법	· 헌법 · 항공법/시행령/시행규칙 · 항공보안법/시행령/시행규칙 · 항공·철도 사고조사에 관한 법률/시행령/시행규칙 · 상법(제6편 항공운송)/시행령 · 운항기술기준(FSR) 등
국제 및 국내항공법 (위에서 계속)	· (헌법) 승인된 국제법규는 국내법과 같은 효력을 가진다. · (항공법) 「국제민간항공조약」 및 같은 조약의 부속서에서 채택된 표준과 방식에 따라… · (항공보안법) 이 법에서 규정하는 사항 이외에는 다음 각 호의 국제협약에 따른다.

---

28) UN 헌장 Article 103: In the event of a conflict between the obligations of the Members of the United Nations under the present Charter and their obligations under any other international agreement, their obligations under the present Charter shall prevail.

관계	- 「항공기 내에서 범한 범죄 및 기타 행위에 관한 협약」 - 「항공기의 불법납치 억제를 위한 협약」 - 「민간항공의 안전에 대한 불법적 행위의 억제를 위한 협약」 등 • (항공·철도사고조사에 관한 법률) - 「국제민간항공조약」에 의하여 대한민국이 관할권으로 하는 항공사고 등에도 적용 - 이 법에서 규정하지 아니한 사항은 「국제민간항공조약」과 같은 조약의 부속서에서 채택된 표준과 방식에 따라 실시한다. • (상법_제6편 항공운송) : 국제 항공조약 중 사법성격의 내용을 반영

출처: 「항공우주정책법학회지」 제28권 제1호(2013), "시카고협약체계에서의 항공안전평가제도에 관한 연구(이구희·박원화)"

<표 2> 시카고 협약을 인용한 국내 항공법규 내용

구분	내용	비고
항공법	제1조(목적) 이 법은 「국제민간항공조약」 및 같은 조약의 부속서에서 채택된 표준과 방식에 따라 항공기가 안전하게 항행하기 위한 방법을 정하고, 항공시설을 효율적으로 설치·관리하도록 하며, 항공운송사업의 질서를 확립함으로써 항공의 발전과 공공복리의 증진에 이바지함을 목적으로 한다.	항공법과 시카고 협약 및 부속서 관계
항공보안법	제1조(목적) 이 법은 「국제민간항공 협약」 등 국제협약에 따라 공항시설, 항행안전시설 및 항공기 내에서의 불법행위를 방지하고 민간항공의 보안을 확보하기 위한 기준·절차 및 의무사항 등을 규정함을 목적으로 한다.	항공보안법과 시카고 협약 관계
항공·철도 사고조사에 관한법률	제3조 (적용범위 등) ① 이 법은 다음 (중략) 사고조사에 관하여 적용한다. 2. 대한민국 영역 밖에서 발생한 항공사고등으로서 「국제민간항공조약」에 의하여 대한민국을 관할권으로 하는 항공사고등 ④ 항공사고등에 대한 조사와 관련하여 이 법에서 규정하지 아니한 사항은 「국제민간항공조약」과 같은 조약의 부속서에서 채택된 표준과 방식에 따라 실시한다.	항공철도사고조사에 관한 법률과 시카고 협약 관계

* 출처: 「항공우주정책법학회지」 제28권 제1호(2013), "시카고협약체계에서의 항공안전평가제도에 관한 연구(이구희·박원화)"

제4장

기타 국제항공협력

1. 정부 간 지역협력 국제항공기구

1.1 유럽 민항회의(European Civil Aviation Conference)

1953년 구주이사회(Council of Europe) 각료위원회에 이어 ICAO 이사회가 채택한 결의에 따라 1954년 프랑스 Strasbourg에서 ICAO 이사회 의장이 주재하는 '유럽에서의 항공운송 협력에 관한 ICAO 회의'가 개최되었다. 동 회의는 유럽 항공운송의 협력, 효율적인 이용 및 질서 있는 발전의 증진을 목적으로 하는 한편 동 항공분야에서 제기되는 모든 문제를 심의하기 위하여 유럽 민항회의(ECAC)를 상설기구로 설치할 것을 결정하였다. 동 결정에 따라 1955년 탄생한 ECAC은 자문기구로서 활동하면서 중요한 국제 항공문제에 있어서 회원국들 간의 공동보조를 도모하며 유럽의 항행안전과 표준통일에 기여하고 있다.

ECAC은 ICAO와 긴밀한 연락관계를 유지하고 있다. 동 ICAO와의 관계를 설정하는 데 있어서 첫째, ICAO로부터의 완전한 독립기구, 둘째, 시카고 협약 제55조 (a)가 예견한 바의 ICAO 부속기구, 셋째, 양자 중의 중간을 놓고 검토한 결과 세 번째 안을 택하였다. 파리에 본부를 둔 ECAC은 같은 파리에 소재한 ICAO의 구주 지역사무소를 사무국으로 이용하면서 동 이용에 따른 직접 경비만을 ECAC 회원국이 부담하고 있다.

ECAC은 1956년 파리에서 채택된 '유럽에서의 비정기 항공의 상업권에 관한 다자협정'의 산파역을 담당하였다. ECAC은 사전 차터 기 예약 통제에서부터 기술적 사항의 권고에 이르기까지 국제 항공에서 매우 활발하게 활동하고 있다.

ECAC은 1989년 컴퓨터 예약제도(Computer Reservation System: CRS) 운영에 관한 행동지침을 채택하여 당시 미국의 대형 항공사 등이 시작하였던 CRS의 차별조치로 말미암아 문란하였던 유럽 내 항공시장에 질서를 수립하였으며 항공관제 및 바르샤바 협약 체제의 장래문제 등 다방면의 항공 업무에 관심을 가지고 기여한다.

소련 붕괴 후 1990년대 초 동구권 국가들이 가입하고 구소련 연방 국가들도 가입하여 2015년 12월 현재 44개국의 회원국을 거느리고 있는 ECAC은 1996년부터 2006년까지 회원국들이 자발적으로 자국 내에 착륙하는 모든 항공기에 대한 안전검사를 실시토록 한 결과 총 3만 6,000건 이상의 안전검사가 시행되어 SAFA(Safety Assessment of Foreign Aircraft) 데이터베이스에 수록하는 성과를 거두었다. 비행장에서 시행된 동 안전검사는 2007.1.1.부터 유럽연합(EU)의 집행위(European Commission)와 유럽항공안전청(European Aviation Safety Agency: EASA)으로 이관되었는바, 이관되기 전해인 2006년에만 34개 회원국이 127개국으로부터의 812개 항공사가 운항하는 210개의 상이한 종류의 항공기를 7,461회 검사하면서 유럽으로 취항하는 모든 외국항공기의 안전 확보에 노력하였다.

ECAC 회원국들은 유럽 항공관제시스템에 관한 교통장관회의(MATSE)를 설치하여 유럽 상공의 비행운항 효율과 비행공역 증대를 위한 조치 등에 합의하였다. 첫 번째 조치는 1988년 CFMU(Central Flow Management Unit)라는 중앙운항 관리단을 창설함으로써 과거 각 회원국이 각기 운행하였던 항공관제를 통합하여 항공운항의 효율을 증대시킨 것이며 두 번째 특기할 조치로는 2002년 수직 고도 분리간격 축소(Reduced Vertical Separation Minimum: RVSM)를 도입한 것이다. RVSM는 북대서양 상공에서 일부 실시되고 있지만 유럽 상공 전체적으로 대규모 실시된 것은 처음이었는바, 고도 290(2만 9,000피트로서 9,500m 상공)에서 410(약 1만 2,500m) 사이의 비행 간격을 과거 2,000피트(660m)에서 1,000피트(330m)로 줄인 것이다. 이에 따라 비행고도가 6개 증가한 13개가 되어 포화상태의 비행공역을 해소시키면서 20% 공역 증가효과를 가져오고 항공사가 연간 39억 유로를 절약한 것으로 추산되었다.

1.2 아랍 민항위원회(Arab Civil Aviation Commission)

아랍 민항위원회의 전신인 아랍국 민항이사회(Civil Aviation Council of Arab States: CACAS)는 아랍연맹협약 제2조에 명시한 항공분야에서의 협력을 실현하기 위하여 1965년에 체결된 아랍국 사이의 관련 협정1)에 따라 1967년에 창설되었다. CACAS는 아랍연맹의 본부가 있는 모로코 라바트에 설치되어 있으며 아랍 연맹구성국과 동국의 2/3가 찬성하여 가입하는 여타 아랍국을 회원국으로 하고 있다. 동 이사회는 국제 분야에 있어서의 아랍국의 항공수송을 육성하고 항공수송에 관련한 원칙, 기술 및 경제 증진을 목적으로 하고 있다. 동 이사회는 동 목적 수행을 위하여 ICAO와 상호 협력하고 있으며 ICAO의 '표준'과 '권고방식'을 연구·검토하여 아랍국에 이익이 되는 내용을 실시하도록 권장하고 있다. 이사회는 또한 아랍국 내에서의 절차와 입법을 통일시키는 노력을 하고 있다.

---

1) 2013년 1월 현재 졸단, 튀니지, 알제리, 수단, 이라크, 사우디아라비아, 시리아, 예멘, 쿠웨이트, 레바논, 리비아, 모로코 등 12개 당사국.

회원국은 각기 1표의 투표권을 행사하며 이사회의 결정은 통상 과반수로 정한다. 상설 사무국은 이사회의 안건과 기술적 업무를 준비한다. 이사회를 창설한 협정은 또한 회원국 상호 간 협정의 해석과 적용에 관한 분쟁 해결 규정을 두고 있으며, 분쟁 해결 결정에 이의가 있는 회원국은 아랍 법원[2]에 항소하되 아랍 법원 설립 시까지는 아랍국 연맹 이사회에 항소하도록 규정하였다. CACAS의 업적으로는 시카고 협약을 아랍어로 반영 발간토록 한 것과 아랍 통과 협정(Arab Services Transit Agreement) 및 아랍 항공사(Pan Arab Airways) 설립에 관한 협정 체결을 들 수 있다. CACAS는 ACAO(Arab Civil Aviation Organization)로 대체되었다가 1996년 6월 다시 ACAC(Arab Civil Aviation Commission)[3]로 대체되었다.

1.3 라틴아메리카 민항위원회(Latin American Civil Aviation Commission)

다수 라틴아메리카 국가는 1973년 멕시코시티에서 라틴아메리카민항위원회(Commission Latino-americano de Aviation Civil)를 설치하였다. 동 기구가 LACAC으로서, 동 기구의 모든 결정은 각 회원국의 승인을 요한다. 중·남미 및 카리브 해 소재 국가에 개방된 동 기구는 역내 국가 간의 제반 항공문제를 상호 협의하고 조정하는 것을 목적으로 하고 있다. LACAC은 이러한 목적을 수행하기 위하여 연구, 통계자료 교환, ICAO 표준과 권고방식의 적용 권고 및 연수와 기술지원, 지역개발 등을 위한 활동을 하고 있다.

1.4 아프리카 민항위원회(African Civil Aviation Commission)

AFCAC은 1969년에 설치되었는바, 설치 헌장은 아프리카경제위원회(Economic Commission for Africa) 또는 아프리카통일기구(Organization for African Unity)의 회원국을 구성 대상으로 함으로써 설치 당시 아프리카 대륙의 국가 중 제1강대국인 남아프리카공화국만을 제외시켰다.[4] 동 기구의 목적은 아프리카 항공수송제도가 순조롭게 발전되고 효율적으로 운영될 수 있도록 역내 민간항공 당국 간의 협력과 조정을 수립·시행하는 데에 있다.

동 기구의 사무국은 세네갈 다카르에 있으며 총회는 통상 2년마다 한 번씩 개최되면서 차기총회 안건을 미리 확정한다.

이상과 같이 4개의 지역별 정부 간 항공관계 국제기구를 간략히 살펴보았다. 이들 지역기구는

---

2) 아직까지 설립되어 있지 않음.

3) 2011년 현재 18개 회원국으로 구성되어 있으며 본부는 모로코 라바트에 소재함.

4) 남아프리카공화국이 소수 백인 통치에서 흑인 만델라 대통령으로 평화적 정권교체가 이루어진 1994년 남아프리카공화국도 회원국으로 가입하였음.

ICAO 총회나 기타 주요한 항공문제를 토의하는 국제회의가 개최될 때 역내 의견을 조정하여 국제회의에서 지역별 그룹으로서 통일된 입장을 취하고 자기 지역의 이익을 반영하는 큰 세력을 형성한다. 이에 반하여 유독 아시아 지역은 워낙 광범위한 지역에 이질적인 요소가 뒤섞여 있는 것이 이유이긴 하겠지만 아시아 지역 내 국가 간의 공동보조가 없는 형편이다. 따라서 아시아 국가 이익의 전체적인 대변이 없으며 아시아 지역에서의 역내 기구 발전도 타 지역에 비하여 뒤떨어져 있다.

항공문제가 지역 내 협의로서 해결되지 못할 경우 ICAO를 무대로 하여 해결책이 모색된다. 민간항공의 정책에 관련된 주요한 항공문제는 그간 5차에 걸쳐 ICAO의 주관하에 개최된 특별항공운송회의(Special Air Transport Conference)에서 논의되었다.[5] 1977년, 1980년, 1985년, 1994년 및 2003년 각기 몬트리올에서 개최된 동 회의는 정기 및 비정기 항공노선 취항 허가문제, 한 나라의 일방적인 조치(가령 소음규제 등)가 국제민항에 미치는 영향, 컴퓨터 예약제도, 항공권 판매대금의 외화 송금, 체크인 짐의 상이한 규제[6]의 통일 등을 논의하였으나 뚜렷한 해결책이 없이 ICAO 이사회가 계속 연구·검토할 것을 권고하는 결의안을 채택하는 것으로 종료하였다.

국제 항공문제의 지역 간 기술적 협력을 위해서 현재 2개의 채널이 존재하는바, 첫째는 바로 다음 항에서 기술하는 지역 내 관제통신 업무의 공동제공이며, 둘째는 ICAO의 지역사무소가 관여하여 개최하는 지역항행회의(Regional Air Navigation Meeting)이다. 이 지역항행회의에서의 토의 안건은 전반적인 지역 내 협의사항이 될 수도 있고 또는 특정한 항공기술문제(예: 통신)에 관한 사항만을 토의하는 회의가 되기도 한다. 동 지역항행회의의 결정사항은 ICAO 항행위원회(ANC)의 심의를 거쳐 이사회의 승인을 받아야 한다.

2. EUROCONTROL과 유사기구

ECAC 등의 지역협력기구가 지역 내 항공문제에 관하여 역내 국가 간 정책적인 문제를 놓고 보조를 같이 하는 목적을 갖고 있다는 것은 앞서 설명한 바다. 이러한 정책적 협력보다는 범위를 좁혀서 보다 구체적인 관제통신 등의 업무를 제공하기 위한 국가 간 협력이 지역별로 진행 중에 있다. 유럽과 같이 조그마한 영토의 국가가 밀집되어 있는 지역에서 국가마다 자국영공을 비행하는 항공기에 대한 관제

---

5) 1994년 11~12월 ICAO가 개최한 회의는 세계항공회의(Worldwide Air Transport Conference)라는 제하로 항공 자유화와 경쟁을 주요 의제로 다루었음. 여사한 회의는 규범을 정하는 외교회의의 성격을 갖는 것이 아니고 참가국 대표 간에 당시 관심사인 국제 항공문제를 자유 토론하는 장으로 이용되어 왔음.

6) 유럽·아시아 지역에서는 이코노미 승객 1인당 20kg부터 25kg까지 무료 짐의 check-in을 허용하나 대서양과 태평양을 횡단하여 미국과 캐나다를 연결하는 항공기에 탑승하는 승객은 economy 승객 1인당 2개(대한항공의 경우 개당 23kg까지)의 짐을 허용하기 때문에 어느 지역을 여행하느냐에 따라서 허용하는 check-in 짐의 무게가 다름. 남미 행은 북미를 경유할 경우는 개수로, 경유하지 않을 시 무게를 적용함.

업무[7]를 각기 제공하는 것은 비경제적일 뿐만 아니라 혼선을 가져오는 일이 된다. 이 점에 착안하여 유럽 등 일부 지역에서는 관제통신을 공동으로 제공하고 이에 따른 경비는 국가 간에 부담하는 방법을 취하고 있는바, 가장 대표적인 것이 유럽에서의 EUROCONTROL이다. 유사한 지역기구로 중미의 COCESNA와 서부 아프리카의 ASECNA가 있는바, 다음에 기술한다.

2.1 EUROCONTROL[8]

EUROCONTROL(European Organization for the Safety of Air Navigation)을 설립하는 협약(Convention Relating to Cooperation for the Safety of Air Navigation)은 1960년 브뤼셀에서 채택된 후, 1963.3.1. 서독, 벨기에, 프랑스, 영국, 룩셈부르크, 네덜란드 등 6개국을 대상으로 우선 발효되었다. 동 협약은 협약 종료를 앞두고 1981년 채택한 브뤼셀 의정서에 의하여 그 효력이 연장되고 또 개정된 후 1997년 모두를 하나로 통합하는 의정서(Consolidated Protocol)를 채택한 바, 2015년 말 현재 41개 유럽국가가 참여하고 있다.

EUROCONTROL 협약은 그 뒤 수차례 개정되었다. 1986년에 발효된 개정협약은 기존 협약에서 각 회원국의 공역을 포기토록 하여 일정 고도 이상 상공에서 공동 항공관제를 실시한다는 목표를 수정하여 유럽 내에서의 협력에 중점을 두는 것으로 현실화하였다. 동 협약은 1997년에 또 개정되어 비행 상공에서만의 관제협조와 통일이 아니고 gate-to-gate 개념을 도입하여 공항 택시웨이와 활주로(runway) 등을 포함한 지점으로까지 적용 대상을 확대하였다. 상기 개정 시 CEATS(Central European Air Traffic Services) 설립 협정도 체결하였는바, 이에 따라 오스트리아, 보스니아헤르체고비나, 크로아티아, 체코공화국, 헝가리, 슬로바키아, 슬로베니아, 그리고 이태리 북동부지역의 상공을 공동 관제구역으로 하고 상부공역 관제센터(Upper Area Control Center)는 오스트리아 비엔나에 소재키로 하였다. 이에 따라 공동관제 구역은 벨기에, 네덜란드, 룩셈부르크, 그리고 일부 독일의 상공을 대상으로 이미 설치된 MAS UAC(Maastricht Upper Area Control Center)와 함께 유럽에 2개의 UAC가 존재하며 관제 업무 제공으로 얻은 수입은 참가 국가가 나누어 가진다.

동 협약이 설치한 EUROCONTROL은 본부를 브뤼셀에 두고 각 협약 체약국의 국내법상 법인격을 향유한다. 동 기구는 항행안전위원회(Permanent Commission for the Safety of Air Navigation)와 항공교통업무청(Air Traffic Services Agency)으로 구성되어 있다. 위원회는 각 체약국의 대표로 구성되어 동 기구

---

7) 항공기의 공중충돌을 방지하고 신속하고 질서 항행을 도모하기 위하여 제공되는 통신 업무를 말함.

8) 관련 협약문을 포함한 동 건 상세기술은 S. B. Rosenfield, The regulation of international commercial aviation(1984), pp.3~115 참조.

의 정책 결정 및 입법기관 역할을 한다. 항공교통의 원활한 유통과 항행안전을 위한 시설 설치 등의 조치를 채택하는 업무를 동 위원회가 담당한다. 동 위원회의 업무를 상술하면 다음과 같다.

① ICAO의 표준과 권고방식을 바탕으로 국가항공교통규칙과 항공교통 운항을 연구하고 각 체약국의 기술발전 수준을 감안하여 항행업무와 시설에 관한 연구를 조정하고 증진함.

② 무선, 텔레커뮤니케이션 및 이에 상응하는 체공(airborne) 안전 기구에 대한 공동방안을 증진함.

③ 체약국의 요청에 따라 동국의 하부 영공9)의 항공교통업무를 EUROCONTROL 또는 여타 체약국에 의뢰할지를 결정함.

④ 항공교통업무청이 제공하는 업무에 대한 수입금 처리 방침을 정하고 업무의 사용료 및 사용조건을 승인하며 재정방침을 정함.

⑤ 항공교통업무청 활동에 대한 전반적인 감독을 행사함.

항공교통업무청은 EUROCONTROL의 집행기관으로서 EUROCONTROL 설립 협약이 정한 범위의 공역에서 항공교통업무를 제공한다. 동 업무청은 필요에 따라 건물과 시설을 건축하고 자체에 위임된 항공교통업무를 직접 수행하기도 한다. 동 업무청은 또한 항공교통관제업무상 체약국의 국내규정을 적용하는 데 문제가 있을 때에는 위원회에 동 문제를 제기하여 해결토록 한다. 체약국의 상공을 비행하는 항공기의 기장은 업무청이 지시하는 사항을 의무적으로 따라야 하며 항행규칙의 위반은 업무청에 보고된다. 업무청은 자체 인원충원과 업무요율을 결정(위원회의 승인을 전제로)하며, 체약국의 기술부서와 관계를 유지하면서, EUROCONTROL을 대표하여 행정, 기술, 상업적인 계약을 체결할 수 있다. 동 업무청은 체약 당사국의 영공 진입, 비행 및 안전에 관한 국제협정과 국내 규정의 적용을 받는다.

EUROCONTROL이 국제 항공협력의 발전 모델을 제시하고 있기는 하지만 역내 지역별로 상이한 기준을 허용하는 위원회의 결정 때문에 기대하였던 대로의 효율성을 제고하지 못하고 있는 것으로 평가되고 있다. 여기에 덧붙여 주권국가의 결정사항인 영공 방어의 개념과 효율적인 영공 사용 문제가 상충하여 EUROCONTROL의 활동영역이 그만큼 축소되고 있다. 구주연합의회는 1973년 공동 운송정책에 관한 결의문을 채택하여 모든 EUROCONTROL 체약국의 영공을 공동 활용하여 상부 및 하부영공의 관제를 표준화하고 공통적인 입장을 취할 것을 요청하였다.

현재 EUROCONTROL은 구주연합(EU)과 협력하면서 활발한 활동을 하고 있다. 이는 1997년 EUROCONTROL 관련 통합 의정서의 채택으로 유럽공동체(European Community)가 2002년 협약 당사국으로 참가할 수 있었기 때문이기도 한 바, 양 기관은 유럽의 상공을 하나의 비행공간으로 단일화하는 단일유럽하늘(Single European Sky: SES)이라는 구주집행위(European Commission)의 사업10)을 1999년 시

---

9) 항공교통관제 편의상 영공의 일정한 고도를 기준으로 상, 하로 나누어 상부는 고속 비행용으로, 하부는 기타 비행구역 등으로 구분할 때의 하층 공역을 말함.

10) Single European Sky를 구축하는 조치가 구체적으로 2001.10.10. EU 집행위의 제반 ATM 방안 패키지로 채택되어 확정된 후 2004.3.10.

작하여 2004년 말 실시한 데 이어 유가 인상과 환경의 중요성을 반영한 SES Ⅱ라는 제2단계 사업을 추진하면서 항공교통관리(Air Traffic Management: ATM) 개선을 통한 저렴한 비용과 많은 공역 이용을 목표로 하고 있다.[11] 이들은 또한 2020년 시행을 목표로 Europe ATM(Air Traffic Management) Master Plan[12]을 진행 중에 있는 바, SES 사업은 동 일환이기도 하다. 2014년 현재 40개 유럽국가가 SES 사업에 참여하고 있다.[13]

작은 영토의 여러 나라들로 구성되어 있는 유럽에서는 2010년 하루 2만 6,000회의 비행으로 공역의 혼잡과 효율문제가 제기되고 있다. 게다가 2020년에는 항공기 운항이 2배 증가할 것으로 예측되면서 유럽공역의 이용체제를 전폭 개선하여야 한다는 필요가 제기되었다. 비슷한 미국의 공역과 비교할 때 항공교통관제를 하면서 항공교통업무를 제공하는 구역관제센터(Area Control Center: ACC)가 미국에는 8개에 불과하지만 유럽에는 66개나 되면서 좁은 영토에서 항공 업무를 제공하는 기관이 국경을 위주로 불필요하게 과다하게 존재한다.[14] 이에 따라 유럽의 항공교통관리(Air Traffic Management: ATM)를 위하여 매년 20~30억 유로가 더 소요[15]된다는 분석결과도 나와서 이를 시정하는 작업을 하는 것이 SES 사업이다.

SES 사업의 핵심은 ATM의 효율을 위하여 2004년 유럽의 공역을 기능공역(Functional Airspace Block: FAB)으로 단순화시켜 작게는 2개국(영국-아일랜드)으로 구성된 UK-IR, 많게는 6개국(7개의 민간관제업무제공기관과 3개의 군 기관)이 통합된 FABEC(FAB Europe Central로서 프랑스, 베네룩스 3국, 스위스, 독일 등의 공역으로 구성) 등 9개의 FAB로 축소하는 작업을 2012년 완료하는 것이었다.[16] 그러나 FAB가 원래 계획대로 2012.12.4.까지 완전 가동하는 것은 불가능 하였다. 이는 국가를 달리하면서 다양한 요금체제와 업무패턴을 가지고 있는데다가 군 기관과 민간의 항공교통관제서비스 제공방식도 상이하였던 것이 문제였지만 이보다는 관련 기관이 영공의 관제 효율보다는 주권이라는 미명하에 기득권 수호의 욕심이 작용한 결과로 보인다. 그리고 관제용역의 제공을 하는 가운데 사고가 발생할 경우 EUROCONTROL의 업무일 경우 먼저 배상을 한 후 과오를 저지른 국가가 있을 경우 동 국가

EU의회와 EU각료이사회의 Regulation(EC) No 551/2004로 법제화되었음. 동 규정은 공역을 상부와 하부로 구분하고 고도 285(8,700m) 이상의 상부 공역은 통과 비행을 위한 용도로, 하부공역은 공항 접근 비행용도로 목적을 구분하였음.

11) 2011.7.7.자 Commission Regulation (EU)No.677/2011은 ATM 네트워크 기능을 이행하기 위한 구체적인 내용을 기술하면서 이를 담당할 Network Manager를 신설하였는바, EUROCONTROL이 Network Manager 역할을 하게 됨.

12) EU 각료이사회는 2009.3.30. Decision 2009/320/EC를 통하여 European Air Traffic Management Plan of the Single European Sky ATM Research(SESAR) 사업을 승인하였음.

13) 유럽 항공공역의 관제일원화와 규범통일을 위한 최근 동향과 문제점은 F Schubert, "The Regulation of Air Navigation Services in the Single European Sky - The Law of Increasing Complexity", AASL, XXXVII(2012) 125-168참조.

14) I. H. Ph. Diederiks-Verschoor, An Introduction to Air Law, 9th Ed., Wolters Kluwer, the Netherlands, 2012, p.123.

15) 2014.7.17 방문 EUROCONTROL website(http://www.eurocontrol.int)의 Single European Sky 설명 내용.

16) 2012.3.12.자 AWST pp.37~39. 9개의 FAB 설치를 위한 EU의 SES Airspace Regulation No. 551/2004와 Regulation No. 1070/2009참고.

를 대상으로 구상권을 행사하는 것이지만 FAB의 경우 각 FAB마다 적용하는 조약이 명확한 책임 구분을 하지 않는 가운데 사고 발생 국가가 먼저 배상을 하고 추후 관제용역을 제공한 국제기관을 상대로 구상권을 행사하도록 되어 있지만 규정이 모호하고 미비하다는 문제점이 있다.[17]

9개의 FAB가 유럽에서 제대로 가동될 경우 항공교통관제가 원활한 가운데 유럽공역의 효율도 높아지면서 더 많은 항공기 운항이 가능할 것이며, 항공관제요금도 하향될 뿐만 아니라 항공안전도 강화될 것으로 예상된다. 이 사업이 성공적으로 정착될 경우 현재 국경 위주로 구획되어 있는 FAB들 간의 경계는 항로 흐름을 감안한 경계로 변경될 뿐만 아니라 보다 작은 숫자의 FAB로 재편될 수 있겠지만 2015년 현재 2개의 FAB[18]만 제대로 가동되는 실정을 감안할 때 쉬워 보이지 않는다.

2.2 COCESNA

중미에서 인접한 수 개국 사이에 항공교통관제업무를 제공하여 안전하고 효율적인 항공기 운항을 도모하기 위한 목적으로 1960년 온두라스 Tegucigalpa에서 코스타리카, 엘살바도르, 과테말라, 온두라스, 니카라과 5개국 간 중미항행업무공사(Central American Air Navigation Services Corporation)를 설치하는 협약이 채택되었다. 1996년에 벨리스가 가입한 COCESNA는 EUROCONTROL과 같이 자립운영을 하는 단계에 미치지 못한 상황에서 ICAO 등의 지원을 받고 있는 중이다. 동 협약은 1961년에 발효되었고 15년간 유효하며 그 뒤부터는 5년 단위로 자동 갱신된다(협약 제28조). 동 협약은 또한 협약문서의 수탁기관으로 ICAO를 지정하였다(협약 제32조).

2.3 ASECNA

동일한 목적으로 아프리카에서는 ASECNA(L'Agence Pour la Sécurite de la Navigation en Afrique et à Madagascar)가 설립되었다. 프랑스의 전 식민지 국가인 아프리카 국가와 프랑스와의 협상결과 1959년 '아프리카와 마다가스카르에서의 항행을 위한 시설과 업무를 관리할 사무소 설립에 관한 협약'을 채택하였다. 동 협약은 1974년에 완전 개정되어 협약이 설치한 ASECNA 사무소를 프랑스 파리에서 세네갈 다카르로 이전하였다. 이 신 협약 채택에 참가한 국가는 2015년 1월 현재 카메룬, 중앙아프리카, 콩고, 코트디브아르, 베냉, 프랑스, 가봉, 부르키나파소, 모리타니아, 마다가스카르, 말리, 니제르, 세네

---

17) D Defossez, The Single European Sky: What about the Liability Aspect?, 40 Air & Space Law(2015) 209-229.
18) FABEC과 UK-IR FAB. 상동 p.217.

갈, 차드, 토고, 기네비싸우, 코모르, 적도기네 등 18개국이다.

동 협약은 COCESNA와는 달리 ICAO의 도움을 받지 않고 협약문안이 작성되었으며 또한 ICAO와 ASECNA와의 협조관계를 명시하지 않고 있다. 동 협약은 또한 ASECNA의 설치와 운영에 관해서는 부속서에서 상세히 규정하는 형식을 취하였다.

3. 비정부 간 국제항공협력기구

3.1 국제항공운송협회(IATA)

IATA(International Air Transport Association)는 영어로 동일한 두문자(頭文字)를 가진 국제항공교통협회(International Air Traffic Association)로부터 발전된 비정부 간 국제기구이다. 후자 기구는 1919년에 설립되어 국제 정기 민간항공사의 결속을 도모하는 역할을 하였다.

IATA의 설립은 1944년 시카고 회의와도 관련이 있다. 동 회의가 국제 상업항공의 경제적 측면에 대한 어떠한 합의 도달에도 실패하자 이로 인한 무질서를 우려한 나머지 민간항공업체가 상호 협의에 의하여 경제적 문제를 통일적으로 규율할 것을 목적으로 1944년 12월 IATA를 캐나다 국회의 특별법에 의하여 법인으로 등록함과 동시에 캐나다 몬트리올에 본부 사무실을 설치하였다.

IATA는 경제적 측면, 즉 국제 항공요율 책정 기능을 행사하는 데 주안을 두었다. 한편 시카고 회의가 보다 광범위한 항공교통 경제적 기능에 관한 합의에 실패한 이후 경제적 측면은 쌍무 국가 간의 항공협정에서 규정하고 있다. 그런데 이 쌍무 항공협정이 복잡한 국제항공요금체제를 정하는 데 있어서 IATA의 요율을 참조하기 때문에 요율 책정에 관한 IATA의 기능은 1945년 이래 한동안 강화되어 왔다. 따라서 IATA는 일반인에게 동업자 모임(trade association)의 기능보다는 국제 항공요금을 책정하는 권한을 행사하는 카르텔(Cartel)로 인식되어 왔다.[19]

그러나 위와 같은 IATA의 권한은 미국이 1978년 이래 시행하고 있는 항공 자유화(deregulation) 조치에 따라 큰 영향을 받았다. 이에 따라 IATA는 지금까지 회원국이 요율 책정에 의무적으로 참여토록 한 것을 1979년부터는 회원국의 자유의사에 맡기는 것으로 IATA 설립법을 개정하였다.

IATA 기능의 변화는 1970년대 초 북대서양 횡단을 중심으로 한 국제 차터 비행의 요금이 대폭 인하되면서 정기 민간항공사가 동 가격경쟁을 감당하기 어려운 데서부터 시작된다. 정기 민간항공의 항

---

19) IATA의 요율(tariff) 책정은 운송회의(traffic conference)에서 이루어짐. IATA는 동 요율 책정기능과 동업자 협회로서의 두 가지 기능을 가지고 있음.

공사를 회원으로 하는 IATA는 정기 국제 항공요금을 규율·책정하지만 비정기로 운항되는 차터 항공기의 항공요금 책정은 자신의 관할 밖 사항으로 되어 있다. 따라서 저렴한 차터 요금을 받고 운항하는 차터 항공은 정기 항공사의 무서운 경쟁자로 등장하였다. 이에 대응하여 IATA 항공사는 정기요금을 다양한 형태로 할인하는 방안들을 강구해야 했으나 IATA 회원국 간의 의견일치가 되지 않아 효율적으로 대처하지 못하였다. 이러한 상황에서 IATA는 미국의 항공 자유화 조치가 태동하는 분위기에도 영향을 받아 미국 민항국[20](Civil Aeronautics Board), 학계, 소비자 그룹으로부터 Cartel 단체라는 거센 비난을 받기 시작하였다. IATA는 이에 대처하여 1974년 제30차 연차 총회 시 회원국 가입을 개방하고 비정기 항공사의 제한적인 참여도 가능하도록 결정하였다. 그러나 IATA의 개방조치는 필요한 관련 국가의 승인을 받지 못하였고 차터 항공사는 IATA에의 가입에 별 관심이 없었다. IATA는 또 하나의 대처방안으로 북대서양을 운항하는 차터 항공사와 북대서양 횡단 최저요금을 정하는 잠정협정을 체결하려고 노력했으나 이 역시 실패로 끝났다.

　　IATA에 대한 상기 시련이 한동안 계속된 후 1978년 미국 민항국(CAB)은 IATA의 요율 책정활동에 대한 지금까지의 반 트러스트 적용 배제 혜택을 박탈할 수 있는 Show Cause Order 절차를 발동하였다.[21] Show Cause Order는 1978년 당시 미국 CAB의 국장인 Kahn이 IATA의 항공요금 책정기능을 검토한 결과 동 기능이 더 이상 현실(차터기 운항으로 저렴한 항공요금의 대중화 등)에 맞지 않음을 지적한 후, IATA 산하 운송회의(Traffic Conference)가 결정하는 요금이 더 이상 공중 이익과 합치하지 않기 때문에 CAB는 IATA가 결정하는 요금에 대한 승인을 철회한다는 잠정적인 결론을 내리면서 CAB의 동 잠정결론이 잘못되었다고 생각한다면 그 이유(Cause)를 제시(Show)하도록 IATA와 관계당사자에게 요청하는 것이었다. 아울러 CAB는 만약 그럴듯한 반대 논거가 없는 한 1946년 이래 IATA에게 부여해오고 있던 반 트러스트 법 적용 배제 혜택을 철회하겠다고 발표하였다.

　　Show Cause Order가 발동된 지 얼마 안 되어 IATA는 즉각 특별총회를 개최하여 자체 운송회의의 절차와 목적을 변경하였으며 동 회의의 항공요금 책정에 대한 회원항공사의 참여를 각 회원의 자유에 일임하는 대변혁을 단행한 후 동 결과를 1978.11.2. CAB에 통보하였다. CAB는 이에 만족하여 IATA에 대한 반 트러스트 면제 혜택의 박탈을 보류하였다.

　　상기 Show Cause Order(SCO)는 국제 항공사회에 소용돌이를 불러일으킨 일대 소동이었다. SCO가 발동된 후 각국은 Bogota, Brussels, Nairobi에서 각기 역내 국가별로 회합을 갖고 대책을 협의하였다. 각국이 이에 큰 관심을 갖지 않을 수 없는 이유는 세계 다수 국가의 다수 항공사가 IATA에 가입하여 IATA

---

20) 미국에서 운항하는 항공기의 요율(tariff)을 규율하는 미국 정부의 강력한 통제기관이었으나 미국의 deregulation 여파로 1985.1.1.부터 소멸되고 대부분의 기능이 FAA(Federal Aviation Administration)로 이관됨.

21) P. P. C Haanappel, Pricing and Capacity Determination in International Air Transport(1984), p.62. 동서는 미국의 deregulation과 이에 따른 IATA의 기능 변화 등을 상세 기술하고 있음.

가 정하는 항공요금을 적용하면서 미국에 취항하고 있는데 만약 미국 정부가 IATA 요금 책정을 트러스트 행위로 규정할 경우 아무런 대안도 마련되지 않은 상태에서 세계의 항공요금체제가 붕괴되는 것을 뜻하는 것이기 때문이다. 이러한 각국의 우려는 미국 행정부에 전달되었으며 미국은 이미 항공요금체제가 붕괴[22]되어 있는 북대서양 항공요금을 책정하는 IATA 운송회의에 미국 항공사가 참여하지 말 것과 CAB와 ICAO의 대표가 IATA의 운송회의에 참가할 것 등 조건을 내세워 IATA에 대한 반트러스트 적용 면제 혜택을 계속 부여하였다.

이제 다음에서 IATA의 조직과 운영 등을 살펴본다.

3.1.1 조직 및 기능

IATA의 기본이 되는 조직구조는 법인체 설립법(Act of Incorporation)과 정관(Articles of Association)의 2개 문서에 의하여 정해져 있다. 후자의 문서는 1945년 쿠바 하바나에서 국제 항공운송자 회의 시 채택된 것이며 전자는 1945년 가을 캐나다 국회에서 통과한 법으로 확정된 것이다. 후자는 그 뒤 수차 개정되었지만 전자는 1974년 차터 항공사를 정회원으로 가입시키기 위한 목적으로 air service와 air transport enterprise를 확대 해석하는 내용으로 한 번의 개정이 있었을 뿐이다.[23] 1978년 IATA의 대변혁은 이상의 2개 문서와는 별도로 'IATA 운송회의의 이행 규정'(Provision for the Conduct of the IATA Traffic Conferences)을 변경한 데 따른 것이다.

IATA의 주요 기관으로 다음이 있다.

① 총회(Annual Assembly Meeting): 매년 개최하는 IATA의 최고 의사 결정기구임.
② 이사회: 총회에서 선출되는 30개 사 대표로 구성된 IATA의 집행 이사회(Board of Governors)임.
③ 상임이사회: 화물, 운송(승객), 재정, 기술의 4개 위원회가 있으며, 동 위원은 이사회가 지명한 뒤 총회가 인준하여 선출됨. 상임위원회는 이사회의 감독하에 이사회 업무를 보좌함. 운송위원회는 또한 후술하는 요율조정회의 시 정책 자문 역할을 함.
④ 사무총장(Director General): 이사회가 지명한 자를 총회가 인준하여 임명되는 자로서 사무국의 최고 책임자임. 사무국은 이상의 3개 기관 활동을 보좌함.

앞서 본 변화에 따라 1979년부터 IATA는 모든 회원사가 참가하는 동업자 모임(Trade Association)으로서의 기능과 원하는 항공사만 참여하는 요율[24] 조정(Tariff Coordination)기관으로서의 기능을 가지는 2원체제

---

22) 1970년대 초부터 북대서양 횡단 항공기의 요금이 자율화되어 영국인 사업가 Freddie Laker의 Sky train이 등장하는 등 항공여행의 대중화에 크게 기여하였음. 이에 따라 항공사마다 북대서양 횡단 항공요금을 경쟁적으로 책정하였는바, 통상 정기 항공요금보다 여러 배 싼 가격으로 여행이 가능하였음. 이는 이전에 적용되었던 IATA 협정 요금만이 적용되어 오던 요금체제가 붕괴한 것을 말함.

23) 차터 항공사를 회원으로 가입시키려는 IATA의 배려는 실패로 끝났음. 현재 IATA는 정기 국제 운항 항공사를 정회원으로, 정기 국내 운항 항공사를 준회원으로 구성되어 있음.

24) 우리말로는 구분이 안 가지만 영어표현으로는 구분이 되는 용어 중에 tariff와 fare 또는 rate가 있음. tariff는 여객 또는 화물 요금 등을 모두 지칭함과 동시에 동 여객 또는 화물의 운송조건, 즉 conditions까지를 포함하는 용어이고 일부 국가에서는 여사한 요금과 조건들을 담고 있는 문서까지도 포함하는 뜻으로 사용함. 일반적으로 fare는 승객운송에 있어서의 tariff를 말하고 rate는 화물운송에 있어서의 tariff를 말함. ICAO Doc 9626, Manual on the

로 운영되고 있다.

동업자 모임의 기능으로서 IATA는 항공절차와 관행의 표준화, 국가 또는 국제기구를 상대로 한 항공사 입장 대변 등의 역할을 한다. 표준화 업무로서 IATA는 항공 및 대리점 회의(Services and Agency Conferences)를 개최하는데, 이 양자, 즉 항공 회의와 대리점 회의를 칭하여 절차회의(Procedures Conferences)라고도 한다. 그리고 요율 조정기능으로서 IATA는 여객요율조정회의(Passenger Tariff Coordinating Conferences)와 화물요율조정회의(Cargo Tariff Coordinating Conferences)를 개최하여 자발적으로 참여한 회원사가 적용할 요율을 정한다.

IATA는 이사회의 요청 또는 정회원 1/3 이상의 요청으로 특별 총회를 개최할 수 있다. 총회에서는 정회원인 항공사의 대표 중에서 IATA 회장을 선출하는데, 동 회장은 매년 돌아가면서 각 항공사 사장이 겸임하고 있다. 이사회는 30명의 위원으로 구성되고 3년 임기이며 매년 총회 시마다 1/3이 개선된다. 동 위원도 역시 항공사 대표가 겸임한다. 이사회 의장은 30명의 이사 중 1인을 1년씩 교대로 선출한다. 총회는 또한 전년도 예산 지출과 익 년도 예산안을 승인한다. 수입예산은 예전과 달리 회원항공사의 분담에 의하여 충당되는 비율이 낮아지고 컨설팅 등의 분야가 큰 비중을 차지한다. 이는 2007년부터 요율조정회의에 참가하는 항공사가 더 이상 회비를 내지 않도록 변경한 데에도 기인한다. IATA 정책 수행 업무를 담당하는 이사회는 연차 총회 전후로 연 2회 정기 회합을 갖는다.[25] 사무총장은 이사회 동의하에 여러 특별위원회를 구성하여 중요 문제를 연구·검토한다.

사무국의 운영은 사무총장과 이사회가 맡고 있다. 사무총장은 실제적으로 대부분의 주요 사무국 인사를 임명한다. 그러나 1978년까지 카르텔 성격의 기구로서 독점적인 항공요율의 이행을 감시하기 위한 사무국의 기능과 하부조직은 거의 소멸하였다. 이에 불구하고 IATA의 항공요율은 많은 경우 아직도 양국 간 항공협정에서 적용하는 기준에 참고가 되고 있는바, 이는 각국 항공 당국이 IATA의 전문성에 자발적으로 의존하는 결과이겠다. 이전에는 IATA의 합의사항(항공요금 등) 이행 여부 감독만을 담당하는 사무국 산하 부서로서 이행 감독처(enforcement office)가 있었으며 동 부서는 전 세계에 걸쳐 활동하고 있는 조사관의 보고에 크게 의존하였다. 그러나 IATA는 기존 이행감독제도를 크게 완화하여 공정거래감독제도(Fair Deal Monitoring Programme)로 대체하였으나 이마저 소멸되었다.[26] 사무국은 정부·산업, 인력, 법률·기업, 기업통신, 운송, 산업자동화·재정, 기술, 기업재정·행정, 기업 프로젝트의 부서로 slim화되는 등의 큰 변화를 겪고 있다.[27] IATA는 몬트리올에 본부 사무소를 소재시키면서

Regulation of International Air Transport(2nd ed., 2004), 4.3 Air Carrier Tariff 참조.

25) Haanappel의 저서 p.68.

26) 상동 p.71. 이행 감독처는 1986년에 소멸하였으며 1979년 이래 IATA의 요금 결의 이행과 준수는 도전받아 왔음.

27) IATA 발간 Membership Services Directory p.40(IATA Secretariat Administration effective August 1994).

제네바, 런던 및 싱가포르에도 사무소를 두고 16개소(암만, 아테네, 방콕, 다카르, 홍콩, 자카르타, 제다, 쿠알라룸푸르, 마이아미, 나이로비, 뉴욕, 푸에르토리코, 리우데자네이루, 산티아고, 바르샤바, 워싱턴 D.C.)에 지역사무소를 두고 있다.

IATA 사무국은 의사결정 기구가 아니지만 사무국 직원의 경험과 전문지식은 사실상 사무국의 의사결정 참여를 가능하게 하고 항공문제에 관한 ICAO 등의 국제회의에서는 옵서버로 참석하는 IATA 사무국 직원의 의견이 경청되고 있다.

IATA의 조직과 기능 중 가장 논란이 되고 있는 것은 역시 요율 조정이다. 요율조정회의는 현재 크게 3개의 지역별로 나누어 회의를 개최하는바, 대략 미주가 제1지역, 유럽 및 중동·아프리카가 제2지역, 나머지 아시아와 호주, 뉴질랜드가 제3지역을 구성하고 있다.

이 지역은 각기 다시 세분된다.

이 요율조정회의에서 항공요율(tariff)을 정하는데, 전술한 바와 같이 1979년 이래로는 IATA 회원항공사가 더 이상 의무적으로 동 요율조정회의에 참가하지 않아도 되므로 회원항공사가 원한다면 동 회의에 참가하지 않고 IATA가 결정하는 요금에 구속되지 않아도 된다.

대한항공을 포함하여 117개국의 256개 항공사가 IATA 회원사로 가입하고 있으나 요율조정회의에 참가하고 있는 항공사는 2015년 현재 118개 항공사에 불과하다. 이 중 70개 항공사가 여객과 화물 요율조정회의에 공히 참석하고 44개 항공사는 여객요율조정회의에만, 미국의 Federal Express 등 4개 항공사는 화물요율조정회의에만 참석하고 있다. 여객요율조정회의는 매년 개최되는 반면 화물요율조정회의는 격년제로 개최되고 있다.

공통 요금과 이에 바탕을 두고 있는 interlining은 그 편의성 때문에 과거 50년 이상 모든 정부에서 유용한 것으로 인정하면서 경쟁법 적용에서 제외하여 주는 특별대우를 하여 왔다. 그러나 항공 자유화 바람이 불면서 미국과 유럽연합(EU) 및 호주가 반독점법(antitrust) 적용면제 구간을 축소하면서 다음구간에서는 항공사들 간의 요율합의가 적용되지 않도록 완전 자유화하였다.[28]

· 2006년 말부터 EU 내
· 2007년 6월 말부터 EU와 미국 사이 및 EU와 호주 사이
· 2007년 10월 말부터 EU와 기타 지역 사이
· 2008년 6월부터 호주를 도착하고 출발하는 모든 항공

항공요금 결정에 있어서 또 하나의 획기적 사건은 지금까지 얼굴을 맞대고 하는 회의를 통하여 일하는 대면회의 방식을 2008년부터 변경하여 컴퓨터상 온라인 투표를 하는 것으로 대체한 것이다.

---

28) 2012.6.15. 방문 IATA website http://www.iata.org/pressroom/facts_figures/fact_sheets/Pages/flex-fares.aspx

이는 국제선 항공운임이 IATA의 지역별 회의(연 1회)를 통해 결정되어 왔는데 미국과 EU 등이 대면 형태의 IATA 운임 조정회의 방식이 공정거래 측면에서 카르텔 독점 성격의 요율을 제시하게 된다는 문제점을 지적한 결과 Flex Fare가 2007.1.15. 유럽 내에서 시행된 데 이어 2011.4.1. 중동, 아프리카까지 적용 중이나 요율 승인에 정부가 개입하는 노선에는 적용되지 않는다.[29]

Flex Fares는 공표된 항공사 운임(carrier fares)을 기반으로 도출된 연계 운임(interlineable fares) 으로서 해당 노선의 객실 등급별 항공사 운임의 평균(base fare)에 연계 프리미엄(interline premium)을 부가하여 도출된다. 동 IATA의 Flex Fares는 e-Tariff와 결합하여 운영되는데, e-Tariff는 기존의 항공사들 간 대면(face to face) 협상이 아닌 인터넷 기반으로 IATA와 항공사 간 협상을 하고 운임규정에 대한 전자투표를 실시하는 것을 의미한다.[30]

IATA의 또 하나 중요기능인 절차회의(Procedures Conferences)는 다음 4개로 나누어져 여객과 화물의 운송에 관련한 절차, 문서, 예약, 항공권 판매, 일정 항공사와 여행사 또는 항공화물 대리점과의 관계, 화물 취급 및 절차, 동물 수송 규정 등 제반 업무를 회원항공사 간에 통일적으로 적용하고 문제점을 해결하는 기능을 행사한다.

① Passenger Services Conference
② Passenger Agency Conference
③ Cargo Services Conference
④ Cargo Agency Conference

모든 회원항공사 대표가 찬성으로 의결하는 절차회의의 중요 역할은 첫째, 항공사 간의 약속으로 여행객이 어느 곳에서 표를 구입한 것에 관계없이 소속 항공사가 다른 항공기를 바꾸어 타면서 여행할 수 있도록 한 Interlining 제도와 둘째, 항공권 판매 대리점과 항공화물 대리점을 규제하는 Agency Programmes이다.

첫째와 관련한 Multilateral Interline Traffic Agreements에는 2015년 1월 현재 480개 이상의 항공사와 준회원사(associates)가 참여하고 있는데 이는 국제 정기운송의 93%를 차지하는 주요 여객 및 화물 항공사가 참여하는 것을 말한다. 이 Interlining이야말로 가장 중요한 IATA의 존재이유가 되겠다. 이는 물론 여객 항공권에만 적용되는 것이 아니고 화물수송에도 적용되는 것인바, Interlining 제도가 없는 항공운송은 혼란 그 자체이겠다. 둘째의 Agency Programme은 IATA 회원항공사가 여객 또는 항공운송 대리점과의 영업 결과 커미션을 지불하는 데 있어서 IATA로부터 허가받은 대리점만을 상대하여 지불하도록 함으로써 결국은 IATA 회원항공사는 IATA가 허가한 대리점하고만 영업을 하도록 규제하는 카르텔

---

29) 2012.6.15. 방문 상동 웹 상의 Flex Fares Update 내용.
30) 한국교통연구원 수시연구 2008-01, 김민정·안미진 IATA Flex Fare 도입에 따른 항공운송시장 영향 분석 및 대응 방안. xⅳ쪽.

성격의 내용이다. 그러나 이 규제는 1985년부터 미국에서는 실시되지 않고 있다. 그 대신 미국에서는 IATA가 소유하는 비영리업체로서의 IATAN(Passenger Network Services Corporation)이 여객 대리점을, CNS(Cargo Network Services Corporation)가 화물 대리점을 회원으로 가입시켜 정보 제공과 명단 등 제 업무를 담당하고 있다.

전 세계 210국에 약 79,000개의 IATA 인가 항공 대리점이 영업 중에 있으며 2014년 5월 집계로 이들 대리점에서 판매하는 금액은 연간 약 2,591억불에 이른다.[31] 그리고 이는 항공사 총 매출의 80%이상을 차지한다.

3.1.2 요금 청산 기능

Interlining에 따른 각 항공사의 항공료 배분문제가 해결되어야 한다. 즉 한 여객이 서울에서 몬트리올로 여행하는 항공권을 구입할 때 서울에서 몬트리올로 직접 비행하는 항공기는 없으므로 통상 서울-뉴욕-몬트리올 또는 서울-밴쿠버-몬트리올의 일정으로 여행하게 된다. 전자에 있어서 서울-뉴욕을 대한항공으로 여행하고 뉴욕-몬트리올은 에어캐나다(Air Canada) 항공기를 이용하였을 경우 동 여객이 항공권 구입 시 지불한 요금은 대한항공뿐만 아니라 에어캐나다에도 배분되어야 하는데 이 배분, 즉 각 관련 항공사의 몫을 청산하여 주는 제도가 Clearing House 제도이다. 배분의 기준은 통상 일정구간에서 여객 또는 화물을 운송한 각 항공사의 운송거리 비율이다.

이사회와 상임위원회 중 재정위원회가 관여하고 있는 Clearing House는 1947년 1월 런던에 설치되었지만 그 후 제네바로 이전[32]하여 참여 항공사 간 상호 발생하는 채권채무를 IATA의 Clearing House 규정에 따라 매달 결제한다. IATA 회원국이 아닌 항공사도 포함하여 400개 이상의 항공사가 Clearing House를 통해 2014년 결제한 금액은 총 578억 달러로서 월 평균 약 48억 달러에 달한다.[33] 동 결제는 매월 가능한 한 실제적인 금전거래를 피하며 장부상 결제로 진행한다. IATA의 동 기능은 Interlining과 함께 항공여행의 편의를 뒷받침하는 매우 유용한 것이다. IATA의 Clearing House는 1948년 5월 미국의 Clearing House인 Airlines Clearing House Inc.와 Interclearance Agreement를 체결하여 세계 제1의 항공시장인 미국을 세계 청산제도에 연계시켰다.[34]

---

31) 2014.7.17 방문 IATA website
http://www.iata.org/pressroom/facts_figures/fact_sheets/Pages/agency.aspx.

32) IATA는 비용 절감을 위하여 다시 몬트리올로 Clearing House를 이전하였음(1997.1.27.자 AWST, p.19).

33) 약 160개국이 동 결제제도를 이용하면서 국가별로 창구역할을 하는 은행이 있는바, 한국에서는 외환은행이 그 역할을 하고 있음. 그리고 어느 국가에서의 결제를 막론하고 대금결제는 2주를 넘기지 않도록 신속 처리되고 있음.

34) IATA의 회원사와 연합사(Associates)가 총 약 350개이나, 미국과 연계된 결과 약 450개사가 IATA Clearing House를 통해 매월 결제청산을 하고 있음.

3.2 기타 비정부 간 협력기구

IATA가 국가 간의 차터 비행을 하는 비정기 항공사를 회원 또는 준회원으로 받아들이는 것으로 개방하였지만 동 비정기 운항 항공사는 자체의 동업자 모임인 NACA(National Air Carrier Association)나 IACA(International Air Carriers Association)를 구성하고 있다. NACA는 미국 내 항공노선 중 주로 지선(支線)운항을 정기 또는 비정기로 하는 15개 항공사를 회원으로 하고 있다. IACA는 미국과 유럽 및 카리브지역을 대상으로 레저승객을 수송하는 17개 유럽 국가와 2개 아랍국가의 총 33개 항공사들을 회원으로 하고 있다. 이들 동업자 모임조합은 IATA보다 뒤늦게 탄생하였으며 IATA가 범세계적인 단체라 하면 이들 차터 항공사들의 모임은 일부 지역의 조합에 불과하다. 양자 간의 가장 큰 차이는 무엇보다도 IATA가 국제 정기 항공노선의 운임을 결정하는 데 반하여 차터 항공사들의 단체에서는 차터 항공료를 결정하지 않는다는 것이다.

지역범위를 더 넓혀 볼 때 각 지역의 항공사 모임으로 정기 항공사를 회원으로 하는 AACO(Arab Air Carriers Organization), AAFRA(Association of African Airlines), AEA(Association of European Airlines), AITAL(International Association of Latin American Air Transport), A4A(Airlines for America), ATAC(Air Transport Association of Canada), ATAF(Association des Transporteurs Aériens de la Zone Franc), 그리고 OAA(Orient Airlines Association)에서 1996년 AAPA(Association of Asia Pacific Airlines)[35]로 개명한 지역협력기구가 있다. A4A는 미국 내 정기 항공사의 모임으로서 미국 내 노선의 요금 결정에 직접 관여한다. AACO, AITAL, ATAF는 IATA와 연계하여 자체관할지역 내의 항공요금 결정에 관여한다. 이들 지역모임단체는 IATA 회원 또는 비회원으로 구성되어 있으며 IATA의 노선 요금 결정을 앞두고 자체 지역 내의 항공요금결정에 대한 공동보조를 모색한다.

이들 지역 항공사 모임은 interline의 협조, 항공기 수선과 이용, 원거리 통신, 공동 컴퓨터 예약제도 및 승객에 대한 책임한도 등에 관하여 서로 협조하고 공동보조를 취하는 것을 주목적으로 활동하고 있다.

이상의 항공사 모임과는 성격이 다르지만 항공에 관련한 정부 간 국제기구로 UN WTO(World Tourism Organization)가 있고 비정부 간 기구로서 민간항공관제서비스를 제공하는 기관 또는 업체 86개사가 회원으로 있는 CANSO(Civil Air Navigation Services Organization), 공항들이 회원으로 참여하는 ACI(Airports Council International), ICC(International Chamber of Commerce), UFTAA(Universal Federation of Travel Agents' Associations), FIATA(International Federation of Freight Forwarders' Associations), IBTA(International Business

---

35) 2015년 10월 현재 한국의 2개 대형 항공사를 포함하여 16개 항공사가 가입하고 있는 AAPA의 사무소는 말레이시아 쿠알라룸푸르에 소재함.

Travel Association), AACC(Airport Associations Coordinating Council), ACAP (Aviation Consumer Action Project)가 있다. 이 중 ACAP는 소비자 보호단체로서 워싱턴 D.C.에 본부를 두고 있는데 저명한 소비자 보호운동가인 Ralph Nader가 1971년 설립한 단체이다. 조종사들의 모임인 IFALPA(International Federation of Air Line Pilots' Associations)는 약 100개 국가에서 결성된 국별 조종사협회(association)의 세계 연맹을 말하는 것으로서 10만 명 이상의 조종사들이 회원으로 가입하고 있다. IFALPA는 비정치적, 비영리 단체로서 전 세계 항공안전의 최고 표준 달성을 목적으로 하고 있다.

4. 항공사 연합(Airlines' Alliance)

1992년 미국과 네덜란드간의 항공 자유화협정(Open Skies Agreement)체결을 시작으로 세계도처에서 항공 자유화협정 체결이 확산 중에 있다. 이는 전통적인 항공협정에서 엄격히 제한하고 있던 항공운항 조건을 철폐하여 항공사간 경쟁체제를 유발하는 것으로서 1978년 미국의 규제완화(deregulation) 조치에 따른 또 하나의 자유경쟁 산물이다.

상기 자유화협정 여파로 무한경쟁에서 생존하기 위한 방안으로 대형항공사들 간의 제휴가 시작된 바, 이를 통하여 제휴 항공사간 노선 망 확장효과와 항공편 수의 증가를 가져오면서 영업범위 확대가 가능해졌고 고객으로서는 여러 항공사의 항공기를 이용하는 것보다는 특정 항공사의 항공기를 계속 이용하는 효과를 보면서 여행의 편의를 보고 제휴항공사간 공유하는 마일리지 혜택도 누릴 수 있는 효과를 갖게 되었다.

1997년 최초로 전 세계적 규모의 global alliance가 탄생하였으며 오늘날 항공 산업을 주도하는 핵심 주체로 자리 잡고 있다. 다음에서 항공사간 연합의 목적, 형태와 효과 그리고 현 연합체 구성내용을 살펴본다.

4.1 목적

첫째는 시장 경쟁력 확보이다.

동 연합은 대형항공사들이 이미 확보하고 있는 시장에서 경쟁력을 계속 유지하기 위한 목적을 갖고 있다. 1978년 시작된 미국의 항공규제 완화조치로 항공업계에서는 제휴를 활발히 전개한 대형항공사들이 생존하였지만 대부분의 신규 항공사들은 소멸한 결과를 가져왔다. 이는 곧 대형항공사들의 운송네트워크와 서비스공급능력의 강화, 그리고 효율적인 마케팅과 관련성이 큰 바, 이를 세계적 차원에서 체계적으로 구축하고자 하는 것은 당연하다.

둘째, 비용절감을 위한 것이다.

항공사 연합은 규모의 경제, 비용의 시너지, 인건비, 공동구매 등의 네 가지 방법으로 비용절감에 영향을 미친다. 규모의 경제를 통해 항공사는 보다 큰 항공기를 이용할 수 있고, 공항 시설이나 영업사무실 등의 자산을 보다 효율적으로 활용함으로써 궁극적으로는 상품 생산의 원가를 절감할 수 있다. 또한 보유항공기의 기종을 제휴 항공사간에 표준화하여 항공기와 승무원, 정비 및 지상조업시설을 상호 교환함으로써 비용을 절감할 수 있다.

셋째, 과도한 경쟁을 회피하고자 하는 것이다.

항공사 연합도 소비자에게 시장의 경쟁을 왜곡하는 불이익을 줄 수 있으나, 연합에 참여한 항공사들로서는 독자적으로 행동할 때 모든 항공사들이 경쟁대상이 되는 것을 적어도 연합에 참여하는 항공사들 간에는 피할 수 있다. 이에 따라 개별노선이나 지역시장에서 항공사 연합은 항공사간에 운송량을 조정함으로써 경쟁을 제한하는 효과적 수단이 되며, 장거리 노선에서 경쟁항공사의 허브 공항을 경유하는 경우에도 같은 연합체 회원사들 간의 협력 방식에 따라 과도한 경쟁을 억제하게 된다.

이와 같은 내용은 결과적으로 노선망 확장, 수송량 증대, 서비스 품질 향상, 운항편 수 증가, 컴퓨터 예약시스템(Computer Reservation System : CRS)에서의 경쟁력 우위 확보를 가져온다.

4.2 형태

4.2.1 코드 쉐어링(code-sharing)

코드 쉐어는 연합의 가장 대표적인 마케팅 방법이다. 이는 단일항공노선을 운항하고 있던 한 항공사가 제휴 항공사의 항공기를 자사의 항공기처럼 좌석 판매를 할 수 있는 것을 말한다. 이는 같은 항공기가 원 소속 항공사의 비행번호(xx-ooo)를 가지는 동시에 제휴항공사의 비행번호(yy-zzz)로도 표기되도록 하는 것이다. 제휴 항공사들이 공유하는 CRS운용을 통해 여러 항공구간의 예약 시 제휴항공사들의 운항편이 우선적으로 화면에 뜨도록 하면서 여행기간 동안 발권, 수하물 점검 등 보다 광범위한 서비스를 제공한다. 그리고 같은 제휴 항공사 중 무명의 항공사는 지명도 있는 항공사의 브랜드를 이용할 수 있다. 역사적으로 Air Malta가 1970년 Alitalia와 함께 이태리 Catania와 Malta사이의 비행구간에 대해 처음으로 코드 쉐어링을 실시한 것으로 알려져 있다.

4.2.2. 주식 지분 제휴(equity alliance)

제휴항공사가 서로의 협력관계를 공고히 하고 장기간 상호 신뢰를 확보할 수 있는 가장 강력한 제휴형태이다. 이는 주식공유(equity stake)와 주식교환(equity exchange)으로 이루어지는데 항공사간의 강력한 연대관계가 형성됨에 따라 공동요금, 좌석공유, 상용고객우대 프로그램, 좌석 관리 등을 위한 모든 업무협조를 가능하게 해주는 장점을 가진다.

대형 항공사들 중 제일 먼저 이러한 제휴를 시도한 항공사는 노스웨스트와 KLM이며, 두 항공사의 제휴내용은 미국 국내지역과 유럽지역에서 북태평양 노선에 대한 운항편명 공동사용 및 광범위한 마케팅, 즉, 공동운항, 상용고객우대, 지상조업, 판매, 기내식, 정보서비스 및 정비, 공동구매 등이 포함되어 있다. 1993년 영국항공(BA)과 호주의 Qantas간 자본제휴에는 상용고객 우대 및 공항라운지, 판매사무소 공동운영, 국제선 운임조정, 상호지상조업, 기내식, 범세계적 화물협약 등이 있었다.

4.2.3 마케팅 제휴(joint marketing)

항공사마다 주요노선과 영업지역이 다르다. 그러므로 제휴 항공사들은 서로의 지식과 경험을 공유할 수 있으며, 이는 전 세계를 대상으로 한 네트워크 또는 단일 항공노선에서 서로 다른 형태의 제휴 중의 하나와 결부하여 강한 효과를 발휘할 수 있다. 미국의 노스웨스트 항공과 중국의 에어차이나간 공동마케팅 제휴는 서로의 지식과 경험 공유, 영업지역 정보제공 등에서 긴밀히 협력하고 있다. 미국의 UA와 호주의 Ansett Australia간 호주 내 지정된 도시에 대한 공동마케팅 제휴 등은 서로의 이해관계에 따라 마케팅의 범위가 달랐다.

1980년대 CRS를 이용하여 주요 항공사들이 각기 연합하면서 주요 마케팅 수단으로 치열하게 경쟁한 적이 있었다. Amadeus, Galileo, Worldspan, Topas 또는 Sabre가 대표적인 CRS인 바, 같은 CRS에 속한 항공사들은 마케팅 제휴를 한 것이다.

4.2.4 요금협력(joint fares)

항공사간의 요금담합은 당국으로부터 강력한 규제를 받게 된다. 그러므로 당국이 허용하는 범위 내에서 제휴항공사는 서로의 노선에 대한 요금과 요금구조를 제공하는데 이는 보통 공동마케팅과 함께 이루어진다.

4.2.5 프랜차이즈 협정(franchise agreement)

제휴 항공사가 자신의 브랜드를 협력 항공사가 이용, 영업할 수 있게 하는 것이다. 가장 발전된 단계로서 제휴사의 기내 승무원, 유니폼, 그리고 제반 서비스의 협력이다. 제휴항공사는 제휴사의 자원, 마케팅, 정보기술, 훈련과 연료의 구입, 그리고 보험에 이르기까지 다양한 혜택을 공유할 수 있다.

4.2.6 상용고객우대(frequent flyer program)

항공제휴사들이 계약된 구간 또는 전 구간에 대하여 승객의 마일리지를 상호 인정하고 제휴 승객이 공항 라운지를 공동 이용하게끔 하며, 서로의 주력 고객 프로그램을 상호 이용할 수 있게 하는 것을 말한다.

4.3 연합체 구성 내용

2014년 3개의 항공사 연합에 참여한 항공사들의 시장 점유율이 60.9%, 기타 항공사들의 점유율이 39.1%로 나타났다. 3개의 주요 항공사 연합을 차례로 살펴본다.

Sky Team

아에로멕시코, 에어프랑스, 알리탈리아, 체코항공, 델타항공 등과 함께 우리나라의 대한항공이 주도적으로 참여하고 있는 제휴그룹이다. 1999년 델타항공이 당시까지 스위스항공과 싱가포르항공 등과 제휴를 형성하고 있던 글로벌 엑셀런스연합(Global Excellence Alliance)의 입지가 약화됨에 따라 에어프랑스와의 새로운 제휴를 발표함으로써 토대가 형성되었다. 그 후 멕시코의 아에로멕시코와 대한항공이 참여함으로써 2000년 6월에 스카이팀이 공식 창설되었다. 4개의 항공사로 시작하여 2007년 중국 남방항공이 가입함으로써 14개 항공사로까지 구성되었으나 2009.10.24 콘티넨탈항공과 준회원사인 코파 항공이 탈퇴하여 9개 항공사와 2개 준회원 항공사만 남게 되었다. 2015년 최신 자료에 의하면 20개의 회원사가 매일 16,270회 이상 운항하여 연 588백만명의 승객을 179개국의 1,057개의 행선지로 운송하였다.[36] 시장 점유율은 ASKs[37] 기준으로 18.7%이다.

Star Alliance

1997년 5월에 Air Canada, Lufthansa, SAS, 타이항공, 유나이티드항공(UA) 등 5개의 항공사가 설립한 세계 최초의 글로벌 네트워크이다. 연후 ANA, 뉴질랜드항공, 오스트리아항공, 싱가포르항공, 아시아

---

36) 2015.9.27. 방문 https://www.mea.com.lb/english/about.us/skyteam.

37) 유효좌석킬로미터(Available Seat Kilometers), 또는 좌석공급실적으로서 항공사의 연간 여객기 운송 능력을 나타냄. 해당 연도의 승객가용 좌석수와 각 좌석운항거리를 곱하여 구함.

나항공[38]), Spanair, LOT Polish Airline, 이집트항공, Shenzhen Airlines, Eva Air, 2014년에는 Air India가 추가로 가입하여 27개 항공사가 회원사로 되어 있다. 최근 자료에 따르면 27개 회원사가 4,456대의 항공기로 매일 18,500회 이상 운항하면서 연 637백만명의 승객을 193개국의 1,331개의 행선지로 운송하였다.[39] 시장 점유율은 ASKs 기준으로 26.5%나 되어 3개의 항공사 연합 중 가장 크다.

One World

1998년 9월 브리티시항공(BA)과 어메리칸항공(AA)이 주축이 되어 콴타스항공, CPA와 함께 창설한 것이다. 이후 Iberia, Finnair, Lanchile, 일본항공, 말레브항공, 로얄요르단항공, Air Berlin, US Airways, 케세이퍼시픽항공, 카타르항공이 가입함으로써 15개의 항공사로 구성되어 있다.2014년 3월말 현재 15개 회원사가 3,428대의 항공기로 154개국의 1,015개의 행선지로 연 512백만명의 승객을 운송하였는바, 이는 같은 기간 Star Alliance의 637백만명, Sky Team의 588백만명과 비교된다. 시장 점유율은 ASKs 기준으로 17.7%이다.

이상의 승객운송을 위한 항공사 연합과 별도로 화물운송을 위한 연합이 별도로 있는데 다음과 같이 2개이다.

Sky Team Cargo

여객 운송부문에서 제휴를 해온 Sky Team의 에어로멕시코, 에어프랑스, 델타항공, 대한항공 등 4개 항공사가 2000년 9월에 처음으로 제휴체계를 갖춘 이후 체코항공, 알리탈리아, KLM, 중국남방항공, 중국동방항공, 아르헨티나항공, 대만중화항공, 에어로플로트가 가입하여 12개의 항공사로 이루어진 세계최대의 항공사 화물 연합이다.

WOW Alliance

루프트한자 카고, 싱가포르 에어라인즈 카고, SAS 카고 등 3개의 대형항공사가 2000년에 결성한 항공화물 연합체로서 각자의 특화된 브랜드를 사용하되 운영전체를 하나로 통합하는 강력한 네트워크를 보유하고 있다. 곧 이어 일본항공도 참여함으로써 유럽, 중동·서남 아시아, 동남아시아, 태평양, 대서양 등의 전 세계 주요 노선에서 이들의 특화 서비스들이 네트워크화 할 효과를 갖는 듯하였다.

---

38) 아시아나 항공은 2003년 3월 Star Alliance에 가입한 동년 10월 항공 수입실적이 전년대비 2.8% 감소하였음. 그러나 항공사 연합에 가입한 연계 수입은 20%이상 성장하여 이익을 보고 있는 바 이는 스타얼라이언스 회원사로부터의 판매증가에 기인한 것임.

39) 2015.9.27.방문 https://en.wikipedia.org/wiki/Star_Alliance.

그러나 3개 소속 항공사 간의 불협화음으로 인하여 루프트한자는 2009년 탈퇴하였고, 일본항공은 2010년 파산 위기를 맞으며 탈퇴함으로써 싱가포르 에어라인즈 카고와 SAS 카고의 2개사로만 구성되어 연합의 효과가 저감되었다.

항공 자유화의 바람은 항공운송 사업에 있어서 글로벌화를 요구하고 있으며 이에 대한 하나의 대응책으로 전 세계의 항공사들은 항공사 연합이라는 전략적 제휴를 적극 추진해 온 것이다. 그러나 항공사간 제휴가 지분제휴나 경영권 참여 등의 제휴가 아닌 이상, 업무 조정이 어렵고 환불체계가 복잡하다는 단점도 있다.

제5장

한국, 미국, 유럽의 항공법

1. 한국 항공법

항공법규와 관련하여 ICAO는 시카고 협약에 따라 총 19개 부속서를 채택하여 규정하고 있고 한국은 항공법 등에 관련 내용을 규정하고 있다. 미국은 우주분야를 포함하여 14 CFR에 Part로 구분하여 규정하고 있으며, EU는 기본법에 근거하여 11종류의 이행법률을 규정하고 있다. 미국과 EU는 시카고 협약 부속서 제·개정에 적극적으로 참여하고 있으며 항공법규 제·개정과 관련한 체약국의 준수 의무, 안전성 및 효용성을 고려하여, 미국과 EU간에는 항공법규 협력협정을 체결하였다. 이에 따라 법규 제·개정 시 내용을 공유하고 있으며 항공기 감항성 및 인증기준 등을 상호 인정하고 있다.

국내항공법은 항공관련 국내에서 규정하고 있는 항공법규를 총칭하는 것으로 모든 국내 항공공법 및 항공사법을 포함한다. 일반적으로 각 국가는 항공관련 국제조약을 채택한 후 이를 국내항공법에 반영한다. 따라서 국내 항공법규는 항공공법 및 항공사법에 관한 조약의 반영을 포함하지만 국제항공법에서 규율하지 않는 자국 만의 특정 사항들을 추가하여 규정한다.

한국의 국내 항공 법률은 다음과 같으며, 각 법률을 관장하는 주무부처에서 하위 법령을 제정하여 운영하고 있다. (다음 페이지 〈표 3〉 참조).

1.1 항공법[1]

항공 관련 기본법으로서 항공기, 항공종사자, 항공기의 운항, 항공시설, 항공운송사업 등 제 10장으로 구성되어 있다.

항공법 제1조에서 이 법의 목적을 "국제민간항공조약 및 같은 조약의 부속서에서 채택된 표준과 방식에 따라 항공기가 안전하게 항행하기 위한 방법을 정하고, 항공시설을 효율적으로 설치·관리하도록 하며, 항공운송사업의 질서를 확립함으로써 항공의 발전과 공공복리의 증진에 이바지함을 목적

---

1) 법률 제13381호, 2015.6.22.시행

으로 한다."라고 규정하고 있듯이 이 법은 국제 항공법규 준수 성격을 갖기 때문에 국제기준 변경 등 국제 환경 변화가 있을 때마다 이를 반영하기 위하여 개정작업이 이루어지고 있다.

「항공법」 제1장 총칙은 항공법의 목적, 항공용어 정의, 국가 항공기 적용 특례, 항공정책기본계획의 수립 등을 명시하고 있으며, 시카고 협약 등에서 정한 규정을 준거하여 기술하고 있다.

「항공법」 제2장 항공기는 항공기의 등록 및 말소 관련사항, 감항증명, 소음기준적합증명, 형식증명, 제작증명, 수리개조 승인, 초경량비행장치 및 경량항공기 등에 대하여 규정하고 있다.

〈표 3〉 국내 항공 법규 현황

구분	시행령	시행규칙
항공법	동법시행령	동법시행규칙(국토교통부령)
	항공기등록령	항공기등록규칙(국토교통부령)
	공항시설관리권등록령	공항시설관리권등록령시행규칙 (국토교통부령)
	-	공항시설관리규칙(국토교통부령)
항공보안법	동법시행령	동법시행규칙(국토교통부령)
항공·철도사고조사에 관한 법률	동법시행령	동법시행규칙(국토교통부령)
공항소음방지 및 소음대책지역 지원에 관한 법률	동법시행령	동법시행규칙(국토교통부령)
항공안전기술원법	동법시행령	
항공운송사업진흥법	동법시행령	동법시행규칙(국토교통부령)
상법(제6편 항공운송)		
항공우주산업개발촉진법	동법시행령	동법시행규칙(산업통상자원부령)
군용항공기 운용 등에 관한 법률	동법시행령	동법시행규칙(국방부령)
군용항공기 비행안전성 인증에 관한 법률	동법시행령	동법시행규칙(국방부령)

항공기의 등록 및 감항성에 대해서는 시카고 협약 및 동 협약 부속서 등에서 정한 내용[2]을 준거하여 규정하고 있다. 항공기의 항공운송사업에 항공기를 사용하기 위해서는 해당 항공기에 대하여 유효한 등록증명서, 감항증명서, 소음기준적합증명서 등이 있어야 한다. 항공기 등 관련 분류체계는 항공기, 경량항공기, 초경량비행장치로 항공기를 구분하고 있다.

「항공법」 제3장 항공종사자는 항공기의 안전운항을 확보하기 위해 항공 업무에 종사하는 자에 대한 항공종사자의 자격증명 종류 및 업무 범위, 자격증명의 한정, 전문교육기관, 항공신체검사증명, 계

---

2) 시카고 협약 제17조(항공기의 국적), 제18조(항공기 이중 등록 금지), 제19조 (등록에 관한 국내법), 제21조(등록의 보고), 제31조(감항증명서) 제33조(증명서 및 면허의 승인) 제6장(국제표준 및 권고방식), 동 협약 부속서 7(항공기의 국적 및 등록기호), 부속서 8(항공기의 감항성), 부속서 16 Vol 1(항공기소음) 등.

기비행증명, 항공영어구술능력증명 등에 대하여 규정하고 있으며. 시카고 협약 및 동 협약 부속서 1에서 정한 내용[3]을 준거하여 규정하고 있다.

「항공법」 제4장 항공기의 운항은 공역지정, 비행제한, 항공일지, 무선설비 설치 운용 의무, 항공기의 연료, 항공기의 등불, 승무시간 기준, 항공안전프로그램, 항공안전 의무보고, 항공안전자율보고, 기장의 권한, 조종사의 운항자격, 운항관리사, 비행규칙, 비행 중 금지행위, 긴급항공기 지정, 위험물 운송, 전자기기 사용 제한, 회항시간 연장운항 승인, 수직분리축소공역 운항, 항공교통업무, 항공정보 제공, 항공기안전을 위한 운항기술기준 등에 대하여 규정하고 있으며 역시 시카고 협약 및 동 협약 부속서에서 정한 내용을 준거하여 규정하고 있다.

「항공법」 제5장 항공시설은 제1절 비행장과 항행안전시설, 제2절 공항, 제3절 공항운영증명에 대하여 규정하고 있으며 시카고 협약 및 동 협약 부속서에서 정한 내용을 준거하여 규정하고 있다.[4]

「항공법」 제6장 항공운송사업 등에서는 항공운송사업(국제, 국내, 소형), 항공운송사업자에 관한 안전도 정보 공개, 면허기준, 항공운송사업의 운항증명, 운항규정 및 정비규정, 운수권 배분, 운송약관, 항공교통이용자 보호, 사업의 합병, 면허의 취소, 항공기사용사업 등에 대하여 규정하고 있으며. 시카고 협약 및 동 협약 부속서 6에서 정한 내용[5]을 준거하여 규정하고 있다.

「항공법」 제7장 항공기 취급업 등에서는 항공기 취급업, 항공기정비업, 정비조직, 상업서류 송달업, 항공기 대여업, 초경량 비행장치 사용사업, 한국항공진흥협회 등에 대하여 규정하고 있다.

「항공법」 제8장에서 외국항공기는 외국항공기 항행, 외국항공기 국내사용, 군수품 수송의 금지, 외국인 국제항공운송사업, 외국항공기의 국내 운송 금지 등 외국항공기 및 외국인이 사용하는 항공기에 대하여 규정하고 있으며. 시카고 협약 및 동 협약 부속서에서 정한 내용을 준거하여 규정하고 있다. 외국 국적을 가진 항공기에 대하여 국내 항행, 국내 지역 간 운항, 군수품 수송 금지 및 외국인 국제항공운송사업의 허가 등에 대한 기준을 규정하고 있다. 또한, 안전운항을 위한 외국인 국제항공운송사업자가 준수해야 할 의무, 국토교통부장관이 행하는 검사 및 필요시 운항정지 조치 등의 기준을 명시하고 있다. 이들 국제항공운송사업자 등에 대한 검사는 기본적으로 시카고 협약 부속서에서 정한 기준 및 인가받은 내용의 준수여부를 확인하는 것이다.

「항공법」 제9장 보칙은 항공종사자 · 항공운송사업자 등에 대한 항공안전 활동, 재정지원, 권한의 위임 · 위탁, 청문, 수수료 등에 대하여 규정하고 있다.

「항공법」 제10장 벌칙은 각 장에서 규정하고 있는 법 조문의 실효성을 확보하기 위해 각종의 벌칙

---

3) 시카고 협약 제32조(항공종사자 자격증명) 및 동 협약 부속서 1(항공종사자 자격증명) 등.

4) 시카고 협약 제15조(공항의 사용료), 제28조(항공시설 및 표준양식), 동 협약 부속서 14(비행장) 등.

5) 시카고 협약 제5조(부정기비행의 권리), 제6조(정기항공), 동 협약 부속서 6(항공기의 운항) 등.

을 규정하고 있으며 항공상 위험 발생 등의 죄, 항행중 항공기 위험 발생의 죄, 항행중 항공기 위험 발생으로 인한 치사·치상의 죄, 미수범, 과실에 따른 항공상 위험 발생 등의 죄, 감항증명을 받지 아니한 항공기 사용 등의 죄, 공항운영증명에 관한 죄, 주류 등의 섭취·사용 등의 죄, 무 표시 등의 죄, 승무원 등을 승무시키지 아니한 죄, 무자격자의 항공업무 종사 등의 죄, 수직분리축소공역 등에서 승인 없이 운항한 죄, 기장 등의 탑승자 권리행사 방해의 죄, 기장의 항공기 이탈의 죄, 기장의 보고의무 등의 위반에 관한 죄, 비행장 불법 사용 등의 죄, 항행안전시설 무단설치의 죄, 초경량비행장치 불법 사용 등의 죄, 경량항공기 불법 사용 등의 죄, 항공운송사업자의 업무 등에 관한 죄, 항공운송사업자의 운항증명 등에 관한 죄, 외국인 국제항공운송사업자의 업무 등에 관한 죄, 항공운송사업자의 업무 등에 관한 죄, 검사 거부 등의 죄, 양벌 규정, 벌칙 적용의 특례, 과태료, 과태료의 부과·징수절차 등을 규정하고 있다.

1.2 항공보안법[6]

민간항공의 보안에 관련한 동경 협약, 헤이그 협약, 몬트리올 협약의 채택은 많은 나라가 항공기 보안 문제에 대한 경각심을 갖고 별도의 국내법을 제정하는 계기가 되었다. 우리나라도 1974.12.26. 법률 제2742호로 「항공기운항안전법」을 제정하였으나, 몬트리올 협약상의 범죄가 누락되는 등 미흡한 점이 많았다. 「항공기운항안전법」은 2002.8.26. 전면 개정되어 법률6734호 「항공안전 및 보안에 관한 법률」로 제정되었으나, 2013.4.5. 법률 제11753호로 이 법의 제명을 다시 「항공보안법」으로 변경하고 항공보안에 관한 사항을 전반적으로 정비하였다. 이 법의 제명을 「항공보안법」으로 변경한 이유는 항공안전에 관한 사항은 「항공법」에 총괄적으로 규정되어 있어 이 법에서 항공안전에 관한 사항을 별도로 규정할 이유가 없기 때문이다.

이 법은 국제민간항공 협약 및 1963년 항공기 내에서 범한 범죄 및 기타 행위에 관한 협약(동경 협약), 1970년 항공기의 불법납치 억제를 위한 협약(헤이그 협약), 1971년 민간항공의 안전에 대한 불법적 행위의 억제를 위한 협약(몬트리올 협약), 1988년 민간항공의 안전에 대한 불법적 행위의 억제를 위한 협약을 보충하는 국제민간항공에 사용되는 공항에서의 불법적 폭력행위의 억제를 위한 의정서, 1991년 플라스틱 폭약의 탐지를 위한 식별조치에 관한 협약 등 항공범죄 관련 국제협약에서 정한 내용을 준거하여 규정하고 있다.

이 법은 총 8장(제1장 총칙, 제2장 항공보안협의회 등, 제3장 공항·항공기 등의 보안, 제4장 항공기

---

6) 법률 제12257호, 2014.4.6. 시행.

내의 보안, 제5장 항공보안장비 등, 제6장 항공보안 위협에 대한 대응, 제7장 보칙, 제8장 벌칙)으로 구성되어 있다. 주요 내용으로는 항공보안협의회 구성 및 운영 등에 관한 사항, 국가항공보안계획의 수립에 관한 사항, 공항운영자 등의 자체 보안계획의 수립에 관한 사항, 공항시설, 보호구역, 승객의 검색 등 보안에 관한 사항, 무기 등 위해물품의 휴대금지, 보안장비, 교육훈련 등에 관한 사항, 항공보안을 위협하는 정보의 제공, 우발계획 수립, 항공보안감독, 항공보안 자율신고 등에 관한 사항, 항공기 이용 피해구제, 권한위임 등에 관한 사항을 규정하고 있다.

교통안전공단은 국토교통부로부터 '항공보안 비밀보고제도' 운영기관으로 지정됨에 따라 2011년 6월 1일부터 항공보안 비밀제도를 시행해오고 있다. '항공보안 비밀보고제도'는 시카고 협약 부속서 17에서 규정[7]한 바에 따라 국토교통부가 항공보안을 저해하는 사건・상황・상태 등에 관한 보안위험 정보를 수집하기 위하여 도입한 제도로서 보고자에 대해서는 철저한 비밀이 보장되는 자율적인 보고 제도이다.

보고자는 승객, 승무원, 공항운영자 및 항공사 등의 보안업무 종사자를 포함하여 항공보안을 해치거나 해칠 우려가 있는 상황이 발생하였거나 발생한 것을 안 사람 또는 발생될 것이 예상된다고 판단되는 사람은 누구든지 보고할 수 있다. 비밀보고서의 내용은 분석을 통해 항공보안에 중대한 영향을 미칠 수 있다고 판단되는 경우 관계기관, 공항운영자, 항공사 등에 그 내용을 통보하게 되며, 필요한 경우에는 보안대책 수립 등 정책에 반영하게 된다.

제8장 벌칙에서는 운항중이거나 계류중인 항공기에 대한 항공기 파손죄, 항공기 납치죄, 항공시설 파손죄, 항공기항로 변경죄, 직무집행방해죄, 항공기 위험물건 탑재죄, 공항운영 방해죄, 항공기 안전운항 저해 폭행죄, 항공기 점거 및 농성죄, 운항 방해정보 제공죄, 벌칙, 양벌규정 및 과태료에 대하여 규정하고 있다.

1.3 항공・철도사고조사에 관한 법률[8]

「항공・철도 사고조사에 관한 법률」은 시카고 협약 및 같은 협약 부속서에서 정한 항공기 사고조사 관련 내용을 준거하여 규정하고 있다.[9] 이 법은 항공・철도 사고조사에 관한 전반적인 사항을 총 5장(제1장 총칙, 제2장 항공・철도사고조사위원회, 제3장 사고조사, 제4장 보칙, 제5장 벌칙)으로 구분하여 규정하고 있다.

---

7) 시카고협약 부속서 17의 3.4.7.

8) 법률 제12653호, 2014.5.21. 시행.

9) 시카고 협약 제25조(조난항공기), 제26조(사고조사), 같은 협약 부속서 12(수색 및 구조), 부속서 13(항공기 사고조사) 등에 따라 규정하고 있음.

「항공·철도 사고조사에 관한 법률」 제1장 총칙에서는 법의 목적, 용어정의, 및 적용범위 등에 대하여 규정하고 있다.

　　항공·철도 사고조사에 관한 법률 제1조(목적)
　　　이 법은 항공·철도사고조사위원회를 설치하여 항공사고 및 철도사고 등에 대한 독립적이고 공정한 조사를 통하여 사고 원인을 정확하게 규명함으로써 항공사고 및 철도사고 등의 예방과 안전 확보에 이바지함을 목적으로 한다.

이는 조사의 목적이 비난이나 책임을 추궁하는 것을 목적으로 하는 것이 아니라 사고조사의 유일한 목적이 사고의 방지에 있음을 명확히 명시하고 있는 것으로 시카고 협약 부속서 13에서 명시한 조사의 목적을 반영한 것이다.

법의 목적에 비추어볼 때 「항공·철도 사고조사에 관한 법률」 상의 용어는 사고조사를 이행함에 있어 중요한 의미를 가질 수밖에 없다. 이에 따라 항공사고, 항공기준사고, 사고조사 등에 대하여 다음과 같이 용어를 정의하고 있으며, 아울러 이 법에서 사용하는 용어 외에는 「항공법」 및 「철도안전법」[10]에서 정하는 바에 따른다고 명시하고 있다.

'항공기사고' 및 '항공기준사고'는 항공법에서 정한 용어정의와 같음을 명시하고 있으며, 항공법에서 정한 '항공안전장애'에 대해서는 별도로 명시하고 있지 않다. 반면에 항공법에서 명시하지 않은 '항공사고' 및 '항공사고등'을 규정하고 있는데, '항공사고'는 '항공기사고', '경량항공기사고' 및 '초경량비행장치사고'를 포함하는 것을 말하며, '항공사고등'은 '항공사고' 및 '항공기준사고'를 의미하는데 이는 이 법이 항공안전장애에 대해서는 규율하지 않음을 말하는 것이다.

항공기준사고란 항공기사고 외에 항공기사고로 발전할 수 있었던 것으로서 국토교통부령으로 정하는 것을 말하며, 항공법시행규칙 별표 5에서 항공기준사고의 범위를 규정하고 있다. 요약컨대 항공사고조사의 적용범위로는 대한민국 영역 안에서 발생한 항공사고 및 항공기준사고로 하되, 대한민국 영역 밖에서 발생한 항공사고 및 항공기준사고에 대해서는 국제조약에 의거하여 대한민국이 관할권을 갖는 항공사고 및 항공기준사고에 대해 사고조사를 실시한다. 단, 국가기관등항공기[11]에 대한 항공사고조사에 있어서는 다음의 어느 하나에 해당하는 경우에 한하여 사고조사를 실시한다.

　　① 사람이 사망 또는 행방불명된 경우

---

10) 법률 제13436호, 2015.7.24. 시행

11) 국가기관등항공기란 국가, 지방자치단체, 「공공기관의 운영에 관한 법률」에 따른 공공기관이 소유하거나 임차한 항공기로서 다음의 어느 하나에 해당하는 업무를 수행하기 위하여 사용되는 항공기를 말한다. 다만, 군용·경찰용·세관용 항공기는 제외한다.(항공법제2조2항의 정의)
　　가. 재난·재해 등으로 인한 수색·구조
　　나. 산불의 진화 및 예방
　　다. 응급환자의 후송 등 구조·구급활동
　　라. 그 밖에 공공의 안녕과 질서유지를 위하여 필요한 업무

② 국가기관등항공기의 수리·개조가 불가능하게 파손된 경우

③ 국가기관등항공기의 위치를 확인할 수 없거나 국가기관등항공기에 접근이 불가능한 경우

제2장에서는 항공사고조사위원회에 대하여 규정하고 있다. 세부적으로는 위원회의 설치, 위원의 자격조건, 결격사유, 신분보장, 임기 등을 규정하고 있으며 아울러 회의의결, 분과위원회, 자문위원, 직무종사의 제한, 사무국에 대한 기준을 규정하고 있다. 위원이 될 수 있는 자는 전문지식이나 경험을 가진 자로 하며, 위원회는 사고조사에 관련된 자문을 얻기 위하여 필요한 경우 항공 및 철도분야의 전문지식과 경험을 갖춘 전문가를 대통령령이 정하는 바에 따라 자문위원으로 위촉할 수 있도록 규정하고 있다.

항공·철도사고조사위원회는 항공·철도 사고조사에 관한 법률이 2006년 7월 9일 시행됨에 따라 2006년 7월 10일 항공사고조사위원회와 철도사고조사위원회가 항공·철도사고 조사위원회로 통합 출범하였다. 항공·철도사고 등의 원인규명과 예방을 위한 사고조사를 독립적으로 수행하기 위하여 국토교통부에 본 위원회를 두고 있으며, 국토교통부장관은 일반적인 행정사항에 대하여는 위원회를 지휘·감독하되, 사고조사에 대하여는 관여하지 못한다고 규정하고 있다(제4조). 다시 말해 본 위원회의 설치 목적은 사고원인을 명확하게 규명하여 향후 유사한 사고를 방지하는데 있으며, 더 나아가서는 고귀한 인명과 재산을 보호함으로써 국민의 삶의 질을 향상시키는데 있다. 위원회는 위원장을 포함한 12인(상임위원 2인, 비상임위원 10인)으로 구성되어 있다.

시카고 협약 부속서 13에서 사고조사당국은 독립성을 가져야 함을 규정하고 있고[12], 「항공·철도 사고조사에 관한 법률」 제1조에서도 사고 등에 대한 독립적이고 공정한 조사를 통하여 사고 원인을 정확하게 규명함으로써 사고 등의 예방과 안전 확보를 목적으로 함을 명시하고 있다. 이와 같이 사고조사체계에 있어 가장 기본적인 개념은 독립성 및 사고예방을 목적으로 한다는 것이다.

이와 같이 사고조사당국은 독립성을 갖고 사고조사의 근본적인 목적을 재발 방지에 두어야 하나 이에 대한 국내 인식은 오랫동안 미흡한 상태로 남아있었고, 조사체계의 구축도 형식적으로 출발하여 모양새만 갖추는 형태가 되었다.

제3장 사고조사에서는 항공사고등의 발생 통보, 사고조사 및 사고조사단 운영, 사고조사보고서 작성, 안전권고 및 사고조사에 관한 연구 등에 대하여 규정하고 있다.

"항공사고조사"란 항공사고등과 관련된 정보·자료 등의 수집·분석 및 원인규명과 항공안전에 관한 안전권고 등 항공사고등의 예방을 목적으로 항공사고조사위원회가 수행하는 과정 및 활동을 말한

---

12) 시카고 협약 부속서 13의 5.4.

다. 항공사고조사의 경우 기본적으로 항공사고가 발생한 영토가 속한 국가가 사고조사의 권리와 의무를 갖는다. 항공사고 발생지국은 사고조사 업무의 전부 또는 일부를 항공기 등록국 또는 항공기 운용국에 위임할 수 있으며, 조약체결국에게 기술적인 지원을 요청할 수 있다. 만약 항공사고가 어느 국가의 영토도 아닌 곳, 즉 공해상에서 발생하면 항공기 등록국이 항공기 사고의 권리와 의무를 갖는다. 항공사고가 발생 시 발생지국은 항공사고 발생을 ICAO 및 관련국에 통보하고 사고조사를 실시한다. 한편 항공사고등이 발생한 것을 알게 된 항공기의 기장, 항공기의 소유자, 항공종사자 등은 지체 없이 그 사실을 위원회에 통보하여야 하며, 위원회는 지체 없이 사고조사를 개시하여야 한다.

제5장 벌칙에서는 사고조사방해의 죄, 비밀누설의 죄, 사고발생 통보 위반의 죄 및 과태료 등에 대하여 규정하고 있다.

1.4 항공운송사업 진흥법[13]

「항공운송사업 진흥법」은 항공운송사업을 진흥시킴으로써 그 국제적 지위의 향상과 국민경제의 발전에 이바지함을 목적으로 한다. 이 법은 항공운송사업 진흥을 위해 항공운송사업의 조성, 장려금의 지급, 항공기 담보의 특례, 항공보험의 가입 의무, 민간항공단체의 육성, 벌칙 및 양벌규정 등에 관하여 규정하고 있다.

1.5 공항소음 방지 및 소음대책지역 지원에 관한 법률[14]

「공항소음 방지 및 소음대책지역 지원에 관한 법률」은 공항소음을 방지하고 소음대책지역의 공항소음대책사업 및 주민지원 사업을 효율적으로 추진함으로써 주민의 복지증진과 쾌적한 생활환경을 보장하고, 항공교통 활성화에 이바지함을 목적으로 하며, 공항소음 방지 및 소음대책지역 지원에 관련된 전반적인 사항을 규정하고 있다.

1.6 항공안전기술원법[15]

「항공안전기술원법」은 항공안전 관련 인증과 항공사고 예방에 필요한 결함분석・국제표준화 기술

---

13) 법률 제12655호, 2014.5.21. 시행
14) 법률 제12636호, 2014.11.22. 시행
15) 법률 제12654호, 2014.11.22. 시행

연구 등을 전문적으로 수행함으로써 항공안전을 확보하고 항공 산업 발전에 이바지하기 위하여 항공안전기술원을 설립하고, 항공안전기술원의 사업범위, 정부의 출연금 지급 근거, 사업계획서 및 예산안의 승인, 결산보고 등 항공안전기술원의 운영에 필요한 사항을 규정하고 있다.

이 법에 따라 항공안전 확보 및 항공 산업 발전을 도모하기 위하여 항공안전에 필요한 전문 인력의 양성, 항공사고 예방에 관한 인증·시험·연구·기술 개발 등을 전문적으로 수행하는 항공안전기술원을 법인으로 설립하여 운영한다. 항공전기술원의 사업범위는 「항공법」에 따른 증명·승인·인증 등의 기술연구 및 지원, 국가공인비행시험 및 시험시설의 운영·관리, 항공사고 예방기술 개발 및 항공안전 국제표준화 기술연구, 정부 등으로부터 위탁받은 업무 등으로 규정되어 있다.

1.7 상법(제6편 항공운송)16)

「상법」 제6편(항공운송)은 한국의 항공운송산업이 비약적으로 발전하여 세계 굴지의 항공운송실적17)을 이루고 있지만 운송 당사자 사이의 이해관계는 항공사가 제공하는 약관에만 의존하고 있어서 법적 안정성이 훼손될 우려가 있으므로, 승객과 화주의 권익을 보호하고 항공운송 당사자의 권리의무를 명확히 하도록 한다는 명분하에 신설된 것이다.

제6편(항공운송)은 총 3장(제1장 통칙, 제2장 운송, 제3장 지상 제3자의 손해에 대한 책임)으로 규정하고 있으며, 제2장(운송)은 총 4절(제1절 통칙, 제2절 여객운송, 제3절 물건운송, 제4절 운송증서)로 구성되어 있는데 지상 제3자 피해 배상에 관하여서는 1978년 몬트리올 의정서18)를, 항공사고시 승객, 짐, 그리고 화물의 패해 배상에 관하여서는 1999년 몬트리올 협약19)을 준거하여 규정하고 있는 바 이에 관하여는 제9장 5항에서 상세 기술한다.

1.8 항공우주산업개발촉진법20)

「항공우주산업개발 촉진법」은 항공우주산업을 합리적으로 지원·육성하고 항공우주과학기술을 효

---

16) 상법에 항공운송에 관한 제6편이 추가로 신설되는 입법이 2011.5.23. 법률 제10696호로 제정되어 2011.11.24.부로 시행됨

17) 2013년까지 수년간 세계 6번째의 항공운송실적을 기록한 한국은 2014년에는 8번째를 기록하였음. Annual Report of the ICAO Council-2014, Appendix 1, pp.4-5.

18) 1952년 로마협약 개정 1978년 몬트리올 의정서(Protocol to Amend the Convention on Damage Caused by Foreign Aircraft to Third Parties on the Surface Signed at Rome 1952), 제9장 4.3항 참조.

19) 1999년 국제항공운송에 관한 일부 규칙의 통일에 관한 협약(Convention for the Unification of Certain Rules for International Carriage by Air), 제9장 3항 참조.

20) 법률 제13097호, 2015.7.29. 시행

율적으로 연구·개발함으로써 국민경제의 건전한 발전과 국민생활의 향상에 이바지하게 함을 목적으로 한다. 이 법은 항공우주산업개발에 관련된 전반적인 사항에 대하여 규정하고 있다. 1987년 제정된 동 법은 항공우주산업의 촉진을 위한 정부의 원론적인 지원 의지를 표명한 것에 불과하다.

1.9 군용항공기 운용 등에 관한 법률[21]

「군용항공기 운용 등에 관한 법률」은 군용항공기의 운용 등에 관하여 필요한 사항을 정함으로써 항공작전의 원활한 수행을 도모하고 군용항공기의 비행 안전에 이바지함을 목적으로 하며, 군용항공기 운용에 관련된 전반적인 사항을 규정하고 있다.

1.10 군용항공기 비행안전성 인증에 관한 법률[22]

「군용항공기 비행안전성 인증에 관한 법률」은 군용항공기가 안전하게 비행할 수 있는지를 인증하는 데 필요한 사항을 정하여 군용항공기의 안전성을 확보하고, 군용항공기 수출을 지원하여 항공 산업 발전에 기여함을 목적으로 한다. 이 법은 군용항공기의 비행안전성 인증제도에 관련된 사항을 규정하고 있다.

1.11 고시 훈령 예규 : 운항기술기준

운항기술기준(Flight Safety Regulations)이란 항공기 안전운항을 확보하기 위하여 「항공법」과 시카고 협약 및 동 협약 부속서에서 정한 범위 안에서 항공기 계기 및 장비, 항공기 운항, 항공운송사업의 운항증명, 항공종사자 자격증명, 항공기 정비 등 안전운항에 필요한 사항 등을 규정하여 국토교통부장관이 고시로 발행한 행정규칙이다.

운항기술기준 고시 근거가 되는 항공법 상 주요 조항과 운항기술기준 상 준수 요건은 다음과 같다.

항공법 제74조의2(항공기 안전운항을 위한 운항기술기준)
국토교통부장관은 항공기 안전운항을 확보하기 위하여 이 법과 「국제민간항공조약」 및 같은 조약 부속서에서 정한 범위에서 다음 각 호의 사항이 포함된 운항기술기준을 정하여 고시할 수 있다.
1. 항공기 계기 및 장비
2. 항공기 운항

---

21) 법률 제11690호, 2013.3.23. 시행
22) 법률 제12903호, 2014.12.30. 시행

3. 항공운송사업의 운항증명
4. 항공종사자의 자격증명
5. 항공기 정비
6. 그 밖에 안전운항을 위하여 필요한 사항으로서 국토교통부령으로 정하는 사항

항공법시행규칙 제218조의3(안전운항을 위한 운항기술기준 등)
법 제74조의2제6호에서 "그 밖에 안전운항을 위하여 필요한 사항으로서 국토교통부령으로 정하는 사항"이란 다음 각 호의 사항을 말한다.
1. 항공훈련기관의 인가 및 운영
2. 항공기 등록 및 등록부호
3. 항공기의 감항성
4. 정비조직의 승인
5. 항공기(외국 국적을 가진 항공기를 포함한다)의 임대차 승인

운항기술기준(제1편) 고정익 항공기를 위한 운항기술기준
제1장 총칙
제2장 자격증명
제3장 항공훈련기관
제4장 항공기 등록 및 등록부호 표시
제5장 항공기 감항성
제6장 정비조직의 인증 기준
제7장 항공기 계기 및 장비
제8장 항공기 운항
　　　　8.1 일반
　　　　8.2 일반항공 추가기준
　　　　8.3 항공기사용사업용 추가기준
　　　　8.4 항공운송사업용 추가기준
제9장 항공운송사업의 운항증명 및 관리

운항기술기준(제2편) 회전익 항공기를 위한 운항기술기준
제1장 총칙
제2장 항공운송사업
제3장 일반항공
제4장 항공기사용사업 (EMS 추가)

상기 운항기술기준은 한국이 2001년 미연방항공청으로부터 항공안전 불합격 판정(Category II, 항공안전2등급)을 받은 후 국내 제도 보완 측면에서 만들어져 항공안전 및 발전에 기여한 바가 크나, 동일 사항에 대하여 항공법시행규칙 등에서 정한 기준과 중복 또는 다르게 규정하고 있는 경우도 있어 적용상 혼선이 야기되기도 하는 바, 항공법시행규칙과 통합 및 분리 기준을 명확히 수립하여 보완·정리할 필요가 있다.

2. 미국 항공법[23]

미국의 항공법규는 Law(Legislation, Act), Regulation, Directives, AC, Handbook, Order 등으로 공포되며, Law는 미국 의회가 제정하고 대통령이 서명한 법률로서 일반적으로 "Airport & Airway Improvement Act"와 같이 특정내용을 담고 있는 한정된 법이며, Regulation과 Directives는 FAA가 입안하고 제정한 법률이며, AC 및 Order 등은 기술적인 내용이나 표준 등에 관한 사항을 수록하고 있는 지침서이다.

항공부문에 대한 실질적인 기준은 미국연방규정집(Code of Federal Regulations: CFR)의 14 CFR(또는 FAR이라 함)에 약 190개의 Part로 규정되어 있으며,[24] 지속적으로 제·개정되고 있다 14 CFR의 전반적인 법규체계는 다음과 같다.

〈표 4〉 14 CFR 항공우주 법규체계(Title 14 Aeronautics and Space)[25]

구분	내용		Part
Chapter I	Federal Aviation Administration, Department of Transportation (미국 교통부 미연방항공청)		Part 1 - 199
	Subchapter A	Definitions (정의)	1 - 3
	B	Procedural Rules (절차관련 규칙)	11 - 17
	C	Aircraft (항공기)	21 - 59
	D	Airmen (항공종사자)	60 - 67
	E	Airspace (공역)	71 - 77
	F	Air Traffic and General Operating Rules (항공교통 및 일반 운항 규칙)	91 - 109
	G	Air Carriers and Operators for Compensation or Hire: Certification and Operations (항공사 및 운영자의 운항증명 및 운영)	110 - 139
	H	Schools and Other Certificated Agencies (항공학교 및 기타 인증기관)	140 - 147
	I	Airports (공항)	150 - 169
	J	Navigational Facilities (항법시설)	170 - 171
	K	Administrative Regulations (행정법규)	183 - 193

---

23) 이구희, "항공법정책", 한국학술정보(주), 2015, pp.91~94. 참조.

24) 미국연방규정집(Code of Federal Regulations, CFR 또는 '미국연방법규집'이라고 함)이란 미국관보에 발표된 관련 규정을 기록한 것으로 코드체계로 분류되어 있으며, CFR은 총 50개의 타이틀(title)로 구성되어 있고 각 title은 여러 장(chapter)으로 구성되어 있음. 각 장은 여러 규제영역의 내용을 수록하고 있음. 이 중 항공·우주와 관련된 규정인 14 CFR은 'Title 14 of the Code of Federal Regulations (Aeronautics and Space)를 말하며, 14 CFR은 일반적으로 FAR(Federal Aviation Regulations)로 더 잘 알려져 있음. 14 CFR은 약 190개 Part로 구성되어 있으며, Chapter I Subchapter G(항공사)의 경우 2012년에 신설된 Part 117을 포함하여 총 12개 Part로 구성되어 있음.

25) FAA homepage상의 14 CFR을 chapter I (federal aviation administration, department of transportation) 위주로 Regulation 체계를 정리한 것임. 2014.9.1. 방문 http://www.faa.gov/regulations_policies/.

	N	War Risk Insurance (전쟁위험보험)	198 - 199
Chapter II		Office of The Secretary, Department Of Transportation (Aviation Proceedings) (미국 교통부 장관실 항공 프로시딩)	200 - 399
Chapter III		Commercial Space Transportation, Federal Aviation Administration, Department of Transportation (미국 교통부 미연방항공청 상업우주운송)	400 - 1199
Chapter V		National Aeronautics and Space Administration (미국항공우주국)	1200 - 1299
Chapter VI		Air Transportation System Stabilization (항공운송체계 안정)	1300 - 1399

* 출처 : 이구희, "국내외 항공안전관련 기준에 관한 비교 연구", 박사학위논문, 한국항공대학교, 2015, p.37.

14 CFR은 ICAO SARPs 개정내용을 지속적으로 반영하고 있으며 2012년에는 이에 부응하여 승무원 피로관리와 관련한 14 CFR Part 117(일명, FAR Part 117이라 한다.)[26]을 신설하였다.

14 CFR의 각 Part는 일반적으로 동일 항목에 대해서도 적용 대상에 따라 적용 기준이 다르다. 따라서 해당 내용이 어느 Part에 해당하는지가 매우 중요한 의미를 갖는다. 예를 들어 14 CFR Part 121(일명, FAR Part 121이라 한다.)[27]은 미국 소속의 항공사 중에 국제선 및 국내선을 운항하는 항공사에게 적용하는 기준이며 14 CFR Part 129(일명, FAR Part 129라 한다.)[28]는 미국에 운항하는 외국 항공사에게 적용하는 기준이다. FAR Part 121에 규정하고 있는 주요 내용은 다음과 같다.

- Subpart A. General (일반)
- Subpart B. Certification Rules for Domestic and Flag Air Carriers (국내·국제 항공사 운항증명 기준)
- Subpart C. Certification Rules for Supplemental Air Carriers and Commercial Operators (부정기 및 항공운송 사업자 운항증명 기준)
- Subpart D. Rules Governing All Certificate Holders Under This Part (운항증명소지자 관리 기준)
- Subpart E. Approval of Routes: Domestic and Flag Operations (항로인가 : 국내선 국제선)
- Subpart F. Approval of Areas And Routes for Supplemental Operations (부정기 운항의 지역 및 항로 승인)
- Subpart G. Manual Requirements (매뉴얼 요건)
- Subpart H. Aircraft Requirements (항공기 요건)
- Subpart I. Airplane Performance Operating Limitations (비행기 운항 성능 제한)
- Subpart J. Special Airworthiness Requirements (특수 감항성 요건)
- Subpart K. Instrument and Equipment Requirements (계기 및 장비 요건)
- Subpart L. Maintenance, Preventive Maintenance, and Alterations (정비, 예방정비 및 개조)
- Subpart M. Airman and Crew member Requirements(항공 승무원 요건)

---

26) FAR Part 117(flight and duty limitations and rest requirements: flight crew members.)은 CFR Title 14, Chapter I, Subchapter G중 Part 117에 해당하는 것임.

27) FAR Part 121(Operating requirements: domestic, flag, and supplemental operations.)은 CFR Title 14, Chapter I, Subchapter G중 Part 121에 해당하는 것임.

28) FAR Part 129(Operations: foreign air carriers and foreign operators of U.S.-registered aircraft engaged in common carriage)는 CFR Title 14, Chapter I, Subchapter G중 Part 129에 해당하는 것임.

- Subpart N. Training Program (훈련 프로그램)
- Subpart O. Crew member Qualifications (승무원 운항자격)
- Subpart P. Aircraft Dispatcher Qualifications and Duty Time (운항관리사 자격 및 근무시간)
- Subpart Q. Flight Time Limitations and Rest Requirements: Domestic Operations (비행시간 제한 및 휴식요 건 : 국내선 운항)
- Subpart R. Flight Time Limitations: Flag Operations (비행시간 제한 : 국제선 운항)
- Subpart S. Flight Time Limitations: Supplemental Operations (비행시간 제한 : 부정기 운항)
- Subpart T. Flight Operations (항공기 운항)
- Subpart U. Dispatching and Flight Release Rules (운항관리 및 운항허가 기준)
- Subpart V. Records and Reports (기록 및 보고)
- Subpart W. Crew member Certificate: International (승무원 자격증 : 국제선)
- Subpart X. Emergency Medical Equipment and Training (비상의료장비 및 훈련)
- Subpart Y, Advanced Qualification Program (진보된 자격 프로그램)
- Subpart Z, Hazardous Materials Training Program (위험물 훈련 프로그램)
- Subpart AA, Continued Airworthiness and Safety Improvements (지속적인 감항성 및 항공안전 증진)
- Subpart DD, Special Federal Aviation Regulations (특수 미연방 항공규정)

미국은 항공 산업의 발전 및 항공안전을 증진하기 위하여 지속적으로 항공당국의 조직 및 항공안전기준을 개선하고 있다. 미국의 항공법규 및 FAA의 발달 연혁은 다음과 같다.[29]

- Air Mail Act (1925, 일명 Kelly법인 항공 우편법) : 개별 항공기를 통한 우편물 운송 규정
- Air Commerce Act (1926, 항공사업법) : 항공산업 촉진 및 비행안전 보장
- Civil Aeronautics Act (1938, 민간항공법) : 상무부에서 민간 항공국(CAA)이라는 독립기관으로 이관
- Federal Aviation Act (1958, 연방항공법) : 미연방항공법 시행으로 항공사업법(Air Commerce Act) 및 민간 항공법(Civil Aeronautics Act)이 폐기되었으며, 1958년에 미연방항공청(Federal Aviation Agency: FAA) 설립
- 교통부(Department of Transportation: DOT) 신설(1967) : 미연방항공청(Federal Aviation Agency)을 DOT에 편입하고 명칭도 Federal Aviation Agency에서 Federal Aviation Administration로 변경
- NTSB(National Transportation Safety Board) 설립 (1967) : 사고조사를 위한 독립기관이지만 자금조달 및 행정지원은 DOT에 의존
- Independent Safety Board Act(1975) 제정 : NTSB를 DOT로부터 완전 독립시켰으며, NTSB는 FAA로부터 처벌받은 자에 대하여 '항소법원' 역할을 하며 NTSB Academy를 운영함
- 항공사 규제완화법(Airline Deregulation Act, 1978) 시행
- Aviation and Transportation Security Act에서 Transportation Security Administration(TSA) 신설 (2001) : 9/11 사태를 계기로 탄생된 후 1960년 이래 FAA에 위임했던 일부 보안책임을 TSA로 이관

3. 유럽 항공법[30]

항공안전을 확보하기 위한 세계 각 국가의 항공법규가 그러하듯이 유럽의 항공법규도 시카고 협약

---

29) 2014.9.1. 방문 http://www.faa.gov/about/history/.
30) 이구희, 전게서 pp.94-p.96. 참조.

에서 정한 SARPs 기준을 반영하고 있다. 유럽의 통일된 항공법규는 유럽의 항공안전 전문기관인 EASA(European Aviation Safety Agency로서 후술)의 체계적인 지원 하에 지속적인 발전을 하고 있다.

EU[31]가 적용하는 주요 항공법규의 형태는 조약(Treaties), 규정(Regulations), 지침(Directives), 그리고 결정(Decisions)이라는 4가지로 나타난다.[32]

EU는 유럽공동체조약(EC Treaty)[33]에 의거 EU 회원국에게 적용되는 법을 규정(Regulations)과 지침 (Directives) 형태로 제정하여 시행하는데, 이러한 규정 및 지침 등은 조약에서 규정한 범위를 벗어날 수 없다. 만일, 관련 조약에서 정한 범위를 벗어난 것으로 판단되면 EU 사법재판소(Court of Justice of the European Union)가 해당 법규를 폐기할 수 있다.

항공안전증진을 위한 실질적인 항공법의 내용을 명시하고 있는 EU의 항공법규는 기본적으로 모법 인 기본법(Basic Regulation)과 10여 종류의 이행규칙(Implementing Rules) 및 이를 구체적으로 제시하는 세부 기준을 포함하여 다음과 같이 4개의 형식을 취한다. 이들은 활발한 제·개정 작업의 대상이 되 고 있는데 2014년에 피로관리 및 제3국 항공사(third party operator: TCO)에 대한 이행법률이 추가된 것 도 그 일환이다.

- 기본법률(BR : Basic Regulation)[34]: 항공안전증진과 관련하여 EU 및 EASA에서 적용하는 항공관련 기본법으로 회 원국에게 법적 구속력을 가지며 한국의 현행 항공법에 해당된다. Basic Regulation은 항공안전관련 전반적인 분야 에 대한 기본적인 요건을 규정하고 있으며 좁은 의미로는 Basic Regulation 자체가 EU의 항공법이라 할 수 있다.

- 이행규칙(IR : Implementing Rule): 민간항공분야의 안전을 확보할 목적으로 Basic Regulation에서 관장하고 있는

---

31) 유럽연합(European Union: EU)은 유럽공동체(EC) 12개국 정상들이 1991년 12월 네덜란드 마스트리히트에서 경제통화 통합 및 정치 통합 을 추진하기 위한 유럽연합조약(Treaty on European Union, 일명 마스트리히트조약)을 체결하기로 합의하고 각국의 비준절차를 거쳐 1993 년 11월부터 동 조약이 발효됨에 따라 생긴 유럽의 정치·경제 공동체임. EU는 2009.12.1. 발효한 리스본 조약(정식 명칭은 유럽연합 개정 조약(EU reform treaty)에 의거 EU 대통령을 신설하여 현 체계를 유지하고 있으며, 2015년 말 현재 EU 회원국은 28개국임.

32) EU에 적용되는 법률에는 제1차와 2차 법률이 있는 바, 1차 법률은 구주연합을 설립한 조약을 말하고 2차 법률은 동 바탕위에서 구주연합에 적용하는 여러 종류의 법률을 말함. 2차 법률은 Regulation, Directive, Decision의 형태로 제정되는 바, Regulation은 모든 회원국에 적용되면 서 개별 회원국의 별도 입법이 필요하지 않는 가운데 국내법과 상충할 경우 우월한 지위에 있고, Directive는 개별 회원국의 실행을 위한 국내 입법이 필요하며, Decision은 개별 회원국, 기관, 또는 개인을 상대로 구속력을 갖는 것으로서 회사의 흡수, 합병 허가 여부와 농산품 가격 고시 등에 주로 사용되는 법이기도 하며, 다른 한편 모든 분쟁과 해석에 관한 문제에 있어서 최종적인 권한을 가지는 유럽사법재판소(Court of Justice of the European Union)의 판결을 호칭하는 것이기도 하는데 동 판결은 모든 회원국들에게 즉각 강제 적용되는 성격을 지님. 박원 화, "구주연합의 항공기 배출 규제 조치의 국제법적 고찰", 항공우주법학회지 제25권 제1호, 2010, p.4.

33) Article 249 (ex 189) of the EC Treaty.

34) Basic Regulation(common rules in the field of civil aviation and establishing a European Aviation Safety Agency)은 EU에서 항공안전과 관련하여 모든 분야에 대한 기본적인 기준을 규정하고 있는 법적 구속력이 있는 기본법으로서 국내의 경우 '항공법'에 해당됨. Basic Regulation은 EU가 적용하는 '항공 법', '항공기본법' 또는 '항공규정'이라고 부를 수 있으나 국내'항공법'과 비교되어야 할 법률인 점을 고려하면 'EU 항공법'으로 부르는 것이 타당함. 또 한, 항공법 제정의 근본적인 목적이 민간 항공 질서 확립 및 항공안전 증진을 위해 시카고 협약 및 부속서에서 정한 SARPs에 따라 규정하는 것이고, 이를 미국에서는 Federal Aviation Regulations, EU에서는 Basic Regulation이라고 통칭하는 바와 같이 한국도 명칭을 '항공법'으로 통칭하여 유지하는 것이 바람직함. 이는 현재 우리 정부에서 항공법을 항공사업법, 항공안전법, 공항시설법으로 분법 추진하는 것과 대비됨.
미국의 FAR은 항공관련 기본 규정 및 이행요건인 시행규칙을 포함하고 있으나, EU의 경우 Basic Regulation에서는 기본적인 기준만 규정하고 이행요건 인 시행규칙은 별도의 Implementing Rule에서 규정함.
EU의 최초 Basic Regulation은 Regulation(EC) No 1592/20020이나 이는 Regulation (EC) No 216/2008에 의해 폐기되었음. 현재 적용하고 있는 Basic Regulation인 Regulation(EC) No 216/2008는 Commission Regulation(EC) No 690//2009, Regulation(EC) No 1108/2009, Commission Regulation(EU) No 6/2013에 의해 일부 개정됨.

분야 및 항목에 대하여 필수요건과 이행법률의 수준에 대해 규정한다. Implementing Rule은 회원국에게 법적 구속력을 가지며, 한국의 항공법시행령 및 시행규칙에 해당된다. 이와 같이 민간항공분야에서 일반적인 법적 요건의 이행법률은 Implementing Rule에서 규정하는 반면에 이에 대한 세부적인 이행 기준 및 준수방법은 EASA가 별도로 채택한 인가기준(CS) 및 준수방식(AMC)을 따른다.

- 법규준수방식 및 일반적용기준(AMC/GM: Acceptable Means of Compliance and Guidance Material): EU가 규정한 Basic Regulation 및 Implementing Rule에 대한 준수방식의 일환으로 수립되어 EASA에 의해 채택된 표준이나, 법적 구속력이 없는 연성법(soft law)이다.

- 인증기준(CS: Certification Specification): EU가 규정한 Basic Regulation 및 Implementing Rule에 대한 준수방식의 일환으로 EASA에 의해 채택된 부품 등에 대한 기술적 표준이나, AMC/GM과 마찬가지로 법적 구속력이 없는 연성법(soft law)이다.

이와 같이 Basic Regulation은 민간항공에 있어 항공안전과 환경적 지속가능 법규에 대한 일반적인 요건을 규정하고 있으며 유럽집행위원회(European Commission)에 법규이행을 위한 세부 규칙을 채택할 수 있는 권한을 부여하고 있다. 현행 Basic Regulation은 총 4장의 본문과 부속서로 구성되어 있다[35]. Basic Regulation에서는 적용범위 및 EASA의 기능 등에 대해서도 규정하고 있으며, Basic Regulation 제1조 제2항에 의거 군용, 세관용, 경찰, 수색 및 구조, 해안경비 등의 항공기는 국가 항공기로서 EU Regulation이 적용되지 않는다고 규정하고 있다.

항공안전 분야에 있어서도 EU의 법은 통일된 기준이 적용되며, 아직 EU의 법이 마련되지 않은 부문에서는 각 국가에서 정한 기준이 적용된다.

항공기가 EU 국가 내에서 인증된 경우, 다른 EU 회원국의 인증을 받은 것으로 인정된다. Basic Regulation 제11조는 "회원국은 추가적인 기술적 요건이나 평가 없이 이 규정에 따라 발급된 증명서를 인정해야 한다. 최초 인정이 특정 목적을 위한 것이라면, 부가적인 인정도 같은 목적으로만 간주되어야 한다."라고 규정하고 있듯이 항공기가 한 EU 회원국 내에서 인증된 경우, 다른 EU 회원국의 인증을 받은 것으로 간주된다.

한편 새로운 규정을 채택하여 적용하고자 할 경우, 원활한 법규 제정 및 효율적인 운영을 위해 규정별 특성을 고려하여 선택 적용이 가능하도록 명시하고 있으며 적정한 적용 유예기간을 설정하여 운영한다. 예를 들어, 그동안 Basic Regulation에서만 준수해야 할 요건으로 규정되어 있던 승무원 피로

---

35) Chapter I Principles, Chapter II Substantive requirements, Chapter III EASA, Chapter IV Final provisions, Annex I Essential requirements for airworthiness, Annex II Aircraft, Annex III Essential requirements for pilot licensing, Annex IV Essential requirements for air operations, Annex V Criteria for qualified entities, Annex Va Essential requirements for aerodromes, Annex Vb Essential requirements for ATM/ANS and air traffic controllers, Annex VI Correlation table.

관리 기준의 경우 최근 Implementing Rule이 EU의 Official Journal을 통해 공포(2014.1.31.) 되었지만, 발효시점은 공포 후 20일 후에 발효하는 것으로 규정되어 있으며, 모든 회원국이 의무적으로 적용해야 할 시점은 발효한지 2년이 경과한 시점(2016.2.18.)부터 적용하는 것으로 명시하고 있다[36].

항공안전 관련 Basic Regulation을 적절히 이행하기 위하여 감항성 인증, 승무원, 항공기 운항, TCO, 항행시스템, 항공교통관제사, 공역, 비행규칙, 공항 등 다양한 분야별 Implementing Rule을 규정하고 있으며, 승무원, 항공기 운항, TCO의 Implementing Rule은 자격종류별 구분은 물론, 인허가를 수행하는 항공당국과 실질적 적용을 하는 운용자의 요건을 별도로 명확히 구분하여 명시하고 있다.[37]

유럽 항공법규에 있어 EASA는 대단히 중요한 역할을 수행하고 있다. EASA는 European public law에 의해 설립 운영되는 EU의 항공안전기관으로 '유럽항공안전청'이라 한다. EASA는 유럽의회(Parliament), EU각료회의(Council), EU집행위원회(Commission)와 구별되며 고유의 법적 지위를 갖는다. EASA는 유럽의 Council and Parliament Regulation인 Regulation (EC) No 1592/2002[38]에 의해 2003년 9월에 설립 되었는데, EASA 설립 이유는 유럽지역 항공당국 연합인 JAA(Joint Aviation Authorities)가 구속력 있는 규범을 제정하는데 어려움이 있고 다양한 조직으로 인한 일관성 문제가 있는 것을 보완하기 위해 적합한 역할을 할 수 있는 단일 전문기관이 필요한 것에 기인한다. EASA는 민간 항공안전 및 제품의 환경보호와 관련하여 법규수립 지원 및 법규이행과 관련된 업무를 담당한다. EASA의 조직은 자체 담당업무를 그대로 반영하고 있다.[39]

EASA의 기본적인 임무는 민간항공분야의 전반적인 안전기준 및 환경보호기준을 최상의 기준으로 증진하는 것이다. EASA가 관장하는 업무는 항공안전과 관련하여 감항 분야에서 시작하여 항공기 운항

---

36) Commission Regulation(EU) No 83/2014 of 29 Jan 2014. EEC No 3922/91 및 EC No 8/2008의 Subpart Q FTL 내용을 전면 재검토 후 Commission Regulation의 Air Operations에 Subpart FTL 추가함. (2014.1.31 by Official Journal of EU).

37) 2015.7.1. 방문 EU Regulation Structure http://www.easa.europa.eu/regulations.

Basic Regulation		Implementing Rule	
	Initial Airworthiness	Part-21	
	Continuing Airworthiness	Part-M, Part-145, Part-66, Part-147, Part-T	
	Air Crew	Part-FCL, Conversion of national licenses, Licenses of non-EU states, Part-MED, Part-CC, Part-ARA, Part-ORA	
	Air Operations	DEF, Part-ARO, Part-ORO, Part-CAT Part-SPA, Part-NCC, Part-NCO, Part-SPO	
	Third country operators	Part TCO, Part ART	
	ANS common reg.	GEN, ATS, MET, AIS, CNS	
	ATM/ANS safety oversight		
	ATCO Licensing		
	Airspace usage reg.	Part-ACAS	
	SERA	Rules of the air (RoA)	
	Aerodromes	DEF, PART-ADR.AR, PART-ADR.OR, PART-ADR.OPS	

38) Regulation (EC) 1592/2002는 Regulation (EC) No 216/2008에 의해 폐기됨.

39) 2015.7.1. 방문 EASA 조직 http://www.easa.europa.eu/the-agency.

분야로 확대되었다. EASA 설립 초기에는 감항성과 제품에 대한 환경적합성(Environmental Compatibility of Products) 분야만 관장하였으나, Regulation (EC) 216/2008에 의거 항공기 운항 및 승무원 부문으로 확대한데 이어, Regulation (EC) 1108/2009에 의거 공항 안전 및 ATM(Air Traffic Management)에 대한 입법업무 및 표준화 부문을 관장하는 것으로 그 업무 범위가 확대되었다.

EASA 설립 이전에 유럽에서의 항공안전 업무는 기본적으로 각 국가가 담당했다. Council Regulation(EEC) No 3922/91에 의하여 감항 및 정비 분야에 제한된 기준을 제외하고, 회원국이 항공안전관련 법규에 대한 책임을 지도록 한 것이었다. JAA(Joint Aviation Authorities)가 항공안전을 위한 요건과 방식을 일치시키고자 노력했지만 어려움이 노출되었다. 이의 해결책으로 Regulation 1592/2002를 제정하여 EASA가 탄생하였고 EU 회원국의 협조로 EASA가 EU내 항공안전관련 기준수립 업무를 담당하게 되었으며 관장 분야도 점차 확대되었다. EASA는 2008년 JAA의 기능을 인수하였으며, EASA의 발전으로 JAA가 관장하던 항공안전관련 기준수립 업무는 해체되고 JAA는 JAATO라는 훈련부문만을 운영하게 되었다. EASA는 감항증명(airworthiness)의 업무에 이어 2008년부터 운항승무원 면허, 항공운항증명서, 외국항공사 안전증명(3rd country operations: TCO)의 책임도 담당하는 것으로 설립 기본법을 개정한 결과 현재 EU가 담당하는 유럽운항 금지 항공사 명단 작성 업무도 2014.5.26.부터 EASA로 이관되었으며 다음 단계로는 비행장과 항행교통관리(ATM) 및 항행운항시스템(ANS)의 업무도 담당할 예정이다.[40]

EASA는 Basic Regulation에서 언급하고 있는 '단일 특별 전문기구(single specialized expert body)'의 필요성에 부합된다고 볼 수 있다. Basic Regulation에서 정한 기준에 대한 세부 지침을 위해 EU 기관에 적합한 전문지식을 제공하고 국가 수준에서 적용할 회원국의 준수기준을 마련하여 제공하고 있다. EASA는 회원국에 대한 점검을 통해 이행여부를 모니터하고, 기술적 전문지식과 연구조사 활동 등을 제공하며, 항공기나 조종사 자격증명과 같은 다양한 업무를 지속적으로 수행하기 위해 각 국가항공당국(NAA)과 긴밀한 협조체계를 유지하고 있다. 이와 관련하여 EASA의 항공안전증진을 위한 주요 업무는 다음과 같다.[41]

- 입법업무: 항공안전관련 각 부문에 대한 입법안 마련 및 유럽집행위원회 및 EASA 회원국에 기술지원
- 모든 회원국에서 EU 항공안전관련 법규의 통일된 이행을 보증하기 위한 점검, 훈련, 표준화 프로그램 운영
- 항공기, 엔진 및 부품에 대한 안전 및 환경 증명
- 항공기 디자인 및 생산 조직 승인

---

40) Julianne S. Oh, Is EASA a Worldwide Reference?, 제53회 항공우주정책·법학회 국제학술회의(2014.12.5. 서울) 내용 수록 책자 pp.42-45.

41) EASA는 최초 감항 및 환경 인증분야를 관장했으며, Regulation(EC) No 216/20080에 air operations, flight crew licence, third country operator로 관장 범위를 확대했으며, Regulation(EC) No 1108/20090에서는 Annex Va(aerodromes) 및 Annex Vb(ATM/ANS 및 air traffic controllers) 기준도 관장하는 것으로 확대함. 단, EASA는 공항보안조치 및 테러리즘 대응과 같은 민간항공 보안업무는 관장하지 않음.

- 정비조직 승인

- TCO(Third Country Operator)에 대한 승인

- 유럽 내 공항을 사용하는 외국 항공기의 안전과 관련하여 SAFA 프로그램 협조

- 항공안전증진을 위한 데이터 수집, 분석 및 연구조사

이상과 같이 EASA는 EU의 항공법규체계 확립에 대단히 중요한 업무를 수행하고 있으며, 지속적으로 관장하는 업무분야가 확대될 것으로 예상된다. 또한 국제 항공에 있어서도 EASA의 영향력이 점점 커질 것으로 예상된다.

제6장

영공에 대한 주권행사와 의무

1. 비행 제한

1.1 체약국에 의한 제한

시카고 협약은 체약국이 여러 가지 방법으로 비행자유에 대하여 제한을 할 수 있는 권리를 부여하였다. 이는 비행노선의 지정, 특정 구역 또는 특정 경우에의 비행금지, 지정 공항에의 착륙요구, 국내선 운항(cabotage) 및 항공수단의 제한 그리고 항공기가 특정 물품을 수송하는 데 있어서 이를 금지하고 규제할 수 있는 체약국의 권리를 말한다.

또한 시카고 협약 제10조는 체약국이 자국영공에 들어오고 떠나는 항공기가 세관 및 기타 조사를 위한 목적으로 영공국이 지정하는 공항에 착륙할 것을 요구할 수 있도록 하였다. 단, 영공 통과만을 목적으로 사전에 영공국의 허가를 받은 항공기에 대해서는 그렇지 않다.

1.1.1 비행금지

협약 제9조 (a)는 체약국이 군사적 필요와 또는 공공안전을 위하여 특정구역의 비행을 제한 또는 금지할 수 있도록 하였다. 단, 동 제한은 자국의 정기 국제 민항과 타국의 정기 국제 민항의 비행 사이에 차별을 두지 않아야 하며 비행금지구역의 정도와 위치가 합리적인 것으로서 항행을 불필요하게 방해하지 않는 것이어야 한다. 동 금지구역 설정과 관련하여 시카고 협약의 해석을 의뢰하는 체약국 간 분쟁이 5건 발생하였다. 이에 관하여서는 다른 분쟁 경우와 함께 제12장 분쟁 해결에서 다룬다.

시카고 협약 제9조 (b)는 체약국이 일시적으로 비행금지구역을 설치할 수 있도록 하였다. 동 임시 비행금지구역을 설치할 수 있는 권리는 군사적 필요보다는 비상상황이나 긴급 시 발동될 수 있으며, 영토의 전부 또는 어느 부분이라도 포함시킬 수 있으며, 동 권리가 즉각 효력을 발할 수 있다는 점에서 제9조 (a)의 금지구역 설치 권한보다는 광범위하다. 반면 비행의 제한 또는 금지가 일시적이며, 모든 외국항공기를 대상으로 하면서 국적에 따른 차별을 하지 말도록 규정하였다는 점에서 (a)항의 권한

보다는 협소하다.

제5조 두 번째 문단은 제7조의 국내 항공운송(Cabotage)에 관한 규정에 따르는 한편 영공국이 부과하는 규제, 조건, 제한에 따라 비정기 항공기가 승객, 화물 또는 우편을 운송할 수 있도록 허용하고 있다. Cabotage에 관한 제7조는 체약국이 자국영공에서 타 체약국 항공기의 영업행위를 금지할 수 있도록 하였다. 한 국가의 일 지점에서 동 국가의 타 지점으로 운송하는 영업을 국내업체에게만 허용한다는 Cabotage의 개념은 원래 해양법에서 나왔다. 그런데 제2조에서의 영토가 주권(Sovereignty)뿐만 아니라 종주권(Suzerainty)에 속하는 영토 및 주권과 종주권을 행사하는 국가의 보호를 받거나 신탁된 영토까지를 포함하고 있기 때문에 항공법에서 Cabotage가 허용되는 지리적 범위는 더 넓다. 이러한 해석 하에서 프랑스가 튜니시아와 모로코를 보호하고 스페인이 모로코의 스페인 구역을 보호하고 있었을 때 모로코와 튜니시아가 주권을 상실하고 있지는 않았지만 보호국과 피보호국과의 관계에서 Cabotage가 허용되었다. 그런데 Cabotage를 엄격히 해석하지 않는 한, 이 경우 동 영토 국가의 항공기는 Cabotage 운항을 하는 관계로 국제 요금 규정에 구속되지 않는 현상이 발생한다.[1]

제7조 후단은 체약국이 타 체약국 또는 타 체약국의 항공사에게 Cabotage의 특혜를 배타적으로 부여하는 협정을 맺지 못하도록 규정하고 있다. 그러나 이는 주권국이 자국 판단에 따라 결정할 문제에 관여하는 내용으로서 협약의 순수한 취지, 즉 체약국 간 차별을 금지하는 일반적인 기준을 제시하는 것 이상으로 적용하여야 할지 의문이다. 일찍이 북구 제국은 이러한 문제점을 인식하여 제7조의 개정을 제기한 적이 있다. 1967년 ICAO 총회는 제7조의 후단인 2번째 문장을 삭제하자는 스웨덴의 협약 개정안을 표결에 부쳤으나 동 안은 채택되지 못하였다.

일반적으로 군수물자의 운송이 금지된다는 것은 이미 기술하였다. 체약국은 이외로 자국영공에 다음 물품의 운송과 사용을 금지하고 통제할 수 있다.

① 항공기 무선장비: 무선 발신 기구의 사용은 영공국의 법령에 따라서만 허용되고 있는바, 시카고 협약 제30조 (a)는 이를 규정한다.[2]

② 촬영기구: 제36조는 체약국이 자국영공에서 항공기가 촬영 기구를 사용하는 것을 금지하거나 규율할 수 있도록 하였다.

③ 화물의 제한: 제35조 (b)는 체약국이 공공질서 및 안전을 위하여 자국영공 내에서의 화물수송을 규제하고 금지할 수 있도록 하였다.

---

1) Shawcross, IV(65). 본국과 해외 자국영토 사이의 항공요금을 정하는 데 있어서 국가에 따라서 IATA 요금을 준용하든지 또는 IATA 요금과 무관한 자체요금을 적용하든지 또는 거주자에게는 특별히 저렴한 정부 고시 요금을 적용하고 비거주자에게는 IATA 요금을 적용하기도 함(Haanappel의 저서 p.122).

2) 요즘은 인공위성을 통하여 항공기 승객이 기내에서 세계 어느 곳으로 통화하거나 인터넷을 사용할 수 있는 시설을 제공하는 항공기가 등장하고 있는바, 어느 국가의 영공에서 비행 중인 승객이 무선 통화를 하는 것은 영공 국가의 국내법을 위반할 수 있다는 결과가 됨. 따라서 시카고 협약 제30조는 엄밀히 말하여 개정이 필요한 규정임.

ICAO는 위해물품 수송에 있어서 체약국 간의 실시 규범인 '항공에 의한 위해물품의 안전한 수송'에 관한 시카고 협약 부속서 18을 1981년에 채택하였다. 동 부속서 이외로 '항공기에 의한 위험물품의 안전수송을 위한 기술 안내서'가 ICAO의 관련 문서로 발간되어 있다.[3]

1.1.2 방공식별구역(ADIZ)

여기에서 방공식별구역인 ADIZ(Air Defense Identification Zone)가 무엇인지 알아둘 필요가 있다. 공해 상에 설치되어 있는 ADIZ에서의 비행은 공해 자유항행 원칙에 따라 자유이나 ADIZ에 진입한 후 ADIZ를 설치한 연안국 방향으로 비행할 경우에는 연안국 당국에 진입하는 항공기가 자체 명세를 밝혀야 한다.

동 ADIZ는 한국 전쟁이 발발한 후인 1950년 12월 미국 정부가 소련과의 긴장관계도 염두에 두면서 안전의 목적으로 미국에 인접한 대서양과 태평양 공해 상 광활한 지역의 상공에 적용하는 새로운 규정을 채택하여 ADIZ로 명명하였다. ADIZ는 해상 상공에만 설치하는 것은 아니고 국가안보의 필요에 따라 육지 상공에도 설치하여 민간항공기의 비행을 파악하고자 하는 것이다. ADIZ는 미국이 공해상에 설치한 것과 같은 연안 ADIZ(Coastal ADIZ), 영토 위에 설치한 국내 ADIZ(Domestic ADIZ), 그리고 원거리 조기 식별구역(Distant Early Warning Identification Zone)인 3개로 분류되나 우리의 관심은 첫 번째 연안 ADIZ에 있으며 동 연안 ADIZ가 영토상이 아닌 공해상에 설치되어 공해 상 비행의 자유를 방해한다는 점에 있다.

상기 미국의 공해 상 ADIZ 설치의 예를 따라 6개월 후에 캐나다는 CADIZ(Canada ADIZ)를, 1953년에 필리핀은 PADIZ를 설치하였으며 뒤이어 아이슬란드, 일본, 한국 및 이탈리아가 ADIZ와 유사한 방공식별구역을 인접 공해상에 각기 설치하였다.

ADIZ는 미국의 경우 연안으로부터 일정하지는 않지만 250에서 350 해상 마일까지의 공해 상공에 걸쳐 있으면서 동 구역에 진입한 항공기가 미국 영토로 직선 비행할 경우 순항 속도로 연안으로부터 1시간에서 2시간 사이 비행거리에 있을 때 미국 당국에 교신하여 자체 항공기의 명세를 통보하도록 요구하는 것이다. 이를 이행하지 않을 경우, 미국 전투기의 요격을 받게 된다. 그러나 항공기가 ADIZ에 진입하였지만 미국 영토로 들어가지 않고 ADIZ를 통과만 하여 다른 지역으로 비행할 경우에는 자체 항공기 명세를 밝힐 필요가 없다. 캐나다도 비슷하게 규정하고 있는데 시속 180노트 이상의 항속으로 비행하는 항공기만을 대상으로 하고 있는 것이 미국 ADIZ와의 차이이다.[4]

---

3) J. L. Cox "Giant Strides taken to reduce the danger of transporting 'dangerous goods' by air";
   36 ICAO Bulletin(1981) 8/27(Aug., p.27); – – –, "What's new with 'dangerous goods'?";
   39 ICAO Bulletin(1984) 4/14.

4) A. I. P. Canada(Transport Canada, June, 1985) P. RAC. 2–20. 캐나다는 이전에 비행 목적지에 관계없이 CADIZ에 진입하는 항공기에 대하여 명세를

ADIZ에 연안국의 주권이 행사될 수 없음은 물론이다. 단지 현 국가관행을 볼 때 연안국의 관할권을 제한적으로 인정할 수 있겠다. 동 제한적인 관할권은 그 자체가 국제법의 일반원칙이나 관습법에 의하여 금지되는 것이 아닌바, 이는 외국의 영토 주권 또는 준 영토 주권이나 공해상의 자유를 침해한 것이 아니기 때문이다. 또한 이러한 제한적인 관할권은 시카고 협약 제6조의 규정과 상치하지 않는다고 보는바, 이는 제6조에 따라 정기 국제 민간항공이 일 체약국 영공을 비행할 수 있는 허가를 이미 받았다면 동 체약국으로 비행해 가는 항공기(허가받은)가 체약국 영공 진입 전에 공해상에서 영공국의 진입허가를 확인받는 단순한 절차로 볼 수 있기 때문이다. 다른 한편 시카고 협약 제5조가 규정하는 비정기 국제민간항공의 경우에는 ADIZ 관련 규정이 협약 위반이라고 할 수 있으나 현실적으로 제5조가 규정 그대로 적용된 다기보다는 영공국의 사전허가를 요한다는 점을 감안할 때 이 역시 협약 위반이라고 볼 수 없다.

ADIZ에 관련한 국가관행을 보건데 알제리·프랑스 간의 분쟁기간 중인 1961년 소련 최고회의 의장이 민항기를 타고 모로코로 비행하던 중 알제리 연안에 설치되었던 프랑스 ADIZ에 진입한 뒤 프랑스 전투기의 요격을 받은 것에 대하여 소련이 항의한 것을 제외하고는 ADIZ의 합법성에 의문을 제기한 선례는 없다.[5] 혹자는 해상에 접속수역(Contiguous Zone)이 인정되어 있듯이 항공에서도 이와 유사한 구역이 설정되어 국가안전의 보호막이 되는 것이 바람직하며 이는 항공기의 속도와 위력을 감안할 때 해상에서의 접속구역보다도 훨씬 필요함을 강조한다. 이러한 논리에서 이들은 ADIZ를 항공에서의 접속공역(Contiguous Air Zone)으로 인정하는 것이 당연하다면서 자위(self-defence) 또는 자기보호(self-protection) 이론을 설득력 있게 전개한다.[6]

Cristol 교수는 1982년 유엔 해양법 협약이 인정한 경제수역(EEZ)에 있어서 경제적 권리가 안보에 관한 권리에 우선할 수 없다면서 EEZ 상공을 비행하는 항공기는 연안국의 안보에 관련한 조치에 부응하여야 할 것이라고 주장하였다.[7]

이상을 감안할 때 고도의 기술 발전에 따라 위협적인 항공 물체가 등장할수록 ADIZ의 필요성은 더욱 중시되어 간다고 볼 수 있다. 실제로 해양법은 해상 수송수단의 특성과 완만한 발전으로 장시간에 걸쳐 발전하면서 일찍이 국가안보에 관련되는 접속수역의 개념까지 인정할 여유를 보였지만 항공법

밝힐 것을 요구하였으나 규정을 바꾸어서 캐나다를 목적지로 하기 위하여 CADIZ에 진입하는 항공기에 대하여서만 명세를 밝히도록 요구하고 있음. 각국의 ADIZ 설립과 이의 국제법적 성격에 관한 논문으로는 J. A. Martial, "State Control of Air Space over the Territorial Sea and Contiguous Zone", XXX The Canadian Bar Review(1952) 245-263; I. L. Head, "ADIZ, International Law, and Contiguous Airspace", 3 Alberta Law Review(1964) 182-196 가 있음.

5) Matte의 저서 p.176.

6) R. Hayton, "Jurisdiction on the Littoral State in the 'Air Frontier'", 3 Philippines International Law(1964) 182-196.

7) R. Turman의 미간행 석사논문 Freedom of Flight in the Airspace over the High Seas and Its Practical Aspects(캐나다 맥길대, 1980), pp.109~110 인용.

은 항공기 등장과 발전 속도만큼 발전할 수 없었던 관계로 해양법에 비하여 미비한 점이 있다 하겠다.

그러나 모든 국가가 ADIZ를 설치할 수는 없다. ADIZ를 갖지 못하는 내륙국은 수직적인 ADIZ, 가령 SDIZ(Space DIZ)를 설치할 수 있겠으나 이를 정식 논의할 만큼 시기적·기술적인 여건이 성숙되지 않았다. 그런데 미국은 2001년 9/11테러사태 이후 중요한 연방정부 건물을 보호하기 위하여 국내 일정한 구역의 경우 지상 1만 8,000피트 상공까지를 FRZ(Flight Restricted Zone)로 설정하여 항공운항을 엄격 통제하고 있다. 그 결과 2003.2.10.부터 미국 영공은 ADIZ와 FRZ로 이분되었다가 2009.2.17. SFRA(Special Flight Rules Area)로 통일되었다. 그러나 이는 기존 ADIZ의 영공 내 경계의 변화를 의미하는 것은 아니고 공해상에 설치된 ADIZ의 명칭과 목적이 변경된 것도 아니다.[8]

한편 중국이 2013년 11월 동중국해에 갑작스럽게 ADIZ를 선포하여 일본, 미국, 한국 등의 항의를 유발하면서 긴장을 조성하였는 바, 이는 선포된 구역이 일본의 ADIZ와 절반이나 중첩이 되면서 일본이 지배하지만 중국이 영유권을 주장하는 센카쿠 도서를 포함하고 있고 우리나라의 이어도 상공을 포함하면서 한국의 ADIZ와 일부 중첩이 되기 때문이다. 또 다른 나라의 ADIZ와는 달리 모든 항공기가 중국을 목적지로 하느냐 여부를 불문하고 사전 신고토록 한 것은 ADIZ의 성격을 주권적 성격으로 변화하려는 무리한 시도이다. 한국정부는 2013년 12월 한반도 서남쪽의 ADIZ를 확장하였는 바, 이에 따라 이어도 상공은 한,중,일 3개국의 ADIZ가 중첩되는 상황이다.

1.1.3 위험구역(Danger Areas)

공중의 필요성은 다양하다. 항행뿐만이 아니고 더러는 항행과 병행할 수 없는 활동(예: 로켓 발사)을 위해서도 필요하다. 안전한 항행을 위하여서는 국가에 따라 일정한 공중에 제한구역을 설치할 필요가 인정되고 있다. ICAO의 계획 매뉴얼은 공중제한이 다음 3가지 형태를 취할 수 있음을 확인하고 있다.[9]

a) 위험구역

b) 제한구역

c) 금지구역

시카고 협약 제9조는 각 체약 당사국이 군사적 필요와 공공 안전을 이유로 영구적 또는 임시조치로 제한 또는 금지구역을 설치할 수 있도록 하였으나 위험구역에 관한 언급은 없다. 이 위험구역은 국가

---

8) 동 건 상세한 것과 부작용(개인 소형항공기 비행통제로 인한 항공운항 사업자와 워싱턴 D.C. 소재 여러 공항이 받는 경제적 타격) 및 미국 내 법적 문제에 관해서는 John Heck, "Pushing the Envelope: Why Washington DC Airspace Restrictions do not Enhance Security", 74 JALC 335(Spring 2009) 참조.

9) ICAO Doc 9426-AN/924, 1st(provisional) Ed., 1984, P.I-2-3-3, para 3.3.2.1.

관행에 의하여 탄생한 개념인데 제한 또는 금지구역이 자국영공에만 설치되는 데에 반하여 위험구역은 자국영공이나 어느 나라의 주권도 미치지 않는 공해 상공에 설치된다.

시카고 협약 부속서 2는 위험구역을 "특정 규모(dimensions)의 공역으로서 항행에 위험한 활동이 특정 시간대에 존재할 수 있는 곳"으로 정의하고 있다.

상기 정의에서 보듯이 금지구역이 가장 정도가 강한 제한을 의미하는 데 비하여 위험구역은 가장 느슨한 제한이라고 보아야 한다. 또한 협약 제9조가 다음과 같이 언급한 '합리성' 테스트도 유추하여 적용되어야겠다. 즉 "그러한 금지구역은 항행을 불필요하게 방해하지 않도록 합리적 정도와 장소"이어야 한다. 이는 공해 상공에 설치되는 위험구역이 불가피할 때에 한하여야 하고 또 위험구역 설치국은 이를 유지하여야 하는 필요성이 있는지 예의 주시하는 등 높은 도덕적 의무감을 가지고 판단하여야 한다는 결론에 이른다. 협약 부속서 15(Aeronautical Information Services)는 금지구역, 제한구역 또는 위험구역 설치에 관한 구체내용을 수록하면서 가능한 한 작고 단순한 위치경계를 하도록 하여 제3자가 쉽게 인식할 수 있도록 규정하고 있다.[10]

국가관행을 볼 때 1940년대 후반부터 1950년대에 걸쳐 미국과 영국이 핵실험 목적으로 태평양 상공에 위험구역을 무분별하게 설치하였으며 프랑스도 역시 핵실험 목적으로 1972년 태평양의 일정상공에 위험구역을 설치하였다. 당시에는 항행이 빈번하지 않았고 많은 나라가 항행안전에 큰 관심이 없었지만 지금은 핵실험금지 조약이 발효 중이고 항행과 해상활동이 활발하기 때문에 공해 상공에 위험구역을 설치하는 것이 국제여론에 반하고 동 설치기간을 무분별하게 연장하는 것은 더군다나 안 될 일이다.

1.2 사건별로 부과되는 제한

전쟁의 경우 교전국이건 또는 중립국이건 간에 전쟁으로 영향을 받는 체약국은 시카고 협약규정의 적용을 받지 않고 자유행동을 할 수 있다. 그러나 전쟁에 관한 제89조의 규정은 몇 가지 해석상의 문제를 제기한다. 첫째, 제89조의 의도가 전쟁 발생 시 시카고 협약을 소멸시키는지 또는 전쟁기간 동안만 정지시키는 것인지 분명치 않고, 둘째, 전쟁 시 협약의 전체 또는 일부만의 효력이 소멸 또는 정지되는지 여부, 셋째, 전쟁 시 어느 체약국 사이에 협약의 효력이 소멸 또는 정지되는지가 분명치 않다. 제89조는 전쟁 시 교전국 간 또는 교전국과 중립국 사이에 관습국제법이 적용되는 것을 상정한 듯하다. 항공법에 있어서의 전쟁 관습법은 해전과 육전에 관한 관습법의 일부로 형성되어 있다. 시카고

---

10) ICAO Annex 15(12th ed., July 2004), para 3. 6.6.5.

협약이 전쟁의 경우 소멸되느냐 또는 정지되느냐 어느 쪽이든지 간에 전쟁 시 교전국 간에 협약이 적용되지 않는 것은 틀림이 없겠다. 또한 교전국과 중립국 사이의 일정한 관계에 있어서도 협약이 적용되지 않는데, 예를 들어 교전국이 외국 군용기 또는 민항기의 자국영공 비행을 금지 또는 규제하는 것이며 중립국이 전쟁 발발 전 교전국에 허용하였던 제5조의 권리를 종료시키는 것 등이 있다. 전쟁 중이라도 중립국 상호 간에는 시카고 협약이 계속 적용된다고 보아야겠다.

제89조는 또한 전쟁 시의 상기 조치가 국가 비상사태를 선포하고 이를 이사회에 통보한 체약국에도 동일하게 적용된다고 규정하였다. 따라서 앞서 언급한 문제점은 이 경우에도 그대로 적용된다. 단, 여기에서 체약국은 비상사태를 선포하고 이를 이사회에 통보하여야 하는 의무가 있다. 금지구역 선포에 관한 제9조 (a)의 '군사적 필요 또는 공공안전의 이유'와 같이 국가 비상사태를 객관적으로 판단할 기준이 있어야 바람직하나 협약이 동 기준을 설정하지 않은 채 비상사태를 언급하고 있는 것은 비상사태 선포기준을 둘러싸고 논란을 불러일으킬 수 있다.[11]

2. 비행 관련 의무

시카고 협약은 협약 체약국에게 여러 의무를 부과하고 있다. 상식적인 이야기지만 한 국가가 협약을 위반했다고 하더라도 동 위반으로 인하여 피해를 입은 개인이 직접 보상을 받거나 또는 위반국가에 대한 배상청구권을 행사할 수 없다. 이 경우 피해를 입은 개인이 소속한 국가는 역시 협약을 위반하여 피해를 입힌 국가의 국민에게 보복하는 권리가 일단 인정된다 하겠다. 그러나 협약은 협약의 해석과 적용에 관한 체약국 간의 이의가 있을 경우 이를 협상으로 해결 못 한다면 ICAO 이사회에 회부하여야 한다고 규정(84조)함으로써 즉각적인 대항조치를 배제한다. 협약은 동 규정을 위반한 국가에 대한 제재도 마련하고 있다(제88조).

협약 상 비행에 관련한 체약국의 의무는 다음과 같다.

2.1 민항기의 남용 금지

협약 제4조는 체약 당사국이 협약의 목적에 위배하여 민항을 사용하지 않도록 규정하였다. 동 민항

---

11) 실제로 이스라엘은 1956년 인근 아랍제국이 이스라엘 항공기에 대한 비행 정보업무 제공 거부 등의 비행 방해활동을 함에 대하여 ICAO 총회에 불평을 제기하였다. 이에 앞서 유엔 안보리는 1951.9.1. 아랍과 이스라엘 간의 휴전이 영구적이므로 어느 당사국도 활발한 교전 행위를 할 수 있다고 규정한 바 있었는데, 그 뒤 아랍국이 협약 제89조에 따른 국가 비상사태 규정을 이스라엘에 적용하겠음을 ICAO 이사회에 통보한 후 이스라엘의 비행활동을 계속 방해하여 온 것에 대하여 이스라엘이 불평한 것이었음. 상기 이스라엘의 불평은 ICAO 총회에서 토의되었으나 동 총회는 정치적 성격의 동 문제를 해결할 수 없다고 결정하였음. 그러나 만약 동 건이 국제 재판에 회부되었다면 재판정은 국가 비상사태를 선포한 아랍제국의 주관적인 기준보다는 동 선포에 관련된 적절한 객관적인 기준에 따라 판정하였을 것임.

의 남용금지는 1984년의 협약 개정에 따라 제3조의 2에서도 규정하고 있다. 협약의 목적은 대부분 협약 전문(前文)에 기술된 바대로 일반 안전을 위협할 우려가 있는 민항의 남용을 방지하고, 국가와 국민간의 알력을 피하여 협력을 증진하고, 안전하고 질서 있게 국제민항을 발전시키며, 기회 균등과 건전한 경제적 운항에 바탕을 둔 국제 항공수송을 수립하는 것이다.

2.2 차별 금지

협약의 다수 조항이 자국과 타 체약국 간의 항공기 사이에 또는 타 체약국의 항공기 간에 차별을 하지 말도록 규정하고 있다. 동 차별 금지 내역을 다음 5가지로 볼 수 있다.

① Cabotage: 어느 국가 또는 어느 국가의 항공사에게나 배타적으로 cabotage의 특권을 부여할 수 없으며, 또 이러한 특권을 타국으로부터 부여받아서도 아니 된다(제7조).

② 금지구역: 상설 금지구역 설치의 권리는 모든 국가의 항공기에 대하여 일률적으로 적용되어야 하고 영공국의 정기 국제 항공기와 타국의 정기 국제 항공기 사이에 차별을 두어서는 아니 된다. 비상시 임시로 취하는 비행의 금지 또는 제한에 있어서는 모든 타국 항공기의 국적에 관계없이 차별하지 말아야 한다(제9조).

③ 법령의 적용: 국제 항행에 종사하는 항공기의 영토 진입 또는 영토 출발에 관련되거나 영토상 동 항공기의 운항과 항행에 관련되는 체약국의 법령은 국적의 차별 없이 모든 체약국에게 적용되어야 한다. 시카고 협약은 제11조가 언급하는 국제 항행(international air navigation)에 대하여 정의하고 있지 않다. 단, 제96조 (b)의 문맥상 국제 항행은 '한 나라 이상의 영공을 지나는 것'으로 이해하여야겠다.

④ 공항과 항행시설: 체약국 항공기의 항행에 사용되는 모든 공항과 항행시설(무선 및 기상정보 등)은 일반적으로 여타 체약국의 항공기에도 동일한 조건으로 제공되어야 한다(제15조).

⑤ 화물에 대한 제한: 체약국이 공공질서와 안전을 이유로 항공기의 운송물품을 규제하고 금지하는 권한을 행사함에 있어서 국제 항행을 하는 자국항공기와 타국항공기 사이에 차별이 있어서는 아니 된다(제35조 (b)).

2.3 법과 관행의 통일성

각 체약국은 다음과 같이 시카고 협약 규정 또는 ICAO 문서와 자국의 법령 또는 관행을 최대한으로 상호 일치시킬 의무가 있다.

① 항행을 촉진하고 개선하기 위하여 규정, 표준, 절차 및 조직의 최대한 통일에 노력한다(제37조).

② 자국의 규정을 가능한 한 최대로 시카고 협약이 규정한 바에 일치시킨다(제12조).

③ 협약에 의해 수립되고 권고되는 방식에 따라 국제항공운항에 관련한 세관과 출입국 절차를 수립한다(제23조).

④ 협약에 따라 정하여진 최소한의 기준에 부합하는 한 타 체약국이 발간한 허가서와 감항(airworthiness) 증명서의 효능을 인정한다(제33조).

2.4 용이하고 안전한 국제 항행

각 체약국은 다음과 같은 조치를 취함으로써 국제 항행을 촉진하고 안전하게 할 의무를 진다.

① 국제 항공운송을 촉진한다(제13조). 동 건에 관해서는 협약 부속서 9(Facilitation)가 상세 규정한다.

② 관세를 부과함이 없이 항공기와 동 부품을 반입하도록 한다(제24조).

③ 조난 항공기를 원조하고 실종 항공기를 수색하며(제25조) 사고 발생 시 항공기 등록국이 임명하는 옵서버가 참여하는 사고조사를 행한다(제26조).

④ 특허 위반을 이유로 한 항공기, 장비 및 부품을 압류로부터 배제하는 권리를 상호 인정한다(제27조).

⑤ 항행을 매개로 하여 전파되는 각종 질병을 방지하기 위하여 효과적인 조치를 취한다(제14조).

⑥ 체약국 항공기의 단순한 영공 통과, 진입 또는 출발하는 것을 이유로 하여 항공기와 승객 및 화물에 대하여 세금을 부과하지 않는다(제15조).

⑦ 협약이 적용되지 않는 항공기로부터의 위험이 협약이 적용되는 항공기에 미치지 않도록 적절한 안전조치를 취한다(제3조 (d)와 8조).

각 체약국은 또한 공항과 항행시설을 마련할 의무가 있으며(제28조 및 69~76조) ICAO가 요구하는 정보를 제공할 의무가 있다(제9, 10, 15, 21, 38, 67, 81, 83조).

2.5 항공승무원의 의무

국제 항행에 종사하는 항공기의 모든 승무원은 항공기가 등록된 국가가 발행한 자격 증명을 소지하여야 한다(제32(a)와 30(b)). 일 체약국의 항공기가 타 체약국에 착륙하고 이륙할 때 영토국이 세관과 기타 검사를 위하여 지정한 공항을 이용하여야 한다(제10조).

또한 동 항공기가 영공국의 착륙 요청을 받을 경우에는 항공기가 비정기 비행에 종사하더라도 동 요청에 응하여야 한다(제5조). 항공기의 비행과 곡예비행활동은 물론 출입국에 관련하여 영공국의 법령을 준수하여야 한다.

이상은 대부분 기술한 바이다. 단, 영토국의 착륙 요구 권리는 1984.5.10. 채택된 시카고 협약 개정 내용(제3조의 2)에도 추가로 규정되어 있음을 환기한다.

항공기가 타 체약국의 영토에 있을 때 영토국이 노선의 지정, 특정구역의 비행금지, 승객과 화물의 승강(乘降) 및 운송물품의 제한 등에 관련하여 협약 상 부여된 조치를 취할 때 동 항공기는 이러한 모든 조치를 따라야 할 의무가 있다.

3. 항공 개방

외국 항공기의 자국 내 운항을 허용하는 국가는 다른 국가가 자국 항공기에 대하여서도 동등한 조치를 할 것을 기대한다. 여타 산업에서와 마찬가지로 항공 운송에 있어서 국제협력을 한다는 것은 상호 자국의 주권을 일정 부분 양보하면서 자국의 영공을 개방하는 것이다.

3.1 정기 비행권

시카고 협약은 제5조에서 비정기로 운항되는 국제 민간 항공기에 대해서는 영공국의 일정한 제한 아래 사전허가를 받지 않고도 영공 비행을 할 수 있도록 허용하였다. 그러나 협약은 제6조에서 정기 국제 항공이 영공국의 사전허가 없이 비행하는 것을 금지하였다. 오늘날 거의 전 세계에서 통용되고 있는 시카고 협약체제하에서 정기로 운항되는 국제 항공이 타국을 비행할 수 있는 방법으로는 다음 3가지가 있다.

① 1944년 시카고 회의 시 채택된 'Two Freedoms' 협정에 의거
② 1944년 시카고 회의 시 채택된 'Five Freedoms' 협정에 의거
③ 관련 당사국 간의 양자(또는 쌍무)조약에 의거

시카고 회의가 국제 항공운송에 관한 총괄적인 규범을 채택하는 데 실패한 이후 ICAO를 주축으로 국가 간에 정기 비행권을 상호 부여하는 내용의 다자조약을 시도하였으나 실패하였다. 이러한 시도의 부차적인 산물로 1977년에 몬트리올에서 특별 항공운송회의가 개최된 후 1980년, 1985년, 1994년, 2003년에 각기 제2, 3, 4, 5차 회의가 개최되었으나 어느 한 가지 문제에 관하여서도 다자조약으로 성안시킬 수 있는 상황에 가지는 못하였다.

정기 항공이 타국에 비행할 수 있는 권리를 얻는 길은 상기 3가지밖에 없으므로 시카고 협약의 당

사국이긴 하지만 Two Freedoms나 Five Freedoms 협정의 당사국이 아닌 국가에 대하여 정기 국제 항공을 자국영공에 운항하도록 허용하는 방법은 양자조약을 체결하는 방법뿐이다. Two Freedoms 협정의 당사국이나 Five Freedoms 협정의 당사국이 아닌 국가 사이에 양자협정이 체결될 뿐만 아니라 이들 협정의 당사국 사이에도 양국 간 항공에 관한 여러 가지 문제를 규율하기 위하여 양자협정이 체결되고 있다. 모든 항공협정은 시카고 협약에 따라 ICAO에 통보되어야 하는데 2008년 12월 기준 ICAO에 통보된 양자협정은 4,865개다.[12] 한편 시카고 협약 당사국이 아닌 국가 사이에 항공협정을 체결한다면 동 협정은 시카고 협약 당사국 사이의 양자협정보다 더 많은 규율조항을 포함하여야 할 것임을 추측하는 데 어렵지 않다.

3.2 Two Freedoms에 관한 통과협정

정식명칭이 국제항공통과협정(International Air Services Transit Agreement)[13]인 동 협정은 통상 Two Freedoms Agreement로 불리는데 1944.12.7. 시카고에서 채택될 당시 32개국이 서명하였다. 동 협정의 주요 내용은 다음과 같다.

① 체약국 간의 정기 국제 항공에 대하여 착륙하지 않고 영공을 통과 비행하는 first freedom과 운송목적이 아닌 이유로 타국 영공에 착륙하는(예: 주유) second freedom을 상호 부여한다. 여기에서 협정상의 two freedoms가 영공국의 사전허가를 요하느냐가 문제 되는바, 파키스탄이 1950년 ICAO 이사회에 문의하였지만 이사회는 명백한 회답을 제시하지 못하였다.

② 상기 ①항의 두 가지 자유(또는 권리)는 시카고 협약의 규정에 복속한다. 따라서 항공사는 영공국의 법령준수, 승무원의 각종 자격증명서 지참 등에 관한 시카고 협약규정을 준수하여야 한다.

③ 일정한 안전조치에 따를 것을 전제로 하여 타 체약국의 항공사에게 운수목적이 아닌 착륙의 권한을 부여한 체약국이 동 항공사에게 자국의 착륙지점에서 적당한 상업적인 서비스를 제공하도록 요구할 수 있다.

④ 체약국은 자국영토에서 이용이 될 공항과 항공노선을 지정할 수 있고 동 공항과 항공시설의 사용료는 동일한 국제 항공에 종사하는 자국항공기에 부과하는 수준보다 높지 않은 요금으로 타국항공기에 부과하여야 한다.

⑤ 체약국은 타 체약국의 항공운송회사의 실질적인 소유권과 효과적인 지배가 어느 한 체약국의 것으로 인정되지 않을 경우 또는 동 항공운송회사가 자국의 법령을 위배하는 경우 또는 동 협정에 따른 의무를 이행하지 않을 경우 동 운송회사에 부여한 증명이나 허가를 보류하거나 철회할 수 있다. 이때 실질적인 소유와 효과적

---

12) 2009.7.6. ICAO 법률국 선임 법률관 John Augustin 확인. 2016.1.27. ICAO 사무국 담당 직원은 더 이상 정확한 집계가 되고 있지 않지만 약4천개의 유효한 항공협정이 있는 것으로 추측하고 있음.

13) 1945.1.30. 발효. 2015년 12월 현재 130개 당사국.

인 지배를 하는 체약국이 반드시 항공기 등록국일 필요는 없다. 따라서 제3국의 자본이 지배하는 항공사의 항공기가 협정 당사국에 취항하는 것이 동 협정규정에 위배하는 것은 아니다. 문제는 영공국이 항공사의 자본과 실질적인 지배를 볼 때 동 항공사가 어느 한 나라의 것이라고도 할 수 없는 무질서한 구성을 하고 있을 경우 동 항공사의 운항을 금지할 수도 있도록 규정한 것이다. 이는 다시 말하여 책임 소재 국가를 추적하기 힘든 경우를 예방하려는 배려이다.

⑥ 분쟁은 ICAO 이사회에 제기하여 해결한다.

⑦ 협정은 1년 전의 통고로서 체약국이 탈퇴하지 않는 한 시카고 협약이 존속하는 동안 유효하다.

3.3 Five Freedoms에 관한 운송협정

정식명칭이 국제항공운송협정(International Air Transport Agreement)[14]인 동 협정은 Five Freedoms Agreement로 통칭되는데 시카고 회의 시 1944.12.7. 20개국에 의하여 서명되었다. 그러나 그 뒤 미국을 포함한 8개국이 협정에서 탈퇴한 뒤 체약국이 11개국에 머무르고 있기 때문에 국제 항공에서 동 협정이 차지하는 의미는 거의 없다.

동 협정은 체약국의 정기 국제 항공에 있어서 다섯 가지 자유(Five Freedoms)를 상호 허용하는 다음과 같은 주요 내용으로 구성되어 있다.

① 체약국은 정기 국제 항공에 있어서 다음 다섯 가지 자유를 상호 허용한다.

- 착륙함이 없이 영공을 통과 비행하는 제1의 자유
- 운수 목적이 아닌 착륙이 허용되는 제2의 자유
- 항공기 국적국에서 실은 승객, 우편 및 화물을 타 체약국에서 하기할 수 있는 제3의 자유
- 항공기 국적국에서 하기할 승객, 우편 및 화물을 타 체약국에서 실을 수 있는 제4의 자유
- 어느 제3국에 하기할 또는 어느 제3국에서 실어 오는 승객, 우편 및 화물을 타 체약국에서 각기 싣거나 하기할 수 있는 제5의 자유

제1, 2의 자유는 Two Freedoms 협정이 허용하는 것이다. 따라서 Five Freedoms 협정에 가입하는 의의는 제3, 4, 5의 자유까지를 상호 인정하기 위하여서인데 동 제3, 4, 5의 자유를 누리는 항공기는 국적국으로 부터 비행을 함에 있어서 무리가 없는 한 최단 노선을 택할 의무가 있다(제1조 1항).

② 각 체약국은 항공기의 직행 운항을 실시함에 있어서 타 체약국의 지역항공사를 부당하게 저해하지 않도록 유의하여야 한다.

---

14) 1945.2.8. 발효, 2015년 12월 현재 11개 당사국.

③ 체약국은 협정과 상치하는 체약국 쌍방 간의 모든 의무와 양해사항을 폐기한다.

④ Two Freedoms 협정에서와 같이 시카고 협약과 협정의 존속을 같이하고, 타 체약 항공기에 대하여 운송착륙지점에서의 적절한 상업적 서비스를 요구할 수 있으며, 노선과 공항의 지정 및 동 사용료 부과를 언급하며, 일정한 요건 하에서 운항허가를 취소하며, 분쟁을 ICAO 이사회에 의뢰하며, 시카고 협약의 규정을 준수하도록 하고 있다.

3.4 항공에 있어서 9개의 자유

국제 정기 운송에 있어서 적용되는 9개의 자유를 그림으로 그리면 다음과 같다.

[제1의 자유]

A국의 항공기가 B국 영공만을 통과하여 비행한다. 이 통과 비행은 영업이익에 관련된 운수권과 직접적인 관련이 없지만, 항로 단축이 그만큼의 경비절약으로 나타나기 때문에 항공영업에서 무시할 수 없다.

[제2의 자유]

A국의 항공기가 B의 영토상에 착륙하되 승객 또는 화물을 싣고 내리는 운수 목적이 아닌, 가령 급유만을 한 채 B국이 아닌 다른 목적지로 비행한다. 이 경우도 제1의 자유와 같이 운수권과 직접적인 관련이 없지만 과거 장기비행이 불가능했던 항공기 특성상 중간 급유를 위하여 필요한 내용이었다. 그러나 오늘날 지구상 웬만한 구간은 논스톱으로 장기 비행이 가능한 항공기가 등장한 관계로 과거와 같은 중요성은 없다.

[제3의 자유]

A국의 항공기가 B국에 착륙하여 A국에서 싣고 간 승객과 화물을 하기시키는 권리를 B국으로부터 허용 받은 것이다. 이는 운수목적의 착륙으로서 싣고 온 것을 B국에서 내리기만 하지 B국에서 운수목적으로 승객이나 화물을 실을 수는 없다.

[제4의 자유]

A국의 항공기가 B국에 착륙하여 B국에 있는 승객과 화물을 싣고 항공기 국적국인 A국에 하기시킬 수 있는 권리를 B국이 허용한 것이다. 제3과 제4의 자유는 통상 하나로 묶어 동시에 허용된다.

[제5의 자유]

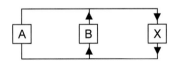

A국의 항공기가 운수목적으로 B국을 출발하여 제3국인 X국으로 비행하거나 또는 제3국인 X국으로부터 역시 운수목적으로 B국에 착륙하는 권리를 B국으로부터 허용 받은 것이다. X국의 지리적 위치는 A국과 B국의 사이가 되거나, A국 또는 B국의 외측에 있거나 관계하지 않으나 항공국 등록국인 A국에서 시작하거나 종료되는 항공운수를 전제로 한다.

[제6의 자유]

제5의 자유 중 하나의 형태를 제6의 자유로 구분하는 경향이 있다. 제6의 자유의 운송형태는 한 외국으로부터 타 외국으로 비행하는 도중에 자국영토에 착륙하는 것이다.

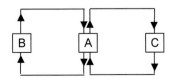

B국 출발 후 자국영토 A국에 중도 착륙한 항공기는 B국으로부터 A국에 운송되는 승객이나 물품을 하기하는 권리를, 목적지 C국으로부터는 항공기 국적국인 A국으로부터 실은 승객과 짐을 C국에 하기하는 권리를 각기 부여받는 것이다. 이때 핵심사항은 국적국 A에서 발생하는 승객이나 물품을 C국이나 B국으로 실어 나르는 것이 아니고 각기 B국(C국을 목적지로 할 경우)이나 C국(B국을 목적지로 할 경우)의 승객이나 물품을 A국에서 환승시킨다는 것이다. 동 제6의 자유는 A국이 각기 B국과 C국으로부터(또는 반대 방향으로 비행하는 경우 C국과 B국으로부터) 허용 받는 것이다. 혹자는 제6의 자유가 필요 없는 개념이라고도 주장하나 제5의 자유(이원권)와 다른 점은 국적국인 A가 B국이나 C국으로부터 얻어낸 제5의 자유가 국적국 A를 경유하여 제3국으로 운항하는 것을 포함하지 않을 수도 있다는 점에서 제6의 자유는 구분된다.

다시 말하여 제5의 자유는 A국 항공기가 B국을 출발하여 운수목적으로 X국에 비행할 권리를 말하나 A국의 항공기가 B국을 출발하여 국적국인 A국에 중도 도착한 후 A국 밖에 있는 Z국으로 비행하는 권리(점선으로 표시)는 A국이 순수한 제5의 자유를 얻기 위하여 B국 또는 Z국과 체결하는 양자항공협정에 포함되지 않는바, 이를 허용 받는 것이 제6의 자유이다. 제6의 자유는 항공수송에 있어서 두 외국 사이를 운수목적으로 운항하되 동 두 외국 사이의 운항 도중에 항공기 국적국에 이·착륙하여 동 국적국을 운송기지로 이용하는 형태로서 항공영업상 중시된다.[15]

[제7의 자유]

제7의 자유는 항공기 국적국인 A국 밖에서 두 외국 사이를 항공운송 하는 경우를 말한다.

[제8의 자유]

항공기가 국적국을 출발하여 외국의 한 지점에 도착한 후 승객과 화물을 싣고 동 외국의 타 지점에 도착하여 싣고 간 승객과 화물을 내리거나 또는 역으로 비행하면서 동 외국의 타 지점에서 실은 승객과 화물을 동 외국을 벗어나기 전에 동 국의 다른 지점에 하기시키는 운수권을 허가받는 것이다. 이

15) 대한항공이 북미에서 마닐라, 홍콩 등을 목적지로 하는 승객을 서울 행 항공기로 실어 나른 후 서울에서 마닐라 또는 홍콩으로 수송하는 패턴이 제6의 자유 일례임. 통상 비행요금이 북미에서 마닐라나 홍콩으로 직접 운항하는 항공요금보다 저렴할 수 있는 여사한 운항은 승객 확보를 위한 것임.

권리(privilege)를 'Consecutive Cabotage'라고 한다.[16] 항공기의 첫 출발지나 마지막 도착지는 항공기 등록국이 되는 것을 전제로 한다.

[제9의 자유]

한 국가 내에서 외국항공기가 국내 항공운수를 하도록 허용하는 것이다. 이는 비상시 예외적인 경우가 아닌 한 허용되지 않으며 시카고 협약도 이를 금하고 있다. 'Stand alone' cabotage라고도 한다.

이상의 9개의 자유 중 제1, 2의 자유는 각기 통항권과 경유권이고 제3부터 9의 자유는 운수권(traffic right)이다. 그런데 1978년 미국의 항공규제 완화, 1992년 EU의 통합에 따른 역내 항공 자유화, 1999년 ICAO의 항공 자유화 제안에 따라 국제 항공업에 신질서가 형성되고 있으며 이에 따라 구 질서에서 당연시되어 왔던 Cabotage의 금지가 도전을 받고 있다. 중동, 아프리카, 남미 등 일부 지역 국가들이 해당지역 항공시장을 지역 항공사들에게만 허용하고 타 지역 항공사들의 참여를 제한하는 공동정책을 실시하고 있다. 또, EU 국가 내에서 역내 항공운송을 역내 항공사들에게만 국내 노선처럼 자유화[17]하면서 역외 항공사들의 역내 운수권을 제한하는 현상은 시카고 협약의 규정에도 불구하고 Cabotage가 더 이상 신성시되는 개념이 아닌 것을 말해 준다.

3.5 쌍무 항공협정

1944년 시카고 회의 참석자들은 Five Freedoms에 관한 항공운송협정안에 대한 미온적인 지지와 수렴하기 곤란한 각국의 다양한 의견이 제기된 것을 본 다음, 추후 국제 항공운송문제는 양자협정에 크게 의존하지 않을 수 없다고 생각한 듯하다.[18] 그래서인지 회의 최종의정서(Final Act)는 양자항공협정의 표준양식을 포함시키고 있다. 표준양식(Standard Form)은 "체약 당사국은 별첨 부속서에 명시된 바의 국제 민간항공 노선과 필요한 권리를 상호 인정한다"는 내용을 담고 있다.

상기 부속서는 항공노선과 통과 비행권, 비운수목적의 기착 또는 상업 운수용 영공 비행의 권리와 동 권리에 부수하는 조건들을 포함하고 있다. 그리고 영공국의 착륙을 요하는 비행에 대하여 착륙 공

---

16) 가령 CPA가 홍콩을 출발하여 Kuala Lumpur(KL)에 도착한 후 승객과 화물을 싣고 Penang으로 비행하여 같은 말레이시아 내 KL에서 실은 승객과 화물을 하역하는 것임.

17) EU Regulation(EC) No. 1008/2008로 대체된 EU Regulation 2407/92, 2408/92와 2409/92는 1997년부터 EU 항공사들에게 EU 역내에서 무제한의 제7,8,9의 비행자유를 허용하고 있음. JW Lee & M Dy, "Mitigating 'Effective Control' Restriction on Joint Venture Airlines in Asia: Philippine AirAsia Case", 40 Air and Space Law(2015) 237.

18) 1945년 이후 제3, 4, 5의 자유를 부여하는 운수권과 용량, 운항횟수 및 요율 책정 등을 다자협정으로 체결하여 해결하려는 움직임이 ICAO에서 계속되었으나 1953년 제7차 ICAO 총회는 동 건이 실현 불가능한 것으로 보고 포기하였음(Haanappel의 저서 pp.18~19 참조).

항을 지정할 수 있도록 규정하고 있다. 각국은 또한 상대방 국가가 지정하는 항공사의 항공기가 통상 적용되는 동 상대방 국가의 법령에 따라 동국의 항공 당국으로부터 요건을 구비한 것으로 인정받는 것을 전제로 하여 자국에 운항할 수 있도록 하여야 한다. 동 표준양식은 아울러 항공기 연료, 장비, 저장품 등에 대하여 통관세를 제외하여 주며, 감항(堪航) 증명과 승무원의 자격증명을 상호 인정하며, 영공국의 법령을 준수할 의무를 부과하는 것 등을 내용으로 하고 있다.

국제 항공운송을 규율하는 데 있어서 3개의 핵심요소는 항공운송요율(tariff), 시장 접근(market access) 과 용량(capacity)[19]이다. 이 세 가지 요소는 어느 타입의 양자협정이냐에 따라서 반영된 정도가 달랐는 바 1944년 시카고 회의에서 모델만으로 제시한 양자협정안으로서의 시카고 타입, 1945년 시작된 영국 타입, 1946년 시작된 버뮤다 타입 등 3개 타입으로 구분할 수 있다.

① 시카고 타입(Chicago Type): 전술한 바와 같이 시카고 회의의 최종의정서는 국제 항공노선의 수립에 관한 협정 의 표준 양식안을 마련하였다. 동 시카고 타입은 용량과 요율도 명시하지 않은 가장 간단한 형태로서 2차 대 전 후 상당 기간 동안 많은 양자협정에 반영되었다. 시카고 타입으로 체결된 대표적인 항공협정은 1947년 8월 에 체결된 캐나다와 이일랜드 긴의 항공협정이다.

② 영국 타입(British Type): 영국이 1945.10.26. 남아연방(오늘날 남아공화국)하고 체결한 항공협정은 영국타입으로 불린 양자협정의 모델이 되었다. 동일한 협정의 형태로 영국은 그리스(1945.11.26), 포르투갈(1945.12.6), 터키 (1946.2.12), 프랑스(1946.2.28), 아일랜드(1946.4.5.), 캐나다(1948.8.19) 등과 항공협정을 체결하였다. 동 협정들은 기존의 영국 협정보다 상세하게 규정하고 있으며 다음과 같은 주요 특징을 갖는다.

- 운항횟수는 운항자(즉 지정된 항공회사) 사이에 결정하여 쌍방 체약국의 승인을 받도록 한다(Predetermination).
- 노선 용량(즉 승객 좌석 수와 짐을 실을 수 있는 능력)은 쌍방 체약국의 지정 항공사 간에 균등하게 하되 균등하지 않을 때에는 이를 수정한다(Paralleled Partnership).
- 지정 항공사 간에 보조협정을 채택하도록 하여 운수 수입(항공우편 수입을 제외한)을 풀(Pool)제로 한다든 지, 정보 입수, 계정(account) 및 화폐 문제 등의 행정사항을 처리한다.

---

19) 용량은 항공기가 승객 또는 짐을 얼마만큼 실어 나를 수 있느냐의 운송능력을 지칭하는 것으로서 예를 들어 서울-동경 간 1,500km 구간을 보잉 747(점보) 여객기가 400석의 좌석으로 운항한다면 동 항공기의 가용좌석용량은 400×1,500km =60만passenger/km라는 계산이 나옴. 화물을 실을 수 있는 용량이 100톤인 항공기가 같은 구간을 비행한다면 이는 15만tonne/km가 가용화물용량임. 이는 한 항공기가 일정 구간 을 한 번 비행하였을 경우에 산출되는 용량이나, 같은 항공사가 X대의 항공기를 투입하여 동 구간을 일정기간(가령 1년)에 걸쳐 운항할 경우 산출되는 전체의 용량은 양국 간 항공협정 협상의 기초가 됨. 동 용량은 얼마나 이용되느냐에 관련하여 의미가 있는바, 이용률(load factor)은 아주 단순화시켜 설명할 때 승객의 경우 일정구간을 운항하는 여러 항공기의 좌석이 400석인데 이 중 항시 200석만 승객이 이용하였다면 load factor는 50%임. 양국 간 항공협정은 과거 각국 항공사의 용량과 이용률을 분석 검토하여 양국 항공사 간에 운송량을 절반씩 나누어 가 지는 공평을 지향하고 있음.
  ICAO는 매년 발간하는 이사회 보고서에서 각 회원국의 전년도 정기 민간항공의 실적을 승객, 화물(우편 포함) 그리고 승객과 화물을 복합 한 3가지로 구분하여 통계로 제시함. 동 실적은 각국 항공사의 용량이 아니고 각국 항공사가 실제로 운항한 승객과 짐의 총계를 말하는 것으 로서 승객과 화물을 복합한 실적은 유효운송실적으로 번역되는 Performed Tonne-Kilometers 또는 Revenue Tonne-Kilometers로 표기됨.
  정기 민간항공의 load factor는 승객과 화물, 국제 운항과 국내 운항 사이에 차이가 있지만 승객의 경우 세계 전체적으로 약 80%임. 이는 항공기 가용좌석용량 중 약 20 퍼센트는 이용되지 않고 있다는 것을 말함.

이상과 같은 영국 타입의 협정은 시대 발전에 따라 추후 많이 변경되었다.

③ 버뮤다 타입(Bermuda Type): 양자협정 내용의 본질에 관한 한 1946년 2월 미국과 영국 사이에 체결된 버뮤다 협정은 이전의 항공협정 내용에 큰 변화를 가져왔다. 이후 상당한 국가가 버뮤다 타입으로 불리는 버뮤다 협정을 본떠서 항공협정을 체결하였다. 버뮤다 타입은 다음 원칙을 포함한다.

- 공중의 여행에 공여될 항공수송은 동 항공수송 필요와 밀접한 상관관계를 가져야 한다.
- 어느 국제노선을 운항하는 데에 있어서도 공정하고 동등한 기회를 적용한다.
- 협정상 규정된 간선 노선(trunk services)의 운항에 있어서 동 간선 노선을 부분적으로나마 운항하고 있는 제3국 항공사의 이익을 부당하게 손상시키지 않도록 배려한다.
- 제5의 자유(fifth freedom) 운송에 있어서 다음 다섯 가지에 관한 사항을 조정한다. 첫째, 출발지국과 목적지국에 있어서의 운송, 둘째, 장거리 항공편 운항[20](through airline operation)의 요건, 셋째, 지역 항공을 감안한 후 항공사가 통과하는 지역의 운송 요건, 넷째, 운항횟수 등을 사전에 정하는 방식의 제거, 다섯째, 운항횟수나 용량의 부당한 증가에 따른 불공평한 경쟁을 방지하기 위한 장치를 도입하는 것이다.

위와 같은 원칙은 용량(capacity), 요금, 요금의 결정 및 노선 수정에 관한 조항을 포함시키는 것으로서 특히 시카고 타입에서 볼 수 없었던 용량(capacity)을 중시한 내용이지만 일부 표현이 모호한 부분도 있다. 이는 용량의 사전 결정에 반대하고 요금을 자유화하며 노선에 대한 제한을 없애자는 미국의 입장과 이 3개 요소를 모두 사전에 정하자는 영국의 입장이 양극에서 대립한 결과를 양해안으로 절충한 결과 때문이겠다. 버뮤다 타입은 이후 여러 항공협정 체결 시 필수적인 사항으로 반영되었다.

상기 1946년의 버뮤다 협정은 시대의 변천을 반영한 1977년의 버뮤다 협정에 의하여 대체되었다.

3.6 항공자유화협정(Open Skies Agreement)

항공 자유화는 1978년 미국이 항공사규제완화법(Airline Deregulation Act 1978)을 제정한 데서부터 시작을 찾을 수 있다.[21] 당시 미국 대통령 지미 카터는 1978년 Statement of International Transport Policy를 발표하면서 국제 항공시장에서 복수 항공사 진입과 경쟁 촉진, 그리고 그간(제2차 세계대전 이후) 양

---

20) Through airline operation은 1946년 미국과 영국 사이의 버뮤다 협정에 사용된 용어로서, 제5의 자유를 부여할 때, 가령 런던에서 아시아행 비행과 같이 장거리 비행을 하면서 비행 도중에 위치한 여러 지점에 운수목적의 착륙을 하는 비행운항을 말함(1989.1.26. ICAO 항공국 근무 Gunther 설명). 그러나 오늘날 이러한 용어는 거의 사용되지 않고 direct flight 또는 non-stop flight 등의 용어를 사용함. Direct flight는 중간기착을 하더라도 직선방향의 노선으로 운항하는 것이며 non-stop (direct) flight는 중간기착 없이 목적지에 착륙하는 비행을 지칭함.

21) 동 규제완화법에 의거 미국의 항공청(CAB)이 소멸되고 CAB의 과거 항공규제업무를 미국 교통부가 1985.1.1.부터 이어받았음. 규제완화에 따라 항공요금이 내려가면서 승객이 증가하였고, 경쟁이 증가하면서 효율 향상과 비용 절약을 위해 항공사들의 hub-and-spoke 운항방식이 도입되었지만 동 여파로 9개 주요 항공사가 퇴출되고 10여 개의 신 항공사가 설립되었음. 이울러 Southwest 항공사 같이 저가 요금의 항공사가 그간 등한시되었던 point-to-point 운항으로 시작하여 사업 수익을 제고하면서 성공적인 항공사로 부상하였음.

자항공협정에서 추구하였던 경제적 이익의 형평 교환(Equitable Exchange of Economic Benefits)을 소비자 이익을 주안으로 변경한다는 내용을 포함시켰다. 구체적으로는 항공협정상 지정 항공사 숫자, 용량 (capacity), 요율(rates)에 대한 제한을 철폐한다는 것이었다.

위와 같은 미국의 새로운 자유화 항공협정 모델을 1978년 네덜란드와 벨기에에 이어 이스라엘, 한국, 독일이 수용하면서 미국과 양자항공협정을 체결한 결과 상호 제5, 6의 자유를 향유하는 동시에 IATA의 요율에 의존하지 않고 개별 지정 항공사가 시장상황에 따른 저가 요금을 제시할 수 있으며 요율에 대한 정부 간섭을 최소화하는 혜택을 받았다.[22]

세계 약 3천개(발효기준)의 양자항공협정 당사국들은 미국의 항공자유화정책의 영향과 압력에 서서히 노출되었다. 미국의 항공자유화정책은 국내적으로 외국 항공사에게 커다란 미국시장을 내어 주기 때문에 손해라는 비난도 받으면서 한동안 잠잠하였다. 그러다가 1992년 미국 교통부가 항공자유화정책을 다시 촉진하였는바, 1978년부터 체결되었던 양자항공협정의 내용을 대폭 자유화하며 협정 양 당사국이 제3, 4, 5자유와 제6의 자유를 무제한 허용하는 제2세대 Open Skies 협정안을 제시한 것이었다. 이 모델에 따라 1995년까지 유립의 9개국과 항공사유화(Open Skies)협정을 체결하고 유럽의 최대 항공시장인 독일과는 1996년, 프랑스와 2002년, 인도와는 2005년 체결하는 성과를 거두었다.[23]

항공사 연합(Airline Alliance)과 CRS(Computer Reservation System) 등의 내용도 포함하는 새로운 항공자유화협정은 외국 유력 항공사와 사실상 합병효과를 가져오는 연합효과도 가져오는 등 세계의 자유 항공망이 구축되는 계기가 되었다.[24] 이에 따라 여행 소비자에 대한 편의가 증가되었으나 거대 미국 항공사의 주도적 역할로 세계 항공시장이 재편될 가능성도 있다. 그러나 지금까지의 현실은 Emirates Air Line, Etihad Airways, Qatar Airways 같은 중동의 항공사가 거대한 투자와 항공료 인하를 통해 시장 점유율을 높이면서, 미국 항공사에 의한 국제시장 재편은 우려에 불과한 것으로 나타났다.

미국은 또 2001년 APEC 4개국(브루나이, 칠레, 뉴질랜드, 싱가포르)과 다자간 Open Skies 협정을 체결하였다.

한편 성공적인 경제적 통합에 이어 정치적 통합 단계에 있는 EU의 항공정책의 자유화 관련 세부 사정을 살펴보겠다.

EU는 1992년 제3차 자유화 패키지를 승인하여 EU 항공사에게 역내 운항권(Cabotage)을 허용한 후

---

22) 미국은 1980년대 중반까지 약 70개 국가와 여사한 항공협정을 체결하였는바, 이 중 네덜란드, 벨기에, 코스타리카, 핀란드, 이스라엘, 요르단, 자메이카, 한국, 태국, 대만, 싱가포르와의 협정이 가장 자유화된 내용임.

23) 제2세대 Open Skies Agreement 내용으로 미국은 2005년 인도와 체결하면서 총 67개국과 체결하였으며 여기에는 당시 25개 EU 회원국 중 15개국이 포함되었음.

24) 미국은 외국인의 자국 항공사 주식 소유를 최근 최대 45%까지 획득 가능하도록 법을 변경하였으나 투표권은 25%로 한정하면서 사실상의 소유와 효율적 지배(significant ownership and effective control)에 제한을 늦추지 않는 유별난 제1의 항공대국임. 항공사 연합의 활성화는 외국인 지배에 배타적인 미국의 항공시장에 외국 항공사의 사실상 지배가 강화될 수 있겠으나 그 반대도 가능함.

1997년부터는 7,8,9의 자유까지 무제한 허용하였다. 이와 관련 시카고 협약 제7조는 cabotage 권리를 부여하는 데 있어서 차별하지 말도록 규정하고 있는바, 현재 EU의 회원국이 다른 회원국의 항공사에게 cabotage를 무제한 허용하고 있는 것은 시카고 협약 위반으로 해석될 수 있다.

EU 집행위는 EU라는 통합조직으로서 항공협정 체결 관련 각 회원국의 양자협정 권한을 향후 집행위가 일괄 수행할 것을 제안하였다. 그러나 EU 회원국들은 1993년의 EU 교통장관 회의 토의결과 이를 거절하였다. 집행위는 특히 거대 항공시장인 미국과의 항공협정 체결 시 개별 회원국별로 상대할 경우 손해이기 때문에 권한 수임을 주장하면서 필요시 반대하는 회원국들을 유럽사법재판소(European Court of Justice: ECJ)[25])에 제소하겠다고 경고하였다. EU 회원국들은 1996년 개최 EU 교통장관 회의에서 집행위에 2단계로 권한을 위임하는 것에 합의하였는데, 제1단계에서는 soft issues(CRS, slot allocation, group handling, air carrier ownership)에 대한 교섭권한을 집행위에 위임하고, 제2단계의 hard issues(traffic rights, pricing)에 대한 권한은 soft issues에서 현저한 결과(substantial results)를 거양할 때까지 위임 불가하다는 것이다. 그리고 미국을 제외한 제3국과는 개별 협정권을 행사한다는 내용에 합의하였다. 집행위는 이에 만족하여 ECJ, 즉 CJEU에의 제소를 철회하였다.

그러나 일부 회원들이[26] 상기 합의내용을 무시하고 1997년 미국과의 개별 항공협정을 체결한 것에 대해 EU 집행위는 1998년 이들 8개국을 CJEU에 제소하였다. 연후 EU 교통담당 집행위원 Neil Kinnock이 1999년 "European Air Transport Policy: All Our Tomorrow or All Our Yesterday Replayed?" 제하 연설을 통해 CTAA(Common Transatlantic Aviation Area) 또는 CAA(Common Aviation Area) 개념을 제시하면서 CAA는 EU를 단위로 하는 양자협정의 개념만이 아니고 과거 양자협정이 취급하지 않았던 소비자 권리와 환경보호를 추가하고, 전통적인 운수권과 code-sharing도 포함하는 것임을 설명하였다. 동 연설에서 천명된 CAA 정책 발표 후 EU 회원국 상당수 국가들의 10년에 걸친 반발과 비협조가 불식되었다.

그런데 CJEU가 2002.11.5. 미국과 Open Skies 협정을 체결한 7개국과 제한적 양자협정(Bermuda Ⅱ Type)을 체결한 이태리에 대한 EU 집행위의 제소를 심의한 결과 판결을 하였는바, 그 요지는 다음과 같다.

- 집행위가 15개 회원국 정부를 대신한 대외운송 무역 협정 교섭에 관하여 전폭적인 권한을 보유하고 있다는 것을 불인정
- 단, EU 역내 항공노선의 항공료와 요율 및 CRS에 관한 집행위의 권리는 인정
- EU 회원국은 EU 항공사 모두에게 노선이 개방되지 않는 한 '사실상 소유와 효율적 지배'(substantial ownership

---

25) 2009.12.1.부터 구주연합사법재판소(Court of Justice of the European Union:CJEU)로 명칭을 변경하였음.
26) 오스트리아, 벨기에, 덴마크, 핀란드, 독일, 룩셈부르크, 영국, 이태리.

and effective control)를 포함하는 양자 항공운송협정 체결 불가(단, 기존 협정의 무효관련 언급은 없었음)

- 8개국의 개별 양자협정은 EU 법 위반

상기 판결은 EU 이사회가 집행위에 과거 수차 부여하였던 항공운송 관련 권한을 거의 확인한 것인데, 판결 직후 프랑스가 판결내용을 무시한 내용으로 중국과 항공협정을 체결한 이단적 행동을 보이긴 하였지만 미국과의 교섭에 있어서 EU 회원국이 집행위에 권한을 완전 위임하도록 하는 EU 집행위의 원래 목표가 달성되었다. EU 집행위는 CJEU에서도 확인된 권한에 의거하여 2003년 6월부터 미국과 항공협정을 교섭한 결과 2007년 EU-미국 간 Open Skies Plus 협정[27]을 하기 내용으로 타결하였다.

- 미국과 EU 항공사는 양측 지점을 자유롭게 선택하여 어느 도시로의 운항도 가능
- 상기 운항에 있어서 횟수, 항공 기종, 용량은 항공사가 자유결정
- 항공료는 시장 수요에 따라 결정
- code-sharing, franchising, leasing 등의 협력관계 구축
- 공동위원회(Joint Committee)를 구성하여 매년 최소 1회 회의를 개최, 협정의 이행을 감시하고 문제를 해결
- 미국 항공사의 외국인 지분 소유 제한 완화,[28] 환경기준, 미국 공무원의 미국 항공사 이용규정
- 연후 미국의 Fly America Act[29]로 미국 정부 조달을 규율한 내용의 개정 등을 논의하기 위한 제2단계 협정 교섭을 시작(2008.5.15.)하여 2010년 11월 중순까지 종료

상기 합의하에 미국과 EU는 '제2단계'(Second Stage) 항공자유화협정 교섭을 한 결과 2007년 협정을 개선하는 형식의 의정서[30](Protocol)를 2010.6.24. 채택하였다. 동 의정서는 다음 요지를 포함하고 있다.

- 미국은 EU 항공사에 대하여 제5와 6의 자유를 허용
- 항공 보안(security), 안전(safety), 경쟁(competition), 여행 편의(ease of travel)를 강화
- 한 측이 상대방 측 항공사의 소유 지분을 제한(현재 주식 49%로 제한)한 것을 해제하는 것이 가능하나 미국의 경우 국회의 승인을 받아야 하고 EU로서는 불확실하고 장기 소요 과정을 거쳐야 가능

---

27) 동 협정 명칭은 EU-US 항공운송협정(Air Transport Agreement)을 지칭하는 통칭이며 2008.3.30. 발효함.

28) 미국 법은 외국인의 자국 항공사 소유 지분(significant ownership)을 24.9%로 제한하나 EU 시민에 대해서는 49.9%까지 허용함에도 불구하고 지배권(effective control)은 어느 경우에나 24.9%로 제한함. EU는 양자 모두 49.9%까지 허용함.

29) Title 49 of the US Code, Subtitle VII, Part A, Subpart I, Chapter 401, 40118-Government Financed Air Transportation으로서 FAR(Federal Acquisition Regulations)의 Subpart 47.4로 편입됨. 내용은 미국 연방정부 자금으로 지원되는 모든 여행은 미국 항공사를 이용하도록 하는 것인바, 해당되는 여행객으로는 미국 공무원과 동 가족, 컨설턴트, 계약자 등이 있음. 그러나 일부 항공자유화협정 체결 대상국의 항공사에게는 예외가 인정됨.

30) Protocol to Amend the Air Transport Agreement between the United States of America and the European Community and its Member States.

- EU 항공사에 대하여 일정 조건하에서 미국 정부 조달(미국 공공기관의 항공권 구입과 화물운송) 참여 허용
- 항공기 배출, 연료 및 소음 등에 관한 환경규칙에 있어서의 조화를 도모

상기 합의내용은 EU가 계속 추진하여 온 미국 항공사의 지분소유 제한 철폐를 관철하지 못한 것(미국 국회의 승인을 전제로 하기 때문)이고 미국 항공사가 EU 회원국 간 운항을 한다는 것이 EU를 한 나라로 간주할 경우 사실상의 국내 운수권(cabotage)을 행사하는 것이지만 EU 항공사는 그러하지 못한 상황을 감안할 때 EU로서 손해 보는 결과이다. EU는 미국의 현실을 인정하면서 미국 정부 조달 사업에 있어서 EU 항공사가 참여할 수 있도록 하는 양보를 받았다.[31]

항공자유화협정은 모든 것을 자유화한다는 것이 아니다. 가장 자유화되었다고 하는 미국과 EU 사이의 자유화협정도 위와 같은 제한을 가지고 있는바, 항공사의 소유권과 지배권, 제7의 자유, cabotage, 임차, 통화송금제한 등은 향후 계속 교섭 대상이다.

한편 미국은 EU와의 항공협정을 포함하여 100개 이상의 자유화협정을 체결하였다. 이 중 가장 중요한 내용이 EU와의 협정인바, 세계 항공시장의 60% 정도를 점유하고 있는 미국과 EU의 항공운송을 규율하기 때문이다. 그런데 EU는 자체의 내부 법률에 의거하여 항공협정 체결 권한을 EU 집행위(European Commission: EC)와 EU 회원국이 공동으로 행사하도록 한 결과 항공협정 체결 시 외국 과 EC, 그리고 28개 EU 회원국 중 해당 국가의 3자가 참여하는 형태를 취한다.[32]

끝으로 양자항공협정 모델에 있어서 2003년 ICAO가 제5차 세계항공운송회의를 개최하여 지금까지의 전통적인 '사실상의 소유와 효율적인 지배' 대신 '주된 영업소와 효율적인 규제 지배'(Principal Place of Business and Effective Regulatory Control)를 표준 모델로 하는 양자항공협정 모델 안을 제시한 것이 주목된다.

4. 영공 침범 비행

영토국의 허가 없이 영공을 침범한 비행의 경우가 종종 발생하였다. 영공 침범의 비행은 대개 고의적이 아닌 여러 이유로 이루어졌음을 추후 알게 되지만 영공을 침범당한 국가는 동 침범에 대하여

---

31) 미국 공무원이 2005년 미국과 유럽을 여행하면서 지불한 항공요금은 6,000만 달러이지만 미국 국내 여행의 경우 57억 달러에 이르기 때문에 EU 항공사들은 이에 참여하고자 하였으나 미국 국내 운송과 미국 국방부의 조달 사업을 제외한 범위 내에서 참여가 가능하게 되었음. 2012년 현재 미국이 항공운송에 있어서 미국 정부 조달(U.S. Government Procured Transportation)에 참여를 허용하는 항공협정은 EU와의 협정 이외로 오스트레일리아(2009.10.1. 발효), 스위스(2008.10.1. 발효) 및 일본(2011.10.1. 발효)과의 협정임.

32) 3자가 참여한 가운데 EU 일 회원국이 타국과 체결한 항공협정은 다른 EU회원국 항공사 모두에게도 노선을 개방토록 하여야 하는 바, EU가 체결하는 여사한 항공협정을 Horizontal Agreement라고 함.

과민한 반응을 보임으로써 경우에 따라서는 침범 항공기가 영공국의 발포로 추락, 탑승객이 모두 사망하는 사건도 있었다. 우리나라의 대한항공 항공기가 비행 중 소련 영공에 잘못 진입하여 참사를 당한 사건도 있는 만큼, 동 영공 침범 비행에 관련한 법적 고찰을 하고자 한다. 또한 영공 침범 비행은 그때마다 주요한 시사문제로 부각되고 항공법의 주요 이슈이기도 하다. 영공 침범 비행은 우선 침범 항공기가 군용항공기인가 또는 민간항공기인가에 따라 영공국의 대처기준이 달라진다.

4.1 군용항공기의 영공 침범 사례

일찍이 Lissitzyn 교수는 영공 침범 비행의 문제성을 인식하여 1946~1953년 사이에 발생한 11건에 걸친 군용기의 영공 침범 사례를 연구 발표하였다.[33] 다음은 1954년 이후 발생한 군용기의 영공 침범 사례이다.

① 미국의 P2V Neptune기가 일본해 상공을 비행하던 중 소련 군용기의 의도적인 방해로 추락할 뻔 한 사건이 1954.9.4. 발생하였다.[34] 미국은 사건 시 항공기가 일본해 공해를 비행 중이었다고 주상하였다.

② 미 공군 보잉 B−29 항공기가 일본 근역을 비행하던 중 소련 전투기에 의하여 격추되어 승무원이 사상한 사건이 1954.11.7. 발생하였다.[35] 미국은 사건 시 항공기가 일본 홋카이도 근역을 비행 중이었다고 주장하였다.

③ 미국 록히드사 제작의 U−2기가 소련 영공을 고공비행하면서 첩보활동을 하던 중 소련 미사일을 맞아 추락하였다.[36] 1960.5.1. 발생한 동 사건은 세계를 떠들썩하게 하였다. U−2기는 터키에 본부를 둔 미국 첩보비행대 소속으로 파키스탄을 이륙하여 소련 영토를 6만 내지 6만 8,000피트의 고공으로 첩보비행한 후 노르웨이에 착륙할 예정이었다. 이러한 비행은 4년 전 이래 계속[37]되어 왔지만 소련은 뒤늦게 이를 제어한 셈이다. 상기 U−2기가 소련의 Sverdlovsk 근처에서 발사된 소련의 로켓 포탄을 맞고 추락되고 조종사(Francis G. Powers)는 항공기를 탈출하여 낙하산으로 소련 영토에 하강한 후 소련 당국에 의하여 체포되었다. 동 조종사는 첩보혐의로 소련에서 기소되어 10년간 감금형을 선고받았으며 미국은 이에 대하여 일체의 항의도 못 하였다. U−2기의 첩보비행은 당시 아이젠하워 미대통령의 재가까지 얻은 후에 진행된 것으로 밝혀졌는데 미국은 사건 후 동 건을 공개적으로 처리하면서 유감을 표명한 관계로 동 건은 미국 내에서 큰 여론의 비난이 없이 처리되었다. 사건 발생 후 아이젠하워 대통령은 더 이상의 비행을 금지하였다.

---

33) O. J. Lissitzyn, "The Treatment of Aerial Intruders in Recent Practice and International Law", 47 American Journal of International Law(이하 AJIL)(1953) 569−585.

34) M. M. Whiteman, Digest of International Law, Vol.9(1968), p.341.

35) 상동.

36) Q. Wright, "Legal Aspects of the U−2 Incident", 54 AJIL(1960) 847.

37) Lissitzyn, "Some Legal Implications of the U−2 and RB−47 Incidents", 56 AJIL(1962) 135.

④ U-2기 사건이 발생한 지 수개월 후 미 공군 RB-47 항공기가 소련 항공기에 의하여 1960.7.1. 격추되었다.[38] 미국은 소련 측 주장과는 달리 동 미 공군기가 사건 시 공해를 벗어나 소련 영공을 비행한 적이 없다고 주장하면서 객관적인 조사를 위하여 유엔안보리에 동 건을 제기할 것을 제안하였다. 미국의 이러한 제안을 포함한 안보리 결의안은 소련의 거부권 행사로 채택되지 못하였다.[39]

⑤ 미 해군 소속 4발 프로펠러 추진 록히드 EC-121 항공기가 일본해 상공에서의 첩보비행 중 1969.4.14. 북한 항공기에 의하여 격추, 31명의 탑승원이 사망하였다.[40] 북한은 EC-121기가 북한 영공을 깊숙이 침범하였다고 주장하였으며 미국은 동 항공기가 북한 해안으로부터 40해리 이내를 비행한 적이 없다고 주장하였다.

⑥ 미 대통령 전용기인 미공군 1호기 보잉 B-707기가 1975.8.2. 핀란드 헬싱키에서 루마니아 부카레스트로 비행하던 중 허가받은 스웨덴 상공의 항로를 일탈하여 스웨덴의 금지구역인 Karlskrona 방향으로 상당히 진입하였다.[41] 구주 순방차 포드 미 대통령이 탑승 중이었던 동 항공기의 무단 항공 일탈에 대응하여 스웨덴은 공대공 (air-to-air) 미사일을 장착한 전투기를 발진시켜, 동 항공기를 요격하고 원래의 항로로 복귀할 것을 명령하였다. 시카고 협약 제3조는 항공기를 기능별로 구분하고 있다. 따라서 국군 최고 통수권자로서의 대통령이 탑승한 항공기는 군용항공기로 분류된다.

⑦ 1976.4.12. 사우디아라비아 공군 소속 C-130기가 레바논으로 비행하던 중 이스라엘 영공으로 항로를 일탈하였다.[42] 이때 이스라엘의 요격기가 출동하여 자국의 Ben Gurion 공항에 강제 착륙시켰다.

⑧ 1976.9.6. 소련의 공군 중위 Viktor Ivanovich Belenko가 최고 기밀 항공기인 소련의 미그 25기를 몰고 일본의 레이더망을 피하기 위하여 저공으로 비행한 후 일본의 민간 공항에 불법 착륙하였다.[43] 동 사건 후 일본은 기체와 조종사의 반환을 주장하는 소련의 요구를 거부하였으며 조종사 Belenko의 미국 망명을 허용하였다.

이러한 군용기의 망명비행은 1991년 소련 붕괴 시까지 가끔 발생하였다. 냉전시절 중공기가 우리나라 또는 대만으로 넘어오고 동구권으로부터의 군용기가 서구로 망명 비행하는 일도 발생하였다. 군용기의 망명비행 시 국제관례는 망명 차 항공기가 착륙한 국가에서 기체를 보유하고 조종사는 동인 의사에 따라 정치망명을 하고자 하는 나라로 보내지는 것이다.

38) 상동.

39) F. Fedele, "Overflight by Military Aircraft in time of Peace", 9 US Air Force JAG Law Review(Sept.~Oct. 1967) 22.

40) Keesing's Contemporary Archives 23337(May 10-17, 1969).

41) J. Sundberg, "Legitimate Responses to Aerial Intruders-The View from a Neutral State", X AASL(1985) 258.

42) 상동.

43) 상동 p.256.

4.2 민간항공기의 영공 침범 사례

민간 항공기는 무장되어 있지 않은 항공기로서 군용기와는 달리 취급받고 있다. 그러나 불행히도 과거 몇 차례에 걸쳐 커다란 인명 손상을 가져오는 민간항공기의 피격사건이 있었으며, 격추한 장본인의 국가는 항시 불법 영공 침범을 내세우면서 자신의 행위를 정당화하였다.

① 1952.4.29. 에어프랑스 정기 여객기가 프랑크푸르트에서 베를린으로 비행하던 중 소련 전투기 습격을 받고 베를린에 비상 착륙하면서 탑승원 5명이 중경상을 입고 기체가 손상되었다.[44] 소련 측은 항공기가 노선을 이탈한 것이 원인이라고 주장하면서 항공기가 소련의 비행규칙을 위반하고 요격 전투기의 명령에 따르지 않았음을 항의한 반면 프랑스 등 연합 고등판무관(미국, 영국, 프랑스로 구성된 Allied High Commissioners) 측은 다음 성명을 발표하면서 소련의 야만행위를 비난하였다.

> 사실의 문제와는 별도로 평화 시에 경고의 방법이라 할지라도 어떠한 상황 하에서든지 비무장항공기에 대하여 발포한다는 것은 동 항공기가 어디에 있든지 간에 전혀 용납할 수 없는 일이며 문명 행동 규범에 반하는 것이다.

② 1954.7.23. 방콕에서 홍콩으로 비행하던 정기 여객기인 CPA(Cathay Pacific Airways) 항공기가 항로로부터 10마일 이탈한 중공 해남도 상공에서 중공 전투기의 발포로 해상 추락하면서 2명의 승객이 총격으로 사망하고, 8명이 익사하였으며 또 다른 8명이 중상을 입은 사건이 발생하였다.[45] 사건 후 생존한 항공기 기장은 중공 전투기가 일체 경고도 없이 항공기에 대하여 발포하였다고 말하였다. 동 사건은 영국과 미국 등 서방의 격분을 샀는바, 중공은 추후 사건에 대한 책임을 인정하고 모든 배상책임을 지겠다고 영국 측에 표명하였다.[46] 중공은 동 항공기를 자유중국 국민당 소속 항공기로 오인하여 실수로 격추한 것임을 해명하였다.

③ 1955.7.27. 당시까지의 가장 큰 인명 피해를 가져온 민간항공기 피격사건이 발생하여 국제사회를 떠들썩하게 하였다. 이는 이스라엘의 항공사인 El Al사 소속 콘스텔레이션 항공기가 런던을 출발, 파리, 비엔나, 이스탄불을 거쳐 이스라엘로 비행하던 중 이유 불명으로 불가리아 영공에 잘못 진입한 후 불가리아 국경 근처에서 불가리아 전투기에 의하여 격추된 것이다.[47] 동 사건으로 51명의 승객과 7명의 승무원 등 모든 탑승원이 사망하였다. 이스라엘과 희생자 소속 국가는 불가리아의 격추행위가 불법이며, 격추 전 경고도 없었던 야만적 행위라고 성토하면서 배상을 요구하였다. 불가리아는 문제의 항공기가 조난 상태에 있었다는 상대측 주장을 부인하면서 사건 당시의 기상은 청명한 날씨였다고 반박하였다. 또한 불가리아는 항공기가 불가리아 전투기의 조

---

44) W. J. Hughes, "Aerial Intrusions by Civil Airlines and the Use of Force", 45 JALC(1980), 600~601.
45) 상동. pp.601~602.
46) 중공은 승객사상, 항공기 및 화물에 대한 배상청구 총액인 36만 7,000파운드를 1954년 11월 영국에 지불하였음.
47) Hughes의 논문 pp.602~612.

사요청에 불응하였다고 주장하였다. 그러나 불가리아는 1955.8.3. 성명을 발표하여 사건에 대한 책임을 인정하고 불가리아 각료 조사위원회가 밝힌 바와 같이 El Al 항공기가 군사 당국자들에 의하여 성급히 격추되었으며 항공기 항로를 변경시키고자 하는 아무런 조치도 취하여지지 않았음을 시인한 다음 이를 주 불가리아 이스라엘 대사관에 통보하면서 재발방지와 배상의사를 표명하였다.[48] 이스라엘은 이에 만족하지 않고 1957년 국제사법재판소(ICJ)에 불가리아 정부를 제소하였으며 영국과 미국 정부도 각기 같은 조치를 취하였다. 그러나 ICJ는 불가리아가 ICJ의 관할권을 인정하지 않고 있던 관계로 불가리아에 대한 관할권이 없다는 이유로 본안 판결은 하지 못하였다. 동 제소에 관련하여 이스라엘, 영국, 미국이 ICJ에 제출한 Memorial은 영공 침범 민간 항공기에 대한 영공국의 권리가 어떤 것이라는 법적 견해(*opinio juris*)를 보여주는 풍부한 소스가 되고 있다.

이스라엘은 또한 동 건을 1955.8.22. 유엔총회의 임시 토의 안건으로 제기하였다. 동 건은 12.5.와 6. 유엔 총회 제3위원회(사회, 인류, 문화문제 담당)에서 토의된 후 결의안으로 작성되었으며 동 결의안은 1955.12.14. 유엔 총회에서 투표(45 찬성, 반대 없음, 13 기권)로 채택, 결의문 927(X)이 되었다.[49] 동 결의문은 본문(operative part)에서 모든 국가가 유사한 사건을 피하기 위한 적절한 조치를 취할 것과 관련 국제기구의 관심을 고취하는 것으로 결론지었다. 관련 국제기구인 ICAO는 당시 불가리아가 시카고 협약 당사국이 아닌 관계로 유엔 결의문에도 불구하고 동 건을 취급할 수 없었다. 사건 관련 당사국의 협상결과 불가리아는 시혜금(*ex gratia*)[50] 형식으로 보상을 하였다.

④ 1973.2.21. 보다 큰 민간항공기 피격 사건이 발생하였다.[51] 리비아 항공사 소속의 보잉 727기가 리비아 트리폴리에서 카이로로 비행하던 중 실수로 카이로를 옆에 두고 카이로 동북쪽으로 깊숙이 비행한 결과 이스라엘의 점령지인 시나이 반도에서 이스라엘 전투기에 의하여 격추되었다. 피격받은 동 리비아 여객기는 시나이 사막에 추락하여 113명의 탑승원 중 108명이 사망하였다.

이집트는 리비아 민항기의 격추가 국제법 위반이라고 주장하면서 이스라엘이 격추 전에 경고도 하지 않았다고 이스라엘을 규탄하였다. 이스라엘은 이에 대하여 자국영공을 국제법에 따라 방어하였을 뿐이라고 말하면서 국제 관행에 따라 발한 경고를 리비아 여객기가 계속 무시하였다고 반박하였다. 이스라엘 전투기 조종사는 또한 자신의 발포는 리비아 항공기에 손상을 입혀 강제착륙 시키기 위한 것이었으며 항공기를 격추하려는 의사는 없었다고 언급하였다. 사건 발생 후 이스라엘 국방장관과 수상은 즉각 사건에 대한 책임을 인정하고 배상을 제의하였다.

---

48) I. C. J. Pleadings, Oral Arguments, Documents, Aerial Incidents of 27 July 1955(Israel v. Bulgaria; USA v. Bulgaria; UK v. Bulgaria), 16 Oct. 1957, p.14.

49) UN yearbook(1955), p.244.

50) *ex gratia*로 지불하는 것은 지불하는 측이 법적 책임을 부인하면서 다만 금전적인 선심만을 쓴다는 뜻임.

51) 동 건 상세한 것은 ICAO 사무총장의 조사보고서인 ICAO Doc C-WP/5764(May 1, 1973), Attachment: Libyan Arab Airlines Boeing 727-244: 5A-DAH SINAI: 21 Feb. 1973, ICAO Fact Finding Investigation 참조.

이때 이미 예정되어 있었던 1973.2.28. 뉴욕 개최의 제19차 ICAO 총회(특별)는 이스라엘의 격추행위를 규탄하고 ICAO의 사건조사를 지시하는 결의문을 채택하였다. 동년 3.5. 채택된 ICAO 이사회의 결의문에서도 확인된 ICAO의 사건조사는 ICAO 역사상 처음 있는 일이었다. ICAO 사무국의 전문가로 조사단을 구성하여 조사활동을 한 결과 제출된 조사보고서를 바탕으로 ICAO 이사회는 사건을 다시 심의하였다. 사건 심의 결과 이사회는 결론적으로 이스라엘의 리비아 민항기 격추행위가 동 민항기의 영공 침범에 따른 불법성에 과잉 행동한 것으로 규정한 후 1973.6.4. 이스라엘의 격추행위를 규탄하고 이스라엘이 시카고 협약의 목적에 부응할 것을 촉구하는 내용으로 결의문52)을 채택함으로써 동 건 심의를 종결하였다.

⑤ 1978.4.20. 대한항공 902편 보잉 707기가 93명의 승객과 13명의 승무원을 태운 채 파리에서 서울로 비행하던 중 중간 급유지인 알라스카의 앵커리지 근처에서 항로를 대폭 이탈하여 소련 영공 깊숙이 들어갔다가 소련 전투기의 발포를 받은 후 빙판 호수에 비상 착륙하였다.53) 동 발포로 2명의 승객이 사망하고 11명이 부상을 입었다. 대한항공기 기장은 항공기의 방향 지시기인 컴퍼스가 부정확하였기 때문에 항로를 이탈한 것이라고 밝히면서 이때 Reykjavik(아이슬란드 소재) 관제소와 접촉을 시도하였으나 무위로 끝났다고 말하였다. 사건 직후 인근 핀란드는 대한항공기가 소련의 요격 진투기와 비상교신 주파수인 121.5MHz로 교신을 시도한 깃을 포착하였다고 말하였으며 대한항공 부조종사(차순도)는 소련 전투기가 어떠한 사전 경고도 없이 발포하였다고 진술하였다.

한편 소련은 대한항공기 요격 시 표준 신호인 요격기의 날개 흔드는 신호를 무시하는 등 소련 전투기의 지시를 따르지 않았으며 소련 영공 진입 후 2시간 동안이나 착륙하지 않았다고 주장하면서 대한항공기가 핀란드 쪽으로 도망가려고 항로 변경을 시도하였다고 말하였다.

여하튼 이러한 상황에서 발포를 받은 뒤 더 이상 비행이 곤란하다고 판단한 대한항공기는 착륙장소를 긴급 물색하던 중 평면으로 보이는 장소에 즉시 착륙하였다. 동 착륙 장소는 소련 무르만스크 남방 230마일 지점에 위치한 Kem이라는 마을의 옆에 소재한 호수로 밝혀졌으며 동 호수는 다행히 얼어 있는 상태였다.

소련 Tass 통신은 4.29.자 성명에서 소련의 사건조사결과 대한항공기의 조종사와 항해사가 비행의 국제규칙을 위반하였으며 소련 전투기가 지시하는 공항에 착륙하는 것을 거절하였다고 밝힌 후, 이들이 소련 영공 침입과 국제 비행규칙을 위반한 범행을 인정한 후 소련 최고회의 의장 앞으로 사면을 요청하는 서한을 발송한 결과 소련 최고회의 의장이 이들을 기소하지 않고 소련 영토 밖으로 내보내기로 결정하였다고 보도하였다. 대한항공 기장과 항해사는 4.23. 이미 소련을 출발한 생존 승객 93명과 승무원 11명 및 시체 2구보다 며칠 늦은 4.29. 소련을 떠날 수 있었다.

---

52) ICAO Doc 9073-C/1011 pp.29~30.

53) 동 건 상세한 것은 Keesing's Contemporary Archives 29060(June 30, 1978); A.A. Majid, "Juridical Aspects of Unauthorized Entry into Foreign Airspace", Netherlands International Law Review(1985), p.267; Hughes의 논문 pp.613~614 참조.

재미있는 것은 동 사건을 두고 항공기의 국적국인 한국이 소련에 대해 어떠한 항의도 하지 않은 채 승객과 승무원을 석방하여 준 소련의 조치를 대 소련 관계 정상화의 실마리로 해석하면서 소련에 감사표명만 하였다는 것이다. 4.24.자 박정희 대통령의 사의 표명이 그러하였고 박동진 외무장관의 5.1.자 사의표명이 역시 그러하였다.[54]

한편 소련에서 풀려난 기장 김창규는 한동안의 시간이 경과한 후 사건에 대한 소련 측의 당시 발표를 부정하였다.[55] 그는 소련 억류에서 풀려나는 유일한 길은 소련 당국이 원하는 대로 하는 것이었기 때문이라고 말하였다.

동 사건은 1978.6.5. ICAO 이사회에서 미국 대표에 의하여 조심스럽게 제기되었다.[56] 미국 대표는 동 사건에 관련한 1978.5.19.자의 이사회 의장의 회람 문서를 언급하면서, 항공기 요격에 관련한 시카고 협약 부속서 검토를 제안하였다. 영국 대표는 미국 제안을 지지하면서 의장(이사회)이 사건 관련 당사국으로부터 사실을 수집하여 항행위원회(ANC)로 하여금 구체 검토케 하여 추후 유사한 사건의 재발 방지를 위한 조치, 즉 표준 및 지침서 등의 문서 보완을 하자고 제의하였다. 프랑스 대표도 이에 동조하였으나 소련 대표는 발언을 통하여 시카고 협약 부속서 13은 사고(accident)만을 다루고 있는데 금 번 대한항공 건은 사건(incident)으로서 소련 측이 처리하였으므로 ICAO가 개입할 여지가 없다고 말하였다. 캐나다 대표는 현 부속서상의 요격절차가 더 이상 신기술의 정밀한 항공기 및 항공장비에 알맞지 않은 것임을 지적한 후 동 요격절차는 현재 상황에 부합하는 방향으로 검토되어야 한다고 주장하였다. 이사회의 토론은 각 회원국에게 현 요격절차에 관련한 관행을 묻는 설문서를 보내자는 방향으로 진행되었으나 동 건이 정치적 의미를 내포하고 있다고 판단한 소련과 소련 동조국의 반대로 더 이상 토의가 되지 않았다.

⑥ 1983.9.1. 또 한 대의 대한항공기가 관여된 당시 사상 최대의 민간항공기 참사가 발생하였다.[57] 뉴욕서, 앵커리

---

54) 이러한 우리나라의 태도는 사건에 대한 법적인 측면과 정치적 측면을 구별하지 않고 저자세로만 일관한 것으로서 국제항공법 사회에서 기이하게 여겨지는 것임.

55) Lohr "Pilot in the '78 Incident Recalls His Experience", N.Y Times, Sept. 9, 1983 at 11, Cols, 5-6.

56) ICAO Doc 9250-C/1045, C-Min, 94/1, pp.3~6.

57) 동 사건을 다룬 글이 많았는바, 필자가 당시 한국 정부의 동 건 처리 담당자로서 파악・정리한 바를 일반 기술내용과 법적 측면의 기술내용으로 구분하면 다음과 같음.
[일반기술] 김병무 편집, 대답없는 007기, 한진 출판사, 서울, 1984; Gerard de Villiers, Le Vol 007 Ne Répond Plus, Plon, France, 1984; Yanagida, Kunio, Gekitsui(Shooting Down in Japanese), Vol Ⅰ, Ⅱ, Kodansha, Tokyo, 1984; Jeffrey St. John, Day of the Cobra, Thomas Nelson Publishers, Nashville・Camden・New York, 1984; Maj General Richard Rohmer, Massacre 747, Paper Jacks Ltd., Markham, Ontario, Canada, 1984; Oliver Clubb, KAL Flight 007: The Hidden Story, The Permanent Press, Sag Harbor(N.Y.), 1985; Anthony Sampson, Empires of the Sky, Hodder and Slaughton, London・Sydney・Auckland・Toronto, 1984; David Pearson, "KAL 007: What the US Knew and When We Knew It", The Nation, Aug. 18-25, 1984, pp.105~124; ---, "New Pieces in the Puzzles of Flight 007", The Nation, Aug 17-24, 1985, pp.105 et seq; Golden, Seeing a Conspiracy in the Sky, 5 Discovery(1984) 8 et seq; Sayle, "KE007: A Conspiracy of Circumstance", N.Y. Rev. of Books, 25 Apr, 1985, p.44 et seq; Alexander Dallin, Black Box KAL 007 and the Super-Powers, University of California Press, 1985; 29 Keeing's Contemporary Archives 32513-32517; Mann, P. Q., Reassessing the Sakhalin Incident(1984); Johnson, R. W., Shoot-Down, Viking, New York,; Seymour M, Hersh, What really happened to Flight 007-The Targets Destroyed, Random House, 1986(excerpts were carried in the Atlantic Monthly, Sept. 1986) and others.
[법적 측면 기술] Richard G., "KAL 007: The legal fallout" IX AASL(1984) 147-161; Spesier, S. M, & Granite, F.H.Jr., "Legal Question in Downing of Flight 007: with Soviet beyond suit, claims to focus of Korean Airline's Liability", 61 Col. in V190 N.Y.L.J(2 Sept., 1983); Jahn, I. L., "Applying International Law to the Downing of Korean Air Lines Flight 007 on September 1, 1983", 27 German Y.B International Law(1984) 444-458; Fox

지를 거쳐 서울로 오던 보잉 747 제트 여객기(비행번호 007)가 앵커리지를 이륙한 후 이유 불명으로 서서히 항로를 이탈, 캄차카 반도와 사할린 섬의 소련 영공으로 진입 비행한 후 사할린 상공에서 소련 전투기에 의하여 격추됨으로써 240명의 승객[58]과 29명의 승무원이 몰사하였다. 동 사건은 소련이 9.6.까지 공식 발표치 않고 있던 관계로 사건 발생 직후 한국 정부 당국과 대한항공사 측이 기체의 행방을 둘러싸고 한동안 설왕설래하였다.

9.6. 소련 타스 통신은 대한항공기가 미국을 위한 첩보행위 차 소련 영공을 비행하였다고 주장하면서 미국에 책임을 전가하였다. 소련은 동 주장을 뒷받침하기 위하여 정교한 시나리오를 만들어 냈으며 또한 소련 전투기가 대한항공기 요격 시 국제적으로 수립된 절차를 모두 이행하였다고 주장하였다.

서방을 비롯한 세계여론은 민항기를 격추한 소련의 만행에 대하여 강력 규탄하고 각종 대 소련 제재 조치를 취하였다. 일부 서방의 조종사 단체는 제재조치의 일환으로 소련으로의 비행을 중단하기까지 하였다.[59] 한동안 소련과 화해 무드에 있던 미국은 동 사건을 계기로 급속한 냉전 상태에 들어갔으며 세계의 언론은 사건 발생 후 약 2주간 동 사건 보도로 일관하다시피 하였다.

동 사건은 즉각 유엔 안보리에 제기되어 9.2.부터 12일간 6차례의 긴급 안보리 회의가 개최된 후 9.15.~16. ICAO의 특별이사회에서 토의되었다. 안보리 토의 후 항공기 격추를 개탄하고 국제 민항기에 대한 무력 사용이 국제 행위규범과 인류애의 기본적 고려(elementary considerations of humanity)에 반하는 것임을 선언한 결의안[60]은 9.12. 표결 결과 채택에 필요한 9표를 획득하였으나 소련의 거부권 행사로 부결되었다. 그러나 비정치적 전문기구로서의 ICAO는 유엔 안보리가 채택에 실패한 결의안과 비슷한 내용의 결의안[61]을 9.16. 특별이사회 토의 결과 채택하였다. 동 ICAO 이사회 결의문은 동시에 ICAO 사무총장으로 하여금 사건을 조사하여 이사

J.R., "International Law and the Interception of Civil Aircraft: Flight 007", 88 Dickinson Law Review(1983~1984) 237 et seq.; Laveson J.D., "Korean Airline Flight 007: Stalemate in International Aviation Law-A Proposal For Enforcement", 22 San Diego Law Review(1985) 859-893; Fitzgerald G. F., "The Use of Force against Civil Aircraft: The Aftermath of the KAL Flight 007 Incident", XXII The Canadian Y.B. International Int'l Law(1984) 291-311; Martin, P., "Destruction of Korean Air Lines 747 over Sea of Japan", 31 August 1983, IX Air Law(1984) 138-148; "What are the Rights of the Passengers?-Against Whom?", Air and Space Lawyer, Vol.1, no.1, Chicago(Fall 1983); Steven N. Avruch, "The 1983 Korean Air Lines Incident: Highlighting Law of International Air Carrier Liability", 8 Boston College International Int'l & Comp. L. Rev.(1985) 75-126; Cheng, B., "The Destruction of KAL Flight KE 007 and Article 3 bis of the Chicago Convention", Air Worthy, ed. Diederiks-Vershoor, Deventer, Kluwer, (Netherlands 1985), pp.49~74; "Legal Argumentation in International Crises: The Downing of Korean Air Lines Flight 007", 97 Harvard Law Review(1984) 1198-1213; "Limitations on the Right to Use Force Against Civil Aerial Intruders: The Destuction of KAL Flight 007 in Community Perspective" 6 New York Law School Journal of International and Comparative Law(1984) 117-209; Jean-Louis Magdelénat, "La Réclamation canadienne pour les victimes du Vol KAL 007", 36 Revue Francaise du Droit Aérien(1985) 265-278; Craig A. Morgan, "The Downing of Korean Air Lines Flight 007", 11 The Yale Journal of International Law(1985) 231-257; Phelps, "Aerial Intrusion by Civil and Military Aircraft in time of Peace", 107 Military Law Review(1985) 255 et seq; G.A.Rinaldi-Dimitriou, "the Korean Airliner Incident of 1983: Can the U.S. Obtain Redress From the U.S.S.R.?", 13 San Fernando Valley Law Review(1985) 37-56.

58) 국적별 사망자 수는 한국 105(승무원 29명 포함), 미국 62, 일본 28, 대만 23, 필리핀 16, 영국 14(12명의 홍콩인 포함), 캐나다 8, 태국 5, 호주 2, 말레이시아, 이란, 인도, 베트남, 도미니카 연방, 스웨덴 각 1명(1984년 발간 한국 외무부 집무자료 84-141(법규) "소련 전투기에 의한 대한 항공 007기 피격사건 관련 자료잡" 참조).

59) 세계 각국의 각종 대 소련 제재조치에 관해서는 상동 참조.

60) UN Doc S/15966/Rev. 1(12 sept. 1983).

61) ICAO Doc, Draft, C-Min, Extraordinary(1983)/4.

회에 보고하도록 지시하였다. 동 결의문에 따라 ICAO 사무국은 ICAO 역사상 2번째로 조사단을 구성하여 사건 조사를 한 결과 중간 조사보고서와 최종보고서를 작성·제출하였다. 1984년 2월 ICAO 이사회에 제출된 최종 보고서[62]는 소련의 첩보행위 주장을 일축하고 소련 전투기의 요격 시 요격절차가 충분히 지켜지지 않았음을 지적하였다. 동 최종보고서를 바탕으로 ICAO 이사회는 또 한 번의 격렬한 토론에 들어갔다. 토론결과 대한항 공기의 격추행위를 규탄하고 대한항공기 격추 추정 지점에서의 수색 구조작업에 소련이 협조하지 않은 점을 개탄하는 내용의 결의안[63]을 1984.3.6. 채택함으로써 동 건을 일단락 지었다. 동 사건 발생 후 ICAO는 유사한 사건의 재발방지를 위한 법적 보완의 관점에서 시카고 협약을 개정하는 제25차 총회(특별회기)를 1984.4.24.~ 5.10. 개최하였으며 동 총회에서는 민항기에 대한 무력 사용을 자제하는 것을 주안점으로 하는 시카고 협약 제3조의 2를 신설 추가하는 협약 개정의정서를 채택하였다.

우리나라가 소련과 1990년 9월 수교하였으며, 소련을 승계한 러시아의 옐친 대통령이 1992년 11월 방한할 정도로 양국 간 관계가 개선된 결과 러시아 측은 1983년 사건 발생 관련 자국이 수거하여 보관하고 있었던 KAL 007기 블랙박스의 인도 의사를 천명하면서 1992년 12월 모스크바에서 한·미·일·러 4개국과 ICAO 옵 서버를 초청하여 KAL 007기 사건 국제 전문가 회의를 개최한 다음 4개국이 ICAO의 동 사건조사 완결을 추진 키로 합의하였다. 이에 따라 4개국의 정식 요청이 있은 다음, ICAO 이사회는 1992.12.18. 결의를 통하여 KAL 007기 사건의 재조사를 결정하였으며, 1993.1.8. 러시아 측으로부터 블랙박스를 전달받은 ICAO 사무국이 KAL 007기 사건 완결보고서[64]를 작성하였다. 동 완결보고서는 1983년 12월에 이미 제출되었던 사건보고서와 비교 할 때 조종사의 과실을 명확히 언급하면서 동 과실 때문에 조종사가 인지하지 못한 채 항로 이탈한 것으로 결론지었다.

⑦ 1988.7.3. Iran Air의 에어버스(비행번호 655)가 274명의 승객과 16명의 승무원을 태운 채 이란의 Bandar Abbas를 이륙하여 UAE의 두바이 간 정기노선으로 비행하던 중 걸프 만 이란 영해(12해리) 상공에서 미국 전함 USS Vincennes의 미사일에 격추되어 탑승원 전원이 사망한 사건이 발생하였다.

상기 사건 발생 후 이란 정부는 즉각 ICAO와 유엔의 사건조사 등 필요 조치를 촉구하였으며 ICAO 이사회는 1988.7.13.~14. 동 건을 심의하기 위한 특별 이사회를 개최한 후 ICAO 사상 세 번째로 사건조사를 행하고 조 사보고서를 작성하였다.[65]

상기 사건조사보고서를 심의한 ICAO 이사회는 1989.3.17. 민항기 확인 실수에서 초래된 비극적 사건을 개탄 한다는 정도의 내용으로, 미국을 규탄하는 것과는 거리가 있는 결의안을 채택하였다. 이에 불복한 이란은 동

---

62) ICAO Doc. C-WP/7809(Feb. 16, 1984).

63) ICAO Doc. Draft. C-Min. 111/6(Mar. 13, 1984).

64) ICAO Doc. C-WP/9781, 28/5/1993, Report of the Completion of the Fact-Finding Investigation Regarding the Shooting Down of Korean Airlines Boeing 747(Flight KE 007) on 31 August 1983.

65) 사건조사보고서는 ICAO 사무총장의 1989.1.11.자 State Letter AN 12/4.3-89/7 첨부물로 ICAO 회원국에 배포됨.

건을 시카고 협약 제84조상 ICAO 이사회의 결정에 대한 이의 형식으로 ICJ에 제소하였다. 동 제소에 따라 이란과 미국이 각기 Memorial[66]과 Preliminary Objection[67]을 ICJ에 제출하였는바, 이 두 개의 문서는 유용한 항공법 자료가 되고 있다.

이란은 ICAO 이사회가 1973년 리비아 민항기 사건과 1983년 대한항공 민항기 사건처리와는 달리 격추 당사국(미국)에 관대한 내용으로 결의를 채택하였다면서 ICJ가 미국의 국제법 위반, 재발방지의무, 배상책임 등을 천명토록 주문하였다.[68]

미국은 이란의 주장에 대해 ICAO 이사회의 결의는 시카고 협약 제84조상 ICJ에 제소할 수 있는 ICAO의 결정이 아니며 협약 당사국 간 분쟁을 취급한 결정(decision)이 아니었기 때문에 절차상 흠결로 ICJ는 이란이 제소한 건에 대하여 관할권을 부정하여야 한다는 논리를 전개하였다.[69]

ICJ는 제출서류 보완을 거쳐 1994.9.12. 공개 구두변론을 청취할 예정이었으나 분쟁 당사국인 이란과 미국은 양국 간 협상에 돌입하였음을 알리면서 무기한 개정 연기를 요청하였으며 그 뒤 양국이 1996.2.22.자 ICJ 앞 서한으로 분쟁 해결에 합의하였기 때문에 사건의 소를 중단하겠다고 통보함에 따라 ICJ는 동 일자로 사건 심리 대상에서 제외시켰다.[70]

⑧ 1996.2.24. 미국의 개인용 민간항공기 두 대가 쿠바 군용기에 의해 격추되어 4명의 탑승자가 사망한 사건이 발생하였다. 사건 발생 후 미국과 쿠바가 각기 사건조사를 ICAO 등에 요청한 가운데 유엔안보리 심의 후 유엔안보리 의장이 1996.2.27.자 성명에서 ICAO의 사건조사를 요청하였다. ICAO 이사회도 1996.3.6. 동 건 토의 후 민항기 격추를 강력히 개탄하며 ICAO 사무총장의 사건조사를 요청하는 결의를 채택하였다.

상기 결의에 따라 사상 4번째로 ICAO의 항공기 사고조사보고서가 작성되었으나 금번 보고서는 기존 보고서와는 달리 가해국과 피해국의 잘잘못을 가릴 수 있는 내용의 서술이 아니고 피격 항공기와 미국 및 쿠바 항공관제사 간의 교신내용 등을 수록한 자료집(information paper)에 불과하였다.[71]

ICAO 이사회는 상기 자료집을 조사보고서로 접수하여 심의한 후 1996.6.27. 민항기의 안전보호와 민항기 남용금지에 관한 기존원칙을 재확인하는 수준의 어정쩡한 내용의 결의를 채택하면서 동 건 심의를 종결하였다.

---

66) Memorial Submitted by the Islamic Republic of Iran/Case concerning the Aerial Incident of 3 July 1988(Islamic Republic of Iran v. USA), Vol. I ~ II, 24 July 1990.

67) Preliminary Objection Submitted by USA/Case concerning the Aerial Incident of 3 July 1988(Islamic Republic of Iran v. USA), 4 March 1991.

68) 이란은 미국이 위반한 국제법으로서 다음을 열거하였음(전게 주 66) Vol. I, p.292).
  ―시카고 협약 제1, 2조와 제3조의 2(당시 미발효이지만), 제44조 (a), (h), 부속서 2, 11, 15.
  ―1971년 몬트리올 협약 제1, 3조 및 10조 (1)항.
  ―미국과 이란 양국 간 우호조약(1955년 체결) 제4조 (1)항 및 제10조 (1)항.
  ―상기 조약 규정 관련 일반 및 관습 국제법 규칙들.

69) 전게 주 67), p.123.

70) ICJ Communique(unofficial) No. 96/6, 26 Feb. 1996.

71) ICAO Doc, information paper 1 related to C-WP/10441, 19/6/1996.

4.3 영공 침범 처리 국가 관행

영공 침범 사건은 대개의 경우 영공 침범 사실 여부부터 시작하여 쌍방의 사실 주장이 서로 다르기 때문에 이에 대한 국가관행을 추출하기가 힘든 상황이다. 또한 어떤 국가는 대외적으로 공표한 행동 규범을 지키지 않으며, 자국이 영공 침범 항공기 국적국일 경우와 침범을 받은 영공국일 경우 서로 다른 행위규범을 적용하는 데에도 문제의 어려움이 있다.

1958년 ICAO의 한 보고서는 평화 시 영공 침범에 대응하는 각국의 관행을 조사한 결과 대부분의 국가가 불법 영공 침범하는 항공기에 대하여 착륙하든지 또는 항로를 변경토록 하기 위한 수단으로 경고사격을 하고, 경고에 불응할 경우 실제 사격도 불사한다고 기술하였다.[72] 동 기술 내용은 일률적으로 적용하기 곤란한바, 이는 자유세계의 관행과 공산세계의 관행에 큰 차이가 있었기 때문이다. 자유 서방 국이 영공을 침범하는 항공기에 대하여 직접적인 무력을 사용한 경우는 1953.2.16. 2대의 소련 전투기가 일본 영공을 침범하였을 때 이를 요격하던 미국 전투기가 착륙 명령을 발한 후 불응하자 사격한 경우에 불과하다. 이 경우에도 소련 전투기는 한 대가 손상된 채 소련 영공 쪽으로 비행을 계속할 수 있었다. 서방측의 온건한 대응은 서방측 국가에 대한 영공 침범이 서방의 공산권 영공 침범보다 횟수가 적었다는 것을 의미하는 것은 아니다.

항공기 제작기술과 무기가 제대로 발달하지 않았던 제1차 대전 시까지 영공 침범은 국가 간의 주요 분쟁이 되지 않았다. 그러나 제1차 세계대전을 계기로 항공기가 중요한 군사무기로 부각한 뒤 자국영공 보호에 보다 신경을 쓰게 되었다. 그런데도 영공 침입을 한 항공기에 대한 잔인한 무력 사용은 좀처럼 흔한 일이 아니었으나 소련을 비롯한 일부 공산국가들은 침범 항공기가 군용인지 민간용인지 구분하는 여유도 갖지 않고 성급히 격추시키는 영공 수호 편집증에 걸려 있는 양태를 보였다. 이와는 대조적으로 서방측은 조난, 기타 조종사 실수 또는 기계고장으로 타국 영공에 불법 진입한 항공기는 동 항공기가 군용기일지라도 침입한 영공국에 폭격하려는 등의 행위를 하지 않는 한 바로 격추시킬 수는 없다는 입장이다.

1955.7.27. 이스라엘의 국적기인 El Al 항공기 사건의 ICJ 제소 시 미국, 영국, 이스라엘은 한결같이 민항기에 대한 무력 사용 불가를 주장하면서 그 이유로 '인류애의 기본적 고려'(elementary considerations of humanity), 무력 사용에 있어서의 '비례의 원칙'(principle of proportionality) 및 무고한 승객을 내세웠다. 같은 이론은 1983.9.1. 대한항공 007기의 피격 시에도 적용되어 소련의 격추만행을 규탄하는 논거를 마련하였다.

---

72) K. Hailbronner, "Topical Problems of International Aviation Law", 8 Law and State(1973) 103.

영공 침범 항공기에 대한 서방과 과거 공산 동구권의 인식 차이는 정치체제의 측면에서 이해할 수밖에 없겠다.

4.4 영공 침범에 관한 국제법

실정법 중 민항기에 대한 무력 사용을 명시한 국제법은 없었으나 1983.9.1. 대한항공 사건을 계기로 형성되었다. 1984.5.10. 채택된 시카고 협약 개정의정서는 민항기에 대한 무기 사용을 배제하는 내용인데 102개국의 비준이 있은 후인 1998.10.1.에야 발효되었고 동 의정서를 비준한 국가는 2015년 12월 현재 150개국이다.

다음에서는 민항기에 대한 무력 사용 시 적용되는 국제법으로서 유엔 헌장, 시카고 협약 및 ICAO 문서, 관습국제법 및 국제법의 일반원칙 등을 살펴본다.

4.4.1 유엔 헌장

국가는 자국의 영공이 타국항공기에 의하여 침해되었을 경우에 무기를 사용할 수 있는지에 대해서 유엔 헌장을 검토하여 보자. 헌장 제2조의 4항은

> 모든 회원국은 유엔의 목적에 상치하는 어떠한 방법으로든지 국제관계에 있어서 어느 국가의 영토의 보전이나 정치적 독립을 위협하거나 이에 대한 무력 사용을 하지 말아야 한다.

상기 조항은 헌장 제51조에 의하여 제한을 받는바, 동 제51조는 본 헌장의 어느 조항도

> 유엔의 일 회원국에 대한 무력 공격이 발생할 시 개별적 또는 집단적 자위를 할 내재적인 권리를 손상하지 않는다. 단, 동 권리는 안보리가 국제평화와 안전을 유지하기 위하여 필요한 조치를 취할 때까지로 한한다….

여기에서 '자위'(self-defence)와 '무력 공격이 발생할 시'(if an armed attack occurs)라는 표현의 해석에 유의하여야겠다. Bin Cheng 교수는 정당한 자기 방어는 순전히 예방적인바 국가의 안전에 중대한 위협이 계속되지 않는 한 불법으로 자행된 기존행위(fait accompli)에 대한 자위는 인정할 수 없다는 견해이다.[73] 동 견해를 1973년 리비아 민항기 사건과 1983년 대한항공기 사건에 적용할 경우 동 항공기들이 설령 적대 목적으로 영공을 침범하였을지라도 침범 후 원 항로로 복귀하고 있는 상태였기 때문에 이들 항공기에 대하여 자위력 행사를 할 수 없다는 논리가 된다.

---

73) B. Cheng, General Principles of Law as Applied by International Courts and Tribunals(London, 1953), p.97. 그러나 Brownlie는 유엔 헌장 제51조가 예방조치를 포함한다는 것에 대하여 회의적임[], Brownlie, International Law and the Use of Force by States(Oxford, 1963), p.373 참조].

Waldock은 무력공격(armed attack)을 확대 해석하여 실제로 시작된 무력행사뿐만 아니라 위협과 잠재적 위협, 그리고 현실적으로 준비되고 있는 공격까지도 포함하여야 자위권을 인정한 의미가 있다고 말하였다.[74] 그는 만약 자위가 제1격으로서의 무력행사에 대응한 제2격(second blow)으로만 해석된다면 급박한 위협도 자위의 발동 대상이 되지 않는다는 모순이 생긴다는 것이다. '공격'을 보다 명확히 해석하는 데는 유엔 헌장의 불어 본이 도움이 된다. 불어 본은 '유엔의 일 회원국이 무력 공격의 대상이 되었을 때'(…dans un cas où un membre des Nations Unies est l'object d'une aggression armée…)라고 표현하고 있다.[75]

소련을 포함한 열강의 비무장 회의(1933.7.3.~5.)는 침략의 정의에 관한 3개 협약을 서명하였는바, 동 협약은 침략행위로 '선박 또는 항공기의 공격'을 열거하였다.[76] 비슷하게 북대서양기구조약도 일 회원국에 대한 항공기의 공격을 여타 회원국의 공동 행동을 유발하는 사건으로 규정하였다.[77]

Bin Cheng은 자위의 존재와 행사의 조건으로서 즉각적인 위협, 위험의 부당한 성격, 합법적 보호수단의 부재 및 행사의 합리 등 4가지를 들었다.

여기에서의 문제는 항공기가 영공을 침범한 경우 영공을 침범당한 국가가 유엔 헌장에 따라 무력을 행사할 수 있는가 하는 점이다. 이 경우 침입 항공기가 공격의 형태로 비행할 경우 유엔 헌장 제51조에 따라 예방적 또는 합리적 성격으로서의 자위권을 행사할 수 있다고 보아야겠다. 그러나 만약 정체불명의 군함 또는 항공기가 공해를 통하여 일국에 접근하려 하는 경우 이는 헌장 제39조에 규정한 평화에 대한 위협이 될지는 몰라도 자위권 행사를 정당화할 수는 없겠다. 왜냐하면 공해상에 있는 군함 및 항공기가 돌발행동으로 인근국을 공격한다고 보기 어렵기 때문이다.

4.4.2 시카고 협약과 부속서

시카고 협약 중 일부 규정이 항공기의 영공 침범에 직간접적으로 적용될 수 있다. 가령 제1조, 3(d), 3bis, 5, 6, 9, 10, 11, 13 및 25조는 영공의 주권을 규정하거나 또는 동 주권 행사를 제어하는 내용으로 해석되는 조항들이다. 이를 구분하면 제1, 6, 9, 10, 11, 13조가 영공주권의 측면을, 3(d), 3 bis, 5, 9, 11 및 25조가 영공주권을 제한하는 측면의 규정이다.

---

74) C. H. M. Waldock, "The Regulation of the Use of Force by Individual States in International Law", 81 Recueil des Cours(1952) 498.

75) 동 불어 본 해석은 실제 공격이 일어나지 않았더라도 공격의 대상이 된 상태가 확실하면 유엔 헌장 제51조의 자위권 발동이 가능하다는 즉 예방적 자위권 발동이 가능하다는 이야기가 됨. 그런데 같은 표현을 한 영어본은 "…if an armed attack occurs against a Member of the United Nations…"라고 되어 있어 예방적 자위권 행사를 포함한다고 해석하기 어려움. 유엔 헌장 제111조는 헌장 해석 문제가 있을 때 어떤 특정 언어본의 우위를 인정함이 없이 영어, 불어, 스페인어, 중국어, 소련어본 모두가 동등한 정본(authentic text)이라고 규정하고 있음.

76) De la Pradelle, "Les Incidents de l'Air", Recueil des Cours(1954), Vol. II, pp.193~194.
    침략의 정의는 국제연맹 및 국제 연합의 오랜 작업을 필요로 한 어려운 일이었음. 유엔 총회는 1974.12.14. 8개 조문으로 구성된 침략의 정의(Definition of Agression)를 승인하였음(Everyone's United Nations, 9th Ed.(New York, 1979), p.330 참조.

77) 상동 De la Pradelle 논문.

파리 협약이 제1조로 규정한 완전하고도 배타적인 영공주권은 시카고 협약에서 그대로 반복되었는 바, 이는 제1차 세계대전 중 항공기의 발달이 가져온 무기로서의 항공기에 대한 인식과 전쟁 중 자국 영공 보호의 필요성이 반영된 것이겠다.

시카고 협약 제3조 (d)는 "체약국은 자국 국가항공기에 대한 규정을 발표함에 있어서 동 규정이 민간항공기의 안전 항공을 적의 고려하도록 조치하여야 한다"라고 규정하였다. 동 조항은 제3조 (c)와 함께 시카고 협약이 적용 대상에서 제외한 국가항공기를 규정하고 있다는 점에서 흥미로운 것이다.

협약 제5조는 비정기 국제 운항 항공기가 무착륙 통과비행을 하거나 착륙을 하더라도 승객 및 화물을 태우고 내리는 등의 운수목적으로 착륙하지 않는 한 사전허가 없이 체약국의 영공에 진입할 수 있다고 기술하고 있다. 따라서 비정기 항공기는 통과 비행 차 체약국의 영공을 자유로이 침범 비행할 수 있다는 이야기이며 이러한 권리는 단, 영공국이 정하여 놓은 항로를 따르도록 요청할 수 있다는 점에만 기속된다. 현실적으로 운항내용을 불문하고 사전허가를 받지 않는 타국항공기의 영공 비행은 불가[78]하다. 하지만 이러한 현실이 사전허가 없이 진입한 민간 항공기를 물리적으로 제압하는 것과는 거리가 멀다.

협약 제3조의 2(3 bis)는 1983년 대한항공 007기의 피격 추락을 계기로 1984년 시카고 협약을 개정한 결과 민간 항공기에 대한 무력 사용 자제를 규정한 내용이 삽입된 것이다. 무력 사용을 무조건 금지한 내용은 아니지만 여사한 내용이 처음으로 국제 성문법에 반영된 경우이다.

협약 제9조는 체약국이 특정한 경우에 자국의 특정구역을 영구적 또는 일시적으로 비행 금지할 수 있도록 규정하고 동 조 (c)는 동 규정에 따라 금지된 구역을 비행하는 항공기에 대하여 영공국은 자국 내 일정한 지정공항에 착륙하도록 요구할 수 있다고 하였다. 동 조항에서 우리는 금지구역을 침범한 항공기일지라도 동 항공기가 저항한다든지 또는 명백히 영공국에 위해한 행동[폭탄투하를 위한 선복문(bay door)을 연다든지 등]을 하지 않는 한 항공기를 격추할 수 없다는 것을 추출할 수 있다. 하물며 금지구역이 아닌 구역을 잘못 비행하여 들어온 영공 침범 항공기에 대하여서는 더욱 완화된 조치를 취하여야 함이 마땅하다.

제11조는 국제 항행의 항공기가 체약국의 영토에 들어오고 나갈 때 또 동 항공기가 체약국의 영토에 있을 때 국적의 차별 없이 동 체약국의 법령에 따르도록 규정하였는바, 이는 항로 이탈 등으로 사전허가 없이 영공에 진입한 항공기를 격추한다는 것을 전제하는 것이 아니다.

---

78) 동 제5조는 소형항공기가 상용목적으로 비정기적 국제 운항을 할 경우 적용 시 문제가 없으나 대형 상용항공기가 비정기로 운항된다 하여 동 제5조를 적용한다는 것은 제6조상 규정(정기 항공에 적용)을 감안할 때 시카고 협약 성안자들의 취지에 부합하지 않을 것임. 왜냐하면 오늘날 항공사의 정기 및 비정기 운항은 거의 구분이 안 가는데 비정기 쪽으로 애매하게 구분하여 제5조를 적용하는 것은 제6조를 적용받아야 할 경우보다 규제를 덜 받지만, 항공사 영업 측면에서는 동 비정기로 구분된 운항이 제6조를 적용받는 정기운항과 사실상 차이가 없기 때문임. J. Gertler, "Article 5 of the Chicago Convention", XX AASL Part II(1995) 485-495 참조.

협약 제25조는 조난 중인 항공기가 자국영공에 있을 경우 필요한 원조를 제공하도록 하였는바, 이는 조난항공기가 영공을 불법 침범하였다는 이유로 격추될 수 있다는 것을 상정하는 그 자체를 배제한 것이다.

이상과 같이 시카고 협약이 영공 침범 항공기에 대하여 절대적이고 명확한 규정은 하고 있지 않다 하더라도 간접적으로 적용될 수 있는 관련 조항은 영공 침범 항공기에 대하여 영공국이 무력을 포함하여 자신이 원하는 대로의 행동을 취할 수 없도록 해석되는 내용으로 규정하고 있다.

시카고 협약 부속서는 특정한 경우의 표준(Standards)을 제외하고는 강제적 규범이 아니다. 그러나 대다수 협약 당사국이 통일적으로 적용하는 기준이 된다는 점에서 부속서의 제정 의미가 있다. 항공기의 영공 침범을 다루는 규정을 포함하고 있는 부속서는 부속서 2(Rules of the Air), 6(Operation of Aircraft)의 Part Ⅰ과 Ⅱ, 10(Aeronautical Telecommunications)의 Volume Ⅰ, 11(Air Traffic Services)이다. 부속서 이외로 PANS-RAC(Procedures for Air Navigation Services-Rules of the Air and Air Traffic Services)와 PANS-OPS(Procedures for Air Navigation Services-Operations)의 Volume Ⅰ이 있다.[79]

1973년 리비아 민항기 사건이 발생한 연후에 부속서 2는 부속(Appendix) A 첨부(Attachment) A 요격에 관한 사항을 '특별권고'(Special Recommendations)로 수록하였다. 1978년 대한항공 사건이 발생한 후에는 부속서를 다시 개정하여 첨부 A의 7.1항에서

> 민간 항공기에 대한 요격은 마지막 수단(last resort)으로만 사용되어야 한다.

라고 규정하였다. 동 규정은 부속서의 핵심 구성요소인 '표준'이나 '권고방식'의 형태가 아닌 첨부 문서 형태로 기술되어 있기 때문에 구속력이 없음은 물론이다. 이러한 문제는 1983년 대한항공 007기 사건 발생 후 ICAO 이사회에서 인식되어 요격에 관련한 부속서 내용을 강화하는 작업이 시작되었다. 동 작업결과 부속서 개정안이 작성되고 평시 개정절차의 일환으로 개정안을 각국에 송부하여 의견을 문의한 결과 다수 국가가 찬성하였으나 미국과 소련 등 강대국은 시카고 협약 제3조 (a)에 따라 협약이 민항기에만 적용되어야 하며 요격을 행하는 국가항공기에는 적용될 수 없다는 법적 근거를 내세우면서 반대 의견을 제시하였다.

이에 대하여 다수 국가는 협약 제3조 (d)가 국가항공기에 대한 규정을 제정·발표할 시 민항기 안전 항행을 위한 적절한 고려를 하여야 한다고 규정하고 있음에 비추어 민항기 안전을 위한 관점에서 협약 부속서가 군용기의 요격에 관한 사항을 포함하는 것이 문제 될 수 없다는 입장을 취하여 ICAO 이사회에서 상호 의견 대립을 보였다. 의견 대립에 따른 한동안의 교착상태는 ICAO 이사회의 영국 대표

---

79) PANS는 부속서로 수록되기 전까지 아직 성숙하지 않았고 또한 너무 구체적인 항행절차를 포함하고 있음. PANS는 그러나 지침서(Manuals)보다는 비중이 크게 취급됨.

가 제안한 양해안을 바탕으로 표결에 회부되었다. 동 표결 결과 미·소가 반대한 가운데 문제의 핵심인 부속서 2의 3.8.1을 포함하는 부속서 2의 개정안이 1986.3.10. 채택되었다. 이로써 민항기의 요격에 관한 중요한 절차가 '표준'의 형식으로 부속서에 포함되었다. ICAO 이사회는 민항기를 위험하게 하는 요격에 관한 내용을 정리하여 모든 체약국이 통일적으로 준수할 것을 촉구하는 내용을 특별권고 (Special Recommendations) 형식으로 채택하였는 바, 동 내용이 부속서 2의 첨부 A(Attachment A)를 이루고 있다.[80]

상기 부속서 2 개정 취지에 맞추어 ICAO 이사회는 부속서 6의 Part Ⅱ, 부속서 10의 Volume Ⅰ, 부속서 11, PANS−RAC, PANS−OPS의 Volume Ⅰ 등을 연이어 개정하였다.[81] 1986.11.20.부터 적용 중인 상기 부속서의 개정 중 주요 사항은 다음과 같다.

① 체약국은 시카고 협약 제3조 (d)를 감안하여 민간항공기 요격에 관하여 군용기에 적용하는 규정을 제정할 때 민간 항공기에 대한 안전을 고려하여야 하며 요격에 관한 규정과 행정지시 사항을 성안할 때 요격을 행하는 신호(signal)를 준수하여야 한다(부속서 2 표준 3.8.1)라는 내용.

② 이선 부속서 2의 첨부(Attachment)의 일부로 기술된 사항을 동 부속서의 표준으로 격상한 내용. 예를 들어 첨부 2.1로 기술되었던 "민항기의 요격은 마지막 수단으로만 사용되어야 한다"라는 사항이 표준 3.8.1을 구성하는 Appendix 2의 1.1.a)로 기술된 것.

③ 군사 및 민간 관제업무 사이의 보다 긴밀한 조정을 내용으로 하여 부속서 11을 개정한 내용.

4.4.3 관습법

많은 사람들은 시카고 협약의 개정으로 탄생한 제3조의 2가 기존 관습법을 성문화시킨 것이며 이는 동 조항이 사용한 표현인 '인정한다'(recognize)가 이를 증명하는 것이라고 말한다. Recognize의 표현에 딸린 역사가 어떠하든지 간에 반복적이고 계속적인 관행이 있다면 경과 시간의 장단에 불구하고 관습법을 형성할 수 있겠다. ICJ는 North Sea Continental Shelf 케이스에서 "…짧은 시간의 경과가 반드시 또는 그 자체로서 새로운 관습국제법의 형성에 저해가 되지 않는다…"라고 판결하였다.[82]

영공국의 안전은 관습국제법상 항상 묵시적으로 인정되어 왔다. 그러나 동 안전을 이유로 민항기에 대한 무력 사용을 정당화한 관습법의 원칙은 존재하지 않는다. 물론 이러한 입장은 미국 등 서방에서 취하는 바이다. 과거 소련 등 일부 공산국가는 이와 달리 영토의 피해 망상적 사고에서 자국영공을

---

80) Annex 2, 10th Ed., Jul. 2005. 동 부속서 2개정 경과에 관해서는 Milde, "Interception of Civil Aircraft vs. Misuse of Civil Aviation", XI AASL(1986), 105−130 참조.

81) ICAO Doc C−DEC 117/13, 117/14.

82) L. C. Green, International Law through the Cases(4th ed., 1978), p.482; ICJ Report(1969), Para 74.

신성 불가침시하여 국제 항공사회에서 유별난 존재로 돋보였다.

Corfu Channel 케이스에서 ICJ는 전쟁 시보다 평화 시 요구되는 '인류애의 기본적 고려'(elementary considerations of humanity)를 판결의 한 기준으로 이용하였다.[83] 이 인류애의 기본적 고려는 그 뒤 El Al 항공기 사건 시를 비롯하여 인명에 관련한 많은 사건에 원용되면서 현재 관습국제법의 일부를 이루고 있다.

민항기가 조종사의 실수 또는 기계 고장 등 이유로 항로를 이탈하여 조종사의 부지 중 영공을 불법 침입한 일이 있을 때, 어떠한 상황인지도 모르고 탑승하고 있을 항공기 승객이 항공기에 대한 영공국의 발포로 사망한다면, 이는 매우 불공평한 일이 되겠다. 조종사는 자신의 실수를 이유로 사고를 당한다 하더라도 승객은 죄가 없다. 생각하건대 인류애에 반한 국제질서는 인류파괴를 뜻한다고 볼 때, 인류파괴를 위한 국제질서는 나치즘 하에서나 가능하다고 할지는 몰라도 정상적인 인간사회에서는 인간사회 자체를 무시하는 것으로서 생각할 수 없는 일이다. 인류애의 기본적 고려라는 관습법은 적대 임무를 띠고 있지 않는 한, 군용기에도 같이 적용시킴이 타당하겠다.

4.4.4 법의 일반 원칙

ICJ 규정 제38조 1항에 따라 문명국에서 인정된 법의 일반원칙은 분쟁 해결 시 적용하는 국제법의 법원(法源)을 구성한다. 국내법에서 적용되는 많은 법의 원칙이 국제법에서도 동시에 연장 적용되어 왔다. 예를 들어 '약속은 지켜져야 한다'(*Pacta Sunt Servanda*), 형평의 원칙(Principle of Equity) 및 부당이득취득금지원칙(Principle of Unjust Enrichment)이 그러하다.

법의 일반원칙으로서의 비례성의 원칙(Principle of Proportionality)이 중요한 국제법의 일반원칙으로서 적용되고 있다. 일반적으로 정당방어의 합법성을 논할 때 공격과 위험의 정도에 비례한 방어를 하였는지가 문제된다. 이 비례성의 원칙은 미국과 멕시코의 혼성 위원회에서 Garcia 사건[84]을 판결할 때 원용되었을 뿐만 아니라 독일과 포르투갈 사이의 Naulilaa 사건[85]의 경우에서도 원용되어 판결의 기준이 되었다.

I'm Alone 케이스[86]에서 특별합동위원회는 1933년의 합동 중간 보고서를 통하여 미국이 필요하고 합당한 무력(necessary and reasonable force)을 쓰지 않았다고 판단하여 미국 측이 잘못한 것으로 판정하였다.

---

83) ICJ Report(1949), p.22.

84) 21 AJIL(1927) 581−599.

85) Green의 국제법 판례집, pp.679~683; 2 R.I.A.A 1012−1019.

86) 상동 pp.472~474; 3 R.I.A.A. 1609.

1961년 Red Crusader 사건[87]에서 사실조사위원회 보고서(Commission of Enquiry Report)는 덴마크의 어로 감시선이 적법한 무력 사용을 초과하여 영국 트롤선인 Red Crusader에 포격하였다고 결론지었다.

Bin Cheng 교수는 『법의 일반 원칙』이라는 저서에서 국가가 어떠한 목적 달성을 위하여 입혀도 좋다고 생각하는 손상을 비례적으로 벗어나서 불필요하게 부당하고 과도한 무력을 사용하는 것은 정당화될 수 없다고 지적하였다.[88]

이상에서 검토한 바와 같이 항공기 특히 민간항공기가 이유를 불문하고 항로를 이탈하여 영공을 침범하였을 경우 동 민항기를 격추한다는 것은 어떠한 국제법의 기준으로도 합리화될 수 없다. 시카고 협약 제1조가 완전하고도 배타적인 영공주권을 표현하고 있지만 이는 악의적이고 무력이 개재된 외부세력을 배제하기 위한 고려에서 나온 것으로 해석하는 것이 국제법 발달과정과 국제정치 현실을 바로 인식하는 것이다. 자국영공에 항공기가 불법 침범하였다고 이를 바로 격추시키는 것은 길을 묻기 위하여 자기 집에 들어온 외부인을 불법 주거 침입으로 총살하는 것과 같다.

4.5 영공 침범 항공기에 대한 국내법 규율

우리나라 영공을 침범한 항공기를 어떻게 조치하느냐의 국내법 규정은 「항공법」에 들어 있지 않고 「군용항공기 운용 등에 관한 법률」[89]에 포함되어 있다. 별도 명칭으로 영공을 규율하는 법률이 없는 상황에서는 우리나라 영공 침범에 관한 내용을 「항공법」에 1차 언급하여 주는 것이 바람직한 입법이다.

상기 법률의 관련 규정은 다음과 같다.

제10조 (영공을 침범한 항공기 등에 대한 조치) ① 국방부장관은 이 법, 「항공법」, 항공기의 운항에 관한 국제법 중 대한민국이 당사자로 가입한 조약과 일반적으로 승인된 국제법규(이하 '국제법규'라 한다), 그 밖의 관계 법률을 위반한 항공기로서 다음 각 호의 어느 하나에 해당하는 항공기에 대하여 강제퇴거·강제착륙 또는 무력 사용 등 필요한 조치를 취할 수 있다. 이 경우 군용·경찰용·세관용 항공기를 제외한 항공기에 대해서는 국제법규에서 정하는 바에 따라야 한다.
1. 대한민국의 영공을 침범하거나 침범하려는 항공기
2. 대한민국의 영공을 비행하는 항공기 중 비행 목적이 의심스러운 항공기로서 국가안보에 위협이 된다고 인정되는 항공기

위의 내용 중 "이 경우… 따라야 한다"의 2번째 문장은 불필요한 해석을 가져오게 하는 내용으로서 삭제하는 것이 좋다. 그렇지 않을 경우 군용 등 국가항공기에 대하여서는 국제법규가 아니고 별도의 법규를 적용한다는 해석을 유발하는 것으로서 이를 규율하는 별도의 국내법도 없는 상황에서 이들

---

87) 상동 p.474; 35 I.L.R. 485-501.

88) 전게 주 73) Bin Cheng의 저서 pp.99~100.

89) 2007.7.27. 법률 제8547호로 제정. 법률 제11690호로 개정. 2013.3.23. 시행.

항공기에 대한 국제법규의 적용은 무시한다는 내용이 되기 때문이다.

5. 항공교통업무와 책임

5.1 항공교통업무규정

　항공교통업무(air traffic services)는 시카고 협약의 부속서에서 규정하는 여러 가지 항공교통업무(services)를 말하는 포괄적인 개념이다.[90] 항공교통업무(ATS)는 항공교통관제업무가 주를 이루나 이외에 비행운항의 안전과 효율을 제고하기 위한 목적으로 제공되는 비행정보업무(flight information services)와 경고업무(alerting services)를 포함한다.[91]

　항공교통관제업무(ATCS)의 협의 내용은 공중에서 항공기 간의 충돌이나 지상에서 항공기와 지상 구조물과의 충돌을 방지하면서 항공교통의 원활한 유통을 도모하는 것이다.[92]

　공중은 항공교통의 통제 성격에 따라 비행정보구역(flight information region), 관제지역(control area) 및 관제구간(control zone)으로 구분된다. 이 중 비행정보구역(FIR)은 거의 대부분의 지구 상공과 국경을 감안하여 광범위한 지역으로 구분한 것으로서 각 FIR마다 동 FIR을 비행하는 항공기에 대한 비행정보업무(FIS)를 제공하기 위한 목적으로 비행정보센터(flight information center)가 설치되어 있다.[93] 국가마다 영토가 크고 작기 때문에 모든 국가가 일률적으로 한 개의 FIR을 설치하는 것은 아니다. FIR은 또한 국가의 경계선을 기준으로 구획되기보다는 항공노선의 형태와 효율적인 항공교통업무의 제공을 감안하여 구획되어야 한다.[94] 그러나 현실적으로 독자적인 FIR을 아직 가지고 있지 않은 국가는 가능한

---

90) 항공교통업무(ATS)은 flight information service, alerting service, air traffic control service의 3자로 구성되며 air traffic control service는 area control service, approach service, aerodrome control service로 구분됨. 비행에 사용되는 모든 공간이 air traffic control service의 대상이 되는 것이 아니고 항공교통이 상당한 양에 달하는 지역의 공항을 중심으로 동 service 제공을 위한 항공교통관제시설이 설치되어 있음. air traffic control service를 제공하기에는 이르나 어느 수준의 교통량이 있기 때문에 교통편의를 위하여 설치하는 air traffic advisory service가 있음. 통상 air traffic advisory service 설치단계는 air traffic control service 설치의 단계로 이행함. 일반적인 항공교통업무를 간략히 기술한 것으로는 Vienne, 'A glance at the past and a projection of the future—Air traffic services'(1970) 25 ICAO Bulletin 7/26을, 구체적인 내용 기술은 Arnold Field, International Air Traffic Control: Management of the World's Airspace, Pergamon Press, Oxford, 1985 참조.

91) 시카고 협약 부속서 11(Air Traffic Services)의 Definition 참조.

92) 1987년 미국은 Public Law 100-223을 제정하여 1992년부터 미국 내 공항을 이용하는 31인승 이상의 모든 항공기에 대하여 충돌 사고방지 경고용 기계인 TCAS-2(Traffic Alert/Collision Avoidance System)의 설치를 의무화하도록 규정하였음. 동법은 10~30인승의 항공기에 대하여서는 1995년 2월까지 TCAS-1을 장착하도록 요구하였음.

93) 2015년 현재 세계는 405개의 FIR로 구분되어 있음. 단, 항공교통량이 거의 없는 남극과 일부 공해 상공에만 FIR이 설치되어 있지 않음. FIR은 러시아와 미국 등 큰 영토국가가 자국영토 내에 설치하는 FIR, 인접국가에 인접하여 설치하는 FIR과 조그마한 여러 국가가 한 FIR을 형성하는 경우 3가지가 있음. 우리나라는 인천 FIR 하나가 있으나(구소련에는 약 1000여 개의 FIR이 있었음) 일본의 동경 FIR과 공해상 경계 확정 문제가 완전히 해결되지 않은 상태에 있음.

94) 시카고 협약 부속서 11, 2.7.1.

한 독자적인 FIR을 설치하고자 하는 경향이 있다. 또 공해상에 걸친 FIR의 확보가 혹 장래 특정한 관할권을 부여받는 근거가 될 수 있다는 정치적 고려[95])가 작용하는 한편 FIR 설치로 자국 국군의 비행연습 시 FIR 설치가 안 되어 있을 경우에 적용되는 타국 소재 FIC(비행 정보 센터)의 통제를 받지 않아도 되며 무엇보다도 FIS 제공에 따른 경제적 수입을 얻을 수 있기 때문이다.[96])

항공교통관제소[97])는 통신, 무선, 기상업무를 제공하기 위한 시설을 구비하여야 한다. 오늘날의 많은 관제소는 기술의 발전에 따라 컴퓨터 장비를 도입하여 자동화되어 있으며 GPS[98]) 인공위성도 이용한다. 이에 따라 관제소는 과거보다는 훨씬 수월하게 위치를 신속·정확히 파악할 수 있게 되었다. 항공교통관제소는 항공교통업무를 일방적으로 제공만 하는 것이 아니라 항공기로부터 비행계획(flight plan), 위치 보고, 도착 보고 및 기상 변화 상태를 보고받아 자체 관제소가 관할하는 공중에서의 안전하고 원활한 비행을 확보하고 또한 이를 위하여 인근 관제소(국경에 관계없이)와 협력한다.

점증하는 항공교통량과 이에 따른 항공교통업무의 증가는 한 나라가 자국 국경 단위로 또는 자국이 관할하고 있는 FIR 단위로 항공교통업무를 처리한다는 것이 매우 비경제적임을 서로들 인식하게 되었다.[99]) 이 문제를 해결하기 위하여 지역별로 수개의 국가가 협력하여 각기 단일 항공교통업무를 제공하고 있다. 서구에서는 EUROCONTROL, 중미에서는 COCESNA, 아프리카에서는 ASECNA가 바로 이러한 목적의 지역기구임을 이미 살펴보았다.[100]) 동 지역기구는 자체 관할지역 상공을 비행하는 항공기에 대하여 항공교통업무를 제공하는 대신 동 항공기 운항자로부터 업무 사용료를 받는다.

5.2 비행정보업무(FIS)와 비행정보구역(FIR)

FIS(Flight Information Service)는 비행의 안전과 효율을 위하여 정보와 충고를 제공하는 업무[101])로서

---

95) 이러한 정치적 고려는 사실이 뒷받침하는 것이 아니며 ICAO 규정이 이를 배제하고 있지만 불식하기 힘든 것으로서 1973년의 아·태 지역회의(9.5.~28, 호놀룰루)에서도 문제점으로 인정된 바임. ICAO Doc 9077, p.7, 2 Para 7.3.1.과 7.3.2. 참조.

96) FIR 신설 시 동 신설로 자국관할의 FIR을 가지는 어느 국가도 경제적 수입을 위하여 FIR 설치가 필요하다고 표면에 제시하는 일은 없고, 단지 항공교통의 원활한 소통을 위한 것을 이유로 내세우고 있음.

97) Area control centre, approach control office 또는 aerodrome control tower를 말하는 총괄적인 개념임. Area control centre가 보다 광범위한 지역의 상공에서 비행하는 항공기에 대한 관제업무를, approach control office는 공항을 이륙한 직후 일정고도를 유지할 때까지 또는 하강국면에 있는 항공기에 대한 관제업무를, aerodrome control tower는 공항에의 이착륙상태에 있는 항공기에 대한 관제업무를 각기 제공함.

98) 원래 미국의 군용목적으로 계획되었으나 1983년 KAL 007기의 피격사건을 계기로 민간항공기의 자체 위치확인 등의 용도로도 사용이 개방된 Global Positioning System(GPS)은 다양한 민간용도로 실용화되고 있음. GPS의 개발배경, 이용 및 이용 시의 법적 문제점 등에 관하여서는 J. M. Epstein, "GPS: Defining the Legal Issues of its Expanding Civil Use", 61 JALC(1995) 243-285 참조.

99) 서구의 경우 일 지점에서 이륙한 제트 비행기가 수분 후에는 수개국의 국경을 통과하게 되는데 국경통과 시마다 또는 FIR(룩셈부르크는 자체 FIR이 없이 브뤼셀 FIR에 속하여 있지만 서구의 FIR은 여타 지역에 비하여 구역의 범위가 협소함) 통과 시마다 다른 항공교통관제소의 용역을 제공받는다는 것은 비경제적일 뿐 아니라 항공기 운항을 불안전하게 하는 것임. 이는 항공기 조종사가 국경 또는 FIR 경계 통과 시마다 무선 주파수를 해당 FIC에 맞추고 수분 사이에 이전과 다른 관제소의 관할을 받게 되므로 일관된 상황파악을 전제로 한 관제소의 관할을 받을 수 없기 때문임.

100) 지역관제기구에 관해서는 제4장(기타 국제항공협력)의 2항 참조.

101) 시카고 협약 부속서 11(Air Traffic Services, 13th Ed., July 2001) 수록 정의.

FIR(Flight Information Region) 단위별로 경고업무(alerting service)와 함께 제공된다. 그런데 FIR은 시카고 협약 체결 시 예측하지 못하였으나 실제적 필요에 의하여 탄생한 내용이다. 이는 안전을 포함한 항공 관제 서비스를 최대한 효율적으로 제공하기 위한 것이었는바, PICAO에서 작성한 부속서상 FIR 대신 Flight Safety Region이라고 표기된 데에서도 알 수 있다.[102] 1947년 개최 제1차 ICAO 총회는 이를 FIR로 표기 변경하였다.[103]

FIR은 "비행정보 서비스와 경보 서비스가 제공되는 일정한 구간의 공역"으로 정의[104]되어 있으며 이러한 서비스는 통신을 통하여 제공되면서 비행의 안전과 효율을 도모한다. FIR 내에서 이러한 정보 서비스를 제공하는 단위 센터가 하나 또는 여러 개 설치되어 있다. 따라서 FIR은 필요한 항공관제 서 비스(Air Traffic Services: ATS)를 안전하고, 정기적이며, 효율적, 그리고 경제적으로 제공하는 책임구역 이상의 것이 아니다. 육지로 인접한 국가들이 소재하는 지역에서는 FIR 공역이 통상 영공의 경계로 구분되지만 FIR의 공역 경계가 공해 상공에서 획정될 경우 인접국가 간에는 더 큰 FIR 공역을 차지하 기 위해 경쟁을 하는 경우가 많았다. FIR의 기능이 단순한 비행정보 서비스 제공이기 때문에 FIR 간 경계 설정 문제를 효율적 기능 측면으로만 고려하면 될 터이지만, 국가에 따라서는 동 경계가 정치적 경계를 함의할 수 있다는 인식을 가지고 영토경계 획정의 문제인양 신경을 곤두세우는 경우가 있기 때문이다. 시카고 협약 부속서 11(Air Traffic Services)은 우선 실용적 측면에서 항공관제 서비스 제공을 목적으로 하는 FIR 간의 경계는 영토경계보다는 항공노선 구조와 효율적인 ATS 필요에 관련되어야 하며 경계가 직선일 때 ATS 제공기술상 가장 편리하다고 언급하면서 육지 상공과 공해 상공을 막론 하고 항공의 효율적 운항을 염두에 둔 경계 획정을 중시하고 있다. 또한 FIR 경계를 표시하는 ICAO의 모든 지도에는 FIR 경계가 영토경계하고는 무관함을 밝히고 있다.

이에 불구하고 문제는 여러 나라들이 공해 상공에서 경계가 획정되는 FIR에 영공주권의 가능성이 암시되어 있다는 환상을 가지면서 일을 어렵게 만드는 것이다. ICAO는 일찍이 제기된 여사한 문제를 수차례 걸쳐 분명히 하는 문서작업을 시도한 결과 1977년 개최 제22차 ICAO 총회 시 IATA가 제안한 내용을 결의문 A22-18[105]에 수록함으로써 어느 정도 일단락 시켰다.

한편 공해상 ATS를 제공하여야 하는 FIR을 책임진다는 것이 이를 책임진 국가의 부담일 수 있지만 혜택이 될 수도 있다. 이는 FIR 서비스 제공에 대한 대가를 금전적으로 받을 수 있기 때문이다. 그러나 이보다도 더 중요한 혜택은 자국영공에 연이어 있는 공해상 공역을 FIR 구역으로 책임지고 있을 경우

---

102) ICAO Doc 2010 RAC/104 Feb. 1946, p.16, IATA 2.1.16.

103) ICAO Doc 4041, AI-TE/2, 9, 10.

104) 시카고 협약 모든 부속서상 게재된 FIR 정의.

105) 동 결의문 Appendix N(Delineation of air traffic services airspace in Regional Air Navigation Plans)의 제6항은 "한 국가가 공해 상공에서 ATS를 제공 하는 것과 관련된 지역항행 협정을 ICAO 이사회가 승인하는 것은 동 국가의 관련 공역에서의 주권 인정을 의미하는 것이 아니다"라고 언급.

공중방어와 군사(공군)훈련 목적으로 매우 유용하게 사용할 수 있다는 점이다.

5.3 항공교통관제사의 책임

항공교통업무를 제공하는 자, 특히 항공교통관제업무를 제공하는 자는 동 업무를 이용하거나 의존하는 사람에게 정확한 그리고 책임 있는 업무를 제공할 때 업무상 요구되는 성실한 주의를 다할 의무가 있다. 이러한 의무는 관제사와 조종사 간의 관계에서 발생하는 것이다.[106] 성실한 주의 의무를 태만히 하여 사고가 발생할 경우 관제소를 운영하고 있는 기관(통상 국가기관)은 배상책임을 질 뿐 아니라 경우에 따라서는 관제사 개인에 대한 책임도 추궁된다.

서방에서 종종 소송의 대상이 되고 있는 관제사의 의무는 과연 어떻게 정의하여야 하는지 문제가 된다. 미국 법정에서는 동 건을 많이 취급하였지만 모두에게 받아들여질 수 있는 모범 답안은 제시하지 못하고 있다. 단, 항공교통관제사의 역할이 항공기의 안전과 전체로서의 항공교통의 원활한 유통을 견지한다는 관점에서 미국 법정은 '안전하고 질서 있으며 원활한' 항공교통의 흐름을 조성하는 관제사의 의무를 많이 거론하고 있다.[107]

관제사의 의무는 종종 업무수행지침으로 관제소별로 제시되기도 하지만 미국의 판례는 사고가 발생하였을 경우 동 업무수행지침이 지표가 될 수는 있으나 동 업무지침의 수행을 반드시 면책사유로 인정하지는 않는다. 이는 관제사가 비상 상황 시 업무수행지침을 준수하지 않아도 될 때가 있으며 또는 반대로 업무수행지침이 요구하는 것보다 훨씬 많은 상황을 처리하여야 할 때도 있기 때문에 일률적으로 규정할 수 없기 때문이다. 관제사는 자신의 책임 하에 있는 구역에 있는 항공기의 안전을 도모하기 위하여 필요한 모든 충고와 지시를 함에 있어서 상당한 주의(reasonable care)를 할 의무가 있다.

항공기 안전을 직접 책임지는 자로서 조종사가 있다. 조종사는 비행 시 관제사의 지시와 정보를 바탕으로 안전운항을 하나 경우에 따라서는 조종사의 부주의로 사고가 나는 경우도 있다. 조종사와 관제사는 항공기 안전을 위하여 상호 긴밀한 업무관계를 형성한다. 따라서 사고가 발생하였을 시 구체적인 상황에 따라서 양자 중 어느 쪽의 책임을 더 추궁하느냐의 문제가 있으나 기본적으로 양자 모두 항공기 안전에 직접적인 책임을 지는 자들이다.

항공기는 계기비행(Instrument Flight Rules)을 하는 경우와 시계비행(Visual Flight Rules)을 하는 경

---

106) 이러한 쌍방 간의 특정관계에서 발생하는 권리·의무는 실정법으로 규정되어 있지 않고 또 일일이 다 규정하는 것도 불가능함. 영·미법은 이러한 상관관계에서 유발하는 권리·의무관계를 과실(negligence)의 불법행위나 계약위반의 사항으로 소송에서 많이 다루고 있음.

107) 국내에서는 생소한 사실로 여겨지겠지만 서방에서는 관제소의 책임과 배상을 추궁하는 소송이 많이 제기되어 오고 있음. 이에 관한 문헌도 많으나 대표적인 것으로 J-L. Magdelénat, "Réglementations internationales actuelles en matiére de responsabilité des services de contrôle de la navigation aérienne" 36 RFDA(불란서에서 간행되는 Revue Francaise de Droit Aérien)(1982) 265 참조.

우108)에 따라서 조종사와 관제사의 책임관계에 다소 변화가 있다. 계기비행을 하는 항공기의 조종사는 계기에만 의존을 하기 때문에 관제사의 지시와 정보에 크게 의존할 수밖에 없으나 시계비행을 하는 조종사는 자신이 직접 눈으로 보면서 위험을 피할 수(see and avoid) 있는 비행을 하기 때문에 자신에게 1차적인 안전책임이 있다.

관제사는 안전운항을 위하여 요구되는 항공기 사이의 상하 및 좌우간 간격이 유지되도록 하여야 하며 제반 위험(이상 기류, 시계 악화, 장애물 등)에 대한 경고를 하여야 할 의무가 있다. 한편 관제사가 착륙허가를 내렸거나 비행 중 어떠한 지시를 내렸다 하더라도 조종사가 안전의 최종판단109)책임을 지고 있는 관계로 항시 상당한 주의를 하면서 비행을 하여야 하며 동 상당한 주의를 태만히 하였을 경우에는 조종사의 책임이 추궁된다.

ICAO 법률위원회는 항공교통관제사 업무를 제공하는 자의 책임·의무에 관한 항공법의 제정을 오랜 현안으로 하고 있다.

6. 사고조사

6.1 시카고 협약의 규정

시카고 협약 제26조는 "일 체약국의 항공기가 타 체약국에서 사망, 중상을 야기하거나 항공기나 항행시설의 중대한 기술적인 결함을 이유로 한 사고(accident)가 발생할 경우 사고 발생지국은 자국법이 허용하는 한(so far as its laws permit) ICAO가 권고하는 절차에 따라 사고의 상황을 조사한다"라고 규정하였다. 동 조는 또한 항공기 등록국이 사고조사에 옵서버로 참관하도록 하고 사고조사국은 조사결과를 항공기 등록국에 통보하도록 하였다. 제26조가 규정한 사고조사에 관한 사항을 구체화하기 위하여 ICAO는 시카고 협약 부속서 13(Aircraft Accident and Incident Investigation)을 채택하였다.

6.2 시카고 협약 부속서 13(항공기 사고조사)110)

---

108) 오늘날 대부분의 항공기가 계기비행(IFR)용 항공기임. 단, 제대로 계기 장치가 되어 있지 않은 경비행기와 소형비행기가 시계비행(VFR)을 함. 항공관제 업무는 국가기관이 담당하여 온 관계로 관제사의 배상 판결 시 국가배상의 의미를 가져왔으나 캐나다에서는 항공관제 업무를 완전 민영화한 후 민간회사인 NavCanada가 매우 성공적으로 담당하면서 자신의 노하우를 수출도 하는 중임.

109) 시카고 협약 부속서 2의 2.4.는 항공기장이 항공기 조종을 하고 있는 동안 항공기 운항에 대한 최종권한(final authority)을 갖는다고 규정함.

110) Aircraft Accident and Incident Investigation, Annex 13, Tenth Edition, July 2010. 이는 2006년 발행 Ninth Edition과 달리 사고와 준사고의 정의를 유인과 무인항공기로 구분하여 기술하고 여타 내용도 많이 개정한 내용임.

1951년에 채택된 시카고 협약 부속서 13은 항공기 사고조사에 관련한 사항을 '표준'(Standards)과 '권고방식'(Recommended Practices)으로 구체 기술하고 있다. 사고가 체약국 영토상 발생할 경우 주로 적용되는 동 부속서는 사고 조사국이 사고에 이해관계가 있는 항공기 제조국, 설계국, 등록국은 물론 항공기 사고로 희생된 승객의 소속 국가와도 상호 연락을 취하도록 기술하고 있다. 사고 조사국은 또한 사고조사 결과를 항공기 등록국을 포함한 이해관계국은 물론 사고 항공기의 최대 중량이 2,250 kg 이상일 경우 ICAO에도 통보하여야 한다.

항공기의 사고가 어느 영토 내에서 발생할 경우 영토국이, 공해상에서 발생할 경우 항공기 등록국이 사고 조사국이 된다. 그러나 어느 경우에도 사고 조사국은 조사 결과를 ICAO와 관계 국가에 통보하여 재발방지에 기여하는 것이 바람직하다.

사고조사에 관련한 시카고 협약의 제26조와 부속서 13의 규정에 관하여 살펴본다.

첫째, 과거 사고(accident)와 항공안전장애(incident)로만 구분하여 양 자의 구분에 혼선이 있었던 바를 1988년에 부속서 13을 개정하여 준사고(serious incident)를 추가하였다. 사고와 준사고의 차이는 사고로 정의되기 위한 3개 중의 하나의 요건을 충족하였을 경우에는 사고이며 사고가 되었을 뻔 한 경우는 준사고로 구분이 된다.

부속서 13의 제1장 정의에서 사고는 "승객이 여행 목적으로 기내에 탑승한 후 모든 탑승객들이 하기할 때까지 항공기 운항에 관련한 다음 중 하나가 발생"하는 것이라고 하였다.

① 승객이 기내에 있는 관계로, 항공기의 어느 부분(동 부분이 이탈한 상태인지 여부에 관련이 없이)과 직접적인 접촉의 결과, 또는 제트 분사(jet blast)에 노출된 결과 치명적 또는 중한 상해[111]를 입었을 경우

② 기체의 구조, 가동 또는 항공기의 운항 특성을 저해하는 항공기의 손상이나 구조적 결함이 있을 경우

③ 항공기가 실종[112]되거나 완전히 접근 불가능할 경우

위와 같은 결과가 발생할 경우에는 사고로 정의되지만 그렇지 않고 위와 같은 결과가 발생할 뻔 하였던 경우는 준사고로 분류 되나 준사고는 다른 특정한 결과가 있을 경우도 포함한 것으로 정의되고 있다. 부속서 13은 비교적 새로운 개념인 준사고의 개념을 도입하면서 첨부 C에 준사고에 해당하는 16개 경우를 예시하였는바, 객실과 화물 칸에 화재와 연기가 발생하고 엔진에 화재가 난 경우 소화기로 진화가 된 경우라도 준사고에 포함되며 사고로까지 가지는 않은 기체 구조(structure)의 결함이나 엔진

---

111) 부속서 13 제1장은 중한 상해를 사람이 상해를 입은 지 일주일 이내에 이틀 이상의 입원을 요하는 경우 등으로 정의하였음.

112) 부속서 13 제1장은 항공기에 대한 공식 수색이 종료되고 항공기 잔해의 추적이 되지 않을 때 항공기 실종으로 봄.

분리(disintegration), 항공기 운항에 심각한 영향을 주는 항공기 시스템의 작동 결함, 그리고 활주로 침범(incursions), 이.착륙시 활주로 이탈의 경우도 포함한다.

부속서 13은 항공안전장애로 국내에서 번역 사용되고 있는 incident를 "운항 안전에 영향을 주거나 줄 수 있는 항공기의 운항에 관련한 것으로서 사고가 아닌 발생(an occurrence, other than an accident, associated with the operation of an aircraft which affects or could affect the safety of operation)"으로 정의하였다. 따라서 항공안전장애는 결과로 나타난 것인지 여부를 불문하고 항공안전에 관련한 경미한 발생의 경우를 의미하는 것으로 해석된다.

협약 제26조는 사고 발생지 국이 조사를 행함에 있어서 '자국법이 허용하는 한'(so far as its laws permit)이라는 단서를 붙임으로써 사고조사 의무를 희석 하였다. 또 제26조는 항공기 등록국이 아닌 사고 발생지 국이 사고 조사를 할 경우 사고 조사국은 항공기 등록국의 대표를 참관인(observer)으로 허용하여야 한다는 규정을 하고 있으며 부속서 13은 동 26조를 구체화하면서 특별한 형태를 취하였다. 이는 시카고 협약 제38조에 의해 체약 당사국의 사정에 따라 국내 규정과 상이한 부속서의 '표준' 내용은 동 상이한 내용을 ICAO에 통보함으로써 상이한 국내규정을 유지할 수 하였지만 사고조사와 관련하여 다음과 같은 3개의 경우에는 '표준'으로부터의 일탈을 불허하였다.[113]

- 사고 발생지 국이 사고 조사를 하는 것[114]
- 항공기 등록국이 사고 조사국의 사고 조사에 옵서버[115]를 파견하는 것
- 사고 조사국이 사고 조사 결과 보고서를 항공기 등록국에 송부하는 것

준사고라는 개념이 도입되기 이전 과거 부속서 13의 내용은 accident를 구체적으로 정의한다고 하였으나, 그 내용은 항공기 탑승자에 대한 상해, 항공기의 실종, 항공기의 손상 또는 항공기의 기계결함 등 기술적인 내용 위주로 기술하고 사고의 정도가 심하지 않거나 안전운항에 영향을 미칠 수 있는 상황(occurrence)을 incident로만 분류하였다. ICAO의 이러한 기술적인 분류는 사고조사에 관련하여 ICAO 회원국, 즉 시카고 협약 당사국이 책임을 회피하는 구실로 이용되기도 하였다.[116]

---

113) 부속서 13 (vi) 쪽, Relationship between Annex 13 and Article 26 of the Convention항에 기술된 내용으로서 동 내용은 ICAO 이사회가 1951.4.11. 부속서 13을 채택한 이틀 후인 4.13 채택한 결의를 바탕으로 함.

114) 부속서 13 표준 6.1은 사고 발생지 국의 사고조사 의무를 규정하면서 조사의 전부 또는 일부를 타 당사국에 위임할 수 있도록 하였는 바, 일탈을 불허하는 것은 사고 발생지국이 조사를 도외시하는 것을 방지하기 위한 것이라 보아야 함.

115) 부속서 13은 표준 5.18에서 accredited representative라고 표현하고 5.19에서 동 인을 보좌하기 위한 인사로서 adviser도 사고 조사에 참가할 수 있는 옵서버를 구성하는 것으로 규정하였음.

116) 1978.4.20 대한항공 보잉 707기의 소련영공(무르만스크 지역) 진입에 관련하여 ICAO 이사회는 미국과 영국대표의 제안으로 사고 조사를 논의하였음. 이때 소련대표는 소련이 동 건을 사건(incident)으로 정식 규정하여 조사하고 있으므로 사고(accident)가 아닌 동 건의 조사에 ICAO가 관여할 수 없다고 주장함으로써 동 건 조사에 대한 ICAO 논의가 더 이상 진전되지 않았음(ICAO Doc. 9250-C, C-Min. 94/1, pp. 3-4 참조).

한편, 항공기 사고가 정치적인 의미를 내포하고 있을 때에는 동 사고조사는 전문기구로서의 ICAO가 조사하는 것보다는 세계정치 문제의 토론장인 유엔안전보장사회가 심의하는 것이 바람직하다.117)

또한 항공기 사고가 날 때 모든 나라가 동 사고를 제대로 조사할 수 있는 능력을 가지고 있는 것은 아니다. 미국 등 선진국에서는 재발 방지와 안전 강화를 위하여 명실상부한 항공기 사고 조사를 행하고 있지만 대부분의 후진국은 형식적으로 사고조사 기구를 설치하고 있든지 또는 사고조사 기구가 전무한 경우도 있다.118)

항공기의 영공침범으로 인한 사고에서도 보듯이 사고원인이 규명된다면 쉽게 결론이 날 수 있겠지만, 사고원인과 사고시의 상황에 대한 객관적인 판단이 없는 관계로 사고발생에 대한 책임규명 등이 불확실하게 된다. 따라서 객관적인 사고조사 기구를 상시 국제기구로 설치하여 동 기구에 의한 사고조사를 행함이 바람직하겠으나 국제사회는 이를 받아들일 만큼 아직 성숙되어 있지 않다.

ICAO는 각국이 통보하는 사고조사보고서119)를 컴퓨터에 수록하여 이를 요청하는 회원국에게 신속히 제공하는 ADREP(Accident/Incident Reporting)제도를 실시중이다.120) 동 제도는 각종 항공기 사고를 유형별로 성리하여 유사한 사고를 미연에 방지하며 또한 사고 조사 시 사고원인의 신속한 파악에 도움을 주고자 하기 위한 목적에서 설치된 것이다.

6.3 국내 사고조사 체제

우리나라의 문화가 사고 예방의 중요성에 큰 의미를 부여하지 않기 때문에 재발 방지를 주목적으로 하고 있는 사고조사에 대한 인식이 낮고 때로는 형식적이다.

1990.6.21. 당시 교통부 항공기술과 내에 사고조사 담당직원 2명을 배치한 것이 항공사고를 전담하기 위한 정부조직의 효시다. 2001년 교통부 항공안전과를 사고조사과로 확대 개편한 후 ICAO에서 권고하는 독립된 사고조사 기구의 설립 필요성을 활발히 논의하게 되었다. 그 결과 2002.8.12. 항공사고조사위원회가 설치되었다.

동 항공사고조사위원회는 7명으로 구성된 위원 중 1명은 상임위원으로서 건설교통부 수송정책실장

---

117) 실제로 1960년 미국첩보기 U-2기의 소련 영공비행, 1983년 대한항공 여객기(007)의 소련 전투기에 의한 격추, 1987년 대한항공 여객기(858)의 북한에 의한 공중 폭발사건 등이 유엔 안보리에서 각기 토의되었음.

118) 항공기를 포함한 교통 사고조사를 전담하는 미국의 NTSB(National Transportation Safety Board)는 미국 대통령이 임명하는 5명의 위원으로 구성된 독립기구로서 사고원인 규명을 통한 재발 방지와 사고조사(경우에 따라서는 한 건 조사에 수년이 소요)를 철저히 행하고 있음(미국의 Independent Safety Board Act of 1975참조).

119) 시카고 협약 당사국은 2,250kg중량 이상의 항공기 사고를 ICAO에 보고하여야 하나 그 이하 중량의 항공기 사고를 보고하는 것은 임의적임(Annex 13, 4. 1, e).

120) 1977년부터 ICAO가 회원국에게 공개되고 있는 ADREP(Accident/Incident Data Reporting)의 보고와 자료요청절차에 관하여는 ADREP Manual(ICAO Doc 9156-AN/900 참조).

이 겸임하며 위원장 1명을 포함한 비상임위원 6명은 항공관련 전문지식이나 경험을 가진 분야별 전문가로 구성하되 3년으로 연임할 수 있게 하였다. 아울러 동 위원회의 사무 처리를 위하여 사무국을 설치하였다.

항공법에서 분법(分法)하여 항공사고조사 부분을 규율하기 위한 항공·철도 사고조사에 관한 법률[121]이 2006년 7월 제정됨에 따라 항공사고조사위원회는 2006.7.10. 건설교통부 항공·철도 사고조사위원회로 새롭게 통합 발족하였다. 개정된 항공·철도 사고조사에 관한 법률[122] 제6조는 사고조사위원회 구성에 있어서 12명의 위원 중 대통령이 정하는 수의 위원은 상임으로 하고, 위원장 및 상임위원은 대통령이 임명하며 비상임위원은 국토교통부장관이 위촉하되, 상임위원의 직급에 관해서는 대통령령으로 정한다고 규정하였다. 그런데 국토교통부와 그 소속기관 직제[123] 제47조는 위원장 1명과 위원 11명으로 구성하되, 위원장은 비상임으로 하고, 위원 중 2명은 상임으로 하면서 항공정책실장과 철도국장이 겸임한다고 규정함으로써 엄격히 말하여 상위법인 법률이 위임하지 않은 내용까지 규정하고 있다.

또 항공과 철도를 각기 분과위원회로 구분하여 운영하면서 각각 5인의 비상임 위원을 두고 있으나 전문성과 독립성이 떨어진다는 인식을 불식하기 어렵다. 이는 12명 위원 중 항공정책실장과 철도국장만 상임위원으로 활동하면서 사고위원회의 예산과 행정을 관장하도록 한 형태를 갖는 데서도 나타난다. 때로는 항공규제기관인 국토교통부의 항공정책실이 잘못한 행정조치가 항공기 사고의 원인으로도 작용할 수 있는 현실에서 사고위원회가 자신의 핵심 인사인 상임위원의 잘못을 지적하기는 어려울 것이기 때문이다.

---

121) 법률 제9781호, 2009.12.10. 시행.
122) 법률 제12653호, 2014.5.21. 시행.
123) 대통령령 제26369호, 2015.7.1. 시행.

제7장

항공안전과 항공보안

항공법규에서 safety(안전)는 돌발위험(accidental harm)으로부터의 방지를 말하며 security(보안)는 의도적 위해(intentional harm)로부터의 방지를 의미한다. 공항시설, 항행안전시설 및 항공기 내에서의 불법행위 방지 및 민간항공에 필요한 기준·절차 및 의무사항을 규정함에 있어 일반적으로 안전과 보안은 함께 고려된다.

오늘날 항공여행은 그 어느 교통수단에 의한 여행보다도 안전하다. 세계에서 정기 상업 운송 항공기로 여행을 한 승객 숫자는 2014년 33억 명 이었고 이들 항공기의 출발회수는 33백만 회이었는데 90건의 사고가 발생하여 세계 사고율은 백만 회 출발 당 3회라는 미미한 상태이다.[1]

이에 불구하고 모든 항공국가와 항공사는 사고율 제로를 위하여 노력하고 있고 이의 일환으로 항공 당국들은 국내·외 항공사와 다른 항공국들의 항공 안전을 수시로 평가한다. 전 세계 가장 영향력 있는 항공기구 및 국가에서 행한 항공안전평가 결과는 해당국가 뿐만 아니라 전 세계 대다수 국가 및 항공사가 운항허가 발급 및 항공사간 코드쉐어 등을 할 때 참고자료로 활용하고 있고 국가 신인도 결정요인으로도 작용하고 있다.

항공분야에 있어서 항공안전과 항공보안이 함께 고려되기는 하나 일반적으로 항공안전기준은 항공보안기준을 제외한 분야로 한정 지을 수 있다. 항공안전 및 항공질서 확립을 위한 국제협약인 시카고 협약 및 동 협약 부속서는 항공안전 분야 와 항공보안 분야를 차별화하고 있는데 이는 ICAO가 체약국을 대상으로 하는 평가를 항공안전평가와 항공보안평가로 구분하고 있는 것에서도 나타난다. 총 19개의 시카고 협약 부속서를 항공안전과 항공보안으로 구분한다면 항공보안평가의 대상이 되는 부속서 9(Facilitation) 및 부속서 17(Security)은 항공보안부문에 해당되며, 부속서 9 및 17을 제외한 나머지 17개 부속서는 항공안전부문에 해당된다고 볼 수 있다. 이와 관련하여 시카고 협약에서 규정하고 있는 항공안전기준이란 항공안전관련 각국 항공법의 법원이 되는 시카고 협약 부속서에서 정한 표준 및 권고방식을 말한다.

---

1) The World of Air Transport in 2014, ICAO Council Annual Report, 2015.11.27, 방문 ICAO 웹 사이트
http://www.icao.int/annual-report-2014/Pages/the-world-of-air-transport-in-2014.aspx.

1. 항공안전[2]

1.1 시카고 협약 부속서 19 항공안전관리[3]

시카고 협약은 국제 항공안전에 대한 최상의 기본규범으로 협약 전문에는 각 체약국이 민간항공을 안전하고 질서 있게 발전하기 위한 조치를 선언하고 있으며, 민간항공의 안전을 우선적으로 고려할 것을 요구하고 있다. 시카고 협약 체약국들은 협약은 물론 부속서에서 정한 SARPs의 내용을 준수하여야 한다. 국제 표준이 아닌 권고방식의 경우, 협약에서는 법적으로 준수할 의무를 부과하고 있지 않지만 때로는 ICAO의 결의 등으로 준수를 촉구하는 경우도 있다. 넓은 의미에서 항공안전은 시카고 협약 및 총 19개의 부속서가 모두 해당되나 항공안전과 항공보안을 구분할 경우 부속서 9 및 부속서 17을 제외한 나머지 17개 부속서를 항공안전과 관련이 있는 부속서로 보며, ICAO의 항공안전평가(USOAP)도 17개 부속서를 대상으로 한다. 또한 2013년에는 안전관리의 중요성에 따라 기존에 각 부속서에 산재되어 있던 안전관리 기준들을 하나의 부속서로 통폐합하여 부속서 19(Safety Management)를 탄생시켰으며 항공당국의 안전관리 책임 및 운영자의 안전관리시스템 적용 요건을 강화시켰다. 결국 시카고 협약 부속서 19 안전관리(Safety Management)는 안전관리를 강화하여 항공기 사고를 방지할 목적으로 탄생되었으며, 항공당국의 안전관리 책임 및 운영자의 안전관리시스템의 중요성이 더욱 더 확산되는 계기가 되었다.

시카고 협약 부속서 19는 시카고 협약 부속서 제정 절차에 따라 채택되어 2013.11.14.부로 적용되고 있으며, 국가의 안전관리 책임 및 운영자의 안전관리시스템 등을 규정하는 내용의 SARPs로 구성되어 있다.

항공사고의 대형화와 사고 시 세간의 이목을 받는다는 측면에서 항공기 사고는 실제 참사보다도 더 심각하게 다루어지는 데에도 기인하여 항공기 제조와 운항에 있어서 모든 관계자가 각별한 주의를 경주하고 있다. 그럼에도 불구하고 세계 약 100개국에 등록되어있는 항공사가 모두 동일한 안전의식과 기술을 바탕으로 운항을 하지는 않는 관계로 안전에 민감한 국가와 이들의 인식을 반영한 ICAO가 항공안전 확보를 위하여 항공안전기준을 지속적으로 검토하고 보완하고 있고 일부 국가는 자국 영토에 취항하고 있는 모든 항공기에 대하여 일정 수준 이상의 항공안전기준을 충족할 것을 요구하고 있다. 이러한 국제항공 사회의 관심은 2013년 안전관리 (Safety Management) 라는 제하로 새로운 시

---

2) 이구희, "항공법정책", 한국학술정보(주), 2015, pp.156-176 참조.

3) 구체내용은 이구희·박원화, "시카고 협약체계에서의 항공안전평가제도에 관한 연구", 「항공우주정책·법학회지」 제28권 제1호, 한국항공우주정책·법학회, 2013, pp.120-121 참조.

카고 협약 부속서 19가 탄생하는 계기가 되었다. 2006년 세계항공국장회의(2006 Directors General of Civil Aviation Conference)와 2010년 고위급항공안전회의(2010 High-level Safety Conference)를 통하여 제기된 권고에 따라 "안전관리" 분야에 관한 부속서를 별도로 신설키로 결정하였으며, 이에 따라 2012년 항행위원회(Air Navigation Commission)에서 부속서 19의 제안서(Proposal)를 'Safety Management'라는 이름으로 마련하였다.

시카고 협약 부속서 19는 대부분 각 부속서에서 이미 적용하고 있는 국가항공안전프로그램(State Safety Programme: SSP), 항공안전관리시스템(Safety Management System: SMS), 안전 데이터의 수집 및 사용 등에 관한 기존의 6개 부속서(부속서 1, 6, 8, 11, 13, 14)에 산재되어 있던 안전관리 기준을 통합하여 작성된 것이지만 다음과 같은 일부 개정 내용도 반영하였다.

첫째, 제3장에서 국가항공안전프로그램(SSP)의 네 가지 요소가 '권고방식'에서 '표준'으로 강화되었다.

둘째, 부속서 6 Part I 및 Part III에서 유래한 국가안전감독규정이 제3장 및 제4장에 해당하는 모든 서비스 제공자에게 적용하도록 강화하였다.

셋째, 안전정보의 수집 분석 및 교환에 관한 조항들이 부속서 13 Attachment E에서 부속서 19 Attachment B로 편입되었다.

넷째, 항공안전관리시스템(SMS) 체계가 항공기 설계 및 제조까지 적용하게 되었다.

시카고 협약 부속서 19는 지속적으로 항공기 사고(Accident) 및 항공안전장애(Incident)를 줄임으로써 체약국의 항공안전위험관리를 돕는 것을 목적으로 한다. 구체적으로는 국제 항공운송시스템의 복잡성과 항공기 안전운항을 위해 요구되는 항공활동을 지속적이고 전략적으로 평가하면서 안전성능을 개선하는 수단을 제공한다. 이 부속서의 장점은 다양한 항공활동의 안전관리를 하나의 부속서에 통합하여 규정하고 적용함으로써 안전관리의 중요성이 부각되고 적용이 용이하며 국가항공안전프로그램과 안전관리시스템을 촉진할 수 있다는 것이다.

1.2 항공안전평가[4)]

항공안전평가제도와 관련하여 미국은 1990년 미국에서 발생한 콜롬비아 국적 아비앙카 항공기의 사고 이후인 1992년에 항공안전평가(IASA) 제도를 도입하여 미국에 출·도착하는 항공기를 운항하는 항공사의 항공당국을 대상으로 ICAO SARPs 준수 여부를 평가하고 있다. FAA의 IASA 평가 도입은

---

4) 구체 내용은 이구희·박원화, 전게 논문, pp.130-150 참조.

ICAO, EU, IATA에서도 항공안전평가제도를 도입하는 계기가 되었다. 결국 ICAO, EU 및 IATA의 항공안전평가제도는 ICAO SARPs로 규정한 항공안전기준 준수여부에 대한 문제의 심각성을 인식하면서 FAA의 조치에 동참하여 항공기 사고 방지를 위해 ICAO SARPs 이행여부를 평가하고 그에 합당한 조치를 취하도록 한 것이다. 이는 항공안전기준에 관한한 시카고 협약 제33조의 취약성이 미국이라는 체약당사국에 의하여 현실적으로 보완된 것인바, 이러한 관계는 EU도 가세한 가운데 유지되는 형국이다.

ICAO가 항공당국 전반에 대하여 항공안전평가를 실시하고 있고, IATA는 항공사에 대하여 항공보안에 관한 평가 항목을 포함한 항공안전평가를 실시하고 있다. 미국 및 유럽도 자체적으로 자국 및 회원국을 운항하는 외국 항공 당국 및 항공사에 대하여 항공안전평가를 실시하여 그 평가 결과를 공표하고 항공 안전 불합격으로 평가된 경우 항공사에게 운항금지 및 운항 제한 등과 같은 엄중한 행정처분을 하고 있다. 이와 같은 체약국의 항공당국 및 외국 항공사 등에 대하여 실시하는 항공안전평가는 공통적으로 항공교통량이 급증하고 항공기 사고가 증가한 것이 직접적인 계기가 된 것이다. 이를 통하여 ICAO SARPs의 이행여부를 확인하고 점검함으로써 결과적으로는 당해 소속 국가의 국민의 항공여행 시 안전을 도모하는 것이다. 주요 항공안전평가는 다음과 같은데 각기의 평가기관은 실질적인 항공 안전 증진을 위한 실질적인 개선방식을 지속적으로 연구하면서 적용하고 있다.

- FAA가 미국을 운항하는 항공사의 항공당국을 평가하는 항공안전평가(IASA[5])
- ICAO가 체약국을 대상으로 항공안전수준, 구체적으로는 항공안전관리체계 및 이행수준을 평가하는 항공안전평가(USOAP[6])
- SAFA 참가국[7]을 운항하는 항공사를 평가하는 항공안전평가(SAFA[8])
- IATA가 항공사를 대상으로 평가하는 항공안전평가(IOSA[9])

이밖에도 같은 이유로 항공기 운항과 관련이 있는 자국 및 외국의 항공사를 대상으로 항공당국이 감독활동을 진행하는 경우가 있으며 ICAO에서도 체약국의 항공 안전 결함 해소를 위해 FAOSD(Foreign Air Operator Surveillance Database) 활성화를 장려하고 있다. 이와 같은 평가 및 감독 활동은 항공 안전 확보를 통한 항공기 사고 방지 등을 목적으로 하고 있으며, 이를 통하여 점검목록의 표준화 추진 및 지속적인 모니터링 방식 도입 등의 발전과 개선이 이루어지고 있다. 이렇게 중첩적인 항공안전평가제도 실시는 항공기 사고가 현격히 줄어드는 계기가 되었다. 이제 각각의 평가 내용을 살펴본다.

---

5) IASA : International Aviation Safety Assessment.

6) USOAP(Universal Safety Oversight Audit Program). 항공안전에 대하여 국가가 행하는 종합적인 관리감독체계 및 이행수준을 평가함.

7) SAFA 참가국은 모든 EASA(후술) 회원국을 포함하여 총 46개국임(2014.10.1.기준).

8) SAFA : Safety Assessment of Foreign Aircraft.

9) IOSA : IATA Operational Safety Audit.

1.2.1 미국의 항공안전평가

미연방항공청(FAA)의 항공안전평가(International Aviation Safety Assessment: IASA)란 미국을 출발 및 도착하는 항공사의 항공당국에 대한 항공안전평가를 말한다. FAA는 미국을 운항하거나 운항하고자 하는 항공사의 항공당국에 대하여 항공안전평가를 실시하며, 평가 결과 특정 국가의 항공당국의 안전 기준이 ICAO의 안전기준에 미달하여 안전상의 결함이 있다고 판단되면 그 국가를 항공안전 2등급으로 분류하고 항공안전 2등급으로 분류된 국가에 속해있는 항공사에게 운항제한 및 신규 운항허가 불허 등의 실질적인 불이익을 주고 있다.

1990년 1월 25일 콜롬비아 국적 아비앙카(Avianca) 항공의 보잉 707 항공기가 뉴욕 주 롱아일랜드의 Cove Neck에서 추락하여 승무원 8명 전원과 승객 150명 중 65명, 총 73명이 사망하는 사고가 발생하였다. 이를 계기로 미국은 미국을 취항하는 외국 항공사의 안전에 의문을 가지게 되었고, 안전 확보 대책으로 1992년 8월 국제항공안전평가(IASA) 프로그램을 도입하였다. 다시 말해, FAA는 미국에 출/도착하는 외국항공사가 해당 국가의 항공당국으로부터 ICAO 기준에 입각한 안전 감독을 받고 있음을 확실하게 담보하기 위하여 국제항공안전평가(IASA) 프로그램을 도입한 것이다. 미국의 국제항공안전평가(IASA) 프로그램은 미국 내 외국 항공사들과 관련된 일련의 항공기사고 발생으로 인해 제기된 우려들을 고려하여 양자 항공협정의 안전규정 틀 내에서 고안된 것이라고 볼 수 있다.

IASA Checklist는 항공당국의 전반적인 항공안전체계를 점검하는 목록으로 전문 변호사, 운항부문 전문가, 감항부문 전문가가 평가항목을 확인 점검한다. 이 checklist는 일반사항을 포함하여 9 sections[10]으로 구성되어 있다. IASA 프로그램은 시카고 협약 체약당사국으로서의 의무 이행 여부를 FAA가 평가하는 것으로, 미국을 취항하는 외국 항공사가 속한 국가의 항공당국의 안전감독 능력을 FAA가 평가하여 ICAO 안전기준을 충족하면 카테고리 1등급, ICAO 안전기준을 충족하지 못하면 카테고리 2등급으로 구분한다. 카테고리 2 등급은 다음 중 1개 이상의 결함이 있는 국가에 부여된다.[11]

① 최소 국제 기준에 부합하는 항공사의 면허 및 감독의 지원에 필요한 법이나 규정이 결여된 국가

② 면허를 주거나 항공사의 운항을 감독할 기술적인 지식, 자원 및 조직이 결여된 항공당국

---

10) IASA Checklist sections:
   General Information and Air Operator Complexity
   CE-1 Primary Aviation Legislation
   CE-2 Specific Operating Regulations
   CE-3 State Civil Aviation System and Safety Oversight Functions
   CE-4 Technical Personnel Qualification and Training
   CE-5 Technical Guidance, Tools, and the Provision of Safety Critical Information
   CE-6 Licensing, Certification, Authorization and Approval Obligations
   CE-7 Surveillance Obligations
   CE-8 Resolution of Safety Concerns.
11) 2014.10.1. 방문 IASA 홈페이지 www.faa.gov/about/initiatives/iasa/definitions.

③ 충분히 훈련받고 자질을 갖춘 기술 인력이 없는 항공당국

④ 최소 국제 기준의 시행을 책임지고, 또한 최소 국제 기준을 준수할 적절한 조사관의 지침을 제공하지 않는 항공당국

⑤ 면허에 대한 서류, 기록이 불충분하며 항공사 운항에 대한 감시, 감독이 부적절하게 지속된 항공 당국

이와 같이 FAA가 특정 국가 항공당국의 기준이 ICAO의 기준에 미달한다고 결정하면, 그 국가는 항공안전 2등급으로 분류된다. 2등급으로 분류된 국가에 속해있는 항공사가 미국에 운항하고 있는 경우, 그 항공사는 FAA의 엄격한 감독 하에 운항은 허용되나, 운항노선의 변경이나 확장은 허용되지 않는다. 현실적인 면에서, 2등급이거나 2등급으로 하향 가능성이 있는 국가인 경우, 그 국가에 속해있는 항공사는 다음과 같은 불이익을 당하게 된다.

① 2등급 국가의 항공사에게 신규 도입항공기의 미국 운항을 추가로 허용하지 않는다. 따라서 항공기를 도입하더라도 그 항공기를 미국에 투입할 수 없다.

② 2등급 국가의 항공사에게 미국 운항편의 신설, 확대, 노선 변경 또는 기타 종료 예정인 운항허가사항의 갱신을 허용하지 않는다.

③ 2등급 국가의 항공사와는 코드쉐어(Code-share)를 허용하지 않는다.

④ 장기적으로는, 2등급으로 평가받은 국가가 항공안전평가에서 지적된 안전상 결함에 대해 충분한 개선 조치를 하지 않는 경우, FAA는 미국 교통부(DOT: Department of Transportation)에 그 국가에 속해있는 항공사의 미국 운항허가를 취소하거나 중지시키도록 건의할 수 있다.

한국은 2001년 FAA로부터 항공안전 2등급 판정을 받은 적이 있으며, 이로 인해 국가 위상 손상은 물론, 국적 항공사 코드쉐어 제한, 미주노선 증편 불가, 미국 군인 및 공무원의 우리 국적 항공기 이용금지 등의 제재 등 막대한 경제적 피해 및 사회적 물의를 경험하고, 4개월 후 1등급으로 회복한 바 있다.

1.2.2 ICAO의 항공안전평가

ICAO의 항공안전평가(Universal Safety Oversight Audit Program: USOAP)란 ICAO가 전 세계에 통일적으로 적용되는 국제기준의 국가별 안전관리체계 및 이행실태를 종합적으로 평가하는 제도로서 1990년대 초 세계적으로 항공기 사고가 빈발하고 국제기준 불이행이 주요 사고원인으로 지적됨에 따라 그 중요성이 부각되었다. 초기에는 항공안전 감독을 수행할 능력이 없는 회원국들이 있음을 고려하여 항공안전 감독 및 평가를 위한 세부 지침을 마련함으로써 항공 후진국들의 항공안전 감독 실시의무

를 돕기 위한 것으로 태동하였으나[12] 뒤에 모든 회원국에 대한 의무 평가로 전환하였다.[13] 또한 항공안전평가 대상 부속서를 안전 관련 모든 부속서(16개 부속서)로 확대하였다.[14] 본 평가제도 이행은 항공안전에 대한 인식을 획기적으로 제고하는 계기가 되었으며 항공기 사고 발생률을 현격히 줄이는 효과를 가져왔다. 본 평가제도는 기본적으로 항공안전과 관련된 부속서[15]에 대한 이행점검표 (Compliance Checklist) 등을 이용해 평가하고 있으며 평가결과를 ICAO 웹사이트에 게시하여 전 세계에 공개하고 있다. 평가 방식에 있어서도 1회성 평가방식에서 항공안전 상시평가방식(USOAP CMA[16])으로 변경되었으며[17] 시카고 협약 체약국의 USOAP CMA 이행은 ICAO와 체약국간 MOU 체결 하에 이행되고 있다.[18] 또한 본 평가제도는 분야별 전문가가 평가를 수행하고 있으며 평가 사전단계(서류심사), 현장 확인 단계, 사후단계로 진행한다. 조항별 이행점검표에 차이점이 있는 것으로 표시가 된 경우, 즉 국내기준이 ICAO에서 정한 국제기준과 다른 경우 평가관들의 주요 관심 대상이 된다.

위에서 언급하였듯이 USOAP은 자발적 이행으로 시작하여 지속적으로 발전하였으며 변천과정은 다음과 같다.

출처 : 국토해양부 정책자료집(2008.2～2013.2)③ p.32.

〈도표 3〉 ICAO 항공안전평가 변천 과정

---

12) ICAO assembly resolution A29-13(1992).

13) ICAO assembly resolution A32-11(1998).

14) ICAO assembly resolution A35-6(2004).

15) 부속서 17(보안)을 제외한 전 부속서가 해당되며, 2013년 점검항목에는 부속서 9에 대한 내용도 포함됨.

16) Universal Safety Oversight Audit Programme Continuous Monitoring Approach.

17) 2년간(2011～2012) 전환기를 거쳐 2013년부터 적용.

18) 예를 들어 대한민국과 ICAO간 USOAP CMA 시행에 관한 양해각서 체결(2011.9.30).

항공안전 상시평가방식으로 일컬어지고 있는 USOAP CMA는 항공안전 관련 모든 부속서의 이행실태를 8개 분야[19] 프로토콜 항목을 활용하여 점검하고 있으며 평가 프로토콜 항목의 주요 목적은 USOAP CMA 체계 하에서의 이행을 표준화하기 위한 것이다. USOAP CMA 운영은 ① 정보 수집, ② 정보분석 및 안전도 평가, ③ 현장 평가 방식 선정, ④ 현장 평가 시행과 같이 4단계를 거치며 현장평가 시행 단계에서는 개선 권고사항(F&R), 중대안전결함(SSC), 개선조치계획(CAP) 등으로 이루어지진다.

USOAP CMA의 핵심적인 평가 자료로는 사전질의서(SAAQ: States Aviation Activities Questionnaires), 국제기준이행실적(CC: Compliance Checklists), 차이점 정보(EFOD: Electronic Filing of Differences), 세부평가항목(PQ: Protocol Questions), 정보요구서(MIR: Mandatory Information Requests), 개선권고사항(F&R: Findings and Recommendations), 중대안전결함(SSC: Significant Safety Concerns), 개선조치계획(CAP: Corrective Action Plans) 등이 있다. 종합적인 평가 결과는 국제 기준을 이행하는 안전감독 능력 및 안전성과를 보여주는 지표로 평가할 수 있다.

ICAO 항공안전평가와 관련하여 한국은 ICAO가 처음으로 전 회원국을 대상으로 실시한 제1차 의무평가(2000년)에서 종합 이행률 79.79%의 저조한 성적을 기록하였지만 제2차 평가(2008년)에서는 종합이행률 98.89%의 만점 가까운 성적으로 최고 기록을 갱신하였다.[20]

1.2.3 유럽의 항공안전평가

유럽의 항공안전평가(Safety Assessment of Foreign Aircraft: SAFA)란 유럽 내 SAFA 참가국을 운항하는 제3국 항공기(third country aircraft: TCA)[21]에 대하여 점검하는 항공안전평가 프로그램을 말한다. 유럽은 EU를 포함한 SAFA 참가국을 취항하는 외국항공사를 대상으로 지속적으로 안전점검을 시행한 후 최소 안전기준에 미달하는 국가 및 항공사를 '블랙리스트(Blacklist)'로 선정하여 해당 항공사의 운항허가를 중지시키거나 제한하고 있다.

EU SAFA 프로그램은 유럽에서 외국 항공기의 사고 및 급격한 항공 운송 증가로 항공안전에 부담을 느낀 유럽이 외국 항공기의 항공안전을 담보하기 위해 체계적인 관리가 필요하다고 판단하에 TCA 점검 및 행정처분에 대한 법적 구속력을 강화하게 되었다. 2004년 6월 Egyptian Flash Airlines 보잉 737기

---

19) 기본법령, 조직 및 안전감독, 항공기 운항, 항공기 감항, 항행시스템, 비행장, 자격관리, 사고조사.

20) 제1차 의무평가(2000년) 종합이행률 79.79%(162개국 중 53위), 제2차 의무평가(2008년) 종합이행률 98.89%(법령 100%, 세부규정 98.10%, 항공조직 100%, 자격교육 100%, 기술지침 96.91%, 면허/인증 99.52%, 안전감독 98.72%, 안전위해요소 해결 97.78%)로 세계 최고 기록. 국토해양부 정책자료집 (2008.2~2013.2)③.. 이는 2009년 ICAO가 발표한 내용에 근거함.

21) The official definition of 'third-country aircraft' is an aircraft which is not used or operated under the control of a competent authority of a (European) Community Member State. 즉, TCA는 SAFA 참가국 이외의 국가에서 운영하는 항공기를 말함.

가 홍해에 추락하여 133명의 프랑스인이 사망하고 2005년 8월 West Caribbean Airways의 보잉 MD-82 항공기가 베네수엘라에서 추락하여 152명의 프랑스 관광객 등 160명이 사망한 사건은 TCA에 대한 Ramp inspection 및 행정처분에 대한 법적 구속력을 더욱 강화하게 되는 계기가 되었다.

EU SAFA 프로그램은 초기 자율 프로그램에서 의무 프로그램으로 전환되었으며, 프로그램의 운영 및 관리책임도 EU 집행위원회가 갖는 것으로 강화되었다. 최초 SAFA 프로그램은 1996년에 유럽합동 항공기구(JAA: Joint Aviation Authority)의 지원 하에 자율적 프로그램으로 시작되었다. 2004년 TCA의 안전에 관해 공포된 Directive(Directive 2004/36/EC. 일명, SAFA Directive라 한다.)[22]에 따라, EU 회원국은 해당 국가의 공항에 착륙하는 TCA에 대하여 Ramp inspection을 실시할 의무가 부과되었으며 TCA 점검을 위한 법적 요건을 갖추게 되었다. 이후 Regulation(EC) No 768/2006[23]에 따라 EC SAFA 프로그램의 관리 및 발전을 위한 책임은 EU 집행위원회(European Commission)가 갖게 되었다.[24] 또한 외국항공기의 EU 운항중지는 2005.12.14에 공포된 EU Regulation (EC) No. 2111/2005에 근거한다. 동 법(Regulation)은 운항금지의 기준으로 시카고 협약과 동 부속서 및 관련 유럽공동체 법을 적용한다고 규정[25]하고 있다. EU는 2006년부터 시행한 '블랙리스트' 제도에 따라 안전기준 미달 정도에 따라 외국항공사에게 운항금지 또는 운항제한을 함으로써 실질적인 불이익을 주고 있으며, 블랙리스트 현황을 Annex A, B 두 종류로 구분하여 유럽집행위원회(European Commission) 홈페이지에 등재[26]하고 있는 바 이는 다음 페이지와 같다. Annex A로 선정된 국가의 항공사는 EU내 운항이 금지되고, Annex B로 선정된 항공사는 기종 한정 등으로 운항이 제한된다. EU의 운항금지 및 운항제한 조치는 미국에서 국가별로 제한하고 있는 것과 달리 국가 단위로 하지 않고 항공사별로 제한하거나 항공사의 특정 기종만을 대상으로 한다.

외국 항공기의 EU내 운항금지 및 운항제한은 Dempsey 교수가 지적[27]하는 바대로 법적으로 문제가 있을 수 있다. 그 이유는 시카고 협약 제33조에 따라 동 협약 당사국들은 타 당사국이 발급한 감항증명서 및 자격증명서 등이 시카고 협약과 동 부속서상에 규정한 최저 표준을 충족하는 한 이를 인정하여야 할 의무가 있는데 이에 덧붙여 자체의 규정을 추가로 적용하는 것이기 때문이다. EU가 시카고 협약의 당사국이 아니긴 하지만 EU가 모두 시카고 협약 당사국인 회원국들의 의사를 반영하여 운영

22) Directive 2004/36/EC, Directive 2004/36/CE of the European Parliament and of the Council of 21 April 2004 on the safety of third-country aircraft using Community airports (OJ L 143, 30.4.2004, p. 76).

23) Commission Regulation (EC) No 768/2006 of 19 May 2006 implementing Directive 2004/36/EC of the European Parliament and of the Council as regards the collection and exchange of information on the safety of aircraft using Community airports and the management of the information system

24) 2016.1.17.방문 http://ec.europa.eu/transport/modes/air/safety/doc/2009_12_04_info_fiche_safa_programme.pdf. EASA, The EC SAFA Programme (Past, Present and Future).

25) EU Regulation 2111/2005, Art. 2(j).

26) 2014.10.1. 방문 EC web site: http://ec.europa.eu/transport/modes/air/safety/air-ban/doc/list_en.pdf

27) P. Dempsey, Public International Air Law, McGill University, 2008, p.97.

<표 5> Annex A[28) _ 2014.1.10. 현재

구분	블랙리스트 항공사
Annex A (25개국 소속)	블루윙항공(수리남), 콘비아사항공(베네수엘라), 메르디안항공(가나), 롤린스항공(온두라스), 실버백화물(르완다), 아프가니스탄 국적 전체 항공사, 앙골라 국적 전체 항공사(Taag Angola Airlines 제외), 베닌 국적 전체 항공사, 콩고 국적 전체 항공사, 콩고민주공화국 국적 전체 항공사, 지부티 국적 전체 항공사, 적도기니 국적 전체 항공사, 에리트레아 국적 전체 항공사, 가봉 국적 전체 항공사(Gabon Airlines, Afrijet, Nouvelle Air Affaires Gabon 제외), 인도네시아 국적 전체 항공사(Garuda Indonesia, Airfast Indonesia, Mandala Airlines, Ekspres Transportasi Antarbenua, Indonesia Air Asia 제외), 카자흐스탄 국적 전체 항공사(Air Astana 제외), 키르기스스탄 국적 전체 항공사, 라이베리아 국적 전체 항공사, 모잠비크 국적 전체 항공사, 네팔 국적 전체 항공사, 필리핀 국적 전체 항공사(Philippine Airlines, Cebu Pacific Air 제외), 상투메프린시페 국적 전체 항공사, 시에라리온 국적 전체 항공사, 수단 국적 전체 항공사, 잠비아 국적 전체 항공사

<표 6> Annex B[29) _ 2014.4.10. 현재

구분	항공사		운항제한 기종
Annex B (9개국)	북한	AirKoryo	Tu-204를 제외한 모든 기종
	가봉	AfriJet	Falcon 50, Falcon 900을 제외한 모든 기종
		Gabon Airlines	B767-200을 제외한 모든 기종
		Nouvelle Air Affaires Gabon	CL-601, Hawker 800(HS-125-800)을 제외한 모든 기종
	카자흐스탄	Air Astana	B767, B757, A319, A320, A321, Fokker 50을 제외한 모든 기종
	가나	Airlift International	DC8-63F를 제외한 모든 기종
	마다가스카르	Air Madagascar	B737-300, ATR72-500, ATR42-500, ATR42-320, DHC6-300을 제외한 모든 기종
	코모로스	Air Service Comores	LET410 UVP를 제외한 모든 기종
	이란	Iran Air	A300, A310, B737을 제외한 모든 기종
	요르단	Jordan Aviation	B737, A310, A320을 제외한 모든 기종
	앙골라	Taag Angloa Airlines	B777, B737-700을 제외한 모든 기종

되는 국제기구인 관계 상 이를 이유로 변명한다면 표면 논리에 불과한 것으로 설득력이 없다. 따라서 운항금지 및 운항제한을 인정할 수 있는 합당한 이유는 해당 항공기가 ICAO의 국제표준을 지키고 있지 않은 경우에 한정될 수밖에 없다. SAFA 점검에서 가장 기본적인 개념은 SAFA 참가국의 공항에 착륙한 TCA에 대하여 Spot 평가인 Ramp inspection을 실시한다는 것이며, 점검 기준 및 내용은 항공안전과 관련하여 ICAO SARPs에 대한 이행여부를 점검한다는 것이다. TCA 점검 시 중요사항에 대한 불이행이 발견되면 해당 항공사뿐 아니라 TCA의 항공당국과 함께 공유하고 조치된다. 또한 기준 불이행이 항공안전에 직접적인 영향이 있는 경우 감독관은 그 항공기가 떠나기 전에 개선 조치(corrective

---

28) List of airlines banned within the EU, Annex A; Air carriers listed in Annex A could be permitted to exercise traffic rights by using wet-leased aircraft of an air carrier which is not subject to an operating ban, provided that the relevant safety standards are complied with.

29) List of airlines banned within the EU, Annex B; Air carriers listed in Annex B could be permitted to exercise traffic rights by using wet-leased aircraft of an air carrier which is not subject to an operating ban, provided that the relevant safety standards are complied with.

action)를 요구할 수 있으며 모든 보고된 자료는 EASA와 공유하게 된다. EU는 SAFA의 TCA 점검을 법적 의무로 규정하고 있다. SAFA 프로그램은 EU 집행위원회, EASA, Eurocontrol[30] 등 많은 이해관계자를 가지고 있으며 각각 다음과 같이 역할 및 책임을 가진다.

- 유럽집행위원회(European Commission)는 전반적인 책임과 입법권을 가진다.
- EASA는 데이터 수집, 관리, 분석, 절차 개발 등의 역할 및 책임을 가진다.[31]
- SAFA 참가국은 TCA에 대하여 Ramp inspection을 수행하고, 필요시 점검 결과를 전파하고 관련 조치를 취한다.
- Eurocontrol은 운항금지 조치에 해당하는 항공기에 대하여 회원국, EU 집행위원회 및 EASA에 비행계획 정보를 제공한다.
- 이 밖에도 SAFA 프로그램의 효율적인 운영을 위하여 운영위원회가 설치되어 있다.

TCA에 대한 Ramp inspection은 집중 및 랜덤방식을 병행한다. 일부 국가의 항공당국이 ICAO 표준을 준수하지 않는 것으로 의심되는 항공기 또는 항공사를 집중 점검하는 동안 일부 국가의 항공당국은 랜덤 점검을 수행한다. 매년 수백회의 감독을 수행하며 TCA 숫자 및 국가별 감독 수용 능력에 따라 다양하게 실시한다. SAFA Ramp inspection은 50여개 이상의 항목으로 구성된 checklist를 사용하고 있으며 주요 check 항목은 '조종사 자격증명, 조종실에 탑재되는 매뉴얼 및 절차, 운항승무원 및 객실승무원의 절차 준수, 조종실 및 객실의 안전장비, 화물, 항공기 상태' 등이다.

SAFA 참가국의 점검시 항공기 도착 및 출발사이의 turn around time이 점검에 충분하지 않은 시간임을 고려하여 일부 점검항목만 수행할 수도 있다.

SAFA Ramp inspection을 실시한 국가는 점검 결과를 EU 집행위원회, EASA 및 SAFA 참가국과 공유하고 점검결과에 대한 전체적인 자료는 EASA에서 통합 관리한다. 각 SAFA 참가국은 웹 베이스 데이터베이스에 접속하여 점검 세부내용을 확인 및 검토할 수 있다. 종합 데이터베이스에는 10만 건 이상의 Ramp inspection 자료를 포함하고 있으며, 매년 1만 건 이상의 보고서가 추가되고 있다. 2011년부터는 항공사 및 항공사의 항공당국도 데이터베이스에 등록하여 해당 항공사의 Ramp inspections 보고서를 확인할 수 있다.

이와 같은 운항금지 및 운항제한의 바탕이 되는 점검은 공항에서 Ramp inspection 결과를 바탕으로 하는 것이기 때문에 서류 작업을 위주로 하는 국가항공당국(NAA: National Aviation Authority)의 검사보

---

30) 1960년 벨기에 브뤼셀에서 관련 창설 협약을 채택하여 참여 유럽 국가들의 공역에서의 항공교통업무(ATS)를 전담하는 기구임. 조그마한 영토로 구성된 유럽의 상공에서 국가 단위로 ATS를 제공하는 번거로움과 비효율을 제거하는 유럽의 국제항공협력의 결과물인 바, 2015년 말 현재 유럽의 41개국이 참여하고 있음. 제4장 2항 참조.

31) 주요 내용으로는 점검 보고내용 수집, 데이터베이스 유지 및 관리, 항공기 안전 및 항공사 정보분석, European Commission 및 EASA 회원국에게 잠정적인 항공안전상 문제 야기사항 보고, SAFA 프로그램의 전략 및 개발 조언, SAFA 절차 개발, 훈련 프로그램 개발 및 이행 등이 있음.

다도 실용적인 측면이 있다.

또한 유럽에서의 항공안전규제기준을 각국이 담당하는 비효율을 불식하기 위하여 유럽 몇 나라가 1970년대에 합동항공청(Joint Air Authorities: JAA)을 설립하여 항공안전기준을 통일하는 항공안전규제 협력 업무를 담당토록 하였다. 회원국들의 항공안전업무를 강화하는 차원에서 EU는 강제력이 없는 JAA를 대체할 유럽항공안전청(European Air Safety Agency: EASA)[32]을 2002년 설립[33]하여 2007년부터 JAA의 안전에 관한 핵심 업무를 이관시킨 결과 JAA는 훈련위주의 역할만 하고 있다. 기 설명(제5장 3항)한바와 같이 유럽운항 금지 항공사 명단 작성 업무도 2014.5.26.부터는 EASA로 이관되었다.

1.2.4 IATA의 항공안전평가

국제항공운송협회(IATA)의 항공안전평가(IATA Operational Safety Audit: IOSA)란 IATA가 인정하는 평가기관이 항공사의 항공안전 상태를 평가하는 것이다. IOSA는 항공사의 항공안전과 관련하여 국제적으로 인증된 평가 시스템을 적용하여 항공사의 종합적인 운영관리와 통제체제를 평가한다. IOSA 프로그램 하에서는 국제적으로 공인된 평가원칙이 적용되며, 매 평가 시 표준화된 절차와 기준을 적용하여 일관성 있는 평가가 수행되고 있다. 과거 항공사의 공동운항 확장 및 항공감독기관의 항공사 항공안전점검 등으로 개별 항공사는 여러 항공당국 또는 항공사로부터 그들이 설정한 이행점검/평가/수검을 중복해서 받게 됨으로 비용 및 운영상 많은 애로가 있었다. 안전평가제도의 상이한 평가기준 및 절차, 검증되지 않은 평가자의 자격, 항공사간 평가결과에 대한 자료 미공유로 항공업계에서는 기존 평가제도의 개선 필요성이 제기되었다. 해결책으로 2001년 IATA가 IOSA를 개발하였고 IATA회원 항공사는 2003년 6월 워싱턴에서 열린 정기총회에서 IOSA 평가를 받는다는 결의를 채택하였다. 그 결과 항공사의 항공안전평가 프로그램 운영에 혁신을 가져 왔다. 항공사간 코드쉐어 및 공동운항을 위해서는 각 항공사의 안전 이행 상태 점검이 필수적인데 IOSA 프로그램이 적용되기 전에는 각각 상대 항공사에 대하여 안전평가를 수행해야 했고 이것이 여의치 않았지만 IOSA 프로그램 도입으로 회원사 간에는 IOSA 결과를 공유하여 상대 항공사의 안전 수준을 간접적으로 평가할 수 있게 되었다.

IATA는 IOSA 프로그램을 지원하기 위한 3개의 주요 매뉴얼(ISM, IPM, IAH)[34]을 발행하여 개정 유지하고 있다. 이중 IOSA 표준 매뉴얼인 ISM은 평가를 위해 사용되는 표준, 권고방식, 평가 이행점검목록(Audit Checklist) 등을 포함하고 있다. 표준 매뉴얼(ISM)의 표준(Standards)에는 시카고 협약 부속서 뿐

---

32) 독일 쾰른에 소재하면서 EU로 운항하고자 하는 항공기의 비행허가 조건을 검사하는 역할을 함. EASA의 32개 회원국(EU 28개 회원국과 스위스, 노르웨이, 아이슬란드, 리히텐슈타인)의 항공당국은 이에 근거하여 비행허가를 발급함. 향후 유럽의 공항과 항공교통관리의 업무도 관장할 것으로 예상됨.

33) 2002.7.15자 Regulation (EC) 1592/2002 의거.

34) ISM (IOSA Standards Manual), IPM(IOSA Programme Manual), IAH(IOSA Auditor Handbook).

아니라 FAA 및 EASA의 기준들이 포함되어 있다. 또한 이미 항공사가 시행하고 있는 최고의 모범 사례들도 반영되어 있다. IOSA 평가 분야는 6개 분야[35]로 구분된다. 한국 항공사들도 IOSA 평가 시스템을 도입하고 있다.

2. 항공보안[36]

2.1 ICAO와 항공보안

9/11 테러 이후, ICAO는 범세계적으로 민간 항공보안 분야에서 필수적인 리더십 역할이 더욱 더 요구되고 있다. 이를 위해, ICAO의 노력은 민간항공에 있어 진화하는 위협에 대응한 항공보안의 흠결을 인식한 가운데 체약국이 항공보안 표준을 이행하고 결함을 해결하는 것을 지원하고 글로벌 정책과 법규체계를 발전시키며 협력하는데 중점을 두고 있다.

2.1.1 ICAO의 항공보안 발전 연혁

시카고 협약 체결 초기단계에는 항공안전 및 체계적인 항공발전에 초점을 두었을 뿐 항공보안은 관심 밖의 주제였다. 2001년 9/11 테러 이전에는 민간 항공기를 불법적으로 압류하여 테러 공격에 사용한다는 것은 상상하기 어려웠고, 1944년 시카고 협약 체결 당시에는 이러한 보안 위협 및 보안조치의 필요성을 예견하지 못했다. 1960년대 후반에 항공보안상에 심각한 문제가 발생했을 때 불법방해행위(acts of unlawful interference)를 해결하기 위한 국제적 공조를 채택할 필요성을 인식하였다. 이후 국제 수준의 항공보안 정책과 대응조치가 요구되었으며 국제 항공보안에 대한 규정은 시카고 협약이 체결된 지 30년 후인 1974년이 되어서야 부속서 17로 채택되었다. 이와 관련하여 ICAO에서의 항공보안 발전 연혁을 다음과 같이 요약할 수 있다.

- 1944년 시카고 협약 체결 시 항공보안의 필요성을 예견하지 못함
- 1960년대 후반 항공보안 관련 심각한 문제 대두
  - 많은 사망자를 낸 일련의 항공기 납치 사건
  - 불법방해행위(acts of unlawful interference)문제의 해결을 위한 국제적 공조 필요성 인식

---

35) IOSA 6개 평가 분야: 1. Infrastructure Safety, 2. Safety Data Management and Analysis, 3. Flying Operations, 4. Safety Management System, 5. Cargo Safety, 6. Safety Auditing.

36) 이구희, 전게 서 pp.177-188 참조.

- 국제수준의 항공보안 정책과 대응조치

- 1974년 시카고 협약 부속서 17 Security 채택

  - 부속서 17 채택 후 초기에는 SARPs 내용 보완 및 개정에 초점을 둠

  - 1991년 플라스틱 폭발물 표지 협약 채택 (1998년 발효)[37]

- 2001년 이후 항공보안에 대한 개념 전환 및 ICAO의 리더십 역할론 강화

  - ICAO Doc 8973 Aviation Security Manual (Restricted) 제정

  - 항공보안 개념 전환[38]

  - 다양하게 진화하는 위협에 대응하여 항공보안 표준을 이행하고 항공보안 결함 해결 도모

  - 항공보안에 대한 효율적인 국제 정책과 법규체계를 발전시킴

  - 국제 항공보안의 증진이 ICAO 및 체약국의 핵심 목표로 부각

  - 2001년, Protection of the cockpit 조치

  - 항공보안 주요 업무를 세 개 영역으로 구분하여 수행 (① policy initiatives ② Universal Security Audit Programme ③ assistance to States)

  - 2002년~2007년, 제1차 ICAO 항공보안평가(USAP)[39]

  - 2005년, National civil aviation security control programme provisions 제정

  - 2006년, Restrictions on carry-on liquids, aerosols and gels (LAGs)[40] 시행

  - 2008년~ 2012년, 제2차 ICAO 항공보안평가(USAP)시 적용범위 확대[41]

  - 전자여권(MRTD: Machine Readable Travel Document) 시행 및 개선 추진

  - 항공보안과 수속의 간편화를 동시에 고려하여 정보 공유 및 국가 간 협력 강화[42]

  - 2014년, ICAO에서 최초로 '항공보안혁신 심포지엄'(ICAO Symposium on Innovation in Aviation Security) 개최[43]

---

37) 1987.11.29. 대한항공 858편 보잉707 미얀마 인접 상공 폭발사건. 1988.12.21. 팬암103편 보잉747 영국 스코틀랜드 로커비 상공 폭발사건을 계기로 플라스틱 폭약의 탐지 어려움을 방지하기 위하여, 플라스틱 폭약 탐지가 가능하도록 플라스틱 폭약에 표지(marking)를 의무화한 조약.

38) 2001년 9/11 테러 이전에는 항공보안이 불법방해행위를 막는데 초점을 둔 반면에 9/11 테러 이후에는 위험을 기반으로 사전에 위험을 관리하는 개념으로 전환.

39) ICAO 제1차 항공보안평가(Universal Security Audit Programme: USAP)는 2002년부터 2007년까지 진행하였으며, 부속서 17 Security를 대상으로 함.

40) 2010년 ICAO Aviation Security Panel 회의에서 LAGs의 screening을 권고함으로써 탑재 제한 완화되는 계기가 되었으며 점차적으로 휴대 LAGs 제한이 완화됨. (http://www.icao.int/Security).

41) ICAO 제2차 항공보안평가는 2008년부터 2012년까지 진행하였으며, 부속서 17 Security 이외에 부속서 9 Facilitation도 평가 대상에 추가함.

42) 10th ICAO MRTD Symposium, 2014.10.8., Montreal.
   ICAO - WCO Joint Conference on Enhancing Air Cargo Security & Facilitation, 2014.4.16. - 17. Bahrain, etc.

43) ICAO에서 항공보안의 중요성을 인식하여 항공보안혁신 심포지엄(ICAO Symposium on Innovation in Aviation Security, 2014.10.21.~10.23.)을 처음으로 개최함. ICAO homepage(http://www.icao.int).

이상과 같이 ICAO는 뒤늦게나마 항공보안의 발전과 혁신을 위해 노력하고 있고, 체약국 간 best practices 및 정보 공유를 통한 국가 간 협력방안을 강구하고 있다. 효율적인 항공보안 발전 및 성공적인 목표달성을 위해서는 지속적이고 혁신적인 항공보안 정책연구가 필요하며 이를 위하여서는 공항, 항공사, 법집행기관, 항공당국 및 학계의 항공보안 전문가들이 참석하는 세미나나 워크숍의 활성화가 필수적이다.

2.1.2 ICAO의 항공보안 최근 동향

ICAO는 현재 3개년(2014년-2016년) 전략 목표를 5가지(① Safety, ② Air Navigation Capacity and Efficiency, ③ Security & Facilitation, ④ Economic Development of Air Transport, ⑤ Environmental Protection)로 설정하여 추진하고 있으며, 그 중의 하나가 '항공보안'이다. 또한 항공보안에 대한 전략적 목표는 시카고 협약 부속서 17 Security(항공보안) 및 Annex 9 Facilitation(출입국 간소화)과 관련하여 항공보안을 증진하는 것이다. 아울러 항공보안, 출입국 간소화 및 보안 관련사항에 대한 ICAO의 역할을 반영하고 강화하는 것이다.

최근 확대되고 있는 항공보안 활동은 기본적으로 세 개 영역(① policy initiatives ② Universal Security Audit Programme ③ assistance to States)으로 수행되며, 보안점검은 항공보안평가(USAP : Universal Security Audit Programme)로 수행된다. 또한 ICAO는 여행서류의 보안 및 보안요원의 훈련을 개선하기 위해 노력하고 있으며 추가적으로 전 세계 항공보안 강화를 목적으로 지역별 보안활동을 지원하고 있다. 여행 문서 보안은 기계판독 여행문서(Machine Readable Travel Document: MRTD) 기준을 충족해야 한다. 이와 관련하여 ICAO는 전자여권(machine readable passports: MRPs)을 위한 국제표준을 개발하였고[44] 이에 따라 각 체약국은 전자여권을 발행하고 있다. 항공보안을 유지하면서 불필요한 지연 없이 승객, 승무원, 수하물, 화물 등에 대한 통관 수속을 하는 것도 중요하며 이를 위하여 다양하고 지속적인 협의가 이루어지고 있다.[45]

민간항공에서 진화하고 있는 항공위협을 다루는데 있어, ICAO는 항공보안 전문가 집단인 항공보안(AVSEC: Aviation Security) 패널과 폭발물 탐지 등에 대한 전문가 특별그룹의 조언에 의존하고 있으며, 아울러 체약국 및 모든 이해 관계자 간의 협력에 의존할 수밖에 없다.

항공보안에 있어 가장 중요한 목표는 전 세계에서 한결같은 보안 조치를 이행함으로써 글로벌 보안수준을 강화하는 것이라고 할 수 있다. 효율적인 항공보안 발전 및 성공적인 목표달성을 위해 항공

---

44) 시카고 협약 부속서 9 Facilitation, 3.3; ICAO Doc 9303 Specifications for machine readable travel documents.

45) 항공화물 보안 및 수속 간소화에 대한 ICAO와 WCO(세계관세기구)간 공동 회의인 ICAO – WCO(World Customs Organization) Joint Conference on Enhancing Air Cargo Security and Facilitation, 2014.4.16. – 17, Bahrain의 내용.

보안 정책연구가 필요하며 이를 위해서는 공항, 항공사, 법집행기관, 항공당국 및 학계의 항공보안 전문가들이 참석하는 세미나나 워크숍의 활성화가 필수적이다.

2.2 시카고 협약 부속서 17 항공보안

항공보안과 관련하여 시카고 협약 부속서 17(항공보안, Security)은 불법방해행위로부터 국제민간항공을 보호하기 위해 체약국이 이행해야 하는 국제표준 및 권고방식을 규정하고 있으며, 1970년 ICAO 총회의 결정에 의해 1974년에 탄생하였다.

1944년 시카고 협약 체결 당시에는 이러한 보안 위협 및 보안조치의 필요성을 예견하지 못했다. 이런 연유로 전술한바와 같이 국제 항공보안에 대한 규정은 시카고 협약이 체결된 지 30년 후인 1974년에야 부속서 17이 채택되었다.[46]

1974년 부속서 17을 채택한 후 초기에는 SARPs 조항의 개정 및 보완에 초점을 맞추었다. 부속서 17의 출현으로, ICAO는 국제 보안 조치의 이행을 지원하기 위해 국가에 가이드를 제공하기 시작했으며, 항공보안 관련하여 가장 기본적인 가이드가 되는 매뉴얼인 Doc 8973[47]을 마련하여 접근제한 문서 형태로 유지하고 있다.

시카고 협약 부속서 17는 총 5장[제1장 정의(Definitions), 제2장 일반원칙(General Principles), 제3장 조직(Organizations), 제4장 사전보안대책(Preventive security measures), 제5장 불법방해행위 대응관리(Management of response to acts of unlawful interference)]로 구성되어 있다.

2.3 항공보안평가

ICAO는 체약국을 대상으로 항공당국 전반에 대하여 항공보안수준, 구체적으로는 항공보안 관리체계 및 이행수준을 평가하는 항공보안평가(Universal Security Audit Programme: USAP)를 실시하고 있고, IATA도 항공사에 대한 항공안전평가에 항공보안에 관련한 항목을 포함하여 평가를 실시하고 있다.

ICAO의 항공보안평가(USAP)란 ICAO에서 전 세계 항공보안의 증진을 위해 각 체약국을 대상으로 항공보안 분야 국제기준인 시카고 협약 부속서 9(출입국 간소화) 및 부속서 17(항공보안)의 이행실태를 종합적으로 평가하는 제도이다. 이는 ICAO가 인증한 기관의 담당자가 정부, 공항운영자, 항공사

---

46) 시카고 협약 부속서 17은 1974년 3월 22일 채택되어 13차례 개정됨(2014.10.1. 기준).

47) ICAO Doc 8973 Security Manual for Safeguarding Civil Aviation Against Acts of Unlawful Interference (Restricted).

등 관련 기관 및 업체들을 방문하여 ICAO의 국제기준 준수 여부를 확인하고 있다. ICAO는 부속서 17에 항공보안업무와 관련하여 불법방해행위로부터 민간항공과 그 시설을 보호하기 위한 조치에 관한 SARPs를 규정하고 있으며 별도로 접근이 제한된 매뉴얼을 제공하고 있다. 2001년 9/11 테러 이후에는 민간항공의 새로운 위협들에 대처하기 위하여 이에 대한 개정 및 항공보안평가(USAP)에 중점을 두고 있다. 9/11 테러는 전례 없이 대형 민간항공기 자체를 불법방해행위의 수단으로 사용한 테러로 항공보안 대처 방법에 대한 매우 큰 변화를 가져왔다. 이와 관련하여 ICAO는 이후 개최된 총회[48]에서 『민간항공기를 테러행위 및 파괴 무기로 오용하는 것을 방지하는 선언』에 관한 결의안을 채택하였다. 이어 ICAO 이사회에서는 『ICAO 항공보안활동계획』의 이행을 채택하였으며, 이에 따라 2002년 11월부터 ICAO 항공보안평가(USAP)가 시작되었다.

제1차 항공보안평가는 2002년에 시작해서 2007년에 종료되었으며 시카고 협약 부속서 17(항공보안)의 표준 66개 항목 및 483개의 세부항목에 대하여 평가하였다. 제2차 항공보안평가는 2008년에 시작해서 2013년까지 완료하도록 계획되었으며 시카고 협약 부속서 17(항공보안)과 부속서 9(출입국 간소화)의 표준 및 권고방식(SARPs)의 이행여부와 관련하여 총 299개 평가항목 및 790개의 세부사항에 대하여 평가하였다.

한국은 제1차 항공보안평가를 2004년 11월에 받았으며, 제2차 항공보안평가는 2011년 8월에 받았다. 제2차 평가는 시카고 협약 부속서 9도 평가항목으로 추가되면서 정부 관련기관의 서류심사, 공항공사와 항공사 운영현황 현장 확인 및 추가평가와 평가결과 보고서 작성 순으로 평가가 진행되었고 항공보안체계, 보안감독활동 및 미비점에 대한 개선절차 등이 중요하게 다뤄졌다. 평가 결과 한국은 세계 최고수준의 국가 중의 하나로 평가되었다.[49]

---

48) ICAO 제33차 총회(2001.10).

49) 국토해양부 정책자료집(2008.2~2013.2)③ 참조. ICAO는
제1차 평가 결과 ICAO 표준과 불일치는 없다고 평가함. 단, 우리나라 항공보안 발전을 위해 총 13개의 개선권고를 제시하였으며 후속 평가에서 개선권고가 모두 이행되었다고 평가함.
제2차 평가 종합이행률 98.57%(법령·항공보안조직·교육훈련·문제해결 분야에서 국제기준 이행율 100%를 받았으나, 규정·기술지침서·승인/인증절차·수준관리 분야에서 각각 1개씩 개선권고를 받음).

제8장

국제항공범죄

항공범죄, 즉 항공기에서 일어나는 절도, 폭력, 마약 밀수, 외화 밀반출 등 범죄와 항공기 승객을 인질로 한 항공기 납치 범죄는 항공기 등장이 그러하듯이 비교적 최근에 발생하기 시작한 범죄이다.

항공기에서 발생하는 범죄를 처리하는 데 있어서 당초 커먼로 국가는 영토 관할권만을 주장하였으나 항공기를 영토로 간주하지는 않은 반면 대륙법 국가는 자국 국민이 범한 범죄에 대하여 대부분 관할권을 주장하는 입장이었다. 세계 전체적으로 보아 자국에 등록된 항공기에서 발생한 범죄에 대하여 관할권을 주장하는 국가는 과거 약 20여 개국에 불과하였고 또 나라에 따라서는 국내법과 쌍무 조약에 따라서 범인 인도를 하는 나라(예: 프랑스와 이태리 등)와 그렇지 않은 나라(예: 영국 등)로 나누어지는 등 항공기 범죄에 대하여 통일적으로 적용할 국제 규범이 없는 실정이었다.[1]

이에 대처하여 맨 처음 등장한 조약이 1963년에 채택된 동경 협약으로서 항공기상에서 항공안전을 위태롭게 하는 범죄를 규정하고, 범인을 인도하며, 항공 기장의 권한을 명시하고 체약국에 범인 처벌을 부과한 내용이었다. 그러나 곧이어 항공기에 관련한 범죄는 항공기상에서의 단순한 범죄보다는 항공기 납치의 범죄가 큰 문제로 등장하였으며 동경 협약은 이에 대한 해결책이 아니었다.

항공기 납치는 1930년 페루에서 처음 발생한 것으로 기록[2]된 후 1950년대 후반과 1960년대 초반에 사회주의 국가인 쿠바를 목적지로 한 항공기 납치가 성행하였다. 이러한 항공기 납치는 아랍·이스라엘 분쟁을 배경으로 1968년과 1970년 초 사이에 빈번히 발생[3]하여 국제사회의 경각심을 제고시킨 결과 이에 대한 국제적 대처 방안으로 1970년 헤이그 협약이 채택되었다. 그러나 이 또한 항공기와 공항을 파괴하는 범죄에 대한 대응은 아니었고 2001년 항공기를 무기로 하여 미국을 공격한 9/11사태를 자행한 범죄를 처벌할 수 있는 것은 더군다나 아니었다. 이에 따라 민간항공의 안전을 위한 1971년 몬트리올 협약, 동 협약을 개정한 1988년 몬트리올 보충 의정서, 폭약표지를 위한 1991년 몬트리올 협약, 2010년 북경 협약과 북경 의정서가 채택되었는바, 이를 차례로 살펴본다.

---

1) Shawcross, VIII(1.2).

2) 상동. VIII(1).

3) 1960년대와 1970년대에 항공기에 대한 공격이 빈번하였는바, 가장 피크인 1972년에는 항공기 폭파 6건, 납치 59건이 발생하였음. 2015.11.14.자 The Economist 56쪽.

1. 항공기상 범죄에 관한 1963년 동경 협약[4]

조약도 마찬가지이지만 모든 사회활동을 규율하는 법률 제정은 이를 필요로 하는 사건 발생을 계기로 삼는 경우가 많은바, 동경 협약을 필요로 하는 하나의 사건을 소개하면 다음과 같다.[5] 1948.8.2. Puerto Rico의 San Juan에서 New York으로 가는 미국 항공사의 비행기에 탑승한 Cordova와 Santano라는 승객은 탑승 전부터 친지들의 환송 파티로 럼(Rum)주를 마신 후 럼주 몇 병을 가지고 탑승 한 채 계속 마시다가 이륙 한 시간 반쯤 후 공해 상공을 비행할 때 럼주 한 병의 행방을 가지고 서로 다투기 시작하였다. 여 승무원이 이를 제지하였으나 소용이 없는 가운데 60명의 승객만을 태운 소형항공기는 비행기 뒷좌석에서 일어난 이들의 싸움을 보려고 다른 좌석의 승객들이 비행기 뒤로 몰려가는 바람에 비행기가 무게 중심을 잃고 수직에 가까운 비행 상태가 되었다. 기장은 필요한 비상조치를 취하면서 승무원으로부터 상황보고를 받은 후 부기장에게 조종실을 맡기고 승객 좌석으로 가서 싸움을 진정시키려고 하였으나 Santano는 순응하였지만 Cordova라는 승객은 기장과 여 승무원을 물리적으로 공격하여 여 승무원은 바닥에 쓰러지는 상황이 전개되었고 이를 본 여타 승객들이 Cordova를 제압한 후 동인을 미국에서 기소하였다. 그러나 여사한 범죄를 규율할 만한 해사법(admiralty law)은 선박(vessel)에 대한 관할규정이 있지만 항공기가 선박이 아니고 또 공해 상공에서의 범죄에 적용할 규정이 없다는 이유로 Cordova를 처벌할 근거가 없어 석방한 어이없는 사건이 발생하였다. 이에 대해 미국 내외에서의 비난이 거센 가운데 미국은 공해 상공을 비행하는 미국 항공기에서 발생한 범죄도 처리하는 내용으로 관련 해사법을 개정하였다.[6]

동경 협약은 동 협약의 체약국에 등록된 항공기가 비행 중[7]일 때 발생한 항공기 내의 범죄를 규율한다. 군용, 경찰용 및 세관용의 항공기는 국가항공기(state aircraft)로서 협약 적용 대상이 아니다(제1조4항).

협약은 또한 정치적 성격이나 인종적 또는 종교적 차별을 근거로 하여 체약국의 형법이 규율하는 범죄를 적용 대상에서 원칙적으로 제외하고 있다(제2조).

협약은 범죄의 관할국으로서 항공기 등록국과 항공기 등록국이 아닐 경우에는 제4조에서 규정한 일정한 요건(자국민에 의한 또는 자국민에 대한 범죄 등)하에서 비 등록국에 관할권을 부여하였다.

항공기장(aircraft commander)은 항공기상에서 발생한 범죄나 또는 동 범죄를 일으키려 하는 자에 대

---

4) 정식 협약 명칭은 항공기 내에서 행한 범죄 및 기타 행위에 관한 협약(Convention on Offences and Certain Other Acts Committed on Board Aircraft)으로서 1963.9.14. 채택, 1969.12.4. 발효, 우리나라는 1971년 가입. 2015년 12월 현재 당사국 수 186. 국·영문 협약문은 부록 참조.

5) I H Diederiks-Verschoor, An Introduction to Air Law, 9th Revised ed., 2012, pp.393~394.

6) Public Law 514, 82nd Congress; United States Aviation Reports 437-439(1952).

7) 동경 협약 제1조 3항은 '비행 중'(in flight)을 이륙목적으로 엔진이 작동되는 때부터 착륙을 위한 주행이 끝날 때까지로 정의하고 있으나, 헤이그나 몬트리올 협약은 각기 제3조 1항과 2조 (a)항에서 '비행 중'을 항공기 출입문이 승객의 탑승 후 닫힌 때부터 하기 차 열릴 때까지로 정의하고 있음. 그런데 동경 협약도 항공기장이 범좌억제를 위한 조치권을 취할 경우에는 헤이그 협약 등에서와 같은 '비행 중'의 정의를 채택하고 있음(동경 협약 제5조 2항).

하여 필요한 예방조치를 취할 권한이 있다. 동 예방조치는 기장이 항공안전을 저해하는 범죄를 일으키려 하는 자를 억제(restraint)할 수 있으며(제6조1항) 이를 위하여 승무원에게 요구(require)하고 승객에게 요청(request)할 수 있는 것이며 승무원이나 승객은 예방조치가 필요할 경우 기장의 권한 부여가 없어도 즉각적으로 억제조치를 취할 수 있다(제6조 2항). 기장은 여사한 조치가 일어날 경우 다음 착륙지에서 범인을 하기시키든지(제8조 1항), 착륙지 국가가 협약 당사국일 때에는 범인을 인도할 수(제9조 1항) 있다. 협약 당사국은 항공기 납치 등을 행한 또는 기도하는 자의 신병을 인도받았을 경우 즉시 사건조사를 하여야 하고 그 결과를 항공기 등록국과 사건 유발 혐의자의 국적국에 통보하여야 한다(제13조).

항공기가 등록국 영공이나 공해 상공 또는 어느 국가에도 속하지 않는 지역(예: 남극)의 상공을 비행할 때 다음중 하나의 경우가 아닌 한 항공기장이 기상 범죄를 예방하고 억제하는 조치를 취할 수 없다(제5조 1항).

- 마지막 이륙지나 다음 착륙지가 항공기 등록국이 아닐 경우
- 다음에 진입할 영공이 항공기 등록국의 영공이 아닐 경우

위의 규정은 항공기 등록국과의 연결이 느슨한 상황에서의 비행 시 항공기장에게 제6조 2항에 따른 강력한 조치권, 즉 기장이 기내 승무원과 승객에게 위험한 인물을 억제할 수 있는 권한과 승무원과 승객의 즉각적인 억제조치를 허용한 것이다.

협약은 범죄 예방 및 방지를 위하여 항공기장, 승무원 및 승객이 범죄 혐의자를 대상으로 취한 조치에 대하여 동 범죄 혐의자가 책임을 물을 수 없도록 하였다(제10조). 면책 대상은 해당 항공기 소유자, 운항자 또는 임차자에게도 확대된다(제10조).

범죄 혐의자를 인도받은 협약 당사국은 동 인도 사실을 항공기 등록국과 혐의자 국적국에 통보하고 자국이 관할권을 행사할지를 아울러 통보하여야 한다(제13조 5항).

협약은 협약 당사국과 협약 당사국이 아닌 국가가 혐의자를 인도받는 경우를 분류하고 있는바, 제13조는 협약 당사국이 인도받는 경우를 규정하고 제14조는 협약 비당사국에서 혐의자가 하기하는 것도 포함하였다. 제13조가 제9조의 1항과 제11조의 1항에 따른 혐의자를 협약 당사국이 인도받을 때 협약 당사국이 즉각 사건조사를 하고 인도 사실을 항공기 등록국과 혐의자 국적국 등에 통보하며, 또한 관할권 행사 여부도 아울러 통보하도록 한 반면에 제14조에서는 제9조의 1항, 제11조의 1항에 덧붙여 협약 당사국이 아닌 국가에 혐의자가 하기하는 제8조 1항의 경우까지를 포함하였다. 제14조에 의하면 혐의자를 인도 또는 하기 받는 국가가, 원할 경우 혐의자 접수를 거절할 수 있도록 하였다. 단, 이때 혐의자가 당해 국민 또는 당해국의 영주권자가 아니어야 한다. 이 경우 혐의자는 자신의 국적국

이나 영주권 국가로 돌려보내지거나 또는 자신의 항공여행이 시작된 지점으로 돌려보내진다.

범죄 혐의자가 인도 또는 하기된 협약 당사국은 같은 경우에 처한 자국민에게 부여하는 대우 이하로 혐의자를 취급하여서는 안 된다(제15조 2항). 또한 혐의자는 즉각 가장 가까운 곳에 있는 자국의 대표(대사관이나 영사관원 등)와 연락할 수 있도록 주선되어야 한다(제 13조 3항).

한마디로 동경 협약은 두 가지 주요 내용을 규정하고 있는바, 첫째는 기상 범죄에 대하여 적어도 항공기 등록국이 관할권을 갖고 범죄를 처벌하도록 하는 것이며, 둘째는 기장과 기내 승무원 및 승객이 항공기 안전을 위하여 필요한 조치를 취할 수 있는 근거를 만든 것이다.

2. 항공기 불법 납치 억제에 관한 1970년 헤이그 협약[8]

헤이그 협약은 비행 중에 있는 항공기에서 불법적으로 또는 무력으로 항공기를 장악하거나 또는 이를 기도한다든지 또는 동 행위의 공범(共犯)이 되는 것을 범죄로 규정하였다. 동 협약에서도 군용, 세관용 및 경찰용 항공기는 적용 대상이 아니다(제3조 2).

헤이그 협약은 동경 협약과 달리 '비행 중'(in fight)의 정의를 탑승 후 항공기 출입문이 닫힌 순간부터 하기를 위하여 출입문이 열리는 때까지로 보았다. 협약은 항공기의 이륙 지점이나 실제 착륙지점이 항공기 등록국 밖에 있지 않는 한 적용되지 않는다(제3조 3항). 동경 협약에도 있는 여사한 규정은 국제 운항 민간 항공기에 적용하기 위한 것이다.[9] 그러나 국내 운항 항공기가 납치되어 항공기 착륙지점이 실제로는 타국 영토가 될 수 있으므로 헤이그 협약 제3조 3항은 실제 착륙지점을 중시하여 실제 착륙지점이 외국일 경우에는 국내선 운항 항공기에도 협약이 적용되도록 하였다.

항공기 납치범 또는 동 혐의자는 항공기가 어디에 착륙하든지 관계하지 않고 협약 당사국 영토상에서 발견되었을 경우 동 당사국이 신병을 확보한 뒤, 기소 또는 범인 인도절차를 밟아야 한다(제6조 1항). 동 당사국은 아울러 즉각 사실조사를 행하여야 하고(제6조 2항), 범인이 자국의 대표와 즉각 교신할 수 있도록 하여야 하며(제6조 3항), 동 사실을 항공기 등록국, 항공기의 임차사용 시 임차인의 영주지 국가, 범인의 국적국 등에 통보하여야 하며, 조사 결과를 또한 조속 통보하면서 관할권 행사 여부를 알려 주어야 한다(제6조 4항).

협약 제7조는 범인이 발견된 체약 당사국으로 하여금 동국이 범인을 인도하지 않을 경우 '어떠한

---

8) 정식명칭은 항공기의 불법납치 억제를 위한 협약(Convention for the Suppression of Unlawful Seizure of Aircraft)으로서 1970.12.16. 채택, 1971.9.14. 발효, 우리나라는 1973년에 가입함. 2015년 12월 현재 당사국 수 185.

9) 국내에서 발생한 범죄는 국내법으로만 해결하면 되기 때문에 협약을 적용할 필요가 없음.

예외도 없이'(without exception whatsoever) 범인 처벌을 위하여 관련 당국에 이첩하여야 하며, 동 당국은 동국 법률상 중대한 통상 범죄를 다루는 경우에서와 같은 방법으로 동 건을 처리하여야 한다고 규정하였다. 이 조항은 범죄인 인도와 관련하여 잘 알려진 격언 *aut dedere aut judicare*(인도하지 않으면 처벌한다)의 내용을 수용한 것이다. 또 동 조항에서 '어떠한 예외도 없이'는 항공기 납치를 여하한 경우에도 묵인할 수 없다는 협약 제정자의 의사를 표현하는 것으로 보아야 한다. 따라서 1983.5.5. 중국 민항기가 우리나라 영토에 납치되어 왔을 때 납치범이 정치적 망명 동기로 납치행위를 하였더라도 협약은 이를 용납하지 않고 의법 처리하도록 요구하는 것이다. 항공기 납치를 중대한 범죄로 간주하여 이를 엄중 처벌하여야 한다는 협약정신은 제2조 중벌 처리 규정에도 나타나 있다.

협약 제4조는 항공기 납치 범죄와 동 범죄에 관련하여 범인이 승객이나 승무원에게 행한 폭력행위에 대하여 체약국이 관할권을 행사하도록 하였는데 관할권을 행사할 수 있는 경우는 다음과 같다.

- 동 체약국에 등록된 항공기상에서 범죄가 발생한 경우
- 범죄가 발생한 항공기가 범인을 탑승한 채 체약국에 착륙할 경우
- 주된 영업소나 영주지 국가를 체약국으로 하고 있는 임차인이 승무원 없이 임차한 항공기에서 범죄가 발생하였을 경우
- 범인이 발견된 체약 국가로서 동 국가가 상기 3개 항의 국가에 범인인도를 하지 않을 경우

협약은 범죄인 인도를 용이하게 하기 위하여 협약이 범죄인 인도조약의 기능을 하도록 의제하였다(제8조 1~2항). 또한 범죄인 인도목적상 협약상의 범죄는 범죄가 실제 발생한 장소에서뿐만 아니라 범죄에 대한 관할권을 행사할 수 있는 국가에서도 발생한 것으로 간주하고 있다(제8조 4항).

체약 당사국은 범죄가 발생한 또는 발생하려 하는 비행 중인 항공기의 기장에게 항공기의 통제를 회복하여 주기 위한 모든 필요한 조치를 취하여야 한다(제9조 1항). 또한 체약 당사국은 자국에 들어온 항공기, 동 항공기의 승객 및 승무원이 가능한 한 조속히 여행을 계속하도록 하고, 항공기와 화물은 지체 없이 적법한 소유자에게 반환하여야 한다(제9조 2항). 체약 당사국들은 범죄의 형사처벌에 관련하여 상호 최대한 지원하여야 한다(제10조 1항). 체약 당사국은 자국법에 따라 범죄 발생과 동 건 처리 등에 관한 사항을 조속히 ICAO 이사회에 통보하여야 한다(제11조).

헤이그 협약이 협약 당사국만을 상정하여 규정한 것이 동경 협약과는 조금 다르다.[10]

다음에 설명하는 몬트리올 협약도 마찬가지이지만 헤이그 협약은 급격히 증가하는 항공기 납치사건에 대처하기 위하여 짧은 시간 내에 성안되고 채택된 협약임에도 불구하고 협약규정이 매우 성공적으로 작성되었다.

---

10) 동경 협약 제7조 1(a) 등 참조.

3. 민항 안전 불법 행위 억제에 관한 1971년 몬트리올 협약[11]

동경 협약은 비행 중인 항공기에서 일어나는 특정한 범죄에 대하여 규율하고 헤이그 협약은 비행 중인 항공기 납치범죄에 대하여 규율하고 있으나 서비스 중(in service)에 있는 항공기 파손 등의 범죄와 비행 중인 항공기 탑승원에 대한 범죄 및 지상 항행시설의 파괴 등은 규율하지 않았다.

여기에서 오는 법의 공백은 1970년 9월 팔레스타인 게릴라가 민간 항공기를 납치하고 동 납치된 항공기를 중동지역의 공항에서 폭파한 일련의 사건에서 표출되었다. 따라서 국제사회는 여사한 사건의 방지와 처벌을 위한 목적으로 1971년 9월 몬트리올에서 민간항공의 안전에 대한 불법행위 억제를 위한 협약, 약칭 몬트리올 협약을 채택하였다.

몬트리올 협약은 협약 당사국의 관할권, 범죄인 인도, 협약 당사국의 의무와 권한 등 여러 가지 면에서 헤이그 협약과 내용을 거의 같이 한다. 단, 규율 대상 범죄는 불법적으로 또한 고의적으로 범하는 다음 사항을 규정한 것이 헤이그 협약과 다르다.

- 비행 중인 항공기 탑승자에게 폭력행위를 행사하되 동 행위가 동 항공기 안전을 위태롭게 하는 경우[12]
- 서비스 중(in service)인 항공기를 파괴하거나 동 항공기에 손상을 유발하여 비행을 불가능하게 하거나 또는 비행을 위태롭게 하는 경우
- 서비스 중(in service)인 항공기에 어떠한 물건이나 장치를 통하여 항공기의 안전과 운항을 저해할 경우
- 항행시설을 손상하거나 동 시설의 작동을 방해하여 비행 중인 항공기의 안전을 위태롭게 하는 경우
- 거짓 정보를 전달하여 비행 중인 항공기의 안전을 저해하는 경우(이상 협약 제1조 1항)

협약은 상기 범죄행위를 기도하거나 공범으로 행동한 경우에도 범인으로 규정하였다(제1조 2항).

협약은 새로이 도입한 서비스 중(in service)이라는 개념을 정의하되 항공기가 사전 비행준비를 하는 단계에서부터 시작하여 이륙을 하여 착륙한 뒤 24시간까지의 기간으로 하였다(제2조 (b)).

협약 당사국은 상기 범죄를 중벌에 처하여야 하고(제3조), 동 5가지 범죄 중 앞의 3가지는 범죄자가 발견되는 어느 체약 당사국에서도 동일하게 처벌되든지 또는 인도되는 범죄로 규정하였다(제5조).

그런데 몬트리올 협약의 당사국인 우리나라가 1987.11.29. 북한 공작에 의한 KAL 858편 보잉 707기의 공중 폭발 사건 시 무고한 승객과 승무원이 사망하였는데 범인으로 밝혀진 김현희를 사면시킨 것은 국제항공법상 어떠한 이유로도 정당화될 수 없는 처사였다.

---

11) 정식명칭은 민간항공의 안전에 대한 불법행위의 억제를 위한 협정(Convention for the Suppression of Unlawful Acts Against the Safety of Civil Aviation) 으로서 1971.9.23. 채택, 1973.1.26. 발효, 우리나라는 1973년 가입함. 2015년 12월 현재 당사국 수 188.

12) 동 사항은 동경 협약 제6조에서 규율한 사항과 비슷함.

4. 1988년 몬트리올 협약 보충의정서[13]

국제사회가 동경, 헤이그, 몬트리올 협약을 채택하면서 민간항공의 안전을 도모하였지만 범죄의 주체인 지능적인 인간의 모든 행동을 몇 개의 조약으로 바로잡을 수는 없었다.

이는 일부 국가가 테러리스트의 온상 역할을 하였기 때문이기도 하였다. ICAO 법률위원회는 1970년대 초에 이러한 국가를 제재하는 방안을 강구하였으나 ICAO가 이에 관한 협약을 제정한다는 것이 유엔헌장 제41조상에 명시한 유엔 안보리의 권한을 침범하는 것이 되기 때문에 주저하였다. 그러나 1972.5.30. 3명의 테러리스트가 이스라엘의 Lod공항에서 26명을 사상하는 사건을 시작으로 한, 또 한 차례의 테러사건 소용돌이는 1973년 8~9월 로마에서 개최되었던 ICAO 특별총회 겸 외교회의의 토의 의제에 영향을 끼쳤다.[14] 이 결과 ICAO 특별총회는 시카고 협약을 개정하여 협약 당사국이 민항기, 공항, 항행시설 등에 대하여 무력을 사용하지 말도록 하는 내용 등을 포함한 안을 시카고 협약 제16장 2(Chapter XVI *bis*)로 채택하고자 하였으나 2표 차이로 실패하였다.[15]

한편 동시에 로마에서 개최된 외교회의는 헤이그 협약과 몬트리올 협약의 범인 인도를 강제하는 내용의 의정서를 토의하였으나 채택되지 못하고 동 회의 역시 실패로 끝났다. 동 외교회의에서 그리스 대표는 몬트리올 협약을 개정하여 국제 민간항공을 저해하는 폭력행위가 공항구내에서 발생할 경우 이를 협약상의 범죄에 포함시킬 것을 제안하였으나 이 또한 채택되지 않았다. 그리스의 동 제안은 1973.8.5. 아테네 공항 대합실에서 팔레스타인 게릴라가 무차별 총격과 폭탄투척을 한 사건에 영향을 받아 나온 것이었다.

공항에서의 테러행위는 그 뒤 점증하여 1985년에만 프랑크푸르트, 비엔나, 로마, 나리타 등 4곳의 국제공항에서 발생하였는바 1986년의 제26차 ICAO 총회는 이의 대응방안으로 관련 협약 제정의 필요성을 강조하였다. 그 결과 ICAO의 법률위원회가 1987년 제26차 회의를 소집하여 국제 민간항공 공항에서의 폭력행위 억제를 위한 협약 초안을 작성하였으며 동 초안은 1988.2.9.~24. 몬트리올에서 개최된 항공법회의(International Conference on Air Law)에서 토의된 결과 몬트리올 협약의 보충의정서로 채택되었다. 동 의정서 채택으로 몬트리올 협약상의 범죄가 국제공항에서의 폭력행사 행위와 공항시설 파괴행위를 포함하는 것으로 확대되었다.

---

13) 정식명칭은 Protocol for the Suppression of Unlawful Acts of Violence at Airports Serving International Civil Aviation, Supplementary to the Convention for the Suppression of Unlawful Acts against the Safety of Civil Aviation, Done at Montreal on 23 September 1971로서 1988.2.24. 채택되었음. 동 의정서는 10개국이 비준한 1989.8.6. 발효함(의정서 제6조). 2015년 12월 현재 당사국 수 173.

14) 상세한 것은 G. F. FitzGerald, "Unlawful Interference with Civil Aviation", Essays in Air Law ed. by Arnold Kean, Nijhoff, The Hague, 1982 참조.

15) 상세는 박원화의 미간행 석사논문 The Boundary of Airspace and International Law, McGill Univ., 1987 참조.

5. 플라스틱 폭약 표지에 관한 1991년 몬트리올 협약16)

1987.11.29. 바그다드 발 서울 행 대한항공 858편 보잉 707기가 미얀마 인접 상공에서 폭발하여 115명의 탑승자 전원이 사망한 사고라든지 1988.12.21. 미국 팬암 103편 보잉 747기가 영국 스코틀랜드 록커비에서 폭발 추락하여 259명의 무고한 탑승자와 11명의 지상 주민이 사망한 것에 대하여 세계는 경악하였다. 이들 항공기의 폭발사고원인은 폭약만 항공기에 실리게끔 하여 비행 중 폭발하도록 한 때문이며 이들 폭약이 탐지가 어려운 플라스틱 폭약일 경우 속수무책임을 자각한 여러 국가는 1991년 몬트리올에서 ICAO 주도 하에 플라스틱 폭약 탐지가 가능하도록 플라스틱 폭약에 표지(marking)를 하는 협약을 채택하였다.

협약내용은 국제 테러리즘에 대처하여 협약 당사국이 자국영토에서 표지 없는 폭약의 제조를 금지하고(제2조) 또한 표지 없는 폭약의 이동을 방지하는 의무(제3조)를 부과한 것으로 작성되었다. 그리고 현재 저장 중인 비표지 폭약은 파괴, 소비 또는 무력화시켜야 한다.17)

협약은 또한 폭약의 제조, 표지 및 탐지 등에 관한 모든 기술 발전을 평가하고 보고하며 협약의 기술 부속서 개정을 제안하기 위한 목적으로 국제폭약 기술위원회를 설치하였다(제5~8조).

6. 국제 민간항공 불법행위 방지를 위한 최근 국제협력

2010년 중국 상해 세계 박람회가 개최되는 기간 중에 민간항공안전에 관한 조약 채택을 위한 외교회의가 중국 북경에서 2010.8.30.부터 9.10.까지 진행되었다. ICAO가 주최한 동 외교회의에는 71개국이 참가하여 민간항공안전을 위한 1971년 몬트리올 협약과 동 협약을 개정한 1988년 몬트리올 의정서를 다시 개정하는 내용의 조약 문서를 채택하는 것을 목적으로 하였다. 또 하나의 목적은 역시 민간항공에 대한 새로운 위협에 대처하기 위하여 40년 전에 채택되었던 납치 방지에 관한 1970년 헤이그 협약을 개정하는 조약 문서를 채택하는 일이었다.

여사한 외교회의가 개최된 배경이 되는 세기의 9/11사태와 테러 방지에 관한 일반적인 국제협력을

---

16) 정식명칭은 Convention on the Marking of Plastic Explosives for the Purpose of Detection, done at Montreal on 1st March 1991로서 협약 제13조 2항 의거 플라스틱 폭약 생산국이라고 선언하는 최소 5개국을 포함, 35번째 국가가 비준/가입한 후인 1998.6.21발효. 2015년 12월 현재 153개 당사국.

17) 협약 제4조는 동 저장물은 군용이나 경찰용이 아닐 경우 협약 발효 후 3년 이내에, 군용이나 경찰용일 경우 15년 이내에 처분되어야 한다고 규정함.

먼저 알아보기로 한다.

6.1 9/11사태

Osama Bin Laden이 주도하는 Al−Qaeda 테러단체 소속 19명의 테러리스트가 2001.9.11. 미국 보스턴, 니와크, 워싱턴 D.C. 공항을 각기 출발하여 상항이나 LA로 향하는 아메리칸 에어라인 2대의 항공기와 유나이티드 에어라인 2대의 항공기에 분산 탑승한 후 항공기를 납치한 가운데 미국의 상징적인 건물에 충돌시킨 전대미문의 테러공격이 자행되었다.[18] 두 대의 항공기는 뉴욕 중심가에 소재한 미국 자본주의의 상징인 세계무역센터 쌍둥이 건물에 각기 충돌하여 동 건물과 인접 건물을 붕괴 내지 폐허화시키고 나머지 한 대는 미 국방부 건물에 충돌하였으며 마지막 한 대는 승무원과 탑승객들이, 다른 항공기의 세계무역센터 건물 공격사실을 인지한 가운데 테러리스트와 사투를 벌인 결과 미국 펜실베이니아 Shanksville에 추락하였는바, 이 4번째 항공기로는 테러리스트가 백악관이나 미국 의회 건물을 겨냥한 것으로 보인다.

상기 테러공격으로 2,977명과 19명의 테러리스트가 사망하였는데 4대의 항공기에 탑승한 246명 전원(테러리스트 제외)이 포함되었다. 피해액은 380억 달러 이상이었는바, 보험사가 200억 달러, 미국 정부기관들이 180억 달러를 부담하였다. 미국 정부는 '희생자 배상기금'을 설치하여 2003.12.22. 시한까지 배상금을 신청한 2,828명을 포함한 총 2,861명에게 최소 500달러에서 최고 810만 달러를 지불하는 데 약 15억 달러를 사용하였다.

한편 보험의 중심지인 런던 소재 보험회사들은 사건 발생 일주일 내인 2001.9.17. 미국 항공사들을 상대로 한 모든 전쟁보험을 2001.9.23.자로 취소한다고 선언하면서 보험료를 80% 내지 90% 인상함과 동시에 전쟁 보험액 상한을 5천만 달러로 대폭 축소하였다. 이는 기존 전쟁 보험액인 15억 달러에 비하여 터무니없이 적은 액수로서 약 배로 인상된 보험료와 함께 미국 항공사들의 정상적인 운항을 사실상 중단시키는 조치였다. 이에 대해 미국 국회와 정부는 긴급조치의 일환으로 Terrorism Risk Insurance Act of 2002를 제정하여 보험금 지불로 역시 위기에 처한 보험회사들을 2005.12.31. 한 지원[19]하는 한편 사고 발생 3주 내에 Air Transportation Safety and System Stabilization Act를 제정하여 미 항공기에 대한 전쟁보험을 미국 정부가 대신 들어 주는 보험사 역할을 하였다. 또한 Homeland Security Act도 제

---

18) 테러공격 이유에 대한 세계 언론의 보도 비중은 미약하였음. 여사한 테러가 일어나는 이유는 미국의 친이스라엘 정책에 반발하는 아랍 극단주의자들의 좌절감의 표출이며 사우디아라비아 왕정을 지원하는 미국의 대외정책에 대한 반발도 작용하기 때문일 것임.

19) 동법의 혜택을 받기 위하여서 당초 5백만 달러 이상의 손해가 발생하였어야 하나 2007.12.31.까지 2년 연장 적용하는 Terrorism Risk Insurance Program Reauthorization Act에서는 5천만 달러, 2014.12.31.까지 연장 적용하면서는 1억 달러로 손해액수를 상향 조정하였음. 2005.11.16. 방문 Wikipedia 내용.

정하여 기체와 승객 및 제3자에 대한 책임보험을 확대하여 미 정부가 보험을 책임지는 조치를 취한 후 이를 1년씩 계속 연장 적용시켜 오다가 전쟁보험 성격의 동 책임 보험을 최근에는 2013.10.1부터 2014.1.15까지로 3개월 반 만 연장하였다. 전쟁행위의 결과로 항공 운항자가 피해를 입을 때 1억 불 이상의 배상은 미국 정부가 책임진다는 동 혜택은 2014.1.20.부터 다시 연장된 후 2014.9.30.까지로 연장하다가 최종 2014.10.1.부터 12.11까지로 연장한 후 종료하였다.[20]

　　미국이 주도하는 국제 항공 사회는 여사한 사고가 재발할 경우에 대비한 제3자 피해에 대한 배상체제를 국제적으로 강구하도록 ICAO에 요청하였으며 ICAO는 법률위원회에서 동 건을 수년간 논의한 결과 국제사회는 후술(제9장 4항)하는 바와 같이 제3자의 일반위험(general risk)에 관한 배상협약과 항공기 사용 불법행위로 인한 제3자 피해 배상을 규정하는 테러(또는 불법방해배상)협약을 2009년 5월 채택하였다. 2개로 분리되어 채택된 동 조약은 제3자 피해 배상에 관한 1952년 로마 협약과 이를 개정한 1978년 몬트리올 의정서를 대폭 개정하여 현대화시키면서 항공기가 테러로 이용되는 상황도 감안한 것이다.

6.2 테러 방지를 위한 국제협력

　　민간항공안전에 관한 동경, 헤이그, 몬트리올 협약의 채택은 많은 나라가 항공기 안전문제에 대한 경각심을 갖고 별도의 국내법을 제정하는 계기를 부여하였다.[21]

　　한편 헤이그와 몬트리올 협약은 국가 간의 미묘한 범죄인 인도와 처벌에 관한 규정을 성공적으로 규율한 것으로서, 뒤에 채택된 '외교관을 포함한 국제적 보호인사에 대한 범죄 예방 및 처벌에 관한 유엔협약'(The UN Convention on the Prevention and Punishment of Crimes Against Internationally Protected Persons, Including Diplomatic Agents, 1973)과 '인질 억류에 관한 유엔협약'(The UN Convention on Hostage–Taking, 1979)이 많이 모방하였다.

　　구주이사회(Council of Europe) 후원 하에 유럽의 17개 국가는 1977.1.27. 테러 억제에 관한 유럽협약(The European Convention on the Suppression of Terrorism)을 채택하였으며 동 협약은 1978.8.4. 이래 발효 중이다. 동 협약은 모든 종류의 테러행위를 처벌하기 위한 것으로서 범죄인 인도를 하지 않는 협약 당사국은 범죄를 자국법에 따라 중죄에 준하여 처벌하도록 규정하고 있다(제7조).

---

20) 미국 법 49 U.S. Code § 44303, (b). 2015.1.5. 방문 FAA 웹사이트
　　https://www.faa.gov/about/office_org/headquarters_offices/apl/aviation_insurance/ext_coverage/.

21) 우리나라도 1974.12.26. 법률 제2742호로 항공기 운항 안전법을 제정하였음. 그러나 동 국내법은 제3조에서 1963년 동경 협약상의 범죄에 대하여 적용한다 하고 제8~10조에서는 1970년 헤이그 협약 상 납치도 처벌 범죄에 추가하여 질서가 없었으며 1971년 몬트리올 협약상의 범죄는 이에 누락시켜 절름발이식 짜깁기 입법이 되었음. 동 법은 2002.8.26 전면 개정되어 법률 제6734호 항공안전 및 보안에 관한 법률로 변경된 후 수차 개정되어 시행되다가 법률 제12257 항공보안법으로 명칭을 변경하여 2014.4.6.부터 시행 중에 있음.

2001년 9/11사태로 전 세계, 특히 서방국가들의 테러에 대한 경각심이 제고되었다. EU 각료 이사회는 2002년 '유럽 체포 영장에 대한 결정 체제'를 채택한 후 전 EU 회원국(2015년 말 현재 28개국)에 대하여 2004년부터 발효시켰다. EAW(European Arrest Warrant)라 불리는 동 EU법은 한 회원국이 최고 1년 이상 징역형의 범죄 혐의로 기소된 자나 이미 4개월의 징역형에 언도된 자의 인도를 요구할 경우 다른 회원국은 범죄자의 국적에 불문하고 이에 응하여야 하는 강력한 범죄자 인도 협조체제로서 과거 범죄인 인도조약을 대체한 것이다. EU는 또한 2004년 3월 스페인 마드리드에 이어 2005년 7월 영국 런던에서의 테러사건의 피해자로서 테러 퇴치와 예방에 있어서 미국과 함께 매우 적극적이다.

서방 선진 7개국은 1978년 서독 본에서 모임을 가진 후 '본' 선언(The Bonn Declaration)을 채택하여 항공기 납치범을 인도하지 않거나 처벌하지 않은 국가에 대해서는 비행을 전면 중단한다는 입장을 취하였다.[22]

그리고 9/11사태가 발생 후 매년 G8(서방 7개국에 러시아 추가)회담에서 테러와의 전쟁이 의제로 논의되고 있다.

유엔 안보리는 9/11사태 발생 후 2001.9.28. 반테러 조치를 내용으로 하는 결의 1373을 만장일치로 채택하여 국제 테러를 불식시키기 위한 정보교환, 관련 조약비준, 국내법 조정을 통한 테러행위 처벌 등의 의무를 전 세계국가에 강제하면서 각국의 이행을 모니터하기 위한 반테러위원회(Counter Terrorism Committee)를 안보리에 설치하였다. 이와 관련 폭탄 테러의 억제를 위한 국제협약[23]과 테러 자금조달의 억제를 위한 국제협약[24]이 9/11사태 발생 이전에 채택된 사실을 첨언한다.

해상에서의 선박 안전을 위하여 1988년 해상 항행 안전에 대한 불법행위 억제 협약[25]인 약칭 SUA 협약과 관련 의정서로서 대륙붕 소재 플랫폼 안전에 대한 불법행위 억제 의정서[26](약칭 SUA 의정서)가 채택되고 동 협약과 의정서를 개정하는 의정서[27]가 2005년 채택되었다. 한편 UN에서는 핵 테러행위 억제를 위한 국제협약[28]이 채택되었다.

마지막으로 시카고 협약의 부속서 17(Security)이 민항기 보안[29]문제에 관한 제반 사항을 규율하고

---

22) 상기 주 14) FitzGerald 논문 pp.67~68 참조.

23) International Convention for the Suppression of Terrorist Bombings로서 1997.12.5. 뉴욕에서 채택, 2001.5.23. 발효.

24) International Convention for the Suppression of the Financing of Terrorism으로서 1999.12.9. 뉴욕에서 채택, 2002.4.10. 발효.

25) Convention for the Suppression of Unlawful Acts Against the Safety of Maritime Navigation으로서 1988.3.10. 채택, 1992.3.1. 발효, 2010.12.2. 기준 156개 당사국.

26) Protocol for the Suppression of Unlawful Acts Against the Safety of Fixed Platforms Located on the Continental Shelf로서 1988.3.10. 채택, 1992.3.1. 발효, 2010.12.2. 기준 145개 당사국.

27) Protocols to the SUA Convention and to the SUA Protocol로서 2005.10.14. 채택, 2010.7.28. 발효, 2010.12.2. 기준 17개 당사국.

28) International Convention for the Suppression of Acts of Nuclear Terrorism으로서 2005.4.13. 채택, 2007.7.7. 발효, 2010.12.2. 기준 76개 당사국.

29) 통상적 의미에서 안전과 보안과는 달리 항공법에서 사용하는 안전(safety)은 돌발성 피해(accidental harm)예방에 주력하는 것이고 보안(security)은 고의성 피해(intentional harm)예방에 주력하는 뜻으로 쓰임.

있으며 ICAO 이사회는 여타 부속서도 마찬가지이지만 동 부속서를 수시 검토하여 시대발전에 적절한 규범이 되도록 보완 개정하면서 민항기 안전 업무에 기여하고 있다. 또한 ICAO는 Aviation Security[30]라는 문서를 간행하여 민간항공과 동 시설에 대한 불법 침해에 관련한 현행 ICAO 정책과 조치내용을 수록함으로써 시카고 협약 당사국의 편의를 도모하고 있다.

6.3 북경 협약[31]

상기 9/11테러 후 같은 해인 2001년 9~10월 개최된 제33차 ICAO 총회는 채택 결의[32]를 통해 ICAO 이사회가 민간항공안전에 대한 새로운 위협에 대처할 것을 요구하였다. 동 총회 결의에 따라 ICAO 사무국이 Study Group을 구성하여 검토한 결과 새로운 위협에 대처하기 위하여서는 현존 항공안전에 관한 조약들을 개선·보완할 필요가 있다는 결론을 내렸다. 이에 따라 ICAO 이사회는 2007년 3월 법률위원회에 특별 소위[33]를 구성하여 민간항공의 위협에 대처하기 위한 하나의 또는 복수의 조약 문서를 성안하도록 요청하였으며 동 소위는 1971년 몬트리올 협약과 1970년 헤이그 협약을 각기 개정하는 내용으로 2개의 의정서 안을 마련하였다.

2009.9.9.~17. 캐나다 몬트리올에서 개최된 제34차 법률위원회 회의는 상기 2개의 의정서 안을 바탕으로 최종안 마련을 위한 토의를 하였으나 완전한 안에 합의하는 데에는 실패하였지만 논쟁이 되는 여러 이슈에 대하여 복수 또는 대체안의 규정 내용들을 괄호 안에 표기한 채 2010년 북경 외교회의에 회부하였다. 71개국이 참가한 북경 회의에서는 성격이 일부 중복되는 2개의 의정서를 단일 조약으로 채택하든지, 2개의 각기 다른 의정서로 채택하든지 또는 별도의 형태로 채택하든지 등의 조약 형식 문제와 내용에 있어서 논란이 되는 여러 내용들을 최종 논의하였다.

논의 결과 이미 1988년의 몬트리올 개정의정서가 있는 1971년 몬트리올 협약은 또 하나의 개정의정서로 내용을 개정하는 것보다는 기존 2개의 문서를 합하여 새로운 내용을 추가한 협약의 형태로 채택하기로 합의하였고 개정된 적이 없는 1970년 헤이그 협약은 개정의정서로 새로운 내용만을 포함한다는 결정을 하였다.

개정내용에 있어서 범죄를 구성하는 내용을 확대하는 문안, 범인 관할권 국가를 확대하는 내용, 생

---

30) ICAO Doc 8849-c/990/4, 4th ed., 1987로 발간되었으나 지금은 출판이 단절되고 대신 여러 시청각 교재가 마련되어 있음.

31) Convention on the Suppression of Unlawful Acts Relating to International Civil Aviation으로 2010.9.10. 북경에서 채택. 채택 당일 미국, 영국, 한국을 포함한 22개국이 서명하였음. 그 후 8개국이 추가로 서명하여 2015년 12월 현재 서명국이 30개국이고 비준 8개국, 가입 5개국임. 22개국의 비준 또는 가입이 있어야 발효함.

32) Resolution A33-1.

33) 소위 위장은 프랑스인 Terry Olson, Rapporteur는 오스트레일리아인 Julie Atwell이며 소위는 2차에 걸친 회합을 통하여 논의를 한 후 2개의 의정서 안을 제시하였음.

물·화학·핵무기 등과 위험물을 불법 운송하는 행위도 범죄로 하느냐의 핵심 이슈로 의견 합일을 보지 못한 채 1971년 몬트리올 협약과 동 개정 1988년 몬트리올 보충의정서를 개정하는 내용은 새로운 협약의 형태로 투표에 부쳐 찬성 55, 반대 14로 채택하였다.

북경 협약의 주요 내용을 보면 다음과 같다.

첫째, 1971년 몬트리올 협약 제1조에 범죄로 규정한 5개 행위와 1988년 몬트리올 의정서 제2조에 2개의 범죄행위에 추가하여 북경 협약 제1조 1항에서 3개(운항 항공기를 이용한 사상과 재산 및 환경에 대한 피해 범죄, 살상을 목적으로 생물·화학·핵무기와 폭약 등을 투하, 사상을 위한 용도로 사용될 생물·화학·핵무기와 방사능 물질 등 위험물질의 불법 항공운송), 제1조 3항에서 2개(범죄행위를 하겠다는 위협, 여사한 위협을 타인이 불법으로 받게 하는 것), 제1조 4항에서 2개(범죄를 조직하거나 지시, 범죄 수사·기소·처벌 등을 회피하도록 조력), 제1조 5항에서 1개(다수 또는 특정 조직과 범죄 모의) 등 총 8개 행위를 범죄행위로 추가하였다. 특기할 사항은 운항 항공기를 이용한 범죄를 추가함으로써 9/11사태와 같이 항공기를 무기로 하는 테러행위를 규율할 수 있게 되었다. 또한 운송 범죄를 추가한바, 이는 민간 항공기를 이용하여 무기 및 위험 물자를 불법 운송하는 행위를 새로운 범죄로 추가하였다는 것이다.

둘째, 뒤에 살펴볼 북경 의정서와 동일한 내용이 여럿 있는바 이는 다음과 같다.

- 국가항공기는 적용 대상에서 제외된다(제5조 1항).
- 무력 충돌 시 무력 활동에 적용이 되지 않는다(제6조 2항).
- 범죄인을 중벌에 처하며(제3조) 자국에서 처벌하지 않을 경우 이유 여하를 막론하고 범죄인 관할을 하는 국가에 인도한다(제10조).
- 범죄인 인도 요청을 접수할 경우 해당 범죄를 정치인 범죄로 간주하지 않는다(제13조).
- 범죄 예방 노력 의무(제16조).
- 범죄 관련 정보를 관할권 행사 예정국에 제공할 의무(제18조).
- 22개국의 비준 또는 가입서 기탁 2개월 후 발효.
- 체약국을 당사국으로 통일하여 표기.

셋째, 범죄 관할권을 행사하는 국가로 기존 몬트리올 협약의 4개국에 3개국을 추가하였는바, 범인 국적국, 범죄 피해인 국적국, 그리고 항공기의 임차인 영업소 소재지 국 또는 거주국이다(제8조).

6.4 북경 의정서[34]

　범죄가 되는 불법 위험 운송물에 관한 규정 등이 없어 북경 협약보다는 내용이 간단하나, 일부 규정들은 북경 협약과 동일한 내용으로 포함되면서 같은 논란의 점들을 내포하고 있었다. 일부 논란의 내용들은 의정서 전체를 만장일치로 채택하는 데 걸림돌이 되어 북경 협약과 같이 투표에 회부한 결과 찬성 57개국, 반대 13개국으로 채택되었다.

　북경 협약과 중복이 되는 내용을 피하면서 북경 의정서의 주요 내용을 적으면 다음과 같다.

　첫째, 처벌 범죄에 기존 협약(1970년 헤이그 협약)상 범죄 구성요소를 확대하고 동 범죄를 기도, 조직, 교사, 합의하거나 범죄인에 대한 수사, 기소, 처벌을 회피하도록 조력하는 것도 범죄로 규정하였다(제2조).

　둘째, 헤이그 협약 제4조 1항에서 관할권이 행사되는 3개의 경우(자국 등록 항공기상 범죄, 범죄인 탑승 항공기 착륙지, 항공기 임차 시 임차인의 상주국)에 추가하여 다음 5개의 경우에도 관할하도록 관할권을 추가하였다(제7조).

- 자국영토상 범죄
- 자국민에 의한 범죄
- 자국민 피해 범죄
- 무국적자 범죄일 경우 동 무국적자 상주국
- 범인이 발견되었으나 인도하지 않는 당사국

　셋째, 범죄 예방 차원에서 범죄 발생 예상 시 모든 적절한 조치를 취할 의무를 진다(제14조).

　한편 새로운 조약문서 작성의 기법으로 북경 외교회의에서는 회의 종료의 결과를 담는 최종의정서에 1970년 헤이그 협약과 북경 개정의정서를 하나의 문서로 정리한 통합 문서(consolidated text)를 수록함으로써 모든 이의 편의를 도모하였다.

　그러나 항공안전에 관한 중요한 조약이 컨센서스가 아니고 투표로 채택됨으로써 발효 전망이 밝지는 않은바, 이는 발효에 시간이 걸리고 설령 발효가 되더라도 현재의 항공범죄에 관한 헤이그와 몬트리올 협약과 같이 180여 개국이 당사국이라는 국제사회의 광범위한 지지를 받을 수 있을지 의문시된다. 북경 회의에서 채택된 조약문서는 세계화된 시대에 테러에 효과적으로 대응하기 위하여 범죄의 범위와 관할권을 확대하고자 하는 미국 등 일부 서방 선진국의 입장을 반영한 것으로 보이는바, 그

---

34) Protocol Supplementary to the Convention for the Suppression of Unlawful Seizure of Aircraft Done at Beijing on 10 September 2010로서 채택 당일 한국 등 19개국이 서명하였음. 그 후 7개국이 추가로 서명하여 2015년 12월 현재 서명 32개국, 비준 7개국, 가입 7개국임. 이 조약도 미국과 영국이 채택 당일 서명하였는바, 이들 국가들이 테러위협에 대한 방지 대책에 큰 관심이 있다는 것을 보여 주는 것임. 22개국의 비준 또는 가입으로 발효함.

발효 전망이 2009년 몬트리올에서 제3자에 대한 항공기 피해 배상을 규율하는 내용으로 채택된 2개의 협약보다는 긍정적이지만 역시 보편적 적용이 될 수 있을지는 미지수이다.

북경 회의에 관하여 좀 더 설명하면 71개국의 대표가 참가한 동 회의의 의장은 관례에 따라 주최국인 중국의 인사가 형식적으로 담당하고 실제 업무는 전원위원회(Committee of the Whole)를 구성하여 당초 기초 작업의 책임자로서 특별 소위 의장이었던 Terry Olson(프랑스)이 담당한 가운데, 멕시코, 아르헨티나, 러시아, 루마니아, 싱가포르, 영국, 미국 등 24개국과 국제항공운송연합(IATA) 및 유엔 마약범죄 사무소35)의 2개 국제기구로 구성된 기초위원회(drafting committee)36)에서 주된 역할을 하였다.

6.5 동경 협약 개정 몬트리올 의정서

항공기에서의 난동 승객에 관한 문제가 10여 년 전부터 평온한 항공운항 질서를 저해하는 요소로 부상하였다. ICAO가 1995년 동 건에 관한 토의를 시작한 후 문제가 빈번하게 발생한 것에 자극을 받아 ICAO 이사회는 1996.6.3. 동 건을 Acts or Offences of Concern to the International Aviation Community and not Covered by Existing Air Law Instruments 라는 제하로 ICAO 법률위원회의 안건에 포함시키는 결정을 하였다.37) ICAO 이사회는 1997.6.6. 동 건 연구를 위한 스터디 그룹을 구성하였는 바, 동 그룹은 5차에 걸친 회의 결과 Guidance Material on Legal Aspects of Unruly/Disruptive Passengers를 Circular 288로 시카고 협약 당사국들에게 배포하였다. 동 서큘러는 3개 카테고리의 난동을 열거하면서 동 처벌을 위한 국내 입법을 권장하였고 2001년 개최 ICAO 제33차 총회는 결의문 A33-4를 채택하여 모든 회원국들이 서큘러를 참고삼아 난동 승객을 처벌하는 국내입법을 하도록 권고하였다. 서큘러가 열거한 3개 카테고리의 난동의 형태는 다음과 같다.

① 승무원에 대한 공격 또는 위협과 같이 민항기에서 승무원에 대한 물리적 공격과 업무 방해

② 다른 승객에 대한 공격과 위협, 물건에 손상을 입히고 파괴, 또는 인사불성이 되게 하는 음주나 마약 복용 등을 통하여 민항기의 질서를 위협하는 행위

③ 화장실에서 흡연, 흡연 탐지기를 변형, 휴대 전자기기 사용 등을 통한 항공기 상 기타 불법행위

1963년 동경 협약은 처벌대상이 되는 범죄로서 형사법에 위배되는 것과 항공 안전을 위태롭게 하는(jeopardize) 것으로 구분하면서 전자에 대하여서는 협약 당사국에서 국내법으로 처벌하는 것을 인정

---

35) United Nations Office on Drugs and Crime로서 오스트리아 비엔나에 사무소가 소재함.

36) 의장은 2009년 제34차 법률회의 시 초안 작업에 참여하였던 Mrs Siew Huay Tan(싱가포르 국적).

37) ICAO Working paper LC/SC-MOT-WP/1, 7/5/12 on Special Sub-Committee of the Legal Committee for the Modernization of the Tokyo Convention Including the Issue of Unruly Passengers by Mr A Piera, Rapporteur, p. 19.

하면서 후자에 대하여서는 그 범죄의 성격을 명확히 하지 않은 채 협약 당사국이 재량으로 처리하도록 하였다. 이 결과 항공기 안전을 위태롭게 하는 행위가 중요 범죄로 인식되지 않은 가운데 이에 관한 국내 입법이 매우 부진하였다.[38] 동경 협약은 또 어느 특정 당사국에게 배타적 관할권을 부여한 것이 아니고 경합적 관할권을 부여[39]하고 있으나 항공기 등록국이 주된 관할권을 행사하는 형태를 취하고 있다. 그러나 항공기 상에서 승객 난동과 같이 안전과 질서를 저해하는 행위를 하는 경우에 여사한 규정이 없는 관계 상 ICAO가 이를 보완하는 작업을 하고 그 결과를 서큘러와 총회 결의 형식으로 회원국들에게 권고하는 형식을 취한 것이다. 이에 불구하고 상기 총회 결의가 채택된 지 10년이 지난 후에도 ICAO 회원국들의 다수는 관련 국내 입법을 하고 있지 않는 가운데 난동 승객의 사례는 기하급수적으로 증가하였다.[40]

여사한 기내 난동행위는 여러 차례 발생하였는데도 불구하고 관할권 부재로 처벌되지 못한 적이 많은 바, 이해의 편의를 위하여 다음과 같이 상황이 발생하는 것을 가정할 때 현 동경 협약의 문제점이 명확히 인식된다.

> 태국 방콕 출발 일본 오사카 행 태국항공 (TG) 1974편에 몽고 승객 한 명이 비즈네스 칸 화장실에서 탑승한 후 쿠바 시가를 2번이나 피웠다. 승무원이 흡연 중지를 요구하자 승객은 욕설과 함께 여 승무원을 물리적으로 공격하였다. 이에 따라 여 승무원은 부상을 당한 가운데 항공기가 오사카 간사이 공항에 착륙한 후 항공기장은 현지 경찰에게 문제의 승객을 구금할 것을 요청하면서 승객을 인도하였다. 간사이 공항 경찰은 사건 조사 후 승객의 기내 행위를 처벌할 관할권이 없다는 이유로 승객을 석방하였는바, 그 이유로서 첫째, 항공기의 등록이 일본이 아니고 태국이며, 둘째, 행위가 일본 영토 밖 공해 상 어디에서인가 이루어 진 것이며, 셋째, 가해인이 일본인이 아니고 몽고인이라는 이유에서였다. 이상과 같은 이유에서 일본의 법률 제도 상 문제의 행위를 처벌할 법적 근거가 없기 때문에 문제의 승객은 기소나 벌금을 부과 받음도 없이 석방된 것이다. 즉, 문제의 승객이 TG 1974편의 안전을 심각하게 위태롭게 하였음에도 불구하고 몽고승객은 아무런 처벌도 받지 않은 것이다.

항공 질서의 관점에서 기내 난동을 하는 unruly passengers 또는 unruly persons가 문제로 인식되어 ICAO 법률위원회는 이를 법적으로 규율하는 방안을 강구하기 시작하였다. 2009년 제34차 ICAO 법률위원회에서 동 건이 토의된 후 여사한 문제는 1963년 동경 협약을 현대화시키는 작업을 통하여 해결 가능하다는 인식하에 특별 소위[41]를 구성하였다. 2012년 5월 개최된 특별 소위 회의에서 동경 협약 상 국제민간항공운송에 있어서 Unruly Passengers를 규율하는 내용이 미비한 것을 감안하여 새로운 협

---

38) ICAO가 2001년 회원국을 상대로 한 조사 결과 46개국 만이 관련 국내 입법을 하고 있는 것으로 집계되었는 바, 이는 ICAO 총회가 결의 A33-22로 회원국들의 관련 입법을 촉구한데도 불구하고도 회원국들의 약 25%만 국내 입법을 하고 있다는 것을 말함. 상동, 10쪽.

39) 범죄로 자국의 영토에 영향을 받는 당사국, 범죄 혐의자의 국적국이나 동 범죄의 피해자로서의 당사국, 범죄가 자국의 안전과 항공 규칙에 위반하는 경우의 당사국 등 모두에게 관할권이 부여되고 있는 것(동경 협약 제4조)을 말함.

40) IATA의 2009년 통계는 2007년 대비 687% 증가한 것으로 나타남. 전게 Piera 작성 Working Paper 3쪽.

41) 그 명칭이 Special Sub-Committee of the Legal Committee for the Modernization of the Tokyo Convention Including the Issue of Unruly Passengers 인 바, 관련 내용 상세는 동 특별 소위의 2012.5.22-25 1차 회의를 앞두고 발간된 ICAO Working Paper LC/SC-MOT-WP/1, 7/5/12 참고. 동 특별 소위에는 한국을 포함한 25개국의 ICAO 회원국과 IATA 등 관련 기구의 대표들이 참석함.

약 또는 동경 협약을 개정하는 의정서를 마련하자는 의견 하에 2012.12.3 -7 특별 소위의 제2차 회의가 개최되었다. 동 2차 회의에서는 동경 협약의 현대화를 위한 목적으로 기내 난동행위 규율을 위한 관할권 확장 범위, 범죄행위 목록, 범죄인 인도, 기장 등 승무원의 책임 면제, 기내보안요원 등에 대한 구체적인 논의를 진행하면서 동경 협약의 개정의정서 형태로 새로운 조약문을 채택하는데 동의한 후 이견이 노정된 사안들은 미결상태로 의정서 초안에 반영한 채 2013년 5월 개최 제35차 ICAO 법률위원회 회의에서 논의토록 하였다.

동 법률위원회 회의는 동경 협약 개정 의정서 형태로 조약안을 개정하는 논의를 하였는바, 처벌 범죄의 범위, 관할권 문제, 그리고 특히 최초 논의에 없었던 내용으로서 미국이 갑자기 제기한 기내보안요원(In-Flight Security Officer: IFSO)문제, 기타사항 문제 위주로 논의가 진행되었다. 논의 내용 중 IFSO와 관할권 문제가 가장 큰 논란을 불러일으킨 가운데 법률위원회는 개정 의정서 안을 ICAO이사회에 대한 건의와 ICAO 총회를 거쳐 외교회의를 개최하여 채택토록 하는 합의를 하고 폐회하였다. 그 결과 2014.3.26-4.4 몬트리올에서 개최된 외교회의에는 약 100개국이 참가하여 다음 요지의 내용으로 동경 협약을 개정한 몬트리올 의정서를 채택하였다.

- 기내 난동행위의 경우를 예시
- 동경 협약 상 2개로 기술된 비행 중(in flight)의 정의를 항공기 문이 닫히고 열리는 협약 제5조 2항의 내용으로 통일
- 기내 난동 승객의 하기(disembark) 또는 인도(deliver)로 인한 운송 지연 등 손해에 대하여 항공사뿐만 아니고 제3자의 손해배상 청구권도 인정
- 재판 관할권을 착륙국 및 운항국으로 확대
- 기내 보안요원(IFSO)의 제도를 도입하는 것을 선택적으로 하되 동 인의 지위와 권한은 미국의 주장(기장과 동일)과 달리 승객과 동일하게 함.

항공기내 난동문제는 법보다는 시민의식 제고를 통한 의식의 전환으로 해결할 문제인데 동경 협약의 내용을 개정하여 난동문제를 법으로 처리한다고 하는 것은 무리로 보인다.

현재 국제항공법 분야에서 활발히 논의 하여야 할 것은 항공운항에 있어서 배출가스 규제에 관한 내용을 도입하는 것에 대비한 법적 문제점, 무인 비행기(UAV) 비행에 관하여 필요한 법적 검토, 그리고 비행 흐름을 원활하게하기 위한 공역의 효율적인 통합과 관리이다.

기내 난동에 관한 국내 법률을 살펴볼 때 「항공보안법」[42] 제23조(승객의 협조 의무) ①항은 승객이

---

42) 법률 제12257호, 2014.4.6. 시행

다음의 행위를 하지 말도록 하면서 제50조(벌칙)에서 기장의 사전 경고에도 불구하고 운항중인 항공기 내에서 아래 7개의 금지행위 중 제6호를 제외한 행위를 하는 자는 500만원 이하의 벌금에 처하며 제49조(벌칙)에서는 아래 제6호를 위반하거나 제23조 ④항에서의 항공기의 운항이나 보안에 대한 위반을 금지하는 기장의 지시에 따르지 않는 승객에 대하여 1년 이하의 징역 또는 1천만원 이하의 벌금에 처하도록 규정하고 있다.

1. 폭언, 고성방가 등 소란행위
2. 흡연(흡연구역에서의 흡연은 제외한다)
3. 술을 마시거나 약물을 복용하고 다른 사람에게 위해를 주는 행위
4. 다른 사람에게 성적(性的) 수치심을 일으키는 행위
5. 「항공법」제61조의2[43]를 위반하여 전자기기를 사용하는 행위
6. 기장의 승낙 없이 조종실 출입을 기도하는 행위
7. 기장 등의 업무를 위계 또는 위력으로써 방해하는 행위

상기 7개의 금지 행위는 기내 난동의 대부분을 포괄하는 내용이겠으나 이를 위반할 경우 6항을 제외하고 모두 500만원 이하의 벌금에 처한다는 벌칙은 1과 5항까지의 경우라면 몰라도 기타 행위, 즉 제7호의 행위가 항공기의 안전에 심각한 우려를 줄 수도 있는 상황으로 발전할 수 있는 요소임을 감안할 때 벌금형으로만 처리하는 것에 문제가 있다.

---

43) 운항 중인 항공기의 항행 및 통신장비에 대한 전자파 간섭 등의 영향을 방지하는 차원에서 승객의 전자기기의 사용을 제한하는 내용.

제9장

국제 항공운송 시 피해 배상

1. 국제 항공 운송 시 패해 배상에 관한 바르샤바 체제

항공기가 국경을 넘어 비행할 경우 국제적으로 적용할 통일적인 규범이 필요하였다. 상업적인 항공운송이 성공하기 위하여서는 항공운송에 적용할 사법(私法)의 통일이 절대적임을 인식한 CITEJA(항공법전문가국제기술위원회)는 1926년부터 협약안을 연구한 결과 1929년 폴란드 바르샤바에서 동 협약 채택을 위한 외교회의를 개최하였다. 상기 외교회의는 끝이 아니고 국제 항공운송법을 제정하는 일련의 여러 조치 중 시작에 불과하였는바, 1999년 캐나다 몬트리올에서 외교회의를 개최하여 바르샤바에서 채택하였던 협약과 후속 개정내용을 일부 수정하면서 총 정리한 내용으로 또 하나의 협약을 채택하는 것으로 일단락되었다. 이제 차례로 그 내용을 살펴본다.

1.1 1929년 바르샤바 협약(Warsaw Convention 1929)[1]

바르샤바 회의는 프랑스, 독일, 소련, 영국 등 30개국이 참가한 가운데 1929.10.4.~12.간 개최되었다. 상이한 법 제도와 규범을 가진 여러 나라가 통일된 규범을 만든다는 것은 쉬운 일이 아니었다. 그러나 이러한 어려움을 극복하여 1929.10.12. '국제 항공운송에 있어서의 일부 규칙의 통일에 관한 협약'을 채택하였다. 동 협약은 1933.2.13. 발효함으로써 국제사법 통일에 획기적인 전기를 마련하였다.

그러나 동 협약은 시대발전에 따라 그 내용을 변경하지 않을 수 없었는바, 경제발전에 따른 생활수준의 향상 결과 항공운송 사고로 인한 승객의 사상 시 협약이 정한 항공운송업자의 책임한도액인 12만 5,000프앙카레(미화 8,300달러)에 만족할 수 없었고, 컴퓨터 사용 등 사무자동화에 따라 문서에만 의존하는 것을 전제하였던 협약의 규정을 현실에 맞게 바꾸어야 하였던 두 가지 중요한 상황 변경을 협약에 반영할 필요가 있었다. 더욱 중요한 변경은 앞서 설명한 바도 있지만 항공 산업 초창기에 항공

---

1) 정식명칭은 Convention for the Unification of Certain Rules Relating to International Carriage by Air, Warsaw 1929 으로서 약하여 바르샤바 협약이라고 통칭함. 2015년 12월 현재 152개 당사국. 영문 협약문은 부록 참조.

산업을 보호 육성하기 위한 관점에서 적용하였던 항공운송업자의 과실추정책임에서 항공 산업의 발전과 성숙에 따라 무과실책임으로 협약을 개정하는 것이었다. 한편 이렇게 협약 적용상 문제점으로 나타난 부분을 상당히 개정하였음에도 불구하고 각국의 상이한 법률 개념에서 오는 문제점은 완전히 극복하지 못한 것도 사실이다. 그러나 장기간에 걸친 협약의 개정과 적용판결은 항공 사법에 관한 한 눈부신 법 통일을 가져왔음을 부인할 수 없다. 이는 뒤늦게 등장한 항공법의 분야가 항공기 속도로 발전하여 훨씬 이전에 생성 발전한 해양법을 앞지른 결과를 가져온 셈이다. 바르샤바 협약의 개정과정을 살펴본다.

1.2 1955년 헤이그 의정서(The Hague Protocol 1955)[2]

1951년 ICAO 법률위원회가 바르샤바 협약 개정 작업을 시작한 후 1955.9.28. 네덜란드 헤이그에서 개최된 외교회의가 협약의 개정의정서를 채택함으로써 첫 번째 협약 개정을 단행하였다.[3]

1963.8.1. 발효한 헤이그 의정서는 중요 사항으로서 다음과 같이 바르샤바 협약을 개정하였다.

① 항공운송업자의 승객사상 배상한도액을 협약의 12만 5,000프랑(프앙카레)에서 25만 프랑(미화 1만 6,600달러)으로 배증(의정서 제11조)

② 가방(체크인 수하물)과 화물운송에 관련한 사고를 항공사에 통보하는 시한을 완화(의정서 제15조).

③ 가방과 화물운송사고 경우 과실 운항의 보호규정을 제거(의정서 제10조)

상기 내용의 개정은 협약 상 항공운송업자의 '고의적 과실'(wilful misconduct)[4]을 '고의적 또는 무모한 과실'(intentional or reckless misconduct)로 변경하여 배상책임한도를 철폐하는 과실의 정도를 조금 더 엄격하게 개정함으로써 어느 정도 균형을 이루게 하였다. 또 한 가지 개정내용은 변호사 비용이 비싼 미국의 제의를 받아들여 배상한도액이 법률소송비용을 제외한 것임을 명기한 것이다(의정서 제11조). 구체적으로 소송비용이 배상액과는 별도로 지급되느냐는 제소된 법원의 판결에 따른다(의정서 제11조 4항).

---

2) 정식명칭은 Protocol to Amend the Convention for the Unification of Certain Rules Relating to International Carriage by Air, Signed at Warsaw on 12 October 1929. 2015년 12월 현재 137개 당사국.

3) 바르샤바 협약 제41조는 협약 발효 2년 후 체약국이 협약의 개선을 심의하기 위한 국제회의를 열 수 있도록 규정하면서 협약 개정의 언급은 하지 않고 있음. 일반적으로 협약내용을 변경하여 신속하게 발효시키고자 할 때에는 협약 자체의 개정방법을 택하는 것보다는 협약에 관련한 의정서를 채택하는 방법을 취함.

4) Wilful misconduct와 intentional misconduct는 우리말로 번역하여 구별할 수 없는 법 개념으로서 각국 법의 개념과 동 용어를 위요한 각국 판례에서 그 차이를 설명할 수밖에 없음.

1.3 1961년 과달라하라 협약(Guadalajara Convention 1961)[5]

원 바르샤바 협약의 의미상 누가 정확히 항공운송업자(carrier)인가에 관하여 상당한 논란이 있었다. 혹자는 항공운송을 이행할 것을 대표로 계약한 자라고 해석하였으며 혹자는 계약에 관계없이 실제로 항공운송을 한 자라고도 해석하였다. 협약문은 제1조 2항에서 항공운송업자와 항공운송을 이용하는 자 사이의 계약을 명시하고 있기 때문에 문제의 국제 항공운송계약을 직접 또는 대리인을 통하여 체결하였든지 간에 동 계약을 선두에서 체결한 자가 항공운송업자로 보아야 하겠다. 이 항공운송업자의 범주에는 첫 지점에서 종착점까지 운항하는 항공사가 여럿 있을 경우 첫 번째 구간의 운항을 하는 '계약 항공사'(contracting carrier)는 물론 연이은 항공구간을 운항하는 '후속구간 운행 항공사'(successive carrier)도 포함한다. 문제는 실제로 항공운송을 한 '실제 항공사'(actual carrier)가 '계약 항공사'이거나 또는 '후속구간 운행 항공사'로서 비행기 표 또는 항공송장에 명기되어 있지 않는 한 협약의 보호를 받지 못한다는 문제가 제기되어 이를 해결하기 위한 새로운 협약의 채택 필요성이 대두되었다.

이에 대한 문제는 1957년 제11차 ICAO 법률위원회에서 토의된 후 1961년 멕시코의 과달라하라에서 국제사법 항공회의를 개최하여 과달라하라 협약을 채택함으로써 해결되었다. 동 협약은 1964.5.1. 부터 발효 중이다.

한마디로 과달라하라 협약은 계약 항공사에 부여하는 바르샤바 조약 체제상의 권리와 의무를 '실제 항공사'에게도 동일하게 부여하기 위하여 채택된 것이다.

멕시코 정부가 수탁기관으로 되어 있는 과달라하라 협약에 대한 유보는 허용되지 않는다(제17조).

1.4 1966년 몬트리올 협정(Montreal Agreement 1966)

오늘날 중국과 걸프 항공사들의 급속한 신장으로 그 비중이 줄어들었지만 미국은 아직 전 세계 민간항공 운송실적의 21.5%를 점하는 최대 항공국가로서 미국의 향방이 세계 민간항공법 질서를 좌우하는 형편이다.[6] 미국이 1956년에 헤이그 의정서를 서명한 후 미 상원의 비준을 기다리던 중 헤이그 의정서로 배증된 배상액 한도가 미 국민의 생활수준, 특히 미국에서 발생한 육상교통사고로 받을 수 있는 배상금액과는 더욱 동떨어지게 작은 금액이라는 것이 주된 이유가 되어 미국 입장은 헤이그 의정서를 비준하지 않을 뿐 아니라, 모법인 바르샤바 협약으로부터의 탈퇴를 1965.11.15. 통보하는 것으로

---

5) 정식명칭은 Convention, Supplementary to the Warsaw Convention, for the Unification of Certain Rules to International Carriage by Air Performed by a Person Other than the Contracting Carrier, signed at Guadalajara on 18th September 1961. 2015년 12월 현재 86개국이 협약 당사국임.

6) 세계 2차 대전 후 미국의 민간항공실적은 세계 전체의 약 80%, 1990년대 약 35%였음. 동 비중은 축소되어 2014년에는 191개 ICAO 회원국의 전체 운송량 중 21.5%를 차지하였음. Annual Report of the ICAO Council 2014, Appendix 1, pp. 4–5.

변화하였다.

상기 미국의 바르샤바 협약 탈퇴의사 통고 후 동 탈퇴가 발효하는 1966.5.15.까지의 기간 동안 세계 항공업계는 미국의 탈퇴를 번복시킬 온갖 방안의 마련에 전념하였다. IATA에 가입하고 있는 항공사들은 해결방안으로 5만 달러를 배상한도로 규정하는 특별 협정 체결을 제의하였으나 이 금액은 미국민을 만족시키지 못하는 금액이었다. 이러한 가운데 ICAO가 개입하여 1966년 2월 몬트리올에서 특별회의를 소집하였다.

동 회의에서 미국 측은 법률비용을 포함한 배상한도액을 10만 달러로 할 것을 주장하였으며 반대 측은 배상한도액을 미국 주장대로 인상할 경우 혜택을 받는 쪽은 항공사고로 인한 손실을 충분히 감당할 수 있는 미국이지, 아직도 항공 산업이 정부의 보호 육성단계에 있는 다수 국가가 감당할 수 없으며, 다수 국가는 배상금 인상으로 인한 보험료 인상분만을 추가 부담하여야 한다는 논리를 전개하였다.[7]

2주간의 몬트리올 회의는 배상금 한도로서 5만 8,100달러와 법률비용, 법률비용을 포함한 7만 4,700달러 또는 5만 달러와 법률비용의 3가지 안까지 논의하였으나 미국의 기대에 미흡하여 실패로 끝났다. 동 실패에도 불구하고 미국의 바르샤바 협약 탈퇴를 번복하기 위한 노력이 계속된 결과 IATA가 마련한 안을 관련 항공사가 1966.5.4. 동의하고 1966.5.13. 미국 항공당국(CAB)도 동의하여 미국의 탈퇴는 마지막 순간에 저지되었다.

이렇게 탄생한 몬트리올 협정은 정부 간 협정이 아니고 항공사 간의 협정으로서 정식 국제법의 지위를 부여받지 못하고 엄격히 말하면 바르샤바 조약 체제의 일부분도 아니지만 사실상 바르샤바 협약의 개정으로 간주되고 있다.

몬트리올 협정은 바르샤바 협약의 제22조 1항 말미에 동 협약이 정한 배상한도인 12만 5,000프랑보다 높은 배상금액을 특별계약으로 항공사와 승객 간에 합의할 수 있다는 규정을 원용한 것으로서 항공기 사고 시 승객의 사상에 대한 승객 1인당 배상상한을 법률경비를 포함할 때는 미화 7만 5,000달러, 판결 시 법률경비를 별도로 다루는 국가에서는 법률경비를 빼고 미화 5만 8,000달러로 정하였다.

동 협정[8]은 바르샤바 협약 또는 헤이그 의정서에 정한 바의 국제 운송(international transportation)을 대상으로 하되 동 운송구간이 미국을 출발점, 도착점 또는 경유점[9]으로 할 경우에 적용된다. 대한항공

---

7) 미국을 포함한 국제 운송이 큰 몫을 차지하기 때문에 결국 배상금 인상의 수혜자는 주로 미 국민이 되는 것임. 따라서 미국에 취항하는 여타 국가로서는 미 국민을 위주로 한 혜택부여를 위하여 추가 보험료만 지불하여야 하는 것이 불만스러운 것이었음.

8) 본 책에서 우리나라 외교통상부의 번역 패턴에 따라 Treaty는 조약, Convention은 협약, Agreement는 협정, Protocol은 의정서로 번역함.

9) 몬트리올 협정과 바르샤바 협약상의 경유점(agreed stopping place)의 정의도 없고 또한 이에 관한 판례도 많지 않기 때문에 급유차 또는 비상시 외국에 착륙할 경우, 그렇지 않으면 국내 운항으로 간주될 항행이 몬트리올 협정과 바르샤바 협약을 적용받는 국제 항공운송이 되는지 불명확함. 비상시 외국 착륙이 국제 운송의 효과가 없다는 것에 대해서는 이의가 없다 하겠음. 필자는 항공일정상 급유차 외국에 착륙하는 것이면 국제 항공운송의 성격을 부여받는 '경유'라고 보나, Mankiewicz 교수는 상업적 목적, 즉 짐이나 사람의 이·착륙을 위한 것이 아닌 한 '경

이 런던을 출발하여 서울로 비행하는 중 미국 알라스카 앵커리지에 급유차 기착하도록 예정되어 있는 경우에도 동 몬트리올 협정이 적용된다. 협약 제1조 2항은 국제 운송을 정의하여 출발점과 종착점이 2개의 협약 당사국 영토 내에 있든지 그렇지 않고 한 나라 영토 내에 있다면 경유 지점이 다른 나라에 있어야 한다고 명시하고 있다.

몬트리올 협정은 배상금 한도를 올렸을 뿐만 아니라 배상책임의 근거도 변경한 것에 유의할 필요가 있다. 협정은 사고 시 항공사가 자신 또는 자사 종업원이 사고로 인한 피해를 방지하기 위하여 필요한 모든 조치를 취하였다는 사실을 증명함으로써 협약 제20조 1항에 따라 면책 받는 것을 원용할 수 없도록 하였다. 이는 항공사의 절대책임(absolute 또는 strict liability)을 적용한 것이다. 그러나 동 절대책임은 협약 제21조에 규정된 바의 과실상계를 배제하지 않고 또한 항공기 사고로 연유하지 않은 승객의 사상을 협정 적용 대상 사고로 볼 수 없는 점에는 변함이 없다.[10]

몬트리올 협정에 가입한 해외(미국이 아닌) 항공사는 100개가 넘었으며, 이 중에는 미국에 취항을 하지 않는 항공사도 포함되어 있다.[11] 동 협정은 배상책임에 항공사의 절대책임을 도입함으로써 항공사고 배상책임분야에 획기적인 전기를 마련하였다. 짐과 화물에는 적용이 안 되고 승객의 사상에만 적용되는 동 협정이 뒤이어 성안되는 항공 사법에 큰 영향을 주었음은 물론이다.

1.5 1971년 과테말라시티 의정서(Guatemala City Protocol 1971)[12]

몬트리올 협정 체결 시까지의 상황 전개는 바르샤바 협약의 개정 필요성을 널리 인식시키는 계기가 되었다. 그 결과 ICAO 법률위원회가 준비한 조약안을 가지고 1971년 과테말라시티에서 국제항공법회의를 개최한 결과 헤이그 의정서로 개정한 바르샤바 협약을 또 한 번 개정하는 내용으로 과테말라시티 의정서를 채택하였다. 동 의정서는 미국을 포함한 21개국이 1971.3.8. 서명하였으나 사실상 그 발효를 미국의 비준에 의존하고 있었는데(의정서 제20조) 미국이 비준하지 않는 바람에 사장되었다. 미국이 비준하지 않은 이유는 의정서가 배상액을 변동성이 많은 금 본위제의 화폐로 표기하였고 여

유'가 아니라고 봄(L. B. Goldhirsch, The Warsaw Convention Annotated, A Legal Handbook, Martinus Nijhoff Publishers, 1988. p.13 참조).

10) 승객이 잘못하여 사고가 났을 경우 항공사는 사건이 제소된 법원의 소재지 국가 법률에 따라 면책 또는 그만큼 배상책임이 감소됨(바르샤바 협약 제21조). 또한 항공사는 항공기 사고로 인한 승객의 사상에 대하여 배상의 책임을 지나, 사고도 나지 않았는데 승객 자신의 건강문제 또는 자해행위로 승객 자신이 사상 당하였을 경우에 이를 책임질 수 없음.

11) 미국 항공사는 오래전부터 미국 내 운항 항공사고 소송 판결에서 몬트리올 협정이 정한 배상금 한도액을 훨씬 상회하는 액수(수십만 달러)의 배상금을 지불하여 왔으므로 협정의 배상금 인상에 부담을 갖지 않음. 한편 미국 교통부는 1983.3.26.부터 미국에 취항하는 모든 항공사가 의무적으로 몬트리올 협정에 가입하도록 하였음. 미국 법령은 미국 항공기 운송업자(즉 항공사)에게 몬트리올 협정이 정한 배상금 상한보다 높은 금액의 보험을 들도록 규정하고 있으나, 동 규정은 협정과 구별되는 미 국내법임.

12) 정식명칭은 Protocol to Amend the Convention for the Unification of Certain Rules Relating to International Carriage by Air Signed at Warsaw on 12 October 1929 as Amended by Protocol Done at the Hague on 28 September 1955.

하한 경우에도 파기하지 못한다는 절대적인 배상 책임, 그리고 배상액 이외로 미국 정부가 제시한 추가 보상계획을 미 의회가 채택하지 못하였기 때문이다.[13]

동 의정서의 당사국 사이에는 동 의정서가 동 의정서에 앞서 채택된 조약(바르샤바 협약과 헤이그 의정서)과 함께 하나의 조약을 구성한다(과테말라시티 의정서 제17조).

과테말라시티 의정서는 헤이그 의정서(제26조)에서와 마찬가지로 당사국으로 하여금 전부 군사용으로 사용되는 자국 내 등록 민간 항공기를 의정서 적용 대상에서 제외하는 유보를 허용하고 있다(의정서 제23조 1(b)).

의정서는 여러 가지 점에서 이전의 문서를 개정하였는바, 동 개정내용을 승객운송, 짐 운송, 기타로 나누어 간략히 살펴본다.

승객운송

우선 승객 문서, 즉 비행기 표의 기재사항을 좀 더 간단히 하여 항공표상에 국제 운송 시 바르샤바 조약이 적용될 수 있다고 명시토록 한 소위 헤이그 고지(The Hague Notice)를 누락시켰다. 또한 사무 자동화로 인한 컴퓨터 사용을 감안하여 비행기표상에 기재를 요하는 내용이 다른 정보 기록장치로 보관될 경우 동 장치가 비행기 표를 대신할 수 있다고 규정하였다(의정서 제2조). 그리고 이전의 조약 문서(바르샤바 조약 체제 내에서의)와는 달리 비행기 표에 출발과 도착점, 그리고 출발이나 도착점이 한 당사국 내에 소재할 경우 경유지가 다른 국가 내의 지점임을 기재하는 데 있어서 누락이나 실수가 있더라도 이것을 이유로 한 항공운송업자의 무제한 책임 부담이 없도록 하였다(의정서 제2조).

의정서는 분명치 않은 바르샤바 협약 제17조를 개정하여 승객이 자신의 약한 건강상태로 인하여 항공여행 중 사상을 당할 경우 항공운송업자가 이에 책임을 질 수 없다고 명기하였다(의정서 제4조).

승객의 사상 시 항공운송업자가 부담할 승객 1인당 배상한도액이 150만 프랑(미화 10만 달러)으로 인상되고, 승객운송의 지연에 따른 항공운송업자의 승객 1인당 배상이 6만 2,500프랑(미화 4,150달러)으로 명기되었다. 특기할 것은 과테말라시티 의정서가 새로운 배상한도액을 정하면서, 바르샤바 협약이나 헤이그 의정서가 허용한 '특별계약'을 누락시킴으로써 항공운송업자와 승객 간에 보다 높은 배상금액을 별도로 계약할 수 없도록 하였다(협약 제22조 1항, 헤이그 의정서 제11조 참조). 그러나 이러한 규정에도 불구하고 의정서는 배상금 인상을 위한 두 가지 방안을 마련함으로써 미국의 우려를 불식하였다.

첫째 방안은, 각 당사국이 승객의 사상 시 협약[14]상 받는 배상금액 이외로 추가 지불하는 제도를

---

13) P. Dempsey, Aviation Liability Law, 2nd Ed., LexisNexis Canada, Ontario, 2013, p.324.

수립할 수 있도록 한 것이다(의정서 제14조). 이와 관련 1977년 미국 항공 당국(CAB)은 과테말라시티 의정서를 개정한 1975년 몬트리올 추가 의정서 3(후술)을 미국이 비준할 것을 예상하면서 추가 보상 계획(Supplemental Compensation Plan)을 수립, 사고 시 1인당 10만 SDR(특별인출권) 이외로 미화 20만 달러까지 받을 수 있는 국내 보험제도를 승인하였다.[15] 미국 당국은 또한 1988년 6월에 몬트리올 의 정서 3과 4의 비준을 획득하기 위한 일환으로 미국이 상기 추가 보상계획을 수정하여 추가 지급 보상 금의 상한을 없애되 항공기 사고 건당 지급할 수 있는 총 추가 보상금을 미화 5억 달러로 하는 안을 미 상원에 제시하였지만 미국 상원이 이를 수용하지 않았다.[16]

두 번째 방안은 의정서의 보상금 상한선인 150만 프랑이 장래 개정되지 않는 한 의정서 발효가 된 지 각기 5년과 10년 후에 18만 7,500프랑(1만 2,500달러)씩 인상한다는 것이다(의정서 제15조). 인플레 이션 효과를 주기적으로 상쇄한다는 배려이나 미국은 과테말라시티 의정서를 비준하지 않았다.

짐 운송

짐(baggage)은 비행기를 타기 전에 체크인(check-in)하는 짐과 승객이 기내로 소지하고 가는 짐 양자 를 말한다(의정서 제4조). 원래의 협약이 배상과 관련한 짐의 구분을 용어상 정확히 하지 않았으나 의 정서가 체크인 짐(위탁 수하물), 기내 소지 짐(휴대 수하물), 그리고 화물(Cargo) 3자로 명료하게 표현하 였다.

승객운송에서와 마찬가지로 짐의 출발지와 종착지 등을 기록하는 다른 형태의 정보 보관방법(예: 컴퓨터)을 짐표(baggage check)로 대신할 수도 있도록 허용하였다(의정서 제3조). 또한 짐표에 기록되어 야 하는 기재사항(출발지와 도착지, 그리고 출발지와 도착지가 한 영토국 내에 있을 경우 타 국 영토 가 경유지임을 기록)의 누락이나 기타 실수가 있더라도 배상한도를 포함한 협약규정의 적용이 배제되 지 않는다(의정서 제3조로 개정된 협약 제4조 3항).

짐의 파괴, 분실 또는 손상에 대하여 항공운송업자가 승객 1인당 1만 5,000프랑(1,000달러)까지 배상 하도록 규정하였다(의정서 제8조로 개정된 협약 제22조 1, (c)). 이는 이전의 협약내용이 위탁 수하물과 휴대 수하물로 구분하고 위탁 수하물의 배상은 kg당 상한을 정한 것과 대비된다. 단, 과실상계가 허용 되고 또한 짐의 내재적 결함으로 인한 손상에 대하여서는 항공운송업자가 책임을 지지 않는다.

항공운송업자는 짐의 연착(delay)에 대하여서도 배상할 의무가 있다. 그런데 협약규정 중 미비한

14) 여기에서의 협약은 원래의 바르샤바 협약을 말할 뿐만 아니라 문맥에 따라서는 헤이그 또는 과테말라시티 의정서 등에 의하여 개정된 협약을 지칭 하기도 함

15) 상세한 것은 Shawcross Ⅷ(162) 참조. 이때 승객 1인당 2달러를 기금으로 받고 사고 건당 지급 한도 총액을 1억 달러로 상정하였음.

16) 상동. 단, 승객 1인당 5달러를 기금으로 부과하는 것을 조건으로 함.

부분이 이 연착에 관한 것인바, 원 협약 제19조가 승객과 짐의 연착으로 발생한 손해에 대하여 항공운송업자가 책임을 지도록 하였지만 얼마나 연착이 되어야 연착으로 인한 손해가 발생하였다고 본다는 규정은 없다. 따라서 각 승객의 사정에 따라서 연착에 따른 손해가 있을 경우 배상청구를 하여야겠으나 승객 연착의 경우 모든 배상청구와 같이 서면으로 청구를 할 수 있다(협약 제26조 3항)는 것 이외의 규정이 없으며, 다른 한편 짐 연착의 경우에는 짐 또는 화물이 소유인의 처분에 들어온 후 일정한 기간(원 협약은 14일, 헤이그 의정서는 21일) 이내에 배상청구를 하도록 규정하고 있을 뿐이다. 문제는 연착되는 짐이 계속 소유인의 처분상태에 들어오지 않을 경우 배상청구도 할 수 없다는 모순이 나오는바, 이에 관하여 과테말라시티 의정서는 언급하지 않고 있다.[17]

기타

의정서는 배상청구를 제기할 수 있는 관할 법원으로 협약 제28조의 네 곳에 한 곳을 추가시켜 항공운송업자가 자신의 기관(establishment)을 소재시킨 소재지 국가에 승객이 거주할 경우 동 국가의 법원을 포함하였다. 그러나 이 경우 미국인은 세계 어디를 여행하고 있다가 사고를 당하더라도 많은 경우 미국 법원에 제소를 할 수 있다는 결과를 가져오기 때문에 사고 시 사고지 법 또는 사고 항공기 국적국의 법과도 관련이 없는 국가에서 소송이 제기된다는 문제가 발생한다.

의정서는 또한 관할 법원의 국내법상 변호사 비용 등을 누구의 부담으로 하는지에 관한 판결이 허용되지 않는 국가의 법원에 대해서는 권한을 부여하여, 항공운송업자가 원고(승객 측)의 배상청구처리를 태만히 할 경우 동 법원 배상금과는 별도인 변호사 비용 등의 경비를 항공운송업자로 하여금 지급 판결할 수 있도록 하였다(의정서 제8조로 개정된 협약 제22조 3항(a), (b)).

의정서는 헤이그 의정서가 개정한 협약의 제25조를 다시 개정하여 항공운송업자의 피고용원이 의도적으로 끼친 손상에 대하여 무제한의 배상을 허용하던 대상을 화물운송으로만 한정하였다.

의정서는 또한 세계 제1의 항공국가로서 국제항공법을 좌우하는 미국이 참여하지 않은 한 의정서의 실효가 없다는 판단 하에 미국의 가입을 전제로 한 의정서 발효규정을 마련하였다. 이는 의정서 제20조 1항이 의정서 발효 요건으로서 1970년 ICAO 발간 정기 국제 민간항공의 여객 운송실적(passenger-kilometers로 계산)상 전체 ICAO 회원국 실적의 40%를 차지하는 30개 국가의 의정서 비준을 규정하였기 때문이다. 1970년도 정기 국제민간항공에서 미국이 차지한 비중은 46.7%였다.[18]

---

17) 항공송장에 관한 IATA 결의문 600b는 항공화물이 계속 도착하지 않을 경우 항공송장의 발급일로부터 120일 이내에 화주가 서면통고를 하여 배상을 받도록 하였으나 120일의 기간은 운송이 항공으로 이루어진다는 점을 감안할 때 항공운송업자에게만 유리하게 규정하는 내용임. 한편 승객의 항공표에 관하여 규정한 IATA 결의문 724는 위탁 수하물 연착 시 화물과 같이 언제까지 배상청구를 할 수 있다는 규정도 하고 있지 않기 때문에 위탁 수하물이 도착하지 않고 따라서 동 수하물이 소유 승객의 처분상태에 있지 않은 경우 어떤 경로로 배상을 청구할 수 있다는 언급이 없는 결과가 됨. 이는 법의 흠결임.

18) ICAO Doc 8918, Annual Report of the Council to the Assembly for 1970, p.5. 1970년 당시 총 120개 ICAO 회원국들의 여객, 화물, 우편

1.6 1975년 몬트리올 추가 의정서 4개(Montreal Additional 4 Protocols 1975)

ICAO 주관하에 1975년 9월 몬트리올에서 항공법 회의가 개최되어 화물과 우편물의 항공운송에 관련한 서류와 책임을 규정한 헤이그 의정서로 개정된 바르샤바 협약의 개정을 주로 검토할 예정이었다. 그러나 실상 회의 결과 원 검토사항인 내용을 몬트리올 추가 의정서 4로 채택하였을 뿐만 아니라 계속 논란이 되어 왔던 협약상의 금 본위 배상금 계산을 보다 안정적인 IMF(국제통화기금)의 SDR(특별인출권)로 대체하는 내용으로 원 협약과 관련 의정서의 개정도 채택하였다.

바르샤바 협약은 물론 1971년 과테말라시티 의정서까지 금을 바탕으로 한 프앙카레로 배상금이 기술되고 있다. 그러나 금 가격은 수시로 변동하므로(과거 국제시장에서 수차 금 파동이 있었음) 이를 배상금 산정으로 이용한다는 것은 금 가격이 일정시기의 물가지수보다 매우 고가일 수도 또한 매우 저가일 수도 있는 관계상 바람직한 방법이 되지 못하였다. 따라서 여러 협약 당사국은 정부에서 실제 금 가격에 관련 없이 협약의 배상금 산출에 적용할 금 가격을 인위적으로 책정하여 이를 고정적으로 적용하기 시작하였다.[19] 그러나 이는 각국의 자의적인 방법에 의존한다는 문제점이 있기 때문에 이를 안정적인 화폐의 가치로 대체함이 필요하다는 판단 하에 그 해결방안으로 SDR을 급거 도입하게 된 것이다.

이에 따라 3개의 몬트리올 추가 의정서가 채택되었는바, 추가 의정서 1은 바르샤바 협약상의 배상금을, 추가 의정서 2는 헤이그 의정서상의 배상금을, 그리고 추가 의정서 3은 과테말라시티 의정서상의 배상금을 각기 SDR로 개정 표기한 것이다.

몬트리올 추가 의정서는 2015년 12월 현재 과테말라시티 의정서를 개정한 3을 제외하고 모두 발효 중이다.[20] SDR로 배상금을 개정한 추가 의정서 1부터 3이 동 의정서에 가입하는 모든 협약 당사국에게 선택의 여지가 없이 적용되는 것은 아니다. IMF 회원국이 아닌 바르샤바 협약 당사국은 원한다면 SDR 적용을 배제하고 원 협약규정인 프앙카레를 적용할 수 있도록 하였다. 추가 의정서 1에 비준 또는 가입하는 국가는 동 추가 의정서 1에 의하여 개정된 바르샤바 협약의 당사국이 배상금으로 SDR을 적용받으며, 추가 의정서 2에 비준 또는 가입하는 국가는 바르샤바 협약을 개정한 헤이그 의정서의

의 정기 운송실적(Tonne-KMs Performed)은 57,270백만톤이고 미국의 그것은 26,737백만톤으로서 미국의 비중이 46.7%였음.

19) 금 파동 이후 선진경제국은 1971년 워싱턴 D.C.의 Smithonian 박물관에서 회합하여 그때까지 보장되어 왔던 미 달러의 금 태환을 중단하면서 금 보증에 의한 화폐제도를 포기하였음. 이에 따라 미국의 민항국(CAB)은 항공기 사고에 관련한 배상금을 산정하기 위한 목적으로 공식 금 가격을 고시하여 금 본위 배상금의 실제 화폐가치 산정에 적용토록 하였음. CAB가 정하는 공식 금 가격은 고정적인 것이 아니라 미 달러의 대 SDR 율, 물가상승률 등을 감안하여 상당한 기간마다 조정되는 수치였음.

20) 2015년 12월 현재 제1추가 의정서는 96.2.15 발효, 49개 당사국, 제2는 96.2.15 발효, 50개 당사국, 제4는 98.6.14 발효, 58개 당사국.

<표 7> 바르샤바 체제 조약상 손해배상상한액 규정비교

	승객의 사상, 지연 도착 시	휴대 수하물의 분실, 손괴, 지연 도착	화물, 위탁 수하물의 분실, 손괴, 지연 도착 (운송가격신고 없는 경우)
Warsaw Convention	12만 5,000프랑 per passenger	5,000프랑 per passenger	250프랑 per kg
The Hague Protocol	25만 프랑 per passenger	5,000프랑 per passenger	250프랑 per kg
Guatemala City Protocol	150만 프랑 per passenger; 지연 도착의 경우 6만 2,500프랑 per passenger	1만 5,000프랑 per passenger (위탁 수하물 포함)	250프랑 per kg (화물 경우)
Montreal 추가 의정서 No.1	8,300SDR per passenger	332SDR per passenger	17SDR per kg
Montreal 추가 의정서 No.2	1만 6,600SDR per passenger	332SDR per passenger	17SDR per kg
Montreal 추가 의정서 No.3	10만SDR per passenger; 지연 도착의 경우 4,150SDR	1,000SDR per passenger(위탁 수하물 합하여)	수하물: 1,000SDR per passenger(휴대 수하물 합하여) 화물: 17SDR per kg
Montreal 추가 의정서 No.4	The Hague Protocol과 동일	The Hague Protocol과 동일	위탁수화물: The Hague Protocol과 동일 화물: 17SDR per kg

당사국이 배상액을 SDR로 변경하여 적용받는 것이다. 몬트리올 추가 의정서 3에 비준 또는 가입하는 국가는 바르샤바 협약이 헤이그 의정서와 과테말라시티 의정서로 개정된 내용에 있어서 배상액 표기를 SDR로 한 내용에 구속받는 것이다. 개정된 모 조약과 의정서에도 당사국인 추가 의정서 당사국 간에는 추가 의정서로 개정된 원 협약과 의정서를 추가 의정서와 함께 모두 하나의 조약문서로 해석한다.

헤이그 의정서에 의하여 개정된 협약의 내용 중 화물 및 우편물의 운송에 관한 새로운 내용을 포함한 추가 의정서 4의 존재를 활용하는 뜻에서 추가 의정서 3은 추가 의정서 4를 동시에 비준 또는 가입하는 국가가 언제라도 화물 및 우편물의 운송에 관한 한 추가 의정서 3의 규정에 따르지 않겠다는 선언을 할 수 있도록 하였다.[21] 추가 의정서 4의 주요 내용을 다음에서 살펴본다.

추가 의정서 4와 과테말라시티 의정서 또는 추가 의정서 3의 당사국 사이에는 어떠한 운송품목이냐에 따라 적용 규범을 따로 할 수 있도록 하였다. 즉 추가 의정서 4의 제24조에 따르면 화물과 우편물에 관해서는 추가 의정서 4가 우선 적용되고 승객과 짐에 관해서는 과테말라시티 의정서 또는 추가 의정서 3이 우선 적용될 수 있다. 이는 추가 의정서 4가 헤이그 의정서에 의하여 개정된 협약의 내용

---

21) 추가 의정서 3의 제11조 (1)(c). 반대로 추가 의정서 4의 당사국이 추가 의정서 3을 동시에 비준 또는 가입할 시 승객과 짐의 운송에 관한 한 추가 의정서 4의 규정을 따르지 않겠다는 선언을 할 수 있음(추가 의정서 4의 제21조 1(b)).

중 승객과 짐에 관한 규정은 개정하는 것이 아니기 때문에 헤이그 의정서보다 뒤늦게 채택된 과테말라시티 의정서(또는 동 의정서의 배상금액을 SDR로 표기한 추가 의정서 3)의 규정을 우선 적용시킨다는 당연한 논리이겠다. 이는 반복하건대 추가 의정서 4가 화물과 우편물에 관한 기술규정을 개선하기 위하여 마련된 것이기 때문이다.

헤이그 의정서로 개정된 협약은 우편물(mail and postal packages)에 대한 적용을 배제(헤이그 의정서 제2조)하였으나 추가 의정서 4가 우편물 운송에 관하여 항공운송업자와 우편당국(postal administrations) 간에 적용되는 규칙에 따라서만 배상책임을 하도록 규정하였다(추가 의정서 4 제2조).

추가 의정서 4가 절대 책임 제도를 배상에 적용하면서 과실상계(contributory negligence)를 인정하는 것은 과테말라시티 의정서와 같다. 그러나 추가 의정서 4는 과테말라시티 의정서가 항공운송업자 측(피고용원을 포함)이 최선의 조치를 취하였음에도 불구하고 화물운송의 손상 또는 연착이 있었을 경우 이를 면책사유로 관대히 규정한 것을 보다 엄격히 하여 동일한 시점에서 화물의 연착만 면책으로 규정하였다(추가 의정서 4 제5조). 다른 한편 이전의 협약문에 의거, 화물운송의 경우 운송서류의 기재와 발급에 결함이 있더라도 배상한도액을 초과하여 배상받을 수 있는 가능성을 삭제하였다(추가 의정서 4 제3조로 개정된 협약 제9조).

추가 의정서 4는 화물의 항공운송장(air waybill)에 관한 협약의 제5조부터 16조를 개정하여 여타 형태의 운송기록(예: 컴퓨터)을 항공송장 발부에 대신하도록 하는 등의 변경을 가하였다. 또한 항공운송 시 발생한 화물의 손상이 화물 자체의 결함이나 전쟁 등으로 연유하였다는 것을 항공업자가 증명할 경우 항공업자의 배상책임이 면제된다(추가 의정서 4 제4조).

화물의 배상금액 상한에 있어서 추가 의정서 4는 헤이그 의정서의 배상금액을 바꾸지 않은 채, 금액의 표기를 SDR로만 바꾸었다(추가 의정서 4 제7조).

미국은 추가 의정서 4를 서명한 후 비준하고자 하였으나 1983년 3월 미 상원에서 비준동의에 필요한 ⅔를 획득하지 못하여서 실패하였다가 1998년에야 비준에 성공하였다.[22)]

2. 바르샤바 체제 개선을 위한 국제 동향

이상으로 국제 항공운송 책임에 관한 바르샤바 체제를 조약(항공사 간의 합의인 1966년 몬트리올 협정 포함)별로 간략 기술하였다. 동 바르샤바 체제는 협약 명칭이 말하듯이 항공운송에 관한 일부

---

22) 미국은 헤이그 의정서, 과테말라시티 의정서, 몬트리올 추가 의정서 3과 4를 서명하였으나 미 상원의 반대에 부딪혀 비준하지 못하고 있다가 추가 의정서 4는 1998년, 헤이그 의정서는 2003년 비준하였음.

규칙만을 규정한 것이지 항공운송에 관한 모든 면을 규정한 것은 아니다.[23]

항공운송의 특성이 국경을 초월한다는 사실 때문에 항공운송 분야에서 일찍이 국제 사법으로서 가장 보편적인 바르샤바 협약이 채택되었다. 항공 산업 보호 육성이라는 시대적 요청은 1929년 당시로서도 적은 금액이었던 낮은 배상금을 협약 배상금으로 채택하도록 하였다.[24]

낮은 배상금은 항공기술 발전, 경제수준 향상, 항공여행의 대중화, 소비자 보호 경향[25] 등 시대변천에 따라 상향 조정되고 이를 뒷받침하기 위하여 협약이 개정, 보완되고 협약의 해석이 이전과 달라지기도 하였다.

바르샤바 체제가 프랑스와 커먼로 국가 간의 상이한 법률 제도와 법률 개념 때문에 나라에 따라 달리 해석되는 상황도 발생하고 있다. 이러한 상이한 해석은 크게 줄어들고 있지만 이를 완전히 배제할 수 없음도 이해할 일이다. 이는 수백 년간 일정한 방향으로 정형화되어 있는 일국의 법률 개념이 생소한 외국의 개념을 수용하여 적용한다는 것이 보통 어려운 일이 아니기 때문이다. 더구나 각국의 협약 해석 작업을 감시하고 이를 전체적으로 통일하는 세계적 사법기구가 없는 상황에서 이는 어쩌면 당연한 일이겠다.[26] 바르샤바 협약 자체가 대륙법상의 개념과 영·미법상의 개념을 최대한 조화하여 규정한다고 하였음에도 불구하고 나타나는 협약문의 다의성이 이를 여실히 보여주고 있다.

협약문의 다의적 해석은 이상과 같이 기존법 체제에 상이한 개념을 도입, 적용하는 데에도 나타나지만, 협약문이 통일법(uniform law)으로서 기술적 사항에 대한 기술을 미비[27]한 데서도 오고 또한 국내 법원에서 협약규정을 국내법의 개념에 반추하여 해석[28]하기 때문에도 발생한다.

그러나 바르샤바 체제는 여러 문제점에도 불구하고 국제적으로 통일된 법(uniform law)을 형성하여 보편적으로 적용시키는 데 성공한 보기 드문 케이스로 보아야겠다. 물론 보편적 적용이라는 점에 문

---

23) 항공기의 압류, 항공기 구조 시의 구조 경비 문제, 항공기 내에서의 폭력, 출생 등을 바르샤바 체제가 다루지 않음은 물론임.

24) A. Lowenfeld, Aviation Law(2nd ed., 1981), pp.97~98.

25) 미국에서는 한동안 협약을 확대 해석하여 항공사의 승객에 대한 배상을 강조하였지만 절대책임제의 1966년 몬트리올 협정이 채택된 이후에는 이 방법에 의존할 근거가 박약해진 까닭인지, 항공기 사고 시 항공장비 제조업자에게 배상책임을 전가하여 소비자를 보호하기도 하였음 (예: In Re Air Crash Disaster at Tenerife, Canary Islands, 27 Mar. 1977, 435 F. Supp).

26) 1956년 세계국제법협회(ILA)의 제47차 총회 시 ILA의 항공법위원회는 보고서를 통하여 국가 간에 바르샤바 체제가 상이하게 적용되는 데서 오는 법의 충돌을 방지하기 위한 방안으로 특별 법원이나 국제사법재판소에 동 건 해결을 위임하고자 제안하였음. Matte, N., International Carriage by Air Codification: Uniformity and Diversity(85.3.14 Louis M. Bloomfield 기념 강연록), p.23.

27) 예를 들어 협약 제3조 (2), 4(4), 9, 25조 등이 "항공 운송업자가 유한책임 또는 면책에 관한 규정을 원용할 수 없다"라고 기술하고 있는데 이에 해당하는 협약규정이 어떠한 것이며 제29조(제소기한)도 이에 해당하는지가 불명함. 제20~22조를 이러한 유한책임 규정으로 보는데 이의가 없으나 프랑스의 일부 판례는 제29조도 이러한 규정으로 보았음. 또 제8조 '화물의 무게, 양, 부피 또는 규모(dimension)'가 누적적 (cumulative) 또는 선택적(selective)임을 의미하는지도 모호함. 헤이그 의정서는 새로운 협약규정인 제3조 (2), 4(4), 9, 25, 25A에서 유한 책임 또는 책임면제가 제22조의 적용을 지칭하는 것으로 명기함으로써 여사한 문제점을 해결하였음.
한편 협약이 용어의 정의를 하지 않은 것도 기술적인 결함인바, 예를 들어 항공기에 관한 정의가 없기 때문에 협약 적용 초창기에는 hovercraft도 항공기에 해당하느냐를 가지고 논란이 있었음(Miller의 저서 p.15 이하 참조).
또한 헤이그 의정서 등 후속 문서의 채택에도 불구하고 협약 제17조의 '승강 또는 하기 작업'(operations of embarking or disembarking), 협약 제18조의 항공사가 화물을 '책임지고 있는'(in charge of)의 의미, 협약 제19조의 '지연'(delay)의 의미 등은 계속 불명확함.

28) 협약 제28조의 관할 법원에서의 해석이 좋은 예임.

제가 없는 것은 아니다. 이는 1966년의 몬트리올 협정이 항공사 간의 협정으로서 미국을 운항하는 항공기의 사고 시에만 높은 배상수준을 적용하도록 규정하였으며 여타 지역만을 비행하는 항공기 사고 시에는 바르샤바 협약이나 헤이그 의정서가 정하는 바의 훨씬 낮은 배상금이 적용되기 때문이다. 이 문제점을 해결하기 위하여 1971년 과테말라시티 의정서가 배상금을 미화 10만 달러로 인상하고 항공사의 절대책임도 도입하였으나 과테말라시티 의정서의 발효 관건이 되는 미국이 참가하지 않으면서 사장되었다.

또한 배상금액을 안정적으로 표기하기 위하여 1975년 몬트리올 추가 의정서가 서방 주요 16개국 통화가치를 바탕으로 산출한 SDR[29]을 도입하였으나 과테말라시티 의정서에 근거하는 몬트리올 추가 의정서 3은 과테말라시티 의정서의 사장과 함께 운명을 같이하였다. 그런데 1975년부터 약 20년간 많은 국가가 미국의 태도를 관망하면서 항공 사법의 통일적인 적용 작업 노력을 정지하여 버린 느낌을 준다. 그러나 각국의 상황을 살펴볼 때 꼭 미국의 움직임을 이유로 들 수만은 없는바, 이는 많은 후진국이 전문적인 항공 사법에 관한 국제법에 아직도 익숙하여 있지 않은 관계가 많이 작용하고 있기 때문이다. 191개 ICAO 회원국 중 약 절반의 국가가 국적항공사(flag carrier)를 보유하지 않은 상태인데 이들이 항공법, 그중에서도 항공운송에 관한 국제 사법을 예의 파악한다는 것은 어려운 일이다.

1929년 바르샤바 협약 이래 1955년 채택된 헤이그 의정서가 발효하였지만 사고 시 1인당 25만 프랑(약 1만 6,600달러)을 상한으로 규정한 배상금액은 이내 터무니없이 적은 액수가 되었으며, 미국이 이에 대한 불만을 표출한 후 1966년 몬트리올 협정이 항공사 간 협정으로 사고 시 1인당 배상상한을 7만 5,000달러로 인상한 것은 이미 설명한 바와 같다.

그러나 1966년 몬트리올 협정이 채택된 후 30년이 지난 1990년대에 7만 5,000달러의 배상금은 인플레 등을 감안할 때 다시 불만스러운 금액이었으나 이러한 문제점을 미리 해결하기 위한 조약, 즉 1971년 과테말라시티 의정서와 1975년 몬트리올 추가 의정서 3은 모두 발효되지 않은 채 국제항공사회는 미국의 눈치만 살폈고, 미국은 행정부의 노력에도 불구하고 미국 내 반대 여론과 로비 때문에 헤이그 의정서 채택 이후의 바르샤바 협약체제 개선에 기여하지 못하였다.

이러한 상황에서 1966년 몬트리올 협정도 적용하지 못하는 유수의 세계 항공 국가와 항공사는 사고 시 적용할 국제 항공 사법으로서 1955년 헤이그 의정서만을 기껏 적용할 수밖에 없다는 모순과 비현실성을 자진 시정하려는 조치를 취하기 시작하였다. 지난 약 30년간 교착상태에 빠진 국제 운송배상책임 제도 개선을 독자적으로 해결하고자 하는 움직임을 보이기 시작한 것이다.

---

29) 구주연합(EU)의 탄생으로 단일 통화인 유로(EURO)가 도입된 다음 SDR은 미국 달러, 유로, 영국 파운드, 일본 엔화 4개 통화의 평균 가치를 바탕으로 산출되고 있음. 그런데 2015년 IMF가 중국의 화폐 위안을 추가로 편입시키는 결정을 하여 2016년 10월부터는 중국위안화가 미국 달러, 유로에 이어 3번째의 가중치를 갖는 SDR의 기반 통화를 구성하게 되었음.

2.1 이태리와 일본의 조치(Japanese Initiative)

　1929년 바르샤바 협약 채택부터 1975년 몬트리올 추가 의정서 채택까지의 바르샤바 체제는 각 조약별 내용이 다르고 당사국도 다르기 때문에 하나의 통일적인 규범을 제시하지 못하였다. 이는 항공운송사고 시 높은 배상액을 주장하는 미국과 여타 국가 사이의 입장 차이에도 연유하지만 항공승객과 항공사 모두에게 혼란스러운 것이었다.

　그러던 중 인플레이션 효과와 인명 가치에 대한 높은 평가를 한다는 의식 하에 이태리와 일본이 항공운송사고 시 승객 1인당 10만 SDR을 배상한다는 국내법을 제정 또는 시행하면서 당시 미국을 제외하고 배상액 상한 조정에 관심이 없어 왔던 국제 항공사회를 일깨우게 되었다.

　이태리의 헌법재판소는 1985년 5월 헤이그 의정서를 이행하는 이태리 국내법상 1만 6,600달러의 배상상한이 육로 여행자에 비교할 때 인명과 인간 존엄성에 대한 차별이라면서 이는 이태리 헌법 제2조와 3조에 위반한다고 판결하였다. 이에 따라 이태리 항공사는 무제한의 배상위험에 처하게 되었는바, 1988.6.7. 이태리 정부가 관련법률 제274호를 제정하여 항공사가 10만 SDR까지 절대책임제로 배상하도록 하고 보험 가입을 의무화하는 것으로 법의 공백을 채웠다. 이는 과테말라시티 의정서를 개정한 1975년 몬트리올 추가 의정서 3의 내용을 사실상 실현하는 것으로서 이태리를 출발, 도착, 경유하는 모든 항공기에 적용하였다.

　일본에서는 국가기관이 아니고 항공사가 나서서 바르샤바 체제의 배상 상한 조정에 무기력한 정부에게 훈수하는 일이 발생하였다. 이는 1992년 일본 항공사들의 국제 운송사고 시 과실분쟁에 있어서의 배상 상한을 철폐하여 주도록 일본 정부에 요청한 것이다. 1985년 일본항공의 점보 여객기가 국내운송 중 사고로 520명의 탑승원이 사망하였을 때 평균 배상액이 85만 달러였다는 것을 감안할 때, 국제 항공운송사고 시와의 배상상한과 큰 차이가 있었고, 국내 자동차 사고 시 배상액과도 큰 차이가 있어서 계속 동떨어진 차이를 적용하는 것에 문제의식을 느꼈기 때문이다.

　일본 항공사들은 1992년 바르샤바 협약 상 배상 면책 조항인 제20조의 '모든 필요한 조치'를 10만 SDR 배상액까지는 원용하지 않으면서 절대책임을 지고 그 이상의 배상액에 대하여서는 승객의 거증책임에 따라 무제한 배상하겠다고 일본 당국에 신고(file tariffs)하였다. '일본 이니시어티브'(Japanese Initiative)로 불리는 동 내용은 국제 항공사회의 큰 주목을 받았다.

2.2 IATA의 조치 1995/1996년 IIA와 MIA(IIA & MIA Agreements 1995/1996)

1995년 초 미국 교통부가 IATA에 국제 항공에 있어서 배상책임제도의 현대화를 논의하기 위한 반독점법 면제(antitrust immunity)를 부여하였다. 이에 따라 1995년 6월 미국 워싱턴 D.C.에 67개 항공사가 참석하여 당시 배상상한이 부적절한 수준임을 인정하면서 긴급 수정할 것에 동의하였다. 이어 말레이시아 쿠알라룸푸르에서 개최된 IATA 연례총회에서 바르샤바 협약의 66년 역사상 가장 극적인 조치로 평가되는 '피해 완전배상'을 허용하는 '워싱턴 항공사 간 협정'(Washington Intercarrier Agreement)을 승인하였는바, 1995.10.31. 12개 항공사가 이에 서명하였다.[30]

정식명칭이 IATA Intercarrier Agreement on Passenger Liability(IIA)인 상기 협정은 전문(前文)과 8개 항으로 된 간단한 문서이다. 동 문서는 참여 항공사가 바르샤바 협약 제22조 1항의 매우 부적절한 배상한도액을 시정하기 위한 일반원칙을 규정한 것이다. 즉 제1조는 참여 항공사가 바르샤바 협약 제22조 1항의 유한책임을 포기(waive)하고 승객 거주지의 법에 의거한 무제한 배상청구를 적용받는 것이다.[31] IATA가 1996.11.1. 발효를 목표로 추진하였던 IIA는 미국 교통부의 승인이 있었던 1996.11.12.부터 참여 항공사들 간에 발효되었다.[32]

IIA 채택 후 IATA는 IIA에 참여한 각 항공사가 의무적 또는 선택하여 구체 실천하는 내용을 1996년 MIA(Agreement on Measures to Implement the IATA Intercarrier Agreement)라는 항공사 간 협정으로 작성하였으며, 미국 항공사의 연합체인 A4A[33]는 IIA를 미국 내에서 실천하는 내용인 IPA(Implementing Provisions Agreement under the IATA Intercarrier Agreement to be Included in Conditions of Carriage and Tariffs)에 수록하였다.[34] 이로써 IATA의 관련 협정은 3개가 되었다.

5개 항으로 구성되어 있는 MIA는 그 성격상 항공사가 자국정부에 신고(file)하는 운송조건 또는 tariff의 내용에 해당한다. 이 중 강제 규정과 임의 규정이 있는데 제1조 1항에서 참여 항공사로 하여금 바

---

30) 서명에 참여한 12개 항공사는 Air Canada, Canadian Airways, TACA, Austrian Airlines, KLM, SAS, Swissair, Air Mauritius, South African Airways, Japan Airlines, Saudi Arabian Airlines, Egyptair임.

31) 1976~1985년 10년간 항공사의 배상책임 관련 보험료는 전체 수입의 0.22%를 차지하였고, 바르샤바 체제와 관련된 부분은 이 중 ½에 불과하였음. 따라서 항공사의 국제 운송사고 시 책임상한을 철폐하더라도 보험료의 약 10%만 더 증가할 것이므로 이는 소송경비나 기타 경비 절약을 통해 충분히 감내할 수 있는 것으로 계산되었기 때문에 무제한 배상청구에 동의하였다는 분석이 있음. Shawcross, VII(184) 참조.

32) IATA가 1996.7.31. IIA와 IIA를 실행하기 위한 MIA(후술)를 미국 교통부에 제출(미국 교통부 Docket OST-95-232로 분류된 Application of the International Air Transport Association for Approval of Agreement, Antitrust Immunity and Related Exemption Relief)한 후 미국 교통부령 96-10-7(1996.10.3.)에 의한 Show Cause Order, 동 Show Cause Order에 대한 IATA와 일부 항공사들의 comments(1996.10.24.자), 미국 교통부령 96-11-6(1996.11.12.)에 의한 3개 협정(후술) 허가, 동 허가 조건을 수정한 미국 교통부령 97-1-2(1997.1.8.)에 의하여 일단락된 내용임. 1996.12.12. 당시 세계 국제 정기운송실적의 약 80%를 점하는 79개 항공사가 IIA에 서명하였음.

33) 과거 Air Transport Association of America로서 1936년 14개 항공사들에 의하여 설립된 항공사 연합체임. 최근 명칭을 Airlines for America(A4A)로 변경하였는바, 미국 내 주요 항공사들 간의 동업단체로서 강력한 영향력과 로비능력을 행사하였으나 2015년 현재 항공사들 간의 통·폐합과 Delta항공이 항공관제에 관련한 의견차이로 탈퇴함으로써 9개 항공사들로만 구성되면서 영향력이 다소 약화된 상태임.

34) IPA는 미국 내 운항 항공사를 회원으로 하는 ATA(Air Transport Association of America)가 작성하여 IATA가 미국 교통부에 허가 신청차 제출한 IIA와 MIA의 제출일자인 1996.7.31. 동시에 제출되었음.

르샤바 협약 제22조 1항의 유한책임을 포기토록 한 것과 제1조 2항에서 10만 SDR을 초과하지 않는 배상액의 경우 참여 항공사가 바르샤바 협약 제20조 1항의 비과실 면책을 주장하지 못하게 한 것 등은 강제 조항이다.

MIA의 제2조 1항은 항공사가 원한다면 배상청구권자가 바르샤바 협약 제17조(승객사상 등을 초래한 항공운송사고 시 항공사의 배상의무 규정)상 배상을 다루는 법원이 승객의 거주지나 주소지의 법률을 적용하는 것에 동의할 수 있도록 하여 미국이 오랫동안 주장하여 왔던 바를 임의 조항으로 포함시켰다.

제2조 2항은 10만 SDR까지의 배상금에 대해서는 항공사가 바르샤바 협약 제20조 1항의 항공사 비과실 면책 방어 권리를 포기하여야 하지만 관련 정부 허가 하에 비과실 면책 방어 권리가 포기될 수 있는 운항구간과 배상금액을 별도로 명시할 때에는 이에 따른다고 규정하였다. 가령 뉴욕과 동경의 항공운항구간에서의 사고 발생 시 20만 SDR까지의 배상금액에 대하여서는 항공사가 비과실 면책 방어권을 행사하지 않는다고 명시하는 것을 그 예로 상정할 수 있다.

MIA도 IIA와 같이 1996.11.1. 발효를 목표로 하였으나(MIA 제5조 3항), 실제로는 IIA와 함께 MIA 서명 항공사들 중 국내 당국의 승인을 획득한 항공사들만을 대상으로 1996.11.12. 발효되었다.[35]

2.3 EU와 미국의 조치

1985년 이태리 헌법재판소 판결 이후 이태리가 1988년, 일본이 1992년 배상상한을 스스로 인상한 것을 앞서 보았다. 뒤이어 영국이 1992년 자국 항공사에게 10만 SDR을 상한으로 배상금을 지급하도록 규정하였고 비슷한 시기에 호주는 자국 항공사들의 배상상한을 26만 SDR로 인상하는 법을 제정하였으며 우리나라의 대한항공과 아시아나도 스스로 배상상한을 10만 SDR로 인상하였다.

위와 같은 분위기에서 유럽민항회의인 ECAC(European Civil Aviation Conference)은 1994년 유럽 회원국을 상대로 ECAC 회원국의 영토에 진입하는 항공사는 사고 시 배상한도를 25만 SDR로 하는 유럽항공사 간 협정의 체결을 권고하였다. EU 당국도 배상액에 불만인 가운데 EU 집행위가 EU에 취항하는 항공사의 사고 시 배상책임을 최소 60만ECU(약 75만 달러)로 하는 안을 제시하기도 하였다.[36]

연후 EU는 1997년 Regulation 2027/97을 법으로 채택하여 승객사상 시 10만 SDR까지의 배상금에 대

---

35) IIA, MIA, IPA 등 3개 협정에 대한 미국 교통부의 반독점법 적용면제 승인과 관련 미국 당국은 국제법에 어긋나는 오만한 태도를 취하다가 잠정 승인 결정(미국 교통부령 96-11-6)을 하면서 1996.11.12.부터 잠정 발효시켰는바, 동 건 상세한 것은 박원화, 항공법 제2판(1997년 명지출판사) pp.262~273 참조.

36) EU 집행위는 그 뒤 EU 각료이사회 규정안(Proposed Council Regulation)을 1995.12.20. 채택하였는바, 동 규정안은 EU 항공사의 사고 시 승객에 대한 유한책임 부적용, 사고 직후 적어도 10일 이내 항공사가 배상 청구권자에게 5만ECU를 우선 지급기로 하는 것을 내용으로 한 전문과 10개 항으로 구성

하여서는 절대책임으로 항공사가 책임을 지고 그 이상의 배상은 무제한 과실책임을 규정하였다.[37] 이제 상황은 전 세계가 하나의 공동 규범을 새로이 작성하여야 할 때를 말하고 있었다. 그리하여 다음 3항에서 기술하는 1999년 몬트리올 협약이 채택되었다.

1999년 몬트리올 협약이 채택된 후 EU는 자체 역내 적용법인 Council Regulation(EC) 2027/97을 개정하여 동 몬트리올 협약과 일치시키는 작업을 하였는바, EU의회와 각료 이사회가 2002년에 채택한 Regulation(EC) 889/2002가 그 결과물이다. 동 새로운 규정에서 EU는 1999년 몬트리올 협약을 EU 회원국의 국내법으로 적용하고, 짐을 체크인하면서 특별 신고할 경우 이를 위한 운송과 보험을 위한 추가 요금을 지불할 수 있도록 하였으며, 항공사고로 사망 시 지급하는 선 지급금을 1만 6,000 SDR로 인상하였다.[38]

한편 IATA의 IIA를 실천하는 내용의 MIA를 미국에서 적용하는 것과 IIA를 미국 항공사들이 실천하는 내용으로 A4A가 합의한 IPA를 미국 교통부가 Order 96-11-6으로 승인하였는바, 그 요지는 다음과 같다.

① 바르샤바 협약 상 제22조 1항의 유한책임 원용 불가

② 10만 SDR까지는 협약 제20조 1항의 항공사 비과실 면책 방어권 원용 불가

③ 항공사의 제3자에 대한 과실상계 및 구상권 등을 포함한 방어 권리는 행사

④ 적용법규가 허용한다면 배상액을 승객의 거주지 또는 주소지국가의 법률에 따라 결정하는 것에 동의

⑤ 미국 교통부의 모든 법령상 의무적인 1966년 몬트리올 협정을 MIA나 IPA가 대체

미국 교통부는 상기 승인 후 IATA와 A4A의 의견을 감안하여 Order 96-11-6을 일부 수정한 Order 97-1-2[39]를 1997.1.8. 공표하였는바, 동 내용은 MIA 참가 항공사와 IPA 참가 항공사 간의 차별 적용을 인정하는 것이다. 이에 따라 외국 항공사들의 합의 내용인 MIA에 대해서는 상기 ④항의 적용을 배제하여 주었다. 즉 미국 정부가 큰 관심을 보여 왔던 제5재판권 관할 인정을 해외 항공사들에게 강제할 수 없음을 인정하여 이를 선택사항으로 하였지만 IPA에 참여하는 모든 미국 항공사들에게는 의무사항이다.

그런데 1999년 몬트리올 협약 채택 후 미국 A4A는 동 협약의 내용과 EU의 관련 법인 Regulation 889/2002를 감안하여 기존 1996년 IPA를 대체하는 내용으로 미국 교통부에 2005년 IPA Agreement를 제안하였는바, 미 교통부는 Order 2006-6-4로 이를 반영하여 시행하였다. 연후 A4A는 미 교통부가 2005년 IPA Agreement를 Order 2006-6-4로 수용한 내용에 이견이 있다면서 2006년 IPA Agreement로

---

37) 동 절대책임은 과실상계를 허용하고 자책으로 인한 피해 배상을 면제하는 것임.

38) Shawcross, VIII(214-217).

39) 1997.1.10. 시행. Docket OST-95-232-75(IATA); Docket OST-96-1607-45(ATA).

포장된 내용으로 수정하여 줄 것을 청원하였다. 수정 내용은 짐이 보안 검색이나 기타 운송인의 통제 밖에 있는 조치로 인하여 파괴, 분실, 손상 또는 지연될 경우 운송인이 책임을 지지 않는다는 내용이다.

미 교통부가 A4A의 2006년 IPA Agreement를 승인하는 내용으로 Order 2006-10-14[40]를 2006.10.26. 공표하였는바, 요지는 다음과 같다.

① 운송인의 10만 SDR 미만 책임 배제 또한 제한 금지. 그 이상의 금액인 경우 운송인의 사고 유발 과실 책임이 있지 않는 한 배상 불가

② 승객의 사망 시 최소 1만 6,000 SDR을 선 지급금으로 지급

③ 휴대 수하물 경우 운송인은 자신 또는 자신의 사용인과 대리인의 잘못으로 인한 피해만 배상

④ 지연 관련 운송인의 통제 밖에 있는 공항, 관제소, 기타 공항시설의 공·사 기관원의 잘못으로 인한 지연에 대하여서는 운송인의 책임 부재

⑤ 피해 발생 시 1929년 바르샤바 협약이나 1999년 몬트리올 협약의 배상상한이 적용되나 승객의 피해에 있어서 정신적 피해는 배제

⑥ 2006년 IPA Agreement 참여 항공사는 1966년 몬트리올 협정 대신 2006년 IPA Agreement 적용

⑦ 보안 점검과 기타 운송인의 통제 밖에 있는 조치로 인하여 짐이 파괴, 분실 또는 지연 되는 경우 운송인의 책임 면제

⑧ 본 협정에의 참가를 희망하는 모든 항공사는 협정에 서명하여 미 교통부에 제출한 후 60일 이내에 협정상 새로운 조건을 미 교통부에 신고하여 시행

상기 내용 중 ②는 앞서가는 유로연합(EU)의 관련 규정을 답습한 것이다. ④와 ⑦은 바르샤바 체제의 내용에 반한다. ③의 내용은 바르샤바 체제를 현대화한 1999년 몬트리올 협약(후술)이 휴대용 짐(또는 수하물)의 피해 배상을 과실추정책임에서 과실 책임 제도로 변경한[41] 것을 감안할 때 휴대용 짐에 관련하여서는 조약과 부응한다고 할 수 있으나 ⑦의 짐, 특히 위탁용 짐과 관련한 내용은 현존 조약의 내용과 상치한다.

한편 IATA는 국제 운항 항공사들이 어느 구역을 운항하든지 간에 유효한 중립적인 내용의 배상 관련 규정을 작성하여 자체 내부회의에서 채택[42]한 후 이를 2008.1.31. 미 교통부에 제출하였다. 미 교통부는 항공승객의 이해를 돕는 IATA의 피해 배상 관련 고지 내용이 공익에도 기여한다는 판단하에

---

40) 2006.10.31. 시행. Docket OST-2005-22617.

41) Shawcross, Ⅶ(225-282).

42) 2007.10.9.~10. 캐나다 토론토 개최 제29차 여객서비스회의(Passenger Services Conference)에서 Ticket Notices(승객 표 고지)에 관한 IATA 결의 724를 개정한 것

Order 2009-6-8[43]로 2009.6.10. 공표하였는바, 고지되는 내용으로 특기할 사항은 다음과 같다.

① 여권과 비자 등 모든 필요한 여행 서류 없이 여행할 수 없음

② 항공사는 정부의 요청에 따라 여행객의 신상 자료를 관련 정부에 제공할 수 있음

③ 탑승 거부(denied boarding)에 관한 안내

④ 짐의 위탁과 휴대에 관한 상세한 안내와 함께 미국 국내 여행 시(국내 구간) 짐의 피해 배상 상한액으로서 최소 3,000달러 또는 미국 법 14 CFR 254.5[44]의 내용 적용

⑤ 체크인과 탑승시간 안내

⑥ 위험물질 운반 경고

미국은 또 후술하는 1999년 몬트리올 협약이 5년마다 배상상한액 조정을 한다는 규정에 의거하여 2009년 말 배상액 인상에 대비하여 교통부 Order 2009-12-20[45]을 2009.12.23. 공표하였다. 그 내용은 A4A가 2009.11.6.자로 1999년 몬트리올 협약 상 항공운송 피해 배상상한액을 13.1% 인상 조정하겠다는 2006년 IPA Agreement 수정안을 승인하고 2006년 IPA Agreement에 참여하는 항공사는 1966년 몬트리올 협정을 적용할 필요가 없음을 반복한 것이다. 이에 따라 승객 사상 배상액은 이전의 10만 SDR에서 113,100 SDR로 인상되었다.

3. 1999년 몬트리올 협약(Montreal Convention 1999)[46]

3.1 채택 배경

ICAO는 1975년 몬트리올 추가 의정서 3과 4를 채택한 후 기 발효 중인 바르샤바 협약과 헤이그 의정서를 본질적으로 개선하였다는 자부심을 가진 채 ICAO 총회 시마다 채택되는 결의를 통하여 동 2개의 추가 의정서에 대한 ICAO 회원국들의 비준만을 촉구하고 있었다.

그러나 미국이 수용하기에 필요한 핵심내용인 승객의 배상금 상한과 승객 주소지국을 제5 재판 관할권으로 인정한 과테말라시티 의정서와 추가 의정서 3은 세월이 흘러가면서 더 큰 배상금을 요구하

---

43) 2009.6.15. 시행. Docket OST-2008-0047.

44) 미국은 1984.2.10. 중형(60석) 이상의 항공기 탑승 승객의 짐 피해 시 배상액이 최소 1,250달러는 되어야 한다는 내용의 법을 제정한 후 국내 여론을 반영하여 1999년 이를 2,500달러로 인상하고 또 2년마다 도시물가지수를 반영하여 계속 인상토록 하였는바, 14 CFR 254.5는 1999년 제정된 동법 내용임. 이 법에 따라 미 국내 여행 시 적용되는 짐 배상상한액도 2008.11.21. 3,300달러로 인상 개정됨.

45) 2009.12.23. 시행. Docket OST-2005-22617.

46) 정식 명칭이 Convention for the Unification of Certain Rules for International Carriage by Air로서 2003.11.4. 발효 후 2016.1.5. 현재 119개 당사국. 우리나라는 2007년 가입하여 2007.12.29.부터 당사국이 되었음. 국·영문 협약문은 부록 참조.

는 미국 내 여론 때문에 미국의 관심에서 벗어나 있었고, 정부 간의 협의를 통해 국제 항공운송사고 시 적용할 하나의 통일적인 규범의 제정 가능성은 더욱 멀어지는 듯한 상황에서 항공사들과 IATA 등 관련 협회 측에서는 시스템 자체의 붕괴를 내심 우려하는 지경에 이르렀다. 이런 배경에서 이태리, 일본, 호주, 영국, IATA, EU의 항공사들과 국가들은 자발적으로 절대책임하의 배상상한 인상이라는 선도적인 조치를 취하면서 굼뜬 정부를 채찍질하는 효과를 가져왔다.

그 결과 IATA의 여러 회원항공사가 10만 SDR 또는 그 이상도 절대책임하의 배상상한으로 수용하는 IIA와 MIA를 채택하여 시행하는 것에 ICAO는 내심 충격을 받으면서 그간 총회 시마다 몬트리올 추가 의정서 3과 4의 비준만을 촉구하는 결의 채택 반복이라는 동면에서 깨어나게 되었다.[47]

또 재미있는 것은 민간 산업계의 배상상한 인상과 절대책임, 그리고 승객 거주지국의 재판관할권, 즉 제5재판 관할권을 인정하는 추세가 대세로 자리 잡은 상황에서 긴 잠으로부터 깨어난 ICAO는 자신의 직무유기라는 책임론을 벗어나려고 하는 듯이 아래와 같은 조약 제정절차도 도외시한 채 초고속의 편법으로 바르샤바 체제를 새로운 조약으로 대체하는 작업을 진행하였다.

ICAO에서의 협약안 승인절차는 ICAO 총회 결의[48]에 의해 규율되며 법률위원회의 조직 및 작업방식과 함께 1965년 제15차 ICAO 총회에서 승인[49]되었다. ICAO 법률위원회는 1967년 제16차 회의 시 승인한 '협약안 준비절차'를 연후 수십 년간 적용하여 왔다. 이는 ① ICAO 사무국의 법률국이 연구한 후 법률위원회의 작업편의를 위하여 문서를 준비, ② 법률위원회 토의 후 보고자(Rapporteur)나 소위 (sub-committee) 또는 양자에게 검토를 의뢰하고, ③ 보고자나 소위는 조약의 내용이 채택시기에 이르렀나 등에 관한 의견과 함께 법률위원회에 보고하면 동 내용이 조약 초안에 포함되며, ④ 법률위원회가 조약 초안을 검토한 후 소위의 재검토를 요구하면서 문제되는 내용의 개선을 도모, ⑤ 연후 법률위원회는 소위가 수정한 조약안을 접수하여 토의 후 채택에 문제가 없다고 판단할 경우 ICAO 이사회에 상정하면, ⑥ 이사회가 조약 채택을 위한 외교회의 소집을 결정하는 것이다.

ICAO가 지난 수십 년간 상기 절차를 밟아 조약안을 마련하였지만 이러한 절차를 처음으로 일탈하여 투명성도 결여된 채 급조된 것이 1999년 몬트리올 협약이다. 이는 ICAO 이사회 의장이 IATA의 이니셔티브를 뒤따라 잡기 위하여, 시간이 소요되는 정상절차를 배제하면서 조약체결을 가속화시킨 때문으로 보이는데, ICAO는 이러한 절차 위반에 대하여 아무런 설명도 하지 않았다.

---

47) IATA의 IIA가 1995년 10월 채택되는 상황에서 개최된 1995년 9월~10월 ICAO 제31차 총회는 IATA 옵서버의 정보 제공에도 불구하고 몬트리올 추가 의정서 3과 4의 비준을 촉구하는 결의만을 채택하였음. ICAO 사무국의 여사한 안이한 대처와 무책임에 관하여 Paul Dempsey & Michael Milde, International Air Carrier Liability: The Montreal Convention of 1999(2005년 McGill 대학 항공우주법 연구센터 발간) pp.36~43 참조.

48) A7-6로서 오늘날 Resolution A31-15, Appendix B에 수록되어 있음.

49) ICAO Doc 8517, A15-LE/100에 수록.

법률위원회의 소위를 소집하는 대신 규정에도 없는 ICAO 사무국의 작업반(working group)을 사무국의 법률국 직원과 이사회 의장이 지명한 전문가들로 구성하여 이들이 1996년 2회 회합하였다. 연후 보고자(Rapporteur)가 임명된 후 동인의 보고서가 정상 절차에 의하면 법률위원회나 동 위원회 소위에 제출되어야 하나 이를 무시한 채 1997년 초 ICAO 이사회에 제출되었다. ICAO 이사회는 1997.4.30.~5.9.간 제30차 법률위원회 회의를 소집하였는바, 61개국의 대표가 참석한 법률위원회 회의는 대부분이 토의내용을 모르는 채 내용 파악에 분주하면서 무질서하고 혼란스러운 시간을 보냈다. IATA의 승객배상책임협정에 기초한 조약 초안에 대해 법률위원회 회의 참가 대표들은 2단계 배상책임(1단계는 일정금액까지 항공사의 절대책임, 2단계는 승객의 거증 하에 무제한 배상책임)제도와 제5 재판 관할권 문제에 관하여 의견이 분분하였지만, 문제가 되는 표현은 괄호 안에 대체 안을 포함한 채 최종안이라고 선언한 후 채택을 위해 외교회의에 상정한다고 결정하였다.

ICAO 이사회는 법률위원회가 준비한 최종안에 대하여 논평도 하지 않고 외교회의 소집도 하지 않은 채 사무국 작업반 회의를 2차례 더 소집한 후 유례가 없고 대표성도 결여된 '바르샤바 체제 현대화 특별그룹'(SGMW)을 이사회 의장이 임명한 인사들로 구성하였다.[50] SGMW는 1998년 4월 회의를 갖고 'Text approved by the 30th session of the ICAO Legal Committee, Montreal, 28 April-9 May 1997 and refined by the Special Group on the Modernization and Consolidation of the 'Warsaw System', Montreal, 14-18 April 1998' 제하로 새로운 조약안을 제출하였다.

이 조약안은 법률위원회 회의 시 괄호 안에 넣었던 표현을 모두 삭제하였음은 물론 법률위원회가 승인한 안과 다른 내용으로서 미국의 최대 관심사인 제5 재판 관할권을 포함하면서 IATA의 IIA/MIA와 EU Regulation 2027/97의 내용을 많이 답습한 것이기 때문에 'refined' 된 것도 아니었다. 또한 바르샤바 체제의 내용으로서 과거 60년간 논란이 되어 온 '사고', '신체 피해' 등의 개념에 대하여 일체의 언급이 없는 것이기도 하였다.

이런 내용으로 작성된 조약안은 1999.5.11.~5.22. 캐나다 몬트리올 개최 외교회의에 채택을 위하여 상정되었다. 118개국의 대표가 참석한 외교회의는 제30차 법률위원회 회의와 비슷한 양상을 보이면서 SGMW가 작성한 안에 신뢰를 보이지 않는 분위기였으며 계속 조약안의 핵심내용인 2단계 또는 3단계 배상책임제도와 제5 재판 관할권 문제로 특히 선·후진국 간 이견이 컸다. 일주일간의 소모적 토론 끝에 외교회의 의장[51]은 '의장 친구단'(Friends of the President Group)이라는 회의절차 규칙에도 없는 비공식 자문기구를 구성하여 7일간 논의토록 한 후 '컨센서스 패키지'(consensus package)가 외교

---

50) Special Group on the Modernization of the Warsaw System(SGMW)의 구성 역시 ICAO의 조약 성안 절차에 위배되는 것임.

51) 해양법에서 이름이 더 알려진 Dr Kenneth Rattray로 자메이카 순회 대사 겸 법무장관.

회의에 보고되어 박수갈채로 채택되었는바, 일부 대표들은 영문도 모른 채 1999.5.28. 채택된 동 조약이 국제 항공운송에 있어서 일부규칙의 통일에 관한 협약(Convention for the Unification of Certain Rules for International Carriage by Air)이다. 약칭 1999년 몬트리올 협약 또는 몬트리올 협약으로 통한다.

몬트리올 협약은 과거 70여 년간 적용되었던 항공운송에 있어서의 사고 시 배상책임에 관한 특정 규칙을 수록하고 있는 바르샤바 체제의 내용이 여러 조약과 항공사 간의 협정으로 분산 규율되어 있는 바를 하나의 통일적 규범으로 통합하면서 배상상한 인상 등을 현대화한 것이다. 내용상 일부 문제가 있는 동 조약은 미국과 주요 항공대국의 순조로운 비준과 가입으로 조만간 바르샤바 체제를 대체할 것으로 기대된다.

이런 상황에서 항공운송사고가 발생할 시 다음과 같은 여러 가지 상이한 배상 법률이 적용되는 것을 예상할 수 있다.

① 구주연합(EU) 회원국에 등록된 항공기의 사고 시 EU의 법(Regulation 889/2002 등)

② 미국을 목적지, 출발지 또는 경유지로 할 경우 1966년 몬트리올 협정을 대체한 IPA

③ 상기 지역(EU) 소속 항공기가 아니거나 상기 국가(미국) 이외 지역을 비행하는 항공사로서 IATA의 IIA/MIA에 참여하는 항공사의 항공기 사고 시 자발적으로 상향된 배상액

④ EU 소속 항공기가 아니거나 미국을 비행하지 않으면서 IATA의 IIA/MIA 참여 항공사도 아닌 경우 바르샤바 체제(배상액 관련 1929년 바르샤바 협약이나 1955년 헤이그 의정서, 1975년 몬트리올 추가 의정서 1, 2, 4 등)가 선택적으로 적용

⑤ 1999년 몬트리올 협약 당사국 간에는 동 협약

⑥ 적용 조약이 없고 IIA/MIA에 참여하지도 않은 항공사의 항공기 사고 발생 시 동 항공사 약관 적용

위와 같이 상정한 배상상황은 최소한 바르샤바 체제나 1999년 몬트리올 협약의 배상내용과 동일하든지 또는 보다 유리한 배상을 받는 것이겠다.

현재 국제 항공운송 시 배상을 요하는 사고가 발생할 경우 배상에 관련된 당사자의 운송계약 장소와 항공기 등록국 및 목적지의 국가가 어느 조약의 당사자이고 승객의 거주지가 어디냐에 달려 있다. 2016.1.5 현재 바르샤바 체제의 근간인 바르샤바 협약의 당사국이 152개국인 데 반하여 몬트리올 협약의 당사국은 119개국임을 감안할 때 승객 사상 시 배상액인 113,1000 SDR 등 여러 형태의 피해 배상액의 적용을 제외하고는 동 적용의 근거와 해석 등에 있어서 아직까지 바르샤바 체제가 적용될 가능성이 크다. 즉 1999년 몬트리올 협약의 내용들이 수십 년간 적용된 바르샤바 체제에 바탕을 두고 있기 때문에 바르샤바 체제와 그 내용을 무시할 수 없다. 이제 1999년 몬트리올 협약내용을 살펴본다.

3.2 주요 내용

3.2.1 승객사상 배상상한 인상

제21조는 2단계 배상상한을 도입하였다. 제17조 1항(바르샤바 협약 상 제17조)에서 승객사상 시 10만 SDR까지의 피해에 대하여서는 절대책임으로 운송인이 배상하도록 하였고 그 이상의 피해액에 대하여서는 운송인이 자신의 무과실을 증명하거나 오로지 제3자의 과실로 인한 것이라고 증명하는 한 책임을 지지 않도록 하였다. 승객측이 이를 반박할 수 있는 한 무제한 배상받을 수 있다. 또 제21조 5항에 의거하여 항공 운송인이 wilful misconduct에 해당하는 행위, 즉 피해를 야기할 의도를 가지고 또는 피해가 발생할 것이라는 인식하에 무모하게 행한 작위 또는 부작위의 결과로 인하여 피해가 발생하였을 경우 승객사상뿐만 아니라 승객의 지연, 짐의 파손, 분실, 지연 등에 관한 각기의 상한 적용이 철폐된다.

추후 인상되었지만 제1단계 배상액인 10만 SDR은 어떠한 상황에서도 지급되는 것이 아니고 제20조 상 과실상계 등이 적용되며 실제 피해내용을 감안하여 지급되는 상한액이다.

10만 SDR은 헤이그 의정서의 1만 6,600달러와 몬트리올 협정의 7만 5,000달러[52]보다 훨씬 큰 금액이지만 이미 여러 선진국과 EU에서 실시 중인 금액이었다.

3.2.2 제5 재판 관할권

제33조는 승객의 사상 시 승객의 주소지국에서 배상청구를 허용하는 제5 재판 관할권을 인정하였다. 과테말라시티 의정서 상 인정되었으나 이는 10만 달러의 배상상한이 여하한 경우에도 파기되지 않는 것을 전제로 한 것이었지만 발효되지 않고 사장된 관계상 의미가 없었다. 이는 미국의 그간 입장을 반영한 것이나, 짐과 화물에 있어서는 제5재판 관할권이 인정되지 않아 항공사고 시 소송이 각기 다른 두 곳에서 진행될 상황이다. 이러한 이원적 체제는 간과된 실수라기보다는 미국이 핵심 관심사인 승객에 대한 제5 재판 관할권 인정으로 만족한 가운데 더 이상의 통일(짐과 화물에게도 제5재판 관할권 인정)은 미국의 과도하지만 큰 의미 없는 욕심으로 비추어졌기 때문일 것이다.

3.2.3 승객운송 지연 시 배상금 명시

바르샤바 협약이 제22조의 4개 항에서 승객과 짐, 화물에 대한 배상책임을 모두 규정하고 있으나 1999년 몬트리올 협약(이하 M99로 표기)은 제21조에서 승객, 제22조에서 짐과 화물에 대한 배상으로

---

52) 미국 교통부가 IATA의 MIA와 함께 IPA를 1996.11.12.부터 승인하였는바, 이에 따라 미국의 여행 시 적용되어 왔던 1966년 몬트리올 협정은 IPA로 대체되었음. 따라서 승객 1인당 사상에 대한 배상상한액은 10만 SDR로 이미 상향 조정된 결과가 되었음.

분리 규정하면서 과테말라시티 의정서에서와 같이 승객의 지연 도착 시 4,150 SDR을 배상액으로 정하였다.

그러나 지연의 정의가 없고 어떤 경우에 지연에 따라 배상금을 유효하게 청구할 수 있는지 등에 대한 규정이 일체 없어 상징적 성격의 규정이라는 인상도 준다. 한편 동 지연 배상금을 활성화시키는 규정이 있다면 항공사들이 무리한 항공운항을 하면서 사고 발생 가능성이 그만큼 높아질 것이기 때문에 문제가 되는 것도 사실이다.

3.2.4 짐 피해 시 일정 총액으로의 배상상한

M99는 휴대하거나 체크인하거나 구별함이 없이 짐의 파손, 분실, 지연 시 승객 1인당 1,000 SDR의 배상을 규정(제22조 2항)하였으나 화물의 피해에 있어서는 kg당 17 SDR을 고수(제22조 3항)하였다.

1929년 바르샤바 협약과 M99의 승객배상액을 비교할 때 후자의 10만 SDR은 전자의 8,300달러보다 18배 증가한 금액이지만, 화물의 피해 배상액은 1929년 1파운드당 9.07달러가 1999년 가치로 환산 시 89달러에 해당하기 때문에 M99의 실질배상액은 $\frac{1}{5}$로 축소된 것이다. 그리고 M99는 기존 바르샤바 체제의 내용과는 달리 위탁 수하물은 무과실 책임, 휴대 수하물과 개인 지참품 피해 시에는 과실 책임을 적용하는 것으로 수하물의 종류에 따라 책임기준을 달리하였다(제17조 2항). 위탁 수하물이 도착했어야 할 시점에서 21일이 지나도록 도착하지 않을 경우 피해로 간주하여 배상을 받을 수 있는 권리를 행사할 수 있다고 규정한 것(제17조 3항)은 과거 조약의 문제점을 일부 개선한 내용이나 제31조 2항에서 짐을 화물을 추심한 후 일정 기간 내에 서면신고 하도록 한 것은 과거의 문제에 대한 해결이 아니다.

3.2.5 화물 관련 몬트리올 추가 의정서 4 수용

화물의 파손, 분실, 지연에 있어서 몬트리올 추가 의정서 4의 제8조는 바르샤바 협약 제24조를 개정하여 승객과 짐의 배상상한이 wilful misconduct 경우 파기되지만 화물의 경우에는 어떠한 상황에서도 kg당 17 SDR의 배상상한이 파기될 수 없다고 규정하였다.

M99도 기 발효 중인 몬트리올 추가 의정서 4의 화물에 관한 상기 규정을 답습하여 제22조 5항에서 승객의 지연과 짐의 파손, 분실, 지연으로 인한 피해의 경우에만 wilful misconduct가 적용되도록 함으로써 화물의 경우에 적용하는 것은 배제하였다.

그런데 몬트리올 추가 의정서 4가 화물과 특정 우편수송에 있어서 현대화된 내용으로 잘 적용되고 있는 현실을 감안할 때 몬트리올 협약이 이를 존중하여 화물에 관한 규정은 동 추가 의정서 4의 내용을 적용한다는 조약 제정의 기술을 이용할 수도 있었겠지만 그러하지 아니하고 모든 내용을 총괄하는 조약문을 구성하고 있다. 그러면서 화물 피해에 대한 배상을 규정한 제18조 2항에서 항공운송인의 책임이 면제되는 네 가지 경우를 나열하면서 추가 의정서 4에 포함된 '단지'(solely)라는 표현을 누락시킴으로써 항공운송인의 면책 경우가 4가지 이상일 수 있다는 해석을 가능하게 하여 추가 의정서 4의 내용과 충돌할 소지가 있게 되었다.

3.2.6 운송서류의 하자와 배상상한 파기

바르샤바 협약이 운송서류의 형식에 일탈한 경우 배상상한 파기라는 제재를 가하였다. 컴퓨터 등 전자수단의 등장으로 옛날과 같이 운송서류를 별도로 발급하고 제시하여야 할 필요성이 없어졌고 이러한 기술발전 내용을 과테말라시티 의정서와 몬트리올 추가 의정서 4에 반영하였지만 전자는 사장된 채 후자만 발효 중이다.

M99는 상기 2개 조약의 운송서류 관련 내용을 반영하면서 제3조에서 11조에 걸쳐 관련 내용을 바르샤바 협약에 비교하여 대폭 간소화하고 현대화하면서 운송서류의 강제적 성격도 삭제하였다. 이에 따라 제3조에서 승객과 짐에 관한 표 발급을 언급하면서 5항에서는 표 발급 관련 규정을 이행하지 않더라도 운송계약은 유효하다고 언급한다.

제4조부터 8조까지 화물의 운송서류 발급 내용과 절차를 설명하면서 전자수단 등의 기록 보관 장치가 운송서류 발급을 대신할 수 있도록 하였다. 그러면서 제9조에서는 4~8조상의 규정에 위배되더라도 운송계약의 유효성에 지장이 없으며, 배상상한 적용도 변함이 없다고 규정하였다.

그리고 헤이그 의정서 상 처음 도입된 내용으로서 화물의 손상 시 한 부분이 손상되어 다른 부분도 손상이 될 경우 전체의 손상을 배상 대상으로 한다고 규정하였다(제22조 4항).

3.2.7 화물 관련 중재 도입

바르샤바 협약은 제32조에서 화물운송 관련 중재를 허용하면서 4개 재판 관할권에서 동 중재가 되도록 규정한 바 있다. M99의 제34조도 화물의 운송 관련 중재를 보다 확실히 규정하면서 역시 4개 재판 관할권 내에서 중재가 되도록 하고 중재관이나 중재재판소는 M99의 규정을 적용토록 하였다. 동 중재 허용 규정은 헤이그 의정서, 과테말라시티 의정서, 몬트리올 추가 의정서에도 있는 내용이다.

3.2.8 5년 주기 배상 조정 검토

M99의 3개 핵심내용 중 하나가 물가변동을 감안하여 배상액을 조정할 수 있는 장치를 마련한 것이다.[53] 1929년 바르샤바 협약과 1955년 헤이그 의정서가 제 기능을 못 하면서 후속 개정의정서와 협정

이 탄생되고 또 보편적 조약으로 수용되는 데 애로가 있었던 것은 한번 정해진 사고 배상상한액이 세월이 지나면서 인플레이션 영향을 받으면서 그렇지 않아도 다른 운송수단(철도, 자동차 등)의 사고 발생 시 적용되는 배상액에 비교하여 적은 금액이 더욱더 적은 금액으로 변하였기 때문이다.

M99 제24조는 5년마다 SDR을 구성하는 4개 통화, 즉 미국 달러, 유로, 엔화, 파운드의 사용국에서 소비자 물가지수를 가중치로 계산하여 10%를 상회할 경우 모든 배상상한을 그만큼 반영하여 인상한 다는 것이다. 이럴 경우 ICAO가 인상통보를 하는데 통보 후 3개월 이내에 다수가 반대하면 당사국 총회에서 논의하여 결정하나 그렇지 않을 경우 통보한 지 6개월 후에 새로운 배상상한이 적용된다. 이에 따라 몬트리올 협약 발효 후 5년 기간 동안 SDR 구성 4개의 통화 사용 국가에서의 소비자 물가 지수를 반영하여 2009.12.30.부터 모든 종류의 배상상한액을 13.1% 인상 조정하는 조치가 단행되었 다.[54] 그 결과 화물 17 SDR은 19 SDR로, 수하물은 1,000 SDR에서 1,131 SDR로, 승객지연은 4,150 SDR 에서 4,694 SDR로, 승객사상의 배상상한 10만 SDR은 11만 3,100 SDR로 인상 적용 중이다.

3.2.9 징벌 배상 금지 명시

바르샤바 협약을 적용하면서 징벌적 배상(punitive damages) 판결을 한 기록은 없다. 이는 항공운송인 의 영업성격상 고의적이나 사회정의에 반하는 행위 또는 부작위를 통하여 인명이나 물건에 손상을 끼칠 이유가 없기 때문이다.

과거 바르샤바 체제상 어느 조약도 징벌적 배상에 관한 언급을 하지 않았다. 그러나 M99는 배상상한 을 인상하고, 경우에 따라서는 운송인이 무제한 배상토록 하며, 5년마다 물가상승을 감안한 배상상한 조정도 허용하는 대신 제29조에서 징벌적 배상은 불가하다고 규정함으로써 이론적인 균형을 이루었다.

4. 제3자 피해(Damage to the Third Party)

항공기 운항으로 인한 제3자 지상 피해는 1948년 제네바 협약에서도 그 배상을 위한 규정을 포함하 고 있다. 구체적인 배상금액과 방법을 규율하기 위하여 일련의 조약이 계속 채택되었는바 이를 차례 로 살펴보겠다. 동 지상 피해에 관한 조약은 배상액수가 미흡하기 때문에 주요 항공대국 등 선진국에 서 그간 도외시하였다. 그러나 2001.9.11. 오사마 빈 라덴이 주도한 아랍 테러범들의 미국 공격(9/11사

---

53) 나머지 2개의 핵심내용은 하나가 승객의 사상 시 배상액을 2단계로 하여 제1단계에서의 10만 SDR까지는 운항인이 절대책임으로 배상하는 것이며 다른 하나가 승객 주소지국에서 배상소송을 제기 할 수 있는 제5재판 관할권을 허용하는 것임.
54) 2009.11.4.자 ICAO State letter Ref. LE 3/38.1－09/87.

태)으로 관련 조약이 대폭 갱신되어 채택되면서 제3자 피해 배상에 대한 세계의 관심이 증가하였다.

4.1 1933년 로마 협약[55]

지상 피해에 관한 1933년의 로마 협약(Rome Convention on Surface Damage 1933)은 제3차 항공 사법회의 시 합의되어 1933.5.29. 채택되었다. 동 협약은 항공기가 지상의 제3자에게 끼친 손해에 관한 법을 통일하고, 해외 영토를 비행하는 항공기의 보험 가입을 의무적으로 하였다.

동 협약은 발효에 필요한 5개국만이 비준하였으나 이중 3개국이 동 협약을 개정한 1952년의 로마 협약을 비준하였기 때문에 1933년 로마 협약은 추후 개정 협약의 작성 배경을 설명하여 주는 이상의 실질적 가치가 없다.

1933년 로마 협약은 비행 중인 항공기가 지상 또는 해상에 있는 사람 또는 재산에 피해를 유발하였을 경우에, 피해자는 동 피해가 발생하였고 피해가 항공기에 연유한 것이라는 것을 증명하기만 하면 배상을 받을 수 있도록 규정하였다. 배상책임은 일반적으로 항공기를 운항하는 운항자에게 귀속된다. 여기에서 운항자(operator)는 자신의 책임하에 항공기를 사용한 자로서 항공기 사용 중 발생한 지상 피해에 대하여 책임을 지지만, 무단 사용되도록 감독을 소홀히 한 항공기 운항자도 책임을 진다(제5조).

항공기 운항자는 지상 피해 발생 시마다 항공기 중량의 매 kg당 250프랑[56]의 율로 책임을 지되 책임액이 60만 프랑보다 많아야 되고 200만 프랑을 초과할 수는 없다.[57] 동 배상한도액 중 1/3 이상을 재산에 대한 배상으로 이용할 수 없으며 나머지 2/3는 사람의 상해나 사망에 대한 보상으로 이용된다. 단, 1인당 배상한도는 20만 프랑을 초과할 수 없다(제8조). 한편 항공기 운항자는 중대과실(gross negligence)이나 고의적 과실인 wilful misconduct로 피해가 발생한 것이 증명되거나 협약이 규정한 보험 요건을 이행하지 않았을 경우에는 무제한 배상책임을 져야 한다(제14조).

동 협약에 따른 배상청구는 피고의 통상 거주지나 피해가 발생한 국가의 법정에서 제기된다(제16조). 피해자의 배상청구는 사건 발생 6개월 이내에 통보되어야 하며, 뒤늦게 배상청구를 하는 자에 대해서는 배상액 중 여분으로만 한정하여 배상금액을 배분한다(제10조). 배상청구 소송은 피해를 초래한 사건이 발생한 지 1년 이내에 또는 피해자가 피해를 인지할 수 있었던 때로 부터나 배상책임자를 알 수 있었던 때로부터 1년 이내에 제기되어야 하나, 여하한 경우에도 피해 발생 후 3년 이내에는 소

---

55) 정식 명칭은 International Convention for the Unification of Certain Rules relating to Damage caused by Aircraft to Third Parties on the Surface, Rome, 29th May 1933.

56) 금 순도 90%인 0.065그램이 1프랑으로 정의되는 Poincaré gold franc를 말함. 이하 동일(협약 제19조).

57) 250프랑은 17미불, 200만 프랑은 13만 6천 미불임.

송의 절차가 시작되어야 한다(제17조).

4.2 1952년 로마 협약[58]

1933년 로마 협약은 ICAO의 법률위원회에서 검토된 후 1952.10.7. 로마에서 개정, 18개국이 서명·채택하였다. 1958.2.4. 이래 발효 중인 동 협약은 1933년의 협약을 보다 명료하게 기술하는 한편 피해의 적용범위를 축소하여 항공규칙에 따라 정상적으로 비행하는 항공기에 의한 간접적인 피해는 배상 대상에서 제외하였다(제1조 (1)). 또한 피해의 배상한도를 상향조정(제11조)하였으나 항공기 운항자의 배상책임한도를 배제하는 요건 중의 하나였던 '중대과실'을 삭제함으로써 항공기 운항자에게 보다 유리하게 되었다. 1952년 로마 협약의 당사국 수가 49개국에 불과한 이유로 혹자는 배상책임한도가 배상규모하고는 관계가 없는 항공기 중량에 연계되어 한정되었기 때문이라고 해석하기도 한다.[59] 많은 국가가 지상 피해 시 국내법으로 적절한 실비 배상을 하도록 하는 상황에서 배상 상한을 정하여 국내에 운항하는 외국항공기에 적용한다는 것은 정치, 사회적 측면에서 수용하기 어려웠을 것이다.[60]

동 협약은 1933년 협약과 같이 항공기 운항자의 절대적 책임(absolute liability)을 규정하고 있다. 이는 지상에 있는 피해자가 항공기를 직접 이용함에 따른 조그마한 위험의 부담도 지지 않는 선의의 피해자라는 점을 감안할 때 당연한 논리의 결과로 본다.

미국의 국내법을 잠시 살펴볼 때 미국은 절대적 책임을 부과한 Uniform Aeronautics Act를 1922년에 제정한 후, 한때는 미국의 주 중 절반 정도까지 절대적 책임의 제도를 채택하였다. 그러나 1943년 Uniform Aeronautics Act가 폐기되면서 절대적 책임을 적용하는 주가 감소하였다.[61] 1943년부터 미국의 추세는 캐나다와 함께 과실의 추정(Presumption of Fault)을 판결에 적용하고 있다. 이는 법언으로 *res ipsa loquitur*(the thing speaks for itself)라고 하는 사실추정 법리로서, 항공기의 발달 정도를 감안할 때 항공기 운항자가 충분한 주의를 하면 항공기 사고를 미연에 방지할 수 있기 때문에 지상 피해에 관련한 배상소송 시 항공기 운항자가 납득할 만한 설명을 제시하지 못하는 한 항공기 운항자의 주의 부족, 즉 과실로 사고가 발생하였다고 추정한다는 것이다.[62]

세계 제1의 항공대국인 미국은 국내적으로 절대적 책임제도가 한때 성행하였지만 1952년 로마 협

---

58) 정식명칭은 Convention on Damage Caused by Foreign Aircraft to Third Parties on the Surface, Rome, 7th October 1952로서 남·북한 모두 당사국이 아님. 2015년 12월 현재 49개 당사국.

59) Shawcross, V(366).

60) B Havel & G Sanchez, The Principle and Practice of International Aviation Law, Cambridge, 2014, p.319.

61) 1989년 현재 Delaware, Hawaii, South Carolina, New Jersey, Minnesota, Vermont 등 6개 주는 아직까지도 절대적 책임을 적용하고 있음. 55 JALC(1989) 113.

62) 이의 대표적인 판결로 Higginbotham v. Mobil Oil Corp.(US Court of Appeals, 5th Cir., 1977)이 있음.

약 채택 시에는 국내법에서 과실의 추정을 적용하던 추세였다. 이러한 이유는 세계에서 가장 많은 항공기를 보유·운항하는 국가로서 고려하여야 하는 실리도 감안하여 1952년 로마 협약 채택 시 미국만이 유일하게 과실추정을 바탕으로 한 책임을 주장한 배경으로 보인다. 그러나 여타 참석국의 대표가 모두 반대하였기 때문에 과실추정보다 운항자의 책임이 더 강조된 절대적 책임의 내용으로 협약이 채택되었다.[63]

1952년의 로마 협약은 항공기를 중량에 따라 다섯 카테고리로 분류하여 각 카테고리마다의 항공기 사고 시 사고 건별 배상 최고 한도를 정하였다(제11조). 지상의 신체 피해자에 대한 1인당 배상한도는 50만 프랑[64]이다. 만약 신체와 재산에 모두 피해를 입히는 경우에는 협약 상 규정된 배상 최고액수를 반분하여 1/2은 신체 피해 보상으로, 나머지 1/2은 재산 피해 보상으로 사용한다. 단, 신체 피해 보상을 다 못한 경우에 재산 피해 보상분에 여유가 있다면 동 여유분으로 미진하였던 신체 피해 보상에 충당한다(제14조 (b)).

4.3 1978년 몬트리올 의정서[65]

1952년 로마 협약은 ICAO 법률위원회의 제22차 회기(1976년 11월)에서 검토된 후 개정의 필요성을 인정받아 ICAO 법률위원회의 작업을 토대로 한 협약 개정 채택회의를 1978년 몬트리올에서 개최하였다. 그러나 ICAO 법률위원회 회의에서 배상책임한도 등에 대한 다수의 합의를 보지 못한 가운데 협약 개정 채택회의가 개최된 것이었다. 지상의 제3자에 대한 외국항공기 유발 피해에 관한 협약의 개정의 정서(Protocol to Amend the Convention on Damage Caused by Foreign Aircraft to Third Parties on the Surface Signed at Rome on 7 October 1952)는 1978.9.23. 11개국 대표에 의하여 서명되었다. 동 의정서 당사국 간에는 1952년 로마 협약과 의정서가 하나의 조약문서로 적용된다. 현재 발효 중에 있지만 당사국이 12개국에 불과하고 당사국 중 주요 항공국으로는 브라질만 참여하고 있어 제대로의 조약 구실을 못하고 있다.

몬트리올 의정서는 여러 가지 점에서 1952년 로마 협약을 개정하였다.

우선 협약 적용 대상에서 다음 사항을 변경하였다.

① 일 체약국에서의 비행 시 동국에 지상 피해를 가한 항공기가 타 체약국에 근거지를 두고 운항을 하더라도 동

---

63) G. Rinck, "Damage Caused by Foreign Aircraft to Third Parties", 28 JALC(1962) 405.

64) Poincaré gold franc. 미화 3만 4천불에 해당.

65) 5개국이 비준한 후 2002.7.25. 발효. 2015년 12월 현재 12개 당사국. Matte는 1978년 몬트리올 의정서가 채택과정에서 상이한 의견을 수렴하기보다는 문제점이 되는 사항들을 피하여 버렸기 때문에 채택회의 참석국 중 누구도 만족할 수 없는 조약이 되었다고 평가함. 동인 저서 Treatise on Air-Aeronautical Law(1981), p.534 참조.

타 체약국에 등록이 되어 있지 않으면 협약 적용 대상에서 제외되었었지만, 의정서에서는 문제의 항공기 운항자가 영업의 주된 소재지나 주소(permanent address)를 동 타 체약국에 두고 있는 경우에 적용 대상에 포함시킴 (협약 제23조 (1)과 의정서 제12조).

② 협약은 군, 세관 또는 경찰 항공기가 가한 지상 피해를 협약의 적용 대상에서 제외시킴으로써 정부의 여사한 기관(군, 세관, 경찰)이 소유하고 운항하는 항공기를 적용 대상에서 배제하였지만(협약 제26조) 의정서는 적용 제한을 완화하여 군용, 세관용 및 경찰용으로 사용된 항공기를 적용 대상에서 제외함으로써 사용기능에 따라 결정되도록 하였음(의정서 제13조).

③ 협약 적용 대상 중 핵 물질에 의한 피해를 제외시켰음(의정서 제14조).

의정서는 또한 협약이 단순히 항공기 운항자를 대상으로 배상책임을 규정한 것을 구체화하여, 항공기가 국가 소유로 등록되어 있다면 동 국가가 운행을 위탁한 자에게 배상책임이 있다고 기술함으로써, 단지 국가재산이라는 이유로 주권 면제 이론에 입각하여 배상책임을 일탈할 수 있는 가능성을 배제하였다.

배상액의 최고 한도는 계속 항공기 중량에 따라 차등을 두었다. 단, 중량에 따른 항공기 구분을 이전의 다섯에서 넷으로 축소하였고 배상액의 한도는 대폭 인상시키면서 안정적인 통화기준치인 SDR(Special Drawing Right)[66]로 표기하였다(의정서 제3조). 동 의정서에 따라 사건별 가장 많은 배상액의 한도는 30톤 중량 이상의 항공기의 경우 250만 SDR과 30톤을 1kg 초과할 때마다 추가되는 65 SDR를 합한 액수이다.

지상 피해 중 인체 피해 시 1인당 배상한도액은 12만 5천 SDR로 한정하였고 인체 피해와 재산에 대한 피해가 같이 발생하였을 경우에는 인체 피해(사망 또는 상해)에 우선적으로 지급하고 여분이 있을 경우 재산 피해에 배상하도록 규정하였다(의정서 제4조). 문제는 1인당 배상액이 낮고 또 지상피해와 관련하여 국제적 통일을 이룰 필요가 없다는 인식 때문에 사문화되다시피 되었다.

배상소송의 집행에 있어서 의정서는 협약의 제20조를 개정하여 배상판결 집행의 기한을 5년에서 2년으로 단축하였으며 배상 판결액에 가산되는 이자의 연리가 4%를 초과할 수 없다는 협약규정을 삭제하고 대신 법원 소재지국의 법률에 의한 이자율을 적용하도록 하였다.

미국과 영국에서는 항공기 운항으로 인한 지상 피해의 손해배상을 청구하는 소송이 많이 제기되어 왔으며 따라서 상당한 판례도 형성되어 왔다. 지상 피해의 내용은 사유공간이라고 생각하는 개인 토지상공을 무단침범(trespass)하였다는 것으로부터 시작하여 소음 등의 불법행위(nuisance)와 인적 · 물적 피해를 포괄한다. 지상 피해에 관련한 소송 중에는 비행교습, 곡물 파종이나 약물 살포의 비행에서 야기

---

66) 1SDR은 약 15프랑(Poincaré gold franc).

된 경우가 상당수 있다. 그러나 이는 모두 국내법이 적용되는 사건들이었다.

4.4 2009년 제3자 피해 배상에 관한 2개 협약

세상을 뒤흔든 9/11사태가 발생한 지 8년 만에 여사한 사태의 재발에 대비하여 항공기 운항으로 인한 대규모 제3자 피해를 배상하고 항공기의 계속적인 운항을 보장하는 내용의 조약이 일반적인 제3자 피해 배상 조약과 함께 채택되었다.

2009.4.20.부터 5.2.까지 캐나다 몬트리올에서 개최된 외교회의는 회의 마지막 날인 5.2. '항공기 유발 제3자 피해 배상에 관한 협약'(Convention on Compensation for Damage Caused by Aircraft to Third Parties)과 '항공기 사용 불법행위로 인한 제3자 피해 배상에 관한 협약'(Convention on Compensation for Damage to Third Parties, Resulting from Acts of Unlawful Interference Involving Aircraft)을 채택하였다.

첫 번째 협약은 일반위험(general risks)을 커버한 내용으로서 일반위험협약(General Risks Convention)으로 칭하는데 1933년 로마 협약, 1952년 로마 협약, 1978년 몬트리올 의정서의 내용을 현대화하면서 배상 상한액을 상향한 것이지만, 불법방해배상협약(Unlawful Interference Convention)으로 불리는 두 번째 협약은 9/11사태와 같은 대규모 제3자 피해를 배상하기 위한 국제기금을 창설하고 협약의 발효와 폐기를 혁신적으로 규정하는 등 법의 일반 통념을 일부 뒤흔드는 내용도 담고 있어 이례적이다. 2009년에 채택된 동 2개의 조약을 다음 기술한다.

4.4.1 일반위험협약[67]

기존의 1952년 로마 협약을 개정한 1978년 몬트리올 의정서 내용을 대폭 개선하고 현대화한 내용을 담고 있다. 그 주요 내용을 다음에서 살펴본다.

적용 대상

첫째, 눈에 띄는 것이 과거 제3자 피해 배상 조약이 지상의 제3자 피해라는 표현을 써 해상을 포함한 지상에서의 피해에 관한 배상만을 규율하였는데 본 협약에서는 '지상'이라는 표현을 삭제하면서 공중에서의 항공기가 제3자로서 피해를 입을 경우에도 배상할 수 있게 하였다. 무고한 제3자가 피해를 볼 때 제3자의 위치를 지상과 해상으로만 한정하면서 공중에 있을 경우에

---

67) 정식 명칭이 Convention on Compensation for Damage Caused by Aircraft to Third Parties로서 약칭 General Risks Convention이라고 함. 2009.5.2. 캐나다 몬트리올 개최 외교회의에서 채택된 후 2015년 12월 현재 13개국이 서명, 2개국과 5개국만이 각기 비준, 가입하여 발효에 필요한 35개국의 비준 또는 가입과는 거리가 멈.

는 배제하는 것은 형평상 문제인바 이를 늦게나마 시정한 것이다(제2조 1항).

둘째, 항공기를 이용한 테러로 인한 피해가 아닌 제3자 피해가 협약 당사국 영토에서 발생하였을 경우이다. 그러나 당사국 총회가 결정할 경우 당사국 소속 항공기가 비당사국 영토에서 야기한 제3자 피해도 배상 대상이 될 수 있다(이상 제2조 1항).

셋째, 제3자 피해에 있어서 과거 협약은 사망 또는 인적 피해(personal injury)와 재산 피해(property damage)를 배상하면서 인적 피해에 있어서 정신적 피해(mental injury)는 도외시하였지만 본 협약은 신체 피해(bodily injury)에 의한 정신적 피해 또는 사망이나 신체적 피해가 임박할 수 있는 상황에서 야기되는 정신적 피해도 배상 대상으로 하였다(제3조 3항).

넷째, 과거 협약과는 달리 환경 피해(environment damage)도 배상 대상이나 이는 사건 발생지국 법률상 배상 대상으로 규정되어 있을 때 적용된다(제3조 5항).

다섯째, 협약 당사국이 원할 시 국제 운송 항공기에 의한 피해뿐만 아니라 국내 운송 항공기에 의한 피해도 배상 대상으로 한다(제2조 2항).

여섯째, 과거 관련 협약과 일반적으로 적용되는 국제법 원칙에 따라 무력 충돌, 민간 소요, 핵 피해, 국가용(군사, 경찰, 세관 용)으로 사용되는 항공기로 인한 피해는 배상 대상이 아니고 징벌적 배상도 제외된다(제2조 4항, 제3조 6~8항).

적용방법

첫째, 1978년 몬트리올 의정서는 항공기 중량을 4개로 구분하면서 최고 배상한도를 최대 중량 30톤 항공기 경우 250만 SDR에 더하여 30톤을 초과하는 1kg마다 65 SDR을 추가하는 것이었으나, 본 협약은 항공기 중량을 10개로 세분하여 최대 배상액을 7억 SDR로 대폭 인상하였다(제4조 1항). 10개로 구분된 내용은 아래와 같다.

(a) 최대 중량 500kg 또는 그 이하 항공기 경우 최대 75만 SDR

(b) 최대 중량 500kg 이상 1톤 미만 경우 최대 150만 SDR

(c) 최대 중량 1톤 이상 2.7톤 미만 3백만 SDR

(d) 최대 중량 2.7톤 이상 6톤 미만 7백만 SDR

(e) 최대 중량 6톤 이상 12톤 미만 18백만 SDR

(f) 최대 중량 12톤 이상 25톤 미만 8천만 SDR

(g) 최대 중량 25톤 이상 50톤 미만 1억 5천만 SDR

(h) 최대 중량 50톤 이상 200톤 미만 3억 SDR

(i) 최대 중량 200톤 이상 500톤 미만 5억 SDR

(j) 최대 중량 500톤 이상 7억 SDR

둘째, 배상액 상한을 초과한 피해 발생 시 인적 피해를 우선적이고 비례적으로 지불하도록 하였다(제5조). 그러나 사망, 신체 피해, 그리고 정신 피해라는 3개의 인적 피해의 비중에 따른 배상 언급이 없고 인적 피해 지불 후 배상 대상인 기타 피해의 세부적 내용에 관한 언급도 없다. 과거 조약은 인적 피해를 우선적으로 배상토록 하면서 2/3 내지 1/2의 배상금을 사용하도록 하고 나머지는 재산 피해를 배상토록 한 것을 볼 때, 본 협약은 인명을 가장 중시하는 시대정신을 반영하여 재산 피해에 대한 배상은 후 순위로 하면서 인적 피해에 우선 배상을 하도록 한 것이겠다.

셋째, 공해 상 선박이나 항공기에 대한 피해 발생 시 항공기는 동 항공기의 주된 영업장소 국가에서 발생한 것으로 간주하여 배상을 한다(제2조 3항). 그러나 선박에 대해서는 그러한 언급이 없는바, 이는 기국편의주의(flags of convenience)에 의해 많은 선박이 실질적 연관 관계가 없는 국가(라이베리아, 파나마 등)에 등록되어 있는 현실에서 배상 적용 법규가 부실할 수도 있는 여사한 등록국에서만 배상 재판이 이루어지는 결과가 된다. 이는 이러한 선박들에 대하여 제대로 된 수준[68]의 배상소송 기회를 박탈 받는 불이익을 감수토록 한 의도로 해석할 수 있다.

판결 상호 인정

국제 항공 공법에서 범죄인 처벌을 위하여 사용하는 방법인 모든 당사국의 범죄인 소추를 위한 국제협력의 정신을 국제 항공 사법인 제3자 피해 관련 배상 판결에도 적용하여 일 당사국의 판결내용을 특정한 문제가 없는 한 타 당사국이 인정하고 집행할 수 있도록 하였다. 관련 조항인 제17조는 이전의 1952년 로마 협약(제20조)이 판결내용 상호 인정을 집행 대상국으로서 배상책임자의 재산이 소재한 당사국으로만 한정한 것을 모든 당사국으로 확대하여 보편적 적용을 기하였다.

기타

SDR을 구성하는 통화사용국(미국, 일본, EU, 영국)의 인플레가 10% 이상일 경우 배상상한액을 재검토하고(제15조), 항공사의 보험 가입을 강제하며(제9조), 2개 이상의 영토에 적용하는 법률이 상이한

---

68) 국제 운항 다수 상업항공기는 통상 선진국에 등록되어 있거나 또는 선진국을 주된 영업장소로 하여 운항되고 선진국의 배상 관련 법체계는 높은 수준에 있으므로, '일반위험협약이 위임하는 법원지 법 적용 시 피해를 당하는 제3자에 대한 배상이 적절한 수준으로 이루어질 수 있음. 반면, 선박은 기국 편의주의에 따라 세금과 통제를 가능한 한 작게 부담 받으려 하는 많은 선박이 실질적인 연관(genuine link)이 없는 라이베리아나 파나마 등 후진국에 등록을 하고 있는데, 이러한 선박들도 통상 선진국을 무대로 영업을 하기 때문에 선진국을 주된 영업장소로 간주하여 수준급 배상 판결을 받도록 할 수도 있었겠으나 선박 등록국에서만 배상 판결을 받도록 함으로써 항공기에 비하여 불이익을 준 결과가 되었음.

국가가 모든 영토 또는 하나의 영토에만 조약 적용을 하도록 선택할 수 있는 소위 홍콩 조항을 포함(제26조)하였는바, 이러한 조항들은 법정 비용과 기타 경비에 있어서 피해자를 위한 법원의 판결(제7조), 피해자에 대한 선 지불(제8조) 등과 함께 국제 항공운송에 있어서 항공승객과 화물을 규율하는 바르샤바 체제[69]와 1999년 몬트리올 협약[70]의 내용을 답습한 것이다.

4.4.2 불법방해배상협약[71]

과거에 없었던 내용과 형식으로서 모두 조약 제정 기술의 발전이라고 보기에는 무리가 있는 내용도 포함하고 있다.

2001.9.11. 오사마 빈 라덴이 주도한 알 카에다 테러범들이 미국 항공기들을 탈취하여 뉴욕의 무역센터와 미국 국방부 청사에 고의적으로 충돌시켜 약 3천 명의 인명 피해와 수백억 달러의 재산 피해가 발생하였고 사건 발생 며칠 후에는 보험회사의 항공보험 거부로 항공기의 정상 운항이 위협받는 상황이 전개되었다.[72]

미국 정부와 국회는 유례없는 테러사태에 직면하여 관련 법률을 즉각 제정, 항공사와 보험업계를 지원하면서 항공운항의 계속을 보장하였으며 미국 항공사는 2014년 말까지 테러 등 전쟁 위험에 대비한 보험을 보험회사 대신 미국 정부의 보증에 의존하면서 항공운항을 하여왔다.

미국이 주도하는 국제 항공사회는 여사한 사고가 재발할 경우에 대비한 배상체제를 국제사회가 강구하도록 국제민간항공기구(ICAO)에 요청하였으며 ICAO는 법률위원회에서 동 건을 수년간 논의한 결과 앞서 살펴본 제3자의 일반위험(general risks)에 관한 배상협약과 분리하여 '항공기 사용 불법행위로 인한 제3자 피해 배상협약안'을 제시한 결과 2009.5.2. 외교회의에서 논의 후 양 조약이 공히 채택되었다.

본 불법방해배상협약은 최신 조약 제정 기법으로서 그 유효성을 담보하고 있는 1997년 교토 의정서[73]상 이중 발효장치를 도입하여, 35개국이 비준 또는 가입한 지 180일 후에 발효하지만 동 35개국

---

69) 1929년 바르샤바 협약(Convention for the Unification of Certain Rules Relating to International Carriage by Air, 12 October 1929)과 협약을 개정하고 보완한 후속 협약과 의정서 및 미국을 운항하는 항공사들 간의 협정인 1966년 몬트리올 협정(미국 Civil Aeronautics Board 가 1966.5.13 승인한 CAB No. 18900)의 총체적인 규정 내용을 지칭. 제9장 1항 참조.

70) Convention for the Unification of Certain Rules for International Carriage by Air, 28 May 1999. 제9장 3항 참조.

71) 정식 명칭이 Convention on Compensation for Damage to Third Parties, Resulting from Acts of Unlawful Interference Involving Aircraft 로서 약칭 Unlawful Interference Compensation Convention이라고 함. 2009.5.2. 캐나다 몬트리올 개최 외교회의에서 채택된 후 2015년 12월 현재 서명 11개국, 비준 1개국, 가입 4개국으로서 발효에 필요한 35개국의 비준 또는 가입이 가능할지 의문시 됨.

72) 제 8장 6.1항 9/11 사태 기술 내용 참조. 동 건 관련 기초적인 내용은 Paul Dempsey & Michael Milde, International Air Carrier Liability: The Montreal Convention, Centre for Research in Air & Space Law, McGill University, Montreal, 2005, pp.241~245.

73) 지구 온난화 가스 배출 감축을 위한 1992년 기후변화협약(United Nations Framework Convention on Climate Change)을 실천하는 내용을 담고 있는 조약으로서 1997년 12월 일본 교토에서 채택된 의정서. 동 의정서는 지구 온난화 가스를 다량 배출하는 국가들의 다수 참여가 있어야 의정서의 목적 달성이 가능한 것을 감안하여 제25조에서 55개국의 비준, 가입과 동 비준, 가입 국가들이 배출하는 1990년 이산화 탄소(CO_2) 배출량이 세계 선진국인 Annex 1국가들의 동년 총 배출 총량의 55%를 차지하는 양을 충족할 경우 발효토록 하였음. 이에 따라 최대

에서 비준, 가입하면서 수탁처인 ICAO에 통보하여야 하는 자국(비준과 가입국) 공항 출발 국제 항공 여객 숫자가 도합 7억 5천만 명은 되어야 발효할 수 있고 그렇지 않을 경우 동 숫자가 충족된 후 180 일 후에 발효된다고 규정하였다(제40조 1항). 단, 국내 항공운송에도 협약을 적용하고자 하는 국가가 비준 또는 가입할 경우 7억 5천만 명의 여객 숫자는 국내 항공여객 숫자도 포함하는 것으로 규정하였다(제40조 3항).

또한 1999년 몬트리올 협약 상 국제 운송 항공기의 사고 시 승객 등에 대한 배상상한액은 10% 이상의 인플레이션 발생 시 이를 반영하여 인상할 수 있도록 한 것도 도입(제31조)하여 일반위험협약에서와 함께 최신 조약 제정 기법을 도입하였다.

불법방해배상협약이 항공기를 중량에 따라 10개로 구분하여 항공운송인의 배상책임한도를 최대 7억 SDR로 규정(제4조 1항), 공해상 선박이나 항공기에 대한 피해 발생 시 항공기만 주된 영업 소재지 국가에서 피해가 발생한 것으로 간주(제2조 3항), 환경 피해도 법원지 법에 따라 배상 대상이며(제3조 5항), 정신적 피해를 사망, 신체 피해와 함께 배상 대상으로 포함(제3조 3항)하는 것 등은 일반위험협약과 같으나 일반위험협약과는 달리 인적 피해 우선으로 배상금을 사용한다는 규정은 없이 재산 피해도 배상한다고만 되어 있다(제3조 4항). 협약 당사국의 선택에 따라 국내 항공운송에도 적용할 수 있고(제2조 2항), 징벌적 배상을 허용치 아니하고(제3조 7항), 핵 사고로 인한 피해 배상을 제외하며(제3조 6항), 배상금의 선 지불(제6조), 군용, 세관용, 경찰용으로 사용되는 국가항공기로 인한 피해를 제외(제2조 4항)하는 것도 일반위험협약과 같으나 본 불법방해배상협약은 전쟁위험을 커버하는 것이기 때문에 전시 충돌이나 민간 소요 시에 적용 배제되는 것이 아니고, 항공운항자의 항공보험을 항공기 중량별로 강제하되 보험료가 과다할 경우 항공기별 사건 당 배상상한으로 보험을 드는 대신 총합 기준(on an aggregate basis)으로 보험을 들도록 하여 보험료 부담을 줄여 주고 일정 상황(후술하는 국제민간항공배상기금 운용 관련)에서는 보험을 들지 않아도 되게 하였다(제7조 1항).

이제 불법방해배상협약의 특별한 규정을 두 가지 점에서 살펴보기로 한다.

국제민간항공배상기금(International Civil Aviation Compensation Fund, 약칭 국제기금) 설치

9/11사태와 같이 대규모 제3자 피해가 발생할 경우 제4조에 따라 최대 7억 SDR까지는 항공사가 가입한 보험에서 지급하지만 그 이상의 피해액을 감당하기 위하여 국제기금을 설치하였다. ICAO 법률위원회에서 성안하였던 협약안 내용에는 보충배상기금(Supplementary Compensation Fund)이라는 표현을 사용하였으나 협약 채택회의에서 국제기금으로 명칭이 변경되었다.

배출국인 미국의 비준 거부로 발효가 지연되었지만 러시아의 비준으로 2005년 발효되었음.

국제기금은 국제 항공여행을 하는 승객이 하나의 발권 단위로 여행할 때마다 지불하는 금액과 항공화물 송하인이 톤당 의무적으로 지불하는 일정한 금액(추후 결정)으로 충당된다(제12조). 협약을 국내운송에도 적용할 것을 선언한 당사국(제2조 2항 의거)은 동 당사국 내 국내 공항 간 여행하고 운송되는 승객과 화물에 대하여서도 국제기금이 부과된다. 단, 소형항공기에 부과하는 액수는 당사국 총회 결정에 따르며 모든 경우 항공기 운항자가 징수하여 국제기금에 송금한다(제12조 1항).

국제기금은 기금을 관리하는 사무국과 사무국장, 그리고 당사국 총회로 구성되며(제8조 1항) 다음 목적을 수행한다(제8조 2항):

(a) 제4조상 항공사가 항공기 중량별 10개 카테고리로 구분하여 부보(付保)한 배상상한액을 초과한 제3자 피해가 협약 당사국에서 발생한 경우에 초과한 만큼의 배상액으로 제공(제18조 1항).

(b) 항공운항자가 본 협약규정 배상액(제4조)으로 부보하는 것이 불가하고 또는 고가라고 협약 당사국 총회가 판단하고 결정하는 기간 동안 국제기금이 제3조(신체, 재산 및 환경 피해 등 제3자에 대한 운항자의 배상책임)와 제4조(배상상한내의 배상)에 따른 사건 발생 시 항공사를 대신하여 지불. 이 경우 항공사는 당사국 총회가 정하는 요금(fee)을 국제기금에 지불(이상 제18조 3항).

(c) 협약 당사국에 주된 영업소 또는 주소를 두고 있는 항공 운송자가 협약 비당사국에서 발생한 제3자 피해를 유발한 경우 당사국 총회의 결정이 있다면 동 비당사국이 당사국이라고 상정하였을 경우의 피해 배상을 위한 지불을 위하여 사용. 단, 제18조 2항에 규정된 국제기금의 배상 가용 상한액인 30억 SDR을 초과할 수 없음(제28조).

(d) 사건 발생으로 항공기 승객 피해 배상이 제3자 피해 배상보다 적을 경우 공평의 원칙에 당사국 총회가 정하는 바에 따라 항공기 승객 피해 배상을 보전할지를 결정(제9조).

(e) 제3자 피해자의 즉각적인 경제적 필요에 부응한 선 지불과 사건 발생 시 피해 완화를 위한 조치(제19조).

(f) 상기 목적에 부합하는 기타 기능(제8조 2항 d).

국제기금은 항공사가 보험으로 커버한 배상상한(제4조 의거 최고 중량 항공기의 경우 7억 SDR)을 초과하는 제3자 피해 금액을 사건 당 최대 30억 SDR까지 배상(제18조 3항)하는 것에 주안을 두고 당사국 총회가 정하는 금액으로 하되(제13조), 첫 30억 SDR의 기금을 당사국들이 4년 이내로 조성하도록 하는 요율로 승객과 화주가 지불하도록 정하며(제14조 2항), 2년 연속 납부액의 총액이 배상상한 30억 SDR의 3배 이상을 초과하여서는 아니 된다(제14조 3항)라고 규정함으로써 협약 적용 기간 중 9/11과 유사한 사태가 발생한다 하더라도 단시일 내 과도한 부담을 지우는 것을 피하였다.

탈퇴와 폐기 조항의 특징

어느 당사국의 탈퇴(서면 통보 후 1년 발효)가 국제기금의 운용을 크게 손상시킨다고 판단될 경우 어느 타 당사국이라도 특별총회를 소집할 수 있으며, 동 특별 총회에서 참석 국가의 2/3가 동의할 경우 다른 당사국도 같은 날짜에 탈퇴할 수 있다(제10조 7항)는 유별난 조항을 포함하고 있다. 이는 미국이 탈퇴할 경우 동 협약의 존재 의미가 없어지는 것을 염두에 둔 것으로 보인다.

또한 협약이 발효하기 위하여서는 35개국이 필요하지만 발효 후 일정 시점에 협약 당사국 숫자가 8개국 미만으로 줄어들었을 때 또는 협약 당사국(폐기 선언하지 않은)의 2/3가 결정하는 일자에 협약을 종료할 수 있다(제42조)는 또 하나의 독특한 내용을 포함하고 있는바, 이 역시 미국을 염두에 두고 장래 국제정세의 변화에 따라 협약의 쇠잔에 대비한 내용으로 본다.

5. 국내 항공운송법

상법 중 항공운송편이 신설되는 상법 개정안[74]이 정부 안으로 제출되어 2년 반 동안 국회에 계류 중이다가 2011.5.23. 법률 제10696호로 공표되어 2011.11.24. 시행되었다. 동 개정 내용 중 배상 상한 인상의 문제점을 주로 해결하기 위하여 상법을 다시 개정[75]하여 법률 제12591호로 2014.5.20 공포 즉시 시행중이다.

5.1 상법 개정내용

항공운송을 제6편으로 신설한 상법 개정내용[76]을 보건대 동 제6편 제2장 항공운송사고 시 배상에 관하여서는 1999년 몬트리올 협약의 내용을 적용하고 제3장 지상 제3자의 손해에 대한 책임에 있어서는 1978년 몬트리올 의정서의 내용을 적용하였다. 그러나 몇 가지 문제가 있는데 이는 다음과 같다.[77]

5.1.1 지상 제3자에 대한 배상책임 규율내용

지상 제3자에 대한 배상책임을 규율하는 조약으로 1952년 로마 협약(1958년 발효. 2015년 12월 현재 49개 당사국. 한국은 비당사국)과 동 협약을 개정한 1978년 몬트리올 의정서(2002년 발효. 2015년

---

74) 2008.8.6. 법무부 공고 제2008-102호.

75) 재 개정한 상법의 항공운송편 내용은 부록 참조.

76) 2008.12.31. 정부 입법으로 국회에 제출. 국회는 동 개정안 검토의 일환으로 2010.11.22. 공청회를 개최하였는바, 진술인으로서 필자도 참가한 동 공청회 내용은
http://likms.assembly.go.kr/bill/jsp/BillDetail.jsp?bill_id=ARC_E008R1E2A3Y1H1D7N3C9H1T2I6L9D6 참고.

77) 상법 개정안 통과를 앞두고 국회 법사위가 개최한 공청회가 2010.11.22. 개최되었을 때 필자가 진술인으로 발표한 내용과 2010.12.2.자 ≪법률신문≫에 기고한 내용을 바탕으로 함.

12월 현재 12개 당사국. 한국은 비당사국)가 있으나 오늘날 193개 유엔회원국이 있음을 감안할 때 주요 항공대국이 당사국이 아닌 채 12개국만을 당사국으로 하고 있는 몬트리올 의정서는 사문화된 실정이다.

그런데 현 상법 개정내용은 사문화되다시피 하면서 채택된 지 30년도 넘은 몬트리올 의정서에서 배상상한으로 정한 금액을 국내에서의 제3자 피해 발생 시 그대로 적용토록 하는 내용으로 되어 있어 오늘날의 배상상한으로 부적합할 뿐만 아니라 항공대국인 한국이 자발적으로 상대적 피해를 보는 결과를 초래하게 된다. 이는 해외에서 한국 항공기가 지상 피해를 주는 사고를 유발할 경우 현지법에 따라 상한 제한이 없이 실비 배상을 하여야 하지만 외국항공기가 국내에서 사고를 유발할 경우 몬트리올 의정서에 반영된 상한액을 반영한 상법 제932조의 낮은 액수만을 배상받게 되니 국내 피해자에 대한 배상 차별과 국익 손실이라는 결과가 발생한다.

그러면 얼마만큼 손해를 보느냐 하는 의문이 들게 되는데 실비 배상을 하는 외국의 경우[78]를 염두에 둘 경우 1인당 인체 피해 배상액이 수백만 달러도 가능하겠지만 우리의 경우에는 최대 12만 5,000 SDR, 즉 국제통화기금(IMF)의 특별 인출권을 말하는 Special Drawing Rights로서 약 20만 달러에 한정되게 된다. 이는 인체 피해에서만의 비교이지만 재산 피해를 포함한 또 하나의 비교는 2009년에 항공기의 제3자 피해 배상을 규율한 내용으로 채택된 2개의 몬트리올 협약의 배상상한액을 살펴보는 것이다. 지상 피해에 대한 배상액 상한은 통상 항공기 중량에 따라 상한이 결정되는데 관련 조약은 큰 중량의 항공기일수록 배상액이 증가하는 것으로 규정하고 있다. 항공기 대형화를 감안하여 중량이 400톤인 보잉 747 점보항공기를 예로 들어 보자. 동 항공기가 한국에서 추락함으로써 지상 피해를 야기할 경우 국내 피해자는 제932조에 따라 실제 피해가 아무리 크더라도 2,655만 SDR, 즉 약 4,000만 달러의 배상만을 받게 된다. 그러나 2009년 몬트리올 협약 중 일반위험협약에서는 5억 SDR인 약 7억 5,000만 달러까지, 불법방해배상협약에서는 35억 SDR인 약 52억 5,000만 달러까지 배상을 받게 되니 각기 약 20배와 130배의 차이가 난다. 물론 2009년 몬트리올 협약이 발효되지 않았지만 국제사회가 인식하는 배상수준을 제시한 것임을 감안할 때 우리의 배상상한액은 미미하기 짝이 없다. 반복하지만 국내 항공사고로 인한 지상 피해 시 국내인은 미미한 액수를 배상받지만 외국에서의 사고 시 우리 항공사는 실비의 엄청난 배상을 하게 되니 내국인에 대한 차별이며 국익 손실이다. 이와 관련, 2001년 미국에서 발생한 9/11사태로 총 380억 달러의 피해가 발생하였으며 이때 근 3,000명의 사망자 중 810만 달러까지 배상액을 받은 경우도 있었음을 참고로 하여야겠다.

---

78) 미국은 60석 이상 또는 무게 18,000파운드 이상이 되는 민항기가 상업 운송시 승객 이외인 제3자 피해 발생시 1인당 최소 300,000불을 배상하고 또 피해 발생 건당 최소 2천만 불을 배상할 수 있는 보험을 들도록 강제하고 있음. P Dempsey, "Liability for Damage Caused by Space Objects Under International and National Law" XXXVII AASL(2012) 357.

또 제3자 피해 배상책임과 관련하여 추가로 문제점을 지적한다면 제932조에서 SDR이라고 기술하는 대신 '계산단위'를 사용한 것은 '1978년 지상 제3자 피해 배상에 관한 몬트리올 의정서' 제3조와 '국제 항공운송에 있어서의 일부 규칙 통일에 관한 협약'(약칭 1999년 몬트리올 협약) 제23조 2항에서 계산단위(monetary unit)라는 표현을 과거 프랑스 프랑의 가치를 의미하는 것으로 사용한 것을 감안할 때 혼선을 가져오는 것이다. 위와 같은 모든 문제점은 지상 제3자 손해에 대한 책임을 규정한 제3장을 전면 삭제함으로써 해결될 수 있다.

이를 삭제할 경우 국내 항공사고로 인한 제3자 피해 배상은 현재와 같이 민법상 불법행위책임으로 실비 배상을 하도록 하면 되는데 이러한 방법이 외국에서 원용되고 있는 방법이다.

5.1.2 기타 본질 규정의 문제점

첫째, 위탁 수하물에 관한 제911조와 화물에 관한 제916조에서 멸실·훼손을 '일부' 멸실·훼손으로 표현하였는데 이는 개정내용의 근거가 되는 1999년 몬트리올 협약에서 '일부'라는 표현을 사용하지 않고 있으며 멸실·훼손이라는 표현은 일부이건 전부이건 간에 모두 적용되는 개념임을 감안할 때 '일부'라는 표현을 삭제하는 것이 좋다.

둘째, 멸실·훼손을 즉시 발견한 때와 즉시 발견할 수 없을 때로 분리하여 위탁 수하물의 경우 제911조에서 수령일로부터 7일, 화물의 경우 제916조에서 14일 이내에 신고토록 한 규정은 각기 7일과 14일 이내에만 신고하도록 하면 되지 이를 즉시 발견할 때와 즉시 발견할 수 없을 때로 구분하여 규정할 실익이 없다. 여사한 규정의 근거가 되었을 1999년 몬트리올 협약의 제31조 2항에도 '즉시'라는 표현은 없다.

셋째, 위탁 수하물에 관한 제911조와 운송물에 관한 제916조의 각기 마지막 문장에서 "연착의 경우 처분할 수 있는 날로부터 21일 이내에 이의를 제기하여야 한다"에서 '처분'이라는 표현에 문제가 있다. 동 처분을 의미하는 1999년 몬트리올 협약 제31조 2항의 영문 표현은 placed at his or her disposal로서 '자기 수중에 넣다'라는 뜻의 '추심하다'로 표현하여야지 '처분하다'라고 할 경우 '없애다' 등의 의미를 갖게 된다. 이럴 경우 소유자가 찾지도 못한 짐이나 운송물이 자기 수중에 들어오지도 않았는데 이를 없애다 뜻의 '처분'을 하는 것을 말하게 되므로 적절치 않다.

넷째, 제3장에서 규정하고 있는 '지상 제3자의 손해에 대한 책임'의 표현과 내용은 국제항공법에서 지난 2009년 채택한 몬트리올 협약으로 시정한 내용을 간과한 것이다. 1978년 몬트리올 의정서까지는 지상 제3자라는 표현을 사용하여 제3자의 피해 대상을 지상과 수면 위의 피해로만 국한하였지만 비행 중인 항공기로 인하여 비행 중인 다른 항공기가 피해를 당하는 것도 제3자 피해임에는 변함이 없기 때문에 이를 포함시키기 위하여 연후 채택된, 즉 2009.5.2. 채택된 제3자 피해 배상에 관한 2개의 몬트리올 협약은 모두 제3자라고만 표현하면서 피해 대상으로서 비행 중인 항공기도 포함시키는 것을 상정하였다. 우리는 여사한 국제법적 지식이 없기 때문에 1978년 몬트리올 의정서 채택시점에 머무르는 입법을 하였다.

다섯째, 국제항공법상의 문제이기도 하지만 연착의 피해를 규정한 상법 개정의 내용, 즉 승객의 연착은 907조에서, 수하물의 연착은 908~909조에서, 화물의 연착은 914~915조에서 운송인의 배상책임과 배상상한을 규정한 것과 관련하여 연착의 의미와 기준은 무엇인지에 관한 설명이 없다.

5.1.3 적절한 용어의 선택과 번역에 관한 문제

첫째, 제899조 2항 등 다섯 군데에서 '사용인'이라는 표현을 하였는데 이는 1999년 몬트리올 협약 제30조의 영문 표현인 servants를 번역한 내용으로서 '피고용인'으로 표현하여야 한다. 우리나라의 1999년 몬트리올 협약 가입 시 외교통상부는 servants를 '고용인'으로 번역하였는데 정확히는 '피고용인'을 말하는 것이고 '고용인'은 고용주를 말한다. 그러나 일상 통용되는 용어로 '피고용인'을 의미하면서 '고용인'이라고 잘못 표현한 것이다. '사용인'이라는 표현도 마찬가지인데 일상 통용되지만 잘못된 용어인 '사용인'으로 사용할 경우 '대리인'(agents)도 '사용인'의 의미에 들어간다. 그런데 1999년 몬트리올 협약과 상법 개정내용 모두 '고용인' 또는 '사용인'과 '대리인'을 구별하여 표현하고 있는바, 이는 두 개의 다른 카테고리의 인력을 말하는 것이며 servants의 정확한 국문 표현은 '피고용인'이 되어야 한다.

둘째, 개정안 제896조에서 제935조까지 여러 조항에서 '화물'과 '운송물'의 용어 중 하나만을 또는 병행 사용하고 있는데 이는 '화물'로 통일하여 표기하여야 한다. 그 이유는 운송물이라 할 경우 승객은 물론 수하물도 모두 운송물에 들어가기 때문이다.

셋째, 제904조의 "…사고가 항공기상에서 또는 '승강을 위한 작업 중에'…"라는 표현에 있어서 '승강을 위한 작업 중에'라는 표현이 1999년 몬트리올 협약의 제17조 1항의 영어 표현인 in the course of any of the operations of embarking or disembarking을 말하는 것으로서 이는 '승강 중에'로 간략 표현함이 바람직하다. 그렇지 않을 경우 '작업'이라는 한국어 표현 상 승객이 어떤 노고를 한다든지 또는 어떠한 기관이 특정 작위를 하는 의미를 주기 때문이다.

5.1.4 배상상한 인상의 주기적 검토

1999년 몬트리올 협약을 반영한 상법 개정은 협약이 규정하고 있는 5년마다의 배상상한 조정을 포함하고 있지 않다. 협약의 제24조에 의거하여 2003.11.4. 발효 후 5년간 SDR 구성통화국가의 물가 상승률을 반영하여 2009.12.30.부터 여객 사상 등 모든 배상상한액을 13.1% 인상하여 적용 중에 있는데 우리 상법 개정내용은 여기에 대한 언급이 일체 없다.

또 상법 제905조가 항공승객의 사망과 신체 상해 시 10만 계산단위(SDR)를, 제907조에서 승객의 연착 시 4,150 SDR(국내 경우에는 500 SDR), 제910조에서 수하물의 멸실, 훼손, 지연 시 1,000 SDR, 제915조에서 화물의 손해(멸실, 훼손, 지연)에 대하여 kg당 17(국내 운송의 경우에는 15) SDR을 운송인이 배상토록 한 것은 이미 ICAO가 2009.12.30.부터 모든 ICAO 회원국들에게 상기 SDR 배상액을 각기 13.1% 인상하여 11만 3,100 SDR, 4,694 SDR, 1,131 SDR 및 19 SDR로 인상 적용된다고 통보한 것을 도외시한 처사이다. 즉 2011.5.23. 국회에서 통과된 중요한 상법 개정의 내용은 이미 1년 반 전에 변경된 해당 조약의 단순한 내용조차 반영하지 못하고 있는 것이다. 이는 현재 우리나라 항공사들(대한항공과 아시아나)이 상기 ICAO의 13.1% 인상률을 반영하여 이미 시행하고 있는 현실에도 상치하는 바로서 국제법에 무지할 뿐만 아니라 국내 관련 상황도 파악하지 못하면서 법을 제정한다는 어이없는 일을 저지른 것이다. 이러고도 OECD 회원국인 선진국 운운하며 세계 8번째 항공대국으로서의 한국을 이야기할 수 있는지 의문이다.

5.1.5 상법 재 개정 내용

2014.5.20자로 재 개정된 내용은 1999년 몬트리올 협약 제24조에 의거 항공운송에 있어서 피해 배상액 상한을 5년 주기로 인상을 할 수 있다는 규정에 따라 2009.12.30부터 13.1% 인상되어 국제적으로 시행중이며 우리나라 국적기의 운송약관에도 명기되어 시행중인 사항을 우리의 입법 제정자가 뒤늦게 인지하여 이를 시정하고자 상법상의 피해 배상액을 13.1% 인상하는 것을 주 내용으로 한다. 그러나 차후 5년 단위로 10% 이상의 인플레이션이 발생하여 몬트리올 협약 상 피해 배상액이 인상되면 그때 마다 또 우리 상법을 개정하여 해결할 것인지 의문이 드는 불완전한 입법방식이다.

개정의 또 다른 내용은 상법 제907조 연착에 대한 책임에 있어서 국내 운송일 경우 1인 당 500 SDR을 배상하기로 규정된 것을 1,000 SDR로 배증한 것이다. 반면 국제운송의 경우 기존의 4,150 SDR을 다른 종류의 피해 배상액들과 같이 13.1% 인상하여 4,694 SDR로 인상한 것이다. 국내운송과 국제운송을 또 차별화 한 것은 제915조에서 화물의 국내 운송의 경우 피해 배상액을 kg당 15 SDR로 규정된 것을 그대로 유지하면서 국제운송의 경우에는 kg 당 피해 배상액 17 SDR을 역시 13.1% 인상하여 19 SDR로 한 것이다. 미국 등 선진국의 예를 보건데 국내운송의 경우 피해 배상액을 국제운송시의 배상액보다 높게 책정하고 EU에서는 적어도 동일하게 규정하는데 우리는 반대의 경우이니 국내 차별이다. 또 국내운송이라고 간략 표기하면 될 내용을 제907조와 915조에서 "출발지, 도착지 및 중간 착륙지가 대한민국 영토 내에 있는 운송의 경우"로 불필요하게 길게 표현한 것은 전문성 부족에서 오는 결과로 본다.

한편 지상 제3자 피해의 배상액과 관련하여 터무니없는 피해배상액의 문제점을 완화하기 위한 것으로 보이는 상법 일부 개정안이 2014년 10월 정부입법으로 또 국회에 제출되었다.[79] 항공기 추락 시 지상 피해배상액을 5배 인상하는 내용을 담고 있는 동 개정안은 당초 포함시켜서는 아니 되는 내용을 부실하게 땜질 처방하는 형식이다.

5.2 관련 판례

국제 운송에 있어서 승객 배상을 위요한 국내 판례는 드물다. 화물에 관한 판례는 여러 건 있다. 그런데 바르샤바 체제를 이해하고 관련 조약을 적용하여야 하는 판결을 하는 것이 국내에서 공부하고 훈련받은 법관으로서는 매우 어려운 일이다. 따라서 오판과 문제 있는 판결이 상당 부분을 차지한다.[80]

선진 외국에서는 국제법과 관련된 판결을 함에 있어서 외국 법원의 판례와 관련 저서 연구 및 전문가의 자문을 구하고[81] 그 내용을 모두 판결문에 포함시킴으로써 법학도의 교과서 역할을 하는 판결문도 나오는데 이는 우리나라의 현실과는 크게 비교되는 바이다. 또 오늘날 갈수록 전문화되고 복잡다기한 각 분야의 분쟁을 제대로 판결하기 위하여서는 상식적인 법률지식과 우수한 두뇌에만 의존하는 것에 한계가 있기 때문에 일부 선진국 판사는 자국 내에서 해당 전문분야를 공부할 수 없을 경우 해외 저명한 대학이나 연구기관에서 연수를 하면서 실력을 함양하기도 한다.

우리나라는 과거 바르샤바 체제에 뒤늦게 참여하였다. 1967년에야 1955년 헤이그 의정서에만 가입하면서 헤이그 의정서의 모법이 되는 1929년 바르샤바 협약에 가입하지 않는 실수를 범하였다. 이에 따라 1929년 바르샤바 협약에는 가입하였지만 1955년 헤이그 의정서에는 가입하지 않은 미국과 같은 나라와 우리나라 사이에 국제 항공운송에 관한 조약이 적용될 여지가 없는 결과가 초래되었다.[82]

우리나라와 같이 1955년 헤이그 의정서만 가입하고 모법인 1929년 바르샤바 협약에 가입하지 않은 나라가 7개국[83](한국, 엘살바도르, 그레나다, 카자흐스탄, 리투아니아, 모나코, 스와질란드)이나 한국

---

79) 의안번호 12098, 2014.10.22 정부제출.

80) 필자가 국내 항공 판례를 정리하여 문제점 등과 함께 연구한 내용을 2013년 "항공운송법"(교보문고의 Purple 출판)제하로 출판하였음.

81) 국제문제에 관련한 판결을 할 때 영국 등 선진국의 법원은 판결에 앞서 외교부의 의견을 구하기도 함.

82) Chubb & Son v. Asiana Airlines 사건에서 미국 제2고법은 1929년 바르샤바 협약만을 가입한 미국과 1955년 헤이그 의정서만 가입한 한국 사이에 발생한 화물배상 관련 소송에서 양국 간에 적용할 조약이 없다고 판결(2000년)하였음. 214 F. 3rd 301(2nd Cir. 2000), cert. denied, 533 U.S. 928(2001).

83) 반대로 바르샤바 협약의 당사국이긴 하나 헤이그 의정서의 당사국이 아닌 나라는 약 20개국이 됨. 이들 국가 중 미국은 헤이그 의정서의 배

만이 세계 10위권 이내의 항공대국으로서 국제 항공 관련 배상소송의 당사국이 되는 사례를 주로 갖는바, 한국 정부의 실수는 국제 항공운송에 있어서 긴밀한 관례를 가지고 있는 미국을 불편하고 혼란스럽게 하는 결과를 초래하였다.

우리나라 정부는 이러한 내용도 모른 채, 바르샤바 체제를 전면 개선한 1999년 몬트리올 협약이 채택되었으며, 미국 상원은 이에 따라 1955년 헤이그 의정서를 비준함이 없이 몬트리올 협약만 비준하면 되는 상황에서 한국이라는 항공대국과의 국제법적 적용에 있어서의 문제 소지를 제거하기 위한 목적으로 2003년 몬트리올 협약을 비준한 지 열흘 후 헤이그 의정서도 비준한 것으로 본다.

현대 산업기술의 발달과 국제사회의 상호 관계 긴밀화로 각 분야에서의 국제법 제정과 적용이 활발하여지고 있다. 그러나 현재의 우리 정부조직과 체제는 복잡다기한 각 분야별 국제법을 정부 당국자가 모두 파악하기에 불가능한 실정이다. 따라서 정부는 국제법의 분야별(항공, 우주, 무역, 인권, 환경, 마약, 군축, 해양, 범죄, 상거래 등)로 전문가위원회를 설치하여 위원회의 건의내용을 경청함으로써 조약 비준이나 가입 여부 등에 있어서 국익과 국격에 맞는 결정을 하여야 한다.

상상한에 확실한 불만을 갖고 비준하지 않은 것이고, 어느 조약의 당사국이 된 후 동 조약의 개정내용이 되는 조약에의 당사국이 되지 않는다 하여도 법적 무지의 결과는 아니고 불만 등의 결과이겠음. 한편 1969년 조약법에 관한 비엔나 협약 제40조 5항은 어떤 조약이 있고 동 조약을 개정한 협정이 발효된 후 조약의 당사국이 된 나라는 별도의 의사를 표명하지 않는 한 개정 협정의 당사국으로도 간주된다고 규정하면서 우리나라와 같이 개정 협정이 되는 헤이그 의정서에만 가입하고 모법의 조약에 해당하는 바르샤바 협약의 당사국이 되지 않은 경우는 무지한 실수 이외의 것으로는 설명할 수 없게끔 하였음.

제10장

항공기, 담보권, 환경보호

1. 항공기

1.1 항공기 정의 및 분류

항공기 정의 및 분류는 시카고 협약 부속서 7 항공기 국적 및 등록기호(Aircraft Nationality and Registration Marks)에서 규정하고 있으며, 항공기 정의 및 분류는 다음과 같다.

> 시카고 협약 부속서 7 항공기(aircraft) 정의
> 지구표면에 대한 반작용이 아닌 공기에 대한 반작용으로 대기 중에 뜰 수 있는 힘을 받는 모든 기계장치
> (Any machine that can derive support in the atmosphere from the reactions of the air other than the reactions of the air against the earth's surface. (See Table 1, Classification of aircraft.)

시카고 협약 부속서 7에서 규정하고 있는 항공기에 대한 용어정의는 다음과 같이 특정 기기가 항공기에 포함하는지 여부에 대한 판단기준을 제공한다.

첫째, 지표면에 대한 반작용으로 힘을 받는 기기는 항공기에 해당되지 않는다.

둘째, 항공기는 공기에 대한 반작용으로 대기 중에 뜰 수 있는 기기여야 한다.

대표적인 현실적 의미의 항공기는 비행기와 헬리콥터이지만 다양한 형태의 항공기가 있을 수 있는데, 이런 의미에서 우주왕복선(space shuttle)도 항공기에 포함되어야 한다는 견해도 있다. 이는 우주왕복선이 지구로 귀환할 때 항공기의 원리로 비행하기 때문이다.

반면에 우리나라 항공법에서는 항공기에 대한 용어 정의를 다음과 같이 규정하고 있는데 이는 시카고 협약 부속서에서 규정하고 있는 개념적인 정의 없이 항공기의 종류만을 기술하고 있는 바, 항공기의 용어정의에 부속서 상의 용어정의를 반영하는 것이 바람직하다.

> 항공법 제2조 (용어정의)
> 1. "항공기"란 비행기, 비행선, 활공기, 회전익항공기, 그 밖에 대통령령으로 정하는 것으로서 항공에 사용할 수 있는 기기를 말한다.
> 26. "경량항공기"란 항공기 외에 비행할 수 있는 것으로서 국토교통부령으로 정하는 타면(舵面)조종형비행

기, 체중이동형비행기 및 회전익경량항공기 등을 말한다.

28. "초경량비행장치"란 항공기와 경량항공기 외에 비행할 수 있는 장치로서 국토교통부령으로 정하는 동력비행장치(動力飛行裝置), 인력활공기(人力滑空機), 기구류(氣球類) 및 무인비행장치 등을 말한다.

항공법시행령 제9조 (항공기의 범위)

「항공법」 제2조제1호에서 "대통령령으로 정하는 것으로서 항공에 사용할 수 있는 기기"란 다음 각 호의 것을 말한다.

1. 최대이륙중량, 속도, 좌석 수 등이 국토교통부령으로 정하는 범위를 초과하는 동력비행장치
2. 지구 대기권 내외를 비행할 수 있는 항공우주선

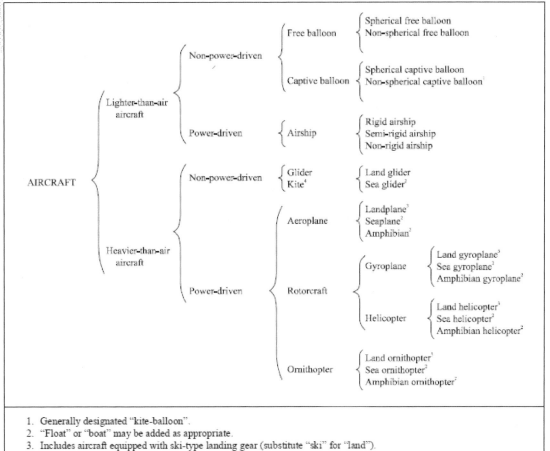

출처 : 시카고 협약 부속서 7 Table 1

〈도표 4〉 항공기 종류

1.2 민간항공기와 국가항공기

시카고 협약 등 항공 관련 조약은 국가항공기를 제외한 민간항공기에 대해서만 다루고 있다. 시카고 협약 제3조에서는 민간항공기 및 국가항공기(군용·세관용·경찰용 항공기는 국가항공기로 간주)의 구분과 함께 국가항공기를 제외한 민간 항공기에만 적용함을 명시하고 있다. 또한 대부분의 항공관련 조약에서도 군용·세관용·경찰용 항공기는 조약의 적용대상이 아니라고 규정하고 있다.

> 시카고 협약 제3조 민간항공기 및 국가항공기(Civil and state aircraft)
> (a) 본 협약은 민간항공기에 한하여 적용하고 국가의 항공기에는 적용하지 아니한다.
> (b) 군, 세관과 경찰업무에 사용하는 항공기는 국가의 항공기로 간주한다.
> (c) 어떠한 체약국의 국가 항공기도 특별협정 또는 기타방법에 의한 허가를 받고 또한 그 조건에 따르지 아니하고는 타국의 영역의 상공을 비행하거나 또는 그 영역에 착륙하여서는 아니 된다.
> (d) 체약국은 자국의 국가항공기에 관한 규칙을 제정하는 때에는 민간항공기의 항행의 안전을 위하여 타당한 고려를 할 것을 약속한다.

> 항공법 제2조 정의
> (생략)
> 2. "국가기관등항공기"란 국가, 지방자치단체, 그 밖에 「공공기관의 운영에 관한 법률」에 따른 공공기관으로서 대통령령으로 정하는 공공기관(이하 "국가기관등"이라 한다)이 소유하거나 임차한 항공기로서 다음 각 목의 어느 하나에 해당하는 업무를 수행하기 위하여 사용되는 항공기를 말한다. 다만, 군용·경찰용·세관용 항공기는 제외한다.
> 가. 재난·재해 등으로 인한 수색(搜索)·구조
> 나. 산불의 진화 및 예방
> 다. 응급환자의 후송 등 구조·구급활동
> 라. 그밖에 공공의 안녕과 질서유지를 위하여 필요한 업무

이와 같이 시카고 협약은 물론 국내항공법에서도 군용·세관용·경찰용(military, customs and police services) 항공기에 대해서는 적용하지 않는다고 명시하고 있다. 다만 한국의 경우 공공기관이 소유하거나 임차한 수색구조용, 산불진화용 및 구조 활동용 항공기 등을 '국가기관등항공기'로 규정하여 항공법을 준수하도록 규정하고 있으나, 협약과 마찬가지로 군용·경찰용·세관용 항공기는 제외되어 항공법을 적용하지 않는다. 여기에서 군용·경찰용·세관용 항공기는 절대적이고 포괄적으로 구분하는 것이 아니라 항공기 용도의 기능적 측면으로 구분한다.

1.3 항공기 국적 및 등록

개인의 국적이 개인과 국가 간의 법적인 관계로 설정되어 권리와 의무가 따르듯이 항공기도 국적에

따라 권리와 의무가 부여된다.

항공기는 정교하고 복잡한 고가의 기기이다. 1919년 파리 협약부터 항공기의 등록 및 국적에 관한 기준이 설정되었으며, 시카고 협약도 이를 수용하여 항공기의 국적, 이중등록 방지, 등록국의 의무 및 역할 등을 다음과 같이 규정하였고 세부 기준은 동 협약 부속서 7에 기술되어 있다.

시카고 협약

제 17 조 항공기 국적 (Nationality of aircraft): 항공기는 등록국의 국적을 가진다.

제 18 조 이중등록 (Dual registration): 항공기는 2개 국가 이상에서 유효하게 등록할 수 없다. 그러나 등록을 한 국가에서 다른 국가로 변경할 수는 있다.

제 19 조 등록에 관한 국내법 (National laws governing registration): 체약국은 자국의 법률 및 규정에 따라 항공기를 등록하거나 등록을 이관해야 한다.

제 20 조 기호의 표시 (Display of marks): 국제항공에 사용되는 모든 항공기는 그 적당한 국적과 등록표시가 있어야 한다.

제 21 조 등록의 보고 (Report of registrations): 각 체약국은 자국에서 등록된 특정한 항공기의 등록과 소유권에 관한 정보를, 요구가 있을 때에는, 타 체약국 또는 ICAO에 제공할 것을 약속한다. 또 각 체약국은 ICAO에 대하여 동기구가 규정하는 규칙에 의하여 자국에서 등록되고 또 항상 국제항공에 종사하고 있는 항공기의 소유권과 관리에 관한 입수 가능한 관련 자료를 게시한 보고서를 제공한다. ICAO는 이와 같이 입수한 자료를 체약국이 요청하면 언제든지 취득한 자료를 제공할 수 있어야 한다.

한국도 항공기 등록의무, 등록제한, 등록사항 등에 대한 항공기 등록 제도를 이행함으로써 국적을 취득하고 항공기에 대한 소유권, 임차권 및 저당권 등의 효력이 발생하게 되며, 외국 국적을 가진 항공기는 등록할 수 없도록 하였다. 이와 관련하여 항공법과 자동차 동산 등 특정 동산 저당법[1]에서 규정하고 있는 주요 내용은 다음과 같다.

항공법 제3조 (항공기의 등록): 항공기를 소유하거나 임차하여 항공기를 사용할 수 있는 권리가 있는 자(이하 "소유자등"이라 한다)는 항공기를 국토교통부장관에게 등록하여야 한다. 다만, 대통령령으로 정하는 항공기는 그러하지 아니하다.

항공법 제4조 (국적의 취득): 제3조에 따라 등록된 항공기는 대한민국의 국적을 취득하고 이에 따른 권리·의무를 갖는다.
항공법 제5조 (소유권 등의 등록): 항공기에 대한 소유권의 취득·상실·변경은 등록하여야 그 효력이 생긴다.
① 항공기에 대한 임차권은 등록하여야 제3자에 대하여 그 효력이 생긴다.

항공법 제6조 (항공기 등록의 제한):
① 다음 각 호의 어느 하나에 해당하는 자가 소유하거나 임차하는 항공기는 등록할 수 없다. 다만, 대한민

---

1) 법률 제13287호, 2015.11.19. 시행.

국의 국민 또는 법인이 임차하거나 그밖에 항공기를 사용할 수 있는 권리를 가진 자가 임차한 항공기는 그러하지 아니하다.
 1. 대한민국 국민이 아닌 사람
 2. 외국정부 또는 외국의 공공단체
 3. 외국의 법인 또는 단체
 4. 제1호부터 제3호까지의 어느 하나에 해당하는 자가 주식이나 지분의 2분의 1 이상을 소유하거나 그 사업을 사실상 지배하는 법인
 5. 외국인이 법인등기부상의 대표자이거나 외국인이 법인등기부상의 임원 수의 2분의 1 이상을 차지하는 법인
② 외국 국적을 가진 항공기는 등록할 수 없다.

항공법 제8조 (등록 사항):
① 국토교통부장관은 소유자등이 항공기의 등록을 신청한 경우에는 항공기 등록원부에 다음 각 호의 사항을 기록하여야 한다.
 1. 항공기의 형식
 2. 항공기의 제작자
 3. 항공기의 제작번호
 4. 항공기의 정치장
 5. 소유자 또는 임차인·임대인의 성명 또는 명칭과 주소 및 국적
 6. 등록 연월일
 7. 등록기호
② 제1항 외에 항공기의 등록에 필요한 사항은 대통령령으로 정한다.

항공법 제14조 (등록기호표의 부착):
① 소유자등은 항공기를 등록한 경우에는 그 항공기의 등록기호표를 국토교통부령으로 정하는 형식·위치 및 방법 등에 따라 항공기에 붙여야 한다.
(중략)
③ 누구든지 제1항에 따라 항공기에 붙인 등록기호표를 훼손하여서는 아니 된다.

자동차 등 특정동산 저당법 제5조(저당권에 관한 등록의 효력 등):
① 저당권에 관한 득실변경은 담보목적물별로 다음 각 호에 등록하여야 그 효력이 생긴다.
 1~5. (생략)
 6. 「항공법」 제8조제1항(같은 법 제24조제9항에서 준용하는 경우를 포함한다)에 따른 항공기 등록원부

모든 항공기는 항공기 식별 및 효율적 운영을 위해 각각 다른 등록부호를 가진다. 항공기가 비행하기 위해서는 등록을 해야 하는데, 전 세계 국가 중 하나의 국가에만 등록되어야 하며, 이중 등록은 허용되지 않는다. "등록부호"는 "국적기호"와 "등록기호"로 구분하며, 앞의 두 문자 "HL"은 국적기호로서 대한민국에 등록된 항공기라는 의미가 있으며, 뒤의 네 숫자는 등록기호로서 항공기별로 부여된 번호이다. 한국에 등록한 항공기의 국적기호인 "HL"은 국제전기통신연합(International Telecommunication Union: ITU)에서 한국에 지정한 무선국 부호를 말한다, 미국은 "N", 중국은 "B", 일본은 "JA"가 사용된다. "HL" 다음의 네 자리는 국토교통부에서 고시한 "항공기 및 경량항공기 등록기호 구성 및 지정요령"에 따라서 항

공기 종류, 장착된 엔진의 종류와 숫자 등을 고려하여 지정하고 있다.[2]

1.4 항공기 등록국의 역할 및 의무

국제항공법에서 항공기는 항공기등록을 통하여 국적을 취득함과 동시에 항공기 등록국에게 항공규칙 준수, 항공기 무선장비, 항공기 감항증명, 항공종사자 자격증명 부여 등과 같은 중요한 역할과 의무를 부과한다. 이와 관련하여 시카고 협약에서 규정하고 있는 주요 내용은 다음과 같다.

시카고 협약 제12조 항공규칙 (Rules of the air)
각 체약국은 그 영역의 상공을 비행 또는 동 영역내에서 동작하는 모든 항공기와 그 소재의 여하를 불문하고 그 국적표지를 게시하는 모든 항공기가 당해지에 시행되고 있는 항공기의 비행 또는 동작에 관한 법규와 규칙에 따르는 것을 보장하는 조치를 취하는 것을 약속한다. 각 체약국은 이에 관한 자국의 규칙을 가능한 한 광범위하게 본 협약에 의하여 수시 설정되는 규칙에 일치하게 하는 것을 약속한다. 공해의 상공에서 시행되는 법규는 본 협약에 의하여 설정된 것으로 한다. 각 체약국은 적용되는 규칙에 위반한 모든 자의 소추를 보증하는 것을 약속한다.

시카고 협약 제30조 항공기 무선장비 (Aircraft radio equipment)
(a) 각 체약국의 항공기는, 그 등록국의 적당한 관헌으로부터, 무선송신기를 장비하고 또 운용하는 면허장을 받은 때에 한하여, 타 체약국의 영역내에서 또는 그 영역의 상공에서 전기의 송신기를 휴행할 수 있다. 피 비행 체약국의 영역에서의 무선송신기의 사용은 동국이 정하는 규칙에 따라야 한다.
(b) 무선송신기의 사용은 항공기등록국의 적당한 관헌에 의하여 발급된 그 목적을 위한 특별한 면허장을 소지하는 항공기 승무원에 한한다.

시카고 협약 제31조 감항증명서 (Certificates of airworthiness)
국제항공에 종사하는 모든 항공기는 그 등록국이 발급하거나 또는 유효하다고 인정한 감항증명서를 비치한다.

시카고 협약 제32조 항공종사자 자격증명 (Licenses of personnel)
(a) 국제항공에 종사하는 모든 항공기의 조종자와 기타의 운항승무원은 그 항공기의 등록국이 발급하거나 또는 유효하다고 인정한 기능증명서와 면허장을 소지한다.
(b) 각 체약국은 자국민에 대하여 타 체약국이 부여한 기능증명서와 면허장을 자국영역의 상공 비행에 있어서 인정하지 아니하는 권리를 보류한다.

1.5 등록국의 역할과 의무를 운용국으로 이관

전 세계 많은 항공기들이 항공기 임대차 등으로 등록국이 아닌 다른 국가의 운용자에 의해 국제항공에

---

2) 예를 들어, 항공기 및 엔진의 종류를 뜻하는 첫 번째 숫자의 "1"과 "2"는 피스톤엔진 비행기, "5"는 터보프롭엔진 비행기, "7"과 "8"은 제트엔진 비행기, 그리고 "6"은 피스톤엔진 헬리콥터, "9"는 터빈엔진 헬리콥터인 경우에 배정하고 있으며, 두 번째 숫자는 항공기마다 약간 다르지만 엔진 수와 관계가 있는데, 흔히 보는 제트엔진 비행기인 경우에 "1"은 엔진이 1개, "0", "2", "5", "7" 및 "8"은 엔진이 2개, "3"은 엔진이 3개, "4"와 "6"은 엔진이 4개가 장착된 항공기를 의미함.

투입되고 있다. 또 채권자가 항공기에 대한 권리를 갖기도 한다. 이런 항공기의 경우 조종사의 자격 및 항공기의 지속적인 감항성과 관련하여 등록국이 그 역할과 의무를 철저히 수행하기도 어렵거니와 항공기 사고 발생 시 책임 소재를 규정하기에도 어려움이 많을 수밖에 없다.

이와 같은 문제를 해결하고자 ICAO는 시카고 협약을 개정하였는데 이것이 시카고 협약 83bis이다.[3]

시카고 협약 제 83 조의 2 일정한 권한 및 의무의 이양
(Article 83 bis. Transfer of certain functions and duties)

(a) 제12, 30, 31 및 32조(a)의 규정에도 불구하고, 체약국에 등록된 항공기가 항공기의 임차·대절 또는 상호교환 또는 이와 유사한 조치를 위한 협정에 따라 주 영업지, 주 영업지가 없을 경우에는 상주지가 타방 체약국에 속해 있는 사용자에 의해 운용되고 있을 때는, 등록국은 여타국과의 협정에 의해 제12, 30, 31 및 32조(a)에 따라 등록국의 권한 및 의무의 전부 또는 일부를 이양할 수 있다. 등록국은 이양된 권한 및 의무에 관하여 책임을 면제받는다.

(b) 상기 이양은 이양이 규정된 관련국간의 협정이 제83조에 따라 이사회에 등록되고 공표되거나, 협정의 존재나 범위가 협정당사국에 의하여 여타 관련 체약국에 직접 통지되기 전에는 여타 체약국에 대하여 효력을 가지지 아니한다.

(c) 상기 (a) 및 (b)항의 규정은 제77조에 인급된 제 경우에도 석용된다.

이 83bis는 강행규정이 아니라 임의규정으로 시카고 협약 체약국은 이관협정을 체결할 수 있으며, 협정은 등록국과 운영국의 체약국 간에 체결되는 것이지 항공사간의 협정이 아니다. 다른 나라에 대한 협정의 효력은 ICAO 이사회에 등록되어 공표되거나 관계국에 직접 통보되어야 발생한다.[4]

1.6 형식증명 및 제작증명

항공기의 형식증명(Type certification) 및 제작증명(Production approval)에 대해서는 시카고 협약 부속서 8 항공기 감항성(Airworthiness of Aircraft) 및 항공법에서 규정하고 있다. 항공법의 규정내용은 다음과 같다.

항공법 제17조 (형식증명)

① 항공기등을 제작하려는 자는 그 항공기등의 설계에 관하여 국토교통부령으로 정하는 바에 따라 국토교통부장관의 형식증명을 받을 수 있다. 이를 변경할 때에도 또한 같다.

② 국토교통부장관은 제1항에 따른 형식증명을 할 때에는 해당 항공기등이 다음 각 호의 사항이 포함된 항공기 기술기준(이하 "기술기준"이라 한다)에 적합한지를 검사한 후 적합하다고 인정하는 경우에 형식증명서를 발급한다. 이 경우 국토교통부장관은 기술기준을 관보에 고시하여야 한다.

1. 항공기등의 감항기준
2. 항공기등의 환경기준(소음기준 포함)
3. 항공기등의 지속 감항성 유지를 위한 기준
4. 항공기등의 식별 표시 방법
5. 항공기등, 장비품 및 부품의 인증절차

---

3) 본 개정안은 1980년 10월 6일 개정되고 1997년 7월 20일 발효됨.
4) Michael Milde, International Air law and ICAO(정준식 역), 2011, p.90.

③ 국토교통부장관은 국내의 항공기등의 제작업자가 외국에서 형식증명을 받은 항공기등의 제작기술을 도입하여 항공기등을 제작하는 경우에는 국토교통부령으로 정하는 바에 따라 제2항에 따른 검사의 일부를 생략할 수 있다.

④ 제1항에 따른 형식증명을 받거나 제17조의2에 따른 형식증명승인을 받은 항공기등에 다른 형식의 장비품 또는 부품을 장착하기 위하여 설계를 변경하려는 자는 국토교통부령으로 정하는 바에 따라 국토교통부장관의 부가적인 형식증명(이하 "부가형식증명"이라 한다)을 받을 수 있다.

⑤ 국토교통부장관은 제153조제2항에 따른 검사 결과 다음 각 호의 어느 하나에 해당할 때에는 제1항에 따른 형식증명 또는 제4항에 따른 부가형식증명을 취소하거나 6개월 이내의 기간을 정하여 해당 항공기등에 대한 형식증명 또는 부가형식증명의 효력을 정지시킬 수 있다. 다만, 제1호에 해당할 때에는 형식증명 또는 부가형식증명을 취소하여야 한다.

    1. 거짓이나 그 밖의 부정한 방법으로 형식증명 또는 부가형식증명을 받았을 때

    2. 항공기등이 형식증명 또는 부가형식증명 당시의 기술기준에 적합하지 아니할 때

항공법 제17조의2 (수입 항공기등의 형식증명승인)

① 항공기등의 설계에 관하여 외국정부로부터 형식증명을 받은 항공기등을 대한민국에 수출하려는 제작자는 항공기등의 형식별로 외국정부의 형식증명이 기술기준에 적합한 지에 대하여 국토교통부령으로 정하는 바에 따라 국토교통부장관의 승인(이하 "형식증명승인"이라 한다)을 받을 수 있다.

(이하 생략)

항공법 제17조의3(제작증명)

① 제17조에 따른 형식증명을 받은 항공기등을 제작하려는 자는 국토교통부령으로 정하는 바에 따라 국토교통부장관으로부터 기술기준에 적합하게 항공기등을 제작할 수 있는 기술, 설비, 인력 및 품질관리체계 등을 갖추고 있음을 인증하는 증명(이하 "제작증명"이라 한다)을 받을 수 있다.

(이하 생략)

1.7 감항증명 및 소음적합증명

항공기의 감항증명(airworthiness certification)에 대해서는 시카고 협약, 동 협약 부속서 및 항공법에서 규정하고 있으며[5] 항공기 등록국은 항공기에 대한 감항증명서를 발급하여야 한다. 항공법에서 규정하고 있는 항공기의 감항성에 대한 기준은 시카고 협약 등에서 정한 기준을 반영하여 다음과 같이 규정하고 있다.

항공법 제15조 (감항증명)

① 항공기가 안전하게 비행할 수 있는 성능(이하 "감항성"이라 한다)이 있다는 증명(이하 "감항증명"이라 한다)을 받으려는 자는 국토교통부령으로 정하는 바에 따라 국토교통부장관에게 감항증명을 신청하여야 한다.

② 감항증명은 대한민국 국적을 가진 항공기가 아니면 받을 수 없다. 다만, 국토교통부령으로 정하는 항공기의 경우에는 그러하지 아니하다.

③ 다음 각 호의 어느 하나에 해당하는 감항증명을 받지 아니한 항공기를 항공에 사용하여서는 아니 된다.

---

5) 구체적으로 시카고 협약 제31조 감항증명서 (Certificates of airworthiness), 시카고 협약 제33조 증명서 및 자격증명의 인정 (Recognition of certificates and licenses), 시카고 협약 부속서 6 Operation of aircraft, 시카고 협약 부속서 8 Airworthiness of aircraft, 시카고 협약 부속서 16 Environmental Protection, Vol. 1 Aircraft Noise, 그리고 항공법 제15조(감항증명).

1. 표준감항증명: 항공기가 제17조제2항에 따른 기술기준을 충족하고 안전하게 운항할 수 있다고 판단되는 경우에 발급하는 증명
2. 특별감항증명: 항공기가 연구, 개발 등 국토교통부령으로 정하는 경우로서 항공기 제작자 또는 소유자등이 제시한 운용범위를 검토하여 안전하게 비행할 수 있다고 판단되는 경우에 발급하는 증명
④ 감항증명의 유효기간은 1년으로 한다. 다만, 항공기의 형식 및 소유자등의 정비능력(제138조제2항에 따라 정비등을 위탁하는 경우에는 정비조직인증을 받은 자의 정비능력을 말한다) 등을 고려하여 국토교통부령으로 정하는 바에 따라 유효기간을 연장할 수 있다.
⑤ 국토교통부장관은 제3항 각 호에 따른 감항증명을 할 때에는 항공기가 제17조제2항에 따른 기술기준에 적합한지를 검사한 후 그 항공기의 운용한계를 지정하여야 한다. 이 경우 다음 각 호의 어느 하나에 해당하는 항공기의 경우에는 국토교통부령으로 정하는 바에 따라 검사의 일부를 생략할 수 있다.
1. 제17조에 따른 형식증명을 받은 항공기
2. 제17조의2에 따른 형식증명승인을 받은 항공기
3. 제17조의3에 따른 제작증명을 받은 제작자가 제작한 항공기
4. 항공기를 수출하는 외국정부로부터 감항성이 있다는 승인을 받아 수입하는 항공기
(이하 생략)

항공기의 소음기준적합증명(Aircraft Noise Certification)에 대해서는 시카고 협약 부속서 16 환경보호 제1권 항공기 소음(Environmental Protection, Vol. 1 Aircraft Noise) 및 항공법에서 규정하고 있으며 항공기 소유자 등은 항공기의 소음기준적합증명(Aircraft Noise Certification)을 받아야 한다. 이와 관련하여 항공법에서 규정하고 있는 주요 내용은 다음과 같다.

항공법 제16조 (소음기준적합증명)
① 국토교통부령으로 정하는 항공기의 소유자등은 국토교통부령으로 정하는 바에 따라 감항증명을 받는 경우와 수리·개조 등으로 항공기의 소음치가 변동된 경우에는 그 항공기에 대하여 소음기준적합증명을 받아야 한다.
② 제1항에 따른 소음기준적합증명을 받지 아니하거나 소음기준적합증명의 기준에 적합하지 아니한 항공기를 운항하여서는 아니 된다. 다만, 국토교통부장관의 운항허가를 받은 경우에는 그러하지 아니하다.
(이하 생략)

1.8 시카고 협약 부속서 8 항공기 감항성

시카고 협약 부속서 8 항공기 감항성(Airworthiness of Aircraft)은 안전운항을 위한 항공기의 감항성과 관련하여 체약국이 이행해야 하는 국제표준 및 권고방식을 규정하고 있다. 전통적으로 시카고 협약 부속서 8은 시카고 협약 부속서 1 및 6과 함께 가장 기본이 되는 부속서이다.

본 부속서는 시카고 협약 제37조 규정에 따라 1949년 3월 1일 ICAO 총회에서 채택·탄생되었으며, 2015년 7월 1일 현재 104번째 개정판이 나올 정도로 항공 산업 기술의 발전과 함께 지속적인 개정이 이루어졌다.

2015년 7월 1일 현재 본 부속서는 총 7부6)로 구성되어 있으며, 제1부 및 제2부에서는 모든 항공기에

게 적용되는 용어정의와 일반적인 인증절차 및 지속 감항성에 대하여 규정하고 있으며, 제3부와 제4부에서는 비행기와 회전익항공기의 감항성에 대한 기준을 규정하고 있다.

1.9 항공기 제조업자와 수선업자의 책임[7]

제조업자와 수선업자가 자신들의 제조 또는 수선업무의 하자로 인하여 배상을 하여야 한다는 것은 최근까지 우리에게 생소한 개념이었다.[8] 이러한 배상 개념이 확실히 정착되어 있는 미국에서는 상품제조업자가 각 종류의 물품의 하자로 고소를 당하고 엄청난 금액의 배상을 하고 있다.[9] 물품 제조업자는 이에 대한 대비책으로 보험을 들고 있는바, 이로 인한 보험료의 상승은 상품 가격에 이전되는 결과를 가져오고 있다.

상품 제조업자의 배상은 영·미법상 계약(contract) 위반과 과실(negligence) 등 불법행위(tort)[10]를 바탕으로 발생한 피해에 대한 배상이다. 피해(damage)는 물질적 피해뿐만 아니라 정신적 피해도 포함한 지 오래되었다. 또한 배상은 피해를 보전하거나 피해자를 위로하는 뜻으로 하는 통상 의미의 배상과 피해를 야기한 측을 징계하는 의미로 부과하는 배상, 즉 징벌 배상(punitive damages)이 있다. 이러한 배상의 개념과 적용은 원래 영·미법에서 발전하였다.

항공기와 항공장비의 제작과 설계, 그리고 수선업자의 수선 모두 사법이 규율하는 분야이다. 추후 기술하는 항공운송업자의 책임도 사법의 규율 대상이나 항공기 제조와 관련하여서는 국가의 감독책임이

---

6) Part I Definitions, Part II Procedures for certification and continuing airworthiness, Part III Large aeroplanes, Part IV Helicopters, Part V Small aeroplanes, Part VI Engines, Part VII Propellers.

7) 항공기 제조업자 및 수선업자의 책임에 관한 체계적인 기술로는 S. M. Speiser & C. F. Krause, Aviation Tort Law(1979), Vol.2, Part. V; L. S. Kreindler, Aviation Accident Law(1971), Chapter 7 참조. 최근 기술내용으로는 AU Kosenina, "Aviation Product Liability: Could Air Carriers Face their 'life and limb' being placed in Peril for the Exclusivity of the Montreal Convention?", 38 Air & Space L.3, 249~268(2013) 참조.

8) 우리나라는 2000.1.12.에야 법률 제6109호로 제조물 책임법을 제정하였으나 그 내용이 매우 간단하고 부실함.

9) 미국에서의 제품책임을 추구하는 소송은 1960년대 초기에 5만 건, 1970년대 초기까지 50만 건, 1977년까지 백만 건에 달하였다(R. D. Margo, Aviation Insurance(1980) p.134, 주 7 참조). 또한 미국 캘리포니아 주법원에서 판결된 제품 제조책임액은 매 원고(plaintiff)당 평균 1981년의 35만 달러에서 1984년의 77만 6,000달러로 증가하였음(G. Hodgson, Lloyd's of London, Penguin Books, U.K., 1986, p.382).

10) 영·미법에서 규정하는 책임의 종류로는 4가지가 있음. 첫째는 계약 위반, 둘째는 불법행위, 셋째는 형사책임, 넷째는 준계약 위반임. 첫째는 보통 자발적인 협정에 따라 당사자가 상호 반대급부를 얻는 계약의 위반에 따르는 벌, 둘째는 법원 또는 법령이 정한 사회 전체 이익에 반하는 행위로 밝혀질 경우 행위자가 이에 따른 손해배상을 하여야 하는 책임, 셋째는 국가에 대한 범죄에 대하여 국가가 기소하여 가해자를 처벌하는 결과 감수하는 벌이며, 넷째는 부당한 이득(unjust enrichment)이나 잘못 지불된 금전을 환원시켜야 하는 책임으로서 첫째의 계약에서 요구하는 약속 이행도 아니고 둘째의 불법행위가 유발하는 손해배상도 아님. 이상의 상호 구분은 공익을 추구하는 현대법의 발전과정에서 모호한 경향을 띠고 있음. 그러나 4가지 책임 중 불법행위에 대한 책임은 가장 광범위하여 계약에 대한 위반책임도 일부 포괄하는 뜻으로 사용됨(J. G. Fleming, The Law of Torts, 6th ed., 1983, pp.1~3 참조).
한편 영·미법에서 말하는 불법행위(tort)는 세 가지로 구성되는바, 첫째는 개인의 신체, 명예, 자유 등을 침해하는 행위, 둘째는 개인이 타인에 대하여 부담하는 법률상의 위반(예: 사기 또는 과실), 셋째, 개인이 사회에 대하여 부담하는 법률상의 위반(예: 과실인 negligence 또는 불법 방해인 nuisance)이 그것임. 불법행위를 구성하는 행위는 특정한 작위 또는 부작위의 의무를 규정한 법률의 운용에서 제기되는 것으로서 당사자 간의 합의와는 관련이 없음. 따라서 불법행위 구성 여부는 법률에 명시되어 있지 않더라도 특정한 사건에서 당사자 간의 상호 권리·의무관계를 법원이 추론하여 판결하기 때문에 불법행위는 광범위한 법률개념을 이루고 있음. 커먼로 국가에서는 tort에 관한 판결이 유동적으로 변하기 때문에 그만큼 판례도 많고, 주시의 대상이며 또 시대에 따른 법의 발전 경향을 비추어 주는 중요한 법률체제를 구성함.

배상의 근거로서 추가된다. 이는 시카고 협약이 감항 증명서 발급을 각 체약국에 위임하였고 각 체약국은 자국에서 제조되는 또는 운항되는 항공기에 대하여 감항 증명을 발급하는데, 하자가 있는 항공기에 대하여 감항 증명을 발급할 경우 동 하자로 인한 사고 발생 시 피해자는 국가를 상대로 감독 책임 과실을 물을 수 있기 때문이다.

1950년대 초반부터 주목을 받게 된 항공기 제조업자의 책임은 항공운송업자의 책임과는 달리 크게 취급된다. 전자는 국내법에 따라 규율되므로 국가마다 달리 재판 결과가 나온다. 또한 국내법에서도 항공기 제조업에 관련한 책임만을 규율한 독립적인 법의 적용을 받기보다는 커먼로 국가에서는 일반적인 사법의 적용을 받는다. 후자는 국제 민간운송일 경우 바르샤바 체제나 몬트리올 협약의 적용을 받기 때문에 국제법의 규율 하에 있다. 또한 특별한 경우가 아닌 한 사고 시 항공운송업자의 배상한도는 관련 조약에 따라 상한이 정하여져 있다. 재미있는 것은 국제 운항 항공기 사고 시 미국 같은 경우 피해자 측이 더 많은 배상을 얻어내기 위하여서 배상책임한도가 없는 항공기 제조업자의 항공기 제작 결함을 추궁하는 경우도 있다. 그러나 경제수준이 낮은 후진국의 경우에는 항공기 제작회사를 상대로 하기보다는 동 후진국 국민경제 수준으로는 상당한 금액일 수 있는 항공운송업자의 배상만으로 만족하는 추세이다.

1.9.1 계약상 책임

상품의 판매 또는 기타 상업적 이용(예: 임차)에 관련하여서 판매자와 구매자 사이에 일정한 권리·의무가 계약으로 성립한다. 동일한 논리로 항공기, 동 부속품 또는 항행장비를 제조하는 업자는 물품 판매 시 일정한 계약상의 의무를 진다. 통상의 경우 상품 판매 시 보증서가 같이 발급되는바, 이 보증서는 상품 판매인 또는 상품 제조인의 명백한 의무를 표시하여 준다. 그러나 동 보증서와는 별도로 상품의 제조 목적에 비추어 묵시적인 계약조건도 성립된다.

상품매매 시 매매에 직접 관여한 자 사이에만 상품매매계약이 적용된다는 영·미법상의 privity 원칙상 업자의 책임 범위가 줄어드는 것이 원칙이다. 따라서 제품의 결함을 이유로 제조업자를 상대로 소송을 제기할 수 있는 자는 그 물품을 직접 산 당사자에 국한되기 때문에 일단 구입된 제품(예: 자동차)이 다른 사람(예: 가족)에 의하여 사용되는 중에 제품의 결함으로 손해를 입는 사고를 당하더라도 배상을 청구할 수 없다는 모순이 있었다. 그러나 미국의 법정은 Henningsen v. Bloomfield Motors Inc[11] 케이스를 전환점으로 하여 privity의 요건을 폐기하였다. 동 케이스에서 미국 법원은 묵시적 보증이론(implied warranty theory)을 내세워서 제조업자는 제품의 최종 구매자에 대하여서뿐만 아니라 제품(동 케이스에서 자동차)의 사용 관계를 합리적으로 고려할 때 구매자 가족의 일원으로 제품을 이용할 수 있는 구매자의 부인에

---

11) 1960년 미국 뉴저지 법원 판결. Shawcross, V(115) 참조.

대하여서도 제품 보증이 적용된다고 판결하였다. 동 판례 이후 항공분야에서는 항공기 승객이 항공기 제조업자는 물론 항공기 조립업자를 상대로 제품의 결함을 이유로 한 손해배상 청구소송을 제기하는 경향을 가져왔다.

항공기 제조자와 동 항공기 수선 및 유지를 담당하는 업자에 대하여서도 계약상의 권리·의무만 아니라 묵시적으로 인정된 권리·의무 관계가 적용된다.

1.9.2 과실에 대한 책임

물품을 만들고, 변경하거나 물품에 어떤 물질을 추가하거나 하는 자는 계약 내용에 규정되어 있지 않은 사항에 대하여서도 법적 책임을 져야 한다. 영·미법에서는 법적 책임을 논하는 데 있어서 불법행위(tort)를 한 것으로 판결이 날 경우 가해자는 고의, 무 고의를 불문하고 배상책임을 진다. 이 잘못된 행위에 대한 불법행위의 책임(tortious liability)은 항공기 제작에도 적용된다.[12]

여러 법률체제에서 공통되는 제품책임(product liability) 이론은 원래 과실(negligence 또는 fault)에 바탕을 두어 발전한 개념이다.[13] 영국의 M'Alister(또는 Donoghue) v. Stevenson 사건에서 처음 언급된 제품상 과실 책임의 원리는 다음과 같다.

> 물품 제조업자가 제조한 물품을 중간에 검사할 만한 가능성이 없이 동품이 소비자 수중에 들어갈 것으로 의도하고 판매한 물품이나 또는 물품을 사용하기 위하여 준비하거나 조립(putting up)하는 데 있어서 상당한 주의(reasonable care)가 없을 때에 소비자의 생명과 재산에 손상을 줄 것이라는 지식을 가지고 판매한 제조업자는 소비자에 대하여 상당한 주의를 취할 의무가 있다.[14]

미국에서도 동일한 내용으로, 제조업자의 부주의를 근거로 한 책임이 MacPherson v. Buick Motor Co.[15] 케이스에서 확립되었다. 동 케이스에서 부주의한 가운데 제품을 만들어서 생명과 신체를 위해에 처할 것이 상식적으로 확실한 경우를 책임의 발생요건이라고 정의하였다. 초창기에 많이 있었던 제품의 내재적 위험 또는 생명이나 제품의 위험에 대한 강조는 최근에는 많이 없어진 사례가 되었지만 항공분야에

---

12) 미국에서는 항공기 관련 사고 시 배상 액수와 제소기간의 제한이 없는 점을 이용하여 피해자들이 항공기 제작회사를 상대로 배상소송을 제기하는 관계로 Cessna, Piper, Beech 등 소형항공기(general aviation) 제작회사들이 소송 패소 시에 대비한 배상경비를 보험에 들어야 하고 동 보험료 급증에 소형항공기 가격을 인상하여야 하는 등 소형항공기 제작회사의 생산 활동을 위축시키는 결과가 되었음. 이러한 문제점을 해결하는 방안으로 미국은 1994년에 General Aviation Revitalization Act를 제정하여 20석 미만 항공기 제조자에 대한 배상책임은 제작 후 18년으로 국한하는 규정을 도입하였음(J. H. Boswell and Coats, "Saving the General Aviation Industry: Putting Tort Reform to the Test", 60 JALC(1994~1995) 533-574).

13) 제품책임 이론은 계약과 불법행위에 대한 보상원리에 근거하고 있음. 전자인 계약은 물품판매 또는 수선·유지 등의 상행위를 계약으로 보고 동 계약 체결 시 계약내용(어떤 부품은 어느 기간 동안 보증한다든지)을 이행하는 데서 오는 당연한 결과이고 후자인 불법행위는 계약상 언급되어 있지 않지만 모든 법률행위에 적용할 수 있는 것으로서 과실이 불법행위의 주종을 이룸. 동 불법행위는 법전에 얽매임이 없이 영·미의 판례법에서 무제한 발전한 개념으로서 커먼로 법체계를 구성하는 중요한 요소임. 계약은 당사자 사이에 보증내용을 명시한 명시적 보증(express warranty)과 묵시적 보증(implied warranty)으로 나누어지며 불법행위에 대한 책임이론은 후술하는 바와 같이 미국 등에서 과실이 없음에도 불구하고 제품책임을 지는 절대적 책임(strict liability)제도로 발전하였음. 통상 묵시적 보증을 절대적 책임제도의 한 형태로 간주함.

14) 1932년 영국판사 Lord Atkin 판결. Shawcross, V(102) 참조.

15) 1916년 뉴욕법원판결. 상동.

서는 아직도 그대로 적용되고 있는 실정이다. 제품에 대한 책임은 제품 전체를 만든 제조업자에 국한되지 않고 부품 제조업자,[16] 여러 부품을 모아 조립하는 자 및 수선업자에게도 적용된다. 또한 제품을 설치하는 시설업자에게도 책임이 추궁된다.

제품책임은 제조과정의 과실로 인한 결함이나 제품의 잘못된 설계가 유발하는 피해가 있을 때 발생한다. 그러나 제조업자는 다음 두 경우에 책임이 면제되는 것으로 판례가 확립되어 있다. 첫째는 제품이 제작된 상태 그대로 사용되도록 고안되었으나 사용자가 사용 도중 중간 검사를 함으로써 제품의 효능이 유지되는 경우다. 이와 관련하여 제품으로서의 항공기에 대하여 감항 증명을 발급하여 주는 정부의 항공 당국은 제대로 철저한 검사도 없이 동 증명을 부주의하게 발급할 경우 소송 대상이 된다. 두 번째의 책임 면제 경우는 제작업자가 충분한 사전 경고를 통하여 제품의 이용에서 올지도 모를 위험을 미리 알려 주었을 경우이다. 항공기 조종사가 항행에 사용하는 항공지도도 제품에 해당되기 때문에 잘못 제작된 항공지도의 제작자는 배상책임을 추궁 받는다.[17]

영·미법 판례는 제조업자가 제품의 안내서를 잘못 기술(mis-statement)한 경우에도 배상책임을 지도록 하는 경향이며 이는 항공기 제품에 아직까지도 적용되고 있다.[18]

1.9.3 절대적 책임의 동향

제품의 결함을 이유로 제조업자를 상대로 한 배상소송에서 승소하기 위하여서는 제품의 제조나 설계에 있어서 제조업자의 과실(negligence)을 증명하여야 한다. 그러나 항공기 제품과 같이 복잡 정교한 제품을 대상으로 이러한 과실을 지적한다는 것이 쉬운 일이 아니다. 따라서 제품의 결함이 있을 경우에는 제조업자가 무조건 책임을 지도록 하는 절대적 책임(strict liability)의 경향이 미국에서 형성되었으며, 1970년대 중반부터는 영국을 포함한 유럽에서도 활발히 논의되고 있다. 1985년 7월 발표된 EU 지침(EU Directive)은 1988년 7월부터 특정 제품에 대하여서 절대적 책임을 적용할 목적으로 유럽 공동체 회원국의 법을 통일하도록 규정하였다. 동 지침은 제조업자의 무과실 책임제도가 갈수록 고도화하는 기술 제품에 내재하는 위험을 공정하게 분배하는 유일한 방안이라는 신념을 반영하고 있다.

영국은 1987년의 소비자 보호법[19]에 의하여 과실에 바탕을 둔 기존의 제품책임 규정을 절대적 책임 규정으로 보강하였다.

---

16) 부품제조업자의 책임에 관한 미국의 법률경향을 기술한 논문으로 S. G. Night, "Products Liability : Component Part Manufacturer's Liability for Design and Warning Defect", 54 JALC(1988) 215-247 참조.

17) D. L. Abney, "Liability for Defective Aeronautical Charts", 52 JALC(1986) 323-352 참조. 구체적인 케이스로는 Brockelsby v. USA and Jeppesen, 787 F. 2d 1288(1985)가 있음.

18) Shawcross, Ⅴ(105) 참조.

19) Consumer Protection Act 1987, Part Ⅰ.

미국에서의 절대적 책임이론은 한 걸음 더 나아가 항공기와 자동차 등의 특정제품이 충돌을 얼마나 견디어 내느냐 하는 충돌 내구성(crashworthiness)에 문제가 없을 것을 요구한다. 이는 자동차와 항공기 등이 충돌할 가능성을 갖고 있는 제품인데, 충돌이 일어났을 경우 제품에 결함이 없었더라면 동 제품 안에 탑승하고 있었던 사람의 생명에 지장이 없었을 것이라는 것이 증명될 때에, 동 충돌로 인하여 생명을 잃은 자의 유가족은 제품 제조업자를 상대로 책임을 추궁할 수 있는 것을 말한다.[20] 동 충돌 내구성 이론은 second incident 또는 enhanced injury 이론이라고도 한다.

제품책임에 관한 절대적 책임이론은 제품 생산업자가 보험료 인상을 통한 과다한 부담을 질뿐만 아니라 미국과 같은 나라에서는 각 주마다 적용법규가 통일되어 있지 않은 관계상 예측 불가능하다는 문제점이 있다. 미국 상무성(Department of Commerce)은 이를 해결하기 위하여 1979년 10월에 제품책임에 관한 통일된 모델 법(Model Uniform Product Liability Act)을 제정하였다.[21] 동 모델 법은 물품 제조자가 아닌 단순한 물품 판매자일 경우 동인이 명확한 제품보증(express warranty)을 하지 않는 한 책임을 경감 받고, 물품 제조 당시의 과학기술로는 더 이상 안전하게 설계할 수 없었던 물품이 추후 개발된 설계기술로 볼 때 피해를 야기할 수 있는 설계의 하자로 밝혀진 경우에 제조업자의 책임을 면제하여 주며, 통상의 물품사용 안전수명이 10년을 경과한 물품에 대해서는 동 물품으로 인하여 피해가 발생하였더라도 동 물품 판매자의 책임이 면제되도록 하는 등의 규정을 포함하였다.

상기 1979년 모델 법은 1986년 미국 상원 상무 소위원회가 제정한 법률에 의하여 보완되었는바, 명시적 보증이 없는 한 제품판매자는 제품을 사전 검사하여 문제의 흠결을 발견할 수 있는 합리적 기회를 사전에 갖지 않았던 한 책임을 지지 않는다는 것 등이 새로운 내용이다. 미국 법률 협회는 1997년 Restatement 제3판을 승인하였는바, 이는 흠결 있는 제품의 판매업자나 유통업자가 피해 발생 시 책임을 지고, 제품의 판매나 유통 시 적절한 사용 설명서나 경고가 없었을 경우에도 제품의 결함으로 간주하는 내용들이 포함되어 있다.[22]

2. 항공기 담보권 설정에 관한 조약

2.1 일반적인 소유형태

항공기는 동산이지만 부동산에 준하여 취급한다. 우리나라 법도 동산을 주 대상으로 허용하는 질권

---

20) 미국에서 충돌내구성을 인정하지 않는 주가 3개 있는바, 이는 인디아나, 웨스트버지니아 및 미시시피 주임(Shawcross, V(118) 참조).

21) Shawcross, V(119).

22) Shawcross, V(121).

(pledge)을 항공기에 대하여서는 설정하지 못하도록 규정을 하였다(자동차 등 특정동산 저당법[23] 제9조). 그러나 항공기에 대하여서 저당권(mortgage)을 설정할 수 있으며 국내법으로 이를 규율하기 위한 항공기 저당법이 1961년 이래 제정·실시 중이다. 항공사가 항공기 구입 등의 재원 충당 방법으로 mortgage뿐만 아니라 floating charge와 fixed charge 등을 이용하기도 한다. Floating charge는 어떤 항공사가 새로이 항공기를 구입하면서 판매자 측에 대한 담보(security)로 기존 재산(여타 항공기 등)을 제공하나 담보된 동 재산을 임의대로 처분할 수 있는 반면 fixed charge는 토지나 건물 등의 특정재산을 지정하여 담보로 제공하며 동 재산은 처분되더라도 담보설정이 계속된 상태로 처분된다는 점에서 floating charge와 다르다.

항공기는 단순한 소유형태에서 요즈음은 장기임차(lease) 형태로 보유하는 경향으로 변하고 있다. 장기임차는 예견치 못한 사정으로 소요 항공기가 부족하게 된 경우에 임대회사 또는 타 항공사로부터 일정기간 항공기 기체만을 빌려 쓰는 형태와, 처음부터 항공기 구입보다는 장기임차의 장점을 염두에 두고 장기간 항공기를 빌려 쓰는 형태가 있다.

오늘날의 항공기는 고가의 장비를 부품으로 장착하는 경우가 많다. 예를 들어 대형 제트 항공기의 엔진은 수백만 달러 이상이 소요된다. 따라서 항공기에 따라서는 항공기 기체와 엔진을 분리하여 권리형태를 달리하기도 한다. 예를 들어 항공기와 항공기 장비[24]의 구입 또는 임차를 위한 재원 마련 방안이 갈수록 국제화되고 전문화되고 있다. 이에 따라 다국적 컨소시엄 파이낸싱(multinational consortium financing)이 활발하다.

2.2 1948년 제네바 협약[25]

제2차 세계대전 후 미국과 영국이 주도적인 항공기 제작국으로 부상하였다. 특히 미국은 막대한 경제력을 바탕으로 항공기의 대량생산 과정으로 이행하면서 동 항공기의 수출과 수출촉진을 위한 항공기 구입 재원 조달 방안에 적극적이었다. 그런데 미국 금융 시장에서는 미국 내 관할지역을 벗어나 비행하는 항공기의 구입용으로 막대한 금액을 외국에 빌려 주는 데 미온적이었는바, 이를 해결하기 위한 국제적 방안으로 1948년 제네바에서 '항공기에 대한 국제적 권리 인정에 관한 협약'(Convention on the International Recognition of Rights in Aircraft, 약칭 The Geneva Convention)이 체결되었다. 동 협약은 항공기 자체에 대한 소유권, 부품, 항공기 취득 및 6개월 이상 임차된 항공기의 채권 확보에 관련한 권리, 즉 저당

---

23) 법률 제9525호, 2009.9.26, 시행.

24) 항공장비(avionics) 중 항공기에 직접 장착되는 것은 아니나 조종사 훈련용으로 널리 활용되는 Simulator(모의 비행조종 연습기)도 수백만 달러를 소요하는 것으로서 동 Simulator의 구입을 위한 자금조달(financing)도 활발함.

25) 1953.9.17. 발효. 2015년 12월 현재 89개 당사국.

권을 항공기 등록국의 법에 따라 보호하는 동 협약에 대하여 미국은 예외적으로 적극적이다. 이는 세계에서 가장 많은 항공기를 제조하여 금융 조달하여 주면서 판매하고 있는 미국으로서 당연한 입장이겠다.

당시의 항공기 판매방법은 미국, 유럽 그리고 기타의 세 지역으로 구분할 수 있는바, 미국에서는 conditional sale, chattel mortgage 및 equipment trust의 방법[26]이 있었고, 유럽에서는 담보 설정으로 구입한 항공기의 판매 시 우선 변제 대상을 지정하는 것을 강조하였으며, 기타 지역은 어떠한 방법도 형성되지 않은 상태에 있었다. 미국과 유럽에서의 상이한 법률제도는 국가 간의 거래를 복잡하게 만들었는 바, 제네바 협약은 이 두 상이한 법 제도를 어느 정도 통일시키기 위하여서도 필요하였다. 그러나 제네바 협약이 항공기에 대한 권리를 어느 한 제도로 통일시킬 수는 없었고, 단지 항공기가 등록국에 등록됨으로써 국가적 차원에서 형성되는 권리를 국제적으로 인정하여 주는 데 주안을 두고 있다.

동 협약의 주요 목적은 한마디로 국제 운송에 사용되는 항공기의 구입을 위한 자금조달을 촉진하는 것이며 이를 위하여 첫째, 항공기를 담보로 자금을 빌려 준 채권자를 보호하고, 둘째, 담보권자보다 우선하여 항공기에 대한 특정 제3자의 권리를 보호하며, 셋째, 항공기에 대한 권리청구의 우선순위를 정하며, 넷째, 항공기의 국적 이전을 용이하게 하도록 한 것이다.

협약 제정자들은 각국의 상이한 법 체제상 국제적 인정을 받을 수 있는 항공기의 모든 권리를 통일적으로 규율할 수가 없었다. 따라서 제1조에 항공기에 관한 권리 네 가지[27]를 나열하는 것으로 해결하는 한편, 이러한 권리에 대한 국제적 인정은 항공기가 등록된 국가의 법에 의하도록 하고 아울러 동 권리는 등록국의 공식 등록 장부에 명기되도록 하였다. 이는 등록국의 국내법에 따라서 항공기 채권자 간의 채권 우선순위가 정하여지며, 동 채권을 인정받기 위하여서는 항공기 등록국에 공식 등록하여야 한다는 이야기가 된다. 또한 협약이 규정하고 있지 않은 채권에 관해서는 등록국의 법이 적용된다.

협약은 권리의 강제 회수 방법으로 항공기의 사법적 판매(judicial sale)를 규정하고 있다(제7조). 사법적 판매를 하려면 일정한 기간 전에 판매가 행하여지는 국가 및 항공기 등록국에서 공고를 하여야 한다. 기타 사법적 판매의 절차는 판매가 행하여지는 국가의 법에 따른다. 동 사법적 판매는 항공기 판매 금액이 동 사법적 판매의 절차를 취한 채권자의 채권보다 우선 변제되어야 될 경비(항공기 구조 및 보관비)와 채권을 지불할 수 있는 정도가 되어야 한다. 그렇지 않으면 구입자가 동 채권을 인수하지 않는 한 불가능하다(제7조 (4)). 협약은 항공기 구조(salvage)와 보관(preservation)에 관련하여 발생한 경비는 다른 채권보다 우선하여 지불하도록 규정(제4조 (1) (b))하였으나, 기타 채권 간의 지불 우선순위는 항공기 판매가

---

26) 미국의 3가지 판매방법 등 항공기 판매를 위한 재원 조달 방법에 관해서는 Johnston의 미간행 석사학위논문 Legal Aspects of Aircraft Finance(캐나다 맥길대, 1961) 또는 Matte, Treatise on Air‐Aeronautical Law(1981) 참조. Chattel mortgage는 common law에서 사용하는 개념으로 동산에 대한 저당권으로 이해하면 됨. 동 개념은 대륙법에서의 hypotheque와 유사함.

27) 항공기를 재산으로 한 재산권, 구입에 의한 항공기 인수권, 6개월 이상의 임차(lease)에 의한 소유권, 그리고 채무이행 담보로서의 저당권 등 4개 종류의 권리(제네바 협약 제1조 (1)항).

행하여지는 국내법의 규정에 의하도록 하였다.

협약은 항공기와는 별개로 항공기 엔진 등 주요 항공기 부품에 대한 권리를 인정하고 있다. 항공기 부품의 판매 시 항공기 판매에 관한 규정이 그대로 많이 적용되나 특이한 것은 항공기 부품에 대한 권리를 등록하지 않은 채권자에 대하여 판매 대금의 1/3까지 지불할 수 있도록 한 점이다(제10조 (3)). 동 규정은 협약의 원래 목적에 어긋나는 것이라는 이유로 일부 비난의 대상이 되고 있다.

협약 제9조는 항공기에 대한 권리를 소유하고 있는 자의 동의 없이 항공기의 국적이나 등록 국가를 변경하지 못하도록 하였다.

23개 조로 된 동 협약이 1948.6.19. 채택된 후 미국은 한동안 각국의 협약 가입을 적극 권장하였다. 동 협약의 내용이 현대화되면서 소형항공기를 제외하고는 2001년 케이프타운 항공기 장비의정서로 대체되었는바, 다음 항에서 기술한다.

2.3 2001년 케이프타운 협약과 항공기 장비 의정서[28]

1948년 제네바 협약이 발효 중이지만 보편적으로 적용되지 않고 채택된 후 50년간에 걸쳐 발전한 국제금융 노하우가 반영되지 않은 가운데 항공기 등 고가의 이동 장비(mobile equipment)의 구입 시 과거의 방식으로 금융이 조달 되고 담보권이 보장되는 것은 고가의 이동 장비에 대한 권리 확보를 불안하게 한 결과 금융조달에 시간이 걸리고 경비가 많이 드는 불편이 있어 왔다.

이러한 문제를 해소하기 위하여 1988년 캐나다 정부가 UNIDROIT[29]에 검토토록 제안한 것을 계기로 1992년 관련 조약을 채택하는 것이 가능하다는 결론 하에 작업반을 구성[30]한 후 1997년 초안을 작성하였다. 동 초안은 UNIDROIT와 ICAO의 정부 전문가 회의 검토를 거쳐 2001.11.16. 남아공 케이프타운 외교회의에서 채택되었다.

채택된 조약은 고가의 이동 장비(항공기, 우주물체, 기차 화물차량 등)에 대한 금융을 용이하게 하는 목적으로의 협약과 각 이동 장비별로 적용하는 의정서를 작성하여 모법이 되는 협약과 연계시키는 체제를 갖추었는바 2001년 케이프타운에서의 외교회의에서는 모법이 되는 케이프타운 협약과 여러 의정서 중 항공기 장비를 규율하는 항공기 장비 의정서를 동시에 채택하였다.

---

28) 정식명칭이 Convention on International Interests in Mobile Equipment 와 Protocol to the Convention on International Interests in Mobile Equipment on Matters Specific to Aircraft Equipment이며 양자 모두 2006.3.1. 발효하였음. 2015년 12월 현재 전자의 당사국과 후자의 당사국은 모두 61개국임. 조약의 수탁처는 UNIDROIT임.

29) International Institute for the Unification of Private Law를 지칭하는 독립된 정부 간 국제기구로서 국가 간 사법, 특히 상법을 연구하는 목적을 가지고 있음. 1926년 국제연맹 부속기관으로 설립된 후 이태리 로마에 소재함.

30) 동 study group의 의장은 영국 옥스퍼드 대학의 Roy M. Goode였음.

추가로 채택 대상이었던 기차 화물차량을 규율하는 철도 의정서[31]는 2007년 룩셈부르크에서 채택되었으며 우주자산(space assets)에 관한 의정서[32]는 2012년 2.27.~3.9 독일 베를린 개최 외교회의 결과 40개국 정부대표가 참석하여 채택하였다.

케이프타운 협약은 5개 원칙을 도입하였는바, 이는

① Practicality: 현대 금융조달거래의 현실을 반영.

② Sensitivity: 체약 당사국은 협약내용 중 자국 국내법과 상치하는 내용을 선정하여 이를 자국과 관련하여서는 어떻게 수정하겠다는 선언을 하게 함으로써 각기 상이한 국내법을 신축성을 가지고 수용하되, 다른 체약 당사국이 그 내용을 투명하게 알 수 있도록 함.

③ Party Autonomy: 협약은 고가의 항공기를 거래하는 당사자는 충분한 지식을 가진 전문가라는 전제하에 거래 계약에 있어서 최대한의 융통성을 허용하였음.

④ Predictability: 협약은 권리의 우선순위를 정정하는 데 있어서 간단하고 명확한 규칙을 수립함으로써 불확실성을 줄였음.

⑤ Transparency: 국제등록처(International Registry)를 24시간 가동하면서 국제 권리 등록 현황을 제3자도 파악토록 함.

협약이 설치한 국제등록처(International Registry: IR)는 인터넷으로 수시 접속할 수 있도록 하였는바, 2006년 업무를 시작한 후 2007년부터 매년 5만건 이상의 권리가 등록[33]되어 있을 정도로 활용도가 높다. 협약 제17조는 IR을 감독하기 위하여 감독청(Supervisory Authority)을 설립하였다.[34]

협약(제49조)은 3개국 비준으로 발효하나 의정서 중 하나의 발효가 있어야 모법인 협약이 발효하고 협약과 의정서 상 내용이 상치할 경우 의정서 규정이 우월하다고 규정(협약 제6조)함으로써 의정서 상 규율되는 구체 상거래를 존중한다는 실용적인 배려를 하였다고 해석할 수 있으나 국제법상 기존질서에 반한 특별한 내용이다.

항공기 장비 의정서(제23조)는 1948년 제네바 협약 당사국인 케이프타운 협약 당사국과 항공기 장비 의정서 당사국 사이에는 케이프타운협약/항공기 장비 의정서가 제네바 협약을 대체하되, 항공기 장비의정서가 규율하지 않는 내용에 대해서는 제네바 협약이 적용된다고 규정하였다. 또 제1조에서 다음 규모

---

31) Protocol to the Convention on International Interests in Mobile Equipment on Matters Specific to Railway Rolling Stock으로서 2015년 10월 현재 5개국이 서명하고 회의 개최국인 룩셈부르크만 비준한 채 상금 미 발효.

32) 정식명칭이 Protocol to the Convention on International Interests in Mobil Equipment on Matters Specific to Space Assets로서 2012.3.9. 채택되었지만 4개국만 서명한 채 어느 국가도 비준 또는 가입을 하지 않아 2015년 10월 현재 미 발효.

33) IR은 아일랜드 더블린에 소재하는 Aviareto Ltd.사가 담당하고 있는 바 2012년에 명의 변경 등을 포함한 등록 건수는 72,034건으로 집계됨. 2016.1.29. 방문 http://www.aviareto.aero/wp-content/uploads/2015/03/International-Registry-Annual-Statistical-Report-2012.pdf.

34) 케이프타운 외교회의는 최종의정서(Final Act)로 조약을 채택(결의 1)하면서 결의 2로는 ICAO가 감독청 역할을 하도록 초청하고 협약/의정서의 발효 전까지 IR 설립을 위한 임시감독청을 구성하되(조약 채택 과정에 적극 참여하였던) Argentina, Brazil, Canada, China, Cuba, Egypt, France, Germany, India, Ireland, Kenya, Nigeria, Russia, Senegal, Singapore, Switzerland, South Africa, Tonga, UAE, USA 등 20개국이 지명한 인사들로서 임시감독청을 구성할 것을 결정하였음.

의 항공기에만 적용된다고 함으로써 동 규모 이하의 소형항공기에 관련하여서는 계속 제네바 협약이 적용되도록 하였다.

- 항공기 제트 엔진에 있어서 추진력 1,750파운드 또는 그 이상
- 터빈 또는 피스톤 엔진의 경우 이륙 시 550파운드 마력 또는 그 이상
- 항공기체에 있어서 군, 세관, 경찰용이 아닌 것으로서 승무원 포함 최소 8인승이거나 항공기 엔진 무게를 제외하고 기체 무게와 적재화물을 합산한 무게가 2,750kg 이상을 운송하는 항공기
- 헬리콥터는 승무원 포함 5인승이거나 또는 항공기 엔진 무게를 제외하고 기체 무게와 적재화물을 합한 무게 450kg 이상을 수송할 수 있는 항공기

본 협약과 의정서 채택의 효과가 나타나고 있는바, 이는 미국제품을 대외 판매할 경우 금융을 조달하여 주는 미국 수출입 은행(Ex-Im Bank)[35])이 2003.1.31. 케이프타운 협약/의정서 당사국에 대한 항공기 구입자금 대부 시 금융조달 경비를 1/3 감축한다고 결정한 것에서 알 수 있다. 이는 자금조달 경비가 전체 항공기 구입 경비 중 약 3%를 차지하는 것을 감안할 때 항공기 구입 경비가 약 1% 하락하는 효과가 있는 것이다.

케이프타운 협약과 항공기 장비 의정서 채택은 모두에게 이익인 것으로 평가되고 있다.

항공사는 항공기 및 항공기 엔진 구입 경비가 감소한 만큼 선단(fleet)을 현대화하여 유류절감을 할 수 있으며, 항공기 제조사와 lease 회사는 항공기 구입경비 하락에 따른 판매증대를 기대할 수 있고, 금융조달 기관은 자산에 대한 권리 보호가 강화되어 대부 위험이 감소하게 되기 때문이다. 또 많은 후진국 항공사들은 국가 항공사로 운영하면서 정부가 재정 보증을 하고 있는바, 본 조약 당사국이 될 경우 번거로운 정부 보증이 불필요하고, 항공승객과 일반 시민은 항공요금 인하 또는 선단 현대화가 가져오는 소음과 배출의 감소효과를 볼 수 있다.

3. 환경보호

3.1 소음 공해의 국제법률적 측면

항공여행자의 증가는 공항 사용의 증가와 대형항공기를 등장하게 하였다. 대형 제트 항공기는 이·착륙

---

35) Ex-Im Bank는 1945년부터 미 국회로부터 매 5년 단위로 사업 자금을 갱신 받아 미국 산 고가 제품의 수출에 기여하였으나 특정 미국 업체의 이익만을 도모한 결과를 가져온다는 비난을 받아 2015.6.30.부터 신규 대출사업이 중단되었으나(AWST, 2015.6.22., p.70) 미 의회에서 다시 논의하여 2015년 말 기존과 같이 정상 영업을 허용하는 결정을 하였음. 2016.1.4. 방문 미국 Exim Bank 웹 http://www.exim.gov/reauthorization.

시 소음을 유발하기 때문에 공항 인근 주민들은 소음 공해로 시달리게 된다. 게다가 초음속 항공기는 음속 돌파 시 굉음(sonic boom)을 발함으로써 원거리 주민들에게까지 소음 공해를 주고 있다. 동 소음 공해는 청각장애, 건물손상, 재산의 가치하락, 육체적·심리적 우울증 및 업무와 대화의 중단에서 오는 불편 등의 부작용을 초래한다. 이러한 소음문제가 서서히 대중(public)의 우려를 유발한 결과, 대중의 압력으로 항공기 소음을 줄이고 피해에 대하여서는 보상하도록 하는 방법이 제도화되기 시작하였다. 이 결과 국제법, 국내법, 관습법, 영·미법 등의 형태로 소음규제를 위한 새로운 법이 제정되고 또 기존법이 활용되고 있다.

먼저 관습 국제법상 국가는 자국영공에 대하여 절대적인 권리를 가지므로 항공기의 영공 통과와 소음규제를 위한 어떠한 제한조치도 취할 수 있다. 이 절대주권의 개념은 시카고 협약 제1조와 기타 조항에서 성문화되었으며 양자 및 다자 협정은 국가의 무제한적인 주권을 제한하여 특정한 권리를 상호 부여한다. 이 권리는 운수를 목적으로 하지 않는 비정기 국제항공의 영공 비행, 통상 양자협정에 의한 정기 비행의 허가 그리고 국제 항공 통과 협정에 따른 영업을 목적으로 하지 않는 기술적 착륙과 영공 통과 등이 주 내용을 이룬다. 그러나 국가는 자신이 일단 부여한 상대방의 권리에 대하여 여전히 주권적 권리를 행사할 수 있는바, 시카고 협약 제11조는 정기, 비정기 비행을 불문하고 국제 항행에 종사하는 항공기의 영토 내 이·착륙 및 운항에 대하여 자국 법령을 적용할 수 있도록 규정하고 있다. 이러한 법은 내·외국 항공기 간 차별을 하지 않는 것을 전제로 한다. 국가는 따라서 차별함이 없이 속도, 고도, 진입지점, 소음수준 등에 관한 규제를 통하여 항공기 소음을 일방적으로 줄이는 조치를 취할 수 있다.

시카고 협약 제9조는 소음규제를 위한 근거가 된다. 동 조 (a)는 군사적 필요와 공공안전을 위하여 정기 국제항공기의 일정구역 비행을 규제할 수 있도록 하였다. 여기에서 비행을 금지하는 구역은 합리적인 정도이어야 하며 그 위치가 불필요하게 항행을 방해하지 말아야 하며 국내외 항공기를 차별하지 않아야 한다는 단서가 붙는다. 그러면 공공안전이 굉음(sonic boom)에 의하여 영향을 받느냐 하는 문제가 나오며 이를 긍정적으로 볼 경우 동 조항은 공공안전을 위하여 영공국이 소음규제를 할 수 있는 근거를 마련하여 준다. 제9조 (b)는 특별한 상황, 비상시기 또는 공공 안전을 위하여 일시적으로 영공 비행을 규제할 수 있도록 하였다. (a)와는 달리 비정기 운항 항공기에 대하여서도 적용되는 (b)는 내·외국기 간의 차별보다는 외국항공기 간의 차별이 배제되어 적용된다.

3.2 시카고 협약 부속서 16(환경보호)

공해(pollution)가 점차 중요한 국제문제로 부각됨에 따라 시카고 협약의 규정만으로는 제대로 대처할 수 없다는 것이 인식되었다. 항공에 관련한 공해를 구체적으로 규정하고 이를 규제하기 위한 국제 규정이 당연히 필요하게 된 것이다. 영국이 소집한 1966년의 런던회의에서 항공기 소음과 이를 줄이기 위한 국제적 노력에 관한 토의가 있었다. 동 회의에서는 구체적인 국제협정을 채택하지 않았지만 항공기 소음을 보편적으로 측정하는 방법과 공해 수준을 데시벨(PNdb)로 표기하는 데 합의하였을 뿐만 아니라 기타 제안과 권고를 채택하는 성과를 얻었다. 뒤이어 열린 ICAO의 제5차 항행회의(Air Navigation Conference)는 상기 런던회의의 결론에 관한 권고를 채택하였으며 1968년의 ICAO 총회는 ICAO 이사회로 하여금 항공기 소음에 관한 국제회의를 소집하도록 지시하였다.[36] 동 국제회의의 개최는 항공기 소음에 관하여 구체적 사항(specifications)을 정하고 이러한 사항을 표준과 권고방식으로서 시카고 협약의 부속서에 포함시키기 위한 작업을 하기 위한 것이었다. 이에 따라 비행장 인근에서의 항공기 소음에 관한 특별회의가 1969년 몬트리올에서 개최되어 항공기 소음에 관한 표준과 권고방식을 성안하였으며 동 안을 1971.4.2. ICAO 이사회가 채택함으로써 1972.1.6.부터 새로운 부속서 16 '항공기 소음'(Aircraft Noise)이 발효하였다. 1977.10.6. 이후에 감항 증명서를 받는 항공기에 적용하는 부속서 16은 그 뒤 수차 개정되어 새로운 문제점에 대한 해결책을 반영하면서 그 적용 영역을 넓히고 있다. ICAO는 소음을 줄이는 제반 문제를 계속 연구하기 위하여 주요 항공국으로 구성된 항공기 소음 위원회(Committee on Aircraft Noise: CAN)를 설치하였다.[37]

1972년 이래 부속서 16은 10여 차례 개정되었으며 1981년에는 동 부속서 이름이 '환경 보호'(Environmental Protection)로 바뀌면서 그 내용물이 2권으로 분리되었다. 제1권은 '항공기 소음'(Aircraft Noise)이고 제2권은 '항공기 엔진 배출'(Aircraft Engine Emissions)을 표제로 하고 있다. 이는 체약국들이 항공에 관련한 모든 환경적 측면이 하나의 부속서에 수록되어야 할 필요성을 느꼈기 때문이다. 또 1972년 스톡홀름에서 개최된 '인간 환경에 관한 유엔 회의'(United Nations Conference on Human Environment) 이후 ICAO 총회가 안전하고 질서 있는 민항발전과 인간 환경의 질(quality)은 최대한 연결되어야 한다는 결의문을 채택한 결과 가능하게 되었다.[38] 동 결의문 채택 이후 설치된 ICAO의 연구위원회는 음속 이하의 속도에서 분출되는 신 터보 제트와 터보팬으로부터 나오는 연소된 연료, 연기, 가스배출 등의 규제에 관련한 절차사항을 지침서로 작성하였다. 동 지침서 내용은 단계를 높여 1982년 부속서 16 제2권의 표준과 권고방식으로 흡수·수록되어 하나의 문서를 이루었다. 또 배출가스도 포함하는 것으로 업무가 확대된 CAN(Committee on Aircraft Noise)은 1983년 ICAO이사회 결의에 따라 CAEP(Committee on Aviation Environmental Protection,즉 항공환경보호위원회)로 명칭을 변경하였다.

---

36) ICAO 총회 결의문 A16-3(ICAO Doc 8779).

37) Shawcross, Ⅲ(303).

38) 상동.

부속서 16은 음속 이하의 제트 추진 항공기, 프로펠러 항공기, 헬리콥터에 적용되며 초음속 항공기에 대해서는 제한적으로 적용된다. 그러면서 STOL이 가능한 제트 항공기를 적용에서 배제하였으며, 프로펠러 추진 항공기와 헬리콥터가 방화와 농업용으로 사용될 경우 등에는 적용되지 않는다. 한편 항공기 소음에 관한 권고방식은 보조 동력기관(auxiliary power units)과 지상에 설치된 항공기 관련 시스템에도 적용된다.

부속서 16의 표준은 제트 항공기의 소음을 lateral point(이륙 직후 소음이 가장 큰 지점—통상 비행고도가 330m인 지점—을 활주로에서 수평 연장한 지점과 지상에서 만나게 하여 좌나 우측의 지상 650m 지점), flyover point(활주로 상 항공기 이륙을 위한 엔진 가속(roll)을 하는 지점으로부터 이륙하는 방향으로 활주로를 연장한 6.5km 원거리 소재 상공에 항공기가 비행할 때의 지상 지점), approach point(3도 각도 착륙 시의 항공기로부터 수직 120m 밑의 지상 지점으로서, 활주로가 시작하는 지점으로부터 통상 2km 후방 소재)에서 각기 측정하여 소음의 정도를 EPNdb(Effective Perceived Noise in decibels)[39]로 표기하되 항공기 최대 이륙 중량에 따라 차등 적용한다. 이렇게 표기된 기준치를 충족하는 항공기는 3개 측정 지점의 어느 곳에서도 3데시벨을 초과하지 않아야하고 초과된 부분은 다른 측정지점의 허용치를 낮추어 상쇄시켜야 하지만 3개 지점의 허용 통합 기준치에서 4데시벨까지 초과하는 것을 허용하는바, 부속서 16의 Chapter 기준 2상 기술된 동 기준치를 충족하는 항공기를 Chapter 2 항공기(미국은 Stage 2 항공기로 표시)라고 칭하여 다른 정도의 소음발생 제트 항공기와 구별한다.

1975년 개최된 제4차 CAN은 1977.10.6. 이후 감항 증명서를 받은 항공기를 대상으로 보다 강화된 소음 기준에 합의하였는바, 이는 이전의 lateral point 측정 지점을 650m에서 450m로 변경하여 저고도 비행지점에서의 소음기준을 강화한 것이며 이를 충족하는 항공기가 Chapter 3 항공기이다.

상기 소음기준을 표준으로 부속서에 기술한 목적은 장래 항공기(소음 배출원인 엔진을 장착한)의 감항 증명 시 기술적 향상을 도모하기 위한 것이었으나 환경문제에 있어서 앞서 나가는 구미 국가들은 이를 소음 항공기 문제 해결 압력으로 행사하려는 움직임을 보였다. 이에 대하여 1980년 ICAO 총회는 소음 항공기라는 이유로 무분별하게 항공기를 퇴출(phase-out)할 경우의 문제점을 감안하여 Chapter 2 항공기에 대한 운항 중지 결정을 자제하도록 각 회원국에 요청하였다. 이에 불구하고 1985.1.1. 발효한 미국의 연방규제법(Code of Federal Regulation)은 4개 엔진을 장착한 항공기는 모두 Chapter 2 기준을 충족하도록 요구하였고 1979년 미국의 항공안전소음감소법(Aviation Safety and Noise Abatement Act)은 미국연방항공청(FAA)에 외국항공기에 대한 운항 중지 권한을 부여하였다.

---

39) EPNdb는 항공기별 소음 측정치이며 다수의 항공기에 의해 일정기간 노출된 특정 장소의 소음의 척도를 평가하는 WECPNL(Weighted Equivalent Continuos Perceived Noise Level)과는 다름. 각국 공항별 소음 평가 단위는 각국의 결정사항으로서 자국 공항의 하루 중 소음 발생 총량에 가중치를 주어(밤의 소음은 낮의 것보다 크게 반영) 하루 단위로 계산된 평균율 WECPNL, Ldn(또는 Lden) 또는 Leg로 표기하는바, 한국과 일본 등에서는 WECPNL, 미국, 독일, 영국에서는 Leg에 야간시간대 10db의 보정 값을 가하여 산출한 Ldn(또는 Lden)을 사용 중임.

한편 유럽연합은 EU Directive 80/51/EEC를 제정하여 1986.12.31.부터 Chapter 2를 충족하지 못하는 EU 항공기의 운항 중지를 결정(단, 2년 유예 가능)한 후 EU Directive 83/206/EEC를 제정하여 1987.12.31.부터 외국항공기의 운항도 중지하는 것으로 결정(역시 2년 유예 가능)하였다.

미국과 유럽의 앞서 나가는 소음 항공기 규제 방침에 ICAO 회원국들 다수가 불만을 표출한 가운데 일방적인 동 규제 내용의 적법성도 문제되면서 1990.10.26.~28. 제28차 ICAO 총회(특별 총회)가 개최되었다. 동 특별총회 결과

① 1995년부터 2002년의 7년간 소음 항공기의 점차적인 퇴출을 촉구하고,

② 1995.4.1. 이전에는 첫 감항 증명서 발급 후 25년이 경과하지 아니한 항공기에 대하여서는 운항을 금지하지 말 것을 촉구하며,

③ 2002.4.1.부터 Chapter 3 항공기 운항만 허용한다

는 결의[40]를 채택하였다.

이에 불구하고 미국 의회는 1994, 1996, 1998년 Stage 2 항공기의 운항 중지 비율에 또는 항공사별 전 운항 항공기 중 Stage 3 기준 충족 항공기 비율에 부합하도록 하는 항공기 소음·용량법(Aircraft Noise and Capacity Act of 1990)을 채택하였다.[41]

구주연합은 1992.3.2.자 Council Directive 92/14/EEC를 제정, Chapter 3 미 충족 항공기 퇴출 가이드라인을 채택하였으며 여러 ICAO 회원국들[42]은 ICAO 특별총회의 권고에 따라 1995년에서 2002년 사이 자국 영공에서 Chapter 2 항공기 운항을 금지하는 규제조치를 취하였다.

이런 가운데 2006.1.1.부터 Chapter 3 항공기보다 총합 10 EPNdB보다 낮은 Chapter 4 항공기 기준이 등장하였다. 이와 관련 CAEP는 Chapter 4 항공기 등장이 Chapter 3 항공기 퇴출을 의미하는 것이 아님을 강조하였으며 이는 제33차 ICAO 총회(2001년 개최) 결의 A33-7로 확인되었다. 그러나 현실은 ICAO 회원국에 따라서 항공기 소음 정도에 따라 공항 착륙료를 차등 부과하면서 소음 항공기 취항을 제어하고 있다.[43]

한편 2013년 개최 CAEP 제9차 회의에서는 항공기 종류와 중량을 세분화하면서 2017년 말 부터 제조되는 항공기에게 Chapter 4보다 7 EPNdB가 감소되는 내용의 기준인 Chapter 14를 부속서 16에 추가하는 제의를 하여 2015.1.1.부터 시행 중이다.[44]

---

40) ICAO 총회결의 A28-3.

41) 동 미국 법률은 ICAO 총회 결의(A28-3)가 회원국들의 Chapter 2 항공기 운항 금지 권한을 묵시적으로 허용한 것을 감안할 때 퇴출관련 절차적 권고만 위반한 것으로 볼 수 있음.

42) 캐나다, 일본, 호주, 뉴질랜드, 필리핀, 싱가포르, 콜롬비아, 멕시코, 페루 등.

43) 예를 들어 독일 프랑크푸르트 공항은 2001년 소음 정도에 따라 7개 카테고리로 항공기를 분류하여 공항착륙료를 차등 부과하고 있음. 선진국 공항에서 엄격한 소음기준을 요구하는 경향은 후진국 항공사가 신형 항공기를 선진국에 취항시키고 느슨한 소음기준을 적용하는 후진국 공항에는 낮은 소음 항공기를 취항시키는 결과를 가져옴.

3.3 우리나라 실정

국내 항공소음 관련 법규로는 소음·진동관리법[45]과 공항소음 방지 및 소음대책지역 지원에 관한 법률[46]이 있다. 환경부 소관인 전자는 항공기 소음의 한도를 공항인근 지역에서 90웨클(WECPNL), 그 밖 지역의 항공기 소음 영향도를 75웨클로 규정하였다.[47] 국토교통부 소관인 공항소음 방지 및 소음대책지역 지원에 관한 법률은 소음 피해지역을 지정·고시하고 소음 피해 방지대책을 수립하는 등의 규정을 포함하고 있다. 후자의 내용은 원래 항공법[48]에서 규율하고 있었으나 항공법에 규정된 항공기 소음의 방지나 피해지역 주민들에 대한 지원 사업 등의 일부 규정만으로는 공항소음의 체계적인 관리나 소음피해 주민들에 대한 지원 사업 추진에 어려움이 있으므로, 공항소음 피해 주민들에 대한 체계적이고 효율적인 대책사업을 지원하기 위하여 2010년 공항소음 방지 및 소음대책지역 지원에 관한 법률을 제정하였다.

공항소음 방지 및 소음대책지역 지원에 관한 법률 시행령 제2조[49]는 소음대책지역을 3종으로 구분하여 지정. 고시하고 5년마다 그 지정·고시의 타당성을 검토하도록 하고 제5-7조에서 손실보상에 관한 규정을 두었다. 법 제11조에 따라 이주대상이 되는 제1종 구역은 95웨클 이상의 소음지역으로 되어있으나 이는 미국에서 88웨클 이상, 네덜란드에서 92웨클 이상, 일본에서는 90웨클 이상 시 이주 보상하도록 하고 있는 것과 대비된다. 동 법 시행규칙[50] 제10조는 항공기 기종별 소음을 6등급으로 고시하고 동 법 시행령 제10조에 따라 소음 등급에 따라 공항착륙료의 15% 내지 30%를 해당 항공사가 소음부담금으로 납부토록 하였다.

국내공항 절반이 항공기 소음한도를 초과[51]한 상황에서 항공기 소음 관련 국내 배상판례가 여러 건 발생하였는바, 매향리 사격장 관련 항공기 소음 소송,[52] 김포공항(민간 공항) 관련 항공기 소음 소송,[53] 청주공항(군 공항) 관련 항공기 소음 소송,[54] 2009년 6월 수원 비행장(군 공항) 관련 항공기 소음으로 인한 480억 원 배상판결[55]이 있었다. 우리나라 법원은 80내지 85 WECPNL의 소음이 발생할 경우 수인한

---

44) 시카고 협약 부속서 16 (7th Ed., Jul. 2014).

45) 법률 제11669호, 2014.1.1. 시행

46) 법률 제12636호, 2014.11.22. 시행

47) 소음·진동관리법 시행령 제9조(항공기 소음의 한도), 2014.1.1. 시행

48) 법률 제12256호, 2014.7.15. 시행

49) 대통령령 제25104호, 2014.1.18. 시행

50) 국토교통부령 제1호, 2013.3.23. 시행

51) 2015.10.8. 필자(박원화)의 한국항공대학교 대학원 "항공법" 강의시간 때 수강생 장한별 변호사가 조사 발표한 내용.

52) 3심 대법원 2004.3.12. 판결(2002다14242)과 1심 2006.4.25.(2001가합48625) 판결 등 2건.

53) 대법원 2005.1.27. 판결(2003다49566).

54) 청주지방법원 2011.11.9.선고 2008가합3029, 3609(병합) 판결.

도를 넘는다고 판단하여 배상판결을 하여왔다.[56] 그동안 항공기소음으로 인한 손해배상 사건에서 배상기준을 비도시지역 비행장은 80웨클 이상, 도시지역 비행장은 85웨클 이상으로 판시하여온 대법원은 최근 제주 공항과 광주 공항을 도시지역 공항으로 분류하여 하급심에서 소음도가 80웨클 이상인 것을 이유로 이들 지역의 주민에게 배상하라는 판결을 파기 환송하였다.[57]

항공기 소음으로 인한 공항 또는 사격장 인근 거주 주민의 피해 배상은 헌법과 일반 법률을 유추하여 국가나 공공기관을 상대로 배상을 청구할 수 있으나 구체적 법률이 없어 2009년 7월 정부 및 의원 입법이 여러 개 발의된 결과 2010년 공항소음방지 및 소음대책지역 지원에 관한 법률[58]이 제정되었다.

공항소음 방지 및 소음대책지역 지원에 관한 법률은 소음대책지역의 지정·고시 및 시설물의 설치 제한, 공항소음 방지 및 주민지원에 관한 중기계획의 수립, 공항소음 대책사업의 계획 수립, 소음저감 운항 의무, 자동소음 측정망의 설치와 소음지역 내 건축물 이전 보상, 항공기 소음 등급의 설정, 소음 부담금의 부과·징수, 주민지원 사업의 종류 및 계획 수립 등을 그 내용으로 하고 있으며 공항소음의 방지와 소음대책지역 지원에 관하여 다른 법률에 우선하여 적용토록 하는 것을 특징으로 한다.

3.4 항공기 배출 규제

2014년 약 1,000개의 정기 항공사가 2만 6천여 대의 항공기[59]를 보유하고 있으며 세계 양대 항공기 제조사인 미국의 보잉사와 유럽의 에어버스사는 매년 신형 항공기를 다수 제작하여 시장에 공급하고 있다.

한편 국제사회는 환경에 관심을 갖고 특히 지구 온난화 현상을 초래하는 주범인 이산화탄소(CO_2)등 온실가스(Green House Gas) 감소에 노력을 경주한 결과 1997년 교토의정서[60]를 채택하여 선진국[61]들이 2008년에서 2012년의 5년 기간 중 온실가스 배출을 1990년 대비 평균 5.2% 감축하는 데 합의하였다. 그

55) 1심 서울중앙지법 민사합의 14부 임채웅 부장판사 2009.6.4. 판결. 수원비행장 인근 주민 3만 784명의 소음피해 배상청구소송에서 피해가 인정된 3만 690명에게 5년간의 피해 480억을 배상하라는 원고 일부 승소 판결로서 재판부는 소음이 80웨클 이상이면 수인한도를 넘었다고 보아야 함을 판시하였음. 동 판결은 수원 비행장 소음 소송의 원고만 8만 명이 넘기 때문에 추가적인 국가배상이 예상되며 수원비행장 주변인 수원시와 화성시 주변 200만 명이 2005년부터 300여 건의 소음소송을 서울 중앙지법과 수원지법에 제소하였으나 지금까지 소음피해를 인정받은 원고의 수가 적어 법원이 인정한 총 배상액이 소송별로 10억 원을 넘지 않은 것과 대비됨(2009.6.16.자 중앙일보 보도).

56) 서울고법 2012.2.2.선고 2012나56240판결; 서울남부지법 2009.10.9.선고 2006가합14470판결; 서울중앙지법 2006.5.9.선고 2003가합70565 판결; 대법원 2005.1.27.선고 2003다49566판결; 대법원 2010.11.25.선고 2007다74560 판결 등.

57) 2015.10.16.자 경향신문 보도(12면) 2015.10.15.대법원2부 판결.

58) 법률 제11690호, 2013.3.23. 시행.

59) Annual Report of the ICAO Council 2014, Appendix 1, p.12.

60) 1992년 기후변화협약의 실천 의정서로서 1997.12.10 일본 교토에서 채택. 미국의 참여거부에도 불구하고 모든 선진국들과 러시아의 비준에 힘입어 2005년 발효된 6개 온실가스(CO_2, N_2O, CH_4, HFCs, PFCs, SF_6) 감축 규제 조약임. 1997년 채택당시 OECD 회원국과 동구권 국가들에게 온실가스의 의무적인 감축 할당을 하였지만 한국은 당시 OECD 회원국이었음에도 불구하고 감축 대상국에서 제외되었음.

61) 교토의정서의 모법이 되는 1992년 기후변화협약의 Annex I에 수록된 선진국 내지 동구권 국가들로서 유럽공동체(EC)를 포함하여 43개임. 이 중 터키 등 4개국이 여타 국가의 양해 하에 제외되고 미국과 호주는 불참을 선언하여 국제사회, 특히 유럽에서의 미국에 대한 인식이 악화되었음.

런데 이러한 온실 가스는 항공기에서 배출하는 양의 비중이 전체의 약 3%에 해당되어 무시할 수 없는 양이지만 교토의정서는 국제항공 운송 시 발생하는 온실가스 감축 주체가 모호하여, 즉 어느 나라가 감축의무를 져야 하는가에 논란의 소지가 있기 때문에 국제항행 선박이 배출하는 온실가스와 함께 감축 대상에서 제외하였다. 그 대신 교토의정서 제2조 2항은 온실가스 의무 감축 대상인 선진국들이 국제항공운항에서 배출되는 온실가스규제를 위해 ICAO와 협력하도록 규정하면서 ICAO의 역할을 기대하였다.

그러나 ICAO는 교토의정서의 기대에 부응하지 못한 채 배출가스 감축에 관한 노력을 소홀히 하다가 EU의 선도적 조치에 따른 압력을 감안하여 2007년 ICAO 제36차 총회 시에야 국제 항공 기후변화 그룹(Group on International Aviation and Climate Change: GIACC)을 설치[62]하면서 관심을 보이기 시작하였다. 이는 EU가 2002년 EU 의회와 EU 각료이사회 결정으로 제6차 환경행동계획(6th Environmental Action Plan)을 채택하면서 ICAO가 2002년 말까지 적절한 제안을 마련하지 않는 한 항공분야에서 EU 자체의 행동계획을 촉구한 것에 연유한 바 크다.

구체적으로 살펴보건대 제36차 ICAO 총회는 기후변화 문제를 다루기 위한 전문가 그룹인 GIACC 를 설치하면서 기후변화 문제에 뒤늦게 대처하는 움직임을 보였다.

이런 가운데 Annex-I 국가 38개국(탈퇴한 미국과 호주 제외 시 36개국)을 대상으로 2012년까지 5년간 1990년 대비 평균 5.2%의 GHG 감축을 부과한 교토의정서의 후속 조치 협상이 지구온난화 가스 최대 배출국인 미국의 입장 변경으로 탄력을 받는 듯하였다. 이는 2008년 초 미국 대통령으로 취임한 바락 오바마 신임 대통령이 기후변화협약 협상에 적극 참여하겠다고 발표하면서 이전의 부시 행정부와 다른 입장을 표명하였고 그간 미국과 함께 교토의정서에 불참하고 있던 호주가 2007년 말 총선으로 역시 정권이 변경된 후 신임 Rudd 수상이 그간 보이콧하였던 교토의정서 비준을 최우선으로 취급하면서 교토의정서 체제에 참여하였기 때문이다. 이에 따라 2009년 12월 덴마크 코펜하겐에서 개최된 제15차 기후변화협약 당사국 총회 시 Post-Kyoto 국제규범이 탄생될 가능성이 커진 가운데 ICAO는 이에 대처하여 2009년 10월 기후변화에 관한 고위급회의[63]를 개최하였다.

상기 고위급회의는 GIACC가 2008년 2월부터 2009년 5월까지 4차에 걸친 회기를 개최하여 대충 합의한 미온적인 내용, 즉 2020년까지의 중기 계획으로 연 2%의 연료 효율화를 기하여 2005년 대비 2020년에 26%의 연비 개선을 도모하고, 2021년부터 2050년까지 역시 연 2%의 연비 개선을 희망적 목표(aspirational goal)로 하여 2005년 대비, 2050년에 총 60%의 누적적인 연비 개선을 도모[64]하는 작업을 하며

---

62) 지역배분을 감안한 15개국의 중견 정부 관리로 구성되며 각기 전문가 1명을 대동하여 회의에 참가할 수 있는바, 이들 15개국(호주, 브라질, 캐나다, 중국, 프랑스, 독일, 인도, 일본, 멕시코, 나이지리아, 러시아, 사우디아라비아, 남아공, 스위스, 미국)의 구성원은 ICAO 이사회 의장의 초청에 의해 전문성을 바탕으로 임명되며 회의 시 국가를 대표하지 않음.

63) 캐나다 몬트리올에서 2009.10.7~9 개최된 High-Level Meeting on International Aviation and Climate Change.

64) 2009.6.1자 GIACC Report, p.12.

항공기 배출권 거래제 수립과정을 시작하겠다는 선언[65]을 채택한 것에 불과하다. 이는 선박의 국제항행에 있어서 배출 감축을 위해 큰 진전을 이루고 있는 국제해사기구(International Maritime Organization: IMO)의 대처 움직임과 크게 비교되는 것이다.[66]

EU 집행위(European Commission)는 2006년 ICAO의 항공환경보호위원회 (CAEP)와 역외 국가의 반대에도 불구하고 2011.1.1부터 EU역내 항공사를 대상으로, 2012.1.1부터는 EU 출발·도착 모든 항공사에게 이산화탄소배출을 감축하는 법안을 제시하였다. 2004-2006년간 연 평균 배출을 100% 상한으로 고정한다는 내용의 동 법안은 국제법상 문제가 있을 뿐 아니라 다음과 같은 문제도 있는 것이지만 EU는 Directive 2008/101/EC로 공식 법제화하였다.[67]

- 교토의정서 배출 기준 연도는 1990년인데 2004-2006년 연 평균 배출량은 1990년의 약 2배
- 교토의정서가 선진국의 배출감축의무를 부여하나 후진국은 제외하고 있는데 EU의 법안은 모든 국가의 항공사를 대상으로 하고 있기 때문에 교토의정서의 내용과 상이. 그렇다고 후진국 항공사는 제외시킬 경우 선진국 항공사의 경쟁력 저하 문제 발생
- EU를 착·발하는 역외 항공사에 대한 배출규제의 적용은 항공기 운항이 EU 상공, 공해 상공, 타국 상공에서 공히 이루어지고 있는 것을 감안할 때 어떤 기준으로 규제하느냐의 문제가 발생
- 시카고 협약 제15조는 항공기가 체약국의 공항이나 항행시설을 이용할 경우 사용료를 부과할 수 있으나 체약국의 영공을 통과하거나 영공에 들어오고 나가는 권리를 부여하는 대가로서 금전 부과를 할 수 없다고 규정하고 있는 바, 이에 위배

국제적으로 큰 파장을 몰고 오는 EU의 항공기 배출규제에 관한 내용을 좀 더 상세히 살펴본다.

2008년에 공포된 EU의 Directive 2008/101/EC는 이미 EU의 여타 산업분야에서 이미 시행 중인 지구온난화 가스를 2005년부터 감축 규제하고 배출권 시장거래를 허용하는 Directive 2003/87/EC를 개정하여 항공기에서 배출되는 이산화탄소의 감축도 포함하면서 배출권 거래를 허용한 것이다.[68]

규제 내용을 살펴보건대,

첫째, 역사적 배출 연도를 2004-2006년 3개년으로 정한 후, 동 기간 중 모든 항공 운항인의 항공 운행 중 발생한 연
  평균 배출을 계산하고,[69]

---

65) ICAO Doc. HLM-ENV/09-WP/12, 10/9/09, Revision No. 2, Appendix A.

66) 선박의 국제항행에 있어 구속적인 배출감축의무를 부과하는 선박 에너지효율규정이 2013년 1월 1일 발효되었음. 이는 IMO의 MEPC(Marine Environment Protection Committee) 제62차 회의에서 채택된 EEDI (Energy Efficiency Design Index) & SEEMP (Ship Energy Efficiency Management Plan) 관련 MARPOL(International Convention for the Prevention of Pollution From Ships) 부속서 VI의 개정내용으로서, MARPOL 부속서 VI 당사국들에게 구속력있게 적용되고 있음. 2014.10.10. 방문
http://www.imo.org/OurWork/Environment/PollutionPrevention/AirPollution/Pages/Default.aspx 또는
http://www.imo.org/OurWork/Environment/PollutionPrevention/AirPollution/Pages/Technical-and-Operational-Measures.aspx 참조.

67) 동 집행위 법안은 2008.7.8 EU 의회의 제2독회에서 EU 집행위와의 협의안으로서 찬성 640, 반대 30표로 채택되었음. 동 내용은 EU 집행위안 중 EU역내 항공사들에게는 2011.1.1부터 1년 먼저 시행한다는 내용을 삭제한 채 2012.1.1부터 역 내·외 모든 항공사를 대상으로 실시하면서 이미 실시 중에 있는 EU의 배출권거래제도에 항공기 배출부문을 포함시키는 한편, 신규 항공사의 진입을 위해 별도의 배출량을 비축 하는 것도 내용으로 하고 있음. 동 법 시행을 앞두고 국내 항공사 등 유럽에 취항하는 항공사들은 대비 조치를 취하는 가운데 미국의 일부 항공사는 EU의 여사한 조치가 위법이라는 전제하에 영국법원에 소송을 제기하였음. 동 건 상세는 필자의 항공우주법학회지(2010년 6월 제25권 제1호)투고 "구주연합의 항공기 배출 규제 조치의 국제법적 고찰" 참고.

68) 2008/101/EC의 개정 내용을 반영한 내용으로 Consolidated version of the EU ETS Directive 2003/87/EC가 있음.

둘째, 기준연도(reference year)를 2010년으로 정하여 2010년 중 전체 배출량 중 각 항공 운송자별 비중을 결정하여
  2012년 시행 제1차 년도 배분에 반영하고,[70]

셋째, 역사적 배출 연도 중 연 평균 전체 배출량에 2010년 중 전체 배출량 중 항공 운항자별 비중을 곱한 각 운항자
  의 배출량을 100%로 한 후,

넷째, 2012년 제1차 시행 연도에 각 운항자의 허용 배출량을 97%로 하고,[71] 2013년부터 별도 조치가 없는 한 매년
  95%로 한다.[72]

운항실적이 크지 않은 항공 운항자에 대하여서는 적용을 배제하는 EU의 Directive는 다음 항공 활동
중의 이산화탄소 배출을 규제 대상으로 한다고 명시하고 있다.

  항공 활동: [EU]조약이 적용되는 회원국의 영토에 위치한 비행장을 출발하거나 동 비행장에 도착하는 비
  행(Aviation activities: flights which depart from or arrive in an aerodrome situated in the territory of a Member State
  to which the Treaty applies.)[73]

현재 근 4천 개의 운항자가 항공 운항을 하고 있는 EU에서 각 EU 회원국은 자국 등록 항공 운항자는
물론 자국에 가장 많은 운항을 하는 역외 항공 운항자를 감시할 목적으로 관리 회원국(Administering
Member State)의 역할도 하여야 한다.[74] 이에 따라 독일이 대한항공과 아시아나의 관리회원국으로 지정받
았다.[75]

역사적 배출연도의 실적은 유효 톤 킬로미터(Revenue/tonne/km)로 계산하여 승객과 화물의 운송실적을
계산하는데 승객 운송의 하중을 별도로 계산하지 않는 한 승객 당 100kg를 곱하여 계산한다.[76]

EU 배출 감축조치의 가장 큰 파장은 항공운송 실적이 연 약 5% 증가하고 있기 때문에 역사적 배출연
도(편의상 중간 연도인 2005년을 기준으로 할 경우)에서 첫 시행 연도인 2012년까지 7년간 단순 계산으로
만 35% 증가가 있었고, 따라서 이산화탄소 배출도 상당한 증가를 하였을 터이지만 2012년에 역사적 배출
중간 연도인 2005년 대비 3%의 배출 감축을 하여야 하는 것이다.[77] 이는 EU에 운항하는 항공사로서는

---

69) 상동 제3조 (S).

70) 상동 3d3.

71) 상동 3c1.

72) 상동 3c2.

73) 상동 3b와 Annex I.

74) 상동 18a1.

75) 각 항공 운항자별 관리회원국의 명단은 Commission Regulation (EC) No 748/2009 on 22/08/2009 in the Official Journal of the European Union로 발표되었음.

76) 상동 Annex IV.

77) ICAO는 2001~2008년간 정기 민간항공이 매년 평균 4% 증가하였다고 발표(ICAO Doc 9916-Annual Report of the Council 2008)하였고, 유럽의 민간협회는 2000~2007년간 승객증가율이 연 5.3%라고 발표(European Federation for TRANSPORT and ENVIRONMENT, *Climate impact of aviation greater than IPCC report*, News Bulletin, 18 May 2009)하였음. EU의 2005년 자체 보고서(Commission of the European Communities, *Communication from the Commission to the Council, the European Parliament, the European Economic and Social Committee and the Committee of the Regions Reducing the Climate Change Impact of Aviation*, COM(2005)459 Final, Brussels, 27.9.2005)는 EU의 1990년부

큰 부담이 아닐 수 없다. EU Directive는 시장 요소를 반영하여 배출 감축 목표를 달성하지 못한 항공 운항자에 대하여 2012년 첫해에 15%까지는 배출권 시장에서 배출권을 구입하여 충당하도록 하였는데, 이 15%는 배출을 초과 달성하여 초과분을 매도할 수 있는 상한으로도 작용한다.[78] 2013년부터 15%는 증가될 수 있다.[79] 그런데 감축 의무량을 충족하지 못한 운항자는 톤당 100유로의 벌금을 내고 다음 연도에 부족한 만큼을 달성하여야 한다.[80]

교토의정서가 의무 감축을 부여하는 기간은 2008-2012년의 5년간이지만 항공기 배출에 관한 상기 EU Directive는 2012년부터 계속 적용하는 것으로 하되 단, 2014년 12월 1일까지 그 간의 실시 경험과 감시내용 등을 감안하여 EU 집행위가 별도의 제안을 할 수 있게 하였다.[81] 이상과 같은 EU의 항공기 배출규제에 대하여 국제사회는 반발하였다. 먼저 미국은 미국항공운송연합[82]이 미국의 3개 회원사 (American, Continental, United Airlines)와 함께 2009년 12월 영국행정법원에 EU Directive 2008/101의 적법성을 따지는 소송을 제기하였다.[83] 영국법원은 사건을 EU재판소(CJEU)에 이송하는 결정을 하였다.[84] 중국, 인도, 러시아 등 주요 항공국가도 반발하였는바, 중국은 다량의 에어버스 구입을 보류[85]하는 한편 자국 항공사들에게 EU조치를 이행하지 말도록 지시하였고 러시아는 자국의 일부 영공 통과를 거부할 것이라 하였으며 미국 국회는 자국 항공사로 하여금 EU Directive 이행을 거부토록 하는 법안을 상정하였다.

이러한 가운데 CJEU가 2011.12.21. 내어 놓은 EU Directive 2008/101의 적법성에 관한 판결 내용은 EU가 시카고 협약의 당사국이 아니기 때문에 시카고 협약의 적용을 받을 필요가 없다면서 2008/101이 적법하다는 매우 설득력이 떨어지는 것으로서 정치적 선언에 가까운 내용이었다.[86]

상기 EU의 규제조치에 미국, 중국, 러시아, 인도 등 26개국이 반대하면서 동 조치가 강행될 경우 EU와의 항공협정 재고, EU 항공사들에 대한 세금 부과 등으로도 보복조치를 취할 태세였다. 한편 2012.11.9 개최 ICAO이사회는 2010년 제37차 ICAO 총회에서 항공기 배출과 기후변화에 관한 문제를 차기 2013년

터 2003년간 항공기 배출 증가율을 4.3%로 계산하였음.

78) 전게 주 68), 3d1.

79) 상동 3d2.

80) 상동 16.3.

81) 상동 25a20.

82) US Air Transport Association인 ATA에서 얼마 전 Airlines for America인 A4A로 명칭을 변경한 영향력 있는 미국 내 항공사 동업자 모임임.

83) EU의 법령에 대한 이의 제기는 먼저 EU 회원국에서 소송을 제기한 후 유럽재판소(European Court of Justice라는 명칭이 2009.12.1.부터 Court of Justice of the European Union: CJEU로 변경)에 송부되어 올 경우 동 재판소가 처리하게 되어있음. 영국법원에 제소한 것은 2008/101의 법률이 여러 외국항공사들의 관리국으로 EU의 회원국을 지정하였는데 미국 항공사들의 관리국으로는 영국을 지정하였기 때문임.

84) 영국법원은 2010.7.22. 동 사건 Case C-366/10, The Air Transport Association of America, American Airlines, Inc., Continental Airlines Inc., United Airlines Inc. v. The Secretary of State for Energy and Climate Change, 2010 O.J. C-260/12를 CJEU에 이송하였음.

85) 중국이 140억불 상당의 55대 에어버스 구매를 하지 않겠다고 위협한 것이 EU의 배출규제 조치 보류에 효과가 있었을 것이라는 관측도 있음. B Havel & G Sanchez, The Principles and Practice of International Air Law, Cambridge, 2014, p. 220.

86) EU의 항공기 배출규제에 관련한 CJEU의 판결 내용 분석은 B Havel & J Mulligan, "The Triumph of Politics: Reflections on the Judgment of the Court of Justice of the European Union Validating the Inclusion of Non-EU Airlines in the Emission Trading Scheme", Air and Space Law, Vol. 37(2012), Issue 1, pp.3-33 참조.

ICAO 총회에서 논의하기로 한 결정과 관련하여 구체적 안을 작성하기 위하여 정책적 이슈들을 다룰 고위급 그룹의 설치에 합의하였다.

항공기 배출규제를 2012년부터 시행한다는 무리수를 둔 EU는 양보할 명분을 찾고 있던 중 ICAO이사회의 상기 결정을 계기로 2012.11.12. EU의 기후 담당 집행위원 (Commissioner for Climate Action)인 Connie Hedegaard가 EU 역외로 운항하는 항공사들에 대한 항공기 배출 규제 조치를 1년 보류한다고 공식 발표하였다. 그 이유는 2012.11.9. 개최 ICAO 이사회에서 항공기 배출규제 문제 해결을 위한 고위급정책그룹 (high level policy group)을 설치하고 시장 메카니즘(market based mechanism: MBM)을 강구하기로 한 결정을 감안하면서 2013년 가을 ICAO 총회시 세계적으로 적용 가능한 배출 규제 방안이 채택될 것을 염두에 두기 때문이라고 설명하였다.[87] 그러면서 만약 2013년 ICAO 총회가 소기의 결과를 가져오지 못할 경우 1년의 유예 기간은 없이 원래의 계획대로 2008/101 법이 시행된다는 것이다.[88] 이와 같은 EU의 조치를 국제 항공 사회는 환영하였으나 EU 역내 항공사들은 역내의 배출에 대하여서는 배출 규제가 계속된다는 데에 변경이 없는 관계로 역외 항공사에 비하여 불리한 상황에서 경쟁을 하게 되어 불만이었다.

상기 EU의 입장 완화에도 불구하고 미국 오바마 대통령은 2012.11.27. EU를 운행하는 미국 항공기에게 탄소세를 부과할 수 없다는 법령[89]에 정식 서명하였다. 이는 EU의 완화조치가 2013년 ICAO 총회의 결과를 전제로 한 임시적인 것이기 때문에 그 효용성이 있다.

한편 ICAO 이사회는 지역배분도 감안하여 17개 회원국의 고위급 공무원으로 구성된 고위급그룹 (High-Level Group on International Aviation and Climate Change: HGCC)을 설치[90]한 후 환경세(eco-tax)와 배출 상한을 통한 거래(cap-and-trade)를 포함하는 시장기반조치(Market-based Measures: MBM) 등 기후변화에 관한 사안을 협의한 후 그 내용을 정리하여 2013년 3월 이사회에 건의토록하고, 이를 토대로 한 논의를 진전시킨다는 것이었다. 항공기 배출 문제가 2013.9.24-10.4 개최 제38차 ICAO 총회에 제출되어 초미의 관심사로 논의된 결과 MBM에 관련하여 국제항공사회가 전 지구적 대처를 하는 것으로 합의하였다. 동 합의 내용은 전 세계에 적용할 MBM 체제(scheme)를 수립하여 2016년 제39차 ICAO 총회에서 승인받아 2020년부터 실천한다는 것이다. EU는 제38차 ICAO 총회 결정을 수용하여 2014.1.1.부터 2016.12.31.까지 3년간 EEA(European Economic Area)[91] 역외 국가에서 출발하거나 도착하는 모든 항공기가 EEA 영공을 비행하면서 배출하는 것만을 규제하는 법 Regulation 421/2014(2014.4.16. 채택)을 제정하였다. 그러면서 2016년 제

---

87) EU의 2012.11.12.자 Europa Press Release, Memo/12/854.

88) 상동.

89) 동 법률은 2012년 9월 미국 상원에서 채택된 후 2012.11.13. 미국 하원이 채택한 것으로서 EU의 미국 항공기에 대한 배출규제조치에 미국항공기가 따르지 못하게 하는 내용임.

90) 관련 ICAO PRESS RELEASE는
http://www.icao.int/Newsroom/Pages/new-ICAO-council-high-level-group-to-focus-on-environmental-policy-challenges.aspx 참조.

91) 유럽경제구역으로서 28개 EU회원국과 노르웨이, 아이슬란드, 리히텐슈타인으로 구성.

39차 ICAO 총회의 조치 내용을 지켜본다는 입장이다.

한편 미국이 처음부터 이탈한데 이어 일본, 러시아, 캐나다, 뉴질랜드가 2008-2012년간 이행되었던 교토의정서의 연장에 반대하는 바람에 유럽연합(EU) 회원국만이 실천하고 있는 지구온난화가스 규제가 향후 탄력을 받게 되었다. 이는 2015년 말 프랑스 파리에서 개최된 제21차 기후변화협약(UNFCCO)당사국 총회에서 선진국과 개도국 모두가 참여하는 온실가스 감축에 합의하는 파리 협정(Paris Agreement)이 채택되었기 때문이다. 195개 당사국이 2주간의 회의 결과 모든 나라가 참여하는 신기후체제를 수립하여 2021년부터 실행한다는데 합의하였는바 동 내용은 지구평균기온 상승을 1880년대 산업화 이전과 비교해 1.5도 이내가 되도록 자발적 감축(intended nationally determined contributions: INDCs)을 한다는 것이다.[92] 각 국은 자발적 감축목표를 5년마다 유엔에 제출하고 세계적인 감축상황은 2023년에 처음 평가한 후 이후 5년마다 재평가해 각국의 감축목표에 반영하기로 하였다. 개도국의 감축을 위하여 2020년 까지 지원할 1,000억 달러의 기금도 조성한다는 동 합의는 자발적 감축이라는 점에서 그 효과가 미흡[93]하겠지만 세계 1,2위 배출국인 중국과 미국 등 주요 배출국들이 선·후진국이라는 그간의 대립적 입장을 탈피하여 지구환경 보호라는 대명제에 합의한 결과이기 때문에 그 의미가 크다고 하겠다.

---

92) 중앙일보 2015.12.14자 6쪽 기사.

93) 동 자발적 감축 목표로는 2030년에 지구 온도가 1.5도 상승에 그치는 것이 아니고 3도 상승이 되어 해수면이 장래 6미터나 상승될 수 있는 위험을 가져오는 것임. The Economist 2015.12.19.자 pp.15-16, 89.

제11장

항공종사자 자격과 항공운송사업

1. 항공종사자 자격

1.1 ICAO의 항공종사자 자격증명제도

1.1.1 일반사항

1944년 시카고 협약은 체약국의 의무사항으로 항공종사자에게 자격증명 발급(제32조) 및 타 체약국에서 발급한 자격증명의 인정(제33조)에 관하여 규정하고 있으며 세부적인 기준은 시카고 협약 부속서 1 항공종사자 자격증명(Personal Licensing)에 규정하고 있다. 항공종사자 자격증명은 1948년 4월 14일에 시카고 협약 부속서 중 제1부속서로 채택된 후 현재 제170차 개정판(2011.11.17.적용)이 적용되고 있다. 이는 항공 산업에 있어서 여타의 분야보다 항공종사자의 중요성을 강조하기 때문으로 보아야 한다.

종사자 자격증명과 관련한 큰 변화로는 1980년대 항공기 항법장비의 발전으로 조종실에 항공기관사가 필요 없는 항공기의 출현, 2000년대 영어구술능력자격의 신설 및 조종사 나이제한 연장 등을 들 수 있다. 최근에는 항공기 사고원인 중의 하나로 인적요인이 크게 부각되고 있어 항공종사자에 대한 인성검사의 강화 필요성이 제기되고 있다. 각 체약국은 시카고 협약 및 부속서를 근거로 자격증명 발급 및 국제적 상호인정을 원칙으로 하는 바, 각 체약국이 국제표준을 준수하여 자격제도를 운영하는 것은 필수적이다.

먼저 시카고 협약의 관련 규정을 대략 기술하면

제29조: 국제항공에 종사하는 체약국의 항공기는 본 협약에서 정한 조건에 따라 다음의 서류(승무원의 적당한 면허증 포함)를 휴대해야 한다.

제32조 (a): 국제항공에 종사하는 모든 항공기의 조종사는 항공기의 등록국이 발급하거나 유효하다고 인정한 면허증(자격증명)을 소지한다.

제32조 (b): 각 체약국은 자국민에 대하여 타 체약국이 발급한 자격증명을 자국 영역의 상공 비행에 있어 인정하지 아니할 수 있는 권리를 갖는다.

제33조: 각 체약국은 항공기의 등록국이 발급하거나 유효하다고 인정한 자격증명이 협약에 따라 정한 최저 표준을 준수한 경우 유효한 것으로 인정해야 한다.

시카고 협약 부속서 1은 총6장(제1장 정의, 제2장 조종사 자격증명, 제3장 조종사 이외의 운항승무원에 대한 자격증명, 제4장 운항승무원 이외의 종사자에 대한 자격증명, 제5장 항공종사자 자격증명 세부기준(Specifications for Personnel Licences), 제6장 신체검사증명)으로 구성되어 다음과 같이 규정하고 있다.

1.2항: 운항승무원 및 운항승무원 이외의 종사자에 대한 자격증명의 종류, 제한 권한 등에 관하여 전반적으로 기술

Appendix 2, 10항: 조종사 자격증명은 항공당국이 발급 및 인정할 권리를 가지며 운송용조종사 자격증명과 같이 항공당국이 부여하는 기본 면장을 취득함으로서 자격이 부여된다. 자격증명에 대한 심사는 항공당국 또는 승인된 훈련기관으로서 위촉된 자에 의해 수행된다.

1.2.8항: 항공종사자에 대한 인가된 훈련은 인가된 훈련기관에서 수행되어야 한다.

5.1.1.1항: 항공당국은 자격증명을 발행할 때 시카고 협약 체약국이 rating의 유효성을 쉽게 판단할 수 있도록 자격증명을 발행해야 한다.

1.1.2 항공종사자 자격증명 및 한정자격 종류

시카고 협약 부속서 1 항공종사자 자격증명(Personal Licensing)에서는 항공종사자의 자격증명을 크게 3종류, 즉 ① 조종사, ② 조종사 이외의 운항승무원, ③ 운항승무원 이외의 항공종사자로 구분하고, 각각의 자격증명에 필요한 평가사항, 신체검사 등급 등에 대해 규정하고 있다.

ICAO에서 권고하고 있는 항공종사자 자격증명의 종류는 총 12가지, 즉 운송용조종사(airline transport pilot), 사업용조종사(commercial pilot), 부조종사(multi-crew pilot), 자가용조종사(private pilot), 활공기 조종사(glider pilot), 자유기구조종사(free balloon pilot), 항공사(flight navigator), 항공기관사(flight engineer), 항공정비사(aircraft maintenance), 항공교통관제사(air traffic controller), 운항관리사(flight operations officer/flight dispatcher), 항공국(局) 운용자 (aeronautical station operator)로 규정하고 있다.[1] 한편 이런 자격증명 종류 이외에 학생조종사(Student pilot), 계기비행증명(instrumenting rating), 비행교관증명(Flight instructor rating) 등에 대한 기준도 함께 규정하고 있다.

자격증명에 대한 한정자격이란 항공기의 종류, 등급, 형식 및 업무의 종류를 구분하여 업무범위를 한정하는 것을 말하며, 시카고 협약 부속서 1에서는 조종사, 항공정비사, 항공교통관제사에 대하여 한정자

---

1) 시카고 협약 부속서 1, 1.2.

격제도를 규정하고 있다.

1.1.3 항공종사자 자격증명 유효성 및 유효기간 등

시카고 협약 부속서 1 항공종사자 자격증명(Personal Licensing)에서는 자격증명의 유효성 및 유효기간과 관련하여 규정하고 있는 바, 동 내용을 보면

> 1.2.5.1.2항: '각 체약국은 타 체약국이 자격증명의 유효성을 인정할 수 있는 수준으로 자격증명을 발급 유지해야 한다' 라고 규정하면서 자격증명의 유효성과 관련하여 유효기간을 표기해야 한다는 명시적인 규정은 없으나 자격증명의 유효성을 인정할 수 있는 수준의 자격증명이 발급되어야 한다고 기술하였다.

> 1.2.5.1.2항: 체약국은 사고방지를 위한 체계적 접근과 관련하여 수행능력 및 최근 경험 유지 요건 (maintenance of competency and recent experience requirements)을 설정할 것을 권고한다.

한편 항공운송사업에 종사하는 운항승무원의 능력(competency) 유지는 부속서 6에서 규정한 Proficiency check[2]가 수행되면 만족스런 수준으로 간주된다.[3]

부속서 1의 1.2.5.1.2항에 따라 Competency 유지는 회사의 기록부, 또는 운항승무원의 개인 비행기록부나 자격증명서에 만족스럽게 기록될 수 있으며, 운항승무원의 지속적인 competency 유지여부는 국가가 승인한 모의비행 훈련 장치를 이용하여 보여줄 수 있다. 자격증명을 발급하는 체약국은 타 체약국이 자격증명 특별 권한 및 형식증명의 유효성을 쉽게 판단할 수 있도록 하여야 한다. Competency 유지에 대해서는 회사가 기록을 유지하거나 개인의 비행기록부나 자격증명서에 기록을 유지할 수 있다. 그러나 국제선 운항 시 운항승무원 개인 비행기록부(personal log book)는 일반적으로 휴대하지 않는다.[4]

참고로 미국 및 유럽에서 규정하고 있는 항공종사자 자격증명의 유효성 및 유효기간과 관련된 규정은 다음과 같다.

미국은 FAR Part 61[5]에 항공종사자 자격증명에 대하여 규정하고 있으며, 조종사 및 교관의 자격증명의 유효기간과 관련해서는 다음과 같이 규정하고 있다.[6]

- 유효기간이 있는 자격증명 소지자는 유효기간 이후에는 그 자격증명의 특전을 행사할 수 없다.

---

2) 시카고 협약 부속서 6에서 규정하고 있는 정상 및 비정상 상황에 대한 조치 능력 등을 심사하는 기량심사를 말하며 Proficiency Check로 통용됨.

3) 시카고 협약 부속서 1, 1.2.5.1.2. Note) The maintenance of competency of flight crew members, engaged in commercial air transport operations, may be satisfactorily established by demonstration of skill during proficiency flight checks completed in accordance with Annex 6.

4) 시카고 협약 부속서 1, 5.1.1.1. Note) Operator records or a flight crew member's personal log book, in which maintenance of competency and recent experience may be satisfactorily recorded, are not normally carried on international flights.

5) FAR Part 61—Certification: Pilots, Flight Instructors, and Ground Instructors.

6) FAR Part 61.19. Duration of pilot and instructor certificates.

- 학생 조종사 자격증명은 발급된 달로부터 24개월이 된 달에 만료한다.

- FAR Part 61에 의거 발급된 조종사 자격증명(학생 조종사 자격증명 제외)은 특정한 유효기간 없이 발급된다. 유효기간을 명시한 외국 조종사 자격증명에 따라 행한 경우에는 유효기간 내에서만 유효하다.

- 비행교관 자격증명은 조종사 자격증명을 소지하고 있는 동안에만 유효하며 특별히 명시하지 않은 한 발급된 달로부터 또는 갱신된 달로부터 24개월이 된 달에 만료한다.

EU는 Commission Regulation (EU) No 290/2012에 운항승무원의 자격증명(flight crew licence: FCL)에 관하여 규정하고 있으며, 다음과 같이 FCL의 양식 및 FCL에 포함되어야 할 항목 등을 규정하고 있다.[7]

FCL자격증명은 총 8 page로 구성되며 총 14개 항목을 포함하고 있다. 그 중 11개 항목은 영구항목(permanent items)이며 3개 항목은 가변항목(variable items)이다. 영구항목으로는 발급국가, 자격증명 제목, 자격증명 번호, 이름, 주소, 국적, 서명, 항공당국기관 등이 포함되고, 가변항목으로는 Rating에 대한 유효기간 등을 포함하도록 하며, 영어능력자격의 경우에도 유효기간을 명시한다.

자격증명 표기 언어는 국가별 언어 및 영어를 포함하여 작성한다. 유효하지 않은 한정자격(Ratings)은 관계기관에 의해 자격증명에서 제거되어야 하며, 가장 마지막에 갱신한 날로부터 5년을 초과할 수 없다.

1.2 한국의 항공종사자 자격증명제도

「항공법」 제3장의 항공종사자에서는 항공기의 안전운항을 확보하기 위해 항공 업무에 종사하는 자에 대한 항공종사자의 자격증명 종류 및 업무 범위, 자격증명의 한정, 전문교육기관, 항공신체검사증명, 계기비행증명, 항공영어구술능력증명 등에 대하여 규정하고 있으며. 시카고 협약 및 동 협약 부속서 1 항공종사자 자격증명(Personal Licensing)에서 정한 기준을 준거하여 규정하고 있다.

1.2.1 항공종사자 자격증명 종류 및 업무 범위

「항공법」에서 규정하고 있는 바에 따라 항공 업무에 종사하려는 사람 또는 경량항공기를 사용하여 비행하려는 사람은 국토교통부령으로 정하는 바에 따라 국토교통부장관으로부터 항공종사자 자격증명을 받아야 한다. 다만, 항공업무 중 무인항공기의 운항의 경우에는 그러하지 아니하다. (제25조)

항공법에서 규정하고 있는 항공종사자 자격증명의 종류는 총 10가지, 즉 운송용조종사, 사업용조종사,

---

7) Commission Regulation (EU) No 290/2012, Appendix I to ANNEX VI PART-ARA Flight crew licence (EASA Form 141)
   (1) Permanent items:
      (I) State of licence issue (중간 생략) (XI) seal or stamp of the competent authority.
   (2) Variable items
      (XII) ratings and certificates: class, type, instructor certificates, etc., with dates of expiry. Radio telephony (R/T) privileges may appear on the licence form or on a separate certificate; (중간 생략) (XIV) any other details required by the competent authority (e.g. place of birth/place of origin).

부조종사, 자가용조종사, 항공사, 항공기관사, 항공교통관제사, 경량항공기 조종사, 항공정비사 및 운항관리사로 구분하고 있다. 한국의 항공종사자 자격증명은 ICAO 기준과 비교할 때, 활공기 조종사(glider pilot)를 별도의 자격종류로 구분하지 않고 있으며, 자유기구 조종사(free balloon pilot)는 초경량비행장치에 포함될 경우 초경량비행장치 조종자 자격증명을 취득해야 한다.

　　ICAO에서 권고하고 있는 항공종사자 자격증명의 종류와 한국에서 규정하고 있는 항공종사자 자격증명 종류를 비교하면 다음과 같다.

〈표 8〉 항공종사자 자격증명 종류 비교

시카고 협약 부속서 1				항공법
flight crew	pilot	private pilot	aeroplane	자가용조종사(고정익)
			airship	-
			helicopter	자가용조종사(회전익)
			powered-lift	-
		commercial pilot	aeroplane	사업용조종사(고정익)
			airship	-
			helicopter	사업용조종사(회전익)
			powered-lift	-
		multi-crew pilot	aeroplane	사업용조종사(고정익)
		airline transport pilot	aeroplane	운송용조종사(고정익)
			helicopter	운송용조종사(회전익)
			powered-lift	-
		glider pilot		자가용사업용조종사 (활공기조종사)
		free balloon pilot		초경량비행장치 조종자
	flight crew other than pilot	flight navigator		항공사
		flight engineer		항공기관사
Other personnel	aircraft maintenance		technician	항공정비사
			engineer	
			mechanic	
	air traffic controller			항공교통관제사
	flight operations officer / flight dispatcher			운항관리사
	aeronautical station operator			-

　　항공종사자 자격증명별 업무범위는 다음 표와 같다.

〈표 9〉 항공종사자 자격증명별 업무 범위

자격	업무 범위
운송용 조종사	항공기에 탑승하여 다음 각 호의 행위를 하는 것 1. 사업용 조종사의 자격을 가진 사람이 할 수 있는 행위 2. 항공운송사업의 목적을 위하여 사용하는 항공기를 조종하는 행위
사업용 조종사	항공기에 탑승하여 다음 각 호의 행위를 하는 것 1. 자가용 조종사의 자격을 가진 사람이 할 수 있는 행위 2. 보수를 받고 무상 운항을 하는 항공기를 조종하는 행위 3. 항공기사용사업에 사용하는 항공기를 조종하는 행위 4. 항공운송사업에 사용하는 항공기(1명의 조종사가 필요한 항공기만 해당한다)를 조종하는 행위 5. 기장 외의 조종사로서 항공운송사업에 사용하는 항공기를 조종하는 행위
자가용 조종사	항공기에 탑승하여 보수를 받지 아니하고 무상운항을 하는 항공기를 조종하는 행위
부조종사	비행기에 탑승하여 다음 각 호의 행위를 하는 것 1. 자가용 조종사의 자격을 가진 자가 할 수 있는 행위 2. 기장 외의 조종사로서 비행기를 조종하는 행위
경량항공기 조종사	경량항공기에 탑승하여 경량항공기를 조종하는 행위
항공사	항공기에 탑승하여 그 위치 및 항로의 측정과 항공상의 자료를 산출하는 행위
항공기관사	항공기에 탑승하여 발동기 및 기체를 취급하는 행위(조종 장치의 조작은 제외한다)
항공교통관제사	항공교통의 안전·신속 및 질서를 유지하기 위하여 항공교통관제기관에서 항공기 운항을 관제하는 행위
항공정비사	정비 또는 개조(국토교통부령으로 정하는 경미한 정비 및 제19조제1항에 따른 수리·개조는 제외한다)한 항공기에 대하여 제22조에 따른 확인을 하는 행위
운항관리사	항공운송사업에 사용되는 항공기의 운항에 필요한 다음 각 호의 사항을 확인하는 행위 1. 비행계획의 작성 및 변경 2. 항공기 연료 소비량의 산출 3. 항공기 운항의 통제 및 감시

출처 : 항공법 별표 (항공법 제27조 제2항 관련)

1.2.2 항공종사자 한정자격제도

한국은 시카고 협약 부속서 1 항공종사자 자격증명(Personal Licensing)에서 정한 기준에 준거하여 항공종사자 자격증명에 대한 한정자격제도를 적용하고 있다. 항공법 제28조에서 규정하고 있는 항공종사자 한정자격은 다음과 같다.

- 운송용 조종사, 사업용 조종사, 자가용 조종사, 부조종사 자격의 경우 항공기의 종류·등급 또는 형식한정
- 경량항공기 조종사의 경우 경량항공기의 종류 한정
- 항공정비사 자격의 경우 항공기 종류 및 정비 업무 범위 한정

　　한편 항공교통관제사의 경우 ICAO에서는 비행장, 접근레이더, 지역레이더 등으로 업무한정을 규정하고 있으나, 한국은 자격증명에 대한 한정시험은 적용하지 않은 채 자체적으로 한정하여 실시하고 있다.

1.2.3 항공종사자 자격증명 유효성 및 유효기간 등

한국은 항공종사자에게 자격증명을 발급할 때 자격증명의 유효기간에 대해서는 구체적으로 명시하지 않으며, 한정자격(rating)의 유효기간에 대해서도 명시하지 않는다. 이와 관련하여 국내 항공법규에서 예외적으로 인정되는 경우를 제외하고 일반적으로 적용되는 주요 내용은 다음과 같다.[8]

- 교통안전공단이사장이 발행한 항공종사자 자격증명에는 특정한 자격 만료 일자를 정하지 않는다.
- 조종사 자격증명이 항공법령에 의하여 발급되지 않았거나 또는 항공기가 등록된 나라에서 발급되지 않았다면, 민간항공기의 조종사로 비행을 하여서는 아니 된다.
- 항공기에 대한 적절한 종류, 등급, 형식 한정자격(등급 및 형식 한정자격이 요구되는 경우)이 없는 자와 경량항공기 자격이 없는 자는 항공기의 조종사로서 임무를 수행하여서는 아니 된다.
- 자격증명을 받은 자는 그가 받은 자격증명의 종류에 따른 항공업무 외의 항공 업무에 종사하여서는 아니 된다.
- 자가용 조종사 자격증명을 소지한 사람이 같은 종류의 항공기에 대하여 사업용 조종사, 부조종사 또는 운송용 조종사 자격증명을 받은 경우에는 종전의 자격증명에 관한 항공기의 등급·형식의 한정 또는 계기비행증명에 관한 한정은 새로 받은 자격증명에 관해서도 유효하다.
- 사업용 조종사 또는 부조종사 자격증명을 소지한 사람이 운송용 조종사 자격증명을 받은 경우에는 종전의 자격증명에 관한 항공기의 등급·형식의 한정 또는 계기비행증명·조종교육증명에 관한 한정은 새로 받은 자격증명에 관해서도 유효하다.
- 체약국에서 적법하게 발급된 항공기 한정자격(aircraft rating) 및 계기비행증명(Instrument rating)은 국내 자격증명 발급 시 소정의 확인절차 후 인정될 수 있다.

1.3 기타 자격증명제도

1.3.1 신체검사증명

운항승무원(운송용 조종사, 사업용 조종사, 부조종사, 자가용 조종사, 항공기관사, 항공사), 경량항공기 조종사 및 항공교통관제사는 항공신체검사증명을 받아야 한다.

운항승무원, 경량항공기 조종사 및 항공교통관제사의 자격증명별 항공신체검사증명의 종류와 정상적인 유효기간은 다음과 같으며, 항공 전문 의사는 정상적인 유효기간의 2분의 1까지 단축하여 항공신체검사증명서를 발급할 수 있다. 한편, 자가용 조종사의 자격증명을 가진 사람이 계기비행증명을 받으려는 경우에는 제1종 신체검사기준을 충족하여야 한다.

---

8) 운항기술기준 2.1.2 자격증명, 한정자격, 허가서(License, Ratings, and Authorizations).

〈표 10〉 항공신체검사증명의 종류와 그 유효기간

자격증명의 종류	항공신체검사증명의 종류	유효기간		
		40세 미만	40세 이상 50세 미만	50세 이상
• 운송용 조종사 • 사업용 조종사 (활공기 조종사는 제외한다) • 부조종사	제1종	12개월. 다만, 항공운송사업에 종사하는 60세 이상인 사람과 1명의 조종사로 승객을 수송하는 항공운송사업에 종사하는 40세 이상인 사람은 6개월		
• 항공기관사 • 항공사	제2종	12개월		
• 자가용 조종사 • 사업용 활공기 조종사 • 조종연습생 • 경량항공기 조종사	제2종(경량항공기조종사의 경우에는 제2종 또는 자동차운전면허증)	60개월	24개월	12개월
항공교통관제사	제3종	48개월	24개월	12개월

비고
1. 위 표에 따른 유효기간의 시작일은 항공신체검사를 받는 날로 하며, 종료일이 매달 말일이 아닌 경우에는 그 종료일이 속하는 달의 말일에 항공신체검사증명의 유효기간이 종료하는 것으로 본다.
2. 경량항공기 조종사의 항공신체검사 유효기간은 제2종 항공신체검사증명을 보유하고 있는 경우에는 그 증명의 연령대별 유효기간으로 하며, 자동차운전면허증을 적용할 경우에는 그 자동차운전면허증의 유효기간으로 한다.

출처 : 항공법시행규칙 별표14.

1.3.2 항공무선통신사자격증

ICAO, 미국 및 유럽에서 규정하고 있는 일반적인 항공무선통신사자격증 기준은 다음과 같다

• 시카고 협약 부속서 6에서는 "운항승무원 중 최소 1명은 국가에서 발행한 유효한 항공무선통신사자격증을 소지하고 있어야 한다."고 규정하고 있다.[9]

• 미국의 경우 조종사는 항공무선통신과 관련한 지식이 있어야 하고, 국제선을 운항하는 조종사는 FCC(Federal Communication Commission)에서 발급한 Restricted Radiotelephone Operator Permit를 소지해야 한다.[10]

• 유럽의 경우 운항승무원 자격증명에 무선 통신 권한을 명시하거나 별도의 자격증을 운영한다.[11]

한국의 경우 항공기 운항과 관련하여 항공기는 '항공기무선국허가증'이 있어야 하며 운항승무원은 '항공무선통신사자격증'이 있어야 한다. 이와 관련한 구체적인 기준은 다음과 같다.

---

9) 시카고 협약 부속서 6 Part 1, 9.1.2. Radio operator. The flight crew shall include at least one member who holds a valid licence, issued or rendered valid by the State of Registry, authorizing operation of the type of radio transmitting equipment to be used.

10) FAA AC 61.23 Chapter 6 Airport Operation. Radio License. There is no license requirement for a pilot operating in the United States; however, a pilot who operates internationally is required to hold a restricted radiotelephone permit issued by the Federal Communications Commission FCC).

11) JAR-FCL 1.075 ; Radio telephony (R/T) privileges may appear on the licence form or on a separate certificate.

- 항공기를 항공에 사용하려는 자 또는 소유자등은 해당 항공기에 비상위치 무선표지설비, 2차 감시레이더용 트랜스폰더 등 무선설비를 설치·운용하여야 하며[12], 항공기에 대한 '항공기무선국허가증(Radio station license)'이 있어야 한다.[13]
- 운항승무원을 포함한 무선 통신 업무를 수행하는 자는 임무 수행 상 무선통신을 할 수 있도록 적합한 지식 및 언어능력이 필요하며 '항공무선통신사자격증'이 있어야 한다.
- 항공무선통신사자격증 소지자가 자격을 유지하기 위해서는 5년 내에 통신보안 교육을 받아야 하며, 통신보안 교육을 받지 않는 경우 자격 취소 또는 항공업무 종사 정지를 받을 수 있다.[14] 이에 따라 운항승무원은 매5년마다 한국방송통신전파진흥원을 방문하여 통신보안 교육을 받고 있다.
- 전파법[15] 제70조와 전파법시행령[16] 제116조: 무선국의 무선설비는 유자격 무선종사자가 운영해야 한다. 단, 항공기가 외국에 있거나 국내의 목적지에 도착할 때는 외국정부에서 교부한 증명서도 인정된다.
- 항공법시행규칙[17] 제218조: 무선설비를 갖추고 비행하는 항공기의 경우 전파법에 의한 무선설비를 조작할 수 있는 무선종사자 기술자격증을 가진 조종사 1인이 항공기에 탑승해야 한다.

1.3.3 항공영어구술능력증명

국제항공업무에 있어 영어구술능력은 필수적인 요소이다. ICAO는 조종사와 관제사 간 언어소통능력 부족에 따른 항공사고를 방지하기 위해 항공영어 구술능력 증명 제도를 2003년에 도입하였고, 한국은 2005년에 항공법을 개정하여 2006년부터 항공영어 구술능력 증명시험(English Proficiency Test for Aviation: EPTA)을 실시하고 있다. 이에 따라, 다음 각 호의 어느 하나에 해당하는 업무에 종사하려는 국제항공업무종사자(조종사, 항공교통관제사, 무선통신사)는 국토교통부장관으로부터 항공영어 구술능력 증명을 받아야 한다.

① 두 나라 이상의 영공을 운항하는 항공기의 조종

② 두 나라 이상의 영공을 운항하는 항공기에 대한 관제

③ 항공통신업무 중 두 나라 이상의 영공을 운항하는 항공기에 대한 무선통신

항공영어 구술능력 증명의 등급은 총6등급으로 구분되며, 등급별 유효기간은 4등급은 3년, 5등급은 6년, 6등급은 영구로 한다.[18] 한국은 2008년 3월부터 4등급 이상 자격 소지자만 국제항공 업무에 종사할

---

12) 항공법 제40조 (무선설비의 설치·운용 의무).
13) 전파법 제21조 (무선국 개설허가 등의 절차).
14) 전파법 제76조.
15) 법률 제13012호, 2015.4.21. 시행.
16) 대통령령 제26533호, 2015.9.22. 시행.
17) 국토교통부령 제244호, 2015.11.3. 시행.

수 있도록 하였다.

1.3.4 조종사 나이 제한

조종사의 나이 제한은 시카고 협약 부속서 1 및 국토교통부 고시인 운항기술기준에 규정하고 있다. 인간의 평균적인 수명 연장 및 세계적인 조종사 부족현상으로 오랜 논쟁을 거치면서 조종사 나이 제한 연장을 가져왔다. ICAO의 경우 국제선 항공운송사업에 종사하는 조종사에 대한 나이 제한을 규정하고 있으며 이에 대한 변천사는 다음과 같다.

- 2006년 11월 23일 이전 : 60번째 생일이 도래한 자는 항공운송사업용에 사용되는 국제선 항공기의 기장으로서 비행임무를 수행해서는 아니 되며, 부기장으로의 비행임무는 수행하지 않을 것이 권고된다.

- 2014년 11월 13일 이전 : 60번째 생일이 도래한 자는 항공운송사업에 사용되는 국제선 항공기의 기장으로서 비행임무를 수행하여서는 아니 된다. 단 2인 이상의 조종사를 필요로 하는 항공기로 비행하는 경우 다른 조종사가 60세 미만이면, 65번째 생일이 도래할 때까지 기장 임무를 수행할 수 있다. 또한 65번째 생일이 도래한 자는 항공운송사업용에 사용되는 국제선 항공기의 부기장으로서 비행임무를 수행하지 않을 것이 권고된다.

- 2014년 11월 13일 이후 (현재) : 조종사 자격증명을 발급하는 체약국은 자격증명 소지자가 60세에 도래하거나 또는 2명 이상의 조종사가 운항하는 항공기의 경우 65세에 도래한 조종사는 국제 항공운송사업의 비행임무를 수행하기 위한 조종사로 허가하여서는 아니 된다.[19] 즉, 항공사가 2명의 조종사가 필요한 항공기를 이용하여 국제선을 운항하는 경우 기장 부기장 둘 다 60세를 넘더라도 65세에 이르지 않으면 비행 임무를 하도록 조종사 편성을 하더라도 문제가 없다는 것이다.

2. 항공운송사업 등

시카고 협약은 국제선을 운항하는 민간 항공의 안전을 위한 제반 기술적 기준을 19개의 부속서를 통해 규정하고 있다. 따라서 국제선을 운항하는 시카고 협약 체약국의 국제항공운송사업자 및 일반항공 운영자는 시카고 협약 및 동 협약 부속서에서 정한 SARPs에 해당하는 내용을 따라야 한다. 예를 들자면 항공운송사업자 및 항공종사자는 부속서 1 항공종사자 자격증명, 부속서 2 항공규칙, 부속서 6 항공기 운항, 부속서 7 항공기 국적 및 등록기호, 부속서 8 항공기 감항성, 부속서 19 안전관리 등에서 정한 국

---

18) 항공법시행규칙 제102조의2(항공영어구술능력증명시험의 실시 등) 및 별표 19 항공영어구술능력등급기준.

19) 시카고 협약 부속서 1. 2.1.10. Limitation of privileges of pilots who have attained their 60th birthday and curtailment of privileges of pilots who have attained their 65th birthday.

제선 운항 및 항공운송사업에 필요한 제반 요건을 충족해야 한다.

한편 시카고 협약 부속서 6 항공기운항(Operation of aircraft)에서는 국제선을 운항하는 항공운송사업자 및 일반항공 운영자가 준수해야 할 항공기 운항에 필요한 제반 요건을 규정하고 있으며, 항공운송사업자는 제반 안전운항체계를 담보할 수 있도록 항공당국으로부터 운항증명(AOC: Air Operator Certificate)을 취득·유지해야한다고 규정하고 있다. 이에 따라 한국은 시카고 협약 및 동 협약 부속서 6에서 정한 기준을 준거하여 「항공법」에 항공운송사업자 등에 대한 요건을 규정하고 있다.

"항공운송사업"이란 타인의 수요에 맞추어 항공기를 사용하여 유상으로 여객이나 화물을 운송하는 사업을 말하며, "항공기사용사업"이란 항공운송사업 외의 사업으로서 타인의 수요에 맞추어 항공기를 사용하여 유상으로 농약 살포, 건설 또는 사진촬영 등 국토교통부령으로 정하는 업무를 하는 사업을 말한다.[20]

「항공법」제6장(항공운송사업 등)에서는 항공운송사업(국제, 국내, 소형) 및 항공기사용사업에 대하여 규정하고 있다. 세부적으로는 항공운송사업자에 관한 안전도 정보 공개, 면허기준, 항공운송사업의 운항증명, 운항규정 및 정비규정, 운수권 배분, 운송약관, 항공교통이용자 보호, 사업의 합병, 면허의 취소, 항공기사용사업 등에 대하여 규정하고 있다. 한편 「항공법」제7장(항공기취급업 등)에서는 항공기취급업[21], 항공기정비업[22], 정비조직인증, 상업서류송달업, 항공기대여업, 항공레저스포츠사업[23], 초경량비행장치사용사업[24] 및 한국항공진흥협회에 대하여 규정하고 있다.

---

20) 항공법시행규칙 제15조의2(항공기사용사업의 사업범위) 12가지:
  1. 비료 또는 농약 살포, 씨앗 뿌리기 등 농업 지원
  2. 해양오염 방지약제 살포
  3. 광고용 현수막 견인 등 공중광고
  4. 사진촬영, 육상 및 해상 측량 또는 탐사
  5. 산불 등 화재 진압
  6. 수색 및 구조(응급구호 및 환자 이송을 포함한다)
  7. 회전익항공기를 이용한 건설자재 등의 운반(회전익항공기 외부에 건설자재 등을 매달고 운반하는 경우만 해당한다)
  8. 산림, 관로(管路), 전선(電線) 등의 순찰 및 관측
  9. 항공기를 이용한 비행훈련(법 제29조의3에 따른 전문교육기관 및 「고등교육법」 제2조에 따른 학교법인이 실시하는 비행훈련은 제외한다)
  10. 항공기를 이용한 고공낙하
  11. 글라이더 견인
  12. 그 밖에 특정목적을 위하여 하는 것으로서 국토교통부장관이 인정하는 업무.
21) 항공기취급업"이란 항공기에 대한 급유, 항공 화물 또는 수하물의 하역, 그 밖에 정비등을 제외한 지상조업을 하는 사업을 말한다.
22) "항공기정비업"이란 다른 사람의 수요에 맞추어 다음 각 목의 어느 하나에 해당하는 업무를 하는 사업을 말한다.
  가. 항공기등, 장비품 또는 부품의 정비등을 하는 업무
  나. 항공기등, 장비품 또는 부품의 정비등에 대한 기술관리 및 품질관리 등을 지원하는 업무
23) "항공레저스포츠사업"이란 타인의 수요에 맞추어 유상으로 다음 각 목의 어느 하나에 해당하는 서비스를 제공하는 사업을 말한다.
  가. 항공기(비행선과 활공기에 한한다), 경량항공기 또는 국토교통부령으로 정하는 초경량비행장치를 사용하여 조종교육, 체험 및 경관조망을 목적으로 사람을 태워 비행하는 서비스
  나. 다음 중 어느 하나를 항공레저스포츠를 위하여 대여(貸與)해주는 서비스
    1) 활공기 등 국토교통부령으로 정하는 항공기
    2) 경량항공기
    3) 초경량비행장치
  다. 경량항공기 또는 초경량비행장치에 대한 정비, 수리 또는 개조 서비스
24) "초경량비행장치사용사업"이란 다른 사람의 수요에 맞추어 국토교통부령으로 정하는 초경량비행장치를 사용하여 유상으로 농약살포, 사진촬영

2.1 사업별 면허, 등록, 신고요건

항공운송사업 등을 경영하기 위해서는 국토교통부장관에게 면허 취득, 등록 또는 신고가 필요하다. 즉, 국내항공운송사업 또는 국제항공 운송사업을 경영하려는 자는 국토교통부장관의 면허를 받아야 한다. 반면에 소형항공운송사업 및 항공기사용사업을 경영하려는 자는 국토교통부령으로 정하는 바에 따라 등록을 하여야 한다. 다만, 국제항공 운송사업의 면허를 받은 경우에는 국내항공 운송사업의 면허를 받은 것으로 본다.

각 사업에 필요한 면허, 등록, 신고 형태에 대한 구분 및 항공운송사업의 종류는 다음과 같다.

〈표 11〉 사업에 대한 면허, 등록, 신고

사업 허가 요건 구분	사업 종류
면허	국제항공운송사업, 국내항공운송사업
등록	소형항공운송사업, 항공기사용사업, 항공기취급업, 항공기정비업, 항공기 대여업, 초경량비행장치사용사업
신고	상업서류송달업, 항공운송 총대리점업, 도심공항터미널업

〈표 12〉 항공운송사업 종류

구분		내용
국내항공운송사업	국내 정기편 운항	• 국내공항과 국내공항 사이 정기적인 운항
	국내 부정기편25) 운항	• 국내 정기편 운항 외의 운항
국제항공운송사업	국제 정기편 운항	• 국내공항과 외국공항 사이 • 외국공항과 외국공항 사이 정기적인 운항
	국제 부정기편 운항	• 국내공항과 외국공항 사이, 외국공항과 외국공항 사이에 이루어지는 국제 정기편 운항 외의 운항
소형항공운송사업26)		• 국내항공운송사업 및 국제항공운송사업 외의 항공운송사업

2.2 운항증명제도27)

시카고 협약 부속서 6 항공기 운항(Operation of aircraft) 및 항공법에 따라 항공운송사업자 및 항공기사용사업자는 인력, 장비, 시설, 운항관리지원 및 정비관리 지원 등 안전운항체계에 대하여 국토교통부의

등 국토교통부령으로 정하는 업무를 하는 사업을 말한다.
25) 부정기편 : 지점간 운항, 관광비행, 전세운송 등.
26) 승객 좌석 수 50석 이하 항공기(여객기)에 해당.
27) 상세 내용은 이구희, "항공법정책", 한국학술정보(주), pp.128-149 참조.

검사를 받아 운항증명(AOC: Air Operator Certificate)을 받은 후 운항을 시작하여야 한다.[28]

운영증명 신청자는 운항증명(AOC) 및 운영기준(Operations Specifications)을 교부받아야만 항공운송사업을 개시할 수 있으며, 운항증명 신청, 검사 및 발급 절차는 다음과 같다.

• 운항증명 신청 시에는 운항규정, 정비규정 등 항공법 시행규칙에서 정한 서류를 첨부하여 운항 개시 예정일 90일 전까지 국토교통부장관 또는 지방항공청장에게 제출하여야 한다. 국토교통부장관 또는 지방항공청장은 운항증명의 신청을 받으면 10일 이내에 운항증명검사계획을 수립하여 신청인에게 통보하여야 한다.

• 운항증명을 위한 검사는 서류검사와 현장검사로 구분하여 실시한다.

• 국토교통부장관 또는 지방항공청장은 운항증명검사 결과 검사기준에 적합하다고 인정되는 경우에는 운항증명서 및 운영기준을 발급하여야 한다.

운항증명소지자는 운영기준을 준수하여야 하며, 최초로 운항증명을 받았을 때의 안전운항체계를 계속적으로 유지하여야 한다. 아울러, 새로운 노선의 개설 등으로 안전운항체계가 변경된 경우에는 국토교통부장관의 검사를 받아야 한다. 또한 국토교통부장관은 항공기 안전운항을 확보하기 위하여 운항증명을 받은 사업자가 안전운항체계를 계속적으로 유지하고 있는지 여부를 정기 또는 수시로 검사하여야 한다.

2.2.1 운항증명 및 운영기준

운항증명이란 항공당국이 항공운송사업 등을 경영하고자 하는 항공사의 인력, 장비, 시설 및 운항 관리 지원 등 안전 운항 체계를 종합적으로 검사하고, 항공사가 적합한 안전운항 능력을 구비한 경우, 항공사에게 항공운송사업을 개시할 수 있도록 있음을 증명하기 위해 발행하는 증명(서)를 말한다.

운영기준이란 항공당국이 항공사에게 AOC 발급 시 함께 교부하는 것으로 항로 및 공항 등에 대한 운항조건 및 제한사항이 포함되어 있다. 구체적인 운항조건 및 제한사항으로는 위험물 운송, 저시정 운항, 회항시간 연장운항(EDTO), 수직분리축소공역운항(RVSM), 성능기반항행요구공역운항(PBN) 등에 대한 허가 사항 등이 포함되어 있다.

항공당국은 항공사에게 운항증명을 발급하는 경우 항로, 공항 등에 관하여 운항조건과 제한사항이 명시된 운영기준을 함께 발급한다. 시카고 협약 체약국은 영문 외의 언어로 운영기준을 발행할 경우 영문을 포함하여 발행해야 한다. 항공사는 항공당국이 발행한 운영기준을 항공기에 탑재해야 한다.

---

28) 시카고 협약 부속서 6, Part 1, 4.2 Operational certification and supervision.
　　시카고 협약 부속서 6, Part 1, Appendix 6: Air Operator Certificate.
　　ICAO Doc 8335 Manual of Procedures for Operations Inspection, Certification and Continued Surveillance.
　　항공법 제115조의2 (항공운송사업의 운항증명).

2.2.2 시카고 협약체계에서의 항공사 운항증명제도

시카고 협약 체약국은 항공질서 및 통일성 확보에 협력하고 항공안전을 위하여, ICAO에서 정한 SARPs에 대하여 각각의 성격에 합당한 이행을 할 책임이 있다. 이를 위하여 체약국은 SARPs로 정한 기준을 반영한 체약국의 법규를 마련하여 항공안전체계가 유지될 수 있도록 관리·감독하여야 한다.

항공사의 안전운항체계 확보 및 특정 운항 조건 등에 대한 허가와 관련한 국제 표준은 항공당국이 항공사에 대한 전반적인 안전운항체계를 확인한 후 만족스럽다고 판단할 때 항공사에게 운항증명 및 운영기준(AOC & Operations Specifications)을 발행하여 교부하고 지속적으로 관리 감독하는 것이다. 이에 따라 항공당국이 항공운송사업을 행하고자 하는 항공사에게 항공안전 준비 상태를 확인하고 만족스럽다고 판단될 때 AOC를 발급하는데 AOC를 발급한 이후에는 항공사가 항공안전수준을 유지하고 있는지에 대하여 정기점검, 특별점검, 수시점검 등 다양한 점검활동을 통하여 지속적으로 항공사를 관리하고 감독하여야 한다.

시카고 협약 제6조[29]는 정기 국제항공운송사업자가 항공당국의 허가를 받아야 하며, 허가 시 조건을 준수하도록 규정하고 있고 제33조는 각 체약국은 항공기 등록국이 발행한 증명서 및 자격증명서는 ICAO의 최소 기준을 충족하는 한 상호 인정되어야 한다고 규정하고 있다. 또한 동 협약 부속서는 체약국이 자국 내 항공사에 대하여 AOC & Operations Specifications를 승인하여 교부하도록 국제 표준으로 규정하고 있으며 각 체약국은 최소한 ICAO 표준을 충족하여야 하며 타 체약국이 발행한 AOC를 유효한 것으로 인정하도록 규정하고 있다.[30] Operations Specifications는 항공기 형식, 운항형태, 운항지역은 물론 특별 인가사항으로 위험물운송(Dangerous Goods), 저 시정 운항(Low Visibility Operations), 수직분리축소공역운항(RVSM), 회항시간 연장운항(EDTO), 성능기반항행요구공역운항(PBN), 감항성지속유지(Continuing Airworthiness) 등의 인가 여부를 포함하고 있다. AOC & Operations Specifications 발급 및 지속적인 관리 감독에 대한 세부사항은 ICAO Doc 8335[31]에서 규정하고 있다. 이와 같은 AOC & Operations Specifications 운영은 시카고 협약 체약국에게 당해 국가 소속 항공사를 대상으로 승인 및 관리감독을 하도록 책임을 부여한 것이다.

2.2.3 자국 항공사에 대한 운항증명 및 운영기준

AOC & Operations Specifications 승인제도에 관한 국제표준은 시카고 협약 체약국이 국제선을 운항하는 자국 내 국제항공운송사업자에게 AOC & Operations Specifications을 승인하여 교부하는 것으로서 체약국

---

29) 시카고 협약 제6조.
30) 시카고 협약 부속서 6, Part 1, 4.2.2.
31) Manual of Procedures for Operations Inspection, Certification and Continued Surveillance.

을 운항하는 외국의 항공사에게까지 발급하도록 규정하고 있지는 않다. 시카고 협약 부속서는 AOC & Operations Specifications 양식을 국제표준으로 정하여 통일된 양식으로 유지하도록 규정하고 있으며 AOC 발급 이후 항공당국은 항공사의 항공안전체계 유지 여부를 지속적으로 점검 및 관리감독을 하도록 규정하고 있음[32]을 반복 설명한다. 따라서, 항공사가 유효한 AOC를 갖고 있다는 것은 항공운송사업을 수행함에 있어 항공 안전 체계를 갖추고 있다는 것으로 볼 수 있으며, 일반적으로 항공사의 AOC 유지 요건은 다음의 요건들을 충족해야 한다.

- AOC 교부 당시의 안전운항체계 유지 및 Operations Specifications 등 지속 준수
- 안전운항체계에 변경이 있을 경우 안전운항체계변경검사 수검
- 항공당국은 안전운항체계 유지 여부를 정기 또는 수시로 지속적 검사 수행
- 법규 위반, 안전운항체계 미 유지 시 AOC의 효력 등에 대하여 정부의 제재 가능

한국의 경우 「항공법」 제115조의 2 및 제134조에 따라 항공운송사업(국제/국내/소형항공운송사업)이나 국토교통부령으로 정한 항공기사용사업을 하고자 하는 자는 항공사의 인력, 장비, 시설, 운항관리지원 및 정비관리 지원 등 안전운항체계를 종합적으로 검사받고, 안전운항에 적합하다고 판단하는 경우 정부가 사업자에게 AOC를 교부하도록 하고 있으며[33], AOC 인증절차는 다음과 같이 5단계로 이루어진다.

운항증명(AOC) 절차
① 신청단계 (Application Phase) - 운항증명서 신청 시에는 운항규정, 정비규정 등 항공법 시행규칙에서 정한 서류를 첨부하여야 하며 예비신청 단계를 거쳐 정식 신청을 한다.
② 예비심사단계 (Preliminary Assessment Phase) - 서류 수정 및 보완을 하며 서류검사 및 현장검사 일정 등을 수립 한다.
③ 검사단계 (Operational Inspection) - 서류검사단계와 현장검사로 구분한다.
서류검사단계 (Document Evaluation Phase) : 운항규정, 정비규정, 종사자 훈련프로그램 등 AOC 신청 시 제출된 제반 규정을 심사한다.
현장검사단계 (Demonstration and Inspection Phase) : 운항증명서 교부 전에 신청자가 항공법령을 준수하고 안전운항체계를 유지할 수 있는 능력이 있는지를 확인한다.
④ 운항증명서 교부단계 (Certification Phase) - 서류검사단계와 현장검사단계가 만족스럽게 끝나면 항공당국은 운항증명서(AOC)와 운항조건과 제한사항이 명시된 운영기준(Operations Specifications)을 신청자에게 교부한다. 신청자는 운항증명서 및 운영기준을 교부받아야 유상 항공운송사업을 개시할 수 있는 자격이 주어진다. 운영기준은 항공당국에 의해 변경될 수 있으며 운항증명소지자의 신청에 의해서 변경 승인될 수 있다.
⑤ 지속감독단계(Continuing Surveillance and Inspection) - AOC 인가절차가 완료되면, 항공운송사업자는 운항을 개시할 수 있으며, 안전운항체계에 변경이 있을 경우 안전운항체계변경검사를 받아야 한다. 또한 항공당국은 안전운항체계 유지 여부를 확인하기 위하여 정기 또는 수시점검을 실시하며, 법규 위반, 안전운항체계 미 유지 시 AOC 효력 등에 대하여 정부의 제재가 가능하다.

---

32) 시카고 협약 부속서 6, Part 1, 4.2 및 Appendix 6.
33) 「항공법」 제 115조의 2(항공운송사업의 운항증명) 및 동법 시행규칙 제280조 내지 281조 및 항공법 제134(항공기사용사업) 등.

2.2.4 외국 항공사에 대한 운항증명 및 운영기준

시카고 협약 부속서 6에 따르면 외국항공사는 운항하고 있는 국가의 법규 및 절차의 준수의무를 규정하고 있으며,[34] 체약국은 항공기 등록국이 승인한 AOC를 인정하고 외국 항공사에 대하여 감독 업무를 수행하도록 규정하고 있다.[35] AOC 허가에 대한 ICAO 표준은 체약국의 항공당국이 자국 내 항공사를 대상으로 허가서를 발행하는 것으로 체약국을 운항하는 외국의 항공사에게까지 발급하도록 규정하고 있지 않다.[36] 그러나 시카고 협약 일부 체약국은 자국 항공사에게 AOC를 허가하여 발행하는 것 이외에 외국 항공사에게도 FAOC[37]를 발행하고 있다. 미국, 중국, 호주, 뉴질랜드, 몽골 등 일부 체약국 및 EASA의 경우는 자국 또는 회원국 내 항공사 뿐 아니라 외국의 항공사에게도 FAOC를 허가하여 교부하고 있다. 외국 항공사에게 FAOC 승인 및 항공안전평가는 점차 확대되고 있는 추세로 전 세계적으로 항공안전 증진 및 항공기 사고율 감소에 기여한 공로가 크다고 볼 수 있으나, 한편으로는 승인 및 지적사항에 대한 적법성 논란, 행정 편의 및 관리 중심주의를 표방하는 대표적 사례라는 지탄과 함께 감독 당국의 업무수행 능력 차이로 인하여 항공기 운항 상 불편이 초래되고 있다.

체약국이 외국 항공사에게 FAOC 인가 시 주요 점검사항은 항공 안전성 검토로 ICAO Doc 8335에 근거하고 있으며 다음과 같은 특징이 있다.

- 일반적으로 체약국은 FAOC 발행여부와 상관없이 ICAO, IATA 및 EU의 항공안전평가 결과 및 항공기 사고여부 등을 확인한다.

- FAOC는 ICAO에서 규정한 국제 표준이 아니므로 대다수 체약국은 운항 개시 전에 신청자료, 사전질의서 답변자료 및 기타 제출 자료를 확인하되 별도의 FAOC는 발행하지 않는다.

- 외국 항공사가 운항신청을 하는 경우 체약국은 일반적으로 FAOC 인가 제도의 유무와 상관없이 당해 항공사에 대한 항공기 사고 기록 및 ICAO, IATA, EU의 항공안전평가 결과 등을 확인하여 외국 항공사의 안전성 평가 자료로 활용한다.

- 서류검사는 주로 사전질의서 응답 내용과 제출된 서류를 이용하며, 주로 요구되는 내용은 시카고 협약 부속서 1,6,8 등의 국제 표준 준수 여부를 확인하는 내용이다.

- FAOC는 국제 표준으로 규정된 내용이 아니므로 FAOC의 명칭, 양식 및 포함 내용이 다양하며[38] ICAO에서 정한

---

34) 시카고 협약 부속서 6, Part 1, 3.2.1.
35) 시카고 협약 부속서 6, Part 1, 4.2.2.
36) 시카고 협약 부속서 6, Part 1, 4.2.1.1 4.2.1.2.
37) FAOC는 AOC와 구분하여 통칭하는 용어로 외국 항공사에게 발행하는 AOC, 즉 Foreign AOC를 말함. EASA에서는 FAOC 해당하는 용어로 EU Regulation에서 'TCO(Third Country Operator) Authorization'이라는 용어를 사용함.
38) 명칭은 FAOC, FAAOC, AOC 등으로 다양하며 포함내용은 항공기 운항과 관련하여 항공기 형식, 취항 공항, 특수허가내용 등 기본적인 내용을 포함함. 단, 일부 국가는 개별 항공기를 포함하기도 하며, EASA가 추진 중인 TCO Authorization은 시카고 협약 체약국이 소속 항공사에게 허가하여 교부하는 양식과 유사함.

국제표준 준수 조건 하에 인가된다.

- FAOC는 외국 항공사가 당해 항공당국으로부터 인가받은 사항에 한하여 인가된다.
- FAOC 유효기간은 일정기간을 명시하는 경우와 특별히 제한하지 않는 경우가 있으며 항공안전에 위험이 있거나 인가 요건 불이행 시 유효기간에 관계없이 허가를 중지할 수 있음을 규정하고 있다.
- 일반적으로 항공기 운항과 관련하여 항공기 형식, 취항 공항, 특수운항 허가내용 등 기본적인 내용을 인가해주고 있으나 일부 국가의 경우 운항하는 각 개별 항공기를 포함하여 인가해 주고 있어 불편을 초래하고 있다. 이에 반해 EASA는 시카고 협약 체약국이 자국 등록 항공사에게 허가하여 교부하는 AOC 양식과 비슷한 TCO 양식을 활용하고 있다.
- FAOC 발급 후 지속 감독은 FAOC 개정, 유효기간 내 갱신, 램프지역 점검(Ramp Inspection)[39] 등을 통하여 수행된다.
- 대다수 체약국은 FAOC 신청 시 소요 비용이 없으나 호주 등 일부 국가는 FAOC 신청 시 소요 비용을 지불해야 한다.

FAOC를 발행하는 국가 중 일부 체약국은 FAOC에 운항하고자 하는 항공기를 포함하여 인가하고 있어 항공기 허가에 필요한 소요시간 연장 및 허가 중복 등으로 항공기 운영 상 항공사에게 불편을 초래하고 있다. 따라서 FAOC 인가에 필요한 일정기간 동안 불가피하게 특정 국가를 운항하지 못하는 결과를 초래하기도 한다. 현실적으로 더욱 문제가 되는 것은 인가해주고 있는 항공당국의 능력 및 시스템상 처리기간에 차이가 있고 때로는 담당자의 출장 및 휴가로 허가가 지연되어 일정기간 고가의 항공기가 해당 국가를 운항하지 못할 수도 있다는 것이다.

2.2.5 운항규정 및 정비규정

항공운송사업자 등은 항공기의 운항에 관한 운항규정 및 정비에 관한 정비규정을 제정하거나 변경하려는 경우에는 항공당국(국토교통부장관 또는 지방항공청장)에게 신고하여야 한다. 다만, 최소장비 목록, 승무원 훈련프로그램 등에 대하여는 항공당국으로부터 인가를 받아야 한다. 항공당국은 최소장비 목록, 승무원 훈련프로그램 등을 인가하려는 경우에는 운항기술기준에 적합한지를 확인하여야 한다.

항공운송사업자 등은 항공당국의 인가를 받은 운항규정 및 정비규정을 항공기의 운항 및 정비에 관한 업무를 수행하는 종사자에게 배포하여야 하며, 항공운송사업자와 운항 및 정비에 관한 업무를 수행하는 종사자는 운항규정 또는 정비규정을 준수하여야 한다. 한편 시카고 협약 부속서 6에서는 국제선을 운항하는 일반항공 운영자도 종사자 등에게 운항규정(Operations Manual)을 제공하도록 규정하고 있다.[40]

운항규정 등에 포함되어야 할 내용에 대해서는 시카고 협약 부속서 6 및 항공법시행규칙에 규정하고

---

39) 공항 계류장에서의 점검으로 Ramp inspection으로 통용됨.

40) 시카고 협약 부속서 6 Part II에서 Operations Manual을 제공하도록 규정(3.4.2.2)하고 있으며 아울러 항공기운영교범(Aircraft Operating Manual)도 제공하도록 권고함(3.6.1.2).

있으며, 운항규정은 여러 권으로 구성된 단행본 또는 각 교범을 통합한 통합본으로 운영될 수 있다.

항공운송사업자 및 항공기사용사업자는 항공기 운항을 위하여 시카고 협약 부속서 6 및 국내 항공법 규에 따라 일부 운항규정은 항공당국으로부터 인가받아야 하며, 일부 운항규정은 항공당국에 신고한 후 운영하여야 한다. 운항규정의 대부분은 항공당국에 신고하여야 하나 훈련교범 및 최소장비 목록 등은 인가가 필요하다.[41]

ICAO 및 FAA의 운항규정 신고절차는 인가절차 대비 간소한 절차로 규정하고 있으며, 신고의 경우 사안에 따라 감독관에게 신고수리 권한 부여 및 항공당국이 이의를 제기하지 않는 한 신고된 것으로 간주하고 있다. 우리나라 항공법 제116조 및 동법 시행규칙 제282조에서 정한 운항규정 신고절차는 제283조 의2에서 정한 운항규정 인가절차와 처리기간 상의 차이(인가 15일, 신고 10일) 이외에는 동일하게 규정하고 있다.

2.3 응급항공이송

"응급항공이송(EMS: Emergency Medical Services)"이란 응급의료전용회전익항공기[42]에 응급환자를 탑승 시켜, 이송하는 행위를 말하는 것으로, 발생 장소 및 지형지물이 일정하지 않아 정기적으로 행하는 항공 운송사업에 비해 상대적으로 위험에 노출되어 있어 이에 합당한 항공안전 감독기준 적용이 필요하다.

한국은 보건복지부의 국가응급의료체계 선진화사업의 일환으로 대국민 복지실현을 위해 중증외상환자의 골든 시간 내에 전문응급의료진 서비스가 가능하도록 외국 사례를 벤치마킹하여 2011년부터 응급항공이송 서비스를 시작하였다. 보건복지부의 사업정책에 따라 2011년 2곳(인천광역시, 전라남도)에서 지역별 지정병원과 ㈜대한항공이 참여하여 응급항공이송업무가 시작되었으며 지속적으로 확대되고 있다. 그러나 EMS 도입 초기 정부 부처 간 상호 협력이 부족하여 EMS에 대한 항공당국의 항공안전감독기준은 자가용 항공기에 적용하는 수준과 별 차이가 없이 항공사가 자발적으로 항공안전기준을 수립하여 적용하여 왔다. 2013년 발생한 항공기사용사업용 및 자가용 헬기의 연이은 사고를 계기로 정부는 헬기 특별점검을 실시하였으나, EMS 헬기를 점검할 특별한 기준 및 근거가 없는 바, EMS 헬기에 대한 감독기관 차원의 항공안전기준의 강화 필요성이 더욱 제기되었다. 2014년에는 주로 헬기를 사용하는 항공기사용사업의 항공안전기준을 강화하고 EMS 헬기를 항공기사용사업의 범위에 포함시켜 항공기사용사업에 해당하는 관리감독을 받도록 하였다.

---

41) 항공법시행규칙 제283조의2(운항규정과 정비규정의 인가).

42) "응급의료전용회전익항공기(Emergency Medical Service Helicopter(EMS/H))"란 응급항공이송을 전담할 목적으로 응급의료장비 및 부대장비 등을 갖추고 의료요원이 탑승하여 환자에게 응급의료를 실시할 수 있도록 지정된 회전익 항공기를 말하며, '응급의료전용헬기'라고도 함.

2.4 운수권 및 영공통과이용권 배분

운수권과 영공통과 이용권은 항공사에게 매우 중요한 의미를 가진다. 국내 항공사간 불필요한 갈등 요인을 차단하고 지속적인 경쟁력을 도모하기 위하여 운수권 및 영공통과이용권 배분 기준이 신설되었다(2009.6.9. 공포).

국토교통부장관은 외국정부와의 항공회담을 통하여 항공기 운항횟수를 정하고, 그 횟수 내에서 항공기를 운항할 수 있는 운수권을 국제항공운송사업자의 신청을 받아 배분하며, 항공운송사업자가 운수권을 사용하지 아니하는 경우 운수권의 활용도를 높이기 위하여 배분된 운수권의 전부 또는 일부를 회수할 수 있다. 또한 국토교통부장관은 외국정부와의 항공회담을 통하여 외국의 영공통과 이용 횟수를 정하고, 그 횟수 내에서 항공기를 운항할 수 있는 영공통과 이용권을 국제항공운송사업자의 신청을 받아 배분할 수 있으며, 배분된 영공통과 이용권이 사용되지 아니하는 경우에는 배분된 영공통과 이용권의 전부 또는 일부를 회수할 수 있다.

2.5 항공교통이용자 보호

항공교통사업자는 항공교통사업자의 운송 불이행 및 지연 등에 대하여 항공교통이용자를 보호하기 위하여 피해구제계획을 수립하여야 한다. 다만, 기상상태, 항공기 접속관계, 안전운항을 위한 예견하지 못한 정비 또는 공항운영 중 천재지변 등의 불가항력적인 사유를 항공교통사업자가 입증하는 경우에는 그러하지 아니하다.

국토교통부장관은 공공복리의 증진과 항공교통이용자의 권익보호를 위하여 항공교통사업자가 제공하는 항공교통서비스에 대한 평가를 할 수 있으며, 항공교통서비스 평가항목은 항공교통서비스의 정시성 또는 신뢰성, 항공교통서비스 관련 시설의 편의성 등이 포함된다. 국토교통부장관은 항공교통이용자 보호 및 항공교통서비스의 촉진을 위하여 항공교통서비스보고서를 연 단위로 발간하여 항공교통이용자에게 제공하여야 한다.

제12장

분쟁 해결

현재 약 4,000개의 양자 간 항공협정이 유효하게 존재한다. 동 협정에서 운수권, 요율, 용량, 안전 (safety), 보안(security), 환경, 경쟁 등을 규정하는바, 이러한 여러 내용들의 적용과 해석에 있어서 협정 당 사자들 간의 분쟁이 없을 수 없다. 그래서 양자협정은 통상 분쟁 해결에 관한 내용을 하나의 장(Chapter) 이나 조항에 포함시킨다.

초기의 양자항공협정들은 분쟁 발생 시 ICAO의 재정(裁定) 또는 권고적 의견에 의존토록 하였고 시카 고 협약은 분쟁 해결에 관한 규정을 두면서 ICAO 이사회가 결정하도록 하였다. 그러나 최근 양자협정은 분쟁 해결 포럼으로서 ICAO 대신 3인으로 구성되는 중재(仲裁)에 의존하는 내용을 포함시키고 있다.

분쟁 해결에 있어서 중재, ICAO 이사회 결정, 국제사법재판소 판결에 의존한 국제 항공분쟁은 많지 않아 2010년 말 기준 각기 6, 5, 12건에 불과한바, 이를 차례로 살펴보겠다.

1. 국제 항공분쟁의 중재

1.1 양자 간 항공협정

양자협정은 표본적으로 6개 문제를 규정하는바, 이는 ① 진입(항공사 지정과 노선), ② 용량, ③ 요율, ④ 차별과 공개경쟁, ⑤ 안전, ⑥ 분쟁 해결이다. 1978년 항공 자유화가 시작되기 이전까지 성행하였던 Bermuda I Type의 항공협정에서 ICAO를 분쟁 해결 포럼으로 지정하였지만 현재 유효한 오늘날의 항공 협정은 많은 경우 강제적 임시 중재재판을 이용토록 언급하고 있다.

통상 3명의 중재재판관으로 구성되는 임시 중재재판소는 분쟁 당사국이 1명씩 중재재판관을 선정하 고, 이렇게 선정된 2인이 제3국인으로서 제3의 중재재판관을 선정하도록 하고 있는바, 제3 중재재판관 선정이 불가한 경우 ICAO 이사회 의장에게 선정을 의뢰하는 내용의 협정도 있다. 양자항공협정에서 발 생하는 분쟁은 정부 간의 법률적(de jure) 분쟁의 형식을 취하지만 실질적으로는 항공사들 간 또는 하나의 항공사와 외국 공항 또는 외국 정부기관 간의 사실상(*de facto*) 분쟁의 성격을 갖는다.

1.1.1 미국－프랑스(1963)

많은 항공협정이 강제 중재를 언급하고 있었지만 1962년까지 중재에 회부된 적이 없었다. 이는 정부 당국과 항공사 간 협의와 협상을 통하여 해결하였기 때문이며 항공협정은 이러한 해결을 가장 바람직한 방안으로 권장하고 있기도 하다.

따라서 분쟁 해결 역사에 있어서 1963년 미국 국적기의 파리 이원(以遠)으로의 운수권 관련 프랑스와의 분쟁에 관한 중재판정은 주목을 끄는 내용이었다.

문제는 1946년 양국 간 항공운송 협정상 ① 미국 항공사 Pan Am의 미국－파리 경유－터키 이스탄불로의 운수권과 ② 미국－파리경유－이란 테헤란으로의 운수권이 허용되는 것이냐 였다. 3명의 중재관으로 구성된 중재재판은 협정에서 허용하지는 않았지만 프랑스가 묵인하고 이를 미국 정부와 교환각서 (Exchange of Notes)로 동의하여 주었기 때문에 허용되는 것으로 판정하였다.

1.1.2 미국－이태리(1965)

미국과 이태리 로마 사이의 화물전용 항공기 운송 허용 여부에 관한 분쟁이다. 미국 항공사 TWA는 양국 간 임시 항공협정에 따라 1946년 미국에서 이태리로 승객운송을 시작한 후 1년 뒤에는 화물전용 항공기 운항을 시작하였다.

양국은 1948년에야 항공협정을 Bermuda Ⅰ Type으로 체결하였으며 이에 따라 Pan Am도 1950년 양국 간 운항을 시작하였다. 한편 TWA의 화물전용기는 한국전쟁 발발로 중단되다가 1958년에야 재개되었고 Pan Am은 1960년, 이태리의 Alitalia는 1961년에 화물전용기 운항을 시작하였다. 1963년 Pan Am은 화물전용기 운항횟수를 주 4회로, 여객은 주 6회로 증편할 것을 제안하였으나 이태리 정부가 거절하며 1964년 양국 정부 간 협의가 개최되었다. 이태리 정부는 1948년 양국 항공협정에 양국 간 '승객, 화물 그리고 우편'을 운송한다고 적힌 것을 승객과 화물의 복합 운송을 의미하는 것임을 주장하며 협의가 결렬된 후 1964년 미국이 협정상 중재조항을 원용하여 중재재판에 회부되었다.

3명의 중재관으로 구성된 중재법원은 2:1로 미국의 입장에 동조하는 판정을 내렸는바, 이는 양국 간 항공협정이 택한 Bermuda Ⅰ 타입에 동일한 용어가 있다는 것과 양국의 항공사들이 1963년까지 어느 정부의 이의도 없이 화물전용기 운항을 하였다는 것에 근거하였다.

상기 결정 불구 미국은 보다 중요한 승객운송 이익이 걸려 있는 만큼 이태리가 1948년 양국항공협정을 폐기할 것을 우려하여 중재법원의 판정을 시행하지 않고 있었는데 1966년 미국의 항공청(CAB)이 제3

의 미국 항공사인 Seaboard에 화물전용 운송 허가를 부여한 것을 계기로 이태리는 양국 간 항공협정을 폐기하였다. 연후 33회에 걸친 양국 간 협상결과 1970년 새로운 항공협정이 체결되었으나 이태리가 신 협정 체결 당시 존재하지 않았던 대형 화물 운송기 B747F의 운항에 반대하였기 때문에 미국은 동 기종을 투입하지 못하였다.

1.1.3 미국-프랑스(1978)

중재판정 중 가장 흥미로운 내용일 수 있는 동 건은 미국의 Pan Am이 샌프란시스코-런던-파리 행 운항에 있어서 첫 비행구간에는 다수 승객을 수용하는 B-747을 이용하고 런던 경유 시 파리 행 소수의 잔여 승객을 위하여서는 작은 기종인 B-727을 이용하겠다는 제안을 한 데서 발단하였다. 프랑스는 양 국 간 항공협정에 위배된다는 이유로 이를 허용치 않았고 연이어 문제 해결을 위한 양국 간 협의가 있 었으나 성과가 없었다.

Pan Am은 이런 상황에서 1978.5.1. 기종 변경(change of gauge)을 시행하는 운항을 하였는바, 프랑스 정 부는 처음 2회는 경고만 하고 3번째 운항 시 B-727기를 억류한 후, 승객의 하기를 허용치 않은 채 런던 으로의 회항을 강제하였다.

Pan Am은 더 이상의 운행을 중단하고 프랑스 정부의 결정을 번복하기 위해 프랑스 법원에 소송을 제 기하고 미국 정부는 동년 5.4. 양국 간 항공협정 제10조에 따라 분쟁의 신속 중재를 요청하였다. 그러나 프랑스 측으로부터 만족할 만한 조치가 없자 미국 CAB은 경제규제법[1]에 의거 7.12.부터 에어프랑스의 파리 -몬트리올-LA 운항을 중단한다는 결정을 하였다. 양국은 동 중단이 발효되는 7.11. 직전에 신속 한 중재재판과 CAB의 중단 결정을 철회하는 중재합의서(Arbitral Compromis)를 채택하였다.

1978.12.9. 중재법원은 Pan Am의 기종 변경을 거절한 프랑스가 잘못하였고 CAB의 경제규제법에 의한 위협적인 조치는 합법하다고 판결하였다.

혹자는 양국 간의 진정한 알력이 기종 변경 권리 여부에 관한 법적 문제가 아니고 프랑스가 미국으로 하여금 자국항공기 에어프랑스의 미국 서부 운항 시 북극 경유 항해를 허용하여 주도록 유도하기 위하 여 Pan Am의 기종 변경을 문제 삼았다고 한다. 그렇다면 제3자에게 해결을 의뢰하는 중재재판은 당장의 문제 되는 법적 문제만 취급하는 관계상 양국 간 소통을 통한 정치적 합의에 번거로운 절차만 되었을 것이다.

---

1) 미국 Economic Regulation의 213은 미국 국익을 손상하는 외국의 항공사에 대하여 자국에 대한 항공운항을 중지할 수 있음.

1.1.4 벨기에 - 아일랜드(1981)

미국이 개입되지 않은 유일한 중재판정의 건이다.

문제는 양국 간 항공협정상 용량조항(capacity clause)의 해석에 관한 것으로서 Bermuda I 타입의 협정은 용량이 '양국 간 항공 수요'에 따라 정하도록 규정하고 있고 1955년 벨기에 - 아일랜드 간 항공협정 제8조도 다음과 같이 규정하고 있다.

(1) 합의된 노선에서의 체약 당사국의 항공사들이 제공하는 운송 용량은 운송 수요에 부응하여야 한다.

(2) 공동 운항 노선(joint routes)에서 체약 당사국이 지정한 항공사는 상호 이익을 고려하여 각기의 항공운송이 부적절한 영향을 받지 않도록 하여야 한다.

벨기에는 용량 과다인 양국 간 노선의 탑승률이 과거 22년간 36~43%에 불과하니 주 11편 운항을 8회로 축소하여 양국 항공사가 반분하자는 주장을 하였다. 아일랜드는 이에 대해 수입, 경비, 운송량 증가 등을 고려할 때 용량 과다가 아니며 용량을 2등분할 경우 자국 항공사 Aer Lingus가 시장을 개발한 것과 양국 정부 간 사전 용량 합의한 것을 무시하는 것이라고 대응하였다.

이 상황에서 양국은 상호 협의하여 1인 중재재판관 선정에 합의하였다.[2] 동 재판관은 용량 과다를 인정하는 한편 Aer Lingus가 1979년 벨기에 항공사 Sabena의 노선 취항 시까지 독자 운항을 하여 왔으며, 운송량의 60%가 아일랜드에서 발생한다는 이유를 들어, 주 11회 운항을 7회로 줄여 Aer Lingus는 6회를 4회로, Sabena는 4회를 3회로 축소할 것을 판정하였다.

1.1.5 미국 - 영국(1992)

뿌리가 같은 국민이고 문화와 역사를 공유하는 양국 사이이지만 경제적 이익을 추구하는 데에 있어서는 인간의 이기적인 성정을 그대로 보여주는 사례이다.

시카고 협약 제15조는 ICAO 회원국들로 하여금 자국의 공항과 항행시설을 이용하는 타국 항공사들을 차별하지 말도록 규정하고 있다. 그런데 미국과 영국 정부 간의 오래된 분쟁은 영국 공항이 미국 항공사 항공기들에 대하여 공항 착륙료와 사용료를 과다하게 징수하고 있는 것에 관련된다. 영국은 동 사용료를 업무 제공을 위해 발생한 경비와 관련이 없이 장거리 비행이거나 항공기 중량을 감안한 피크타임 대 착륙 항공기에게 과다하게 청구함으로써 미국 항공기들에 차별 조치를 취하였다. 미국 정부가 1975년 동 건을 정식 제기하기 시작하여 영국 당국이 일부 개선을 하였으나 런던 히드로(Heathrow) 공항 사용과 관련된 사용료는 불투명한 가운데 B-747기종을 주로 이용하는 미국 항공사들에게 계속 불리하게 작용하였다.

---

2) 스웨덴의 민항청장과 유럽 민간항공회의(ECAC)의 의장을 역임한 H. Winberg가 1인 중재재판관으로 합의 선임되었음.

미국은 줄기차게 영국 정부를 상대로 공항 사용료 원가 내역 등 공개와 시정을 요구하였으나 반응이 없자 컨설팅사를 고용하여 조사를 실시하였으며 해당 컨설팅사는 1979년 공항사용료의 과다 징수를 지적하였다.

항공 행정상 감가상각을 제외하고 합리적인 투자 회수 이상 수준으로 사용료 청구를 하지 않도록 감독하여야 할 의무를 지고 있는 영국 정부는 자국의 공항공사(BAA)의 불투명하고 과도한 사용료 청구를 계속 방치하고 미국 정부는 적극 개입 의사가 없는 상황에서 미국의 Pan Am은 영국 법원에 BAA를 상대로 1980.4.1.~8.31. 과도하고 불법적인 사용료 10.5백만 달러 반환 소송을 제기하였다.[3]

1983년 체결된 양국 간 양해각서(MOU)를 계기로 일부 개선이 있었으나 문제가 상존한 가운데 미국 정부는 1988년 영국 정부가 히드로 공항 감독을 부실하게 하면서 미국 항공사들에게 과도하고 차별적인 사용료를 부담한다는 것을 이유로 중재판정을 요구하였고 이에 따라 3인의 중재재판관이 1991년 5주간 네덜란드 헤이그에서 청문회를 개최한 후 1992년 369페이지에 달하는 중재판정을 하였다.

중재법원은 영국이 1983~1989년 사이 런던 히드로 공항 착륙료를 공정하고 합리적으로 청구되도록 감독하는 데 실패하였다고 판정하였다. 이에 따라 영국은 분쟁 해결을 위해 29.5백만 달러를 지불하고 히드로 공항에서의 국제 운항 항공기에 대하여 적용하였던 피크타임 요금 체계를 1995.4.1.부터 1998년까지 4단계로 퇴출(phase-out)시킨 후 2003.4.1. 이전까지는 부과하지 않기로 하였다.

상기 사건은 중재 판결 이후 5개월간의 집중 협상 결과 해결되었지만 5년간의 문제 해결 협상 실패 끝에 나온 것이다.

1.1.6 호주 - 미국(1993)

1946년 양국 간 항공협정에 의거 미국은 자국에서 출발하여 캐나다, 일본, 동남아와 필리핀을 경유하여 호주의 4개 도시(브리스베인, 케인즈, 멜버른, 시드니) 중 2곳을 운항하는 항공사를 지정할 수 있게 되어 있었다. 그런데 수십 년간 양국은 상기 권한을 행사하지 않다가 1991년 6월에 Northwest가 뉴욕-오사카-시드니를 운항하는 것으로 지정받았다. 그런데 1991.10.27. 시작된 운항 항공기에 탑승한 승객은 80~85%가 일본인과 호주인 이었다.[4]

미국 뉴욕을 출발하는 항공편이 호주로 비행하는 데 직선상에 있지 않은 일본 오사카에 경유하면서 10시간 이상을 소비하는 관계상 동 노선에는 출발지와 목적지를 여행하는 미국인이나 호주인은 별로 없이, 오사카와 시드니 사이를 여행하는 일본인과 호주인만 북적이는 결과가 되었는데 관련 양국 항공협

---

3) Pan Am은 동 소송에서 BAA에게 경비(cost)와 투여 자본의 6% 이자 회수를 허용하는 영국의 Airport Authority Act of 1955에 도전하였음.

4) 항공협정 제4항 5조는 노선 운항에 있어서 지정된 항공사의 국가와 목적지 국가 사이의 운송 수요에 적합한 용량의 제공을 '주목적으로 한다'는 내용을 포함하면서 제3국의 국제 운송은 양국 정부가 수용하는 질서 있는 발전이라는 일반원칙에 따라 적용되어야 한다고 규정하고 있음.

정에는 사후(*ex post facto*)용량 검토라는 시정방안이 마련되어 있었다.

호주 정부는 1992.12.1. 노스웨스트의 주 3회 오사카-시드니 운항 중 2편은 50% 미만으로 제5의 자유 승객(즉 오사카-시드니만 여행하는 승객)을 줄이고 나머지 한편에는 제5의 자유승객이 일체 운송되지 못하도록 노스웨스트 항공사에 통보하였다. 노스웨스트 항공은 1993.1.22. 미 교통부에 FCPA[5]법에 의존하는 불만을 제출하고 미국 정부가 보복조치로서 호주 Qantas의 LA-시드니 운항을 중지할 것을 요구하는 한편, 호주 법원에 호주 정부의 제한조치가 불법이라고 제소하였다.

연이어 양국 간 협의가 있었으나 성과가 없는 가운데 호주는 항공협상에 따라 중재재판을 요청하였고 양국은 각기 1명의 재판관을 선정한 후 제3의 재판관 선정을 남겨 두고 있었다. 이때 호주 정부는 1993.4.29. 미국 정부에게 통보하기를 노스웨스트 항공이 자국의 제한조치에 불응하였기 때문에 5.30.자로 제5의 자유구간인 오사카-시드니 구간 운항을 폐지하겠으며, 노스웨스트가 운항 재신청 시 주 2회로 줄여 제5의 자유 운송량을 최대 50%로 제한하겠다고 하였다.

미 교통부는 이를 '정당화할 수 없고 비합리적인 제한'이라고 언급한 후 협상에 들어갔으나 다시 실패하여 미국은 노스웨스트의 오사카-시드니 운항이 폐지되는 시점에 Qantas가 LA-시드니 간 주 10회 운항 중 3회를 폐지당할 것이라고 위협하였다.

양국은 다시 협상에 들어간 결과 1993.6.17. 합의하기를 연말까지 새로운 항공협정을 체결하도록 노력하고, 노스웨스트는 뉴욕 대신 본사 소재지인 디트로이트를 시발점으로 운항하며, 오사카-시드니 구간의 현지 운송량은 전체 승객의 50%가 되지 않는다는 내용이었다. 따라서 중재판정까지 가지 않은 동건은 원만히 합의되었지만 오사카-시드니 구간은 수익성이 없어 폐쇄되었다.

2. ICAO 이사회 결정

시카고 협약 제18장(제84~88조)은 동 협약과 부속서의 해석과 관련하여 ICAO 회원국 간 이견으로 야기되는 분쟁의 해결 메커니즘을 규정하고 있다. 분쟁을 당사국 간 협상으로 해결하지 못할 경우 ICAO 이사회에 제기할 수 있고 이를 심의한 ICAO 이사회의 결정에 이의가 있는 국가는 ICJ에 제소하든지 임시 중재법원에 제기할 수 있다(협약 제85~86조).

제18장은 또한 분쟁 해결에 관련한 결정에 불복하는 국가에 대하여 회원국들이 동국의 항공사가 자신들 영공을 통과하지 말도록 함과 동시에 ICAO 총회 시 동국의 투표권을 정지할 수 있도록 하였다(제

---

5) 미국의 International Air Transportation Fair Competitive Practices Act of 1974로서 국제 항공운송 시장에서 경쟁에 반하는 불공정한 조치를 조사하고 시정하는 절차와 내용을 담고 있음.

87~88조).

그 의미가 거의 없는 1944년 국제항공통과협정과 국제항공운송협정 공히 위와 같은 분쟁 해결절차를
규정하고 있다. 이들 협정 모두 일국이 피해를 당한 경우 ICAO 이사회에 심의를 요청하도록 하며, 이사
회는 당사국 간 협의를 하도록 한다. 분쟁 해결을 위한 협의가 실패할 경우 이사회는 적절한 결론
(finding)과 권고를 할 수 있다고 규정하고 있다.

1957년 ICAO 이사회는 시카고 협약 제18장에 의거 제기되는 분쟁의 해결절차를 수록한 규칙을 공표
하였다.6) 동 규칙은 여러 절차를 규정하면서 제14조에서는 본류를 벗어나 분쟁 해결을 위한 수단으로서
이사회의 주선(good offices), 중개(mediation), 조정(conciliation) 등을 강조하고 있다.

실제 분쟁이 발생하면 대다수 경우 공개적으로 해결되기보다는 분쟁 당사국과 비공개 협의와 교섭을
통하여 해결된다. 시카고 협약 발효 후 ICAO 이사회에 제기된 분쟁이 5건에 불과하였으나 그 어느 경우
에도 ICAO 이사회가 본안(merits of the case) 결정으로까지 간 사례는 없었다.

2.1 인도-파키스탄(1952)

1952.4.21. 인도는 파키스탄이 시카고 협약과 국제항공통과협정을 위반하여 아프가니스탄 국경을 따
라 금지구역을 설정함으로써 인도의 정기 운항 항공기가 Delhi에서 Kabul 사이를 운항하는 노선이 폐쇄
되는 결과를 가져온다는 불평을 ICAO 이사회에 제기하였다. 인도는 파키스탄이 이란 정기 항공사의 금
지구역 비행은 허용하면서 인도 항공기에 대해서는 비행을 거부하는 차별적 조치를 취한다고 불평하였
다. 동 분쟁은 인도와 파키스탄 간의 타협으로 추후 해결되었다.

2.2 영국-스페인(1969)

1969.4.12. 스페인 정부는 영(decree)을 발표하여 국가안전 이유로 스페인의 남부 Tarifa로부터 지브랄타
중심을 포함한 Estepona까지의 40마일 해안 상공에서의 군용 및 민간 비행을 금지하였다. 지브랄타를 해
외영토로 하고 있는 영국 정부는 동 건을 ICAO 이사회에 제기하였다. 이때 이사회는 스페인의 협약 위
반 여부 결정을 거절하였다. 스페인의 금지령이 발효된 후 영국과 스페인의 교섭이 실패하자 영국은 동
건을 협약 제84조에 따른 협약 해석상의 이견(disagreement)의 문제로 다시 이사회에 제기하였다. 이사회
는 동 건을 처리하지 못하였으며 동 건은 영국과 스페인의 요청에 의하여 무기한 토의 연기하는 것으로

---

6) Rules for the Settlement of Difference, ICAO Doc 7782/2(2nd ed. 1975).

종결되었다.

2.3 파키스탄 - 인도(1971)

1971년 1월 인도가 모든 파키스탄 항공기에 대하여 인도 영공 비행을 중지시킴으로써 동·서 파키스탄 간의 직선 운항이 불가능하게 되자 파키스탄은 1971.3.3. 인도의 조치가 시카고 협약 제5조와 국제항공통과협정 제1조 위반임을 들어 동 건을 ICAO 이사회에 제기하였다.

이에 대하여 인도는 1965년에 발생하였던 인도와 파키스탄 간 분쟁에 따라 양국이 전쟁 상태에 있기 때문에 양국 간 협약시행이 정지[7]된 상태라는 것을 이유로 ICAO 이사회의 관할권에 이의를 제기하였다.

그러나 이사회는 1971.7.29. 동 건에 대한 관할권 인정 결정을 내렸으며 인도는 이러한 이사회의 결정에 불복하여 ICJ에 제소하였다. 한편 파키스탄은 인도의 ICJ 제소에 대하여 ICJ는 동 건에 대한 관할권이 없다고 이의를 제기하였는바, ICJ는 다음과 같은 이유로 파키스탄의 이의를 배척하였다.

첫째, 인도는 양국 간에 있어 협약이 무효임을 주장한 것이 아니라 '중지'임을 주장하였고,

둘째, 일방 당사국의 일방적인 협약 중지 선언이 동 협약의 관할권 조항을 무효로 만드는 것은 아니며,

셋째, ICJ의 관할권을 배제하려는 고려에 의해서 좌우될 수 없으며,

넷째, 당사국은 관할권 조항을 발동시킬 수 있는 자유가 있어야 한다.[8]

또한 ICJ는 1972년 8월 인도가 제기한 이사회의 관할권 문제에 대해서, ICAO 이사회가 협약의 해석과 적용에 관한 관할권을 갖는다는 판결을 내렸다.[9]

상기 ICJ 결정 후 인도는 ICAO 이사회에 Counter memorial을 제출하여 이사회의 본안 심리에 대응하였으나, 동 파키스탄이 방글라데시로 독립함으로써 동 절차는 더 이상 계속되지 않았으며 1976년 7월 인도와 파키스탄 양국이 공동성명을 통해 동 절차의 중지를 선언함으로써 이사회의 본안 결정이 없이 동 분쟁사건은 종료되었다.

2.4 쿠바 - 미국(1998)

미국과 쿠바의 관계는 사회주의 지도자 피델 카스트로가 쿠바에서 집권한 후 악화되었으며 1960년대 미국은 안보를 이유로 쿠바 항공기의 미국 영공 비행을 금지하였다. 이러한 비행금지 조치는 1998년 Air

---

7) 시카고 협약 제89조는 전쟁 시 협약의 규정이 체약국의 행동자유에 영향을 미치지 않는다고 규정함.
8) ICJ Judgment of 18 Aug. 1972, Appeal relating to the Jurisdiction of the ICAO Council(India v. Pakistan), pp.11~12.
9) 상동 p.28.

Cubana의 뉴욕 주 상공비행과 악천후 시 쿠바 항공기의 미국 영공 진입을 허용하는 것으로 수정되었다. 그 과정은 다음과 같다.

1991년 소련 붕괴 후 양국 간 정치 역학 관계가 변화하였지만 미국의 쿠바에 대한 차별적인 조치가 완전 해소되지는 않았다. 쿠바는 1995년 ICAO 이사회에 미국 정부의 쿠바 민항기에 대한 미국 영공 비행금지 정책이 시카고 협약과 국제항공통과협정에 위배된다는 이유로 ICAO 이사회에 공식 불평을 제기하였다.

미국 항공기들은 수십 년간 쿠바 영공을 통과하여 남미로 운항하였는바, 1990년대 중반 매일 약 120대 미국 상업항공기가 쿠바 영공을 통과하면서 연 6백만 달러의 영공 통과비를 지불하였다 한다. 이는 그렇지 않고 우회 비행을 하였을 경우에 대비하여 연 약 1억 5,000달러를 절약한 것이었다. 그러나 쿠바 항공기는 쿠바에서 캐나다 토론토나 몬트리올로 비행하는 데에 있어서 미국 영공 통과를 하지 못하는 관계상 직선 항로보다도 200마일 이상을 더 비행하면서 30분 정도 더 소요하였다.

상기 상황에서 제기된 쿠바의 공식 불평을 접수한 ICAO 이사회는 미국의 잘못을 지적하는 결정을 하지 않을 수 없었는바, 이러한 분위기에서 1998년 6월 미국이 백기를 들었다. 그 결과 Air Cubana가 캐나다로 비행하는 데 있어서 미국 영공을 통과하고 미국은 항공관제업무를 제공하게 되었다.

2.5 미국-EU(2000)

영공제한에 관련되지 않은 유일한 경우이다. 또 본안 결정은 아니었지만 유일하게 ICAO 이사회가 자신에게 제기된 회원국의 불평에 대하여 처음으로 결정을 한 경우이기도 하다.

미국의 공항은 도심하고 통상 떨어져 있지만 유럽의 공항은 인구 밀집지역에 둘러싸여 있는 경우가 많다. 유럽 국가들이 항공기 소음 제한에 있어서 앞서가고 있지만 여타 환경문제에 있어서도 세계 리더 역할을 하는 유럽을 꼭 지리적 인구 분포로만 그 배경을 해석할 수는 없다.

제4장(공항, 소음, 환경)에서 소음규제에 관한 국제협력을 기술하였지만, 금번 미국과 EU의 분쟁은 항공기 소음규제를 강화하는 것과 관련된 것이다.

EU 각료이사회가 1989년 Chapter 2[10] 항공기 취항을 금지하는 내용의 법인 Council Directive 89/629/EEC를 제정하였다. 그러나 Chapter 3 이상의 소음수준 항공기만 취항을 허용하는 동법은 고 소음 항공기가 엔진기관에 변경[11]을 가하는 reconditioning이나 운항방법을 변경[12]하여 Chapter 3이나 Chapter 4 수준 항

---

10) ICAO 부속서 16, Volume Ⅰ에 항공기 소음 정도에 따라 Chapter 2, Chapter 3, Chapter 4로 구분하여 기술하고 있는바, Chapter 2가 가장 큰 소음을 내는 수준으로서 대부분 국가가 1988년 운항금지를 시작하였음. Chapter 4는 소음 정도가 낮은 수준을 언급함. Chapter 2 항공기는 보잉 727, 보잉 737의 초기 모델, 맥도날 더글라스 DC-9의 초기 모델을 포함함.

11) 항공기 엔진에 소음저감장치인 hushkit을 부착하든지 새로운 엔진으로 교체하는 re-engining을 말함.

공기 소음을 충족하는 것으로 재 증명(recertified)받는 것을 금지한 것은 아니었다. 따라서 많은 항공사들이 Chapter 2 항공기들을 폐기하는 것보다는 비용이 덜 드는 항공기 '변경'방법을 택하여 항공기 엔진에 소음 저감 장치인 hushkit[13]을 장착하였다.

EU로서는 상기 '변경'이 예상치 못한 편법으로서 원래 목적하였던 기술 향상을 통한 소음 저감 항공기, 즉 Chapter 3 기준에 맞추어 제작된 신형 항공기에 비하여 시끄럽다는 데 불만이 있었다. 이에 따라 여사한 편법을 불식시키기 위한 새로운 법 Regulation 925/1999를 1999년 제정하였다. 새로운 법은 항공기 엔진의 by-pass ratio[14]가 3:1 이하가 되도록 요구하는 것으로서 편법적인 변경을 통하여 Chapter 3 소음기준을 충족하는 항공기의 취항을 금지하는 것이었다. 또한 EU 항공기에 대하여서는 유리하게 대우하면서 편법적인 변경에 의한 재 증명(recertified)받은 모든 역외 항공기들은 2002.4.1.부터 EU 취항을 금지한다는 내용을 담고 있었다.

Hushkitting 항공기에 주로 의존하고 있는 미국 노스웨스트 항공은 1999년 EU 15개 회원국을 상대로 미국 정부에 보복을 요청[15]하는 불평을 제기하였고, 미국 정부는 2000.3.14. EU 회원국들을 상대로 시카고 협약 제84조에 따른 공식 불평을 제기하였다.[16] 미국은 불평 근거로 EU의 조치가 차별적일 뿐만 아니라, 법이 항공기의 소음 정도를 기준으로 하는 효능표준(performance standards)에 의존하는 것이 아니고 대부분 미국산인 특정 항공기, 엔진 기술 및 장비에 관련된 것으로서 이들을 소유하고 운항하는 미국 항공사들을 겨냥한다는 것을 이유로 들었다.[17]

상기 미국의 불평 제기에 대해 EU는 Regulation 925/1999의 시행을 1년 연기하면서 미국으로 하여금 소음 미 충족 항공기 자연 퇴출과 고성능 엔진으로 항공기 엔진을 교체하는 시간을 허용하는 데 동의하였다. 미국은 이에 만족하지 않고 문제를 계속 제기하였는바 EU는 ICAO 이사회에 미국의 불평 제기에 대한 예비적 반박문을 제출하였다. 동 반박문 중 특기할 사항은 ICAO 이사회가 일반적인 관할권을 행사하는 형평의 법정이 아니고 시카고 협약과 부속서의 해석과 적용에 관한 회원국들의 이견에 대하여서만 규율할 수 있으며, 자신이 '적절하고 정당하다고 생각하는'(deems proper and just) 행위를 회원국들에게 명령하는 기관이 아니라는 것이었다.

---

12) 항공기의 운항방법(operating profile)을 변경하는 것은 최대 용량으로 짐을 싣지 않는다든지 특정 고도로만 비행한다든지, 특정 시간대만 운항하는 것을 말함.

13) Chapter 3 기준을 충족하지 못하는 Chapter 2 기종에 hushkit을 설치할 경우 100만불이 소요되고 무게가 330 파운드, 연료 소비가 0.5% 증가하지만 17 데시벨이 감소되는 효과가 있음.

14) 비행을 가능하게 하는 항공기 엔진 연소 시 공기가 엔진에 흡입되는 양과 엔진 연소에 사용되는 공기의 양의 비율을 말함. 동 비율이 높은 전투기는 소음이 더 큼.

15) 미국의 Federal Aviation Act, Section 41310에 의거 미국 정부는 외국의 차별관행에 대하여 구제조치를 취할 수 있음.

16) EU가 ICAO의 회원국, 즉 시카고 협약의 당사국이 아닌 이상 당시 EU(정확히는 EEC)의 회원국 15개국을 상대로 불평을 제기한 것임.

17) Hushkit은 미국에서만 제조되었고 by-pass ratio를 충족 못 하는 엔진은 미국의 엔진 제조업체 Pratt & Whitney 제품이었음.

ICAO 이사회는 EU의 반박에 대하여 2000.11.16. 사상 초유의 결정을 발표하였는바, 그 내용은 다음과 같다.

첫째, EU가 주장한 '적절한 교섭'이 없이 미국이 이사회에 불평을 제기하였다는 주장에 대해 양측 간 교섭이 있었다고 결론내리면서 미국 측 입장에 동조

둘째, EU가 미국이 ICAO에 제기하기 전에 EU 국가들 내에서의 지역 구제[18](local remedies)를 소진하지 않았다는 주장에 대하여 미국은 자국 국민들만이 아니고 협약 상 자신의 법적 입장을 보호하려는 것이기 때문에 지역 구제 소진을 할 필요가 없다고 결론

셋째, EU의 주장 중, 미국이 당사국 간 기 합의된 내용을 벗어나 협약 상 새로운 의무를 부과하려 한다고 주장하면서 이는 협약의 제84조를 잘못 적용하는 것이기 때문에 미국의 제기를 수용 불가한 것으로 각하시켜야 한다는 것에 대하여, 이사회는 미국의 입장에 동조하면서 EU의 반박이 예비적(preliminary) 반박내용에서 일탈하는 것으로서 본안(merits) 심리 시까지 결정을 유보

상기 이사회 결정이 있은 후 EU 회원국들은 ICJ에 제소하지 않고 대신 동년 12.2. 항변서(counter-memorial)를 제출한바, 이사회는 당사국들의 협상재개를 권고하고 미국과 EU는 이를 받아들였다. 연후 ICAO 이사회 의장의 주선(good offices) 결과 2001년 10월 분쟁을 해결하였는바, 그 내용은 EU가 2002년 4월 문제의 법 (Regulation)을 폐기하고 미국은 이사회에 대한 불평 제기를 철회한 것이었다.

그런데 오늘날 중요한 문제의 하나인 환경기준에 관한 본 분쟁의 건은 ICAO 이사회가 절차적 문제만 다루면서 문제의 핵심인 내용, 즉 ICAO의 환경기준이 회원국들이 준수하여야 하는 최대의 요건을 수립하는 것인지 아니면 최소의 요건을 수립하는 것으로서 회원국들이 이를 보강하여야 하는지의 본안을 취급하지 않았다.

3. 국제사법재판소(ICJ) 판결

ICJ가 현존하는 세계 최고의 사법기관이긴 하지만 ICJ 규정의 당사국이라도 분쟁 해결에 있어서 ICJ의 강제 관할권을 인정하는 선언을 하지 않는 국가들에 대하여서는 ICJ가 관할권을 가지지 못한다.

상금 12건의 항공분쟁사건이 ICJ에 제소되었지만 10건은 관할권 부재로 ICJ가 기각하였고 1건은 분쟁 당사국이 장외(out of court) 해결에 합의하였으며 마지막 1건(리비아-미국)에서만 ICJ가 본안 판결을 하

---

18) 국제법에서 국가 간 분쟁이 개인의 피해를 배상받는 것을 위요하여 발생할 때, 피해를 본 개인이나 동 소속 국가는 피해를 유발한 국가의 국내법에 따라 배상받을 수 있는 모든 구제수단을 취한 후, 즉 모든 조치를 소진(exhaust)한 후 그래도 배상이 이루어지지 않을 경우 피해자 소속 국가가 가해 국가 또는 가해 국제기관에 배상을 청구할 수 있다는 국제법의 일반이론임.

였다.

3.1 냉전 사례

1950년대 미국은 소련과 소련의 동맹국인 체코슬로바키아와 헝가리 등 바르샤바 조약(Warsaw Pact) 당사국의 군용기들이 미국 항공기들을 공격하는 것에 대하여 ICJ에 6차례 제소하였다.[19] 그러나 제소당한 국가들 모두 ICJ 관할권을 인정하지 않는 관계로 ICJ는 모두 기각하였다. 그럼에도 미국이 왜 계속 ICJ에 제소하였는가에 대한 의문이 제기되는바, 아마도 미국은 공산권 국가들의 불법성을 국제사회에 정식 제기하여 여론을 통해 망신 주고자 하는 의도였을 수 있다.

3.2 리비아 – 미국(1992)

항공기 불법 납치 억제에 관한 1970년 헤이그 협약과 민간항공안전에 대한 불법행위 억제에 관한 1971년 몬트리올 협약은 협약 상 규정한 범죄의 범인이 협약 당사국에 있을 경우 자국에서 저지른 범죄가 아니더라도 범죄에 대하여 처벌 관할하는 국가(범죄 발생국, 범죄 발생 항공기 소속국, 범죄가 일어난 항공기가 범인을 태우고 도착하는 국가와 범죄 발생 항공기 임차인 주소지국 등)로 범인 인도를 하지 않는 한 관할권을 행사하여 중죄에 처할 의무를 진다고 규정한다. 또한 동 협약들은 당사국들 간 분쟁을 협상으로 해결토록 요구하고, 연후 중재에 회부하며 이에 불복할 때 ICJ에 제소하도록 규정하고 있다.

그런데 1971년 몬트리올 협약의 결함을 보여주는 사건이 발생한바, 이는 1988년 런던 발 뉴욕 행 미국 Pan Am 103편 보잉 747기가 영국 스코틀랜드 Lockerbie 상공에서 폭발, 추락하여 탑승원 259명 전부와 Lockerbie 마을 주민 11명 등 도합 270명이 몰사한 것이다. 미국과 영국은 사건조사 결과 1991년 리비아 정보요원 2명을 범인으로 지목하고 범인을 영국으로 인도하고 배상을 하도록 요구하였다. 리비아는 범인을 자국 국내법에 의해 처벌하는 것이 몬트리올 협약 상 정당하다면서 ICJ에 동 건을 제소하여 이러한 리비아의 권리 확인을 요청하는 한편 미국의 몬트리올 협약에 위배되는 행동과 리비아에 대한 무력 위협을 중단할 것도 요청하였다.

기술적으로 볼 때 리비아가 옳고 미국이 틀린 것으로 보이는 사건이다. 그러나 미국은 리비아 정부가 범죄행위에 개입한 것으로 확신하고 동 건을 유엔 안보리에 제기하였는바, 1992년 유엔 안보리는 2개의

---

19) 1952.10.7. 항공사건(미국 – 소련), 1954.9.4. 항공사건(미국 – 소련), 1954.11.7. 항공사건(미국 – 소련), 헝가리 내 미국 항공기와 승무원 대우(미국 – 헝가리, 미국 – 소련), 1953.3.10. 항공사건, 1955.7.27. 항공사건 등 총 6건인바, 마지막 불가리아에서의 항공사건에 관한 내용의 상세는 제6장(영공에 대한 주권행사와 의무) 4.2항 참조.

결의를 채택하여 리비아가 Pan Am 103의 테러행위에 대한 책임을 질 것과 더 이상 테러행위에 개입하지 말 것을 촉구하였다.[20]

ICJ는 이런 상황에서 유엔 헌장 제25조에 따라 리비아와 미국 모두 안보리 결의를 이행할 의무가 있다고 하면서 동 의무는 몬트리올 협약을 포함한 어떠한 기타 국제협정보다도 우선하는 것이라고 결정[21]함으로써 리비아가 패소하였다.[22] 리비아는 2002년 피해자 270명의 가족에 대한 27억 달러의 배상을 제의하고 2003년에는 주유엔 리비아 대사의 유엔 안보리 앞 서한을 통하여 사건 책임을 인정하였는바, 이는 테러 후원자로 지목된 국가가 테러 피해자에게 배상을 하는 최초의 경우가 되었다.

3.3 이란-미국(1996)

1980년대 이란-이라크 간 장기 전쟁 기간 중 미국 등 일부 서방 국가는 안전한 원유 수송을 위하여 홍해에 전함을 배치하여 순시 중에 있었다. 이렇게 배치되었던 미국 전함 Vincennes호가 1988.7.3. 이란 Bandar Abbas를 출발하여 사우디 메카로 비행 중이던 이란 항공 655편 에어버스 300을 군용기로 오인하여 격추하는 바람에 탑승원 290명이 몰사하였다.

이란은 즉각 ICAO에 진상 조사를 요구하였고 ICAO 이사회는 1989.3.17. 결의를 채택하여 민간과 군용 활동의 효율적인 조정을 포함한 민간항공안전운항을 위해 모든 국가가 필요한 조치를 취할 것을 촉구하고 민항기에 대한 무력 사용 자제를 요구하는 국제법의 일반원칙을 상기하면서 시카고 협약 제3조 2비준을 권장하였다.

미국에 면죄부를 주는 상기 결의에 불만인 이란은 두 달 후 미국의 민항기 격추가 시카고 협약과 1971년 몬트리올 협약 위반이라는 이유로 ICJ에 미국을 제소하였다. 미국은 법적으로 변명할 근거가 없어 전전긍긍하는 입장에 있을 수밖에 없었는데 양국은 막후 협상을 통하여 1996.2.22. 장외(out of court) 해결하는 것에 타협하였다고 발표함으로써 이란에 유리한 ICJ 판결이 있을 뻔 하였던 사건은 무산되었다.[23]

---

20) 유엔 안보리 결의 731(1992.1.21.)과 748(1992.3.31.)의 내용인바, 전자는 모든 국가들이 리비아에 항공기와 동 부품 조달 및 보험계약 등을 제공하지 말도록 하고 후자는 모든 국가들이 리비아로의 항공기 운항을 금지하는 등의 내용을 담고 있음.

21) ICJ Order of 14 April 1992, para 42, on the Case Concerning Questions of Interpretation and Application of the 1971 Montreal Convention from the Aerial Incident at Lockerbie(Lybia v. USA).

22) 사건 발생 약 10년 후 리비아가 태도를 변경하여 범죄 혐의자 2명을 1999년 제3국인 네덜란드에서 영국 경찰에게 인도 후 네덜란드에서 스코틀랜드 법에 의해 재판을 받도록 한 결과 2001년 1월 2명 중 1명인 Al-Megrahi는 27년 징역형을 언도받고 나머지 1명은 무죄판결 후 리비아로 귀환하였음. 그런데 2009년 8월 스코틀랜드 감옥소에 수감 중인 Al-Megrahi를 스코틀랜드 지방정부가 동인의 질병을 감안, 인도적 이유 (compassionate grounds)로 징역살이 8년 만에 석방시켜 리비아로 귀환시켰음. 이에 미국이 격분한 가운데 영국 정부에 항의하였음. 소문은 영국 정부가 리비아의 대규모 프로젝트 수주를 위해 정치적 고려를 하였다고 하나 영국 정부는 이를 부인한 채 스코틀랜드 지방 정부의 단순한 결정이었다고 변명하였음.

23) 막후타협의 내용은 비공개이나, 레이건 당시 미국 대통령은 사건 발생 직후 피해자 한 가족 당 약 30만 달러를 시혜금(ex gratia)으로 제공하는 것을 제안한 적이 있었음.

3.4 파키스탄-인도(2000)

1999.9.21. 파키스탄은 인도가 자국영토에서 자국군용기를 격추(1999.8.10.)한 것에 대해 ICJ에 제소하였다. 파키스탄은 양국이 ICJ 규정(statute) 제36조에 따라 ICJ의 강제관할권을 수용하였고 British India가 '1928년 국제분쟁의 평화적 해결을 위한 일반법'[24]에 가입하였기 때문에 ICJ의 양국에 대한 관할권에 문제가 없다고 말하였다.

인도는 상기 '일반법'이 과거 국제연맹과 같이 더 이상 유효하지 않고 자국의 독립 후 동법에 구속된다고 생각한 적이 없으며 ICJ 규정 관할권을 제외한다는 유보를 하였다고 주장하였다.

ICJ는 2000.6.21. 14:2의 표결로 1928년의 일반법이 국제연맹의 소멸과 관련 없이 유효한지 불명확하고, 1928년 일반법에 영국이 가입하였지만 파키스탄이 ICJ에 제소한 시점에 인도가 동법의 당사국이 아니라는 이유와 또한 인도의 ICJ 규정 제36조상 유보의 주장을 받아들여 ICJ의 관할권이 없음을 선언하면서 사건을 각하하였다.[25]

---

24) General Act for the Pacific Settlement of International Disputes of 1928.

25) ICJ Judgment of 21 June 2000, para 56, on the Case Concerning the Aerial Incident of 10 August 1999(Pakistan v. India).

제 2 편

우주법

제1장

우주활동의 전개

　1845년 창간 후 현재까지 발행되고 있는 미국의 가장 독보적인 월간 과학 잡지 *Scientific American*은 미국 북동부를 강타하여 최소 500억 US\$에 이르는 피해와 250명의 사상자를 야기한 허리케인 샌디, 우주탄생을 설명하는 입자물리학 표준모형의 모순을 해결하기 위하여 추가된 입자인 힉스 입자의 발견에 뒤이어 세 번째로 미국 항공우주청(NASA)의 화성 탐사 로봇 Curiosity의 화성 착륙 성공을 2012년 10대 과학뉴스에 선정하였다.[1] Curiosity는 화성의 생명체 존재 여부를 조사하기 위하여 2011년 11월 발사된 화성탐사선으로 발사 후 약 8개월간의 비행 후 2012년 8월 화성에 착륙하여 화성 표면을 촬영한 영상을 지구에 성공적으로 전송하였다.[2] 우리나라의 경우 한국과학기술총연합회 및 국내 언론사가 매년 선정하는 10대 과학기술뉴스에 나로호 발사는 2012년에 이어[3] 2013년에도 선정되었으며, 특히 2013년에는 과학기술계 최고의 뉴스로 선정되었다.[4] 나로호는 100kg급 인공위성을 지구 저궤도에 진입시킨 우리나라 최초의 우주발사체이다. 이와 같이 우주와 관련된 과학기술 활동은 국내뿐만 아니라 국제 과학계의 화두이다.

1. 주요 국가의 우주활동

1.1 러시아

　인공위성의 발사와 같은 우주활동은 1957년 10월 대륙 간 탄도미사일로 고안된 로켓 R-7을 이용하여 인류 최초의 인공위성인 Sputnik 1호를 발사한 소련에 의하여 시작되었다. 소련은 최초로 인간을 우주에 보낸 국가이기도 하다. 소련인 Yuri Gagarine은 1961년 4월 Vostok 1호에 탑승하여 약 1시간 50

---

1) 2013.1.31 방문 http://scientificamerican.com/article.cfm?id=top-10-science-stories-2010.

2) The New York Times, August 7, 2012, on page A9, "After Safe Landing, a Rover Sends Images From Mars".

3) 한국경제2012년 12월 19일자 13면, "올해 과학기술뉴스 1위 '원전사고'" 대전일보, 2012년 12월 25일자, 14면, "2012 대전일보 선정 10대 뉴스".

4) 조선일보 2013년 12월 12일자 B10면, "'나로호' 성공에 웃고 '원진미리'에 고개 숙였다", 파이낸셜뉴스, 2013년 12월 12일자 10면, "올해 주목한 10대 과학기술뉴스 1위 '나로호 3차 발사 성공' 뽑혀".

분가량 궤도비행을 하였고, Valentina Terechkova는 1963년 6월 Vostok 3호에 탑승하여 70시간 50분 동안 지구를 48바퀴 비행하여 최초의 여성 우주인이 되었다. 소련의 대표적인 우주활동은 우주정거장 Mir의 건설이다. Mir 건설은 1986년 2월 발사체 Proton-K에 의하여 Mir의 핵심 모듈인 Mir Core Module 발사로 궤도 상 조립이 시작되어 1996년 지구 원거리 관측용 모듈인 Priroda 발사를 끝으로 Mir가 완성되었다. Mir는 2001년 3월 임무를 종료하고 지구에 재돌입하기까지 총 5,511일 동안 궤도비행을 하였다.

위성항법시스템인 GLONASS는 소련이 1976년 개발을 계획하고 1982년 10월부터 인공위성 발사를 시작하여 2011년 완성되었다. 총 24기의 인공위성으로 구성되는 GLONASS는 시스템 복원을 통해 2010년부터 러시아 전역에 사용되고 있으며, 전 지구 사용도 가능하다. GLONASS는 Vladimir Putin 대통령의 우선사업 순위 중 하나로서 2010년 러시아 연방우주청인 Roscosmos(또는 RKA) 예산의 3분의 1을 차지하였다. GLONASS에 관하여는 제6장 3항에서 별도 기술한다.

러시아는 1956년 첫 발사되어 2015년까지 1,800회 이상 발사된 R-7로켓인 Soyuz 그리고 1965년 첫 발사되어 2015년까지 400회 이상 발사된 대형 발사체 Proton에 이어 Proton보다도 더 큰 중량을 발사할 수 있는 Angara를 개발 중이다. Angara 개발은 1995년에 시작되었으나 러시아의 경제위기로 오랫동안 정지되었다가 재개하면서 현재는 카자흐스탄 영토인 Baikonur 우주기지를 계속 이용하는 데에 따른 문제를 피하기 위하여 러시아 영토인 Plesetsk 발사장에서 2014년 7월 축소판인 Angara 1.2를 준궤도 발사로 성공시킨 후 동 년 12월 23일 같은 발사장에서 원래의 크기인 Angara 5 발사체로 지구정지궤도에 시험 발사하는데 성공하였다.[5]

1.2 미국

미국은 국제지구물리관측년(International Geophysical Year)[6] 계기에 과학위성을 발사하기 위하여 1955년 Vanguard 로켓 개발에 착수하였다. 1957년 10월 첫 발사를 시작으로 1959년 9월까지 총 11차례 발사를 하였으나 성공은 세 차례에 불과하였다. 대륙 간 탄도 미사일로 개발된 Titan은 1959년부터 2005년까지 Big Bird, KH-11 Keyhole와 같은 미국의 첩보위성 발사에 사용되었으며, SM-65 Atlas는 1958년 12월 세계 최초의 통신위성인 SCORE(Signal Communication by Orbiting Relay Equipment)를 발사하면서 Eisenhower 대통령의 성탄 메시지를 전송하는데 사용되면서 전 세계의 관심을 끌었다.

무엇보다도 1969년 7월 20일 미국인 Neil Armstrong과 Buzz Aldrin이 Apollo 11호를 타고 우주로 가

---

5) SPACENEWS, Jan.12, 2015, p.16.

6) 소련의 공산 독재자 스탈린의 사망 후 냉전이 잠시 종식된 가운데 그간 중단되었던 동서 진영의 과학교류와 협력을 위한 프로젝트로서 1957.7.1부터 1958.12.31의 기간 동안 11개 분야의 지구과학을 대상으로 연구하였음. 이에 67개국이 참석하였으며 이를 위하여 미국과 소련은 인공위성도 발사하여 지구 관측을 도모하였는바, 1957.10.4. Sputnik 1호의 발사는 여사한 프로젝트의 일환이었음.

달에 착륙한 사건은 경이로운 일로서 첫 우주비행을 소련의 Sputnik 1호에 빼앗겼던 미국의 자존심을 회복한 사건이었다. 이를 위하여 미국은 3단계의 우주 프로젝트를 가동하였는데 Mercury, Gemini, Apollo가 그것이다. Mercury는 미국의 첫 유인 우주비행 프로젝트로서 지구궤도에 사람을 보내고 이를 소련보다 먼저 한다는 두 가지 목표를 가지고 있었다. 이에 따라 1961.5.5. Alan Shepard가 우주비행을 한 첫 미국인이 되었으나 이는 소련의 Yuri Gagarin보다 한 달 늦은 것이었다. 이는 소련의 Vostok Program에 대응하여 1959-1963년간 20회의 무인 우주 발사와 2회의 준궤도(suborbital) 발사, 그리고 4회의 1인 탑승 유인발사를 포함한 계획으로서의 Gemini[7]와 달 착륙 Apollo[8] 계획의 기반을 구축하도록 한 첫 단계였다. Mercury는 2인 탑승의 Gemini로 이어졌고, 연 후 3인 탑승의 Apollo 계획을 가동하여 1969-1972년간 6차례의 달 유인 착륙이 이루어졌다.

미국은 그간 1회용 우주 발사체에 의존한 비효율을 제거하고자 1981년 4월 우주왕복선 Columbia호의 발사를 시작으로 Challenge호, Discovery호 그리고 2011년 7월 Atlantis호의 최종 비행에 이르기까지 30년간 우주왕복선을 이용하면서 총 16개국 182명을 우주에 보냈다. 그러나 미국은 우주왕복선의 고비용과 안전의 문제점을 인지한 후 국제우주정거장(International Space Station: ISS)에 화물과 우주인을 보내는 것은 민간 기업에 위탁하고 무인 행성탐사에 노력을 기울이고 있다. 화물을 ISS로 보내는 Commercial Resupply Services (CRS) 사업의 업체로서 NASA(National Aeronautics and Space Administration)는 SpaceX와 Orbital ATK(또는 Orbital Sciences)를 선정하여 2008년 계약을 체결하면서 2016년까지 각기 12회(16억불)와 9회(19억불)의 수송을 의뢰한 후 이들 업체가 각기 3회와 1회의 수송을 추가토록 하는 계약 연장을 하였다. NASA는 2019년에 시작하여 2024년까지 계속되는 CRS-2인 제2단계 사업에 Sierra Nevada도 추가하여 3개 업체에게 수 십 억불을 지불하는 계약을 2016.1.14. 체결하였다.[9]

한편 우주인을 ISS로 보내는 사업체로서 미국은 수년간의 검토 결과 2014년 보잉과 SpaceX를 선정하여 보잉은 CST-100로 명명된 우주선(capsule)을, SpaceX는 Dragon을 향후 5년간 개발완료토록 하면서 각기 42억 US$과 26억 US$을 지원하는 중이다.[10] 민간업체를 통한 유인우주선 사업이 시작될 것으로 예상되는 2018년까지 미국은 자국 우주인을 ISS로 올려 보내기 위하여 러시아의 Soyuz 우주선을 이용하는 데 한 우주인이 한 번 사용하는 비용으로 미국은 러시아에 76백만 US$을 지급하고 있다.[11]

---

7) 미국 NASA가 추진한 두 번째의 유인 우주 비행 계획으로서 1962-1966년간 시행되면서 1965-1966년간 10회의 유인 우주 비행을 하는 가운데 인간의 달 착륙 비행을 위한 장기 우주 비행과 우주 활동, 도킹 시행 등 Apollo 계획의 기술적 지원 기반을 마련하는 것이었음.

8) 미국 아이젠하워 대통령 때 구상되었지만 후임 케네디 대통령이 1960년대 말까지 달에 사람을 착륙시킨 후 지구로 귀환시키겠다는 계획으로 케네디 대통령이 1961.5.25 미 국회에서 발표한 미국 3번째 유인 우주 비행 계획임. 발사체로서는 Saturn 로켓이 주로 이용되었음.

9) 2016.1.15.자 SPACENEWS this week.

10) AWST 2014.9.22.자 pp.24-25.

11) 상동 2014.10.6.자, 20쪽. 76백만불은 2017년 Soyuz 우주선에 6명의 미국인 우주인 좌석을 확보하기 위하여 한 좌석 당 지불하는 금액인데 동 금액이 7% 인상되어 2018년에는 6인의 좌석 이용에 총 4억 9천만불을 지불하는 것으로 밝혀졌음. SPACENEWS, 2015.8.10.자 5쪽.

NASA는 1997년 화성 탐사용 Mars Pathfinder를 화성에 착륙시킨 후 탐사를 한 데 이어 2004년 Spirit 와 Opportunity를 화성의 대칭 지면에 각기 착륙시켜 토양 채취분석을 수행하고 있다. 또 2004년 토성 궤도에 탐사위성 Cassini를 진입시켰고 1990년 Hubble Space Telescope 관측 망원경 위성을 우주에 진입시켜 지상 569km에서 대형 망원경으로 지구와 태양계를 포함한 천체를 관측 중에 있다.[12]

NASA는 달 남극 지방의 분화구에서 과거 물의 존재 여부를 확인하기 위하여 달 탐사선인 LCROSS(Lunar Crater Observation and Sensing Satellite)를 2009년 6월 발사하였다. LCROSS는 액체연료 엔진통을 달에 충돌시켜 발생한 달 파편을 분석한 결과, 물의 존재를 확인하였다. NASA는 목성의 내부 층, 대기 구성, 자기권의 특징 등을 연구하기 위하여 목성 탐사선 Juno를 2011년 8월 발사하였다. Juno가 목성에 이르기 위해서는 약 5년간 71,600만km를 비행하여야 한다.

NASA는 태양계의 생성과정을 이해하고 우주 기상을 감시하기 위하여 우주입자를 관측하는 인공위성인 ACE(Advanced Composition Explorer)를 1997년 발사하였다. 1998년 2월부터 임무를 시작한 ACE는 지구로부터 150만km 떨어진 궤도에 위치하고 있으며 수명은 2024년까지 예정되어 있다. NASA는 유럽우주기구(ESA) 그리고 캐나다 우주청인 CSA(Canadian Space Agency)와의 협력 하에 천체를 관측할 적외선 관측용 우주망원경인 James Webb을 개발 중이다. 4개의 관측 장비(근적외선 카메라, 근적외선 분광기, 중적외선 관측 장치, 고정밀도 유도센서)로 구성되는 James Webb(직경 6.5m, 길이 22m)은 2018년 지구로부터 150만km 떨어진 거리에 발사될 예정이다.

2015년 말 미국에서 제정된 Commercial Space Launch Competitiveness Act는 첫째, 미국인이 달 등 우주에서의 자원 채취를 하도록 허용하였으며, 둘째, 우주물체의 발사 시 제3자 피해에 대하여 미국 발사체회사가 일정한 한도까지 보험에 들고 그 이상의 제3자 피해배상은 미 정부가 수년씩 커버하여 주었던 것을 2016년 말에서 2025년 9월까지 연장하여 미국 발사체업체의 경쟁력을 증가시키는 결과가 되었으며, 셋째, 우주궤도나 준궤도로의 우주여행을 하는 사람의 안전에 관하여 미 연방항공청(FAA)이 안전규정을 제정하는 것을 2차에 걸쳐 지연시켜 2016년 3월까지로 늦춘 것을 다시 2023년 9월까지 연장한 것이다.[13] 이는 우주여행을 상업적으로 제공하고자 하는 우주업체의 부담을 덜어주는 소위 우주업체의 learning period를 장기간 허용하는 것으로서 우주관광을 하고자 하는 사람은 자기의 위험 부담하에 우주여행을 하도록 하는 것이다. 이는 우주여행용 우주선을 제작하는 우주업체에게 경제적으로 큰 도움을 주는 것인바 정부의 엄격한 안전조치를 이행하기 위한 엄청난 투자와 고도 기술의 강구를 그만큼 줄일 수 있기 때문이다.

---

12) Hubble 망원경의 일부 기여에 의해 우주(universe)가 137억 년 되었다는 것이 최근 밝혀졌음.
13) SPACENEWS 2015.11.16.자 6쪽과 2016.1.4.자 32쪽.

또 하나 특기할 사항은 SpaceX가 6개월 전 로켓 폭발로 발사 실패를 한 후 모든 Falcon 9 로켓의 발사를 중단한 채 발사체의 booster와 발사절차를 점검하는데 시간을 쏟은 결과 2015.12.21. Falcon 9 로켓의 변형 개량형을 완벽하게 발사하는데 성공하면서 11개의 위성을 궤도에 진입시켰다.14) 동 성공 발사가 큰 의미를 갖는 것은 지금까지와는 달리 발사체의 제1단 로켓을 발사지점으로 회수하는 기술을 선보였기 때문이다. 동 로켓회수기술은 한 달 전인 2015년 11월 미국의 Blue Origin사가 먼저 성공시킨 것이지만 이러한 기술로 향후 대폭적인 발사경비 절약이 되어 우주 산업의 발달에 큰 기여를 할 것으로 기대된다. 지금까지는 위성을 한 번 쏘아 올리기 위하여 발사를 할 경우 사용한 로켓은 폐기하여 왔는데 이런 관계로 발사를 한 번 하는데 수천만 불에서 1억불 대까지의 경비가 소요되었다.

1.3 유럽

냉전 속에서 소련과 미국의 우주 경쟁이 가열되는 가운데 유럽은 유럽 국가의 발사체 등을 비롯한 우주 관련 전문가들의 해외로의 이동, 우주 관련 연구개발에 소요되는 막대한 재정적 부담, 향후 우주활동에서 얻게 될 기술적·경제적·문화적 이익 등을 고려하여 프랑스를 중심으로 유럽 국가 간 협력을 모색하였다. 그 결과 1962년 유럽우주연구기구(European Space Research Organization: ESRO)와 유럽발사체개발기구(European Organization for the Development and Construction of Space Vehicle Launchers: ELDO)가 설립되었고 1975년 이 두 기구가 통합되어 유럽우주기구(European Space Agency: ESA)가 설립되었다. ESA는 우주발사체, 지구관측, 위성항법 등 우주 탐사와 이용 전 분야를 아우르는 활동을 하고 있다.

ESA는 ELDO의 발사체 개발 프로그램인 Europa의 후속으로 Ariane 개발에 착수하여 1979년 12월 Ariane 1을 처음으로 발사하였다. 그 후 개량화를 통해 Ariane 5까지 개발하였는바 Ariane 시리즈의 총 발사 횟수는 210회 이상에 달한다. ESA는 이탈리아 우주청(ASI)의 제안으로 2000년부터 저궤도에 0.3톤에서 3.2톤의 탑재체를 쏘아 올릴 수 있는 발사체인 Vega 개발에 착수하였다. Ariane 시리즈와 함께 유럽 발사체의 상업화를 목적으로 개발된 Vega는 2012년 2월 남미 가이아나 우주센터에서 발사되었다. ASI의 과학위성 LARES, 폴란드의 소형과학위성인 PW-Sat, 헝가리의 소형과학위성 MaSat-1 등이 Vega를 통해 발사되었다. ESA는 러시아의 발사체인 Soyuz를 남미 가이아나 우주센터에서 발사하기 위하여 2004년 러시아 우주청인 Roscosmos와 계약을 체결하였다. ESA와 Roscosmos의 발사 계약은 다른 발사체에 비하여 상대적으로 발사 비용이 저렴한 Soyuz와 적도에 위치한 가이아나 우주센터의 지리적 특징을 최대한 활용하기 위한 것으로서, 2011년 10월 가이아나 우주센터에서 발사가 시작되었다.

---

14) 2015.12.23.자 The Wall Street Journal 1면 SpaceX Launch Puts It Back in the Air 제하 기사.

유럽은 미국이 운용하고 있는 위성항법시스템인 GPS(Global Positioning System)가 군사상 이유로 서비스의 약화, 예측 불가능한 서비스의 중단 가능성이 있는 것 등에 대비하여 2001년부터 ESA의 주도로 독자적인 위성항법시스템인 Galileo 개발에 착수하였다. Galileo는 유럽 각국의 예산, 정책 및 민간 참여 등에 관한 문제로 그 운용이 계획보다 지연되었으나 Galileo의 첫 시험위성인 GIOVE-A가 2005년 처음 발사된 후 2008년 GIOVE-B가 발사되었고, 2019년까지 30기의 위성을 발사할 계획이다. 그 사이 18기의 위성을 쏘아 올려 2015년부터 서비스를 제공할 계획이었지만 발사 실패도 있는 가운데 지연되고 있다.

ESA는 화성탐사선 Mars Express를 러시아 발사체 Soyuz를 통해 2003년 6월 발사하였다. 궤도선인 Mars Express Orbiter와 소형 착륙선인 Beagle 2로 구성되는 Mars Express는 발사 후 약 6개월간의 비행을 거쳐 화성 주변 궤도에 진입하였다. Mars Express는 다음해 1월 화성 남극에서 결빙된 물의 발견한 것을 시작으로 화성 표면의 지질정보, 화성 대기권의 구조 및 중력장 등 수많은 과학 데이터를 제공하면서, 당초 수명인 23개월을 초과하여 2014년까지 탐사 활동을 계속하였다. ESA의 또 다른 행성탐사선인 Huygens는 NASA의 탐사선인 Cassini에 의하여 1997년 발사되었다. 토성의 대기권과 표면 연구가 목적인 Huygens는 발사 후 약 7년 후 2005년 토성의 최대 위성인 Titan에 착륙하였다. Huygens는 태양계에서 지구로부터 가장 멀리 떨어진 곳에 위치한, 인간이 만든 물체가 되었다. Huygens는 2004년 Titan의 북극 지방에서 기체 회오리를 발견한 이후 2012년에는 Titan 남극 지방에서 또 한 차례 기체 회오리를 발견한 바 있다. ESA는 2004년 3월 Ariane 5 G+를 통해 혜성(comet) 탐사선인 Rosetta를 발사하였다. Rosetta는 약 11년간 65억 km를 비행한 끝에 2014년 8월 67P/Churyumov- Gerasimenko 혜성의 궤도에 진입하였고 같은 해 11월 12일 마침내 Rosetta의 탐사 로봇인 Philae가 인류 역사상 최초로 동 혜성의 표면에 착륙하였다. ESA는 혜성의 주변 궤도를 비행하면서 Rosetta가 지상에 보내 온 자료를 분석한 결과, 물의 수소 원자를 구성하는 중수소의 비율의 차이 상 혜성의 물과 지구의 물이 각각 다르다는 점을 발표하였다.[15] 이는 지구의 물이 혜성의 충돌로 옮겨 온 것이라는 기존의 학설과 상반되어 태양계의 연구에 전환점을 마련하였다.

1.4 중국

중국의 우주활동은 우주발사체인 LM(Long March) 개발에서 시작되었다. 1965년부터 개발에 착수하여 중국의 첫 인공위성인 China 1을 탑재한 LM 1이 1970년 4월 성공적으로 발사된 이후 개량화를 통

---

15) "Landing on a Comet, a Mission Aims to unlock the Mysteries of Earth", The New York Times, 13 Nov. 2014, p.A15.

해 LM 1에 뒤이어 LM 2, LM 3, LM 4까지 개발되었고 현재 LM 5를 개발 중이다. LM 5는 탑재 중량이 저궤도의 경우 25톤 그리고 정지궤도의 경우 14톤에 이르며 2016년 첫 발사가 예정되어 있고 대형발사체인 LM 5와 함께 개발 중인 중 규모의 발사체인 LM 7도 2016년 첫 발사될 예정이다. 이에 앞서 액체추진로켓으로 지구 저궤도에 1톤을 쏘아 올릴 수 있는 LM 6가 2015.9.20. 성공리에 발사되면서 20개의 위성을 한꺼번에 지구 저궤도에 진입시켰다.[16] LM은 1996년부터 2006년까지 50차례 연속 발사에 성공하였다.

중국은 2007년 10월 LM 3A를 통해 달 표면의 구성 등을 연구하기 위한 달 궤도선 Chang'e 1를 발사하였다. 2009년 3월 임무를 종료한 Chang'e 1에 이어, 2010년 10월 Chang'e 2가 발사되었다. 중국은 2012년 12월 Chang'e 2가 소행성 Toutatis의 근접 탐사에 성공하였다고 발표한 바 있다. 중국의 소행성 탐사는 미국, ESA 그리고 일본에 이어 네 번째에 해당한다. 그리고 무인 달착륙선인 Chang'e 3호가 2013년 12월 발사에 성공하여 탐사선(rover) Yutu가 3개월간 탐사에 들어갔다. 중국은 또 러시아와 미국에 이어 우주정거장을 건설 중이다. 이를 위해 Tiangong 1이 2011년 9월 발사되었다. Tiangong 1은 직경 3.35m 그리고 길이 10.4m로 두, 세 명의 상주가 가능하다. 실험실 모듈인 Tiangong 2가 2016년에 발사될 예정이고 우주정거장의 핵심 모듈인 Tiangong 3이 2022년에 발사되어 2020년대에 우주정거장이 발사 완료될 것으로 예상된다.[17]

중국은 러시아와의 협력으로 유인우주선인 Shenzhou 개발에 착수하여 1999년 11월 무인 비행을 통해 Shenzhou 1을 시험 발사하였다. 그 후 세 차례의 시험 비행을 거쳐 2003년 10월 중국 우주인 Yang Liwie가 탑승한 Shenzhou 5가 LM 2F에 의하여 성공적으로 발사되어 약 21시간 25분 간 유인비행을 하였다. Shenzhou 6과 Shenzhou 7은 각각 우주인 2명과 3명을 태우고 2005년과 2008년에 성공적으로 발사되었다. 특히 Shenzhou 7에 탑승한 우주인이 중국인으로서는 처음으로 우주 유영을 하였다. 2012년 6월에는 Shenzhou 9가 발사되었다. 중국은 2011년 11월 화성탐사선 Yinghuo 1을 발사하였으나 궤도 진입에는 실패하였다.

중국은 교통운항, 위치 서비스, 기상학, 석유화학, 산림화재 감시, 재해 예측, 전자통신 및 안보에 관한 중국의 독자적인 우주 인프라 구성을 위하여 위성항법시스템인 BeiDou-2(또는 Compass)를 독자 개발 중이다. 중국은 2000년 2기의 정지궤도위성 발사를 시작으로 2012년까지 총 20기의 인공위성을 발사하였으며 현재 14기를 운용 중이다. 2020년 경 까지 총 35기의 인공위성을 발사하여 BeiDou-2를 완전히 구축할 계획이다. 그러나 BeiDou-2가 통신 목적이 아닌 군사적 목적을 위해 구축 중이라는 비판도 있다.[18]

---

16) 2015.9.28자 AWST 30쪽.

17) 2015.10.19.자 SPACENEWS 11쪽; 2016.1.30. 방문 https://en.wikipedia.org/wiki/Tiangong-3.

18) 2010년 8월 23일 싱가포르 일간지 The Straits Times는 제하의 "China's satellite is its answer to US' GPS" 기사를 통해 중국의 Compass 구축을 비판

1.5 일본

일본의 우주활동은 1955년 3월 발사된 길이 23cm, 직경 1.8cm 그리고 무게 200g의 펜슬(pencil) 로켓 발사에서 시작되었다. 펜슬 로켓은 2차 세계대전 후 일본의 실험용 로켓으로 동경대학교 부설 생산기술연구소에 의하여 1954년 개발이 시작되어 약 150회 정도 발사되었다. 펜슬 로켓은 1956년과 1963년에 각각 발사된 관측 로켓인 Kappa와 Lambda의 플러터(flutter) 현상[19] 해소에 도움이 되었다. 일본은 상업용 실용위성 발사를 위한 액체엔진 로켓 개발에 필요한 기술 이전을 위하여 1969년 '우주개발에 관한 일본과 미국 간의 협력에 관한 교환 공문'[20]을 체결한 후 미국의 Delta 로켓 기술을 이전받아 N 로켓 개발에 착수하였다. N 1 은 1975년부터 1982년까지 7차례 발사하여 6차례 성공하였고, N 2는 1981년부터 1987년까지 8차례 발사하여 모두 성공하였다. 일본은 N 2를 개량하여 H 1과 H 2 개발에 착수하였다. H 1은 1986년부터 1992년까지 9차례 발사되어 모두 성공하였고 H 2는 1994년부터 1999년까지 7차례 발사되어 5차례 성공하였다. 일본은 H 2의 후속으로 발사 성공의 신뢰성을 확보하고 발사 비용을 줄이기 위하여 H 2A 개발에 착수하였다. H 2A는 저궤도의 경우 최대 15톤 그리고 정지궤도의 경우 6톤의 탑재체를 쏘아 올릴 수 있다. 2001년부터 2012년까지 2003년 11월 실패를 제외하면 총 21차례 발사하여 20차례 성공하였다. 2012년 5월 H 2A는 우리나라의 다목적실용위성인 아리랑 3호를 성공적으로 발사함으로써 세계 발사 시장에 뛰어들었다.

일본은 위치 측정 개선과 통신 목적으로 준천정위성(QuasiZenith Satellite)을 개발 중이다. 준천정위성은 정지궤도에서 약간 경사진 궤도의 위성으로 정지궤도보다 높은 영각으로 통신이 가능하기 때문에 빌딩 등에 의한 가림영향이나 강우에 의한 감쇠가 적다. 준천정위성 1호가 2010년 9월 H 2A에 의하여 발사되었고 2017년부터 2019년까지 인공위성 3기를 추가로 발사하여 2019년부터 완전한 운용에 들어갈 예정이다. 일본은 지구관측을 위하여 1989년 EXOS-D, 1992년 GEOTAIL, 1997년 TRMM, 2005년 INDEX, 2006년 ALOS, 2009년 GOSAT 등을 발사하였다.

일본은 ESA, 중국 및 미국과 더불어 대표적인 우주탐사 국가이다. 일본은 자국 최초의 소행성 탐사

하였음. 동 일간지에 따르면, 중국은 이미 기존의 GPS 이용에 대단히 만족하고 있기 때문에 군사적 목적이 아니라면 막대한 비용이 소요되는 독자 위성 항법시스템을 구축할 필요가 없으므로 Compass는 군사적 이용을 목적으로 하는 이중용도 시스템이라는 것이 일간지의 주장임. 현대전은 지리적으로 분산된 군대의 네트워크화 중심으로 진행되고 Compass는 포격, 크루즈 미사일 및 모든 스펙트럼 군사 활동 등에서 작전능력을 향상시키기 때문임. 그러나 동 일간지는 Compass가 탄두미사일을 이용하여 이동 중인 목표 조준에는 한계가 있어 현재 중국이 개발 중인 대 항공모함 탄도미사일과의 연계는 어려운 것으로 판단하였음.

19) 플러터(flutter) 현상이란 고속으로 비행하는 비행기의 날개가 공기 흐름에서 에너지를 받아 심한 진동을 일으키는 현상을 말함. 플러터가 발생하면 진동이 급속하게 퍼져 비행기가 공중분해 되기 때문에 플러터가 발생하지 않도록 비행기의 속도를 제한함.

20) 宇宙開発に関する日本国とアメリカ合衆国との間の協力に関する交換公文(The exchange of notes concerning the Cooperation Space Exploitation between USA and Japan of 1969),
"http://www.jaxa.jp/library/space_law/chapter_1/1-2-2-8_e.html" http://www.jaxa.jp/library/space_law/chapter_1/1-2-2-8_e.html 2013년 1월 31일 확인.

위성인 Hayabusa를 2003년 5월 발사하였다. Hayabusa는 태양을 두 바퀴 비행한 후 약 20억km를 더 비행하여 소행성인 Itokawa에 착륙 후 시료를 채취하여 2010년 6월 귀환하였다. Hayabusa는 달 이외의 천체의 물질을 채취한 최초의 탐사선이다. Hayabusa에 뒤이어 달 탐사 위성인 Kaguya가 2007년 9월 발사되었다. Kaguya는 20개월간 달 궤도를 비행한 후 2009년 6월 지구에 귀환하였다. 일본은 또 금성탐사 위성인 Akatsuki를 2010년 5월 발사하였다. Akatsuki는 같은 해 12월 금성의 주변 궤도에 진입할 계획이었으나 궤도 진입에는 실패하여 현재는 금성에 가까운 궤도에서 태양 주변을 비행하고 있으며 일본은 금성의 주변 궤도에의 재진입 가능성을 검토하고 있다.

1.6 한국

1.6.1 관련 법

우주활동과 관련하여 우리나라에서 처음으로 제정된 법은 1987년 12월에 제정된 「항공우주산업개발촉진법」[21]이다. 그러나 당시 우리나라는 우주 기술의 연구 및 개발의 초기 단계였기 때문에 우주의 산업화는 시기상조였다. 따라서 항공우주산업의 육성을 주요 목적으로 하는 항공우주산업개발촉진법은 우주 분야에서는 사실상 유명무실한 법이었다. 결국 조직적이고 통일된 국가 차원의 우주활동 필요성이 요구되었고 이에 따라 1996년 4월 국가과학기술위원회에서 우주개발 중장기 계획이 수립되었다.

2000년대 들어 다목적 실용위성 2호와 우주발사체인 나로호 개발 등이 계획되면서 우리나라가 당사국으로 있는 우주 관련 유엔 조약의 규정을 이행하기 위하여 국내 법 체계의 마련이 요구되었다. 우주 개발을 체계적으로 진흥하고 우주물체를 효율적으로 이용 및 관리하며 우주의 과학적 탐사를 촉진하기 위하여 2005년 5월 「우주개발진흥법」[22]이 제정되었다. 우주개발진흥법에 따라 5년 마다 우주개발 진흥 기본계획[23]을 수립하여야 하며 기본계획을 심의하기 위하여 국가우주위원회가 설립되었

---

21) 법률 제9589호, 2009.4.1. 시행.
22) 법률 제10447호, 2010.6.10. 시행.
23) 우주개발 진흥 기본계획은 다음과 같은 사항을 포함함:
 - 우주개발정책의 목표 및 방향에 관한 사항;
 - 우주개발 추진체계 및 전략에 관한 사항;
 - 우주개발 추진계획에 관한 사항;
 - 우주개발에 필요한 기반 확충에 관한 사항;
 - 우주개발에 필요한 재원 조달 및 투자계획에 관한 사항;
 - 우주개발을 위한 연구개발에 관한 사항;
 - 우주개발에 필요한 전문 인력의 양성에 관한 사항;
 - 우주개발의 활성화를 위한 국제협력에 관한 사항;
 - 우주개발사업의 진흥에 관한 사항;
 - 우주물체의 이용과 관리에 관한 사항;
 - 우주개발 결과의 활용에 관한 사항;
 - 그밖에 우주개발 진흥과 우주물체의 이용·관리에 관하여 대통령령으로 정하는 사항.

다. 최근 우리나라가 보유한 인공위성의 수가 점차 증가하자 두 가지 측면에 대한 법적 제도의 마련
필요성이 제기되었다. 첫째, 위성정보의 보급 및 활용을 촉진할 수 있는 제도이며, 둘째, 인공위성의
안전한 궤도 비행을 위하여 우주환경을 지속적으로 감시할 수 있는 제도의 마련이 그것이다. 이를 위
해 2014년 6월에 개정된 우주개발진흥법에 따라 정부는 5년마다 위성정보 활용 종합계획[24]을 그리고
10년마다 우주위험 대비 기본계획[25]을 수립하여야 한다. 2014년 3월 경남 진주에서 운석[26]이 발견되
면서 운석의 관리와 활용을 위한 제도를 만들기 위하여 2014년 12월 우주개발진흥법이 재차 일부 개
정되었다. 우주개발진흥법 일부 개정의 내용은 크게 두 가지로 특징지어진다. 우주개발진흥법은 정의
조항인 제2조에 '자연우주물체'와 '운석'을 각각 정의한 후, 제8조에서 운석 등록제를 도입하였다. 우
주개발진흥법은 자연우주물체를 우주 공간에서 자연적으로 만들어진 물체로 규정하고, 자연우주물체
중에 지구 밖에서 유래한 암석이 지구 중력에 이끌려 낙하한 것을 운석으로 정의한다. 운석 등록제의
도입에 따라 국내에서 운석을 발견하였거나 외국에서 발견한 운석을 국내에 반입하는 경우에는 해당
운석을 등록하여야 한다. 그리고 미래창조과학부 장관이 인정하는 학술 목적 이외에는 운석의 국외
반출이 금지되며 이를 위반한 경우에는 3년 이하의 징역 또는 3천만 원 이하의 벌금에 처하게 된다.

　우주사고 발생 시 피해자를 보호하기 위하여 피해 배상의 범위와 책임의 한계 등을 규정하는 「우주
손해배상법」[27]이 2007년 12월 제정되었다. 우주손해에 대한 우주물체 발사자의 책임은 무과실책임이

---

24) 위성정보 활용 종합계획은 다음과 같은 사항을 포함함:
　　- 위성정보 보급·활용정책의 목표 및 방향에 관한 사항;
　　- 위성정보의 획득에 관한 사항;
　　- 위성정보의 보급체계 및 활용계획에 관한 사항;
　　- 위성정보 관련 전문 인력의 양성에 관한 사항;
　　- 위성정보를 활용한 기술의 수요·동향 및 연구개발에 관한 사항;
　　- 위성정보 관련 장비 및 시설 등의 중복투자 방지에 관한 사항;
　　- 위성정보를 획득하기 위한 인공위성 개발의 수요·동향에 관한 사항;
　　- 그밖에 위성정보의 보급 및 활용 촉진에 필요한 사항.

25) 우주위험 대비 기본계획은 다음과 같은 사항을 포함함:
　　- 우주공간의 환경 보호와 감시에 관한 사항;
　　- 우주위험의 예보 및 경보에 관한 사항;
　　- 우주위험의 예방 및 대비를 위한 연구개발에 관한 사항;
　　- 우주위험의 예방 및 대비를 위한 국제협력에 관한 사항;
　　- 그밖에 우주위험의 대비에 관하여 필요한 사항.

26) 우주개발진흥법 일부개정 법률안 심사보고서, 2014년 12월, 미래창조과학방송통신위원회.
　　운석은 초당 20km 내외의 고속으로 지구 대기를 통과하기 때문에 대부분 표면이 녹거나 증발하여 매우 드물게 발견되며 국제운석학회에 등록된 운석은
　　48,856개에 불과하며 진주운석과 같이 낙하가 확인된 운석은 1,264개에 불과함. 특히, 국내에서 발견된 운석은 소수이며 두원 운석을 제외한 일제강점기
　　에 발견된 운석은 일본으로 건너간 것으로 알려져 있을 뿐 정확한 소재지가 파악되고 있지 않으며 진주 운석은 국내에서 낙하가 파악된 두 번째 운석으로
　　국내 소유가 되는 최초의 운석임. 단, 극지연구소가 2006년부터 남극에서 약 240개의 운석을 획득함.

〈우리나라의 운석 현황〉

이름	무게	종류	낙하(발견) 장소	낙하(발견) 시기
운곡	1kg	석질운석(콘드라이트)	전라남도 운곡(추정)	1924년 9월 7일 낙하
옥계	1.32kg	석질운석(콘드라이트)	경상북도 옥계(추정)	1930년 3월 18일 낙하
소백	101g	철운석	함경남도 소백(추정)	1938년 발견
두원	2.12kg	석질운석(콘드라이트)	전라남도 고흥군	1943년 11월 23일 낙하
진주	34kg	석질운석(콘드라이트)	경상북도 진주시	2014년 3월 9일 낙하

원칙이지만 우주 공간에서 발생한 우주손해에 대해서는 고의 또는 과실이 있는 경우에 한하여 우주물체 발사자가 책임을 부담한다. 손해배상을 위한 우주물체 발사자의 책임을 보장하기 위하여 우주개발진흥법은 책임보험의 가입을 우주물체 발사의 허가 요건으로 제시하고 있다. 우주손해배상법은 우주물체 발사자의 배상 범위를 우주물체의 특성, 기술의 난이도, 발사장 주변 여건, 국내외 보험시장 등을 고려하여 미래창조과학부 장관이 정하도록 규정하면서 발사자의 최대 배상 범위를 2천억 원으로 제한한다. 단, 초과 피해액은 정부가 지원한다. 그리고 우주손해에 대하여서는「제조물책임법」[28]이 적용되지 않는다.

1.6.2 우주활동

우리나라는 미국의 우주 컨설팅 회사인 Futron의 2012년 우주경쟁력 평가에서 미국, 유럽(단일 국가로 간주), 러시아, 중국, 일본, 인도 그리고 캐나다에 이어 종합 8위로 평가받았다.[29] 우리나라의 우주 과학기술 활동은 한국과학기술원(KAIST)과 영국 Surrey 대학이 공동으로 개발하여 1992년 8월 발사된 우리별 1호로 거슬러 올라간다. 과학 실험용 소형위성인 우리별 1호로 우리나라는 세계에서 25번째로 위성 보유국이 되었으며, 우리별 1호는 지구 주변 우주 공간의 양성자와 전자 이온, 방사선의 종류와 양 등을 측정 및 조사하는 우주환경실험을 수행하였다. 우리별 1호의 후속으로 KAIST가 독자적으로 개발한 우리별 2호와 3호가 1993년 9월 그리고 1999년 5월 각각 발사되었다. KAIST는 우리별의 경험을 바탕으로 정밀한 지구 관측을 위하여 원자외선 분광기, 우주물리 탑재체, 데이터 수집 장치, 고정밀 별 감지기 등을 탑재한 과학기술위성 1호를 2003년 9월 발사하였다. 2013년 1월 나로호에 의하여 발사된 나로과학위성[30]의 주요 임무는 인공위성의 궤도 진입 검증, 우주환경 관측 등이다. 설계 수명이 1년인 나로과학위성은 2014년 4월 통신이 두절되어 운용이 종료되었다.

2013년 11월에는 대기관측, 우주환경 감시 및 우주기술 검증을 위하여 과학기술위성 3호가 러시아에서 발사되었다. 과학기술위성 3호는 탑재된 적외선 우주 관측 카메라가 노후화되어 본연의 임무 수행은 2015년 11월 종료되었다. 그러나 과학기술위성 3호는 통신 두절 등으로 수명이 다할 때까지 연구 목적으로 사용될 계획이다. 한반도 및 해양 관측, 과학 실험 등을 위한 다목적실용위성인 아리랑 1호가 1999년 12월 발사되어 2008년 2월 운용이 종료되었다.

2006년 7월 발사된 아리랑 2호는 설계 수명 3년을 초과하여 9년 간 운용되다 2015년 10월 공식 임

---

27) 법률 제8852호, 2008.6.22. 시행.

28) 법률 6109호, 2002.7.1. 시행.

29) Futron, Futron's 2012 Space Competitiveness Index, 2012, 5th Edition, Wisconsin, p.5.

30) 나로과학위성의 원래 명칭은 과학기술위성 2호였으나 나로호 발사의 실패에 따른 과학기술위성 2호의 발사 실패로 임무가 축소되면서 세 번째 나로호 발사 시 명칭이 나로과학위성으로 변경.

무를 종료하였다. 아리랑 2호는 공식 임무만을 종료하였을 뿐 통신은 정상 작동 중이므로, 통신 두절 등의 수명이 다할 때까지 궤도수정, 영상품질 실험 등의 연구에 활용될 예정이다.

2012년 5월에는 아리랑 3호가 일본 다네가시마 우주센터에서 발사되었다. 70cm 해상도의 전자광학 카메라를 탑재한 아리랑 3호는 지상 685km 상공에서 중형차와 소형차의 구분이 가능하다.

아리랑 5호는 2013년 8월 러시아의 야스니 우주센터에서 발사되었다. 합성영상레이더(Synthetic Aperture Radar: SAR)를 탑재한 아리랑 5호는 바람이 불고 구름이 낀 날에도 지상을 관측할 수 있다.

아리랑 3A호도 2015년 3월 야스니 우주센터에서 발사되었다. 아리랑 3A호의 해상도는 55cm로 우리 나라 인공위성 중 최고의 해상도이며, 아리랑 3A호는 적외선 센서가 탑재되어 산불감지, 화산폭발 감 시 등이 가능하다. 2010년 6월에는 정지궤도에서 해양 관측, 기상 관측 그리고 통신 서비스 임무를 동시에 수행할 수 있는 세계 최초의 정지궤도위성인 천리안을 발사하였다.

우주발사체의 개발은 과학로켓 개발에서 시작되었다. 1993년 과학로켓 1호, 1997년과 1998년 과학 로켓 2호의 발사를 통해 고체추진 로켓 기술[31]을 습득하고, 2002년에는 액체추진 로켓인 과학로켓 3 호를 발사하였다. 과학로켓 발사 경험을 토대로 하여, 러시아와의 국제협력을 통해 러시아가 개발한 1단 액체엔진과 우리나라가 개발한 고체 킥 모터로 구성되는 나로호 개발을 2002년에 착수하였다. 2009년 8월 전라남도 고흥 나로 우주센터에서 발사되었으나 페어링[32]이 분리되지 않아 고도 306km에 서 나로호로부터 분리되어야 할 과학기술위성 2호가 340km에서 분리되어 절반의 성공에 그쳤다. 다 음해인 2010년 6월 나로호를 재차 발사하였으나 발사 후 약 137초 만에 비행 중 폭발하였다. 그러나 2013년 1월 30일 세 번째 발사가 성공하여 우리나라 우주활동의 새로운 장을 열었다. 한편, 우리나라 의 위성 보유 현황은 제5장 통신위성과 국제전기통신연합 3.6항에 정리하였다.

2013년 박근혜 정부는 인공위성을 독자적으로 발사하기 위한 한국형 발사체(Korea Space Launch Vehicle II: KSLV II) 개발을 필두로 하는 우주강국 실현을 국정과제의 하나로 제시하였다. 아울러 한국 형 발사체를 통해 달 궤도선과 달 착륙선을 보내겠다는 계획도 함께 수립되었다.[33] 당초, KSLV II는 2018년 말에 시험 발사 후 2020년과 2021년에 발사되고, KSLV II를 통해 달 궤도선은 2023년 그리고 달 착륙선은 2025년에 각각 발사될 계획이었다. 그러나 2013년 11월에 개최된 국가우주위원회는 KSLV II의 시험 발사를 2017년으로 앞당겨 2020년까지 KSLV II의 개발을 완료하겠다는 계획을 발표하

---

31) 고체 로켓은 일정 형태의 고체 추진제를 내장한 화학 로켓임. 고체 로켓은 추진력을 용이하게 낼 수 있고 저장성이 뛰어나며 개발도 비교적 간단하기 때문에 관측 로켓, 미사일, 보조 로켓 등에 사용됨. 과염소산 암모늄과 같은 산화제와 함께, 탄화수소 계 고분자를 연료로 사용하며 알루미늄 등 금속 분말을 첨가하는 경우가 많음. 《국방과학기술용어사전》 국방과학기술품질원, 2008, 840쪽.

32) 우주발사체가 인공위성을 우주에 쏘아 올리기 위해서는 지구 대기권을 초음속으로 비행하여야 하며 이때 큰 압력과 열이 발생하는데 페어링 은 이런 압력과 열로부터 위성을 보호하기 위해 위성을 덮어둔 발사체 맨 위의 corn 모양의 부분을 말함.

33) 박근혜 대통령은 대통령 선거운동 당시 "2020년까지 달에 태극기가 펄럭이게 하겠다."라고 하면서, 달 궤도선은 2023년까지 그리고 달 착륙 선은 2025년까지 개발하겠다는 공약을 제시한 바 있음. 2013년 7월 1일 자, 중앙일보 1면.

였다. 아울러 KSLV II를 이용한 2020년 달 궤도선 발사와 2030년 화성 탐사 계획을 발표하였다.[34]

2. 글로벌 우주 경제

앞에서 기술한 바와 같이, 미국, 유럽, 러시아, 일본, 중국 등에 의한 화성 및 토성의 탐사, 지구 관측과 천체 연구를 위한 인공위성의 발사와 같은 우주의 탐사와 이용은 미지의 것에 대한 새로운 발견 그리고 편리한 일상생활 그 이상의 것을 우리에게 가져다준다.

첫째, 우주탐사의 궁극적인 목적은 과학과 기술에 관한 새로운 지식의 습득이다. 태양계의 역사 및 생명의 기원과 본질에 대한 진실을 밝힐 수 있고 인류의 멸망을 초래할 수 있는 소행성 충돌과 같은 위급상황을 사전에 예측하여 대처할 수 있는 기술과 지식을 습득할 수 있다. 둘째, 인류의 지속적인 생존을 위한 영역을 확대할 수 있다. 예를 들면 지구에 한정된 자원 개발에서 탈피하여 달에서의 자원 개발 가능성이 확인되고 있으며 이로 인하여 달에서 인간의 단기 체류가 아닌 영구적인 거주의 가능성이 점차 증가하고 있다. 셋째, 우주 탐사는 인류의 경제 성장을 촉진한다. 모바일 인터넷, 통신위성, 상업적 지구관측 위성 및 영상, 위치 측정, Google Earth 등 상업적 목적의 우주 산업의 성장을 가져다준다. 그리고 달과 화성에서의 인간 및 생물체를 지원하는 우주탐사 프로그램은 의학·농업·환경관리 분야에로의 기술파급 효과를 발생시킨다. 넷째, 글로벌 파트너십의 구축과 강화로 국제사회의 평화 유지에 기여한다. 국제우주정거장(ISS) 건설, 유럽우주기구(ESA) 설립에서 보는 바와 같이, 국가 간 공통 관심사의 발굴 및 지식의 공유는 각국의 경제적·사회적·과학적·기술적 수준과 상관없이 모든 국가의 우호를 증진한다. 게다가 글로벌 파트너십은 각국의 공동목적 실현을 위한 도전적이고 평화적 활동을 제시함으로써 국제안보 강화에 주요한 역할을 한다. 마지막으로 우주의 탐사와 이용은 인류에게 영감과 교육의 장을 제공한다. 우주의 탐사는 젊은 세대에게 삶의 목표를 제시하여 이를 성취하기 위한 자극제 역할을 하고 우주 탐사 프로그램은 전 분야의 교육자에게 풍요롭고 새로운 지식을 제공함으로써 학생 교육에 기여한다.

정치적, 전략적 그리고 과학적 목적으로 수행되어 온 각국의 우주활동은 앞에서 설명한 다섯 가지 우주활동의 이익과 더불어 오늘날 글로벌 경제에서 하나의 우주경제(Space Economy)[35]를 형성하기에

---

34) 2013.11.27자 중앙일보 보도.

35) *The Space Economy at a Glance 2011*, OECD, p.14.
경제협력개발기구(Organization for Economic Cooperation and Development: OECD)는 우주경제를 다음과 같이 정의함:
"우주를 이용한 제품과 서비스의 개발 그리고 공급에 참여하는 모든 공공 주체와 민간 주체를 포함한다. 우주경제는, 우주 하드웨어(예를 들면, 발사체, 인공위성, 지상국)의 연구개발 주체와 제조업체를 필두로 우주를 활용한 제품(예를 들면, 항법 장비, 위성 전화)과 서비스(예를 들면, 위성 기반 기상 서비스 또는 직접 위성 수신 서비스)의 공급자에 이르는, 장기 부가 가치 사슬(value chain)을 포함한다."

이르렀고 2008년 이후 글로벌 경제위기에도 불구하고 우주활동은 꾸준히 증가해 오고 있다. 현재 60여 국가가 인공위성을 보유하고 있다. 2015. 8.31 현재 미국이 가장 많은 549기의 인공위성을 보유하고 있으며 그 뒤를 이어 러시아 131, 중국 142, 여타 국가가 483기의 인공위성을 보유하고 있다.[36] 이러한 우주경제의 형성과 성장은 민군 겸용 기술인 우주기술이 국가의 전략적 분야로서 국가의 공적 기관 자금이 투자될 뿐만 아니라 우주 관련 서비스의 상업적인 성공과 더불어 수명을 다한 인공위성을 규칙적으로 보충해야 하는 우주산업이 갖는 순환적 성격에서 비롯된다.

종전에 주로 항법, 통신, 기상 및 지구 관측 분야에서 이용되던 우주 기술이 교통, 천연자원 관리, 농업, 환경과 기후변화 모니터링, 오락 등에서 활용되고 있다. 뿐만 아니라 위성통신의 중계, 위성 영상, 위치측정 데이터 등을 이용한 새로운 제품 및 서비스 그리고 지리정보 시스템 개발자 및 항법 장비 판매자의 등장 등 우주 분야는 가히 하나의 우주경제로 성장하였다. 2009년 우주관련 제품과 서비스에서 발생한 수익은 무려 1500~1650억 US$에 달한다. 구체적으로는 수신기의 리스(임차)를 포함하는 통신위성이 110~150억 US$, 위성방송이 650~720억 US$, 지구 관측 제품 및 서비스가 8.5~10억 US$에 이른다.[37] 2011년 한 해 110기의 인공위성이 발사되었으며 이는 2010년에 비하여 5% 증가하였다. 2013년에는 정부기관의 발사가 58회, 상업용 발사가 23회 있었는데 향후 10년간 670억 US$가 소요되는 759개의 발사가 있을 것으로 예측되고 있다.[38]

정보사회의 등장으로 촉진된 상당수 아시아 국가의 경제적 성장과 점차 증대되는 기술 이전은 최근 20년간 변화되어 온 국제사회 현상의 일부를 구성한다. 우주 분야도 예외는 아니다. 특히 2010년대 들어서 위성을 보유한 국가의 수가 늘어났으며 브라질, 러시아, 인도, 중국 등 일명 BRIC 국가가 우주기술의 수출국으로 등장하였다.

민군 겸용 기술인 우주기술은 대부분의 국가에서 전략적 기술로 분류되어 민감한 기술의 거래는 엄격한 수출통제 정책에 의해 규제되고 있다. 그러나 이러한 규제는 국내 산업의 수출 저하와 경쟁력을 갖춘 해외 산업체의 등장을 가져오기도 한다. 미국의 국제무기거래규제법인 ITAR(International Trade in Arms Regulations)는 국내적으로는 미국 우주산업의 수출 감소를 야기하였고 국제적으로는 미국 부품이 사용되지 않는 즉 ITAR의 규제를 받지 않는 인공위성을 제조할 수 있는 해외 산업체의 출현을 촉진하였다. 중국과 인도는 우주기술의 국제 거래를 위한 새로운 원천으로서 볼리비아, 브라질, 페루 및 베네수엘라

가치 사슬(value chain)'이란 기업이 원재료를 사서 가공하고 판매하여 부가가치를 창출하는 일련의 과정을 말함.

36) 2015.12.17 방문 Union of Concerned Scientists 웹사이트
   http://www.ucsusa.org/nuclear-weapons/space-weapons/satellite-database.html#.VnJkMThunlU

37) 상동 p.25.

38) AWST 2015.1.14.자 98쪽. 2011-2013년 기간의 발사를 국별 비중으로 구분하면 러시아 41.4%, 중국 21.6%, 미국 20.8%, 유럽 7.9%로서 이들 국가가 전체 발사의 91.7%를 차지함.

와 같은 남미 국가들과 기술 협력을 확대하고 있다. 노르웨이는 2010년 북극해 관측용 인공위성인 AISSat-1의 발사를 필두로 2014년에는 AISSat-2을 발사하였고, 2년 내에 2기의 인공위성을 추가로 발사할 계획이다. 노르웨이는 자국의 우주 예산 대비 경제적 이익을 분석한 결과 특히 인공위성 분야에서 투자 대비 5배 이상의 효과가 있는 것으로 분석하였다. 영국은 자국의 기상위성으로 인한 경제적 이익이 투자대비 최대 30배에 달하는 것으로 평가하고 있다. 구체적인 예로, 영국은 자국의 기상예보 자료 중 64%가 위성데이터이며 위성데이터가 없을 경우 기상예보 능력은 20~30년 전 수준으로 회귀할 것으로 판단하고 있다.[39)]

주요 위성 제조업체들은 2009년과 2010년에 각각 30건과 26건에 달하는 위성 제조 계약을 체결하였다. 이는 민군 겸용 위성과 소형 지구관측 위성 등에 대한 기관의 수요가 상대적으로 많기 때문이다.

오늘날 발사된 대부분의 위성은 국방, 기상, 기후, 과학 등 공공 목적을 위해 개발되었다. 공공기관의 역할은 연구개발에 대한 투자뿐만 아니라 우주 제품과 서비스의 주요 고객으로서도 매우 중요하다. 그럼에도 불구하고 우주활동의 상업화 경향은 계속되고 있다. 오늘 날 Virgin Galactic, SpaceX, Bigelow, Orbital Sciences Corporation, Xcor, Armadillo Aerospace 등과 같은 회사들은 저궤도 및 궤도 비행을 통해 화물과 승객을 운송하는 새로운 유형의 상업적 우주운용을 실행하면서 더 유용한 기술과 방안을 개발하고 있다. 2009년 상업적 우주비행 산업에 대한 투자는 약 10.5억 US$에 이른다.

1980년대 말부터 우주활동에 참여하는 민간 업체의 수가 꾸준히 증가해 오고 있다. 이는 경제 성장에 대한 전망을 향상시킬 뿐만 아니라 지식 기반 산업에서 혁신을 유도하는 중소기업 역시 증가하고 있다. 예를 들면 핀란드 그리고 덴마크와 같은 유럽의 작은 국가에도 각각 30개와 20개의 우주 산업체가 있다. 그러나 경쟁은 점점 치열해지고 있으며 보다 많은 소규모 기업이 ESA의 계약에 입찰하기 위하여 대규모의 컨소시엄을 구성하기도 한다.

이와 같이 우주의 탐사와 이용을 망라하는 우주활동은 과학, 국방, 기상 등과 같은 공공 목적에서 통신, 자원관리, 오락 등 상업적 목적까지 이미 확대되었다. 그러나 우주 관련 기술의 연구개발에 소요되는 막대한 비용 그리고 기술에 따라 10년 또는 그 이상 소요되는 시간적 부담은 국내외적으로 재정적 능력과 정치적 영향력을 갖춘 극소수의 글로벌 기업에 의한 국제 우주산업의 독점을 야기하였다. 이러한 독점은 우주 관련 서비스의 가격 상승으로 이어져, 일부 선진국을 제외한 대다수의 국가는 우주의 탐사와 이용에 대한 접근이 사실상 어려운 게 현실이다. 따라서 국제사회 전체가 우주활동의 이익을 향유하기 위해서는 공유 및 경쟁에 기초한 우주산업의 성장이 필요하다.

---

39) OECD Symposium: "The Economic Impacts of Space Technologies", 23 October 2014.

제2장

국제우주법

1. 국제우주법의 탄생

'우주법(Law of Space)'이라는 용어는 1910년 벨기에 변호사인 Emile Laude가 쓴 "실제적 문제 (Questions pratiques)"라는 논문에서 처음 사용되었다. Laude가 말한 '우주법'은 오늘날의 우주발사체 및 인공위성의 발사와 같은 우주의 탐사와 이용보다는 전자파(Hertzian waves)의 소유권과 이용에 관한 문제와 관련되었다. Laude를 시작으로 체코슬로바키아 변호사 Vladimir Mandle, 미국의 항공법 전문가 John Cobb Cooper, 독일 쾰른대학의 교수 Alex Meyer, 국제노동기구(ILO) 사무총장을 지낸 C. Wilfred Jenks에 이르기까지 1950년대 중반까지 우주에 관한 규범적 논의는 주로 학자들 간의 이론적 접근이 중심을 이루었다.[1]

1.1 유엔에서의 논의

우주가 국제사회의 구성원인 국가 간에 실질적인 논의의 대상이 된 것은 1957년 10월 소련에 의한 Sputnik 1호의 발사였다. 소련은 Sputnik 1호를 자국의 선전보다는 과학적 연구의 결과물로 간주하였고 Sputnik 2호에는 최초의 생명체인 '라이카'라는 개를 태우고 발사하였다. 그러나 Sputnik의 발사는 국제사회의 우려를 불러일으키기에 충분하였다. Sputnik 발사 당시는 1953년 소련의 독재자인 스탈린이 사망하여 다소 완화된 시기였으나 여전히 정치, 경제 그리고 선전의 영역에서 미국과 소련 그리고 양국의 동맹국들 사이에 전개된 대결이 계속되는 냉전의 시대였다. 냉전 기간 동안 미국과 소련 사이에

---

1) 우주법에 관한 초창기 학자들의 논의에 관한 상세한 내용은 아래의 저술 참조할 것:
   - 박원화·정영진 *우주법*, 한국학술정보(주), 2012, 467p, pp.45~46;
   - Stephen E. Doyle, "*A Concise History of Space Law: 1910-2009*" in New Perspectives on Space Law, Proceedings of 53rd IISL Colloquium on the Law of Outer Space, 2011, 262p, pp.1~24;
   - Vladimir Kopal, "*The Life and Work of Professor Vladimir Mandle-A Pioneer of Space Law*" in New Perspectives on Space Law, Proceedings of 53rd IISL Colloquium on the Law of Outer Space, 2011, 262p, pp.25~29;
   - Stephen Hobe, "*Vladimir Mandle, Alex Mayer, Welf-Heinrich Prince of Hanover Friedrich Wilhelm von Rauchhaupt – Early Writings in German on the Young Discipline of Space Law*" in New Perspectives on Space Law, Proceedings of 53rd IISL Colloquium on the Law of Outer Space, 2011, 262p, pp.30~42.

직접적인 무력 대결은 없었으나 양국에서는 대륙간 탄도미사일 개발이 시작된 시기이기도 하였다. 결국 국제사회는 우주가 냉전의 새로운 무대가 되는 것을 피하고 평화적 목적으로 이용하기 위한 논의의 필요성을 인식하게 되었고 주요 국가들이 유엔에서 논의를 시작하였다.

유엔에서 토의한 결과 우주를 평화적 목적으로 이용하고 그 이용에서 발생할 수 있는 법적 문제를 검토하기 위하여 '우주의 평화적 이용 잠정 위원회(ad hoc Committee on the Peaceful Uses of Outer Space)'가 설립되었다.[2] 잠정 위원회의 보고서에 따라 유엔 총회는 잠정 위원회를 '우주의 평화적 이용 위원회(Committee on the Peaceful Uses of Outer Space: COPUOS)'[3]로 상설화하였다. COPUOS는 1961년 과학기술소위원회와 법률소위원회를 설립하였다.

아울러 유엔 총회는 COPUOS의 업무를 지원하기 위하여 1962년 유엔 정치안보국(Department of Political and Security Council Affairs)내에 담당 부서를 설립하고 1968년 우주과(Outer Space Affairs Division)로 확대하였다. 그리고 우주과가 1992년 외기권사무소(Office for Outer Space Affairs: OOSA)로 재차 확대되어 오늘에 이르고 있다. OOSA의 주요 역할은 우주 활동에 관한 유엔 총회 및 COPUOS의 결정사항을 이행하는 것이다. 그리고 우주활동을 규제하는 국제법 및 국내법의 제정을 지원하고, 국제협력 촉진의 일환으로 환경 보호와 재난 관리 분야에서 우주 기술을 활용하기 위한 국제협력 프로그램을 수립하고 추진한다. COPUOS에 대한 효율적인 업무 지원을 위하여 OOSA는 위원회·정책·법무 섹션(Committee, Policy and Legal Affairs Section)[4]과 우주응용 섹션(Space Application Section)[5]의 2개의 섹션을 두고 있다.

유엔은 1968년, 1982년 그리고 1999년 세 차례에 걸쳐 우주탐사의 평화적 이용에 관한 UN 컨퍼런스(United Nations Conference on the Exploration and Peaceful Uses of Outer Space: UNISPACE)를 개최하였다. 특히 1999년에 개최된 UNISPACE III는 100개국 그리고 30개 국제기구 및 민간 분야 대표가 참여하였

---

2) UNGA Resolution 1348(XIII), 1958.12.13.

3) 우주의 평화적 이용 위원회 설립 당시 회원국은 24개국(알바니아, 아르헨티나, 호주, 오스트리아, 벨기에, 브라질, 불가리아, 캐나다, 체코슬로바키아, 프랑스, 헝가리, 인도, 이란, 이탈리아, 일본, 레바논, 멕시코, 폴란드, 루마니아, 스웨덴, 소련, 통일 아랍 공화국, 영국, 미국)이었음. UNGA Res. 1472 A(XIV), 1959.12.12.

4) OOSA의 위원회·정책·법무 섹션(Committee, Policy and Legal Affairs Section)은 주로 다음과 같은 기능을 담당함:
  - COPUOS, COPUOS 법률소위원회와 과학기술소위원회, 총회 제4위원회(The 4th Committee(Special Political and Decolonization Committee))의 업무 중 우주의 평화적 이용에 관한 국제협력 의제에 대하여 사무국으로서의 역할을 수행;
  - 정부간 국제기구를 위한 과학적 그리고 법적 연구의 검토;
  - UN 사무총장을 대신하여 UN 우주물체 등록부 관리;
  - OOSA의 국제우주정보서비스(International Space Information Service) 관리.

5) OOSA의 우주응용 섹션(Space Application Section)은 주로 다음과 같은 기능을 담당함:
  - 개발도상국의 지속가능한 경제적·사회적 발전을 위한 우주기술과 데이터의 이용 촉진;
  - 우주기술 이용을 통해 습득하게 될 비용효율과 이익에 대한 결정권자의 인식 향상;
  - 개발도상국의 우주기술 이용 능력의 마련 및 강화;
  - 우주기술 이익에 대한 인식을 보급하기 위한 활동 강화;
  - 워크숍·세미나·훈련 프로그램·실험 프로젝트를 통한 UN 우주응용 프로그램의 이행과 UN 부속 우주과학·우주기술 교육을 위한 4개 지역 센터의 지원

으며 '우주 밀레니엄: 우주와 인간개발에 관한 비엔나 선언(The Space Millennium: Vienna Declaration on Space and Human Development)'이라는 결의[6]를 채택하였다.

1.2 유엔 채택 국제 문서

COPUOS는 1962년 제1차 법률소위원회를 개최하고 우주활동에 관한 법적 문제점을 검토하기 시작하였다. 주요 의제는 우주활동에 관한 기본 원칙, 우주인과 우주선의 귀환과 조력 그리고 우주 사고의 손해배상 책임이었다. 법률소위원회와 COPUOS에서 1년여의 논의 끝에 1963년 '우주의 탐사와 이용에서 국가 활동을 규제하는 법 원칙 선언'이 채택되었다.[7] 법 원칙 선언에 기초하여 1967년 달과 기타 천체를 포함한 외기권의 탐사와 이용에 있어서의 국가 활동을 규제하는 원칙에 관한 조약(이하 1967년 외기권 조약), 1968년 우주인의 구조, 우주인의 귀환 및 우주에 발사된 물체의 회수에 관한 협정(이하 1968년 구조협정) 그리고 1972년 우주물체에 의하여 야기된 손해에 대한 국제책임에 관한 협약(이하 1972년 책임 협약)이 체결되었다. 이로써 1962년 제1차 법률소위원회가 개최된 후 10년 만에 법률소위원회의 세 가지 주요 의제가 모두 조약으로 체결되었다. 기존에 존재하지 않는 국제 규범을 논의하여 10년 동안 세 개의 조약을 체결할 수 있었던 것은 문제의 사안을 규제하기 위한 국제 규범의 필요성이 국제사회에 어느 정도 인식되었을 뿐만 아니라 당시 주요 국가들의 정치적 의지도 있었기 때문이다.

법률소위원회의 초창기 세 가지 의제 중 우주인과 우주선의 귀환과 조력 그리고 우주 사고의 손해배상 책임에 관한 논의에서 소련, 미국, 유럽 등과 같은 우주활동 국가들과 그렇지 않은 국가들 간에 견해의 차이가 극명하였다. 전자에 해당하는 국가들이 우주인과 우주선의 귀환과 조력 문제에 관한 조약의 우선적인 채택을 주장한 반면, 후자에 해당하는 국가들은 우주 사고의 손해배상 책임에 관한 조약의 채택을 우선시하였다. 결국, 우주활동 국가들의 소극적인 참여로 우주 사고의 손해배상 책임 문제에 관한 본격적인 논의가 선행되었음에도 불구하고 1968년 구조협정이 먼저 체결되었다.

그리고 1975년 우주에 발사된 물체의 등록에 관한 협약(이하 1975년 등록 협약)이, 1979년에는 달과 기타 천체에서 국가 활동을 규제하는 협정(이하 1979년 달 협정)이 체결되어 20여 년에 걸쳐 총 5개의 우주활동에 관한 조약이 유엔에서 체결되었다.

그러나 1979년 달 협정 체결 이후, 우주활동 관련 조약이 체결되지 않은 이유는 다음과 같이 몇 가

---

6) UNGA Resolution 54/68, 1999.12.6.

7) UNGA Resolution 37/92.

지 이유에서 연유한 것으로 보인다:

첫째, 1979년 달 협정이 1984년 7월 발효되기는 하였으나 당사국이 최근까지 16개국에 불과하여 우주활동에 관한 추가 조약 체결을 위한 국가들의 의지가 상대적으로 감소하였다;

둘째, COPUOS의 의사결정 방식은 한 국가라도 해당 문서의 채택에 이의를 제기 할 경우 해당 문서의 채택이 불가능한 컨센서스에 기초한다;

셋째, 조약 체결에 장기간 소요되는 시간, 예측이 어려운 새로운 우주기술의 빠른 등장 등으로 인해 오히려 국제 규범이 우주기술의 발전을 저해할 수 있다는 우려가 우주활동을 수행하는 국가들 사이에 팽배해 있다.

우주 관련 유엔 5개 조약이 규제하지 못하는 보다 세부적인 우주활동이 점차 증가하자 그러한 활동에 대한 규제가 필요하다는 공감대가 어느 정도 국가 간에 형성되었다. 결국 COPUOS는 국제법상 구속력을 갖는 조약의 체결에서 유엔 총회에서 결의(Resolution)를 채택하는 방향으로 선회하였다. 유엔 총회 결의는 국제법상 구속력이 없는 권고적 성격만을 갖지만, 국가의 정치적 의지가 강할 경우 조약과 같은 역할을 기대할 수가 있다.

2. 국제우주법의 법원

앞에서 기술한 바와 같이, 인간이 최초로 쏘아올린 인공위성 Sputnik 1호 발사 후 우주활동에서 비롯될 수 있는 법적 문제의 논의 필요성이 유엔에서 제기되자마자, 상세하고 본격적인 법적 검토를 위한 목적으로 유엔 총회에 의하여 COPUOS가 설립되었다. COPUOS는 곧바로 법률소위원회를 구성하여 1962년부터 1997년까지 총 5개의 조약을 체결하고 5개의 선언 및 원칙을 채택하였다. 결국 우주활동은 원칙적으로 유엔에서 국가 간에 체결되는 조약과 유엔 총회 결의 등의 국제 문서에 의한 규제 대상이 되었으며 이러한 우주활동에 관한 국제 문서는 국제우주법을 형성하기에 이르렀다. 국제우주법은 국제환경법, 국제인도법, 국제인권법, 국제해양법, 국제항공법 등과 같이 국제법의 한 분파이다.

국제우주법은 국제법의 분파를 구성하기 때문에 현재의 국제우주법이 성립된 인과적 또는 역사적 배경을 이루는 국제우주법의 법원(source of law)을 국제법의 일반적인 법원에서 찾을 수 있다.

국제법의 일반적인 법원은 일반적으로 국제사법재판소(International Court of Justice: ICJ) 규정(Statue of the ICJ) 제38조에 근거하여 설명하는 데에 국제법 학자 간에 큰 이견이 없다.[8] 제38조는 다음과 같다.

---

8) Brownlie, I., Principles of Public International Law, (3rd ed.), (Oxford,1979), p.3.

1. 재판소는 재판소에 회부된 분쟁을 국제법에 따라 재판하는 것을 임무로 하며, 다음을 적용한다.
   a. 분쟁국에 의하여 명백히 인정된 규칙을 확립하고 있는 일반적인 또는 특별한 국제협약
   b. 법으로 수락된 일반 관행의 증거로서의 국제관습
   c. 문명국에 의하여 인정된 법의 일반원칙
   d. 법칙 결정의 보조수단으로서의 사법판결 및 제국의 가장 우수한 국제법 학자의 학설. 다만, 제59조⁹⁾의 규정에 따를 것을 조건으로 한다.
2. 이 규정은 당사자가 합의하는 경우에 재판소가 형평과 선에 따라 재판하는 권한을 해하지 아니한다.

ICJ 규정 제38조와 우주활동에 고유한 국제 문서 등을 토대로 국제우주법을 구성하는 법원을 다음과 같이 구체적으로 열거할 수 있다:

- 조약(다자조약과 양자조약)

- 관습국제법

- 국제법의 일반원칙

- 국내법

- 법원 판결

- 지역적 합의 내용(EU에서 적용되는 법률 등)

국제우주법의 대표적인 법원은 우주 관련 유엔 5개 조약 등 다자조약이다. 국제우주법은 국제법의 다른 분야와는 달리 관습국제법이 차지하는 비중이 매우 적다. 예컨대 우주활동과 관련된 관습국제법의 대표적인 예로 우주발사체 및 인공위성 발사 시 타국 영공의 자유로운 통과 정도이다. ICJ 재판관이었던 Manfred Lachs는 1969년 북해대륙붕 사건(North Sea Continental Shelf Cases) 판결의 개별의견(Dissenting opinion)에서 다음과 같이 자유로운 영공통과에 대한 의견을 진술하였다:

> "인간이 우주에 보낸 첫 기구는 국가들의 영공을 통과하고 우주에서 국가들의 상부를 선회하였음에도 불구하고 어떠한 허가를 요청하지도 않았으며 다른 국가들도 반대하지 않았다. 이는 우주에서의 이동의 자유가 어떻게 매우 단 기간에 법으로서 수립되고 승인되었는지를 보여준다."¹⁰⁾

국제우주법은 국제환경법과 마찬가지로 과학기술의 발달에 따라 형성되었으며, 특히 우주기술은 상대적으로 가장 근래에 등장하고 그 발달 속도가 매우 빠르기 때문에 국제우주법이 일반적인 관행(general practice)과 법적 확신(opinio juris)으로 구성되는 관습국제법의 형성과는 사뭇 거리가 있다.

국제우주법의 형성에서 가장 두드러지는 특징이 연성법(soft law)의 발전이다. 연성법은 준수되어야

---

9) ICJ 규정 제59조는 '재판소의 결정은 당사자 사이와 그 특정 사건에 관하여서만 구속력을 가진다.'라고 규정하고 있음.

10) *North Sea Continental Shelf Cases* (Federal Republic of Germany v. Denmark and Federal Republic of Germany v. The Netherlands) Judgment of 20 February 1969, Dissenting Opinion of Judge Lachs, ICJ Reports 1969, 230.
Manfred Lachs 판사의 개별 의견 원문은 아래와 같음:
"the first instruments that men sent into outer space traversed the air space of States and circled above them in outer space, yet the launching States sought no permission, nor did the other States protest. This is how the freedom of movement into outer space, and in it, came to be established and recognized as law within a remarkably short period of time".

하는 법규(legal rules)와 법률적으로 말하면 무시될 수 있는 비법규(non-legal rules)의 중간 정도로 인식되는 지위를 갖는다. 유엔 총회 등 정부 간 국제기구가 채택하는 결의(resolutions), 선언(declaration), 권고(recommendations), 행동규범(code of conduct), 성명(statement), 원칙(principles), 행동 계획(action plan), 가이드라인(guideline) 등이 연성법 문서에 해당한다.

국제법에서 세계 인권선언(Universal Declaration of Human Right)을 연성법의 대표적인 예로 열거한다. 유엔 총회에서 세계 인권선언 채택 시, 각국은 채택을 지지하는 성명을 발표하면서 세계 인권선언의 규정이 법적 의무를 구성하지 않는다는 점을 명확히 하였다. 그 대신 세계 인권선언 규정은 그 성격상 지향성을 가지며 국가가 달성하기 위하여 노력하여야 하는 기준을 제시한다는 점을 강조하였다. 당시 유엔 인권위원회(United Nations Human Rights Commission) 의장이었던 Anna Eleanor Roosevelt도 세계 인권선언이 법 또는 법적 의무의 진술이 아니며 오히려 모든 국가와 모든 민족을 위해 달성하여야 하는 공동 표준이라고 언급하였다.

ICJ 재판관이었던 Robert Y. Jennings도 권고(recommendations)가 법을 만들 수는 없다고 지적한 바 있다. 그러나 그는 동시에 '우리는 정부가 권고를 무시할 수도 있다고 정부에 자문하는 것을 주저할 것이다'라고 하면서 권고의 준수를 간접적으로 표현하였다.[11]

조약문의 협의·채택과 마찬가지로 연성법도 때로는 연성법 문서의 규정을 협의하고 채택하는데 상당한 시간과 노력을 요구한다. 우주활동 관련 연성법 문서인 유엔 우주에서의 핵 동력원 이용 원칙이 대표적인 예로 동 원칙 채택을 위해 10년이 소요되었다. 따라서 연성법 문서가 어떠한 법적 결과를 갖는 것으로 의도되지 않았다 하더라도 그러한 연성법 문서를 무시 할 수는 없다.

우주 관련 기술의 진보가 계속해서 인간의 예상을 능가하고 있으며 그러한 진보에 대응하기 위하여 적절한 관련 규칙을 마련하기 위한 국제사회의 의지가 조약의 체결보다는 연성법의 채택으로 결집되는 것이 보다 현실적이다. 최근 우주활동을 규제하기 위해 가장 활발하게 논의가 진행 중인 대표적인 연성법 문서로서 우주활동 국제행동규범(안)이 있다.

---

11) David Harris, *Cases and Materials on International Law*, 7th ed., Sweet and Maxwell, London, 2010, p.57.

3. 국제우주법의 발전

3.1 유엔 우주 관련 5개 조약[12]

3.1.1 1967년 외기권 조약[13]

우주활동에 관한 헌법적 국제 문서로 평가되는 1967년 외기권 조약은 1963년 유엔에서 채택된 우주의 탐사와 이용에서 국가 활동을 규제하는 법 원칙 선언을 사실상 그대로 이어받은 것이다.[14]

우주의 탐사와 이용에 관한 법적 검토는 1962년 3월 COPUOS에 법률소위원회(Legal Sub-Committee)가 설립되면서부터 본격화되었다. 전술한 바와 같이 법률소위원회에서의 논의는 크게 세 가지 즉, 첫째 우주활동에 관한 기본 원칙, 둘째 우주인과 우주선의 귀환과 조력, 셋째 우주 사고의 손해배상 책임으로 나뉘었다.

특히, 유엔 총회는 1961년 12월 우주의 탐사와 이용에 관한 법적 검토를 위한 지침으로서 다음 두 가지 원칙을 권고하였다:

첫째, 유엔 헌장을 포함하는 국제법이 우주와 천체에 적용되어야 한다;

둘째, 우주와 천체는 국제법에 따라 모든 국가에 의한 탐사와 이용이 자유로워야 하며 국가 소유의
　　　대상이 되지 않는다.

1962년 5월 제1차 법률소위원회에 소련과 미국이 각각 두 개의 안을 제시하였다. 소련은 우주의 탐사와 이용에 관한 국가 활동을 규제하는 기본적인 법 원칙 선언 안과 우주인 구조에 관한 국제협정 안을 그리고 미국은 우주발사체와 우주인의 지원과 귀환에 관한 원칙 안과 우주발사체 사고 시 손해배상에 관한 국제협정 안을 각각 제안하였다. 그러나 법률소위원회에서 상기 네 개 안에 대하여 어떠한 합의도 이루어지지는 않았다. 소련과 미국의 안 이외에도 같은 해에 통일아랍공화국[15]의 우주의 평화적 이용 시 국제협력 규범 안, 영국의 우주의 탐사와 이용에 관한 국가 활동을 규제하는 기본 원칙 선언 안, 그리고 미국의 우주의 탐사와 이용에 관한 원칙 선언 안이 추가로 COPUOS에 제출되었다.

1963년 5월 제2차 법률소위원회에서 소련은 1962년 제출하였던 법 원칙 선언 안의 수정안을 제출하였고 벨기에는 손해배상 책임 규칙의 통일에 관한 워킹페이퍼를 제출하였다.

---

12) 유엔 우주 관련 5개 조약 각각의 체결과정에 대한 상세한 내용은 박원화·정영진 전게서 pp.54-63 참조.

13) Treaty on Principles Governing the Activities of States in the Exploration and Use of Outer Space including the Moon and Other Celestial Bodies로서 1966년 12월 19일 유엔 총회 결의 2222로 채택, 1967년 1월 27일 서명에 개방, 1967년 10월 10일 발효, 2015년 1월 현재 103개 당사국. 조약문은 부록 참조.

14) 따라서 1963년 우주의 탐사와 이용에서 국가 활동을 규제하는 법 원칙 선언은 별도로 기술하지 않고 여기에서는 1967년 외기권 조약과 법 원칙 선언에서 동일하게 규정된 내용을 중심으로 기술함.

15) 1958년부터 1961년까지 존재하였던 이집트와 시리아의 국가 연합(union)으로서의 United Arab Republic.

결국 1963년 12월 아홉 개 내용으로 구성된 우주의 탐사와 이용에서 국가 활동을 규제하는 법 원칙 선언이 유엔 총회에서 만장일치로 채택되었다.

상기 법 원칙 선언을 수록한 유엔 총회 결의 1963호는 법 원칙 선언이 향후 국제 협정의 형태로 구체화되도록 권고하고 있으나 이에 대한 각국의 입장은 둘로 대별되었다. 법 원칙 선언을 국제법상 구속력 있는 국제 조약의 형태로 서둘러 구체화하자는 입장의 소련, 불가리아, 체코슬로바키아, 헝가리, 몽골, 폴란드, 루마니아 등의 동구권 국가들과는 달리, 호주, 벨기에, 이탈리아, 멕시코, 스웨덴, 영국, 미국 등은 법 원칙 선언보다는 우주인과 우주발사체의 지원과 귀환 그리고 사고 발생 시 손해배상에 대한 국제 협정문의 작성을 우선시하였다.

상기와 같은 의견 차이는 1964년 COPUOS 법률소위원회에서 계속되었다. 그러나 1965년 미국이 천체의 탐사에 관한 조약 안 작성에 대하여 긍정적인 입장을 보이면서 국제법상 구속력 있는 문서의 채택을 위한 작업이 본격화되었다.

1966년 제5차 법률소위원회에 소련은 우주, 달 및 다른 천체의 탐사와 이용에 있어서 국가 활동을 규제하는 법 원칙에 관한 조약 안을, 미국은 달과 다른 천체의 탐사를 규제하는 조약 안을, 각각 제출하였다. 소련과 미국은 논의 과정에서 수정안을 제출하였고, 호주, 인도, 통일아랍공화국 그리고 영국도 특정 사항에 대한 다양한 안을 제시하였다.

제5차 법률소위원회에서는 조약의 범위를 비롯하여 일부 조항에 대하여 합의가 이루어졌다. 특히 조약의 범위와 관련하여, 미국이 초기에 제안한 달과 다른 천체에 한정되지 않고 달과 천체를 포함하는 우주 전체로 확대되었다. 그러나 천체에서의 시설에 대한 접근, 우주활동에 대한 정보 제공, 국제기구에 대한 조약의 적용, 천체에서의 군사 장비의 이용 등 합의가 이루어지지 않은 내용은 같은 해인 1966년 제21차 유엔 총회에서 논의하기로 하였다. 미국과 소련은 유엔 총회 개시 전에 재차 수정안을 제출하였다.

유엔 총회 제1위원회에서 1966년 12월 16일과 17일 양일간 이 조약 안을 논의하기로 예정되었다. 그러나 COPUOS 회원국이 협의를 통해 제5차 법률소위원회에서 해결되지 않은 문제에 대하여 전격적으로 합의를 함에 따라, 1966년 12월 15일 43개국[16]의 지지를 얻은 "달과 다른 천체를 포함하여 우주의 탐사와 이용에서 국가의 활동을 규제하는 원칙에 관한 조약 안"이 제1위원회에 제출되었다. 이 조약 안은 제1위원회에서 만장일치로 1966년 12월 17일 채택되었다.

1967년 외기권 조약은 1959년 남극조약 및 1963년 핵실험 금지 조약과 함께 평화 구축을 위한 일련

---

16) 아프가니스탄, 아르헨티나, 호주, 오스트리아, 벨기에, 브라질, 불가리아, 캐나다, 차드, 칠레, 체코슬로바키아, 다호메이(서아프리카공화국의 옛 이름으로서 현재 베냉), 덴마크, 핀란드, 프랑스, 그리스, 헝가리, 이란, 이라크, 아일랜드, 이탈리아, 일본, 요르단, 레바논, 리베리아, 모리타니아, 멕시코, 몽골, 모로코, 네팔, 니제르, 나이지리아, 폴란드, 루마니아, 르완다, 시에라리온, 수단, 스웨덴, 터키, 소련, 영국, 미국, 헝가리.

의 협정으로 여겨졌고 아울러 우주의 군사적 이용을 주장했던 국가들에 대한 평화 우호 국가의 승리로 평가되기도 하였다.

그럼에도 불구하고 1967년 외기권 조약이 규정하지 못하거나 불명확성으로 인한 법적 흠결에 대하여 상당수의 국가가 우려를 표명하였으며, 그러한 우려는 현재에도 비판의 대상이 되고 있다. 무엇보다 1967년 외기권 조약이 영공과 우주의 경계를 획정하지 않아 국가 간 분쟁의 가능성을 항상 내포하고 있다는 것과 우주의 군사적 이용을 명문으로 금지하지 않았다는 비판이 대표적이다.

1967년 외기권 조약은 제1조에서 달과 기타 천체를 포함하여 우주에 대한 모든 국가의 자유로운 접근을, 제2조에서는 달과 기타 천체를 포함하는 우주가 국가의 어떤 주권 주장에 의하여서도 국가 전용의 대상이 되지 않는다는 우주의 법적 지위를 선언하고 있다. 그리고 제4조는 지구 주변 궤도에 핵무기 등 대량살상무기(Weapons of Mass Destruction)의 배치를 금지함으로써 우주의 군사적 이용을 제한하고 있다.

1967년 외기권 조약의 대표적인 규정은 국가가 자국의 우주활동에 대하여 부담하는 국제법상 국가 책임이다. 제6조는 정부기관과 비정부 기관의 우주활동에 대한 국제 책임을, 제7조는 그러한 우주활동에서 비롯된 손해배상에 대한 국제 책임을 규정하고 있다. 제8조는 우주물체를 등록한 국가가 그러한 우주물체에 대하여 보유하는 관할권과 통제권에 관한 규정이다.

외기권 조약은 당사국 간의 협의를 강조한다. 예를 들면, 제9조에 따라, 국가는 우주에서 자국의 활동 또는 실험이 다른 국가의 우주활동에 잠재적으로 유해한 방해를 초래할 수 있다고 믿을 만한 이유가 있는 경우에는 사전에 적절한 국제적 협의를 하여야 하며 아울러 그러한 방해를 받을 것이라고 믿을 만한 이유가 있는 국가는 사전에 협의를 요청할 수 있다. 제12조는 1967년 외기권 조약의 대부분의 조항과는 달리 달과 기타 천체에 고유한 조항이다. 즉, 달과 기타 천체상의 모든 기지, 시설, 장비 및 우주선은 상호주의에 기초하여 다른 모든 당사국에게 개방된다. 단, 방문하는 당사국 대표의 안전을 보장하고 방문 시설의 정상적인 운용에 대한 방해를 피하기 위하여 사전에 적절한 협의와 통고를 하여야 한다.

3.1.2 1968년 구조 협정[17]

1968년 구조 협정은 서문과 함께 총 10개조로 구성된다. 총 10개조 중 4개조는 우주인의 구조 및 귀환에 관한 것이며 물체의 회수는 2개조로 구성되며, 1개조는 발사 당국(launching authority)의 개념, 그리고 나머지는 서명 등 기타 절차 조항이다. 구조 협정은 우주 활동 중 발생하는 사고, 조난 또는

---

17) Agreement on the Rescue of Astronauts, the Return of Astronauts and the Return of Objects Launched into Outer Space로서 1967년 12월 19일 유엔 총회 결의 2345로 채택, 1968년 4월 22일 서명에 개방, 1968년 12월 3일 발효, 2015년 1월 현재 94개 당사국.

비상 착륙 시 우주인에 대한 가능한 한 모든 원조의 제공, 우주인의 신속하고 안전한 귀환 및 우주에 발사된 물체의 회수를 위해 필요한 국제협력에 관한 내용을 다룬다. 따라서 구조 협정은 다른 우주 관련 조약과는 달리 우주인의 구조 및 귀환을 위한 국제협력을 촉진하기 위하여 서문에서 무엇보다 인도적 감정에 호소한다.

구조 협정 제1조에 따르면, 각 체약국은 우주인이 자국의 관할권 내, 어느 국가의 관할권에도 속하지 않는 지역 또는 공해[18]에서 우주인이 사고, 조난, 비상 착륙을 한 사실을 입수하거나 직접 발견한 경우에는 발사 당국에 통보하거나 발사 당국을 알지 못하는 경우에는 가능한 한 모든 통신 수단을 통해 그와 같은 사실을 공개적으로 발표하고 동시에 유엔 사무총장에게 통보하여야 한다. 발사당국은 발사에 책임 있는 국가 또는 발사에 책임 있는 정부 간 국제기구를 일컫는다. 단, 후자의 경우 구조 협정의 권리의무에 관한 수락 선언을 하고 회원국의 과반수가 1967년 외기권 조약의 체약국인 국제기구이어야 한다. 그리고 그러한 사실을 입수하거나 발견한 체약국이 우주인의 신속한 구조를 위해 원조를 제공할 수 있는 위치에 있는 경우에는 필요한 조치를 취하고 그 진행 상황을 발사 당국 또는 유엔 사무총장에게 통보하여야 한다. 구조된 우주인은 안전하고 신속하게 발사 당국의 대표에게 인도되어야 한다.

우주에 발사된 우주물체 또는 그 구성품이 체약국의 관할권 내, 어느 국가의 관할권에도 속하지 않는 지역 또는 공해에 되돌아 온 경우에도 우주인의 경우와 비슷하다. 단, 발사 당국의 요청에 따라 자국의 관할권 내 또는 관할권 밖에서 우주물체 또는 그 구성품의 회수 및 발사 당국으로의 반환을 위하여 소요되는 경비는 발사 당국이 부담하도록 되어 있다.

3.1.3 1972년 책임 협약[19]

1972년 책임 협약은 불가피하게 우주물체에 의한 손해가 발생하는 경우 그러한 손해의 책임에 관

---

18) 유엔 해양법 협약 제87조(공해의 자유)
  1. 공해는 연안국이나 내륙국이거나 관계없이 모든 국가에 개방된다. 공해의 자유는 이 협약과 그 밖의 국제법 규칙이 정하는 조건에 따라 행사된다. 연안국과 내륙국이 향유하는 공해의 자유는 특히 다음의 자유를 포함한다.
    (a) 항행의 자유
    (b) 상공 비행의 자유
    (c) 제6부에 따른 해저전선과 관선부설의 자유
    (d) 제6부에 따라 국제법상 허용되는 인공 섬과 그 밖의 시설 건설의 자유
    (e) 제2절에 정하여진 조건에 따른 어로의 자유
    (f) 제6부와 제13부에 따른 과학조사의 자유
  2. 모든 국가는 이러한 자유를 행사함에 있어서 공해 자유의 행사에 관한 다른 국가의 이익 및 심해저 활동과 관련된 이 협약상의 다른 국가의 권리를 적절히 고려한다.
  유엔 해양법 협약 제89조(공해에 대한 주권 주장의 무효)
  어떠한 국가라도 유효하게 공해의 어느 부분을 자국의 주권 아래 둘 수 없다.
19) Convention on International Liability for Damage Caused by Space Object로서 1971년 11월 29일 유엔 총회 결의 2777로 채택, 1972년 3월 29일 서명에 개방, 1973년 10월 9일 발효, 2015년 1월 현재 92개 당사국.

한 국제 규칙과 절차 그리고 충분하고 공평한 손해배상을 위한 절차를 수립하고 있다. 책임 협약은 총 28개조로 구성된다.

제1조는 '손해(damage)'와 '우주물체(space object)'에 대한 개념을 정의하고 제2조~5조는 절대 책임, 과실 책임, 연대 책임 등 손해 발생에 책임 있는 발사국의 국제 책임의 유형에 대하여 기술하고 있다. 제6조~7조는 발사국의 절대 책임 면제 사유와 책임 협약의 적용 범위에 관한 규정이다.[20]

손해배상 청구의 주체는 국가이다. 따라서 국가는 국가 자신이 손해를 입은 경우뿐만 아니라 자국의 자연인 또는 법인이 손해를 입은 경우에도 그들을 대신하여 발사국에 손해배상을 청구한다. 국가가 자연인 또는 법인이 입은 손해에 대하여 배상청구를 하는 경우 국내적 구제 절차의 완료를 필요로 하지 않는다. 국가는 경우에 따라서 타국이 입은 손해에 대하여 발사국을 상대로 손해배상을 청구할 수 있다. 첫째, 국가는 자국의 영역 내에서 손해를 입은 외국인의 국적국이 손해배상 청구를 하지 않은 경우, 외국인을 대신하여 발사국에 손해배상을 청구할 수 있다. 둘째, 국가는 자국의 영주권자가 손해를 입은 경우 영주권자의 국적국 또는 영주권자가 손해를 입은 지역의 국가가 손해배상 청구를 하지 않은 경우, 그들을 대신하여 손해배상 청구가 가능하다.

손해배상 청구는 외교 경로를 통해 개시되어야 한다. 그러나 손해를 입은 국가와 발사국 간에 외교 관계가 수립되지 않은 경우에는 제3국을 통해 손해배상을 청구할 수 있으며 양국이 모두 유엔 회원국인 경우에는 유엔 사무총장을 통해 청구를 할 수 있다. 손해배상 청구는 원칙적으로 손해 발생일 또는 책임 있는 발사국을 확인한 날로부터 1년 이내에 이루어져야 한다. 단, 국가가 손해 발생을 알지 못하였거나 책임 있는 발사국의 확인이 불가능한 경우에는 예외적으로 이 두 가지 사실을 알았던 날로부터 1년 이내에 청구를 할 수 있다.

1972년 책임 협약은 외교 경로를 통해 배상 청구 문제가 해결되지 않은 경우를 대비하여 관련 당사국 가운데 일국의 요청에 따라 설립되는 청구위원회(Claims Commission)에 의한 중재 제도를 두고 있다. 청구위원회는 청구국과 발사국이 각각 1명씩 임명하고 양국이 공동으로 선정하는 1인을 포함하여 총 3인으로 구성된다. 양국이 청구위원회의 의장을 선정하지 못하는 경우 유엔 사무총장에게 의장의 임명을 요청할 수 있다. 청구위원회 결정(decision)의 법적 성격은 당사국의 동의 여부에 따라 다르다. 즉 당사국이 동의한 경우에는 위원회의 결정이 최종적이며 구속력(final and binding)을 갖지만, 동의하지 않은 경우 청구위원회는 최종적이고 권고적인 판정(a final and recommendatory award)을 내린다. 후자의 경우, 당사국은 청구위원회의 판정을 성실히 고려할 뿐이다.

---

20) 제1조~7조에 관한 내용은 제4장 2.2 우주활동의 국제책임 항에서 상세하게 설명하고 여기에서는 손해배상 청구 절차에 관하여 설명함.

3.1.4 1975년 등록 협약[21]

우주물체를 발사한 국가는 궤도에 있는 우주물체가 자국이 발사한 물체라는 것을 확인할 필요가 있다. 이는 주로 두 가지 이유에서 기초한다. 첫째, 발사된 우주물체에 대한 국가 관할권을 행사하기 위한 것이며 둘째, 우주사고 발생 시 손해배상 청구를 위해서는 문제의 우주물체와 배상에 대한 책임 있는 국가와의 관계가 입증되어야 하기 때문이다. 상기 두 가지 이유를 모두 충족시킬 수 있는 방법이 등록이다. 1975년 등록 협약은 서문과 함께 총 12개조로 구성된다.

등록 협약은 우주물체 등록과 관련하여 국내 등록과 국제 등록으로 구분한다. 발사국이 우주물체를 발사하는 경우 발사국은 해당 우주물체를 등재하기 위하여 적절하게 국내 등록부를 마련하여야 한다. 그리고 국내 등록부를 유엔 사무총장에게 통보할 의무를 부담한다. 유엔 사무총장은 각국으로부터 통보된 정보를 관리하기 위하여 등록부를 설치하여야 한다.

등록 협약 제4조는 발사국이 국제 등록 시 유엔 사무총장에게 제공하여야 할 정보를 다음과 같이 열거하고 있다:

- 발사국명
- 우주물체의 적절한 명칭 또는 등록 번호
- 발사 일시와 지역 또는 위치
- 노들 주기(nodal period), 궤도 경사각, 원지점, 근지점을 포함하는 기본적인 궤도 요소

등록 협약 제1조는 발사국(launching State)을 다음과 같이 네 가지 유형으로 분류한다:

(a) 우주물체를 발사(launches)한 국가;

(b) 우주물체의 발사를 의뢰(procures the launching)한 국가;

(c) 자국의 영토에서 우주물체가 발사된 국가;

(d) 자국의 시설에서 우주물체가 발사된 국가.

따라서 하나의 우주물체 발사에 둘 또는 그 이상의 발사국이 관여할 수 있다. 이러한 경우 등록 협약 제2조 2항에 따라, 복수의 국가가 그들 중 누가 우주물체를 등록할 것인지에 관하여 공동으로 결정하여야 한다.

등록 협약 제2조 1항이 규정하는 국내 등록과 국제 등록의 이해를 위하여 프랑스의 우주물체 등록을 간략히 기술한다. 프랑스는 우주물체 국내 등록부를 1965년부터 운영해오고 있지만[22] 국내 등록부

---

21) Convention on Registration of Objects Launched into Outer Space로서 1974년 11월 12일 유엔 총회 결의 3235로 채택, 1975년 1월 14일 서명에 개방, 1976년 9월 15일 발효. 2015년 1월 현재 62개 당사국.

22) 프랑스는 2012년 제51차 법률소위원회에서 자국의 우주물체 국내 등록부에 관한 현황을 아래와 같이 소개하였음.
  - 프랑스는 1965년부터 2012년 3월까지 총 289개의 우주물체를 국내 등록부에 등록

운영에 관한 법적 근거는 1984년 국가우주연구센터(Centre National d'Etudes Spatiales: CNES)에 관한 법령[23]이다. 동 법령 제14조는 우주물체 등록부에 관하여 아래와 같이 상세한 규정을 두고 있다:

- 모든 우주사업자(opérateur spatial)는 우주 담당 장관의 명령(arrêté)에서 정하는 우주물체 식별에 필요한 정보를 발사 후 늦어도 60일 이내에 CNES에 제공하여야 한다.

- CNES는 지구궤도 또는 그 이상의 궤도에 발사된 각각의 우주물체에 등록 번호를 부여하고 국내 등록부에 등록한다.[24]

- CNES는 등록부 상의 정보[25]를 외무 장관에게 전달하며, 외무 장관은 상기 정보를 유엔 사무총장에게 전달한다.

프랑스는 2008년 제정한 우주운용에 관한 법률(LOI n°2008-518 du 3 juin 2008 relative aux opérations spatiales)에서 1975년 등록 협약이 규정하는 우주물체의 국내 등록부에 관한 업무를 CNES에 위임하고 있다.

3.1.5 1979년 달 협정[26]

1979년 달 협정(달 조약으로도 호칭)은 총 21개조로 구성된다. 제1조에 따라 달 협정의 적용 범위는 지구를 제외한 달과 태양계 내의 기타 천체이며, 자연의 작용으로 지구 표면에 다다르는 외계(extraterrestrial) 물질에는 적용되지 않는다. 1967년 외기권 조약이 우주에서 대량살상무기의 사용만을 금지하는 것과는 달리 달 협정 제3조는 달에서 대량살상무기뿐만 아니라 어떠한 무력의 위협 또는 이용, 적대적 행위 또는 그러한 행위의 위협을 금지한다.

1979년 달 협정이 다른 유엔 우주 관련 4개 조약과의 두드러진 차이는 정보 공유와 국제협력을 보

- · 인공위성: 109개(현재 운용 중인 위성은 61개(저궤도 34개, 정지궤도 27개)), 109개 위성에는 1983년부터 2001년까지 프랑스가 국내 등록부에 등록하였던 정부 간 국제기구 Eutelsat의 인공위성 19개가 포함된다.
  - · 발사체: 180개
- 2010년 국내 등록 수: 6개
  - · 인공위성(Globalstar-2G) 6개
- 2011년 국내 등록 수: 31개
  - · 인공위성 19개(Globalstar-2G 12개)
  - · 발사체 10개(Ariane, Soyuz)
  - · 대기권 재진입 2개
- 2012년 3월까지 국내 등록 수: 2개
  - · 대기권 재진입 2개

23) Décret n° 84-510 du 28 juin 1984 relatif au Centre national d'études spatiales.

24) 국내 등록부는 공개이므로 CNES에 요청하면 자유롭게 열람이 가능하나 우주물체의 소유자 또는 제조자의 식별에 관한 정보와 우주물체에 설정된 물적 또는 인적 담보에 관한 정보는 이해당사자의 사전 동의 후에만 열람이 가능함.

25) CNES가 외무장관에게 전달하는 정보는 우주물체 식별에 필요한 정보뿐만 아니라 우주물체의 궤도이탈, 우주물체의 임무 종료 또는 유실을 포함하는 우주물체의 궤도 수명에 영향을 미치는 모든 상황을 포함함.

26) Agreement Governing the Activities of States on the Moon and Other Celestial Bodies로서 1979년 12월 5일 유엔 총회 결의 34/68로 컨센서스에 의하여 채택, 1979년 12월 18일 서명에 개방, 1984년 7월 11일 발효, 2015년 1월 현재 당사국은 오스트레일리아, 오스트리아, 벨기에, 칠레, 카자흐스탄, 쿠웨이트, 레바논, 멕시코, 모로코, 네덜란드, 파키스탄, 페루, 필리핀, 우루과이, 사우디아라비아, 터키 등 16개 당사국임.

다 더 강조한다는 점이다. 달 협정 제4조는 달 탐사와 이용에 있어서 '협력과 상호 지원 원칙(principle of cooperation and mutual assistance)'을 강조한다. 따라서 국제협력은 양자 간 그리고 다자 간 방식을 불문하고 가능한 한 폭넓은 협력이어야 한다.

정보 공유에 대해서는 더욱 더 상세한 규정을 두고 있다. 달 탐사 활동을 하는 달 협정 당사국은 시간, 목적, 위치, 궤도 요소, 기간 등의 정보를 임무 개시 후 가능한 한 신속하게 일반 대중, 국제 과학계 그리고 유엔 사무총장에게 제공하고 임무 종료 후 과학적 성과도 신속하게 제공하여야 한다. 특히, 달 탐사 임무가 60일을 초과하는 경우에는 30일 간격으로 과학적 성과를 포함하는 정보를 제공하도록 하고 있다.

1979년 달 협정 체결을 위한 논의 과정에서 가장 첨예하게 논의되었던 사항은 제11조이다. 제11조 1항은 달과 달의 천연자원을 인류의 공동 유산으로 규정하고 있다. 이와 관련하여 문제는 달의 천연자원이다. 동조 3항은 달의 표면이나 표면 아래 그리고 달의 모든 지역에 있는 천연자원을 국가, 정부 간 또는 비정부 간 국제기구, 국가 기구 또는 비정부 실체 또는 모든 자연인의 재산으로 인정하지 않는다. 따라서 달 표면이나 아래에 기지, 시설, 장비, 인력 등을 배치하였다 하더라도 소유권이 인정되지 않는다. 그리고 달 천연자원의 질서 있고 안전한 개발과 합리적인 관리 그리고 이용 기회를 확대하기 위하여 국제 체제(international regime)[27]를 수립하여야 한다. 제11조 7항 (d)는 국제 체제가 다음과 같이 달 탐사의 이익을 달 탐사에 참여하지 않은 국가와도 탐사의 이익을 공정하게 공유하도록 규정하였다:

> "개도국의 이익과 필요는 물론 달에 직접 또는 간접적으로 기여한 국가의 노력에 대한 특별한 고려를 부여하는 가운데 상기 자원에서 발생하는 이익을 모든 당사국이 공평하게 나누어 갖는 것."

그러나 이 규정은 달 탐사를 수행하는 모든 국가에게는 받아들이기 어려운 것이 사실이다. 왜냐하면, 달 탐사를 위해 막대한 비용과 인력 및 오랜 시간을 들인 국가들이 달 탐사에 참여하지 않은 당사국들과 그 성과물의 공유를 꺼리는 것은 당연하기 때문이다. 이러한 이유로 인하여 현재 달 협정의 당사국은 16개국에 불과하며, 동 16개국에는 달 탐사를 수행하는 국가가 포함되어 있지 않다.

3.2 유엔 총회 결의

유엔 헌장에 따라 유엔 총회 결의(resolutions)는 그 자체로 회원국에게 강제력이 없는 권고적 성격을

---

27) 1979년 달 협정 상, 달 천연자원의 안전한 개발과 합리적 관리를 위한 국제 체제를 논의할 때에 가장 많이 비교되는 국제체제가 유엔 해양법 협약 상 심해저 자원과 심해저 자원을 관리하기 위한 해저기구임.

갖는다.[28] 그러나 결의가 국제법의 일반적 규범에 관련되고 다수의 국가에 의하여 채택된 경우, 그러한 결의는 국제법의 점진적 발전과 관습국제법의 성문화를[29] 위한 기초를 제공한다. 특히 원칙(Principles), 선언(Declaration) 등의 총회 결의의 내용은 향후 보완을 거쳐 그 자체로서 정식 조약으로 채택 및 체결되거나, 관련 조약의 채택 및 체결을 위한 근본적인 법적 기초를 제공하는 경우가 허다하다.[30] 대표적인 예로 다음을 열거할 수 있다:

- 우주의 탐사와 이용에서 국가 활동을 규제하는 법 원칙 선언(the Declaration of Legal Principles Governing Activities of States in the Exploration and Use of Outer Space)[31]
- 뉘른베르크 재판소 헌장과 재판소 판결에 의하여 인정된 국제법 원칙(the principles of international law recognized by the Charter of the Nuremberg Tribunal and the Judgment of the Tribunal)[32]
- 식민지 국가 및 민족에 대한 독립 부여 선언(the Declaration on the Granting of Independence to Colonial Countries and Peoples)[33]
- 자연자원에 대한 영속적인 주권 선언(the Declaration on Permanent Sovereignty over Natural Resources)[34]

상기 1963년에 채택된 '우주의 탐사와 이용에서 국가 활동을 규제하는 법 원칙 선언'의 9개 원칙은 내용의 변경 없이 일부 자구 수정만을 거쳐 우주활동에 관한 헌법적 문서로 간주되는 1967년 외기권 조약에 반영되었다.[35]

3.2.1 직접위성방송 원칙

위성방송은 지구로부터 약 35,786km의 정지궤도에 쏘아올린 방송위성을 통해 텔레비전 방송을 하는 것이다. 즉, 지상의 송신국에서 방송위성에 전파를 보내면 방송위성 내부에 탑재된 중계기에 의해

---

28) 유엔 헌장 제11조
"1. 총회는, 군비축소와 군비규칙을 규제하는 원칙을 포함하여, 국제평화와 안전의 유지에 있어서 협력의 일반원칙을 심의하고, 그러한 원칙과 관련하여 회원국이나 안전보장이사회 또는 이 양자에 대하여 권고할 수 있다."

29) 유엔 국제법위원회(International Law Commission: ILC)은 ILC 규정(Statute) 제15조에서 '국제법의 점진적 발전(progressive development of international law)'과 '국제법의 성문화(codification of international law)'를 다음과 같이 정의하고 있음:
- 국제법의 점진적 발전: 편의상 국제법에 의하여 규제되지 않은 주제 또는 국가관행이 있지만 법이 충분하게 규제를 하지 않고 있는 주제에 관한 협약안을 준비하는 것을 의미;
- 국제법의 성문화: 이미 광범위한 국가관행 선례 그리고 이론이 존재하는 분야에서 국제법 규칙의 보다 명확한 형성과 체계화를 의미.

30) Ian Brownlie, *Principles of Public International Law*, Seventh Edition, Oxford University Press, 2008, 784p, p.15.

31) 1963.12.13. 채택 유엔총회 결의 1962(XVIII).

32) 1950년 국제법위원회(ILC)가 채택.

33) 1960.12.14. 채택 유엔총회 결의 1514(XV).

34) 1962.12.14. 채택 유엔총회 결의 1803(XVII).

35) 따라서 '우주의 탐사와 이용에서 국가 활동을 규제하는 법 원칙 선언'은 중복을 피하기 위해 3.2항 'UN 총회 결의'의 세부 항목으로서의 3.2.1-3.2.4에 걸친 예시적인 기술에 포함시키지 않았음.

전파가 증폭 그리고 변조되어 지상의 수신국으로 송신되는 방식이다. 위성방송은 위성으로부터 직접 전파를 송신하기 때문에 산악이나 고층빌딩 등에 의한 전파 방해가 적어 전국의 산간벽지, 낙도 등 난시청 지역에서도 깨끗한 영상의 시청이 가능하다. 아울러 재난재해의 영향을 거의 받지 않으므로 비상시에도 방송을 할 수 있다. 이러한 위성방송은 우주를 이용하면서 국경을 넘는 활동으로서 국제적 규제가 필요한 내용인바, 유엔 총회는 1982년 12월 결의 37/92를 통해 '국제 직접위성방송을 위한 국가의 인공위성 이용을 규제하는 원칙(Principles Governing the Use by States of Artificial Earth Satellites for International Direct Television Broadcasting, 이하 직접위성방송원칙)'을 투표로 채택하였다.[36] 표결시 일부 선진국은 반대하였는바, 표결한다는 자체가 통상 컨센서스로 채택하는 관행에 벗어난 경우였다.

직접위성방송의 주된 목적은 문화와 과학 분야에서 정보와 지식의 자유로운 배포와 상호 교류의 촉진에 있다. 특히 직접위성방송은 개발도상국의 교육적, 사회적 그리고 경제적 발전을 지원함으로써 모든 민족의 삶의 질 향상을 목적으로 한다. 단 이러한 목적은 국가의 정치적 그리고 문화적 보전에 대한 존중을 기초로 하여야 한다.

직접위성방송 원칙에 따르면, 직접위성방송은 유엔 헌장, 1967년 외기권 조약, ITU 관련 규정 등 국제법에 따라 수행되어야 한다. 따라서 국경을 넘는 활동인 직접위성방송은 기본적으로 모든 국가의 주권 존중과 내정불간섭 원칙(principle of non-intervention)에 합치하여야 한다. 모든 국가는 동등하게 직접위성방송을 스스로 할 수 있으며 자국의 관할권 하에 있는 개인 및 기관 등 민간 기업에게 직접위성방송의 활동을 허가할 수도 있다. 이 경우, 1967년 외기권 조약 제6조의 규정과 같이, 국가는 자국 관할권 하에 있는 민간 기업의 직접위성방송 활동에 대하여 국제책임을 부담한다. 직접위성방송이 정부 간 국제기구에 의하여 수행된 경우에는 국제기구 자신과 국제기구 회원국 모두 국제책임을 진다.

직접위성방송 원칙은 협의 및 통지 의무를 강조한다. 예를 들면, 국가는 직접위성방송 활동 중 저작권 그리고 관련 권리의 보호를 위하여 양자 및 다자 방식에 기초하여 상호 협의를 하여야 한다. 이러한 협의는 이해관계가 있는 국가 또는 국가의 관할권 하에서 활동하는 권한 있는 법적 기관 간의 적절한 합의 방식으로 이루어지며, 국가는 협의 과정에서 국내 발전의 촉진 등 개발도상국의 이익을 고려하여야 한다. 직접위성방송 활동을 수행하는 국가는 관련 정보를 유엔 사무총장에게 통지하여야 하며 유엔 사무총장은 즉시 이 정보를 관련 있는 유엔 전문기관뿐만 아니라 국제과학계에도 배포하여야 한다. 그리고 직접위성방송 서비스를 제공하거나 또는 허가하고자 하는 국가는 수신이 예상되는 국가에게 그러한 의도를 지체 없이 통지하고 신속하게 협의에 착수하여야 한다.

---

36) 찬성 107, 반대 13, 기권 13으로 1982.12.10. 채택.

3.2.2 지구원격탐사 원칙

원격탐사(remote sensing)는 오늘날 육지뿐만 아니라 해양 분야에서 매우 광범위하게 활용되고 있다. 지질 판독, 지반침하 관측, 산사태 취약성 분석, 산림자원 및 산림생태계 변화 조사, 홍수 위험지도 제작, 국토자원 및 토지 이용 실태 분석, 지진 등 재난 복구 등 다양하다. 해양 분야의 경우, 해수면 온도, 해수면으로 유입되는 복사량, 파도의 높이, 해저퇴적물의 이동 상황 등의 분석이 가능하다.

유엔 총회는 1974년 COPUOS 법률소위원회에 우주로부터 지구원격탐사의 법적 연관성에 관한 문제를 검토하도록 요청한 후[37] 약 10여년에 걸친 논의 끝에 투표 없이 1986년 12월 결의 41/65 '우주로부터 지구원격탐사에 관한 원칙(Principles Relating to Remote Sensing of the Earth from Outer Space, 이하 지구원격탐사 원칙)'을 컨센서스로 채택하였다.

15개 원칙으로 구성되어 있는 지구원격탐사 원칙은 제6장 1.4항에서 추가로 살펴보겠지만 원격탐사를 비롯하여 관련된 주요한 용어에 대하여 아래와 같이 정의한다:

    (a) 원격탐사(remote sensing): 자연자원 관리, 토지 사용 그리고 환경보호를 증진하기 위하여, 탐지된 물체에 의하여 방출, 투영 또는 분산되는 전자파의 성질을 이용하여 우주로부터 지구 표면을 탐지하는 것;

    (b) 초기 데이터(primary data): 우주물체에 내재된 원격 센서에 의하여 습득되어 전자신호 형태로 텔레메트리에 의하여, 사진 필름, 자기 테이프 또는 다른 모든 수단에 의하여 지구로부터 지상에 전송되거나 전달되는 미 가공 데이터;

    (c) 가공된 데이터(processed data): 초기 데이터를 사용 가능하도록 하기 위하여 초기 데이터의 가공으로부터 얻어진 결과물;

    (d) 분석된 정보(analyzed information): 가공된 데이터의 해석, 다른 자료의 데이터와 지식의 입력으로부터 얻어진 정보;

    (e) 원격탐사 활동(remote sensing activities): 원격탐사 우주시스템, 초기 데이터 수집과 저장소의 운용 그리고 가공된 데이터의 처리, 해석 그리고 전파 활동.

원격탐사 활동은 1967년 외기권 조약, 국제전기통신연합(ITU) 관련 문서 등을 포함하는 국제법에 따라 수행되어야 한다. 즉, 1967년 외기권 조약에 따라 원격탐사 위성을 운용하는 국가들은 원격탐사 활동이 자국의 정부기관이나 비정부기관 또는 자국이 당사국인 국제기구를 통해서 수행되는가 여부에 관계없이 자국의 원격탐사 활동에 대한 국제적 책임을 부담하여야 하며, 원격탐사 활동을 유엔 사무총장에게 통보하여야 한다. 뿐만 아니라 원격탐사 활동은 원칙적으로 다른 국가에 속하는 부와 자연자원에 대한 완전하고 영속적인 주권 원칙에 따라 수행되어야 한다. 그 결과 탐사된 국가는, 자국 영토에 관한 초기 데이터와 가공된 데이터가 생산되는 경우에, 차별 없이 그리고 합리적인 가격 조건으로 초기 데이터와 가공된 데이터에 접근할 수 있는 권한을 갖는다.

지구원격탐사 원칙은 원격탐사 활동으로부터 발생하는 혜택의 유효성을 극대화하기 위하여 국제협

---

37) UNGA Resolution 3234(XXIX).

력을 강조한다. 특히, 국제협력은 자연환경 보호와 자연재해로부터 인간의 보호에 초점을 두고 있다. 예컨대 일국이 원격탐사 활동을 수행하는 중에 지구의 자연환경에 해로운 모든 현상을 방지할 수 있는 정보를 확인한 경우에 원격탐사 활동에 참여하지 않는 국가에게도 그러한 정보를 제공하도록 규정하고 있다. 그리고 원격탐사 활동에 참여하는 국가가 자연재해에 의하여 영향을 받은 국가 또는 임박한 자연재해에 의하여 영향을 받을 가능성이 있는 국가들에게 유용할 수 있는 가공된 데이터와 분석된 정보를 소유한 경우에 그러한 데이터와 정보를 가능한 한 신속하게 관련 국가들에게 전달하도록 하고 있다.

3.2.3 우주에서의 핵 동력원 이용 원칙

2011년 11월 발사된 미국의 화성탐사선 Curiosity는 2003년 6월 발사된 화성 탐사선 Spirit Rover 그리고 2003년 7월 발사된 화성 탐사선 Opportunity Rover가 태양광을 동력원으로 사용한 것과는 달리 핵 동력원을 이용한다. 즉, 방사선 동위원소 동력시스템은 플루토늄 238이 붕괴하면서 발생하는 열을 이용하여 전력을 생산한다. 플루토늄은 태양광보다 안정적이고 강한 에너지를 공급하기 때문에 탐사선이 장기간 그리고 햇빛이 부족한 시기에도 활동할 수가 있다. 1975년 8월과 9월에 각각 발사된 미국의 화성 탐사선 Viking 1과 Viking 2도 에너지원으로 핵 동력원을 사용하였다. 이와 같이 핵 동력원은 달과 화성 등의 심 우주(deep space) 탐사를 위한 유일한 에너지원으로 평가되고 있다. 그러나 우주물체의 파괴 및 충돌 등으로 핵 동력원이 유출되는 경우 인간을 비롯하여 지구 및 우주의 환경에 미치는 피해가 막대하여 핵 동력원 사용에 관한 규제 필요성이 대두되었다.

이에 따라, 유엔 총회는 1992년 12월 14일 결의 47/68를 통해 '우주에서의 핵 동력원 사용에 관한 원칙(Principles relevant to the use of Nuclear Power Source in Outer Space)'을 채택하였다. 그리고 COPUOS 과학기술소위원회와 국제원자력기구(IAEA)에 의하여 구성된 공동전문가그룹이 2007년에 작성한 '외기권에서 핵 동력원 사용 안전지침(Safety Framework for Nuclear Power Source Applications in Outer Space)'이 2009년 COPUOS 과학기술소위원회와 IAEA 안전표준위원회에서 각각 채택되었다.

외기권에서 핵 동력원 사용에 관한 원칙은 유엔 헌장과 1967년 외기권 조약을 포함하는 국제법을 핵 동력원 사용의 적용 법규로서 명시하고 있다. 따라서 국가는 국가기관 또는 민간 기업을 불문하고 핵 동력원을 이용하는 자국의 국내 우주활동에 대하여 국제 책임을 부담한다. 그리고 국제기구가 우주 활동을 수행함에 있어서 핵 동력원을 이용하는 경우, 국제기구 자신과 회원국은 1967년 외기권 조약과 외기권에서 핵 동력원 사용에 관한 원칙을 수락하여야 한다. 사고 발생 시 손해배상 책임도 마찬가지다. 즉, 발사국은 핵 동력원을 이용하는 우주물체에 의하여 손해가 발생하는 경우 그 손해에 대하여 국제적으로 책임을 부담하여야 한다. 구체적으로는 둘 이상의 국가가 공동으로 핵 동력원을 이용하는 우주물체를 발사하여 손해가 발생하는 경우에 국가는 공동으로 그리고 개별적으로 책임을 부담하며 그러한 손해 배상은 국제법 그리고 정의와 형평 원칙에 따라 결정되어야 한다. 손해 배상은 수색, 회수 그리고 정리 작업을 위해 소요된 비용도 포함한다.

핵 동력원 사용에 관한 원칙은 핵 동력원을 이용하는 우주물체의 발사 전과 발사 후를 구분하여 사전 예방 조치에 초점을 두고 있다. 예를 들면, 핵 동력원 시스템은 일반적으로 승인된 국제 방사능 보호 가이드라인을 고려하여 디자인하고 제조되어야 한다. 그리고 발사국은 핵 동력원을 이용하는 우주물체를 발사하기 전에 핵 동력원의 디자인 및 제조, 우주물체의 운용, 발사 시설 등의 관계자와 함께 완전하고 포괄적인 안전평가를 실시하여야 한다. 그러한 안전평가 결과는 발사 전에 공개되어야 하고 공개 절차 내지 방법이 유엔 사무총장에게 통보되어야 한다.

3.2.4 개도국 필요를 고려한 우주탐사이용 국제협력 선언

국제협력은 국제우주법의 기본 원칙을 구성한다. 우주가 특정 국가에 의한 전용의 대상은 아니지만, 우주의 탐사와 이용에 소용되는 막대한 비용과 기술 수준은 개도국의 우주에 대한 접근을 사실상 불가능하게 한다. 따라서 '모든 인류의 공동이익(common interest of all mankind)'이라는 우주의 탐사와 이용의 궁극적인 목적을 달성하기 위하여 COPUOS는 1984년 제39차 회기에서 우주 과학과 활용에서 국제협력의 발전 및 촉진을 위해 노력하기로 하고, 이와 관련하여 법률소위원회로 하여금 국제협력을 수행하기 위한 적절한 규범을 발전시키는 것에 합의하였다. COPUOS는 1996년 제51차 회기에서 '개도국의 필요를 특별히 고려하고, 모든 국가의 이익을 위한 우주 탐사와 이용에서의 국제협력에 관한 선언(Declaration on International Cooperation in the Exploration and Use of Outer Space for the Benefit and in the Interest of All States, Taking into Particular Account the Needs of Developing Countries)'을 작성하고, 1996년 12월 13일 UN 총회에서 결의 51/122를 통해 투표 없이 채택하였다.

국제협력 선언은 우주 탐사와 이용에 관한 우주 역량과 프로그램을 가진 모든 국가에게 공평하고 상호 수용할 수 있는 기초에 따라 국제협력의 촉진과 발전에 기여할 의무를 지우고 있다. 그러한 국제협력의 촉진과 발전을 위하여 국제협력 선언은 정부 기관과 비정부 기관, 상업적 목적과 비상업적 목적, 국제적 규모와 지역적 규모, 다자 간 방식과 양자 간 방식 등 국제협력을 위한 기관, 방식 등의 범위를 매우 광범위하게 다루고 있다. 동시에 그러한 방식이 국제협력에 참여하는 국가에게 가장 효과적이고 적절한 방식이 될 수 있도록 해당 국가의 국내 사정을 최대한 배려하고 있다. 따라서 국가는 국제협력에 참여할 것인지의 여부를 자유롭게 결정하며, 구체적인 협력 사업에 참여하는 경우 지적재산권과 같이 국가의 적법한 권리와 이익에 부합하는 공정하고 합리적인 조건이어야 한다.

국제협력 선언은 국제협력의 구체적인 목표를 우주 과학과 기술의 발전 그리고 우주 활용의 촉진, 이해관계국에 적절한 우주 역량 발전의 조성 그리고 국가 간 전문지식과 기술 교류의 촉진에 두고, 이를 위해 필요한 기술적 지원 및 재정과 기술 자원의 합리적 그리고 효율적인 제공시 개도국의 필요를 특별히 고려하도록 하고 있다. 아울러 국제협력 선언은 우주의 탐사와 이용에 직접적으로 관여하지 않는 국내 그리고 국제 전문기관, 연구 기관, 개발원조 기구 등도 각자의 발전 목표를 달성함에 있어서 우주활동의 적절한 이용과 국제협력의 가능성을 고려하도록 하고 있다. 국제협력 선언은 국내적 또는 국제적 활동, 활동의 주체 등을 불문하고 UN COPUOS를 국제협력의 촉진을 위한 포럼의 장으로 선언하고 국가들로 하여금 UN COPUOS의 다양한 우주활용 프로그램에 참여하도록 권장한다.

3.3 우주활동 국제행동규범안

3.3.1 제정 필요성

오늘날 상업적 이용뿐만 아니라 순수한 학문적 연구 등을 망라하여 인공위성을 운용하는 국가의 수는 193개 유엔 회원국의 3분의 1에 해당하는 60여 국가에 이른다. 1957년 Sputnik 1호가 발사된 이후 현재까지 5,600여 기 이상의 인공위성이 발사된 것으로 평가되지만 이 중 활동 중인 인공위성은 약 1,100기에 불과하다. 결국 운용을 종료한 인공위성, 이러한 인공위성 간의 충돌 등에서 발생하는 파편은 우주 환경에 대한 중대한 위협을 구성한다. 최근에는 인공위성 신호 교란, 인공위성 요격미사일(Anti-satellite weapons) 실험의 증가로 우주 환경에 대한 위협이 증가하여[38] 결국 인간의 장기적이고 지속가능한 우주의 탐사와 이용에 커다란 걸림돌이 되고 있다.

1967년 외기권 조약을 비롯한 유엔 우주 관련 조약과 선언 및 원칙은 우주의 법적 지위, 우주물체 등록, 사고 발생 시 구조 및 손해배상 등 우주의 탐사와 이용에 관한 국제법상 대원칙만을 규정하고 우주발사체 발사 및 인공위성의 운용 그 자체에 관한 규정을 두고 있지는 않다. 그래서 유엔 조약 등 기존의 우주활동에 관한 국제법을 보완하기 위한 새로운 국제 문서의 채택을 위하여 국제사회가 노력해 왔으나 큰 성과를 이루지는 못하였다. 이는 다음과 같이 우주활동에 고유한 몇 가지 특성에서 기인한다.[39]

첫째, 우주발사체, 인공위성 등의 발사 및 운용과 같은 활동은 특정 국가에 의하여 또는 특정 국가

---

38) Wolfgang Rathgeber, Kai-Uwe Schrogl, Ray A. Williamson, *The Fair and Responsible Use of Space: An International Perspective*, 2010, Springer, Wien · NewYork, 4,2,1~4,2,2,

39) Setsuko Aoki, *"The Function of 'Soft Law' in the Development of International Space Law"* in SOFT LAW IN OUTER SPACE: The Function of Non-binding Norms in International Space Law, 2012, Böhlau Verlag Ges,m,b,H. und Co,KG,Wien · Köln · Weimar, pp,57~85.

의 영토에 국한되지 않고 다국적으로 그리고 지리상 세계적으로 이루어지지만 이러한 활동을 할 수 있는 국가의 수는 매우 제한적이다.

둘째, 우주 기술은 민군 겸용 기술로서 군사적 이용과 비군사적 이용의 경계를 구분하는 것이 매우 어렵다. 상업용 인공위성이 군사적 목적으로 폭넓게 사용되고 있으며 오늘날의 우주발사체는 탄도미사일에서 개량 발전된 것이다.

셋째, 특히 규범적인 측면에서 1967년 외기권 조약 제1조는 우주를 '모든 인류의 영역(province of all mankind)'으로 규정하고 있으나 이 개념을 구체화하기 위한 실질적인 내용과 절차가 명확하지는 않다. 무엇보다, 기술적 역량에서 큰 차이를 보이는 소수의 우주 강국과 그렇지 못한 국가 간의 서로 다른 이해관계 그리고 우주 기술의 군사적 성격이 각국들로 하여금 구속력 있는 문서의 채택을 어렵게 하는 가장 큰 장애물이다.

결국 우주쓰레기의 위협 및 충돌 위험을 감소하기 위해서는 각국의 자발적이고 책임 있는 조치에 의존할 수밖에 없다. 자발적인 조치는 각국이 국제사회의 구성원으로서 서로에게 가지고 있는 집단적 기대에서 비롯되며 이를 위해서는 구속력은 없지만 국제사회의 구성원이 하나의 목표를 달성하기 위하여 함께 행동하도록 무언의 압력을 행사할 수 있는 최소한의 가이드라인이 필요하다. 이러한 가이드라인은 국제법상 의무가 없는 국가의 정치적 결정으로 합의가 가능하며 대표적인 예가 바로 국제행동규범이다.

3.3.2 제정 과정

EU는 ESA 및 프랑스 국가우주연구센터(CNES) 등의 지원을 받아 2008년 우주활동 행동규범 초안을 작성한 후, 초안에 대하여 일부 주요 우주활동 국가와의 양자 협의를 통해 각국의 의견 수렴을 거쳐 2010년 9월 우주활동 행동규범 수정안을 작성하였다. EU는 2011년 중 외교회의를 개최하여 수정안을 논의하고 공식적으로 채택할 계획을 내부적으로 수립하였으나, 국제 문서 작성에 대한 절차상의 하자를 이유로 대다수의 국가가 부정적인 입장을 표시하였다.[40] 결국 EU는 이러한 부정적 견해를 인식하고 2012년 5월 비엔나에서 다자간 전문가회의를 열고 이때부터 종전에 사용해 오던 'EU 우주활동 행동규범 수정안(EU Revised Draft Code of Conduct for Outer Space Activities)' 대신 '우주활동 국제행동규범안(Draft International Code of Conduct for Outer Space Activities)'이라는 표현을 사용하고 있다.

---

40) 대다수 국가의 참여를 목적으로 하는 국제 문서의 원문 작성은 우선 외교회의를 개최하고 외교회의에서 참여 국가의 합의에 기초하여 원문을 작성할 작업반을 구성하는 것이 일반적인 국제 관행임. 그러나 EU가 EU의 일부 국가와 협의하여 작성하였을 뿐만 아니라 EU 이외의 주요 국가와의 협의만을 거친 후 외교회의에서 채택하려는 것은 국제문서의 작성 및 채택과 관련하여 중요한 절차상 하자를 구성한다는 것이 대다수 국가의 입장이었음. 비슷한 상황은 우주자산에 고유한 문제에 대한 이동장비 국제담보에 관한 협약에 관한 의정서 채택의 경우에서도 나타났는바, 이 의정서 채택을 위해 2012년 3월 베를린에서 개최된 외교회의에서 미국 등 일부 국가는 초기 의정서의 문안 작성을 위한 작업반이 국가가 참석하는 외교회의가 아니라 사법통일국제연구소(UNIDROIT)에 의하여 설립되었다는 절차상의 하자를 비판하였음.

이러한 명칭 변경은 EU가 EU 우주활동 행동규범 수정안에 대한 미국과의 양자 협의 과정에서 미국이 취한 입장에서 비롯되었다. 미국도 우주활동을 규제하는 행동규범의 제정 필요성에 대해서는 공감하지만[41] 절차상의 하자를 문제 삼았고, 게다가 수정안의 일부 내용이 미국의 안보에 부정적인 영향을 줄 우려가 있다고 판단하여 EU의 노력에 부정적이었다. 미국 힐러리 클린턴 국무장관은 2012년 1월 17일 다음과 같은 언론성명을 통해, EU가 추진 중인 '우주활동 행동규범'에 미국이 가입하지 않을 뜻을 표명하였다.

"(…) 미국은, 어떤 식으로든, 우주에서 우리 안보 관련 활동 또는 미국과 우리 동맹국을 보호하기 위한 우리의 능력을 제한하는 행동규범에 가입하지 않을 것을 우리 파트너에게 명확히 하였다."[42]

우주활동 국제행동규범안은 기존의 우주 관련 국제 문서와는 달리 우주운용에 관한 모든 사안을 망라하고 있으며, 그 적용이 우주에서의 민간 활동뿐만 아니라 군사적 활동에도 해당된다. 뿐만 아니라, 국제행동규범안의 적용이 정부 간 국제기구, 서명국 또는 서명국의 관할권 하에 있는 비정부 기관 즉 민간 기업의 우주활동에도 해당하여 가장 포괄적인 우주 관련 국제 규범이 될 수 있다. EU는 우주활동 국제행동규범안을 논의하기 위하여 외교회의인 우주활동 국제행동규범안 조정회의(Open-Ended Consultation on the Proposal for an International Code of Conduct for Outer Space Activities)를 2013년 5월 키예프와 같은 해 11월 방콕, 그리고 2014년 5월 룩셈부르크에서 각각 개최하였다. EU는 우주활동 국제행동규범안에 대한 논의를 한층 더 진척시키기 위하여 명칭을 조정회의에서 다자협상(Multilateral Negotiations on an International Code of Conduct for Outer Space Activities)으로 변경하고 2015년 7월 뉴욕에 소재한 유엔 본부에서 첫 다자협상을 개최하였다. 109개국이 참석한 다자협상에서는 구미 국가와 태평양 국가들이 찬성의 입장을 표명하였지만 러시아, 중국, 그리고 브라질이 주도하는 비동맹국가들이 비판적으로 일관하면서[43] 국제행동규범안의 논의에 대한 절차적 문제점부터 이견이 노출된 가운데 진전이 없었다. 절차적 문제점이란 국제적 그리고 보편적 적용을 목표로 하는 국제규범의 제정 작업을 유엔과 같은 국제기구가 아니라 지역기구가 일방적으로 주도하고 있다는 것이다. 이러한 문제점은 키예프 조정회의에서도 제기되었으나, EU가 이 비판을 무시한 채 논의를 지속해 왔던 것이다. 결국, 뉴욕 다자협상에서 상당수의 국가는 유엔 총회가 국제행동규범안을 논의할 수 있는 최적의 장소라는 의견을 개진하였다. COPUOS와는 달리, 유엔의 모든 회원국이 유엔 총회의 회원국 지위를 보유

---

41) 단, 미국은 '우주활동 국제 행동규범'이 미국의 안보를 강화하고 미국의 고유한 권한인 개별적 그리고 집단적 자위권의 유지를 보장하여야 한다는 점을 강조하였음.

42) 관련 영문은 다음과 같음:
"(…) the United States has made clear to our partners that we will not enter into a code of conduct that in any way constrains our national security-related activities in space or our ability to protect the United States and our allies."

43) 2015.8.10.자 SPACENEWS 17쪽.

하며 유엔 총회는 모든 성격의 문제를 논의할 수 있기 때문이다. 국제행동규범안이 계속해서 EU의 주도로 논의될지 유엔 총회에서 논의될지 현재 결정된 바는 없다.

3.3.3 주요 내용

국제행동규범안은 우주활동에 관한 기존의 조약, 협약 및 다른 약속의 준수를 전제로 하는[44] 보충적 규범이며 회원국의 자발적 이행에 따라 준수된다. 국제행동규범안은 최근 우주활동의 안보, 안전, 그리고 지속가능성을 강화하기 위한 조치를 논의한 유엔 우주활동 투명성신뢰구축 조치 정부전문가그룹(UN Group of Governmental Experts on TCBMs in Outer Space Activities)과 COPUOS의 우주활동 장기지속가능성 작업반(Long-term Sustainability of Outer Space Activities Working Group)의 투명성신뢰구축 조치[45]의 하나를 구성하기도 한다. 국제행동규범안은 유엔 조약이 선언하는 평화적 목적을 위한 우주에로의 접근의 자유 이외에 두 가지 목적을 명시하고 있다. 첫째, 궤도 상 우주물체의 안보와 안전의 유지, 둘째, 국가의 합법적 국방 이익을 위한 상당한 고려가 그것이다. 각국의 국방 이익을 고려한 우주활동은 우주에서의 군사적 활동을 규제하려는 최근의 국제적 논의의 방향과는 사뭇 대조적이다.

국제행동규범안은 우주활동에 있어서 다음과 같이 네 개의 일반원칙을 규정하고 있다:

첫째, 국제법과 국제의무에 따라, 해로운 간섭 없이 평화적 목적으로 우주를 이용하고, 우주물체의 안보, 안전 및 보전을 완전히 존중하면서, 국제적으로 승인된 관행, 운용 절차, 우주활동의 안전한 수행을 포함하여 우주활동의 장기지속 가능성에 관련된 기술표준 및 정책에 따라, 모든 국가의 우주의 접근, 탐사 그리고 이용의 자유;

둘째, 모든 국가의 영토적 보전 또는 정치적 독립에 반하여 또는 UN 헌장의 목적과 일치하지 않는 방법으로 무력의 위협 또는 사용을 자제할 국가의 책임, 그리고 UN헌장에서 인정된 개별적 또는 집단적 자위권에 대한 국가의 고유한 권리[46];

---

44) 우주활동 국제행동규범안은 우주활동에 관련된 기존의 법체계를 다음과 같이 구체적으로 명시하였음:
   - UN 우주 관련 조약: 1967년 외기권 조약, 1968년 구조 협정, 1972년 책임 협약, 1975년 등록협약
   - UN 채택 선언 및 원칙: 1963년 우주의 탐사와 이용에 있어서 국가의 활동을 규제하는 법 원칙 선언, 1992년 우주에서 핵 동력원 이용에 관한 원칙, 1996년 개도국 필요를 고려한 우주탐사이용 국제협력 선언, 2007년 우주물체 등록에 있어서 국가와 국제기구의 관행에 관한 권고(2007)
   - 국제전기통신연합 헌장과 협약 그리고 1995년 전파 규칙(Constitution and Convention of the International Telecommunications Union and its Radio Regulations)
   - 1963년 대기권, 우주 그리고 수중에서 핵무기 실험 금지 조약(Treaty banning Nuclear Weapon Tests in the Atmosphere, in Outer Space and Under Water)
   - 1996년 포괄적 핵실험 금지 조약(Comprehensive Nuclear Test Ban Treaty)
   - 2002년 탄도미사일 확산 방지 행동규범(International Code of Conduct against Ballistic Missile Proliferation).

45) 투명성신뢰구축조치(Transparency and Confidence Building Measures: TCBMs)는 개방성, 투명성 및 정보 공유를 독려하면서 대화와 상호 작용을 강화하는 수단으로, 이를 통해 국가 간 신뢰수준의 보장, 긴장 완화 그리고 지역적 및 글로벌 평화와 안정에 기여하기 위한 것임. TCBMs은 실용적 필요와 법적 구속력이 있는 문서의 중간적 단계임. 즉, TCBMs은 법적 합의보다는 정치적 합의에 해당하기 때문에 해당 문제에 대한 당사자 간의 전반적인 공감 형성만으로도 용이하게 합의에 도달할 수 있으며 높은 수준의 기술적 성격에 대한 논의를 필요로 하지 않음. 그러나 규범적 측면에서 보면 TCBMs이 이행되고 있는지에 관한 확인 및 검증이 어렵기 때문에 어떠한 제재조치 없이 위반될 수 있다는 단점이 있음. 결국 TCBMs은 억제효과(Deterrence)에 근거를 두고 있는 바 예를 들면 인도와 중국 간 TCBMs의 경우, 양국은 자국이 TCBMs을 위반할 경우 상대국도 위반할 수 있다는 인식 하에 양국 간 합의를 준수하려고 노력함. 인도와 파키스탄은 매년 1월 1일 확인 및 검증 절차 없이 양국의 핵시설 리스트를 교환하고 있음.

46) 유엔 헌장 제51조:
   "이 헌장의 어떠한 규정도 국제연합 회원국에 대하여 무력공격이 발생한 경우, 안전보장이사회가 국제평화와 안전을 유지하기 위하여 필요한

셋째, 우주활동에서 해로운 간섭을 예방하기 위하여 신의성실에 따라 적절한 모든 조치를 취하고 협력할 국가의 책임;

넷째, 과학적, 민간의, 상업적 그리고 군사적 활동의 수행에서 인류의 이익을 위하여 우주의 평화적 탐사와 이용을 촉진하고 우주의 갈등지역화 예방을 위한 적절한 모든 조치를 취할 국가의 책임.

국제행동규범안은 우주폐기물 통제를 포함하여 우주활동 자체를 규제하는 상세한 규정을 두고 있다. 주요한 내용 일부를 소개하면 다음과 같다:

첫째, 서명국은 우주에서의 사고 가능성, 우주물체 간 충돌 또는 우주의 평화적 탐사와 이용을 위한 타국의 권리에 대한 모든 유형의 해로운 간섭을 최소화하기 위하여 자국의 정책과 절차를 수립하고 시행할 것;

둘째, 인간의 생명 또는 건강 등 강제적인 안전 고려 상황, 개별적 또는 집단적 자위권을 포함하는 유엔 헌장 및 우주폐기물 경감 가이드라인에 의하여 정당화되지 않는 한, 직간접적으로 우주물체의 피해 또는 파괴를 야기할 의도를 갖는 모든 행위를 자제하고, 예외적으로 그러한 행위가 필요할 경우에는 우주폐기물의 발생을 최대한 실행 가능한 범위에서 최소화하는 방법으로 수행할 것;

셋째, 주파수 스펙트럼 배분과 궤도 할당 및 해로운 무선주파수 간섭에 관한 국제전기통신연합의 규제를 준수하고 이행할 것;

넷째, 우주폐기물의 발생을 최소화하기 위하여, 우주물체의 발사와 궤도비행을 포함하는 우주운용 시 최대한 실행 가능한 범위에서 장기 잔존 우주폐기물을 발생할 수 있는 모든 활동을 제한할 것;

다섯째, UN COPUOS 우주폐기물 경감 가이드라인의 이행을 위해, 각국의 국내 절차에 따라, 적절한 정책과 절차 또는 다른 효과적인 조치를 채택하고 이행할 것.

1967년 외기권 조약 제11조가 '…당사국이 우주의 평화적 탐사와 이용 활동의 성질, 수행, 위치 및 결과를 실행 가능한 최대한도로 유엔 사무총장에게 통보하는데 합의한다.'라고 규정한 것과 달리, 국제행동규범안은 서명국에 의한 통보의 내용을 시의 적절하게 그리고 가장 실현 가능하고 실제적인 범위에서 이루어지도록 아래와 같이 상세하게 규정하고 있다:

첫째, 다른 서명국의 우주물체 비행 안전에 위험을 야기할 수 있는 계획된 운용;

둘째, 자연적인 궤도 이동으로 인한 우주물체 간 또는 우주물체와 우주폐기물 간의 명백한 궤도 상 충돌 위험을 제기하는 예측된 상황(conjunctions);

셋째, 우주물체 발사의 사전통지;

넷째, 충돌, 궤도 상 파괴 그리고 이미 발생하여 측정 가능한 궤도 상 폐기물을 야기하는 우주물체의 모든 파괴;

다섯째, 재진입 우주물체 또는 재진입 우주물체의 잔류 물질이 잠재적 중대한 피해 또는 방사능 오염을 야기할 수 있는 예상된 고 위험 재진입;

여섯째, 고위험 재진입 또는 우주물체 간의 충돌이 현저히 증가된 가능성을 야기할 수 있는 우주물체의 기능 고장 또는 통제의 상실.

이와 관련하여, 서명국은 우주운용 조치, 우주폐기물 경감 조치 등 정보의 수집 및 배포를 위하여

조치를 취할 때까지 개별적 또는 집단적 자위의 고유한 권리를 침해하지 아니한다. 자위권을 행사함에 있어 회원국이 취한 조치는 즉시 안전보장이사회에 보고된다. 또한 이 조치는 안전보장이사회가 국제평화와 안전의 유지 또는 회복을 위하여 필요하다고 인정하는 조치를 언제든지 취한다는, 이 헌장에 의한 안전보장이사회의 권한과 책임에 어떠한 영향도 미치지 아니한다."

전자 데이터베이스를 구축하여야 한다.

국제행동규범안은 규범의 효과적인 이행을 보장하기 위하여 격년제 또는 서명국 간 합의에 따라 모든 서명국이 참여하는 회의를 개최하도록 규정하고 있다. 회의에서의 결정 사항은 참석한 서명국의 컨센서스에 의하여 결정된다.

3.4 우주자산의정서

3.4.1 제정 필요성 및 과정

최근 인공위성 사업자들은 인공위성의 개발에 소요되는 자금 조달을 위하여 국가 수출 신용기관으로부터 지급보증(loan guarantee)을 받는다. 프랑스의 수출 신용기관인 Coface는 경제위기 후 2010년 말 현재 유럽의 우주 제조업체들에게 35억 US\$ 이상의 자금을 지원하였는데 미국의 위성통신 사업자인 Iridium이 72기의 인공위성 제조를 위해 유럽의 위성 제조업체인 Thales Alenia Space와의 계약을 통해 2010년 18억 US\$의 지급보증을 받은 것도 이에 포함된다. 캐나다 수출 신용기관인 수출개발캐나다(Export Development Canada)는 2009년 자국 기업인 MacDonald, Dettwiler and Associates(MDA)사로부터 위성 1기를 구입하려는 우크라이나에 차관융자를 제공하였다. 중국은 중국개발은행(China Development Bank)을 통해 볼리비아의 통신위성 개발을 위해 2010년 볼리비아에 3억 US\$의 민간차관을 제공하였다.[47]

이와 같이 민간 기업이 인공위성 등과 같은 우주자산의 개발과 제조에 필요한 비용을 해외로부터 조달받으려는 경향이 점차 증가하자 우주자산을 담보로 금융 및 보험업계로부터 자금을 조달받을 수 있는 담보제도에 관한 국제적으로 통일된 법규의 제정 필요성이 제기되었다.

UNIDROIT는 1997년부터 국제담보권협약인 2001년 케이프타운협약[48]에 부속하는 우주자산의정서의 제정 작업에 들어갔다. 2002년 1월 작성된 우주자산의정서 초안을 기초로 2003년 12월부터 2011년 2월까지 총 5차례의 정부전문가위원회와 수십 차례의 비공식 작업반을 통해 2012년 3월 9일 40개국[49]이 참여한 베를린 외교회의[50]에서 동 의정서가 공식 채택되었다.

---

47) The Space Economy at a Glance 2011, op cit, p.30.

48) Convention on International Interests in Mobile Equipment로서 고가 이동 장비에 대한 담보권을 설정하여 국경을 이동하는 고가 이동장비가 동 협약 당사국의 어디에 있더라도 담보권자가 채권회수를 가능토록 하는 협약. 2015년 1월 현재 63개 당사국.

49) 알바니아, 브라질, 부르키나파소, 캐나다, 중국, 콜롬비아, 체코, 덴마크, 프랑스, 독일, 가나, 인도, 인도네시아, 이라크, 이란, 아일랜드, 이탈리아, 일본, 라트비아, 룩셈부르크, 마다가스카르, 말라위, 멕시코, 몰도바, 나이지리아, 파키스탄, 포르투갈, 한국, 러시아, 사우디아라비아, 세네갈, 슬로베니아, 남아프리카공화국, 스페인, 수단, 터키, 영국, 미국, 예멘, 짐바브웨.

50) 우주자산 의정서 베를린 외교회의의 구성은 다음과 같음:
  - 외교회의 의장: 독일
  - 외교회의 부의장: 미국, 중국, 프랑스, 남아프리카공화국, 러시아

3.4.2 주요 내용

우주자산의정서는 제1장(제1조~제16조)의 적용 범위와 일반 규정, 제2장(제17조~제27조)의 채무 불이행시 구제조치, 제3장(제28조~제32조)의 국제담보에 관한 등록 규정, 제4장(제33조)의 관할권, 제5장(제34조~제35조)의 다른 협약과의 관계 그리고 제6장(제36조~제48조)의 최종 조항으로 구성된다.[51]

우주자산의정서는 '우주(space)'를 '달과 기타 천체를 포함하는 우주(outer space, including the Moon and other celestial bodies)'로 매우 간단히 정의하고 있다.

우주자산은 영공을 통해 지구에서 우주로 비행하기 때문에 우주자산의정서의 적용을 위해서는 영공과 우주의 경계가 중요하지만 현재, 영공이 끝나고 우주가 시작되는 지점에 대하여 국가 간 합의가 존재하지 않으며 우주자산의정서도 어떠한 기준을 제시하고 있지 않다.[52] 그 대신, 우주자산의정서는 문제가 되는 물체가 비행하는 지점이 아니라 궁극적인 사용 목적에 근거하여 '우주'를 간접적으로 해석한다.

우주자산의정서는 담보의 대상이 되는 우주자산을 다음과 같이 분류한다:

> "우주자산은 우주에서 또는 우주에 발사하기 위하여 제작된 사람이 만든 확인 가능한 모든 자산을 의미하며 다음을 포함한다:
> (ⅰ) 아래의 (ⅱ) 또는 (ⅲ)에 해당하는 우주자산을 포함하는지 여부를 불문하고, 인공위성, 우주정거장, 우주모듈, 우주캡슐, 우주발사체 또는 재사용 우주발사체와 같은 우주비행체;
> (ⅱ) 규칙에 따라 개별 등록이 이루어질 수 있는 (통신, 항법, 관측, 과학 및 기타) 탑재체;
> (ⅲ) 우주비행체 및 탑재체와 관련하여 설치되고 포함된 또는 부착된 모든 부대용품, 부품과 장비 그리고 모든 데이터, 매뉴얼 그리고 기록과 함께, 규칙에 따라 개별 등록이 이루어질 수 있는 우주비행체 또는 중계 장치와 같은 탑재체의 일부분."

그리고 우주자산의 식별 기준으로 품목별 그리고 유형별 우주자산에 관한 기술, 특별한 품목 또는 유형을 제외하고 현재 그리고 미래의 모든 우주자산을 포함한다는 합의의 서술 등이 포함되었다.

우주자산의정서에 따르면 국제담보를 공시하고 채무자에 대한 지불불능 소송 시 채권자가 국제담보에 대한 자신의 우선권을 유지할 수 있도록 국제등록 시스템을 마련하도록 되어 있다. 그리고 우주자산의 국제 등록부 마련, 담보권 설정에 필요한 규칙 제정 등을 총괄하기 위하여 감독기구(Supervisory Authority)[53]를 설립하여야 한다. 그리고 감독기구는 우주자산의정서 채택을 위한 외교회의의 결의 또

- 전체회의 의장: 이탈리아
- 전체회의 보고자: 영국
- 최종초안 위원회: 캐나다, 중국, 프랑스, 독일, 일본, 나이지리아, 파키스탄, 러시아, 미국
- 최종조항 위원회: 캐나다, 체코, 프랑스, 독일, 인도, 남아공, 미국, EU(옵서버).

51) 본서에서는 우주자산의정서의 사법적 내용을 제외하고 유엔 우주 관련 5개 조약 등 국제공법과 관련되는 내용만을 기술함.

52) 실은, 각국은 우주자산의정서 정부전문가위원회 논의에서 UN의 우주 관련 5개 조약 등 국제공법이 하지 못한 '우주'에 대한 개념 정의를 사법 영역에서 시도하는 것을 매우 부담스러워하였음.

53) 감독기구는 자신의 업무를 지원하기 위하여 협의 국가에 의해 지명되고 필요한 자격과 경험을 가진 자로 20인 이하로 구성되는 전문가 위원회(commission of experts)를 구성해야 함.

는 별도의 외교회의의 결의를 통해서 설립하도록 되어 있다. 국제민간항공기구(ICAO)와 국제전기통신연합(ITU)은 각각 우주자산의정서 제정을 위한 정부전문가위원회에서 지속적으로 감독기구로서 선정되기를 희망하였으며,54) 베를린 외교회의는 상기 국제기구 중에 ITU가 우주자산의정서의 감독기구로 적절하다고 판단하였다. 그러나 ITU에 의한 감독기구의 업무 수행 여부는 ITU의 최고의사결정 회의인 전권회의(Plenipotentiary Conference)의 의결사항이고 전권회의는 2014년 10월 개최될 예정이었기 때문에, 베를린 외교회의에서 감독기구 선정이 불가능하였다. 결국 베를린 외교회의는 결의를 통해 다음 두 가지 사항을 결정하였다. 첫째, UNIDROIT 총회의 지침하에서 감독기구가 선정될 때까지 국제등록부 등 국제등록 시스템 수립에 관한 관련 업무를 수행할 잠정 감독기구(Provisional Supervisory Authority)인 준비위원회(Preparatory Commission)의 설립을 결정하고 설립에 관한 업무는 UNIDROIT 총회에 위임한다. 둘째, 2014 전권회의에서 감독기구 수행 여부를 결정해 줄 것을 ITU에 요청하였다.

ITU는 2014년 10-11월 개최된 전권회의(한국 부산 개최)에서 ITU가 우주자산 국제등록 감독기구가 될 것인지에 관한 논의에 착수하였으나 상당수의 국가가 주로 두 가지 사유를 바탕으로 ITU의 감독기구 수행에 강하게 반대하였다. 그 이유는 첫째, 우주자산의정서에 서명한 국가가 4개국에 불과하기 때문에 감독기구의 결정이 전혀 시급한 문제가 아니며, 둘째, ITU 사무국은 감독기구의 역할 및 운영 등에 대하여 회원국이 제기한 의문에 명확한 답변을 하지 못하였기 때문이다. 결국 ITU의 우주자산의정서의 감독기구 수행 여부에 대하여 2014년 ITU 전권회의는 결정하지 않기로 결론을 내린 후 향후 이 문제를 어떻게 논의할지에 대하여서 ITU 이사회에 검토를 요청하였다. 2015년 개최 ITU 이사회는 동 건에 관하여 어떠한 결정을 내리기에는 관련 정보가 부족하다면서 계속 추이를 본 후 2018년 ITU 전권회의에서 결정할 수 있을 것이라는 입장을 취하였다.

군사, 위성항법, 교육 등 공공서비스를 제공하는 우주자산에 대한 채권자 구제조치의 행사로 인하여 돌연 공공서비스 제공이 중지되는 경우 공중 보건, 국가 안보 등에 위해를 초래할 수 있기 때문에 우주자산의정서는 공공서비스를 유지하기 위하여 국가가 채권자 구제조치의 행사를 제한할 수 있도록 허용하고 있다.55) 그러나 국가가 채권자 구제조치의 행사를 무제한 제한할 수 있는 것은 아니며

---

54) 감독기구의 선정 문제는 2004년 10월 제2차 정부전문가위원회에서부터 본격적으로 논의되었으며 UN COPUOS, ITU, ICAO, IMSO (International Mobile Satellite Organization, 국제이동위성기구) 등 4개의 국제기구가 거론되었음. 그러나 IMSO는 2010년 3월 IMSO 자문위원회(Advisory Committee)를 개최하여 우주자산의정서의 감독기구 기능 수행 여부에 대하여 논의하였으나 IMSO 설립협약에 대한 수정 및 운용비용 등을 이유로 공식적으로 거절하였고, UN COPUOS는 UN의 공적 성격, UN COPUOS 회원국의 재정적 부담 등을 이유로 정부전문가위원회에 참석한 각국 대표들에 의하여 지지를 받지 못하였음.

55) 우주자산의정서 제27조(공공서비스에 관한 구제조치의 제한)
    1. – 채무자 또는 채무자의 통제를 받는 기관과 공공서비스 제공자가 체약국에서 공공서비스 제공을 위해 요구되는 서비스를 제공하기 위하여 우주자산의 이용을 규정하는 계약을 체결하는 경우, 당사자와 체약국은 공공서비스 제공자 또는 체약국이 공공서비스 공고를 등록하는 것에 합의할 수 있다.
    2. – 이 조의 목적상:
       (a) "공공서비스 공지(public service notice)"는, 규칙에 따라, 계약서에서 등록 시 관련 체약국의 법에 따라 인정된 공공서비스를 제공하기 위한 서비스를 국제등록부에 기술하는 공지를 의미한다;
       (b) "공공서비스 제공자(public services provider)"는 체약국의 기관, 체약국에 소재하고 공공서비스의 제공자로서 체약국에 의하여 지명된 다른 기

우주자산의정서 가입 시 3개월에서 6개월 사이에서 제한 기간을 선언하여야 한다. 단, 채권자는 구제조치의 행사가 중지되는 기간 동안 누적된 비용을 지급받을 수 있어야 한다.

관 또는 체약국의 법에 따라 공공서비스의 제공자로서 인정된 기관을 의미한다.

3. - 제9항에 따라, 공공서비스 공지의 대상인 우주자산에 국제담보를 보유한 채권자는, 채무불이행의 경우에, 협약 제3장 또는 제4항의 규정과 같이 체약국에 의한 선언에서 명시된 기간 종료 이전에 우주자산의 관련 공공서비스의 제공을 불가능하게 하는 이 의정서 제2장에 규정된 구제조치를 행사할 수 없다.

4. - 체약국은, 이 의정서의 비준, 수락, 동의 또는 가입 시, 전항의 목적상 채무자가 그 기간 내에 자신의 채무불이행을 해결하지 않는다면 채권자가 그러한 모든 구제조치를 행사할 수 있다는 시점을 채권자에 의한 국제등록부의 공고 등록일로부터 3개월 이상 6개월 이하의 기간으로 하여 제41(1)조의 선언으로 명시하여야 한다.

5. - 채무자가 그렇게 할 수 없는 항에 언급된 기간 동안 우주자산의 계속되는 운용을 일시적으로 수행하거나 보장하는 관련 당국에 의하여 허가된다면, 3항은 채권자의 능력에 영향을 미치지 아니한다.

6. - 채권자는 채무자와 공공서비스 제공자에게 3항하에서 공지 등록일과 기간 종료일을 신속하게 공지하여야 한다.

7. - 3항에 언급된 기간 동안:
    (a) 채권자, 채무자 그리고 공공서비스 제공자는 공공서비스의 지속을 가능하게 하는 상업적으로 합리적인 해결책을 찾기 위하여 성실히 협력하여야 한다;
    (b) 공공서비스 공지의 대상인 우주자산을 운용하기 위하여 채무자가 요청한 허가를 발부한 체약국의 규제 당국은, 규제 당국에 의하여 발부될 새로운 허가하에서 다른 사업자 지명을 위하여, 공공서비스 제공자에게 채무자가 체약국에서 참여할 수 있는 모든 절차에 참여할 수 있는 기회를 적절하게 제공하여야 한다;
    (c) 채권자는 허가 당국의 규칙에 따라 우주자산의 사업자로서 채무자를 다른 사람으로 교체하기 위한 절차의 개시에서 배제되지 않는다.

8. - 3항과 7항에도 불구하고, 만일 공공서비스 제공자가 1항에 언급된 계약 하에서 자신의 의무를 다하지 못한다면 3항에 언급된 기간 동안 언제든지 채권자는 협약 제3장 또는 이 의정서 제2장에 규정된 모든 구제조치를 자유롭게 행사한다.

9. - 별도 합의한 사항이 없으면, 3항에 규정된 채권자의 구제조치에 대한 제한은 1항에 따라 공공서비스 공지 등록 이전에 채권자에 의하여 등록된 국제담보에 대하여 적용되어서는 안 된다:
    (a) 국제담보가 1항에 언급된 공공서비스 제공자와의 계약 체결 이전에 이루어진 합의에 따라 설정된 경우; 그리고
    (b) 국제담보가 국제 등록부에 등록된 시점에, 채권자가 그러한 공공서비스 계약이 이미 체결되었다는 것을 알지 못한 경우.

10. - 만일 그러한 공공서비스 공지가 우주자산의 첫 발사 후 늦어도 6개월 전에 등록된다면, 전항은 적용되지 않는다.

제3장

우주의 법적 지위와 경계

1. 우주, 달 및 기타 천체의 법적 지위

1.1 우주의 법적 지위

우주가 국제법상 갖는 대표적인 지위는 비전용(non appropriation of outer space)의 대상이라는 것이다. 1967년 외기권 조약 제2조가 아래와 같이 비전용 원칙을 선언하고 있으며, 이 규정은 '천체(celestial)'가 '달과 여타 천체를 포함하는(including the Moon and other celestial bodies)'으로 대체된 것을 제외하면 1963년 법 원칙 선언을 그대로 이어받은 것이다.

> "달과 기타 천체를 포함하는 우주는 주권의 주장에 의하여, 이용 또는 점유에 의하여 또는 기타 모든 수단에 의하여 국가 전용의 대상이 되지 아니한다."

영미법에서 전용(appropriation)은 '재산에 대한 통제의 행사(exercise of control over property)' 및 '소유하는 것(taking of possession)'을 의미한다.[1] 따라서 외기권 조약이 달과 기타 천체를 포함하는 우주를 전용의 대상에서 제외하는 것은 우주에 대한 국가의 어떠한 통제권 및 소유권도 인정하지 않겠다는 대원칙을 선언한 것이다.

1967년 외기권 조약이 체결된 후 약 10년 후 우주의 일부를 구성하는 지구정지궤도(Geostationary Earth Orbit: GEO)[2]에 대한 권리의 주장이 일부 국가들 사이에서 제기되었다. 적도 상공 35,786km에 위치한 정지궤도에서는 인공위성의 공전 주기와 지구의 자전 주기가 동일하기 때문에 지상에서 보면 인공위성이 적도 상공에서 한 곳에 정지해 있는 것처럼 보인다. 따라서 정지궤도위성은 그 위치가 변하지 않기 때문에 안테나의 방향을 바꿀 필요 없이 항상 안정된 통신을 할 수 있어 통신위성에 적합하다.[3]

---

1) Bryan A. Garner Editer in Chief, *Black's Law Dictionary*, Eighth Edition, 2004, Thomson West, p.110.

2) 지구정지궤도는 인공위성이 지구의 자전 속도와 동일한 속도로 회전하도록 설계함으로써 지구에서 관측할 때 인공위성이 정지된 것처럼 보이는 인공위성 궤도임. 적도 상공 약 35,786km의 원 궤도를 서쪽에서 동쪽으로 도는 인공위성은 주기가 지구의 자전과 일치하기 때문에 지상에서 볼 때 우주의 한 점에 정지해 있는 것처럼 보이게 됨. 정지궤도에 올려놓으려면 우선 고도 200km의 대기 궤도에 쏘아올리고, 이어서 근지점 200km, 원지점 35,786km의 장원 궤도에 올려 그 원지점에서 인공위성을 적도면 상의 원형궤도에 올려 정지시킴.

3) 국방과학기술품질원, *국방과학기술 용어사전* 2008, 840p, p.389.

브라질, 콜롬비아, 콩고, 에콰도르, 인도네시아, 케냐, 우간다, 자이르 등 적도에 위치한 8개국은 1976년 12월 콜롬비아의 수도 Bogota에서 '제1차 적도국가 회의 선언(Declaration of the First Meeting of Equatorial Countries, 일명 Bogota 선언)'을 채택하였다. 8개국은 지구정지궤도를 한정된 자연자원으로 간주하고 적도 주변에 위치한 국가들이 지구정지궤도 중 자국 영역 상공에 대하여 주권 또는 우선적 권리를 요구하였다.[4]

그러나 적도 국가들의 이러한 주장은 지구정지궤도가 우주의 불가분한 일체를 구성할 뿐만 아니라 우주의 비전용 원칙을 규정하는 1967년 외기권 조약에 명백히 반한다는 이유로 선진국을 비롯한 대다수 국가들의 지지를 받지는 못하였다. 그러나 정지궤도가 한정된 자연자원으로 받아들여져[5] 국가들은 ITU의 주선으로 일련의 우주 통신 관련 국제회의를 개최한 후 1988년 8월 스위스 제네바 개최 ITU 세계전파주관청회의(WARC-ORB)의 제2차 회기(session)에서 특정 주파수 대역을 사용하는 지구정지궤도 상의 위치를 적어도 하나씩 각국에 배분하는데 합의하였다. 이에 관하여서는 제5장 3항에서 구체 기술한다.

1.2 달과 여타 천체에 고유한 법적 지위

1967년 외기권 조약 제2조가 규정하는 바와 같이 달과 여타 천체(the Moon and other celestial bodies)는 주권의 주장, 이용, 점유 또는 기타 모든 수단에 의하여 국가 전용의 대상이 되지 아니한다. 즉,

---

4) Bogota 선언에서 정지궤도에 대한 주권을 요구하는 부분은 다음과 같음:
"2. Sovereignty of Equatorial States over the Corresponding Segments of the Geostationary Orbit In qualifying this orbit as a natural resource, equatorial states reaffirms "the right of the peoples and of nations to permanent sovereignty over their wealth and natural resources that must be exercised in the interest of their national development and of the welfare of the people or the nation concerned," as it is set forth in Resolution 2692(XXV) of the United Nations General Assembly entitled "permanent sovereignty over the natural resources of developing countries and expansion of internal accumulation sources for economic developments".
Furthermore, the charter on economic rights and duties of states solemnly adopted by the United Nations General Assembly through Resolution 3281(XXIV), once more confirms the existence of a sovereign right of nations over their natural resources, in Article 2 subparagraph I, which reads: "All states have and freely exercise full and permanent sovereignty, including possession, use and disposal of all their wealth, natural resources and economic activities".
Consequently, the above-mentioned provisions lead the equatorial states to affirm that the synchronous geostationary orbit, being a natural resources, is under the sovereignty of the equatorial states."

5) Bogota 선언에서 정지궤도를 자연자원으로 간주하는 부분은 다음과 같음:
"1. The Geostationary Orbit as a Natural Resources
(…) Equatorial countries declare that the geostationary synchronous orbit is a physical fact linked to the reality of our planet because its existence depends exclusively on its relation to gravitational phenomena generated by the earth, and that is why it must not be considered part of the outer space. Therefore, the segments of geostationary synchronous orbit are part of the territory over which Equatorial states exercise their national sovereignty. The geostationary orbit is a scarce natural resource, whose importance and value increase rapidly together with the development of space technology and with the growing need for communication; therefore the Equatorial countries meeting in Bogota have decided to proclaim and defend on behalf of their peoples, the existence of their sovereignty over this natural resources. The geostationary orbit represents a unique facility that it alone can offer for telecommunication services and other uses which require geostationary satellites.
The frequencies and orbit of geostationary satellites are limited natural resources, fully accepted as such by current standards of the International Telecommunications Union. Technological advancement has caused a continuous increase in the number of satellites that use this orbit, which could result in a saturation in the near future."

달과 여타 천체는 우주의 일부분을 구성하기 때문에 1967년 외기권 조약, 1968년 구조 협정, 1972년 책임 협약, 1975년 등록 협약 등 우주에 적용되는 규정들은 달과 여타 천체에도 그대로 적용된다. 물론, 1967년 외기권 조약의 일부 조항, 예컨대 제4조 1항, 제5조 1항, 제8조 등에서 '달과 여타 천체' 대신에 '천체'만을 언급하고 있으나 이는 해당 조항의 적용 범위에서 달을 제외시키기 위한 것이 아니라 조약문 작성 과정에서 문구를 통일하지 못한 것으로 보인다.

우주 관련 유엔 5개 조약에서 우주의 법적 지위와 관련하여 달과 여타 천체에 고유한 조항이 있다. 1967년 외기권 조약 제4조 2항이다. 동조 1항은 지구궤도 주변, 천체 그리고 우주에 대량살상무기의 배치를 금지하고 있지만 동조 2항은 아래와 같이 달과 여타 천체에서의 모든 군사적 활동을 금지하고 있다.

> "달과 여타 천체는 조약의 모든 당사국에 의하여 오직 평화적 목적으로 이용되어야 한다. 천체에서 군사적인 기지, 시설 및 요새의 설치, 모든 형태의 무기 실험 그리고 군사 훈련의 실시는 금지되어야 한다. 과학 연구 또는 기타 모든 평화적 목적을 위한 군인의 이용은 금지되지 않는다. 달과 여타 천체의 평화적 탐사에 필요한 모든 장비 또는 시설의 이용도 금지되지 않는다."

1967년 외기권 조약 제4조 2항은 1979년 달 협정 제3조 2항에서 다음과 같이 보다 구체화되었다.

> "달에서 어떠한 위협, 무력의 사용, 여타의 모든 적대적 행위 또는 적대적 행위의 위협은 금지된다. 마찬가지로 지구, 달, 우주선, 우주선원 또는 인공 우주물체와 관련하여 또는 그리 위협하기 위하여 달을 이용하는 것도 금지된다."

외기권 조약과 달 협정에서 규정하는 바와 같이, 달과 여타 천체에서의 군사적 활동을 금지하고 이를 보장하기 위하여 외기권 조약 제12조는 달과 여타 천체상의 모든 시설 등에 대하여 조약 당사국 대표에 의한 접근을 허용하고 있다.[6]

> "달과 여타 천체상의 모든 기지, 시설, 장비 그리고 우주선은 상호주의에 기초하여 조약의 다른 당사국 대표에게 개방되어야 한다. 적절한 협의를 위하여 그리고 안전을 보장하고 방문 시설의 정상적인 운영에 대한 방해를 피하기 위하여 최대한의 예방조치가 취해질 수 있도록 그러한 대표는 계획된 방문에 대하여 합리적인 사전 통보를 하여야 한다."

1967년 외기권 조약 제12조는 원래 조약안에 포함되어 있지 않았으나 미국이 제안하면서 본격적으로 논의된 조항이었다. 미국이 처음 제안한 규정은 다음과 같다.

> "달과 여타 천체상의 모든 기지, 시설, 장비 그리고 우주선은 천체에서 활동을 수행하는 이 조약의 다른 당사국 대표에게 항상 개방되어야 한다."[7]

---

6) 외기권 조약 제12조의 내용과 유사한 규정을 가진 조약으로 1959년 남극 조약이 있음. 남극조약 제7조는 다음과 같이 남극 지역의 모든 기지, 시설 등에 대한 감시원(observer)의 자유로운 접근을 허용함:
"2. 이 조 1항의 규정에 따라 지명된 감시원은 남극의 어느 지역 또는 모든 지역에 언제든지 접근할 완전한 자유를 갖는다.
3. 남극 지역 내의 모든 기지, 시설 및 장비와 남극 지역에서 화물 또는 사람의 양륙 또는 적재 지점의 모든 선박과 항공기를 포함하여 남극 지역의 모든 지역은 이 조 1항에 따라 지명된 모든 감시원에 의한 조사를 위하여 언제든지 개방된다."
7) 영문은 아래와 같음:

미국의 제안에 대하여 당시 소련은 '상호주의에 기초하여 그리고 그러한 물체에 대한 방문 시 당사국 간 합의에 따라(…on a basis of reciprocity and subject to agreement between the Parties with regard to the time of visits to such objects)', 이탈리아는 '자유로운 즉각적인 접근(free immediate access)', 일본은 '활동의 정상적인 운영을 방해하지 않도록 최대한의 예방조치를 취할 것(take maximum precaution not to interfere with the normal operation of activities)' 등의 내용을 삽입할 것을 제안하였다. 미국은 상기 국가들의 제안을 받아들이면서 추가로 '합리적인 사전 통보(reasonable advance notice)'라는 문구를 포함시켰고 그 결과 현재의 제12조가 완성되었다.[8]

1.3 '인류의 공동 유산'

라틴어인 '*res communis*'는 주로 민법에서 사용되는 용어로 영어로는 'common things, things common to all things that can not be owned or appropriated' 정도의 의미를 가지며, 빛, 공기, 바다 등이 이에 해당된다.[9] 프랑스 법학자 Pothier는 *res communis*의 특징에 대하여 다음과 같이 기술하였다.

> "최초의 인류는 신이 인간에게 주었던 모든 것을 공동으로 소유하였다. 이 공동체는, 각각의 개인이 자신의 특별한 지분을 갖는 하나의 물건에 대하여 소유권을 갖는 다수 간에 존재하는 것과 같이, 이해관계가 확실한 공동체는 아니었다. 이 공동체는 모두에게 공통된 것은 어느 누구에게도 속하지 않는다는 사실에서 비롯된 소극적 공동체이며, 따라서 어느 누구도 다른 사람이 자신이 원하는 것을 사용하기 위하여 필요하다고 판단한 부분을 공동의 것(common things)으로부터 취하는 것을 막을 수 없다. 누군가가 공동의 것을 사용하는 동안에는 다른 사람은 그를 방해할 수 없다. 그러나 누군가가 공동의 것에 대한 사용을 중지하였을 때, 그리고 그 공동의 것이 사용에 의하여 소모된 것이 아니라면, 그 공동의 것은 소극적 사회로 다시 들어가고 다른 누군가가 그것들을 사용할 수 있다. 이 공동의 것들은 법학자들이 '*res communis*'라고 부르는 것이다."[10]

'*res communis*'에 해당하는 '공동 유산(common heritage)'이라는 용어가 유엔의 공식 문서에서 등장한 것은 1967년 유엔 총회에서 심해저를 '인류의 공동 유산(common heritage of mankind)'으로 지정하자는 몰타의 Arvid Pardo 대사의 제안에서 비롯되었다. 그 결과 1970년 12월 '국가관할권 한계 밖의 해저, 해상 그리고 그 하층토를 규제하는 원칙 선언(Declaration of Principles Governing the Sea-Bed and the Ocean Floor, and the Subsoil Thereof, beyond the Limits of National Jurisdiction)'[11]에서 '국가관할권 한계

"all stations, installations, equipments and space vehicles on the moon and other celestial bodies shall be open at all times to representatives of other State parties to this treaty conducting activities in celestial bodies."

8) Stephan Hobe, Bernhard Schmidt-Tedd, Kai-Uwe Schrogl, *Cologne Commentary on Space Law*, Volume 1, 2009, Carl Heymanns Verlag, 259p, p.209.

9) Bryan A. Garner Editer in Chief, *Black's Law Dictionary*, p.1333.

10) Virgiliu Pop, *Who owns the Moon – Extraterrestrial Aspects of Land and Mineral Resources Ownership*, 2009, Springer Science+Business Media B.V., 175 p, pp.75–76.

밖의 해저, 해상 그리고 그 하층토와 그 지역의 자원'을 인류의 공동 유산으로 간주하였다. 그리고 1979년 달 협정 제11조 1항이 '달과 달의 자연자원은 인류의 공동 유산이다'고 규정하고 뒤이어 1982년 유엔 해양법 협약 제136조가 '심해저와 그 자원은 인류의 공동유산이다'고 규정하였다. 유엔 해양법 협약 제1조는 심해저[12]를 상기 원칙과 동일하게 '국가관할권 한계 밖의 해저, 해상 및 그 하층토'로 정의하고 있다.

따라서 인류의 공동 유산 개념을 설명할 때에 가장 많이 비교되는 대상이 '달과 달의 자연자원'과 '심해저와 심해저의 자원'이다. 달과 달의 자연자원을 인류의 공동 유산으로 매우 간략하게 규정하고 있는 달 협정과는 달리 유엔 해양법 협약은 다음과 같이 제137조에서 심해저와 심해저 자원의 법적 지위에 관하여 상세한 규정을 두고 있다. 그리고 제140조는, 유엔 우주관련 조약과 동일하게, 심해저 활동을 인류 전체의 이익을 위하여 수행하도록 규정하고 있다.

> "유엔 해양법 협약 제137조(심해저와 그 자원의 법적지위)
> 1. 어떠한 국가도 심해저나 그 자원의 어떠한 부분에 대하여 주권이나 주권적 권리를 주장하거나 행사할 수 없으며, 어떠한 국가, 자연인, 법인도 이를 자신의 것으로 독점할 수 없다. 이와 같은 주권, 주권적 권리의 주장, 행사 또는 독점은 인정되지 아니한다.
> 2. 심해저 자원에 대한 모든 권리는 인류 전체에게 부여된 것이며, 해저기구는 인류 전체를 위하여 활동한다. 이러한 자원은 양도의 대상이 될 수 없다. 다만, 심해저로부터 채취된 광물은 이 부(Part)와 해저기구의 규칙, 규정 및 절차에 의하여서만 양도할 수 있다.
> 3. 국가, 자연인 또는 법인은 이 부에 의하지 아니하고는 심해저로부터 채취된 광물에 대하여 권리를 주장, 취득 또는 행사할 수 없다. 이 부에 의하지 아니한 권리의 주장, 취득 및 행사는 인정되지 아니한다."

> "유엔 해양법 협약 제140조(인류의 이익)
> 1. 심해저활동은 이 부에 규정된 바와 같이, 연안국이나 내륙국 등 국가의 지리적 위치에 관계없이 인류 전체의 이익을 위하여 수행하며 개발도상국의 이익과 필요 및 유엔 총회 결의 제1514(XV)호와 그 밖의 유엔 총회의 관련 결의에 따라 유엔에 의하여 승인된 완전독립 또는 그 밖의 자치적 지위를 획득하지 못한 주민의 이익과 필요를 특별히 고려하여야 한다.
> 2. 해저기구는 심해저 활동으로부터 나오는 재정적 이익과 그 밖의 경제적 이익이 제160조 제2항 (f), (i)의 규정에 따라 적절한 제도를 통하여 차별 없이 공평하게 배분되도록 한다."

달 자원의 질서 있고 안전한 개발과 합리적인 관리를 위해 달 협정 제11조가 설립을 예정하고 있는 국제 체제(international regime)를 논의할 때에 비교가 되는 것이 심해저 자원을 관리하기 위하여 유엔

---

11) UN GA Resolution 2749(XXV).

12) 심해저는 대륙사면에 연속되는 깊이 2,000m 이상의 비교적 평탄하고 광대한 해저 지형으로 해양 넓이의 약 75.9%를 차지함. 심해저의 대부분은 망간단괴(manganese nodule)로 덮여 있으며, 태평양에만 약 1조 5000만 톤기량의 망간 단괴가 매장되어 있고 이 매장량은 인류가 최소한 2백년에서 1만 2천 년간 사용할 수 있는 것으로 추정됨. 심해저의 망간단괴는 1873년에서 1876년 사이 세계 최초의 해양 탐사인 영국의 Challenger호에 의하여 발견되었으며, 감자만한 크기의 망간단괴는 망간(25%), 니켈(1.4%), 구리(1.2%), 코발트(0.3%) 등 400여종의 희유금속으로 구성됨. 망간단괴는 1960년 이전까지 관심을 끌지 못하였으나 미국의 해양학자인 John Mero가 1965년 출판한 저서 "Mineral Resources of the Sea"에서 태평양의 망간단괴 부존량이 1,66조 톤이라고 주장하면서부터 상업적 개발 가능성에 대한 기대가 고조됨. 이창위·김채형·김한택·김현수·박찬호·이석용, 유엔해양법협약 해설서 II, 지인북수, 2009, p.118

해양법 협약에 따라 설립된 해저기구(International Sea-Bed Authority)이다.

"유엔 해양법 협약 제157조(해저기구의 성격과 기본 원칙)
1. 해저기구는 당사국이 특히 심해저 자원을 관리할 목적으로 이 부에 따라 이를 통하여 심해저 활동을 주관하고 통제하는 기구이다.
2. 해저기구의 권한과 임무는 이 협약에 의하여 명시적으로 부여된다. 해저기구는 심해저 활동에 관한 그 권한의 행사와 임무의 수행에 내재하고 필요하며 이 협약에 부합하는 부수적 권한을 가진다.
3. 해저기구는 모든 회원국의 주권평등원칙에 기초를 둔다.
4. 해저기구의 모든 회원국은 회원 자력으로부터 발생하는 권리와 이익을 모든 회원국에게 보장하기 위하여 이 부에 따라 스스로 진 의무를 성실히 이행한다."

2. 영공(Air Space)과 우주(Outer Space)의 경계획정

2.1 경계획정의 필요성

영공의 상방한계를 정하는 영공과 우주의 경계 획정 문제는 영공과 우주가 각각 갖는 상반된 법적 지위에서 비롯된다. 1944년 국제민간항공협약 제1조가 규정하는 바와 같이 '모든 국가는 그 영역상의 공간에서 완전하고 배타적인 주권을 보유하는' 것과는 대조적으로 '달과 기타 천체를 포함하는 우주는 주권의 주장에 의하여, 이용 또는 점유에 의하여 또는 기타 모든 수단에 의하여 국가 전용의 대상이 되지 않기' 때문이다.

영공 또는 우주이냐에 따라 국가의 주권 행사 여부가 달라진다. 국가의 주권 행사는 국가가 사람, 물건, 사건 등에 대하여 행사할 수 있는 권한의 총체인 국가관할권을 통해 실현된다. 따라서 영공의 경우에는 국가가 법규범을 자유롭게 제정할 수 있는 입법관할권이나 제정된 법규범을 자유롭게 집행할 수 있는 행정관할권 내지 사법관할권을 행사할 수 있지만 우주에서는 원칙적으로 그러한 관할권 행사가 금지된다. 결국, 국가주권의 행사 범위를 명확히 하여 국제 분쟁의 가능성을 최소화하기 위하여 영공과 우주의 경계를 획정하려는 노력이 시작되었다. 예를 들면, 국가 간 합의를 통하여 인위적으로 일정 높이를 영공과 우주의 경계로 획정하려는 노력이 그것이다. 그러나 영공과 우주의 경계 획정 문제는 규범적 측면에서뿐만 아니라, 정치적, 과학적 및 기술적 측면에서의 접근도 매우 중요하기 때문에, 국제우주법 형성 초기에서부터 논의되었음에도 불구하고 현재까지 해결되지 않은 대표적인 이슈이다.

2.2 COPUOS에서의 논의

영공과 우주의 경계 획정에 관한 논의 필요성은 1966년 제5차 COPUOS 법률소위원회에서 프랑스와 멕시코에 의하여 공식적으로 제기되어 정식 의제로 채택되었으며 다음 해 개최된 제6차 법률소위원회 회의에서부터 본격적으로 논의되었다. 1967년 법률소위원회는 과학기술소위원회에 우주 정의에 도움이 되는 과학적 기준에 관한 리스트 작성과 각각의 기준이 갖는 장단점 및 과학기술소위원회의 의견을 요청하였다. 과학기술소위원회는 1968년 제8차 법률소위원회에서 현재 우주 정의에 도움이 되는 과학적 기준을 확인하는 것은 불가능하다는 입장을 밝힌 뒤 우주의 정의는 우주 연구와 우주 탐사를 위한 운용 측면과 연관성이 있기 때문에 이 문제에 대한 지속적인 검토 필요성만을 확인하였다. 그 후 우주의 경계획정에 관한 논의가 지지부진하게 진행되다가 1983년 우주의 정의 및 경계획정에 관한 작업반이 구성되면서 어느 정도 논의가 진척되었으나 어떠한 합의점도 도출되지는 않았다. 합의점 도출이 어려운 이유는 영공과 우주의 경계획정 문제는 각국의 영공 연장과 각국의 국내안보를 위한 위험의 억제와 예방에 근거하기 때문이다.

우주의 경계획정 논의 과정에서 국가 간의 합의에 의하여 지표면에서 특정 높이를 우주의 경계로 정하자는 주장이 이탈리아와 러시아에 의하여 제기되었다. 이탈리아는 1975년 제18차 COPUOS에서 지표면에서 약 90km를 '수직 국경(vertical frontier)'으로, 1983년 당시 소련은 제22차 법률소위원회에서 해수면으로부터 110km를 초과하지 않는 높이에서 우주의 경계를 획정하자고 제안하였다. 그러나 이탈리아와 소련의 제안은 받아들여지지 않았다.

COPUOS 법률소위원회는 '우주의 정의와 경계획정 그리고 정지궤도의 성격과 이용에 관한 문제'[13]라는 의제로 우주의 경계획정에 관하여 지속적으로 논의의 장을 제공해 오고 있다. 우주의 경계획정 문제에 대하여 국가들의 입장은 주로 경계획정의 필요성과 불필요성 그리고 앞으로 우주 기술의 발전 정도를 고려하여 경계획정 문제를 지속적으로 논의하자는 세 가지로 분류된다. 법률소위원회는 보다 상세한 논의를 위하여 '우주의 정의와 경계획정에 관한 작업반'을 구성하였고 작업반은 2009년 제49차 법률소위원회에서 우주의 정의와 경계획정에 관한 회원국의 입장을 표명해 줄 것을 요청하였다.[14] 작업반의 입장 표명 요청에 대하여 2012년 제51차 법률소위원회에서 알제리, 오스트리아, 프랑

---

13) 정식 의제명은 '우주의 정의와 경계획정 그리고 국제전기통신연합의 역할을 방해함이 없이 정지궤도의 합리적이고 공평한 이용을 보장하는 방법과 수단에 대한 고려를 포함하여, 정지궤도의 성격과 이용에 관한 문제(Matters relating to the definition and delimitation of outer space and the character and utilization of the geostationary orbit, including consideration of ways and means to ensure the rational and equitable use of the geostationary orbit without prejudice to the role of the International Telecommunication Union)'임.

14) UN A/AC.105/889/Add.10, p.2를 통하여 COPUOS 법률소위원회에는 회원국에게 아래와 같이 세 가지 질문을 하였음:
① 현재 우주활동과 항공활동의 수준 및 우주와 항공의 기술발전을 고려하여, 우주의 정의 및 우주와 영공의 경계획정이 필요한가?
② 우주의 정의 및 경계획정 문제를 해결하기 위한 다른 접근 방식을 고려하고 있는가?
③ 우주의 하부와 영공의 상부를 정의하기 위한 가능성을 고려하고 있는가?

스, 노르웨이, 태국 그리고 터키가 자국의 입장을 표명하였다.[15] 알제리와 태국은 사고 발생 시 손해배상 문제, 국가 간 분쟁 가능성을 사전에 예방하기 위하여 경계획정의 필요성을 주장한 반면, 프랑스, 노르웨이 그리고 터키는 경계획정에 반대하였다. 특기할 사항은 경계획정에 반대 의견을 표명한 프랑스는 COPUOS에서 우주와 영공의 경계획정의 필요성 논의를 처음으로 제기한 국가였다는 점이다. 러시아는 지속적으로 110km를 초과하지 않는 범위 내에서 우주의 경계를 획정할 것을 주장하였다.

2.3 경계획정의 과학적 및 기술적 기준

과학자들은 영공과 우주의 경계를 획정하기 위한 다양한 과학적 기준을 제시해 오고 있다. 중력의 균형, Von Kármán 선, 대기권의 상층 한계, 대기권의 층별 구조, 특정한 압력과 농도, 최고비행 고도, 인공위성의 최저 근지점, 중간 구역 등이 그것이다.[16] 그러나 각각의 기준은 장단점을 모두 가지고 있어 과학자와 법학자를 비롯하여 규제 및 정책 관련 담당자를 모두 충족시켜주지는 못한다. 상기 열거된 과학적 기준 가운데 규범적 측면에서 가장 많이 거론되는 기준 세 가지는 아래와 같다.

2.3.1 중력 이론[17]

국가주권의 범위를 지구 인력이 존재하는 지점 또는 지구 인력이 다른 천체의 인력에 의하여 상쇄되는 지점까지만 인정하는 이론이다. 그러나 인력의 정도는 지구에서 다른 천체간의 거리에 따라 다르기 때문에, 지구 중력의 범위를 획일적으로 정하는 것은 사실상 불가능하다. 예를 들면, 달과 지구 사이에 지구 중력이 존재하는 거리는 약 327,000km이지만, 지구와 태양 사이에 지구 중력이 존재하는 거리는 약 1,870,000km에 달한다.

2.3.2 Von Kármán 선[18]

원심력이 양력을 초과하는 높이를 영공과 우주의 경계로 하자는 이론으로서 헝가리 계 미국 물리학자인 Thodore von Kármán이 주장하여 이 경계를 'von Kármán 선'이라 부른다. 물체가 고도 약 83km에서 7km/s 속도로 비행할 때 원심력이 양력보다 우세하며, 이를 근거로 지구 해수면에서 약 100km 상공을 영공과 우주의 경계선으로 주장한다. Von Kármán 선은 국제항공연맹(Fédération aéronautique

---

15) 상동 pp.2-7.
16) 우주의 경계획정에 관한 주요 과학적 기준에 대한 설명은 박원화 · 정영진 전게서 pp.100-104 참조.
17) 박원화 · 정영진 전게서 pp.100.
18) 상동.

internationale: FAI)이 지지하는 이론이기도 하다. 그러나 von Kármán 선은 냉각장치와 같은 기술발전에 따라 변동 가능성이 크다는 점 때문에 규제 측면에서 한계가 있다.

2.3.3 인공위성의 최저 근지점[19]

성층권 계면(성층권과 중간권 사이의 경계면)의 상부부터는 대기의 농도가 매우 낮지만, 대기의 상부 층에 밀집되어 있는 가스 입자들로 인해 인공위성이 궤도에 계속해서 머무르는 데는 한계가 있다. 따라서 인공위성이 추락하거나 연소되지 않고 이동할 수 있는 지점 즉, 최저 근지점(perigée)을 영공과 우주의 경계로 하자는 것이다. 1968년 국제법협회(International Law Association)는 제53차 컨퍼런스에서 영공과 우주의 경계 획정 기준으로 이 최저 근지점을 지지하였다. 그러나 최저 근지점은 우주비행 기술의 발달, 인공위성의 운용 목적과 크기, 인공위성의 수명 및 고도에 따라 달라진다. 1970년 유엔의 자료에 따르면 인공위성의 최저 근지점은 140km 내지 160km보다 더 낮을 수 없다고 한다. 하지만 1976년 우주연구위원회(Committee on Space Research)의 회장인 C. de Jaeger 교수는 몇몇 인공위성은 최저 근지점이 90km에 이른다고 주장하였다.

---

19) 박원화·정영진, 전게서 pp.103.

제4장

우주법의 기본원칙

1. 우주의 탐사와 이용 자유의 원칙

1.1 자유의 원칙

1967년 외기권 조약 제1조 2항은 우주의 탐사와 이용 자유의 원칙을 규정하고 있다.

> "달과 천체를 포함하는 우주는 모든 유형의 차별 없이, 형평에 기초하여 그리고 국제법에 따라 모든 국가에 의한 탐사와 이용이 자유로워야 하며 천체의 모든 지역에 대한 접근이 자유로워야 한다."

우주의 자유로운 탐사와 이용은 1961년 우주의 평화적 이용에 있어서 국제협력에 관한 유엔 총회 결의[1]와 1963년 법 원칙 선언[2]에서 이미 확인된 원칙이다. 제1조 2항의 이해를 위해서는 동조의 1항과 3항, 제2조 등과의 검토가 함께 요구된다.

1950년대부터 우주는 C. Wilfred Jenks 등 국제법 학자들에 의하여 '국제공역(*res extra commercium*)'[3] 또는 '모든 인류의 공유물(*res communis omnium*)'로 인식되었다. 국제공역 및 모든 인류의 공유물은 외기권 조약 제1조 1항의 '모든 인류의 영역(province of all mankind)' 그리고 1979년 달 협정 제11조의 '인류의 공동 유산'과 일맥상통한다. 유엔 우주 관련 조약 및 1982년 유엔 해양법 협약에서 '인류'의 개념을 정의하고 있지는 않지만, 외기권 조약 제1조에서 어느 정도 유추 해석이 가능하다. 인류는 특정 국가가 아닌 모든 국가를 가리키는 것으로 특정 국가에 의한 우주의 탐사도 우주활동을 하지 않는 국가나 개발도상국의 이익이 함께 고려되어야 한다는 것이다. 이는 제1조 2항에서 '모든 유형의 차별 없이'로 표현되었다. 우주의 탐사와 이용은 접근의 자유와 과학적 조사의 자유로 특징 지워진다. 특히 과학적 조사는 현재 우주 탐사의 주된 목적이기도 하다.

외기권 조약 제2조가 달과 천체를 포함하는 우주를 국가의 전용 대상에서 제외하는 것도 우주의 탐사와 이용의 자유를 설명해 준다. 프랑스 법학자 Pothier가 설명하는 바와 같이 공동의 것은 그 어느

---

1) UNGA Resolution 1721(XVI). "우주와 천체는 모든 국가에 의한 탐사와 이용에 자유로우며(…)".

2) UNGA Resolution 1962(XVIII). "우주와 천체는 형평에 기초하여 그리고 국제법에 따라 모든 국가에 의한 탐사와 이용이 자유롭다."

3) C. WILFRED JENKS, *Space Law*, Stevens & Sons, London, 1965, pp.97~98.

누구에 의한 사용도 방해되어서는 안 되며 그 사용이 종료되면 다른 누군가가 사용할 수 있는 상태로 유지되어야 한다.

1.2 우주에서의 군사 활동의 제한

우주에 대한 탐사와 이용이 무조건 허용되는 것은 아니다. 우주가 모든 인류의 영역으로서 그리고 달과 그 자연자원이 인류의 공동 유산으로 유지되기 위해서는 우주의 탐사와 이용이 과학적 목적 등 오직 평화적 목적으로 국한되었을 때 비로소 가능하다. 즉, 우주가 군사적 목적으로 이용될 경우 지속적인 우주의 탐사와 이용은 그 보장을 확신할 수가 없다. 이를 반영하여 1967년 외기권 조약 제4조 1항이 아래와 같이 우주에서의 군사적 이용에 관한 규정을 두고 있다.

> "조약 당사국은 핵무기를 실은 모든 물체 또는 다른 유형의 모든 대량살상무기(weapons of mass destruction)를 지구 주변 궤도에 두지 않으며, 천체에 그러한 무기를 설치하지 않으며 또는 다른 모든 방법으로 우주에 그러한 무기를 배치하지 않을 것을 약속한다."

우주에서의 군사적 활동의 제한은 1960년 미국의 Dwight David Eisenhower 대통령의 제안으로 유엔에서 본격적으로 논의되었다. Eisenhower 대통령은 아래와 같이 네 가지 사항을 제안하였다.

첫째, 우리는 천체가 어떠한 주권 주장에 의하여 국가 전용의 대상이 아니라는 것에 동의한다.

둘째, 우리는 세계의 국가들이 천체에서 군사적 활동에 참여하여서는 안 된다는 것에 동의한다.

셋째, 우리는, 적절한 검증 방식에 따라, 그 어느 국가도 대량살상무기를 궤도 또는 우주에 배치하지 않을 것에 동의한다. 우주선의 모든 발사는 유엔에 의하여 사전 검증되어야 한다.

넷째, 우리는 유엔 하에서 건설적이고 평화적인 우주의 이용을 위한 국제협력 프로그램을 추진하자.[4]

외기권 조약 제4조 2항에서 보완되는 동조 1항은 1959년 남극 조약,[5] 대기권, 우주 그리고 수중에서의 핵실험 금지 조약(약칭 부분적 핵실험 금지 조약)[6], 1963년 일반적이고 완전한 군축 문제(Question of general and complete disarmament)에 관한 유엔 총회 결의[7]의 영향을 받은 것이다. 제4조의 내용은 미국이 처음 제안한 것으로 남극 조약 제1조 2항과 매우 유사하며 미국의 제안은 부분적 핵실험 금지 조약 및 1963년 국가의 우주활동을 규제하는 법 원칙 선언과 유사하다.

---

4) Stephan Hobe, Bernhard Schmidt-Tedd, Kai-Uwe Schrogl, 전게서, pp.74-75.

5) Antarctic Treaty, 1959년 12월 1일 채택, 1961년 6월 23일 발효.

6) Treaty Banning Nuclear Weapon Test in the Atmosphere, in Outer Space and Under Water, 1963년 8월 5일 채택, 1963년 10월 10일 발효.

7) UNGA Resolution 1884(XVIII).

"남극 조약 제1조

1. 남극지역은 평화적 목적을 위하여서만 이용된다. 특히, 군사기지와 방비시설의 설치, 어떠한 형태의 무기실험 및 군사훈련의 시행과 같은 군사적 성격의 조치는 금지된다.
2. 이 조약은 과학적 연구를 위하거나 또는 기타 평화적 목적을 위하여 군의 요원 또는 장비를 사용하는 것을 금하지 아니한다."

"부분적 핵실험 금지 조약 제1조

1. 이 조약의 각 당사자는, 그 어느 관할권 또는 통제권 지역에 있어서든지, 다음과 같은 경우의 핵무기 실험용 폭발 또는 기타 핵폭발 일체를 금지하고, 예방하고 또한 실시하지 아니할 것을 약속한다.
   (a) 대기권 내, 대기권 외(외기권 포함) 또는 수중(영해 또는 공해 포함)의 폭발, 또는
   (b) 여사한 폭발이 그 실시를 관할 또는 통제하는 국가의 영역 밖으로 방사능진을 방출하는 경우에는, 기타 환경 내에서의 폭발. 이와 관련하여, 본 세항의 규정은, 당사자들이 본 조약의 전문에서 표명한 대로 체결을 모색하는, 모든 핵 실험용 폭발(모든 지하 폭발을 포함)의 항구적 금지를 위한 조약의 체결을 방해하지 아니하는 것으로 합의한다.
2. 이 조약의 각 당사자는 또한, 동조 제1항에서 규정한 어느 환경 내에서 발생할, 또는 동조 제1항에서 언급된 결과를 초래할 어떠한 핵무기 실험용 폭발 또는 기타 핵폭발의 실시도, 장소 여하를 막론하고, 이를 야기하거나 조장하거나 또는 어떠한 경우에서든지 이에 참가하는 것을 삼가기로 약속한다."

"일반적이고 완전한 군축 문제 총회 결의 [일부]

모든 국가는 (⋯)
   (a) 지구 주변 궤도에 핵무기 또는 다른 모든 종류의 대량파괴무기를 배치하거나 천체에 그러한 무기를 설치하거나 또는 다른 모든 방법으로 우주에 그러한 무기를 배치하는 것을 자제한다.
   (b) 상기 활동을 야기하거나, 조장하거나 또는 다른 방법으로 참여하는 것을 자제한다."

문제는 1967년 외기권 조약 제4조 1항이 대량살상무기만을 금지하고 있기 때문에 우주에서 생물 무기, 화학 무기, 핵무기, 방사능 무기 등을 제외한 재래식 무기의 사용은 가능하다는 것으로 해석되나 이는 문언 그 자체를 지나치게 있는 그대로 해석한다는 측면도 있다. 조약의 목적론적 관점에서 볼 때에는 1967년 외기권 조약의 서문을 비롯한 유엔 우주 관련 5개 조약과 유엔 헌장 등 우주활동에 적용될 수 있는 국제법을 총괄하여 해석하여야 한다. '평화적 목적의 우주 탐사와 이용', '모든 인류의 영역', '모든 국가의 이익', '인류 공동 유산' 등을 고려하면 제4조 1항을 포함하는 외기권 조약은 우주의 완전한 비무장화를 목표로 하고 있는 것으로 해석하는 것이 타당하다는 주장도 있다.[8]

---

8) 외기권조약 전문의 네 번째 문단과 1963년 우주의 탐사와 이용에서 국가 활동을 규제하는 법 원칙 선언의 네 번째 문단이 우주의 평화적 이용을 언급하고 있는바, 미국을 위시한 일부 국가는 평화적 이용의 의미를 공격적(aggressive)이용과 반대되는 의미로 분류하여 공격적이 아니면 군사적(military) 이용도 된다는 해석을 하였고 이에 소련도 이에 동조하였다. 그러나 ICJ Manfred Lachs 판사는 유엔헌장 상 무력 사용이 금지되고 있는 것을 감안할 때 조약 제정자들이 비공격적 의미로서의 평화적 이용만을 뜻하였다면 외기권 조약 등의 문서에서 유엔헌장 상 국제법을 적용한다고 하는 표현만으로서 충분하여 굳이 평화적 이용이라는 언급을 할 필요가 없었을 것이라면서 평화적 이용은 비군사적 이용까지도 의미하는 것이며 1959년 남극조약 제1조 1항이 평화적 목적(peaceful purposes)이라고 표현한 것은 모든 군사적 성격의 조치도 배제하는 것이라고 해석하였음. M. Lachs, The Law of Outer Space; An Experience in Comtemporary Law-Making, Martinus Nijhoff, Leiden, 2010, p.98.

2. 국가의 국제책임

2.1 일반 국제법상 국제책임

국제법상 국가의 국제책임은 위법행위를 범하는 국가의 책임을 묻기 위하여 문제가 되는 위법행위가 존재하는지를 확인하고 존재하는 경우 법적 결과가 무엇이며 그 결과 국가에게 귀속되는 국제책임을 어떻게 이행할 것인지를 결정하는 것이다.[9]

국제법상 국가의 국제책임 문제는 1930년 헤이그 국제법 편찬회의에서 그 논의가 시작되었으며 유엔 국제법위원회(International Law Commission: ILC)의 첫 논의 의제로 채택되어 2001년 ILC가 국가책임에 관한 최종 초안(Text of the Draft Articles on Responsibility of States for Internationally Wrongful Acts)을 채택하기까지 무려 50여년의 시간이 소요되었다. 국가책임에 관한 최종 초안은 국제법상 국가의 국제책임에 관한 관습법과 국제법 학자들의 이론을 성문화한 대표적인 주제중의 하나로 평가받고 있다.

ILC의 국가책임에 관한 최종 초안 제2조에 따라, 국가의 국제책임이 성립하기 위해서는 다음 두 가지 요건을 충족하여야 한다.

> "제2조(국가의 국제위법행위의 요소)
> 작위 또는 부작위로 구성되는 행위가 (a) 국제법상 국가에 귀속될 수 있고, 그리고 (b) 국가의 국제의무 위반을 구성할 때, 국가의 국제위법행위가 있다."

2.1.1 국제의무 위반

ILC 최종 초안 제12조에 의거하여, 국가의 행위가 자신에게 주어진 의무와 일치하지 않을 때, 그 의무의 연원에 상관없이, 국가에 의한 국제의무 위반이 존재하게 된다.

국제의무 위반은 국제법상 보호받아야 할 특정 국가의 이익뿐만 아니라 국제사회 전체의 법익을 침해하는 것이다. 예를 들면, 일국에 의한 타국의 무력 침략은 무력사용 금지와 침략전쟁 금지라는 국제법을 위반함으로써 침략을 받은 국가와 국제사회 전체의 법익을 위반한 것이다. 국제의무 위반은 상기와 같이 직접적인 국제법 위반 이외에도, 조약이 조약 당사국에게 조약의 실질적인 이행을 위하여 필요한 조치를 국내법으로 제정하도록 규정하고 있는 경우에 조약 당사국이 그 법을 제정하지 않은 경우에도 성립된다. 반대로 국내법에 위반되지 않은 행위가 국제법에 위반되는 경우 그 행위는 국제의무 위반을 구성한다. 이는 1969년 조약법에 관한 비엔나협약 제27조에 위배되는 사항으로서 아래와 같이 ICJ의 판결에서도 그 위반이 확인되었다.

---

9) Peter Malanczuk, *Aekhurst's Modern Introduction to International Law*, 7th ed., New York: Routledge, 1997, p.254.

"국내법과 조약 규정은 별개의 문제이다. 조약 위반이 국내법상 합법적일 수 있고 국내법상 위반이 조약 규정과는 무관할 수 있다. 즉, Palermo 시장의 징용 명령이 이탈리아법상 정당화된다 하더라도 그러한 행위가 FCN 조약의 위반 가능성을 배제하지는 않는다."[10]

2.1.2 국제법상 국가에 귀속

ILC 최종 초안 제2조의 '국제법상 국가에 귀속될 수 있는' 행위란 문제의 행위가 기본적으로 국가 기관의 행위일 것을 전제로 한다. 국가기관은 입법기관, 행정기관, 사법기관뿐만 아니라 다른 기능을 수행하는 기관을 포함하며 그 기관이 국가 조직에서 차지하는 지위와는 상관이 없다. 그리고 문제의 기관이 중앙정부의 기관인지 지방정부의 기관인지 여부는 문제되지 않는다.

문제는 사인의 행위가 국가의 행위로 간주될 수 있느냐의 여부이다. 원칙적으로 국가기관이 아닌 사인의 행위에 대하여 국가가 국제책임을 부담하지 않는다. 그러나 ILC 최종 초안은 사인의 행위라 하더라도 예외적으로 국가가 국제책임을 부담하는 두 가지 경우를 규정하고 있다. 첫째, 사인의 행위가 국가에 의한 지시 및 통제에 따라 수행되거나, 둘째, 공권력의 부재 시 사인이 공권력을 행사하는 경우이다.

국제 판례는 국가의 지시 및 통제에 따라 수행된 사인의 행위에 대한 국가의 국제책임을 인정하고 있으며, 국제책임을 인정하기 위한 국가의 통제 정도는 해당 사건에서 개별적으로 판단하여야 한다는 것이 국제 판례의 입장이다. ICJ와 구유고 국제형사재판소가 아래와 같이 각각 국제 판례의 입장을 잘 보여주고 있다.

"미국이 Contras에 막대한 자금과 기타 지원을 제공한 것은 인정되나 Contras가 미국을 대신하여 행동하였다는 것을 정당화할 만큼 미국이 그러한 통제를 행사하였다는 명확한 증거는 없다. 미국의 국가책임이 성립하기 위해서는 군사적 또는 준군사적 기능에 대해 미국이 효과적인 통제(effective control)를 행사하였다는 것이 원칙적으로 증명되어야 한다."[11]

"사인의 행위를 국가에 귀속시키기 위해서 국제법상 요구되는 것은 국가가 개인에 대하여 통제를 행사하는 것이다. 그러나 통제의 정도는 개별적인 사건의 실제적인 상황에 따라 다양할 수 있다."[12]

2.2 우주활동의 국제책임

2.2.1 우주활동의 통제

1967년 외기권 조약 제6조

---

10) *Elettronica Sicula S.p.A.(ELSI), ICJ Reports 1989*, p.15.

11) *Military and Paramilitary Activities in and against Nicaragua, Merits, ICJ Reports 1986*, p.14.

12) *Prosecutor v. Tadic, International Criminal Tribunal for the Former Yuoslavia, I.L.M. 1999*, vol. 38, p.1518.

"조약 당사국은 달과 기타 천체를 포함하여 우주에서, 국가 활동이 정부 기관 또는 비정부 기관에 의하여 수행되는지 여부에 상관없이, 국가 활동에 대하여 그리고 국내 활동이 이 조약의 규정에 따라 수행되도록 보장하기 위한 국제책임을 부담하여야 한다. 달과 기타 천체를 포함하여 우주에서 비정부 기관의 활동은 이 조약의 적절한 당사국에 의한 허가와 지속적인 감시를 필요로 한다."

우주활동의 주체

상기 1967년 외기권 조약 제6조는 1963년 국가의 우주활동을 규제하는 법 원칙 선언의 제5항을 그대로 이어받은 것이다. 제5항은 법 원칙 선언의 문안 작성 과정에서 가장 첨예한 대립을 보여준 사례로서 냉전시대의 산물로 평가받기도 한다.

우주활동의 주체와 관련하여, 1962년 6월 소련은 '우주의 탐사와 이용에서 국가의 활동을 규제하는 기본원칙 선언안'을 제출하고 동 선언안의 제7항에서 다음과 같이 우주활동의 주체에 관한 입장을 표명하였다.

"우주의 탐사와 이용에 관한 활동은 오로지 국가에 의해서만 수행되어야 하며 국가는 자신이 우주에 발사한 물체에 대하여 주권을 보유하여야 한다."13)

한편, 미국은 1962년 7월 통신위성인 Telstar를 발사하였고 이 통신위성을 통한 직접 위성방송이 미국의 통신회사인 AT&T에 의하여 송출되었다. 따라서 민간 기업이 이미 우주활동을 하고 있는 미국으로서는 국가만을 우주활동의 주체로 인정하자는 소련의 주장에 대하여 반대 입장을 취할 수밖에 없었다. 우주활동의 주체를 둘러싸고 소련과 미국 간에 대립이 계속되자 영국을 비롯하여 캐나다, 인도, 일본 등이 중재안을 제시하였고, 캐나다는 민간 기업의 우주활동을 허용하는 요건으로 국가의 허가를 제시하였다. 다수 국가들의 중재 노력과 소련과 미국 간의 우주기술에 관한 협력이 촉진되면서 우주활동의 주체를 둘러싼 문제가 합의에 이르게 되었다. 즉, 국가는 정부기관 또는 비정부 기관 즉 민간 기업에 의한 활동인지 여부를 불문하고 자국의 국내 우주활동에 대하여 국제적으로 책임을 부담하는 것에 합의하였다.

국내 우주활동의 허가와 지속적인 감독

국가가 민간 기업의 우주활동에 대하여 국제적으로 책임을 부담한다는 것은 민간 기업의 활동이 유엔 헌장과 국제법 및 유엔 우주 관련 조약 등에 따라 수행되고 있는지 여부를 확인하는 것이다. 이를 위해 1967년 외기권 조약 제5조의 후문은 민간 기업의 우주활동에 대한 국가의 허가(authorization)와 지속적인 감독(continuous supervision) 의무를 부여하고 있다.

---

13) UN Doc A/AC. 105/ C,2/ L.1; Y.U.N., 1962, p.39.

국가에 의한 허가와 지속적인 감독은 자국의 국내 우주활동에 대한 국내입법을 마련하라는 의미로 국제적으로 받아들여지고 있다. 1967년 외기권 조약의 당사국으로서 자국의 민간 기업이 우주활동을 수행하고 있다는 사실을 알고 있음에도 불구하고 그러한 활동의 허가나 지속적인 감독을 위한 행정조치 또는 입법 조치를 하지 않는 경우 이는 ILC의 국가책임에 관한 최종 초안의 규정에서 보는 것과 같이 조약상의 의무 이행을 위해 필요한 국내입법을 제정하지 않음으로써 부작위에 의한 국가의 국제의무 위반을 구성하게 된다. 그러나 우주활동을 수행하는 상당수의 국가가 이러한 국내입법의 의무를 인식하지 못하고 있으며 인식하였다 하더라도 어떠한 내용을 국내입법에 포함시켜야 하는지에 대하여서도 국가 간에 합의된 사항이 없었다.

이러한 상황을 감안하여 COPUOS 법률소위원회는 2009년 '우주의 평화적 탐사와 이용에 관련된 국내입법에 대한 정보의 일반적 교류'라는 의제를 검토할 작업반을 설립하였다. 작업반은 2013년 우주의 평화적 탐사와 이용에 관한 국내입법 권고안을 작성하였고, 이 권고안은 같은 해 12월 유엔 총회의 결의를 통해 채택되었다.[14] 우주의 평화적 탐사와 이용에 관한 국내입법 권고의 내용은 아래와 같다:

① 적용 범위
   · 국내 규제의 대상이 되는 우주활동의 범위는 우주물체의 발사와 우주로부터의 재진입, 발사 또는 재진입 시설 운용 및 궤도 상 우주물체의 운용 및 통제. 우주비행체의 설계와 제조, 우주 과학과 기술의 활용, 그리고 탐사 활동과 연구 등이 포함될 수 있다.
② 허가
   · 국가는, 발사국으로서 그리고 우주 관련 UN 조약상 국내 우주활동에 대한 책임 있는 국가로서의 의무를 고려하여, 자국의 관할권 및 통제에 있는 영토에서 수행되는 우주활동에 대한 국내 관할권을 행사하여야 한다. 또한 국가는 자국민, 자국의 관할권 및 통제에 있는 영토에서 설립되거나 등록되고 또는 소재하는 법인에 의하여 수행되는 우주활동에 대하여 허가를 발부하고 감독하여야 한다.
   · 우주활동은 권한 있는 국가기관에 의한 허가를 요구한다. 권한 있는 국가기관 그리고 허가의 부여·변경·정지·취소를 위한 요건과 절차는 법 제도 내에서 명확하게 규정되어야 한다. 국가는 서로 다른 유형의 우주활동을 허가하기 위한 별도의 절차를 마련할 수 있다.
   · 허가의 요건은 특히 우주 관련 UN 조약과 기타 관련 문서에서 규정된 국가의 국제 의무와 일치하여야 하며, 국가의 국내안보와 외교정책을 반영할 수 있다.
   · 허가의 요건은 우주활동이 안전하게, 사람, 환경 또는 재산에 위험을 최소화하는 방식으로 수행되며, 다른 우주활동에 해로운 간섭을 야기하지 않는다는 것을 확인하는데 일조하여야 한다. 그러한 요건은 신청자의 경험, 전문지식 및 기술자격과 연관될 수 있으며, 특히 COPUOS 우주폐기물 경감 가이드라인이 요구하는 안전과 기술 표준을 포함할 수 있다.
③ 감독
   · 국가는 현장 심사 또는 일반적인 보고 체계와 같이 허가받은 우주활동의 지속적인 감독과 감시를 위한 적절한 절차를 마련하여야 한다. 집행 조치는 허가의 정지 또는 취소, 벌금 등과 같은 행정 조치를 포함할 수 있다.
④ 등록
   · 국가기관은 우주물체 국내 등록부를 갖추어야 한다. 우주물체의 운용자 또는 소유자는, 1975년 우

---

14) UNGA Resolution 68/74.

주물체 등록협약과 1961년 UN 총회 결의 1721 B(XVI) 및 2007년 UN 총회 결의 62/101에 근거하여, 우주물체 등록국이 우주물체 관련 정보를 UN 사무총장에게 제공할 수 있도록 등록국의 국가기관에게 관련 정보를 제출하여야 한다.

⑤ 손해배상과 보험

- 국가는 우주 관련 UN 조약의 손해배상 책임이 발생하는 경우 우주물체의 운용자 또는 소유자에게 구상권을 청구하는 방안을 고려할 수 있다. 손해의 배상액을 보장하기 위하여, 국가는 보험을 허가 요건으로 규정할 수 있다.

⑥ 궤도 상 우주물체의 소유권 이전 및 통제

- 비정부기관의 우주활동에 대한 지속적인 감독은 궤도에 있는 우주물체의 소유권 및 통제권이 이전 되는 경우에도 이루어져야 한다.

2.2.2 우주활동의 손해배상 책임

1967년 외기권 조약 제7조

"달과 기타 천체를 포함하여 우주에 물체를 발사하거나 발사하게 한 조약의 각 당사국 그리고 자국의 영토 또는 시설에서 물체가 발사된 조약의 각 당사국은 달과 기타 천체를 포함하여 지상, 공중 또는 우주에서 그러한 물체 또는 그러한 물체의 구성 부분에 의하여 조약의 타방 당사국 또는 타방 당사국의 자연인 또는 법인이 입은 피해에 대하여 국제적으로 책임을 진다."

책임의 유형

1967년 외기권 조약 제7조는 1963년 법 원칙 선언 제8조를 이어받은 것이다. 법 원칙 선언에서 배상 책임과 관련한 논의는 아래와 같이 1962년 미국의 제안으로 시작되었다.

"우주선(space vehicles)의 발사에 책임 있는 국가 또는 국제기구는 그 우주선에 의하여 야기된 인적 피해, 생명의 손실 또는 재산 피해에 대하여, 그러한 피해와 손실이 지상, 바다 또는 공중에서 발생하였는지 여부를 불문하고, 국제적으로 책임(liable)을 진다."

법 원칙 선언 제8조를 논의하는 과정에서 'international responsibility'와 'international liability'의 차이에 대하여 국가 간 차이를 보였다. 두 용어를 둘러싼 국가 간의 차이란 법률 용어상 국가에 따라 'responsibility'와 'liability'의 개념의 불명확성에서 비롯된 것이다. 예를 들면 법 원칙 선언 제8조와 관련하여 소련은 다음과 같은 안을 제시하였다.

"A State undertaking activities in outer space bears international responsibility for damage done to a foreign State or to its physical or juridical persons as a result of such activities."[15]

피해(damage)에 대하여 미국은 'liable'을 소련은 'responsibility(responsible)'을 사용하고 있다. 두 용어 모두 '책임을 부담한다'의 의미로 사용되지만 용법에서 약간의 차이를 보인다. 'responsibility'가 'liability'

---

15) I Csabafi, *The Question of International Responsibility of States before the United Nations Committee on the Peaceful Uses of Outer Space and Some Suggestion*, 1963, Proceedings of the 6th Colloquium on the Law of Outer Space, p.9.

보다 더 넓은 개념이다. ILC 국가책임에 관한 최종 초안에서 보는 바와 같이 'responsibility'는 국제의무 위반이 국가에 귀속할 수 있으면 국가의 국제책임(international responsibility)이 성립하며, 손해배상이 국제책임을 이행하기 위한 방법 중의 하나이기 때문이다. 이러한 해석은 법 원칙 선언 제8조의 논의 과정에서 아래와 같이 사우디아라비아 대표의 발언에서도 엿볼 수 있다.

"liability for damage caused by space vehicles was expected to fall only on State, as it would be a matter of state responsibility."16)

1972년 책임 협약은 책임의 유형을 제2조와 제3조에서 각각 절대 책임과 과실 책임으로 분류하고 있다.

"발사국은 자국의 우주물체에 의하여 지구 표면에서 또는 비행중인 항공기에 야기된 피해에 대하여 절 대적으로 배상할 책임을 진다."

"지구 표면 이외의 지역에서 다른 발사국의 우주물체에 의하여 어느 발사국의 우주물체 또는 그러한 우주물체에 탑승한 사람 또는 재산에 피해가 야기된 경우, 다른 발사국은 손해가 자신의 과실 또는 자 신이 책임지는 사람의 과실에 기인하는 경우에만 책임을 진다."

절대 책임의 여부는 피해와 우주물체 간의 인과관계의 증명만으로 충분한데 이는 발사국의 과실을 증명하기 어려운 피해자를 보호하기 위한 제도이다. 과실 책임은 우주에서 발사국이 서로 다른 우주 물체가 충돌하는 경우에 주로 문제가 된다.

피해와 우주물체

1967년 외기권 조약 제7조의 국제적인 손해배상 책임이 발생하기 위해서는 우주물체에 의하여 피해가 발생하여야 한다. 1972년 책임 협약 제1조는 아래와 같이 피해의 범위를 한정한다.

"생명의 손실, 인적 상해 또는 기타 건강의 손상 또는 국가나 개인, 자연인 및 법인의 재산 또는 정부 간 국제기구의 재산에 대한 피해 또는 손실"

책임 협약은 피해의 범위를 인적 피해와 물질적 피해에 국한시킨다. 이는 우주물체에 의하여 피해가 발생하였는지 여부에 대한 확인이 쉽고 따라서 피해액 산정이 용이할 수 있는 장점이 있다. 그러나 핵 동력원을 이용하는 우주물체에 의한 피해와 같이, 1972년 책임 협약은 피해의 발생 여부가 단기간에 확인이 불가능하고 피해의 범위가 인간뿐만 아니라 자연환경에 대규모로 장기적으로 발생하는 경우, 책임 협약을 문언 그 자체로 해석할 경우 그 적용이 사실상 어렵다.

따라서 현재로서는 피해에 대한 배상 범위를 확대할 수 있는 방법은 1972년 책임 협약 상의 청구위

---

16) UN Doc A/AC.105/C.2/SR.5, p.3.

원회의 결정이나 당사국 간의 협의를 통해서만이 가능하다.

피해배상 책임은 우주물체에 의하여 발생한 피해에 국한된다. 책임 협약 제1조는 우주물체(space objects)를 다음과 같이 정의한다.

"우주물체의 구성부분, 우주물체의 발사체 그리고 발사체의 구성부분"

그러나 책임 협약 제1조를 우주물체의 일반적 정의로 받아들이지는 않는다. 우주물체의 개념은 영공과 우주의 경계획정 문제와 관련이 있다. 예를 들면 준궤도 비행(suborbital flight)[17]이 그것이다. 준궤도 비행을 할 수 있는 물체를 우주물체로 간주할 경우 우주법의 적용 대상이지만, 항공기로 간주할 경우에는 항공법의 적용대상이 된다. 문제는 우주 관광에 주로 이용되는 준궤도 비행이 항공활동과 우주활동의 경계 상에 있다는 것이다. 따라서 국가들은 우주물체의 정의를 명료하게 규정하려는 노력보다는 물체의 기능이 무엇인지를 확인하는 측면에 보다 많은 노력을 기울이고 있다.

---

17) 준궤도 비행(suborbital flight)이란 어떠한 물체가 지구궤도에서 머무르기 위하여 요구되는 속도보다 낮은 속도로 이동하는 비행으로 일반적으로 해수면에서 약 100km 상공에서의 비행을 의미. 100km는 영공과 우주의 경계획정에 관한 과학적 기준 중의 하나인 von Kármán 선으로 이 높이에서 무중력을 느끼기 때문에 준궤도 비행은 약 100km 상공까지 비행 후 잠시 머물렀다 다시 지구로 귀환하는 것을 목적으로 한 우주관광에 이용됨

제5장

통신위성과 국제전기통신연합(ITU)

위성을 통한 통신은 국경을 초월한다. 송신과 수신의 장소가 같은 영토 내에 위치한 경우의 국내통신도 인공위성을 통하여 통신이 이루어졌다면 해당 인공위성이 국경을 벗어난 우주라는 공간에 위치하고 있다는 점에서 단순한 국내문제로만 취급될 수 없다.

우주활동의 헌장이라 할 수 있는 1967년 외기권 조약 제3조는

> "본 조약의 당사국은 달과 여타 천체를 포함한 우주의 탐사와 이용에 있어서의 활동을 유엔 헌장을 포함한 국제법에 따라 국제평화와 안전의 유지를 위하여 그리고 국제적 협조와 이해를 증진하기 위하여 수행하여야 한다."

라고 규정하였다. 마찬가지로 동 조약의 제1조 2항은 국제법에 따른 우주활동의 원칙을 언급하고 있다. 여사한 언급은 일찍이 유엔 총회가 우주의 탐사와 이용에 관하여 채택한 결의문들[1]에도 반영되어 있다.

통신용 인공위성의 사용은 특정한 위성을 발사하고, 궤도에 진입시키고, 궤도에 유지하면서 사용하는 것을 포함한 '우주의 이용'을 의미할 뿐 아니라 통제, 원격측정 및 여타 통신에 사용되는 무선 주파수와 기타 위성 전송 체제를 방해하지 않는 일개 또는 그 이상의 주파수 사용을 의미한다. 따라서 통신목적의 위성사용은 국제법 범주에서 발전하여야 함이 분명하다. 이는 앞서 말한 바와 같이 같은 영토 내에서 이루어지는 전송의 경우 민간 기업이 동 전송업무를 담당하는 경우에도 국제법이 적용된다는 것을 뜻한다.

위성통신을 규율하는 법적체제를 명확히 하기 위하여서는 먼저 위성통신도 통신활동의 한 형태라는 사실에 초점을 맞추어야겠다. 지난 세기 중반 이래로 위성을 사용하지 않는 기존 통신은 일반 국제법의 테두리 내에서 운행되어 왔지만 다른 한편 특정한 규칙과 원칙의 필요성을 제기하였다. 이러한 과정에서 통신위성에 관한 특별한 규정이 형성되어 왔다. 통신위성에 관한 기존의 일반 국제법에 의한 규정과 특별한 규정을 고찰하기 위하여서는 통신 분야에서 국가의 관할권과 책임을 파악할 필요가 있다.

---

1) UNGA Res. 1972 (ⅩⅥ) A, (1961), Paras 1(a) and (b); UNGA Res. 1802 (ⅩⅧ), (Dec.14, 1962); preamble UNGA Declaration of Legal Principles Governing the Activities of States in the Exploration and Use of Outer Space, 1962 (ⅩⅧ), (1963).

1. 국가의 관할

통신은 기본적으로 정보의 전송에 관한 것이고 정보의 전송은 정치문제와 국가안보에 관한 것이기 때문에 각국 정부가 통신활동을 통제하여 온 것은 당연한 일이다. 전보와 전화가 본격적으로 사용된 지 얼마 안 되어 프랑스, 독일 및 미국은 전화와 전보 사업체의 설립과 운영을 정부 통제 하에 두는 법률을 제정하였다. 이러한 산업이 여타 국가 특히 유럽 국가에서 시작되었을 때 정부의 감독을 받는 독점적인 공공사업의 형태였으며, 이와 같은 사정은 지금도 마찬가지다.

국제법상 국내 통신제도의 정부 규제와 통제는 국내문제, 즉 각국의 국내영역 (domaine réservé)으로 간주된다. 따라서 전통적인 주권원칙과 영토관할원칙에 따라 국제법은 각국의 국내 통신이 해당국의 통제 관할 사항임을 인정할 수밖에 없다. 이는 고정적인 설치를 요하는 전보, 전화, 텔렉스, 케이블 텔레비전, 데이터 전송과 라디오 및 텔레비전과 같은 방송에 의한 전송을 포함한다.

의사전달의 필요성은 갈수록 국경을 초월하여 갔으며 그 결과 여러 국내 통신체제가 상호 복합적인 연관을 갖기 시작하였다. 1849년에 시작한 국제전보체제[2]의 수립 이후 여타 형태의 통신체제와 사업이 급격한 발전을 하면서 국제적 성격을 갖지 않을 수 없었다. 그런데 고정설치통신(fixed installation services)이 모든 국가의 주권에 관한 사항인 반면 방송통신은 소위 '방송의 자유원칙'(principle of freedom of broadcasting)이라는 일반적 규율을 받는다. 따라서 전통적으로 국경을 통과하는 방송통신은 관련 국가 간의 사전 협의를 필요로 하지 않는다.[3]

1.1 고정 통신

고정통신(fixed services)이라고도 하는 고정설치통신은 국경을 넘는 전송을 할 경우 동 통신용 회선이 설치되는 모든 국가의 협조와 승인을 얻어야만 설치하고 운영할 수 있다. 더구나 여사한 통신을 운영하기 위하여서는 상업적, 법적, 기술적 측면 등이 모두 조정되어야 하는데 유럽 국가들은 이러한 면을 조속히 간파한 후 1865년 국제전신협약(International Telegraphic Convention)을 체결하고, 이 협약에 따라 국제전신연합(International Telegraph Union)이 설치되었으며 이는 다시 국제전기통신연합(International Telecommunication Union)으로 개칭되었다.[4] 국제전신협약은 전보통신의 작업통일을 규정하였으며 1903

---

2) 양국 간 전보체제의 국제적 연결을 규정한 세계 첫 번째의 국제 협정은 1849. 10. 3 서명된 프러시아와 오스트리아 사이의 것임. Martens, G., Recueil général des traités, (Göttingen, 1856), vol. XIV (1843-1852), 591- 5 참조.

3) 그러나 Cable TV통신은 고정 설치 통신에 들어가기 때문에 해당국가의 사전 합의를 요함.

4) ITU역사와 변천에 관하여는 Jakhu, R. S., "the Evolution of the ITU 's Regulatory Regime Governing Space Radiocommunication Service and the Geostationary Satellite Orbit", VIII Annals Air and Sp.Law (1983) 381- 407 참조. ITU의 개편 내용에 관하여는 김은주, 개정된 ITU의 기본법 집행 및 효과

년에는 전화통신을 포함시켰고 1906년에는 방송통신을 포함하는 내용으로 협약을 확대 개정하였다.

주권의 부분적 양보를 통하여 국제협력과 질서의 틀인 국제법이 발전하였지만 주권은 결코 무시할 수 없는 절대 명제이다. 국제전신협약도 전문(preamble)에서 "자국의 통신을 규제하는 각국의 주권을 충분히 인정하면서…"라는 표현을 사용하듯이 주권원칙을 기본으로 하고 있다. 1998년 Minneapolis에서 개최된 전권회의에서 개정된 ITU 헌장(Constitution)도 주권적 권리에 관하여 다음과 같이 언급하고 있다.

제34조 : 전기통신의 중지
1. 회원국은 국가의 안전을 저해하거나 법령, 공공질서 또는 선량한 풍속에 반한다고 보이는 모든 사적인 전보의 전송을 자국법에 따라 중지시킬 권리를 보유한다. 다만, 국가의 안전을 해한다고 인정되는 경우를 제외하고는 그 전보의 전부 또는 일부의 정지를 발신국에 즉시 통보한다.
2. 회원국은 또한 국가의 안전을 저해하거나 그의 법령, 공공질서 또는 선량한 풍속에 반한다고 보이는 모든 사적인 전기통신[5]을 자국법에 따라 중단시킬 권리를 보유한다.

제35조: 업무의 정지
각 회원국은 통신 발신, 수신, 중계통신의 전반적 또는 특정 관계와 (또는)특정 종류의 국제전기통신업무를 중지할 수 있는 권리를 보유한다. 다만, 동 조치는 사무총장을 통하여 다른 회원국에게 즉시 통보되어야 한다.

국가가 자국 국내 통신체제를 통제하는 권리를 인정받는 까닭에 고정설치를 사용하는 월경 전송은 관련국의 사전 합의를 요한다는 것은 앞서 설명한 바와 같다. 주권원칙의 부분적 표현인 '공공이익(public interest)'의 조항은 국제전신협약이 언급하는 원격 전송에 관한 일반적인 합의의 추가 요건으로 작용한다.[6] 그러나 효율성과 협력의 필요 때문에 국가주권이 완화되고 형평과 경제적 목표에 바탕을 둔 기능적 접근방법에 중점을 두면서 모든 이익의 공동개발을 위한 국가 간 상호 의존 관계가 더욱 긴밀해지고 있다.

1.2 방송 통신

라디오와 텔레비전 등 방송 통신을 규율하는 법적 체제는 상이한 성격을 가지고 있다. 방송통신은 고정설치를 통하여 수신될 필요가 없이 공중과 우주를 자유로이 떠다니는 전자파장의 수단을 통하여 라디오와 텔레비전이 있는 곳이면 쉽게 수신이 된다. 따라서 기술적인 면에서 월경방송을 위해서는 송

분석 (통신개발연구원 1994년 간행) 참고.

5) 한국 외무부 발간 조약집(다자조약 제3권)은 Telecommunication을 '전기통신' 이라고 번역하였는데 이는 모든 종류의 의사 전달 형태를 일컫는 통신(Communications)과 구별하는 이점이 있음. 그러나 Telecommunication Satellite를 통신위성으로 보통 번역하는 바에서와 같이 Telecommunication을 단지 통신으로만 번역하여 사용하는 바가 많으므로 본서에서도 통상 통신으로 언급하고자 함.

6) 예 : 1989년 ITU헌장 제19조.

신국과 수신국 간의 주파수를 제외하면, 특별한 협력을 필요로 하지 않는다.

제1차 세계대전 후 소련은 대규모 선전목적으로 라디오를 처음 사용하였다. 소련은 단파방송으로 국내는 물론 인접국의 청취자를 겨냥하였으며 동독과 이탈리아 등 사회주의 국가도 이를 모방하였다. 1937년부터는 민주주의 국가도 국경을 넘는 라디오 방송 선전활동을 시작하였으며 제2차 세계대전 종료 시에는 55개국이 40개 국어로 정치선전 라디오방송을 하였다.

이러한 선전방송의 수신국은 전파의 국경침범에 항의하지 않는 편이었다. 제2차 세계대전을 전후로 각국은 기껏해야 한 때 외국의 선전방송의 청취를 금지하는 조치를 취하는 정도였다. 그렇지 않으면 외국 선전방송에 대하여 전파방해를 함으로써 자국 내 청취를 곤란하게 하였다. 그러나 전파 침투를 야기하는 방송전파의 송신국에 대하여 항의하는 일은 거의 없었는데 이는 전파침투를 받는 피해국도 인접국에 대하여 전파침투를 하는 송신능력을 가지고 있기 때문에 상호주의로 서로 묵인할 수밖에 없었다. 이러한 관행이 계속된 결과 방송의 자유원칙이라는 관습국제법이 형성되었다. 동 원칙은 각국이 여타 당사국의 사전 동의나 합의가 없이도 무선으로 국경을 넘는 정보를 방송할 권리가 있다는 것을 말한다. 바꾸어 말하면 수신국은 자국 영토 내에만 한정되는 대항조치를 취할 수 있을 뿐이다. 이는 1930년대에 TV방송이 시작되었을 때도 마찬가지로 적용되었다. 그러나 당시 TV의 경우는 TV 전파의 기술적 특성상 원거리 방송의 경우 중계소를 통하여야 했기 때문에 지상송신의 경우 외국의 깊숙한 지역까지의 방송침투가 불가능하였다.

방송자유의 원칙에는 몇 가지 예외가 있다. 국가안보와 질서를 위협하는 무장 봉기, 혁명, 전쟁, 또는 기타 선전이 이에 해당한다. 1930년대에 특정국의 라디오 선전이 성행할 때 이를 우려한 많은 나라는 1936년 9월 23일 제네바에서 '평화를 위한 방송사용에 관한 국제 협약(International Convention Concerning the Use of Broadcasting in the Cause of Peace)'[7] 을 채택하여 이러한 방송을 금지하였다. 이후 국가는 금지된 범주에 해당하는 방송의 월경(trans-border)에 대하여서만 공식적으로 항의하는 국가관행이 성립되었다. 이러한 국가관행과 상기 협약에 가입한 다수국을 감안할 때 방송원칙의 자유는 협약이 금지하는 범주의 프로그램에는 적용되지 않는다고 결론지어도 무방하겠다. 단, 서방과 사회주의 국가 사이에는 금지된 범주가 모든 선전을 포함하는 것인지 또는 상기 협약에서 구체적으로 적시한 부분에만 국한하는 것인지에 대하여 이견을 보이고 있다. 그런데 현실적으로 모든 선전을 금지하는 국가관행이 통일적이지 않는 점을 감안할 때 1936년의 협약이 합리적으로 정의한 범주의 프로그램만이 금지된 선전의 범주에 들어간다고 보는 것이 무난하겠다. 방송의 자유에 관한 두 번째 예외는 해적방송이다. 통상 공해상 선박에서 허가 없이 방송 활동을 하는 해적방송국은 방송 수신국이 모두

---

7) 186 League of Nations Treaty Series 303 (1938).

불법으로 간주한다. 방송 수신국은 여사한 해적방송을 국내법에 범죄로 규정하여 대응하기도 한다. 구주이사회(Council of Europe)가 1965년에 채택한 '국가 영토 밖 방송국에서 송신되는 방송의 금지를 위한 협정(Agreement for the Prevention of Broadcasts Transmitted from Stations outside National Territories)'[8]은 체약국의 관할 내에서 이루어지는 해적방송을 지지하는 모든 행위를 처벌 대상으로 선언하였다. 이상과 같이 해적 방송에 관한 매우 일관된 국가관행을 볼 때 해적방송은 보다 일반적인 방송자유 원칙에서 예외를 구성한다는 결론에 이른다. 세 번째 예외는 방송활동의 기술적인 측면에 관련된 것이다. 즉, 방송국(broadcasting stations) 사이에 주파수 대역을 공동으로 사용하고 혼신을 방지할 필요를 말한다. 세계의 거의 모든 국가가 주파수를 조정하고 유해한 혼신을 방지 하는 업무를 ITU에 일임하였다. 이에 따라 ITU는 국가와 국가 사이에 상호 전파 혼신이 발생하지 않도록 각국이 사용할 수 있는 주파수 대역을 조정하여 규제하는바, 각국이 전파혼신을 피하여 방송하기 위하여서는 ITU의 규정을 따라야 한다. 방송자유의 원칙은 월경방송이 ITU의 규정에 따르는 것을 전제로 하는 것이기 때문에 ITU규정에 따르지 않는 월경방송은 방송자유의 원칙에서 벗어나는 범주의 방송이 된다. 이는 방송자유의 원칙이 무제한으로 적용되지 않는 또 하나의 예외를 말한다.

이상은 일반적으로 원격통신활동에 관한 사항이다. 인공위성을 사용하는 원격 통신도 이러한 활동의 일부에 불과하다. 단, 인공위성을 사용하는 통신은 일반 통신과 같이 지상시설도 필요하지만 우주에 떠 있는 인공위성을 추가로 필요로 한다는 점에서는 다르다.

일반적인 고정시설통신에 관한 법률적 사항이 인공위성을 통한 고정통신에도 적용될 수 있지만 방송자유의 원칙은 인공위성이 송신하는 모든 특별통신에는 적용되지 않는다는 점에 유의하여야겠다. 특히 직접위성방송(Direct Broadcast Satellite: DBS)통신은 논란이 많다. DBS통신 형태를 규율하기 위한 COPUOS의 작업에서 생성된 법적 원칙은 방송자유원칙이 적용될 수 없다는 편이다. DBS와 같은 특별통신에 관한 구체사항은 제6장 2항에서 설명한다.

1.3 무선주파수와 위성의 용도

ITU는 주파수를 1순위(primary)와 2순위(secondary), 각 지역별, 용도(service)별로 구분하여 할당, 배분, 배정한다. 용도별로 볼 때 무선항행(radionavigation), 고정(fixed), 이동(mobile), 해상 이동(maritime mobile), 표준 주파수 및 시보 신호(standard frequency and time signal), 해상무선항행(maritime radionavigation), 방송(broadcasting), 항공무선항행(aeronautical radionavigation), 무선표정(radiolocation), 항공 이동(aeronautical mobile),

---

8) 4 ILM 115 (1965).

육상이동(land mobile), 아마추어(amateur), 아마추어 위성(amateur satellite), 전파 천문(radio astronomy), 기상 원조(meteorological aids), 기상위성(meteorological-satellite), 우주 운용: 위성식별(space operation: satellite identification), 우주 연구(space research), 위성 간(inter-satellite), 무선측위위성(radiodetermination-satellite), 무선항행위성(radionavigation-satellite), 지구탐사위성(Earth exploration-satellite), 고정위성(fixed-satellite), 이동위성(mobile-satellite), 방송위성(broadcasting-satellite) 등의 25개 용도 이상으로 배분하고 있다.

고정통신위성용도(Fixed Satellite Service: FSS), 방송위성용도(Broadcasting Satellite Service: BSS), 이동위성용도(Mobile Satellite Service: MSS) 등으로 구분하는 것은 위성의 신호를 수신하는 형태와 용도를 표현한다. 가령 FSS는 지구에 설치된 고정 시설을 지구국(earth station)으로 하여 동 지구국과 위성과의 통신 용도를 말하는 것이고 BSS는 방송용도로서 요즈음 활용되는 DBS를 포함한 방송용 통신위성을 말하는 것이다. MSS는 위성을 통하여 이동수신 단말기로 통신을 가능하게 하는 서비스를 말한다. 대표적인 예로 미국의 Iridium사가 MSS를 도입하였으나 대규모 적자를 본 후 도산하여 현재는 크게 활성화되지 않고 있다. 이는 위성을 통한 이동통신 단말기를 이용하여 세계 어디에서라도 통화한다는 참으로 편리한 사업이었으나 고가의 이동통신 요금 때문에 이용하는 고객이 소수에 불과하여 투자된 자금을 회수하기에는 역부족이었기 때문이다. 한편 이동하는 선박을 대상으로 MSS를 제공하기 위하여 탄생한 Inmarsat은 성공한 사례로서 선박의 항행과 수색 구조 작업에도 기여하는 바 크다.

그런데 주파수 용도에 따라 필요한 점유대역폭이 다르다. 라디오 방송의 경우 대역폭이 크지 않으나 영상 등 송부자료가 대량인 TV 방송의 경우 점유대역폭이 클 수밖에 없다. 2012년 말 기준으로 한국에서의 방송이 아날로그에서 디지털로 전환되는 것을 비교하여 보면 우리나라가 미국과 같이 NTSC식 방송방식을 사용함에 있어서 아날로그 TV의 경우 6 MHz가 대역폭(이 중 영상이 4.5, 음성이 1.5 MHz 차지)을 그리고 디지털 TV의 경우 2 MHz를 필요로 하므로 디지털로 전환할 경우 아날로그 TV 방식보다 3배의 TV 채널을 이용할 수 있게 된다. 그런데 디지털 중에서도 HDTV는 20 MHz나 되는 주파수 대역을 필요로 한다.

이렇게 많은 점유대역을 차지하는 관계상 여러 나라는 자국이 배정받은 주파수 대역 중 고정통신용도의 일부를 방송통신 용도로 전환하여 사용하고 있는 실정이다.

2. 국가책임

국가가 자국 내 통신제도를 규제하는 관할권을 국제적인 차원에서 타국의 권리와 상치되는 방향으로 행사할 수 없다. 다시 말하면, 한 국가가 특정 장소와 주파수를 포함하여 방송국을 인가하였는데 인가된 주파수가 외국 방송국에 혼신을 야기하거나 ITU 규정상 위배되는 것이라면 동 국가는 국제책임을 부담해야 한다는 것을 의미한다. 일반적으로 통신을 하는 국가는 적용 가능한 국제법에 따라야 할 의무가 있으며 국제법 규칙에 위반되는 행위에 대하여서는 책임을 져야 한다. 특히 ITU 회원국은 국제통신에 관한 조약과 동 조약에 따라 채택된 규정을 준수하여야 한다.

1998년에 개정된 ITU 헌장 제36조는 헌장 당사국이 국제 통신업무의 이용자에 대한 책임, 특히 손해배상의 청구에 대하여 아무런 책임을 지지 않는다고 규정하였다. 동 규정은 사인으로서의 당사자에 대한 사법상의 책임을 주로 말하는 것이지만 일국이 타국의 통신 회선의 단순한 사용자로서 입는 손상에도 적용된다고 본다. 이 경우 후자의 국가는 통신회선의 사용자가 입은 손해에 대하여 책임을 질 필요가 없다.

방송통신에 있어서 ITU 조약상 국가의 책임은 특히 유해한 혼신(harmful interference)을 피할 의무를 포함한다. ITU에 주파수를 신청하는 동의 허가절차와 방송국의 설치와 운영에 관한 국내규정은 ITU가 정한 규칙과 규정을 따라야 함은 물론이다. 위성방송통신과 관련하여 ITU 헌장 제44조 2항은 특별한 주목을 요한다. 동 조항은 무선주파수와 지구정지궤도가 유한한 자원이기 때문에 합리적이고 효율적이며 그리고 경제적으로 이용되어야 한다는 점을 강조하면서 제 국가 간 형평에 맞는 사용을 규정하고 있다. 제44조 2항의 규정이 상당히 유연한 표현으로 되어 있어 국가책임을 유발하는 동 조항에 대한 위반 여부가 명확하지는 않지만 각국은 위성통신제도를 수립함에 있어서 제44조의 원칙을 염두에 두어야 한다.

또한 각국은 자국 방송국이 '방송의 자유' 원칙을 일반적으로 용인되는 한도 내에서 운영하며 특히 금지된 선전을 하지 못하도록 하여야 한다. 금지된 선전의 경우 국가의 책임은 국가가 소유하고 통제하는 방송에 국한되는지 또는 민영 방송국의 방송에 대하여도 책임을 져야 하는지의 문제가 제기된다.

서방 국가는 국가가 소유하거나 통제하는 방송국의 방송에 대하여서만 국가책임이 있다는 입장인 반면 사회주의 국가는 민영 방송에 대하여서도 국가책임이 있다는 주장이다. 중간 입장으로서 기능적인 접근방법은 국가와 특정 방송국 간에 연결 고리가 있으면 모든 경우에 국가가 국가책임을 부담한다는 것이다. 즉, 방송국 또는 프로그램이 특별히 월경방송을 위한 목적으로 공적 재정지원을 받거나 또는 추진되었다면 연결 고리가 있다고 보는 것이다.

일반적인 접근 방법으로서 상기 중간 입장이 설득력을 가지고 있다. 사실 국가책임은 방송국의 법적 지위나 소유 상황이 아니라, 월경선전에 국가가 실제로 관여하였느냐의 여부를 가지고 판단해야하기 때문이다. 그러나 1936년 협약이 선전금지를 규정하였던 것처럼 엄격한 의미로 '금지된 선전'을 해석할 경우 동 협약 당사국은 자국의 민영 방송국에 의한 월경선전 방송을 금지하는 국내법을 제정할 의무가 있다. 그렇지 않을 경우 1936년 협약의 당사국은 국가책임을 져야 한다.

따라서 국가는 통신활동, 특히 방송활동의 공적, 사적 주체 및 사람에 대하여서도 책임을 져야 한다. 이는 일반적인 통신뿐만 아니라 인공위성을 통한 통신에도 적용된다. 1967년 외기권 조약에서 국제법에 따른 국가책임을 언급한 것은 그러한 점을 확인하는 것이다.[9]

1967년 외기권 조약에서 언급된 바와 같이 국제법에 반하는 행위에 의하여 피해를 입은 국가는 국가책임 논리에 따라 특정한 권리를 갖는다. 그러나 국제법상 이러한 권리가 타국의 불법행위에 대하여 무조건적으로 대응조치를 허용하는 것은 아니다. 대응조치는 정당방위(self defence)의 경우 또는 관련된 국제기구가 허가한 방법으로만 사용될 수 있다.[10]

불법행위국가는 원상복구를 하여야 하고 원상복구가 불가능한 경우 피해 배상을 하여야 한다. 통신위성 분야에서 배상책임은 1972년 책임 협약에 따른다. 그러나 1972년 책임 협약이 규정하는 물질적 피해가 통신위성 분야에서 발생할 가능성은 매우 낮다. 따라서 1972년 책임 협약은 발사와 궤도 비행 시 통신위성이 야기하는 물리적 피해나 통신위성이 지상에서 야기하는 피해에 국한되어 적용될 가능성이 많다. 책임 협약에 규정된 피해가 통신활동과 직접적인 연관성 없이 발생하는 것이더라도 전체적인 우주활동의 범주에서 일어나는 것임에는 틀림이 없다.

3. ITU와 통신위성

3.1 ITU 목적과 조직

1998년 Minneapolis에서 개최된 ITU 전권회의(Plenipotentiary Conference)에서 채택된 ITU 헌장 제1조 1항은 ITU 목적을 8개로 기술하면서 모든 종류의 전기통신의 합리적인 이용, 국제 협력, 개도국에 대한 기술 지원, 효율의 증진과 기술개발 등을 언급하고 2항에서 여러 이행 방안을 적시하였는데 그 중 중요한 첫 2개는 다음과 같다.

---

9) 외기권 조약의 제6조는 "본 조약의 당사국은 달과 여타 천체를 포함한 우주에 있어서 그 활동을 정부기관이 행한 경우나 비정부 주체가 행한 경우를 막론하고 국가활동에 관하여서 그리고 본 조약에서 규정한 조항에 따라서 국가 활동을 수행할 것을 보증함에 관하여 국제적 책임을 져야한다.… " 라고 규정함으로써 비정부 주체의 행위에 대하여서도 국가 책임을 지도록 명시하였음.

10) 일반 국제법상 타국의 불법행위에 대한 대응행위가 정당방어 행위가 되기 위하여서는 여러 가지 조건이 따름. 상세는 Aréchaga, E.J., "International Law in the Past Third of a Century" (1978), 159 Recueil des cours 1, 94. 또한 일반적인 국가책임에 관한 저서로는 Ian Brownlie의 State Responsibility (Part I, Clarendon Press, Oxford, 1983)가 있고 위성방송에 관한 국가책임에 관한 저서로는 Marika Natasha Taishoff의 State Responsibility and the Direct Broadcast Satellite(Frances Printer, London · New York, 1987)가 있음.

a) 다른 나라의 무선국간에 유해 혼신을 피하기 위하여, 무선 주파수 스펙트럼 대역의 용도를 분배(allocate)하고 무선 주파수의 구역 배분(allot) 및 무선 주파수를 할당(assign)하며 우주 용도에 있어 정지궤도위성의 관련 궤도 위치 또는 기타 궤도 위성의 관련 특성에 대한 등록을 수행한다.[11]
b) 다른 나라의 무선국 간에 유해 혼신을 제거하고 무선통신업무를 위한 무선주파수 대역과 정지궤도위성 및 다른 위성궤도의 사용을 개선하기 위해 노력한다.

ITU 헌장의 부속서는 '용어 정의'에서 telecommunication(전기통신)을 다음과 같이 정의하였다.

"신호, 표지, 기록, 영상 및 음성이나 여하한 성격의 정보를 유선, 무선, 광학 또는 기타 전기자장의 수단을 통하여 전송하고 발송하며 수령하는 모든 것"[12]

ITU의 회원자격은 모든 나라에게 개방되어 있다. 2015년 현재 193개국으로 구성된 ITU는 통신에 관한 유엔전문기구로서 정부 간 국제기구이다.

그러나 과거 ITU 조직과 체제로는 세계 경제발전에 있어서 그 기능과 역할이 점차 증대되고 있는 유무선 통신의 질적 발전과 양적 팽창을 감당하기 어려웠고 인터넷의 발달로 통신에 있어서도 부국과 빈국의 양극화 현상이 심해지자, 이를 극복하기 위하여 ITU 조직에 대한 전면적인 개편이 불가피하였다. 그 결과 1989년 Nice에서 개최된 ITU 제13차 전권회의에서 구성된 고위 위원회(HLC)가 보고한 내용을 기초로 1992년 Geneva에서 개최된 전권회의에서 ITU를 개편하였다. 동 개편 결과 ITU는 통신 표준화(ITU-T), 무선통신(ITU-R), 그리고 개도국의 통신사업 지원을 위한 통신개발(ITU-D)이라는 세 분야로 업무를 정비하였다. 1994년 일본 Kyoto에서 개최된 전권회의에서는 회원국들의 수요를 반영한 ITU 전략을 최초로 채택한데 이어 세계통신정책포럼(World Telecommunication Policy Forum: WTPF)이라는 임시회의를 창설하여 통신환경의 변화에 따라 발생하는 새로운 정책 이슈에 대한 의견교환의 장으로 활용하고 있다.

ITU의 조직을 보건데 4년마다 개최되는 전권회의가 최고 의사 결정기관이며 이사회(Council)와 무선규제청(Radio Regulations Board: RRB)이 핵심기관으로서 기능한다. 48개국으로 구성된 이사회는 전권회의 개최 전후에 통신정책에 관련한 일상적 업무처리와 예산 및 행정 업무를 담당하고 무선규제청은 전권회의에서 선출되는 12명의 위원이 연 4회 회합을 가지며 무선 규제와 관련한 업무를 담당하는

---

11) 무선규칙(RR) 1.16~1.18은 주파수를 분배하는데 있어서 어떠한 분배이냐에 따라서 분배의 용어를 3개로 나누어 표현하고 있음.
   Allocation: 주파수 대역의 분배로서 주파수 할당 표에 기재된 용도별 분배임. 즉, 지상용, 우주통신용, 무선 천문 통신용 등의 분배로서 국가의 경계와는 무관한 세계 전체로 볼 때의 용도 지정을 말함.
   Allotment: 무선 주파수 또는 무선 주파수 채널을 배분하는 것으로서 국가별로 용도를 지정하여 배분하는 것(가령 한국에서 FM 라디오 방송은 88 MHz부터 108 MHz를 사용할 수 있다는 등).
   Assignment: 각국이 용도별로 배분받은 무선 주파수 또는 무선 주파수 채널을 일정한 조건하에서 무선 방송국이 어떠한 무선 주파수 또는 무선주파수 채널을 사용할 수 있다고 한 나라 내에서 분배하여 주는 것을 말함(가령 한국 방송통신위원회가 KBS TV용 주파수 및 채널은 어떠한 것을 사용하라고 허가하여 주는 것 등).
   한국의 전파당국이 allocation, allotment, assignment를 각기 분배, 구역분배, 할당이라고 번역 사용하고 있는데 저자는 이것이 적합하지 않다고 보면서 각기 할당, 분배, 배정으로 번역하여 사용함.
12) ITU 헌장(Minneapolis, 1998) 부속서.

중추적 역할을 한다. 수년 간격으로 개최되는 세계 또는 지역 단위 무선회의는 RRB의 자문을 받아 개최되며 주파수 배정과 지구정지궤도 위치 배정에 관한 업무를 담당한다. 그리고 사무국은 상기 세 분야(무선 통신, 통신 표준화, 통신 개발)를 각기 담당하는 국(Bureau)으로 나뉘어져 해당 업무를 상시 지원한다. 이상은 대략 ITU 조직을 설명한 것인바, 도식화하면 다음과 같다.

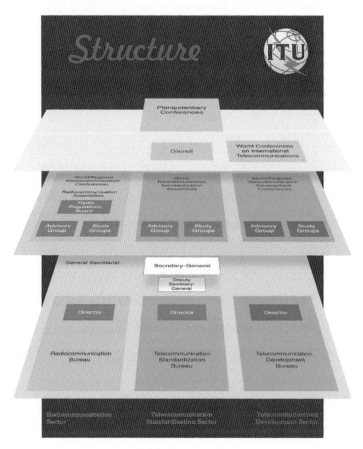

〈도표 5〉 ITU 조직

과거에 개최되었던 ITU 전권회의는 통신기술과 기타 상황변화에 부응하는 내용으로 협약을 개정하여 왔다. 그러나 전권회의가 개최될 때마다 협약을 개정하는 것은 협약의 계속성을 저해하는 단점이 있다. 이러한 문제를 해결하기 위하여 거의 영구적으로 보존할 본질적인 성격의 부분과 수시 개정될 부분으로 국제통신협약을 2분화하자는 의견이 나왔다. 이와 관련하여 1982년 나이로비 전권회의에서 기존 협약 중 전자를 헌장으로, 후자를 협약으로 분리시키면서 새로운 2개의 조약 문서로 채택하자는 안이 구체화되었다.[13] 기본이 되는 문서는 물론 헌장(Constitution)이다. 따라서 헌장과 협약(Convention)

그리고 행정규정(Administrative Regulations로서 Radio Regulations와 International Telecommunications Regulations로 구성)이 상호 상치할 경우 헌장, 협약, 행정규정 순으로 해석하여야 한다.[14]

1982년 Nairobi 협약 제정 시까지는 행정규정을 협약의 단순한 보충(supplement)으로 또는 부속(annex)으로 간주하면서 명확한 지위를 부여하지 않았기 때문에 국가마다 행정규정을 해석하는 바가 달랐다. 가령 캐나다를 비롯한 대다수 국가가 행정규정을 구속력이 있는 것으로 본 반면에 일본은 나이로비 협약의 제42조(3)항이 행정규정의 수정에 대한 각국의 승인(approval)을 ITU 사무총장에게 통보하는 것으로 규정하고 있다는 점을 내세워서 구속력이 없는 것으로 보았다. 1989년 니스 헌장은 제40조 (1)항에서 행정규정을 구속력이 있는 국제문서(binding international instruments)로 규정함으로써 행정규정의 지위를 명확히 하였다.

행정규정은 무선 주파수 대역, 지구정지궤도 주파수 배정 및 등록, 여러 제도간의 조정 및 기타 관련 기술 문제를 서술한 문서로서 분량이 방대하다. 1988년 호주 Melbourne에서 개최된 세계전보전화주관청회의(World Administrative Telegraph and Telephone Conference: WATTC)에서는 당시 전보와 전화를 각기 규정한 행정규정을 국제통신규정으로 일원화하였다. 따라서 행정규정은 전파규칙(Radio Regulations: RR)과 국제통신규정(International Telecommunications Regulations: ITR)으로 구성된다.

RR은 세계무선주관청회의(WARC)나 지역무선주관청회의(RARC)에서 채택 또는 개정되었지만 이들 회의는 1992년 Geneva 전권회의를 계기로 ITU 개편 시 WRC(World Radiocommunication Conference)로 대체되었다.

12명의 위원으로 구성되어 연 4회 회합하는 무선규제청(RRB)은 과거 5명으로 구성되었던 국제주파수 등록청(IFRB)을 대신하면서 권한이 증대되었다. RRB 위원은 자국 또는 자기 지역을 대표할 뿐만 아니라 전파자원의 국제 공공 신탁의 보호자 역할을 한다. 이는 정하여진 절차에 따라 각국이 공식적인 국제승인을 받기 위하여 각기 배분한 주파수의 날짜, 목적 및 기술적 사항을 RRB에 등록하면 RRB의 위원은 각국의 여사한 등록 내용을 최선의 관리자로서 순서에 따라 처리하여야 하는 것을 말한다. RRB는 동일한 조건에서 각국이 지구정지궤도위성을 배치하는 지구정지궤도위치에 관한 등록을 받는다. 여사한 등록업무를 함에 있어서 RRB는 유해한 혼신이 일어날 수 있는 주파수 대역에서 관련 회원국이 사용할 수 있는 최대 라디오 채널수는 몇 개이며 지구정지궤도의 경제적이고 효율적이며 형평한 사용은 어떠한지에 관한 권고를 한다. 상시 근무를 하지 않는 RRB위원들은 ITU의 무선통신국(ITU Radiocommunication Bureau: ITU-BR)의 보좌에 크게 의존하면서 전파 방해 등 회원국 간 분쟁 문제도

---

13) 1982년 Nairobo 전권회의 채택 결의문 제62호 참조.
14) 1998년 Minneapolis 전권회의에서 채택된 ITU 헌장 제4조.

담당한다.

무선대역은 전통적인 지상 무선통신의 국제적 규제에 있어서 핵심이 되는 내용이다. 그러나 인공위성 통신에 있어서는 무선대역뿐만 아니라 위성의 궤도 위치도 동일하게 중요하다. 따라서 다음에서는 이 두 가지 요소를 규율하는 국제규제제도의 내용을 살펴보되 ITU의 업무를 포괄적으로 파악하기 위하여 우주통신시대 이전의 ITU 역할도 알아보는데 이에 앞서 통신의 기본적인 사항들을 살펴본다.

통신을 가능하게 하는 주파수는 전파의 길고 짧음(radio wave length)에 따라 초당 공간에서 진동하는 횟수가 다른데 바로 동 횟수를 말한다. 전자파의 존재를 실험적으로 증명한 독일의 과학자 헤르츠(H.R.Hertz)의 이름을 따서 Hz라는 단위를 사용하여 주파수를 계산하는데 1초당 1,000개의 파동이 지나가는 경우의 주파수는 1,000Hz(=1KHz)다. 즉 파동이 1초 동안 1번 진동하면 이를 1Hz(헤르츠)라 하고, 1천번 진동하면 1KHz(킬로헤르츠), 1백만 번 진동하면 1MHz(메가헤르츠), 10억 번 진동하면 이를 1GHz(기가헤르츠)라고 한다. 전파의 파장은 주파수에 반비례 한다. 즉 파장이 길다(장파)라는 의미는 주파수가 낮다는 의미이고 파장이 짧다(단파)는 것은 주파수가 높다는 의미이다. 전파의 종류는 주파수에 의해 구분되는데 주파수가 높은 것은 직진성이 좋고 반사가 잘 되는 성질을 지닌다. 주파수가 낮은 것은 멀리 전달될 수 있고, 전달되는 과정에서 장애물에 부딪치면 회절하는 성질이 있다. 이처럼 전파는 주파수의 높낮음에 따라 성질이 변화하므로, 서로 비슷비슷한 성질을 가지는 주파수 범위를 묶어 주파수대라 정하고 각각 다음과 같은 명칭을 붙여 사용하곤 한다.

· 초장파(VLF; Very Low Frequency): 3～30KHz - 해상통신

· 장파(LF; Low Frequency): 30～300KHz - 무선전화국

· 중파(MF; Medium Frequency): 300～3000KHz - 국제단파통신

· 단파(HF; High Frequency): 3～30MHz - 아마추어 무선통신

· 초단파(Microwave 또는 VHF; Very High Frequency): 30～300MHz - FM, TV, 무선호출

· 극초단파(UHF; Ultra High Frequency): 300MHz～3000MHz - 이동전화, PCS, 이리듐

· 초극초단파=센티미터파(SHF; Super High Frequency): 3～30GHz - 인공위성

· 밀리미터파(EHF; Extreme High Frequency):30～300GHz - 우주통신

· 서브밀리파=데시밀리미터파: 300GHz～3000GHz - 전파천문학

인공위성을 운용하고 우주통신을 하기 위한 무선 대역은 1-300GHz인데 동 대역을 구분하여 다음과 같은 글자로 특정 대역을 표현하기도 한다.

L-band   1-2 GHz

S-band	2-4 GHz
C-band	4-8 GHz
X-band	8-12 GHz
Ku-band	12-18 GHz
K-band	18-27 GHz
Ka-band	27-40 GHz
V-band	40-75 GHz
W-band	75-110 GHz

3.2 우주 시대 이전의 ITU 역할

국제전신연합(International Telegraph Union)은 근대 통신 수단인 전보를 국제적으로 규제하기 위하여 1865년 창설되었다. 1868년 비엔나에서 개최된 제2차 국제전신연합 회의에서 회원국에게 통계 및 기술정보를 제공하기 위한 목적으로 상설 사무실을 설치하였다. 1875년 회의에서는 국제전신협약을 다시 성안하고 회원국의 전문가들이 모이는 주관청회의(Administrative Conferences)를 주기적으로 개최하여 전보 효율표를 수정하고 규율내용을 시대에 맞도록 개정하는 작업을 하도록 결정하였다. 이때 마련된 국제전신협약은 변경 없이 1932년까지 존속하였다.

1876년 Alexander Graham Bell이 전화를 발명한 것은 두말할 필요도 없이 상업적 성공이었으며 일대 혁명이었다. 1885년 베를린에서 개최된 주관청회의에서 국제전신연합은 전화의 존재를 공식 인정하면서 전신 규정에 전화에 관한 다섯 개 문단을 삽입하였다. 그 뒤 1903년에 열린 런던회의에서는 국제전신에 관한 규정에 15개의 전화 관련 조문을 추가하였다.

제3의 통신 수단, 즉 무선 등을 국제적으로 규제하기 위하여 1906년의 베를린 무선회의는 처음으로 국제무선전신협약(International Radiotelegraph Convention)과 전파규칙(Radio Regulations: RR)을 채택하였다. 그런데 동 문서는 1903년 베를린 무선회의의 최종문서(Final Protocol)를 주로 본 딴 내용이었다. 전신협약과 유사하게 무선전신 협약도 무선 통신의 규제를 위한 기본 규칙과 무선 전신연합의 조직에 관한 규정을 포함하였다. RR은 협약의 부속 문서로서 무선통신의 향상에 필요한 규칙을 취급하였다.[15] 어떤 경우에는 무선전신 협약과 RR에 저촉되지 않는 한 국제전신규정의 내용이 무선통신에도

---

15) 동 규칙 불구 1912년 Titanic호의 침몰 시 인접 항행 선박에 대한 긴급조난 신호는 전달이 되지 않는 문제가 발생하였음. 이것은 무선 주파수의 국제적 배정이 필요함을 보여주는 큰 사건이었음. M. Lachs, The Law of Outer Space, An Experience in Contemporary Law-Making, Martinus Nijhoff, Leiden Publishers, 2010, p.90.

적용될 수 있었다.[16]

특히 방송용 무선통신 사용은 제1차 대전이후 급격히 증가하였다. 각국 정부는 방송국의 설립을 권장하면서 방송국이 사용하는 주파수와 출력사용을 무조건적으로 허용하면서 주파수 혼신을 고려하지 않았다. 이 결과 유럽에서 일어난 상황은 혼란 그 자체였다. 이 결과 1925년 국제무선전신연합 (Union internationale de radiotéléphonie)[17]이 창설되었다. 유럽의 방송국은 동 기구를 통하여 자발적인 주파수 재분배 작업을 하였다. 그런데 해상 통신용으로 사용되는 주파수가 혼신을 가져오고 항공 통신용으로 사용되는 주파수의 소요도 증가하여 상황은 다시 악화될 소지가 많았다.

근대통신에 관한 첫 번째 회의로 여겨지는 무선전신연합의 1927년 워싱턴 회의는 새로운 국제무선전신협약과 동 협약에 부속된 일반규정(General Regulations)을 채택하였다. 무선사용의 증가가 유해한 혼신을 야기하는 것을 감안하여 동 협약은 국내방송으로부터의 혼신도 규율하는 것으로 적용범위를 확대하였다. 동 협약[18]의 제1조는 "일국의 경계 밖에서 여타 통신의 혼신을 가져올 수 있는 동국의 국내 또는 국가 무선통신은 혼신의 관점에서 국제통신으로 간주한다"라고 규정하였다.

상기 워싱턴 회의에서는 처음으로 주파수 할당표를 작성하면서 주파수 배정은 국가 단위보다는 무선통신 사업별로 할당한다는 원칙을 채택하였다. 주파수 할당에 관한 여사한 원칙은 추후 이 분야에서 국제 규율의 바탕을 이루는 것이다. 따라서 주파수 대역이 통신 용도별, 즉 아마추어, 항공 이동, 해상 이동, 방송, 원거리 통신 등으로 분류되었다. 그러나 당시 회의에서 많은 정부가 주파수의 사용과 선택의 자유를 권리로 주장하였기 때문에 할당표를 강제 규범화하는 데에는 실패하였다. 동 협약의 제5조 (1)항은 다음과 같은 입장을 취하는 데 만족하였다.

> 각 체약국의 주관청은 타국의 어떠한 통신과도 혼신을 야기하지 않는다는 전제하에 자국 내 방송국에 대하여서도 어느 주파수나 파장의 형태를 배정할 수 있다.

주파수 할당표(Frequency Allocation Table)를 작성함에 따라 제기되는 문제는 한 방송국이 주파수를 변경함으로써 유해한 혼신을 야기하는 경우 당사국의 각기 권리가 어떻게 되는 것인가이다. 이에 대한 해결책으로 먼저 사용한 자의 우선권(right of priority)을 주자는 안이 나왔으나 채택되지 않았다. 동 문제는 관련 당사국 간의 협상에 의하여 해결하기로 하고 협상으로 해결하지 못할 경우에는 중재에 회부하는 것으로 해결하였다.

네 번째 국제무선전신회의와 제13차 국제전신회의가 1932년 마드리드에서 동시에 개최되었으며 여기에서 무선, 전신 및 전화통신에 관한 일반규정을 포함하는 단일협약[19]이 탄생하였다. 마드리드 협

---

16) The Berlin Radiotelegraph Convention, Nov. 3, 1906, in,(1906), American Jl of International Law 330.

17) 동 기구는 1929년 Union international de radiodiffusion으로 명칭을 변경함.

18) 84 LNTS 97(1927).

약은 국제전기통신연합(ITU)을 창설하면서 전기통신(telecommunication)이라는 새로운 용어에 대한 정의를 포함하였다.[20] 그리고 워싱턴 회의에서와 같이 마드리드 회의에서도 주파수 목록에 기재된 주파수 배정에 대한 우선권을 인정하지 않았다.[21]

ITU는 1938년 창설된 후 첫 무선주관청회의(Administrative Radio Conference)를 카이로에서 개최하였다. 동 회의에서는 마드리드 협약에 부속된 모든 무선 통신 규정을 개정하였다. 동 회의에서는 또한 무선통신, 특히 고정 및 이동 통신, 그리고 방송 및 TV사용을 위한 통신의 수요가 증가함에 따라 주파수 할당표상 여유 있는 주파수가 고갈되고 있다는 점을 크게 우려하였다. 이 때문에 주파수 할당표에 대한 수정 작업을 행하였는데 그중 가장 중요한 것은 6,500부터 23,380kc/s까지의 주파수 대역을 대륙간 항행 사용용으로 할당하였다. 동 할당은 장래 상황을 예상한 첫 할당으로서 기존 주파수 사용을 추후 인준하였던 방식과는 매우 대조되는 것이었다.

제2차 세계 대전 중에 통신은 눈부시게 발전하였다. 무선은 군대통신으로 필수 불가결한 것이었으며 선전방송을 위하여서도 그 사용이 증가하였다. 따라서 새로운 방송국으로서 사용 가능한 주파수를 얻는다는 것이 무척 어렵게 되었다. 이때의 상황이 상당히 심각한 것이긴 하였지만 그렇다고 혼돈을 가져오는 것은 아니었는데 그 이유는 '우선권'(priority right) 또는 '기존 사용권'(right of previous use)이라는 비공식적인 개념이 통용되어 주파수 사용에서의 질서를 유지시켜 주었기 때문이다. 그렇다고 관행으로 된 우선권을 인정하지 않는 데에 대한 벌칙이나 제재가 있는 것은 아니었으나 실제 필요 때문에 회원국들 상호간에 우선권이 존중되었다.[22] 그런데 신생 개도국의 입장에서 보건데 우선권을 인정하면 선진국이 많은 주파수를 선점하게 될 터인즉 우선권을 구속력 있는 규범으로 정하는 데 찬성할 리 없었다.

2차 대전 후 세계의 제1 대국으로 부상한 미국은 세계의 통신 구조를 정비하고 ITU의 업무를 활성화시키기 위한 목적으로 1947년 Atlantic City에서 전권회의, 무선주관청회의 및 고주파 방송회의를 개최하였다. 동 회의 결과 채택한 1947년의 Atlantic City 협약은 "자국의 통신을 규율하는 각국의 주권을 충분히 인정"하는 동시에 ITU의 목표가 통신의 효율을 보장하는 것임을 명백히 하였다. 동 협약의 제3조에 규정된 ITU의 목표와 목적은 통신문제에 있어서 국제협력을 도모하는 ITU의 독특한 입장을 나타내는 것이다.

---

19) International Telecommunication Convention, General Radio Regulations, Additional Regulations, Additional Protocol (European), Telegraph Regulations and Telephone Regulations, signed at Madrid on Dec. 19. 1932, 151 LNTS 5 (1934).

20) 마드리드 협약 제1조 (1)항에 표현된 전기통신의 정의: Any telegraphic of telephonic communication of signs, signals, writing, facsimiles and sounds of any kind, by wire, wireless, or other systems or processes of electric signaling or visual (semaphore) signaling.

21) Leive, D.M., International Telecommunications and International Law: The Regulation of the Radio Spectrum, (Leyden, 1970), 50.

22) 상세는 Codding, G. A., The International Telecommunication Union, (Leyden, 1952), pp.191-192 참조.

Atlantic City 회의에서는 전쟁 중 개발되고 확장된 새로운 무선 통신, 특히 항행, 고 주파수 및 FM 방송, 원거리 무선 항행, 레이더 및 TV용 주파수를 할당하였다. 이때 주파수 등록청(IFRB)이 ITU의 상설기관으로 설치되었다. 또한 동 회의에서는 '우선권'이라는 강한 표현 대신 '국제인정'(international recognition)이라는 표현을 썼지만 주파수 등록 장부(master frequency list)에 등록된 사전 주파수 배정을 최종적으로 인정하는 형태를 취하였다.

비록 IFRB가 집행의 권한을 가지고 있지는 않지만 각국의 주관청(정부)이 스스로의 필요 때문에 정하여진 규칙을 따르지 않을 수 없다. 만약 타 주관청이 사전에 등록한 주파수를 인정하지 않을 경우 자국이 사전에 등록한 주파수도 인정받지 못하고 혼신을 받을 것이기 때문이다. Atlantic City 회의가 사전 등록된 주파수 배정에 대하여 공식적이고 국제적인 인정을 하는데 동의하였지만 ITU 회원국은 주파수 배정에 관한 자국의 권한을 포기하지 않았다. 따라서 IFRB는 어떤 나라가 자국이 최선으로 생각하는 주파수를 사용하는 것을 금지할 권리는 없다.

권한 있는 ITU 회의에서 여러 용도의 주파수를 일단 할당(allocate)하거나 또는 국가별로 배분(allot)한 다음에는 각국의 주관청이 자국의 무선통신용으로 주파수를 배정(assign)한다. 여사한 배정은 IFRB에 보고되어야 하고 IFRB는 기술적 검사를 한 연후에 일국이 배정한 주파수가 주파수 할당, 협약 또는 규정에 위반하거나 또는 이미 등재된 주파수에 유해한 혼신을 가져올 것 같은 경우 동 주파수를 등재하지 않는다. 이 경우 IFRB는 관련 당사국에 통보하여 동 주파수 사용이 유해한 혼신을 줄 터인즉 사용하지 말도록 요청한다. IFRB는 또한 등재한 지 2년 동안 사용되지 않은 주파수를 취소할 권한을 가지고 있다. IFRB가 상시 주파수 사용을 감시함에 따라 무선 주파수 대역은 끊임없이 수정이 되면서 등한시되기 쉬운 주파수도 효율적으로 활용되고 있다. 1952년 Buenos Aires에서 개최된 전권회의에서는 Atlantic City 협약을 큰 변경 없이 수정하였다.

3.3 우주 시대와 ITU 역할의 확대

오늘날 위성통신은 새로운 통신 수단이라기보다는 기존 수단, 즉 무선 주파수를 활용하는 새로운 방법 또는 기술이다. 위성통신이 혼신 없이 무선 연결을 요하는 것은 당연하다. 따라서 우주활동이 시작된 이래 ITU가 시험 목적의 또는 실제 운용 목적을 불문하고 위성통신을 포함한 모든 우주활동을 위한 무선주파수 할당에 책임을 져야 한다는 것에 국제사회가 공감하였다.[23] 유엔은 일찍이 ITU를

23) Garnier, J., l'UIT et télécommunications par satellites, (Brussels, 1975), 35; Valladao, H., "South American Contributions to solution of the Juridical Problems of Telecommunications and Direct Broadcasting", in McWhinney, E., (ed.), the International Law of Communications, (Leyden, 1971), 138,142; Haley, A. G., "Space Age Presents Immediate Legal Problems"(1958), 2nd Colloq. on the Law of Outer Sp.16.

모든 형태의 통신을 관장하는 유엔의 전문기구로 인정하였다.

우주탐사가 시작된 지 처음 몇 년 동안은 우주활동을 위한 특별한 주파수 할당이 없었다. 따라서 소련과 미국이 발사한 우주선이 지상 무선국에 유해한 혼신을 가져오는 일도 있었다.[24] 질서 있는 무선 주파수 할당이 있지 않는 한 유해한 혼신이 증가할 것으로 예상되었다. ITU는 이를 간과할 수 없었으며 1958년에 CCIR[25]이 우주탐사용으로 사용할 무선 주파수를 보호하자는 결의문을 채택하였다.[26]

1959년 Geneva에서 개최된 ITU 전권회의와 WARC가 동시에 개최되었다. 이때 ITU 협약과 RR을 개정하여 처음으로 우주활동에 적용할 국제 합의를 도출하였다. 1959년의 RR에서는 '우주통신(space service)'용으로 특정 주파수 대역을 할당하였다.[27] '우주연구'만을 위하여 할당된 동 주파수 대역은 다른 용도와 함께 사용되는 것으로 지정된 것이지만 ITU 문서에 처음으로 우주용도의 주파수가 할당되었다는 데에 그 의의가 있다. 그러나 연구용이 아닌 모든 여타 무선 통신은 인공위성이 이용하는 것이더라도 할당 대상이 아니었기 때문에 혼신의 위험이 있었다. 또한 RR은 기존의 우주 통신용 무선 주파수만 합법화한 것으로 추후 우주통신 용도를 위한 규정을 마련한 것은 아니었다. 1959년의 RR 제9조는 무선 주파수 대역의 효율을 높이기 위한 관점에서 주파수 배정의 통보와 등록절차에 중대한 변화를 가져왔다. 그러나 우선권의 원칙에는 변함이 없었고 우주용도를 위한 주파수 할당은 아직도 부족한 상황이었다. 이러한 점을 배경으로 하여 1959년 무선회의에서는 1963년에 특별무선주관청회의(Extraordinary Administrative Radio conference: EARC)를 개최하여 "여러 종류의 우주 무선 통신에 필수적인 주파수 대역의 할당을 결정"[28]할 것에 합의하였다.

1963년 EARC가 예정대로 개최되어 RR을 개정하였다. 동 회의에서는 장래 우주통신의 필요를 충족시키기 위하여 우주활동용 주파수를 할당하면서 우주통신으로 관할권을 연장하였다. 그러나 EARC에서 1959년 제네바 RR에 대하여 대폭 수정을 가한 것은 아니었다.

EARC 결과 우주연구뿐만 아니라 우주의 실제 사용을 위하여서도 무선 주파수가 할당되었다. 처음으로 위성을 통한 통신에 대하여 주파수 대역이 할당된 것이다. 1963년 회의의 주요 성과는 지상과 우주 용도로 공히 사용되는 주파수를 통보하고 등록하는 규정이었다. 동 규정은 일정한 거리(전문적 용어로는 defined coordinated distance)내에서 지상과 우주용 통신의 주파수를 멋대로 쓰게 할 경우 유해

24) Haley, A. G., Space Law and Government, (N. Y., 1963), 168–171.

25) CCIR(comité consultatif international des radiocommunications)은 국제무선협의위원회(International Radio Consultative Committee)를 뜻하는 불어로서 1992년 Geneva 전권회의에서 ITU가 개편되기 전까지 존재하였던 상설기관임. 당시 ITU 조직은 전권회의, 행정회의, 행정이사회와 4개 상설기관으로서의 CCIR, IFRB, CCITT(국제전보전신협의위원회), 사무국이 있었음. 1989년 Nice ITU 전권회의에서 ITU 헌장 개정을 통하여 CCIR은 ITU-R로 개편됨.

26) Haley, "Space Age Presents Immediate Legal Problems" (1958), 2nd Colloq. on the Law of Outer Sp., 17–20.

27) The 1959 (Geneva) Radio Regulations Chap. 1, Pars. 70–71.

28) 1959 (Geneva) Radio Regulations, Res. No. 36.

한 혼신이 올 위험이 있었기 때문에 필요한 것이었다. 이 점을 제외하고는 우주통신에 관한 원칙과 절차에 변함이 없었으며 배정된 우주통신용 주파수의 법적지위에 관한 새로운 원칙을 설정한 것도 아니었다. 다시 말하면 지상 통신용 주파수에 대한 국제적 보호와 같은 방법으로 우주통신용 배정에 대한 국제적인 보호를 한 것이다.

1963년 EARC에서는 기술 선진국이 우주통신용 무선 주파수 할당을 모두 차지할 것이라는 우려가 팽배하였다. 여사한 우려는 후술하는 지구정지궤도에 대하여서도 동일한 것이었다. 유엔 총회 결의문 제1721호(XVI)의 내용을 감안하고 개도국의 우려를 불식하기 위하여서 EARC는 모든 회원국이 "우주 통신용으로 할당된 주파수 대역을 공평하고 합리적으로 사용할 이익과 권리를 갖는다"라는 내용의 권고문29)을 채택하였다. 동 권고문의 표현을 그대로 기술하면 다음과 같다.

> 우주통신용 주파수 대역의 사용과 개발은 모든 국가의 상호 이익을 위한 주파수 할당의 사용과 공유를 허용하는 정의와 형평의 원칙에 따른 국제 합의에 의하여야 한다.

상기 권고는 후발국이 자국의 우주 참여를 위하여 필요한 무선 주파수 할당을 제공받을 수 있는 가능성을 제공한 것이다. 이 가능성은 궤도 자리에 관련하여서도 적용되는 것으로서 우주통신의 운영에 있어서 중대한 변화를 초래한 것이다.

1963년 EARC는 우주 무선 통신으로 할당된 무선 주파수 대역의 국제적 사용 규제를 위하여 추가 합의를 도출하기 위한 또 하나의 회의를 개최하도록 하는 권고문30)을 채택하였다.

1963년 EARC 이후 여러 개의 국내 또는 국제 통신위성체제가 수립되는 등 우주활동용의 무선사용이 매우 증가하였다. 이 결과 1963년 EARC에서 규정한 우주통신용 RR이 더 이상 적절하지 못하게 되었다. 이를 해결하는 방안으로 1971년 제네바에서 WARC-ST(World Administrative Radio Conference for Space Telecommunications)를 개최하여 기존 규정을 많이 개정하였다. 동 제네바 회의에서는 ITU의 관할을 우주 통신에까지 본격 행사하면서 우주통신용 주파수 대역을 확대하여 기존 소요만이 아니고 장래의 소요도 충족시키려는 결정을 하였다. 또한 고정통신을 위한 할당이 수정 및 증가되고 처음으로 방송위성과 지구탐사 통신위성용으로 구분하여 주파수가 할당되었다.

모든 용도에 대한 주파수 소요가 증가함에 따라 가용한 주파수 대역이 곧 소진되기 시작하였다. 이러한 문제를 해결하기 위하여 주파수 활용을 극대화시키는 방안이 강구되었다. 가령 여러 용도로 할당된 동일한 주파수가 긴급 조난 및 수색 구조용으로 사용될 때에 다른 용도는 여사한 안전에 관한

---

29) Recommendation No. 10A (Relating to the Utilization and Sharing of Frequency Bands Allocated to Space Radio-communication), Final Acts of the Extraordinary Administrative Radio Conference to Allocate Frequency Bands for Space Radio-communication Purposes, ITU, (Geneva), 1963, at 219.

30) 상동 문서 중 Recommendation No. 9A.

통신이 우선적으로 이루어 질 수 있도록 통신사용을 잠시 양보하는 것이 그 예이다. 또한 IFRB는 주파수가 배정되었지만 사용되지 않고 있을 때 동 주파수 배정을 취소할 수 있으며 경우에 따라서는 조사할 수도 있다.

1971년 회의에서도 1963년 EARC에서와 같이 개도국은 기술적으로 앞선 나라가 무선 주파수 사용을 선점할 것이라는 강한 우려를 표명하였다. 그 결과 개도국을 안심시키는 내용의 결의문(Spa 2-1)[31]이 채택되었는데 동 결의문 중 본문은 다음과 같다.

> 1) 우주 무선 통신용 주파수를 ITU에 등록하고 사용하는 것은 개별 국가 또는 그룹의 국가에게 영원한 우선을 부여하는 것이 아니며 여타 국가가 우주 체제를 수립하는데 장애를 주어서도 아니 된다.
> 2) 따라서 ITU에 우주 무선 통신에 관한 주파수 등록을 한 국가 또는 그룹의 국가는 여타 국가 또는 그룹의 국가가 새로운 우주체제를 사용하고자 할 경우 동 사용이 가능할 수 있도록 모든 실제적인 조치를 취하여야 한다.

1971년 회의는 또한 차기 WARC에서 무선 우주통신의 조정에 관한 RR의 제9조 A를 검토하고 우주통신용 주파수 사용의 증가와 통신위성이 위치하는 지구정지궤도의 자리가 줄어드는[32] 사실을 다루도록 권고하였다.

이상의 결의와 권고는 구속력이 있는 것은 아니지만 일반적으로 존중되었으며 그 결과 1973년의 ITU 협약[33]의 제33조로 다음과 같이 포함되었다.

> 2. 회원국은 우주 무선 통신을 위한 주파수 대(band)를 사용하는 때에는 무선 주파수 및 정지위성궤도가 유한한 천연자원이므로 그들 국가 및 국가군이 무선통신규칙의 규정에 의거하여 그 필요 및 사용 가능한 기술력 수단에 따라 그들을 공평하게 사용할 수 있도록 효율적으로 또는 경제적으로 사용되지 아니하면 안 된다는 것에 유의하여야 한다.

1973년의 ITU 협약이 사전 등록된 주파수 배정에 대하여 국제적인 인정을 부여하는 것이긴 하지만 동 협약에 새로이 포함된 제33조의 의미는 과소평가할 수 없는 것이다. 동 조항은 첫째, 우주통신용 주파수 대역에 대한 공평한 사용 원칙, 둘째, 1967년 외기권 조약에 포함된 인류의 공동유산 원칙을 인정하는 것이다.

제33조가 내포하는 원칙은 1977년 제네바에서 개최된 WARC-BS(World Administrative Radio Conference for the Planning of the Broadcasting Satellite Service)에서 구체화되었다. 1977년 WARC-BS는 본격적으로 활용한 경험이 없는 방송위성용 주파수와 지구정지궤도의 위치를 각국별로 배분하는 작업을 시작한 것

---

31) Final Acts of the World Administrative Radio Conference for Space Telecommunications, ITU, (Geneva), 1971, at 331.

32) Recommendation No. Spa 2-1, "Relating to the Examination by World Administrative Radio Conferences of the Situation with Regard to Occupation of the Frequency Spectrum in Space Radio-communications", 1971 Final Acts, 331-2.

33) International Telecommunication Convention, Malaga-Torremolinos, 1973.

이다.[34] 동 작업은 1985년과 1988년 두 차례에 걸쳐 제네바에서 개최된 WARC-ORB(World Administrative Radio Conference on the Use of the Geostationary-satellite Orbit and the Planning of Space Services Utilizing It)회의에서 완료되었다.

ITU는 1960년대와 1970년대에 대거 독립한 제3세계의 국가들이 다수를 차지하는 가운데 지구정지궤도와 주파수 대역의 사용에 있어서 후진국들의 이해관계를 반영하는 내용으로 1973년 ITU협약의 제33조를 개정한 1982년 ITU협약은 개도국과 특정국의 지리적 상황[35]을 특별히 감안하여야 한다는 내용도 포함하였다.

ITU는 우주활동의 증가와 더불어 지구정지궤도와 이에 관련한 주파수 대역 업무로 영역이 확장된 데 이어 지구정지궤도가 아닌 저궤도 등 관련궤도(associated orbits)로 업무영역이 확대되었다. 이는 1998년 미국 Minneapolis에서 개최된 ITU 전권회의에서 ITU헌장을 개정하여 제44조 2항에서 지구정지궤도를 포함한 관련궤도를 분배한다고 규정하였기 때문이다.

위와 같이 개정되어온 ITU 기본문서의 내용은 다음과 같다.

ARTICLE 33, ITU Convention, MALAGA - TORREMOLINOS, 1973

Rational Use of the Radio Frequency Spectrum and of the Geostationary Satellite Orbit

1. Members shall endeavour to limit the number of frequencies and the spectrum space used to the minimum essential to provide in a satisfactory manner the necessary services. To that end they shall endeavour to apply the latest technical advances as soon as possible.

2. In using frequency bands for space radio services Members shall bear in mind that radio frequencies and the geostationary satellite orbit are limited natural resources, that they must be used efficiently and economically so that countries or groups of countries may have equitable access to both in conformity with the provisions of the Radio Regulations according to their needs and the technical facilities at their disposal. (필자 밑줄. 동2항의 국문번역문은 앞 페이지 내용 참조)

ARTICLE 33, ITU Convention, Nairobi, 1982

Rational Use of the Radio Frequency Spectrum and of the Geostationary Satellite Orbit

1. Members shall endeavor to limit the number of frequencies and the spectrum space used to the minimum essential to provide in a satisfactory manner the necessary services. To that end they shall endeavor to apply the latest technical advances as soon as possible.

---

34) 1977년 WARC-BS에서는 제1지역(유럽·아프리카)과 3지역(아시아) 국가용 방송위성용 정지위성궤도와 하향 회선(down link) 주파수가 할당되었고, 제2지역(미주) 국가용 궤도와 상향(up link) 및 하향회선 주파수는 1983년 제네바에서 개최된 RARC(Regional Administrative Radio Conference)에서 결정되었음. 1985년 WARC-ORB 제1차 회기에서는 1983년 RARC의 결정을 수용하고 제1지역과 3지역 국가용 상향 회선 대역을 결정한데 이어 1988년 WARC-ORB의 제2차 회기에서는 동 상향 회선 주파수 대역을 각국에 배분했음.

35) 1976년 적도 소재 국가 7개국(콜롬비아, 콩고, 에콰도르, 인도네시아, 케냐, 자이레와 옵서버로서 브라질)이 콜롬비아 수도 보고타에 모여 적도 상공 지구정지궤도에 대한 주권을 주장한 선언을 한 것을 감안하여 포함시킨 내용이지만 같은 적도 소재 다른 국가가 주권 주장에 동조하지 않는 가운데 국제사회가 수용할 수 없는 개념임. 동 선언에 참가한 국가 중 브라질, 에콰도르, 우간다(추후 참여)는 1976년 당시 발효 중이던 1967년 외기권 조약을 비준하였고, 인도네시아와 자이레가 서명한 것은 선언에 참가한 국가들 다수도 선언 내용의 진정성에 비중을 두지 않고 있다는 이야기가 됨. 동 건 관련 Lyall & Larsen, Space Law, A Treatise, Ashgate (UK), 2009, pp.253-256 참조.

2. In using frequency bands for space radio services Members shall bear in mind that radio frequencies and the geostationary satellite orbit are limited natural resources and that they must be used efficiently and economically, in conformity with the provisions of the Radio Regulations, so that countries or groups of countries may have equitable access to both, <u>taking into account the special needs of the developing countries and the geographical situation of particular countries</u>. (필자 밑줄)

ARTICLE 44, ITU Constitution, Minneapolis, 1998

Use of the Radio-Frequency Spectrum and of the Geostationary-Satellite and <u>Other Satellite Orbits</u>

1. Members shall endeavor to limit the number of frequencies and the spectrum used to the minimum essential to provide in a satisfactory manner the necessary services. To that end, they shall endeavour to apply the latest technical advances as soon as possible.
2. In using frequency bands for radio services, Member States shall bear in mind that radio frequencies and <u>any associated orbits, including the geostationary-satellite orbit</u>, are limited natural resources and that they must be used <u>rationally</u>, efficiently and economically, in conformity with the provisions of the Radio Regulations, so that countries or groups of countries may have equitable access to those orbits and frequencies, taking into account the special needs of the developing countries and the geographical situation of particular countries. (필자 밑줄)

3.4 우주 통신과 방송 관련 ITU 규율 내용

ITU의 문서 중 가장 우위에 있는 것은 헌장(Constitution)이고 그 다음에 협약(Convention), 행정규정(Administrative Regulations: AR)인 RR과 국제통신규정[36](International Telecommunications Regulations: ITR), 결의(Resolutions), 그리고 권고(Recommendations) 순서이다. 전권회의나 WRC가 개최될 때 ITU 사무국과 회원국들 간의 그간 연구와 협의결과를 의제로 상정하여 통상 RR을 개정하지만 동 RR에 반영시키기에는 기술적 또는 국가 간의 의견 합치에 달하지 못한 단계에 있는 내용은 결의나 권고로 채택한 후 내용이 성숙하여 확고한 지위를 부여하여야 할 경우 차기 회의 시 RR로 반영시키는 절차를 취한다. 1982년 Nairobi 전권회의에서 채택된 ITU 협약 시까지 AR을 협약의 단순한 보충 또는 부속으로 간주하면서 국가에 따라 이에 부여하는 법적지위를 달리하기도 하였으나 1989년 Nice 전권회의에서 헌장을 채택하면서 AR을 구속력 있는 국제문서로 정의하였다는 것은 앞서 설명한 바와 같다.

오늘날 통신이 무한한 부가 가치를 창출하고 첨단 산업의 중추를 담당하는 관계상 통신의 이용에 관련하여 국제적으로 표준을 정하며 주파수 대역 및 지구정지궤도의 자리 배분 등을 담당하는 ITU의 업무가 매우 중시되고 있다. ITU가 모든 주파수 대역과 지구 정지궤도를 각국에 배분하는 것이 아니나 주파수의 상호 혼신을 방지하는 차원에서 모든 주파수 사용에 있어서 ITU 회원국들의 협의의 장을 마련하고 회원국들이 합의한 내용을 원활이 이행하도록 하는 사무국 역할을 하며 회원국들 간의

---

36) 원래 전보와 전화를 별도로 규정하였으나 호주 멜버른 개최 세계전보전신주관청 회의에서 양자를 하나로 일원화하였음.

분쟁 발생 시 주파수 선 등록과 조정 절차를 중시하면서 해결하고자 노력한다.

그런데 앞서 본 ITU 헌장과 협약의 내용대로 지구정지궤도와 주파수 대역은 유한한 자연자원이기 때문에 우주 산업에 뒤진 다수 개도국들이 향후 사용하고자 할 경우 이미 다른 나라들이 모두 사용한 결과 남아있는 자원이 없을 수 있다는 우려가 제기되었다. 따라서 국제사회는 나라마다 통신과 방송을 위하여 적어도 하나씩의 지구정지궤도위성의 자리와 이에 필요한 주파수를 미리 배분받는 것이 필요하다는 인식하에 1977년부터 이에 관한 회의를 시작하여 1988년 마무리 하였는바, 그 내용을 다음과 같이 설명한다.

각국이 WARC에서 결정한 주파수 분배계획에 따라 자국의 방송위성용으로 주파수를 사용할 경우에는 이를 IFRB에 사전 통고하여야 하였다. IFRB는 통고내용이 여러 WARC에서 결정하여 RR에 반영시킨 방송위성 주파수 분배계획에 따른 것인지 여부를 검사한 후 등재원부(Master International Frequency Register: MIFR)에 기재하였다. IFRB가 통고를 접수한 날짜와 통고를 한 주관청의 이름 등을 등재원부에 기재하였음은 물론이다.

그런데 당시까지 등록 일자가 중시된 것은 first come, first served에 근거하여 사실상 우선권을 부여하기 위한 것이었기 때문인데 1977년 회의에서 결정한 계획(plan)은 이러한 기존 원칙에 큰 변화를 가하였다. 이는 1977년 WARC-BS가 무선 주파수 대역의 공평한 사용원칙을 적용하였기 때문이다. 1977년 회의에서 채택된 최종의정서(Final Acts)도 다음과 같이 언급하고 있다.

> …무선 주파수 대역과 정지위성궤도의 최대 가능한 사용의 중요성과 동 주파수 대역이 할당되는 용도의 질서 있는 발전의 필요성을 유념하고; 대소를 막론하고 또한 동 회의에 참가하지 않은 국가들도 포함한 모든 국가의 평등권을 감안하여…

1988년 WARC ORB 제2차 회기에서 확정된 방송위성계획은 각 지역별로 주파수 대역의 일부를 할당한 후 각국이 방송위성통신용으로만 사용할 주파수를 다음 표와 같이 배분하였다.

〈표 13〉 방송위성통신용 주파수

	하향회선 (down link)	상향회선 (up link or feeder link)
제1지역	11.7-12.5GHz	17.3-18.1, 14.5-14.8GHz
제2지역	12.2-12.7GHz	17.3-17.8GHz
제3지역	11.7-12.2GHz	17.3-18.1, 14.5-14.8GHz

여기에서 한국은 방송위성용으로 동경 110도상의 지구정지궤도에서 주파수 채널 6개를 배분받았다. 위와 같은 방송위성계획은 제1지역과 3지역의 경우 1979.1.1.부터 최소 15년간 유효하고 제2지역의

경우 최소 1994.1.1까지 유효하나 차기 세계통신회의(World Radio Conference: WRC[37])에서 개정되지 않는 한 계속 유효하다.[38]

다른 주파수 대역을 다른 용도로 사용하는 것은 WARC가 용도(service)별로 지정은 하였지만 각국에 배분하는 것은 아니고 first come, first served 원칙을 기본으로, 희망하는 국가가 자유로이 사용하는 것에 변함이 없다.

1977년 WARC-BS에서 각국에 배분한 위성통신 방송계획은 중요한 선례를 남기는 것으로서 추후 WARC 업무에 큰 영향을 주었다. 1979년 제네바에서 개최된 WARC는 남북 대결의 양상을 보였는데, 이때의 ITU 회원국 수는 RR을 전반적으로 개정하였던 1959년의 WARC 당시에 비하여 70%가 증가한 것이었다. 그런데 그 사이 가입한 ITU 회원국은 새로이 독립한 개도국으로서 이들 국가는 '신 국제 경제질서'(new international economic order)와 '신 국제정보질서'(new international information order)를 주장하면서 무선 주파수 대와 정지궤도 같은 유한한 자연 자원에 대하여 국제적인 분배를 하여야 한다는 입장을 취하였다.

1979년 WARC에서는 ITU 역사상 처음으로 사용 목적에 따라 3,000KHz와 27,5000KHz 사이의 단파 (HF) 대역을 A, B, C의 3개 카테고리로 분류한 후 A를 B나 C보다 보호하는 조치를 취하였다.[39] 같은 맥락에서 RR의 N12조를 대폭 개정하여 단파 대역의 통보와 등록절차를 새로운 형태로 설정하였는바, 그 결과 고정통신용(fixed services) 단파 대역의 사용에 관한 한 first come, first served 규칙이 수정되어 개도국은 보다 많은 기회를 갖게 되었다.

이상과 같이 주파수 통보와 등록에 있어서 약간의 수정이 있었지만 우주통신용 주파수의 법적 지위가 변경된 것은 아니었다.[40] 1979년 WARC에서 우주용도의 무선 주파수를 공평하게 사용하자는 방안이 심층 토의되었으나 구체적인 결정이 있지는 않았다. 그러나 이 회의에서 몇 개의 결의문, 특히 1971년 WARC때 채택한 결의문인 Spa 2-1을 반복한 결의문 AY와 정지위성궤도와 우주용도의 주파수 대역을 모든 나라가 실제적으로 공평하게 사용하게 할 수 있도록 하기 위한 목적으로 WARC를 두 회기(sessions)에 걸쳐 개최하도록 하는 결의문 BP(결의문 3으로 변경됨)을 채택한 것은 의미가 크다.

그 결과 전술한 바대로 WARC ORB-85와 WARC ORB-88이 개최되어 1977년에 시작된 위성방송계획[41]을 완료하고 고정위성통신[42](Fixed Satellite Service: FSS)을 각국에 800MHz씩 배분하는 주파수 대역

---

37) 1992년 제네바 ITU전권회의에서 ITU 조직과 기능을 개편하면서 WARC는 WRC(World Radio Conference)로 명칭이 변경.

38) RR, Appendix 30, Art. 14.2.

39) The 1979 Final Acts, Art. N12, Nos. 4283A, 4298A.

40) The Final Acts, Nos. 3953A, 4100, 4179A, 4179B, 4118A, 4118B, 4118C, 4118D, 4599, 4616 참조.

41) RR의 Appendix 30A(orb-88)로 규정됨(The Final Acts of the WARC ORB-88 참조).

42) 고정위성통신은 위성을 사용하여 통상 지구국(earth station)간 무선 통신을 하는 형태를 갖추지만 특정한 경우 위성간 통신도 포함하며 여

과 지구정지궤도를 정하였는바, FSS용 주파수 대역은 다음과 같다.

<표 14> FSS용 주파수

	6/4 GHz 대역(300 MHz)	13/11 GHz 대역(500 MHz)
상향회선	6.725-7.025 GHz	12.75-13.25 GHz
하향회선	4.50-4.80 GHz	10.70-10.95 GHz 11.20-11.45 GHz

FSS의 배분계획은 1990.7.1부터 2010.6.30인 20년간 유효하다. 동 계획에 따라 한국이 배분받은 지구정지궤도의 위치는 동경 116.2도 ± 10도이다. 단, FSS 사용을 위하여 각 주관청 또는 국제기구가 필요한 조정 및 통보절차를 이미 시작한 경우 이를 기존 체제(existing system)라고 정의한 후 기존 체제를 20년간 보호하였다.[43] 상기 배분의 유효기간은 2010.6.30 만료되었지만 추후 WRC에서의 개정이 없는 한 계속 유효하다.[44]

위와 같은 ITU에서의 위성 통신 및 궤도 업무 내용의 발전을 간략 정리하여 보면 다음과 같다.

1959년 WARC: 우주통신 연구용 라디오 주파수 할당

1963년 EARC: 우주통신용 주파수 할당. 지상 통신과 같이 통보 및 등록 규정

1971년 WARC: ITU의 관할권을 우주통신으로 확장

　　　　　미래 수요도 대비한 주파수 대역 할당

　　　　　지구 정지궤도 사용 인공위성을 위한 특별 주파수 할당

　　　　　2개의 결의(Spa 2-1과 Spa 2-2) 채택

　　　　　Spa 2-1: 주파수 등록이 영구적인 우선권을 부여하는 것이 아님

　　　　　Spa 2-2: 무선 주관청 회의 통한 직접방송위성(DBS) 배분 계획 수립과 운영

1973년 ITU 전권회의:

　　　－ ITU 협약 개정 제33조 2항 신설

　　　－ 신설된 내용은 주파수와 지구정지궤도는 한정된 자연자원으로서 이를 효율적이고 경제적으로 사용하며 여러 국가들의 형평 접근을 보장하여야 한다는 것

1977년 WARC-BS(Broadcasting Satellite Service):

타 우주 무선 통신용 feeder link도 포함할 수 있음. 여기에서 feeder link는 지구국과 우주국(space station, 즉 통신위성)사이에 고정 위성통신이 아닌 우주무선통신용 정보를 전달하는 무선 연결(radio link)을 말함(이상 Final Acts of the WARC ORB-88, Article 1의 정의).

43) The Final Acts of the WARC ORB-88, Appendix 30B, Article 11.1.

44) RR, Appendix 30B, Article 11.2.

- 1과 3지역 국가의 방송위성계획(방송위성 GSO와 하향회선 채널 할당) 승인
- 1과 3지역의 방송위성계획은 1979.1.1.부터 최소 15년간 유효[45]하나 차후 개최 무선회의에서 수정되지 않는 한 계속 유효[46]
- 2지역 국가의 방송위성계획은 최소 1994.1.1.까지 유효하나 역시 차후 개최 무선회의가 수정하지 않는 한 계속 유효

1979년 WARC:
- 3 MHz와 27.5 MHz의 단파 대역에서의 고정통신(fixed services)용 사용에 관한 한 first come, first served 원칙을 수정하여 개도국에게 많은 기회를 부여
- 우주 용도의 무선주파수를 공평하게 사용하는 방안 논의
- 결의 BP(추후 No. 3으로 변경) 채택: 모든 국가에게 우주 통신을 위한 GSO와 주파수 보장을 위한 WARC-ORB 두 차례 회기(session) 개최 결정

1983년 R(regional)ARC 2:
- Region 2에 속하는 미주 국가의 방송위성 GSO와 상향회선(up link) 및 하향 회선(down link) 주파수 배분: 1994.1.1.까지 유효하고 차기 세계통신회의(World Radio Conference: WRC)에서 개정되지 않는 계속 유효.

1985년 WARC ORB 1st Session:
- 1983 RARC 결정 승인
- 1,3 지역의 방송위성계획상 상향회선 대역 할당
- FSS 주파수 대역 할당과 GSO 배분 논의

1988년 WARC ORB 2nd Session:
- 1,3 지역의 방송위성계획 상향회선 대역을 각국에 배분
- 각국의 FSS용 GSO와 사용 주파수를 배분
- FSS 배분은 2010.6.30까지 20년간 유효하나 추후 WRC의 개정이 없는 한 계속 유효

위와 같은 내용의 골격은 변하지 않은 채 일부 사항이 통신 기술과 시대적 수요에 부응하여 방송위성계획은 WRC-2000에서 개정[47]되고 고정통신위성계획은 WRC-2007에서 개정[48]되었다.

---

45) RR, Appendix 30, Article 14.1.
46) RR Appendix 30, Article 14.3.
47) RR, Appendix 30 & 30A.
48) RR, Appendix 30, 30A, 30B에 주로 반영됨.

방송위성계획에 이어 고정통신위성계획을 수립하여 각국의 주파수와 정지궤도 위치를 배분한 것은 획기적인 조치이다. 이는 1963년 EARC에서 시작된 개도국의 주장 및 우려를 반영하여 모든 나라가 기술 수준의 차이를 불문하고 한정된 세계의 우주통신 자연자원을 공평히 나누어 갖는 신경제질서를 성공적으로 실천하였다는 의미를 갖는다. 또한 WARC ORB는 한정된 우주통신자원을 세계 각국이 어떻게 사용할 수 있는지에 대한 방향을 제시한 것이다.

그러나 근본적으로 선진국과 후진국 간의 불평등이 해결되는 것은 아니다. 세계 각국이 고정통신용 정지궤도위치와 주파수를 배분받았지만 개도국 중 얼마나 많은 국가가 이러한 배분을 활용할 수 있을지 의문이다.[49] 방송위성통신용 주파수와 궤도가 모든 국가에 최소 하나씩 배분되었지만 이를 이용한 개도국은 몇 나라에 국한한 것 에서만 보아도 이를 알 수 있다. 또한 Jakhu 교수가 지적한 바대로 1988년의 WARC ORB가 개도국의 성공으로 보일지 모르나 내용을 분석할 경우 개도국이 원하였던 만큼의 결과를 가져온 것은 아니다. Jakhu 교수는 그 이유를 다음과 같이 제시하였다.[50]

첫째, 1988년에 채택된 계획은 17개 우주용도 통신 부분 중 하나에 불과하고 우주용도로 할당된 전체 주파수 대역 중 1%에 해당하는 부분임.

둘째, 배분계획상 정지궤도에서 각 주관청의 통신위성자리가 10도 내에서 이동할 수 있기 때문에 먼저 위성을 쏘아 올리는 주관청이 뒤늦게 쏘아 올리는 주관청보다 우선적으로 유리한 위치를 확보할 수 있으며 이는 한정된 범위 내에서 first come, first served가 적용되는 것임.

셋째, 각국에 대한 배분(national allotment)과 기존 체제(existing system)와의 관계가 불명확하기 때문에 우주통신에 뒤늦게 참여하여 자국 배분을 이용하려는 국가는 기존체제의 방해를 받을 수 있음.

넷째, 각국에 배분되지 않은 주파수 대역과 정지궤도 위치는 이를 사용하고자 하는 주관청이 1988년 WARC ORB에서 개정된 RR의 제11조에 따라 여타 이해 당사국과 쌍방 또는 다자간 협의 조정을 통하여 해결하도록 하였는데, 다자간 계획 협의(Multilateral Planning Meeting: MPM[51])에 의하여 배분되지 않은 우주통신자원을 사용하는 것은 first come, first served 원칙의 적용을 받는 것으로서 후발 개도국에 불리할 수밖에 없음.

다섯째, SPACE WARC(1985년과 1988년 두 회기에 걸쳐 개최된 WRC ORB-85와 WARC ORB-88)가 각국에 정확한 정지궤도 위치와 주파수를 배분하지 않았다는 사실은 많은 개도국이 현실

---

49) Oxford 대학의 Charles Okolie는 개도국 중 90%가 배분받은 고정통신계획을 활용하지 않을 것이라고 전망함(17 J. of Sp. Law, 1989, 53). 이러한 점을 감안하여 1988년 WARC ORB는 여러 국가가 공동으로 우주통신체제를 수립할 수 있도록 하는 sub-regional system을 인정하였음(RR의 Appendix B, Art. L, Section II).

50) McGill 대학(캐나다 몬트리올) 교수 Jakhu가 1989.4.7 미국 시카고에서 개최된 Annual Meeting of the American Society of International Law에서 언급한 내용(동년 발간 저널 AJIL p.49).

51) MPM 적용을 받는 주파수의 MPM 사용을 위한 협의 절차는 WARC ORB-88에서 채택한 결의문 COM6/3을 참조.

적으로 sub-regional system만을 활용하는 현상을 가져올 것이며, 그 결과 여타국, 즉, 선진국의 배분(allotment)과 배정(assignment)활동을 방치하는 것을 말하는 것임.

Jakhu는 연이어 개도국이 1988년 WARC에서 충분한 성과를 거두지 못한 원인으로 첫째, ITU 회의에 효과적으로 참여할 수 있는 기술적 그리고 경제적 자원이 없고, 둘째, 제3세계 중 활발한 우주정책을 추진하는 중국, 인도, 멕시코, 브라질 등의 이해관계가 여타 제3국가와 합치하지 않았기 때문에 개도국의 의견이 통합되지 않았고 리더가 없음을 내세웠다.

이상에서 언급한 개도국의 문제에도 불구하고 SPACE WARC는 개도국을 위하여서 이익이 된 결과를 가져왔다고 평가할 만하다. 왜냐하면 현실적으로 방송과 통신위성을 발사하고 소유할 능력이 없는 대다수 개도국으로서는 적어도 하나씩의 정지궤도 위치와 주파수를 확보한 셈이 되기 때문이다.

한정된 우주통신자원은 공평하게 뿐만 아니라 효율적이고 경제적, 그리고 합리적으로 사용되어야 한다는 것이 근본원칙[52]이기 때문에, 수적으로 많은 개도국이 우주통신에 직접 참여할 때까지 상당한 우주통신자원의 사용을 동결한다면 효율적이고 경제적인 사용에 반하는 것이다. 또한 개도국은 필요에 따라 장래에 개최될 세계통신회의(WRC)에서 SPACE WARC의 결정사항을 개정할 수 있는 수적 우위를 유지하고 있다는 점도 염두에 둘 때, 필자는 SPACE WARC의 결과가 개도국의 실패라고만 규정하는 데 동의하지 않는다. 이는 연후 개최된 WRC에서 개도국에 대한 계속적인 배려와 다수의 숫자를 점하고 있는 개도국의 발언권을 감안할 때도 그러하다.

3.5 우주용 통신 규율 내용의 개선

ITU는 위성전파자원을 크게 계획된 자원(Planned Resources)과 비계획된 자원(Non-Planned Resources)으로 분류하고 있다. 계획된 자원은 앞서 살펴본 바와 같이 각 국가별로 특정궤도와 특정 주파수 대역을 위성 통신 및 위성 방송용으로 분배하여 놓은 것으로 ITU 전파규칙(RR)에 명시되어 있다. 이 ITU 전파규칙은 세계통신회의(World Radiocommunication Conference: WRC. 과거에는 세계무선주관청회의를 뜻하는 WARC로 표기)를 통하여 제정되고 개정된다. 계획된 자원이 아닌 이외의 것은 모두 비계획된 자원이라 하며 first come, first served 원칙에 따라 위성전파자원을 이용하고자 하는 국가에서 ITU의 국제등록 절차에 따라 ITU에 등록하여 사용한다.

계획된 자원의 사용은 이미 국제적으로 위성망[53]간의 상호 혼신에 대한 영향을 분석하여 ITU에서

---

52) 1982 Nairobi ITU 협약 및 1989 Nice ITU 헌장 제33조 2항, 1998년 Minneapolis ITU 헌장 제44조 2항.

53) 위성과 위성망은 다른바, 위성은 하나의 단위 위성을 지칭하는데 비하여 위성망은 특정용도의 기능을 수행하기 위하여 하나의 위성, 하나의 위성 중 일부분으로 또는 복수의 위성으로 구성되기도 함.

배분한 것이므로 다른 나라 통신 주관청과의 조정과정이 없이 사용 개시일 등을 ITU에 통고한 후 사용하면 된다. 그러나 비계획된 자원은 사전 공표, 조정공표, 통고 및 등재의 절차를 통하여 위성망 국제등록이 이루어진다.[54] 그런데 한정된 위성전파자원을 최대한 확보코자 하는 이기심으로 여러 국가들이 문서상으로 존재하는 paper satellite[55]을 비계획된 자원으로 등록하는 경향이 있었는바, 이를 방지하여 실제로 운영할 위성 시스템에 대해 위성 궤도 및 주파수 분배를 원활히 하자는 방침이 결정되어 1997.11.22이후에 ITU 무선통신국(BR)에 접수된 모든 위성망은 사전공표자료 접수일로부터 5년(WRC-2003이후 7년)이내에 위성정보를 제출하여야 한다.

또한 서류상으로만 존재하는 위성망 등록신청의 억제와 ITU의 재정수입증대를 위하여 1998년 전권회의에서 위성망 등록 비용 회수에 관한 결의88을 채택하였다.[56]

이미 설명한 바대로 방송위성계획(Broadcasting Satellite Service Plan)은 1977년 제네바 개최 WARC-BS에서 작성하여 1985년과 1988년 각기 제네바 개최 WARC ORB-85와 WARC ORB-88에서 완성되었다. 이에 따라 국가별로 최소 1개 궤도 위치에서 제2지역(미주)은 최소 5개, 제3지역(아시아 및 오세아니아)은 최소 3개 채널(채널 대역 폭 27MHz)을 할당받았다. 그러나 1977년에 국가별로 할당한 방송위성 채널 규모로는 경제성 있는 위성 시스템을 구현하기 어렵고[57] 그 사이 발전한 위성기술을 감안할 때 채널을 추가로 할당할 필요성이 대두되어 1997년 세계통신회의(WRC-97)에서는 기존 WARC-77, WARC ORB-88에서 결정된 계획보다는 기술 수준을 약간 하향하여[58] 제1과 3지역 국가들에게 위성채널 추가 배정가능성을 검토하여 WRC-2000회의에 보고토록 결정하였다.[59] 동 결정에 따라 3년간 다섯 차례에 걸친 IRG(Inter-conference Representative Group) 회의와 네 차례에 걸친 GTE(Groups of Technical Experts) 회의를 통해 각국의 위성전문가 및 주관청 대표들의 의견을 모아 방송위성 채널증대가 가능하다는 ITU-BR 보고서가 2000년 세계통신회의(WRC-2000)에 제출되었다.

---

54) 2000-2004년 5년간 신규위성망의 공표현황을 보면 연 평균 1,800여 개이며 계획된 자원이 330개, 비계획된 자원이 약 1,500개임. 이는 각국이 위성 전파자원 확보를 위해 신청 경쟁을 하고 있음을 나타내는 것임. 2005.5.31 현재 정지궤도위성의 경우 한국을 비롯한 62개국에서 위성망의 국제등록을 추진 중에 있거나 국제등록을 완료하였고, 조정 자료의 경우 총 2,389개 위성망이 국제등록을 추진 중에 있는데 이중 미국이 가장 많은 611개 위성망을 차지하면서 25.6%의 점유율을 기록함(양왕렬, 위성망 국제등록 현황 및 동향, 전파진흥지 2005년 6월호 p.44).

55) 태평양의 조그마한 섬나라인 Tonga는 1990년 초까지 27개의 위성궤도 자리에 31개 위성망의 사전공표자료를 IFRB(International Frequency Registration Board로서 1992년 개편된 ITU 조직에서는 MIFR 즉 Master International Frequency Register)에 등록하였음. Diederiks-Verschoor, An Introduction to Space Law, 3rd Revised Ed., 2008, p.63.

56) 등록비용 납부대상은 1998.11.7이후 ITU에 접수된 위성망 공표자료로 하고 아마추어 위성과 국가별로 매년 1개 위성망은 등록내용을 면제토록 한 내용임. 또 RR은 위성망 등록비용을 납부하지 않은 위성망에 대하여 국제등록 신청내용을 삭제하는 것으로 규정하고 그 삭제 기준 발효일을 2003.8.1로 정하였음. ITU 이사회에서는 위성망의 비용 납부에 대한 규정인 결정 482를 매년 검토함.

57) 요즈음 제작하는 통신·방송 위성은 통상24개의 중계기를 이용하는 것으로 하여 궤도에 진입시키는바, 6개의 중계기만 이용하는 위성은 그만큼 경제성이 떨어짐.

58) 위성통신의 기술향상을 감안하여 기술수준을 하향하여도 품질에 문제가 없으면서 추가 채널을 확보할 수 있다는 판단 하에 하향시킨 바로서 ①수준은 위성송신 출력을 5d 감소, ②수신 안테나의 방사패턴을 개선 ③간섭 보호비를 하향조정 한 것이었음. 단, 무궁화 위성과 같이 이미 운용중인 방송위성망은 1977년 및 1988년에 채택된 기술 기준 및 제원을 변경 없이 사용함.

59) Resolution 532, WRC-07.

그 결과 WRC-2000에서 방송위성 업무용으로 분배된 주파수 대역을 고려하여 제1지역의 경우 국가별로 10개, 제3지역의 경우에는 국가별로 12개 채널을 할당[60]토록 한다는 것이었다.

WRC-12에서는 매번 의제로 논의되는 위성 주파수의 최대 활용 방안과 관련하여 지구정지궤도 상의 신규 위성 등록 시 조정대상이 되는 위성의 대상을 지금까지의 10도(4/6GHz 대역)와 9도(11/14GHz 대역)에서 각기 8도와 7도로 이격(위성간의 거리)을 축소하고 추가적으로 조정궤도의 이격 축소 및 간섭분석 검토를 위하여 WRC-15까지 논의를 계속하기로 하는 결정을 하였다.[61] 이는 새로운 위성을 발사하고자 하는 국가가 유해 간섭 대상으로 간주되는 기존 위성의 소유국가들과 협의하는 대상이 그만큼 줄어드는 것을 의미한다.

3.6. ITU와 우리나라의 위성 사업

우리 정부는 WRC-2000 회의 이전부터 현재 무궁화 위성이 운용 중인 동경 116도에 방송위성 채널을 추가로 할당받기 위하여 부단히 노력하였으나 라오스가 동일한 동경 116도 궤도에 방송위성망 구축을 위한 국제등록절차를 개시하여 추가할당이 한때 어렵게 되었다. 이후 라오스 정부가 방송위성망 서비스 지역을 변경함으로써 우리 정부가 동경 116도 궤도 위치에 6개 채널을 추가로 할당받을 수 있었다. 116도 궤도에서 추가로 할당받은 6개 채널은 2010년에 발사된 무궁화 위성 6호(또는 올레 1호)를 통하여 스카이라이프의 위성방송 서비스에 활용되고 있다. 지구정지궤도 방송 위성망과 관련하여 WRC-2000의 전술한 결정에 따라 현재 운용 중이지 않으나 조정이 완료된 위성망은 우선 보호한다는 원칙이 채택되었음을 우리 위성과 관련하여 설명한다. 우리 정부가 1991년에 국제등록을 신청한 동경 113도의 방송위성망(채널 6개)은 올레 1호기와의 궤도 간격이 3도이기 때문에 소형 안테나를 이용하여 수신토록 하는 방송 서비스는 기술적으로 어렵지만 통신용 또는 공동 수신용 방송위성 서비스 제공에는 문제가 없을 것으로 보이며, 통신위성 서비스 제공을 위한 궤도자원 확보가 매우 힘든 현실을 감안할 때 동경 113도에서의 주파수 자원 확보는 그 가치가 크다.

2007년 제네바 개최 세계무선통신회의(WRC-2007)에서는 고정통신 주파수와 관련하여 여러 가지 개정을 하였는데 그중 주목을 끄는 것은 차세대 이동통신(4G) 주파수 대역을 선정한 것이다.[62] 또 하나의 중요한 결정은 2.5-2.69 GHz 대역에서 제3세대(3G) 무선통신의 표준인 IMT-2000[63]을 보호하고 향후 발

---

60) 이에 따라 제3지역에 속한 한국은 6개 채널을 추가로 할당받았음.

61) WRC-12 의제 9.1.2 토의 결과.

62) 우리나라가 WIBRO 주파수 대역으로 사용하고 있는 2.3-2.4 GHz을 포함한 4개 대역이 전 세계 4G 주파수 공통대역으로 선정되었음. 이에 따라 우리나라의 WIBRO 세계진출과 WIBRO 진화기술의 4G 표준채택에 긍정적으로 작용할 것으로 보임.

63) International Mobile Telecommunications-2000(IMT-2000)은 ITU의 여러 권고에 의해 정의된 제3세대(3G) 무선 통신의 세계 표준을 지

사될 위성의 원활한 운용을 제공할 수 있도록 복합 방식(hybrid regime)을 채택함으로써 위성과 지상 업무 간 공유를 허용한 것이다. 즉, 혼신 방지 범위 내에서 주파수 사용 효율을 증가시켜 3G와 4G의 이동 위성용도 서비스를 활성화시키는 것이다.

우리나라 위성 보유현황(표 15)과 위성망의 등록과 관련된 내용(표 16)은 다음과 같다.

〈표 15〉 한국위성 보유 현황(2015년 11월 현재)

A. 정지궤도위성

위성명	무궁화 1호	무궁화 2호	무궁화 3호	한별위성	무궁화 5호	천리안	올레 1호
위성망명	KOREASAT-1	KOREASAT-2	KOREASAT-1 INFOSAT-C	SKDAB-2	KOREASAT-2 KOREASAT-113X KOREASAT-113E INFOSAT-B	COMS-128.2E	KOREASAT-1 INFOSAT-C
용도	통신·방송	통신	통신·방송	위성DMB	민/공공 통신	통신/해양/ 기상관측	통신·방송
사업자	KT	KT	KT	SKT	KT	KARI	KT
발사일	1995. 8. 5.	1996. 1. 14.	1999. 9. 5.	2004. 3. 13.	2006. 8. 22.	2010. 6. 27	2010. 12. 29.
궤도	동경 116°	동경 113°	동경 116°	동경 144°	동경 113°	동경128.2°	동경 116°
주파수대역	11/12/14GHz	11/12/14GHz	11/12/14/20/30GHz	2.6/12/13GHz	7/8/12/14/20/30GHz	1.6/2/18/30GHz	11/12/14GHz

※ 무궁화1호, 2호, 3호, 한별위성: 운용 종료. 단, 무궁화위성 3호는 KT가 2011년 해외에 매각하였으나 우주법상 배상책임은 한국에 귀속

B. 비정지궤도 과학연구 위성

위성명	우리별 1호	우리별 2호	우리별 3호	과학기술위성 1호	나로과학위성	과학기술위성 3호	CINEMA2호, 3호
위성망명	KITSAT-1	KITSAT-2	KITSAT-3	KAISTSAT-4	STSAT-2C	STSAT-3	KHUSAT-01
용도	과학기술 실험 (해상도: 400m)	과학기술 실험 (해상도: 200m)	과학기술 실험 (해상도: 13m)	과학기술 실험 (천문관측)	과학기술 실험 (우주환경 실측)	과학기술 실험	과학기술실험 (우주환경 실측)
사업자	KAIST	KAIST	KAIST	KAIST	KAIST	KARI	경희대학교
발사일	1992. 8. 11.	1993. 9. 26.	1999. 5. 26.	2003. 9. 27.	2013. 1. 30	2013. 11. 21	2013. 11. 21
주파수대역	145/435MHz	145/435MHz	148/401MHz 2/8GHz	148/401MHz 2/8GHz	2/8GHz	2/8GHz	435MHz, 2GHz

※ 우리별 1호, 2호, 3호, 과학기술위성 1호 운용 종료. 과학기술위성 2호는 2009년과 2010년 나로호에 탑재되었으나 두 차례의 나로호 발사 실패 후 세 번째 나로호 발사 시 나로과학위성으로 명칭이 변경되었으며 나로과학위성은 통신 두절로 2014년 운용 종료

칭함. IMT-2000은 지상과 위성의 네트워크의 다양한 연결체제를 마련하고, 디지털 이동통신과 고정 및 이동 통신과의 잠재 시너지 효과를 거양할 것으로 기대됨. WRC-2007에서는 기존의 3G, 즉 IMT-2000과 차세대 이동통신 4G를 IMT로 통일하고 2.5~2.69 GHz 대역을 IMT 추가 대역으로 지정하면서 3G 보호를 강조하는 결정을 하였음.

C. 비정지궤도 다목적실용위성

위성명	아리랑 1호	아리랑 2호	아리랑 3호	아리랑 5호	아리랑 3A호
위성망명	KOMPSAT-1	KOMPSAT-2	KOMPSAT-3	KOMPSAT-5	COMPSAT-3
용 도	관측·탐사 등 (해상도: 6.6m)	한반도 관측, 과학실험 (해상도: 1m)	재해재난감시 및 대응, 국토자원 관리 (해상도: 0.7m)	전천후 지구관측 (SAR) (해상도: 1m)	지구관측 (적외선 센서) (해상도: 0.55m)
사업자	KARI	KARI	KARI	KARI	KARI
발사일	1999. 12. 21.	2006. 7. 28.	2012. 5. 18	2013. 8. 22	2015. 3. 26
주파수 대 역	2/8 GHz	2/8 GHz	2/8 GHz	2/8 GHz	2/8GHz

※ 아리랑1호 운용 종료, 2호도 종료하였으나 부차적인 기능을 활용하는 중.

D. 발사 예정 위성

위성명	천리안 2A	무궁화 5A	무궁화 7	천리안 2B
위성망명	GEO-KOMPSAT-2A	KOREASAT-5A	KOREASAT-7	GEO-KOMPSAT-2B
용 도	기상, 해양, 환경 관측	통신·방송	통신·방송	기상, 해양, 환경 관측
사업자	KARI	KT	KT	KARI
발사예정일	2018년 예정	2017년 예정	2017년 예정	2019년 예정
주파수대				

3.7 ITU에 대한 위성의 주파수 등록 절차

전술한 바와 같이 전파 자원 중 계획된 자원은 이미 배분이 된 것이기 때문에 이를 배분받은 국가가 ITU에 통보하고 사용하면 되나 비계획 자원의 경우 first come, first served의 형식을 취하기 때문에 ITU가 투명한 등록 절차를 통하여 공정하게 관리를 하여야 한다.

비계획 자원의 국제 등록은 사전공표(advanced publication), 조정(coordination), 통고(notification) 및 등재(recording)로 나눌 수 있는데 각 단계별로 설명한다.

사전공표

사전공표는 위성망의 국제 등록 절차를 개시하는 상징적인 절차로서 위성망 또는 위성 시스템의 일반적인 정보를 모든 주관청에 통지하는 것이다. 주관청은 위성망의 운용 개시 예정일의 7년 전부터 늦어도 2년 전에 사전공표 자료를 ITU 전파통신국(ITU-BR)에 제출해야 한다.

<표 16> 국제등록 완료 또는 진행 중인 위성망(2013년 11월 현재)

기관별	위성망명	궤도 위치	비고
KT	INFOSAT-C	116E	올레 1호
	KOREASAT-1	116E	
	KOREASAT-2	113E	무궁화 5호
	KOREASAT-97K	97E	신규 방송 및 통신위성
	KOREASAT-113K	113E	
	KOREASAT-114.5K	114.5E	
	KOREASAT-116K	116E	
항공우주 연구원	KOMPSAT-3	비정지	아리랑 3호
	KOMPSAT-3A	비정지	아리랑 3A호
	KOMPSAT-5	비정지	아리랑 5호
	COMS-116.2E	116.2E	천리안
	COMS-128.2E	128.2E	천리안
한국과학기술원	STSAT-2C	비정지	나로과학위성
	STSAT-3	비정지	과학기술위성3호
미래창조과학부	KORBSAT-113E	113E	신규 방송위성
	KORBSAT-116E	116E	
	KORBSAT-128.2E	128.2E	
	HANSAT-113E	113E	신규 방송위성 및 이동통신
	HANSAT-116E	116E	
	HANSAT-128.2E	128.2E	
공공	KOREASAT-93E	93E	무궁화5호
	KOREASAT-97E	97E	
	KOREASAT-103.2E	103.2E	
	KOREASAT-103.2E-MT2	103.2E	신규 통신위성
	KOREASAT-113E	113E	
	KOREASAT-113X	113E	
	KOREASAT-116.0E	116E	
	INFOSAT-B	113E	
경희대학교	KHUSAT-01	비정지	CINEMA*

* Cube satellite for Ion, Neutral Electron and MAgnetometer로서 우주과학 연구용

　사전공표가 되어야 하는 사항으로는 신규 위성망, 신규 위성망의 정보에 대한 수정 사항이 있을 경우, 추가적인 주파수 대역의 사용, 위성망의 ±6° 이상 궤도 변경이 있는 경우가 있다.

　각 주관청이 ITU-BR에 제출해야 할 사전공표자료(Advanced Public Information: API)는 RR Appendix 4에 따라 위성망 명, 관련 주관청 명, 궤도 위치, 사용 주파수, 운용 개시일 등이 있다. 사전 공표 자료를 접수한 ITU-BR은 제출 정보를 확인한 후 미 제출 정보가 있을 경우 제출 주관청의 해명과 미제출 정보의 제출을 요청해야 한다. 그 결과 ITU-BR이 규정에 따라 완전한 정보를 접수한 후 등록 정보가

RR 규정에 일치하는지 여부를 확인하여 규정에 일치하면 3개월 이내에 IFIC (International Frequency Information Circular)의 특별란에 공표해야 하고 만약 기한을 준수할 수 없을 경우에는 이유와 함께 관계 주관청에 통보한다.

조정 절차가 필요한 위성망은 규정에 따라 ITU에 의해 사전 결정되며 조정 절차가 요구되지 않은 위성망의 사전공표는 RR 제9조의 Sub-section 1A에, Section II에 따른 조정 절차를 취하여야 하는 위성망의 사전공표는 RR 제9조의 section 1B에 기술되어 있다. 조정 절차가 요구되지 않은 위성망의 경우 규정에 따라 사전 공표된 위성망이 어떤 다른 국가의 기존 또는 계획된 위성망에 용인 불가능한 간섭이 야기될 가능성이 있는 경우 해당 통신 주관청은 IFIC 공표 후 4개월 이내에 예상되는 간섭의 세부 특성에 관한 정보를 공표 주관청에 통보하고 ITU-BR에도 제출해야 한다. 만약 4개월 이내에 어떠한 의견도 접수되지 않으면 사전 정보가 공표된 위성망에 대하여 관계 주관청의 이의가 없는 것으로 간주된다. 조정 절차가 요구되는 위성망의 경우 신규 위성망이 규정에 따라 IFIC에 공표된 후 어느 주관청이 자신의 기존 또는 계획된 위성망, 위성 시스템, 지상국(earth station)에 영향을 줄 것이라고 간주되면 그 주관청은 그러한 의견을 공표 주관청으로 통보하여 공표 주관청이 조정 절차를 개시할 때 고려할 수 있게 하고 그 의견서를 ITU-BR에도 제출해야 한다. 그러나 이 사전 공표단계에서 이루어지는 이의 제기(조정 요구) 과정은 의무조항이 아닌 공지(정보교환)의 개념이므로 실질적인 이의 제기(조정 요구)는 다음 단계인 조정 공표 단계에서 시행된다.

조정 공표

조정 공표 자료는 사전 공표 자료(API)의 접수일로부터 6개월 후 24개월 이내에 ITU-BR에 제출해야 하며, ITU에의 조정 공표 자료 접수일은 위성망 보호의 우선순위 결정에 중요한 자료가 된다. 이러한 조정 공표 자료는 RR Appendix 4의 규정에 따라서 위성망으로서의 상세 정보를 포함하게 된다. 조정 자료 공표 시 포함되어야 할 주요 내용으로는 신규 위성망의 상세 제원, RR규정의 위배여부(주파수 분배표상 분배 업무의 일치성, PFD(Power Flux Density)의 초과 등), 조정 대상 국가 명 등이 있다.

규정에 따라 완벽한 조정 공표 자료를 접수한 ITU-BR은 조정 공표 자료가 주파수 분배표 및 관련 RR규정에 적합한지 확인하고 조정을 실행할 필요가 있는 상대 주관청을 식별해야 한다. 조정의 실행에 있어서 조정이 요구되고 조정이 필요한 주파수 할당은 RR Appendix 5에 의해서 식별된다. 이러한 조치가 끝나면 ITU-BR은 완전한 조정 자료와 심사 결과를 조정 공표 자료 접수 후 4개월 이내에 IFIC에 공표해야 한다.

조정 절차

조정 대상 위성망의 선정은 RR Appendix 5의 규정에 따라 위성망의 궤도 위치, 서비스 범위 및 주파수의 중첩여부로 결정한다. 조정 대상이 되는 국가 우선순위로서 서비스에서 중첩되는 위성을 운용 중인 국가, 인접 궤도에서 실제 위성을 운용 중인 국가, 인접궤도에서 위성발사를 추진 중인 국가, 인접궤도에서 위성망 등록을 추진 중인 국가, 궤도가 인접한 기타 위성망 등이 있다.

규정에 따라 조정 요구 정보가 공표된 IFIC를 접수한 후에 그 조정 요구내용에 포함되어야 하는데 누락된 내용이 있다고 판단하는 주관청은 IFIC 공표 후 4개월 이내에 조정 요구 주관청에 알려주어야 한다. 또한 조정 요구 주관청이 보기에 어떤 주관청이 RR 9.7(GSOsystem/GSOsystem), 9.7A(GSO earth station/non-GSO system), 9.7B(non-GSO system/GSO earth station)의 규정을 적용받아 조정 대상임에도 불구하고 그 주관청이 조정 요구 대상에 포함되지 않았을 경우에도 4개월 이내에 그 주관청에게 조정 정보를 요구할 수 있다. 추가적인 이의 제기 시 항상 기술적인 이유를 제시해야 하며 이러한 위성망 간 이의 제기를 과거에는 ITU-BR에 의무적으로 고지해야 했으나 WRC-2000회의 이후에는 선택사항으로 변경하고 ITU-BR이 의무 조정대상을 자동으로 확정함으로써 위성망 등록 절차를 더욱 편리하게 하였다.

ITU-BR은 Appendix 5의 규정에 근거하여 이러한 이의 제기를 검토하고 그 결과를 쌍방의 주관청에 통보해야 하며 조정 실행 대상에 포함시키거나 포함시키지 않을 경우 IFIC에 추가 공표해야 한다. 추가 공표 역시 의무 사항은 아니다. 조정형식에 따라 RR 9.11에서 9.21의 규정에 의거해 조정대상으로 선정된 국가들이 4개월 이내에 조정 대상 위성망 선정에 대한 이의 제기가 없을 경우 등록 위성망의 운용에 동의한 것으로 간주되며 향후 이 위성망에 어떠한 간섭을 줄 수 없으며 이 위성망으로 인한 간섭에 어떠한 항의도 할 수 없다.

위성망 등록을 추진 중인 조정 요구 주관청은 조정 대상으로 식별된 주관청에 Appendix 4에 열거된 정보를 첨부하여 조정 대상 주관청에 조정 요구서를 발송해야 한다. 조정 요구서를 접수한 주관청은 접수일로부터 30일 이내에 수취 확인 통보를 조정 요구 주관청에 발송해야 한다. 만약 조정 요구 주관청이 30일 이내에 수취 확인 통보를 받지 못한 경우에 재요청 전보를 조정 대상 주관청에 발송할 수 있다. 두 번째 전보의 발송일로부터 15일 이내에 수취 확인 통보를 받지 못할 경우 ITU-BR에 협조를 요청할 수 있으며 ITU-BR은 응답을 태만히 한 주관청에 즉시 수취 확인 통보를 요청해야 한다. ITU-BR이 수취 확인 요청을 한 후 30일 이내에 수취 확인 통보가 발송되지 않은 경우 조정 대상 주관청은 앞으로 조정 요청된 위성망의 주파수 할당으로부터 어떠한 유해 간섭이 발생하더라도 이의를 제기할 수 없으며 그 위성망의 주파수 할당으로 어떠한 유해 간섭을 줄 수도 없다.

한편 조정 요구서를 접수한 주관청은 수취 확인 통보를 한 후 즉시 Appendix 5의 규정에 따라 간섭 영향을 평가해야 한다. 간섭 영향 평가 후 각 주관청은 IFIC 공표일로부터 4개월 이내에 조정 요구 주관청과 ITU-BR에게 자신의 동의를 통보해야 한다. 동의하지 않을 경우 그 근거가 되는 자신의 할당에 관한 정보를 제공해야 한다. 또한 그 문제의 원활한 해결을 위하여 가능한 대안을 제시해야 하며 대안의 사본 1부를 ITU-BR에도 제출해야 한다. RR 9.14의 규정에 따르는 한 어느 주관청의 조정 요구와 관련하여 ITU의 도움이 필요한 주관청은 IFIC 공표 후 4개월 이내에 공표된 위성망에 의하여 영향 받을 가능성이 있는 기존의 또는 계획된 지상국을 보유하고 있다는 사실을 ITU-BR에 통보하고 Appendix 5의 기준을 적용함으로써 조정할 필요성이 있는지 여부를 결정하여 줄 것을 요청할 수 있다. ITU-BR은 조정 요구 주관청에게 이러한 도움 요청 사실을 통보하고 분석 결과를 제공할 수 있는 일자를 제시해야 한다. 분석이 완료되면 ITU-BR은 그 결과를 쌍방의 주관청에 통보해야 한다. 조정의 필요성 여부에 관한 분석 결과가 나올 때까지 도움 요청은 도움을 요청한 주관청의 일종의 부 동의 표시로 간주된다. 모든 주관청은 조정상의 문제와 이견의 해소를 위하여 필요에 따라 우편, 통신 또는 회의 등의 모든 적절한 수단을 활용할 수 있으며 이러한 노력의 결과는 ITU-BR에 전달되어야 하며 ITU-BR은 그것을 적절히 IFIC에 공표해야 한다.

조정 대상 주관청은 물론 조정 요구 주관청은 그 조정에 대해 합의에 도달하기 위해 각각 자신의 위성망의 공표된 특성을 변경한 경우에는 모든 변경 사항을 ITU-BR에 통보해야 한다. 조정을 위한 합의 과정 중에 각 주관청에서 용인 가능한 간섭의 정도에 관한 의견의 불일치가 있는 경우에는 어느 일방의 주관청이 ITU-BR의 도움을 요청할 수 있으며 ITU-BR이 이 문제를 효과적으로 해결할 수 있도록 정보를 제공해야 한다. 부 동의 또는 의견의 불일치가 해소되지 아니하고 계속되는 경우와 관계 주관청 중 어느 일방이 ITU-BR의 도움을 요청한 경우에는 ITU-BR은 문제가 되는 간섭을 평가 분석하는데 필요한 모든 정보를 탐색해야 하며 분석 결과를 통보해야 한다. 결과가 관련 주관청으로 통보된 후에도 부 동의 또는 의견의 불일치가 해결되지 않을 경우 조정 요구 주관청은 주파수 배정의 통고서 제출을 IFIC 발행일로부터 6개월간 연기해야 한다. 6개월 경과 후에도 문제 해결이 안 되어 미해결 상태로 주파수 배정의 통고가 접수된 경우에 ITU-BR은 주파수 배정 통고에 관한 규정에 따라 미해결 통보자료를 유해 간섭 기술 권고에 따라 심사하고 그 결과를 IFIC에 공표한다.

만약 어떤 주관청이 규정에 따라 조정 요구를 받고도 태만하여 4개월 이내에 조정 요구에 응답하지 않거나 관련 규정에 의해 부 동의 의사를 통보한 후에 그 부 동의의 근거가 되는 자신의 배정에 관한 정보를 제공하지 않은 경우 조정 요구 주관청은 ITU-BR의 도움을 요청할 수 있다. ITU-BR은 즉시 관계 주관청에게 조정요구에 대해 신속한 응답을 할 것을 통보해야 한다. 이러한 통보 후에도 30일 이내에 조정 요구에 대한 응답을 하지 않은 관계 주관청은 앞으로 조정 요청된 위성망의 주파수 배정으로부터 어떠한 유해 간섭이 발생하더라도 이의를 제기 할 수 없으며 그 위성망의 주파수 배정에 어떠한 유해 간섭을 줄 수도 없다.

통고 및 등재

통고는 조정 절차를 수행한 후에 행하는 것으로 주파수 할당의 사용이 타 주관청의 어떤 업무에 유해 간섭을 야기할 가능성이 있고, 위성망이 국제적 서비스 지역을 갖는 경우, Appendix 9의 조정 절차 대상이 되는데 국제적인 인정절차가 요망되는 경우에 운용 예정일 3년 전부터 3개월 전까지 통고를 해야 한다. 통고를 접수한 ITU-BR은 Appendix 4의 규정에 따라 통고 정보가 완벽하게 작성되었는지 확인하고 주파수 분배표 및 관련 규정의 준수 여부, 다른 주관청과 조정 절차의 준수 여부, 다른 주파수 배정으로의 유해한 간섭 여부 등의 기술적인 심사를 해야 한다. 또한 심사는 통고서의 접수 일자를 기준으로 시행되며 통고서 접수 후 ITU-BR은 이를 IFIC에 2개월 이내에 공표해야 하나 각국의 경쟁적 조정자료 및 통고자료 등재로 인해 2011년 현재 약 1년 이상 공표가 지연되고 있다. 통고서에 대한 심사가 성공적으로 끝날 경우 ITU-BR은 해당 주파수 배정을 국제 주파수 등록 원부에 등재한다. 등록 원부에 등재된 어떤 우주국(space station)에 배정된 주파수의 사용이 중단되는 경우에는 해당 주관청은 신속히 사용이 중단된 일자와 그 배정이 정상적으로 다시 사용 개시될 일자를 ITU-BR로 통보해야 하며 그 사용중단 기간은 2년을 넘을 수 없다. 그 이상이 되는 경우 통고정보가 주파수 등록 원부(Master International Frequency Register: MIFR)로부터 삭제된다.

성실 이행 절차

성실 이행 절차는 실질적인 위성 시스템을 체계적으로 관리하고 paper satellite을 방지하기 위해서 도입되었다. 통고 주관청은 결의 제49조에 따라 계획된 주파수 대역을 변경하여 운용(궤도, 채널 또는 서비스 지역을 추가/확대할 경우)하고자 하는 경우 및 ITU-BR이 공표한 모든 자기 위성망에 대해서 성실 이행 절차를 적용해야 한다. 이러한 성실 이행 절차를 위해 위성 운용 사업자는 위성 시스템의 일반적인 정보, 위성 제작 정보(제작사 명, 계약 발효일, 구매 위성 수) 및 위성 발사 정보(발사 회사 명, 계약 발효일, 발사 예정일, 발사체 명, 발사 장소)를 포함하는 성실 이행 절차서(Due Diligence Information: DDI)를 제출해야 한다. DDI 제출기한은 사전 공표 자료(API) 접수일로부터 7년 이내이다.

성실 이행 절차서의 제출 기한 6개월 전에 ITU-BR은 관계 주관청에 이행 절차서의 제출 요구를 해야 하며 기한 내에 성실 이행 절차서를 제출하지 않은 위성망은 국제 등록 절차를 더 이상 수행할 수 없으며 국제 주파수 등록 원부에 등재될 수 없다.

위성망 운용 일자

주관청은 위성시스템을 이용하는 어떠한 위성망 주파수 자원을 사용하고자 할 경우 해당 사전공표 자료를 접수한 일자로부터 7년 안에 위성망 운용일자를 ITU-BR에 통보하여야 한다. ITU-BR은 7년 기한 내에 운용개시가 통보되지 않은 모든 위성망 공표자료는 해당 주관청에 7년이 되는 일자로부터 3개월 전에 미운용사실을 확인한 후 주파수등록원부에서 곧바로 삭제한다.

위성망 등록 비용

1998년 ITU 전권회의 시 결의 91로 채택된 등록 비용에 대한 기본 원칙에 따라 위성망 등록 비용 납부제도가 확립되었으며 WRC-2000 회의에서는 이 제도의 시행을 위한 개정 작업을 고려하도록 결의하였다. WRC-2007에서는 RR 9조의 주석(footnote)으로 9.38.1을 채택하여 등록 비용의 지불 만기가 되는 시점에서 2개월 전 ITU-BR이 미납 주관청에 납부 환기를 한 후 그래도 미납일 경우 공표된 내용은 더 이상 검토를 하지 않고 취소한다. 위성망 등록 비용은 행정적 이행 절차와 마찬가지로 paper 위성의 방지를 위한 목적으로 그 비용을 주관청이나 주관청이 지정한 사업자에게 부과하는 것이다. 위성망 등록비용은 1998년 11월 7일 이후에 ITU-BR에 접수된 위성망에 부과하며 1998년 11월 7일 이전에 접수된 위성망은 비용 부과는 하지 않으나 11월 7일 이후에 변경서를 제출할 경우 누적 변경서 분량이 기본 페이지 수를 3배 초과할 시에 초과분에 대한 비용을 부담하도록 하였다. 한편 국가당 연간 1개 및 아마추어 위성망은 비용 부과를 면제하도록 하였으며, 만약 위성망 조정이나 등록 비용의 미납 시에는 RR 규정에 해당 위성망의 등록 취소 조항을 삽입 하는 것으로 RR 규정을 개정하였다. 현재의 등록 비용은 570에서 57,000 스위스 프랑까지이다.

위성망 등록 형식

위성망 등록 시 서류는 전자 서류 형태로만 제출해야 한다. ITU Space Cap 소프트웨어를 이용해서 등록해야 하고 안테나 패턴 그래픽 자료는 ITU GIMS (Graphic Interface Management System)을 이용하여 제출해야만 한다. 단, 개발도상국을 고려하여 안테나 패턴 그래픽 자료의 경우에는 문서로 등록자료 제출을 허용한다. 그러나 2012.1.23-2.17 제네바 개최 WRC-12회의에서 개도국에 대한 문서 등록 예외를 제거하여 모든 회원국이 모든 위성 등록 관련 서류를 전자서류로만 제출토록 하였다.

위와 같은 위성망 국제 등록절차에는 몇 가지 문제점이 있다.

통고 및 등재단계에서 조정 대상 위성망과의 조정이 미완료된 위성망의 경우 잠정적인 등재를 통해 위성망 운용을 개시하게 된다. 그러나 잠정적으로 등재된 위성망의 실제운용으로 인해 보호대상 (조정 미완료된) 위성망에 유해 혼신이 발생하는 경우 현행 전파규칙 규정상 즉시 유해 혼신을 제거하도록 규정하고 있으나 유해 혼신이 제거되지 않을 경우에 대해 구체적인 조치가 규정되어 있지 않다. 이에 대해 다음과 같은 두 가지 조치 방안이 제안되어 논의되었다.

① RR 제15조에 따른 혼신 해결 절차를 통해 유해 혼신을 제거하는 방안

② RR 제11조(No.11.42)규정을 준용하여 잠정적으로 등재된 위성망 전송 제원을 삭제하는 방안

첫 번째 방안의 경우, 활발하게 위성망을 운용 중인 미국, 유럽 등이 지지하는 방안으로 수천억 원의 비용이 소요되는 위성망의 국제등록 삭제행위는 매우 신중하게 처리되어야 한다는 입장이며, 비교적 위성망을 거의 운용하지 않는 이란 등은 전파규칙의 선점원칙에 맞게 유해 혼신을 일으키는 위성망의 국제등록은 즉시 삭제되어야 한다는 입장이다.

우리나라, 일본, 중국 위성망의 경우, 서비스 지역이 지리적으로 인접하여 상호 유해혼신 발생 가능성이 매우 높아 혼신조정 협상이 매우 어렵게 진행되기 때문에 모든 조정대상 위성망과 조정을 완료한 후에 운용하는 것은 매우 어려운 문제가 있어, 위성을 실제 운용하면서 계속적인 조정협의를 진행하는 관행을 취하고 있다.

이와 같은 문제에 대한 개선방안은 다음 사실도 감안하여 WRC-12에서 논의되었지만 paper satellite 처리를 간단하게 하여 ITU-BR의 업무 부담을 줄이면서 다른 의미 있는 업무에 집중토록 하고 유해 간섭 발생 시 ITU-BR이 더 큰 권한을 가지고 처리하는 것으로 합의된 이외로 진전사항은 없었다. WRC-12는 또 지금까지 유해 간섭 발생 시 상시 근무가 아니고 연 4회 회합하면서 RRB 업무를 하는 12명의 위원들이 조정하는 것은 효율성과 전문성이 떨어진다는 문제점이 있다는 것을 받아들여 ITU-BR이 처리하는 것으로 관련규정을 변경하였다.

지금까지의 위성등록절차와 관련하여 주요 이슈를 다음 3개로 정리하여 본다.

첫째, 현행 RR상 사전공표와 조정공표 서류의 순차적인 ITU 접수 시 6개월의 유예기간이 있다. 이러한 6개월 유예기간의 취지는 사전공표 후 간섭영향이 예상되는 국가가 해당 위성망의 운용예정 국가에 이의를 제기하는 문서를 송부토록 하여 해당 국가가 조정 자료를 제출하기 전까지 최종 궤도 및 주파수를 고려할 수 있도록 하는 데 그 장점이 있다고 하겠다. 더불어 이러한 조정자료 제출 시 초기 궤도에서 ±6도 이내 궤도 변경이 허용 가능하게 융통성을 주는 것도 같은 맥락의 취지라고 할 수 있을 것이다. CITEL(Inter-American Telecommunication Commission)은 사전공표단계의 자료가 이의제기를 위한 간섭분석에는 정보가 너무 부족하므로 결국 6개월 기간은 해당 회원국이 조정을 진행함에 있어서 오히려 장애가 되므로 6개월 유예기간 폐지의 당위성을 설명하고 WRC-07 회의에서 해당 법규를 개정할 것을 주장하였다.

6개월 삭제를 주장하는 논지의 일부는 어느 정도 타당성이 있어 보이나, 만일 6개월을 삭제하여 사

전자료와 조정 자료를 모두 동시에 ITU에 접수시킨다면, 나중에 야기될 수정된 조정자료 제출이나 수반된 비용 등 심도 있게 검토하여야 할 부분이 많다. 한 가지 주목해야 할 점은 조정자료(coordination information)가 ITU에 접수된 순서에 따라 위성보호의 우선권이 결정되기 때문에 6개월의 유예기간이 없어지면 어느 나라를 막론하고 그러한 우선권을 확보하기 위해서 다른 면에서 발생될 수 있는 약간의 불이익을 감수하더라도 사전자료와 조정 자료를 동시에 제출할 수 있는 가능성이 크다는 것이다.

우리나라는 이러한 현행 6개월의 유예기간이 최종 시스템이 사용할 궤도와 주파수에 대한 결정에 효용성이 크다고 판단하고 6개월 삭제 시 사전공표자료와 조정공표자료를 동시 접수 가능하게 되어 위성선진국들이 궤도를 선점할 가능성이 있다는 우려하에 WRC-07 회의에서 현행 규정의 유지를 적극 지지하였다. 이와 관련하여 우리나라 대표단은 의견을 달리하는 주요 ITU 회원국들에 대한 설득 작업을 통해 WRC-07 회의에서 현행유지안이 최종적으로 채택되도록 하는데 기여하였다.

둘째, 비정지궤도 위성시스템의 국제등록 절차는 사전공표와 통고단계 등 2단계로 구성되어, 통고 자료 제출 시까지 해당 시스템의 상세한 전송 제원 입수는 해당 주관청의 협조가 없을 경우 거의 불가능하도록 되어 있다. 이로 인해 비정지궤도 위성망 간섭으로부터의 보호가 요구되는 정지궤도 위성 망과의 간섭계산이 매우 어려운 실정이어서 이를 보완하고자 비정지궤도 위성시스템의 사전공표자료 양식을 개정하였다. WRC-97 회의의 결정을 통해 비정지궤도 위성망의 등록자료는 정지궤도 위성망과 간섭분석에 필요한 기술적 정보(안테나 최대 입력전력 등)를 사전공표자료에 기재하여 ITU에 제출하도록 의무화하도록 하였기 때문에 향후 비정지 및 정지궤도 위성망 간 간섭분석이 용이할 것으로 판단된다.

셋째, 각국은 한정된 위성궤도 및 주파수 자원의 희귀성과 중요성을 인식하여 불필요하게 많은 수의 우주궤도 자원을 확보하려고 한다. 이른바 paper satellite가 양산되어 진정 궤도자원을 필요로 하는 국가가 위성 서비스를 이용하는 데에 있어서 필요한 혼신조정 절차 등으로 많은 시간, 기술과 인력이 요구된다는 것이다. 이를 해결하기 위하여 WRC-07에서 궤도신청 성실이행(due diligence)제도를 신설하였고 궤도에 관한 권리의 유효기간을 9년에서 7년으로 단축하는 내용으로 국제등록에 관한 RR을 개정 하는 한편, 1998년 말부터 위성망 등록 신청 시 이에 필요한 비용을 부담하는 규정이 신설되었다.

제6장

인공위성의 실용적 및 상업적 이용과 적용 규범

2015. 8.31 현재 1,305기의 인공위성이 운용 중이다. 이 중 37%에 해당하는 481기가 3만 6천km 상공의 지구정지궤도 상에 위치하고, 타원형 궤도(Elliptical)를 도는 41기를 제외한 나머지 위성은 2,000km 이하 지구 저궤도(696기)와 지구 중궤도(87기)를 돌고 있다.[1] 또 저궤도 위성을 포함하여 550여 개의 위성이 어떤 형태로든 통신·방송용으로 사용된다. 나머지도 대부분 지구를 관측하는 안보·상업·과학위성으로서 궤도에서 지구를 회전하면서 군사적 또는 평화적 목적으로 우리 실생활과 연구에 필요한 정보와 서비스를 제공하고 있다.

지구정지궤도에 위치한 위성은 통신과 방송용도로 주로 이용되고 비정지궤도의 위성은 조난 및 안전, 무선항행(RNSS), 지구탐사, 항공, 해상, 우주연구, 아마추어용 등으로 사용된다. 방송용 인공위성은 방송프로그램을 인공위성으로 보내주는 up-link와 이를 받아 인공위성에서 시청자에게 내려 보내주는 down-link로 주파수 대역이 나누어지는데 이는 일반 고정통신용도나 이동통신용도에서도 마찬가지이다. 방송인공위성에서는 up-link 대신 feeder-link라는 표현을 많이 사용한다.

주파수는 고정위성용도(FSS), 방송위성용도(BSS), 이동위성용도(MSS), 지구탐사위성용도(EESS)용 등으로 할당(allocate)되고, 구역(제1, 2, 3지역)별로 또 국가별로 분배(allot)된 후 국가 내에서 통신당국이 특정 용도별로 배정(assign)한다.[2]

방송위성용으로 할당(allocate)되고 분배(allot)된 주파수대역이 반드시 방송용으로만 사용되는 것이 아니고 필요에 따라 통신용으로 사용될 수 있는데[3] 이는 양자 모두 주파수라는 동일한 자원에 의존하는 것이기 때문에 호환이 가능한 것이다.

주파수가 생명인 인공위성은 군사적으로는 도청, 적국 동향 파악, 레이저 빔을 이용한 물체파괴 등을 할 수 있으며, 비군사적 목적으로는 국제전화와 국제화상회의 등의 통신 기본은 물론이고 지하 부

---

[1] 2015.12.17 방문 http://www.ucsusa.org/nuclear-weapons/space-weapons/satellite-database.html#.VIOFef2hflU. 동 Union of Concerned Scientists 웹사이트의 통계에 따르면 미국이 549기, 러시아가 131기, 중국이 142기의 인공위성을 보유하고 있으며, 미국의 위성 549기는 민용 21기, 상업용 250기, 정부용 126기 및 군용 152기로 구성됨.

[2] 한국방송통신위원회 한국전파진흥협회가 번역한 전파규칙(Radio Regulations)은 allot을 분배, allocate를 구역분배, assign을 할당이라고 표현하였음(방송통신위원회와 한국전파진흥협회 발간 RR Articles 전파규칙, Edition of 2008). 그러나 동 자료집 36쪽은 RR 제5조를 번역하면서 allocation도 할당, assignment도 할당으로 번역하는 혼선을 하고 있음.

[3] ITU RR, S5.492 참조.

존자원, 기상정보, 지형변경파악 등을 위한 원격 탐사용도, 국내외 위치파악과 목적지 안내를 받는 무선항행(위성항법장치)용도 등이 있는바 이를 차례로 살펴본다.[4]

1. 원격탐사

1.1 기술적 배경

우주기술이 등장하기 이전인 19세기 후반부에 이미 공중에서 지구를 탐사하기 시작하였다. 처음에 카메라를 장치한 기구(balloon)에 사람이 타고 탐사하였으나 20세기에 들어서면서 여러 형태의 항공기를 이용하고 사진술도 발달하여 공중에서 지구를 조사하는 기술은 급격히 향상하였다.[5]

제1차 세계대전 기간에 전술적 이점을 확보하려는 군대의 조사기술이 총동원 되었을 것은 당연하다. 양차 세계대전 중 단순한 공중 촬영은 감소하고 지도 제작 및 지질파악을 위한 새로운 기술이 개발되었다.

제2차 대전은 두 가지 점에서 원격탐사에 영향을 주었는바, 첫째는 공중 촬영의 집중적인 사용이 합법적이고 계속 개발할 가치가 있다는 인식을 한 것이었으며 두 번째는 군사용으로 개발한 로켓을 고도촬영에 사용한 것이다.

원격탐사는 공중에서 하든 또는 우주에서 하든지 간에 사진을 촬영한다는 점은 같으나 우주에서의 원격탐사는 공중촬영과는 두 가지 점에서 차이가 난다. 첫째, 공중촬영은 엄격한 의미에서 사람의 눈에 느껴지는 파장의 대역보다 조금 넓지만 전자장 대역의 지역에 한정된다. 또한 공중촬영은 아날로그(analog) 형태[6], 즉 사진인화나 투명성에 의존하기 때문에 양적 분석이 한정되어 있다는 것이다. 이것은 디지털(digital) 영상보다도 사진을 분석하는 것이 더 어렵다는 것을 말한다. 반대로 우주에서의 원격탐사는 갈수록 디지털화하기 때문에 컴퓨터에 의한 처리도 훨씬 쉽다.

우주기술의 등장은 지구 조사 기술에 신기원을 가져오는 것이다. 지구의 원격탐사는 우주 설치물로부터의 관측과 측정의 수단에 의하여 지구의 자연자원, 자연형상 및 모습, 그리고 지구 환경의 성격과

---

4) 위성용도를 군사용과 비군사용으로 엄격히 구분하기는 곤란함. 같은 위성 사진이 피촬영지역국가와 시대와 상황에 따라 군사용이 될 수도 있고 국가협력을 위한 평화적 용도가 될 수도 있음. 또한 오늘날에는 하나의 인공위성이 민·관·군용을 혼합한 용도로도 사용되고 있음.

5) 원격탐사의 역사에 관하여는 Fischer, History of Remote Sensing, in, Reeves, R.G., (ed.), Manual of Remote Sensing, (Church Falls, Va., 1975), pp. 27-50 참조.

6) 라디오나 TV수상기에서와 같이 기존 통신은 음성이나 영상에 해당하는 파장을 수신하는 애널로그 통신에 의존하였지만 오늘날의 통신은 회로나 전원을 on 시키든지 또는 off 시키는 두 가지 형태만의 신호를 배열하여 송신함으로써 잡음을 제거하고 정확성을 기할 수 있음. 동건 관련 설명은 Langley, G., Telecommunications Primer, 2nd ed., Pitman, (London, 1986), pp.97 - 101 참조.

조건을 특징짓는 데 사용되는 방법으로 정의되어 왔다.[7]

항공기가 원격탐사에 필수 불가결한 중요한 존재임에는 변함이 없으나 항공기가 공중에 장기 체재할 수 없으며 지구의 제한된 지역만을 커버하기 때문에 보다 넓은 지구 표면을 하나의 단위로 조감할 수 없다는 문제가 발생한다.[8]

기술적으로 말하면 원격탐사는 목표물로부터 일정한 거리에 떨어져 있는 감지기(sensor)를 이용하여 목표물을 관측하는 것이다.[9] 이 개념은 전자장대역에서의 서로 다른 방사(radiation)를 분석하여 낼 수 있는 자료의 취합에 의존한다. 지구 표면의 일부분인 목표물이 반사하여 내놓는 방사 상태를 원격탐사기기의 감지기로 측정하는 방법을 쓰는 원격탐사기술은 다음의 4가지 요소를 필요로 한다.

1) 방사원(radiation source)
2) 방사신호의 전달과정
3) 관측할 목표물
4) 감지기

간략히 말하여 원격탐사제도는 여러 대역에서의 전자장의 방사를 측정함으로써 지구표면의 물체나 상황을 눈으로 볼 수 있는 적외선과 마이크로웨이브 대역으로 확인하고 묘사하는 것이다. 그렇다고 눈에 보이지 않는 대역이 우주에서의 원격탐사에서 제외되는 것은 아니다. 사실 우주물체가 사용하는 감지기와 유사한 기술은 원래 저고도 및 고도 비행의 항공기가 사용하는 것으로 개발되었다. 우주로부터의 원격탐사의 주요 이점은 우주물체의 궤도위치에서 온다. 동 궤도의 위치가 지구정지궤도에 있는지 여부에 관련 없이 우주물체에서의 감지기의 조감범위는 엄청난 것이다. 예를 들어 미국의 탐사위성인 Landsat과 같은 극지궤도비행의 인공위성은 가로 세로 각기 200km의 지구표면을 커버할 수 있고 지구정지궤도위성은 언제라도 지구표면의 25%까지 커버할 수 있다. 이렇게 먼 거리에서 많은 범위의 면적을 조감할 수 있다는 것은 지구상의 큰 물건이나 형태의 상황을 알아볼 수 있다는 큰 이점이 된다. 예를 들어 지역적 지질 형상을 하나의 영상에 나타낸다면 이는 여러 영상을 모자이크하여 만들어낸 복합 영상보다 훨씬 알아보기 쉽고 지질형상을 특징별로 구분하기 쉽다. 복합 영상은 이미 각 영상의 촬영 시 태양의 각도가 다르고 촬영 시의 노출이 다르기 때문에 큰 범위구역을 동시에 촬영한 하나의 영상보다 정확할 리가 없다. 또 하나의 이점은 같은 장소나 형상을 시간 경과 순서별로 반복하여 봄으로써 일관된 변화의 모습을 알 수 있다는 것이다. 이는 눈, 식물분포, 또는 지구 대기의

---

7) UN Doc A/ AC.105/ 111 (1973), p.3.
8) Vlasic, Remote Sensing of the Earth by Satellites, in, Jasentuliyana, N. and Lee, R. K.,(eds), Manual on Space Law, Vol. 1, (New York, 1979), p.311.
9) UN Doc A/ AC. 105/ 312 (1983), p.4.

순환 등과 같이 시간에 의존하는 현상을 연구하는 데 매우 유용하다. 더구나 여사한 영상이 동일한 감지기를 이용하여 얻어지는 것이기 때문에 동일한 장소를 다른 시각에 비교한다거나 거의 동일한 시각에 여러 장소를 비교할 수 있다.[10]

이용 면에서 볼 때, 원격탐사를 위한 인공위성을 건설하고 발사하는 것은 초기에 많은 경비를 소요로 하는 것이지만 여러 전파 대역에서 지구를 반복적으로 촬영할 경우 같은 지역을 공중 촬영하는 것보다도 저렴하다.

그러나 여기에서 주의할 것은 자료 그 자체를 취합하는 것으로 우주로부터의 원격탐사가 이루어지는 것은 아니라는 점이다. 자료의 취합은 전자장 대역이 다른 부분의 방사 흐름을 여러 감지기로 집합한 것에 불과하다. 다음 과정은 동 자료를 가공(process)하고 분석(analyse)하는 것이며 이를 바탕으로 과학적 조사 등의 결정여부가 내려진다.

1.1.1 Landsat

첫 번째의 지구 관측위성인 TIROS-I은 NASA가 1960.4.1 발사한 것이다. 동 위성이 기상분야에 지대한 영향을 미쳤음은 당연하다. 본격적인 원격탐사는 미국의 Landsat체제가 등장하면서 시작되었다. 미국은 1972년에 첫 번째의 지구자원기술위성(earth resources technology satellite)을 쏘아 올린 후 동 위성을 Landsat 1으로 재 명명하였다. 1975년에 Landsat 2, 1978년에 Landsat 3, 1982년에 Landsat 4, 그리고 Landsat 5가 발사되는 1984년에 미국 국회는 민간 이양을 결정하였다. 이에 따라 1985년 Hughes Aircraft 와 RCA의 합작회사인 Earth Observation Satellite Company(EOSAT)에 10년간 운용을 위탁받았는데 EOSAT은 독점을 이용하여 우주에서 촬영한 영상(image)요금을 $650에서 6배로 인상하였다. 그러나 1986년 프랑스의 원격탐사위성 SPOT의 등장으로 고객을 빼앗겨 이용자가 급감하면서 Landsat의 생존이 걸린 문제가 발생하였다. 이런 상황에서 1989년 Landsat을 관리하는 미국 해양대기청(NOAA)은 EOSAT에 위성운용중지를 지시하였으나 미 국회의 반발로 명맥이 유지되면서 정부보조를 받았다.[11]

연후 시행착오를 거치면서 1992년 Land Remote Sensing Policy에 따라 미국은 Landsat 7 제작을 결정한 후 1999년 발사에 성공하였고 그 뒤 고화질의 이미지를 과거 인상 전 요금으로 제공하면서 2년 뒤에는 NASA가 Landsat 4, 5와 함께 운용권을 회수하였다.[12]

2015년 현재 Landsat 7과 8이 가동 중에 있다. Landsat 5는 2011년 11월부터 작동의 문제가 발생해오

---

10) 원격탐사기술의 상세는 Wright, R.K., Remote Sensing from Space : A Double-Edged Sword, Centre for Research of Air and Space Law, Mcgill Univ., S.S.H.R.C.C. No. 41, (Montreal, 1982), p.11-31 참조.

11) EOSAT으로 이양이 된 후 자체수입으로 경영이 안 되기 때문에 정부보조를 계속 받았음. 차기 위성인 Landsat 6 제작과 발사를 위한 정부 보조도 있었음.

12) Landsat 6은 1993년 발사 시 실패로 멸실 되었음. 현재 NASA는 US Geological Survey와 공동으로 지구 관측 Landsat Program을 운영하고 있음.

다가 2012년도에 작동이 중단되었다. Landsat 7의 해상도는 15m로서 과거 Landsat에 비해 월등히 품질이 좋고 많은 양의 정보를 제공하고 있다.

Landsat은 103분마다 지구를 한 바퀴 돌면서 적외선 감지기로 지구의 변하는 모습을 반복 촬영하여 지상에 송신한다. 하루에 14번 지구주위를 선회하는 Landsat은 지상 913km를 최저점으로 하여 태양이 비치는 지구면을 커버한다. 동 위성은 18일마다 거의 모든 지구 표면을 커버하면서 같은 날 같은 태양의 위치에서 구름에 가리지 않은 표면을 반복적으로 촬영한다. 촬영된 자료는 지상 수신국에 송신되어 가공 처리되는데 미국의 개방 정책에 의해 캐나다, 이태리, 브라질, 스웨덴, 일본, 인도, 아르헨티나, 오스트레일리아, 중국, 인도네시아, 태국도 지상 수신국을 설치하여 동 자료를 수신하고 있다.[13) 미국은 원격탐사와 관련 일본[14) 및 캐나다[15)와 각기 양자협정을 체결하여 상호협력을 도모하고 있다.

Landsat에 의한 원격탐사는 지질학, 해양학, 산림학, 수로학, 작물재배, 해양공해통제, 도시계획 및 여타 환경문제 등에 광범위하게 활용되고 있다. 2013년 현재 수십 개국이 Landsat계획에 참여하고 있으며 일부 연구기관은 위성의 촬영 자료를 분석하여 지하자원 부존 가능성 여부를 판별하는 데 이용하기도 한다. 따라서 석유와 광물 자원을 탐사하는 많은 회사와 도로건설 회사들이 Landsat 자료를 이용하는 주 고객을 이루고 있다.

Landsat 시리즈의 다음 위성으로 2013년 2월에 발사된 LDCM(Landsat Data Continuity Mission)은 NASA와 미국의 지질조사국(U.S. Geological Survey: USGS)이 공동으로 개발한 위성으로서 Landsat 8로 개명되었다. 기존 Landsat 시리즈 위성들에 이어서 LDCM이 농업, 교육, 상업, 과학, 정부 분야들에 유용한 데이터와 영상 자료를 제공하고 있다.

1.1.2 SPOT

SPOT(Satellite Pour l'Observation de la Terre의 두문자이며 영문은 Satellite Earth Observation System)은 1978년 프랑스 우주청인 CNES가 벨기에와 스웨덴의 과학우주기술연구기관과의 참여하에 설립된 후 프랑스의 SPOT Image사가 촬영 영상을 판매하도록 하면서 농업, 환경, 지질, 엔지니어링 등 다양한 용도로 우주기술을 적용토록 하는 위성체제이다. SPOT은 또한 처음 등장한 미국의 Landsat이 상기한 바와 같이 독점적 지위를 이용하여 영상을 터무니없이 고가로 인상하여 판매한 횡포를 시정하는 효과를 가져다준 공로도 크다.

---

13) 2008년 10월 현재 상황으로서 Landsat 홈페이지에 수록된 내용임.

14) Memorandum of Understanding between the National Space Development Agency of Japan(NASDA) and NASA, signed on 19 Jan. 1979.

15) Exchange of Notes between the Government of Canada and the Government of the USA Constituting an Agreement concerning a Joint Program in the Field of Experimental Remote Sensing from Satellites and Aircraft signed on 14 May 1971 ; 22 : 1 US Treaty 684 (1971). 동 협정에 따라 미국과 캐나다 양국은 공동 프로젝트를 추진하는 한편 위성으로부터 수령한 자료를 국제사회에 공개하고 있음.

SPOT 1이 1986년 발사되어 해상도가 흑백10m, 컬러20m의 영상을 제공하면서 1990년 말까지 작동하였다. 비슷한 스펙의 SPOT 2는 1990년 발사되어 작동하다가 2009년에 궤도를 이탈하여 작동을 중지하였다. SPOT 3은 1993년 발사되어 활동하였으나 1997년 발생한 사고로 4년 만에 작동을 중지하였다. SPOT 4가 1998년 발사되었는바, 과거 1, 2, 3,의 성능을 개선하여 같은 해상도 20m이지만 선명한 사진을 제공하고 수명도 3년에서 5년으로 연장되었다. SPOT 5는 2002년 발사되어 해상도 2.5m, 5m, 10m의 이미지를 제공하면서 계속 가동 중이다. 현재 SPOT은 위성 2기(4,5)가 822km 상공에서 각기 다른 궤도를 돌면서 지구 표면의 95% 중 어디라도 정밀 촬영할 수 있는 기술을 보유하고 있다.

SPOT 프로그램은 SPOT 6과 SPOT 7 발사, 그리고 Pleiades system의 개발의 방향으로 지속될 계획이다. 2012년 9월 SPOT 6이 발사되었고 2014년 6월에는 SPOT 7이 발사되었다. Spot 6과 7은 가로, 세로가 각기 60km인 면적을 한 구획으로 하여 해상도 1.5m의 자연 색 이미지를 제공하고 있다.[16]

1.1.3 GOES

Geostationary Operational Environmental Satellites(GOES) 위성망은 폭풍, 구름, 바람, 대양 조류, 안개, 눈에 관한 정보, 즉 기상관측을 하는 목적으로 미국의 NASA가 발사하고 관리와 사용은 NOAA가 한다.

첫 GOES 위성이 1975년에 발사되었을 때 지구의 10%만 관측이 가능하였는데 이후 1994년부터 사용하고 있는 신형 GOES I-M 시리즈 위성으로 인해 지구의 100% 관측이 가능해졌다. 1994년에 발사된 GOES-8 위성이 신형위성의 처음이었으며 GOES 9-12가 1994년부터 2001년 사이에 발사되어 지구를 100% 관측하게 되었다. 지구정지궤도에 위치하기 때문에 몇 개의 위성만으로도 지구 전체 관측이 가능한 것이다.

차세대 위성으로 GOES-N/O/P 시리즈 위성을 제작하여 GOES-N에 해당하는 GOES-13이 2006년에, GOES-O(GOES-14)가 2009년에, GOES-P(GOES-15)가 2010년에 발사되었다.

2013년 1월 기준 GOES-14는 궤도 상에서 예비용으로 쓰이고 있으며[17], 활동 중인 기상 관측위성은 남미를 관측하는 GOES-12, 미국을 중심으로 동쪽을 관측하는 GOES-13, 서쪽을 관측하는 GOES-15 3기이다.

기상관측위성 GOES는 다음과 같이 인간생활의 질을 향상시키고 지구 환경을 보호하는 다음과 같은 혜택을 주고 있다.

－ 수색, 구조를 지원

---

16) 2014.12.17.방문 http://en.wikipedia.org/wiki/SPOT_(satellite).

17) 2013년 1월 26일 방문 http://www.oso.noaa.gov/goesstatus/spacecraftStatusSummary.asp?spacecraft=14/.

- 세계적인 환경경보서비스와 기본환경서비스 강화에 기여
- 태양 흑점 영향 등 태양 동요(disturbances)의 예측능력과 실시간 경고 능력 개선
- 대기의 움직임을 이해하는데 도움이 되는 자료제공

차기 GOES 시리즈 위성으로 GOES R과 GOES S가 2016년과 2017년에 각기 발사될 예정이다.

1.1.4 EUMETSAT

유럽기상위성기구(European Organization for the Exploitation of Meteorological Satellites: EUMETSAT)는 ESA가 산파역을 한 국제기구로서 1986년 설립되었으며 2014년 1월 기준 유럽의 29개 회원국과 2개 협력국으로 구성된다. 전 세계에 걸친 이용자들에게 연중무휴로 기상과 기후에 관련된 위성자료 및 이미지를 제공하는 것을 목적으로 하는 EUMETSAT는 미국의 GOES와 함께 세계에서 제일 규모가 큰 기상 및 환경 위성망을 구성한다.

EUMETSAT이 설립되기 전 1977년에 Meteosat-1이 발사된 후 1996년 발사된 Meteosat-6까지 6기의 제1세대 위성은 수명을 다하여 폐기되었다. 현재 같은 제1세대 위성이지만 Meteosat-7(1998년 발사), 제2세대 위성인 Meteosat-8(2002년 발사), 9(2005년 발사)의 3기가 지구정지궤도에서 작동 중에 있고, 극지를 커버하기 위한 Metop-A[18])가 지구저궤도를 돌고 있다. 여기에 미국의 NASA, NOAA, 프랑스의 CNES와 협력하여 발사한 Jason-2[19]) 저궤도위성은 대양의 바다 표면 높이를 수 센티미터까지 측정하면서 대양의 움직임이 기후변화와 기상에 작용하는 바도 감안하여 기상관측의 정확도를 높이고 있다. 따라서 총 5기의 위성으로 기상관측을 하면서 아프리카 등 개도국에 관한 기상 정보도 제공한다.

1.2 경제적 · 정치적 배경

원격탐사는 경제적 자원을 파악할 수 있는 방법이기 때문에 개도국이 큰 관심을 갖는 분야이다. 유엔 등 국제사회는 제3세계의 경제발전을 위하여 수십 년간 노력하여 왔지만 개도국은 만성적인 경제적 후진을 벗어나지 못하고 있다. 그 결과 일부 개도국은 자연 자원 개발을 활로로 이용하는 정책을 추진하고 있는바,[20]) 이를 위하여 우선 자국이 어떠한 부존자원을 얼마만큼 가지고 있는지를 파악하는 것이 필수적이다. 원격탐사는 이러한 점에서 저렴하고 신속한 정보를 제공하는 방법으로 각광을 받고 있다.

---

18) 극지 자료 서비스는 Metop과 미국 NOAA의 극지궤도 위성을 합쳐 공동으로 제공되고 있음.

19) 2008년 6월 20일 발사된 해양관측위성으로서 예상수명은 5년이며, NASA와 CNES가 제작한 관측기를 탑재하여 엘니뇨 현상 등을 포함한 해양 관측이 주요 임무.

20) Chisolm, Regional Growth Theory, Location Theory, Non-renewable Natural Resources and the Mobile Factors of Production, in, Ohlin, b., Hesselborn, K. and Wijkman, P.J.,(eds), The International Allocation of Economic Activity, (New York, 1977), p.103-13.

한편 개도국들은 자국의 부존자원에 관한 자료가 원격탐사 능력이 있는 선진국의 손에 들어 있다는 것에 대하여 우려하고 있다. 개도국은 동 자료가 자국의 이익에 반하여 악용될 수도 있다고 생각하기 때문이다. 예를 들어 개도국의 자원개발에 관한 계약을 교섭하는 외국회사가 동 개도국의 광물이나 석유의 부존상황을 알고 있다면 이 외국회사는 교섭 시 매우 유리한 입장에 있을 것이다. 선진국의 민간 기업은 오래전부터 원격탐사자료의 유용성을 발견하여 동 자료를 적극 활용하고 있다.[21]

인공위성에 의한 원격탐사는 단순히 시장 보고서나 여타 정보를 보충하는 것이 아니다. 인공위성의 커버 범위와 감시능력은 원격탐사를 새로운 지구정보체제로 등장시키고 있다. 동 기술은 지금까지의 정보 유통을 통제하여왔던 국가이익과 정보 이용의 증가로 얻는 국가이익 사이의 균형을 급작스레 변화시켰다. 이 원격탐사의 기술은 정보에 대한 주권 개념을 탄생시킴과 동시에 정보에 대한 주권이 위협받는 상황도 야기하였다.

원격탐사 자료로부터 경제적 이익을 얻을 수 있는 기술 선진국과 동 자료의 정보를 수신하기만 하는 개도국은 서로 이해관계가 다르기 때문에 원격 탐사 문제를 둘러싼 논쟁을 계속하고 있다. 기술선진국은 당연히 정보의 자유 유통[22]을 제창하나 개도국은 자연자원에 대한 주권[23]만이 아니라 동 자원에 관한 정보에 대하여서도 주권을 주장하기 때문이다. 넓게 본다면 동 논쟁은 산업국가와 신 국제 경제 질서를 내세우는 제3세계 국가 사이의 논쟁이다.

한편 원격탐사의 전략적이고 군사적인 의미는 원격탐사를 규제하는 국가들의 논의방향에 영향을 미쳤다.[24] 원격탐사의 기술이 발전하면서 정보의 평화적 사용과 군사적 사용 사이의 구분이 모호하여졌다. 이를 감안할 때 우주 활동을 하지 못하는 국가가 일부 강대국만이 가지고 있는 기술을 불신하는 것을 이해할 수 있다. 그럼에도 불구하고 원격탐사로부터 얻는 이익은 무시할 수 없기 때문에 기술적으로 뒤진 국가가 자료 확산을 제한하자는 요구를 내세우면서, 동시에 원격탐사 기술의 획득을 도모하고 있다.

동 원격탐사가 수반하는 여러 문제에 대한 우려는 원격탐사를 규율하는 법률 논쟁의 기본을 이루어 왔는바, 이에 관하여 알아본다.

---

21) Wukelic, A Survey of Users of Earth Resources Remote Sensing Data, in, Environmental Research Institute of Michigan, Proceedings of the 11th International Symposium on Remote Sensing of the Environment, (1977), 1067.

22) 시민적 · 정치적 권리에 관한 국제 규약 (1966.12.19 유엔총회 결의문 제2200호로 채택)의 제19조는 다음과 같이 규정하고 있음.
   1. 누구나 방해를 받지 않고 의견을 가질 권리가 있다.
   2. 누구나 표현의 자유 권리를 갖는다 ; 동 권리는 국경, 구두, 서면이나 인쇄, 예술의 형태, 또는 자신이 선택하는 여하한 매체를 통하든지 여부에 관계하지 않고 모든 종류의 정보와 아이디어를 탐색하고, 수령하여, 전파하는 자유를 포함한다.
   3. 이 조의 2항에 규정된 권리의 행사는 특별한 의무와 책임을 동반한다. 동 행사는 따라서 특정제한에 따라야 하나, 동제한은 단지 법에 규정되고 다음을 위하여 필요한 것이어야 한다.
      a) 다른 사람의 권리나 명성을 존중
      b) 국가 안보나 공공질서 또는 공중 건강이나 사기(morals)의 보호

23) 이에 관한 유엔 총회 결의문으로서 1962.12.14 채택된 제1803호(XVII)와 1966.11.25 채택된 제2158호(XX)가 있음.

24) UN Doc A/ AC. 105/ pv. 196(1979) 참조.

1.3 원격탐사와 국제법

1.3.1 사전 동의 대 탐사자유

원격탐사에 관련한 법적문제를 분석하기 위하여 편의상 탐사와 탐사자료의 가공을 3개 부문, 즉 우주부문, 지상부문 및 사용자 부문으로 나누어 본다.

우주부문은 원격탐사위성이 자료를 취득하고 동 자료를 지상 수신국으로 송신하는 것을 말한다. 이 부문에서 나오는 문제는 원격탐사가 탐사되는 국가의 사전 동의를 요하는지 여부이다. 원격탐사위성이 우주에 위치하기 때문에 탐사활동은 1967년 외기권 조약의 규정에 따른다. 그런데 외기권 조약의 체결이전에 소련과 미국이 군사적·과학적 목적으로 지구 관측을 하였지만 동 조약에는 우주로부터의 관측에 대한 특별한 언급이 없다.

모든 우주활동에 적용할 수 있는 근본원칙은 외기권 조약 제1조에 언급된 탐사와 이용의 자유이다. 그런데 원격탐사위성이 우주탐사에 이용되는 것이 아니고 지구환경을 알아내는 것이기 때문에 우주활동이 아니라는 주장이 있을 수 있으나 그렇다고 지구지향(earth-oriented)활동과 여타 우주활동을 구별한다는 것은 비현실적이다. 또한 지구지향활동을 한다 하더라도 문제의 인공위성이 여하튼 우주를 사용하는 것은 명백한 일이다. 외기권 조약은 여사한 우주활동이 어떻게 수행될 수 있고 어떠한 조건이 부과되어야 한다는 일반적인 지침만을 규정하고 있다. 이러한 규정 중 원격탐사에 가장 밀접한 기술부분은 "모든 국가의 이득과 이익을 위하여" 우주의 탐사와 이용활동을 하여야 하며(제1조), "국제법과 유엔헌장에 따라" 우주활동을 하여야 할 의무(제3조), "협력과 상호원조의 원칙"에 의하며 모든 체약국의 "관련이익"을 고려하여 우주를 이용할 의무(제9조) 및 국가 우주활동의 "성격, 수행, 장소 및 결과를 최대 가능한 범위 내에서" 유엔 사무총장과 공중에게 알릴 의무(제11조)이다.

COPUOS의 거의 모든 구성원은 지구자원 탐사 위성의 위치와 운용이 국제법에 따르는 것이라는 견해를 가지고 있다. 그러나 모든 국가가 아무런 제한 없이 이에 찬성하는 것은 아니다. 원격탐사 활동에 제한을 두자는 입장을 내세우는 국가들은 두 가지 점을 내세우고 있는바, 첫째는 유엔총회 결의문에서 수차 천명된 바 있듯이 모든 국가가 자국의 부와 자원에 대한 영구적인 주권을 갖고 동 주권을 자국 발전과 국민의 복지를 위하여 행사한다는 것이다. 이러한 입장은 다음 제안에 명백히 언급되어 있다.

> 원격탐사에 참가하는 제 국가는 모든 국가와 국민이 자신들의 부와 자연자원에 대한 완전하고 영구적인 주권의 원칙은 물론 자신들의 자연자원 및 동 자원에 관한 정보를 처분하는 불가양의 권리를 존중하여야 한다.[25]

---

25) UN Doc A/AC. 105/171, Annex IV (1976).

아르헨티나와 브라질과 같은 일부 국가는 이러한 영구주권이 그러한 부에 관한 정보에도 연장 적용됨을 선언하고, 무제한의 탐사를 통하여 영토 자원에 관한 자료를 획득하는 것은 하나의 주권침해라고 주장하였다.26) 이들 국가들은 탐사되는 국가의 사전 동의를 얻어서 탐사를 하여야 한다는 원칙을 주장하는 것이다. 그런데 영토주권의 원칙이라는 전통적인 개념을 위와 같이 연장하는 것은 유엔 총회의 제 결의문의 영역을 초과하며 외기권 조약이 천명한 자유이용의 원칙에도 배치된다.

우주기술이 등장하기 오래전에 주권 국가는 가상의 적에 관한 정보를 정기적으로 수집하였다. 그러나 영토주권의 원칙은 모든 국가가 자국 국경 내에서 수행되는 첩보활동이 유해하다고 생각하여 이를 금하였다.27) 이는 모든 국가가 자국영토에 대한 접근을 제한할 자유가 있으며 자국 국경 내에서 촬영기구의 사용을 통제할 수 있다는 것을 의미한다. 각국은 여사한 제한과 통제에 위반하는 자를 국내형법에 따라 통상 가혹히 처벌한다.

제 국가가 자국 공중(airspace)에 대한 주권과 통제 권리를 갖는 정도는 국제민간항공 협약(일명 시카고 협약)에서 규정하는데, 1944년 미국 시카고에서 채택된 동 협약은 제1조에서 모든 국가가 자국 공중에 대하여 완전하고 배타적인 주권을 갖는 것을 인정하였다. 동 협약은 또한 제36조에서 협약 당사국이 자국 영토상에서 공중촬영 하는 것을 금하거나 규제할 수 있도록 하였다. 이러한 규정은 동 협약이 성안되기 훨씬 이전부터 공중촬영이 국가안보에 지대한 위협이 되는 것으로 여겨졌기 때문이다.28) 그러나 이미 상세 언급한 바와 같이 주권 주장의 대상인 공중의 상한은 여전히 논쟁점으로 남아 있다.29)

과거 서독의 항행법이 아마도 공중을 통제하는 데 가장 엄격한 법일 것이다.30) 서독은 또한 형법에서 국가안보를 위협하는 공중활동을 영토 밖에서도 하지 말도록 규제하고 있다.31)

따라서 공해상과 같이 국제적 성격을 갖는 지역에서 또는 주권국가의 공중에서 행하여지든지 간에 모든 공중활동은 주권에 근거하여 규제받고 있다. 만약 타 주권국가의 공중에서 공중촬영을 금지하는 것이 합법적이라면 이러한 법을 주권주장이 없는 우주에 연장 적용하는 것을 고려할 수도 있겠다는 의견이 있다.32)

---

26) UN Doc A/AC. 105/c. 2/SR 220 (1974).

27) Colby, The Developing International Law on Gathering and Sharing Security Intelligence (1974), 1 Yale Studies in World Public Order 49.

28) Fauchille, Le droit aérien et le régime juridique des aérostats (1901), 8 Rev. gén. de dr. int'l publ. pp. 414, 426.

29) 공중과 우주의 경계에 관한 많은 자료와 논문이 과거엔 많았는바 UN Docs A/AC. 105/C. 2/7(1970) and A/AC. 105/C. 2/SR 279(1977); Pavlasek, T.J.F. and Mishra, S.R. on the Lack of Physical Bases for Defining a Boundary Between Air Space and Outer Space, Centre for Research of Air and Space Law, McGill Univ., S.S.H.R.C.C. No.20, (Monteral 1981) 도 이러한 종류임. 동 문제는 COPUOS에서 수십 간간 토의되면서 수십 번 경계확정에 관한 제안이 나왔으며 동 문제 연구를 위한 작업반(Working Group)도 구성되어 있음. 2009년 개최된 COPUOS의 법률소위 제48차 회기 중에도 동 작업반장의 보고가 있었음 (Annex II to the Report of the Legal Subcommittee on its 48th Session 2009, Un Doc A/AC. 105/935, 20 APR. 2009. 최근 동 건을 다룬 저서로는 Dempsey & Milde, Public International Air Law, Chapter XII, McGill Univ., Montreal, Canada, 2008이 있음.

30) German Air Navigation Act, art. 27(2), as amended 4 Nov.1968.

31) German Criminal Code, art. 100(g)(2), as amended 25 Jul. 1964, Bundesgesetzblatt (B.G.B.L) I.S 529, 1964.

32) Orlando, Collection and Dissemination of Data through Remote Sensing (1979), 1 Northrop U.L.J. of Aerosp. Energy and Env. pp.121, 129.

미국을 포함한 여러 나라는 공해상공에서 주권국가를 감시하는 것은 국제법상 허용된다는 입장이다. 우주와 같이 공해는 어느 주권주장의 대상에서도 제외되는 지역이다. 따라서 어느 국가도 우주를 이용하여 지구상 어느 영토를 대상으로 자료를 획득할 권리가 있다는 이야기가 된다. 이러한 권리를 행사함에 있어서 모든 국가는 원격탐사로부터 얻은 정보를 처분할 수도 있다는 견해가 있다.[33]

과거 소련은 유엔에서 국가주권이 자연자원에 관한 정보에도 연장 적용되어야 한다는 입장을 표명하였다.[34] 소련 법률가들은 일반적으로 정보에 대한 주권문제에 초점을 맞추었지만[35] 자료취득을 위한 사전 동의에 관한 입장을 명백히 하지 않았다. 현재 러시아 입장이 여하한 경우에도 자료취득을 위한 사전 동의를 요구하는 규칙을 수용할 것인지는 의문이다.[36]

미국을 포함한 여타 국가는 현존 법적 입장, 즉 우주로부터의 탐사는 피탐사국의 사전 동의를 요하지 않으며 탐사의 합법성은 탐사대상의 위치보다는 탐사기구의 위치에 달려있다는 입장이다. [37] 따라서 외기권 조약은 "우주부문"(space segment)의 측면을 규율하는 것으로서 피탐사국의 동의 없이 원격탐사를 할 수 있다는 논리다.

극단적으로 국가에게 타국이 자국 영토상의 원격탐사활동을 하도록 금지하는 권한을 부여한다면 대부분의 원격탐사활동을 사실상 배제한다는 이야기가 된다. 그러나 엄격한 태도를 취할 경우 이를 강제할 방법도 없고 기술적으로 앞선 국가들은 이러한 규칙에는 별로 신경 쓰지 않고 자국 이익만을 위한 원격탐사활동을 유도할 것이기 때문에 보다 유연한 입장을 취하는 것이 정치적 현실에 부합한다. 또한 현실적으로 모든 국가가 묵시적으로 감내하는 군사첩보위성이 존재하고 Landsat과 SPOT의 운용에 대한 항의가 없다는 것은 위성에 의한 원격탐사가 국제법에 의한 것이라는 견해를 뒷받침하는 것이다.

1.3.2 정보에 대한 접근

원격탐사에 관한 국가들의 주요 관심사는 탐사활동 자체의 합법성 여부가 아니고 위성이 수집한 정보의 유포를 통제하는 것이다. 사전 동의를 제창하는 측은 정보유포를 위한 공평하고 비차별적인 제도의 창설을 지지한다.[38] 그러나 개도국들이 가공되지 않은 자료를 자유롭게 얻는다 하더라도 동

33) 상동, p.131.

34) 소련은 타국과의 합의에 따라 원격탐사를 시행하겠다고 선언하면서 사전 동의의 필요성을 전제로 하였음. 이와 관련 프랑스와 소련의 공동 토의문서는 자료취합을 위한 사전 동의를 공식 요구하지는 않지만 정보에 대한 주권과 쌍방 또는 다자 합의의 필요성에 관한 소련의 여사한 입장은 자주 표명되었음. UN Doc A/AC. 105/C. 2/L.99(1974) 참조.

35) Bordunov, Some Legal Problems of Remote Sensing of Earth from Outer Space(1977), 20th Colloq. on the Law of Outer SP. 496; Zhukov, Problems of Legal Regulation of Using Information Concerning Remote Sensing of the Earth from Space, in, Matte, N.M. and DeSaussure, H., (eds), Legal Implications of Remote Sensing from Outer Space, (Leyden, 1976), 125. 소련정부는 COPUOS에 대한 보고서에서 "이미 국제우주법에 규정된바 이외로 원격 탐사자료의 취합을 규제할 특별한 법률규칙이 필요하지 않다"라고 기술하였음(UN Doc A/AC. 105/219(1978), p.61).

36) 과거 소련이 피탐사국의 허가 없이 오랫동안 군사첩보위성을 작동하고 있음은 잘 알려진 사실임.

37) Reijnen, Remote Sensing by Satellites and Legality, in, Matte and DeSaussure, 전게 주 35), p.23.

자료를 가공하고 분석할 수 있는 능력이 없기 때문에 별 이득을 보지 못한다는 문제가 있다.[39]

여러 나라는 자국의 자원에 관한 자료가 자국에 불리하게 이용될 수 있으며 자국의 자연자원에 관한 정보가 유포되는 것을 우려하고 있다. 원격탐사정보의 중요성에 비추어 많은 나라는 자원에 관한 정보에 대하여 국가주권원칙을 연장적용 하는데 개도국의 여사한 입장에 과거 소련과 프랑스가 동조하였다. 이와 관련 과거 소련과 프랑스는 공동제안에서 "자국의 국가자원과 동 자원에 관한 정보를 처분할 수 있는 제 국가의 불가양한 권리"를 언급하였다.[40]

한편 미국은 영토외적(extraterrestrial) 주권을 정보에 연장적용 하는 것을 반대하는 기본 입장에 따라 원격탐사정보의 자유이용을 제한하는 것을 완강히 거부한다.[41] 더구나 미국은 자료의 비차별적인 배포가 개도국에 상당한 이익이 된다는 주장을 하고 있다.[42] 상기 미국입장의 배경을 이루는 동기는 이상적이고 실용적이다. 원격탐사위성은 정치적 국경에 민감하지 않다. 따라서 국경에 따라 자료를 나누고 운영하는 기술적인 문제는 재정적으로 불가한 형편이며 과학적으로는 무익한 일이다.[43]

자유라는 개념에 대한 철학적 언질은 1948년에 채택된 유엔의 세계 인권선언(Universal Declaration of Human Rights) 제19조에 반영되어 있는바, 동 조항은 국경에 상관없이 각자 정보와 사상을 어느 매체를 통하여서든지 탐구하고 수령하며 나누어 갖는 권리를 갖는다고 규정하고 있다.[44] 또한 많은 개도국이 가공되지 않은 자료를 이용할 수 있는 정보로 변경할 기술적 능력을 결여하기 때문에 모든 국가가 원격탐사 자료를 자유로이 이용하는 것은 개도국의 이익을 충분히 보상하는 것이라는 주장도 있다.[45] 많은 개도국이 자연자원의 수출에 의존하는 상품교역을 하고 있기 때문에 정보이용에 관한 우려를 하고 있음은 이해할만 하다. 그런데 대다수 사람들은 관습 국제법, 유엔헌장 및 기존 우주조약들이 규정한 자제(self restraint)의 규칙이 자국의 이익을 적절히 보장하는 않는다고 본다. 즉, 외기권 조약의 제1조에 언급된 "공동이익"(common interest)의 구절이 공평한 공유나 원격탐사자료의 이용으로 해석되지 않는 불완전한 또는 유약한 의무로밖에 여겨지지 않는데[46] 이러한 인식이 바꾸어지지 않는

---

38) Gotlieb, *The Impact of Technology on the Development of Contemporary Int'l Law*(1981), 170 Rec. des cours(Hague Academy of Int' Law) pp. 115, 268.

39) UN Doc A/AC. 105/201(1977).

40) UN Doc A/AC. 105/C. 2/L.99 (1974).

41) 미국 대표는 원격탐사자료의 유포에 관한 문제에 대한 해결책은 "유엔이 성안한 원칙에 있는 것이 아니고 각기의 정부가 자국 영토내의 자원을 개발하는데 대한 통제권의 행사에 있다. 동 자원에 관련한 정보에 대한 통제권의 행사는···주권의 영토외적 연장이다."라고 말함 UN Doc A/AC. 105/C. 2/SR.295 (1978), 14.

42) 상동.

43) Leigh, United States Policy for Collecting and Disseminating Remote Sensing Data, in, Matte and DeSaussure, 전게 주 35), p.149.

44) 시민적·정치적 권리에 관한 국제규약(International Covenant on Civil and Political Rights)에도 비슷한 규정이 있음.

45) Hopkins, *Legal Implications of Remote Sensing of Earth Resources by Satellite* (1977), 78 Mil. Law Rev. 57, 81–4; UN Doc A/AC. 105/C. 2/L. 103 (1975).

46) Dalfen, Gotlieb, and Katz, The Transborder Transfer of Information by Communication and Computer Systems: Issues and Approaches to Guiding Principles (1974), 68 Am. J. of Int'l Law 269.

한 신 국제경제질서를 강조하는 개도국의 주장은 수그러들 수 없다.

1.4 유엔에서의 법적 제 원칙의 발전

원격탐사위성에 대한 세계적 관심을 반영하여 유엔은 원격탐사활동의 가능한 규제를 위한 토의를 필요로 하였다.[47] 유엔은 COPUOS와 COPUOS의 두 소위원회 및 작업반을 통하여 1960년도 후반 이래 법적 규범을 수립하려고 노력하였다. 그러나 10년이 훨씬 넘도록 원격탐사위성을 규율할 일련의 원칙을 수립하는 데 실패하여 오다가 1986.12.3 제41차 유엔총회에서 Draft Principles Relating to Remote Sensing of the Earth from Space라는 원격탐사에 관한 15개 원칙을 결의문 41/65로 채택하는 데 성공하였다.[48]

상기 원칙들은 1986.4.1 COPUOS의 법률소위의 working group이 컨센서스로 채택[49]한 것을 동년 4.11 법률소위에서 역시 컨센서스로 합의[50]한 후 동년 제41차 유엔총회에서 상기 결의문으로 만장일치 통과시킨 것인바 그 주요내용을 간략히 소개한다.

1986년에 채택된 원칙들은 제Ⅰ원칙에서 원격탐사활동(remote sensing activities)을 정의하고 제Ⅱ원칙과 제Ⅲ원칙에서 동 활동의 기본방향을 제시한 후 탐사국과 피탐사국의 협력관계를 강조하는 내용으로 이루어져 있다.

제XII원칙은 피탐사국의 주권과 탐사국의 주권을 조화시켰다. 동 원칙은 "초기 데이터(primary data)"와 "가공된 데이터(processed data)"를 구분하여 언급함으로써 자료의 단계별 이용가치를 명백히 하였다. 여사한 자료는 탐사국이 생산하는 대로 피탐사국이 이용할 권리가 있다고 규정하였다. 동 제XII원칙은 피탐사국이 정당한 실비를 지급할 경우 탐사에 관여한 국가가 작성한 "분석자료"(analysed data)를 동 탐사국으로부터 구득할 수 있도록 하면서 피탐사국이 개도국인 경우 특별한 고려를 하도록 하였다. 그런데 분석자료는 이용 가능한 분석자료(available analysed data)라고 기술하였는데 이용 가능한 여부를 판단하는 측은 탐사국이 될 것이기 때문에 탐사국과 피탐사국이 대등한 조건에서 자료전수를 하기 어렵겠다.

제IX원칙의 하단은 원격 탐사국이 외기권 조약과 등록 협약에 따라 유엔 사무총장에게 원격탐사 사실을 통보하도록 하였으며 특히 개도국을 포함하여 어느 국가라도 요청하면 탐사국은 탐사와 관련한 여타 관련정보를 가능한 최대로 제공하여야 한다.

---

47) 유엔에서의 토의일지는 Kay, J.P., The Legal Implications of Remote Sensing, Centre for Research of Air and Space Law, McGill Univ., S.S.H.R.C.C. No.19 (Montreal, 1981) 및 전게 주 8), p.312 이하 참조.

48) 동 합의 원칙 성립 과정과 논평에 관하여는 Christol, C.Q., Remote Sensing and Int'l Space Law(1988), 16 Jr. of Sp. Law 21-44 참조.

49) UN Doc A/AC. 105/307, Annex I at II, (1986); 25 ILM 1331 (Sept. 1986).

50) UN Doc A/AC. 105/C. 2/24. 450, at 6 (1986).

제 X 원칙은 지구자연환경 보호를 위하여 탐사국으로 하여금 지구환경에 유해한 현상을 저지할 수 있는 정보를 관련당국에 공개하도록 하는 한편 제XI원칙은 자연재해로 부터의 인류보호를 위하여 탐사국이 자료를 가공하고 분석하여 자연재해에 대처하는데 유용한 자료를 확인하는 대로 동 자료를 관련 당사국에 즉각 전달하도록 하였다. 따라서 탐사국이 가공(process)하고 분석(analyse)한 모든 자료를 유포하는 것이 아니고 탐사국의 판단에 따라 선별하여 공개한다는 점에 유의하여야겠다. 이 점은 특히 자연환경보호나 자연재해만 아니고 포괄적인 탐사자료를 공개하는 제XII원칙에 관련하여서도 적용되는바, 피탐사국은 어디까지나 탐사국의 양심적인 협력에 의존할 수밖에 없다.

탐사국과 피탐사국의 협력은 긴요하다. 특히 피탐사국이 개도국일 경우 더욱 그러한바, 제XIII원칙은 피탐사국의 요청이 있을 경우 탐사국이 피탐사국에게 가능한 기회를 주고 쌍방 모두의 이익증진을 위하여 상호 협의하도록 하였다.

제XIV원칙은 외기권 조약 제6조에 따라서 원격탐사 위성을 운영하는 국가가 국제책임을 지도록 하였으며 동 탐사활동이 정부, 비정부기관 또는 국제기구인지 여부를 불문한다.

1986년에 채택된 이상의 제 원칙은 핵심문제로서 첫째, 주권에 반한 open skies개념을 채택하여 누구나 지구 어느 지역에 대하여도 원격탐사활동을 하도록 허용한 것이다. 이는 피탐사국이 탐사국의 탐사활동 전제 조건으로서 사전 동의를 하여야 한다는 논리를 수락하지 않은 것이다. 이는 또한 탐사자료를 유포하는 것도 탐사국 또는 탐사자료를 가지고 있는 자의 자유임을 의미한다. 단 제IV원칙은 피탐사국의 합법적 권리와 이익이 손상되지 않는 방향으로 탐사활동이 수행되도록 규정하고 있다.

사전 동의 즉, 주권을 주장한 개도국 등의 입장은 매우 약화되어 제XIII원칙에서 단순히 피탐사국이 탐사국에 요청하여 쌍방이 협의하는 것으로 결론 지워졌다. 개도국 등 피탐사국의 입장에 있는 여러 국가는 COPUOS에서 사전협의(prior consultation), 초기 데이터(primary data), 가공된 데이터(processed data), 분석된 자료(analysed data) 및 원격탐사활동(remote sensing activities)을 정의하였지만 "책임"(liability)이나 "자료에 대한 접근"(access to data)과 같은 용어를 정의하지 않았기 때문에 적용 시 혼선이 예상된다. 특히 책임문제와 관련하여 장시간의 토의를 한 후 동 책임은 모든 종류의 책임을 포괄하는 광범위한 뜻으로 기술하였으며 대다수 피탐사국이 주권 주장을 굽힌 대가로 이를 받아들임으로써 1986년의 제 원칙의 채택이 성공할 수 있었다.

상기 제 원칙은 채택 20주년이 되는 2006년 국제법협회(International Law Association)에서 현 상황에 맞는 내용으로 검토되고 1999년 오스트리아 비엔나에서 개최된 제3차 우주의 탐사와 평화적 이용에 관한 유엔 회의(UNISPACE III)에서도 검토되면서 21세기 상황에 맞는 내용으로의 변경 필요성이 인정되었지만 미국 등 서양의 반대로 개정되지 않은 채 오늘에 이르고 있다.[51]

2. 직접 방송위성

2.1 기술적 고찰

통신위성은 지점 간(point to point), 배분(distribution) 및 직접(direct) 통신의 3가지 주요형태로 구분된다. 지점 간 통신위성은 지구국(earth station)으로부터 전파 신호를 수신하여 수신국(receiver station)에 재송신하는 것을 말한다. 연후 수신국은 수신한 신호를 라디오 기기나 TV계통을 이용하여 개인 수신자에게 중개한다. 배분 위성은 일정한 지역의 광범위한 영역을 대상으로 신호를 송신하는데 이때 송출되는 신호는 가정용 텔레비전이나 라디오의 소형 안테나가 수신할 수 있는 정도의 강도가 아니다. 그러나 위성으로부터의 송신력을 증강할 경우 위성으로부터 최종 수신자인 가정에게 직접 방송할 수 있겠다. 이 경우의 위성을 직접방송위성(direct broadcast satellite: DBS)이라 하는 데 오늘날 DBS의 출력은 지상에서 직경 1m 이하의 안테나가 수신할 수 있는 정도로 강하다. DBS제도는 강력하고 정교한 통신위성만 이용한다면 지상에서는 간단하고 저렴한 수신 안테나만을 필요로 하는 간편한 제도가 된다.

만약 DBS의 출력이 강력하지 않다면 지상의 텔레비전이나 라디오의 수신 안테나나 방열기(convector)를 크게 하는 방법을 사용하면 된다. 기술이 발전하여 감에 따라 위성통신을 수신하는 접시형 모양의 지상 안테나는 갈수록 작아지고 있다. 또한 경비절약과 편의상 호텔 등 건물단위로 안테나를 하나 설치하여 위성 전파를 수신한 다음 각 방에 수신 신호를 송신하는 방법을 이용하는데 이 경우의 안테나를 공동 안테나(community antenna) 또는 공동체 수신 지구국(community receiver earth station)이라 한다.

텔레비전 프로그램을 운반하는 라디오 신호는 직선으로 여행한다. 그런데 지구에서의 굴곡, 산맥, 산림, 해양 등과 같은 자연적인 장애요소 때문에 TV신호는 마이크로웨이브 전파로 운반되든지 또는 설치비용이 많이 드는 회선을 통하여 중계된다. 그러나 DBS의 방법을 통할 경우 중계국이 필요 없이 우주에서 지구의 어느 지점으로도 직접 신호를 주고받을 수 있으며 또한 동시 타 지점에 대한 송신이 가능하다.

인공위성을 통하여 중계되는 텔레비전 프로그램을 수신하는 방법이 점차 확대되어가는 추세인데 이는 지상 방송으로 먼 거리와 지형장애를 극복하기 어려울 경우, 또는 경제적으로 TV채널을 증가시키기 위하여, 또는 기존 TV를 라디오 주파수 대역으로 방영하기에는 주파수 범위가 너무 한정되어 있다든지 하는 애로를 타개하기 위해서다.[52]

---

51) I. H. Ph. Diederiks-Verschoor & V. Kopal, An Introduction to Space Law, pp.80-81, Kluwer Law International, The Netherlands, 2008.

DBS의 장점은 개도국은 물론 선진국에서도 건강 및 위생문제, 농업기술전파, 가족계획 등의 교육목적으로 이용될 수 있다는 점이다. 뉴스, 스포츠, 오락 및 중요한 사건을 전달하고 문화와 사회에 관한 프로그램 전파에 진가를 발휘한 DBS는 특히 영토가 큰 대국이나 여러 섬으로 구성된 국가가 원거리 지역사회에 효율적이고 신속하며 저렴한 방법으로 방송하는 데 많이 이용된다.

DBS는 한정된 우주자원53)을 사용하여야 하기 때문에 국가의 정책 우선순위에 따라 다른 용도로 할당될 수 있고 또 재원의 문제로 많은 개도국들이 자체만의 설비를 구비하기가 쉽지 않다. 또 한 나라에서 송신한 TV용 신호가 같은 나라의 영토에서만 수신되는 것이 아니고 다른 나라의 영토에서도 수신되기 때문에 전파침투(spill-over)가 국제문제를 야기할 수 있다.54)

용역을 제공하는 방송은 통상 지역 공공기관에서 부과하는 여러 규제대상이 된다. 규제의 내용은 공중을 왜곡보도로부터 보호하고 유해한 것으로 여겨지는 상품을 사도록 유도하는 것을 방지하기 위한 것이며 다른 한편으로는 국가적, 문화적, 그리고 도덕적 목적을 달성하기 위하여 방송내용을 수정하고자 하는 것도 있다. 그러나 지역 정부의 통제가 미치지 않는 외국의 신호는 여사한 목적에 위배하는 내용이라 할지라도 자국 안에서만 처리할 수 있는 문제가 아니다.

지역 방송 산업과 정부의 방송 규제 능력에 대한 DBS의 영향은 DBS가 제공하는 프로그램의 인기에 의존하는데 동 인기는 다시 프로그램에 대한 지출수준, 방송언어의 용이성 및 시차의 영향을 받는다. 오늘날에는 같은 프로그램을 여러 언어로 동시 방송할 수도 있기 때문에 한 국가의 국내 프로그램은 여러 종류의 외국방송의 경쟁을 받는바, 특히 이웃나라와의 방송 규제가 거의 없는 북미와 유럽의 경우 여사한 현상이 두드러진다.

2.2 정치적 문제55)

우주시대가 도래한 이래 위성의 직접방송은 인류에 대한 혜택이었다. 엄청난 기술발전의 가능성을 감안하여 여러 사람은 DBS가 세계를 통일할 수 있는 방법이라고까지 생각하였다. 이는 상이한 국가의 인구가 동일한 방송을 본다면 세계적 문화를 형성하면서 소인배적인 민족주의는 감소될 것이라 생각하였으며, DBS에 의한 즉시 통신과 정보의 교환은 세상의 각 개인과 사회가 교양교육과 전문적

---

52) UN Doc A/CONF. 101/BP/2 (1982), p.8.

53) 통신에 관련하여 한정된 우주자원이라 할 때 이는 이용할 수 있는 주파수 대역과 지구정지궤도가 무한정 있는 것이 아니고 제한되어 있음을 말함.

54) 이러한 문제에 관한 상세는 Vicas, The Economics of DBS, in, Analysis of the Legal Regime for the Establishment of Guiding Principles to Govern the Use of Direct Broadcasting Satellites (with special emphasis on the Canada-Sweden initiative within COPUOS), Centre for Research of Air and Space Law, (Montreal, 1980), p.235 이하 참조.

55) 상세기술은 상동, p.218이하에 수록된 Arnopoulos, Political Implications of DBS, in, Analysis of the Legal Regime for the Establishment of Guiding Principles to Govern the Use of Direct Broadcasting Satellites 참조.

인 연수, 예술 및 오락을 용이하게 접할 것이기 때문에 무지와 국수주의를 불식할 것이라 예견하였기 때문이다. 그러나 이러한 낙관적인 이유에도 불구하고 많은 사람들은 DBS가 사회를 파괴할 수 있을 것이라는 점을 두려워하였다. 이러한 염려는 강력한 문화가 약한 문화를 파괴하고 상업주의가 세상을 풍미하며, 인종차별이나 전쟁선동이 증오를 부채질하며, 전복이론을 유포하며, 혁명을 조성하고 무의식중에 세뇌를 시킬 수 있는 가능성이 있기 때문이다.

DBS의 잠재력은 이에 영향을 받는 정부들의 의사결정능력도 일부 마비시키는 관계로 긴박한 정치적 문제로까지 제기된다. 자국 영토 내에서의 정부의 능력에 결함이 있을 때 동 정부의 대외문제에 대한 영향력이 감소된다. 인공위성 특히 DBS는 국경에 아랑곳하지 않는다. 재래 TV방송과는 달리 대중은 DBS를 통하여 먼 외국으로부터 송신되는 프로그램을 시청하면서 동 영향을 받는바, 바로 이점이 정치적 문제로 등장한다.

여사한 정치적 문제는 본질적인 것과 절차적인 것의 두 가지 범주로 나누어 볼 수 있다. 본질적인 것은 형식과 내용으로 다시 구분할 수 있는바, 형식에 있어서 각국은 방송 주파수 대역의 운영과 각자의 인공위성이 위치할 궤도자리를 할당하는 문제를 합의하고자 한다. 이는 기술적인 문제로 보일 수 있지만 주파수 대역과 궤도자리가 희소한 자원이기 때문에 동 자원을 각국에 분배하는 것이 논란의 소지를 안고 있는 정치적 문제가 된다.

하부구조적 문제, 즉 형식의 문제가 해결되었을 경우 특정한 청중이 시청할 프로그램을 누가 결정하느냐의 문제가 발생한다. 외국방송은 "문화적 제국주의"(cultural imperialism)와 "외국선전"(foreign propaganda)의 우려를 수반하기 때문에 국제정치에서 민감한 문제이다. 여기에서 일국이 외국으로부터 송신되는 프로그램의 내용을 통제할 수 있느냐 여부가 제기되는바, 이는 "정보의 자유"(freedom of information)와 "사전 동의"(prior consent)라는 양 극단의 원칙이 조화되어야 하는 쉽지 않은 문제이다.

절차적인 문제는 본질적인 문제를 강조하는 것으로서 어느 정도까지 국가 주권이 미치느냐에 관한 것이다. 주권이란 과연 한 나라에 들어오고 또는 나가는 모든 정보에 대한 완전한 통제를 말하는 것인지에 대하여 국제사회는 아직 명확한 답을 내리지 못하고 있다.

우주국가와 비우주국가 사이의 이념적 구분에 작용하는 다른 하나의 고려요소가 있는데 이는 여러 분야에서 "가진 자"(haves)와 "못 가진 자"(have-nots)사이에 상호 우려로 표출되는 남북 격차(north-south gap)이다. 많은 개도국은 DBS를 통해서 들어오는 서구 사상과 문화의 홍수를 마음 편히 받아들일 수 없다. 여사한 외국으로부터의 정보 유입을 방치할 경우 대중의 기대를 증가시키고 국민을 오도하며, 문화적 전통을 방해하며, 정부차원의 권위가 도전받을 수 있기 때문이다. 따라서 특정 국가가 DBS를 통해 제3세계를 교란시킬 수도 있다. 방송문화의 송출은 그 결과가 비록 의도된 바가 아니더라도 결과만을 두고 볼 때 많은 개도국의 우려를 이해할 수 있는 바이다. 이러한 이유 때문에 DBS에 관련한 국가책임의 원칙이 매우 중요하다.

2.3 직접 방송 인공위성에 적용할 국제법

2.3.1 국가의 방송통제

직접 위성 방송이 가져오는 국제법상의 중요 문제 중 하나는 DBS의 경제적, 정치적 의미이고 다른 하나는 국가가 자국 영토상의 방송을 통제하고 규제하는 권리와 개인이 국경에 관계없이 정보를 탐구하고 나누어 갖는 자유 사이의 충돌이다. 이 충돌은 달리 말하여 사전 동의의 원칙과 정보의 자유 유통 원칙 사이에 일어나는 것이다. 국제무대에서 DBS에 관한 대부분의 토론도 이러한 충돌을 둘러싼 것인데 상금 해결되지 않고 있다.

국가가 자국의 국내문제를 통제하고 규제하는 권리는 물론 의무까지 가지고 있음은 부인할 수 없다. 다음에 설명하는 바대로 어느 정보가 자국 국민에게 전달되어야 하는지에 대하여 국가는 최고의 결정권을 행사한다.

국가가 아무리 크고, 아무리 자유분방한 법을 가지고 있고 또한 그 인적자원이 아무리 풍족하다 할지라도 어떠한 종류의 정보가 자국 영토 내로 들어오는지에 대하여 무관심한 나라는 없다. 따라서 모든 국가는 성격상 다르기는 하지만 저속, 공중도덕, 반역, 그리고 국가안보 등과 같은 문제에 관한 국내법을 가지고 있다. 모든 국가는 방송의 특정 측면에 관한 법을 가지고 있다. 모든 국가는 특정 외국인이 입국하지 못하도록 하는바, 이는 좋아하든 싫어하든 모든 국가가 특정 인물들의 사고 및 행동방식을 수입하기 싫어하기 때문이며 그 예가 드물지 않다.[56]

자국 영토상의 방송을 규제하고 통제하는 국가의 법은 일반적으로 방송 허가요건, 광고에 대한 규제 및 프로그램의 내용을 정하고 동 위반 시 제재사항을 포함한다. 그런데 DBS를 사용하는 외국 방송업자는 통상 동 방송 수신국의 국내법에 구속되지 아니한다.

자국 인구의 사회적, 도덕적, 종교적 및 문화적 가치를 보호, 보존하고 권장할 의무를 가지고 있는 국가는 통제가 불가능한 외국 방송이, DBS를 통하여 들어올 때 자국의 의무를 수행할 수 없는 형편에 처할 수 있다.

DBS의 사용과 관련하여 방송업자, 저작자 및 연출자의 권리에 관한 문제도 제기될 수 있다. DBS가 가져오는 문제는 직접 방송의 사용에 따라 TV는 더 이상 국내 문제가 아니라는 사실에서 주로 야기된

---

56) Dalfen, Gotlieb, and Katz, The Transborder Transfer of Information by Communications and Computer System: Issues and Approaches to Guiding Principles (1974), 68 Am. J.of Int'l Law 227.

다. 라디오방송이 오랫동안 존재하여 왔지만 TV의 영향은 대중 매체로서 훨씬 다대하다. 큰 안테나로 수신하는 위성통신에 대하여서는 국가가 어느 종류의 통제를 행사할 수 있다 하더라도 DBS를 통한 직접 TV방송을 각 개인이 수상기로 직접 수신할 경우 국가의 통제는 불가능하다. 따라서 DBS가 제기하는 법적문제들은 방송의 여타형태의 문제와 다르고 기존 국제법에 따라 쉽게 다룰 수 없다. 그렇다고 DBS에 적용할 국제법의 원칙이나 규칙이 없다는 것은 아니다. 직접 위성방송은 우주를 사용하는 통신활동이기 때문에 원격통신법(telecommunications law)과 우주법 등 국제법의 특별 분야가 적용된다.

2.3.2 두 개의 문제 상충

이미 언급한 바와 같이 위성을 통한 직접방송은 정보의 자유와 국가주권이라는 두 가지 중요한 법적 원칙문제를 제기한다. 정보자유의 원칙은 국제법에서 세계 인권선언,57) 시민적·정치적 권리에 관한 국제 규약,58) 인권보호를 위한 유럽 협약59) 및 미주 인권 협약60)에 규정되어 있다.

세계인권선언의 제19조는 "누구나 의사 및 표현의 자유를 갖는다. 이 권리는 간섭 없이 의사를 갖고 국경을 불문하고 어떠한 매체를 통하여서도 정보와 사고를 모색하고 수신하며 나누어 갖는 자유를 포함한다"라고 기술하고 있다.61)

그런데 국제사회에서 일부 국가는 정보자유의 원칙이 정보유통에서의 불균형을 초래한다는 이유로 동 원칙을 인정하지 않기 때문에 국가에 따라서 문제를 보는 시각이 매우 상이하다. 정보 자유의 원칙은 다음에서 언급된 바와 같이 절대적인 것으로 간주될 필요는 없다.

1967년 외기권 조약의 내용에는 제 국가에 의한 우주의 탐사와 이용의 자유가 있는데 이는 평등과 주권의 적용을 포함한 특정 조건에 의존한다. 방송은 정보교환의 수단이며 1948년 유엔 총회에서 채택한 세계인권선언과 같은 문서는 정보의 자유와 함께 정보에 대한 권리를 당연히 포함한다. 그러나 어느 경우에도 이 자유는 전체적인 절대의 것이 아닌바, 자유원칙은 정당한 이유로 명백히 제한되고 동 제한은 관련문서에 나타나 있다.62)

정보자유에 대한 주요한 제한은 국가주권의 원칙이다. 이 개념은 현대 국제법에 잘 확립되어 있으며 제 국가가 수시 원용하는 원칙이다. DBS와 관련한 동 개념의 적용은 본질적으로 국가방송의 형태와 내용이 국가주권의 한 측면이라는 관점에서 제기된다. 국가들은 자국의 상황과 필요에 부응하는

57) UNGA Res. 217(II), 10 Dec. 1948.

58) UNGA Res. 2200(XXI), 16 Dec. 1966, art. 19.

59) 231 UNTS 221 (1955), art. 10.

60) (1970) 9 ILM 101.

61) 인권 관련 조약에도 여사한 규정이 있는바, 이는 1948년 세계 인권선언 제19조를 따른 것임.

62) Busak, Perspectives de la télévision et de la radiodiffusion directe par satellites (1972), 15th Colloq. on the Law of Outer Sp. 5, 55(translation).

특별한 방송규제의 틀을 수립하고 있다. 따라서 각 정부는 적어도 자국 국민에게 제공되는 TV방송의 성격과 영향을 결정하는 권리를 중시하는데 이 권리는 국가주권에서 나오는 당연한 것으로 간주된다. 가용채널의 수, 프로그램의 다양성과 질, 시청 시간, 국가 TV제도의 법적·행정적 운영, 기타 등등의 문제는 각국이 독자적으로 정하는 사항이다.

DBS에 대한 주권개념의 또 하나 적용은 제 국가의 동등성에 관한 것이다. 제 국가의 동등성과 독립은 주권을 지지하는 전통 국제법에서 꾸준하게 거론되어 왔다. 제 국가는 대소를 막론하고 사실상(*de facto*)의 불평등을 수락하기를 거절하였다. 현재 DBS에 필요한 기술적·재정적 자원을 가진 국가는 매우 적다. 제 국가 간 평등의 원칙이 이론적으로는 모두에게 동등한 DBS의 사용을 말하는 것임에도 불구하고 실제로는 몇 나라만이 여사한 기술을 가지고 있다. 따라서 동등한 사용은 주요 우주대국이 기술을 전수하여 줄 용의가 있는지 여부에 달려있다 하겠다.

간단히 말하면 국제법의 다른 분야에서와 마찬가지로 주권의 개념은 절대적인 것이 아니다. 제 국가가 자국의 사회적, 경제적 및 지리적 필요에 부응하는 방송 제도를 수립할 자유가 있지만 관련 국제법에 따르는 것이어야 한다. 이러한 법적의무는 전자장 주파수가 인류의 공동유산을 구성한다는 국제사회의 합의에서 비롯되었다.[63]

국제사회에서는 그동안 DBS가 제기하는 여러 문제점에 대한 해결책을 모색하여 왔다. 이러한 움직임은 COPUOS와 ITU라는 두 개의 주요 국제무대에서 진행되어 오고 있다. ITU에서의 토의는 기술적 성격의 것으로서 라디오 주파수와 궤도위치의 효율적, 경제적 및 공평한 사용에 주안을 두고 있다. 그런데 COPUOS에서 정치적 목표를 관철하지 못한 나라는 ITU에서의 기술적 규제를 통하여 목표를 달성하고자 노력하기 때문에 ITU가 그 중요성을 더해 가고 있다.

2.3.3 직접위성방송 규율에 관한 유엔 논의

직접 위성방송에 관한 토의는 1966년과 1967년의 COPUOS 회기 중 시작되었다. 유엔총회는 1967.11.3 결의문 제2260호(XXII)를 채택하여 COPUOS로 하여금 DBS의 기술적 및 기타 내포된 문제를 연구하도록 하였다. 캐나다와 스웨덴의 공동제안[64]과 COPUOS의 권고[65]에 따라 유엔 총회는 결의문 제2453호(XXII)에 의거 1968년 DBS에 관한 작업반(working group)을 구성하였다.

작업결과를 COPUOS에 보고하도록 되어 있는 상기 작업반은 지역 및 기타 위성제도를 수립하고 운영하는 데에 있어서 국제협력이 바람직하다는 전제하에 DBS활동의 지침을 작성하기 시작하였다.[66]

---

63) Queeney, K.M., Direct Broadcast Satellites and the United Nations, (Alphen aan den Rijn, 1978), pp.16–17.

64) UN Doc A/AC. 105/PV. 55(1968).

65) UN Doc A/7285 (1968).

이러한 작업은 실제적인 경험도 없이 직접위성방송을 규율할 규칙과 원칙을 정하는 것이 장래 적용상 문제가 있을 수 있다는 인식하에 진행되었다.

구소련은 1972.8.8 "직접 텔레비전 방송을 위한 지구 인공위성의 국가 사용을 규율하는 제 원칙에 관한 협약 안"[67](Draft Convention on Principles Governing the Use by States of Artificial Earth Satellites for Direct Television Broadcasting)을 유엔 총회에 제출하였다. 소련안은 외국에 대한 직접 위성방송이 수신국의 명백한 동의에 의하여서만 허용되도록 하는 엄격한 규정을 포함하는 것으로서 유엔 작업반의 종전 회의에서 제기된 제한적인 원칙들을 거의 모두 망라한 것이었다.

유엔사무총장은 소련안을 COPUOS에 이관하였으며 COPUOS는 유엔총회의 작업반이 제4차 회기 중 직접방송의 문제를 심의하도록 하였다.[68] 작업반의 제5차 회기에서 소련은 자국이 제출한 협약안을 선언안으로 대체하였다.[69] 동 선언안은 협약안과 동일하나 단 두 가지 점에서 상이하다. 첫째는 협약안 제6조에 규정한 금지되는 프로그램의 내용의 목록을 선언안에서 생략하였다는 점이다. 그러나 선언안 제4조가 구체적으로 금지되는 방송프로그램의 내용을 생략 하긴 하였지만 협약안 제4조에서와 같이 군국주의, 인종적 혐오 및 문화적 전복 등을 장려하는 프로그램을 일반적인 금지 내용으로 규정하고 있기 때문에 정도의 차이 문제이다.

둘째는 전파침투(spillover)에 관한 문제이다. 소련 협약안 제8조 2항은 고의가 아닌 방송 대상이 되고 있다고 믿는 어느 국가도 방송 송신국과의 협의를 요청할 자격을 갖는 것으로 하였으나 선언안은 자국 영토에서 통상의 수신기로 비고의적인 전파침투가 수신되는 경우 피해국은 방송내용에 관한 즉각 협의를 방송 송신국에 강제할 수 있다고 하였다.[70]

소련의 1972년 협약안과 1974년 선언안이 거의 동일하지만 전자가 소련의 온화한 입장을 나타내는 것이다. 이는 소련이 통상 국제합의의 설정방식인 조약의 형태를 주장하는 대신 구속력이 없는 선언은 좀 더 강한 내용으로 한다는 양해를 미국, 스웨덴 및 캐나다 측으로부터 받아냈기 때문이다.

1973년 작업반의 제4차 회기 시 스웨덴·캐나다 대표의 공동안[71]도 심의되었다. "위성에 의한 직접 TV방송의 규율 원칙안"(Draft Principles Governing Direct Television Broadcasting by Satellites)이라는 제하의 동 공동 안은 협력과 참여라는 기본 원칙의 적용을 통하여 정보의 자유유통과 국가주권을 조화시키려고 하는 것이었다. 동 안은 소련 협약안과 같이 방송 송신자가 수신국의 동의를 획득할 것을 요구하

66) UN Doc A/AC. 105/83 (1970).

67) UN Doc A/8771 (1972).

68) 1972.11.14자 유엔 총회 결의문 제2916호 (XXVII).

69) UN Doc A/AC. 105/127. Annex II (1974).

70) 상동 소련의 선언안 제8조 2항.

71) 전게 주 64). Annex IV.

는 것이었다.

어느 외국으로든지 위성에 의한 직접 TV방송은 방송 수신 외국의 동의하에만 이루어져야 한다. 이때 동의를 하는 국가는 자국의 관할과 통제하에 있는 영토를 대상으로 하는 방송활동에 참여할 권리가 있다. 이 참여는 관련 당사국간의 적절한 국제주선에 따라야 한다.[72]

스웨덴·캐나다의 공동 선언안 중 사전 동의 규정이 소련 협약안의 규정과 유사하나 전자는 이해 당사국의 여하한 형태의 프로그램제작에도 동의할 수 있도록 한 반면 소련안은 특정 범주의 내용은 방송을 동의하지 않도록 한 점에서 차이가 난다.[73]

스웨덴·캐나다의 공동 선언안은 기술적으로 불가피한 전파침투의 경우 사전 동의 조항이 적용되지 않지만 다음 경우에 동의와 참여가 있도록 하였다.

① 한 외국의 영토를 커버하기 위한 위성의 신호 방사가 ITU의 라디오 규정상 기술적으로 불가피하다고 간주되는 한계를 넘었을 때,

② 한 외국의 영토에 대한 전파침투가 기술적으로 불가피한 상황에서 위성방송이 전파침투가 되는 지역에 있는 동 국가의 청중을 구체적으로 겨냥할 경우[74]

만약 어느 나라라도 타국이 이상의 제 원칙을 위반한다고 결론지을 경우 동 공동안은 전자의 국가가 후자의 국가를 상대로 위반사항에 관련한 협의를 요청할 수 있도록 하였다. 협의가 상호 만족스럽지 않을 경우에는 피해국은 조정, 중개, 중재 또는 사법적 해결과 같은 분쟁해결을 위한 기존 절차에 따라 해결을 모색한다. 스웨덴·캐나다의 공동안은 소련협약안과 미국대표의 구두 제안 내용의 중간에 해당하는 양해안으로 볼 수도 있다. 동 공동안은 소련안과 비슷한 사전 동의규정을 포함하였다. 소련안 중에 미국대표가 강력히 반대하였던 프로그램 내용에 대한 통제는 누락시켰다. 한편 두 나라가 동의하여 이루어지는 방송 송수신 결과 제3국이 전파방해를 받을 경우 동 전파방해가 기술적으로 불가피 한 것이며 동 제3국을 특히 겨냥한 것이 아니었다면 동 제3국은 자국이 동의하지 않았음을 이유로 하여 방송의 송수신에 간섭할 수 없다. 끝으로 공동안의 검열이나 금지된 프로그램 목록을 포함하지 않았다는 사실은 국제 방송규정에 대한 미국이 자국 헌법상의 규정을 이유로 반대하는 입장을 완화시키는 것이었다.

작업반의 처음 네 회기 중 미국은 직접방송에 관한 어떠한 국제 선언이나 조약은 DBS기술의 발전과 운영을 방해할 것이라고 계속 주장하였다. 그러던 미국은 소련과 스웨덴·캐나다의 제안에 대응하여 자국의 제 원칙 선언안을 작업반 제5차 회기 시 제출하였다. 미국의 '직접방송위성에 관한 미국의

---

72) 전게 주 67) 소련 협약안 제5조.
73) 상동 소련 협약안 제6조와 전게 주 64) 스웨덴·캐나다 공동안 제8조 참조.
74) 전게 주 64) 제6조.

제 원칙안'75)은 불법적인 방송내용을 열거하지 않았다. 소련안과 달리 미국안은 ITU의 기술적 사항과 절차 및 유엔헌장과 외기권 조약을 포함한 국제법의 범위 내에서 직접방송을 발전시킬 필요가 있다는 긍정적인 접근방식을 취하면서 정보의 자유유통의 원칙이 상정하고 있는 쌍방유통을 보장하는 광범한 접근을 위한 규정의 필요성을 인정하였다.

이상의 각국 제안의 토론결과 DBS를 규율하는 14개 원칙 안76)을 작성하여 COPUOS의 법률소위가 추가 작업을 하는 바탕으로 이용한 바가 되었다. 법률소위는 수차 회기를 통하여 당시 해결하지 못하였던 여러 문제에 대한 각국의 의견 차이를 해소하려는 노력의 일환으로 1978년에 DBS에 관한 12개 원칙안을 새로이 작성하였다.77) 동 12개 안은 법률소위의 1979년,78) 1980년79) 및 1981년의80) 회기에서 각기 토의되었다. 그러나 컨센서스를 보지 못하는 여러 사항이 해결되지 않았는바, 1979년 스웨덴·캐나다의 공동안81)은 여사한 문제를 해결하여 몇 개 논란문제에 대한 최종적인 컨센서스를 유도하고자 하는 목적으로 제출된 것이다.

법률소위는 1980년과 1981년 회기 중 여러 제안자들 간의 상이한 입장을 해소하려는 노력을 경주하였다. 그 결과 전파침투 문제를 지도 원칙들(guiding principles)에서 제외시켰다.82) 그리고 위성에 의한 직접 TV방송을 "특별히 외국을 겨냥한 지구 인공위성을 통한 방송"으로 정의하는 안83)을 마련하였다. 그러나 이 지도원칙들은 전파침투 때문에 일국이 수신하는 방송신호가 야기하는 문제들을 다루지 않았으며 따라서 동 건은 ITU의 전파규칙84)이 규정하는 바대로 제 국가가 타국영토의 정부와 사전합의를 하지 않는 한 동 타국 영토에 대한 전파 방사가 최소화하도록 모든 가능한 기술적 수단을 동원할 의무를 부과85)하는 것으로 이해하여야겠다.

DBS문제에 관한 유엔의 해결노력을 계속 살펴보건대 1980년 영국이 캐나다 및 스웨덴과 함께 작업반에 제출한 토의 문서86)는 국제 DBS TV방송을 하려는 국가가 "지체 없이 동 방송 수신 대상국에

---

75) UN Doc A/AC. 105/WG. 3(V)/CRP.2 (1974).

76) UN Doc A/AC. 105/133, Annex VI (1974); UN Doc A/AC. 105/C.2 (XIII)/WG.3/1/Rev.

77) UN Doc A/AC. 105/218 Annex II (1978).

78) UN Doc A/AC. L/5/240, Annex II (1979).

79) UN Doc A/AC. 105/271 (1980).

80) UN Doc A/AC. 105/288, Annex II (1981).

81) UN Doc A/AC. 105/C. 2/L.177 (1979).

82) 벨기에의 토의 문서 UN Doc A/AC. 105/C. 2/L.120 (1979) 참조.

83) UN Doc A/AC. 105/C. 2/L.131 (1981).

84) ITU의 전파규칙인 Radio Regulations(RR)는 ITU 각 회원국의 통신 주관청이 세계 통신질서를 유지하기 위한 관점에서 제정한 후 현실에 맞게 수시 개정돼 오는 것으로서 ITU헌장과 협약을 보충하는 구체적인 세계통신 규율문서임. ITU회원국은 기본 문서인 ITU헌장과 협약뿐만 아니라 RR도 준수할 의무가 있음.

85) RR 2674, edition of 1982, revised in 1985 and 1986.

86) UN Doc WG/DBS (1980)/WP.1.

통보한 후 협의를 요청하는 수신 예상 대상국과 즉각 합의하여야 한다."라고 제안하였다. 동 안에 따르면 여사한 TV방송은 방송의 목적이 타당하고 또한 ITU의 관련 규정과 동 제안문서가 제시하는 원칙들에 따라서 합의할 경우 이루어질 수 있도록 하는 것이다.

미국과 소련도 상기 "협의와 합의"조항을 수락하는 듯 하였으나 정보의 자유유통에 대한 언급에 있어서 미·소 양국이 상호 의견을 달리하는 바람에 지도원칙들 전체에 관한 합의가 좌절되었다. COPUOS의 법률소위는 작업반의 실패를 COPUOS에 보고하면서 동건 작업이 종결되든지 또는 계속되든지 양자를 택하도록 권고하였다. 이 결과 유엔총회는 COPUOS가 1982년도 회기에 동 문제를 계속 토의하고 그 결과를 동년 유엔총회에 보고하도록 하였다.

이에 따라 COPUOS는 비공식 작업반을 가동하여 동건 해결의 장애요소인 국가 간 협의와 합의원칙에 대한 토의를 계속하였으나 그리스와 인도대표의 노력[87]에도 불구하고 미결사항이 된 채 유엔총회로 이관되었다. 그런데 의외로 유엔총회는 1982년 제37차 회기 중 "국제 직접TV방송을 위한 인공위성의 국가사용에 관한 원칙 (Principles Governing the Use by States of Artificial Earth Satellites for International Direct Television Broadcasting)이라는 제하의 결의문[88]을 채택하였다. 동 원칙의 제13항과 제14항은 국제 DBS방송을 하기 위하여서는 해당국이 지체 없이 방송 수신 예정국에 그 사실을 통보하며 동 수신예정국은 제안된 방송내용에 관한 합의를 얻기 위한 목적으로 협의를 요청하고 유도할 권리가 있다고 규정하였다. 여사한 규정을 포함한 상기 결의문은 다수의 지지(찬성 107, 반대 13, 기권13)로 채택되었지만 컨센서스로 채택된 것이 아님에 유의할 필요가 있다.

법적 관점에서 유엔총회의 결의문이 구속력이 있는 국제법을 형성하는 것은 아니다. 또한 결의문채택시의 상황이 어떠하였느냐 즉, 컨센서스로 또는 다수 표결로 채택되었느냐의 여부는 결의문 내용이 국제사회의 광범위한 지지를 받는지 여부를 나타낸다.

그런데 상기 유엔총회의 결의문에 대하여 거의 모든 서방국가가 반대하였다는 사실은 동 결의문이 미약한 권고효과를 갖는 것 이상이 될 수 없다는 것을 말하는 것이다. 여사한 결의문의 채택은 DBS를 규율하는 일련의 규칙을 컨센서스로 채택하지 못한 COPUOS의 실패를 반영하는 것이기도 하다.

상기 결의문 채택 이후 COPUOS에서 상금 더 이상 DBS에 관한 토의가 없다.

---

87) UN Doc A/AC. 105/288, Annex II (1981).
88) 유엔 총회 결의문 제37/92호 (82.12.10 채택).

2.3.4 직접위성방송에 관한 ITU 초기 규정

자국 내의 방송을 규제하는 것을 포함한 국가주권의 원칙과 정보의 자유유통 개념을 포함한 인권 측면은 각기 직접방송 활동에 관련하여 법적 의미를 갖는다. 정부의 사전 동의가 국제법에 부합하는 것이고 이에 따라 방송 송신국이 방송수신국의 동의를 받을 경우 양국이 정보의 자유유통에 합의하는 것이다. 국가 간 직접방송에 관한 합의는 상호주의에 따라서 할 수도 있으며 또 양국 간 또는 다국 간 합의할 수도 있다. 또한 합의 대상으로서의 방송프로그램을 전부(*in toto*)포함시킬 수도 있으며 또는 특정한 프로그램만으로 한정시킬 수도 있다. 비슷한 문화배경을 가지고 있는 국가들 사이에 특정 프로그램을 직접 방송하는 것은 매우 인기 있는 방송이 되겠다. 국가 간 합의는 직접 방송될 프로그램의 내용에 관하여 구체적인 규정을 할 수 있으며 국가에 따라서는 정부가 직접 나서지 않고 방송담당기관(방송국 등)으로 하여금 직접 방송내용을 교섭하도록 방임하기도 한다.

ITU규정은 첫째, 송신국과 수신국이 직접방송을 행하기전에 주파수와 지구정지궤도 위치 등의 기술적인 문제에 관한 협의를 하도록 하였다. 1977년에 시작되어 1988년에 완성된 방송위성 계획(plan)[89])에 의하면 송신국과 수신국이 같은 정지궤도를 사용하도록 하였다. 둘째, 송신국과 수신국은 계획상에 표기된 바대로 양국 영토를 커버하는 공동의 국제 빔(common international beam)을 같이 사용하든지 또는 자국만을 커버하는 별도의 국가 빔(national beam)을 계획에 따라 각기 사용하는 방법에 관하여 상호 합의하여야 한다. ITU의 용어로는 국제 빔을 공동 사용하는 것만이 국제직접방송으로 간주되고 국가 빔은 외국에 의하여 사용되었을지라도 국내 또는 국가직접방송으로 간주된다.[90]) 따라서 국제직접방송이 있기 위하여서는 송신국과 수신국이 ITU 테두리 내에서 공동의 궤도위치와 공동의 국제 빔에 관하여 합의를 하여야 한다.[91])

그런데 이상과 같은 ITU 규정상의 구체적이고 기술적인 합의가 1982년 제37차 유엔총회에서 채택된 원칙[92])에 입각한 사전 동의를 포함하는 것이냐의 여부에 대하여 견해가 상반되어 있다. 상기 합의가 사전 동의를 포함하는 것이라는 측은 ITU계획 자체가 이미 적절한 보호를 마련하고 있는 것이기 때문에 동 계획에 따라서 순수하게 기술적인 사항만은 조정하기만 하면 되는 것이니 별도의 합의는

---

89) 1977년의 WARC에서 1지역과 3지역의 방송위성을 위한 정지위성궤도와 하향회선 (down link)채널이 결정되었으며 미결된 2지역(구주, 아프리카 및 중동)은 1985년에 지역무선주관청회의(Regional Administrative Radio Conference, 줄여서 RARC)를 개최하여 결정하였음. 1988년의 WARC-ORB에서는 제1지역과 3지역의 방송위성용 상향회선(up link 또는 feeder link)을 배분 결정하면서 모든 ITU 회원국에게 적어도 하나의 방송위성용 궤도와 주파수를 배분 완료하였음.

90) Chapman and Warren, Direct Broadcast Satellites : the ITU, UN and the Real World (1979), 4 Annals Air Sp. Law, 413, 422; Jasentuliyana, Regulations Governing Space Telecommunication, in, Jasentuliyana and Lee,(eds), Mannal on space Law, Vol.1, (New York, 1979), pp.195, 207, 219.

91) 상동 Chapman and Warren의 논문 p.422이하 및 Jasentuliyana논문 p.207이하 참조. ITU는 여사한 합의에 이르는 절차를 복잡하게 규정하고 있는바, 이에 관하여는 상동 Jasentuliyana논문 p.209이하 참조.

92) 전게 주 88).

불필요하다는 입장이다.[93] 이와는 반대로, ITU규정에 따른 합의조정은 단순히 기술적인 문제만을 다루는 것이기 때문에 DBS활동의 기술적인 측면에 관한 계획의 존재는 국가 간 사전 동의를 규정하는 직접방송위성에 관한 제 국제법적 원칙을 무시하는 것이 아니라는 견해가 있다.[94]

ITU규정에 따라 궤도 위치, 국제적 또는 국가 빔 및 주파수에 관한 국가 간 합의는 DBS활동을 하는 데 필요 불가결한 기술적 전제요건에 관한 사항들이다. 동 규정들은 국가 간 DBS활동의 수행을 위한 법적 토대를 마련 한다기보다는 여사한 활동이 장차 수행될 수 있도록 하는 기술적 토대에 관한 합의를 의미할 뿐이다. 따라서 DBS의 활동에 관한 사전 정부 합의는 ITU계획에 의하여 영향을 받지 않는다고 보아야 한다.[95] 실제로 여사한 합의가 ITU계획을 보충할 뿐이다. 이는 1977년의 ITU계획에 따라 국제 빔을 공동 사용하는 것에 대하여 양국 간 합의가 많았다는 데에서도 나타났다. 그러나 방송에 관한 더 이상의 합의가 없다는 것은 일국이 자국의 방송제도와 기준에 부합하지 않는 타국의 방송신호를 수신할 때 이를 규제할 법적 근거도 없이 타국의 DBS활동에 종속되는 결과가 된다.

타국으로부터의 방송이 해를 끼치는 유형을 보건데 정치적 부문의 선전, 상업광고 및 문화적 종속을 야기하는 프로그램으로 대별할 수 있다. 국가관행은 첫 번째의 정치적 또는 이념적 선전에 대하여서는 완강한 거부의 반응을 보이나 상업광고와 문화적 프로그램의 월경수신에 대하여서는 대체로 온건하게 대처한다.

DBS방송이 타국에 손상[96]을 끼친 경우 외기권 조약 제6조에 따라 송신국은 모든 우주활동에 대한 국가책임을 부담하여야 하기 때문에 피해를 받은 방송 수신국에 배상을 하여야 한다. 그러나 많은 경우 어떠한 방송프로그램이 진정 잘못되었고 또 해를 끼쳤느냐를 판단하는 것은 매우 어려운 일이겠다. 이러한 판단의 지침이 되는 보편적인 국제문서도 없으며, 또한 규율대상인 방송프로그램과 전파 사용이 그 특성상 정형적인 선악의 틀에 들어맞는 것이 아니고 빠른 속도로 발전하는 분야이기 때문에 더욱 그러하다. 따라서 방송에 의한 피해는 '인내할 수 있는(tolerable)' 것이냐 여부를 기준으로 구분할 수밖에 없다.[97] 손해배상 청구는 국가가 국가를 상대로 할 수도 있지만 송신국의 국내법이 허용하는 한 피해를 받은 수신국의 국민이 송신국의 방송기관을 상대로 할 수도 있다. 그러나 전자의 경우 적용할 수 있는 구체적인 성문 국제법이 없고 후자의 경우 송신국의 국내법에 의하여야 하기 때문에 여러 나라에 걸쳐 동일한 사건에 동일한 법적결과를 얻을 수 없다는 결점이 있다.

---

93) 미국 대표 발언: UN Doc A/AC. 105/C. 2/SR.304 (1979), p.7 이하.

94) 소련 대표 발언: 상동 문서 P.4.

95) 이러한 입장이 캐나다·스웨덴의 공동제안의 배경을 이루고 있을 뿐 아니라 '사전 동의' 원칙을 지지하는 많은 국가의 입장임.

96) 수신국 국민의 일개인 또는 단체의 명예를 손상하는 방송을 할 경우 등과 같이 정신적인 손상이 있을 수 있고 또는 잘못된 일기예보를 한다든지 자국을 대상으로 방송되는 자연재해의 긴급경고의 전파를 전파 방해함에 따라 동 경고를 수신하지 못하는데서 오는 물질적 피해등도 있을 수 있음.

97) Taishoff, M. N., State Responsibility and the Direct Broadcasting Satellite, Frances Pinter, London, 1987, p.179.

이상은 타국에서 발신하는 DBS방송이 명시적 또는 묵시적 합의하에 방송된다는 전제하에 야기되는 문제이다. 그러나 국가주권과 관련하여 사전 동의 없이 방송을 할 수 있느냐 여부는 또 하나의 중요한 별개의 문제이다.

ITU에서 정하는 기술적 계획이 제한적이고 구체적인 성격을 갖는다는 것을 부인할 수 없다. 이러한 기술적 문제의 사전조정에 관한 ITU 규정은 국경을 넘는 통신에 적용되는 넓은 의미의 국제법이라 볼 수 있다. 주권의 원칙은 자국의 방송 제도를 규제하고 제어하는 권리를 포함하는바, 외국방송제도의 기술적 혼신을 피하기 위하여서도 인접국과 방송활동을 조정할 필요가 있다.

정치적·법적 차원에서의 조정문제는 기술적 성격이 유발하는 조정과 합의의 절실성을 갖지 않는다. 기존 라디오와 TV방송활동에 있어서 자국 방송 제도를 규제하여 외국의 간섭에서 자유로울 수 있는 국가의 권리는 기술적, 정치적 또는 기타 이유 때문에 일부분만 행사되어 왔다.[98] 실제로 외국의 방송 간섭에 대하여 많은 국가가 상당한 정도로 묵인하고 있는 경우가 많다.[99] 따라서 기존 방송 방식을 비추어 볼 때 사전합의를 요하는 확립된 법적 규칙이 존재한다고 할 수 없다. 그러나 첫 번째 DBS가 발사되기 전부터 대다수 국가는 사전 합의 되지 않은 외국의 방송 간섭에 대하여 반대하는 입장을 취하였다. 이는 결국 방송자유 남용으로부터 보호하기 위하여서도 DBS의 법적·정치적 측면에 관한 국제법적 원칙의 필요성이 있다는 것을 말한다.

2.4 UNESCO 결의와 관련 협약

신생 개도국들은 선진국과 후진국 간의 대립이 선진국들의 정보와 언론의 장악으로 심화된다는 인식하에 1960년 후반부터 방송과 통신사의 선진국 독과점 형태를 재편하는 노력을 경주하였다. 특히 유력한 언론 매체인 방송이 선진국들에 의하여 독점되고 이것이 위성 방송을 통하여 적용될 경우 그 위력이 대단할 것을 우려한 개도국들은 각종 유엔 무대에서 정보의 자유 유통과 위성 방송의 사용 지침을 강력 요구하였다.

이 결과 1972년의 제17차 UNESCO총회에서는 정보의 자유 유통, 교육의 전파 및 활발한 문화교류를 위한 위성방송의 사용에 관한 지도 원칙들의 선언[100](Declaration of Guiding Principles on the Use of Satellite Broadcasting for the Free Flow of Information, the Spread of Education and Greater Cultural Exchange)을 채택하였다.

---

98) Matte, N.M., Aerospace Law : Telecommunications Satellites, (Toronto, 1982), pp.66-70.
99) 그러나 외국의 방송 간섭이 정치적 전쟁 이념적 선전을 목적으로 하거나 해적방송일 경우에는 모든 국가가 이를 단호히 배격하고 있음.
100) 동 선언문 내용은 http://portal.unesco.org/en/ev.php-URL_ID=17518&URL_DO=DO_TOPIC&URL_SECTION=201.html 참조.

UNESCO가 작성한 상기 선언문의 제6조 2항은 "각국은 자국민에게 위성 방송되는 교육 프로그램의 내용을 결정하는 권리를 가지며, 여사한 프로그램이 다른 나라와 협력하여 제작될 경우 자유롭고 동등한 바탕에서 프로그램의 기획과 제작에 참여할 권리가 있다."라고 규정하였으며 제9조는 "송신국이 아닌 국가의 인구를 대상으로 한 직접위성방송에 관한 사전합의"와 상업방송에 관한 "구체적인 합의"를 규정하였다. 이는 외국으로부터 들어오는 방송 프로그램은 수신국의 동의를 요한다는 원칙을 말하는 것으로서 기술 후진국 및 문화침투를 우려하는 개도국의 입장이 반영된 내용이다. 이러한 입장은 UN의 작업반과 기타 국제무대에서 선진국의 반대와 유보입장에도 불구하고 수적으로는 일반적인 지지를 받는 편이었다.[101] 그러나 한 걸음 더 나아가 동의만으로 족하지 않고 규제 원칙이 필요하다는 의견이 대두되었다. 여사한 토론은 소련, 미국의 제안 및 스웨덴과 캐나다의 공동제안을 바탕으로 하였는데 프랑스와 아르헨티나[102] 등도 안을 제출하였다.

UNESCO에서 1972년에 채택한 상기 선언은 정부 대표가 아닌 전문가에 의하여 성안[103]되었으며, 회의에 참석한 국가 대표들이 단순 다수결로 채택한 것이기 때문에 큰 의미를 갖는다고 볼 수 없다. 마찬가지로 1982년에 유엔총회가 채택한 DBS에 관한 결의문(37/92)도 사전 동의의 필요성을 강조하지만 서방국가들이 반대한 가운데 채택된 권고적 성격에 불과하다. 이점에서도 DBS의 정치적·법적 측면을 규율할 국제 조약의 필요성이 강조되는 바이다.

한편 인공위성을 이용한 방송프로를 운반하는 신호(signal)를 불법 포착하여 분배하여 영업하는 것은 방송프로의 저작권을 침해하는 결과가 되는바, 이를 방지하기 위한 협약이 채택 발효 중이다. 동 협약의 명칭은 Convention Relating to the Distribution of Programme Carrying-Signals Transmitted by Satellites[104]로서 UNESCO와 WIPO(세계지적재산권기구)가 공동으로 브뤼셀에서 외교 회의를 개최하여 1974. 5. 21 채택한 것이다.

3. 위성항법장치

오늘날 국제통신과 함께 실생활에 적용된 우주기술로서 그 효용과 시장규모가 거대하다.

---

101) 수신국의 동의 원칙을 천명한 유네스코 선언은 55:7 (기권 22)로 채택되었으며 유엔의 DBS작업반에서는 거의 모든 대표가 이 동의 원칙을 지지하였음.

102) UN Doc A/AC, 105/134 (1974); UN Doc A/AC, 105/WG, 3(V)/CRP.3 (1974).

103) UN Doc A/AC, 105, PV, 117 (1972), pp.49–50.

104) 1979.8.25 발효하였으며 한국은 2011.12.31 가입서를 기탁, 2015년 1월 현재 37개 당사국.

3.1 GPS

Global Positioning System(GPS)은 미국공군 제50 우주부대(50th Space Wing)가 운용하는 위성항법체제로서 세계 유일하게 완전 작동하면서 전 세계 누구에게나 무료로 개방되고 있는 위성망이다. 24개 내지 32개의 중(medium)궤도(2만-2만 6천km 상공) 위성의 무선 주파수(radio wave)신호를 수신하여 자체 위도, 경도, 고도를 파악하고 정확한 시간도 유지토록 하는 GPS는 현재 31개의 위성과 2개의 예비위성으로 구성되어 있다.

원래 군사목적으로 개발 중에 있다가 1983년 대한항공 007기가 소련 영공에 실수로 진입하여 피격된 사건을 계기로 미국 Reagan 대통령이 민간에 무료로 개방토록 지시한 데 따라 오늘날 전 세계 국민이 큰 혜택을 보고 있다. 1989년부터 1993년까지 소요 위성을 발사하여 위성 군(群)을 완성하였으나 민간용은 의도적으로 100m의 해상도로 제공하였다. 그러나 2000년부터 동 차별을 해소하여 20m의 해상도를 제공하면서 세계 곳곳에서 자동차, 선박, 항공기 등의 자체위치확인과 목적지 안내를 하는 네비게이터로 또 기타 용도로 엄청나게 이용되면서 커다란 경제파급효과를 가져다주고 있다.

3.2 GLONASS

Global Navigation System(GLONASS)은 1976년 시작한 소련의 위성항법체제로서 1982년부터 소요위성 발사를 시작하였는데 원래 1991년에 전 세계를 커버한다는 계획을 위성 군의 배치가 완료되는 1995년까지 연기하였다. 그러나 1991년 말 소련 붕괴에 따른 경제난과 내부 애로에 봉착하여 추진이 난관에 봉착하였다.

2001년부터 위성체제 복구를 시작한 후 최근 인도정부를 파트너로 수용하면서 2009년까지 전 세계를 완전 커버한다는 목표이었으나 GLONASS는 2010년에야 러시아 영토를 100% 커버했으며, 2011년 10월 24개 위성 군이 완료되고 2013년 4월 24개 위성의 가동을 복구하면서 지구 전체를 커버하게 되었다. 그러나 지구 궤도에 29개의 위성이 있음에도 불구하고 러시아 국방부는 GLONASS가 기술적으로 시스템이 완료되었지만 2014년 현재 "계속 개발중"(in development)[105]이라고 설명한 것은 상금 전 세계를 커버하는 완전가동에 문제가 있어서이겠다. 전 세계를 커버하는 24개의 위성 군이 19,100km 고도를 120도 간격의 궤도(plane)로 3개의 궤도면으로 분할하여 돌면서 21개는 무선신호를 송신하고 3개는 예비용으로 쓰이는 GLONASS는 18개 위성으로 러시아 영토를 커버하고 24개 위성으로 전 세계

---

105) 2016.1.7. 방문 wikipedia의 GLONASS 내용.

를 커버하는 것으로 설계되어 있다.

3.3 BeiDou

BeiDou-2는 중국의 기존 Compass를 대체하는 위성항법체제로서 35개의 위성 군으로 구성될 예정이다. 이 중 5개는 지구정지궤도에, 30개는 중궤도(medium Earth orbit)에 배치한다.

BeiDou-2의 위치 추적 서비스도 다른 세계위성항법체제(GNSS)와 같이 민간에게 무료로 개방하는 레벨과 중국 정부와 군사용으로 제한된 레벨의 두 가지로 구분된다.

2007년 4월 시험용 위성 Compass-M1을 발사한 후로 전송 신호에 대한 연구를 활발히 하여 2011년 12월부터 중국과 이웃 국가에 위성항법체제를 무료로 시범 운용하였고 2012년 12월부터는 아·태 지역에 대한 서비스를 개시하였다. 시범 운용에서는 25m의 해상도로 제공하였지만, 이후 더 많은 위성을 발사하여 공식적인 운용에서는 10m 정도의 해상도와 0.2m/s의 측정 속도를 제공할 것을 약속하였다.

중국은 2012.4.30 장정(Long March) 3B 로켓으로 12번째와 13번째에 해당하는 2기의 콤파스 위성을 성공리에 발사하여 2012년부터 아시아의 일부지역에 대한 서비스를 시작하고 2020년경 5개의 정지궤도위성과 30개의 저궤도위성으로[106] BeiDou-2를 완성할 계획이다.

3.4 Galileo

Galileo는 EU의 전(全) 지구 위성항법시스템으로 17세기 이탈리아 천문학자 Galileo Galilei(1564~1642)의 이름에서 따온 것이다.[107] 미국의 GPS가 군사목적으로 개발되어 미국 공군에 의하여 운용되기 때문에 유사시 민간에 대한 서비스 제공이 차단될 수 있다는 우려에서, EU는 처음부터 민간용과 군사용을 포함하여 모든 사용자에게 제공할 목적으로 1999년 ESA와 공동으로 Galileo 프로그램을 추진하였다. EU는 당초 약 33억 유로(약 50억 US$)의 예산으로 2008년까지 Galileo를 완성할 계획이었으나 Galileo의 구축과 운용, EU 회원국 간의 이해관계, 국제 환경 등의 변화로 Galileo 구축이 지연되었다.

EU와 ESA는 원래 Galileo 프로그램을 민관협력(private public partnership) 방식으로 추진하였으나 참여 민간회사가 자금지원을 요청하자 EU는 Galileo를 정부주도 방식으로 전환하고 2004년 유럽 GNSS 감독기구(European GNSS Supervisory Authority: GSA)를 설립하여 추진 중이다.

---

106) 2013.1.27. 방문 website. http://www.beidou.gov.cn/2012/12/14/201212142e8f29c30e0d464c9b34d6828706f81a.html/.

107) 미국 NASA가 12년간 연구 개발하여 1989년 우주왕복선 Atlantis에서 발사되어 6년간 행성사이를 돌아다니다가 8년간 목성(Jupiter)궤도를 탐사한 후 2003년 신호발송중단으로 임무를 다한 미국 우주 프로젝트 이름도 Galileo였음.

2001년 발생한 9/11사태는 Galileo의 추진에 예상치 못한 장애물로 등장하였다. 미국이 EU의 Galileo 추진에 우려를 표시하였기 때문이다. 미국의 우려는 근본적으로 GPS와 Galileo의 서비스를 제공받는 대상자의 차이에서 비롯된다. 군사용과 민간용을 구분하지 않고 고정밀 서비스를 제공하는 Galileo와는 달리, GPS는 본래 고정밀 서비스를 군사용에 한정하였고 1983년 대한항공 007기 피격 사건 이후 제한적으로 민간에게 서비스를 제공하였다. 따라서 미국이 군사적 충돌 상황에 처한 경우 언제든지 민간에 대한 GPS의 서비스 제공을 중단하더라도 적국은 Galileo를 군사적으로 이용할 수가 있다. 이를 둘러싸고 긴장이 계속되자 결국 EU와 미국은 절충안에 합의하였다. 당초 Galileo에 사용될 예정이었던 주파수를 다른 주파수로 변경한 것이다. Galileo가 변경 전 주파수를 사용할 경우 미국은 GPS의 간섭 없이는 다른 GNSS의 신호를 방해할 수 없으나, 주파수 변경 후에는 GPS에 영향을 미치지 않고 다른 GNSS에 대한 간섭이 가능하기 때문이다.

EU는 Galileo의 추진 방식, 미국과의 긴장 등이 해소되자 Galileo의 구축을 가속화하였다. 2007년 EU 27개 회원국의 운송장관들은 고도 23,222km와 56도 경사각을 가진 중궤도면 3면에 각각 10기 총 30기 (3기의 예비위성 포함)의 인공위성을 발사하는 Galileo 프로그램을 확정하였다. 당초 계획과는 달리 Galileo의 운용 시작 시기는 2013년으로 연장되었고 예산은 46억 유로로 증액되었다. Galileo의 시험용 인공위성인 Giove-A와 Giove-B가 2005년과 2008에 각각 발사된 후 2011년 2기의 상용위성인 IOV PFM 와 IOV FM2가 발사되면서 Galileo 완성을 위한 인공위성의 배치가 본격화되었다. EU는 2014년부터 총 14기의 인공위성을 발사하여 2014년에 부분적으로 서비스를 제공하고, 12~14기의 인공위성을 추가로 발사하여 2010년대까지는 지구 전역에 서비스를 제공할 계획이다.

미국의 GPS와 호환(interoperability)이 되게끔 설계된 Galileo는 다른 위성항법장치가 구비하지 않는 수색구조 서비스를 제공할 계획인데 Cospas-Sarsat의 운영개념에 바탕을 둔 수색구조 서비스는 한 걸음 더 나아가 구조를 요청하는 자의 조난신호를 수신하는 대로 이에 응답하는 시스템도 도입하는 것으로 준비 중이다.[108]

4. 통신서비스

우주활동 초기 우주기술이 일반인의 실제 생활에 적용된 대표적인 사례는 인공위성을 통한 국제전화의 사용이었다. 이러한 위성통신 서비스는 1964년에 설립된 국제통신위성기구(International Telecom-

---

108) 2014.6.1.방문 유럽우주기구(ESA)의 Galileo navigation 웹사이트 www.esa.int/Our_Activities/.

munications Satellite Organization: INTELSAT)[109]와 같이 정부 간 국제기구에 의하여 제공되었다. INTELSAT 에 대항하여 사회주의 국가를 중심으로 1971년 국제이동통신기구(International System and Organization of Space Communications: Intersputnik)[110]가 설립되었으며, 1979년에는 선박항행의 안전을 목적으로 국제해 사위성기구(International Maritime Satellite Organization: Inmarsat)[111]가 설립되었다. 그리고 1977년에는 지역적 차원에서 유럽통신위성기구(European Telecommunications Satellite Organization: EUTELSAT)가 설 립되었다.

위성통신 서비스의 확대에 따라 1980년대 중반부터 Iridium Satellite LLC, Globalstar, SES S.A. 등 다국 적 통신 기업이 등장하면서 INTELSAT의 독점적인 지위가 점차 무너지기 시작하였다. 결국 1990년대 들어 INTELSAT, Inmarsat, EUTELSAT과 같은 정부 간 국제기구도 민영화를 추진하면서 국제 통신 시장 에 뛰어들었다.

4.1 INTELSAT

1964년 정부 간 국제기구로 발족하여 1965년 대서양 상공 지구정지궤도에 첫 위성 INTELSAT I 을 쏘아 올리면서 통신위성 서비스를 시작하였다. 설립이 되는 근거는 2개의 협정으로 이루어져 있는데 하나는 국가가 당사자로 서명한 것이며 다른 하나는 정부 또는 정부가 지정한 공기업이나 사기업이 사업당사자로 서명한 것이다. 이는 지구 전체를 커버하는 위성통신체제를 상업적으로 운영하는데 국 가가 직접적인 당사자가 되기 곤란하기 때문에 기구 자체의 설립과 성격은 국가 간 합의로 하되 상업 적 운영은 각국의 정부가 지정하는 기업이 참여하는 것이 바람직하다는 판단에서 나온 것이다. 이리 하여 회원국의 주권평등에 기초한 INTELSAT협정과 상업적 운영을 규정하면서 투자지분에 따라 가중 투표로 운영결정토록 하는 운영협정(Operating Agreement)으로 구성되었다.

미국 수도 워싱턴에 본부를 두고 144개국이 참여한 INTELSAT의 협정 제14조는 회원국이 INTELSAT 과 별도의 통신 위성망을 설립하거나 사용할 경우 INTELSAT과 협의를 하도록 규정하여 독점이라는 논 란이 많았다. 그런데 이러한 독점은 여러 사기업이 통신 위성망 산업에 진출하여 시장이 경쟁체제로 변모되면서 INTELSAT은 그간 향유한 특별한 지위와 독점체제를 벗어날 수밖에 없었다. 그 결과 참여 국가가 100개국 이상이었던 2001년에 사유화를 단행하면서 정부 간 기구로서의 ITSO[112]와 개인 회사

---

109) 1961년 유엔총회 결의 1721호에 연관하여 1964년 창설된 INTELSAT관련 상세는 박원화, 우주법(명지출판사, 1990년), pp.223-244와 최근 상황을 요약한 Diederisks-Verschoor & Kopal, An Introduction to Space Law(Kluwer Law International, 2008), pp.60-62 참조.

110) 상동 박원화 pp.257-262 참조.

111) 상세는 역시 박원화, 우주법(명지출판사, 1990년), pp.251-257 참조.

112) International Telecommunications Satellite Organization으로서 2015년 1월 현재 49개국이 참여하고 있음.

로서 ITSO의 감독을 받는 INTELSAT, Ltd의 이원 조직으로 변경하였다.

사유화되면서 INTELSAT, Ltd는 2005년 Madison Dearborn 등 4개의 사모회사(private equity firm)에 31억 불에 매각 된 후 2006년에는 PanAmSat이 매입하였으며 2007년에 영국 런던 소재 사모회사인 BC Partners가 76%의 지분을 37억 5천만 유로에 인수하였다고 발표하였다.

2009년 INTELSAT, Ltd는 워싱턴에 행정 본부를 남겨두고 룩셈부르크로 주소지를 옮기면서 2013년 INTELSAT, S.A.로 명칭을 변경하였다. 현재 149개 회원국 소재 600개 이상의 지구국(Earth station)에 상업적 통신서비스를 판매하는 세계 최대의 고정위성통신서비스 제공회사로서 53개의 통신위성을 보유하고 있다.

4.2 Intersputnik

국제이동통신기구(International System and Organization of Space Communications: Intersputnik)는 냉전시대에 미국이 주도하는 INTELSAT에 대항하여, 소련, 폴란드, 체코슬로바키아, 동독, 헝가리, 루마니아, 불가리아, 몽골, 쿠바 등 사회주의 국가에 의하여 1971년 11월 15일 설립되었다.[113] 모스크바에 본부를 두고 있는 Intersputnik는 2015년 1월 현재 26개 회원국[114]으로 구성되어 있다.

Intersputnik는 1997년 미국의 위성제조 및 운용업체인 Lockheed Martin과 함께 합작기업인 Lockheed Martin Intersputnik를 설립하면서 민영화를 추진하였다. 2005년 Intersputnik는 100% 지분으로 자회사인 Intersputnik Holding을 설립함으로써 상업 목적의 위성 관련 서비스를 제공하고 있다. 현재 12개 통신위성과 41개의 통신 중계기(transponder)를 상업적으로 운용하고 있다.

4.3 Inmarsat

국제해사위성기구(International Maritime Satellite Organization: Inmarsat)는 해상선박의 운항 안전을 목적으로 1979년 유엔전문기구인 국제해사기구(International Maritime Organization: IMO)에 의하여 설립되었다. Inmarsat은 기구의 목적을 지상 이동통신과 항공 통신으로 확대하면서 1994년 기구의 명칭을 국제이동위성기구(International Mobile Satellite Organization: IMSO)로 변경하였다. 그러나 1999년 Inmarsat은 전지구해상안전시스템(Global Maritime Distress and Safety System: GMDSS)을 제외한 모든 부분이 민

---

113) Intersputnik 탄생 배경과 초기운영에 관하여서는 전게 주 111) 박원화, pp.245~247 참조.

114) Intersputnik 설립 회원국 9개국을 제외한 17개 회원국: 아제르바이잔, 아프가니스탄, 벨라루스, 베트남, 조지아, 인도, 예맨, 카자흐스탄, 키르키즈스탄, 북한, 라오스, 니카라과, 시리아, 타지키스탄, 투르크메니스탄, 우크라이나, 소말리아.

영화되면서, Inmarsat Plc와 IMSO로 나뉘었다. IMSO는 정부 간 국제기구로서 GMDSS, 조난 경고, 수색 및 구조, 해양안전정보, 항공안전서비스 등의 공공서비스를 제공하기 위하여 Inmarsat Plc와 관민 파트너십(public-private partnership)계약을 체결하고 Inmarsat Plc가 제공하는 공공 통신 서비스를 감독한다. IMSO의 회원국은 98개국이다. Inmarsat Plc와 IMSO는 모두 영국 런던에 본부를 두고 있다.

Inmarsat Plc는 대륙마다 60개 이상의 지구국을 보유하고 있으며, 2013년 말에 발사한 제5세대 위성 Inmarsat-5 F1을 포함하여 지구정지궤도에 11개의 통신위성을 운용 중이다.

4.4 EUTELSAT

INTELSAT이 설립되자 유럽도 독자적인 통신위성을 개발하고 운용할 방안을 강구하였다. 유럽은 1950년에 설립된 유럽방송연맹(European Broadcasting Union: EBU)을 통해 위성방송의 잠재력을 보았고 1967년 독일과 프랑스 양국의 통신위성 프로젝트인 Symphonie의 성공으로 유럽 차원의 통신위성 관련 기구의 설립 분위기가 조성되었다. 그리고 1975년에 설립된 ESA는 유럽의 산업체에 통신과 방송위성 사업을 장려하였다. 이는 미국의 산업체들에 비하여 기술이 상대적으로 열세하였던 유럽 산업체의 발전을 지원하기 위한 것이었다.[115] 이러한 분위기에서 1977년 유럽의 16개국에 의하여 정부 간 국제기구로서 유럽통신위성기구(European Telecommunications Satellite Organization: EUTELSAT)가 설립되었다. EUTELSAT은 참여국의 인공위성 사용량에 비례하여 투자 지분을 변동시키는 합작투자 형태로 설립되었다. 1983년에 첫 인공위성을 발사한 EUTELSAT은 공공 목적의 통신 서비스의 경우에는 상황에 따라 그 대상을 유럽국가에 한정하지 않았다. EUTELSAT은 통신뿐만 아니라 원격탐사, 우주연구, 방송 관련 서비스도 제공하였지만, 설립 협약에 따라 군사적 목적의 통신 서비스는 제공하지 않았다. 인공위성의 상용화가 가속화되면서 EUTELSAT은 2001년 프랑스의 유한회사인 EUTELSAT S.A.로 전환되었다.

지구정지궤도의 서경 116.8도에서 동경 172도 사이에 37개의 통신위성을 운용하고 있는 EUTELSAT S.A.는 전 세계 150개국 이상에서 4,000여 개의 TV 채널과 1,100여 개의 라디오 방송 서비스를 제공하는 세계 제3의 위성통신기구이다.

4.5 Iridium

Iridium Satellite LLC은 통신위성을 통한 휴대전화와 데이터 통신 서비스를 제공하기 위한 목적으로

---

115) F. Lyall & P. Larsen, Space Law, A Treatise, Ashgate (UK), 2009, p.357.

1998년 Motorola의 기술과 자본에 의하여 Iridium SSC라는 이름으로 설립되었다. 그러나 Iridium SSC는 설립 후 9개월 만에 파산하였다. 인공위성, 특허기술 등 Iridium SSC가 보유한 자산 규모는 무려 60억 US$로 평가되었으나, Iridium SSC는 개인투자자 그룹에 25백만 US$에 인수되었다. Iridium SSC는 2001년 Iridium Satellite LLC라는 이름으로 재설립되었으며 2001년부터 서비스를 재개하였다. Iridium Satellite LLC는 6개의 지구 극 저궤도 상(Polar low Earth orbital plane) 약 780km 상공에 각 궤도 상(orbital plane) 11기의 위성을 배치하여 총 66기의 인공위성을 운용 중이다. 또한 2015년부터 차세대 통신위성 네트워크인 Iridium NEXT를 계획 중에 있으며, Iridium NEXT는 66기의 통신위성과 6기의 궤도 상 여분 위성 그리고 9개의 지상 여분 위성으로 구성된다.

Iridium Satellite LLC는 1997년에 발사한 인공위성 Iridium 33이 2009년 2월 시베리아 800km 상공에서 기능하지 않는 러시아의 인공위성 Cosmos 2251과 충돌하여 상당한 양의 우주쓰레기를 야기하면서 한 동안 화제가 되기도 하였다.

Iridium Satellite LLC의 통신 서비스는 주로 미국 국방부(Department of Defense)에 의해 사용되고 있으며 특히, 2007년부터 국방부의 아프리카 사령부와 통신전용 임차계약을 체결하여 안정적인 수입원을 확보하고 있다. 이와 같이 국방부를 포함하여 미국 정부에 제공하여 얻는 수익은 Iridium Satellite LLC 전체 수익의 20% 이상을 차지하였다.

4.6 Globalstar

Globalstar는 현재 세계 최대의 음성 및 데이터 제공 이동통신 위성망 회사이다. 1994년에 설립된 Globalstar는 France Telecom, Vodafone-Air Touch 등의 통신 사업자들과 Loral, Alcatel, Qualcomm, DASA등 주요 위성 및 통신장비 제조업체 등 전 세계 6개국 12개 사업자가 참여한 다국적 컨소시엄이다. Globalstar는 2000년 총 52기의 인공위성을 모두 발사하여 48기는 상용으로 운용하고 나머지 4기는 약 1,400km의 상공 지구 저궤도에서 예비용으로 운용하고 있다.

Globalstar는 운용 중인 인공위성의 기능 장애 등을 대비하기 위하여 2007년 8기의 인공위성을 추가로 발사하였다. 또한 시스템을 풀 서비스로 복구하기 위하여 2010년과 2013년 사이에 2세대 통신위성 24기를 발사하였다. Globalstar는 전 세계 50여 개국에서 지상국을 운영하고 있으며 100여 개 국가에서 이동통신 서비스를 제공하고 있다.

4.7 SES S.A.

　1985년에 설립된 SES S.A.는 룩셈부르크에 본부를 두고 있는 유럽의 첫 민간위성사업자이다. 1988년에 첫 인공위성을 발사한 SES S.A.는 수입규모에서 INTELSAT에 이어 세계 2번째로 큰 통신위성회사로서 지구정지궤도에 55개의 통신위성을 운용하면서 기업과 정부를 대상으로 위성통신 및 TV와 라디오 채널을 제공한다. 특히 SES S.A.는 여러 개의 인공위성을 동일 궤도에 배치하여(co-location of satellites) 인공위성의 중계기(transponder)를 거의 100% 활용하고 있다. 즉, 동경 19.2도 지구정지궤도에 8기의 인공위성을 집중 배치함으로써 방송국과 시청자의 효율적인 선택을 유도하고, 아울러 수요 창출을 가져와 이익을 극대화하고 있다. SES S.A.의 인공위성의 동일궤도 배치 방식은 후에 EUTELSAT S.A.에 의하여서도 채택되었다. SES S.A.는 2016년과 2017년에 7기의 인공위성을 추가로 발사할 계획이다. TV 위성 방송을 주 사업으로 하는 동 사는 2016년 1월 현재 7,268개의 TV채널과 2,230개의 HD(high definition)채널을 제공하는데 이는 각기 전 세계의 18%와 26%를 차지한다.[116]

　SES S.A.는 SES Astra, SES Americom, SES New Skies, SES Sirius, AsiaSat 등 통신 서비스 사업자를 인수함으로써 서비스를 전 세계로 확대한 거대한 위성망을 거느리면서 전 세계 인구의 99%를 커버하는 능력을 자랑한다. 예를 들면, SES S.A.는 1999년 아시아태평양지역에 통신 서비스를 제공하는 홍콩에 본사를 둔 AsiaSat의 지분 34.1%를, 그리고 2000년 스칸디나비아 방송위성 사업자인 Nordic Satellite AB(현재의 SES Sirius)의 지분 50%를 각각 인수한 알짜 민간 기업이다.

---

116) 2016.1.30. 방문 http://www.ses.com/21871329/Channel_Growth.

제7장

위성자료 활용

1. 위성자료 제공 규율 국제법

위성자료는 인공위성을 지구 밖 궤도에 발사하여 지구를 관측한 결과 얻게 되는 정보를 말한다. 따라서 여사한 기능을 하는 인공위성 또는 위성을 지구관측위성이라고 하는데 이러한 목적으로 사상처음 등장한 것이 미국의 TIROS-I 로서 기상자료를 획득할 목적으로 1960년 발사되었다.

원격탐사(remote sensing)를 통하여 얻어지는 정보는 앞에서 언급한 기본적인 사항들 이외로 고고학연구목적, 미국의 인터넷 검색 업체인 Google이 세계 여러 지역의 주소별 거주지 모습을 보여주기 위한 것, 각국의 국경선 확인, 군축협상의 이행 여부 확인 등으로 광범위하게 이용되고 있다.

원격탐사, 즉 지구관측 자료가 국제 및 국내분쟁에 있어서 증거로서 활용된 적도 있는데 이는 위성을 이용할 경우 광범위한 지형의 모습과 그 변경을 하나의 영상(image)으로 선명하게 볼 수 있기 때문이다.[1]

위성자료를 규율 하는 국제법으로서 1967년 외기권 조약, 1972년 책임 협약, 국제전기통신연합(ITU)의 헌장, 1998년 Tampere협약[2]이 있다. 조약형태는 아니지만 원격탐사자료만을 내용으로 하는 1986년 유엔총회 채택 결의문 41/65[3]내용은 원격탐사문제를 논의할 때 가장 중시되는 준거 기준을 제공하는 바 전술하였다.

우주선진국들은 지구의 환경보호와 재난 발생 시 대응은 국제사회의 공동대처와 협력을 필요로 한다는데 동감하면서 국제협력을 하는 한편 우주기술을 보유하고 있는 국가들이 우주 기술 미 보유 개도국들에게 재난 발생 등 유사시 무료로 위성자료를 제공하는 것을 제도화하기까지 하였다. 이 내용들을 차례로 살펴본다.

---

1) 국제분쟁에서 활용된 경우는 나이지리아와 카메룬이 국경선 분쟁을 ICJ에 제기한 The Land and Maritime Boundary between Cameroon and Nigeria로서 2002.10.10 ICJ판결이 있었으며, 국내분쟁의 경우는 다수 있는바, F. Lyall & P. Larsen, Space Law, A Treatise, Ashgate (UK), 2009, p.412 주석9 참조.

2) 1998년 핀란드 Tampere에서 채택된 Convention on the Provision of Telecommunication Resources for Disaster mitigation and Relief Operations로서 2005년 발효, 2016.1.6 현재 48개 당사국.

3) Principles Relating to the Remote Sensing of the Earth from Outer Space 제하의 유엔총회결의로서 1986.12.3 컨센서스로 채택됨.

1.1 국제규범

1.1.1 1967년 외기권 조약과 1972년 책임 협약

외기권 조약 제1조 첫 문단은 "우주의 탐사와 이용은 경제적, 과학적 발달의 정도에 불문하고 모든 국가의 이익을 위하여 수행되어야 하며 모든 인류의 활동영역이어야 한다."라고 규정하였다. 두 번째 문단은 "달과 기타 천체를 포함한 우주는 종류의 차별 없이 평등의 원칙에 의하여 국제법에 따라 모든 국가가 자유로이 탐사하고 이용하며 천체의 모든 영역에 대한 자유접근을 허용한다."라고 규정함으로써 첫 문단에서 모든 국가의 이익을 위하여 우주가 탐사·이용되어야 한다고 하였지만 차별 없는 자유 탐사·이용과 자유접근을 보장함으로써 공동이익이 능력 있는 국가의 자유 탐사와 이용을 제어할 수 없다는 우주 활동 자유의 원칙을 천명하였다.

이는 원격탐사라는 우주활동에도 적용되는바, 우주의 탐사와 이용에 해당하는 원격탐사가 모든 국가의 이익을 위하여 수행되어야 함과 동시에 자유탐사와 이용이 보장되어야 한다.

첫 번째 문단에서 "모든 인류의 활동영역(Province of all mankind)"이라고 하면서 모든 국가의 이익을 언급한 것은 1959년 남극조약[4]의 전문(Preamble)에서 남극에서의 국제협력이 "모든 인류의 진보(Progress of all mankind)"를 언급한 것을 보다 강하게 언급하여 "모든 인류의 활동 영역"[5]이라는 표현을 사용한 것이지만 선언적 이상의 의미를 갖는 것으로 해석할 수는 없기 때문에 두 번째 문단의 자유탐사와 이용이 현실적으로 더 통용되고 있다.

제1조 세 번째 문단은 우주에서의 과학적 조사가 자유임을 천명하고 있다. 외기권 조약 제1조를 구성하는 3개 문단 내용 모두가 관습 국제법을 형성하고 있을 정도로 보편화된 성격을 지니고 있다. 이 역시 원격탐사 우주활동의 자유를 보장하는 내용이다.

그러나 원격탐사활동의 자유에 아무런 제한이 없는 것은 아니다. 1972년 책임 협약은 제2조에서 "발사국은 자신의 우주물체에 의하여 야기된 지상 또는 비행중인 항공기에 대한 피해에 대하여 절대책임을 진다."라고 규정하고 있다. 동 협약은 외기권 조약 제7조를 구체화 시킨 내용으로 구성되어 있는데 책임협약의 핵심은 지상 또는 항행항공기에 대한 우주물체의 피해는 절대책임으로, 우주에서의 피해 발생 시에는 과실 책임을 규정한 것이다.

상기 규정에도 불구하고, 원격탐사로 인하여 구체적으로 어떤 경우에 피해가 발생하는지에 대하여

---

4) 1959년 채택된 후 1961년 발효된 Antarctic Treaty는 남극대륙에 대한 여러 국가의 영유권 주장을 동결한 채 남극에서의 군사 활동 금지와 국제협력을 규정하고 있음.

5) "모든 인류의 활동영역"이라는 개념은 보다 발전되어 "인류의 공동유산"(Common heritage of mankind)으로 표현되는바, 이는 1967년 말타의 주 유엔대사가 유엔 총회 시 공해의 심해저 소재 자원을 대상으로 언급한 후 1979년 달 조약 ("달과 기타 천체에서의 국가 활동을 규율 하는 협장" 으로서 1979.12.18 서명에 개방된 후 1984.7.11 발효되었으나 2015년 1월 현재 16개 당사국에 불과함)에서 동 개념을 협약규정으로 먼저 수용한 후 1982년 유엔해양법협약(1994년 발효, 2014년 6월 현재 미국을 제외한 166개 당사국)에서 답습하였음.

서 외기권 조약과 책임 협약은 특별한 언급이 없다. 또, 원격탐사활동의 범주가 "원격탐사우주시스템의 운용, 초기 데이터(primary data)수집과 저장기지국, 자료(data)를 가공(process)하고 해석하며 가공자료를 분배하는 활동"을 포함하는 것을 감안할 때 책임이 자료의 이용과 적용뿐만이 아니고 자료취급활동에도 확대 적용되는 것으로 해석될 수 있다.[6]

그러나 현재까지의 국가관행을 볼 때 원격탐사자료의 취급, 이용 및 적용과 관련하여 자료책임자를 상대로 배상책임을 부과하였다는 기록이 없다. 동 배상책임은 책임 협약 상 국가가 지는 것으로 되어 있다. 그런데 흥미로운 내용은 현재 미국이 위성항법장치인 GPS(Global Positioning Systems)위성 서비스를 전 세계 모든 사용자에게 무료로 제공 중에 있는데, 무료제공인데도 불구하고 GPS자료 이용으로 인한 피해가 발생할 경우 법적으로는 GPS제공업체, 즉 미국정부를 상대로 배상청구가 가능하다는 것이다.[7]

원격탐사에 관련하여 피해배상문제가 상금 제기되지 않은 것은 주로 두 가지 이유에 연유한다고 본다. 첫째는 위성자료 공개 시 잠재 피해자의 피해가 인식될 우려가 있는 경우 동 자료공개를 하지 않는 것이며, 둘째 공개할 만한 자료의 경우 위성촬영을 통한 자료자체에서 잘잘못을 따질 수 없기 때문이다.

1.1.2 ITU 헌장

제44조 2항은 "무선대역과 위성의 궤도가 유한한 자연자원이므로 개도국들의 특별한 요구도 감안한 가운데 합리적이고 효율적이며 경제적으로 이용되어야 한다"라고 규정하였다.

제45조는 모든 회원국들이 무선통신을 함에 있어서 다른 국가에 유해한 혼선을 야기하지 않아야 하는 위무를 부과하고 있으며 제46조는 조난요청이나 메시지가 있을 경우 무선기지국(radio stations)은 이를 최우선적으로 수신하고 필요한 조치를 즉각 취할 의무를 부과하였다.

제44조 2항과 45조는 모든 위성들에게 적용되는 일반적인 의무이나 제46조의 경우 지진이나 홍수 등의 상황이 원격탐사위성사진으로 찍힐 경우 이를 조난 메시지로 해석하여 필요한 조치를 즉각 취할 의무가 발생하느냐이다. 또한 이를 긍정적으로 해석할 경우 즉각 취하여야 할 필요한 조치는 무엇이냐가 제기된다.

---

6) A ITO, "Improvement to the Legal Regime for the Effective Use of Satellite Remote Sensing Data for Disaster Management and Protection of the Environment", 34 Journal of Space Law 1 (2008), p.51 참조.

7) 동건 관련 2010.11.16-19 태국 방콕 개최 제7차 Space Law Workshop (유엔과 태국 공동 주최)기간 중 J Gabrynowicz교수의 11.17 발표내용 참조.

1.1.3 Tampere 협약[8]

지구재난 완화와 원활한 구호작업을 도모하기 위한 목적으로 핀란드, ITU 및 유엔 인도조정사무국(OCHA)이 주도하여 1998년 채택하였다. 30개국의 비준으로 2005.1.8 발효된 동 협약은 지진 등 재난이 발생하였을 경우 구호 팀이 현장에 도착하더라도 기존 통신시설이 파괴되어 통신장애가 발생하는 것에 대비하여 통신복구용 기자재를 수입하고 주파수를 이용하여 통신을 긴급 복구함으로써 재난구호가 신속히 이루어질 수 있도록, 평상시였다면 필요하였을 관련 허가절차를 면제한다는 내용이다.

동 협약은 앞서 살펴본 ITU헌장 제46조에 근거하는 것으로서 재난발생시 이를 완화하고 구조하는 데 있어서 필수적인 통신서비스를 개선하고 조정하는 데 그 목적이 있다. 따라서 이는 원격탐사하고 직접 관련이 없으나 ITU 제46조를 매개로 탄생한 조약이며 원격탐사의 여러 용도 중 하나가 재난구조라는 점에서 소개할 내용이다.

1.1.4 유엔총회 결의 41/65

1959년 설립된 UN COPUOS(우주의 평화적 이용위원회)는 모든 회원국 국가들이 향유할 수 있는 거대한 우주활용 이득에 대한 인식을 제고하기 위하여 1968년 오스트리아 비엔나에서 UNISPACE[9] I 을 개최하였다. 1967년 외기권 조약이 채택된 지 1년 후에 개최된 UNISPACE I 회의는 원격탐사를 주요과제 중의 하나로 채택하여 추가 검토를 요하도록 요구하였으며 이에 따라 동 문제가 UN COPUOS의 의제로 상정되었다.

1970년 아르헨티나는 원격탐사에 대한 국제규제의 필요성을 제기하였으며 소련은 1978년 관련 조약을 추진하였지만 후진국의 의도를 반영한 가운데 8개국만의 지지를 받다가 유야무야되었다.

"우주로부터 지구원격탐사에 관한 원칙들"은 1968년 COPUOS에서 토의가 시작되어 논의가 진행되면서 1974년 성안되었지만 유엔에서 정식 채택된 것은 1986년에 이르러서였다. 유엔총회 결의 41/65로 채택된 "우주로부터 지구원격탐사에 관한 원칙들"이 장기간 토의되면서 조속 채택되지 못한 것은 개도국들이 자국 자연자원에 대한 정보를 포함한 재산소유권이 허가 없이 타국에 의하여 탐사될 수 없으며 자국에 대한 위성탐사 관련 정보에 대하여 우선적인 권한을 가져야 하며 동 정보가 자국의 승인 없이 제3국에 제공될 수 없다는 것을 주장하였기 때문이다. 이에 대하여 우주능력(Space-competent) 국가들을 중심으로 반대가 있었는바, 그 이유는 외기권 조약 제1조와 2조가 우주의 자유탐사와 이용을 규율하고 있으므로 사전허가를 받는다는 것이 이 "자유"에 반한다는 것이었다. 개도국들은 또 피

---

8) The Convention on the Provision of Telecommunication Resources for Disaster Mitigation and Relief Operations로서 핀란드의 Tampere에서 채택. 2015.1.07.현재 48개 당사국.

9) World Conference on the Exploration and Peaceful Uses of Outer Space.

탐사국이 탐사자료를 가공할 기술을 이전받으면서 관련 시설과 기지국 설치 지원책 등을 원한 반면 기술 선진국들은 자국 산업과 지적 재산소유권 보호를 이유로 이에 응할 수 없었다.

논의의 교착상태는 1985년 타개되면서 당초 원격탐사에 관한 조약으로 채택하려 하였던 계획을 변경하여 원격탐사에 관한 국제정책을 선언하는 내용의 유엔총회 결의 41/65로 만장일치 채택되었고 그 내용은 제6장 1항에서 구체적으로 살펴본 바와 같다.

2. 위성 자료의 활용에 관한 국제협력

2.1 기후 변화 및 기상관측

1999년 개최 UNISPACE Ⅲ은 인류의 발전에 있어서 우주과학과 우주적용기술의 유용성을 인정하면서 기상위성 적용분야에서의 국제협력을 확대하여 기후 예측을 통한 지구환경보호에 주안을 두었다. 기후변화라는 것이 지구의 어느 한 지역에만 국한되는 현상이 아니고 지구 전체와 태양의 활동과도 관련이 있는 만큼 이를 파악하는 데 인공위성의 역할이 지대하다. 지구 전체 차원에서 대기권, 태양, 육지표면의 움직임, 태양폭풍과 전기자장이 지구환경에 미치는 영향, 오존층의 변동이 환경과 인간건강에 미치는 파장 등은 인공위성을 통한 관측의 결과 구득한 위성자료에 의존할 수밖에 없다. 이와 관련한 여러 국제협력이 다음과 같이 활발하게 진행되고 있다.

2.1.1 지구관측그룹(GEO)

GEO (Group on Earth Observations)는 2002년 8월 남아공 요하네스버그에서 개최된 지속가능발전 세계정상회의와 2003년 6월 프랑스 Evian에서 개최된 선진정상 G8회의에서의 요청에 응하여 시작된 국제기구이다. 이들 정상회의에서는 갈수록 복잡다기한 환경문제를 해결하기 위해 지구관측을 활용하는 국제협력이 긴요함을 인식하였다.

이러한 인식하에 2003년 미국 워싱턴 D.C.에서 개최된 제1차 지구관측정상회의(First Earth Observation Summit)에서 지구관측을 위한 정부 간 임시기구로서 GEO를 설립하였고, 2004년 4월 일본 동경에서 개최되었던 제2차 지구관측정상회의 시 세계지구관측시스템총괄체제(Global Earth Observation System of Systems: GEOSS)의 범위와 내용을 정하는 기본문서를 채택한 후, 2005년 2월 벨기에 브뤼셀에서 개최된 제3차 지구관측정상회의 시 동 계획을 수행하기 위한 GEO를 정식 설치하였다.

여러 정부와 정부 간 국제기구들이 자발적인 파트너쉽[10]으로 구성한 GEO는 2014년 6월 기준 89개 국 정부, 유럽집행위원회(European Commission: EC), 77개의 정부 간, 국제 또는 지역 기구를 회원으로 보유하며, 2005-2015년의 10년간 재난, 건강, 에너지, 기온, 물, 기후, 생태계, 농업, 생물 다양성 등 9개 부문에 걸친 GEOSS사업을 시행하고 있다.

효율적인 지구관측업무를 하는 데 있어서 위성사용은 필수적인바, 무료로 제공하는 미국의 Landsat 자료는 물론 회원국 정부들의 자발적 참여에 의한 여러 위성정보들이 대거 활용되고 있다. 이렇게 운 용되는 정부 간 국제기구로서 GEO가 우주법에 기여하는 바는 인류의 공동이익을 위한 특정분야에서 의 위성정보를 무료로 제공받고 이를 무료로 일반대중에게 제공한다는 것이 이미 확립된 또는 장래 확립될 원칙을 형성한다는 것이다.

이의 일환으로 GEO는 GEONETCast라는 전 세계를 커버하는 실시간 위성 정보 배달 시스템을 구축 하여 자료 배포의 애로를 해소하는 데 기여하였다. 동 시스템은 인터넷 인프라가 부실한 개도국이 저 비용 지구국을 통하여 지구 공간 자료를 광범위하게 수신토록 하는 것이다.

2.1.2 지구기후관측체계(GCOS)

GCOS (Global Climate Observing System)는 1990년 제2차 세계기후회의에서 WMO(세계기상기구), ICO(국제해양위원회), UNEP(유엔환경계획), ICSU(국제과학이사회) 등 4개의 국제기구가 공동 후원하 여 설치한 국제기구이다. GCOS는 설립 파트너 기구 4개를 포함하여 32개의 국내·외 우주 및 기상관 련 파트너 기구들을 포함한다.

물리적, 화학적, 생물학적 특징과 대기, 해양, 육지, 수로 및 지구 결빙 요소 등을 포함한 총체적인 기 후 체제에 대하여 포괄적인 정보 제공을 목적으로 하고 있으며, 이때 정보자료는 현장 또는 원격관측요 소를 통하여 획득되는바, 우주에 바탕을 둔 요소로부터 구득하는 자료는 후술할 CEOS와 CGMS에 의존 한다. GCOS는 GOSIC (Global Observing Systems Information Center)를 통하여 대기표면, 대기 상층공기, 대 기구성, 대양, 토양, 우주에 관련한 자체 정보는 물론 파트너 기구들의 정보까지도 무료로 제공한다.

또한 GCOS는 국내·외 기후 또는 기후관련 관측에 있어서 모든 자료를 구득하는 것을 목적으로 하면서 앞서 기술한 GEOSS의 일부를 구성하기도 한다.

GCOS의 운영은 프로그램의 지도, 조정, 감독을 하는 운영위원회가 맡는다. 운영위원회는 3개 과학 패널, 즉 기후대기관측패널(AOPC), 기후대양관측패널(OOPC), 기후토양관측패널(TOPC)로부터 각각 대 기, 해양, 토양에 대하여 보고받으며, 설립 파트너 국제기구들과의 상호 동의를 통해 전문 지식 정도

---

10) 스위스 제네바 소재 세계기상기구(WMO)에 사무실을 두고 있는 GEO에 여러 국가들이 자체경비 부담으로 인력을 파견하여 사무국 직원을 구성하고 있음. 2013년 1월 현재 16명의 직원이 근무하고 있음.

와 지역 배분을 감안하여 임명된 16명의 과학기술전문가로 구성되어 있다.

GCOS의 사무국은 GEO와 같이 스위스 제네바 소재 WMO 본부 사무실을 사용하고 있으며, 2014년 6월 기준 6명의 직원으로 구성되어 있다.

2.1.3 지구관측위성위원회(CEOS)

CEOS (Committee on Earth Observation Satellites)는 서방선진 정상회의인 G7의 성장·기술·고용 작업반의 후원하에 1984년 설립되어 우주에서 민간목적으로 지구를 관측하는 것을 조정한다. 2013년 1월 현재 30개의 우주기관 회원들과 23개의 준회원 국가 및 국제기구들이 함께 CEOS 계획 수립과 활동에 참여하고 있다.[11]

참여기관들이 핵심적인 과학적 문제들을 연구하고 불필요한 중복을 피하고 위성 계획을 조정, 수립하는 CEOS는 다음 3가지 목표를 추구한다.

- 참여기관들과 공동 협의하여 우주에서의 지구관측을 함으로써 이익을 최적화
- 우주에서의 지구관측활동의 국제조정을 위한 포컬 포인트로서의 역할 담당
- 관측의 보완성과 양립성, 그리고 자료교환체제를 장려하기 위한 목적으로 정책과 기술정보를 교환

CEOS는 회원, 준회원, 상설 사무국으로 구성되어 있으며, CEOS의 회원과 준회원들은 국·내외 성격을 막론하고 정부기관이어야 한다. 설립 초기에는 2년 간격으로 총회를 개최하였지만 1990년 제4차 총회(plenary)부터는 매년 총회를 개최한다. CEOS의 상설 사무국은 총회 기간 중 조정 업무를 담당하는데, 다음 6개 기관[12]이 그 역할을 한다.

- 유럽우주기구(European Space Agency: ESA)
- 유럽기상위성기구(European Organization for the Exploitation of Meteorological Satellites: EUMETSAT)
- 미국 국가항공우주청(National Aeronautical and Space Administration: NASA)
- 미국 해양대기청(National Oceanic and Atmospheric Administration: NOAA)
- 일본의 교육·문화·체육·과학기술부(Ministry of Education, Culture, Sports, Science and Technology: MEXT)와 일본 우주항공연구개발기구(Japan Aerospace Exploration Agency: JAXA) 공동

CEOS의 독특한 조직과 운영 모습을 보면 매년 개최되는 총회의 개최국에 소재하는 우주 또는 기상위성 담당기관이 CEOS의 의장직을 1년간 수임하며, 의장은 당시의 가장 중요한 업무로 간주되는 내용을 전략 이행 팀(Strategic Implementation Team: SIT)에 처리토록 위임한다. 상기의 상설 사무국 역할을

---

11) 2013.1.27. 방문 website. http://www.ceos.org/index.php?option=com_content&view=category&layout=blog&id=30&Itemid=76.

12) ESA, EUMETSAT, NASA, NOAA, MEXT, JAXA로 구성.

하는 6개 기관 중 하나가 집행관(CEOS Executive Officer)의 자격으로 매년 바뀌는 의장의 업무를 뒷받침하며, 의장에게 보고하고 의장의 위임업무를 처리하는 SIT에도 보고한다.

CEOS 사무국은 상설사무국 역할을 하는 6개 기관, 매년 변경되는 총회 개최국의 주관기관으로서 의장, 전 의장과 다음 의장 등으로 구성되며, 현 의장이 사무국 업무를 주재하는 형식을 취한다. 사무국 업무를 하는 사람들이 함께 모여서 일을 하지 않고 각자 소관 국내기관에서 업무를 하면서 활동하는 것이 CEOS의 특징이다.

GEO의 회원으로서 GEO 업무 중 세계지구관측시스템총괄체제(GEOSS)[13]의 우주부문 업무에 적극 참여하고 있는 CEOS는 3개의 작업반과 CEOS 사회수익분야(CEOS Social Benefit Area: SBA) 및 온라인 위성 군(Virtual Constellations)의 5개 분야에서 적극 활동하면서, 우주 과학기술 정보구축, 교육, 평가 및 인증, 분야별(농업, 기후, 재난 등) 활용, 컴퓨터를 통한 자료제공 등의 역할을 하고 있다.

2.1.4 기상위성조정그룹(CGMS)

CGMS(Coordination Group of Meteorological Satellites: CGMS)은 ESA의 전신인 ESRO(European Space Research Organization), 일본, 미국, 옵서버로서의 WMO와 JPSGARP(Joint Planning Staff for the Global Atmosphere Research Programme) 대표들이 지구정지궤도 상의 기상위성들 간의 호환성(Compatibility) 문제를 토론하기 위하여 미국 워싱턴 D.C.에서 회동하면서 1972년 창설되었다. 연후 회원 수가 확대되어 우주 또는 기상 담당 국가기관이나 WMO 등의 정부 간 국제기구를 포함하여 도합 16개의 회원 기관과 6개의 옵서버 기관을 포함하게 되었고, 동 기관의 목적 또한 확대되었다. 한국에서는 기상청이 회원 기관으로, 한국항공우주연구원과 한국해양연구원을 포함한 7개 기관이 옵서버로 들어가 있다.

CGMS의 설립 목적은 1960년대에 시작한 기상위성의 발사와 성공적 운용은 국제사회가 모두 공여하여야 할 세계 공공재(Global Common Goods)라는 인식 하에, 여러 나라가 발사하여 운용할 때 상호 호환성(inter-compatibility)과 보완성(complementation)을 확보하여 최대의 이익과 편의를 공유하자는 것이다. 설립 헌장은 회원 중 하나가 자발적으로 사무국 역할을 하도록 규정하였는데, 1987년 이래 유럽 기상위성기구(EUMETSAT)가 그 역할을 하고 있다. 또한 매년 순번제로 총회를 개최하고 있으며, 제43차 총회는 2015년 미국에서 개최되었고 제45차 총회는 2017년 한국에서 개최될 예정이다.

기상위성은 지구정지궤도에 위치하거나 지구저궤도를 돌면서 근접 촬영한 자료를 지상에 송신하는데 전자는 적도 상공에 위치하는 관계상 북위와 남위 각 75도 이상의 극지를 커버하지 못한다. 극지

---

13) 2004년 일본 동경 개최 제2차 지구관측정상회의 시 (1차는 2003년 미국 개최) Global Earth Observation System of Systems 인 GEOSS의 범위와 내용을 정하는 기본문서를 채택한 후 2005년 2월 벨기에 브뤼셀 개최 제3차 지구관측정상회의 시 GEOSS를 수행하기 위한 목적으로 GEO를 창설하였음. GEOSS는 2005~2015년의 10년간 재난, 건강, 에너지, 기온, 물, 기후, 생태계, 농업, 생물다양성 등 9개 부문에 걸쳐 사업이 시행되고 있음.

위는 지구저궤도 기상 위성이 타원형 궤도로 돌게 하여 커버한다.

WMO는 모든 자체 계획을 지원하기 위하여 세계 전체의 기상과 환경관측을 조정하면서 WMO 회원국들이 우주는 물론 지상, 해상, 대기 등에 설치된 관측기구를 통하여 취득한 자료를 모든 국가들이 공유하도록 관리하는 GOS(Global Observing System)를 운영하고 있다. GOS는 WMO의 우주계획(Space Programme)인 기상, 수로 기타 환경관련 문제에 있어서 WMO가 관여하고 조정하는 내용에 의하여 기여 받는 바가 크다.

2.2 재난 대응

기상관측과 지구재난 파악 및 대처를 위한 위성정보는 상업적 이해관계를 초월하여 거의 무조건 공유되는 인류의 공공재(public goods) 성격을 갖고 있다. 이는 통신, 방송, 자원탐사용 위성사용이 상업용으로 이루어지는 것과 비교가 되면서 인류의 연대감을 보여주는 사례이기도 하다. 수색과 구조작업도 크게 보아 지구재난 대처로 보아야 하는바, 이를 위한 국제적 협력과 지역적 협력을 알아본다.

2.2.1 재난 구조에 관한 국제적 협력

UNISPACE Ⅲ의 권고 내용들은 매년 개최되는 COPUOS 회의의 주요 토의의제를 형성하면서 동 권고 내용의 실천을 점검하고 촉진하는 계기가 된다. UNISPACE Ⅲ에서 채택된 권고를 이행하기 위하여 United Nations Platform for Space-based Information for Disaster Management and Emergency Response (UN-SPIDER)가 2006년 유엔총회 결의 61/110 (2006. 12. 14)로 설치되었다. 새로운 유엔 업무가 된 UN-SPIDER는 모든 국가와 국제 또는 지역 기구들이 재난관리와 관련한 모든 단계에서 우주에서 얻을 수 있는 모든 형태의 정보에 접근하고 이를 이용할 능력을 보장(ensure)하기 위한 것이다.

최근 수년 전 이래 인도적(humanitarian) 비상 대응 시 우주기술을 활용한 사례가 여럿 있었지만, UN-SPIDER는 인명과 재산 피해를 감소시킬 목적으로 재난관리의 모든 단계에서의 해결책을 위한 정보 접근과 사용을 보장하는 데에 초점을 맞춘 최초의 프로그램이다. UN-SPIDER 프로그램은 우주 관련 정보가 재난관리 지원에 사용되도록 하는 관문(gateway)의 역할, 재난 관리와 우주 공동체를 연결하는 다리(bridge) 역할, 또한 개도국의 능력배양을 담당하는 촉진자(facilitator)의 역할을 한다.

UN-SPIDER는 재난관리 활동을 지원하기 위해 우주에 기반을 둔 해결책을 제공하는 제공자들의 공개된 네트워크 장으로서 시행되고 있다. 이를 위해 동 업무의 사무국 역할을 하는 유엔 우주업무사무소(UN Office for Outer Space Affairs: UNOOSA)가 위치한 오스트리아 비엔나뿐만 아니라 독일 본, 중국 북경에 사무실을 두고 있다. 또 여러 지역지원사무소(Regional Support Office: RSO)를 통해 해당 지역의 업무를 지원한다.

UN-SPIDER는 자체 직원, 지역지원사무소(Regional Support Offices) 네트워크, 그리고 국가접촉선 (National Focal Points) 3자로 운영된다. 현재 UN-SPIDER은 12개의 지역지원사무소를 보유하고 있는데 이는 알제리, 콜롬비아, 헝가리, 이란, 나이지리아, 파키스탄, 케냐, 루마니아, 우크라이나, 서인도 제도, 파나마 그리고 일본의 아시아 재난감축 센터(Asia Disaster Reduction Center: ADRC)에 설치되어 있다.

1998년 일본 정부가 설치한 ADRC는 일본 효고 현(Hyogo Prefecture) 고베에 소재하며 일본의 주도하에 한국, 중국 등 29개국이 참여하고 있다. 1995년 1월 고베 등 효고 현 남부에서의 지진 발생으로 6,434명이나 사망하였는데 동 지진 피해 발생 후 고베에 ADRC가 설치되어 회원국들의 재난에 대한 회복력 향상과 안전한 사회 구축을 위하여 아시아 국가들 그리고 재난 감소 국제전략(International Strategy for Disaster Reduction: ISDR) 등 재난 대응 관련 국제기구와 협력하고 있다.

ISDR은 급격히 증가하는 세계적인 자연재난에 대응하여 유엔이 채택한 자연 재난 감축 국제 10년 (International Decade for Natural Disaster 1990-1999) 업무를 담당하기 위한 프로그램이다. 일반인들의 인식증가, 공공기관의 약속획득, 부문별 파트너십 증진을 통한 재난감소 네트워크 확장, 재난감축에 관한 과학적 지식 향상 등 4개의 목적을 증진시키는 것이 목적인 ISDR은 재난감소 정책의 책임을 지면서 33개의 유엔, 국제, 지역 및 민간기구로 구성되어 있는 Inter-Agency Task Force on Disaster Reduction (IATF/DR)과 사회・경제, 인도・개발 분야에서의 재난 감축활동을 조정하고 통합하여 관련정보 센터 역할을 하는 Inter-Agency Secretariat of the ISDR(UN/ISDR)의 양 기관을 통하여 진행된다. UN/ISDR의 본부는 제네바에 소재하면서 코스타리카와 케냐 소재 지역단위 사업을 통하여 업무 홍보 인식 강화 사업 (outreach)을 전개하고 있다.

UN-SPIDER는 2009년도에 국가, 국제 및 지역기구들로 하여금 재난 대응과 긴급 복구를 지원하는 우주에서의 정보를 효율적으로 활용하게 하는 틀(framework)인 SpaceAid 업무를 공고히 하였다. UNOOSA 웹 페이지를 통하여 24시간 제공되는 SpaceAid 정보는 지구관측, 통신, 지구탐사위성 등이 제공하는 모든 정보의 자료를 포함하고 있다.

위성을 이용한 재난대응체제로서 역시 1999년 UNISPACE Ⅲ의 권고를 이행하여 2000년에 설치된 International Charter-Space and Major Disasters가 있다. 이는 유럽우주기구(ESA)와 프랑스 우주연구국립센터(CNES)의 기선 하에 캐나다 우주청(CSA)이 함께 참여한 기구로서 자연 또는 인간유발 재해 발생 시 피해자 측에 통일된 획득 자료를 무료로 제공하는 것을 목적으로 한다. 이 Charter에 참여하는 회원들은 인간 생명과 재산에 대한 재난의 영향을 경감하기 위한 자원을 지원하여야 하는데 18개 우주관련 각국 정부기관과 회사가 추가로 참여하여 2016년 1월 현재 총 15개 회원들이 자체 소유 위성정보를 제공하면서 위성을 통한 재난경감에 기여하고 있다. KARI는 2011년 7월에 Charter에 가입하였고 Kompsat-2 위성으로부터 얻은 정보를 제공하면서 활동에 참여하고 있다.[14]

2.2.2 수색구조에 관한 국제협력

위성을 이용한 수색과 구조(Search and Rescue: SAR) 체제로서 1979년 캐나다, 프랑스, 미국, 소련이 설치한 Cospas-Sarsat이 핵심을 이룬다. Space System for the Search of Vessels in Distress를 뜻하는 러시아어인 COsmicheskaya Sistyema Poiska Avariynich Sudov에서의 COSPAS와 Search And Rescue Satellite-Aided Tracking의 두문자인 SARSAT가 합성되어 명명된 Cospas-Sarsat는 1982년부터 작동하면서 항공기, 선박 그리고 지상에서의 조난(distress) 신호를 위성에서 즉각 포착하여 수색구조를 가능하게 하는 매우 유용한 국제협력 체제로 자리매김하였다. 캐나다 몬트리올에 회원국 간 업무조정을 위한 사무국을 두고 있는 Cospas-Sarsat에는 2016년 1월 현재 40개 국가의 수색구조담당 정부기관과 2개의 기관이 참여하고 있으며 한국에서는 해양경찰청이 들어가 있다.

현재 GEOSARs라고 불리는 7개의 지구정지궤도위성과 LEOSARs로 불리는 5개의 지구 극궤도(polar orbiting)위성이 작동하며, 406MHz대 주파수를 사용하여 조난 발생 시 구조 업무를 제공하고 있다.[15]

Cospas-Sarsat는 국제해사기구(International Maritime Organization: IMO)가 주도하는 세계해상조난 안전 체계(Global Maritime Distress Safety System: GMDSS)의 한 요소를 이루고 있다. IMO는 SOLAS Convention 으로 통칭되는 해상인명안전 국제협약[16](International Convention for the Safety of Life at Sea)에서 1993년 8월 1일부터 300톤 이상의 선박에 대하여 406MHz EPIRBs(Emergency Position- Indication Radio Beacons)라는 비콘(beacon) 장착을 의무사항으로 규정하였다. 또한 국제민간항공기구(International Civil Aviation Organization: ICAO)는 2008년 7월부터 국제민간항공협약의 관할하에 있는 모든 항공기에 대하여 406MHz ELTs(Emergency Locator Transmitter)을 설치할 것을 권고한 바 있다. 현재 전 세계에 ERIRBs와 ELTs를 포함한 406MHz 비콘이 백만 개 이상 설치되어 있으며 2020년경에는 2백만 개 이상 설치될 것으로 예상된다.

1982년 설립된 이래 8천여 조난지역에서 3만 명 이상의 생명을 구조하는 데 기여한 Cospas-Sarsat는

---

14) 2016.1.31. 방문 http://www.disasterscharter.org/web/charter/home.

15) 2009. 2. 1부터 조난용 주파수를 406MHz로 통일하기까지에는 민간항공 조난 시 121.5MHz, 군용항공기는 243MHz를 사용하였음. 그러나 Cospas-Sarsat 창설 4개국이 406MHz로 조난 주파수를 통일함으로써 SAR 자원(위성과 지상부문에 있어서의)의 오작동을 줄이는 동시에 진정한 조난에 더 많이 대응하게 되었다는 평가를 받음. 참여 위성에 관하여서는 2016.1.31. 방문 https://www.cospas-sarsat.int/en/current-space-segment-status-and-sar-payloads 참조.

16) 1914년 처음 채택된 후 수차 개정을 거쳐 오늘날에는 SOLAS 1974로 호칭하기도 하나 1974년 이후에도 시대상황을 감안하여 개정되고 있음.

2010년에만 전 세계 8,406개의 조난지역으로부터 2,398명의 생명을 구조하였다.[17] Cospas-Sarsat는 현 체제를 개선할 목적으로 Medium-Earth Orbit Search and Rescue(MEOSAR) 체제로 불리는 차세대 체제를 개발·실험하고 있는 것으로 알려져 있다.

미국은 1984-1985년 수단과 이디오피아에서의 기근으로 백만 명 이상이 사망한 것에 자극을 받아 미국의 대외원조기관인 USAID의 자금으로 1985년 기근조기경보체제(Famine Early Warning System: FEWS)를 창설하였다. 이는 위성에서의 지상 농경지 상황, 강우량 자료 등을 분석하여 지상에서의 농지 상황 및 곡물 시장 가격 등을 감안하여 사하라 이남 17개 아프리카 국가들의 기근을 조기 예측함으로써 과거와 같은 대규모 기근 참사를 예방하기 위한 체제이며 FEWS NET로 불린다. 같은 USAID가 운영하고 중미 지역을 대상으로 하는 식량안전조기경보체제가 있는데 이 체제는 정치적 이유로 인해 MFEWS(Meso-american Food security Early Warning System)로 불린다.

2.2.3 지역적 협력

아·태지역우주청포럼(Asia-Pacific Regional Space Agency Forum: APRSAF)은 1992년 아·태 국제 우주의 해 회의(Asia-Pacific International Space Year Conference: APIC)가 채택한 선언에 따라 1993년 아·태지역의 우주활동을 증진시킬 목적으로 창설된 회의체이다. 일본의 교육·문화·스포츠·과학기술부(MEXT)와 일본 우주항공연구개발기구(JAXA)가 합동하여 매년 개최하되 일본 이외의 아·태지역에서 개최할 경우에는 개최국의 우주청도 공동개최기관이 된다.

APRSAF는 해마다 연례 회의를 개최하는바, 그간 20여 차례의 회의가 일본, 몽고, 말레이시아, 한국, 태국, 호주, 인도네시아, 인도, 베트남, 싱가포르에서 개최되었다. 제22차 회의는 2015년 12월 인도네시아 발리에서 개최되었다. 동 회의에서는 아·태 지역의 우주청과 국제기구들의 대표들이 모여 우주기술의 활용을 통해 사회·경제 발전에 기여하며 환경보전을 목적으로 하는 APRSAF는 의견교환과 함께 우주기술업체와 우주기술 사용자들의 공동관심사를 확인하여 상호이익이 되는 협력의 문제도 토의한다.

APRSAF는 2014년 현재 미국, 중국, 한국 등 총 46개국으로부터 558개의 우주업무관련 정부기관, 협회, 학교, 연구소 등이 참여하고 있으며 28개의 국제 및 지역기구가 또한 참가한 실적을 가지고 있다.

2005년 11월 일본 기타큐슈에서 개최된 APRSAF 12차 회의에서 아·태 지역의 재난관리 자원체제로서 Sentinel Asia를 승인하였으며, 동 체제는 2006년 10월부터 활동을 시작하였다. 이는 일본의 JAXA가 지구관측위성 자료를 활용하여 APRSAF로 대표되는 우주기관 공동체, UN ESCAP[18], UN OOSA, ASEAN,

---

17) UN COPUOS Report, 54th Session(1-10 Jun, 2011), UN Doc A/66/20, p.14.

AIT[19])등의 국제 공동체, Digital Asia[20])로 대표되는 디지털 정보 공동체, ADRC(Asia Disaster Reduction Center)와 그 회원국들을 포함하는 재난감소 공동체(Disaster Reduction Community)의 4자가 자발적으로 협력하도록 하여 재난에 대한 사전경고와 대응을 통해 피해자와 사회경제적 손실을 최소화하는 사업이다.

Sentinel Asia의 주된 활동은 주요재난 발생 시 지구관측위성을 통한 비상관측, 산불과 홍수 감시, 재난관리를 위한 위성 이미지 이용 능력 제고이다. 이를 위하여 일본, 한국, 태국 보유의 지구관측 위성 자료가 이용되고 있다.

아·태 지역 협력에 있어서 특기할 점은 중국정부 주도의 아시아 태평양 우주협력기구(Asia Pacific Space Cooperation Organization: APSCO)가 비영리 정부 간 국제기구로서 2005년 10월 중국 북경에서의 설립협약 서명을 통하여 탄생한 것이다. 우주과학기술의 평화적 활용을 위한 협력 구축을 위한다는 설립 협약에 방글라데시, 중국, 이란, 몽고, 파키스탄, 페루 그리고 태국이 서명하여 회원국이 되었고 터키가 최근 합류하여 2015년 11월 현재 총 8개국이 회원국이다.

APSCO는 2008년 12월 정식 운용하기 시작하였으며 2009년에는 COPUOS의 영구 옵서버 지위도 획득하는 등 활발한 대외활동을 하고 있다. APRSAF와는 달리 상설기구로서 중국 북경에 사무국을 두고 있으나 중국이 일본 주도의 APRSAF에 대항하는 성격으로 설립한 인상을 주고 있다.

지역협력에 있어서 유럽은 분야를 불문하고 가장 앞서 나간다. 이는 경제 통합을 완료한 후 정치통합을 지향하는 구주연합(EU)의 성격상 당연하기도 하다. 유럽의 정책 결정자들이 환경을 잘 관리하고, 기후변화 영향의 경감 방안을 이해하며 민간 안전을 보장하는데 있어서 정확하고 시의 적절한 정보를 제공받을 목적으로 GMES(Global Monitoring for Environment and Security)라는 유럽의 세계 환경안보 감시 프로그램을 1998년 설치하여 유럽집행위(EC)가 관리하고 있다. GMES 사업은 위성으로부터의 관측 업무를 필수로 하는바, 우주 부문의 업무는 ESA가 담당한다.

2008년 9월 프랑스에서 개최된 "Forum GMES 2008"을 계기로 하여 GMES 사업이 시작되었으며, 현재 EU FP7(7th Framework Programme for Research Technological Development)의 지원을 받은 연구개발(R&D) 프로젝트들이 수행되고 있다. 2012년 7월 기준 현재 완료된 프로젝트로 SAFER가 있다. 이는 화재, 홍수, 지진, 화산폭발, 산사태, 인류 위기 등 비상사태에 대응하는 유럽의 능력을 강화하기 위한 프로젝트로 2009년 1월 1일에 시작하여 2012년 4월 수행 완료되었다. 현재 진행 중인 프로젝트로는 Geoland2, MyOcean2, MACC-II, G-MOSAIC이 있으며 이들은 각각 육지, 해양, 대기, 보안에 관련한 감시

---

18) 유엔의 아·태 경제사회이사회로서 태국 방콕에 소재함.

19) Asian Institute of Technology로서 1959년 태국 방콕에 설치된 통신 기술 분야 대학원 학교.

20) JAXA와 일본의 게이오 대학이 위성자료를 일반에서 공여하는 사업으로서 다른 이용자들도 자신의 자료를 인터넷에 무료 게재하여 자료 수집에 있어서 불필요한 중복방지도 도모함.

업무를 수행하고 있다.

3. 위성자료의 활용과 규제에 관한 주요국의 법령

원격탐사위성 등 위성을 하나 제작하고 발사하는 비용이 수천 억 원이나 소요된다. 따라서 동 위성의 발사 목적인 위성자료를 국익에 최대한 활용하는 것은 당연하다. 거대한 국가예산을 들여 발사한 사업의 과실을 일부 종사자만의 편의와 이용에 한정시킬 경우 국가 예산 낭비라는 문제가 발생한다. 이와 관련하여 다른 주요 위성 활용 국가들의 법령과 제도를 살펴보면서 우리나라도 미비한 법령과 제도를 하루속히 정비하는 데 참고하여야겠다.

3.1 캐나다[21]

2004년 말 제정된 원격탐사우주시스템 법(Remote Sensing Space Systems Act : RSSSA)이 2007년 4월 발효되었다.

1990년 중반부터 후반에 걸쳐 민간 기업에서 위성탐사기술이 발전하여 군사나 첩보영역으로만 여겨졌던 기술력을 민간이 소유하게 되었다. 이러한 변화는 우주기술을 주도하는 미국에서의 영향에 크게 힘입어 세계 여러 나라로 확산되는 중이었다. 예를 들어 미국의 Space Imaging사[22]가 IKONOS위성을 발사하였으며 뒤따라 DigitalGlobe사가 2001년 QuickBird위성을 발사하여 지구의 흑백영상 해상도를 70-80cm까지 끌어내리는 성과를 가져왔다.

그러나 미국의 위성영상기술은 광학영상(optical image)으로서 자연의 빛을 이용하는 관계상 구름이 낄 경우 촬영이 불가능한 것이었다. 구름, 눈, 비 등 기상관련 없이 영상촬영이 가능토록 하는 것은 무선신호를 발사하여 지상에서 반향이 되어 오는 신호를 수신하여 영상을 파악하는 SAR(Synthetic Aperture Radar)기술을 이용하는 것인바, 캐나다는 SAR시스템 개발에 있어서 선두를 달리면서 캐나다의 첫 상업위성인 Radarsat-1을 1995년 발사하여 정부가 소유 운영하면서 5년 예상의 수명을 12년 넘게 8m 해상도 영상을 국제시장에 제공하다가 2013년 수명을 다하였다.

캐나다 연방정부가 여러 주정부와 함께 투자한 Radarsat-1의 성공을 체험한 후 캐나다 정부는 동 사

---

21) T Gillon, "Regulating Remote Sensing Space Systems in Canada-New Legislation for a New Era", 34 Journal of Space Law 1 (2008), pp.19-32 내용을 주로 정리하면서 해석한 것임.

22) 뒤에 GeoEye로 명칭이 변경되었음.

업을 완전 상업적으로 지속시키는 것으로 방침을 정한 후 MacDonald Dettwiler and Associates Ltd.(MDA) 회사가 Radarsat-2를 소유 운영하도록 허가하였다. 2007년에 발사된 Radarsat-2가 해상도 3m의 고화질의 영상을 제공하며 광학영상에서는 파악할 수 없는 지상물체의 사소한 변화도 감지하는 SAR특성에 추가하여 Polarimetric[23] data도 제공하는 관계상 지금까지 군축 확인이나 재래식 무기제한 등을 감시하는 용도로 정부만이 소유할 수 있었던 고급정보를 모두에게 공개한다는 것이 문제점으로 제기되었다. 한편 캐나다 정부는 Radarsat-2의 후속위성으로서 3개의 위성으로 이루어지는 Radarsat Constellation을 2018년 발사할 계획이다.[24]

이러한 상황에서 캐나다정부는 1999년 Access Control Policy를 발표하여 위성의 운용과 우주시스템을 통하여 획득된 자료와 영상을 분배하는데 있어서 안보측면적 요소를 반영함으로써 처음으로 위성자료를 규제하는 조치를 취하였다. 이는 Radarsat-2 발사를 앞두고 촉발된 우려를 해소시키기 위한 것이었지만 장래를 내다보면서 상업적 원격탐사위성정보, 동 위성시스템의 운용과 외국인 파트너 간의 협상이 어떠하여야 하는지에 대한 정부의 입장을 공식화한 것이다.

여기에서 캐나다와 미국 산업체 간 긴밀한 연계관계를 알아야 하는데 MDA는 당시 미국의 Orbital Sciences Inc.의 캐나다 자회사지만 100% 캐나다인 소유회사였다. 그런데 미국기술인 원격탐사위성의 허가와 관련하여 양국정부는 2000.6.16 상업적 원격탐사위성시스템 운용에 관한 협정을 체결하여 원격탐사위성시스템으로부터 발생하는 상업적 이익을 증진시키는 한편 공동의 국가안보와 외교정책목표를 추구하는 것을 명시하였다. 이에 따라 캐나다는 미국의 1992년 육지원격탐사정책법[25]에 유사한 체제를 수립하여야 하였으며 캐나다와 미국은 각자 자국으로부터 운용되는 원격탐사시스템을 규제하고 통제하는 관할권을 행사하면서 공동 대처하게 되었다.

캐나다의 원격탐사규율을 위한 국내법 제정 필요성은 1994년 3월 9일 미국대통령의 결정 지침(PDD)23[26]에도 영향을 받았는바, 이는 PDD 23이 민감한 미국기술을 수령하는 외국의 기관은 동 기술을 이용하기 전에 미국정부와 협정을 체결하여야 하고 동 협정에 따라 제3국에 대한 기술이전금지 등을 보장하는 조치를 취하기 위하여서 수신기관의 소속국가가 국내입법을 통하여 처리하도록 요구하였기 때문이다. 그런데 Radarsat-2의 기술과 동 발사체가 미국의 기술과 물품을 다수 포함하고 있었기 때문에 캐나다와 미국 정부 간의 협정체결 등을 촉진한 것이다.

---

23) 보통의 기상 레이다는 수평적 성격(horizontal orientation)을 갖는 무선주파수 펄스(pulse)를 송신함으로써 기상관측을 하나 polarimetric radar는 수직적 성격을 겸하여 제공하는 관계로 전자가 어느 지역에 강우가 있었느냐 여부만을 파악토록 하는 반면에 후자는 어느 지역에 얼마만큼의 강우가 있었는지도 파악하게 하여주는 유용성을 제공함.

24) 2014.6.2.방문 캐나다 우주청((CSA)웹사이트 www.asc-csa.gc.ca/eng/media/news_releases/2013/0509/asp.

25) Land Remote Sensing Policy Act of 1992로서 후술함.

26) Presidential Decision Directive Number 23 (PDD23)로서 동 PDD는 행정부 명령(Executive Order)과 동일한 효력을 가지면서 대통령이 교체되어도 효력을 유지함.

이때 시기적으로 우연히도 미국은 민감한 기술의 해외이전을 통제하는 ITAR규정(International Traffic in Arms Regulations)에서 캐나다를 예외로 하여주는 Section 126.5를 1999.4.16일자로 폐기하였는바, 이는 Radarsat-2의 기술이전을 앞두고 2000년 양국 간 협정을 필요하게끔 하는 또 하나의 원인이 되었다.

캐나다는 2000년 협정 체결 후 원격탐사자료통제에 관련한 국내법 검토에 들어갔는바, 복잡한 기술적 법적 문제를 수용하기 위하여서는 국내법의 일부 개정만으로는 불가하다는 판단하에 독립 법을 제정하게 되었다. 이는 원격탐사 자료와 영상을 제작하는 시스템과 이를 수집하고 배포 내지 상업적 판매를 하는 것을 허가하고 연장하며 감독하는 업무가 국내의 통신부, 산업부, 교통부 등 그 어느 한 부처의 일이 아닌데다가 우방 미국의 국가이익을 손상시켜서는 안 된다는 국제적 의무도 부과하는 것이기 때문이었다.

이에 따라 약칭 원격탐사우주시스템법(RSSSA)이 2006년 국회에서 통과되어 2007년 4월부터 발효되었는바, 법의 정식 명칭은 An Act governing the operation of remote sensing space systems이며 법률(Bill) C-25이다.

법률의 주요내용을 살펴보면 다음과 같다.

① 안보, 외교정책, 국제통상 이익 등을 요소로 하는 법률의 성격상 캐나다 정부의 인가당국은 외교부이다.

② 캐나다에서 원격탐사시스템을 허가한다는 것은 2개의 주요사안을 대상으로 하는데 위성자체의 운용과 동 위성이 제작하는 가공되지 않은 자료(raw data)와 원격탐사 제품을 분배하는 것이다. 전자의 경우 위성의 수명 전 기간에 걸쳐 안보 위해가 없이 캐나다에서 적의 통제하는 것과 수명 종료 시 유엔의 우주쓰레기 경감 가이드라인(Space Debris Mitigation Guidelines)에 따라 위성을 폐기하는 것을 포함한다.

③ 핵심인 가공되지 않은 자료와 원격탐사물의 수집과 분배에 있어서 가공되지 않은 자료가 캐나다나 캐나다 우방에 대항하여 사용되지 않도록 가공되지 않은 자료를 통제하는 것이 중요하며, 이는 고해상도인 SAR시스템을 사용하는 경우 더욱 그러하다.

④ 이를 위해 외교부는 국방, 공공안전, 산업부 등과 협력하여 인가 발부 시 허가대상 기관의 영업형태, 관련 인사와 고객, 소유주, 운용자, 민감 정보 관리방법 등을 심사한다.

⑤ 정부는 인가대상자가 법률에 규정한 정상서비스 중단(shutter control)과 우선접근(priority access) 및 위성 명령어와 자료 보안조치 등을 포함한 내용을 준수하며 가공되지 않은 자료와 원격 탐사물이 캐나다 국가안보와 방위 및 외교정책 내지는 국제적 의무를 보장하는 것을 충족한다고 판단할 경우 인가한다. 단, 제안된 시스템의 해상도가 조잡하다거나, 원격 탐사물이 해외반출이 되지 않는 경우에는 외교부장관의 인가를 받을 필요가 없도록 하는 예외규정을 두었다.

⑥ 인가를 받은 사업자가 통상 위성에 대한 지시(명령)를 하는 시설과 위성자체를 운용하겠지만, 원격탐사위성으

로부터 가공되지 않은 자료를 수신하고, 해석하기 위하여 가공하며, 그 결과물을 분배하는 작업이 해외에서 이루어질 수가 있음을 감안하여 인가사업자는 이 경우 해외소재 시스템 참여자들과 각개의 협정을 체결하여 인가 사업자가 캐나다 내에서 이행하는 것과 대등한 내용으로의 법률상 부여된 의무를 져야 한다. 그렇지 않을 경우 인가사업자는 캐나다정부의 행정제재를 받으며 위반의 정도가 심할 경우 허가 취소는 물론 형사처벌까지도 받아야 한다.

이제 shutter control이라고 불리는 정상 서비스 중단과 우선접근에 대하여 설명한다.

인가권자로서 캐나다정부가 인가사업에 대한 사전심사는 물론 인가사업자가 해외소재 시스템 참여자들과 체결하는 협정도 검토(review)하는 규제역할도 하지만 정상서비스를 중단하는 shutter control과 우선접근을 언제 명령할 수 있느냐에 대한 관심이 크다.

Shutter control은 캐나다 정부가 최후의 수단으로 가지는 법률상 권한으로서 자주 발동될 것으로 여겨지지 않는다. 미국정부가 국내법상 여사한 권한을 명기하였으나 10여 년에 이르도록 한 번도 발동한 적이 없다. 정상적인 서비스가 중단된다는 것은 매우 심각한 국가안보, 국방, 외교정책 또는 국제적 의무이행을 위한 것이나, 현실은 서비스를 완전 중단시키는 것보다는 유사시 원격탐사위성이 특정지역을 특정시간에 촬영토록 하여 특정한 영상을 획득토록 하는 것으로 정상서비스에 변경을 가하는 것이다. 이러한 변경은 특정지역의 영상의 배포를 지연시킨다거나 특정영상의 해상도를 조악하게 하여 배포하는 것도 포함한다.

우선접근은 얼음, 눈, 폭풍, 산불, 홍수 등 긴급 대응 시 요구되는 것으로서 민방위작업에 있어서 원격탐사위성 영상이 도움이 될 경우 발동된다. 앞서 설명한 International Charter Space and Major Disasters가 자발적으로 여러 나라의 위성자료를 세계적으로 제공받는 것임에 비하여, 우선접근은 캐나다 내에서 법률상 캐나다 원격탐사위성 사업자에게 부과하는 것이다. 그런데 정상적인 판매채널을 통하여 대부분의 영상이 공급되는 것을 감안할 때 우선접근 명령이 자주 발동될 것 같지는 않으나 shutter control보다는 더 빈번할 것으로 예상하면서 shutter control의 발동권자가 장관인 반면 우선접근명령 발동권자는 차관으로 하였다. 관련 부처의 차관들과 국방부의 경우 국방참모부장이 유사시 국가이익을 위하여 우선정보 발동권을 행사하나 이 경우 민간사업자가 제공하는 영상에 대하여 일정한 형식에 따라 대가를 지불한다.

결론적으로 캐나다의 원격탐사우주시스템 법은 각종 기술발전과 함께 투명성이 강조되는 시대적 상황에서 경제적 이해와 안보적 이해의 균형을 맞추는 내용으로서 오늘날은 물론 미래에 전개되는 원격탐사첨단기술과 동 결과물을 적절히 규율하고 있다.

3.2 독일[27]

가장 포괄적인 원격탐사에 관련한 국내법이 독일에서 제정되었다. Satellitendatensicherheitsgesetz, 약칭 SatDSiG라고 하는 German Act on Satellite Data Security(독일 위성자료보안법)가 2007.12.1 발효되었다.

법 제정의 목적은 첫째, 인공위성이 만들어내는 지구원격탐사자료를 특히 국제시장에서 분배하고 상업적으로 판매하는 데에 있어서 독일의 안보와 외교 정책적 이익을 보호하는 것이며, 둘째, 위성자료의 시장판매에 관련된 회사와 향후 설립될 회사가 영업활동을 하는 데 있어서 법적 명확성을 제공함으로써 준수의무 내용과 위험요소를 사전 점검토록 한다는 것이다.

독일에서는 수출통제에 관한 국내법 규정이 기술(technology), 노하우(know-how), 또는 물질(material)에만 적용되고 지구원격탐사 자료(Earth remote sensing data)는 포함하고 있지 않기 때문에 행정부가 간섭할 여지가 없는 상황이었다. 이런 가운데 민·관 파트너십(Public-Private Partnership)으로 TerraSAR-X[28]를 준비하는 가운데 지구탐사의 독자적인 상업화 기반을 지원하고 안보이익을 적의 반영하기 위하여 관련 입법의 필요성이 제기되었다.

TerraSAR-X사업은 독일의 관청(연방예산처, 독일항공우주센터인 DLR 및 DLR연구개발기구)과 사기업 2개(EADS-Astrium과 Infoterra)가 공동 투자하여 지구탐사위성 자료를 과학적 및 상업적으로 이용하는 것을 목적으로 한 것이다. 자료를 과학적 또는 상업적으로만 2분하여 전자는 관청이, 후자는 사기업이 이용하면서 동 사업에 투자하기를 거부한 국방안보기관은 필요한 자료를 구입한다는 권리만을 유보하였다. 따라서 과학적 자료가 아닌 국방안보관련 자료는 국방안보부서가 고객으로서 구입하되 위기상황 시 SatDSiG규정에 의거하여 우선적으로 촬영지역을 지정하면서 동 영상을 구입할 수 있도록 하였다.

이는 TerraSAR-X라는 민관 공동사업이 국방안보를 포함한 공공기관도 이용하는 지구탐사자료를 시장에 제공하는 역할을 하는 것으로서 자료 공급자가 민감한 자료를 평가하는 것을 처음부터 부적절하게 만드는 것이다. 또 하나 특기할 것은 공공자금으로 구득한 자료는 공공재산이 된다는 법도 없이 모든 일반에게 개방되며, 민관 파트너는 자료가 과학적 또는 상업적이냐에 따라서만 구분하여 각기 관리하고 처분한다는 것이다.

독일은 원격탐사관련 법을 제정할 때 캐나다의 원격탐사법인 Bill C-25에서 규정한 내용의 안보점검을 하는 결정을 취하였으나 입법을 함에 있어서는 오히려 간단한 캐나다 식을 택할 경우 독일의 독특

---

27) B Schnidt-Tedd & M Kroymann, "Current Status and Recent Developments in German Remote Sensing Law, 34 Journal of Space Law 1 (2008), pp.97-140 내용을 주로 참고하였음.

28) 2007.6.15 발사된 독일의 원격탐사위성으로서 전천후 24시간 탐사가 가능하고 해상도 1m인 위성임.

한 상황을 무시하게 되는 관계로 다른 방식을 취한 것이다.

독일의 독특한 상황이라는 것은 첫째, 독일에서의 경제적 조건이 미국과 달라 위성자료에 대한 공공부문의 수요가 적고 상업용 수요가 크다는 것이다. 따라서 국가가 위기상황에서 안보이유로 자료제공자로부터 모든 자료를 구입한다 할 경우 공공수요가 크고 상업용 수요가 적은 미국 같은 경우와 비교할 때 정상적인 시장상황을 방해 받는 정도가 크다는 것이다. 둘째, 공공의 자금으로 가능하게 된 자료의 경우를 볼 때 동 공공재의 개념이 미국의 법률체계에서는 대개 정착이 되어있지만 독일에서는 그러하지 않다. 수출통제규정에 있어서 민감한 지구원격탐사자료를 보안점검 한다는 점에서는 양국이 유사하지만 무역에 있어서 취하는 조치의 방식이 다르다. 미국의 법은 수출업자에게 무역의 특혜(privileges)를 주지 무역의 권리를 주는 것이 아닌 반면 독일의 대외무역지불법(Foreign Trade and Payments: AWG)은 무역의 자유원칙에 근거하고 있기 때문이다. 따라서 독일에서는 AWG 3.1.1항에 의거하여 법의 목적이 위협받지 않거나 미미한 위협일 경우 관련 당국이 동 자료의 수출을 거부할 수 없다는 것이다.

위와 같은 특성을 감안하여 독일은 국가의 필요와 헌법상 요구 및 국제파트너의 정당한 기대 등을 감안하여 SatDSiG를 성안하여야 하였다. 또한 동 성안작업에 있어서 외기권 조약 제6조가 "우주에서의 비정부기관의 활동도 적절한 조약 당사국의 허가와 계속적인 감독을 요한다."라고 되어 있어 동 내용을 수용하였으며 이미 살펴본 1986년 유엔 총회 채택 "우주로부터의 지구원격탐사에 관련한 원칙들" 제하의 결의 41/65가 구속력 있는 규범은 아니지만 국제사회가 컨센서스로 합의한 내용임을 감안하여 SatDSiG에뿐만 아니라 TerraSAR-X 개념 발전 시에도 반영시켰다.

TerraSAR-X운용규정과 SatDSiG 공히 제3자에 대한 차별 없는 자료접근 원칙하에 상업적 배포를 허용하고 있으며 TerraSAR-X는 특히 고객이 특정지역에 대한 제3자의 자료접근을 방해하는 black-out을 불가능하게 하는 것으로 운용되고 있다.

과거 군사용과 국가안보를 위한 첩보용으로만 위성자료를 이용한 경우에는 문제가 없었지만 과학용과 특히 상업용으로 위성정보를 사용할 수 있게끔 우주기술이 발전하고 우주활용이 광범위하게 됨에 따라 정밀 지구원격탐사위성 자료를 무분별하게 공급할 수는 없었다. 이는 어느 나라나 마찬가지 현상이었지만 독일은 이를 처음 해결하는 방법으로 2004/2005년 고 해상 위성자료 배포에 있어서 국가안보와 외교정책의 이익을 보호하기 위한 정책을 수립하였으나 TerraSAR-X 원격탐사위성 발사에 이어 RapidEye,[29] TanDEM-X,[30] EnMAP[31] 등의 원격탐사위성계획 등을 염두에 두면서 SatDSiG를 제정하였

---

29) 2008년 8월 ICBM미사일을 개조한 DNEPR-1로켓으로 카자흐스탄 Baikonur에서 발사된 5개의 동일한 소형 지구탐사위성으로서 농업, 산림, 측지, 안보와 비상상황관리, 환경 등의 산업체에 유용한 정보제공을 목적으로 하고 있음. 광학 컬러 5m의 고해상도 사진촬영능력이 있으면서 지구 어느 지역이라도 하루 한 번 매일 4백만km² 지역에 대한 사진촬영을 하는데 TerraSAR-X와 같이 민관 합작 사업임. 2013년말 BlackBridge로 명칭을 변경함.

30) TerraSAR-X와 쌍둥이를 이루어 2010년 발사후 서로 수 백 미터 간격만 두고 궤도를 선회하는 위성으로서 TerraSAR-X Add-on for Digital Elevation

는바, 그 요지는 다음과 같다.

① 우주에 바탕을 둔 "고급"(high-grade) 지구탐사 시스템으로부터의 위성자료와 영상의 배포의 통제절차를 수립하는 것이다. "고급"여부는 해상도와 촬영지역 및 채널숫자 등을 감안하여 판단한다.

② 초기 데이터(primary data)를 공급하는 자(TerraSAR-X경우 Infoterra 또는 DLR)는 자료요청 접수 시 이를 심사하여 민감한 자료의 요청일 경우 정부기관의 심사에 회부하여야 하며 정부는 허가여부를 결정한다. 초기자료(data)를 구입한 후 부가가치를 추가하여 또는 추가함이 없이 판매한다든지 원격탐사 서비스만을 제공한다든지 하는 경우에는 동 법이 일반적으로 적용되지 않는다.

③ 민감 여부를 체크하여 비민감한 자료라고 판단되는 경우 자료 공급자는 자료를 제공하는데 자료 제공은 고객의 수신국(receiving station)으로 위성자료가 직접 전달되는 방법도 포함한다. 민감한 자료인 경우 공급자는 거절하든지 또는 경제 및 수출통제 연방 사무소인 BAFA[32]에 제2차 심사를 의뢰하여 정부의 결정에 따른다. 안보를 이유로 하는 위험 때문에 자료 요청이 거절될 수 있을 경우 자료 요청을 약간 변경하도록 하여, 즉 해상도를 낮추거나 즉시 촬영정보가 아닌 것으로 하거나, 특정지역의 영상을 제외하는 방법을 택하여 허가하여 줄 수 있다. 아울러 연방정부의 제2차 심사는 한 달 이내로 결과가 나오도록 규정하였다.

④ 탐사위성 시스템이 "고급"(high-grade)일 경우 운용자는 BAFA의 인가를 받아야 하는데 "고급" 시스템 여부의 구체적인 기준은 법 제12항(2)에 수록되어 있다. 동 인가를 받는데 있어 법 제4항에 따라 위성운영에 관련되는 모든 사람들은 Security Clearance Check Act(SÜG)에 따른 신원확인을 받아야 하며 운용 장소와 위성에 대한 지시 명령의 통신보안은 정보보안연방 사무소(BSI)[33]가 인증한 절차를 따라야 한다.

⑤ 적용대상은 독일 법에 따른 독일인이나 기관 또는 독일 영토에 소재하거나 독일 영토 내에서 통제하는 외국 기업들이다. "고급"위성자료가 아닌 것은 해당이 안 되며 군사, 첩보위성도 적용대상이 아니다. 또한 보호해야 할 위성시스템이 동등한 수준의 해외 안보체제에 기속되어 진행될 경우 제외시킬 수 있다.

⑥ 국가위기 시 정부에 대한 자료우선제공이 있어야 하고 정부 목적에 따라 자료 촬영 대상 등을 변경할 수 있다. 외국인이 운용회사의 취득이나 주식 구입을 함으로써 법의 실제 집행(행정적 또는 형사적 처벌)을 무력화하지 않도록 하기 위하여 25% 이상의 지분을 갖는 또는 외국 법인의 참여는 제10항에 따라 보고와 인가요건을 통하여 사실상 금지하고 있다.

SatDSiG법은 TerraSAR-X 출현을 염두에 두고 제정되었지만 "고급"지구원격 탐사 시스템을 정의하

Measurement를 나타내는 두문자이기도 함. 민관 파트너쉽에 의거 독일 DLR과 EADS Astrium의 공동 관리하에 2014년부터는 지상물체의 고저를 2m 만의 오차로 입체 촬영하는 WorldDEM의 능력을 시현할 것으로 예상되었음.

31) Environmental Mapping and Analysis Program의 두문자. 여러 환경요소 측정에 역점을 둔 독일의 고성능 원격탐사 위성으로서 2017년 발사될 계획임. 동 위성도 민·관 합작형태인 PPP로 운영될 사업인바, 참여기관은 독일 항공우주센터인 DLR 독일 측지전문 연구 정부기관인 GFZ와 민간기업 2개인 Kayser-Threde와 OHB Technology 임.

32) "Bundesant für Wirtschaft und Ausfuhrkontrolle"의 약어로서 Federal Office of Economics and Export Control을 말함.

33) "Bundesant für Sicherheit in der Informationstechnik"의 약어로서 Federal Office for Information Security를 말함.

고 민감(Sensitivity) 체크를 위한 목록 등을 제시한 시행령 성격의 SatDSiV[34]가 2008년 4월 발효하기까지에는 적용이 되지 않았다. 그럼에도 불구하고 2007년 6월에 발사된 TerraSAR-X 위성은 위성운용자로서 독일 경제기술부와 DLR이 자료제공자로서의 Infoterra 라는 민간기업과 계약하며 운용을 시작하였는데 계약 내용이 SatDSiG법과 유사한 내용으로 되어있어 이미 법의 내용이 실천되고 있는 결과가되었다.

3.3 미국[35)

1957.10.4 소련의 Sputnik I 발사의 충격이 계기가 되면서, 미국은 세계 제1의 국가로서 소련을 앞질러 우주산업에 있어서도 제일가는 능력을 육성하고자 1958년 국가항공우주법(National Aeronautics and Space Act)을 제정하였으며, 이에 따라 미국항공우주국인 NASA(National Aeronautics and Space Administration)가 탄생하였다. 연후 10여 개의 우주관련 입법을 하면서, 세계 제1의 우주대국으로서 제반 분야에서의 우주활동을 규율하고, 장려하는 동시에 우주에 관한 국제법 준수의무도 명기하면서, 여타 국가의 우주법 제정의 모델이 되기도 하였다.

우리의 관심사는 원격탐사에 관련된 3개의 법과 동 개정 및 우주활동에 관련한 미국정부의 지침과 미 국회의 결정이다. 미국의 원격탐사법은 미국이 세계 최초로 민간용 원격탐사위성 Landsat 위성을 1972년 발사한 것을 계기로 1984년 탄생하였는데, 운용주체와 운용내용을 위요하여 시행착오를 계속하면서 개정되고 유사한 법률이 새로 제정되는 혼란을 겪으면서 오늘에 이르고 있다.

한편 우주관련 미국 국내입법과 정책을 보건 데 NASA법 이후 처음 제정된 것이 1962년 Comsat Act로서, 이는 미·소 냉전 와중에 우주를 기반으로 한 수익성 좋은 통신을 자유우방과 신흥국가들이 활용하기 위한 목적으로 국제위성통신조직인 INTELSAT을 창설하는 데 있어서 미국이 적극 참여하고 개발하도록 Comsat을 미국의 공기업 형태로 설립하기 위한 것이었다. 연후 우주기술을 기반으로 Mercury, Gemini 그리고 Apollo 프로그램 등을 성공적으로 수행하면서 1969년 달에 인간을 착륙시키는 성과를 거양하는 가운데, 타국이 추종할 수 없는 미국의 우월성을 입증하였다. 한편, 우주왕복선(Space Shuttle)을 포함한 여러 우주활동 등의 임무는 더 이상 정부기관만이 담당하기 곤란하다는 판단하에 민간에 의존하기 시작하였는바, 특히 발사체와 원격탐사는 더 이상 정부의 참여가 불필요한 분야라는

---

34) SatDSiV statutory ordinance로서 definition of "high-grade" earth remote sensing system, algorithms, trreshold values, lists for "sensitivity check"등의 내용을 담고 있음.

35) J Gabrynowicz, "The Perils of Landsat from Grassroots to Globalization: A Comprehensive Review of US Remote Sensing Law with a Few Thoughts for the Future", 6 Chicago Journal of Internatioanl Law 1(Summer 2005), pp.45-67과 같은 저자의 "One Half Century and Counting: The Evolution of U.S. National Space Law and Three Long-Term Emerging Issues", 4 Harvard Law & Policy Review 2(Summer 2010), pp.405-426을 주로 참고하였음.

인식하에 이들을 상용화(commercialize)[36]하고, 민영화(privatize)[37]하는 법적 근거를 마련하였다.

상기 일환의 법률개정과 제정 작업이 1984년에 시작하였다. 우선, 미 국회가 1958년 국가항공우주법의 "정책의 선언과 목적" 조항을 "국회는 미국의 총체적인 복지가 NASA로 하여금 최대 가능한 한 우주의 상업적 이용을 극대화하는 것을 모색하고 증진하며…"라는 내용으로 수정하여, 우주의 상업적 이용이 우주의 민간과 군사이용과 함께 미국우주활동의 3번째 법적 공인부분으로 인정받게 되었다. 이의 연장선상에서 미 국회는 같은 해인 1984년 상업위성 발사법(Commercial Space Launch Act)[38]과 육지원격탐사 상업화법(Land Remote-Sensing Commercialization Act: LRSCA)[39]을 제정하였다. 이 두 법은 그간 전개된 정치, 경제, 기술상황을 반영하여 개정되었는바, 원격탐사와 관련된 내용으로 제한하여 그 추이를 살펴본다.

1972년 Landsat1 위성이 발사된 후, 미국의 원격탐사 법은 4단계로 구분된 형태를 취하였는바, 이 모든 단계에서 법의 핵심내용은 국민세금으로 정부가 개발하였지만, 공·사 부문에 걸쳐 확실한 이득이 되는 기술을 제도적으로 활용하는 것이었다. 기상위성은 공공재(public goods)로서 상업화의 대상이 아니지만, 육지영상위성은 사생활 침해도 야기할 수 있다는 인권적 측면, 냉전하에서의 국제정치적 요소 그리고 산업화 시대에서 정보화 시대로 이행해가는 과정에 있어서의 기술발전 등 3개의 요소가 복합적으로 작용하여 예측불허의 요동을 겪었다. 이는 냉전하에서의 국제정치적 요소를 고려한 Apollo프로그램에서와 같이 미국이 미·소 대결구도 속에서 동맹국 확보를 위하여 민간원격탐사에 관심을 두는 것에 따르는 것이기도 하였다. 또 산업화 시대에서 정보화 시대로 이행하는 과정에서 위성자료영상을 해독하고 가공하는 기술이 원격탐사위성을 발사하고 궤도에 진입시키는 기술에 비하여 현저히 낙후되어 있었는데, 이러한 상황은 1990년대 정보화 산업시대가 도래하여, 급격히 향상한 컴퓨터기술의 발전과 함께 가능하게 된 경비절감에 따라 과거 정부기관에서만 가능하였던 지상 촬영자료의 가공이 일반기업도 할 수 있게 되었을 때까지 계속되었던 것이다.

상기 배경에서 정부기관과 민간 기업은 우주로부터의 지구원격탐사위성자료를 서로 담당하고자 하는 경쟁을 하면서, 국회의 승인을 받고자 하였으며, 국회는 원격탐사 법을 어떤 형태로든지 제정하여 특정내용으로 규제하는 체제를 수립하고자 하였으나, 1972년부터 1984년까지에는 이에 실패하였다. 결국 1984년 상업화법을 제정하였고 이에 따라 1972년 이래 연방정부의 자금으로 운용 중이던 지구관

---

36) 미국에서 상용화한다는 것은 미국정부예산으로 기반시설을 마련한 후, 이의 운용은 이윤을 추구하는 민간 기업에 위탁하는 것을 의미함. 예를 들어 Space Shuttle의 수십 회 운행 등을 통하여 국제우주정거장인 ISS(International Space Station)를 미국정부예산으로 구축한 후, 운용을 민간회사인 USA(United Space Alliance)에 위탁하는 것임.

37) 민영화는 정부소유를 민간에 매각한다는 것으로 다른 국가에서 사용하는 개념과 동일함.

38) Commercial Space Launch Act, Pub. L. No. 98-575, 98 Stat. 3055(1984) (개정내용은 49 U.S.C. § 70101(Supp. II 2008)에 수록).

39) Land Remote-Sensing Commercialization Act, Pub. L. No. 98-365, 98 Stat. 451 (15 U.S.C § 4201로 성문화되었으나, 1992년 폐기된 육지물체 위성탐사를 규율하는 내용).

측위성들인 Landsat 시스템을 비로소 상용화할 수 있었다.

미국의 민간육지원격탐사는 4단계로 구분할 수 있는바, 구체적으로는 1972-83년, 1984-92년, 1992-2004년 그리고 연후 현재의 4단계이다. 제1단계에서의 문제는 Landsat 시스템을 어떻게 제도화 시키느냐였는데, 아무런 해결책도 찾지 못한 채 공공부문인 정부가 업무를 담당하였다. 제2단계와 제3단계에서의 이슈는 Landsat이 공공부문 또는 민간부문 중 어디에 있어야 하느냐는 것이었다. 그런 가운데 제2단계에서는 민간부문이 담당하고 제3단계에서는 민간과 공공부문이 각기 부분적으로 담당하였으나, 1990년대 중·후반부터는 공공부문으로 환원되었다.

LRSCA에 따라 Landsat 시스템의 상업화가 추진되었다. 단, 공공재의 성격을 감안하여 기상위성은 상업화의 대상에서 제외되었다. 결국 1985년에 민간 기업인 EOSAT(Earth Observations Satellite Corporation)[40]이 미국 연방정부와 10년 간 계약을 체결하고 EOSAT은 Landsat 4와 Landsat 5의 운용을 인수받았다.

그러나 EOSAT은 위성자료의 판매 과정에서 큰 실수를 하였다. EOSAT은 자료의 차별금지 정책에 따라 자료를 원하는 모든 자에게 비차별적으로 자료 공급을 하여야 하나, 자료를 원하는 자가 있을 경우 가격에 차이를 두지 않고 모든 사용자에게 비차별적으로 고가의 가격으로 판매하였다. 그 결과 영상자료 1매의 가격이 수백불에서 수천불로 인상되어 학계를 비롯하여 개도국 등에서 Landsat 자료에 대한 접근이 사실상 어려웠다. EOSAT은 연방정부의 보조금 지불 하에 위성 자료를 독점적으로 공급하면서 폭리를 하는 것이었다. 결국 민간 고객은 저렴한 가격으로 위성 자료를 제공하는 프랑스의 Spot Image로 이탈하였고 SPOT의 탄생으로 고객을 빼앗겨 이용자가 급감하면서 Landsat의 생존이 걸린 문제가 발생하였다. 이런 상황에서 1989년 NOAA는 EOSAT에 위성운용 중지를 지시하였으나 미 국회의 반발로 명맥이 유지되면서 정부보조를 받는 가운데[41] 주로 자료의 대량 사용자인 미국연방정부에 자료판매를 하였다. LRSCA는 제정 된지 3년 후에 개정되어 정부와 계약자 사이에 융통성을 허용하였으나 위성자료 시장에는 변화가 없었다.

한편, 미국 정부에 대한 EOSAT의 위성 자료 독점 공급은 우주에 기반하여 지구의 전체적인 체계 그리고 자연현상과 인간 활동에 의하여 야기된 지구의 변화를 연구하기 위한 Mission to Planet Earth (MPTE)[42]의 시작으로 점차 소멸되었다. MPTE의 목적상 세계의 다양한 지역을 촬영한 위성자료를 필

---

40) Hughes Aircraft사와 RCA가 합작·설립한 회사인바, 자체 예산으로 개발하여 발사한 Landsat 6의 실패 이후, 1996년 Space Imaging사에 합병됨으로써, Space Imaging-EOSAT 회사가 탄생하였으나, "EOSAT" 이름은 이내 삭제된 가운데 Space Imaging으로 회사이름을 환원하였음. 후에 동 회사는 GeoEye가 되었음.

41) EOSAT으로 이양이 된 후 자체수입으로 경영이 안 되기 때문에 정부보조를 계속 받았음. 차기 위성인 Landsat 6 제작과 발사를 위한 정부보조도 있었음.

42) MPTE의 우주부문 핵심은 Earth Observing System(EOS)으로서, 지구온난화, 오존층파괴, 산림파괴 등을 파악하기 위해 AM, PM, Chemistry 위성들을 이용하되, 1998년 발사예정 Landsat 7(실제로는 1999년 발사)도 이에 포함시킨다는 계획이었음. 이러한 위성들의 자료

요로 하였고 이를 위해 LRSCA에 따라 NASA와 NOAA는 EOSAT으로부터 위성자료를 구매할 계획이었다. 그러나 EOSAT이 위성자료 구매 가격으로 무려 5천만 US$을 요청하자 NASA와 NOAA의 반발을 촉발하였고 결국 LRSCA를 대체하는 육지원격탐사정책법(The Land Remote Sensing Policy Act: LRSPA 또는 정책 법)[43]의 제정으로 이어졌다. LRSPA은 LRSCA와는 달리, 위성자료에 관한 정책의 목적을 상업화에서 장기적인 국가정책의 지속성에 두었다. 미국의 민간원격탐사정책의 3단계의 시작이 되는 LRSPA의 주요 내용은 다음 5개로 요약된다.

- Landsat 프로그램을 정부부문으로 환원
- 원격탐사의 환경가치에 대한 강조 증가
- Landsat 자료가격을 사용자 요청경비(COFUR[44])로 축소
- 국가 위성 육지원격탐사자료 서고[45]의 정식 설립
- 비차별접근정책의 적용을 완화하여, 자료요청국가의 탐사자료에 국한, 즉 요청국 자기 나라의 영토를 커버하는 자료가 아닌 한 자료제공 거부 가능

미국 정부는 1999년 Landsat 7 위성의 후속위성을 Landsat 8이 아니고 Landsat Data Continuity Mission (LDCM)으로 변경하면서 동 발사계획을 발표하였으며 동 위성의 운용을 민간에 위탁하기 위한 업체 선정 작업을 시작하였다. 이를 위해 업체 간 경쟁이 벌어지면서 4년에 걸친 지루한 입찰공방 끝에 하나의 입찰자만이 남게 되었는데, 미 정부는 1985년 하나의 입찰자였던 EOSAT과 계약을 하였던 것과 달리 하나 남은 입찰자의 제안을 거부하면서, LDCM 운용을 정부기관에 의뢰하였다. 법에서 예정한 민간부문 옵션을 배제한 공식적인 이유는 마지막까지 잔류하였던 입찰회사가 제안한 내용이 정부의 제안서(RFP: Request for Proposal)의 핵심목적인 공정하고, 형평한 파트너십의 구축에 미흡하였다는 것이나 실제 이유는 1980년대에 민간회사인 EOSAT이 정부예산으로 구축된 위성 자산을 관리하면서 위성자료 판매 시 미 정부기관에게도 터무니없는 폭리성의 요금을 부과한 실패를 예방하고자 하는 의도였을 것이다.

현재 LRSPA에 따라, 미국 상무부(Department of Commerce: DOC)와 미국 해양 대기 관리청(National Oceanic and Atmospheric Administration: NOAA)이 육지원격탐사 시스템의 인가 여부를 결정하며, 그 과정에서 미국 국방부(Department of Defense: DOD) 그리고 미국 국무부(Department of State: DOS)와 협의하여야 한다.[46] 미국의 과학기술정책청(Office of Science and Technology Policy: OSTP)은 Landsat 자료를 위한 상업적 시장의 자생력 부족을 이유로 LRSPA에서 옵션 중 하나로 제시하였던 민·관 파트너십도

는 EOS Data Information System(EOSDIS)으로서, 자료의 가공, 저장, 배분에 이용됨.

43) The Land Remote Sensing Policy Act로서, 15 U.S.C § 5601-41.

44) Cost of filling a user request 로서, 사용자가 자료를 수령하는 데 필요한 직접경비(자료제공자의 송부료 등)만을 의미.

45) National Satellite Land Remote Sensing Data Archive.

46) 15 U.S.C. § 5657.

배제하였는바, 이는 자료 계속성의 필요 때문에 여러 개의 독립적으로 계획된 임무(사업)를 지속 가능한 운용프로그램으로 변경하여 LDCM[47]과 National Polar-orbiting Operational Environ -mental Satellite System (NPOESS)을 통합, 운용하기 위한 것이다. 이는 단기적인 Landsat 프로그램의 재원(funding)을 안정화하기 위한 2005년 초 대통령의 결정[48]과 함께 제4단계인 현재의 정책을 구성한다.

정책 법에 따르면 민간육지 원격탐사 시스템의 경우 상무부/NOAA가 인가당국이며, 국방부, 국무부 그리고 여타 관련 기관이 협의 대상이다.[49] 또한 원격탐사시스템 운용허가를 받은 회사는 시스템의 발사와 운용에 있어서 투입된 정부자금을 공개하여야 하고, 전액 정부자금일 경우, 모든 가공되지 않은 자료를 비차별적으로 제공하여야 하며, 전액 민간자금일 경우, 합리적인 상업조건에 따라 자료를 제공하여야 하고, 피탐사국의 요청이 있을 경우, 피탐사국의 영토에 국한한 위성자료를 상업조건에 따라 제공하여야 한다. 이는 과거 상업화법에서 Landsat 또는 연방인가를 받은 모든 운용자들이 자료 요청이 있을 경우 거절하지 못하고 모두 제공하게 되어 있는 것을 변경한 것으로 특기할 사항이다.

또 하나의 특기할 사항은 미국정부가 인가 받은 운용자의 자료획득과 분배를 금지할 수 있느냐이다. 결론적으로 동 금지가 가능하다. 이는 2001년 9/11사태가 발생하기 전인 2000년 민간 원격탐사위성 시스템에 관한 정부기관 간 MOU[50]에 언급되어 있는 바로서, 정상적인 상업적 운용이 국가안보나 기타 국가이익의 보호를 위하여 미국 대통령의 최종결정을 요할 수도 있는 복잡한 정책결정과정을 거쳐 Shutter Control이라고 불리는 자료제공 중지가 가능하다. 또한 이는 미국에서 법령과 같은 효과를 갖는 국가안보 대통령지침(National Security Presidential Directives: NSPDs)의 하나인 2003.4.25자 미국의 상업원격탐사정책[51]에서도 규정하고 있는 바이다. 2001년 9/11사태 이후, 연방정부는 대통령의 개입 없이 원격탐사의 피인가자와 독점계약을 체결하여 아프가니스탄과 주변지역에 대한 자료접근을 임시 차단할 수 있도록 하였다. 그러나 이는 이라크에 대한 미국침략을 앞두고, 미국의 원격탐사위성 회사가 이라크정부가 요청한 이라크영토에 대한 위성자료제공을 거절한 것과 함께 원격탐사에 관한 유엔 총회결의 41/65에 위배될 소지가 있는 것이다.

Landsat 프로그램은 1972년에 시작되었지만, 정부의 예산반영이 불투명하여, 중도에 중단될 뻔한 위기를 수차례 넘기면서, 오늘에 이르고 있다. 1984년에 발사되어 2013년 6월까지 임무를 수행한 Landsat

---

47) LDCM 위성이 장착할 2개의 과학기재 중의 하나로서, 30m 해상도로 육지물체를 구분(흑백 15m 해상도)하는 용도로 촬영하는 센서인 Operational Land Imager(OLI)가 동 통합의 대상이 되는 부분임. 다른 하나의 과학기재를 이루는 센서는 Thermal Infrared Sensor(TIR)로서, 지상 온도차이를 100m단위로 구분할 수 있게 함.

48) 미국 부시 대통령이 2005.2.4 결정을 통하여 2006년 회계연도에 Landsat 7의 운용자금지원을 결정을 하였음.

49) 15 U.S.C. § 5657.

50) 동 관련 Fact Sheet를 구성하고 있는 15 C.F.R § 960 app. 2(2000).

51) U.S. Commercial Remote Sensing Policy로서, 이는 1994.3.9자 Foreign Access to Remote Sensing Space Capabilities인 대통령결정지침(PDD) 23을 대체하였음.

5호기와 EOSAT 자체예산으로 발사하였지만 실패한 Landsat 6은 운용불능이지만 1999년 발사된 Landsat 7호기가 5년 수명을 훨씬 넘기면서 상금 운용되고 있고 2013년 2월 발사한 Landsat 8호기 (LDCM에서 다시 명칭 변경)를 운용되면서 40년 이상의 역사를 가지고 있다. USGS(United States Geological Survey)가 운용하고 있는 Landsat은 위성 자료를 원하는 모두에게 거의 무료라고 할 수 있는 COFUR만 받고 제공하는 한편 세계 도처에 Landsat 자료 수신국을 설치하여 타국의 용도로도 실비 제공하고 있다.

또 미국정부는 민간용과 군용 기상 특정위성 프로그램 즉, 상무부의 Polar-Orbiting Environmental Satellite Program, 국방부의 기상관측 프로그램, NASA의 LDCM 등을 통합한 NPOESS(National Polar-orbiting Operational Environmental Satellite System)를 구축하여, 민간과 군 안보에 관련한 기상관측능력을 획기적으로 향상시킨다는 계획이 2010년 4월 무산되자, 군과 민간용을 분리하여 기상위성 사업을 시행 중이다.

위성자료 제공 사업과 관련하여 터무니없이 진행된 정책추진의 혼선과 관련 부처 간의 비협조 및 의회와 행정부 사이의 의견 충돌은 어느 나라에나 언제라도 상존하는 문제이지만 미국이란 선진국에서 시행착오가 장기간 진행된 것은 의외의 일이다. 위성 자료의 활용에 관한 정책을 상금 수립하고 있지 않는 우리나라가 크게 참고할 내용이다.

한편, 세계에서 최상의 원격탐사 상용 위성자료는 미국의 GeoEye사가 제공하는 IKONOS, OrbView, GeoEye-1 등의 운용시스템과 DigitalGlobe가 제공하는 QuickBird, WorldView-2, 그리고 Spot Image사가 판매하는 Pleides위성의 것으로서 해상도가 40cm까지 되는 정밀한 영상이 있다.[52] 2013년 초 GeoEye를 인수한 DigitalGlobe는 2014년 8월 해상도 31cm인 WorldView-3를 성공적으로 발사하여 정밀 영상자료를 상업 판매할 목적으로 미국 정부에 허가 신청한 결과 2014년 미국 상무부가 해상도 25cm까지의 영상 판매를 승인하였다. DigitalGlobe는 GeoEye-1과 WorldView-2 위성들의 해상도 46cm 영상자료를 이미 판매 중이다.[53]

3.4 프랑스[54]

프랑스는 미국 다음으로 원격탐사 위성 발사와 사업에 있어서 강한 나라이다. 1986년 SPOT (Satellite Pour l'Observation de la Terre) 1을 발사하여 미국 Landsat의 고 요금 독점체제를 붕괴하면서 위성자료의

---

52) 동 건 상세는 FAA, 2010 Commercial Space Transportation Forecasts, May 2010, pp.44-49 참조.

53) 2014.8.25.자 SpaceNews 9쪽.

54) P Achilleas, "French Remote Sensing Law", 34 Journal of Space Law 1(2008) 1-9를 주로 참고하였음.

상업적 제공을 성공시키기도 하였다. 2002년에는 SPOT 5를 발사하여 2.5m의 해상도를 제공하고 있는데 이에 프랑스 우주청인 CNES[55]가 벨기에의 SSTC[56]와 스웨덴의 SNSB[57]와 같이 참여하고 있다. 프랑스는 또 벨기에, 그리스, 이태리, 스페인과 함께 제1세대 군사첩보 위성 Helios[58]프로그램을 운용하고 있으며, 벨기에, 스페인, 이태리, 독일, 그리스 등과 함께 Helios 2[59] 군사첩보위성을 운용하는 사업을 하는 것으로 알려져 있다. 프랑스는 또한 차세대 Helios 2인 CSO(Optical Space Component) 시스템을 둘 내지 세 개의 위성으로 구성하여 범 유럽 군사용 지구관측용으로 활용하는 것을 추진 중인데 13억 유로의 경비가 예상되는 CSO의 첫 위성은 2017년까지 발사하는 것을 목표로 하고 있다.[60]

프랑스의 민간원격탐사 정책은 위성영상을 국제시장에서 비차별적으로 판매하는 것이다. 이를 위하여 설립된 민간기업인 Spot Image[61]는 QuickBird[62], IKONOS, Radarsat, Pleides, Kompsat-2(한국 다목적 실용위성 2호)의 위성자료도 판매 대행한다.

위와 같이 원격탐사영상에 관련한 기술과 판매가 앞서 있는 프랑스에 현재로서 원격탐사에 관한 독립된 법은 존재하지 않는다. 따라서 법의 일반원칙이 군사용과 민간용 지구탐사 활동에 적용되는 바, 이를 살펴본다.

첫째, 프랑스가 당사국으로 있는 국제조약이 적용된다. 1967년 외기권 조약 제1조가 규정한 우주의 탐사와 이용의 자유가 해당 규정이다.

둘째, 원격탐사에 관한 원칙들로서 1986년 유엔총회 채택 결의 41/65 내용들이다. 동 결의 중 제4원칙이 우주에서의 원격탐사활동의 자유이용을 보장하고 있다.

셋째, 자료의 수집과 배포는 프랑스 법에서도 보장하고 있다. 이는 프랑스 혁명 후 Loi d'Allarde라고 통칭되는 1971년 영(decree)이 그러하고 여사한 자유는 프랑스의 일반 법 원칙을 구성하는 것이라고 프랑스 국무원[63]에서 각기 1951. 6. 22 Daudignac 사건과 1983. 5. 13 Société René Moline 사건에서 확인하였다. 프랑스 헌법재판소[64]도 1982. 1. 16 국적 귀화관련 사건 시 여사한 자유가 헌법가치를 갖는 것이

---

55) Centre National d'Etudes Spatiales의 프랑스어 두문자로서 National Center for Space Research를 의미함.

56) Belgian scientific, technical, and cultural services.

57) Swedish National Space Board.

58) Helios 1A는 1995년, Helios 1B는 1999년 발사되었으며 모두 광학렌즈를 장착하였음.

59) Helios 2A는 2004년, Helios 2B는 2009년 12월에 발사되었는바, 둘은 동일한 위성 제원을 가지고 있으며 해상도가 30cm에 불과함. 20억 유로가 소요된 동 사업에 벨기에, 그리스, 이태리와 스페인이 각기 2.5%의 지분을 투자하였음. AWST 2014.10.13.자 54쪽.

60) AWST 2014.10.13.자 54쪽.

61) CNES가 41%, EADS(European Aeronautic Defense and Space Company N.V.로서 2000년 독일, 프랑스, 스페인의 항공우주업체가 합병하여 탄생)가 40%의 지분을 보유함.

62) 미국회사 DigitalGlobe가 2001년 발사한 상업용 지구원격탐사위성으로서 흑백 해상도 60~70Cm, 칼라 2.4~2.8m 자료를 제공함.

63) Conseil d'Etat(Council of State)로서 행정부의 법률자문을 하는 기관임과 동시에 프랑스 행정법원의 최고심 역할을 함.

64) Counseil constitutionnel(Constitutional Council).

라고 결정하였다. 또한 1979. 8. 26 채택 "인간과 시민의 권리 선언"[65] 제11조와 1950. 11. 4채택 "인권과 기본 자유 보호를 위한 협약"[66]에서도 보장하고 있는 바이다.

넷째, SPOT Image와 투자기관인 CNES와의 계약상 자료의 수집과 배포를 적용하는 내용이 들어가 있고 전자의 영업정책에 프랑스 정부가 관여하면서 국가이익과 국제의무를 존중하고 있다. 이와 관련 SGDN[67])의 제안에 의해 GIRSPOT라는 작업반이 SGDN, 외교부, 국방부, 우주부, 연구부, CNES로 구성되어 SPOT Image의 상업 활동에 제한을 가할 필요가 있는 구체 상황에 관한 보고서를 작성할 임무를 부여받았다. GIRSPOT는 SPOT Image에 지시를 내릴 권한을 가지고 있지 않고 수상에 권고할 수만 있으며 수상만이 영상제한 등 SPOT Image에 지시할 권한을 보유한다. 동 제한은 예를 들어 민감한 지역이나 우방의 주둔군 지역 촬영 자료 배포를 금지하는 것을 포함한다.

한편 SPOT Image가 국내 법적 의무는 없지만 GIRSPOT의 자료 통제정책에 협조적인바, 이는 SPOT Image의 대주주가 프랑스 정부 연구기관인 CNES인 데에도 연유한다. 그런데 1991년 걸프전 때 유엔총회결의 41/65의 제12원칙에도 불구하고 SPOT Image가 이라크 영토에 대한 이라크 정부의 자료 요청에 응하지 않도록 제한한 프랑스 정부는 GIRSPOT의 활동도 비밀에 부치면서 자료 통제의 투명성이 없고 법적 근거도 없다는 비난에 봉착하였다.

상기 상황에서 프랑스는 2008. 6. 3 우주 운용에 관한 법률 2008-518을 채택하였다. 이는 국무원의 작업반이 2004년 가을 구성되어 우주선 통제(발사와 궤도에서의 위성운용)에 관련한 법적 문제점만을 논의하면서 1967년 외기권 조약의 제6조(우주에서의 활동 허가와 통제), 제7조(우주물체에 의한 피해에 대한 배상책임), 제8조(우주물체의 등록)로부터 연유하는 프랑스의 국제책임 등을 다룬 것을 바탕으로 하였지만 원격탐사와 같은 위성 활동은 원래 규율 대상이 아니었다. 그러나 같은 기간에 국방부에서 자료통제에 관한 입법을 성안하고 있음을 감안하면서 우주자료에 관한 하나의 장(chapter)을 추가하였다.

우주자료체제(space data regime)를 담당하는 행정 당국은 법에서 명시하고 있지 않지만 시행령[68]은 수상이 행정당국자로서 SGDN에 이행을 위임토록 하고 있으며 전술한 GIRSPOT를 통한 부처 간 조정회의를 거치게 하고 있다. 행정당국(Administrative Authority)은 선언절차를 수립하고 가능한 자료 제한을 하는바, 이는 다음과 같다.

---

65) French Declaration of the Rights of Man and of the Citizen.

66) Convention for the Protection of Human Rights and Fundamental Freedoms, 213 UNTS(유엔조약시리즈) 222.

67) Secretary General for National Defense로서 군수품의 수출입은 장관 선에서 인가가 없는 한 금지되며 인가는 수상이 국방자재의 수출을 심사하는 부처 간 위원회인 CIEEMG의 자문이 있은 후 결정함. 그런데 CIEEMG회의는 Deputy Secretary General for National Defense가 주재함.

68) 2009. 6.9 채택한 허가(authorization)와 인가(licenses) 및 우주자료에 관한 시행령.

선언(Declaration)

법 제23조 2항에서 선언 체제(declaration regime)를 수립하고 있는바, 이는 자료 공급자가 초기단계에 행정당국에 대하여 법의 목적을 충족시키기 위하여 필요시 제한을 가하여도 좋다는 사전선언을 하여야 한다. 선언 체제는 우주로부터 지구 표면의 탐사에서 얻어지는 어느 자료에도 적용되는바, 자료의 구체적 정의는 시행령에 명기되어 있다. 군사 위성이 수집하는 자료와 국방부를 대신하여 수집하는 자료는 법 제26조에 따라 직접적인 정부 통제를 받기 때문에 제외된다.

법은 또한 프랑스에서 프랑스인 또는 외국인이 수행하는 활동에도 적용되고 제27조에 따라 CNES는 자료 통제절차에 참여하지 않는 것이 특기할 만하나, 제23조 2항에 따라 자료 해상도, 사용 주파수 대역, 자료 정확성, 자료의 질 등의 특성을 바탕으로 선언을 한 활동들을 확인하는 구체 사항은 시행령에서 정하고 있다. 법에 따른 선언을 하지 않고 우주 자료를 제공하는 자는 20만 유로의 벌금에 처해진다. (제25조)

통제와 규제

법 제24조 1항에 따라 행정당국은 우주원격 탐사자료의 주된 운용자(primary operator)가 국가의 근본적인 이익을 방해하지 말도록 규정하였다.

형법 제410조 1항에 언급된 국가의 근본적인 이익이란 "독립, 영토보전, 모든 기관들의 공화적 형태, 국방과 외교, 프랑스 국내외 국민의 안전 보호, 자연 주변과 환경의 균형, 과학적 경제적 잠재력과 문화유산의 본질적 요소들"로 표현되어 있다.

우주운용에 관한 법 제24조는 국방과 외교정책의 보호와 프랑스의 국제의무 준수를 특별히 강조하고 있다.

국가의 근본적인 이익 보호를 위하여 제한을 한다는 것은 일정기간 동안 자료 배포의 정지, 배포 지연 의무, 민간항공법 L131-3조에 정의된 매우 민감한 구역에 관한 자료의 영구 배포금지 등을 말하는 것인데 이는 시행령에서 구체 표현하고 있다.

이 제한 체제는 비례적으로 행사될 경우 구주연합(European Union)을 설립한 조약[69]의 규정과 병행하는 것이다. 동 조약 제30조는 공공정책과 안전의 이유로 수출입과 경유 물품에 제한을 가하도록 하며, 제46조는 역시 공공정책과 안전의 이유로 외국인에게 특별대우를 하는 국내법의 규정을 두는 것을 허용하며, 제296조는 공개 시 자국의 안보이익에 본질적인 해가 되는 경우 어느 회원국도 정보를

---

69) 구주공동체 관보 2002.12.24자 번호 C 325.

제공할 의무가 없도록 규정하고 있다.

자료제한에 위배하는 자는 제25조에 따라 20만 유로의 벌금에 처해진다.

3.5 브라질[70]

우주시대에 지구관측을 하는 GIS[71]기술은 컴퓨터 및 인터넷 발전에 편승하여 인류의 발전과 편의를 가져온 혁신 중의 하나였으며 영토가 거대한 브라질 같은 나라에게는 더욱 그러하였다. 브라질은 지구관측(Earth Observation : EO)에 있어서 선도국 중의 하나이며 현재 매년 100,000개 이상의 EO자료를 인터넷으로 공개하는 세계 최대 EO 제공국이다.

브라질 정부기관인 INPE(National Institute for Space Research)가 1961년 이래 원격탐사에 있어서 대부분의 민간 R&D업무를 수행하고 있다. INPE는 1972년 원격탐사 과(division)를 설립한 후 Landsat 지상국(ground station)을 관리하면서 1974년 이래 자료를 수신하고 있다. INPE는 GIS와 자료가공을 위하여 무료 공개 자료 소프트웨어를 개발하였으며 중국과 공동으로 China-Brazil Earth Resources Satellite(CBERS)사업을 하고 있다.

광학 칼라 카메라를 이용한 CBERS 위성사업은 세계를 원격탐사하고 있다.[72] 1964-1985년 기간 중 군사독재 하에 있었던 브라질은 국가안보와 지역 세력 역할이라는 이중 전략을 추구하면서 모순에 봉착한 측면도 있었지만 INPE같은 기관의 연구개발을 증진시킨 긍정적 역할도 하였다. INPE는 Landsat 지상국을 1974년에 설치한 후 수신하는 원격탐사자료를 계속 통제 없이 배포하면서 여타 용도의 활용도 권장하는 결과를 가져왔다.

1971년 시행령 68099호에 의거 합참에 해당하는 EMFA의장을 수장으로 하는 Brazilian Commission for Space Activities(COBAE)가 창설되어 우주에 관련된 문제에 있어서 국가운선순위를 기획하고 수행하는 데에 있어서 대통령을 보좌하는 임무를 부여받았다. 민간이지만 국가기관인 INPE의 계획은 군이 장악하고 있는 COBAE의 승인을 받아야 했다. 1971년 법령 1177/71에 의거 모든 공중조사(aerial survey)는 EMFA에 의해 규제되었으나 위성으로부터의 원격 탐사자료는 해당되지 않았다. 법령 117/71이 연후

---

70) H S Ferreira & G Camara, "Current Status and Recent Development in Brazilian Remote Sensing Law, 34 Journal of Space Law 1 (2008) 11-17내용을 주로 참고.

71) Geographic Information Systems 또는 Geospatial Information Systems의 두문자인 GIS는 장소에 관한 자료를 촬영 등의 방법으로 저장, 분석, 해석, 관리하고 제시하는 도구의 일체를 의미하는 것으로서 고고학, 지리학, 측지학, 원격탐사, 지형조사, 공공사업관리, 지하자원관리, 정밀농업, 도시계획, 긴급관리, 항행 등의 용도에 사용됨.

72) 5개의 위성발사를 계획하고 있는 CBERS사업은 매우 성공적임. 1999년 10월 CBERS-1이 발사되어 활동 한 후 2003년 7월 임무를 종료하였고 2003년 10월 발사된 CBERS-2와 2007년 9월 발사된 CBERS-2B는 수명을 다하였음. 2013년말 CBERS-3이 발사되었으나 실패하였고 같은 종류의 4가 2014년 말 발사되어 동 위성 하나만이 가동 중에 있음. 4B는 2016년 발사될 예정임.

71,267/72, 75,779/75, 84,557/80에 의하여 개정되었지만 위성원격 탐사는 여전히 적용대상이 아니었는데 그 이유는 해상도가 80m나 되는 처음 3개의 Landsat위성의 자료는 정보가치가 없다고 판단되었기 때문이었다. 따라서 군인 통치가 계속된 1985년까지 브라질에서 위성원격 탐사활동은 기술적으로 규제대상 밖이었다. 그러나 실제로는 COBAE가 INPE의 행동을 간접적으로 통제하였다.

1985년 민간정부가 수립된 후 정상적이라면 INPE에 민간우주청 역할을 하도록 하는 것이었으나, 군사정부에서 민간정부로 이양되는 경과기 동안의 장기간 협의 결과 정부는 COBAE를 폐기하고 브라질 우주청(Brazilian Space Agency : AEB)을 신설하는 법8854/94를 1994년 채택하였다. 그 결과 AEB와 INPE가 공존하는 상태가 되어 여타 국가에서 그 예를 찾아볼 수 없는 경우가 되었다. AEB의 최고기관은 최고이사회(Superior Council)로서 17명의 위원으로 구성되는데 6명이 군인이다.

1990년대 말로 들어서면서 정부 관리들은 원격탐사자료도 정보가치가 있는 것으로 여기기 시작한 결과 1997년 영 2278/97을 제정하여 항공조사와 함께 원격탐사도 규제대상으로 포함시켰는바, 이는 오늘에 이른다. 그런데 동 영 2278/97은 원격탐사의 기술적 성격에 무지하고 원격탐사관련 유엔총회결의 41/65를 도외시하는 내용으로 구성되어있다. 그리하여 브라질 국방부로부터 허가를 받는 위성운용 사업자는 도외시된 내용을 이행하지 않는 데서 오는 처벌을 당연히 받지 않고 있다.

이러한 상황에서 INPE는 원격탐사 법을 제대로 개정할 필요성을 느꼈음에도 불구하고 이를 두려워하였는바, 이는 개정을 위한 정치적 협상 결과 원격탐사활동에 관한 군의 통제가 계속될 것을 우려하였기 때문이다. INPE는 대안으로 사실상의 자료정책을 택하면서 자신이 수령하는 모든 원격탐사자료를 인터넷에서 무료로 제공하였는바, 지도, 영상 가공을 위한 소프트웨어 및 GIS 등이 포함되었다. 구체적으로는 1997년 자체 웹에 Spring 소프트웨어를 설치, 2003년 아마존 벌목지도, 2004년 CBERS영상, 2008년 초에는 지난 30년간의 Landsat자료 모두를 공개한 것이다.

INPE의 정책은 매우 성공적이어서 2004년까지 Landsat 영상자료를 연 2,000개 제공하여 미국정부의 18,000개와 비교되었으나 무료공개를 한 후 2004년 4월부터 2008년 1월까지 CBERS자료를 350,000개 이상 제공하여 5,000명 이상의 다양한 사용자, 즉 연방, 주, 지방관청, 교육, 비정부기관, 개인들이 전폭 이용하게 되었다. 자국 내에서의 성공을 바탕으로 INPE는 중국과 함께 원격탐사자료를 전 세계에 제공하는 사업을 추진 중에 있는바, 양국은 CBERS자료를 무료로 아프리카 국가들에게 제공하기 위하여 이태리, 남아공, 스페인과 파트너십을 구축하면서 타국의 모범이 되고 국제사회의 인정을 받고 있다.

2000년 국방부, 과학기술부, 외교부, AEB대표가 작업반을 구성하여 원격탐사에 관한 구체적인 입법과 영 2278/97을 최신화하는 토의를 하였다. 그 결과 법안(project law)3587/00이 작성되어 브라질 국회로 이송되었다. 그러나 이 법안 역시 브라질의 원격탐사공동체를 무시하고 유엔결의 41/65를 도외시하며 기술적 진전도 무시하는 문제점을 안고 있다. 이 법은 원격탐사를 광범위하게 정의하면서 원격탐사자료를 이용하고자 하는 시민은 정부의 허가를 받도록 하는 내용을 담고 있는데 이는 현재 정착된 관행에 어긋나기도 하여 INPE와 원격탐사 이용 공동체의 강력한 반발에 부딪치고 있다. 따라서 국회통과가 난망 시 되고 통과가 된다 하더라도 시행하기 곤란해 보인다.

3.6 일본[73]

지구관측에 있어서 일본은 유럽, 미국, 캐나다, 인도, 이스라엘에 이어 6번째[74]의 경쟁력을 가지고 있으나 원격탐사활동에 관한 법은 없는 것이 특징이다.

2008년 우주기본법을 제정한 일본은 증가하는 민간우주활동에 대한 허가, 감독, 제3자 배상책임, 보험 등에 관한 사항 등이 미비하였음을 이내 파악한 후 이들 사항들을 모두 담는 우주활동법을 제2차 우주기본법 형태로 제정하고자 2008년 10월 총리대신 산하에 우주입법위원회를 설치하여 작업을 시작하였다. 동 우주활동법안이 2010년 3월 완료되었지만 동 법안의 성안 시 일본 항공우주회사협회(Society of Japanese Aerospace Companies : SJAC)는 원격탐사위성 등 우주산업을 진흥시킬 목적으로 독립법으로서의 우주산업진흥법 제정을 우주활동법과 동시 채택하여 줄 것을 요청하였으나 이는 수용되지 않은 채 우주활동법만 성안되었다. SJAC의 입장은 일본에 사기업이 운영하는 원격탐사위성이 존재하지 않는 것을 배경으로 하는 것으로서 원격탐사활동을 규제할 대상이 없기 때문에 원격탐사위성 사업진흥을 포함한 우주산업진흥을 정부에 요구한 것에 지나지 않는다.

원격탐사에 관한 내용이 정부의 우주정책이나 지침형태로만 반영되어 있는 내용은 후술하기로 하고 우선 일본의 원격탐사위성 현황을 살펴본다.

일본은 최근까지 8개의 원격탐사위성을 발사하였다. 이에 더하여 일본은 자국이 정밀센서(advanced sensors)를 제공한 미국의 지구원격탐사 위성 Terra와 Aqua의 운용에 관여하고 있다. 따라서 총 10개의 위성이 되는데 현재 9개가 작동 중이다. 작동이 종료된 위성은 일본이 첫 원격탐사위성으로 해양관측을 위하여 1987년 발사한 MOS-1(Momo-1)이 1995년 임무종료, SAR위성인 MOS-1B(Momo-1b)가 1990-1996년, 2년 수명으로 1992년 발사된 JER-1(Fuyo)이 1998년까지, 고해상도 광학 센서를 장착하여 해양의 색깔과 온도를 스캔하고 미국의 NASA와 프랑스의 CNES가 제공한 센서도 장착하여 지구온난화, 오존층 파

---

73) 2010.6.16–18 미국의 원격탐사,항공,우주법 국립센터가 호놀룰루에서 개최한 Earth Observation, the Environment, Space, and Remote Sensing Law in the Pacific Rim 학술회의 시 Setsuko Aoki 일본 게이오 대학 교수가 발표한 Japanese Law and Regulations Concerning Remote Sensing Activities 내용을 주로 참고한 것임.

74) 상동 발표문 p.7. Furton's 2009 Space Competitive Index는 한국, 러시아, 중국, 브라질 순서로 나머지 10대 위성탐사 경쟁 국가를 언급하였음.

괴, 열대 강우림(tropical rainforests) 등 국제협력 차원에서 지구환경을 모니터링 하는 목적의 ADEOS-1 (Midori-1)이 1996년 발사되었으나 문제가 발생하여 1년 내에 임무종료를 하였다. 2002년 대체 위성으로서 ADEOS-Ⅱ(Midori-Ⅱ)를 후속 발사하였으나 역시 발사 1년 내에 임무를 종료하였다. 이들 5개의 위성은 과학기술청(STA)에서 개발하였고 일본 국립우주개발기구인 NASDA[75]가 관리하였다. 기타 관련 정부부처로서는 JER-1의 센서개발에 참여한 국제통상산업부와 ADEOS-Ⅱ에 관여한 환경청이 있다.

현재 운용되고 있는 6개의 위성 중 3개는 일본이 자체 개발하여 운용하고 있다. 2006년 1월에 발사된 ALOS (Advanced Land Observing Satellite)-1(또는 Daichi-1)는 평면 지도(fields mapping), 정밀 지역 관측, 자원 조사 및 재난감시를 목적으로 한다.[76] 다른 하나는 GOSAT(Greenhouse gasses Observation SATellite)(Ibuki)으로서 2009년 1월 발사되어 지구온난화 가스 중 제일 큰 비중을 차지하는 이산화탄소와 메탄의 농도 분포를 모니터 한다. GOSAT은 미국 NASA가 지구 대기에 분포되어 있는 이산화탄소를 측정하기 위하여 2009년 2월 발사한 OCO(Orbiting Carbon Observatory)위성이 발사 실패된 후 기후 변화라는 세계적 문제에 대응함에 있어 긴요한 자료제공 역할을 하고 있다. GCOM(Global Change Observation Mission)은 가장 최근에 개발된 일본의 지구관측위성이다. GCOM은 물 순환 변동 관측위성 시리즈인 GCOM-W와 기후관측위성 시리즈인 GCOM-C로 구성되며 총 6개의 위성이 발사될 계획이다. 2012년 발사된 GCOM-W1은 고성능 마이크로파 방사계 2(Advanced Microwave Scanning Radiometer 2)를 탑재하여 수증기, 해양 풍속, 해수 온도, 적설깊이 등을 측정할 수 있다. 2016년에 발사예정인 GCOM-C1은 광학장비를 통해 탄소순환과 복사수지에 관한 자료를 수집하여 5년간 전 지구 기후 변화를 관측하는 것이 주요 목적이다.

다른 3개는 국제협력 사업에 의한 것이다. 하나는 TRMM(Tropical Rainfall Measuring Mission) 위성으로서 JAXA가 미국 NASA와 공동 개발하여 1997년 발사된 후 지구 강우량 측정을 하는 용도로 사용하고 있는데 2014년 현재 17년째라는 장기간에 걸쳐 계속 성공적인 지구관측을 하고 있다. 다른 하나는 미국 및 브라질과 공동 개발하여 2002년 발사한 Aqua(또는 EOS PM-1)가 있다. 이는 1999년에 발사된 Terra와 2004년에 발사된 Aura와 함께 지구관측시스템(Earth Observing System)을 구성하는 지구관측위성으로서 물과 에너지가 지구에서 어떻게 순환되는지를 파악하기 위한 지구환경변화 관측위성이다. 일본은 미국 NASA와 함께 글로벌 강수 측정을 위한 GPM(Global Precipitation Measurement) 프로젝트를 수행하고 있다. GPM은 이중 주파수 강수 레이더를 탑재한 1개의 핵심 위성과 마이크로파 방사계를 탑재한 8개의 위성으로 구성되며, 일본은 핵심 위성을 2014년 2월 발사하였다.

---

75) National Space Agency of Japan은 STA(Science and Technology)감독 하에 시민의 일상생활에 직접 영향을 주는 우주활동수행을 위한 목적으로 1969년 특별 공기업으로 설치되었으나 2003.10.1 JAXA에 통합 되었음.

76) 후속 Daichi-2호 위성이 2014.5.24. 일본 Tanegashima 우주센터에서 H-2A발사체로 성공 발사되었는바, 6개월간의 테스트를 거쳐 운용될 예정임.

오늘날까지 일본인이 민간 상업용 원격탐사위성을 운영하는 경우는 없다. 그러나 다음 6개 회사가 국·내외의 여러 원격탐사 위성자료를 판매하고 있다.

- JSI(Japan Space Imaging Corporation) : 1998년 설립 후 일본의 ALOS-1과 미국의 Landsat-7, Geo-Eye-1, IKONOS, 이태리의 COSMO-SKyMed 영상자료를 일본 오키나와 수신국에서 수령하여 판매한다.

- Hitachisoft : 2001년 위성자료 배포사업을 시작하여 일본에서 DigitalGlobe의 고해상도 영상 판매 독점권을 보유하고 있는바, 2010년 1월에는 해상도 46cm 인 WorldView-2의 이미지 판매를 시작했다.

- PASCO공사 : 1953년 설립. ALOS-1, 독일 DLR의 TerraSAR-X, 이스라엘 ImageSat의 EROS-A와 B, 인도 우주연구기구(ISRO)의 Cartsat-1과 2, 미국 GeoEye의 IKONOS와 GeoEye-1, 미국 DigitalGlobe의 QuickBird와 WorldView-2, 프랑스의 SPOT-5, 한국의 Kompsat-2를 판매한다.

- ImageOne : 1984년 설립된 후 캐나다의 Radarsat 1과 2, 한국의 Kompsat-2, 프랑스의 SPOT-4와 5의 영상자료를 판매한다.

- RESTEC(Incorporated Foundation Remote Sensing Technology Center of Japan) : 1975년 원격탐사기술의 기초 연구개발과 동 기술의 확산을 위하여 설립된 후 2005년 일본 ALOS-1자료의 주된 배급자로 지정되었다.[77] JAXA는 2007년 자체 소유 지상국이 관제하던 ALOS-1을 RESTEC에게 관제의뢰 하였다. RESTEC은 또한 Landsat, SPOT, Radarsat, IKONOS, ENVISAT, QuickBird와 JER-1의 자료판매 대행도 하면서 ALOS의 주된 배급자로서 오세아니아, 북미, 중미, 아프리카를 상대로 자료판매를 촉진하고 있다.

- ERSDAC(Incorporated Foundation Earth Remote Sensing Data Analyses Center) : 일본의 국제통상산업부(MITI)[78]의 허가하에 1981년 설립, 원격탐사기술의 연구개발을 장려하여 비재생(non-renewable) 자연자원 발견을 목적으로 한다.

2008년 우주기본법 제정 후 일본하원과 상원은 각기 2009.5.13자와 5.20자 결의를 통하여 동 우주기본법 발효 2년 내에 국제협정에 따른 우주활동을 규율하기 위한 법을 채택할 것을 권고하였다. 이에 따라 우주활동법 제정 작업이 진행되어 2010년 3월 성안되었지만 일본 국내정국이 불안정한 관계로 당장 채택되고 있지 않다. 그런데 동 우주활동법 안에 원격탐사운용과 위성자료 배포체제 등에 관한 규정이 없는바, 이는 일본에 원격탐사위성 소유 민간 기업이 없다는 것에 주로 연유한다.

---

77) 2010.5.31 현재 ALOS자료를 판매하는 대행업체가 RESTEC을 제외하고 23개나 있음.
78) 정부조직개편에 따라 지금은 경제·통상·산업부(METI)로 명칭이 변경.

따라서 현재 일본에서의 원격탐사위성 관련 규정은 법률에 포함되어 있지 않지만, 어떠한 형태로든지 지침이 필요한 현실을 감안하여 일본정부는 2009년 6월 2일 승인한 우주정책 기본계획 속의 7개 행동계획 중의 하나로 "원격탐사 위성자료 정책"을 포함시켰다. 기본계획은 위성자료의 편의와 확산을 도모하고, 수요자와 공급자로 구성된 조정위원회를 구성하여 수요자의 의견을 반영하는 등의 내용을 담고 있는데 "원격탐사 위성정책"의 내용을 살펴본다.

첫째, 산업화, 상업화, 녹색혁신에 주안을 두는바, 녹색혁신은 직접적인 경제적 이익과는 달리 공중이익을 위한 것이다. 아울러 동 정책은 위성자료의 획득과 배분을 실시간으로 하는 것에 대한 중요성을 강조하고 있다. 이는 현재 일본에서 운용중인 유일한 원격탐사위성인 ALOS-1이 3일 만에 한 번씩만 같은 장소를 촬영하기 때문에 제때 자료를 구득하는 것이 어렵고 이를 적어도 3시간마다 한 번씩은 같은 장소를 촬영하는 위성시스템을 갖추어야 국제시장에서의 경쟁력이 있다는 것을 염두에 둔 것이다. 이를 위하여서는 4-8개의 위성과 ASNARO(잠정 명칭)라고 불리는 초소형(micro)위성들로 구성되는 Daichi(ALOS-1)시리즈 위성망이 필요하다. 이러한 일환으로 일본은 2014.5.24. Daichi-2 위성[79]을 자체 발사체인 H-2A로켓의 24번째 발사로 성공리에 쏘아 올렸다.

둘째, 재난감시강화와 농수산 및 외교와 안보목적도 충족할 수 있는 다이치 시리즈 위성은 아시아 전 지역에서의 자료수집과 공급에 역점을 두는 것인데 이는 자체보유 위성을 소유하고 있는 아시아 국가들과 협력하면서 독일과 같은 민·관 파트너십(Public-Private Partnership: PPP)으로 위성들을 제작한다는 것이다. 아울러 GOSAT[80]과 같은 기존 위성도 포함하여 국제적인 플랫폼(flatform)을 구축하면서 일본이 주도하는 가운데 2012년 운용시작을 목표로 한다는 것이다. 이를 위해 차후 1년간 여러 회의를 거쳐 자료의 표준을 정하고 시스템과 자료배포의 가이드라인을 정하며 운용정책을 포함한 자료정책(data policy)을 수립한다는 것이다.

셋째, 녹색혁신을 통해 일본이 환경 및 에너지 강국이 된다는 "신성장전략"을 통하여 재생에너지 보급을 강화하되 이를 과학적으로 증명하기 위하여 현재 기후변화 관측용으로서 지구의 280개 지점에 한정된 제한을 우주시스템으로 극복한다는 것이다. 이를 위해 일본은 이미 가동 중인 GOSAT와 ALOS-1에 추가하여 Global Change Observation Mission Water(GCOM-W)와 Global Change Observation Mission-Climate(GCOM-C) 위성 발사를 계획하여 전자에 해당하는 GCOM-W1을 2012년에 발사하였고 후자에 해당하는 GCOM-C1(Climate) 발사를 2016년 예정하고 있다. 이 위성망이 구축될 경우 이산화탄소와 메탄은 물론 삼림상황도 감시할 수 있는 환경관측 위성망을 선도적으로 구축하는 결과가 된다.

---

79) 동 위성은 실제로 일본 JAXA가 2006-2011년 운용한 Advanced Land Observing Satellite의 후속위성이며 전천후 레이더 장착으로 1-3m의 해상도를 가지고 있어 앞선 위성의 10m와 비교되며 수명은 5-7년으로 예상됨. SPACENEWS, 2014.6.2.자 8쪽.

80) GOSAT은 56,000개 지점을 관측하고 있으나 장래 이를 배로 증가하여 활용할 수 있다함.

마지막으로 공중목적으로의 위성자료정책을 알아본다.

Council for Science and Technology Policy(CSTP)에 의해 채택된 "2004년의 지구환경 관측 진흥전략"(Earth Environment Observation Promotion Strategy of 2004)은 당시 상황을 평가하면서 15개 분야에서 지구관측의 목표를 달성하기 위한 단계와 과정들을 기술하였다. 이에 따라 교육문화스포츠과학기술부(MEXT)는 매년 일본의 지구관측 이행계획(Implementation Plan of the Japan's Earth Observation)을 수립하고 있는바 15개 분야는 지구온난화, 지구차원의 물의 순환, 지구환경, 생태계, 폭풍홍수 피해, 대규모 산불, 지진·쓰나미·화산폭발, 에너지 광물자원, 산림자원, 농업자원, 지구 공간정보 구조, 토지 관리와 인간활동에 관한 지리적 정보, 육상과 해상 날씨, 지구과학 등이다.

2010년 회계연도의 "이행계획"은 MEXT의 과학기술학술이사회(Science & Technology and Academics Council)에 의해 2010년 5월 10일 채택되었는바, 이는 2007년 IPCC(정부 간 기후변화패널)[81]의 제4차 보고서와 2009년 7월 라낄라(L'Aquila) G8정상회의 시의 합의 내용을 참고하면서 과학적 보고와 정치적 합의 결과를 반영하는 기후변화에 초점을 맞춘 것이다. 기후변화에 관련이 있는 정부의 모든 부처가 참여하여 기후변화 관련 제반 상황을 지상, 공중, 그리고 우주에서 연구토록 하는 "이행계획"은 전술한 GEO(Group of Earth Observations)산하의 GEOSS(Global Earth Observation System of Systems)와 CEOS(Committee on the Earth Observation Satellites)에서 리더 역할을 한다는 정부의 의지를 배경으로 하고 있다. 또한 동 "이행계획"은 지구 관측계와 최종이용자들에 이용자 친화적(user-friendly)자료를 제공한다는 일본의 전략으로서 아시아와 오세아니아 지역과의 협력강화를 염두에 두는 한편 특정연구부문을 초월하여 공유하면서 우주, 해상, 지구, 공중으로부터의 자료가 갖는 부가가치를 제고한다는 목적도 포함하고 있다.

한편 일본은 위성 제조 산업에도 눈을 돌려 이를 진흥시키는 가운데 일본 NEC사가 제조한 저비용 지구관측위성으로서 해상도 50cm인 ASNARO가 2014년 11월 러시아의 야스니 발사장에서 성공리에 발사되었다.[82] NEC사는 2개의 동 위성을 이미 베트남에 판매하였는바 이를 계기로 일본이 세계 상업 위성 제조 시장에 참여할 것으로 보인다.

3.7 EU[83](구주연합)

---

81) Intergovernmental Panel on Climate Change로서 기후변화연구를 위하여 1988년 세계기상기구(IMO)와 유엔환경계획(UNEP)이 공동 설치한 정부 간 패널로서 기후변화현상과 이를 유발하는 원인들을 조사하는 수백 명의 세계적인 과학자들로 구성되어 그간의 활동을 4차례 이상의 보고서로 작성 배포하였음.

82) SPACENEWS, 24 Nov. 2014, p.14.

83) Ray Harris, "Current Status and Recent Developments in UK and European Remote Sensing Law and Policy", 34 Journal of Space Law 1 (2008) 33~44를 주로 참고함.

유럽기상위성기구(EUMETSAT)는 우주기술을 연구에서 활용으로 변경한 사례이다. 전술한 GMES와 미국의 위성항법장치인 GPS(Global Positioning System)에 자극받아 추진 중인 Galileo항법시스템도 모두 유럽의 우주기술 응용의 산물이다.

유럽의 우주산업은 1975년 설립된 ESA와 EU 집행위가 공동으로 관여하고 있다. 2014년 현재 ESA의 회원국이 22개국이고 EU는 28개국인데 EU회원국이 아닌 국가로서 ESA회원국이 있기도 하여 ESA가 EU의 산하기관은 아닌 독립성을 가지고 있기 때문이다. 이 두 기구의 우주업무가 상호 중복 내지는 충돌되는 요소가 있어 일관성 있는 유럽의 우주정책 수립과 추진에 방해가 되었는바, 이는 2007년 양 기구의 협력협정을 통하여 해소되었다.

ESA가 3개의 주요 원격탐사위성을 발사하였는바, 1991년 ERS-1, 1995년 ERS-2, 2002년 Envisat이다. 그런데 ERS-1발사 후 원격탐사 자료 정책이 수년간 수립되지 않아 자료접근에 대한 혼선을 겪었다. 동 경험을 바탕으로 Envisat 발사 수년전인 1997-1999년 기간 동안 ESA와 동 회원국은 Envisat 자료 이행과 자료접근 조건 등을 수록한 정책을 수립한 후 ERS-1과 ERS-2에도 공동 적용하는 지침을 작성하였으며 이는 또한 추후 발사되는 ESA의 위성 개발 시 지구 관측자료 정책의 기반이 되었다.

Envisat 자료정책의 목적은 자료를 최대한 이용하여 과학과 공익사업의 발전 및 상업적 활용에도 공여하는 것으로서 1998년 정책적 측면에서의 자료 사용과 상업적 사용의 2개 카테고리로 분류하였다.

ESA는 통상 정책적 카테고리에 해당하는 자료의 배분에 관여하고 상업적 카테고리에 해당하는 자료는 "배분기관들"(distributing entities)이라고 불리는 유럽 소재 지구관측 회사들이 Envisat의 표준상품과 ESA가 승인한 프로젝트에 따라 수행된 연구개발의 결과를 반영한 부가가치 상품을 판매토록 하였다.

장기 우주정책에 관심을 갖는 유럽 집행위(European Commission)는 EU의 집행부로서 원격탐사자료를 포함한 우주정책에 관한 여러 법을 지침(Directive)형태로 제정하였다. 우선 1990.6.7제정 Directive 90/313/ECC에서 자료의 공개접근을 주목적으로 공공 기관이 보유하는 환경정보에 대한 접근 용어를 정의하였는바, 이는 각 회원국의 입법에 공통적인 정보의 자유개념에 충실한 것이었다. 동 지침은 원격탐사기구에 의하여 제공되는 환경관련 정보를 개인이고 법인이고 간에 구별하지 말고 모든 회원국들의 공공 기관들이 제공토록 하면서 정보제공비용으로서 "합리적인 실비"(reasonable cost)를 초과하지 말도록 하였다. 이 합리적인 실비는 미국연방정부가 제공하는 자료에 대한 비용으로서의 "사용자 요청 충족 실비"(cost of fulfilling a user request: COFUR)와 비슷한 개념이나 COFUR만큼 명확하지는 않다.

상기 1990년 지침은 2003.2.14 발표된 Directive 2003/4/EC로 대체되었다. 2003년 지침은 환경정보가 공중에게 체계적으로 제공 배포되도록 보다 명확히 규정하고 있다. 자료요청이 있은 지 한 달 이내에

환경정보가 제공되어야 하고 인간보건 또는 환경을 즉각 위협하는 정보로서 공공 당국이 보유하고 있는 모든 정보는 위해 위험에 처할 수 있는 공중에게 즉시 배포하도록 규정한 것들이 그러하다. 반면 데이터베이스의 법적 정보에 관한 지침인 1996.3.11자 Directive 96/9/EC는 데이터베이스 제작자에게 보수(remuneration)를 확보하여 주는 동시에 데이터베이스를 보호하기 위한 것이다. 그런데 이 두 개의 지침들 사이에 충돌이 있는바, 전자는 공중정보를 대상으로 하는 것이고 후자는 개인부문(private-sector) 정보를 대상으로 하는 것이기 때문이다. 디지털화된 음악 산업의 보호를 위한 고려에서 제정된 후자의 지침은 모든 디지털화된 자료를 대상으로 하는데 역시 디지털화된 원격탐사위성 부문에도 적용되는 관계상 문제가 있는 것이다.

유럽 집행위(EC)는 공간자료(spatial data)라는 보다 특정부문에 관련된 지침을 제정하였는바, 이것이 우리의 관심사인 2007.3.14자 Directive 2007/2/EC이며 동 지침에 따라 "유럽공동체에서의 공간정보를 위한 지원기반"(INSPIRE[84])이 설립되었다. 2007.5.15 발효된 INSPIRE지침은 회원국들이 상이한 공간척도(spatial scales)에 따라 자료이용의 통일된 기준과 조화가 없더라도 통합적인 공간정보서비스를 가능케 하는 지원기반 창설을 촉진시키기 위한 것이다. 지구 관측 자료는 공간정보의 주요 소스로서 지침의 적용대상인바, INSPIRE에 부합한(INSPIRE-compliant) 운용을 하여야 한다.

ESA와 EC를 통한 EU 와의 관계를 보건데, 양 기구는 새로운 유럽우주정책을 수립하는 문제를 20여년간 협의하였다. 동 협의 결과 EU와 ESA 간 기본협정(Framework Agreement)을 통해 2004년 5월에야 비로소 양자 간 관계를 공식화한 후 2004년과 2005년 EU의 우주 각료이사회(Space Council)를 거쳐 2007.5.25 유럽 우주정책에 관한 결의(Resolution on the European Space Policy) 10037/07을 채택하였다. 동 결의는 EU와 ESA가 공동 참여한 결과물로서 양자의 관계가 정립되면서 우주부문이 유럽의 전략적 자산임을 인식하는 가운데 미국, 러시아, 중국 등 우주대국과의 관계에 있어서 독립적이고 독자적인 우주정책을 수립한다는 방침을 표명한 것으로서 그 의의가 크다.

상기 정책을 시행함에 있어서 ESA는 우주과학 탐사와 우주에 접근하고 우주를 탐사하는 도구를 개발하는 임무를 지는 반면 EU는 유럽정책의 달성에 기여하는 우주기술 활용을 추진하는 역할분담을 하기로 하였다. 지구관측은 우주기술 활용에 있어서 위성항법장치인 Galileo, 위성통신, 우주의 안보·국방이용과 함께 중요한 요소를 이루고 있으며 세계지구 관측 시스템 총괄 체제(GEOSS)에도 기여하고 있는 유럽의 세계 환경안보 감시 프로그램(GMES)추진으로 그 중요성이 증가하고 있다.

---

84) Infrastructure for Spatial Information in the European Community의 약칭.

4. 한국의 위성자료 관련 규정과 문제점

4.1 관련 규정과 원격탐사 자료 관리현황

구 과학기술부(현 미래창조과학부)가 주관하여 제정한 우주개발진흥법[85]과 구 국토해양부(현 국토교통부)가 주관하여 제정한 국가공간정보 기본법[86]에 위성자료 관련 조항이 있다.

먼저 우주개발진흥법 제17조(위성정보의 보급 및 활용)는 다음과 같이 규정하고 있다.

① 미래창조과학부장관은 기본계획에 따라 개발된 인공위성에 의하여 획득한 위성정보의 보급·활용을 촉진하기 위하여 전담기구의 지정·설립 등 필요한 조치를 마련할 수 있다. 이 경우 「국가공간정보 기본법」에 따른 공간정보에 관하여는 국토교통부장관과 협의하고, 국가의 안전보장에 관한 정보는 관계 중앙행정기관의 장과 협의하여야 한다.

② 미래창조과학부장관은 예산의 범위에서 제1항에 따른 전담기구의 사업 수행 및 위성정보의 보급·활용 촉진 등에 필요한 경비를 지원할 수 있다.

③ 정부는 위성정보를 활용할 때 개인의 사생활이 침해되지 아니하도록 노력하여야 한다.

④ 제1항에 따른 위성정보의 보급 및 활용을 효율적으로 처리하기 위하여 다음 각 호의 사항을 대통령령으로 정한다.

1. 위성정보의 보급·활용을 위한 통합체계의 구축
2. 위성정보의 수신, 처리 및 공개
3. 위성정보의 복제 및 판매
4. 위성정보의 활용 현황 점검
5. 위성정보의 보안업무
6. 그밖에 위성정보의 보급 및 활용에 필요한 사항.

국가공간정보 기본법은 제2조에서 공간정보를 "지상, 지하, 수상, 수중 등 공간상에 존재하는 자연적 또는 인공적인 객체에 대한 위치정보 및 이와 관련된 공간적 인지 및 의사결정에 필요한 정보"로 정의 한다. 국가공간정보 기본법은 제25조에서 국토교통부장관이 공간정보를 수집·가공하여 정보이용자에게 제공하기 위하여 국가공간정보센터를 설치하고 운영하도록 하였으며, 제26조에서 국토교통부장관이 국가공간정보센터의 운영에 필요한 공간정보를 생산 또는 관리하는 관리기관의 장에게 자

---

85) 2005.5.31 법률 제7538호로 제정. 현 법 시행 2011.6.10. 법률 제10447호.
86) 2009.2.6 법률 제9440호로 제정. 현 법 시행 2009.8.23. 법률 제9705호, 2009.5.22 타법 개정.

료의 제출을 요구할 수 있으며, 자료제출요청을 받은 기관의 장은 특별한 사유가 없는 한 자료를 제공하도록 하였다. 그리고 제33조에서 공간정보의 공개에 관하여, 제34조에서는 공간정보의 복제 및 판매 등을 규율하고 있다.

국가공간정보 기본법 제2조에서 정의된 공간정보가 우주에서의 인공위성으로 촬영된 자료도 포함하는지 불확실하나, 동 법 시행령[87] 제15조(기본공간정보의 취득 및 관리)는 제3항에서 정사영상을 "항공사진 또는 인공위성의 영상을 지도와 같은 정사투영법으로 제작한 영상을 말한다."라고 설명하면서, 주요 공간정보의 범주에 위성영상을 포함시켰다. 이러한 공간정보는 시행령 제22조에 따라 공개목록을 해당기관의 인터넷 홈페이지와 국가공간정보 기본법 제25조에 따라 설치된 국가공간정보센터를 통하여 공개된다.

우리나라의 원격탐사위성 자료를 언급할 때, 2006년 발사된 다목적 실용위성인 아리랑 2호와 2010년 6월 발사된 통신해양기상위성인 천리안, 그리고 2012년 5월 발사된 다목적 실용위성 아리랑 3호, 2013년 8월 발사된 전천후(SAR) 다목적 실용위성인 아리랑 5호, 2015년 3월 발사된 아리랑 3A 등 모두가 한국항공우주연구원(KARI)에 의해 운용되며, KARI는 미래창조과학부의 지휘·감독을 받는 것임을 감안할 때, 관심의 대상은 미래창조과학부와 KARI로 좁혀진다. 이는 국가공간정보 기본법이 2009년에야 제정되었고 제정 배경이 주요 도시의 지하공간에 관한 지도가 부재하여, 거리를 파헤치는 공사시, 상·하수도 및 가스관 폭발 등의 사고 발생이라는 것을 감안할 때, 위성정보는 현재 미래창조과학부의 형식적인 지휘·감독 하에 KARI가 주로 관리하고 있는 형편이기 때문이다.

KARI는 아리랑 2호의 발사를 앞두고 다목적 실용위성 촉진위원회 안건으로, "다목적 실용위성 2호 위성영상자료 배포·활용계획(안)을 2004년 5월 13일 제안하였으며 촉진위원회에서 의결되었다.[88] 위성영상자료 배포·활용계획은 아리랑 2호의 임무로서 GIS자료 구축, 국토개발정밀자료, 수질·연안오염관측으로 하되, 수요기관으로 표현된 국방안보 관련기관 등이 주 수신으로, KARI를 부 수신으로 하였지만, 대외에 공개할 수 있는 국토관리, 학술연구 등 공익목적의 영상수요는 한국지구관측센터가 배포하는 영상을 제외하고는 KARI가 수신·배포를 담당하고 있다.

영상배포의 수신·배포를 상업적 판매로 보건데, 정부의 모든 관련 기관 중에서 이를 수행하는 것은 KARI밖에 없고, 위성을 직접 통제하기 위한 지시 명령어 조작도 KARI가 담당하는 관계상 KARI가 위성의 운용기관으로서 중요한 역할을 하고 있다.

---

87) 시행 2010.10.1 대통령령 제22424호.
88) 의안번호 제133호로 당시 KARI 원장인 채연석이 제안자.

4.2 문제점

위성시스템을 관제하고 판매하는 데에 있어서 수립하여야 할 소프트웨어적 체제는 운용목적과 운용철학 및 운용방식의 내용이다. 현재 존재하는 국내법과 관련 부처의 훈령 내지 규정, 연구기관의 요령 등은 큰 차원에서의 운용목적과 운용철학을 포함하고 있지 않다. 이는 결론에서 다루기로 하고 여기에서는 미래창조과학부가 운용방식으로 마련한 보다 하위개념으로서의 위성정보의 보급 및 활용 규정[89]과 위성정보 보안관리 규정[90]을 살펴본다.

첫째, 위성정보의 보급 및 활용규정은 우주개발진흥법 제17조에 따라 미래창조과학부가 개발한 인공위성 정보를 단순히 보급·활용하기 위하여 필요한 사항을 기술 목적으로 한다. 우주개발진흥법 제6조에 따라 위성정보 활용 실무위원회가 구성되고 우주개발진흥법 시행령 제6조의 2는 위성정보 활용 실무위원회의 구성 및 운영에 대하여 규정한다. 상위개념인 운용목적과 철학이 부재하여서인지 동위원회의 위원장은 미래창조과학부 고위공무원단 소속 누구나 담당할 수 있고, 당연직 위원 역시 미래창조과학부와 부처명시가 없이 참여 부처와 수요 부처의 공무원으로 구성한다는 불특정 직위자로 구성하게끔 하였다.

둘째, 규정 제9조에서 위성정보의 처리를 언급하면서 위성자료의 요청이 있은 후 어느 기간 내에 처리 되어야 한다는 등의 처리시한이 명기되어 있지 않아, 공급자 편의주의 입장에 있다. 이는 캐나다, 독일, EU 등에서 자료 요청 후 30일 내 응신 한다는 원칙을 법으로 규정하는 등 선진국들에서 민간 소비자 편의를 중시하는 것과 대비된다.

셋째, 규정 제15조(수익금의 관리)와 제16조(수익금의 사용)의 내용은, 현재와 같은 수준의 수익금 규모일 때는 문제가 없겠지만, 장래 더 큰 규모의 자금 수입을 염두에 둘 때 보다 체계적인 예산관리가 필요할 것 같고, 수익금의 사용에 있어서는 안목을 넓혀 우주관련 인문사회 학문(우주법 등)의 발전을 위한 일정한 고려가 필요하다고 본다. 우주산업을 정부가 전략산업으로 육성하면서 대규모 정부 예산을 투입하지만, 투입 예산의 결과물 활용을 위한 제도적 장치와 개념이 부족하고 관련 인문사회학 분야에 대한 배려도 없는바, 이는 KARI와 같은 기관을 통하여서 인문사회학 연구를 균형적으로 발전시키고 있는 다른 선진 국가들의 경우와 대비가 된다.

다음으로 위성정보 보안관리규정을 본다.

첫째, 제4조(보안관리책임) ③항에서 "외국의 업체가 참여기관인 경우에는 국내에서 도급을 부여한

---

89) 2007.9.28 과학기술부 훈령 제253호로 제정. 2008.7.28 교과부 훈령 제69호로 개정.
90) 2001.3.14 과학기술부 훈령 제71호로 제정. 2010.1.27 교과부 훈령 제159호로 개정.

자가 보안관리책임을 담당한다."라고 하였는데, 아리랑 2호를 위탁받아 대행 판매하고 있는 프랑스 Spot Image에 대한 보안대책이 사실상 없다. 현재 위성의 한반도 촬영 자료는 한반도 상공 통과 시, 한국 내 지상국(局)에 다운로드하기 때문에 국내 군사시설 등의 자료를 Spot Image가 취득할 수는 없지만, 국제법과 외교정책상 보호되어야 할 제3국에 관한 위성자료가 무분별하게 공개 내지 남용될 소지에 대한 대책이 있었는지 의문이 든다.

둘째, 제13조에서 국가안전보장 및 외교관계 등과 관련하여, 위성정보를 비공개할 수 있으며 이러한 내용 등을 제11조에서 설치하는 보안업무심사위원회에서 논의하도록 하였는데, 보안은 국정원 소관이라는 과도한 선입견 때문에 균형 있는 운영에 지장을 받지 않나 본다. 이는 보안업무 심사위원회에 외교의 주무부처인 외교부의 관련 직원이 포함되도록 하는 등의 전문부처 시각을 반영하여 개선하는 것이 필요하다.

셋째, 제16조에서 위성정보운영시스템 관리를 규정하고 있는데, 가장 중요한 위성관제 지시명령어와 동 시스템보호와 관리에 관한 내용이 없다.

넷째, 자료의 비공개와 제한이 일정한 경우, 즉 제20조, 23조, 24조의 경우에는 공개를 하도록 함으로써, 많은 예외를 허용하고 있기 때문에 자료의 보안성에 대한 인식이 취약할 수 있다.

마지막으로 미래창조과학부의 "위성정보 보급 및 활용규정"을 구체 실행하기 위한 KARI의 다목적 실용위성 영상자료 보급요령"[91] 중 문제성 있는 내용을 살펴본다.

첫째, 제7조 2항에서 "영상자료의 사용이 반드시 비영리목적이어야 한다."라고 하였는데 사용자 그룹이 비영리목적으로 제공한 자료가 전달된 다음에 상업적 목적으로 사용되지 않도록 하는 장치와 위반 시의 책임(제8조 ①)이 모호하다.

둘째, 제14조에서 "영상자료를 전자화일 형태로 저장매체에 담아 전달한다."고 하였는데, 위성으로부터 직접 수신토록 하는 것을 상정하고 있는 것은 아니다. 이러한 내용은 대행업체가 상업목적으로 판매하는 경우에도 그러한지 여부가 요령 자체만 가지고는 파악이 되지 않는다.

셋째, 제12조에 따라 영상자료를 신청하기 위해서는 사전에 사용자그룹으로 등록토록 하는 행정규제 성격이 있어, 가령 미국의 Landsat 자료이용과 달리 불편하며, 자료를 신청한 후, 어느 시한까지는 수령할 수 있다든지 하는 민간편의를 염두에 둔 규정이 없는 것은 행정편의주의 발상이다.

---

91) 2007.12.5 KARI 규정 제315호로 제정

4.3 우리나라의 위성자료 관리 및 활용을 위한 개선 방안

4.3.1 우리나라의 국내 우주법 환경

우주산업을 상당한 수준으로 올려놓은 우리나라는 발사체 개발과 독자 기술 확보라는 관문에서 힘을 결집하고 있는 중이다.

우주활동을 통한 국가이익은 군사적 이점은 물론 통신, 방송, 위성항법, 기상관측, 재난대응, 지질과 지형탐사, 국가 자존심, 우주기술의 타 산업으로의 파급 등 다양하나 위성항법과 기상관측, 재난대응 등을 위한 위성자료는 국제협력차원에서 무료로 제공되거나 저렴한 경비로 수신활용이 가능하다는 점에서 자체위성을 꼭 보유하여야 충분요건을 구성하지는 않는다.

세계 약 200개 국가 중 경제력 규모에서 10위권을 넘나들고 있는 우리나라는 다른 나라와 달리 세계유일의 분단국으로서 전쟁위협으로 정권을 유지하고자 하는 비정상적인 북한을 마주하고 있는 안보취약의 지정학적 위치에 놓여 있다. 이러한 상황에서 우리 국가자원의 상당부분은 국방과 안보 그리고 외교정책을 수행하는데 우선적으로 투입되어야 하며, 우주활동에 있어서도 예외가 아니다.

한 분야의 산업과 활동을 규율하는 법은 산업현실을 뒤따라가는 경우가 대부분이지만, 전략적으로 산업진흥차원에서 법을 먼저 제정하는 경우도 드물지 않다. 미국의 국가항공우주법이 그러하고 2005년 제정된 우주개발진흥법도 그러하다.

입법을 함에 있어서 우리의 분야별 전문성과 참을성 부족 때문에 때론 졸속의 성급한 제정이 있게 되는데, 우주개발진흥법도 이러한 부류에서 벗어나지 못하고 있다.[92] 모법이 법률제정에 참여한 관련 전문가들의 작품임을 감안할 때, 법률이 잘못되었을 경우 이를 집행하는 인사들이 법률제정 시의 사고 틀에서 벗어나지 못한 채 이행을 위한 하위 대통령령과 규정제정에서도 잘못된 틀을 깨지 못하고 갇혀버리는 결과가 된다. 이러한 틀을 혁파하기 위하여 새로운 외부 제3자 전문가의 평가와 참여가 필수적이지만 업무를 담당하는 당사자는 이를 부담스럽게 생각하면서 현상유지 사고에 젖어 있다.

우주활동에 있어서 원격탐사는 안보와 외교정책 수행에 매우 유용한 자료를 제공하는 한편, 지질조사, 석유탐사, 도로공사, 환경관측 등 상업적 용도로 영상자료를 판매할 수 있는 기술이기도 하다. 따라서 이미 살펴본 미국 등 6개국은 우주에서의 위성 원격탐사 영상자료의 시스템 구축과 이에 따라 구득하게 되는 자료의 가공, 배포, 저장, 판매 등에 관하여 국내법 내지는 관계 장관들이 관여하는 국내정책으로 명확히 규율하고 있다.

---

92) 2010.10.29 한국항공우주법학회 추계 세미나(경희대 법학전문대학원 건물에서 개최)에서의 "한국기본우주법제정 필요성" 제하 필자(박원화)의 발표문 참조.

4.3.2 학습대상 주요국가의 원격탐사자료 규정 요지

미국은 국내법과 대통령의 결정지침(PDD)으로 1980년대부터 원격탐사위성 규율체제를 도입하였으나, 이는 세계 최초의 Landsat 1 위성이 1972년 발사된 후 우여곡절 속에 10년 이상이 경과한 후에야 가능하였다. 그러나 관련 미국 국내법의 내용은 1967년 외기권 조약을 반영하면서, 국가안보와 외교 정책적 요소를 감안한 것이며, 위성자료를 비차별적으로 누구에게나 실비 이하일 수 있는 COFUR 가격으로 일정한 시한 내에 제공토록 한 것이 장점이다.

캐나다와 영국은 원격탐사 위성시스템 허가가 국가안보와 외교정책을 감안하여 발부되어야 한다는 인식하에 외교(통상)부 장관에게 인가권을 부여하였으며, 특히 원격탐사자료에 관한 독립 법을 가지고 있는 캐나다는 미국과의 안보협력에서 오는 표준을 공유하면서, 전문적인 내용으로 훌륭히 규율하고 있다.

RapidEye 등 원격탐사위성산업이 활발한 독일은 원격탐사자료의 보안에 크게 신경을 쓰면서 민·관 협력(PPP: Public-Private Partnership) 산업으로 원격탐사 시스템을 구축한 것과 이에 참여하지 않은 국방부 등 안보부처가 영상자료를 구입하여 사용한다는 특징이 있다.

현재 원격탐사에 관련하여 별도의 입법을 하지 않는 일본은 ALOS[93] 위성을 제외하고는 최근까지 일반적 성격의 원격탐사위성이 존재하고 있지 않는 가운데 해외 원격탐사 위성자료 판매에 여러 국내 회사가 개입하고 있다. 2008년 우주기본법을 제정한 일본은 증가일로의 상업적 위성활동 등을 규율하기 위하여 이내 우주활동법 제정 작업에 들어갔는바, 동 법안이 2010년 초 완성된 후 아직까지 국회통과를 기다리고 있다. 동 우주활동법에도 원격탐사에 관한 내용이 누락되어 있는 일본은 업계의 독자 법 제정 요청도 수용하지 않은 채, 정부각료들이 승인한 지침으로 규율하고 있다.

EU도 GMES 위성시스템을 통해 환경관측을 중시하고 있다. 이러한 세계 환경관측은 기상관측을 하는 위성시스템과는 별도로 진행하는 것이다. EU의 EUMETSAT[94]과 미국 NOAA에서 관리하고 있는 기상관측 위성업무는 후자에 속하면서 실시간 기상예보에 집중하는 것이다.

해상도 1m 미만의 위성정보도 제공하는 기술을 가지고 있는 ImageSat international[95]이 운용하는 EROS는 이스라엘 정부를 첫 고객으로 영상자료를 공개시장에서 판매하고 있다. 인접 아랍제국과 적대관계에 있는 이스라엘은 인접 아랍국들이 러시아 등 우주기술 대국으로부터 자국영토에 관한 고급 영상자료가 반입되어 갈 수도 있다는 전제하에 이들 아랍 국가들의 영토를 대상으로 한 고해상도 영

---

93) Advanced Land Observing Satellite으로서 Daichi위성이라고도 함. 2006년 발사되어 2011년 기능이 종료되었음. 일본은 후속 위성으로 ALOS-2(Daichi-2)를 2014년 5월 성공적으로 발사하였음.

94) European Organization for the Exploitation of Meteorological Satellites로서 1983년 유럽 국가들을 회원으로 하여 설치된 위성 기상 정보 공유를 위한 정부 간 지역 국제기구임.

95) 공식적으로는 Netherlands Antilles에 등록된 업체이나 이스라엘 자본과 영향력 하에 있음.

상자료를 충분히 공급받고 있는 실정이다.

4.3.3 개선방안

입법이라는 것이 무릇 정치적 의지의 표현이라고 볼 때, 정치적 의지를 형성하게 한 가치판단 내지 철학이 법률 속에 용해되기 마련이다. 이러한 철학은 입법목적 달성을 위한 방법과 절차에도 영향을 끼칠 수 있음은 물론이다.

우리나라의 경우 1987년 「항공우주산업개발촉진법」(항촉법)을 제정하면서 국내법에 처음으로 우주라는 표현을 본격 사용하였지만, 이때의 법률 제정 목적은 항공 산업 육성차원에서 항공과 우주산업의 연관성을 감안하여 우주를 표현한 것에 지나지 않으며, 우주기술 활용측면에서의 원격탐사를 염두에 둔 것은 더군다나 아니었다. 원격탐사를 염두에 두고 제정된 우주관련 국내법은 2005년 제정된 우주개발진흥법이다. 국가기본우주법 형태로 만든다는 것이 목적이었다는 동 법은 유감스럽게도 항촉법과 일부 중복되는 규정을 하면서 일본법에서 자주 등장하는 기본계획수립과 관련위원회구성, 그리고 관련 중앙부처의 규제와 지휘권을 답습하고 있다. 그러면서 당시 국제사회에서 한창 논의 중이었던 "발사국"(launching State)의 개념문제[96], 우주조약의 결함으로 지적되고 있었던 우주물체 등록의 문제[97] 등을 국내법에 반영하면서, 국내법 차원에서라도 이를 명확하게 하여야 하였음에도 불구하고, 이를 도외시한 체 1967년 외기권 조약과 1975년 등록 협약 상 기본적 의무인 모든 우주물체의 등록기관설치 등도 미흡하였다. 원격탐사와 관련한 우주산업에 있어서는 일본이 선도국이 아니며, 입법에 있어서는 더욱 아닌 국제현실을 감안할 때, 일본의 법규에 관련내용이 없기 때문인지 우리나라의 「우주개발기본법」은 원격탐사를 제대로 규율 하는 내용이 없는 셈이다. 이러한 상황은 우주기술 중 상업화가 먼저 진행될 원격탐사와 관련한 법률이 일본을 따라 미비하게 된 결과를 가져왔을 뿐만 아니라, 이를 바탕으로 뒤에 형성될 수도 있었을 국정철학이나 국가정책도 결여하게 하였다.

법령과 국가정책이 부재한 가운데, 국가의 대규모 투자를 요하는 원격 탐사위성 발사와 운용체제가 미래창조과학부의 "훈령"과 한국항공우주연구원의 "요령"으로 갖추어지게 된 것은 원격탐사 위성시스템의 운용목적과 철학에 대한 국가적 합의가 없었다는 이야기가 된다. 대규모 투자의 결과로 얻어지는 결과물의 처리와 운영에 관한 법령은 없이 관련 기관의 훈령과 요령으로만 다루어지고 있으니 몸체는 제대로 갖추지 못한 채, 꼬리모습만 보이는 동물의 형상과 다를 바 없다. 이를 정리하면 다음과 같다.

---

96) 유엔총회는 2004.12.10 채택결의 59/115 "Application of the concept of the launching State"로 개념을 정리하였음.

97) 유엔총회는 2007.12.17 채택결의 62/101 "Recommendations on enhancing the practice of States and international intergovernmental organizations in registering space objects"로 가능한 한 조화를 모색하였음.

첫째, 우리나라는 2015년 현재 4개나 되는 원격탐사 위성을 소유하고 있으나 동 위성들에서 구득되는 귀한 자료를 어떻게 효율적이고 국민 전체 이익의 극대화 방향으로 사용토록 한다는 법률규정이 없을 뿐만 아니라 이에 관한 정부지침을 정부정책으로 표명한 바도 없다. 법률이라는 것이 선제적으로 도입될 상황은 아니었다하더라도 관련 내용을 현재와 같은 미래창조부 규정과 KARI의 요령으로 처리한다는 것은 위성 하나를 제작 · 발사하는 데 수천억 원이 소요되는 국가적 사업임을 감안할 때, 국책업무를 제대로 관리 · 규율 하는 방법이 아니다.

둘째, 돈이 있는 곳에 산업이 있고, 산업이 있는 곳에 법이 있어 질서를 유지시켜 주어야 하는 관점에서도 상업적 거래가 되는 원격탐사 위성시스템을 규율하고 관리하는 내용으로 독자적인 법률을 제정하든지 또는 우주활동법[98]을 별도로 제정하여 현존하는 3개[99]의 우주관련 국내법을 모두 정비하면서 원격탐사활동도 포함시킬 필요가 있다. 이것이 시간을 요한다면 우선 국가정책으로 관련 사항들을 공식 표명하는 형식을 취하는 것이 필요하다. 이를 다루는 데 있어서 장래 상업적인 원격탐사 활동의 시장규모가 대폭 증가[100]할 것에 대비하여 우리나라의 위성 영상자료의 대외판매뿐만 아니라 외국 위성자료의 상업적 수입도 염두에 둔 입법을 하여야 한다.

셋째, 여러 선진국의 예에서 보았듯이 원격탐사활동을 규제하는 주요목적은 국가안보와 외교정책이다. 현재 우리의 원격탐사 운용실태는 다 알만한 내용을 명문화만 시키지 않은 채, 안보측면으로는 충분히 활용하고 있지만, 외교 정책적 수단으로 이용하고 판단하는 요소는 전무 하다시피 되어있다. 이는 시정되어야 할 사항으로서 새로 제정되는 또는 개정되는 법령에 외교정책의 내용이 제대로 반영되어야 하며, 원격탐사 자료의 운용에 있어서 외교부의 참여를 명문화할 필요가 있다.

넷째, 방어적인 의미에서의 국제협력이 중요한바, 이를 상위규범이나 정부정책에서 보다 구체적으로 명기하면서 강화하여야 한다. 그 이유는 우리가 아무리 우리나라 군사시설 등에 대한 위성자료의 보안을 강화한다 하더라도, 러시아나 중국이 자체 원격탐사 내지 스파이 위성 자료를 북한 등에 인도할 경우, 우리의 위성자료 보안업무는 큰 의미가 없고, 국가안보에 영향을 미치기 때문이다.

다섯째, 적극적인 의미에서의 국제협력도 중요하다. 우리는 이미 미국과 긴밀한 동맹관계를 이용하여 국가안보에 긴요한 자료를 공급받고 있다. 이러한 협력은 더욱 긴밀하여져야 하며 다른 한편 일본과 같이 북한의 위협에 처하여있는 나라와 공동입장에서 국가안보를 위한 위성자료 교환협력을 함과 동시에 기상관측 위성협력을 긴밀히 하는 것은 모두에게 이로운 윈 · 윈 전략이 된다.

---

98) 세계에서 가장 충실한 국내 우주법은 1998년 제정된 호주의 우주활동법(Space Activities Act of 1998)임. 일본이 이를 모방하여 2010년 초 우주활동법안을 완료하였으며, 독일은 우주활동법의 제정 중에 있음.

99) 1987.12.4 법률 제3991 제정 항공우주산업개발촉진법, 2005년 우주개발진흥법, 2007년 우주손해배상법.

100) Euroconsult사는 위성 영상자료의 상업적 판매가 2007년 이래 매년 27% 증가하였으며 2009년에는 11억 US$에 이르렀다고 추산하고 있음. AWST 2010.10.4자 77쪽.

마지막으로 위와 같은 개선방안을 수립하는 데 있어서 행정편의적인 발상을 불식하여야 한다. 아직까지 행정규제와 투명성부족에서 안주하고자 하는 의식을 제거하여야 행정서비스 수혜자인 국민에게 이로운 결과가 되며, 이렇게 하는 것이 선진 강국으로 가는 길이면서 북한의 위협에 대처하는 최대의 국가적 자산이 되기 때문이다. 이는 달리 말하여 위성 자료는 규제보다는 미국과 같이 가능한 한 공중에게 모든 자료를 개방하는 방안으로 법과 정책을 수립하고 이를 실제 가능하게 하는 행정을 시행하여야 국가 경쟁력을 강화할 수 있다는 것이다.

8장

우주법의 기타 문제

1. 우주쓰레기

1.1 COPUOS 우주쓰레기 경감 가이드라인 **수립 배경**

미국 국방부가 추적하여 자체 카탈로그에 작성한 저궤도 및 정지궤도에 있는 물체의 개수는 약 22,000개에 이르며 이 가운데 활동 중인 인공위성은 약 1,100개에 불과하다.[1] 나머지는 운용을 종료한 인공위성, 임무를 종료한 우주발사체의 일부분, 폭발 또는 충돌로 발생한 파편들로서 우주쓰레기에 해당한다. 국가 또는 국제기구의 집계에 따라 약간의 차이를 보이지만, 수년전 통계로서 궤도에 있는 10cm 이상의 물체는 약 29,000여 개, 5cm 이상은 약 60,000여 개에 이른다.

우주활동을 하는 가운데 우주쓰레기가 불가피하게 발생하기도 하지만 2007년 1월 11일 중국은 운용을 종료한 자국의 기상위성 FY 1-C를 중거리 탄도미사일에 탑재된 요격무기(kinetic-kill vehicle)로 856km 상공에서 격추하여 2,300개 이상의 쓰레기가 추적되고[2] 2007년 2월 19일에는 발사 후 1년이 된 러시아의 Proton 발사체의 상층부인 Breeze M이 폭발하여 1,111개의 조각들이 발생한 것으로 추적되었다.[3] 미국은 지구로 재진입하고 있다는 자국 정찰위성 USA 193호를 2008년 2월 21일 247km 상공에서 격추한 일도 있었다.[4] 또한 2009년 2월 10일 시베리아 북쪽 상공 785km 지점에서 운용 중인 미국의 통신위성 Iridium 33과 운용을 종료한 러시아 위성 Cosmos 2251의 충돌로 2,000여개의 추적 가능한 우주쓰레기가 생성되었다.[5] Iridium 33과 Cosmos 2251의 충돌에서 발생한 약 20cm 크기의 우주쓰레기는 2013년 11월에 발사된 우리나라의 과학기술위성 3호(무게 170kg. 지상 600km 궤도 선회. 수명 2015년 말)와의 충돌 가능성이 제기되었으나 2015.1.4 1km거리를 두고 우주쓰레기와의 충돌이 회피된 바 있다.[6] 과학기술위성 3호는 2013년 9월에도 구소련의 인공위성에서 발생한 우주쓰레기와 약 44m

---

[1] 2012년 1월 17일 미국 국무성이 발표한 'An International Code of Conduct for Outer Space Activities: Strengthening Long-Term Sustainability, Stability, Safety, and Security in Space'.

[2] 2015.8.10.자 SPACENEWS 18쪽.

[3] Lyall & Larsen, Space Law, A Treatise, Ashgate (UK), 2009, p.305.

[4] 미국은 위성이 기능 고장으로 매일 500km 씩 항로이탈을 하여 격추가 불가능하였고 격추하기 전에 1967년 외기권 조약 제11조에 의거하여 유엔과 국제사회에 통보하였을 뿐 아니라 동 격추로 발생한 모든 쓰레기는 지구로 재진입하면서 모두 연소되었다고 언급하였음.

[5] 2015.8.10.자 SPACENEWS 18쪽.

의 거리 차이로 충돌을 모면한 적이 있었다.[7] 이와 같은 우주쓰레기는 대기권 진입 시 잔존하는 경우 지상에도 피해를 야기할 수 있는바, 우주의 탐사와 이용에 있어서 무시할 수 없는 사안이다.

결국 UN COPUOS는 우주쓰레기에 관한 가이드라인을 마련하기 위하여 과학기술소위원회에 작업반을 구성하였다. 작업반은 여러 나라의 우주청이 참여하는 우주폐기물 조정위원회(IADC)[8]의 우주쓰레기 경감 가이드라인을 토대로 각국 및 국제기구의 관례, 표준, 규칙, 매뉴얼 등을 반영하여 우주쓰레기 경감 가이드라인을 마련하였고 이 가이드라인은 2007년 UN COPUOS에서 승인되었다.[9]

16,300개*
(활동 중인 인공위성 900개)

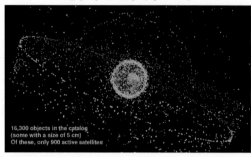

10cm 이상 29,000개

* 미국 국방부가 추적하여 자체 카탈로그에 작성한 저궤도(5cm 크기 포함) 및 정지궤도 상 물체(활동 중인 인공위성 900개 및 우주폐기물 포함)의 개수

5cm 이상 60,000개

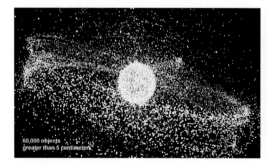

1cm 이상 700,000개

6) 중앙일보 2015.1.5자 12쪽.

7) 과학기술위성 3호, '우주쓰레기'와 충돌 가능성 높아…회피 불가능, 중앙일보 온라인(2015. 1. 4).

8) IADC(Inter-Agency Space Debris Coordination Committee)는 우주쓰레기 문제를 다루기 위하여 1993년 우주청 간에 설립된 위원회로 11개국 우주청(ASI(이탈리아), UKSA(영국), CNES(프랑스), CNSA(중국), DLR(독일), ISRO(인도), JAXA(일본), NASA(미국), NSAU(우크라이나), ROSCOSMOS(러시아), CSA(캐나다))와 ESA(유럽우주기구)으로 구성됨.

9) UN COPUOS가 작업하여 2007년에 채택한 The Space Debris Mitigation Guidelines of the Committee on the Peaceful Uses of Outer Space는 2007.12.22 유엔총회에서 결의 62/217로 승인(endorse)되었음.

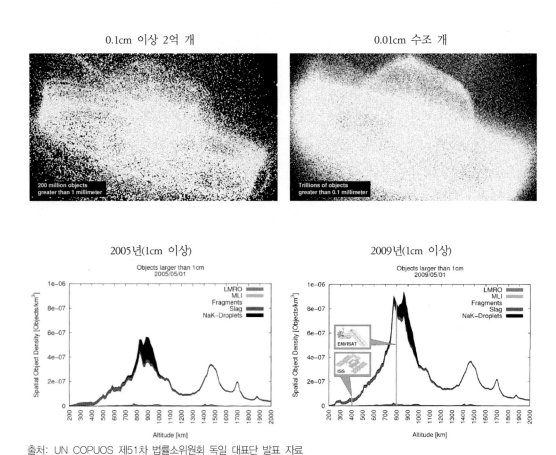

0.1cm 이상 2억 개 · 0.01cm 수조 개

2005년(1cm 이상) · 2009년(1cm 이상)

출처: UN COPUOS 제51차 법률소위원회 독일 대표단 발표 자료

〈그림 1〉 지구저궤도 및 정지궤도 상 물체

1.2 법적 성격

COPUOS 가이드라인은 국제법상 법적 구속력이 없다는 점을 명문화하고 있다. 그러나 가이드라인과 같은 연성법이 국제우주법의 중요한 법원을 구성한다는 점에서 COPUOS 가이드라인을 무시할 수는 없다.[10] 법과 정치적 선언의 중간적 성격을 가진 COPUOS 가이드라인에 대한 준수가 시간이 지남에 따라 국가의 관행이 되고 차츰 준수해야한다는 확신이 형성되면 COPUOS 가이드라인이 관습국제법으로 발전하게 되고 결국 국제법상 법적 구속력을 갖게 된다. 2014년부터 COPUOS 법률소위원회에서 체코와 독일은 국제기구 및 우주활동국들에게 우주폐기물 경감을 위한 내부 조치 및 규제를 법률소위원회에게 제공해 줄 것을 요청하고 이를 모아 집대성하는 작업을 해오고 있다. '국가 및 국제기구

---

10) 국제우주법 법원(法源) 중 연성법(soft law)에 대한 상세한 설명은 본서 제2장 국제우주법, 2항 국제우주법의 법원 참조.

가 채택한 우주폐기물 경감 표준서(Compendium of space debris mitigation standards adopted by States and international organizations)'[11]가 그것이다. 이러한 작업이 관습국제법으로 발전하는 과정이다. 2015년 11월 현재 22개국(알제리, 아르헨티나, 호주, 오스트리아, 벨기에, 케나다, 칠레, 체코, 프랑스, 독일, 이탈리아, 일본, 멕시코, 아르헨티나, 나이지리아, 폴란드, 슬로바키아, 스페인, 스위스, 우크라이나, 영국, 미국)이 우주폐기물 경감을 위한 국내 조치 및 규제에 관한 정보를 제출하였다.

1.3 적용 범위

COPUOS 우주쓰레기 경감 가이드라인의 적용은 시간적 적용과 공간적 적용으로 설명할 수 있다. 시간적 적용과 관련하여, COPUOS 가이드라인은 새로 설계되는 우주비행체와 발사체에 적용되는 것을 원칙으로 하되, 가능할 경우 기존의 우주비행체 등에도 적용하도록 권고하고 있다. 그러나 새로 설계되는 시점이 언제인지에 대해서는 COPUOS 가이드라인에 구체적인 규정이 없다. COPUOS 가이드라인이 채택된 2007년을 기준 시점으로 하는 것이 적절할 것 같다. 우주비행체와 발사체의 원천 기술은 1950년대 후반과 1960년대 초 이미 개발되었으며 기술개발의 진전에 따라 우주비행체와 발사체의 성능이 향상되고 있는 것이지 기존의 우주비행체 및 발사체와 전혀 다른 우주비행체 및 발사체를 의미하는 것은 아니다. 따라서 '새로 설계'된다는 의미는 COPUOS 가이드라인의 요건을 충족시킬 수 있는 기술을 기존의 우주비행체와 발사체에 접목시키는 것이다. 결국 COPUOS 가이드라인이 채택된 후부터 가이드라인을 적용하는 것으로 이해할 수 있다.

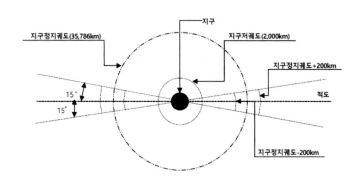

〈그림 2〉 지구저궤도 및 정지궤도

공간적 적용이란 우주비행체 및 발사체가 비행하는 궤도 중에 COPUOS 가이드라인이 적용되는 공

---

11) A/AC.105/C.2/2015/CRP.20.

간을 의미한다. 인공위성이란 과학위성, 지구관측위성 등을 포함하는 지구저궤도(Low Earth Orbit) 인공위성과 주로 통신위성을 일컫는 지구정지궤도 인공위성을 일컫는다. 지구저궤도는 지구 표면으로부터 2,000km 상공에 이르는 지역으로 대부분의 지구저궤도 인공위성은 700km~1,000km에 집중적으로 분포되어 있다. 지구정지궤도(Geosynchronous Orbit)는 지표면으로부터 35,586km~35,986km 상공에 해당하는 궤도를 말한다. 특히 지구 적도 상공 35,786km의 지구정지궤도(Geostationary Orbit)는 그 속도가 지구자전속도와 같아 통신위성에 적합하다. 따라서 우주쓰레기도 지구저궤도와 지구정지궤도에 분포하기 때문에 COPUOS 가이드라인의 공간적 적용은 상기 두 궤도에 제한된다.[12]

1.4 주요 내용

우주쓰레기[13]를 '파편과 파편의 구성요소를 포함하여, 지구궤도 상 또는 대기권에 재진입하는 기능하지 않는 인공(人工)의 모든 물체'로 정의하는 UN COPUOS 우주쓰레기 경감 가이드라인은 원칙적으로 새로 설계되는 우주비행체에 적용되지만, 가능한 한 기존의 우주비행체 등에도 적용하도록 하고 있다. 우주쓰레기 경감 가이드라인은 우주비행체와 발사체 최상단의 임무 계획, 제조 그리고 운용 단계 시 고려할 사항으로 다음과 같이 7개 가이드라인을 제시한다.

첫째, 인공위성의 정상 운용 중 떨어져 나오는 쓰레기의 제한이다. 우주활동 초기, 발사체 및 우주비행체 설계자들은 센서 커버 등 임무 관련 물체를 의도적으로 지구궤도에 방출하였다. 따라서 정상 운용 중에 쓰레기가 배출되지 않도록 우주시스템을 설계하는 것이다.

둘째, 운용 단계 중 파열 가능성을 최소화하는 것이다. 우발적 파열을 초래할 수 있는 실패 모드를 회피하도록 우주비행체와 발사체 최상단을 설계하는 것이다. 예를 들면, 우주선의 임무 또는 수명 종료 시, 잔여 추진제, 압착 유체 등 우주선에 들어 있는 모든 에너지를 제거하는 것이다.

셋째, 궤도 상에서 우발적 충돌 가능성을 제한하는 것이다. 궤도 데이터에 잠재적 충돌 가능성이 나타나는 경우 발사 시간을 조정하거나 궤도의 수정 등을 고려하는 것이다.

넷째, 의도적인 파괴와 기타 해로운 활동의 회피이다. 궤도 상에서 우주비행체 및 발사체 최상단을 의도적으로 파괴할 경우 우주쓰레기가 장기적으로 궤도에 잔존할 수 있기 때문이다. 단, 의도적인 파괴가 불가피한 경우, 파

---

12) 정영진 우주폐기물 경감을 위한 국제규범과 우리나라의 대응, 2015 국제법학자대회 발표(2015. 10. 24).

13) '우주쓰레기(space debris)'는 유엔 등의 국제문서에서 일반적으로 사용되는 용어이며, 종종 '궤도쓰레기(orbital debris)'라는 용어도 사용됨. 미국 연방통신위원회(Federal Communication Commission: FCC)의 궤도쓰레기경감(Mitigation of Orbital Debris, FCC 04-130)에서 궤도쓰레기를 다음과 같이 정의하고 있음: "artificial objects orbiting the Earth that are not functional spacecraft. It consists of a wide range of non-functioning man-made objects that have been placed into the Earth's orbit, both accidently and on purpose. Orbital debris ranges in size from small objects, such as paint flakes, solid rocket motor slag, and break-up debris, to larger objects, such as discarded lens caps or ejected bolts. The largest items, in terms of mass, include spacecrafts, rocket bodies, and the largest pieces of debris from exploded spacecraft and rocket bodies."

편의 궤도 상 수명을 제한하기 위하여 충분히 낮은 높이에서 파괴하도록 하고 있다.

다섯째, 임무 종료 후 저장된 에너지로부터 발생할 수 있는 파열 가능성을 최소화하는 것이다. 우발적 파열로 인해 다른 우주비행체와 발사체 최상단에 대한 위험을 제한하기 위하여, 모든 저장된 에너지원이 임무 운용 또는 임무 종료 후 더 이상 필요하지 않은 경우 모든 저장된 에너지원을 전부 소모하거나 안전하게 처리하는 것이다.

여섯째, 임무 종료 후 지구저궤도에서 우주비행체와 발사체 최상단의 장기 잔류를 제한하는 것이다. 즉, 궤도에서 임무를 종료하고 지구저궤도를 통과하는 우주비행체와 발사체 최상단을 궤도로부터 제거하는 것이다. 이 때, 지구 표면에 도달하는 쓰레기가 해로운 물질에 의한 환경오염 등을 통해, 사람 또는 재산에 과도한 위험을 야기하지 않도록 상당한 고려를 기울여야 한다.

일곱째, 임무 종료 후 정지궤도에서 우주비행체와 발사체 최상단의 장기 간섭을 제한하는 것이다. 궤도에서 운용 단계를 종료하고 정지궤도를 통과하는 우주비행체와 발사체 최상단은 정지궤도의 장기 간섭을 회피하는 궤도에 진입시키는 것이다.

2. 우주에서의 군축(PAROS)

1967년 외기권 조약 제4조 1항은 UN 우주 관련 5개 조약 중 우주에서의 군사적 이용에 관한 대표적 규정이다:

> "조약 당사국은 핵무기를 실은 모든 물체 또는 다른 유형의 모든 대량파괴무기(weapons of mass destruction)를 지구 주변 궤도에 두지 않으며, 천체에 그러한 무기를 설치하지 않으며 또는 다른 모든 방법으로 우주에 그러한 무기를 배치하지 않을 것을 약속한다."

이 규정을 문언 그대로 해석할 경우[14]는 생물 무기, 화학 무기, 핵무기 및 방사능 무기와 같은 대량

---

14) 조약법에 관한 비엔나 협약은 제3절에서 조약의 해석에 관한 규정을 두고 있음.
　　제31조(해석의 일반원칙)
　　　1. 조약은 조약문의 문맥 및 조약의 대상과 목적으로 보아 그 조약의 문언에 부여되는 통상적 의미에 따라 성실하게 해석되어야 한다.
　　　2. 조약의 해석 목적상 문맥은 조약문에 추가하여 조약의 전문 및 부속서와 함께 다음의 것을 포함한다:
　　　　(a) 조약의 체결과 관련하여 모든 당사국 간에 이루어진 그 조약에 관한 협의;
　　　　(b) 조약의 체결과 관련하여 또는 그 이상의 당사국이 작성하고 또한 다른 당사국이 그 조약이 관련되는 문서로서 수락한 문서.
　　　3. 문맥과 함께 다음의 것이 참작되어야 한다:
　　　　(a) 조약의 해석 또는 그 조약 규정의 적용에 관한 당사국 간의 추후의 합의;
　　　　(b) 조약의 해석에 관한 당사국의 합의를 확정하는 그 조약 적용에 있어서의 추후의 관행;
　　　　(c) 당사국 간의 관계에 적용될 수 있는 국제법의 관련 규칙.
　　　4. 당사국의 특별한 의미를 특정 용어에 부여하기로 의도하였음이 확정되는 경우에는 그러한 의미가 부여된다.
　　제32조(해석의 보충적 수단)
　　　제31조의 적용으로부터 나오는 의미를 확인하기 위하여 또는 제31조에 따라 해석하면 다음과 같이 되는 경우에 그 의미를 결정하기 위하여 조약의 교섭 기록 및 그 체결시의 사정을 포함하는 해석의 보충적 수단에 의존할 수 있음:
　　　　(a) 의미가 모호해지거나 또는 애매하게 되는 경우; 또는
　　　　(b) 명백히 불합리하거나 비합리적인 결과를 초래하는 경우.

파괴무기를 제외하는 재래식 무기는 우주에서 사용이 가능하므로, 우주에서의 군사 활동이 제한적으로 허용이 되는 것으로 해석된다. 우주발사체의 개발이 로켓 개발에서 출발하였다는 역사적 사실에서와 같이 우주기술은 민·군 겸용 기술로서 오늘날 우주기술 이전은 국제 규범의 엄격한 통제를 받는다. 그러나 미사일기술 통제체제(MTCR) 출범 이전에는 국제 규범의 부재로 국가 간 과학적 목적의 우주기술 이전이 군사적 목적으로 전용되는지 여부를 감시할 수가 없었으며, 해당 국가 간에도 전용 여부를 확인할 방법이 없었다.

2.1 PAROS 개요

요즈음 첨단 군사시설과 무기가 인공위성의 자료와 신호를 받아 운용된다. 따라서 군사적 충돌이나 전쟁 중에 적대 국가가 소유하는 인공위성을 파괴할 경우 우위를 점할 수 있다. 그러나 인공위성의 파괴는 핵무기 등 대량파괴무기를 사용하지 않을 뿐만 아니라 군사적 충돌 또는 전쟁 중이 아닌 평시에도 가능하다. 예를 들면, 평화적 목적으로 위장된 인공위성에서 적대국의 인공위성으로 레이저를 발사하거나 자국의 인공위성을 적대국의 인공위성에 직접 충돌시킬 수도 있다. 결국 현대전의 승패는 인공위성의 활용에 크게 의존한다.

그러나 1967년 외기권 조약 등 우주활동을 규제하는 유엔 5개 조약에는 위에서 언급된 예와 같이 군사적 목적을 위한 우주의 이용을 규제하는 규정이 없다. 우주에서 핵실험을 금지하는 1963년 핵실험금지협약[15]을 제외하면 우주의 군사적 이용은 국제법의 법적 흠결이다.

우주에서의 무기경쟁 방지(Prevention of an Arms Race in Outer Space: PAROS)는 유엔 군축회의(UN Conference on Disarmament: UNCD)[16]에서 1982년부터 논의되었다. UNCD는 1985년부터 매년 임시위원회(*ad hoc* committee)를 구성하여 10년간 PAROS를 논의하였으나, 1995년 이후 미국의 반대로 임시위원회가 구성되지 못하였다. 유엔 총회는 PAROS 논의가 시작된 1982년부터 30년 넘게 매년 PAROS에 관한 결의를 채택해 오고 있다. 유엔총회 결의의 주요 내용은 우주에서의 무기경쟁 방지를 위한 법적

---

15) The Treaty Banning Nuclear Weapons Tests in the Atmosphere, in Outer Space, and Under Water(Partial Test Ban Treaty)로서 1963년 8월 5일 체결, 1963년 10월 10일 발효, 489 U.N.T.S. 43. 2013년 말 현재 126개 당사국.

16) UNCD의 의제:
  - 핵무기 경쟁 중단과 핵군축(Cessation of the nuclear race and nuclear disarmament);
  - 관련된 모든 사항을 포함하는 핵전쟁 방지(Prevention of nuclear war, including all related matters);
  - 우주에서의 무기경쟁 방지(Prevention of an arms race in outer space);
  - 핵무기의 사용 또는 사용 위협에 대하여 비핵무기 국가를 보호하기 위한 효율적인 국제 조치(Effective international arrangements to assure non-nuclear-weapon States against the use or threat of use of nuclear weapons);
  - 대량파괴무기의 새로운 유형과 시스템; 방사능 무기(New types of weapons of mass destruction and new systems of such weapons; radiological weapons);
  - 포괄적 군축 프로그램(Comprehensive programme of disarmament);
  - 군비 투명성(Transparency in armaments).

제도를 마련하고, PAROS 논의를 재개하기 위하여 작업반(working group)을 구성하는 것이다.[17] 유엔총회의 대다수의 결의가 컨센서스로 채택되는 것과 달리, PAROS 결의는 매번 투표에 회부되어 표결된다. 미국은 1984년 제39차 유엔총회부터 2015년 제70차 유엔총회까지 총 네 차례에 걸쳐 반대하였으며 나머지 경우에는 모두 기권을 하였다. 2015년 제70차 유엔총회에서 채택된 PAROS 결의[18]는 179개국이 찬성하였고 반대는 없이 미국과 이스라엘만이 기권하였다.

UNCD에서 PAROS와 관련된 대표적 논의는 2008년 2월 러시아와 중국이 공동으로 제안한 "우주에서의 무기배치와 우주물체에 대한 위협과 무력사용 금지에 관한 조약안(Draft treaty on the prevention of the placement of weapons in outer space and of the threat or use of force against outer space objects: PPWT)"[19]이다. 그러나 미국은 PPWT가 군축에 관한 미국의 두 가지 정책 즉, 첫째 군사적 또는 첩보 목적을 위한 우주의 이용, 둘째 군사, 첩보, 민간 또는 상업 목적으로 우주에서의 연구, 개발, 시험 및 운용을 수행할 수 있는 권리를 제한한다는 이유로 PPWT에 반대하고 있다.[20] 바꾸어 말하면, 미국은 우주에 관한 국제규범이 자국의 방위 이익에 장애가 되어서는 안 되며 기존의 군축 협정과 연계하여 자국을 구속해서는 안 된다는 입장이다. 아울러 PPWT는 위성요격시스템의 연구, 개발, 생산 또는 저장, 그리고 기타 우주기반 무기 실험을 금지하지 않기 때문에, 2007년 중국에 의한 자국의 기상위상 요격과 같이 국가가 언제든지 위성요격미사일(Anti-satellite weapon)을 개발하고 실전에 사용할 수 있다는 것이 미국의 주장이다. 결국 PPWT는 미국의 강한 반대해 직면하여 UNCD에서 논의되지 않고 있다.[21] 이에 불구하고 2014년 제69차 유엔총회는 PPWT를 지지하는 결의안을 찬성 126, 반대 4(미국, 이스라엘,

---

17) UNCD는 2009년 5월 우주에서의 군축을 다루는 작업반을 다시 구성하였지만 그 활성화 여부는 미국의 태도에 달려있음.

18) UN GA Resolution 70/26, 7 Dec. 2015.

19) UN CD/1839, 29 February 2008. PPWT는 국제우주법에서 정의되지 않은 주요한 용어에 대한 개념정의를 아래와 같이 시도함:
   (a) "우주(outer space)"는 해발 100km를 초과하는 지구 위 공간;
   (b) "우주물체(outer space object)"는 지구를 제외한 모든 천체 주변궤도 또는 모든 천체 위에 발사되거나 위치한, 또는 천체를 향하여 천체 주변궤도를 떠나는, 또는 천체로부터 다른 천체로 이동하는, 또는 다른 여타 수단으로 우주에 배치되어 우주에서 기능하기 위하여 제작된 모든 장치;
   (c) "우주에서 무기(weapon in outer space)"는, 모든 물리적 원칙에 기초하여, 우주, 지구 또는 지구 대기권에서 물체의 정상적인 기능을 파괴하거나 피해를 야기하고 또는 방해하기 위하여, 또는 인간의 생존에 중요한 생물권의 종 또는 구성성분을 제거하기 위하여 또는 종 또는 구성성분에 피해를 야기하기 위하여, 특별히 제작되거나 개조된 우주에 배치된 모든 장치;
   (d) "무력의 사용(use of threat)" 또는 "무력의 위협(threat of force)"이란 특히, 우주물체를 파괴하고 피해를 야기하며, 일시적으로 또는 영구히 우주물체의 정상적인 기능을 방해하고, 또는 우주물체의 궤도요소를 의도적으로 변경하는 행위를 포함하는 우주물체에 대한 모든 적대적 행위, 또는 그러한 행위의 위협.

20) UN CD/1847, 26 August 2008.

21) UN CD/1985, 12 June 2014.
   러시아와 중국은 2008년 8월 제안한 PPWT의 수정안을 2014년 6월 제출하였으며, 2014년 PPWT에서는 우주의 정의 규정이 삭제되었고, 2008년 PPWT의 용어가 다음과 같이 수정됨
   "우주에서의 무기(weapon in outer space)": 모든 물리적 원칙을 이용하여 우주에서 그리고 지구 표면 또는 지구 대기권에서 물체의 정상적인 기능을 파괴하고 피해를 야기하거나 방해하기 위하여, 또는 인간을 죽이거나 인간의 생존에 중요한 생물권의 구성요소를 제거하기 위하여, 또는 인간과 생물권의 구성요소에 피해를 야기하기 위하여 제작되거나 개조된 모든 우주물체 또는 그러한 우주물체의 구성품;
   "우주물체(outer space object)": 우주에 배치되고 우주에서 운용을 목적으로 고안된 모든 장치;
   "무력의 사용(use or threat of force)": 타국의 관할권 및 통제 하에 있는 우주물체에 피해를 야기할 목적의 모든 행위;
   "무력의 위협(threat of force)": 문서와 구두로 또는 다른 모든 방식으로 무력을 사용하려는 의도의 명확한 표명.

우크라이나, 조지아), 기권 46으로 채택하였다.

2.2 과학 목적 로켓기술의 군사적 이용 전용 사례

과학 연구의 목적으로 이전된 로켓기술이 미사일 개발에 전용되었다는 사례가 최근 일본 언론을 통해 보도되었다.[22] 유고가 과학 연구 목적으로 일본으로부터 수입한 Kappa 로켓 기술을 지대공 미사일 발사 실험으로 전용한 사실이 당시 유고의 미사일 개발 책임자의 증언을 통해 확인되었다. 기사 내용을 정리하면 다음과 같다.

> "2차 세계대전 후 유고는 사회주의국가이면서도 소련과 거리를 두는 독자노선을 선택하였다. 따라서 유고는 1950년대 중반부터 독자적으로 미사일을 개발하려 하였으나 최신 무기의 조달에는 한계가 있었다. 결국 국제협력을 통한 외국의 로켓기술에 의존할 수밖에 없었다.
> 1959년 11월 일본 동경대학교 이토가와 히데오 교수는 이 대학 생산기술연구소가 개발한 Kappa 로켓의 수출 계약에 유고와 합의한 후, 다음해 12월 Kappa 로켓의 본체와 발사 설비 및 연료 제조 설비를 당시 1억 7천만엔에 수출하였다. 아울러 로켓은 순수한 과학 목적이며 군사적으로 이용하지 않겠다는 계약서도 동시에 체결하였다. 그 후 로켓 추적 레이더도 유고에 수입되었다. Kappa 로켓은 지구관측용 고체 로켓으로 탑재중량은 15kg이며 60km 상공으로 발사가 가능하다.
> 증언에 의하면, 유고의 국제협력 목적은 Kappa 로켓의 본체보다는 당시 최신의 고체연료의 제조방법과 제조 설비에 있었다. 즉 Kappa 로켓의 고체연료는 연소 시간이 길어 대형 미사일의 연료로 사용되었다. 그리고 발사 설비와 레이더는 유고가 독자 개발한 지대공 미사일의 발사 실험에 사용되었다. 연료의 제조 설비는 1962년까지 지금의 보스니아 헤르체코비나 중부의 한 도시에 있는 군수화약 공장에 보관되었으며, 일본인 기술자가 공장에 체재하면서 직접 기술을 상세히 지도하였다. 이 공장에서 생산된 제품이 개발도상국에 수출되었다."

Kappa 로켓과 관련 발사 설비는 1965년 인도네시아에도 수출되었다. 그러나 기술의 군사전용을 우려한 말레이시아가 일본에 공식적으로 항의하자 결국 당시 자민당 정권인 사토 에이사구 총리는 1967년 4월 21일 다음과 같은 국가 및 지역의 경우에는 무기의 수출을 금지하겠다는 '무기수출 3원칙'을 발표하였다:

> "1. 공산권 국가;
> 2. 유엔 결의에 의해 무기 등의 수출이 금지된 국가;
> 3. 국제분쟁의 당사국 또는 국제분쟁의 우려가 있는 국가."

사토 총리는 비핵 3원칙(핵무기를 만들지도, 보유하지도, 반입하지도 않는다)을 표방한 공로로 1974년 노벨평화상을 수상하기도 하였다.

그러나 1980년대 들어 일본은 자국의 무기수출 3원칙을 점차 완화해 오고 있다. 1983년 나카소네 야

---

22) 2013.1.31.방문 http://www.asahi.com/international/intro/TKY201207140511.html.

스히로 내각의 고토다 마사하루 관방장관은 미·일 안전보장 조약에 근거하여 미군에 무기기술 제공을 완화하는 것은 무기수출 3원칙의 예외로 해석하였다. 더 나아가 2005년 고이즈미 쥰이치로 내각은 미국과의 탄도미사일 방위 시스템의 공동개발과 생산은 무기수출 3원칙의 예외로 한다고 발표하였다.

노다 요시히코 내각은 2011년 국제 공동개발 및 공동생산에 참가하고 인도적 목적을 위한 방위장비의 제공을 허용하는 내용을 아래와 같이 발표함으로써 무기수출 3원칙을 한층 완화시켰다.

1. 평화공헌과 국제협력을 수반하는 안건의 경우 방위장비의 해외이전이 가능하다.

2. 목적 외 사용과 제3국으로의 이전을 하지 않는다는 담보 등 엄격한 관리를 전제로 한다(목적 외 사용과 제3국으로의 이전 시 일본의 사전 동의 필요).

3. 일본과의 안전보장 측면에서 협력관계가 있으며 외국과의 공동 개발과 생산이 일본의 안전보장에 기여하는 경우에 실시한다.

2.3 우주에서의 군사적 활동 확대 경향

일본은 2008년에 제정한 우주기본법 제2조에서 우주개발이용은 '일본국 헌법의 평화주의 이념에 따라' 수행하는 것으로 규정하였다. 이러한 규정은 '비군사'로 이해되던 종전의 '평화' 개념을 국내안보 목적인 경우 군사적 이용이 가능한 것으로 해석된다.

게다가 일본은 2012년 6월 JAXA법을 개정하여 우주의 군사적 이용을 가능하게 하는 법적 근거를 한층 강화하였다. JAXA의 활동 목적을 규정하는 JAXA법 제4조에서 종전의 '평화적 목적에 한하여'라는 표현을 삭제하고 그 대신 '우주기본법 제2조의 우주의 평화적 이용에 관한 기본이념에 준하여'라는 문구를 삽입하였다.

우주의 평화적 이용과 관련하여 일본 정부의 공식적인 입장은 1968년 일본 국회의 과학기술진흥대책 특별위원회에서 국무대신이 한 발언에서 나타난다. 한 의원은 '평화이용'에서 평화는 국제적으로 '비침략'을 의미하며 '비침략'은 '비군사'로 이해된다면서 이에 대한 정부의 의견을 문의하였는바, 국무대신은 '평화'를 '비군사'로 이해한다고 답변하였다.

1969년 일본 중의원은 다음과 같이 '일본의 우주 개발 및 이용의 기본에 관한 결의'를 통해 우주의 평화적 이용을 확인하였다.

'일본의 지구 상공 대기권의 주요 부분을 초과하는 우주에 발사되는 물체 또는 그 발사 로켓의 개발 및 이용은, 평화적 목적에 한하여, 학술의 진보, 국민생활의 향상 또는 인류사회의 복지를 도모하고, 아울러 산업기술의 발전에 기여함과 동시에 나아가 국제협력에 이바지하기 위하여 수행하는 것으로 한다.'

3. 우주인과 우주관광

우리나라의 첫 우주인이자 세계 475번째 우주인인 이소연 박사가 2008년 4월 8일 러시아 우주선 Soyuz TMA-12에 탑승하여 10일간 국제우주정거장에서 식물생장, 초파리유전자, 우주저울 등 18가지의 우주실험을 수행한 후 4월 19일 귀환하였다.[23] 당시 이소연 박사가 우주인인가에 관한 문제가 우리 사회의 이슈이기도 하였다. 2004년에는 민간우주선 '스페이스쉽원(SpaceShipOne)'이 세계 최초로 고도 100km의 준궤도 우주비행을[24] 성공적으로 수행함으로써[25] 우주인에 대한 논의가 국제적으로도 활발히 진행되었다. 이러한 논의의 배경은 과거 인간의 우주활동이 과학적 테두리에 한정되었다면 오늘날은 상업적 목적에 의하여 점차 우주활동의 범주가 다양하고 복잡한 양상을 보이는 것에서 찾을 수 있다.

3.1 국제법상 우주인

우주 관련 유엔 5개 조약 그리고 5개 원칙 및 선언에서 우주인(astronaut)[26]에 관련된 어떠한 정의도 찾아볼 수 없다. 단, 우주에 발사된 우주물체에 탑승한 자를 지칭하기 위하여 다양한 표현이 사용되고 있을 뿐이다. 예를 들면, '우주인(astronauts)'[27], 물체의 '인원(personnel)'[28], '우주선원(the personnel of a spacecraft)'[29], '대표(representatives)'[30], '우주물체상의 사람(persons … on board such a space object)'[31], '인류의 사절(envoys of mankind)'[32] 등이다.

3.1.1 우주인 개념의 다양성

흔히, 우주왕복선에 탑승하여 국제우주정거장 및 우주에 있는 사람을 우주인이라고 부른다. 그러나

---

23) *한국 우주인 배출 사업 백서*, 한국항공우주연구원, 2009, 교육과학기술부·한국항공우주연구원.

24) 궤도 비행이 우주공간에 진입하여 지구궤도를 따라 비행하거나 국제우주정거장과 도킹하는 것이라면 준궤도 비행은 우주공간에 진입하지만 지구궤도를 돌 수 있을 만큼 속도를 내지 못해 주변을 배회하다 다시 돌아오는 비행임. 스페이스쉽원 탑승자는 우주 경계점에 약 5분간 머무르며 무중력 상태를 체험한 뒤 이륙 90분 만에 지상에 안착하였음.

25) M. A. DORHEIM and M. CALIF, SpaceShipOne, *Aviation Week & Space Technology*, 2004, Oct. pp.34-6.

26) 우주인(astronaut)이라는 용어는 유엔 문서상 1962년 유엔총회 결의에서 처음으로 사용되었음. GA Res. 1802, International co-operation in the peaceful uses of outer space, 'return of astronauts', 'on the rescue of astronauts'.

27) 1967년 외기권 조약 제5조, 1968년 구조 협정과 서문.

28) 1967년 외기권 조약 제8조, 1979년 달 협정 제3조 4항, 제6조 3항, 제8조 2항, 제9조 2항, 제11조 3항, 제12조 1항.

29) 1968년 구조 협정 제1조, 제4조.

30) 1967년 외기권 조약 제12조.

31) 1972년 책임 협약 제3조, 제4조.

32) 1967년 외기권 조약 제5조.

국가 그리고 언어에 따라 우주인의 명칭과 개념이 동일하지는 않다. 별과 뱃사공을 일컫는 그리스어 'ástron'에서 유래된 'Astronaut'은 주로 미국인들에 의해 불리어졌으나 지금은 러시아인 및 미국인과 함께 우주비행을 하였던 프랑스인들에 의해서 유럽에서도 우주인을 'Astronaut'이라고 부른다. 미국의 사전들은 대체로 'Astronaut'을 우주비행에 참여하거나 그러한 비행에 참여하기 위해 선정된 자라고 정의한다.

반면 'Cosmonaut'는 러시아어 'Kosmonavt'에서 유래하였으며 'Kosmonavt'는 '우주'와 '뱃사공'을 의미하는 그리스어 'Kosmos'에 기원을 두고 있다. 'Cosmonaut'는 일반적으로 과학 기술, 의학 또는 생물학에 관한 특별 교육을 받고 우주선의 선장 또는 조종사의 일원으로서 우주비행에 참여한 자를 가리킨다. 한편, 러시아 우주법 전문가인 Mrs. Kamenetskaya는 우주인(Cosmonaut/astronauts)을 '국제우주법의 원칙과 규칙에 따라, 외기권 그 자체 그리고 천체에서 우주의 개발과 이용에 관한 전문적인 활동을 수행하는 자'라고 정의한다.[33]

중국에서는 주로 고전 문학에서 '우주인'을 지칭하던 'Tàikōngrén (太空人)'에서 유래한 'Taikonaut'이 일반인에게 사용되지만, 중국의 우주 전문가들은 오히려 우주의 항해자를 뜻하는 'Yǔhángyuán(宇航员)' 개념을 더욱더 선호한다.

한편 우주활동에 참여하는 국가들은 국내 입법을 통해 상대적으로 상세하게 우주인을 설명하고 있다. 미국항공우주국(NASA)이 1977년 출간한 *Space transportation system user handbook*은 'mission specialist'와 'payload specialist' 이 두 가지 용어를 사용한다. 전자는 우주선의 비행 지식을 갖춘 자이며, 후자는 우주선의 비행 그 자체와는 상관없이 통신, 지구탐사, 기상예보 등과 같은 임무를 수행하는 탑재체(Payload)를 다루거나 우주선 내부에서 각종 실험을 하는 우주실험전문가를 말한다. 따라서 'mission specialist'가 우주비행사(astronaut)에 해당된다. 아울러 1986년 우주왕복선에 관한 NASA의 지침에 따르면, 우주왕복선의 비행은 최소 5명(선장 1인, 조종사 1인 그리고 우주비행전문가 3인)의 우주인이 한 팀을 구성한다. 그리고 동 문서는 'space flight participants'라는 새로운 개념을 도입하였다. 즉, 우주선의 탑재체의 운용 및 기본적인 비행 임무와는 무관하여 탑승이 강제되지는 않으나 NASA의 목적에 기여하기 위하여 또는 국내적 이익에 따라 NASA의 청장이 선정하는 자를 일컫는다. 1990년에 개정된 NASA의 지침은 비행 중의 우주비행사와 그 외의 모든 사람을 가리켜 'personnel on board'라는 용어를 사용한다.

한편, 러시아는 국내입법을 통해 승무원과 그 이외의 자를 구분한다.[34] 즉, 유인 우주물체의 승무원

---

33) E. Kamenetskaya, "*Cosmonaut("astronaut"): an attempt of international legal definition*", Proceedings 31st Colloquium (Bangalore, 1988), pp.177~78.
34) 러시아 연방우주활동법 제20조: Cosmonauts and crews of piloted space objects
　1. Citizens of the Russian Federation, who expressed desire to participate in space flights and meet the established professional and medical requirements, are selected for preparation and realization of space flights on the basis of competition.

선장은 승무원과 승무원이 아닌 비행에 참여한 모든 이의 안전에 책임을 진다. 무엇보다 러시아 국내 입법에서 특이할 만한 점은 'Cosmonaut' 개념을 다음 세 가지로 세분화한다는 것이다. 그리고 러시아 우주 왕복선에 탑승하는 모든 외국인은 연구우주비행사로 간주된다.[35]

- 비행선장(commandant of flight)
- 비행엔지니어(engineer of flight)
- 연구우주비행사(cosmonaut-researchers)

3.1.2 '인류의 사절(Envoys of mankind)'로서의 우주인

1967년 외기권 조약 제5조는 우주인을 '인류의 사절(Envoys of mankind)'로 규정하고 있다. 전통적으로 'envoys'라는 어휘는 외교관계 종사자들의 영토외적 면책권과 관련하여 사용되는 외교적 개념이다. 그러나 우주인이 외교업무 종사자는 아니다. 아마도 과거 우주인의 역할에 대한 환상이 문학적인 기대감으로 이어진 듯하다.[36]

'인류의 사절' 개념은 외기권 조약 체결을 위한 논의 과정에서 1962년 소련에 의해 도입되었고 동구권 국가로부터 상당한 지지를 받았었다. 즉, 우주인을 외교종사자들과 동등하게 대우하기 위하여 일종의 인류 보편적인 신임장을 부여하자는 것이었다. 대표적인 예로 헝가리는 우주인도 외교관과 마찬가지로 재판 관할권에 관한 면책특권을 향유하여야 한다고 주장하였다. 이에 대해 오스트리아 대표

The order and conditions of competition shall be determined by the Russian Space Agency and the Ministry of Defence of the Russian Federation with the participation of other customers of works in creation and use of space technology and published in the press.

2. The order of preparation cosmonauts, of formation of crews of piloted space objects and approval of the flight program, as well as rights and responsibilities of cosmonauts, payment of their labour and other conditions of their professional activity shall be determined by the contracts pursuant to the legislation of the Russian Federation.

3. The commander of a crew of a piloted space object of the Russian Federation can be nominated a citizen of the Russian Federation.
   The commander of a crew of a piloted space object of the Russian Federation shall be vested with all completeness of authority, necessary for realization of the space flight, for management of crew and other persons, participating in the flight.
   The commander of a crew of a piloted space object of Russian Federation shall within the scope of his authority bear responsibility for the fulfillment of the flight program, the safety of the crew and other persons participating in the flight and the preservation of the space object and the property within it.

4. Russian Federation shall retain jurisdiction and control over any crew of a piloted space object registered in it, during the ground time of such object, at any stage of a space flight or stay in outer space, on celestial bodies, including extra-vehicular stay, and on return to the Earth, right up to the completion of the flight program, unless otherwise specified in international treaties of Russian Federation.

35) 러시아 연방 우주활동법 제20조: The legal regime for foreign organizations and citizens
   1. Foreign organizations and citizens carrying out space activity under the jurisdiction of Russian federation shall enjoy the legal regime established for organizations and citizens of Russian federation th the extend that such regime is provided by the appropriate state to organizations and citizens of Russian federation.
   2. The Russian federation shall ensure the legal protection of the technologies and commercial secrets for foreign organizations and citizens carrying our space activity under the jurisdiction of Russian federation in accordance with the legislation of Russian federation.
      Any other protection of the technologies and commercial secret of foreign organizations and citizens carrying out space activity under the jurisdiction of Russian Federation, that may be required shall be provided on a reciprocal basis.
   3. Foreign organizations and citizens carrying out space activity under the jurisdiction of Russian Federation shall effect the insurance of space technology and also risks involved in space activity in the manner specified by this Law.

36) M. SMIRNOFF, "*The treaty on Outer Space 1967 – Its Role and Importance*", *Proceedings Xth Colloquium* (Belgrade 1967), pp.154–56. '… In art V. it says that the cosmonauts are considered as envoys of mankind. Envoys to whom?'.

는 한 가지 의문점을 제시하였다. 즉 우주인이 일단 '인류의 사절'로 지명이 되면, 우주 강국이 아닌 국가는 우주인에 관계되는 모든 활동에 관여할 수 없다는 결과를 가져온다는 것이다.[37]

그러나 우주인은 현실적으로 어떠한 외교적 면책특권도 갖지 않는다. 이러한 호칭은 우주인이 사고, 조난 및 비상착륙에 처한 경우, 이들의 지원과 구조를 위하여 국제사회와 국가전체가 부담하는 기능적 측면에서 이해되어야 한다.[38] 결국 전 인류를 위하여 우주활동을 수행할 때에 우주인은 항상 중대한 위험에 직면에 있다는 사실을 국제사회가 인정한다는 일종의 표현인 것이다.

3.2 국제우주정거장에서의 우주인

3.2.1 국제우주정거장

국제우주정거장(International Space Station: ISS)은 인간이 영속적으로 우주에 정착할 수 있는 유일한 장소이다. 1998년 11월 러시아가 쏘아올린 자르야 모듈을 시작으로 약 10여년의 건설 결과 2011년 완료되었다. ISS의 역사는 1984년 1월 미국의 Ronald Reagan 대통령이 NASA 청장에게 궤도 상에 유인 우주정거장의 건설을 지시한 것에서부터 시작되었다. 이어서 Reagan 대통령은 동맹국에게 우주정거장의 개발과 이용에 참여를 권고하였고 4년간의 논의 끝에 1988년 9월 마침내 워싱턴에서 미국, 일본, 캐나다 그리고 ESA의 참여하에 우주정거장에 관한 정부간협정(Inter-Governmental Agreement: IGA)이 체결되었다.

그러나 각국의 정치적 이해, 예기치 못한 기술적·재정적 변동 특히 ESA 회원국의 참여가 감소하면서 1988년 협정의 이행은 난항을 겪을 수밖에 없었다.[39] 무엇보다 1989년 11월 베를린 장벽의 붕괴는 우주정거장 계획에 새로운 양상을 초래하였다. 즉 러시아는 유인 우주비행 분야에서 명실상부한 경험을 축적한 유일한 국가였지만 전국을 강타한 경제적인 상황으로 인해 과거에 보유하였던 우주기술을 유지함에 있어서 점차 어려움에 직면하였다. 이에 대해 미국은 러시아가 우주능력을 유지할 수 있도록 경제적 측면에서 간접적으로 지원하면서 동시에 러시아의 우주경험을 이용하기 위하여 러시아의 참여를 독려하였다. 결국 1998년 1월 미국, 러시아, 일본, 캐나다, ESA 간에 국제 민간우주정거장 협력에 관한 정부간 협정이 체결되고,[40] 이어서 미국은 동 협정 당사자와 개별적으로 양해각서(MOU,

---

37) Bin Cheng, *Studies in International Space Law*, Clarendon Press·Oxford, 1997, p.417.

38) 1967년 외기권 조약 제5조.

39) 1986년 우주왕복선 첼린저호의 사고로 미국 의회는 NASA에 대한 재정지원을 감소하였음. 프랑스는 국제우주정거장에 효용성에 상당히 회의적임. R. BELL, 'Une Station Spatiale ruineuse et inutile', *Le Monde diplomatique*, 1999 fev.

40) 1998년 협정은 1988년 협정과 내용상 큰 차이를 보이지 않음. 그러나 러시아가 우주정거장 건설에 참여함으로써 1988년 협정은 법적으로 큰 흠결을 지니게 되었음. 즉, 1988년 협정에는 협정 체결 후, 원 당사국 이외의 국가가 동 협정에 가입할 수 있는지 여부에 관한 규정이 없었음.

Memorandum of Understanding)를 체결하였다.

그리고 2000년 ISS 승무원 행동규범(The Code of Conduct for the International Space Station Crew)이 채택되었다.[41] 물론 행동규범 그 자체가 국제적으로 강제력은 없지만 ESA가 동일한 내용의 내부 규범을 채택하였고 ISS 참여국들이 동 행동규범을 국내입법에 도입함에 따라 우주인에게 적용된다. 아울러 2001년에는 ISS 승무원의 선발·임무·훈련·보증에 대한 과정과 기준에 관한 원칙(Principles Regarding Processes and Criteria for Selection, Assignment, Training and Certification of ISS Crew members)이 채택되었다.[42]

1998년 ISS 협정과 우주인 행동규범은 유엔 우주 관련 5개 조약보다는 상대적으로 상세하게 우주인 개념을 설명하고 있다.

ISS는 원래 2015년까지 가동을 할 계획이었으나 이를 2020년까지 연장하고 미국은 또다시 2024년까지 연장하면서 건설하는 데 1000억 US$이 소요된 시설을 최대한 활용할 계획이다.[43]

3.2.2 우주인 개념의 구체화

ISS에 관한 문서들은 유엔의 우주 관련 5개 조약보다 한층 더 구체적이고 현실적인 방법으로 우주인을 정의한다. 즉 우주인 선발에서부터 우주비행의 성공에 이르기 위한 기본적인 요건들을 나열하고 있으며 우주인이 갖는 '인류의 사절'로서의 지위를 강조한다.

우주인의 선발과 훈련은 우주비행의 성공을 위한 필수적인 요건으로서 우주인을 정의할 때에 중요한 요소로 등장한다. 예를 들면 NASA는 우주인을 '우주선에 탑승한 자'로서 일반적인 정의를 내린 후에, Mercury·Gemini·Apollo 프로젝트 및 다른 미국 유인 우주비행 프로그램에 참여하기 위하여 선발된 시험조종사(Test pilot)도 우주인의 범주에 포함시키고 있다.[44] 실제로 우주인 지원자가 전문우주비행사로 간주되는 것은 훈련 종료 이후이다.

2001년 원칙은 우주비행의 목적에 따라 개별적으로 훈련에 관한 규정을 두고 있다. 즉, 전문 우주비행사의 경우에는 'Increment-specific training'이라는 훈련을 시작하기 전에 약 12개월간의 훈련을 받아야 하며 비행참가자 및 방문승무원은 국제훈련통제위원회(International Training Control Board)가 정하는 우주정거장 최소 훈련프로그램을 통과하여야 한다.

ISS에 관한 문서들은 항공법 조약들에 착안하여 일반 항공기에 탑승한 승무원들과 유사하게 우주인을 분류한다.

---

41) The Code of Conduct for the International Space Station Crew. 행동규범 전문은 다음 사이트 참조할 것.
   http://www.spaceref.com/news/viewpr.html?pid=3418.

42) 이하에서는 '2001년 원칙'으로 명기함.

43) AWST 2014.3.24.자 18쪽.

44) *NASA Dictionary of Technical Terms for Aerospace Use*, NASA, Washington, 2003.

2001년 원칙에 의하면

첫째, 우주선에 탑승한 인원을 '전문우주비행사(Professional Astronaut/Cosmonaut)'와 '비행참가자(Space flight Participant)'로 이분화 한다. 전자는 협정 당사국의 우주기관에 의해 선발되며 동 기관의 직원인 자를 일컫는 한편, 후자는 하나 또는 둘 이상의 당사국의 후원을 받는 자이다. 비행참가자는 단기계약에 의해 잠정적인 지위를 보유하며 예를 들면 2001년 ISS에 체류한 Denis Tito와 같이 우주관광객이 이에 해당한다고 할 수 있다.[45]

둘째, 2001년 원칙은 승무원 각자의 임무에 따라 전문우주비행사를 세 가지 유형으로 나눈다. 즉, 우주비행은 선장 1명, 조종사 1명 그리고 최소한 둘 이상의 비행전문가로 구성되어야 한다.

셋째, 마지막으로 우주인은 우주정거장에서의 체류 기간에 따라 '탐사승무원(Expedition crew members)'과 '방문승무원(Visiting crew members)'으로 분류된다. 전자는 우주정거장의 핵심 승무원으로서 계획된 우주활동의 수행에 책임을 지며 ISS MOU 상의 인적 자원에 속한다. 따라서 탐사승무원은 국적에 따른 쿼터에 따라 선발된다. 한편, 방문승무원은 단기 체류가 목적이며 협정 당사국 우주기관에 소속된 직원이 아니다. 대개는 비행참가자가 여기에 해당된다.

ISS 협정 제11조에 따르면, 협정 당사국은 MOU가 정하는 균형 있는 배분방식에 따라 우주정거장 임무를 수행하기 위하여 승무원을 파견할 수 있는 권리를 갖는다. 그러나 이러한 임무 수행은 개별적인 것이 아니라 승무원 전원의 통합이 무엇보다 요구된다. 따라서 MOU 제11.6조가 규정하는 바와 같이, 우주정거장 승무원은 한명의 선장과 함께 '하나의 통합된 팀(one integrated team)'으로서 활동하게 된다. 그리고 행동규범 제3조가 승무원의 일원인 우주정거장 선장에게 이러한 팀의 통합을 감시하도록 의무를 부여하고 있다. 즉, 선장은 승무원 상호간 조화롭고 응집력 있는 관계 및 상호 신뢰와 존중을 위한 적절한 수준을 유지하여야 한다. 특히 이와 같은 선장의 감시의무는 첫째, 승무원과 우주정거장 임무의 국제적이고 다문화적인 성격을 고려하여야 하며 둘째, 상호적·참여적·관계 지향적 접근방식을 채택하여야 한다.

ISS에 관한 문서들이 채택되기 전에는 우주인은 국내적 표준에 따라 국내적 절차의 범주 내에서 지명되었다. 그러나 이제부터는 협정 당사국이 자신의 고유한 표준과 절차에 따라 지원자를 선발하지만 최종 지명을 위해서는 우주인 지원자가 2001년 원칙이 정하는 요건을 충족시킨다는 점을 양해각서 제11조 3항에 근거하여 설립된 승무원 다자운용패널(Multilateral Crew Operations Panel)에 확인시켜야 한다.

---

45) 엔지니어, 과학자, 교사, 기자, 영화제작자 등이 비행참가자에 해당함. 미국은 상업우주여행산업을 진흥하기 위하여 2004.12.23. 부쉬 대통령이 상업우주발사법개정(Commercial Space Launch Amendment Act of 2004: CSLAA)에 서명하여 FAA로 하여금 일반 대중의 안전은 규제하되 우주선 승무원과 우주관광객의 안전을 위한 규제는 8년간 금하는 조치를 취하고 이를 2015년 10월까지 연장하였지만 (SPACENEWS, 2014.11.24. 자 17쪽) 이를 다시 2023년 9월까지 연장하였음. 제1장 우주활동의 전개 1.2항 참조.

ISS 협정 관련 문서들은 우주인이 지켜야 할 윤리기준을 규정하고 있다. 우선 2001년 원칙은 도덕성에 근거하여 우주인 지원 자격을 박탈할 수 있는 기준을 다음과 같이 열거하고 있다.

① 노동법규 및 군복무 규율 위반
② 부정직한·파렴치한·공공연하게 불명예스러운 범죄행위
③ 심사·선정 과정에서의 고의적인 허위 진술 및 사기
④ 지나친 음주
⑤ 마취제·마약 및 유사 규제 물질의 남용
⑥ ISS 협정 당사국 및 협력 기관에 공공연하게 부정적으로 영향을 줄 수 있는 기관의 구성원

2000년 ISS 승무원 행동규범 제2조(II. General Standards) B와 C는 업무와 관련된 일반적인 윤리의무를 규정한다. 승무원은 우주정거장 안 또는 밖에서 우주활동을 수행할 때에 다른 개인 및 기관에 불필요한 특혜를 주거나 우주정거장 참여국 및 협력기관의 완전성에 대하여 일반인의 신뢰를 훼손하는 상황을 초래할 수 있는 행위를 삼가야 한다. 또 자신 및 다른 사람에게 재정적 이익을 제공하기 위하여 또는 다른 사람을 강제하기 위한 수단으로 우주정거장 승무원의 지위를 이용해서는 안 된다.

3.3 우주관광

우주관광은 여가나 취미 또는 사업 목적으로 우주를 여행하는 것으로 미국의 Virgin Galactic사와 XCOR가 준궤도(sub-orbit) 상업 여행을 상당기간동안 연구·개발하여왔다. 이러한 여행은 고도의 기술과 자본이 필요한 관계로 그 어느 개인 회사도 상금 실시를 하지 못하고 있지만 러시아 우주청은 소유즈 우주선을 이용하여 우주정거장에 여행하는 기회를 상업적으로 제공한바 있다. 2001년에서 2009년 사이 7명이 한 번 여행에 2천에서 4천만불의 비용을 지불하고 러시아 우주청이 제공하는 우주관광을 하였지만[46] 러시아는 우주정거장 행 소유즈 선 좌석을 미국 우주인에게 고가로 판매하면서 미국과의 우주협력도 도모하기 위하여 2010년부터 민간인에 대한 동 여행 판매를 중지하였다. 그러나 곧 조만간 재개할 듯 하다.

지상 약 100km의 상공에 잠간 머무르는 준궤도(sub-orbit) 여행이나 궤도 여행을 상업적으로 판매하는 사업을 여러 회사가 준비하고 있는데 그 중 Virgin Galactic을 소유하고 있는 Virgin Group의 Richard Brandson은 2007년 말하기를 2009년 말까지 준궤도 비행을 실현하겠다고 하면서 가장 적극적이다. Brandson은 2009.12.7. 미국의 Mojave Spaceport에서 각기 20만불을 지불하여 준궤도 비행 예약을 한 300명의 청중앞에서 6명을 실어 나를 우주선 SpaceShipTwo를 공개하였다.[47] 동

---

46) Denis Tito라는 엔지니어출신 미국 투자관리업체의 사장이 2001년 처음으로 여사한 우주관광을 하면서 화제가 되었음. 동 인은 그 대가로 러시아 우주청에 2천만불을 지불한 것으로 알려졌음.

SpaceShipTwo는 White Night Two로 명명된 비행기 밑에 붙어 공중에서 발사되는 형태를 취하는데 우주비행 일자가 수차 지연되다가 이를 가능하게 하는 시험 비행을 2014년 10월 시행하였지만 실패하였다.[48] 그러나 2015년 12월 시험 비행 시 1단 로켓을 가뿐히 회수하는 기술도 선 보이면서 성공함으로써 기대가 크다.

한편 미국의 Blue Origin사(Jeff Bezos 소유)가 2015.11.23. New Shepard으로 명명된 우주선을 100.5km의 우주에 발사한 후 지상에 귀환시켰을뿐 아니라 BE-3이라는 로켓 추진체(rocket booster)를 지상에 착륙시키는 기술로 회수하여 우주기술의 전기를 마련한 것으로 보인다.[49] Blue Origin사는 여사한 기술로 우주여행의 경비를 대폭 줄여 우주관광업에 집중할 것으로 보도가 되는데 이럴 경우 우주관광 경비가 대폭 하향 조정될 것이다.

47) 최근 뉴스는 준궤도 여행을 하는 경비가 1인당 25만불이고 이를 위하여 약 700명이 이를 예치하였다함. 2014.11.8.자 The Economist 76쪽.
48) 공중에서 비행기로부터 분리된후 SpaceShipTwo이 해체되는 사고가 발생하여 부기장은 사망하고 기장은 중상을 입었음. 2015.12.19.방문 https://en.wikipedia.org/wiki/Virgin_Galactic 참조.
49) 2015.11.28.자 The Economist 60쪽.

제9장

우주 보험

1. 우주 보험의 필요성

어떠한 산업 활동을 하더라도 오늘날 보험 가입은 필수이다. 이러한 보험 가입이 경우에 따라서는 국가 법령에 의하여 강제되기도 한다. 이는 사고 발생 시 대규모 피해가 예상되는 항공기와 우주 산업에 있어서 그러한바, 동 필요성은 관련 국제 조약에 의하여 직, 간접적으로 강제되는 경우도 있다.

1967년 외기권 조약은 제6조에서 "우주활동은 정부기관이나 비정부기관을 막론하고 국가 활동으로 간주하여 국가가 책임을 지고 감독하여야 한다"라고 규정하였다. 이는 위성의 발사, 궤도 진입, 궤도 존치 등에 관련하여 다른 국가에게 유, 무형적 피해를 주는 데 대하여 책임을 지도록 하는 내용이다. 이 내용은 앞서 본 바와 같이 1972년 책임협약에서 구체화되었지만, 사기업의 활동으로 인한 피해 유발의 경우를 포함하여 모든 책임은 국가가 지도록 한 것이 특징이다.

여러 우주 국가는 사기업의 우주활동 위험을 보험 강제를 통하여 해당 사기업이 해결하도록 제3자 피해보험(third party liability) 가입을 의무화하되 피해 규모가 거대하여 부보(付保 또는 insure)하지 못할 경우도 감안하여 일정한 범위의 피해 배상까지만 부보토록 하고 그 이상은 국가에서 책임지는 형태를 취하고 있다.

2. 우주 보험의 종류

위성의 발사는 발사체와 발사체가 탑재하는 위성의 가치를 포함하는 것이기 때문에 보험액이 다대하다. 따라서 하나의 보험회사가 어느 위성의 발사에 있어서 모든 위험을 100% 보험을 커버하여 주는 것이 아니고 컨소시엄을 구성하여 여러 보험회사와 공동으로 위험을 부담하는바, 각 보험회사가 부담하는 비율은 통상 최대 20%이다. 가장 높은 비율을 부담하는 회사를 주관보험사(leading insurer)라고 하는데 보험 중개인(broker)은 보험계약자를 대신하여 주관보험자의 underwriter와 보험조건을 협의하여 결정할 경우 다른 보험사는 통상 동 조건을 수용하면서 원하는 비율만큼 보험 커버를 한다. 동 우주 보

험은 통상 다음과 같은 7개로 구분된다.[1]

2.1 발사 보험[2]

위성의 발사 실패, 위성의 목적 궤도 안착 실패, 위성 가동 실패 중 하나 또는 그 이상을 아우르는 내용이다. 보험금액은 통상 150-400백만 US$ 선이며 보험료(premium)는 발사체 업체와 위성 제작업체의 신뢰에 따라 편차가 있어 보험 금액의 10% 내지 25% 선이다. 과거 무사고 실적이 많은 아리안 4 발사체의 경우에는 보험료가 저렴하나 Dnepr 발사체[3]의 경우 20회 미만의 발사로 사고도 한 번 있었기 때문에 발사 실패율을 감안하면 보험료가 더 비싸게 된다. 또 보험시장의 조건에 따라 보험료가 정하여진다. 우주 보험을 들어주려는 회사나 개인이 많으면서 자금이 풍부하게 유입되면 시장 원리에 따라 보험료가 경쟁적으로 낮아진다. 즉, 이는 보험 공급이 풍부하여 보험의 과잉공급으로 보험시장이 보험자에게 불리하게 되는 경우 보험료는 당장 내려가지만 보험자로서는 시장의 매력이 없기 때문에 떠나게 됨으로써 보험료는 서서히 상승하게 된다. 사고가 몇 번 발생함으로써 보험자가 손해를 입는 경우에도 보험자들이 시장을 떠나게 되니 수요공급의 원칙에 따라 보험료는 올라간다.

여사한 과정은 7-8년 주기로 사이클을 이루는데 현재의 보험시장은 수요자에 유리한 buyer's market 이다. 현재 평균적인 보험료는 9.5-10% 수준이다. 7년 전 아리안의 보험료가 20%였으나 현재(2013년) 는 8%이하로 떨어져있다. 한편 처녀 발사의 경우, 또 발사가 연속 실패한 경우 보험을 들어주는 회사가 거의 없다. 즉, 우리나라의 나로호의 경우 보험이 없이 발사된 것이며 그 위험부담은 국가가 진다. 2009년 나로호 발사 보험을 들었다면 보험료가 42%가 되어야 하는 계산이 나오기 때문에 보험을 들 매력이 없는 것이다.

1년에 20 내지 25개의 위성이 발사되고 이 중 25-30%가 보험시장에서 보험을 들어 발사되는데 아리안이 발사하는 위성의 보험이 전체 보험의 10%를 차지한다.

2011년 우주 보험시장 현황을 보면 전체 보험료가 825백만 US$이었지만 발사와 위성의 실패가 4건 있어 이에 대한 보험액 청구로 625백만 US$ 지불이 있었고 2012년 첫 6개월에 275백만 US$의 보험료

---

1) Special Report, Update of the Space and Launch Insurance Industry, 4th Quater 1998, Federal Aviation Administration/Associate Administrator for Commercial Space Transportation, Appendix, p.SR-9.

2) 본 항과 "2.3 제3자 책임 보험" 항의 기술은 필자가 2012.7.3 프랑스 파리에서 로이드(영국 런던에 소재하는 세계 최대 보험회사로서 84개의 신디케이트 보험회사의 연합체) 신디케이트 회사인 Hiscox 근무 underwriters P. Lecointe와 D. Bensoussan을 면담한 내용을 반영한 것임.

3) 구소련의 대륙간 탄도탄 ICBM을 개조하여 러시아가 때로는 우크라이나와 합작으로 1999년부터 2013년까지 카자흐스탄의 Baikonur 발사장과 러시아의 Kosmotras 발사장에서 상업용 발사체로 19회 발사하였는데 2006년 한 번 발사 실패하였음. 우리나라의 다목적실용위성 5호기는 동 발사체를 이용하여 2013년 8월 발사되었음. 2013년 11월 19번째 발사는 러시아의 남서쪽 소재 Kosmotras 발사장(Yasny 인접)에서 32개의 위성을 적재 발사한 것으로서 최다 위성 발사를 기록하였으나 이 기록은 2014년 1월 34개의 위성을 발사한 Orbital ATK사의 Antares 발사체에 의하여 깨졌음.

가 지불되었지만 150만 내지 200백만 US$의 보험액 청구가 있었다. 2012년 우주보험 시장의 최대 수용 능력(maximum capacity)은 10억 US$로 추정된다.[4]

발사보험액은 통상 발사 자체와 발사비용, 위성 가격, 그리고 보험료인 3자를 반영한 것으로 계산하여 과거에는 250백만 US$ 내지 300백만 US$이었지만 오늘날 150백만에서 400백만 US$까지로 보다 다양하다. 위성에 대한 보험은 3-5년간의 가동 수명을 커버하는 경우도 있다.

2.2 정부 재산 피해 보험

미국 정부가 요구하기 시작한 것으로서 정부 재산에 피해가 있을 때 민간 발사업체가 배상토록 하는 것이다. 미국의 담당 정부기관인 연방항공청의 우주운송국(Federal Aviation Administration/ Associate Director for Space Transportation: FAA/AST)은 통상 75-85백만 US$의 보험을 들 것을 요구하는데 보험료는 1.5-2.0% 선이다. 소형 발사체일 경우 FAA/AST가 요구하는 보험액은 줄어든다.

2.3 제3자 책임 보험

발사체나 발사체 탑재 위성의 추락 시 제3자의 인적, 물적 피해가 야기될 경우 배상을 담보하기 위한 것이다. 미국 FAA/AST는 법 규정상 5억 US$까지 요청할 수 있으나 통상 150 내지 200백만 US$로 하향하여 허가하고 있다.

큰 발사체의 경우 보험요율이 최근 0.1% 수준인데 통상 위성의 발사와 발사 후 1년까지를 커버한다. 추후 설명할 위성 군(constellation)으로 보험을 들 경우 제3자 책임 보험료는 위성당 35,000US$까지 하락한다. 위성이 궤도에 진입한 후 제3자 보험을 들 경우 보험료가 대폭 인하된다.

프랑스 Arianespace 발사체 회사는 6천만 유로의 보험에 대한 보험료를 Ariane 로켓 발사 비용에 포함시켜 제시한다.

미국의 우주 활동에 관한 위험은 미국 국내 보험사들이 커버하기 때문에 국제적인 보험시장에서 다루지 않는다. 따라서 미국을 제외한 국제 보험시장에서 제3자 책임보험으로 내는 보험료는 연 15백만 내지 2천만 US$에 불과하다.

지금까지의 기록을 볼 때 국제적인 피해가 발생하여 제3자 책임 보험을 청구한 사례가 없다. 1978년 소련의 Cosmos 954기의 캐나다 영토로의 추락은 캐나다가 입은 국제적인 피해이지만 보험 회사가

---

4) J Horner(Marsh Space Projects)'s presentation on Space Liability Insurance, World Space Risk Forum, Dubai, 29 Feb. 2012.

관여한 것이 아니다. 1986년 우주 왕복선 챌린저호가 추락한 것은 국제적 피해는 아니지만 15백만 US$에 달하는 제3자 책임 보험액이 미국 국내에서 지급된 경우이다.

2.4 재발사 보험

발사업체가 발사 실패 시 발사 의뢰 고객에게 자신의 발사체로 재발사를 보증하는 것이다. 발사 계약을 하고 이를 실행한다는 것이 장기 계획을 요하는 관계상 발사 실패 후 바로 발사를 하여 줄 발사체를 찾는 것이 용이하지 않는 것을 감안할 때 유용한 서비스이다.

Airanespace가 이를 처음 시작한 이래 다수 발사체 사업체가 이를 채택하였다.

2.5 영업 보험

위성이 해당 궤도에 진입하지 못할 경우 입을 영업 손실에 대한 보험으로서 고가의 보험료를 요구하는 관계상 거의 이용되지 않고 있다.

2.6 궤도(On-orbit) 보험

위성 소유자와 제작자를 대상으로 위성의 예상 수명 기간 중 위성 수명, 제작자 인센티브, 궤도에서의 테스트를 포함하는 것으로서 일반적으로 많이 가입하는 보험이다. 이에 해당하는 세계 전체의 보험료는 1980년대 연 5천만 US$에서 1990년대에는 1억 US$이었지만 현재는 이를 훨씬 상회하는 것으로 알려져 있다.

2.7 위성 군(constellation) 보험

궤도 보험은 개별 위성을 대상으로 하나 위성 군 보험은 위성 군 전체 또는 위성 군 중 궤적(orbital plane)을 달리하여 도는 일부 위성들만을 대상으로 하는 보험이다. 항공기 보험에 있어서 항공사가 보유하고 있는 항공기 전체의 선단(fleet)을 대상으로 하는 것과 비슷하다.

66개의 위성들을 6개의 각기 상이한 궤적에 돌게 하는 Iridium 위성 군의 경우 1개의 궤적을 도는 위성들을 전체 숫자를 계산하여 보험에 가입하는 것이다. 한 궤적만을 도는 위성들은 상호 대체 가능한 가운데 부여된 서비스를 제공하는 관계상 보험료가 저렴하다.

보험료 산정에 있어서 MPL(maximum probable loss)을 적용한다. 또 상기 보험은 테러나 위성의 내재적 결함으로 인한 손실을 커버 대상에서 제외한다.

3. 주요 우주 국가의 보험 강제 내용

전술한 바와 같이 국제 조약의 의무를 이행하기 위한 것이기도 하지만 국내외를 막론하고 위성 발사 시 제3자 피해가 발생할 경우에 대비한 보험 가입은 필요하다. 따라서 많은 국가들이 이를 법으로 강제하고 있는바, 주요 국가들의 경우를 살펴본다.

3.1 미국

1984년 제정된 상용우주발사법(Commercial Space Launch Act: CSLA)에 따라 발사를 하는 개인은 연방정부를 대신하여 의무적으로 보험을 가입하여야 한다. CSLA는 피해 발생 시 이를 자체 부담할 수 있다는 능력을 증명하지 않는 한 제3자 피해 배상을 위한 보험가입을 강제하면서 MPL(maximum probable loss)을 보험액 산정기준으로 제시하였다. 이 기준에 따라 제3자 책임은 5억 US$, 미국 정부 재산 피해는 10억 US$까지로 하되 보험시장에서 가입할 수 있는 보험 상한이 5억 US$ 이하일 경우에는 하향 조정할 수 있다.[5] 실제 적용되는 보험 상한액은 제3자 피해 책임의 경우 264백만 US$을 넘지 않는다.

미국 정부는 발사 허가를 받은 개인 사업자가 고의적인 과실을 하지 않는 한 개인의 발사와 관련한 피해 발생 시 15억 US$[6]까지 손해 배상을 하여주는데 이 금액에서 개인 사업자가 보험을 든 금액(5억 US$이지만 실제는 264백만 US$가 상한)을 제외하는 것이다. 그러나 이는 국내 피해와 관련하여서만 상한을 적용할 수 있는바, 국제적 책임일 경우에는 1972년 책임 협약에 따라 무제한 배상 책임을 져야 한다. 단, 15억 US$ 이상의 배상액은 개인 발사업자가 부담한다. 따라서 3단계의 배상 책임이 형성되는 것이다.[7] 이 3단계 배상단계는 1988년 CSLA를 개정하면서 도입한 것이었으며 거의 발생할 확률이 없는 3번째 단계의 개인 발사업자 부담의 규정에도 불구하고 인플레를 감안한 정부 부담 15억 US$의

---

5) 1988년 개정된 CSLA § 70113(a).

6) 1989.1.1 이후에는 인플레이션 율을 감안하여 조정이 가능.

7) T. Brennan, C. Krousky, M. Maucauley, More than a Wing and a Prayer: Government Indemnification of the Commercial Space Launch Industry, Discussion Paper, p.8, Sept. 2009, RFF DP 09–38, Resources for the Future, Washington DC, USA.

상향 조정을 규정하는 등 개인 발사업자에게 도움을 주기 위한 것이다. 이는 1980년대 발사체 보험료가 고가였고 또 부보하기도 어려웠던 당시 발사를 위요한 보험시장의 애로를 배경으로 한다. 즉 제3자 피해 배상액이 개인 배상 상한을 초과할 경우 미국 정부는 의회 승인을 거쳐 약 25억 US$까지 배상하여 준다.[8] 미국 의회는 2009년 말 종료 예정이었던 상한 초과 보증 내용을 5차례 연장하여 2014년 말까지 2년간(2013-2014) 보험 커버 보증을 하는 내용으로 CSLA를 개정[9]하였고 그 뒤 다시 개정하여 2016년 말까지 연장하였는데 이는 그간 미국 정부가 보험 책임을 진 사고가 전무한 것에도 기인한 것이겠다. 그런데 미국 상원이 2015.11.10. Commercial Space Launch Competitiveness Act를 제정하면서 동 보험 커버를 2025년 9월까지 다시 연장 조치하였다.[10]

또한 미국은 발사에 참여하는 위성 소유주, 발사업체, 하청 업체, 발사체 제조업체 및 동 부품 제조업체 등 모든 기관이 상호 배상 책임을 면제토록 하는 것을 법제화하여 발사에 관여한 모든 업체의 부담을 경감하였다. 그렇지 않을 경우 사고 발생에 대비한 상호 계약과 보험 가입 등 번거로운 절차와 비용 부담이 추가되는바, 이를 배제하여 준 조치이다. 이러한 상호 면제 조치는 다른 발사체 국가에서도 즉시 따라 하는 내용이 되었다. 그러나 이러한 상호 면제는 신체와 재산 피해에 한정되는 것이고 기타 관련 업체 상호 간 계약상 권리 의무에 지장을 주는 것은 아니다.

3.2 일본

2008년 우주기본법을 제정한 후 우주 손해 배상을 포함한 우주활동의 제반 내용을 포괄적으로 규율하기 위하여 우주활동법을 제정 작업 중이다.

제3자 피해 배상과 관련하여 발사업체가 위성의 궤도 진입 후 1년까지의 보험액으로 166백만 US$을 책임지고 추가 피해 액수는 정부가 부담한다.

3.3 프랑스

French Space Operations Act[11]를 제정하여 제3자 배상책임도 규율하고 있다. 프랑스의 발사 운영체인 Arianespace의 책임에 연유한 외국인 피해 발생 시 6천만 유로(약 1억 US$)이하는 발사 운영체가 부담

---

8) CSLA § 70113(a)(1)(B)내용. 1989.1.1부터는 인플레이션을 감안하여 미국 정부가 부담하는 액수가 상향 조정될 수 있는 것을 염두에 두면서 25억 US$까지로 여유 있게 정한 것으로 보임.

9) 2012.11.13 미국 하원 통과 H.R. 6586 법안 내용.

10) H.R. 2262로 동 법안이 상원에서 만장일치 통과되었음. 2015.11.16.자 SPACENEWS 6쪽.

11) 2008.5.2 채택. 2010.12.10 발효.

하고 그 이상은 프랑스 정부가 부담한다.

    미국 법과 같이 발사에 관여한 업체와 하청업체 등 모든 발사 참여 관련 기관 간의 인적, 물적 피해에 관하여서는 상호 면제하도록 규정되어있다.

3.4 러시아

    우주 활동으로 야기된 직접 피해는 국가가 배상을 보증한다고 규정한 후 개인 운영업체가 지상 피해에 대하여서는 절대적으로, 우주에서의 피해에 대하여서는 과실 책임 하에 배상토록 법에 규정하였다. 동 법은 Law of the Russian Federation on Space Activities로서 구 소련시대부터의 입장을 견지하면서 직접 피해만을 배상 대상으로 하고 간접피해 배상을 제외하였다.

    동 법은 개인 운영업체의 경우 제3자 피해 배상을 위한 보험을 의무적으로 들도록 하면서 우주인과 지상 요원의 신체 피해, 우주 시설물과 제3자의 재산 피해를 배상한다면서 그 액수는 러시아 정부가 결정한다고만 규정하였다. 그간 알려진 바로는 발사자가 들어야 할 보험액이 3억 US$이고 그 이상은 정부가 부담한다.

3.5 오스트리아

    관련 법인 Outer Space Act[12)]는 우주 활동을 하는 업체가 인적, 물적 피해 배상 보험액으로 건당 6천만 유로(약 1억 US$)의 보험을 가입토록 강제한다. 단, 정부의 판단에 따라 이를 하향 조정할 수 있으며 6천만 유로 이상의 피해에 대하여서는 명시적 규정이 없으나 국가가 배상하는 것으로 해석이 된다.

    동 법 제4조는 오스트리아 연방정부가 우주 활동 업체의 역할을 할 경우 보험 가입은 불필요하다고 규정하고 있다.

    오스트리아 정부가 국제법에 따라 개인의 우주활동의 결과로 타국에 피해 배상을 할 경우 정부는 개인 우주 활동 업체에 대하여 구상권을 행사한다는 내용도 법에 담고 있다.

---

12) 2011.12.6 채택, 2011.12.28 발효.

4. 우리나라의 우주 보험 강제 내용

우주손해배상법[13] 제5조에 따라 2천억 원 미만의 제3자 피해액의 배상은 발사자가 보험에 가입하여 책임져야 하는 주체이다. 그러나 동 2천억 원의 책임 한도액은 법 제6조 2항에 따라 정부(미래창조과학부장관)의 결정에 따라 하향 조정될 수 있다.

2천억 원 이상 또는 정부가 하향 조정하여 2천억 원 미만으로 발사자가 보험을 들도록 하였을 경우 동 금액이상부터의 피해 배상액은 정부가 발사자에게 지원을 할 수 있다. 단, 동 지원은 국회의 의결에 따라 허용된 범위 내에서 하는 것으로서 제7조 3항의 단서에 명기되어 있다. 그러나 대규모 사고 발생 시 정부의 지원은 당연시 되며 정부는 무제한 배상을 하여야 할 것이다. 미국의 경우에서 이미 언급하였지만 우리나라에서의 발사 활동으로 타국에 피해를 야기하였을 경우 우리 정부는 1967년 외기권 조약과 1972년 책임 협약에 따라 무제한 배상을 하여야 할 의무가 있다.

5. 우주 피해 배상 사례

한 국가 내 에서의 배상 사례의 경우 서방이 아닐 경우 자료 공개가 되지 않아 전체적인 파악이 불가하다. 국내 사례와 국제 사례로 나누어 간략 기술한다.

5.1 국내 피해 배상

구소련에서 국내 피해 사고가 다수 발생하였으나 비밀리에 처리되고 상세 내용을 파악하는 것이 오늘날에도 불가하다. 중국에서는 1990년 대 우주 발사체 관련 사고가 상당 수 있었으나 역시 내용이 공개되지 않았다.

미국에서는 1986년 우주왕복선 Challenger 호가 발사 후 공중 폭발하여 지상에 15백만 US$의 재산 피해를 주었으며 2003년 Columbia 호가 지구 귀환하면서 공중 폭발하여 역시 우주인 전원이 사망한 사건이 발생하였다. 이와 같은 사고는 미국의 국가기관인 NASA의 사업으로 인한 것으로서 미국은 정부 주체 우주 활동을 보험에 가입하지 않고 자체 처리하였다.

---

13) 시행 2013.3.23, 법률 제11690호.

5.2 국제 피해 배상

　제3자 피해 사례로 알려진 것이 2건인바, 한 건은 보험으로 처리되었고 다른 한 건은 국가사업으로서 보험에 들지 않은 우주 활동으로 인한 것으로서 추후 국가 간 협의에 의하여 처리되었다.

　보험에 의한 민간 사업자 관련 피해 사례는 2007.9.5 일본 통신위성 JCSAT-11이 다국적 발사업체인 ILS(International Launch Services)에 의해 러시아 Proton-M 로켓으로 카자흐스탄 Baikonur 우주 기지에서 발사 된 후 제2단계 로켓 부 작동으로 궤도 진입에 실패한 결과 발사체와 위성의 잔해가 카자흐스탄 Zhezqazhan City 40km 지점에 추락하였다. 인명 피해는 없었으나 보험에 의한 구체적인 피해 배상이 있었고 구체적인 내용은 미상이다.

　다른 한 건은 1972년 책임 협약의 기술에서 언급된 바 있는 소련 핵 추진 위성의 캐나다 영토 추락이다. 1978년 1월 소련의 첩보위성 Cosmos-954호가 캐나다 영토에 추락한 후 캐나다 정부는 방사능 낙진 청소 등의 비용으로 6,026,083 캐나다 달러를 배상 청구하면서 1972년 책임 협약의 내용도 원용하였다. 3년간의 교섭결과 캐나다는 300만 캐나다 달러를 배상하겠다는 소련의 제의를 수락하고 1981년 4월 관련 의정서 체결로 사건을 일단락 시켰다.

부록

1929 CONVENTION FOR THE UNIFICATION OF CERTAIN RULES RELATING TO INTERNATIONAL CARRIAGE BY AIR

Adopted in Warsaw, Poland on 12 October 1929

Article 1

This Convention applies to all international carriage of persons, luggage or goods performed by aircraft for reward. It applies equally to gratuitous carriage by aircraft performed by an air transport undertaking.

For the purposes of this Convention the expression "international carriage" means any carriage in which, according to the contract made by the parties, the place of departure and the place of destination, whether or not there be a break in the carriage or a transhipment, are situated either within the territories of two High Contracting Parties, or within the territory of a single High Contracting Party, if there is an agreed stopping place within a territory subject to the sovereignty, suzerainty, mandate or authority of another Power, even though that Power is not a party to this Convention. A carriage without such an agreed stopping place between territories subject to the sovereignty, suzerainty, mandate or authority of the same High Contracting Party is not deemed to be international for the purposes of this Convention.

A carriage to be performed by several successive air carriers is deemed, for the purposes of this Convention, to be one undivided carriage, if it has been regarded by the parties as a single operation, whether it had been agreed upon under the form of a single contract or of a series of contracts, and it does not lose its international character merely because one contract or a series of contracts is to be performed entirely within a territory subject to the sovereignty, suzerainty, mandate or authority of the same High Contracting Party.

Article 2

1. This Convention applies to carriage performed by the State or by legally constituted public bodies provided it falls within the conditions laid down in Article 1.

2. This Convention does not apply to carriage performed under the terms of any international postal Convention.

CHAPTER II DOCUMENTS OF CARRIAGE

Section I Passenger Ticket

Article 3

1. For the carriage of passengers the carrier must deliver a passenger ticket which shall contain the following particulars:-

    (a) the place and date of issue;

    (b) the place of departure and of destination;

    (c) the agreed stopping places, provided that the carrier may reserve the right to alter the stopping places in case of necessity, and that if he exercises that right, the alteration shall not have the effect of depriving the carriage of its international character;

    (d) the name and address of the carrier or carriers;

    (e) a statement that the carriage is subject to the rules relating to liability established by this Convention.

2. The absence, irregularity or loss of the passenger ticket does not affect the existence or the validity of the contract of carriage, which shall none the less be subject to the rules of this Convention. Nevertheless, if the carrier accepts a passenger without a passenger ticket having been delivered he shall not be entitled to avail himself of those provisions of this Convention which exclude or limit his liability.

Section II Luggage Ticket

Article 4

1. For the carriage of luggage, other than small personal objects of which the passenger takes charge himself, the carrier must deliver a luggage ticket.

2. The luggage ticket shall be made out in duplicate, one part for the passenger and the other part for the carrier.

3. The luggage ticket shall contain the following particulars:-

    (a) the place and date of issue;

    (b) the place of departure and of destination;

    (c) the name and address of the carrier or carriers;

    (d) the number of the passenger ticket;

(e) a statement that delivery of the luggage will be made to the bearer of the luggage ticket;

(f) the number and weight of the packages;

(g) the amount of the value declared in accordance with Article 22(2);

(h) a statement that the carriage is subject to the rules relating to liability established by this Convention.

4. The absence, irregularity or loss of the luggage ticket does not affect the existence or the validity of the contract of carriage, which shall none the less be subject to the rules of this Convention. Nevertheless, if the carrier accepts luggage without a luggage ticket having been delivered, or if the luggage ticket does not contain the particulars set out at (d), (f) and (h) above, the carrier shall not be entitled to avail himself of those provisions of the Convention which exclude or limit his liability.

Section III Air Consignment Note

Article 5

Every carrier of goods has the right to require the consignor to make out and hand over to him a document called an "air consignment note"; every consignor has the right to require the carrier to accept this document.

The absence, irregularity or loss of this document does not affect the existence or the validity of the contract of carriage which shall, subject to the provisions of Article 9, be none the less governed by the rules of this Convention.

Article 6

1. The air consignment note shall be made out by the consignor in three original parts and be handed over with the goods.

2. The first part shall be marked "for the carrier," and shall be signed by the consignor. The second part shall be marked "for the consignee"; it shall be signed by the consignor and by the carrier and shall accompany the goods. The third part shall be signed by the carrier and handed by him to the consignor after the goods have been accepted.

3. The carrier shall sign on acceptance of the goods.

4. The signature of the carrier may be stamped; that of the consignor may be printed or stamped.

5. If, at the request of the consignor, the carrier makes out the air consignment note, he shall be deemed, subject to proof to the contrary, to have done so on behalf of the consignor.

Article 7

The carrier of goods has the right to require the consignor to make out separate consignment notes when there is more than one package.

Article 8

The air consignment note shall contain the following particulars:-

(a) the place and date of its execution;

(b) the place of departure and of destination;

(c) the agreed stopping places, provided that the carrier may reserve the right to alter the stopping places in case of necessity, and that if he exercises that right the alteration shall not have the effect of depriving the carriage of its international character;

(d) the name and address of the consignor;

(e) the name and address of the first carrier;

(f) the name and address of the consignee, if the case so requires;

(g) the nature of the goods;

(h) the number of the packages, the method of packing and the particular marks or numbers upon them;

(i) the weight, the quantity and the volume or dimensions of the goods;

(j) the apparent condition of the goods and of the packing;

(k) the freight, if it has been agreed upon, the date and place of payment, and the person who is to pay it;

(l) if the goods are sent for payment on delivery, the price of the goods, and, if the case so requires, the amount of the expenses incurred;

(m) the amount of the value declared in accordance with Article 22 (2);

(n) the number of parts of the air consignment note;

(o) the documents handed to the carrier to accompany the air consignment note;

(p) the time fixed for the completion of the carriage and a brief note of the route to be followed, if these matters have been agreed upon;

(q) a statement that the carriage is subject to the rules relating to liability established by this Convention.

Article 9

If the carrier accepts goods without an air consignment note having been made out, or if the air consignment note does not contain all the particulars set out in Article 8(a) to (i) inclusive and (q), the carrier shall not be entitled to avail himself of the provisions of this Convention which exclude or limit his liability.

Article 10

1 The consignor is responsible for the correctness of the particulars and statements relating to the goods which he inserts in the air consignment note.

2 The consignor will be liable for all damage suffered by the carrier or any other person by reason of the irregularity, incorrectness or incompleteness of the said particulars and statements.

Article 11

1. The air consignment note is prima facie evidence of the conclusion of the contract, of the receipt of the goods and of the conditions of carriage.

2. The statements in the air consignment note relating to the weight, dimensions and packing of the goods, as well as those relating to the number of packages, are prima facie evidence of the facts stated; those relating to the quantity, volume and condition of the goods do not constitute evidence against the carrier except so far as they both have been, and are stated in the air consignment note to have been, checked by him in the presence of the consignor, or relate to the apparent condition of the goods.

Article 12

1. Subject to his liability to carry out all his obligations under the contract of carriage, the consignor has the right to dispose of the goods by withdrawing them at the aerodrome of departure or destination, or by stopping them in the course of the journey on any landing, or by calling for them to be delivered at the place of destination or in the course of the journey to a person other than the consignee named in the air consignment note, or by requiring them to be returned to the aerodrome of departure. He must not exercise this right of disposition in such a way as to prejudice the carrier or other consignors and he must repay any expenses occasioned by the exercise of this right.

2. If it is impossible to carry out the orders of the consignor the carrier must so inform him forthwith.

3. If the carrier obeys the orders of the consignor for the disposition of the goods without requiring the production of the part of the air consignment note delivered to the latter, he will be liable, without prejudice to his right of recovery from the consignor, for any damage which may be caused thereby to any person who is lawfully in possession of that part of the air consignment note.

4. The right conferred on the consignor ceases at the moment when that of the consignee begins in accordance with Article 13. Nevertheless, if the consignee declines to accept the consignment note or the goods, or if he cannot be communicated with, the consignor resumes his right of disposition.

Article 13

1. Except in the circumstances set out in the preceding Article, the consignee is entitled, on arrival of the goods at the place of destination, to require the carrier to hand over to him the air consignment note and to deliver the goods to him, on payment of the charges due and on complying with the conditions of carriage set out in the air consignment note.

2. Unless it is otherwise agreed, it is the duty of the carrier to give notice to the consignee as soon as the goods arrive.

3. If the carrier admits the loss of the goods, or if the goods have not arrived at the expiration of seven days after the date on which they ought to have arrived, the consignee is entitled to put into force against the carrier the rights which flow from the contract of carriage.

Article 14

The consignor and the consignee can respectively enforce all the rights given them by Articles 12 and 13, each in his own name, whether he is acting in his own interest or in the interest of another, provided that he carries out the obligations imposed by the contract.

Article 15

1. Articles 12, 13 and 14 do not affect either the relations of the consignor or the consignee with each other or the mutual relations of third parties whose rights are derived either from the consignor or from the consignee.

2. The provisions of Articles 12, 13 and 14 can only be varied by express provision in the air consignment note.

Article 16

1. The consignor must furnish such information and attach to the air consignment note such documents as are necessary to meet the formalities of customs, octroi or police before the goods can be delivered to the consignee. The consignor is liable to the carrier for any damage occasioned by the absence, insufficiency or irregularity of any such information or documents, unless the damage is due to the fault of the carrier or his agents.

2. The carrier is under no obligation to enquire into the correctness or sufficiency of such information or documents.

CHAPTER III LIABILITY OF THE CARRIAR

Article 17

The carrier is liable for damage sustained in the event of the death or wounding of a passenger or any other bodily injury suffered by a passenger, if the accident which caused the damage so sustained took place on board the aircraft or in the course of any of the operations of embarking or disembarking.

Article 18

1. The carrier is liable for damage sustained in the event of the destruction or loss of, or of damage to, any registered luggage or any goods, if the occurrence which caused the damage so sustained took place during the carriage by air.

2. The carriage by air within the meaning of the preceding paragraph comprises the period during which the luggage or goods are in charge of the carrier, whether in an aerodrome or on board an aircraft, or, in the case of a landing outside an aerodrome, in any place whatsoever.

3. The period of the carriage by air does not extend to any carriage by land, by sea or by river performed outside an aerodrome. If, however, such a carriage takes place in the performance of a contract for carriage by air, for the purpose of loading, delivery or transshipment, any damage is presumed, subject to proof to the contrary, to have been the result of an event which took place during the carriage by air.

Article 19

The carrier is liable for damage occasioned by delay in the carriage by air of passengers, luggage or goods.

Article 20

1. The carrier is liable for damage occasioned by delay in the carriage by air of passengers, luggage or goods.

2. The carrier is not liable if he proves that he and his agents have taken all necessary measures to avoid the damage or that it was impossible for him or them to take such measures.

3. In the carriage of goods and luggage the carrier is not liable if he proves that the damage was occasioned by negligent pilot age or negligence in the handling of the aircraft or in navigation and that, in all other respects, he and his agents have taken all necessary measures to avoid the damage.

Article 21

If the carrier proves that the damage was caused by or contributed to by the negligence of the injured person the Court may, in accordance with the provisions of its own law, exonerate the carrier wholly or partly from his liability.

Article 22

1. In the carriage of passengers the liability of the carrier for each passenger is limited to the sum of 125,000 francs. Where, in accordance with the law of the Court seised of the case, damages may be awarded in the form of periodical payments, the equivalent capital value of the said payments shall not exceed 125,000 francs. Nevertheless, by special contract, the carrier and the passenger may agree to a higher limit of liability.

2. In the carriage of registered luggage and of goods, the liability of the carrier is limited to a sum of 250 francs per kilogram, unless the consignor has made, at the time when the package was handed over to the carrier, a special declaration of the value at delivery and has paid a supplementary sum if the case so requires. In that case the carrier will be liable to pay a sum not exceeding the declared sum, unless he proves that that sum is greater than the actual value to the consignor at delivery.

3. As regards objects of which the passenger takes charge himself the liability of the carrier is limited to 5,000 francs per passenger.

4. The sums mentioned above shall be deemed to refer to the French franc consisting of 65 ½ milligrams gold

of millesimal fineness 900. These sums may be converted into any national currency in round figures.

Article 23

Any provision tending to relieve the carrier of liability or to fix a lower limit than that which is laid down in this Convention shall be null and void, but the nullity of any such provision does not involve the nullity of the whole contract, which shall remain subject to the provisions of this Convention.

Article 24

1. In the cases covered by Articles 18 and 19 any action for damages, however founded, can only be brought subject to the conditions and limits set out in this Convention.

2. In the cases covered by Article 17 the provisions of the preceding paragraph also apply, without prejudice to the questions as to who are the persons who have the right to bring suit and what are their respective rights.

Article 25

1. The carrier shall not be entitled to avail himself of the provisions of this Convention which exclude or limit his liability, if the damage is caused by his wilful misconduct or by such default on his part as, in accordance with the law of the Court seised of the case, is considered to be equivalent to wilful misconduct.

2. Similarly the carrier shall not be entitled to avail himself of the said provisions, if the damage is caused as aforesaid by any agent of the carrier acting within the scope of his employment.

Article 26

1. Receipt by the person entitled to delivery of luggage or a goods without complaint is prima facie evidence that the same have been delivered in good condition and in accordance with the document of carriage.

2. In the case of damage, the person entitled to delivery must complain to the carrier forthwith after the discovery of the damage, and, at the latest, within three days from the date of receipt in the case of luggage and seven days from the date of receipt in the case of goods. In the case of delay the complaint must be made at the latest within fourteen days from the date on which the luggage or goods have been placed at his disposal.

3. Every complaint must be made in writing upon the document of carriage or by separate notice in writing dispatched within the times aforesaid.

4. Failing complaint within the times aforesaid, no action shall lie against the carrier, save in the case of fraud on his part.

Article 27

In the case of the death of the person liable, an action for damages lies in accordance with the terms of this Convention against those legally representing his estate.

Article 28

1. An action for damages must be brought, at the option of the plaintiff, in the territory of one of the High Contracting Parties, either before the Court having jurisdiction where the carrier is ordinarily resident, or has his principal place of business, or has an establishment by which the contract has been made or before the Court having jurisdiction at the place of destination.

2. Questions of procedure shall be governed by the law of the Court seised of the case.

Article 29

1. The right to damages shall be extinguished if an action is not brought within two years, reckoned from the date of arrival at the destination, or from the date on which the aircraft ought to have arrived, or from the date on which the carriage stopped.

2. The method of calculating the period of limitation shall be determined by the law of the Court seised of the case.

Article 30

1. In the case of carriage to be performed by various successive carriers and falling within the definition set out in the third paragraph of Article 1, each carrier who accepts passengers, luggage or goods is subjected to the rules set out in this Convention, and is deemed to be one of the contracting parties to the contract of carriage in so far as the contract deals with that part of the carriage which is performed under his supervision.

2. In the case of carriage of this nature, the passenger or his representative can take action only against the carrier who performed the carriage during which the accident or the delay occurred, save in the case where, by express agreement, the first carrier has assumed liability for the whole journey.

3. As regards luggage or goods, the passenger or consignor will have a right of action against the first carrier, and the passenger or consignee who is entitled to delivery will have a right of action against the last carrier, and further, each may take action against the carrier who performed the carriage during which the destruction, loss, damage or delay took place. These carriers will be jointly and severally liable to the passenger or to the consignor or consignee.

Article 31

1. In the case of combined carriage performed partly by air and partly by any other mode of carriage, the provisions of this Convention apply only to the carriage by air, provided that the carriage by air falls within the terms of Article 1.

2. Nothing in this Convention shall prevent the parties in the case of combined carriage from inserting in the document of air carriage conditions relating to other modes of carriage, provided that the provisions of this Convention are observed as regards the carriage by air.

CHAPTER IV PROVISIONS RELATING TO COMBINED CARRIAGE

Article 32

Any clause contained in the contract and all special agreements entered into before the damage occurred by which the parties purport to infringe the rules laid down by this Convention, whether by deciding the law to be applied, or by altering the rules as to jurisdiction, shall be null and void. Nevertheless for the carriage of goods arbitration clauses are allowed, subject to this Convention, if the arbitration is to take place within one of the jurisdictions referred to in the first paragraph of Article 28.

CHAPTER V GENERAL AND FINAL PROVISIONS

Article 33

Nothing contained in this Convention shall prevent the carrier either from refusing to enter into any contract of carriage, or from making regulations which do not conflict with the provisions of this Convention.

Article 34

This Convention does not apply to international carriage by air performed by way of experimental trial by air navigation undertakings with the view to the establishment of a regular line of air navigation, nor does it apply to carriage performed in extraordinary circumstances outside the normal scope of an air carrier's business.

Article 35

The expression "days" when used in this Convention means current days not working days.

Article 36

The Convention is drawn up in French in a single copy which shall remain deposited in the archives of the Ministry for Foreign Affairs of Poland and of which one duly certified copy shall be sent by the Polish Government to the Government of each of the High Contracting Parties.

Article 37

1. This Convention shall be ratified. The instruments of ratification shall be deposited in the archives of the Ministry for Foreign Affairs of Poland, which will notify the deposit to the Government of each of the High Contracting Parties.

2. As soon as this Convention shall have been ratified by five of the High Contracting Parties it shall come into force as between them on the ninetieth day after the deposit of the fifth ratification. Thereafter it shall come into force between the High Contracting Parties who shall have ratified and the High Contracting Party who deposits his instrument of ratification on the ninetieth day after the deposit.

3. It shall be the duty of the Government of the Republic of Poland to notify to the Government of each of the High Contracting Parties the date on which this Convention comes into force as well as the date of the deposit of each ratification.

Article 38

1. This Convention shall, after it has come into force, remain open for accession by any State.

2. The accession shall be effected by a notification addressed to the Government of the Republic of Poland, which will inform the Government of each of the High Contracting Parties thereof.

3. The accession shall take effect as from the ninetieth day after the notification made to the Government of the Republic of Poland.

Article 39

Any one of the High Contracting Parties may denounce this Convention by a notification addressed to the Government of the Republic of Poland, which will at once inform the Government of each of the High Contracting Parties.

Denunciation shall take effect six months after the notification of denunciation, and shall operate only as regards the Party who shall have proceeded to denunciation.

Article 40

2. Accordingly any High Contracting Party may subsequently accede separately in the name of all or any of his colonies, protectorates, territories under mandate or any other territory subject to his sovereignty or to his authority or any territory under his suzerainty which has been thus excluded by his original declaration.

3. Any High Contracting Party may denounce this Convention, in accordance with its provisions, separately or for all or any of his colonies, protectorates, territories under mandate or any other territory subject to his sovereignty or to his authority, or any other territory under his suzerainty.

Article 41

Any High Contracting Party shall be entitled not earlier than two years after the coming into force of this Convention to call for the assembling of a new international Conference in order to consider any improvements which may be made in this Convention. To this end he will communicate with the Government of the French Republic which will take the necessary measures to make preparations for such Conference.

This Convention done at Warsaw on the 12th October, 1929, shall remain open for signature until the 31st January, 1930.

ADDITIONAL PROTOCOL

(With reference to Article 2)

The High Contracting Parties reserve to themselves the right to declare at the time of ratification or of accession that the first paragraph of Article 2 of this Convention shall not apply to international carriage by air performed directly by the State, its colonies, protectorates or mandated territories or by any other territory under its sovereignty, suzerainty or authority.

국제민간항공협약

[우리나라 관련사항]
국회비준동의필요 1952년 2월 4일
가입서 기탁일   1952년 11월 11일
발효일   1952년 12월 11일(조약 제38호)
관보게재일   1952년 12월 11일
수록문헌   다자조약집 제1권

전 문

국제민간항공의 장래의 발달은 세계의 각국과 각 국민 간에 있어서의 우호와 이해를 창조하고 유지하는 것을 크게 조장할 수 있으나 그 남용은 일반적 안전에 대한 위협이 될 수 있으므로,

각국과 각 국민 간에 있어서의 마찰을 피하고 세계평화의 기초인 각국과 각 국민간의 협력을 촉진하는 것을 회망하므로,

따라서 하기서명 정부는 국제민간항공이 안전하고 정연하게 발달하도록 또 국제항공운송업체가 기회균등주의를 기초로 하여 확립되어서 건전하고 또 경제적으로 운영되도록 하게 하기 위하여 일정한 원칙과 작정에 대한 의견이 일치하여,

이에 본협약을 결정한다.

제 1 부
항 공

제 1 장
협약의 일반원칙과 적용

제 1 조 【주권】
체약국은 각국이 그 영역상의 공간에 있어서 완전하고 배타적인 주권을 보유한다는 것을 승인한다.

제 2 조 【영역】
본협약의 적용상 국가의 영역이라 함은 그 나라의 주권, 종주권보호 또는 위임통치하에 있는 육지와 그에 인접하는 영수를 말한다.

제 3 조 【민간항공기 및 국가항공기】
(a) 본협약은 민간 항공기에 한하여 적용하고 국가의 항공기에는 적용하지 아니한다.
(b) 군, 세관과 경찰업무에 사용하는 항공기는 국가의 항공기로 간주한다.
(c) 어떠한 체약국의 국가 항공기도 특별협정 또는 기타방법에 의한 허가를 받고 또한 그 조건에 따르지 아니하고는 타국의 영역의 상공을 비행하거나 또는 그 영역에 착륙하여서는 아니 된다.
(d) 체약국은 자국의 국가항공기에 관한 규칙을 제정하는 때에는 민간항공기의 항행의 안전을 위하여 타당한 고려를 할 것을 약속한다.

제 4 조 【민간항공의 남용】
각 체약국은, 본협약의 목적과 양립하지 아니하는 목적을 위하여 민간항공을 사용하지 아니할 것을 동의한다.

제 2 장
체약국영역 상공의 비행

제 5 조 【부정기비행의 권리】
각 체약국은, 타 체약국의 모든 항공기로서 정기 국제항공업무에 종사하지 아니하는 항공기가 사전의 허가를 받을 필요 없이 피비행국의 착륙요구권에 따를 것을 조건으로, 체약국의 영역 내에의 비행 또는 그 영역을 무착륙으로 횡단비행하는 권리와 또 운수 이외의 목적으로서 착륙하는 권리를 본 협약의 조항을 준수하는 것을 조건으로 향유하는 것에 동의한다. 단 각 체약국은 비행의 안전을 위하여, 접근하기 곤란하거나 또는 적당한 항공 보안시설이 없는 지역의 상공의 비행을 회망하는 항공기에 대하여 소정의 항로를 비행할 것 또는 이러한 비행을 위하여 특별한 허가를 받을 것을 요구하는 권리를 보류한다. 전기의 항공기는 정기 국제항공업무로서가 아니고 유상 또는 대체로서 여객화물 또는 우편물의 운수에 종사하는 경우에도 제7조의 규정에 의할 것을 조건으로, 여객, 화물, 또는 우편물의 적재와 하재를 하는 권리를 향유한다. 단 적재 또는 하재가 실행되는 국가는 그가 필요하다고 인정하는 규칙, 조건 또는 제한을 설정하는 권리를 향유한다.

제 6 조 【정기 항공업무】

정기 국제항공업무는 체약국의 특별한 허가 또는 타의 인가를 받고 그 허가 또는 인가의 조건에 따르는 경우를 제외하고 그 체약국의 영역의 상공을 비행하거나 또는 그 영역에 비입할 수 없다.

제 7 조 【국내영업】

각 체약국은, 자국영역 내에서 유상 또는 대체의 목적으로 타지점으로 향하는 여객, 우편물, 화물을 적재하는 허가를 타체약국의 항공기에 대하여 거부하는 권리를 향유한다. 각 체약국은 타국 또는 타국의 항공기업에 대하여 배타적인 기초위에 전기의 특권을 특별히 부여하는 협약을 하지 아니하고 또 타국으로부터 전기의 배타적인 특권을 취득하지도 아니할 것을 약속한다.

제 8 조 【무조종자 항공기】

조종자 없이 비행할 수 있는 항공기는 체약국의 특별한 허가 없이 또 그 허가의 조건에 따르지 아니하고는 체약국의 영역의 상공을 조종자 없이 비행하여서는 아니 된다. 각 체약국은 민간 항공기에 개방되어 있는 지역에 있어서 전기 무조종자항공기의 비행이 민간 항공기에 미치는 위험을 예방하도록 통제하는 것을 보장하는데 약속한다.

제 9 조 【금지구역】

(a) 각 체약국은 타국의 항공기가 자국의 영역 내의 일정한 구역의 상공을 비행하는 것을 군사상의 필요 또는 공공의 안전의 이유에 의하여 일률적으로 제한하고 또는 금지할 수 있다. 단, 이에 관하여서는 그 영역소속국의 항공기로서 국제정기 항공업무에 종사하는 항공기와 타 체약국의 항공기로서 우와 동양의 업무에 종사하는 항공기간에 차별을 두어서는 아니 된다. 전기 금지구역은 항공을 불필요하게 방해하지 아니하는 적당한 범위와 위치로 한다. 체약국의 영역 내에 있는 이 금지구역의 명세와 그 후의 변경은 가능한 한 조속히 타 체약국과 국제민간항공기구에 통보한다.

(b) 각 체약국은 특별사태 혹은 비상시기에 있

어서 또는 공공의 안전을 위하여, 즉각적으로 그 영역의 전부 또는 일부의 상공비행을 일시적으로 제한하고 또는 금지하는 권리를 보류한다. 단, 이 제한 또는 금지는 타의 모든 국가의 항공기에 대하여 국적의 여하를 불문하고 적용하는 것이라는 것을 조건으로 한다.

(c) 각 체약국은 동국이 정하는 규칙에 의거하여 전기 (a) 또는 (b)에 정한 구역에 들어가는 항공기에 대하여 그 후 가급적 속히 그 영역 내 어느 지정한 공항에 착륙하도록 요구할 수가 있다.

제 10 조 【세관공항에의 착륙】

항공기가 본협약 또는 특별한 허가조항에 의하여 체약국의 영역을 무착륙 횡단하는 것이 허용되어 있는 경우를 제외하고 체약국의 영역에 입국하는 모든 항공기는 그 체약국의 규칙이 요구할 때에는 세관 기타의 검사를 받기 위하여 동국이 지정한 공항에 착륙한다. 체약국의 영역으로부터 출발할 때 전기의 항공기는 동양으로 지정된 세관공항으로부터 출발한다. 지정된 모든 세관공항의 상세는 그 체약국이 발표하고 또 모든 타 체약국에 통보하기 위하여 본협약의 제2부에 의하여 설립된 국제민간항공기구에 전달한다.

제 11 조 【항공에 관한 규제의 적용】

국제항공에 종사하는 항공기의 체약국 영역에의 입국 혹은 그 영역으로부터의 출국에 관한 또는 그 항공기의 동영역내에 있어서의 운항과 항행에 관한 체약국의 법률과 규칙은 본 협약의 규정에 따를 것을 조건으로 하여 국적의 여하를 불문하고 모든 체약국의 항공기에 적용되고 또 체약국의 영역에의 입국 혹은 그 영역으로부터의 출국시 또는 체약국의 영역 내에 있는 동안은 전기의 항공기에 의하여 준수된다.

제 12 조 【항공규칙】

각 체약국은 그 영역의 상공을 비행 또는 동 영역 내에서 동작하는 모든 항공기와 그 소재의 여하를 불문하고 그 국적표지를 게시하는 모든 항공기가 당해지에 시행되고 있는 항공기의 비행 또는 동작에 관한 법규와 규칙에 따르는 것을 보장하는 조치를 취하는 것을 약속한다. 각 체약국은 이에 관한 자국의 규칙을 가능한 한 광범위하게 본협약에 의하여 수시 설정되는 규칙에 일치하게 하는 것을 약속한다. 공해의 상공에서 시행되는 법규는 본협약에 의하여 설정된 것으로 한다. 각 체약국은 적용되는 규칙에 위반한 모든 자의 소추를 보증하는 것을 약속한다.

제 13 조 【입국 및 출국에 관한 규칙】

항공기의 여객 승무원 또는 화물의 체약국 영역에의 입국 또는 그 영역으로부터의 출국에 관한 동국의 법률과 규칙, 예를 들면 입국, 출국, 이민, 여권, 세관과 검역에 관한 규칙은 동국영역에의 입국 혹은 그 영역으로부터 출국을 할 때 또는 그 영역에 있는 동안 항공기의 여객, 승무원 또는 화물이 스스로 준수하든지 또는 이들의 명의에서 준수되어야 한다.

제 14 조 【병역의 만연의 방지】

각 체약국은 콜레라, 티프스, 천연두, 황열, 흑사병과 체약국이 수시 지정을 결정하는 타의 전염병의 항공에 의한 만연을 방지하는 효과적인 조치를 취하는 것에 동의하고 이 목적으로서 체약국은 항공기에 대하여 적용할 위생상의 조치에 관하여 국제적 규칙에 관계가 있는 기관과 항시 긴밀한 협의를 한다. 이 협의는 체약국이 이 문제에 대한 현재국제조약의 당사국으로 있는 경우에는 그 적용을 방해하지 아니한다.

제 15 조 【공항의 사용료 및 기타의 사용요금】

체약국내의 공항으로서 동국 항공기 일반의 사용에 공개되어 있는 것은 제86조의 규정에 따를 것을 조건으로, 모든 타 체약국이 항공기에 대하여 동일한 균등 조건하에 공개한다. 동일한 균등 조건은 무선전신과 기상의 업무를 포함한 모든 항공 보안시설로 항공의 안전과 신속화를 위하여 공공용에 제공되는 것을 각 체약국의 항공기가 사용하는 경우에 적용한다. 타 체약국의 항공기

가 이 공항과 항공보안시설을 사용하는 경우에 체약국으로서 부과하고 또는 부과하는 것을 허여하는 요금은 다음의 것보다 고액이 되어서는 안 된다.

(a) 국제정기항공업무에 종사하지 아니하는 항공기에 관하여서는 동양의 운행에 종사하고 있는 자국의 동급의 항공기가 지불하는 것;

(b) 국제정기항공업무에 종사하고 있는 항공기에 관하여는 동양의 국제항공기업무에 종사하고 있는 자국의 항공기가 지불하는 것. 전기의 요금은 모두 공표하고 국제민간항공기구에 통보한다. 단, 관계체약국의 신입이 있을 때에는 공항과 타시설의 사용에 대하여 부과된 요금은 이사회의 심사를 받고 이사회는 관계국 또는 관계제국에 의한 심의를 위하여 이에 관하여 보고하고 또 권고한다. 어느 체약국이라도 체약국의 항공기 또는 동양상의 인 혹은 재산이 자국의 영역의 상공의 통과, 동영역에의 입국 또는 영역으로부터의 출국을 하는 권리에 관한 것에 대해서만은 수수료, 세 또는 타의 요금을 부과하여서는 아니 된다.

제 16 조 【항공기의 검사】

각 체약국의 당해 관헌은 부당히 지체하는 일 없이, 착륙 또는 출발시에 타 체약국의 항공기를 검사하고 또 본 협약에 의하여 규정된 증명서와 타서류를 검열하는 권리를 향유한다.

제 3 장
항공기의 국적

제 17 조 【항공기의 국적】

항공기는 등록국의 국적을 보유한다.

제 18 조 【이중등록】

항공기는 일개이상의 국가에 유효히 등록할 수 없다. 단, 그 등록은 일국으로부터 타국으로 변경할 수는 있다.

제 19 조【등록에 관한 국내법】

체약국에 있어서 항공기의 등록 또는 등록의 변경은 그 국가의 법률과 규칙에 의하여 시행한다.

제 20 조【기호의 표시】

국제항공에 종사하는 모든 항공기는 그 적당한 국적과 등록의 표지를 게시한다.

제 21 조【등록의 보고】

각 체약국은 자국에서 등록된 특정한 항공기의 등록과 소유권에 관한 정보를, 요구가 있을 때에는, 타 체약국 또는 국제민간항공기구에 제공할 것을 약속한다. 또 각 체약국은 국제민간항공기구에 대하여 동기구가 규정하는 규칙에 의하여 자국에서 등록되고 또 항상 국제항공에 종사하고 있는 항공기의 소유권과 관리에 관한 입수 가능한 관계 자료를 게시한 보고서를 제공한다. 국제민간항공기구는 이와 같이 입수한 자료를 타체약국이 청구할 때에는 이용시킨다.

제 4 장
운항을 용이케 하는 조치

제 22 조【수적의 간이화】

각 체약국은 체약국 영역 간에 있어서 항공기의 항행을 용이하게 하고 신속하게 하기 위하여 또 특히 입국항검역, 세관과 출국에 관한 법률의 적용에 있어서 발생하는 항공기 승무원 여객 및 화물의 불필요한 지연을 방지하기 위하여 특별한 규칙의 제정 또는 타 방법으로 모든 실행 가능한 조치를 취하는 것에 동의한다.

제 23 조【세관 및 출입국의 수속】

각 체약국은, 실행 가능하다고 인정하는 한 본협약에 의하여 수시 인정되고 권고되는 방식에 따라 국제항공에 관한 세관 및 출입국절차를 설정할 것을 약속한다. 본조약의 여하한 규정도 자유공항의 설치를 방해하는 것이라고 해석되어서는 아니 된다.

제 24 조【관세】

(a) 타 체약국의 영역을 향하여, 그 영역으로부터 또는 그 영역을 횡단하고 비행하는 항공기는, 그 국가의 세관규정에 따를 것을 조건으로, 잠정적으로 관세의 면제가 인정된다. 체약국의 항공기가 타 체약국의 영역에 도착할 때에 동항공기상에 있는 연료, 윤골유, 예비부분품 및 항공기저장품으로서 그 체약국으로부터 출발하는 때에 기상에 적재하고 있는 것은 관세, 검사, 수수료 등 국가 혹은 지방세와 과금이 면제된다. 이 면제는 항공기로부터, 내려진 양 또는 물품에는 적용하지 아니한다. 단, 동량 또는 물품을 세관의 감시하에 두는 것을 요구하는 그 국가의 세과규칙에 따르는 경우에는 제외한다.

(b) 국제항공에 종사하는 타 체약국의 항공기에 부가하거나 또는 그 항공기가 사용하기 위하여 체약국의 영역에 수입된 예비부분품과 기기는 그 물품을 세관의 감시와 관리 하에 두는 것을 규정한 관계국의 규칙에 따를 것을 조건으로 관세의 면세가 인정된다.

제 25 조【조난 항공기】

각 체약국은 그 영역 내에서 조난한 항공기에 대하여 실행 가능하다고 인정되는 구호조치를 취할 것을 약속하고 또 동 항공기의 소유자 또는 동항공기의 등록국의 관헌이 상황에 따라 필요한 구호조치를 취하는 것을, 그 체약국의 관헌의 감독에 따르는 것을 조건으로, 허가할 것을 약속한다. 각 체약국은 행방불명의 항공기의 수색에 종사하는 경우에 있어서는 본 협약에 따라 수시 권고되는 공동조치에 협력한다.

제 26 조【사고의 조사】

체약국의 항공기가 타 체약국의 영역에서 사고를 발생시키고 또 그 사고가 사망 혹은 중상을 포함하든가 또는 항공기 또는 항공보안시설의 중대한 기술적 결함을 표시하는 경우에는 사고가 발생한 국가는 자국의 법률이 허용하는 한 국제민간항공기구가 권고하는 절차에 따라 사고의 진상 조사를 개시한다. 그 항공기의 등록국에는 조사에 임석할 입회인을 파견할 기회를 준다. 조사를 하는 국가는 등록 국가에 대하여 그 사항에 관한 보고와 소견을 통보하여야 한다.

제 27 조 【특허권에 의하여 청구된 차압의 면제】

(a) 국제항공에 종사하고 있는 한 체약국의 항공기가 타체약국의 영역에의 허가된 입국, 착륙 혹은 무착륙으로 동 영역의 허가된 횡단을 함에 있어서는, 항공기의 구조, 기계장치, 부분품, 부속품 또는 항공기의 운항이, 동항공기가 입국한 영역 소속국에서 합법적으로 허여되고 또는 등록된 발명특허, 의장 또는 모형을 침해한다는 이유로 전기의 국가 또는 동국 내에 있는 국민에 의하던가 또는 차등의 명의에 의하여 항공기의 차압 혹은 억류항공기의 소유자 혹은 운항자에 대한 청구 또는 항공기에 대한 타의 간섭을 하여서는 아니 된다. 항공기의 차압 또는 억류로부터 전기의 면제에 관한 보증금의 공탁은 그 항공기가 입국한 국가에서는 여하한 경우에 있어서라도 요구되지 아니하는 것으로 한다.

(b) 본조 (a)항의 규정은, 체약국의 항공기를 위하여 예비부분품과 예비기기를 타체약국의 영역 내에 보관하는 것에 대하여 또 체약국의 항공기를 타체약국의 영역 내에서 수리하는 경우에 전기의 물품을 사용하고 또 장치하는 권리에 대하여 적용한다. 단, 이와 같이 보관되는 어떠한 특허부분품 또는 특허 기기라도 항공기가 입국하는 체약국에서 국내적으로 판매하고 혹은 배부하고 또는 그 체약국으로부터 상업의 목적으로서 수출하여서는 아니 된다.

(c) 본조의 이익은 본협약의 당사국으로서, (1) 공업 소유권 보호에 관한 국제협약과 그 개정의 당사국인 국가 또는 (2) 본협약의 타 당사국 국민에 의한 증명을 승인하고 또 이에 적당한 보호를 부여하는 특허법을 제정한 국가에 한하여 적용한다.

제 28 조 【항공시설 및 표준양식】

각 체약국은, 실행 가능하다고 인정하는 한, 다음 사항을 약속한다.

(a) 본협약에 의하여 수시 권고되고 또는 설정되는 표준과 방식에 따라, 영역 내에 공항, 무선업무, 기상업무와 국제항공을 용이하게 하는 타의 항공보안시설을 설정하는 것.

(b) 통신수속, 부호, 기호, 신호, 조명의 적당한 표준양식 또는 타의 운항상의 방식과 규칙으로서 본협약에 의하여 수시 권고되고 또는 설정되는 것을 채택하여 실시하는 것.

(c) 본협약에 의하여 수시 권고되고 또는 설정되는 표준에 따라, 항공지도와 항공지도의 간행을 확실하게 하기 위한 국제적 조치에 협력하는 것.

제 5 장
항공기에 관하여 이행시킬 요건

제 29 조 【항공기가 휴대하는 서류】

국제항공에 종사하는 체약당사국의 모든 항공기는, 본협약에 정한 조건에 따라 다음의 서류를 휴대하여야 한다:

(a) 등록증명서;
(b) 내항증명서;
(c) 각 승무원의 적당한 면허장;
(d) 항공일지;
(e) 무선전신장치를 장비할 때에는 항공기무선전신국면허장;
(f) 여객을 수송할 때는 그 성명 및 승지와 목적지의 표시;
(g) 화물을 운송할 때는 적하목록과 화물의 세목신고서.

제 30 조 【항공기의 무선장비】

(a) 각 체약국의 항공기는, 그 등록국의 적당한 관헌으로부터, 무선송신기를 장비하고 또 운

용하는 면허장을 받은 때에 한하여, 타 체약
국의 영역 내에서 또는 그 영역의 상공에서
전기의 송신기를 휴행할 수 있다. 피 비행
체약국의 영역에서의 무선송신기의 사용은
동국이 정하는 규칙에 따라야 한다.
  (b) 무선송신기의 사용은 항공기등록국의 적당
한 관헌에 의하여 발급된 그 목적을 위한 특
별한 면허장을 소지하는 항공기 승무원에 한
한다.

제 31 조 【내항증명서】

국제항공에 종사하는 모든 항공기는 그 등록국이
발급하거나 또는 유효하다고 인정한 내항증명서
를 비치한다.

제 32 조 【항공종사자의 면허장】

  (a) 국제항공에 종사하는 모든 항공기의 조종자
와 기타의 운항승무원은 그 항공기의 등록국
이 발급하거나 또는 유효하다고 인정한 기능
증명서와 면허장을 소지한다.
  (b) 각 체약국은 자국민에 대하여 타체약국이
부여한 기능증명서와 면허장을 자국영역의
상공 비행에 있어서 인정하지 아니하는 권리
를 보류한다.

제 33 조 【증명서 및 면허장의 승인】

항공기의 등록국이 발급하거나 또는 유효하다고
인정한 내항증명서, 기능증명서 및 면허장은 타
체약국도 이를 유효한 것으로 인정하여야 한다.
단, 전기의 증명서 또는 면허장을 발급하거나 또
는 유효하다고 인정한 요건은 본협약에 따라 수
시 설정되는 최저 표준과 그 이상이라는 것을 요
한다.

제 34 조 【항공일지】

국제항공에 종사하는 모든 항공기에 관하여서는
본협약에 따라 수시 특정하게 되는 형식으로 그
항공기 승무원과 각 항공의 세목을 기입한 항공
일지를 보지한다.

제 35 조 【화물의 제한】

  (a) 군수품 또는 군용기재는 체약국의 영역 내
또는 상공을 그 국가의 허가 없이 국가항공
에 종사하는 항공기로 운송하여서는 아니 된
다. 각국은 통일성을 부여하기 위하여 국제
민간항공기구가 수시로 하는 권고에 대하여
타당한 고려를 하여 본조에 군수품 또는 군
용기재가 무엇이라는 것은 규칙으로서 결정
한다.
  (b) 각 체약국은 공중의 질서와 안전을 위하여
(a)항에 게시된 이외의 물품에 관하여 그 영
역내 또는 그 영역의 상공운송을 제한하고
또는 금지하는 권리를 보류한다. 단, 이에 관
하여서는 국제항공에 종사하는 자국의 항공
기와 타체약국의 동양의 항공기관에 차별을
두어서는 아니 되며, 또한 항공기의 운항 혹
은 항행 또는 직원 혹은 여객의 안전을 위하
여 필요한 장치의 휴행과 기상사용을 방해하
는 제한을 하여서는 아니 된다.

제 36 조 【사진기】

각 체약국은 그 영역의 상공을 비행하는 항공기
에서 사진기를 사용하는 것을 금지하거나 또는
제한할 수 있다.

제 6 장
국제표준과 권고관행

제 37 조 【국제표준 및 수속의 채택】

각 체약국은, 항공기직원, 항공로 및 부속업무에
관한 규칙, 표준, 수속과 조직에 있어서의 실행
가능한 최고도의 통일성을 확보하는 데에 협력할
것을 약속하여, 이와 같은 통일성으로 운항이 촉
진되고 개선되도록 한다. 이 목적으로서 국제민
간항공기구는 다음의 사항에 관한 국제표준 및
권고되는 방식과 수속을 필요에 응하여 수시 채
택하고 개정한다.
  (a) 통신조직과 항공 보안시설 (지상표지를 포
함);

(b) 공항과 이착륙의 성질;
(c) 항공규칙과 항공 교통관리방식;
(d) 운항관계 및 정비관계 종사자의 면허;
(e) 항공기의 내항성;
(f) 항공기의 등록과 식별;
(g) 기상정보의 수집과 교환;
(h) 항공일지;
(i) 항공지도 및 항공도;
(j) 세관과 출입국의 수속;
(k) 조난 항공기 및 사고의 조사. 또한 항공의 안전, 정확 및 능률에 관계가 있는 타의 사항으로서 수시 적당하다고 인정하는 것.

(a) 내항성 또는 성능의 국제표준이 존재하는 항공기 또는 부분품으로서 증명서에 어떤 점에 있어 그 표준에 합치하지 못한 것은 그 합치하지 못한 점에 관한 완전한 명세를 그 내항증명서에 이서하든가 또는 첨부하여야 한다.
(b) 면장을 소지하는 자로서 그 소지하는 면장 또는 증명서의 등급에 관하여 국제표준에 정한 조건을 완전히 이행 못하는 자는 그 조건을 이행 못하는 점에 관한 완전한 명세를 우자의 면허장에 보증하든가 또는 첨부한다.

제 40 조【이서된 증명서 및 면허장의 효력】

전기와 같이 보증된 증명서 또는 면허장을 소지하는 항공기 또는 직원은 입국하는 영역의 국가의 허가 없이 국제항공에 종사하여서는 아니 된다. 전기의 항공기 또는 증명을 받은 항공기 부분품으로서 최초에 증명을 받은 국가 이외의 국가에 있어서의 등록 또는 사용은 그 항공기 또는 부분품을 수입하는 국가가 임의로 정한다.

제 38 조【국제표준 및 수속의 배제】

모든 점에 관하여 국제표준 혹은 수속에 추종하며, 또는 국제표준 혹은 수속의 개정 후 자국의 규칙 혹은 방식을 이에 완전히 일치하게 하는 것이 불가능하다고 인정하는 국가, 혹은 국제표준에 의하여 설정된 것과 특정한 점에 있어 차이가 있는 규칙 또는 방식을 채용하는 것이 필요하다고 인정하는 국가는, 자국의 방식과 국제표준에 의하여 설정된 방식간의 차이를 직시로 국제민간항공기구에 통고한다. 국제표준의 개정이 있을 경우에, 자국의 규칙 또는 방식에 적당한 개정을 가하지 아니하는 국가는, 국제표준의 개정의 채택으로부터 60일 이내에 이사회에 통지하든가 또는 자국이 취하는 조처를 명시하여야 한다. 이 경우에 있어서 이사회는 국제표준의 특이점과 이에 대응하는 국가의 국내 방식 간에 있는 차이를 직시로 타의 모든 국가에 통고하여야 한다.

제 41 조【내항성의 현행표준의 승인】

본장의 규정은 항공기기로서 그 기기에 대한 내항성의 국제표준을 채택한 일시 후 3년을 경과하기 전에 그 원형이 적당한 국내 관헌에게 증명을 받기 위하여 제출된 형식의 항공기와 항공기 기기에는 적용하지 아니한다.

제 42 조【항공종사자의 기능에 관한 현행표준의 승인】

본장의 규정은 항공종사자에 대한 자격증명서의 국제표준을 최초로 채택한 후 1년을 경과하기 전에 면허장이 최초로 발급되는 직원에게는 적용하지 아니한다. 그러나 전기의 표준을 채택한 일자 후 5년을 경과하고 상금 유효한 면허장을 소지하는 모든 항공종사자에게는 어떠한 경우에 있어서도 적용한다.

제 39 조【증명서 및 면허장의 이서】

제 2 부
국제민간항공기구

제 7 장
기 구

제 43 조 【명칭 및 구성】

본협약에 의하여 국제민간항공기구라는 기구를 조직한다. 본 기구는 총회, 이사회 및 필요한 타의 기관으로 구성된다.

제 44 조 【목적】

본기구의 목적은 다음의 사항을 위하여 국제항공의 원칙과 기술을 발달시키고 또한 국제항공수송의 계획과 발달을 조장하는 것에 있다:
  (a) 세계를 통하여 국제민간항공의 안전하고도 정연한 발전을 보장하는 것;
  (b) 평화적 목적을 위하여 항공기의 설계와 운항의 기술을 장려하는 것;
  (c) 국제민간항공을 위한 항공로, 공항과 항공보안시설의 발달을 장려하는 것;
  (d) 안전하고 정확하며 능률적인 그리고 경제적인 항공수송에 대한 세계제인민의 요구에 응하는 것;
  (e) 불합리한 경쟁으로 발생하는 경제적 낭비를 방지하는 것;
  (f) 체약국의 권리가 충분히 존중될 것과 체약국이 모든 국제항공 기업을 운영하는 공정한 기회를 갖도록 보장하는 것;
  (g) 체약국간의 차별대우를 피하는 것;
  (h) 국제항공에 있어서 비행의 안전을 증진하는 것;
  (i) 국제민간항공의 모든 부문의 발달을 일반적으로 촉진하는 것:

제 45 조 【항구적 소재지】

본 기구의 항구적 소재지는 1944년 12월 7일 시카고에서 서명된 국제민간항공에 관한 중간협정에 의하여 설립된 임시 국제민간항공기구의 중간총회의 최종회합에서 결정되는 장소로 한다. 이 소재지는 이사회의 결정에 의하여 일시적으로 타의 장소에 또한 총회의 결정에 의하여 일시적이 아니 타의 장소로 이전할 수 있다. 이러한 총회

의 결정은 총회가 정하는 표수에 의하여 취하여져야 한다. 총회가 정하는 표수는 체약국의 총수의 5분의3 미만이어서는 아니 된다.

제 46 조 【총회의 제1차 회합】

총회의 제1차 회합은 전기의 임시기구의 중간이사회가 결정하는 시일과 장소에서 회합하도록 본협약의 효력발생 후 직시 중간이사회가 소집한다.

제 47 조 【법률상의 행위능력】

기구는, 각 체약국의 영역 내에서 임무의 수행에 필요한 법률상의 행위능력을 향유한다. 완전한 법인격은 관계국의 헌법과 법률에 양립하는 경우에 부여된다.

제 8 장
총 회

제 48 조 【총회의 회합 및 표결】

  (a) 총회는 적어도 매 3년에 1회 회합하고 적당한 시일과 장소에서 이사회가 소집한다. 임시총회는 이사회의 소집 또는 사무장에게 발송된 10개 체약국의 요청이 있을 때 하시라도 개최할 수 있다.
  (b) 모든 체약국은 총회의 회합에 대표를 파견할 평등한 권리를 향유하고, 각 체약국은 일개의 투표권을 보유한다. 체약국을 대표하는 대표는 회합에는 참가할 수 있으나 투표권을 보유하지 아니하는 기술고문의 원조력을 받을 수 있다.
  (c) 총회의 정족수를 구성하기 위하여서는 체약국의 과반수를 필요로 한다. 본협약에 별단의 규정이 없는 한, 총회의 결정은 투표의 과반수에 의하여 성립된다.

제 49 조 【총회의 권한 및 임무】

총회의 권한과 임무는 다음과 같다.
  (a) 매 회합시에 의장 및 기타 역원을 선출하는 것;
  (b) 제9장의 규정에 의하여 이사회에 대표자를 파견할 체약국을 선출하는 것;
  (c) 이사회의 보고를 심사하고 적당한 조치를

취할 것과 이사회로부터 총회에 위탁한 사항을 결정하는 것;

(d) 자체의 의사규칙을 결정하고 필요하다고 인정하는 보조위원회를 설립하는 것;

(e) 제12장의 규정에 의하여 기구의 연도예산을 표결하고 재정상의 분배를 결정하는 것;

(f) 기구의 지출을 검사하고 결산보고를 승인하는 것;

(g) 그 활동범위내의 사항을 이사회, 보조위원회 또는 타 기관에 임의로 위탁하는 것;

(h) 기구의 임무를 이행하기 위하여 필요한 또는 희구되는 권능과 권한을 이사회에 위탁하고 전기의 권한의 위탁을 하시라도 취소 또는 변경하는 것;

(i) 제13장의 적당한 규정을 실행하는 것;

(j) 본협약의 규정의 변경 또는 개정을 위한 제안을 심의하고 동제안을 승인한 경우에는 제21장의 규정에 의하여 이를 체약국에 권고하는 것;

(k) 기구의 활동 범위내의 사항에서 특히 이사회의 임무로 되지 아니한 것을 처리하는 것.

공석은 총회가 가급적 속히 보충하여야 한다. 이와 같이 이사회에 선거된 체약국은 전임자의 잔임기간 중 재임한다.

(c) 이사회에 있어서 체약국의 대표자는, 국제항공업무의 운영에 적극적으로 참여하거나 또는 그 업무에 재정적으로 관계하여서는 아니된다.

제 9 장
이사회

제 50 조 【이사회의 구성 및 선거】

(a) 이사회는 총회에 대하여 책임을 지는 상설기관이 된다. 이사회는 총회가 선거한 27개국의 체약국으로서 구성된다. 선거는 총회의 제1차 회합에서 또 그 후는 매 3년에 행하고 또 이와 같이 선거된 이사회의 구성원은 차기의 선거까지 재임한다.

(b) 이사회의 구성원을 선거함에 있어서, 총회는, (1) 항공운송에 있어 가장 중요한 국가 (2) 타점에서 포함되지 아니하나 국제민간항공을 위한 시설의 설치에 최대의 공헌을 하는 국가 (3) 타점에서는 포함되지 아니하나 그 국가를 지명함으로써 세계의 모든 중요한 지리적 지역이 이사회에 확실히 대표되는 국가를 적당히 대표가 되도록 한다. 이사회의

제 51 조 【이사회의 의장】

이사회는 그 의장을 3년의 임기로서 선거한다. 의장은 재선할 수 있다. 의장은 투표권을 보유하지 아니한다. 이사회는 그 구성원 중에서 1인 또는 2인 이상의 부의장을 선거한다. 부의장은 의장대리가 되는 때라도 투표권을 보지한다. 의장은 이사회의 구성원의 대표자 중에서 선거할 필요는 없지만 대표자가 선거된 경우에는 그 의석은 공석으로 간주하고 그 대표자가 대표하는 국가에서 보충한다. 의장의 임무는 다음과 같다:

(a) 이사회, 항공운송위원회 및 항공위원회의 회합을 소집하는 것;

(b) 이사회의 대표자가 되는 것;

(c) 이사회가 지정하는 임무를 이사회를 대리하여 수행하는 것.

제 52 조 【이사회에 있어서의 표결】

이사회의 결정은 그 구성원의 과반수의 승인을 필요로 한다. 이사회는 특정의 사항에 관한 권한을 그 구성원으로서 구성되는 위원회에 위탁할 수 있다. 이사회와 위원회의 결정에 관하여서는 이해관계가 있는 체약국이 이사회에 소송할 수 있다.

제 53 조 【투표권 없는 참석】

체약국은 그 이해에 특히 영향이 미치는 문제에 관한 이사회 또는 그 위원회와 전문위원회의 심의에 투표권 없이 참가할 수 있다. 이사회의 구성원은 자국이 당사국이 되는 분쟁에 관한 이사회의 심의에 있어 투표할 수 없다.

제 54 조 【이사회의 수임기능】

이사회는 다음 사항을 장악한다:

(a) 총회에 연차보고를 제출하는 것;

(b) 총회의 지령을 수행하고 본협약이 부과한 임무와 의무를 이행하는 것;

(c) 이사회의 조직과 외사규칙을 결정하는 것;

(d) 항공운송위원회를 임명하고 그 임무를 규정하는 것 등 위원회는 이사회의 구성원의 대표자 중에서 선거되고 또 이사회에 대하여 책임을 진다.

(e) 제10장의 규정에 의하여 항공위원회를 설립하는 것;

(f) 제12장과 제15장의 규정에 의하여 기구의 재정을 관리하는 것;

(g) 이사회 의장의 보수를 결정하는 것;

(h) 제11장의 규정에 의하여 사무총장이라 칭하는 수석 행정관을 임명하고 필요한 타직원의 임명에 관한 규정을 작성하는 것,

(i) 항공의 진보와 국제항공업무의 운영에 관한 정보를 요청, 수집, 심사 그리고 공표하는 것, 이 정보에는 운영의 비용에 관한 것과 공공 자금으로부터 항공기업에 지불된 보조금의 명세에 관한 것을 포함함.

(j) 본협약의 위반과 이사회의 권고 또는 결정의 불이행을 체약국에 통보하는 것;

(k) 본협약의 위반을 통고한 후, 상당한 기한내에 체약국이 적당한 조치를 취하지 아니 하였을 경우에는 그 위반을 총회에 보고하는 것;

(l) 국제표준과 권고되는 방식을, 본협약 제6장의 규정에 의하여, 채택하여 편의상 이를 본협약의 부속서로 하고 또한 취한 조치를 모든 체약국에 통고하는 것;

(m) 부속서의 개정에 대한 항공위원회의 권고를 심의하고, 제20장의 규정에 의하여 조치를 취하는 것;

(n) 체약국이 위탁한 본협약에 관한 문제를 심의하는 것.

제 55 조 【이사회의 임의기능】

이사회는 다음의 사항을 행할 수 있다:

(a) 적당한 경우와 경험에 의하여 필요성을 인정하는 때에는 지역적 또는 타의 기초에 의한 항공운송소위원회를 창설할 것과 국가 또는 항공기업의 집합 범위를 정하여 이와 함께 또는 이를 통하여 본협약의 목적수행을 용이하게 하도록 하는 것;

(b) 본협약에 정한 임무에 추가된 임무를 항공위원회에 위탁하고 그 권한위탁을 하시든지 취소하거나 또는 변경하는 것;

(c) 국제적 중요성을 보유하는 항공운송과 항공의 모든 부문에 관하여 조사를 하는 것; 그 조사의 결과를 체약국에 통보하고 항공운송과 항공상의 문제에 관한 체약국간의 정보교환을 용이하게 하는 것;

(d) 국제간선항공업무의 국제적인 소유 및 운영을 포함하는 국제항공운송의 조직과 운영에 영향을 미치는 문제를 연구하고 이에 관한 계획을 총회에 제출하는 것;

(e) 피할 수 있는 장해가 국제항공의 발달을 방해한다고 인정하는 사태를 체약국의 요청에 의하여 조사하고 그 조사 후 필요하다고 인정하는 보고를 발표하는 것.

제 10 장
항공위원회

제 56 조 【위원의 지명 및 임명】

항공위원회는 이사회가 체약국이 지명한 자중에서 임명된 12인의 위원으로서 구성한다. 이들은 항공의 이론과 실제에 관하여 적당한 자격과 경험을 가지고 있어야 한다. 이사회는 모든 체약국에 지명의 제출을 요청한다. 항공위원회의 위원장은 이사회가 임명된다.

제 57 조 【위원회의 의무】

항공위원회는 다음의 사항을 관장한다.

(a) 본협약의 부속서의 변경을 심의하고 그 채택을 이사회에 권고하는 것;

(b) 희망된다고 인정되는 경우에는 어떠한 체약국이라도 대표자를 파견할 수 있는 전문소위원회를 설치하는 것;

(c) 항공의 진보에 필요하고 또한 유용하다고 인정하는 모든 정보의 수집과 그 정보의 체약국에의 통보에 관하여 이사회에 조언하는 것.

제 11 장
직 원

제 58 조 【직원의 임명】

총회가 정한 규칙과 본협약의 규정에 따를 것을 조건으로, 이사회는 사무총장과 기구의 타직원의 임명과 임기종료의 방법, 훈련, 제수당 및 근무조건을 결정하고 또 체약국의 국민을 고용하거나 또는 그 역무를 이용할 수 있다.

제 59 조 【직원의 국제적 성질】

이사회의 의장, 사무총장 및 타 직원은 그 책임의 이행에 있어 기구외의 권위자로부터 훈령을 요구하거나 또는 수락하여서는 아니 된다. 각 체약국은 직원의 책임의 국제적인 성질을 충분히 존중할 것과 자국민이 그 책임을 이행함에 있어서 이들에게 영향을 미치지 아니할 것을 약속한다.

제 60 조 【직원의 면제 및 특권】

각 체약국은, 그 헌법상의 절차에 의하여 가능한 한도 내에서, 이사회의 의장, 사무총장 및 기구의 타직원에 대하여 타의 공적 국제기관이 상당하는 직원에 부여되는 면제와 특권을 부여할 것을 약속한다. 국제적 공무원의 면제와 특권에 관한 일반 국제 협정이 체결된 경우에는, 의장, 사무총장 및 기구의 타 직원에 부여하는 면제와 특권은 그 일반 국제협정에 의하여 부여하는 것으로 한다.

제 12 장
재 정

제 61 조 【예산 및 경비의 할당】

이사회는 연차예산, 연차 결산서 및 모든 수입에 관한 개산을 총회에 제출한다. 총회는 적당하다고 인정하는 수정을 가하여 예산을 표결하고 또 제15장에 의한 동의국에의 할당금을 제외하고 기구의 경비를 총회가 수시 결정하는 기초에 의하여 체약국간에 할당한다.

제 62 조 【투표권의 정지】

총회는 기구에 대한 재정상의 의무를 상당한 기간 내에 이행하지 아니한 체약국의 총회와 이사회에 있어서의 투표권을 정지할 수 있다.

제 63 조 【대표단 및 기타대표자의 경비】

각 체약국은 총회에의 자국 대표단의 경비, 이사회 근무를 명한 자 및 기구의 보조적인 위원회 또는 전문 위원회 또는 전문 위원회에 대한 지명자 또는 대표자의 보수, 여비 및 기타 경비를 부담한다.

제 13 장
기타 국제약정

제 64 조 【안전보장 약정】

기구는 그 권한 내에 있는 항공문제로서 세계의 안전보장에 직접으로 영향을 미치는 것에 관하여 세계의 제국이 평화를 유지하기 위하여 설립한 일반기구와 총회의 표결에 의하여 상당한 협정을 할 수 있다.

제 65 조 【타 국제단체와의 약정】

이사회는, 공동업무의 유지 및 직원에 관한 공동의 조정을 위하여, 그 기구를 대표하여, 타 국제단체와 협정을 체결할 수 있고 또한 총회의 승인을 얻어, 기구의 사업을 용이하게 하는 타의 협정을 체결할 수 있다.

제 66 조 【타 협정에 관한 기능】

(a) 기구는 또 1944년 12월 7일 시카고에서 작성된 국제항공업무통과협정과 국제항공운송협정에 의하여 부과된 임무를 이 협약에 정한 조항과 조건에 따라 수행한다.

(b) 총회 및 이사회의 구성원으로서 1944년 12월 7일 시카고에서 작성된 국제항공업무통과협정 또는 국제항공운송협정을 수락하지 아니한 구성원은 관계협정의 규정에 의하여 총회 또는 이사회에 기탁된 사항에 대하여서는 투표권을 보유하지 아니한다.

제 3 부
국제항공운송

제 14 장
정보와 보고

제 67 조 【이사회에 대한 보고제출】

각 체약국은, 그 국제항공기업이 교통보고, 지출통계 및 재정상의 보고서로서 모든 수입과 그 원천을 표시하는 것을, 이사회가 정한 요건에 따라 이사회에 제출할 것을 약속한다.

제 15 장
공과 타의 항공보안시설

제 68 조 【항공로 및 공항의 지정】

각 체약국은, 본협약의 규정을 따를 것을 조건으로, 국제항공업무가 그 영역 내에서 종사할 공로와 그 업무가 사용할 수 있는 공항을 지정할 수 있다.

제 69 조 【항공시설의 개선】

이사회는, 무선전신과 기상의 업무를 포함하는 체약국의 공항 또는 타의 항공보안시설이 현존 또는 계획 중의 국제항공업무의 안전하고 정확하며, 또 능률적이고 경제적인 운영을 기하기 위하여 합리적으로 고찰하여 적당하지 아니한 경우에는 그 사태를 구제할 방법을 발견하기 위하여 직접 관계국과 영향을 받은 타국과 협의하고 또 이 목적을 위하여 권고를 할 수 있다. 체약국은 이 권고를 실행하지 아니한 경우라도 본협약의 위반의 책임은 없다.

제 70 조 【항공시설비용의 부담】

체약국은 제69조의 규정에 의하여 생기는 사정 하에 전기의 권고를 실시하기 위하여 이사회와 협정을 할 수 있다. 동 체약국은 전기의 협정에 포함된 모든 비용을 부담할 수 있다. 동국이 이를 부담하지 아니할 경우에 이사회는 동국의 요청에 의하여 비용의 전부 또는 일부의 제공에 대하여 동의할 수 있다.

제 71 조 【이사회에 의한 시설의 설치 및 유지】

체약국이 요청하는 경우에는, 이사회는 무선전신과 기상의 업무를 포함한 공항과 기타 항공보안시설의 일부 또는 전부로서 타체약국의 국제항공업무의 안전하고 정확하며, 또 능률적이고 경제적인 운영을 위하여 영역 내에서 필요하다고 하는 것에 설치, 배원, 유지 및 관리를 하는 것에 동의하고 또 설치된 시설의 사용에 대하여 정당하고 합리적인 요금을 정할 수 있다.

제 72 조 【토지의 취득 및 사용】

체약국의 요청에 의하여 이사회가 전면적으로 또는 부분적으로 출자하는 시설을 위하여 토지가 필요한 경우에는, 그 국가는 그가 희망하는 때에는 소유권을 보류하고 토지 그 자체를 제공하든가 또는 이사회가 정당하고 합리적인 조건으로 또 당해국의 법률에 의하여 토지를 사용할 것을 용이하게 한다.

제 73 조 【자금의 지출 및 할당】

이사회는, 총회가 제12장에 의하여 이사회의 사용에 제공하는 자금의 한도 내에서, 기구의 일반자금으로부터 본장의 목적을 위하여 경상적 지출을 할 수 있다. 이사회는 본장의 목적을 위하여 필요한 시설자금을 상당한 기간에 선하여 사전에 협정한 율로서 시설을 이용하는 항공기업에 속하는 체약국에서 동의한 자에게 할당한다. 이사회는 필요한 운영자금을 동의하는 국가에 할당할 수 있다.

제 74 조 【기술원조 및 수입의 이용】

체약국의 요청에 의하여, 이사회가 자금을 전불하든가 또는 항공 혹은 타시설을 전면적으로 혹은 부분적으로 설치하는 경우에, 그 협정은, 그 국가의 동의를 얻어, 그 공항과 타 시설의 감독과 운영에 관하여 기술적 원조를 부여할 것을 규정하고 또 그 공항과 타 시설의 운영비와 이자 그리고 할부상환비를 그 공항과 타시설의 운영에 의하여 생긴 수입으로부터 지불할 것을 규정할 수 있다.

제 75 조 【이사회로부터의 시설의 인계】

체약국은, 하시라도 그 상황에 따라 합리적이라고 이사회가 인정하는 액을 이사회에 지불하는 것에 의하여, 제70조에 의하여 부담한 채무를 이행하고 또 이사회가 제71조와 제72조의 규정에 의하여 자국의 영역 내에 설치한 공항과 타 시설을 인수할 수 있다. 체약국은, 이사회가 정한 액이 부당하다고 인정하는 경우에는, 이사회의 결정에 대하여 총회에 이의를 제기할 수 있다. 총회는 이사회의 결정을 확인하거나 또는 수정할 수 있다.

제 76 조 【자금의 반제】

이사회가 제55조에 의한 변제 또는 제74조에 의한 이자와 할부상환금의 수령으로부터 얻은 자금은, 제73조에 의하여 체약국이 최초에 전불금을 출자하고 있을 경우에는, 최초에 출자가 할당된 그 할당시에 이사회가 결정한 율로서 반제한다.

제 16 장
공동운영조직과 공동계산업무

제 77 조 【공동운영조직의 허가】

본협약은 두 개 이상의 체약국이 공동의 항공운송운영조직 또는 국제운영기관을 조직하는 것과 어느 공로 또는 지역에서 항공업무를 공동 계산하는 것을 방해하지 아니한다. 단, 그 조직 또는 기관과 그 공동 계산업무는 협정의 이사회에의 대 등록에 관한 규정을 포함하는 본협약의 모든 규정에 따라야 한다. 이사회는 국제운영기관이 운영하는 항공기의 국적에 관한 본협약의 규정을 여하한 방식으로 적용할 것인가를 결정한다.

제 78 조 【이사회의 기능】

이사회는 어느 공로 또는 지역에 있어 항공업무를 운영하기 위하여 공동 조직을 설치할 것을 관계 체약국에 제의할 수 있다.

제 79 조 【운영조직에의 참가】

국가는 자국정부를 통하여 또는 자국정부가 지정한 1 또는 2 이상의 항공회사를 통하여 공동운영조직 또는 공동 계산협정에 참가할 수 있다. 그 항공 회사는 관계국의 단독적인 재량으로 국유 또는 일부국유 또는 사유로 할 수 있다.

제 4 부
최종규정

제 17 장
타항공협정의 항공약정

제 80 조 【파리협약 및 하바나협약】

체약국은, 1919년 10월 13일 파리에서 서명된 항공법규에 관한 조약 또는 1928년 2월 20일 하바나에서 서명된 상업 항공에 관한 협약 중 어느 하나의 당사국인 경우에는, 그 폐기를 본협약의 효력 발생 후 즉시 통보할 것을 약속한다. 체약국간에 있어 본협약은 전기 파리협약과 하바나 협약에 대치한다.

제 81 조 【현존협정의 등록】

본 협약의 효력발생시에 존재하는 모든 항공협정으로서 체약국과 타국간 또는 체약국의 항공기업과 타국 혹은 타국의 항공기업간의 협정은 직시로 이사회에 등록되어야 한다.

제 82 조 【양립할 수 없는 협정의 폐지】

체약국은, 본협약이 본협약의 조항과 양립하지 아니하는 상호간의 모든 의무와 양해를 폐지한다는 것을 승인하고 또한 이러한 의무와 양해를 성립시키지 아니할 것을 약속한다. 기구의 가맹국이 되기 전에 본협약의 조항과 양립하지 아니하는 의무를 비체약국 혹은 비체약국의 국민에 대하여 약속한 체약국은 그 의무를 면제하는 조치를 즉시 그 조치를 취하여야 한다.

제 83 조 【신 협정의 등록】

체약국은 전조의 규정에 의할 것을 조건으로, 본협약의 규정과 양립하는 협정을 체결할 수 있다. 그 협정은 직시 이사회에 등록하게 되고 이사회는 가급적 속히 이를 공표한다.

제 18 장
분쟁과 위약

제 84 조 【분쟁의 해결】

본 협약과 부속서의 해석 또는 적용에 관하여 둘 이상의 체약국간의 의견의 상위가 교섭에 의하여 해결되지 아니하는 경우에는, 그 의견의 상위는 관계 국가의 신청이 있을 때 이사회가 해결한다.

이사회의 구성원은 자국이 당사국이 되는 분쟁에 관하여 이사회의 심리 중에는 투표하여서는 아니된다. 어느 체약국도 제85조에 의할 것을 조건으로, 이사회의 결정에 대하여 타의 분쟁 당사국과 합의한 중재재판 또는 상설국제사법재판소에 제소할 수 있다. 그 제소는 이사회의 결정통고의 접수로부터 60일 이내에 이사회에 통고한다.

제 85 조 【중재절차】

이사회의 결정이 요청되어 있는 분쟁에 대한 당사국인 어느 체약국이 상설 국제사법재판소 규정을 수락하지 아니하고 또 분쟁당사국인 체약국이 중재재판소의 선정에 대하여 동의할 수 없는 경우에는 분쟁당사국인 각 체약국은 일인의 재판위원을 지명하는 일인의 중재위원을 지명한다. 그 분쟁 당사국인 어느 체약국의 제소의 일자로부터 3개월의 기간 내에 중재위원을 지정하지 아니할 경우에는 중재위원도 이사회가 조치하고 있는 유자격자의 현재원 명부 중에서 이사회의 의장이 그 국가를 대리하여 지명한다. 중재위원이 중재재판장에 대하여 30일 이내에 동의할 수 없는 경우에는 이사회의 의장은 그 명부 중에서 중재재판장을 지명한다. 중재의원과 중재재판장은 중재재판소를 공동으로 구성한다. 본조 또는 전조에 의하여 설치된 중재재판소는 그 절차를 정하고 또 다수결에 의하여 결정을 행한다. 단 과도하게 지연된다고 이사회가 인정하는 경우에는 이사회도 절차문제를 스스로 결정할 수 있다.

제 86 조 【이의신청】

이사회가 별도로 정하는 경우를 제외하고, 국제항공기업이 본협약의 규정에 따라서 운영되고 있는가의 여부에 관한 이사회의 결정은, 이의신입에 의하여 파기되지 아니하는 한, 계속하여 유효로 한다. 타의 사항에 관한 이사회의 결정은, 이의신청이 있는 경우에는, 그 이의신청이 결정되기까지 정지된다. 상설국제사법재판소와 중재재판소의 결정은 최종적이고 구속력을 가진다.

제 87 조 【항공기업의 위반에 대한 제재】

각 체약국은 자국의 영토상의 공간을 통과하는 체약국의 항공기업의 운영을 당해 항공기업이 전조에 의하여 표시된 최종결정에 위반하고 있다고 이사회가 결정한 경우에는 허가하지 아니할 것을 약속한다.

제 88 조 【국가의 위반에 대한 제재】

총회는 본장의 규정에 의하여 위약국으로 인정된 체약국에 대하여 총회 및 이사회에 있어서의 투표권을 정지하여야 한다.

제 19 장
전 쟁

제 89 조 【전쟁 및 긴급사태】

전쟁의 경우에, 본협약의 규정은, 교전국 또는 중립국으로서 영향을 받는 체약국의 행동자유에 영향을 미치지 아니한다. 이러한 원칙은 국가긴급사태를 선언하고 그 사실을 이사회에 통고한 체약국의 경우에도 적용한다.

제 20 장
부속서

제 90 조 【부속서의 채택 및 개정】

(a) 제54조에 언급된 이사회에 의한 부속서의 채택은 그 목적으로 소집된 회합에 있어 이사회의 3분의 2의 찬성투표를 필요로 하고, 다음에 이사회가 각 체약국에 송부한다. 이 부속서 또는 그 개정은 각 체약국에의 송달 후 3개월 이내, 또는 이사회가 정하는 그 이상의 기간의 종료시에 효력을 발생한다. 단, 체약국의 과반수가 그 기간 내에 그 불승인을 이사회에 계출한 경우에는 차한에 부재한다.

(b) 이사회는 부속서 또는 그 개정의 효력 발생을 모든 체약국에 직시 통고한다.

제 21 장
비준, 가입, 개정과 폐기

제 91 조 【협약의 비준】

(a) 본협약은 서명국에 의하여 비준을 받을 것을 요한다. 비준서는 미합중국정부의 기록 보관소에 기탁된다. 동국 정부는 각 서명국과 가입국에 기탁일을 통고한다.

(b) 본협약은 26개국이 비준하거나 또는 가입한 때 제26번의 문서의 기탁 후 30일에 이들 국가 간에 대하여 효력을 발생한다. 본협약은 그 후 비준하는 각국에 대하여서는 그 비준서의 기탁 후 30일에 효력을 발생한다.

(c) 본협약이 효력을 발생한 일을 각 서명국과 가입국의 정부에 통고하는 것은 미합중국정부의 임무로 한다.

제 92 조 【협약에의 가입】

(a) 본협약은 연합국과 이들 국가와 연합하고 있는 국가 및 금차 세계전쟁 중 중립이었던 국가의 가입을 위하여 개방된다.

(b) 가입은 미합중국정부에 송달하는 통고에 의하여 행하고 또 미합중국정부가 통고를 수령 후 30일부터 효력을 발생한다. 동국정부는 모든 체약국에 통고한다.

제 93 조 【기타 국가의 가입승인】

제91조와 제92조(a)에 규정한 국가 이외의 국가는, 세계의 제국이 평화를 유지하기 위하여 설립하는 일반적 국제기구의 승인을 받을 것을 조건으로, 총회의 5분의 2의 찬반투표에 의하여 또 총회가 정하는 조건에 의하여 본협약에 참가할 것이 용인된다. 단, 각 경우에 있어 용인을 요구하는 국가에 의하여 금차 전쟁 중에 침략되고 또는 공격된 국가의 동의를 필요로 한다.

여객, 화물 또는 우편물의 적재 또는 하재
이외의 목적으로서의 착륙을 말한다.

제 94 조 【협약의 개정】

(a) 본협약의 개정안은 총회의 3분의 2의 찬성
투표에 의하여 승인되어야 하고 또 총회가
정하는 수의 체약국이 비준한 때에 그 개정
을 비준한 국가에 대하여 효력을 발생한다.
총회의 정하는 수는 체약국의 총수의 3분의
2의 미만이 되어서는 아니 된다.

(b) 총회는 전항의 개정이 성질상 정당하다고
인정되는 경우에는, 채택을 권고하는 결의에
있어 개정의 효력 발생 후 소정의 기간 내에
비준하지 아니하는 국가는 직시 기구의 구성
원과 본협약의 당사국의 지위를 상실하게 된
다는 것을 규정할 수 있다.

제 95 조 【협약의 폐기】

(a) 체약국은 이 협약의 효력 발생의 3년 후에
미합중국정부에 보낸 통고에 의하여서 이 협
약의 폐기를 통고할 수 있다. 동국정부는 직
시 각 체약국에 통보한다.

(b) 폐기는 통고의 수령일로부터 1년 후에 효력
을 발생하고 또 폐기를 행한 국가에 대하여
서만 유효하다.

제 22 장
정 의

제 96 조

본협약의 적용상:

(a) 「항공업무」라 함은 여객, 우편물 또는 화물
의 일반수송을 위하여 항공기로서 행하는 정
기항공업무를 말한다.

(b) 「국제항공업무」라 함은 2 이상의 국가의 영
역상의 공간을 통과하는 항공업무를 말한다.

(c) 「항공기업」이라 함은 국제항공업무를 제공
하거나 또는 운영하는 항공수송기업을 말한
다.

(d) 「운수이외의 목적으로서의 착륙」이라 함은

협약의 서명

이상의 증거로서 하명의 전권위원은, 정당한 권
한을 위임받아, 각자의 정부를 대표하여 그 서명
의 반대편에 기재된 일자에 본협약에 서명한다.

1944년 12월 7일 시카고에서 영어로서 본문을
작성한다. 영어, 불란서어와 서반아어로서 기술한
본문 1통을 각어와 같이 동등한 정문으로 하고
워싱톤 D.C.에서 서명을 위하여 공개한다. 양 본
문은 미합중국정부의 기록보관소에 기탁되고 인
증등본은 동국 정부가 본협약에 서명하거나 또는
가입한 모든 국가의 정부에 송달한다.

CONVENTION* ON INTERNATIONAL CIVIL AVIATION SIGNED AT CHICAGO, ON 7 DECEMBER 1944 [CHICAGO CONVENTION]

<u>Source</u>: ICAO Doc. 7300/9

Preamble

WHEREAS the future development of international civil aviation can greatly help to create and preserve friendship and understanding among the nations and peoples of the world, yet its abuse can become a threat to the general security; and

WHEREAS it is desirable to avoid friction and to promote that cooperation between nations and peoples upon which the peace of the world depends;

THEREFORE, the undersigned governments having agreed on certain principles and arrangements in order that international civil aviation may be developed in a safe and orderly manner and that international air transport services may be established on the basis of equality of opportunity and operated soundly and economically;

Have accordingly concluded this Convention to that end.

PART I
AIR NAVIGATION

CHAPTER I
GENERAL PRINCIPLES AND APPLICATION OF THE CONVENTION

Article 1
Sovereignty

The contracting States recognize that every State has complete and exclusive sovereignty over the airspace above its territory.

Article 2
Territory

For the purposes of this Convention the territory of a State shall be deemed to be the land areas and territorial waters adjacent thereto under the sovereignty, suzerainty, protection or mandate of such State.

Article 3
Civil and state aircraft

(a)   This Convention shall be applicable only to civil aircraft, and shall not be applicable to state aircraft.

(b)   Aircraft used in military, customs and police services shall be deemed to be state aircraft.

(c)   No state aircraft of a contracting State shall fly over the territory of another

State or land thereon without authorization by special agreement or otherwise, and in accordance with the terms thereof.

(d)   The contracting States undertake, when issuing regulations for their state aircraft, that they will have due regard for the safety of navigation of civil aircraft.

Article 3*bis*[1]

(a)   The contracting States recognize that every State must refrain from resorting to the use of weapons against civil aircraft in flight and that, in case of interception, the lives of persons on board and the safety of aircraft must not be endangered. This provision shall not be interpreted as modifying in any way the rights and obligations of States set forth in the Charter of the United Nations.

(b)   The contracting States recognize that every State, in the exercise of its sovereignty, is entitled to require the landing at some designated airport of a civil aircraft flying above its territory without authority or if there are reasonable grounds to conclude that it is being used for any purpose inconsistent with the aims of this Convention; it may also give such aircraft any other instructions to put an end to such violations. For this purpose, the contracting States may resort to any appropriate means consistent with relevant rules of international law, including the relevant provisions of this Convention, specifically paragraph (a) of this Article. Each contracting State agrees to publish its regulations in force regarding the interception of civil aircraft.

(c)   Every civil aircraft shall comply with an order given in conformity with paragraph (b) of this Article. To this end each contracting State shall establish all necessary provisions in its national laws or regulations to make such compliance mandatory for any civil aircraft registered in that State or operated by an operator who has his principal place of business or permanent residence in that State. Each contracting State shall make any violation of such applicable laws or regulations punishable by severe penalties and shall submit the case to its competent authorities in accordance with its laws or regulations.

(d)   Each contracting State shall take appropriate measures to prohibit the deliberate use of any civil aircraft registered in that State or operated by an operator who has his principal place of business or permanent residence in that State for any purpose inconsistent with the aims of this Convention. This provision shall not affect paragraph (a) or derogate from paragraphs (b) and (c) of this Article.

Article 4
Misuse of civil aviation

Each contracting State agrees not to use civil aviation for any purpose inconsistent with the aims of this Convention.

---

[1] On May 1984 the ICAO Assembly amended the Convention by adopting the Protocol introducing Article 3*bis*. Under Article 94(b) of the Convention, the amendment came into force on 1 October 1998 in respect of those States which have ratified it.

CHAPTER II
FLIGHT OVER TERRITORY OF CONTRACTING STATES

Article 5
Right of non-scheduled flight

Each contracting State agrees that all aircraft of the other contracting States, being aircraft not engaged in scheduled international air services shall have the right, subject to the observance of the terms of this Convention, to make flights into or in transit non-stop across its territory and to make stops for non-traffic purposes without the necessity of obtaining prior permission, and subject to the right of the State flown over to require landing. Each contracting State nevertheless reserves the right, for reasons of safety of flight, to require aircraft desiring to proceed over regions which are inaccessible or without adequate air navigation facilities to follow prescribed routes, or to obtain special permission for such flights.

Such aircraft, if engaged in the carriage of passengers, cargo, or mail for remuneration or hire on other than scheduled international air services, shall also, subject to the provisions of Article 7, have the privilege of taking on or discharging passengers, cargo, mail, subject to the right of any State where such embarkation or discharge takes place to impose such regulations, conditions or limitations at it may consider desirable.

Article 6
Scheduled air services

No scheduled international air service may be operated over or into the territory of a contracting State, except with the special permission or other authorization of that State, and in accordance with the terms of such permission or authorization.

Article 7
Cabotage

Each contracting State shall have the right to refuse permission to the aircraft of other contracting States to take on in its territory passengers, mail and cargo carried for remuneration or hire and destined for another point within its territory. Each contracting State undertakes not to enter into any arrangements which specifically grant any such privilege on an exclusive basis, to any other State or an airline of any other State, and not to obtain any such exclusive privilege from any other State.

Article 8
Pilotless aircraft

No aircraft capable of being flown without a pilot shall be flown without a pilot over the territory of a contracting State without special authorization by that State and in accordance with the terms of such authorization. Each contracting State undertakes to insure that the flight of such aircraft without a pilot in regions open to civil aircraft shall be so controlled as to obviate danger to civil aircraft.

Article 9
Prohibited areas

(a)   Each contracting State may, for reasons of military necessity or public safety, restrict or prohibit uniformly the aircraft of other States from flying over certain areas of its territory, provided that no distinction in this respect is made between the aircraft of the State whose territory is involved, engaged in international scheduled airline services, and the aircraft of the other contracting States likewise engaged. Such prohibited areas shall be of reasonable extent and location so as not to interfere unnecessarily with air navigation. Descriptions of such prohibited areas in the territory of a contracting State, as well as any subsequent alterations therein, shall be communicated as soon as possible to the other contracting States and to the International Civil Aviation Organization.

(b)   Each contracting State reserves also the right, in exceptional circumstances or during a period of emergency, or in the interest of public safety, and with immediate effect, temporarily to restrict or prohibit flying over the whole or any part of its territory, on condition that such restriction or prohibition shall be applicable without distinction of nationality to aircraft of all other States.

(c)   Each contracting State, under such regulations as it may prescribe, may require any aircraft entering the areas contemplated in subparagraphs (a) or (b) above to effect a landing as soon as practicable thereafter at some designated airport within its territory.

Article 10
Landing at customs airport

Except in a case where, under the terms of this Convention or a special authorization, aircraft are permitted to cross the territory of a contracting State without landing, every aircraft which enters the territory of a contracting State shall, if the regulations of that State so require, land at an airport designated by that State for the purpose of customs and other examination. On departure from the territory of a contracting State, such aircraft shall depart from a similarly designated customs airport. Particulars of all designated customs airports shall be published by the State and transmitted to the International Civil Aviation Organization established under Part II of this Convention for communication to all other contracting States.

Article 11
Applicability of air regulations

Subject to the provisions of this Convention, the laws and regulations of a contracting State relating to the admission to or departure from its territory of aircraft engaged in international air navigation, or to the operation and navigation of such aircraft while within its territory, shall be applied to the aircraft of all contracting States without distinction as to nationality, and shall be complied with by such aircraft upon entering or departing from or while within the territory of that State.

Article 12
Rules of the air

Each contracting State undertakes to adopt measures to insure that every aircraft flying over or maneuvering within its territory and that every aircraft carrying its nationality mark, wherever such aircraft may be, shall comply with the rules and regulations relating to the flight and maneuver of aircraft there in force. Each contracting State undertakes to keep its own regulations in these respects uniform, to the greatest possible extent, with those established from time to time under this Convention. Over the high seas, the rules in force shall be those established under this Convention. Each contracting State undertakes to insure the prosecution of all persons violating the regulations applicable.

Article 13
Entry and clearance regulations

The laws and regulations of a contracting State as to the admission to or departure from its territory of passengers, crew or cargo of aircraft, such as regulations relating to entry, clearance, immigration, passports, customs, and quarantine shall be complied with by or on behalf of such passengers, crew or cargo upon entrance into or departure from, or while within the territory of that State.

Article 14
Prevention of spread of disease

Each contracting State agrees to take effective measures to prevent the spread by means of air navigation of cholera, typhus (epidemic), smallpox, yellow fever, plague, and such other communicable diseases as the contracting States shall from time to time decide to designate, and to that end contracting States will keep in close consultation with the agencies concerned with international regulations relating to sanitary measurer, applicable to aircraft. Such consultation shall be without prejudice to the application of any existing international convention on this subject to which the contracting States may be parties.

Article 15
Airport and similar charges

Every airport in a contracting State which is open to public use by its national aircraft shall likewise, subject to the provisions of Article 68, be open under uniform conditions to the aircraft of all the other contracting States. The like uniform conditions shall apply to the use, by aircraft of every contracting State, of all air navigation facilities, including radio and meteorological services, which may be provided for public use for the safety and expedition of air navigation.

Any charges that may be imposed or permitted to be imported by a contracting State for the use of such airports and air navigation facilities by the aircraft of any other contracting State shall not be higher,

(a)   As to aircraft not engaged in scheduled international air services, than those that would be paid by its national aircraft of the same class engaged in similar operations, and

(b)   As to aircraft engaged in scheduled international air services, than those that would be paid by its national aircraft engaged in similar international air services.

All such charges shall be published and communicated to the International Civil Aviation Organization: provided that, upon representation by an interested contracting State, the charge, imposed for the use of airports and other facilities shall be subject to review by the Council, which shall report and make recommendations thereon for the consideration of the State or States concerned. No fees, dues or other charges shall be imposed by any contracting State in respect solely of the right of transit over or entry into or exit from its territory of any aircraft of a contracting State or persons or property thereon.

Article 16
Search of aircraft
The appropriate authorities of each of the contracting States shall have the right, without unreasonable delay, to search aircraft of the other contracting States on landing or departure, and to inspect the certificates and other documents prescribed by this Convention.

CHAPTER III
NATIONALITY OF AIRCRAFT

Article 17
Nationality of aircraft
Aircraft have the nationality of the State in which they are registered.

Article 18
Dual registration
An aircraft cannot be validly registered in more than one State, but its registration may be changed from one State to another.

Article 19
National laws governing registration
The registration or transfer of registration of aircraft in any contracting State shall be made in accordance with its laws and regulations.

Article 20
Display of marks
Every aircraft engaged in international air navigation shall bear its appropriate nationality and registration marks.

Article 21
Report of registrations
Each contracting State undertakes to supply to any other contracting State or to the International Civil Aviation Organization, on demand, information concerning the registration and ownership of any particular aircraft registered in that State.   In addition, each contracting State shall furnish reports to the International Civil Aviation Organization, under such regulations as the latter may prescribe, giving such pertinent data as can be made available concerning the ownership and control of aircraft registered in that State and habitually engaged in international air navigation.   The data thus obtained by the

International Civil Aviation Organization shall be made available by it on request to the other contracting States.

CHAPTER IV
MEASURES TO FACILITATE AIR NAVIGATION

Article 22
Facilitation of formalities

Each contracting State agrees to adopt all practicable measures, through the issuance of special regulations or otherwise, to facilitate and expedite navigation by aircraft between the territories of contracting States, and to prevent unnecessary delays to aircraft, crews, passengers and cargo, especially in the administration of the laws relating to immigration, quarantine, customs and clearance.

Article 23
Customs and immigration procedures

Each contracting State undertakes, so far as it may find practicable, to establish customs and immigration procedures affecting international air navigation in accordance with the practices which may be established or recommended from time to time, pursuant to this Convention. Nothing in this Convention shall be construed as preventing the establishment of customs-free airports.

Article 24
Customs duty

(a)   Aircraft on a flight to, from, or across the territory of another contracting State shall be admitted temporarily free of duty, subject to the customs regulations of the State. Fuel, lubricating oils, spare parts, regular equipment and aircraft stores on board an aircraft of a contracting State, on arrival in the territory of another contracting State and retained on board on leaving the territory of that State shall be exempt from customs duty, inspection fees or similar national or local duties and charges. This exemption shall not apply to any quantities or articles unloaded, except in accordance with the customs regulations of the State, which may require that they shall be kept under customs supervision.

(b)   Spare parts and equipment imported into the territory of a contracting State for incorporation in or use on an aircraft of another contracting State engaged in international air navigation shall be admitted free of customs duty, subject to compliance with the regulations of the State concerned, which may provide that the articles shall be kept under customs supervision and control.

Article 25
Aircraft in distress

Each contracting State undertakes to provide such measures of assistance to aircraft in distress in its territory as it may find practicable, and to permit, subject to control by its own authorities, the owners of the aircraft or authorities of the State in which the aircraft is registered to provide such measures of assistance as may be necessitated by the circumstances. Each contracting State, when undertaking search for missing aircraft, will collaborate in coordinated measures which may be recommended from time to time pursuant to this Convention.

Article 26
Investigation of accidents
In the event of an accident to an aircraft of a contracting State occurring in the territory of another contracting State, and involving death or serious injury, or indicating serious technical defect in the aircraft or air navigation facilities, the State in which the accident occurs will institute an inquiry into the circumstances of the accident, in accordance, so far as its laws permit, with the procedure which may be recommended by the International Civil Aviation Organization. The State in which the aircraft is registered shall be given the opportunity to appoint observers to be present at the inquiry and the State holding the inquiry shall communicate the report and findings in the matter to that State.

Article 27
Exemption from seizure on patent claims
(a)   While engaged in international air navigation, any authorized entry of aircraft of a contracting State into the territory of another contracting State or authorized transit across the territory of such State with or without landings shall not entail any seizure or detention of the aircraft or any claim against the owner or operator thereof or any other interference therewith by or on behalf of such State or any person therein, on the ground that the construction, mechanism, parts, accessories or operation of the aircraft is an infringement of any patent, design, or model duly granted or registered in the State whose territory is entered by the aircraft, it being agreed that no deposit of security in connection with the foregoing exemption from seizure or detention of the aircraft shall in any case be required in the State entered by such aircraft.
(b)   The provisions of paragraph (a) of this Article shall also be applicable to the storage of spare parts and spare equipment for the aircraft and the right to use and install the same in the repair of an aircraft of a contracting State in the territory of any other contracting State, provided that any patented part or equipment so stored shall not be sold or distributed internally in or exported commercially from the contracting State entered by the aircraft.
(c)   The benefits of this Article shall apply only to such States, parties to this Convention, as either (1) are parties to the International Convention for the Protection of Industrial Property and to any amendments thereof; or (2) have enacted patent laws which recognize and give adequate protection to inventions made by the nationals of the other States parties to this Convention.

Article 28
Air navigation facilities and standard systems
Each contracting State undertakes, so far as it may find practicable, to:
(a)   Provide, in its territory, airports, radio services, meteorological services and other air navigation facilities to facilitate international air navigation, in accordance with the standards and practices recommended or established from time to time, pursuant to this Convention;

(b)   Adopt and put into operation the appropriate standard systems of communications procedure, codes, markings, signals, lighting and other operational practices and rules which may be recommended or established from time to time, pursuant to this Convention;

(c)   Collaborate in international measures to secure the publication of aeronautical maps and charts in accordance with standards which may be recommended or established from time to time, pursuant to this Convention.

CHAPTER V
CONDITIONS TO BE FULFILLED WITH RESPECT TO AIRCRAFT

Article 29
Documents carried in aircraft

Every aircraft of a contracting State, engaged in international navigation, shall carry the following documents in conformity with the conditions prescribed in this Convention:

(a)   Its certificate of registration;

(b)   Its certificate of airworthiness;

(c)   The appropriate licenses for each member of the crew;

(d)   Its journey log book;

(e)   If it is equipped with radio apparatus, the aircraft radio station license;

(f)   If it carries passengers, a list of their names and places of embarkation and destination;

(g)   If it carries cargo, a manifest and detailed declarations of the cargo.

Article 30
Aircraft radio equipment

(a)   Aircraft of each contracting State may, in or over the territory of other contracting States, carry radio transmitting apparatus only if a license to install and operate such apparatus has been issued by the appropriate authorities of the State in which the aircraft is registered. The use of radio transmitting apparatus in the territory of the contracting State whose territory is flown over shall be in accordance with the regulations prescribed by that State.

(b)   Radio transmitting apparatus may be used only by members of the flight crew who are provided with a special license for the purpose, issued by the appropriate authorities of the State in which the aircraft is registered.

Article 31
Certificates of airworthiness

Every aircraft engaged in international navigation shall be provided with a certificate of airworthiness issued or rendered valid by the State in which it is registered.

Article 32
Licenses of personnel

(a)   The pilot of every aircraft and the other members of the operating crew of every aircraft engaged in international navigation shall be provided with certificates of competency and licenses issued or rendered valid by the State in which the aircraft is registered.

(b)　　Each contracting State reserves the right to refuse to recognize, for the purpose of flight above its own territory, certificates of competency and licenses granted to any of its nationals by another contracting State.

Article 33
Recognition of certificates and licenses

Certificates of airworthiness and certificates of competency and licenses issued or rendered valid by the contracting State in which the aircraft is registered, shall be recognized as valid by the other contracting States, provided that the requirements under which such certificates or licenses were issued or rendered valid are equal to or above the minimum standards which may be established from time to time pursuant to this Convention.

Article 34
Journey log books

There shall be maintained in respect of every aircraft engaged in inter national navigation a journey log book in which shall be entered particulars of the aircraft, its crew and of each journey, in such form as may be prescribed from time to time pursuant to this Convention.

Article 35
Cargo restrictions

(a)　　No munitions of war or implements of war may be carried in or above the territory of a State in aircraft engaged in international navigation, except by permission of such State.　Each State shall determine by regulations what constitutes munitions of war or implement, of war for the purposes of this Article, giving due consideration, for the purposes of uniformity, to such recommendations as the International Civil Aviation Organization may from time to time make.

(b)　　Each contracting State reserves the right, for reasons of public order and safety, to regulate or prohibit the carriage in or above its territory of articles other than those enumerated in paragraph (a): provided that no distinction is made in this respect between its national aircraft engaged in international navigation and the aircraft of the other States so engaged; and provided further that no restriction shall be imposed which may interfere with the carriage and use on aircraft of apparatus necessary for the operation or navigation of the aircraft or the safety of the personnel or passengers.

Article 36
Photographic apparatus

Each contracting State may prohibit or regulate the use of photographic apparatus in aircraft over its territory.

CHAPTER VI
INTERNATIONAL STANDARDS AND RECOMMENDED PRACTICES

Article 37
Adoption of international standards and procedures

Each contracting State undertakes to collaborate in securing the highest practicable degree of uniformity in regulations, standards, procedures, and organization in relation to aircraft, personnel, airways and auxiliary services in all matters in which such uniformity will facilitate and improve air navigation.

To this end the International Civil Aviation Organization shall adopt and amend from time to time, as may be necessary, international standards and recommended practices and procedures dealing with:

(a)   Communications systems and air navigation aids, including ground marking;

(b)   Characteristics of airports and landing areas;

(c)   Rules of the air and air traffic control practices;

(d)   Licensing of operating and mechanical personnel;

(e)   Airworthiness of aircraft;

(f)   Registration and identification of aircraft;

(g)   Collection and exchange of meteorological information;

(h)   Log books;

(i)   Aeronautical maps and charts;

(j)   Customs and immigration procedures;

(k)   Aircraft in distress and investigation of accidents;

and such other matters concerned with the safety, regularity, and efficiency of air navigation as may from time to time appear appropriate.

Article 38
Departure from international standards and procedures

Any State which finds it impracticable to comply in all respects with any such international standards or procedure, or to bring its own regulations or practices into full accord with any international standard or procedure after amendment of the latter, or which deems it necessary to adopt regulations or practices differing in any particular respect from those established by an international standard, shall give immediate notification to the International Civil Aviation Organization of the differences between its own practice and that established by the international standard. In the case of amendments to inter national standards, any State which does not make the appropriate amendments to its own regulations or practices shall give notice to the Council within sixty days of the adoption of the amendment to the international standard, or indicate the action which it proposes to take. In any such case, the Council shall make immediate notification to all other States of the difference which exists between one or more features of an international standard and the corresponding national practice of that State.

Article 39
Endorsement of certificates and licenses

(a)   Any aircraft or part thereof with respect to which there exists an international standard of airworthiness or performance, and which failed in any respect to satisfy that standard at the time of its certification, shall have endorsed on or attached to its airworthiness certificate a complete enumeration of the details in respect of which it so failed.

(b)   Any person holding a license who does not satisfy in full the conditions laid down in the international standard relating to the class of license or certificate which he holds shall have endorsed on or attached to his license a complete enumeration of the particulars in which he does not satisfy such conditions.

Article 40
Validity of endorsed certificates and licenses

No aircraft or personnel having certificates or licenses so endorsed shall participate in international navigation, except with the permission of the State or States whose territory is entered. The registration or use of any such aircraft, or of any certificated aircraft part, in any State other than that in which it was originally certificated shall be at the discretion of the State into which the aircraft or part is imported.

Article 41
Recognition of exiting standards of airworthiness

The provisions of this Chapter shall not apply to aircraft and aircraft equipment of types of which the prototype is submitted to the appropriate national authorities for certification prior to a date three years after the date of adoption of an international standard of airworthiness for such equipment.

Article 42
Recognition of exiting standards of competency of personnel

The provisions of this Chapter shall not apply to personnel whose licenses are originally issued prior to a date one year after initial adoption of an international standard of qualification for such personnel; but they shall in any case apply to all personnel whose licenses remain valid five years after the date of adoption of such standard.

PART II
THE INTERNATIONAL CIVIL AVIATION ORGANIZATION

CHAPTER VII
THE ORGANIZATION

Article 43
Name and composition

An organization to be named the International Civil Aviation Organization is formed by the Convention. It is made up of an Assembly, a Council, and such other bodies as may be necessary.

Article 44
Objectives
The aims and objectives of the Organization are to develop the principles and techniques of international air navigation and to foster the planning and development of international air transport so as to:

(a)   Insure the safe and orderly growth of international civil aviation throughout the world;

(b)   Encourage the arts of aircraft design and operation for peaceful purposes;

(c)   Encourage the development of airways, airports, and air navigation facilities for international civil aviation;

(d)   Meet the needs of the peoples of the world for safe, regular, efficient and economical air transport;

(e)   Prevent economic waste caused by unreasonable competition;

(f)   Insure that the rights of contracting States are fully respected and that every contracting State has a fair opportunity to operate international airlines;

(g)   Avoid discrimination between contracting States;

(h)   Promote safety of flight in international air navigation;

(i)   Promote generally the development of all aspects of international civil aeronautics.

Article 45[2]
Permanent seat
The permanent seat of the Organization shall be at such place as shall be determined at the final meeting of the Interim Assembly of the Provisional International Civil Aviation Organization set up by the Interim Agreement on International Civil Aviation signed at Chicago on December 7, 1944. The seat may be temporarily transferred elsewhere by decision of the Council, and otherwise than temporarily by decision of the Assembly, such decision to be taken by the number of votes specified by the Assembly. The number of votes so specified will not be less than three-fifths of the total number of contracting States.

Article 46
First meeting of Assembly
The first meeting of the Assembly shall be summoned by the Interim Council of the above-mentioned Provisional Organization as soon as the Convention has come into force, to meet at a time and place to be decided by the

---

[2] This is the text of the Article as amended by the Eighth Session of the Assembly on 14 June 1954; it entered into force on 16 May 1958. Under Article 94(a) of the Convention, the amended text is in force in respect of those States which have ratified the amendment. In respect of those States which have not ratified the amendment, the original text is still in force and, therefore, that text is reproduced below:

   The permanent seat of the Organization shall be at such place as shall be
   determined at the final meeting of the Interim Assembly of the Provisional
   International Civil Aviation Organization set up by the Interim Agreement on
   International Civil Aviation signed at Chicago on December 7, 1944. The seat may
   be temporarily transferred elsewhere by decision of the Council.

Interim Council.

Article 47
Legal Capacity
The Organization shall enjoy in the territory of each contracting State such legal capacity as may be necessary for the performance of its functions. Full juridical personality shall be granted wherever compatible with the constitution and laws of the State concerned.

CHAPTER VIII
THE ASSEMBLY

Article 48
Meetings of the Assembly and voting
(a)   The Assembly shall meet annually and shall be convened by the Council at a suitable time and place. Extraordinary meetings of the Assembly may be held at any time upon the call of the Council or at the request of any ten contracting States addressed to the Secretary General.

(b)   All contracting States shall have an equal right to be represented at the meetings of the Assembly and each contracting State shall be entitled to one vote. Delegates representing contracting States may be assisted by technical advisers who may participate in the meetings but shall have no vote.

(c)   A majority of the contracting States is required to constitute a quorum for the meetings of the Assembly.   Unless otherwise provided in this Convention, decisions of the Assembly shall be taken by a majority of the votes cast.

Article 49
Powers and duties of the Assembly
The powers and duties of the Assembly shall be to:

(a)   Elect at each meeting its President and other officers;

(b)   Elect the contracting States to be represented on the Council, in accordance with the provisions of Chapter IX;

(c)   Examine and take appropriate action on the reports of the Council and decide on any matter referred to it by the Council;

(d)   Determine its own rules of procedure and establish such subsidiary commissions as it may consider to be necessary or desirable;

(e)   Vote an annual budget and determine the financial arrangements of the Organization, in accordance with the provisions of Chapter XII;

(f)   Review expenditures and approve the accounts of the Organization;

(g)   Refer, at its discretion, to the Council, to subsidiary commissions or to any other body any matter within its sphere of action;

(h)   Delegate to the Council the powers and authority necessary or desirable for the discharge of the duties of the Organization and revoke or modify the delegations of authority at any time;

(i)   Carry out the appropriate provisions of Chapter XIII;

(j)   Consider proposals for the modification or amendment of the provisions of this Convention and, if it approves of the proposals, recommend them to the contracting States in accordance with the provisions of Chapter XXI;

(k)   Deal with any matter within the sphere of action of the Organization not specifically assigned to the Council.

CHAPTER IX
THE COUNCIL

Article 50
Composition and election of Council

(a)   The Council shall be a permanent body responsible to the Assembly. It shall be composed of thirty-six contracting States elected by the Assembly. An election shall be held at the first meeting of the Assembly and thereafter every three years, and the members of the Council so elected shall hold office until the next following election.[3]

(b)   In electing the members of the Council, the Assembly shall give adequate representation to (1) the States of chief importance in air transport; (2) the States not otherwise included which make the largest contribution to the provision of facilities for international civil air navigation; and (3) the States not otherwise included whose designation will insure that all major geographic areas of the world are represented on the Council. Any vacancy on the Council shall be filled by the Assembly as soon as possible; any contracting State so elected to the Council shall hold office for the unexpired portion of its predecessor's term of office.

(c)   No representative of a contracting State on the Council shall be actively associated with the operation of an international air service or financially interested in such a service.

Article 51
President of Council

The Council shall elect its President for a term of three years. He may be reelected. He shall have no vote. The Council shall elect from among its members one or more Vice Presidents who shall retain their right to vote when serving as acting President. The President need not be selected from among the representatives of the members of the Council but, if a representative is elected, his seat shall be deemed vacant and it shall be filled by the State which he represented. The duties of the President shall be to:

(a)   Convene meetings of the Council, the Air Transport Committee, and the Air Navigation Commission;

---

[3] This is the text of the Article as amended by the 28th Session of the assembly on 25 October 1990; it entered into force on 28 November 2002. The original text of the Convention provided for twenty-one Members of the Council. The text was subsequently amended to the 13th (Extraordinary) Session of the Assembly on 19 June 1961; that amendment entered into force on 17 July 1962 and provided for twenty-seven Members of the Council; a further amendment was approved by the 17th (A) (Extraordinary) Session of the Assembly on 12 March 1971 providing for thirty Members of the Council; this amendment entered into force on 16 January 1973; a further amendment was approved by the 21st Session of the Assembly on 14 October 1974 providing for thirty-three Members of the Council; this amendment entered into force on 15 February 1980.

(b)   Serve as representative of the Council; and

(c)   Carry out on behalf of the Council the functions which the Council assigns to him.

Article 52
Voting in Council

Decisions by the Council shall require approval by a majority of its members. The Council may delegate authority with respect to any particular matter to a committee of its members. Decisions of any committee of the Council may be appealed to the Council by any interested contracting State.

Article 53
Participation without a vote

Any contracting State may participate, without a vote, in the consideration by the Council and by its committees and commissions on any question which especially affects its interests. No member of the Council shall vote in the consideration by the Council of a dispute to which it is a party.

Article 54
Mandatory functions of Council

The Council shall:

(a)   Submit annual reports to the Assembly;

(b)   Carry out the directions of the Assembly and discharge the duties and obligations which are laid on it by this Convention;

(c)   Determine its organization and rules of procedure;

(d)   Appoint and define the duties of an Air Transport Committee, which shall be chosen from among the representatives of the members of the Council, and which shall be responsible to it;

(e)   Establish an Air Navigation Commission, in accordance with the provisions of Chapter X;

(f)   Administer the finances of the Organization in accordance with the provisions of Chapters XII and XV;

(g)   Determine the emoluments of the President of the Council;

(h)   Appoint a chief executive officer who shall be called the Secretary General, and make provision for the appointment of such other personnel as may be necessary, in accordance with the provisions of Chapter XI;

(i)   Request, collect, examine and publish information relating to the advancement of air navigation and the operation of international air services, including information about the costs of operation and particulars of subsidies paid to airlines from public funds;

(j)   Report to contracting States any infraction of this Convention, as well as any failure to carry out recommendations or determinations of the Council;

(k)   Report to the Assembly any infraction of this Convention where a contracting State has failed to take appropriate action within a reasonable time after notice of the infraction;

(l)   Adopt, in accordance with the provisions of Chapter VI of this Convention, international standards and recommended practices; for convenience, designate them as Annexes to this Convention; and notify all contracting States of the action taken;

(m)   Consider recommendations of the Air Navigation Commission for amendment of the Annexes and take action in accordance with the provisions of Chapter XX;

(n)   Consider any matter relating to the Convention which any contracting State refers to it.

Article 55
Permissive functions of Council

The Council may:

(a)   Where appropriate and as experience may show to be desirable, create subordinate air transport commissions on a regional or other basis and define groups of states or airlines with or through which it may deal to facilitate the carrying out of the aims of this Convention;

(b)   Delegate to the Air Navigation Commission duties additional to those set forth in the Convention and revoke or modify such delegations of authority at any time;

(c)   Conduct research into all aspects of air transport and air navigation which are of international importance, communicate the results of its research to the contracting States, and facilitate the exchange of information between contracting States on air transport and air navigation matters;

(d)   Study any matters affecting the organization and operation of international air transport, including the international ownership and operation of international air services on trunk routes, and submit to the Assembly plans in relation thereto;

(e)   Investigate, at the request of any contracting State, any situation which may appear to present avoidable obstacles to the development of international air navigation; and, after such investigation, issue such reports as may appear to it desirable.

CHAPTER X
THE AIR NAVIGATION COMMISSION

Article 56[4]
Nomination and appointment of Commission

The Air Navigation Commission shall be composed of nineteen members appointed by the Council from among persons nominated by contracting States. These persons shall have suitable qualifications and experience in the science and practice of aeronautics. The Council shall request all contracting States to submit nominations.   The President of the Air Navigation Commission shall be appointed by the Council.

---

[4] This is the text of the Article as amended by the 27th Session of the Assembly on 6 October 1989; it entered into force on 18 April 2005. The original text of the Convention provided for twelve members of the Air Navigation Commission. That text was subsequently amended by the 18th Session of the Assembly on 7 July 1971; this amendment entered into force on 19 December 1974 and provided for fifteen members of the Air Navigation Commission.

Article 57
Duties of the Commission

The Air Navigation Commission shall:

(a)   Consider, and recommend to the Council for adoption, modifications of the Annexes to this Convention;

(b)   Establish technical subcommissions on which any contracting State may be represented, if it so desires;

(c)   Advise the Council concerning the collection and communication to the contracting States of all information which it considers necessary and useful for the advancement of air navigation.

CHAPTER XI
PERSONNEL

Article 58
Appointment of personnel

Subject to any rules laid down by the Assembly and to the provisions of this Convention, the Council shall determine the method of appointment and of termination of appointment, the training, and the salaries, allowances, and conditions of service of the Secretary General and other personnel of the Organization, and may employ or make use of the services of nationals of any contracting State.

Article 59
International character of personnel

The President of the Council, the Secretary General, and other personnel shall not seek or receive instructions in regard to the discharge of their responsibilities from any authority external to the Organization.   Each contracting State undertakes fully to respect the international character of the responsibilities of the personnel and not to seek to influence any of its nationals in the discharge of their responsibilities.

Article 60
Immunities and privileges of personnel

Each contracting State undertakes, so far as possible under its constitutional procedure, to accord to the President of the Council, the Secretary General, and the other personnel of the Organization, the immunities and privileges which are accorded to corresponding personnel of other public international organizations.   If a general international agreement on the immunities and privileges of international civil servants is arrived at, the immunities and privileges accorded to the President, the Secretary General, and the other personnel of the Organization shall be the immunities and privileges accorded under that general international agreement.

CHAPTER XII
FINANCE

Article 61[5]
Budget and apportionment of expenses

The Council shall submit to the Assembly annual budgets, annual statements of accounts and estimates of all receipts and expenditures. The Assembly shall vote the budgets with whatever modification it sees fit to prescribe, and, with the exception of assessments under Chapter XV to States consenting thereto, shall apportion the expenses of the Organization among the contracting States on the basis which it shall from time to time determine.

Article 62
Suspension of voting power

The Assembly may suspend the voting power in the Assembly and in the Council of any contracting State that fails to discharge within a reasonable period its financial obligations to the Organization.

Article 63
Expenses of delegations and other representatives

Each contracting State shall bear the expenses of its own delegation to the Assembly and the remuneration, travel, and other expenses of any person whom it appoints to serve on the Council, and of its nominees or representatives on any subsidiary committees or commissions of the Organization.

CHAPTER XIII
OTHER INTERNATIONAL ARRANGEMENTS

Article 64
Security arrangements

The Organization may, with respect to air matters within its competence directly affecting world security, by vote of the Assembly enter into appropriate arrangements with any general organization set up by the nations of the world to preserve peace.

Article 65
Arrangements with other international bodies

The Council, on behalf of the Organization, may enter into agreements

---

[5] This is the text of the Article as amended by the Eighth Session of the Assembly on 14 June 1954; it entered into force on 12 December 1956. Under Article 94(a) of the Convention, the amended text is in force in respect of the States which have ratified the amendment. In respect of the States which have not ratified the amendment, the original text is still in force and, therefore, that text is reproduced below:

The Council shall submit to the Assembly an annual budget, annual statements of accounts and estimates of all receipts and expenditures. The Assembly shall vote the budget with whatever modification it sees fit to prescribe, and, with the exception of assessments under Chapter XV to States consenting thereto, shall apportion the expenses of the Organization among the contracting States on the basis which it shall from time to time determine.

with other international bodies for the maintenance of common services and for common arrangements concerning personnel and, with the approval of the Assembly, may enter into such other arrangements as may facilitate the work of the Organization.

Article 66
Functions related to other agreements
(a)　The Organization shall also carry out the functions placed upon it by the International Air Services Transit Agreement and by the International Air Transport Agreement drawn up at Chicago on December 7, 1944, in accordance with the terms and conditions therein set forth.

(b)　Members of the Assembly and the Council who have not accepted the International Air Services Transit Agreement or the International Air Transport Agreement drawn up at Chicago on December 7, 1944 shall not have the right to vote on any questions referred to the Assembly or Council under the provisions of the relevant Agreement.

PART III
INTERNATIONAL AIR TRANSPORT

CHAPTER XIV
INFORMATION AND REPORTS

Article 67
File reports with Council
Each contracting State undertakes that its international airlines shall, in accordance with requirements laid down by the Council, file with the Council traffic reports, cost statistics and financial statements showing among other things all receipts and the sources thereof.

CHAPTER XV
AIRPORTS AND OTHER AIR NAVIGATION FACILITIES

Article 68
Designation of routes and airports
Each contracting State may, subject to the provisions of this Convention, designate the route to be followed within its territory by any international air service and the airports which any such service may use.

Article 69
Improvement of air navigation facilities
If the Council is of the opinion that the airports or other air navigation facilities, including radio and meteorological services, of a contracting State are not reasonably adequate for the safe, regular, efficient, and economical operation of international air services, present or contemplated, the Council shall consult with the State directly concerned, and other States affected, with a view to finding means by which the situation may be remedied, and may make recommendations for that purpose. No contracting State shall be guilty of an

infraction of this Convention if it fails to carry out these recommendations.

Article 70
Financing of air navigation facilities

A contracting State, in the circumstances arising under the provisions of Article 69, may conclude an arrangement with the Council for giving effect to such recommendations. The State may elect to bear all of the costs involved in any such arrangement. If the States does not so elect, the Council may agree, at the request of the State, to provide for all or a portion of the cost.

Article 71
Provision and maintenance of facilities by Council

If a contracting State so requests, the Council may agree to provide, man, maintain, and administer any or all of the airports and other air navigation facilities, including radio and meteorological services, required in its territory for the safe, regular, efficient and economical operation of the international air services of the other contracting States, and may specify just and reasonable charges for the use of the facilities provided.

Article 72
Acquisition or use of land

Where land is needed for facilities financed in whole or in part by the Council at the request of a contracting State, that State shall either provide the land itself, retaining title if it wishes, or facilitate the use of the land by the Council on just and reasonable terms and in accordance with the laws of the State concerned.

Article 73
Expenditure and assessment of funds

Within the limit of the funds which may be made available to it by the Assembly under Chapter XII, the Council may make current expenditures for the purposes of this Chapter from the general funds of the Organization. The Council shall assess the capital funds required for the purposes of this Chapter in previously agreed proportions over a reasonable period of time to the contracting States consenting thereto whose airlines use the facilities. The Council may also assess to States that consent any working funds that are required.

Article 74
Technical assistance and utilization of revenues

When the Council, at the request of a contracting State, advances funds or provides airports or other facilities in whole or in part, the arrangement may provide, with the consent of that State, for technical assistance in the supervision and operation of the airports and other facilities, and for the payment, from the revenues derived from the operation of the airports and other facilities, of the operating expenses of the airports and the other facilities, and of interest and amortization charges.

Article 75
Taking over of facilities from Council

A contracting State may at any time discharge any obligation into which it has entered under Article 70, and take over airports and other facilities which the Council has provided in its territory pursuant to the provisions of Articles 71 and 72, by paying to the Council an amount which in the opinion of the Council is reasonable in the circumstances. If the State considers that the amount fixed by the Council is unreasonable it may appeal to the Assembly against the decision of the Council and the Assembly may confirm or amend the decision of the Council.

Article 76
Return of funds

Funds obtained by the Council through reimbursement under Article 75 and from receipts of interest and amortization payments under Article 74 shall, in the case of advances originally financed by States under Article 73, be returned to the States which were originally assessed in the proportion of their assessments, as determined by the Council.

CHAPTER XVI
JOINT OPERATING ORGANIZATIONS AND POOLED SERVICES

Article 77
Joint operating organizations permitted

Nothing in this Convention shall prevent two or more contracting States from constituting joint air transport operating organizations or international operating agencies and from pooling their air services on any routes or in any regions, but such organizations or agencies and such pooled services shall be subject to all the provisions of this Convention, including those relating to the registration of agreements with the Council. The Council shall determine in what manner the provisions of this Convention relating to nationality of aircraft shall apply to aircraft operated by international operating agencies.

Article 78
Function of Council

The Council may suggest to contracting States concerned that they form joint organizations to operate air services on any routes or in any regions.

Article 79
Participation in operating organizations

A State may participate in joint operating organizations or in pooling arrangements, either through its government or through an airline company or companies designated by its government. The companies may, at the sole discretion of the State concerned, be state-owned or partly state-owned or privately owned.

PART IV
FINAL PROVISIONS

CHAPTER XVII
OTHER AERONAUTICAL AGREEMENTS AND ARRANGEMENTS

Article 80
Paris and Habana Conventions

Each contracting State undertakes, immediately upon the coming into force of this Convention, to give notice of denunciation of the Convention relating to the Regulation of Aerial Navigation signed at Paris on October 13, 1919 or the Convention on Commercial Aviation signed at Habana on February 20, 1928, if it is a party to either. As between contracting States, this Convention supersedes the Conventions of Paris and Habana previously referred to.

Article 81
Registration of exiting agreements

All aeronautical agreements which are in existence on the coming into force of this Convention, and which are between a contracting State and any other State or between an airline of a contracting State and any other State or the airline of any other State, shall be forthwith registered with the Council.

Article 82
Abrogation of inconsistent arrangements

The contracting States accept this Convention as abrogating all obligations and understandings between them which are inconsistent with its terms, and undertake not to enter into any such obligations and understandings. A contracting State which, before becoming a member of the Organization has under taken any obligations toward a non-contracting State or a national of a contracting State or of a non-contracting State inconsistent with the terms of this Convention, shall take immediate steps to procure its release from the obligations. If an airline of any contracting State has entered into any such inconsistent obligations, the State of which it is a national shall use its best efforts to secure their termination forthwith and shall in any event cause them to be terminated as soon as such action can lawfully be taken after the coming into force of this Convention.

Article 83
Registration of new arrangements

Subject to the provisions of the preceding Article, any contracting State may make arrangements not inconsistent with the provisions of this Convention. Any such arrangement shall be forthwith registered with the Council, which shall make it public as soon as possible.

Article 83*bis*[6]
Transfer of certain functions and duties

(a)　Notwithstanding the provisions of Articles 12, 30, 31 and 32(a), when an aircraft registered in a contracting State is operated pursuant to an agreement for the lease, charter or interchange of the aircraft or any similar arrangement by an operator who has his principal place of business or, if he has no such place of business, his permanent residence in another contracting State, the State of registry may, by agreement with such other State, transfer to it all or part of its functions and duties as State of registry in respect of that aircraft under Articles 12, 30, 31, and 32(a). The State of registry shall be relieved of responsibility in respect of the functions and duties transferred.

(b)　The transfer shall not have effect in respect of other contracting States before either the agreement between States in which it is embodied has been registered with the Council and made public pursuant to Article 83 or the existence and scope of the agreement have been directly communicated to the authorities of the other contracting State or States concerned by a State party to the agreement.

(c)　The provisions of paragraphs (a) and (b) above shall also be applicable to cases covered by Article 77.

CHAPTER XVIII
DISPUTES AND DEFAULT

Article 84
Settlement of disputes

If any disagreement between two or more contracting States relating to the interpretation or application of this Convention and its Annexes cannot be settled by negotiation, it shall, on the application of any State concerned in the disagreement, be decided by the Council. No member of the Council shall vote in the consideration by the Council of any dispute to which it is a party. Any contracting State may, subject to Article 85, appeal from the decision of the Council to an *ad hoc* arbitral tribunal agreed upon with the other parties to the dispute or to the Permanent Court of International Justice. Any such appeal shall be notified to the Council within sixty days of receipt of notification of the decision of the Council.

Article 85
Arbitration procedure

If any contracting State party to a dispute in which the decision of de Council is under appeal has not accepted the Statute of the Permanent Court of International Justice and the contracting States parties to the dispute cannot agree on the choice of the arbitral tribunal, each of the contracting States parties to the dispute shall name a single arbitrator who shall name an umpire. If either contracting State party to the dispute fails to name an arbitrator within a period

---

[6] On 6 October 1980 the Assembly decided to amend the *Chicago Convention* by introducing Article 83*bis*. Under Article 94(b) of the *Convention*, the amendment came into force on 20 June 1997 in respect with those States which have ratified it.

of three months from the date of the appeal, an arbitrator shall be named on behalf of that State by the President of the Council from a list of qualified and available persons maintained by the Council. If, within thirty days, the arbitrators cannot agree on an umpire, the President of the Council shall designate an umpire from the list previously referred to. The arbitrators and the umpire shall then jointly constitute an arbitral tribunal. Any arbitral tribunal established under this or the preceding Article shall settle its own procedure and give its decisions by majority vote, provided that the Council may determine procedural questions in the event of any delay which in the opinion of the Council is excessive.

Article 86
Appeals

Unless the Council decides otherwise, any decision by the Council on whether an international airline is operating in conformity with the provisions of this Convention shall remain in effect unless reversed on appeal. On any other matter, decisions of the Council shall, if appealed from, be suspended until the appeal is decided. The decisions of the Permanent Court of International Justice and of an arbitral tribunal shall be final and binding.

Article 87
Penalty for non-conformity of airline

Each contracting State undertakes not to allow the operation of an airline of a contracting State through the airspace above its territory if the Council has decided that the airline concerned is not conforming to a final decision rendered in accordance with the previous Article.

Article 88
Penalty for non-conformity by State

The Assembly shall suspend the voting power in the Assembly and in the Council of any contracting State that is found in default under the provisions of this Chapter.

CHAPTER XIX
WAR

Article 89
War and emergency conditions

In case of war, the provisions of this Convention shall not affect the freedom of action of any of the contracting States affected, whether as belligerents or as neutrals. The same principle shall apply in the case of any contracting State which declares a state of national emergency and notifies the fact to the Council.

CHAPTER XX
ANNEXES

Article 90
Adoption and amendment of Annexes

(a)   The adoption by the Council of the Annexes described in Article 54, subparagraph (I), shall require the vote of two-thirds of the Council at a meeting called for that purpose and shall then be submitted by the Council to each contracting State. Any such Annex or any amendment of an Annex shall become effective within three months after its submission to the contracting States or at the end of such longer period of time as the Council may prescribe, unless in the meantime a majority of the contracting States register their disapproval with the Council.

(b)   The Council shall immediately notify all contracting States of the coming into force of any Annex or amendment thereto.

CHAPTER XXI
RATIFICATIONS, ADHERENCES, AMENDMENTS, AND DENUNCIATIONS

Article 91
Ratification of Convention

(a)   This Convention shall be subject to ratification by the signatory States. The instruments of ratification shall be deposited in the archives of the Government of the United States of America, which shall give notice of the date of the deposit to each of the signatory and adhering States.

(b)   As soon as this Convention has been ratified or adhered to by twenty six States it shall come into force between them on the thirtieth day after deposit of the twenty-sixth instrument. It shall come into force for each State ratifying thereafter on the thirtieth day after the deposit of its instrument of ratification.

(c)   It shall be the duty of the Government of the United States of America to notify the government of each of the signatory and adhering States of the date on which this Convention comes into force.

Article 92
Adherence to Convention

(a)   This Convention shall be open for adherence by members of the United Nations and States associated with them, and States which remained neutral during the present world conflict.

(b)   Adherence shall be effected by a notification addressed to the Government of the United States of America and shall take effect as from the thirtieth day from the receipt of the notification by the Government of the United States of America, which shall notify all the contracting States.

Article 93
Admission of other States

States other than those provided for in Articles 91 and 92 (a) may, subject to approval by any general international organization set up by the nations of the world to preserve peace, be admitted to participation in this Convention by means of a four-fifths vote of the Assembly and on such conditions as the Assembly may prescribe: provided that in each case the assent of any State invaded or attacked during the present war by the State seeking admission shall be necessary.

Article 93*bis*[7]

(a)   Notwithstanding the provisions of Articles 91, 92 and 93 above:

(1)   A State whose government the General Assembly of the United Nations has recommended be debarred from membership in international agencies established by or brought into relationship with the United Nations shall automatically cease to be a member of the International Civil Aviation Organization;

(2)   A State which has been expelled from membership in the United Nations shall automatically cease to be a member of the International Civil Aviation Organization unless the General Assembly of the United Nations attaches to its act of expulsion a recommendation to the contrary.

(b)   A State which ceases to be a member of the International Civil Aviation Organization as a result of the provisions of paragraph (a) above may, after approval by the General Assembly of the United Nations, be readmitted to the International Civil Aviation Organization upon application and upon approval by a majority of the Council.

(c)   Members of the Organization which are suspended from the exercise of the rights and privileges of membership in the United Nations shall, upon the request of the latter, be suspended from the rights and privileges of membership in this Organization.

Article 94
Amendment of Convention

(a)   Any proposed amendment to this Convention must be approved by a two-thirds vote of the Assembly and shall then come into force in respect of States which have ratified such amendment when ratified by the number of contracting States specified by the Assembly. The number so specified shall not be less than two-thirds of the total number of contracting States.

(b)   If in its opinion the amendment is of such a nature as to justify this course, the Assembly in its resolution recommending adoption may provide that any State which has not ratified within a specified period after the amendment has come into force shall thereupon cease to be a member of the Organization and a party to the Convention.

Article 95
Denunciation of Convention

(a)   Any contracting State may give notice of denunciation of this Convention three years after its coming into effect by notification addressed to the Government of the United States of America, which shall at once inform each of

---

[7] On 27 May 1947 the Assembly decided to amend the *Chicago Convention* by introducing Article 93*bis*. Under Article 94(a) of the Convention, the amendment came into force on 20 March 1961 in respect of States which have ratified it.

the contracting States.

(b)   Denunciation shall take effect one year from the date of the receipt of the notification and shall operate only as regards the State effecting the denunciation.

CHAPTER XXII
DEFINITIONS

Article 96
For the purpose of this Convention the expression:

(a)   "Air service"- means any scheduled air service performed by air craft for the public transport of passengers, mail or cargo.

(b)   "International air service" means an air service which pas through the air space over the territory of more than one State.

(c)   "Airline" means any air transport enterprise offering or operating an international air service.

(d)   "Stop for non-traffic purposes" means a landing for any purpose other than taking on or discharging passengers, cargo or mail.

SIGNATURE OF CONVENTION

IN WITNESS WHEREOF, the undersigned plenipotentiaries, having been duly authorized, sign this Convention on behalf of their respective governments on the dates appearing opposite their signatures.

DONE at Chicago the seventh day of December 1944, in the English language.   A text drawn up in the English, French, Russian and Spanish languages, each of which shall be of equal authenticity.   These texts shall be deposited in the archives of the Government of the United States of America, and certified copies shall be transmitted by that Government to the Governments of all the States which may sign or adhere to this Convention.   This Convention shall be open for signature at Washington, D.C.[8]

---

[8] This is the text of the final Paragraph as amended by the 22nd Session of the Assembly on 30 September 1977. It entered into force on 17 August 1999. Under Article 94(a) of the Convention, the amended text is in force in respect of those States which have ratified the amendment. In respect of the States which have not ratified the amendment, the original text is still in force and, therefore, that text is reproduced below:

> DONE at Chicago the seventh day of December 1944, in the English language. A text drawn up in the English, French and Spanish languages, each of which shall be of equal authenticity, shall be open for signature at Washington, D.C. Both texts shall be deposited in the archives of the Government of the United States of America, and certified copies shall be transmitted by that Government to the governments of all the States which may sign or adhere to this Convention.

항공기내에서 행한 범죄 및 기타 행위에 관한 협약

[우리나라 관련사항]
국회비준동의 필요1970년 12월 22일
비준서 기탁일   1971년 2월 19일
발효일   1971년 5월 20일(조약 제385호)
관보개재일   1971년 5월 20일
수록문헌   다자조약집 제2권
당사국현황   2006년 4월 10일 현재

본 협약의 당사국은
다음과 같이 합의하였다.

제 1 장
협약의 범위

제 1 조
1. 본 협약은 다음 사항에 대하여 적용된다.
   (a) 형사법에 위반하는 범죄
   (b) 범죄의 구성여부를 불문하고 항공기와 기내의 인명 및 재산의 안전을 위태롭게 할 수 있거나 하는 행위 또는 기내의 질서 및 규율을 위협하는 행위

2. 제3장에 규정된 바를 제외하고는 본 협약은 체약국에 등록된 항공기가 비행중이거나 공해 수면상에 있거나 또는 어느 국가의 영토에도 속하지 않는 지역의 표면에 있을 때에 동 항공기에 탑승한 자가 범한 범죄 또는 행위에 관하여 적용된다.

3. 본 협약의 적용상 항공기는 이륙의 목적을 위하여 시동이 된 순간부터 착륙 활주가 끝난 순간까지를 비행중인 것으로 간주한다.

4. 본 협약은 군용, 세관용, 경찰용 업무에 사용되는 항공기에는 적용되지 아니한다.

제 2 조
제4조의 규정에도 불구하고, 또한 항공기와 기내의 인명 및 재산의 안전이 요청하는 경우를 제외하고는 본 협약의 어떠한 규정도 형사법에 위반하는 정치적 성격의 범죄나 또는 인종 및 종교적 차별에 기인하는 범죄에 관하여 어떠한 조치를 허용하거나 요구하는 것으로 해석되지 아니한다.

Convention on Offenses and Certain Other Acts Committed on Board Aircraft

[일반사항]
조약명(국문)   항공기내에서 행한 범죄 및 기타 행위에 관한 협약
조약명(영문)   Convention on Offenses and Certain Other Acts Committed on Board Aircraft
체결일자 및 장소 1963년 9월 14일 동경에서 작성
발효일   1969년 12월 4일
기탁처   ICAO
분야명   국제범죄(테러리즘)
              Crimes of International Concern(Terrorism)

THE STATES Parties to this Convention
HAVE AGREED as follows:

CHAPTER I
SCOPE OF THE CONVENTION

Article 1
1. This Convention shall apply in respect of:
   (a) offences against penal law;
   (b) acts which, whether or not they are offences, may or do jeopardize the safety of the aircraft or of persons or property therein or which jeopardize good order and discipline on board.

2. Except as provided in Chapter III, this Convention shall apply in respect of offences committed or acts done by a person on board any aircraft registered in a Contracting State, while that aircraft is in flight or on the surface of the high seas or of any other area outside the territory of any State.

3. For the purposes of this Convention, an aircraft is considered to be in flight from the moment when power is applied for the purpose of take-off until the moment when the landing run ends.

4. This Convention shall not apply to aircraft used in military, customs or police services.

Article 2
Without prejudice to the provisions of Article 4 and except when the safety of the aircraft or of persons or property on board so requires, no provision of this Convention shall be interpreted as authorizing or requiring any action in respect of offences against penal laws of a political nature or those based on

<table>
<tr><td>

제 2 장
재판관할권

제 3 조
1. 항공기의 등록국은 동 항공기내에서 범하여진 범죄나 행위에 대한 재판관할권을 행사할 권한을 가진다.
2. 각 체약국은 자국에 등록된 항공기내에서 범하여진 범죄에 대하여 등록국으로서의 재판관할권을 확립하기 위하여 필요한 조치를 취하여야 한다.
3. 본 협약은 국내법에 따라 행사하는 어떠한 형사재판관할권도 배제하지 아니한다.

제 4 조
체약국으로서 등록국이 아닌 국가는 다음의 경우를 제외하고는 기내에서의 범죄에 관한 형사재판관할권의 행사를 위하여 비행중의 항공기에 간섭하지 아니하여야 한다.
  (a) 범죄가 상기 국가의 영역에 영향을 미칠 경우,
  (b) 상기 국가의 국민이나 또는 영주자에 의하여 또는 이들에 대하여 범죄가 범하여진 경우,
  (c) 범죄가 상기 국가의 안전에 반하는 경우,
  (d) 상기 국가에서 효력을 발생하고 있는 비행 및 항공기의 조종에 관한 규칙이나 법규를 위반한 범죄가 범하여진 경우,
  (e) 상기 국가가 다변적인 국제협정 하에 부담하고 있는 의무의 이행을 보장함에 있어서 재판관할권의 행사가 요구되는 경우.

제 3 장
항공기 기장의 권한

제 5 조
1. 본 장의 규정들은 최종 이륙지점이나 차기 착륙예정지점이 등록국 이외의 국가에 위치하거나 또는 범인이 탑승한 채로 동 항공기가 등록국 이외 국가의 공역으로 계속적으로 비행하는 경우를 제외하고는 등록국의 공역이나 공해상

</td><td>

CHAPTER II
JURISDICTION

Article 3
1. The State of registration of the aircraft is competent to exercise jurisdiction over offences and acts committed on board.
2. Each Contracting State shall take such measures as may be necessary to establish its jurisdiction as the State of registration over offences committed on board aircraft registered in such State.
3. This Convention does not exclude any criminal jurisdiction exercised in accordance with national law.

Article 4
A Contracting State which is not the State of registration may not interfere with an aircraft in flight in order to exercise its criminal jurisdiction over an offence committed on board except in the following cases:
  (a) the offence has effect on the territory of such State
  (b) the offence has been committed by or against a national or permanent resident of such State
  (c) the offence is against the security of such State;
  (d) the offence consists of a breach of any rules or regulations relating to the flight or manoeuvre of aircraft in force in such State;
  (e) the exercise of jurisdiction is necessary to ensure the observance of any obligation of such State under a multilateral international agreement.

CHAPTER III
POWERS OF THE AIRCRAFT COMMANDER

Article 5
1. The provisions of this Chapter shall not apply to offences and acts committed or about to be committed by a person on board an aircraft in flight in the airspace of the State of registration or over the high

</td></tr>
</table>

공 또는 어느 국가의 영역에도 속하지 아니하는 지역 상공을 비행하는 중에 항공기에 탑승한 자가 범하였거나 범하려고 하는 범죄 및 행위에는 적용되지 아니한다.

2. 제1조 제3항에 관계없이 본장의 적용상 항공기는 승객의 탑승이후 외부로 통하는 모든 문이 폐쇄된 순간부터 승객이 내리기 위하여 상기 문들이 개방되는 순간까지를 비행중인 것으로 간주한다. 불시착의 경우에는 본장의 규정은 당해국의 관계당국이 항공기 및 기내의 탑승자와 재산에 대한 책임을 인수할 때까지 기내에서 범하여진 범죄와 행위에 관하여 계속 적용된다.

제 6 조
1. 항공기 기장은 항공기 내에서 어떤 자가 제1조 제1항에 규정된 범죄나 행위를 범하였거나 범하려고 한다는 것을 믿을 만한 상당한 이유가 있는 경우에는 그 자에 대하여 다음을 위하여 요구되는 감금을 포함한 필요한 조치를 부과할 수 있다.
(a) 항공기와 기내의 인명 및 재산의 안전의 보호
(b) 기내의 질서와 규율의 유지
(c) 본 장의 규정에 따라 상기 자를 관계당국에 인도하거나 또는 항공기에서 하기조치(Disembarkation)를 취할 수 있는 기장의 권한 확보

2. 항공기 기장은 자기가 감금할 권한이 있는 자를 감금하기 위하여 다른 승무원의 원조를 요구하거나 권한을 부여할 수 있으며, 승객의 원조를 요청하거나 권한을 부여할 수 있으나 이를 요구할 수는 없다. 승무원이나 승객도 누구를 막론하고 항공기와 기내의 인명 및 재산의 안전을 보호하기 위하여 합리적인 예방조치가 필요하다고 믿을만한 상당한 이유가 있는 경우에는 기장의 권한부여가 없어도 즉각적으로 상기 조치를 취할 수 있다.

제 7 조
1. 제6조에 따라서 특정인에게 가하여진 감금조

seas or any other area outside the territory of any State unless the last point of take-off or the next point of intended landing is situated in a State other than that of registration, or the aircraft subsequently flies in the airspace of a State other than that of registration with such person still on board.

2. Notwithstanding the provisions of Article 1, paragraph 3, an aircraft shall for the purposes of this Chapter, be considered to be in flight at any time from the moment when all its external doors are closed following embarkation until the moment when any such door is opened for disembarkation. In the case of a forced landing, the provisions of this Chapter shall continue to apply with respect to offences and acts committed on board until competent authorities of a State take over the responsibility for the aircraft and for the persons and property on board.

Article 6
1. The aircraft commander may, when he has reasonable grounds to believe that a person has committed, or is about to commit, on board the aircraft, an offence or act contemplated in Article 1, paragraph 1, impose upon such person reasonable measures including restraint which are necessary:
(a) to protect the safety of the aircraft, or of persons or property therein; or
(b) to maintain good order and discipline on board; or
(c) to enable him to deliver such person to competent authorities or to disembark him in accordance with the provisions of this Chapter.
2. The aircraft commander may require or authorize the assistance of other crew members and may request or authorize, but not require, the assistance of passengers to restrain any person whom he is entitled to restrain. Any crew member or passenger may also take reasonable preventive measures without such authorization when he has reasonable grounds to believe that such action is immediately necessary to protect the safety of the aircraft, or of persons or property therein.

Article 7
1. Measures of restraint imposed upon a

치는 다음 경우를 제외하고는 항공기가 착륙하는 지점을 넘어서까지 계속되어서는 아니 된다.

(a) 착륙지점이 비체약국의 영토 내에 있으며, 동 국가의 당국이 상기특정인의 상륙을 불허하거나, 제6조 제1항 (c)에 따라서 관계당국에 대한 동인의 인도를 가능하게 하기 위하여 이와 같은 조치가 취하여진 경우,

(b) 항공기가 불시착하여 기장이 상기 특정인을 관계당국에 인도할 수 없는 경우,

(c) 동 특정인이 감금상태 하에서 계속 비행에 동의하는 경우.

2. 항공기 기장은 제6조의 규정에 따라 기내에 특정인을 감금한 채로 착륙하는 경우 가급적 조속히 그리고 가능하면 착륙이전에 기내에 특정인이 감금되어 있다는 사실과 그 사유를 당해국의 당국에 통보하여야 한다.

제 8 조

1. 항공기 기장은 제6조 제1항의 (a) 또는 (b)의 목적을 위하여 필요한 경우에는 기내에서 제1조 제1항 (b)의 행위를 범하였거나 범하려고 한다는 믿을만한 상당한 이유가 있는 자에 대하여 누구임을 막론하고 항공기가 착륙하는 국가의 영토에 그 자를 하기시킬 수 있다.

2. 항공기 기장은 본조에 따라서 특정인을 하기시킨 국가의 당국에 대하여 특정인을 하기시킨 사실과 그 사유를 통보하여야 한다.

제 9 조

1. 항공기 기장은 자신의 판단에 따라 항공기의 등록국의 형사법에 규정된 중대한 범죄를 기내에서 범하였다고 믿을만한 상당한 이유가 있는 자에 대하여 누구임을 막론하고 항공기가 착륙하는 영토국인 체약국의 관계당국에 그 자를 인도할 수 있다.

2. 항공기 기장은 전항의 규정에 따라 인도하려고 하는 자를 탑승시킨 채로 착륙하는 경우 가급적 조속히 그리고 가능하면 착륙이전에 동 특정인을 인도하겠다는 의도와 그 사유를 동 체약국의 관계당국에 통보하여야 한다.

person in accordance with Article 6 shall not be continued beyond any point at which the aircraft lands unless:

(a) such point is in the territory of a non-Contracting State and its authorities refuse to permit disembarkation of that person or those measures have been imposed in accordance with Article 6, paragraph 1 (c) in order to enable his delivery to competent authorities;

(b) the aircraft makes a forced landing and the aircraft commander is unable to deliver that person to competent authorities; or

(c) that person agrees to onward carriage under restraint.

2. The aircraft commander shall as soon as practicable, and if possible before landing in the territory of a State with a person on board who has been placed under restraint in accordance with the provisions of Article 6, notify the authorities of such State of the fact that a person on board is under restraint and of the reasons for such restraint.

Article 8

1. The aircraft commander may, in so far as it is necessary for the purpose of subparagraph (a) or (b) of paragraph 1 of Article 6, disembark in the territory of any State in which the aircraft lands any person who he has reasonable grounds to believe has committed, or is about to commit, on board the aircraft an act contemplated in Article 1, paragraph 1 (b).

2. The aircraft commander shall report to the authorities of the State in which he disembarks any person pursuant to this Article, the fact of, and the reasons for, such disembarkation.

Article 9

1. The aircraft commander may deliver to the competent authorities of any Contracting State in the territory of which the aircraft lands any person who he has reasonable grounds to believe has committed on board the aircraft an act which, in his opinion, is a serious offence according to the penal law of the State of registration of the aircraft.

2. The aircraft commander shall as soon as practicable and if possible before landing in the territory of a Contracting State with a person on board whom the aircraft commander intends to deliver in accordance with the preceding paragraph, notify the

3. 항공기 기장은 본조의 규정에 따라 범죄인 혐의자를 인수하는 당국에게 항공기등록국의 법률에 따라 기장이 합법적으로 소지하는 증거와 정보를 제공하여야 한다.

제 10 조
본 협약에 따라서 제기되는 소송에 있어서 항공기 기장이나 기타 승무원, 승객, 항공기의 소유자나 운항자는 물론 비행의 이용자는 피소된 자가 받은 처우로 인하여 어떠한 소송상의 책임도 부담하지 아니한다.

제 4 장
항공기의 불법점유

제 11 조
1. 기내에 탑승한 자가 폭행 또는 협박에 의하여 비행중인 항공기를 방해하거나 점유하는 행위 또는 기타 항공기의 조종을 부당하게 행사하는 행위를 불법적으로 범하였거나 또는 이와 같은 행위가 범하여지려고 하는 경우에는 체약국은 동 항공기가 합법적인 기장의 통제 하에 들어가고, 그가 항공기의 통제를 유지할 수 있도록 모든 적절한 조치를 취하여야 한다.

2. 전항에 규정된 사태가 야기되는 경우 항공기가 착륙하는 체약국은 승객과 승무원이 가급적 조속히 여행을 계속하도록 허가하여야 하며, 또한 항공기와 화물을 각각 합법적인 소유자에게 반환하여야 한다.

제 5 장
체약국의 권한과 의무

제 12 조
체약국은 어느 국가를 막론하고 타 체약국에 등록된 항공기의 기장에게 제8조 제1항에 따른 특정인의 하기조치를 인정하여야 한다.

authorities of such State of his intention to deliver such person and the reasons therefor.
3. The aircraft commander shall furnish the authorities to whom any suspected offender is delivered in accordance with the provisions of this Article with evidence and information which, under the law of the State of registration of the aircraft, are lawfully in his possession.

Article 10
For actions taken in accordance with this Convention, neither the aircraft commander, any other member of the crew, any passenger, the owner or operator of the aircraft, nor the person on whose behalf the flight was performed shall be held responsible in any proceeding on account of the treatment undergone by the person against whom the actions were taken.

CHAPTER IV
UNLAWFUL SEIZURE OF AIRCRAFT

Article 11
1. When a person on board has unlawfully committed by force or threat thereof an act of interference, seizure, or other wrongful exercise of control of an aircraft in flight or when such an act is about to be committed, Contracting States shall take all appropriate measures to restore control of the aircraft to its lawful commander or to preserve his control of the aircraft.
2. In the cases contemplated in the preceding paragraph, the Contracting State in which the aircraft lands shall permit its passengers and crew to continue their journey as soon as practicable, and shall return the aircraft and its cargo to the persons lawfully entitled to possession.

CHAPTER V
POWERS AND DUTIES OF STATES

Article 12
Any Contracting State shall allow the commander of an aircraft registered in another Contracting State to disembark any person pursuant to Article 8, paragraph 1.

제 13 조

1. 체약국은 제9조 제1항에 따라 항공기 기장이 인도하는 자를 인수하여야 한다.

2. 사정이 그렇게 함을 정당화한다고 확신하는 경우에는 체약국은 제11조 제1항에 규정된 행위를 범한 피의자와 동국이 인수한 자의 신병을 확보하기 위하여 구금 또는 기타 조치를 취하여야 한다. 동 구금과 기타 조치는 동국의 법률이 규정한 바에 따라야 하나, 형사적 절차와 범죄인 인도에 따른 절차의 착수를 가능하게 하는 데에 합리적으로 필요한 시기까지에만 계속되어야 한다.

3. 전항에 따라 구금된 자는 동인의 국적국의 가장 가까이 소재하고 있는 적절한 대표와 즉시 연락을 취할 수 있도록 도움을 받아야 한다.

4. 제9조 제1항에 따라 특정인을 인수하거나 또는 제11조 제1항에 규정된 행위가 범하여진 후 항공기가 착륙하는 영토국인 체약국은 사실에 대한 예비조사를 즉각 취하여야 한다.

5. 본 조에 따라 특정인을 구금한 국가는 항공기의 등록국 및 피구금자의 국적국과 타당하다고 사료할 경우에는 이해관계를 가진 기타 국가에 대하여 특정인이 구금되고 있으며 그의 구금을 정당화하는 상황 등에 관한 사실을 즉시 통보하여야 한다. 본 조 제4항에 따라 예비조사를 취하는 국가는 조사의 결과와 재판권을 행사할 의사가 있는가의 여부에 대하여 상기 국가들에게 즉시 통보하여야 한다.

제 14 조

1. 제8조 제1항에 따라 특정인이 하기조치를 당하였거나 또는 제9조 제1항에 따라 인도되었거나 제11조 제1항에 규정된 행위를 범한 후 항공기에서 하기조치를 당하였을 경우, 또한 동인이 여행을 계속할 수 없거나 계속할 의사가 없는 경우에 항공기가 착륙한 국가가 그의 입국을 허가하지 아니할 때에는 동인이 착륙국의 국민이거나 영주자가 아니라면 착륙국은 동인이 국적을 가졌거나 영주권을 가진 국가의 영토에 송환하거나 동인이 항공여행을 시작한 국가의 영토에 송환할 수 있다.

Article 13

1. Any Contracting State shall take delivery of any person whom the aircraft commander delivers pursuant to Article 9, paragraph 1.

2. Upon being satisfied that the circumstances so warrant, any Contracting State shall take custody or other measures to ensure the presence of any person suspected of an act contemplated in Article 11, paragraph 1 and of any person of whom it has taken delivery. The custody and other measures shall be as provided in the law of that State but may only be continued for such time as is reasonably necessary to enable any criminal or extradition proceedings to be instituted.

3. Any person in custody pursuant to the previous paragraph shall be assisted in communicating immediately with the nearest appropriate representative of the State of which he is a national.

4. Any Contracting State, to which a person is delivered pursuant to Article 9, paragraph 1, or in whose territory an aircraft lands following the commission of an act contemplated in Article 11, paragraph 1, shall immediately make a preliminary inquiry into the facts.

5. When a State, pursuant to this Article, has taken a person into custody, it shall immediately notify the State of registration of the aircraft and the State of nationality of the detained person and, if it considers it advisable, any other interested State of the fact that such person is in custody and of the circumstances which warrant his detention. The State which makes the preliminary enquiry contemplated in paragraph 4 of this Article shall promptly report its findings to the said States and shall indicate whether it intends to exercise jurisdiction.

Article 14

1. When any person has been disembarked in accordance with Article 8, paragraph 1, or delivered in accordance with Article 9, paragraph 1, or has disembarked after committing an act contemplated in Article 11, paragraph 1, and when such person cannot or does not desire to continue his journey and the State of landing refuses to admit him, that State may, if the person in question is not a national or permanent resident of that State, return him to the

2. 특정인의 상륙, 인도 및 제13조 제2항에 규정된 구금 또는 기타 조치나 동인의 송환은 당해 체약국의 입국관리에 관한 법률의 적용에 따라 동국 영토에 입국이 허가된 것으로 간주되지 아니하며, 본 협약의 어떠한 규정도 자국 영토로부터의 추방을 규정한 법률에 영향을 미치지 아니한다.

제 15 조

1. 제14조의 규정에도 불구하고 제8조 제1항에 따라 항공기에서 하기조치를 당하였거나, 제9조 제1항에 따라 인도되었거나, 제11조 제1항에 규정된 행위를 범한 후 항공기에서 내린 자가 여행을 계속할 것을 원하는 경우에는 범죄인 인도나 형사적 절차를 위하여 착륙국의 법률이 그의 신병확보를 요구하지 않는 한 그가 선택하는 목적지로 향발할 수 있도록 가급적 조속히 자유롭게 행동할 수 있게 하여야 한다.

2. 입국관리와 자국 영토로부터의 추방 및 범죄인 인도에 관한 법률에도 불구하고, 제8조 제1항에 따라 특정인이 하기조치를 당하였거나 제9조 제1항에 따라 인도되었거나 제11조 제1항에 규정된 행위를 범한 것으로 간주된 자가 항공기에서 내린 경우에는 체약국은 동인의 보호와 안전에 있어 동국이 유사한 상황 하에서 자국민에게 부여하는 대우보다 불리하지 않는 대우를 부여하여야 한다.

제 6 장

기 타 규 정

제 16 조

1. 체약국에서 등록된 항공기 내에서 범하여진 범행은 범죄인 인도에 있어서는 범죄가 실제로 발생한 장소에서 뿐만 아니라 항공기 등록국의 영토에서 발생한 것과 같이 취급되어야 한다.

territory of the State of which he is a national or permanent resident or to the territory of the State in which he began his journey by air.

2. Neither disembarkation, nor delivery, nor the taking of custody or other measures contemplated in Article 13, paragraph 2, nor return of the person concerned, shall be considered as admission to the territory of the Contracting State concerned for the purpose of its law relating to entry or admission of persons and nothing in this Convention shall affect the law of a Contracting State relating to the expulsion of persons from its territory.

Article 15

1. Without prejudice to Article 14, any person who has been disembarked in accordance with Article 8, paragraph 1, or delivered in accordance with Article 9, paragraph 1, or has disembarked after committing an act contemplated in Article 11, paragraph 1, and who desires to continue his journey shall be at liberty as soon as practicable to proceed to any destination of his choice unless his presence is required by the law of the State of landing for the purpose of extradition or criminal proceedings.

2. Without prejudice to its law as to entry and admission to, and extradition and expulsion from its territory, a Contracting State in whose territory a person has been disembarked in accordance with Article 8, paragraph 1, or delivered in accordance with Article 9, paragraph 1 or has disembarked and is suspected of having committed an act contemplated in Article 11, paragraph 1, shall accord to such person treatment which is no less favourable for his protection and security than that accorded to nationals of such Contracting State in like circumstances.

CHAPTER VI

OTHER PROVISIONS

Article 16

1. Offences committed on aircraft registered in a Contracting State shall be treated, for the purpose of extradition, as if they had been committed not only in the place in which they have occurred but also in the

2. 전항의 규정에도 불구하고 본 협약의 어떠한 규정도 범죄인을 허용하는 의무를 창설하는 것으로 간주되지 아니한다.

제 17 조
항공기 내에서 범하여진 범죄와 관련하여 수사 또는 체포 조치를 취하거나 재판권을 행사함에 있어서 체약국은 비행의 안전과 이에 관련된 기타 권익에 대하여 상당한 배려를 하여야 하며 항공기, 승객, 승무원 및 화물의 불필요한 지연을 피하도록 노력하여야 한다.

제 18 조
여러 체약국들이 이들 중 어느 한 국가에도 등록되지 아니한 항공기를 운항하는 공동 항공운송 운영기구나 국제적인 운영기구를 설치할 경우에는 이들 체약국은 그때그때의 상황에 따라서 본 협약의 적용상 등록국으로 간주될 국가를 그들 중에서 지정하여야 하며, 이 사실을 국제민간항공기구에 통보하여 본 협약의 모든 당사국에게 통보하도록 하여야 한다.

제 7 장
최종 조항

제 19 조
제21조에 따라 효력을 발생하는 날까지 본 협약은 서명시에 국제연합 회원국이거나 또는 전문기구의 회원국인 모든 국가에게 서명을 위하여 개방된다.

제 20 조
1. 본 협약은 각국의 헌법절차에 따라서 서명국이 비준하여야 한다.

2. 비준서는 국제민간항공기구에 기탁된다.

제 21 조
1. 12개의 서명국이 본 협약에 대한 비준서를 기탁한 후 본 협약은 12번째의 비준서 기탁일부터 90일이 되는 날에 동 국가들 간에 발효한다.

territory of the State of registration of the aircraft.

2. Without prejudice to the provisions of the preceding paragraph, nothing in this Convention shall be deemed to create an obligation to grant extradition.

Article 17
In taking any measures for investigation or arrest or otherwise exercising jurisdiction in connection with any offence committed on board an aircraft the Contracting States shall pay due regard to the safety and other interests of air navigation and shall so act as to avoid unnecessary delay of the aircraft, passengers, crew or cargo.

Article 18
If Contracting States establish joint air transport operating organizations or international operating agencies, which operate aircraft not registered in any one State those States shall, according to the circumstances of the case, designate the State among them which, for the purposes of this Convention, shall be considered as the State of registration and shall give notice thereof to the International Civil Aviation Organization which shall communicate the notice to all States Parties to this Convention.

CHAPTER VII
FINAL CLAUSES

Article 19
Until the date on which this Convention comes into force in accordance with the provisions of Article 21, it shall remain open for signature on behalf of any State which at that date is a Member of the United Nations or of any of the Specialized Agencies.

Article 20
1. This Convention shall be subject to ratification by the signatory States in accordance with their constitutional procedures.
2. The instruments of ratification shall be deposited with the International Civil Aviation Organization.

Article 21
1. As soon as twelve of the signatory States have deposited their instruments of ratification of this Convention, it shall come into force

이후 본 협약은 이를 비준하는 국가에 대하여 비준서 기탁이후 90일이 되는 날에 발효한다.

2. 본 협약이 발효하면 국제민간항공기구는 본 협약을 국제연합사무총장에게 등록한다.

제 22 조
1. 본 협약은 효력 발생 후 국제연합 회원국이나 전문기구의 회원국이 가입할 수 있도록 개방된다.

2. 상기 국가의 가입은 국제민간항공기구에 가입서를 기탁함으로써 효력을 발생하며, 동 기탁이후 90일이 되는 날에 동국에 대하여 발효한다.

제 23 조
1. 체약국은 국제민간항공기구 앞으로 된 통고로서 본 협약을 폐기할 수 있다.

2. 상기 폐기는 국제민간항공기구 앞으로 된 폐기통고가 접수된 날로부터 6개월 이후에 효력을 발생한다.

제 24 조
1. 본 협약의 해석이나 적용에 있어서 둘 또는 그 이상의 체약국간에 협상을 통한 해결을 볼 수 없는 분쟁이 있을 경우에는 이중 어느 국가이든지 중재회부를 요청할 수 있다. 중재요청의 날로부터 6개월 이내에 당사자들이 중재기구에 관한 합의에 도달하지 못하는 경우에는 이중 어느 당사자든지 국제사법재판소의 규정에 따른 요청으로 동 분쟁을 국제사법재판소에 제소할 수 있다.

2. 각국은 본 협약에 대한 서명, 비준 또는 가입시에 자국이 전항에 구속되지 아니한다는 바를 선언할 수 있다.기타 체약국은 상기와 같은 유보를 선언한 체약국과의 관계에서는 전항에 구속되지 아니한다.

3. 전항에 따라 유보를 선언한 체약국은 언제든지 국제민간항공기구에 대한 통고로서 동 유보를 철회할 수 있다.

between them on the ninetieth day after the date of the deposit of the twelfth instrument of ratification. It shall come into force for each State ratifying thereafter on the ninetieth day after the deposit of its instrument of ratification.

2. As soon as this Convention comes into force, it shall be registered with the Secretary-General of the United Nations by the International Civil Aviation Organization.

Article 22
1. This Convention shall, after it has come into force, be open for accession by any State Member of the United Nations or of any of the Specialized Agencies.

2. The accession of a State shall be effected by the deposit of an instrument of accession with the International Civil Aviation Organization and shall take effect on the ninetieth day after the date of such deposit.

Article 23
1. Any Contracting State may denounce this Convention by notification addressed to the International Civil Aviation Organization.

2. Denunciation shall take effect six months after the date of receipt by the International Civil Aviation Organization of the notification of denunciation.

Article 24
1. Any dispute between two or more Contracting States concerning the interpretation or application of this Convention which cannot be settled through negotiation, shall, at the request of one of them, be submitted to arbitration. If within six months from the date of the request for arbitration the Parties are unable to agree on the organization of the arbitration, any one of those Parties may refer the dispute to the International Court of Justice by request in conformity with the Statute of the Court.

2. Each State may at the time of signature or ratification of this Convention or accession thereto, declare that it does not consider itself bound by the preceding paragraph. The other Contracting States shall not be bound by the preceding paragraph with respect to any Contracting State having made such a reservation.

3. Any Contracting State having made a reservation in accordance with the preceding paragraph may at any time withdraw this reservation by notification to the International

제 25 조

제24조에 규정한 이외에는 본 협약에 대한 유보를 할 수 없다.

제 26 조

국제민간항공기구는 모든 국제연합 회원국과 전문기구의 회원국에 대하여 다음 사항을 통보한다.

(a) 본 협약에 대한 서명과 그 일자.
(b) 비준서 또는 가입서의 기탁과 그 일자.
(c) 제21조 제1항에 따른 본 협약의 발효 일자.
(d) 폐기통고의 접수와 그 일자.
(e) 제24조에 따른 선언 또는 통고의 접수와 그 일자.

이상의 증거로서 하기 전권위원은 정당히 권한을 위임받고 본 협약에 서명하였다.

1963년 9월 14일 토오쿄오에서 동등히 정본인 영어, 불어 및 서반아어본의 3부를 작성하였다.

본 협약은 국제민간항공기구에 기탁되고 제19조에 따라 서명이 개방되며, 동기구는 모든 국제연합 회원국과 전문기구의 회원국에게 협약의 인증등본을 송부하여야 한다.

Civil Aviation Organization.

Article 25

Except as provided in Article 24 no reservation may be made to this Convention.

Article 26

The International Civil Aviation Organization shall give notice to all States Members of the United Nations or of any of the Specialized Agencies:

(a) of any signature of this Convention and the date thereof;
(b) of the deposit of any instrument of ratification or accession and the date thereof;
(c) of the date on which this Convention comes into force in accordance with Article 21, paragraph 1;
(d) of the receipt of any notification of denunciation and the date thereof; and
(e) of the receipt of any declaration or notification made under Article 24 and the date thereof.

IN WITNESS WHEREOF the undersigned Plenipotentiaries, having been duly authorized, have signed this Convention.

DONE at Tokyo on the fourteenth day of September One Thousand Nine Hundred and Sixty-three in three authentic texts drawn up in the English, French and Spanish languages.

This Convention shall be deposited with the International Civil Aviation Organization with which, in accordance with Article 19, it shall remain open for signature and the said Organization shall send certified copies thereof to all States Members of the United Nations or of any Specialized Agency.

Treaty on Principles Governing the Activities of States in the Exploration and Use of Outer Space, including the Moon and Other Celestial Bodies

The States Parties to this Treaty,

Inspired by the great prospects opening up before mankind as a result of man's entry into outer space,

Recognizing the common interest of all mankind in the progress of the exploration and use of outer space for peaceful purposes,

Believing that the exploration and use of outer space should be carried on for the benefit of all peoples irrespective of the degree of their economic or scientific development,

Desiring to contribute to broad international cooperation in the scientific as well as the legal aspects of the exploration and use of outer space for peaceful purposes,

Believing that such cooperation will contribute to the development of mutual understanding and to the strengthening of friendly relations between States and peoples,

Recalling resolution 1962 (XVIII), entitled "Declaration of Legal Principles Governing the Activities of States in the Exploration and Use of Outer Space", which was adopted unanimously by the United Nations General Assembly on 13 December 1963,

Recalling resolution 1884 (XVIII), calling upon States to refrain from placing in orbit around the earth any objects carrying nuclear weapons or any other kinds of weapons of mass destruction or from installing such weapons on celestial bodies, which was adopted unanimously by the United Nations General Assembly on 17 October 1963,

Taking account of United Nations General Assembly resolution 110 (II) of 3 November 1947, which condemned propaganda designed or likely to provoke or encourage any threat to the peace, breach of the peace or act of aggression, and considering that the aforementioned resolution is applicable to outer space,

Convinced that a Treaty on Principles Governing the Activities of States in the Exploration and Use of Outer Space, including the Moon and Other Celestial Bodies, will further the Purposes and Principles of the Charter of the United Nations,

Have agreed on the following:

달과기타천체를포함한외기권의탐색과이용에있어서의 국가활동을규율하는원칙에관한조약

이 조약의 당사국은,

외기권에 대한 인간의 진입으로써 인류앞에 전개된 위대한 전망에 고취되고, 평화적 목적을 위한 외기권의 탐색과 이용의 발전에 대한 모든 인류의 공동 이익을 인정하고,

외기권의 탐색과 이용은 그들의 경제적 또는 과학적 발달의 정도에 관계없 이 전인류의 이익을 위하여 수행되어야 한다고 믿고,

평화적 목적을 위한 외기권의 탐색과 이용의 과학적 및 법적 분야에 있어서 광범한 국제적 협조에 기여하기를 열망하고,

이러한 협조가 국가와 인민간의 상호 이해증진과 우호적인 관계를 강화하는 데 기여할 것임을 믿고, 1963년 12월 13일에 국제연합 총회에서 만장일치로 채택된 "외기권의 탐색과 이용에 있어서의 국가의 활동을 규율하는 법적 원 칙의 선언"이라는 표제의 결의 1962(ⅩⅤⅢ)를 상기하고,

1963년 10월 17일 국제연합 총회에서 만장일치로 채택되고, 국가에 대하여 핵무기 또는 기타 모든 종류의 대량파괴 무기를 가지는 어떠한 물체도 지구 주변의 궤도에 설치하는 것을 금지하고,

또는 천체에 이러한 무기를 장치하는 것을 금지하도록 요구한 결의 1884(Ⅹ ⅤⅢ)를 상기하고,

평화에 대한 모든 위협, 평화의 파괴 또는 침략행위를 도발 또는 고취하기 위하여 또는 도발 또는 고취할 가능성이 있는 선전을 비난한 1947년 11월 3 일의 국제연합총회결의 110(Ⅱ)을 고려하고 또한 상기 결의가 외기권에도 적 용됨을 고려하고,

달과 기타 천체를 포함한 외기권의 탐색과 이용에 있어서의 국가 활동을 규 율하는 원칙에 관한 조약이 국제연합헌장의 목적과 원칙을 증진시킬 것임을 확신하여,

아래와 같이 합의하였다.

Article I

The exploration and use of outer space, including the moon and other celestial bodies, shall be carried out for the benefit and in the interests of all countries, irrespective of their degree of economic or scientific development, and shall be the province of all mankind.

Outer space, including the moon and other celestial bodies, shall be free for exploration and use by all States without discrimination of any kind, on a basis of equality and in accordance with international law, and there shall be free access to all areas of celestial bodies.

There shall be freedom of scientific investigation in outer space, including the moon and other celestial bodies, and States shall facilitate and encourage international co-operation in such investigation.

Article II

Outer space, including the moon and other celestial bodies, is not subject to national appropriation by claim of sovereignty, by means of use or occupation, or by any other means.

Article III

States Parties to the Treaty shall carry on activities in the exploration and use of outer space, including the moon and other celestial bodies, in accordance with international law, including the Charter of the United Nations, in the interest of maintaining international peace and security and promoting international co-operation and understanding.

Article IV

States Parties to the Treaty undertake not to place in orbit around the earth any objects carrying nuclear weapons or any other kinds of weapons of mass destruction, install such weapons on celestial bodies, or station such weapons in outer space in any other manner.

The moon and other celestial bodies shall be used by all States Parties to the Treaty exclusively for peaceful purposes. The establishment of military bases, installations and fortifications, the testing of any type of weapons and the conduct of military manoeuvres on celestial bodies shall be forbidden. The use of military personnel for scientific research or for any other peaceful purposes shall not be prohibited. The use of any equipment or facility necessary for peaceful exploration of the moon and other celestial bodies shall also not be prohibited.

제1조

달과 기타 천체를 포함한 외기권의 탐색과 이용은 그들의 경제적 또는 과학적 발달의 정도에 관계없이 모든 국가의 이익을 위하여 수행되어야 하며 모든 인류의 활동 범위이어야 한다.

달과 기타 천체를 포함한 외기권은 종류의 차별없이 평등의 원칙에 의하여 국제법에 따라 모든 국가가 자유로이 탐색하고 이용하며 천체의 모든 영역에 대한 출입을 개방한다.

달과 기타 천체를 포함한 외기권에 있어서의 과학적 조사의 자유가 있으며 국가는 이러한 조사에 있어서 국제적인 협조를 용이하게 하고 장려한다.

제2조

달과 기타 천체를 포함한 외기권은 주권의 주장에 의하여 또는 이용과 점유에 의하여 또는 기타 모든 수단에 의한 국가 전용의 대상이 되지 아니한다.

제3조

본 조약의 당사국은 외기권의 탐색과 이용에 있어서의 활동을 국제연합헌장을 포함한 국제법에 따라 국제평화와 안전의 유지를 위하여 그리고 국제적 협조와 이해를 증진하기 위하여 수행하여야 한다.

제4조

본 조약의 당사국은 지구주변의 궤도에 핵무기 또는 기타 모든 종류의 대량파괴 무기를 설치하지 않으며, 천체에 이러한 무기를 장치하거나 기타 어떠한 방법으로든지 이러한 무기를 외기권에 배치하지 아니할 것을 약속한다.

달과 천체는 본 조약의 모든 당사국에 오직 평화적 목적을 위하여서만 이용되어야 한다. 천체에 있어서의 군사기지, 군사시설 및 군사요새의 설치, 모든 형태의 무기의 실험 그리고 군사연습의 실시는 금지되어야 한다. 과학적 조사 또는 기타 모든 평화적 목적을 위하여 군인을 이용하는 것은 금지되지 아니한다. 달과 기타 천체의 평화적 탐색에 필요한 어떠한 장비 또는 시설의 사용도 금지되지 아니한다.

Article V

States Parties to the Treaty shall regard astronauts as envoys of mankind in outer space and shall render to them all possible assistance in the event of accident, distress, or emergency landing on the territory of another State Party or on the high seas. When astronauts make such a landing, they shall be safely and promptly returned to the State of registry of their space vehicle.
In carrying on activities in outer space and on celestial bodies, the astronauts of one State Party shall render all possible assistance to the astronauts of other States Parties.
States Parties to the Treaty shall immediately inform the other States Parties to the Treaty or the Secretary-General of the United Nations of any phenomena they discover in outer space, including the moon and other celestial bodies, which could constitute a danger to the life or health of astronauts.

Article VI

States Parties to the Treaty shall bear international responsibility for national activities in outer space, including the moon and other celestial bodies, whether such activities are carried on by governmental agencies or by non-governmental entities, and for assuring that national activities are carried out in conformity with the provisions set forth in the present Treaty. The activities of non-governmental entities in outer space, including the moon and other celestial bodies, shall require authorization and continuing supervision by the appropriate State Party to the Treaty.
When activities are carried on in outer space, including the moon and other celestial bodies, by an international organization, responsibility for compliance with this Treaty shall be borne both by the international organization and by the States Parties to the Treaty participating in such organization.

Article VII

Each State Party to the Treaty that launches or procures the launching of an object into outer space, including the moon and other celestial bodies, and each State Party from whose territory or facility an object is launched, is internationally liable for damage to another State Party to the Treaty or to its natural or juridical persons by such object or its component parts on the Earth, in air space or in outer space, including the moon and other celestial bodies.

제5조

본 조약의 당사국은 우주인을 외기권에 있어서의 인류의 사절로 간주하며 사고나 조난의 경우 또는 다른 당사국의 영역이나 공해상에 비상착륙한 경우에는 그들에게 모든 가능한 원조를 제공하여야 한다. 우주인이 이러한 착륙을 한 경우에는, 그들은 그들의 우주선의 등록국에 안전하고도 신속하게 송환되어야 한다.

외기권과 천체에서의 활동을 수행함에 있어서 한 당사국의 우주인은 다른 당사국의 우주인에 대하여 모든 가능한 원조를 제공하여야 한다.

본 조약의 당사국은 본 조약의 다른 당사국 또는 국제연합 사무총장에 대하여 그들이 달과 기타 천체를 포함한 외기권에서 발견한 우주인의 생명과 건강에 위험을 조성할 수 있는 모든 현상에 관하여 즉시 보고하여야 한다.

제6조

본 조약의 당사국은 달과 기타 천체를 포함한 외기권에 있어서 그 활동을 정부기관이 행한 경우나 비정부 주체가 행한 경우를 막론하고, 국가활동에 관하여 그리고 본 조약에서 규정한 조항에 따라서 국가활동을 수행할 것을 보증함에 관하여 국제적 책임을 져야 한다. 달과 기타 천체를 포함한 외기권에 있어서의 비정부 주체의 활동은 본 조약의 관계 당사국에 의한 인증과 계속적인 감독을 요한다. 달과 기타 천체를 포함한 외기권에 있어서 국제기구가 활동을 행한 경우에는, 본 조약에 의한 책임은 동 국제기구와 이 기구에 가입하고 있는 본 조약의 당사국들이 공동으로 부담한다.

제7조

달과 기타 천체를 포함한 외기권에 물체를 발사하거나 또는 그 물체를 발사하여 궤도에 진입케 한 본 조약의 각 당사국과 그 영역 또는 시설로부터 물체를 발사한 각 당사국은 지상, 공간 또는 달과 기타 천체를 포함한 외기권에 있는 이러한 물체 또는 동 물체의 구성부분에 의하여 본 조약의 다른 당사국 또는 그 자연인 또는 법인에게 가한 손해에 대하여 국제적 책임을 진다.

Article VIII

A State Party to the Treaty on whose registry an object launched into outer space is carried shall retain jurisdiction and control over such object, and over any personnel thereof, while in outer space or on a celestial body. Ownership of objects launched into outer space, including objects landed or constructed on a celestial body, and of their component parts, is not affected by their presence in outer space or on a celestial body or by their return to the Earth. Such objects or component parts found beyond the limits of the State Party to the Treaty on whose registry they are carried shall be returned to that State Party, which shall, upon request, furnish identifying data prior to their return.

Article IX

In the exploration and use of outer space, including the moon and other celestial bodies, States Parties to the Treaty shall be guided by the principle of co-operation and mutual assistance and shall conduct all their activities in outer space, including the moon and other celestial bodies, with due regard to the corresponding interests of all other States Parties to the Treaty. States Parties to the Treaty shall pursue studies of outer space, including the moon and other celestial bodies, and conduct exploration of them so as to avoid their harmful contamination and also adverse changes in the environment of the Earth resulting from the introduction of extraterrestrial matter and, where necessary, shall adopt appropriate measures for this purpose. If a State Party to the Treaty has reason to believe that an activity or experiment planned by it or its nationals in outer space, including the moon and other celestial bodies, would cause potentially harmful interference with activities of other States Parties in the peaceful exploration and use of outer space, including the moon and other celestial bodies, it shall undertake appropriate international consultations before proceeding with any such activity or experiment. A State Party to the Treaty which has reason to believe that an activity or experiment planned by another State Party in outer space, including the moon and other celestial bodies, would cause potentially harmful interference with activities in the peaceful exploration and use of outer space, including the moon and other celestial bodies, may request consultation concerning the activity or experiment.

Article X

In order to promote international co-operation in the exploration and use of outer space, including the moon and other celestial bodies, in conformity with the purposes of this Treaty, the States Parties to the Treaty shall consider on a basis of equality any requests by other States Parties to the Treaty to be afforded an opportunity to observe the flight of space objects launched by those States.

제8조

외기권에 발사된 물체의 등록국인 본 조약의 당사국은 동 물체가 외기권 또는 천체에 있는 동안, 동 물체 및 동 물체의 인원에 대한 관할권 및 통제권을 보유한다. 천체에 착륙 또는 건설된 물체와 그 물체의 구성부분을 포함한 외기권에 발사된 물체의 소유권은 동 물체가 외기권에 있거나 천체에 있거나 또는 지구에 귀환하였는지에 따라 영향을 받지 아니한다. 이러한 물체 또는 구성부분이 그 등록국인 본 조약 당사국의 영역 밖에서 발견된 것은 동 당사국에 반환되며 동 당사국은 요청이 있는 경우 그 물체 및 구성부분의 반환에 앞서 동일물체라는 자료를 제공하여야 한다.

제9조

달과 기타 천체를 포함한 외기권의 탐색과 이용에 있어서 본 조약의 당사국은 협조와 상호 원조의 원칙에 따라야 하며, 본 조약의 다른 당사국의 상응한 이익을 충분히 고려하면서 달과 기타 천체를 포함한 외기권에 있어서의 그들의 활동을 수행하여야 한다. 본 조약의 당사국은 유해한 오염을 회피하고 또한 지구대권외적 물질의 도입으로부터 야기되는 지구 주변에 불리한 변화를 가져오는 것을 회피하는 방법으로 달과 천체를 포함한 외기권의 연구를 수행하고, 이들의 탐색을 행하며 필요한 경우에는 이 목적을 위하여 적절한 조치를 채택하여야 한다. 만약, 달과 기타 천체를 포함한 외기권에서 국가 또는 그 국민이 계획한 활동 또는 실험이 달과 기타 천체를 포함한 외기권의 평화적 탐색과 이용에 있어서 다른 당사국의 활동에 잠재적으로 유해한 방해를 가져올 것이라고 믿을 만한 이유를 가지고 있는 본 조약의 당사국은 이러한 활동과 실험을 행하기 전에 적절한 국제적 협의를 가져야 한다. 달과 기타 천체를 포함한 외기권에서 다른 당사국이 계획한 활동 또는 실험이 달과 기타 천체를 포함한 외기권의 평화적 탐색과 이용에 잠재적으로 유해한 방해를 가져올 것이라고 믿을만한 이유를 가지고 있는 본 조약의 당사국은 동 활동 또는 실험에 관하여 협의를 요청할 수 있다.

제10조

달과 기타 천체를 포함한 외기권의 탐색과 이용에 있어서 본 조약의 목적에 합치하는 국제적 협조를 증진하기 위하여 본 조약의 당사국은 이들 국가가 발사한 우주 물체의 비행을 관찰할 기회가 부여되어야 한다는 본 조약의 다른 당사국의 요청을 평등의 원칙하에 고려하여야 한다.

The nature of such an opportunity for observation and the conditions under which it could be afforded shall be determined by agreement between the States concerned.

Article XI

In order to promote international co-operation in the peaceful exploration and use of outer space, States Parties to the Treaty conducting activities in outer space, including the moon and other celestial bodies, agree to inform the Secretary-General of the United Nations as well as the public and the international scientific community, to the greatest extent feasible and practicable, of the nature, conduct, locations and results of such activities. On receiving the said information, the Secretary-General of the United Nations should be prepared to ·disseminate it immediately and effectively.

Article XII

All stations, installations, equipment and space vehicles on the moon and other celestial bodies shall be open to representatives of other States Parties to the Treaty on a basis of reciprocity. Such representatives shall give reasonable advance notice of a projected visit, in order that appropriate consultations may be held and that maximum precautions may be taken to assure safety and to avoid interference with normal operations in the facility to be visited.

Article XIII

The provisions of this Treaty shall apply to the activities of States Parties to the Treaty in the exploration and use of outer space, including the moon and other celestial bodies, whether such activities are carried on by a single State Party to the Treaty or jointly with other States, including cases where they are carried on within the framework of international inter-governmental organizations. Any practical questions arising in connection with activities carried on by international inter-governmental organizations in the exploration and use of outer space, including the moon and other celestial bodies, shall be resolved by the States Parties to the Treaty either with the appropriate international organization or with one or more States members of that international organization, which are Parties to this Treaty.

관찰을 위한 이러한 기회의 성질과 기회가 부여될 수 있는 조건은 관계국가 간의 합의에 의하여 결정되어야 한다.

제11조

외기권의 평화적 탐색과 이용에 있어서의 국제적 협조를 증진하기 위하여 달과 기타 천체를 포함한 외기권에서 활동을 하는 본 조약의 당사국은 동 활동의 성질, 수행, 위치 및 결과를 실행 가능한 최대한도로 일반 대중 및 국제적 과학단체 뿐만 아니라 국제연합 사무총장에 대하여 통보하는데 동의 한다. 동 정보를 접수한 국제연합 사무총장은 이를 즉각적으로 그리고 효과 적으로 유포하도록 하여야 한다.

제12조

달과 기타 천체상의 모든 배치소, 시설, 장비 및 우주선은 호혜주의 원칙하에 본 조약의 다른 당사국대표에게 개방되어야 한다. 그러한 대표들에 대하여 안전을 보장하기 위하여 그리고 방문할 설비의 정상적인 운영에 대한 방해를 피하기 위한 적절한 협의를 행할 수 있도록 하고 또한 최대한의 예방 수단을 취할 수 있도록 하기 위하여 방문 예정에 관하여, 합리적인 사전통고가 부여되어야 한다.

제13조

본 조약의 규정은 본 조약의 단일 당사국에 의하여 행해진 활동이나 또는 국제적 정부간 기구의 테두리내에서 행해진 경우를 포함한 기타 국가와 공동으로 행해진 활동을 막론하고, 달과 기타 천체를 포함한 외기권의 탐색과 이용에 있어서의 본 조약 당사국의 활동에 적용된다.

달과 기타 천체를 포함한 외기권의 탐색과 이용에 있어서 국제적 정부간 기구가 행한 활동에 관련하여 야기되는 모든 실제적 문제는 본 조약의 당사국이 적절한 국제기구나 또는 본 조약의 당사국인 동 국제기구의 1 또는 2이상의 회원국가와 함께 해결하여야 한다.

Article XIV

1. This Treaty shall be open to all States for signature. Any State which does not sign this Treaty before its entry into force in accordance with paragraph 3 of this Article may accede to it at any time.

2. This Treaty shall be subject to ratification by signatory States. Instruments of ratification and instruments of accession shall be deposited with the Governments of the United Kingdom of Great Britain and Northern Ireland, the Union of Soviet Socialist Republics and the United States of America, which are hereby designated the Depositary Governments.

3. This Treaty shall enter into force upon the deposit of instruments of ratification by five Governments including the Governments designated as Depositary Governments under this Treaty.

4. For States whose instruments of ratification or accession are deposited subsequent to the entry into force of this Treaty, it shall enter into force on the date of the deposit of their instruments of ratification or accession.

5. The Depositary Governments shall promptly inform all signatory and acceding States of the date of each signature, the date of deposit of each instrument of ratification of and accession to this Treaty, the date of its entry into force and other notices.

6. This Treaty shall be registered by the Depositary Governments pursuant to Article 102 of the Charter of the United Nations.

Article XV

Any State Party to the Treaty may propose amendments to this Treaty. Amendments shall enter into force for each State Party to the Treaty accepting the amendments upon their acceptance by a majority of the States Parties to the Treaty and thereafter for each remaining State Party to the Treaty on the date of acceptance by it.

Article XVI

Any State Party to the Treaty may give notice of its withdrawal from the Treaty one year after its entry into force by written notification to the Depositary Governments. Such withdrawal shall take effect one year from the date of receipt of this notification.

제14조

1. 본 조약은 서명을 위하여 모든 국가에 개방된다. 본 조 제3항에 따라 본 조약 발효이전에 본 조약에 서명하지 아니한 국가는 언제든지 본 조약에 가입할 수 있다.

2. 본 조약은 서명국가에 의하여 비준되어야 한다. 비준서와 가입서는 기탁국 정부로 지정된 아메리카합중국 정부, 대영연합왕국 정부 및 쏘비엣트 사회주의 연방공화국 정부에 기탁되어야 한다.

3. 본 조약은 본 조약에 의하여 기탁국 정부로 지정된 정부를 포함한 5개국 정부의 비준서 기탁으로써 발효한다.

4. 본 조약의 발효 후에 비준서 또는 가입서를 기탁한 국가에 대하여는 그들의 비준서 또는 가입서의 기탁일자에 본 조약이 발효한다.

5. 기탁국 정부는 본 조약의 각 서명일자, 각 비준서 및 가입서의 기탁일자, 본 조약의 발효일자 및 기타 통고를 모든 서명국 및 가입국에 대하여 즉시 통고한다.

6. 본 조약은 국제연합헌장 제102조에 따라 기탁국 정부에 의하여 등록되어야 한다.

제15조

본 조약의 당사국은 본 조약에 대한 개정을 제의할 수 있다. 개정은 본 조약 당사국의 과반수가 수락한 때에 개정을 수락한 본 조약의 각 당사국에 대하여 효력을 발생한다. 그 이후에는 본 조약을 나머지 각 당사국에 대하여 동 당사국의 수락일자에 발효한다.

제16조

본 조약의 모든 당사국은 본 조약 발효 1년 후에 기탁국 정부에 대한 서면 통고로써 본 조약으로부터의 탈퇴통고를 할 수 있다. 이러한 탈퇴는 탈퇴통고의 접수일자로부터 1년 후에 효력을 발생한다.

Article XVII

This Treaty, of which the English, Russian, French, Spanish and Chinese texts are equally authentic, shall be deposited in the archives of the Depositary Governments. Duly certified copies of this Treaty shall be transmitted by the Depositary Governments to the Governments of the signatory and acceding States.

IN WITNESS WHEREOF the undersigned, duly authorized, have signed this Treaty.

DONE in triplicate, at the cities of Washington, London and Moscow, this twenty-seventh day of January, one thousand nine hundred and sixty-seven. (Signatures omitted)

Declaration made by the Republic of Korea

The signing and the ratification by the Government of the Republic of Korea of the present Treaty does not in any way mean or imply the recognition of any territory or regime which has not been recognized by the Government of the Republic of Korea as a State or Government.

제17조

영어, 노어, 불어, 서반아어 및 중국어본이 동등히 정본인 본 조약은 기탁국 정부의 보관소에 기탁되어야 한다. 본 조약의 인증등본은 기탁국 정부에 의하여 서명국 정부 및 가입국 정부에 전달되어야 한다.

이상의 증거로 정당하게 권한을 위임받은 아래 서명자가 이 조약에 서명하였다.

1967년 1월 27일 워싱톤, 런던 및 모스코바에서 3통을 작성하였다. (서명 생략)

대한민국의 선언문

본 조약에 대한 대한민국 정부의 서명 및 비준은 대한민국에 의하여 국가 또는 정부로 승인되지 아니한 영역 또는 집단의 승인을 어떠한 방법으로든지 의미하거나 시사하는 것은 아니다.

국제항공운송에 있어서의 일부 규칙 통일에 관한 협약

이 협약의 당사국은,

1929년 10월 12일 바르샤바에서 서명된 국제항공운송에 있어서의 일부 규칙 통일에 관한 협약 (이하 '바르샤바협약'이라 한다) 및 기타 관련 문서들이 국제항공사법의 조화에 지대한 공헌을 하여왔음을 인식하며,

바르샤바협약 및 관련 문서를 현대화하고 통합하여야 할 필요성을 인식하며,

국제항공운송에 있어서 소비자 이익 보호의 중요성과 원상회복의 원칙에 근거한 공평한 보상의 필요성을 인식하며,

1944년 12월 7일 시카고에서 작성된 국제민간항공협약의 원칙과 목적에 따른 국제항공운송사업의 질서정연한 발전과 승객·수하물 및 화물의 원활한 이동이 바람직함을 재확인하며,

새로운 협약을 통하여 국제항공운송을 규율하는 일부 규칙의 조화 및 성문화를 진작하기 위한 국가의 공동행동이 공평한 이익균형의 달성에 가장 적합한 수단임을 확신하며,

다음과 같이 합의하였다.

제 1 장
총 칙

제 1 조 【적용 범위】

1. 이 협약은 항공기에 의하여 유상으로 수행되는 승객·수하물 또는 화물의 모든 국제운송에 적용된다. 이 협약은 항공운송기업이 항공기에 의하여 무상으로 수행되는 운송에도 동일하게 적용된다.

2. 이 협약의 목적상, 국제운송이라 함은 운송의 중단 또는 환적이 있는지 여부를 불문하고, 당사자간 합의에 따라 출발지와 도착지가 두 개의 당사국의 영역 내에 있는 운송, 또는 출발지와 도착지가 단일의 당사국 영역 내에 있는 운

Convention for the Unification of Ceratin Rules for International Carriage by Air

THE STATES PARTIES TO THIS CONVENTION,

RECOGNIZING the significant contribution of the Convention for the Unification of Certain Rules relating to International Carriage by Air signed in Warsaw on 12 October 1929, hereinafter referred to as the "Warsaw Convention", and other related instruments to the harmonization of private international air law;

RECOGNIZING the need to modernize and consolidate the Warsaw Convention and related instruments;

RECOGNIZING the importance of ensuring protection of the interests of consumers in international carriage by air and the need for equitable compensation based on the principle of restitution;

REAFFIRMING the desirability of an orderly development of international air transport operations and the smooth flow of passengers, baggage and cargo in accordance with the principles and objectives of the Convention on International Civil Aviation, done at Chicago on 7 December 1944;

CONVINCED that collective State action for further harmonization and codification of certain rules governing international carriage by air through a new Convention is the most adequate means of achieving an equitable balance of interests;

HAVE AGREED AS FOLLOWS:

Chapter 1
General Provisions

Article 1 【Scope of Application】

1. This Convention applies to all international carriage of persons, baggage or cargo performed by aircraft for reward. It applies equally to gratuitous carriage by aircraft performed by an air transport undertaking.

2. For the purposes of this Convention, the expression international carriage means any carriage in which, according to the agreement between the parties, the place of departure and the place of destination, whether or not

송으로서 합의된 예정 기항지가 타 국가의 영역 내에 존재하는 운송을 말한다. 이때 예정 기항지가 존재한 타 국가가 이 협약의 당사국인지 여부는 불문한다. 단일의 당사국 영역내의 두 지점간 수행하는 운송으로서 타 국가의 영역 내에 합의된 예정 기항지가 존재하지 아니하는 것은 이 협약의 목적상 국제운송이 아니다.

3. 2인 이상의 운송인이 연속적으로 수행하는 운송은 이 협약의 목적상, 당사자가 단일의 취급을 한 때에는, 단일의 계약형식 또는 일련의 계약형식으로 합의하였는지 여부를 불문하고 하나의 불가분의 운송이라고 간주되며, 이러한 운송은 단지 단일의 계약 또는 일련의 계약이 전적으로 동일국의 영역 내에서 이행된다는 이유로 국제적 성질이 상실되는 것은 아니다.

4. 이 협약은 또한, 제5장의 조건에 따라, 동장에 규정된 운송에도 적용된다.

제 2 조【국가가 수행하는 운송 및 우편물의 운송】

1. 이 협약은 제1조에 규정된 조건에 합치하는 한, 국가 또는 법적으로 설치된 공공기관이 수행하는 운송에도 적용된다.

2. 우편물의 운송의 경우, 운송인은 운송인과 우정당국간 관계에 적용되는 규칙에 따라 관련 우정당국에 대해서만 책임을 진다.

3. 본 조 제2항에서 규정하고 있는 경우를 제외한 이 협약의 규정은 우편물의 운송에 적용되지 아니한다.

제 2 장
승객·수하물 및 화물의 운송과 관련된 증권과 당사자 의무

제 3 조【승객 및 수하물】
1. 승객의 운송에 관하여 다음 사항을 포함한 개인용 또는 단체용 운송증권을 교부한다.
   가. 출발지 및 도착지의 표시

there be a break in the carriage or a transhipment, are situated either within the territories of two States Parties, or within the territory of a single State Party if there is an agreed stopping place within the territory of another State, even if that State is not a State Party. Carriage between two points within the territory of a single State Party without an agreed stopping place within the territory of another State is not international carriage for the purposes of this Convention.

3. Carriage to be performed by several successive carriers is deemed, for the purposes of this Convention, to be one undivided carriage if it has been regarded by the parties as a single operation, whether it had been agreed upon under the form of a single contract or of a series of contracts, and it does not lose its international character merely because one contract or a series of contracts is to be performed entirely within the territory of the same State.

4. This Convention applies also to carriage as set out in Chapter V, subject to the terms contained therein.

Article 2 【Carriage Performed by State and Carriage of Postal Items】

1. This Convention applies to carriage performed by the State or by legally constituted public bodies provided it falls within the conditions laid down in Article 1.

2. In the carriage of postal items, the carrier shall be liable only to the relevant postal administration in accordance with the rules applicable to the relationship between the carriers and the postal administrations.

3. Except as provided in paragraph 2 of this Article, the provisions of this Convention shall not apply to the carriage of postal items.

Chapter II
Documentation and Duties of the Parties Relating to the Carriage of Passengers, Baggage and Cargo

Article 3 【Passengers and Baggage】
1. In respect of carriage of passengers, an individual or collective document of carriage shall be delivered containing:

나. 출발지 및 도착지가 단일의 당사국 영역 내에 있고 하나 또는 그 이상의 예정 기항지가 타 국가의 영역 내에 존재하는 경우에는 그러한 예정 기항지 중 최소한 한곳의 표시

2. 제1항에 명시된 정보를 보존하는 다른 수단도 동항에 언급된 증권의 교부를 대체할 수 있다. 그러한 수단이 사용되는 경우, 운송인은 보존된 정보에 관한 서면 신고서의 교부를 승객에게 제안한다.

3. 운송인은 개개의 위탁수하물에 대한 수하물 식별표를 여객에게 교부한다.

4. 운송인은 이 협약이 적용 가능한 경우 승객의 사망 또는 부상 및 수하물의 파괴·분실 또는 손상 및 지연에 대한 운송인의 책임을 이 협약이 규율하고 제한할 수 있음을 승객에게 서면으로 통고한다.

5. 전항의 규정에 따르지 아니한 경우에도 운송계약의 존재 및 유효성에는 영향을 미치지 아니하며, 책임의 한도에 관한 규정을 포함한 이 협약의 규정이 적용된다.

제 4 조 【화물】

1. 화물 운송의 경우, 항공운송장이 교부된다.

2. 운송에 관한 기록을 보존하는 다른 수단도 항공운송장의 교부를 대체할 수 있다. 그러한 수단이 사용되는 경우, 운송인은 송하인의 요청에 따라 송하인에게 운송을 증명하고 그러한 수단에 의하여 보존되는 기록에 포함된 정보를 수록한 화물수령증을 교부한다.

제 5 조 【항공운송장 또는 화물수령증의 기재사항】

항공운송장 또는 화물수령증에는 다음의 사항을 기재한다.

가. 출발지 및 도착지의 표시
나. 출발지 및 도착지가 단일의 당사국 영역 내에 존재하고 하나 또는 그 이상의 예정 기항지가 타 국가의 영역 내에 존재하는 경우에는 그러한 예정 기항지의 최소한 한 곳의 표시

(a) an indication of the places of departure and destination;
(b) if the places of departure and destination are within the territory of a single State Party, one or more agreed stopping places being within the territory of another State, an indication of at least one such stopping place.

2. Any other means which preserves the information indicated in paragraph 1 may be substituted for the delivery of the document referred to in that paragraph. If any such other means is used, the carrier shall offer to deliver to the passenger a written statement of the information so preserved.

3. The carrier shall deliver to the passenger a baggage identification tag for each piece of checked baggage.

4. The passenger shall be given written notice to the effect that where this Convention is applicable it governs and may limit the liability of carriers in respect of death or injury and for destruction or loss of, or damage to, baggage, and for delay.

5. Non-compliance with the provisions of the foregoing paragraphs shall not affect the existence or the validity of the contract of carriage, which shall, nonetheless, be subject to the rules of this Convention including those relating to limitation of liability.

Article 4 【Cargo】

1. In respect of the carriage of cargo, an air waybill shall be delivered.

2. Any other means which preserves a record of the carriage to be performed may be substituted for the delivery of an air waybill. If such other means are used, the carrier shall, if so requested by the consignor, deliver to the consignor a cargo receipt permitting identification of the consignment and access to the information contained in the record preserved by such other means.

Article 5 【Contents of Air Waybill of Cargo Receipt】

The air waybill or the cargo receipt shall include:
(a) an indication of the places of departure and destination;
(b) if the places of departure and destination are within the territory of a single State Party, one or more agreed stopping places being within the territory of another State,

다. 화물의 중량 표시

제 6 조 【화물의 성질에 관련된 서류】

세관·경찰 및 유사한 공공기관의 절차를 이행하기 위하여 필요한 경우, 송하인은 화물의 성질을 명시한 서류를 교부할 것을 요구받을 수 있다. 이 규정은 운송인에게 어떠한 의무·구속 또는 그에 따른 책임을 부과하지 아니한다.

제 7 조 【항공운송장의 서식】

1. 항공운송장은 송하인에 의하여 원본 3통이 작성된다.
2. 제1의 원본에는 '운송인용'이라고 기재하고 송하인이 서명한다. 제2의 원본에는 '수하인용'이라고 기재하고 송하인 및 운송인이 서명한다. 제3의 원본에는 운송인이 서명하고, 화물을 접수받은 후 송하인에게 인도한다.

3. 운송인 및 송하인의 서명은 인쇄 또는 날인하여도 무방하다.
4. 송하인의 청구에 따라 운송인이 항공운송장을 작성하였을 경우, 반증이 없는 한 운송인은 송하인을 대신하여 항공운송장을 작성한 것으로 간주된다.

제 8 조 【복수화물을 위한 증권】

1개 이상의 화물이 있는 경우,
가. 화물의 운송인은 송하인에게 개별적인 항공운송장을 작성하여 줄 것을 청구할 권리를 갖는다.
나. 송하인은 제4조 제2항에 언급된 다른 수단이 사용되는 경우에는 운송인에게 개별적인 화물수령증의 교부를 청구할 권리를 갖는다.

제 9 조 【증권상 요건의 불이행】

제4조 내지 제8조의 규정에 따르지 아니하는 경우에도 운송계약의 존재 및 유효성에는 영향을 미치지 아니하며, 책임의 한도에 관한 규정을 포함한 이 협약의 규정이 적용된다.

제 10 조 【증권의 기재사항에 대한 책임】

1. 송하인은 본인 또는 대리인이 화물에 관련하여 항공운송장에 기재한 사항, 본인 또는 대리

an indication of at least one such stopping place; and
(c) an indication of the weight of the consignment.

Article 6 【Document Relating to the Nature of the Cargo】

The consignor may be required, if necessary, to meet the formalities of customs, police and similar public authorities to deliver a document indicating the nature of the cargo. This provision creates for the carrier no duty, obligation or liability resulting therefrom.

Article 7 【Description of Air Waybill】

1. The air waybill shall be made out by the consignor in three original parts.
2. The first part shall be marked "for the carrier"; it shall be signed by the consignor. The second part shall be marked "for the consignee"; it shall be signed by the consignor and by the carrier. The third part shall be signed by the carrier who shall hand it to the consignor after the cargo has been accepted.
3. The signature of the carrier and that of the consignor may be printed or stamped.
4. If, at the request of the consignor, the carrier makes out the air waybill, the carrier shall be deemed, subject to proof to the contrary, to have done so on behalf of the consignor.

Article 8 【Documentation for Multiple Packages】

When there is more than one package:
(a) the carrier of cargo has the right to require the consignor to make out separate air waybills;
(b) the consignor has the right to require the carrier to deliver separate cargo receipts when the other means referred to in paragraph 2 of Article 4 are used.

Article 9 【Non-compliance with Documentary Requirements】

Non-compliance with the provisions of Articles 4 to 8 shall not affect the existence or the validity of the contract of carriage, which shall, nonetheless, be subject to the rules of this Convention including those relating to limitation of liability.

Article 10 【Responsibility for Particulars of Documentation】

1. The consignor is responsible for the correctness of the particulars and statements relating to the

인이 화물수령증에의 기재를 위하여 운송인에게 제공한 사항, 또는 제4조 제2항에 언급된 다른 수단에 의하여 보존되는 기록에의 기재를 위하여 운송인에게 제공한 사항의 정확성에 대하여 책임진다. 이는 송하인을 대신하여 행동하는 자가 운송인의 대리인인 경우에도 적용된다.

2. 송하인은 본인 또는 대리인이 제공한 기재사항의 불비·부정확 또는 불완전으로 인하여 운송인이나 운송인이 책임을 부담하는 자가 당한 모든 손해에 대하여 운송인에게 보상한다.

3. 본 조 제1항 및 제2항의 규정을 조건으로, 운송인은 본인 또는 대리인이 화물수령증 또는 제4조 제2항에 언급된 다른 수단에 의하여 보존되는 기록에 기재한 사항의 불비·부정확 또는 불완전으로 인하여 송하인이나 송하인이 책임을 부담하는 자가 당한 모든 손해에 대하여 송하인에게 보상한다.

제 11 조 【증권의 증거력】

1. 항공운송장 또는 화물수령증은 반증이 없는 한, 그러한 증권에 언급된 계약의 체결, 화물의 인수 및 운송의 조건에 관한 증거가 된다.

2. 화물의 개수를 포함한, 화물의 중량·크기 및 포장에 관한 항공운송장 및 화물수령증의 기재사항은 반증이 없는 한, 기재된 사실에 대한 증거가 된다. 화물의 수량·부피 및 상태는 운송인이 송하인의 입회하에 점검하고, 그러한 사실을 항공운송장이나 화물수령증에 기재한 경우 또는 화물의 외양에 관한 기재의 경우를 제외하고는 운송인에게 불리한 증거를 구성하지 아니한다.

제 12 조 【화물의 처분권】

1. 송하인은 운송계약에 따른 모든 채무를 이행할 책임을 조건으로, 출발공항 또는 도착공항에서 화물을 회수하거나, 운송도중 착륙할 때에 화물을 유치하거나, 최초 지정한 수하인 이외의 자에 대하여 도착지에서 또는 운송도중에 화물을 인도할 것을 요청하거나 또는 출발공항으로 화물을 반송할 것을 청구함으로써 화물을 처분할 권리를 보유한다. 송하인은 운송인 또는 다

cargo inserted by it or on its behalf in the air waybill or furnished by it or on its behalf to the carrier for insertion in the cargo receipt or for insertion in the record preserved by the other means referred to in paragraph 2 of Article 4. The foregoing shall also apply where the person acting on behalf of the consignor is also the agent of the carrier.

2. The consignor shall indemnify the carrier against all damage suffered by it, or by any other person to whom the carrier is liable, by reason of the irregularity, incorrectness or incompleteness of the particulars and statements furnished by the consignor or on its behalf.

3. Subject to the provisions of paragraphs 1 and 2 of this Article, the carrier shall indemnify the consignor against all damage suffered by it, or by any other person to whom the consignor is liable, by reason of the irregularity, incorrectness or incompleteness of the particulars and statements inserted by the carrier or on its behalf in the cargo receipt or in the record preserved by the other means referred to in paragraph 2 of Article 4.

Article 11 【Evidentiary Value of Documentation】

1. The air waybill or the cargo receipt is *prima facie* evidence of the conclusion of the contract, of the acceptance of the cargo and of the conditions of carriage mentioned therein.

2. Any statements in the air waybill or the cargo receipt relating to the weight, dimensions and packing of the cargo, as well as those relating to the number of packages, are *prima facie* evidence of the facts stated; those relating to the quantity, volume and condition of the cargo do not constitute evidence against the carrier except so far as they both have been, and are stated in the air waybill or the cargo receipt to have been, checked by it in the presence of the consignor, or relate to the apparent condition of the cargo.

Article 12 【Right of Disposition of Cargo】

1. Subject to its liability to carry out all its obligations under the contract of carriage, the consignor has the right to dispose of the cargo by withdrawing it at the airport of departure or destination, or by stopping it in the course of the journey on any landing, or by calling for it to be delivered at the place of destination or in the course of the

른 송하인을 해하는 방식으로 이러한 처분권을 행사해서는 아니 되며, 이러한 처분권의 행사에 의하여 발생한 어떠한 비용도 변제하여야 한다.

2. 송하인의 지시를 이행하지 못할 경우, 운송인은 즉시 이를 송하인에게 통보하여야 한다.

3. 운송인은 송하인에게 교부한 항공운송장 또는 화물수령증의 제시를 요구하지 아니하고 화물의 처분에 관한 송하인의 지시에 따른 경우, 이로 인하여 항공운송장 또는 화물수령증의 정당한 소지인에게 발생된 어떠한 손해에 대하여도 책임을 진다. 단, 송하인에 대한 운송인의 구상권은 침해받지 아니한다.

4. 송하인에게 부여된 권리는 수하인의 권리가 제13조에 따라 발생할 때 소멸한다. 그럼에도 불구하고 수하인이 화물의 수취를 거절하거나 또는 수하인을 알 수 없는 때에는 송하인은 처분권을 회복한다.

제 13 조 【화물의 인도】

1. 송하인이 제12조에 따른 권리를 행사하는 경우를 제외하고, 수하인은 화물이 도착지에 도착하였을 때 운송인에게 정당한 비용을 지급하고 운송의 조건을 충족하면 화물의 인도를 요구할 권리를 가진다.

2. 별도의 합의가 없는 한, 운송인은 화물이 도착한 때 수하인에게 통지를 할 의무가 있다.

3. 운송인이 화물의 분실을 인정하거나 또는 화물이 도착되었어야 할 날로부터 7일이 경과하여도 도착되지 아니하였을 때에는 수하인은 운송인에 대하여 계약으로부터 발생된 권리를 행사할 권리를 가진다.

제 14 조 【송하인과 수하인의 권리행사】

송하인과 수하인은 운송계약에 의하여 부과된 채무를 이행할 것을 조건으로 하여 자신 또는 타인의 이익을 위하여 행사함을 불문하고 각각 자기의 명의로 제12조 및 제13조에 의하여 부여된 모든 권리를 행사할 수 있다.

journey to a person other than the consignee originally designated, or by requiring it to be returned to the airport of departure. The consignor must not exercise this right of disposition in such a way as to prejudice the carrier or other consignors and must reimburse any expenses occasioned by the exercise of this right.

2. If it is impossible to carry out the instructions of the consignor, the carrier must so inform the consignor forthwith.

3. If the carrier carries out the instructions of the consignor for the disposition of the cargo without requiring the production of the part of the air waybill or the cargo receipt delivered to the latter, the carrier will be liable, without prejudice to its right of recovery from the consignor, for any damage which may be caused thereby to any person who is lawfully in possession of that part of the air waybill or the cargo receipt.

4. The right conferred on the consignor ceases at the moment when that of the consignee begins in accordance with Article 13. Nevertheless, if the consignee declines to accept the cargo, or cannot be communicated with, the consignor resumes its right of disposition.

Article 13 【Delivery of the Cargo】

1. Except when the consignor has exercised its right under Article 12, the consignee is entitled, on arrival of the cargo at the place of destination, to require the carrier to deliver the cargo to it, on payment of the charges due and on complying with the conditions of carriage.

2. Unless it is otherwise agreed, it is the duty of the carrier to give notice to the consignee as soon as the cargo arrives.

3. If the carrier admits the loss of the cargo, or if the cargo has not arrived at the expiration of seven days after the date on which it ought to have arrived, the consignee is entitled to enforce against the carrier the rights which flow from the contract of carriage.

Article 14 【Enforcement of the Rights of Consignor and Consignee】

The consignor and the consignee can respectively enforce all the rights given to them by Articles 12 and 13, each in its own name, whether it is acting in its own interest or in the interest of another, provided that it

제 15 조【송하인과 수하인의 관계 또는 제3
자와의 상호관계】

1. 제12조·제13조 및 제14조는 송하인과 수하
인의 상호관계 또는 송하인 및 수하인과 이들
중 어느 한쪽으로부터 권리를 취득한 제3자와
의 상호관계에는 영향을 미치지 아니한다.

2. 제12조·제13조 및 제14조의 규정은 항공운
송장 또는 화물수령증에 명시적인 규정에 의해
서만 변경될 수 있다.

제 16 조【세관·경찰 및 기타 공공기관의 절차】

1. 송하인은 화물이 수하인에게 인도될 수 있기
전에 세관·경찰 또는 기타 공공기관의 절차를
이행하기 위하여 필요한 정보 및 서류를 제공
한다. 송하인은 그러한 정보 및 서류의 부재·
불충분 또는 불비로부터 발생한 손해에 대하여
운송인에게 책임을 진다. 단, 그러한 손해가 운
송인·그의 고용인 또는 대리인의 과실에 기인
한 경우에는 그러하지 아니한다.

2. 운송인은 그러한 정보 또는 서류의 정확성 또
는 충분성 여부를 조사할 의무가 없다.

제 3 장
운송인의 책임 및 손해배상의 범위

제 17 조【승객의 사망 및 부상 – 수하물에
대한 손해】

1. 운송인은 승객의 사망 또는 신체의 부상의 경
우에 입은 손해에 대하여 사망 또는 부상을 야
기한 사고가 항공기상에서 발생하였거나 또는
탑승과 하강의 과정에서 발생하였을 때에 한하
여 책임을 진다.

2. 운송인은 위탁수하물의 파괴·분실 또는 손상
으로 인한 손해에 대하여 파괴·분실 또는 손
상을 야기한 사고가 항공기상에서 발생하였거
나 또는 위탁수하물이 운송인의 관리 하에 있
는 기간 중 발생한 경우에 한하여 책임을 진다.
그러나, 운송인은 손해가 수하물 고유의 결함·
성질 또는 수하물의 불완전에 기인하는 경우
및 그러한 범위 내에서는 책임을 부담하지 아

carries out the obligations imposed by the
contract of carriage.

Article 15【**Relations of Consignor and Consignee
or Mutual Relations of Third Parties**】

1. Articles 12, 13 and 14 do not affect either
the relations of the consignor and the
consignee with each other or the mutual
relations of third parties whose rights are
derived either from the consignor or from
the consignee.
2. The provisions of Articles 12, 13 and 14
can only be varied by express provision in
the air waybill or the cargo receipt.

Article 16【**Formalities of Customs, Police or
Other Public Authorities**】

1. The consignor must furnish such information
and such documents as are necessary to meet
the formalities of customs, police and any
other public authorities before the cargo can
be delivered to the consignee. The consignor
is liable to the carrier for any damage
occasioned by the absence, insufficiency or
irregularity of any such information or
documents, unless the damage is due to the
fault of the carrier, its servants or agents.
2. The carrier is under no obligation to
enquire into the correctness or sufficiency of
such information or documents.

Chapter III
Liability of the Carrier and
Extent of Compensation for Damage

Article 17【**Death and Injury of Passengers-
Damage to Baggage**】

1. The carrier is liable for damage sustained
in case of death or bodily injury of a
passenger upon condition only that the
accident which caused the death or injury
took place on board the aircraft or in the
course of any of the operations of
embarking or disembarking.
2. The carrier liable for damage sustained in
case of destruction or loss of, or of damage
to, checked baggage upon condition only that
the event which caused the destruction, loss or
damage took place on board the aircraft or
during any period within which the checked
baggage was in the charge of the carrier.
However, the carrier is not liable if and to the

니한다. 개인소지품을 포함한 휴대수하물의 경우, 운송인·그의 고용인 또는 대리인의 과실에 기인하였을 때에만 책임을 진다.

3. 운송인이 위탁수하물의 분실을 인정하거나 또는 위탁수하물이 도착하였어야 하는 날로부터 21일이 경과하여도 도착하지 아니하였을 때 승객은 운송인에 대하여 운송계약으로부터 발생되는 권리를 행사할 권한을 가진다.

4. 별도의 구체적인 규정이 없는 한, 이 협약에서 '수하물'이라는 용어는 위탁수하물 및 휴대 수하물 모두를 의미한다.

제 18 조 【화물에 대한 손해】

1. 운송인은 화물의 파괴·분실 또는 손상으로 인한 손해에 대하여 손해를 야기한 사고가 항공운송 중에 발생하였을 경우에 한하여 책임을 진다.

2. 그러나, 운송인은 화물의 파괴·분실 또는 손상이 다음중 하나이상의 사유에 기인하여 발생하였다는 것이 입증되었을 때에는 책임을 지지 아니한다.
   가. 화물의 고유한 결함·성질 또는 화물의 불완전
   나. 운송인·그의 고용인 또는 대리인이외의 자가 수행한 화물의 결함이 있는 포장
   다. 전쟁 또는 무력분쟁행위
   라. 화물의 입출국 또는 통과와 관련하여 행한 공공기관의 행위

3. 본 조 제1항의 의미상 항공운송은 화물이 운송인의 관리 하에 있는 기간도 포함된다.

4. 항공운송의 기간에는 공항외부에서 행한 육상·해상운송 또는 내륙수로운송은 포함되지 아니한다. 그러나, 그러한 운송이 항공운송계약을 이행함에 있어서, 화물의 적재·인도 또는 환적을 목적으로 하여 행하여졌을 때에는 반증이 없는 한 어떠한 손해도 항공운송 중에 발생한 사고의 결과라고 추정된다. 운송인이 송하인의 동의 없이 당사자간 합의에 따라 항공운송으로 행할 것이 예정되어 있었던 운송의 전부 또는 일부를 다른 운송수단의 형태에 의한 운송으로 대체하였을 때에는 다른 운송수단의 형태에 의한 운송은 항공운송의 기간 내에 있는 것으로 간주된다.

extent that the damage resulted from the inherent defect, quality or vice of the baggage. In the case of unchecked baggage, including personal items, the carrier is liable if the damage resulted from its fault or that of its servants or agents.

3. If the carrier admits the loss of the checked baggage, or if the checked baggage has not arrived at the expiration of twenty-one days after the date on which it ought to have arrived, the passenger is entitled to enforce against the carrier the rights which flow from the contract of carriage.

4. Unless otherwise specified, in this Convention the term "baggage" means both checked baggage and unchecked baggage.

Article 18 【Damage to Cargo】

1. The carrier is liable for damage sustained in the event of the destruction or loss of or damage to, cargo upon condition only that the event which caused the damage so sustained took place during the carriage by air.

2. However, the carrier is not liable if and to the extent it proves that the destruction, or loss of, or damage to, the cargo resulted from one or more of the following:
   (a) inherent defect, quality or vice of that cargo;
   (b) defective packing of that cargo performed by a person other than the carrier or its servants or agents;
   (c) an act of war or an armed conflict;
   (d) an act of public authority carried out in connection with the entry, exit or transit of the cargo.

3. The carriage by air within the meaning of paragraph 1 of this Article comprises the period during which the cargo is in the charge of the carrier.

4. The period of the carriage by air does not extend to any carriage by land, by sea or by inland waterway performed outside an airport. If, however, such carriage takes place in the performance of a contract for carriage by air, for the purpose of loading, delivery or transhipment, any damage is presumed, subject to proof to the contrary, to have been the result of an event which took place during the carriage by air. If a carrier, without the consent of the consignor, substitutes carriage by another mode of transport for the whole or part of a carriage intended by the agreement between

제 19 조 【지연】

운송인은 승객·수하물 또는 화물의 항공운송 중 지연으로 인한 손해에 대한 책임을 진다. 그럼에도 불구하고, 운송인은 본인·그의 고용인 또는 대리인이 손해를 피하기 위하여 합리적으로 요구되는 모든 조치를 다하였거나 또는 그러한 조치를 취할 수 없었다는 것을 증명한 경우에는 책임을 지지 아니한다.

제 20 조 【책임 면제】

운송인이 손해배상을 청구하는 자 또는 그로부터 권한을 위임받은 자의 과실·기타 불법적인 작위 또는 부작위가 손해를 야기하였거나 또는 손해에 기여하였다는 것을 증명하였을 때에는 그러한 과실·불법적인 작위 또는 부작위가 손해를 야기하였거나 손해에 기여한 정도에 따라 청구자에 대하여 책임의 전부 또는 일부를 면제받는다. 승객의 사망 또는 부상을 이유로 하여 손해배상이 승객이외의 자에 의하여 청구되었을 때, 운송인은 손해가 승객의 과실·불법적인 작위 또는 부작위에 기인하였거나 이에 기여하였음을 증명한 정도에 따라 책임의 전부 또는 일부를 면제받는다. 본 조는 제21조 제1항을 포함한 이 협약의 모든 배상책임규정에 적용된다.

제 21 조 【승객의 사망 또는 부상에 대한 배상】

1. 운송인은 승객당 100,000 SDR을 초과하지 아니한 제17조 제1항상의 손해에 대한 책임을 배제하거나 제한하지 못한다.

2. 승객당 100,000 SDR을 초과하는 제17조 제1항상의 손해에 대하여, 운송인이 다음을 증명하는 경우에는 책임을 지지 아니한다.
  가. 그러한 손해가 운송인·그의 고용인 또는 대리인의 과실·기타 불법적인 작위 또는 부작위에 기인하지 아니하였거나,
  나. 그러한 손해가 오직 제3자의 과실·기타 불법적인 작위 또는 부작위에 기인하였을 경우

---

the parties to be carriage by air, such carriage by another mode of transport is deemed to be within the period of carriage by air.

Article 19 【Delay】

The carrier is liable for damage occasioned by delay in the carriage by air of passengers, baggage or cargo. Nevertheless, the carrier shall not be liable for damage occasioned by delay if it proves that it and its servants and agents took all measures that could reasonably be required to avoid the damage or that it was impossible for it or them to take such measures.

Article 20 【Exoneration】

If the carrier proves that the damage was caused or contributed to by the negligence or other wrongful act or omission of the person claiming compensation, or the person from whom he or she derives his or her rights, the carrier shall be wholly or partly exonerated from its liability to the claimant to the extent that such negligence or wrongful act or omission caused or contributed to the damage. When by reason of death or injury of a passenger compensation is claimed by a person other than the passenger, the carrier shall likewise be wholly or partly exonerated from its liability to the extent that it proves that the damage was caused or contributed to by the negligence or other wrongful act or omission of that passenger. This Article applies to all the liability provisions in this Convention, including paragraph 1 of Article 21.

Article 21 【Compensation in Case of Death or Injury of Passengers】

1. For damages arising under paragraph 1 of Article 17 not exceeding 100,000 Special Drawing Rights for each passenger, the carrier shall not be able to exclude or limit its liability.

2. The carrier shall not be liable for damages arising under paragraph 1 of Article 17 to the extent that they exceed for each passenger 100,000 Special Drawing Rights if the carrier proves that:
  (a) such damage was not due to the negligence or other wrongful act or omission of the carrier or its servants or agents; or
  (b) such damage was solely due to the negligence or other wrongful act or omission of a third party.

제 22 조【지연·수하물 및 화물과 관련한 배상 책임의 한도】

1. 승객의 운송에 있어서 제19조에 규정되어 있는 지연에 기인한 손해가 발생한 경우, 운송인의 책임은 승객 1인당 4,150 SDR로 제한된다.

2. 수하물의 운송에 있어서 수하물의 파괴·분실·손상 또는 지연이 발생한 경우 운송인의 책임은 승객 1인당 1,000 SDR로 제한된다. 단, 승객이 위탁수하물을 운송인에게 인도할 때에 도착지에서 인도시 이익에 관한 특별신고를 하였거나 필요에 따라 추가요금을 지급한 경우에는 그러하지 아니한다. 이러한 경우, 운송인은 신고가액이 도착지에 있어서 인도시 승객의 실질이익을 초과한다는 것을 증명하지 아니하는 한 신고가액을 한도로 하는 금액을 지급할 책임을 진다.

3. 화물의 운송에 있어서 화물의 파괴·분실·손상 또는 지연이 발생한 경우 운송인의 책임은 1 킬로그램당 17 SDR로 제한된다. 단, 송하인이 화물을 운송인에게 인도할 때에 도착지에서 인도시 이익에 관한 특별신고를 하였거나 필요에 따라 추가 요금을 지급한 경우에는 그러하지 아니하다. 이러한 경우, 운송인은 신고가액이 도착지에 있어서 인도시 송하인의 실질이익을 초과한다는 것을 증명하지 아니하는 한 신고가액을 한도로 하는 금액을 지급할 책임을 진다.

4. 화물의 일부 또는 화물에 포함된 물건의 파괴·분실·손상 또는 지연의 경우, 운송인의 책임한도를 결정함에 있어서 고려하여야 할 중량은 관련 화물의 총 중량이다. 그럼에도 불구하고 화물의 일부 또는 화물에 포함된 물건의 파괴·분실·손상 또는 지연이 동일한 항공운송장 또는 화물수령증에 기재하거나 또는 이러한 증권이 발행되지 아니하였을 때에는 제4조 제2항에 언급된 다른 수단에 의하여 보존되고 있는 동일한 기록에 기재되어 있는 기타 화물의 가액에 영향을 미칠 때에는 운송인의 책임한도를 결정함에 있어 그러한 화물의 총 중량도 고려되어야 한다.

5. 손해가 운송인·그의 고용인 또는 대리인이

Article 22 【Limits of Liability in Relation to Delay, Baggage and Cargo】

1. In the case of damage caused by delay as specified in Article 19 in the carriage of persons, the liability of the carrier for each passenger is limited to 4,150 Special Drawing Rights.

2. In the carriage of baggage, the liability of the carrier in the case of destruction, loss, damage or delay is limited to 1,000 Special Drawing Rights for each passenger unless the passenger has made, at the time when the checked baggage was handed over to the carrier, a special declaration of interest in delivery at destination and has paid a supplementary sum if the case so requires. In that case the carrier will be liable to pay a sum not exceeding the declared sum, unless it proves that the sum is greater than the passenger's actual interest in delivery at destination.

3. In the carriage of cargo, the liability of the carrier in the case of destruction, loss, damage or delay is limited to a sum of 17 Special Drawing Rights per kilogram, unless the consignor has made, at the time when the package was handed over to the carrier, a special declaration of interest in delivery at destination and has paid a supplementary sum if the case so requires. In that case the carrier will be liable to pay a sum not exceeding the declared sum, unless it proves that the sum is greater than the consignor's actual interest in delivery at destination.

4. In the case of destruction, loss, damage or delay of part of the cargo, or of any object contained therein, the weight to be taken into consideration in determining the amount to which the carrier's liability is limited shall be only the total weight of the package or packages concerned. Nevertheless, when the destruction, loss, damage or delay of a part of the cargo, or of an object contained therein, affects the value of other packages covered by the same air waybill, or the same receipt or, if they were not issued, by the same record preserved by the other means referred to in paragraph 2 of Article 4, the total weight of such package or packages shall also be taken into consideration in determining the limit of liability.

5. The foregoing provisions of paragraphs 1

손해를 야기할 의도를 가지거나 또는 무모하게 손해가 야기될 것을 인지하고 행한 작위 또는 부작위로부터 발생되었다는 것이 입증되었을 때에는 본 조 제1항 및 제2항에 전술한 규정은 적용되지 아니한다. 단, 고용인 또는 대리인이 작위 또는 부작위를 행한 경우에는 그가 자기의 고용업무의 범위 내에서 행하였다는 것이 입증되어야 한다.

6. 제21조 및 본 조에 규정된 책임제한은 자국법에 따라 법원이 원고가 부담하는 소송비용 및 소송과 관련된 기타 비용에 이자를 포함한 금액의 전부 또는 일부를 재정하는 것을 방해하지 아니한다. 전기 규정은 소송비용 및 소송과 관련된 기타 비용을 제외한, 재정된 손해액이 손해를 야기한 사건의 발생일로부터 6월의 기간 내에 또는 소송의 개시가 상기 기간 이후일 경우에는 소송 개시 전에 운송인이 원고에게 서면으로 제시한 액수를 초과하지 아니한 때에는 적용되지 아니한다.

제 23 조 【화폐단위의 환산】

1. 이 협약에서 특별인출권으로 환산되어 언급된 금액은 국제통화기금이 정의한 특별인출권을 의미하는 것으로 간주된다. 재판절차에 있어서 국내통화로의 환산은 판결일자에 특별인출권의 국내통화환산액에 따라 정한다. 국제통화기금의 회원국의 특별인출권의 국내통화환산금액은 국제통화기금의 운영과 거래를 위하여 적용하는 평가방식에 따라 산출하게 되며, 동 방식은 판결일자에 유효하여야 한다. 국제통화기금의 비회원국인 당사국의 특별인출권의 국내통화환산금액은 동 당사국이 결정한 방식에 따라 산출된다.

2. 그럼에도 불구하고, 국제통화기금의 비회원국이며 자국법에 따라 본 조 제1항의 적용이 허용되지 아니하는 국가는 비준·가입시 또는 그 이후에 언제라도 제21조에 규정되어 있는 운송인의 책임한도가 자국의 영역에서 소송이 진행 중인 경우 승객 1인당 1,500,000 화폐단위, 제22조 제1항과 관련해서는 승객 1인당 62,500

and 2 of this Article shall not apply if it is proved that the damage resulted from an act or omission of the carrier, its servants or agents, done with intent to cause damage or recklessly and with knowledge that damage would probably result; provided that, in the case of such act or omission of a servant or agent, it is also proved that such servant or agent was acting within the scope of its employment.

6. The limits prescribed in Article 21 and in this Article shall not prevent the court from awarding, in accordance with its own law, in addition, the whole or part of the court costs and of the other expenses of the litigation incurred by the plaintiff, including interest. The foregoing provision shall not apply if the amount of the damages awarded, excluding court costs and other expenses of the litigation, does not exceed the sum which the carrier has offered in writing to the plaintiff within a period of six months from the date of the occurrence causing the damage, or before the commencement of the action, if that is later.

Article 23 【Conversion of Monetary Units】

1. The sums mentioned in terms of Special Drawing Right in this Convention shall be deemed to refer to the Special Drawing Right as defined by the International Monetary Fund. Conversion of the sums into national currencies shall, in case of judicial proceedings, be made according to the value of such currencies in terms of the Special Drawing Right at the date of the judgement. The value of a national currency, in terms of the Special Drawing Right, of a State Party which is a Member of the International Monetary Fund, shall be calculated in accordance with the method of valuation applied by the International Monetary Fund, in effect at the date of the judgement, for its operations and transactions. The value of a national currency, in terms of the Special Drawing Right, of a State Party which is not a Member of the International Monetary Fund, shall be calculated in a manner determined by that State.

2. Nevertheless, those States which are not Members of the International Monetary Fund and whose law does not permit the application of the provisions of paragraph 1 of this Article may, at the time of ratification or accession or at any time thereafter, declare that the limit of liability

화폐단위, 제22조 제2항과 관련해서는 승객 1인당 15,000 화폐단위 및 제22조 제3항과 관련해서는 1킬로그램당 250 화폐단위로 고정된다고 선언할 수 있다. 이와 같은 화폐단위는 1000분의 900의 순도를 가진 금 65.5 밀리그램에 해당한다. 국내통화로 환산된 금액은 관계국 통화의 단수가 없는 금액으로 환산할 수 있다. 국내통화로 환산되는 금액은 관련국가의 법률에 따른다.

3. 본 조 제1항 후단에 언급된 계산 및 제2항에 언급된 환산방식은 본 조 제1항의 전 3단의 적용에 기인되는 제21조 및 제22조의 가액과 동일한 실질가치를 가능한 한 동 당사국의 국내통화로 표시하는 방법으로 할 수 있다. 당사국들은 본 조 제1항에 따른 산출방식 또는, 경우에 따라 본 조 제2항에 의한 환산의 결과를 이 협약의 비준서·수락서·승인서 또는 가입서 기탁시 또는 상기 산출방식이나 환산결과의 변경시 수탁자에 통보한다.

제 24 조 【한도의 검토】

1. 이 협약 제25조의 규정을 침해하지 아니하고 하기 제2항을 조건으로 하여, 제21조 내지 제23조에 규정한 책임한도는 5년 주기로 수탁자에 의하여 검토되어야 하며, 최초의 검토는 이 협약의 발효일로부터 5년이 되는 해의 연말에 실시된다. 만일 이 협약이 서명을 위하여 개방된 날로부터 5년 내에 발효가 되지 못하면 발효되는 해에 협약의 발효일 이후 또는 이전 수정이후 누적 물가상승률에 상응하는 물가상승요인을 참고하여 검토된다. 물가상승요인의 결정에 사용되는 물가상승률의 기준은 제23조 제1항에 언급된 특별인출권을 구성하는 통화를 가진 국가의 소비자물가지수의 상승 또는 하강률의 가중평균치를 부여하여 산정한다.

of the carrier prescribed in Article 21 is fixed at a sum of 1,500,000 monetary units per passenger in judicial proceedings in their territories; 62,500 monetary units per passenger with respect to paragraph 1 of Article 22; 15,000 monetary units per passenger with respect to paragraph 2 of Article 22; and 250 monetary units per kilogram with respect to paragraph 3 of Article 22. This monetary unit corresponds to sixty-five and a half milligrams of gold of millesimal fineness nine hundred. These sums may be converted into the national currency concerned in round figures. The conversion of these sums into national currency shall be made according to the law of the State concerned.

3. The calculation mentioned in the last sentence of paragraph I of this Article and the conversion method mentioned in paragraph 2 of this Article shall be made in such manner as to express in the national currency of the State Party as far as possible the same real value for the amounts in Articles 21 and 22 as would result from the application of the first three sentences of paragraph 1 of this Article. States Parties shall communicate to the depositary the manner of calculation pursuant to paragraph 1 of this Article, or the result of the conversion in paragraph 2 of this Article as the case may be, when depositing an instrument of ratification, acceptance, approval of or accession to this Convention and whenever there is a change in either.

Article 24 【Review of Limits】

1. Without prejudice to the provisions of Article 25 of this Convention and subject to paragraph 2 below, the limits of liability prescribed in Articles 21, 22 and 23 shall be reviewed by the Depositary at five-year intervals, the first such review to take place at the end of the fifth year following the date of entry into force of this Convention, or if the Convention does not enter into force within five years of the date it is first open for signature, within the first year of its entry into force, by reference to an inflation factor which corresponds to the accumulated rate of inflation since the previous revision or in the first instance since the date of entry into force of the Convention. The measure of the rate of inflation to be used in determining the inflation factor shall be the weighted

2. 전항의 규정에 따라 검토를 행한 결과 인플레이션 계수가 10퍼센트를 초과하였다면 수탁자는 당사국에게 책임한도의 수정을 통고한다. 이러한 수정은 당사국에게 통고된 후 6월 경과시 효력을 발생한다. 만일 당사국에게 통고된 후 3월 이내에 과반수의 당사국들이 수정에 대한 불승인을 표명한 때에는 수정은 효력을 발생하지 아니하며, 수탁자는 동 문제를 당사국의 회합에 회부한다. 수탁자는 모든 당사국에게 수정의 발효를 즉시 통보한다.

3. 본 조 제1항에도 불구하고, 본 조 제2항에 언급된 절차는 당사국의 3분의 1 이상이 이전의 수정 또는 이전에 수정이 없었다면 이 협약의 발효일이래 본 조 제1항에 언급된 인플레이션 계수가 30퍼센트를 초과할 것을 조건으로 하여 그러한 효과에 대한 의사를 표시한 경우에는 언제나 적용 가능하다. 본 조 제1항에 기술된 절차를 사용한 추가검토는 본 항에 따른 검토일로부터 5년이 되는 해의 연말에 개시하여 5년 주기로 한다.

제 25 조 【한도의 규정】

운송인은 이 협약이 정한 책임한도보다 높은 한도를 정하거나 어떤 경우에도 책임의 한도를 두지 아니한다는 것을 운송계약에 규정할 수 있다.

제 26 조 【계약조항의 무효】

운송인의 책임을 경감하거나 또는 이 협약에 규정된 책임한도보다 낮은 한도를 정하는 어떠한 조항도 무효다. 그러나, 그러한 조항의 무효는 계약 전체를 무효로 하는 것은 아니며 계약은 이 협약의 조항에 따른다.

제 27 조 【계약의 자유】

이 협약의 어떠한 규정도 운송인이 운송계약의 체결을 거절하거나, 이 협약상의 항변권을 포기하거나 또는 이 협약의 규정과 저촉되지 아니하는 운송조건을 설정하는 것을 방해하지 못한다.

average of the annual rates of increase or decrease in the Consumer Price Indices of the States whose currencies comprise the Special Drawing Right mentioned in paragraph 1 of Article 23.

2. If the review referred to in the preceding paragraph concludes that the inflation factor has exceeded 10 percent, the Depositary shall notify States Parties of a revision of the limits of liability. Any such revision shall become effective six months after its notification to the States Parties. If within three months after its notification to the States Parties a majority of the States Parties register their disapproval, the revision shall not become effective and the Depositary shall refer the matter to a meeting of the States Parties. The Depositary shall immediately notify all States Parties of the coming into force of any revision.

3. Notwithstanding paragraph 1 of this Article, the procedure referred to in paragraph 2 of this Article shall be applied at any time provided that one-third of the States Parties express a desire to that effect and upon condition that the inflation factor referred to in paragraph 1 has exceeded 30 percent since the previous revision or since the date of entry into force of this Convention if there has been no previous revision. Subsequent reviews using the procedure described in paragraph 1 of this Article will take place at five-year intervals starting at the end of the fifth year following the date of the reviews under the present paragraph.

Article 25 【**Stipulation on Limits**】

A carrier may stipulate that the contract of carriage shall be subject to higher limits of liability than those provided for in this Convention or to no limits of liability whatsoever.

Article 26 【**Invalidity of Contractual Provisions**】

Any provision tending to relieve the carrier of liability or to fix a lower limit than that which is laid down in this Convention shall be null and void, but the nullity of any such provision does not involve the nullity of the whole contract, which shall remain subject to the provisions of this Convention.

Article 27 【**Freedom to Contract**】

Nothing contained in this Convention shall prevent the carrier from refusing to enter into any contract of carriage, from waiving any defences available under the Convention, or from

제 28 조 【선배상지급】

승객의 사망 또는 부상을 야기하는 항공기사고 시, 운송인은 자국법이 요구하는 경우 자연인 또는 배상을 받을 권한이 있는 자의 즉각적인 경제적 필요성을 충족시키기 위하여 지체 없이 선배상금을 지급한다. 이러한 선배상지급은 운송인의 책임을 인정하는 것은 아니며, 추후 운송인이 지급한 배상금과 상쇄될 수 있다.

제 29 조 【청구의 기초】

승객·수하물 및 화물의 운송에 있어서, 손해에 관한 어떠한 소송이든지 이 협약·계약·불법행위 또는 기타 어떠한 사항에 근거하는지 여부를 불문하고, 소를 제기할 권리를 가지는 자와 그들 각각의 권리에 관한 문제를 침해함이 없이, 이 협약에 규정되어 있는 조건 및 책임한도에 따르는 경우에만 제기될 수 있다. 어떠한 소송에 있어서도, 징벌적 배상 또는 비보상적 배상은 회복되지 아니한다.

제 30 조 【고용인·대리인 - 청구의 총액】

1. 이 협약과 관련된 손해로 인하여 운송인의 고용인 또는 대리인을 상대로 소송이 제기된 경우, 그들이 고용범위 내에서 행동하였음이 증명된다면 이 협약 하에서 운송인 자신이 주장할 수 있는 책임의 조건 및 한도를 원용할 권리를 가진다.

2. 그러한 경우, 운송인·그의 고용인 및 대리인으로부터 회수 가능한 금액의 총액은 전술한 한도를 초과하지 아니한다.
3. 화물운송의 경우를 제외하고는 본 조 제1항 및 제2항의 규정은 고용인 또는 대리인이 손해를 야기할 의도로 무모하게, 또는 손해가 발생할 것을 알고 행한 작위 또는 부작위에 기인한 손해임이 증명된 경우에는 적용되지 아니한다.

제 31 조 【이의제기의 시한】

1. 위탁수하물 또는 화물을 인도받을 권리를 가지고 있는 자가 이의를 제기하지 아니하고 이를 수령하였다는 것은 반증이 없는 한 위탁수

---

laying down conditions which do not conflict with the provisions of this Convention.

Article 28 【Advance Payments】

In the case of aircraft accidents resulting in death or injury of passengers, the carrier shall, if required by its national law, make advance payments without delay to a natural person or persons who are entitled to claim compensation in order to meet the immediate economic needs of such persons. Such advance payments shall not constitute a recognition of liability and may be offset against any amounts subsequently paid as damages by the carrier.

Article 29 【Basis of Claims】

In the carriage of passengers, baggage and cargo, any action for damages, however founded, whether under this Convention or in contract or in tort or otherwise, can only be brought subject to the conditions and such limits of liability as are set out in this Convention without prejudice to the question as to who are the persons who have the right to bring suit and what are their respective rights. In any such action, punitive, exemplary or any other non-compensatory damages shall not be recoverable.

Article 30 【Servants, Agents - Aggregation of Claims】

1. If an action is brought against a servant or agent of the carrier arising out of damage to which the Convention relates, such servant or agent, if they prove that they acted within the scope of their employment, shall be entitled to avail themselves of the conditions and limits of liability which the carrier itself is entitled to invoke under this Convention.
2. The aggregate of the amounts recoverable from the carrier, its servants and agents, in that case, shall not exceed the said limits.
3. Save in respect of the carriage of cargo, the provisions of paragraphs 1 and 2 of this Article shall not apply if it is proved that the damage resulted from an act or omission of the servant or agent done with intent to cause damage or recklessly and with knowledge that damage would probably result.

Article 31 【Timely Notice of Complaints】

1. Receipt by the person entitled to delivery of checked baggage or cargo without complaint is *prima facie* evidence that the

하물 또는 화물이 양호한 상태로 또한 운송서류 또는 제3조 제2항 및 제4조 제2항에 언급된 기타 수단으로 보존된 기록에 따라 인도되었다는 명백한 증거가 된다.

2. 손상의 경우, 인도받을 권리를 가지는 자는 손상을 발견한 즉시 또한 늦어도 위탁수하물의 경우에는 수령일로부터 7일 이내에 그리고 화물의 경우에는 수령일로부터 14일 이내에 운송인에게 이의를 제기하여야 한다. 지연의 경우, 이의는 인도받을 권리를 가지는 자가 수하물 또는 화물을 처분할 수 있는 날로부터 21일 이내에 제기되어야 한다.

3. 개개의 이의는 서면으로 작성되어야 하며, 전술한 기한 내에 발송하여야 한다.
4. 전술한 기한 내에 이의가 제기되지 아니한 때에는 운송인에 대하여 제소할 수 없다. 단, 운송인측의 사기인 경우에는 그러하지 아니한다.

제 32 조 【책임 있는 자의 사망】
책임 있는 자가 사망하는 경우, 손해에 관한 소송은 이 협약의 규정에 따라 동인의 재산의 법정대리인에 대하여 제기할 수 있다.

제 33 조 【재판관할권】
1. 손해에 관한 소송은 원고의 선택에 따라 당사국중 하나의 영역 내에서 운송인의 주소지, 운송인의 주된 영업소 소재지, 운송인이 계약을 체결한 영업소 소재지의 법원 또는 도착지의 법원 중 어느 한 법원에 제기한다.

2. 승객의 사망 또는 부상으로 인한 손해의 경우, 소송은 본 조 제1항에 언급된 법원 또는 사고 발생당시 승객의 주소지와 주된 거주지가 있고 운송인이 자신이 소유한 항공기 또는 상업적 계약에 따른 타 운송인의 항공기로 항공운송서비스를 제공하는 장소이며, 운송인 자신 또는 상업적 계약에 의하여 타 운송인이 소유하거나 임대한 건물로부터 항공운송사업을 영위하고 있는 장소에서 소송을 제기할 수 있다.

3. 제2항의 목적을 위하여,
  가. '상업적 계약'이라 함은 대리점 계약을 제외

same has been delivered in good condition and in accordance with the document of carriage or with the record preserved by the other means referred to in paragraph 2 of Article 3 and paragraph 2 of Article 4.

2. In the case of damage, the person entitled to delivery must complain to the carrier forthwith after the discovery of the damage, and, at the latest, within seven days from the date of receipt in the case of checked baggage and fourteen days from the date of receipt in the case of cargo. In the case of delay, the complaint must be made at the latest within twenty-one days from the date on which the baggage or cargo have been placed at his or her disposal.

3. Every complaint must be made in writing and given or dispatched within the times aforesaid.
4. If no complaint is made within the times aforesaid, no action shall lie against the carrier, save in the case of fraud on its part.

Article 32 【Death of Person Liable】
In the case of the death of the person liable, an action for damages lies in accordance with the terms of this Convention against those legally representing his or her estate.

Article 33 【Jurisdiction】
1. An action for damages must be brought, at the option of the plaintiff, in the territory of one of the States Parties, either before the court of the domicile of the carrier or of its principal place of business, or where it has a place of business through which the contract has been made or before the court at the place of destination.

2. In respect of damage resulting from the death or injury of a passenger, an action may be brought before one of the courts mentioned in paragraph 1 of this Article, or in the territory of a State Party in which at the time of the accident the passenger has his or her principal and permanent residence and to or from which the carrier operates services for the carriage of passengers by air, either on its own aircraft or on another carrier's aircraft pursuant to a commercial agreement, and in which that carrier conducts its business of carriage of passengers by air from premises leased or owned by the carrier itself or by another carrier with which it has a commercial agreement.

3. For the purposes of paragraph 2,
  (a) "commercial agreement" means an agreement,

한, 항공승객운송을 위한 공동서비스의 제공과 관련된 운송인간의 계약을 말한다.

나. '주소지 및 영구거주지'라 함은 사고발생당시 승객의 고정적이고 영구적인 하나의 주소를 말한다. 이 경우 승객의 국적은 결정요인이 되지 않는다.

4. 소송절차에 관한 문제는 소송이 계류중인 법원의 법률에 의한다.

제 34 조 【중재】

1. 본 조의 규정에 따를 것을 조건으로, 화물운송계약의 당사자들은 이 협약에 따른 운송인의 책임에 관련된 어떠한 분쟁도 중재에 의하여 해결한다고 규정할 수 있다.

2. 중재절차는 청구인의 선택에 따라 제33조에 언급된 재판관할권중 하나에서 진행된다.

3. 중재인 또는 중재법원은 이 협약의 규정을 적용한다.

4. 본 조 제2항 및 제3항의 규정은 모든 중재조항 또는 협정의 일부라고 간주되며, 이러한 규정과 일치하지 아니하는 조항 또는 협정의 어떠한 조건도 무효이다.

제 35 조 【제소기한】

1. 손해에 관한 권리가 도착지에 도착한 날·항공기가 도착하였어야 하는 날 또는 운송이 중지된 날로부터 기산하여 2년 내에 제기되지 않을 때에는 소멸된다.

2. 그러한 기간의 산정방법은 소송이 계류된 법원의 법률에 의하여 결정된다.

제 36 조 【순차운송】

1. 2인 이상의 운송인이 순차로 행한 운송으로서 이 협약 제1조 제3항에 규정된 정의에 해당하는 운송의 경우, 승객·수하물 또는 화물을 인수하는 각 운송인은 이 협약에 규정된 규칙에 따라야 하며, 또한 운송계약이 각 운송인의 관리 하에 수행된 운송부분을 다루고 있는 한 동 운송계약의 당사자중 1인으로 간주된다.

2. 이러한 성질을 가지는 운송의 경우, 승객 또는 승객에 관하여 손해배상을 받을 권한을 가지는 자는, 명시적 합의에 의하여 최초의 운송인이 모든 운송구간에 대한 책임을 지는 경우를 제

other than an agency agreement, made between carriers and relating to the provision of their joint services for carriage of passengers by air;

(b) "principal and permanent residence" means the one fixed and permanent abode of the passenger at the time of the accident. The nationality of the passenger shall not be the determining factor in this regard.

4. Questions of procedure shall be governed by the law of the court seized of the case.

Article 34 【Arbitration】

1. Subject to the provisions of this Article, the parties to the contract of carriage for cargo may stipulate that any dispute relating to the liability of the carrier under this Convention shall be settled by arbitration. Such agreement shall be in writing.

2. The arbitration proceedings shall, at the option of the claimant, take place within one of the jurisdictions referred to in Article 33.

3. The arbitrator or arbitration tribunal shall apply the provisions of this Convention.

4. The provisions of paragraphs 2 and 3 of this Article shall be deemed to be part of every arbitration clause or agreement, and any term of such clause or agreement which is inconsistent therewith shall be null and void.

Article 35 【Limitation of Actions】

1. The right to damages shall be extinguished if an action is not brought within a period of two years, reckoned from the date of arrival at the destination, or from the date on which the aircraft ought to have arrived, or from the date on which the carriage stopped.

2. The method of calculating that period shall be determined by the law of the court seized of the case.

Article 36 【Successive Carriage】

1. In the case of carriage to be performed by various successive carriers and falling within the definition set out in paragraph 3 of Article 1, each carrier which accepts passengers, baggage or cargo is subject to the rules set out in this Convention and is deemed to be one of the parties to the contract of carriage in so far as the contract deals with that part of the carriage which is performed under its supervision.

2. In the case of carriage of this nature, the passenger or any person entitled to compensation in respect of him or her can take action only against the carrier which performed the

외하고는, 사고 또는 지연이 발생된 동안에 운송을 수행한 운송인에 대하여 소송을 제기할 수 있다.

3. 수하물 또는 화물과 관련하여, 승객 또는 송하인은 최초 운송인에 대하여 소송을 제기할 수 있는 권리를 가지며, 인도받을 권리를 가지는 승객 또는 수하인은 최종 운송인에 대하여 소송을 제기할 권리를 가지며, 또한, 각자는 파괴·분실·손상 또는 지연이 발생한 기간 중에 운송을 수행한 운송인에 대하여 소송을 제기할 수 있다. 이들 운송인은 여객·송하인 또는 수하인에 대하여 연대하거나 또는 단독으로 책임을 진다.

제 37 조【제3자에 대한 구상권】
이 협약의 어떠한 규정도 이 협약의 규정에 따라 손해에 대하여 책임을 지는 자가 갖고 있는 다른 사람에 대한 구상권을 행사할 권리가 있는지 여부에 관한 문제에 영향을 미치지 아니한다.

제 4 장
복합운송

제 38 조【복합운송】
1. 운송이 항공과 다른 운송형식에 의하여 부분적으로 행하여지는 복합운송의 경우에는 이 협약의 규정들은, 제18조 제4항을 조건으로 하여, 항공운송에 대하여만 적용된다. 단, 그러한 항공운송이 제1조의 조건을 충족시킨 경우에 한한다.

2. 이 협약의 어떠한 규정도 복합운송의 경우 당사자가 다른 운송형식에 관한 조건을 항공운송의 증권에 기재하는 것을 방해하지 아니한다. 단, 항공운송에 관하여 이 협약의 규정이 준수되어야 한다.

제 5 장
계약운송인 이외의 자에 의한 항공운송

제 39 조【계약운송인 – 실제운송인】
본 장의 규정은 어떤 사람(이하 '계약운송인'이라

carriage during which the accident or the delay occurred, save in the case where, by express agreement, the first carrier has assumed liability for the whole journey.

3. As regards baggage or cargo, the passenger or consignor will have a right of action against the first carrier, and the passenger or consignee who is entitled to delivery will have a right of action against the last carrier, and further, each may take action against the carrier which performed the carriage during which the destruction, loss, damage or delay took place. These carriers will be jointly and severally liable to the passenger or to the consignor or consignee.

Article 37【**Right of Recourse against Third Parties**】
Nothing in this Convention shall prejudice the question whether a person liable for damage in accordance with its provisions has a right of recourse against any other person.

Chapter IV
Combined Carriage

Article 38【**Combined Carriage**】
1. In the case of combined carriage performed partly by air and partly by any other mode of carriage, the provisions of this Convention shall, subject to paragraph 4 of Article 18, apply only to the carriage by air, provided that the carriage by air falls within the terms of Article 1.
2. Nothing in this Convention shall prevent the parties in the case of combined carriage from inserting in the document of air carriage conditions relating to other modes of carriage, provided that the provisions of this Convention are observed as regards the carriage by air.

Chapter V
Carriage by Air Performed by
a Person other than the Contracting
Carrier

Article 39【**Contracting Carrier - Actual Carrier**】
The provisions of this Chapter apply when a

한다.)이 승객 또는 송하인 · 승객 또는 송하인을 대신하여 행동하는 자와 이 협약에 의하여 규율되는 운송계약을 체결하고, 다른 사람(이하 '실제운송인'이라 한다.)이 계약운송인으로부터 권한을 받아 운송의 전부 또는 일부를 행하지만 이 협약의 의미 내에서 그러한 운송의 일부에 관하여 순차운송인에는 해당되지 않는 경우에 적용된다. 이와 같은 권한은 반증이 없는 한 추정된다.

제 40 조 【계약운송인과 실제운송인의 개별적 책임】

실제운송인이 제39조에 언급된 계약에 따라 이 협약이 규율하는 운송의 전부 또는 일부를 수행한다면, 본 장에 달리 정하는 경우를 제외하고, 계약운송인 및 실제운송인 모두는 이 협약의 규칙에 따른다. 즉, 계약운송인이 계약에 예정된 운송의 전부에 관하여 그리고 실제운송인은 자기가 수행한 운송에 한하여 이 협약의 규칙에 따른다.

제 41 조 【상호 책임】

1. 실제운송인이 수행한 운송과 관련하여, 실제운송인 · 자신의 고용업무의 범위 내에서 행동한 고용인 및 대리인의 작위 또는 부작위도 또한 계약운송인의 작위 또는 부작위로 간주된다.

2. 실제운송인이 수행한 운송과 관련하여, 계약운송인, 자신의 고용업무의 범위 내에서 행동한 고용인 및 대리인의 작위 또는 부작위도 또한 실제운송인의 작위 및 부작위로 간주된다. 그럼에도 불구하고, 그러한 작위 및 부작위로 인하여 실제운송인은 이 협약 제21조 내지 제24조에 언급된 금액을 초과하는 책임을 부담하지 아니한다. 이 협약이 부과하지 아니한 의무를 계약운송인에게 부과하는 특별 합의 · 가 협약이 부여한 권리의 포기 또는 이 협약 제22조에서 예정된 도착지에서의 인도 이익에 관한 특별신고는 실제운송인이 합의하지 아니하는 한 그에게 영향을 미치지 아니한다.

제 42 조 【이의제기 및 지시의 상대방】

이 협약에 근거하여 운송인에게 행한 이의나 지시는 계약운송인 또는 실제운송인 어느 쪽에 행하여도 동일한 효력이 있다. 그럼에도 불구하고,

person (hereinafter referred to as "the contracting carrier") as a principal makes a contract of carriage governed by this Convention with a passenger or consignor or with a person acting on behalf of the passenger or consignor, and another person (hereinafter referred to as "the actual carrier") performs, by virtue of authority from the contracting carrier, the whole or part of the carriage, but is not with respect to such part a successive carrier within the meaning of this Convention. Such authority shall be presumed in the absence of proof to the contrary.

Article 40 【Respective Liability of Contracting and Actual Carriers】

If an actual carrier performs the whole or part of carriage which, according to the contract referred to in Article 39, is governed by this Convention, both the contracting carrier and the actual carrier shall, except as otherwise provided in this Chapter, be subject to the rules of this Convention, the former for the whole of the carriage contemplated in the contract, the latter solely for the carriage which it performs.

Article 41 【Mutual Liability】

1. The acts and omissions of the actual carrier and of its servants and agents acting within the scope of their employment shall, in relation to the carriage performed by the actual carrier, be deemed to be also those of the contracting carrier.

2. The acts and omissions of the contracting carrier and of its servants and agents acting within the scope of their employment shall, in relation to the carriage performed by the actual carrier, be deemed to be also those of the actual carrier. Nevertheless, no such act or omission shall subject the actual carrier to liability exceeding the amounts referred to in Articles 21, 22, 23 and 24. Any special agreement under which the contracting carrier assumes obligations not imposed by this Convention or any waiver of rights or defences conferred by this Convention or any special declaration of interest in delivery at destination contemplated in Article 22 shall not affect the actual carrier unless agreed to by it.

Article 42 【Addressee of Complaints and Instructions】

Any complaint to be made or instruction to be given under this Convention to the carrier

이 협약 제12조에 언급된 지시는 계약운송인에게 행한 경우에 한하여 효력이 있다.

제 43 조 【고용인 및 대리인】

실제운송인이 수행한 운송과 관련하여, 실제운송인 또는 계약운송인의 고용인 또는 대리인은 자기의 고용업무의 범위내의 행위를 증명할 경우 이 협약 하에서 자신이 귀속되는 운송인에게 적용할 이 협약상 책임의 조건 및 한도를 원용할 권리를 가진다. 단, 그들이 책임한도가 이 협약에 따라 원용되는 것을 방지하는 방식으로 행동하는 것이 증명된 경우에는 그러하지 아니한다.

제 44 조 【손해배상총액】

실제운송인이 수행한 운송과 관련하여, 실제운송인과 계약운송인, 또는 자기의 고용업무의 범위내에서 행동한 고용인 및 대리인으로부터 회수 가능한 배상총액은 이 협약에 따라 계약운송인 또는 실제운송인의 어느 한쪽에 대하여 재정할 수 있는 최고액을 초과하여서는 아니 된다. 그러나, 상기 언급된 자중 누구도 그에게 적용 가능한 한도를 초과하는 금액에 대하여 책임을 지지 아니한다.

제 45 조 【피청구자】

실제운송인이 수행한 운송과 관련하여, 손해에 관한 소송은 원고의 선택에 따라 실제운송인 또는 계약운송인에 대하여 공동 또는 개별적으로 제기될 수 있다. 소송이 이들 운송인 중 하나에 한하여 제기된 때에는 동 운송인은 다른 운송인에게 소송절차에 참가할 것을 요구할 권리를 가지며, 그 절차와 효과는 소송이 계류되어 있는 법원의 법률에 따르게 된다.

제 46 조 【추가재판관할권】

제45조에 예정된 손해에 대한 소송은 원고의 선택에 따라 이 협약 제33조에 규정된 바에 따라 당사국 중 하나의 영역 내에서 계약운송인에 대한 소송이 제기될 수 있는 법원 또는 실제운송인의 주소지나 주된 영업소 소재지에 대하여 관할권을 가지는 법원에 제기되어야 한다.

shall have the same effect whether addressed to the contracting carrier or to the actual carrier. Nevertheless, instructions referred to in Article 12 shall only be effective if addressed to the contracting carrier.

Article 43 【Servants and Agents】

In relation to the carriage performed by the actual carrier, any servant or agent of that carrier or of the contracting carrier shall, if they prove that they acted within the scope of their employment, be entitled to avail themselves of the conditions and limits of liability which are applicable under this Convention to the carrier whose servant or agent they are, unless it is proved that they acted in a manner that prevents the limits of liability from being invoked in accordance with this Convention.

Article 44 【Aggregation of Damages】

In relation to the carriage performed by the actual carrier, the aggregate of the amounts recoverable from that carrier and the contracting carrier, and from their servants and agents acting within the scope of their employment, shall not exceed the highest amount which could be awarded against either the contracting carrier or the actual carrier under this Convention, but none of the persons mentioned shall be liable for a sum in excess of the limit applicable to that person.

Article 45 【Addressee of Claims】

In relation to the carriage performed by the actual carrier, an action for damages may be brought, at the option of the plaintiff, against that carrier or the contracting carrier, or against both together or separately. If the action is brought against only one of those carriers, that carrier shall have the right to require the other carrier to be joined in the proceedings, the procedure and effects being governed by the law of the court seized of the case.

Article 46 【Additional Jurisdiction】

Any action for damages contemplated in Article 45 must be brought, at the option of the plaintiff, in the territory of one of the States Parties, either before a court in which an action may be brought against the contracting carrier, as provided in Article 33, or before the court having jurisdiction at the place where the actual carrier has its

제 47 조 【계약조항의 무효】
본 장에 따른 계약운송인 또는 실제운송인의 책임을 경감하거나 또는 본 장에 따라 적용 가능한 한도보다 낮은 한도를 정하는 것은 무효로 한다. 그러나, 그러한 조항의 무효는 계약 전체를 무효로 하는 것은 아니며 계약은 이 협약의 조항에 따른다.

제 48 조 【계약운송인 및 실제운송인의 상호관계】
제45조에 규정된 경우를 제외하고는 본 장의 여하한 규정도 여하한 구상권 또는 손실보상청구권을 포함하는, 계약운송인 또는 실제운송인간 운송인의 권리 및 의무에 영향을 미치지 아니한다.

제 6 장
기타 규정

제 49 조 【강제적용】
적용될 법을 결정하거나 관할권에 관한 규칙을 변경함으로써 이 협약에 규정된 규칙을 침해할 의도를 가진 당사자에 의하여 손해가 발생되기 전에 발효한 운송계약과 모든 특별합의에 포함된 조항은 무효로 한다.

제 50 조 【보험】
당사국은 이 협약에 따른 손해배상책임을 담보하는 적절한 보험을 유지하도록 운송인에게 요구한다. 운송인은 취항지국으로부터 이 협약에 따른 손해배상책임을 담보하는 보험을 유지하고 있음을 증명하는 자료를 요구받을 수 있다.

제 51 조 【비정상적인 상황 하에서의 운송】
운송증권과 관련된 제3조 내지 제5조·제7조 및 제8조의 규정은 운송인의 정상적인 사업범위를 벗어난 비정상적인 상황에는 적용되지 아니한다.

제 52 조 【일의 정의】
이 협약에서 사용되는 '일(日)'이라 함은 영업일(營業日)이 아닌 역일(曆日)을 말한다.

domicile or its principal place of business.

Article 47 【Invalidity of Contractual Provisions】
Any contractual provision tending to relieve the contracting carrier or the actual carrier of liability under this Chapter or to fix a lower limit than that which is applicable according to this Chapter shall be null and void, but the nullity of any such provision does not involve the nullity of the whole contract, which shall remain subject to the provisions of this Chapter.

Article 48 【Mutual Relations of Contracting and Actual Carriers】
Except as provided in Article 45, nothing in this Chapter shall affect the rights and obligations of the carriers between themselves, including any right of recourse or indemnification.

Chapter VI
Other Provisions

Article 49 【Mandatory Application】
Any clause contained in the contract of carriage and all special agreements entered into before the damage occurred by which the parties purport to infringe the rules laid down by this Convention, whether by deciding the law to be applied, or by altering the rules as to jurisdiction, shall be null and void.

Article 50 【Insurance】
States Parties shall require their carriers to maintain adequate insurance covering their liability under this Convention. A carrier may be required by the State Party into which it operates to furnish evidence that it maintains adequate insurance covering its liability under this Convention.

Article 51 【Carriage Performed in Extraordinary Circumstances】
The provisions of Articles 3 to 5, 7 and 8 relating to the documentation of carriage shall not apply in the case of carriage performed in extraordinary circumstances outside the normal scope of a carrier's business.

Article 52 【Definition of Days】
The expression "days" when used in this Convention means calendar days, not working days.

제 7 장
최종 조항

제 53 조 【서명·비준 및 발효】

1. 이 협약은 1999년 5월 10일부터 28일간 몬트리올에서 개최된 항공법에 관한 국제회의에 참가한 국가의 서명을 위하여 1999년 5월 28일 개방된다. 1999년 5월 28일 이후에는 본 조 제6항에 따라 이 협약이 발효하기 전까지 국제민간항공기구 본부에서 서명을 위하여 모든 국가에 개방된다.

2. 이 협약은 지역경제통합기구의 서명을 위하여 동일하게 개방된다. 이 협약의 목적상, '지역경제통합기구'라 함은 이 협약이 규율하는 특정 문제에 관하여 권한을 가진, 일정지역의 주권국가로 구성된 기구이며, 이 협약의 서명·비준·수락·승인 및 가입을 위한 정당한 권한을 가진 기구를 말한다. 이 협약상의 '당사국'이란 용어는 제1조 제2항·제3조 제1항 나목·제5조 나항·제23조·제33조·제46조 및 제57조 나항을 제외하고, 지역경제통합기구에도 동일하게 적용된다. 제24조의 목적상, '당사국의 과반수' 및 '당사국의 3분의 1'이란 용어는 지역경제통합기구에는 적용되지 아니한다.

3. 이 협약은 서명한 당사국 및 지역경제통합기구의 비준을 받는다.

4. 이 협약에 서명하지 아니한 국가 및 지역경제통합기구는 언제라도 이를 수락·승인하거나 또는 이에 가입할 수 있다.

5. 비준서·수락서·승인서 또는 가입서는 국제민간항공기구 사무총장에게 기탁된다. 국제민간항공기구 사무총장은 이 협약의 수탁자가 된다.

6. 이 협약은 30번째 비준서, 수락서, 승인서 및 가입서가 기탁된 날로부터 60일이 되는 날 기탁한 국가 간에 발효한다. 지역경제통합기구가 기탁한 문서는 본 항의 목적상 산입되지 아니한다.

Chapter VII
Final Clauses

Article 53 【Signature, Ratification and Entry into Force】

1. This Convention shall be open for signature in Montreal on 28 May 1999 by States participating in the International Conference on Air Law held at Montreal from 10 to 28 May 1999. After 28 May 1999, the Convention shall be open to all States for signature at the headquarters of the International Civil Aviation Organization in Montreal until it enters into force in accordance with paragraph 6 of this Article.

2. This Convention shall similarly be open for signature by Regional Economic Integration Organizations. For the purpose of this Convention, a "Regional Economic Integration Organization" means any organization which is constituted by sovereign States of a given region which has competence in respect of certain matters governed by this Convention and has been duly authorized to sign and to ratify, accept, approve or accede to this Convention. A reference to a "State Party" or "States Parties" in this Convention, otherwise than in paragraph 2 of Article 1, paragraph 1(b) of Article 3, paragraph (b) of Article 5, Articles 23, 33, 46 and paragraph (b) of Article 57, applies equally to a Regional Economic Integration Organization. For the purpose of Article 24, the references to "a majority of the States Parties" and "one-third of the States Parties" shall not apply to a Regional Economic Integration Organization.

3. This Convention shall be subject to ratification by States and by Regional Economic Integration Organizations which have signed it.

4. Any State or Regional Economic Integration Organization which does not sign this Convention may accept, approve or accede to it at any time.

5. Instruments of ratification, acceptance, approval or accession shall be deposited with the International Civil Aviation Organization, which is hereby designated the Depositary.

6. This Convention shall enter into force on the sixtieth day following the date of deposit of the thirtieth instrument of ratification, acceptance, approval or accession with the Depositary between the States which have

7. 다른 국가 및 지역경제통합기관에 대하여 이 협약은 비준서·수락서·승인서 및 가입서가 기탁된 날로부터 60일이 경과하면 효력을 발생한다.

8. 수탁자는 아래의 내용을 모든 당사국에 지체없이 통고한다.
   가. 이 협약의 서명자 및 서명일
   나. 비준서·수락서·승인서 및 가입서의 제출 및 제출일
   다. 이 협약의 발효일
   라. 이 협약이 정한 배상책임한도의 수정의 효력발생일

제 54 조 【폐기】

1. 모든 당사국은 수탁자에 대한 서면통고로써 이 협약을 폐기할 수 있다.
2. 폐기에 관한 통고는 수탁자에게 접수된 날로부터 180일 경과 후 효력을 갖는다.

제 55 조 【기타 바르샤바 협약문서와의 관계】

1. 이 협약은 아래 협약들의 당사국인 이 협약의 당사국간에 국제항공운송에 적용되는 모든 규칙에 우선하여 적용된다.
   가. 1929년 10월 12일 바르샤바에서 서명된 '국제항공운송에 있어서의 일부 규칙의 통일에 관한 협약'(이하 바르샤바협약이라 부른다.)
   나. 1955년 9월 28일 헤이그에서 작성된 '1929년 10월 12일 바르샤바에서 서명된 국제항공운송에 있어서의 일부 규칙의 통일에 관한 협약의 개정의정서'(이하 헤이그의정서라 부른다.)
   다. 1961년 9월 18일 과달라하라에서 서명된 '계약운송인을 제외한 자에 의하여 수행된 국제항공운송에 있어서의 일부 규칙의 통일을 위한 협약'(이하 과달라하라협약이라 부른다.)
   라. 1971년 3월 8일 과테말라시티에서 서명된 '1955년 9월 28일 헤이그에서 작성된 의정서에 의하여 개정된, 1929년 10월 12일 바르샤바에서 서명된 국제항공운송에 있어서의 일부 규칙의 통일에 관한 협약의 개정의정서'(이하 과테말라시티의정서라 부른다.)

deposited such instrument. An instrument deposited by a Regional Economic Integration Organization shall not be counted for the purpose of this paragraph.

7. For other States and for other Regional Economic Integration Organizations, this Convention shall take effect sixty days following the date of deposit of the instrument of ratification, acceptance, approval or accession.

8. The Depositary shall promptly notify all signatories and States Parties of:
   (a) each signature of this Convention and date thereof;
   (b) each deposit of an instrument of ratification, acceptance, approval or accession and date thereof;
   (c) the date of entry into force of this Convention;
   (d) the date of the coming into force of any revision of the limits of liability established under this Convention;
   (e) any denunciation under Article 54.

Article 54 【Denunciation】

1. Any State Party may denounce this Convention by written notification to the Depositary.
2. Denunciation shall take effect one hundred and eighty days following the date on which notification is received by the Depositary.

Article 55 【Relationship with other Warsaw Convention Instruments】

1. This Convention shall prevail over any rules which apply to international carriage by air: between States Parties to this Convention by virtue of those States commonly being Party to
   (a) the Convention for the Unification of Certain Rules relating to International Carriage by Air signed at Warsaw on 12 October 1929 (hereinafter called the Warsaw Convention);
   (b) the Protocol to amend the Convention for the Unification of Certain Rules relating to International Carriage by Air signed at Warsaw on 12 October 1929, done at The Hague on 28 September 1955(hereinafter called The Hague Protocol);
   (c) the Convention, Supplementary to the Warsaw Convention, for the Unification of Certain Rules relating to International Carriage by Air Performed by a Person other than the Contracting Carrier, signed at Guadalajara on 18 September 1961 (hereinafter called the Guadalajara

마. 1975년 9월 25일 몬트리올에서 서명된 '헤이그의정서와 과테말라시티의정서 또는 헤이그의정서에 의하여 개정된 바르샤바협약을 개정하는 몬트리올 제1.2.3.4. 추가의정서' (이하 몬트리올의정서라 부른다.)

2. 이 협약은 상기 가목 내지 마목의 협약중 하나 이상의 당사국인 이 협약의 단일당사국 영역 내에서 적용된다.

제 56 조 【하나 이상의 법체계를 가진 국가】

1. 이 협약에서 다루는 사안과 관련하여 서로 상이한 법체계가 적용되는 둘 이상의 영역단위를 가지는 국가는 이 협약의 서명·비준·수락·승인 및 가입시 이 협약이 모든 영역에 적용되는지 또는 그중 하나 또는 그 이상의 지역에 미치는가를 선언한다. 이는 언제든지 다른 선언을 제출함으로써 변경할 수 있다.

2. 그러한 선언은 수탁자에게 통고되어야 하며, 이 협약이 적용되는 영역단위에 대하여 명시적으로 진술하여야 한다.

3. 그러한 선언을 행한 당사국과 관련하여,
가. 제23조상 '국내통화'라는 용어는 당사국의 관련 영역단위의 통화를 의미하는 것으로 해석된다.
나. 제28조상 '국내법'이라는 용어는 당사국의 관련 영역단위의 법을 의미하는 것으로 해석된다.

제 57 조 【유보】
이 협약은 유보될 수 없다. 그러나 당사국이 아래의 내용에 대하여 이 협약이 적용되지 않음을 수탁자에 대한 통고로서 선언한 경우에는 그러하지 아니하다.

Convention);
(d) the Protocol to amend the Convention for the Unification of Certain Rules relating to International Carriage by Air signed at Warsaw on 12 October 1929 as amended by the Protocol done at The Hague on 28 September 1955, signed at Guatemala City on 8 March 1971 (hereinafter called the Guatemala City Protocol);
(e) Additional Protocol Nos. 1 to 3 and Montreal Protocol No. 4 to amend the Warsaw Convention as amended by The Hague Protocol or the Warsaw Convention as amended by both The Hague Protocol and the Guatemala City Protocol, signed at Montreal on 25 September 1975 (hereinafter called the Montreal Protocols); or
2. within the territory of any single State Party to this Convention by virtue of that State being Party to one or more of the instruments referred to in sub-paragraphs (a) to (e) above.

Article 56 【States with more than one System of Law】

1. If a State has two or more territorial units in which different systems of law are applicable in relation to matters dealt with in this Convention, it may at the time of signature, ratification, acceptance, approval or accession declare that this Convention shall extend to all its territorial units or only to one or more of them and may modify this declaration by submitting another declaration at any time.
2. Any such declaration shall be notified to the Depositary and shall state expressly the territorial units to which the Convention applies.
3. In relation to a State Party which has made such a declaration:
(a) references in Article 23 to "national currency" shall be construed as referring to the currency of the relevant territorial unit of that State; and
(b) the reference in Article 28 to "national law" shall be construed as referring to the law of the relevant territorial unit of that State.

Article 57 【Reservations】

No reservation may be made to this Convention except that a State Party may at any time declare by a notification addressed to the Depositary that this Convention shall not apply

가. 주권국가로서의 기능과 의무에 관하여 비상
　업적 목적을 위하여 당사국이 직접 수행하거
　나 운영하는 국제운송
나. 당사국에 등록된 항공기 또는 당사국이 임
　대한 항공기로서 군당국을 위한 승객·화물
　및 수하물의 운송. 그러한 권한전체는 상기
　당국에 의하여 또는 상기 당국을 대신하여
　보유된다.

이상의 증거로서 아래 전권대표는 정당하게 권한
을 위임받아 이 협약에 서명하였다.

이 협약은 1999년 5월 28일 몬트리올에서 영어
·아랍어·중국어·프랑스어·러시아어 및 서반
아어로 작성되었으며, 동등하게 정본이다. 이 협
약은 국제민간항공기구 문서보관소에 기탁되며,
수탁자는 인증등본은 바르샤바협약·헤이그의정
서·과달라하라협약·과테말라시티의정서 및 몬
트리올 추가의정서의 당사국과 이 협약의 모든
당사국에 송부한다.

to:

(a) international carriage by air performed
and operated directly by that State Party
for non-commercial purposes in respect
to its functions and duties as a sovereign
State; and/or

(b) the carriage of persons, cargo and
baggage for its military authorities on
aircraft registered in or leased by that
State Party, the whole capacity of which
has been reserved by or on behalf of
such authorities.

IN WITNESS WHEREOF the undersigned
Plenipotentiaries, having been duly authorized,
have signed this Convention.

DONE at Montreal on the 28th day of May of
the year one thousand nine hundred and
ninety-nine in the English, Arabic, Chinese,
French, Russian and Spanish languages, all
texts being equally authentic. This Convention
shall remain deposited in the archives of the
International Civil Aviation Organization, and
certified copies thereof shall be transmitted by
the Depositary to all States Parties to this
Convention, as well as to all States Parties to
the Warsaw Convention, The Hague Protocol,
the Guadalajara Convention, the Guatemala
City Protocol and the Montreal Protocols.

Constitution of ITU: Chapter VII — Special Provisions for Radio

ARTICLE 44—Use of the Radio-Frequency Spectrum and of the Geostationary- Satellite and Other Satellite Orbits

PP-02

1 Member States shall endeavour to limit the number of frequencies and the spectrum used to the minimum essential to provide in a satisfactory manner the necessary services. To that end, they shall endeavour to apply the latest technical advances as soon as possible.

PP-98

2 In using frequency bands for radio services, Member States shall bear in mind that radio frequencies and any associated orbits, including the geostationary-satellite orbit, are limited natural resources and that they must be used rationally, efficiently and economically, in conformity with the provisions of the Radio Regulations, so that countries or groups of countries may have equitable access to those orbits and frequencies, taking into account the special needs of the developing countries and the geographical situation of particular countries.

ARTICLE 45—Harmful Interference

PP-98

1 All stations, whatever their purpose, must be established and operated in such a manner as not to cause harmful interference to the radio services or communications of other Member States or of recognized operating agencies, or of other duly authorized operating agencies which carry on a radio service, and which operate in accordance with the provisions of the Radio Regulations.

PP-98

2 Each Member State undertakes to require the operating agencies which it recognizes and the other operating agencies duly authorized for this purpose to observe the provisions of No. 197 above.

PP-98

3 Further, the Member States recognize the necessity of taking all practicable steps to prevent the operation of electrical apparatus and installations of all kinds from causing harmful interference to the radio services or communications mentioned in No. 197 above.

ARTICLE 46–Distress Calls and Messages

Radio stations shall be obliged to accept, with absolute priority, distress calls and messages regardless of their origin, to reply in the same manner to such messages, and immediately to take such action in regard thereto as may be required.

ARTICLE 47–False or Deceptive Distress, Urgency, Safety or Identification Signals

PP-98

Member States agree to take the steps required to prevent the transmission or circulation of false or deceptive distress, urgency, safety or identification signals, and to collaborate in locating and identifying stations under their jurisdiction transmitting such signals.

ARTICLE 48–Installations for National Defence Services

PP-98

1 Member States retain their entire freedom with regard to military radio installations.

2 Nevertheless, these installations must, so far as possible, observe statutory provisions relative to giving assistance in case of distress and to the measures to be taken to prevent harmful interference, and the provisions of the Administrative Regulations concerning the types of emission and the frequencies to be used, according to the nature of the service performed by such installations.

3 Moreover, when these installations take part in the service of public correspondence or other services governed by the Administrative Regulations, they must, in general, comply with the regulatory provisions for the conduct of such services.

상법 제6편 항공운송

[시행 2015.3.12.] [법률 제12397호, 2014.3.11., 일부개정]

제1장 통칙 <신설 2011.5.23.>

제896조(항공기의 의의) 이 법에서 "항공기"란 상행위나 그 밖의 영리를 목적으로 운항에 사용하는 항공기를 말한다. 다만, 대통령령으로 정하는 초경량 비행장치(超輕量 飛行裝置)는 제외한다.

[본조신설 2011.5.23.]

제897조(적용범위) 운항용 항공기에 대하여는 상행위나 그 밖의 영리를 목적으로 하지 아니하더라도 이 편의 규정을 준용한다. 다만, 국유(國有) 또는 공유(公有) 항공기에 대하여는 운항의 목적·성질 등을 고려하여 이 편의 규정을 준용하는 것이 적합하지 아니한 경우로서 대통령령으로 정하는 경우에는 그러하지 아니하다.

[본조신설 2011.5.23.]

제898조(운송인 등의 책임감면) 제905조제1항을 포함하여 이 편에서 정한 운송인이나 항공기 운항자의 손해배상책임과 관련하여 운송인이나 항공기 운항자가 손해배상청구권자의 과실 또는 그 밖의 불법한 작위나 부작위가 손해를 발생시켰거나 손해에 기여하였다는 것을 증명한 경우에는, 그 과실 또는 그 밖의 불법한 작위나 부작위가 손해를 발생시켰거나 손해에 기여한 정도에 따라 운송인이나 항공기 운항자의 책임을 감경하거나 면제할 수 있다.

[본조신설 2011.5.23.]

제2장 운송 <신설 2011.5.23.>

제1절 통칙 <신설 2011.5.23.>

제899조(비계약적 청구에 대한 적용 등) ① 이 장의 운송인의 책임에 관한 규정은 운송인의 불법행위로 인한 손해배상의 책임에도 적용한다.

② 여객, 수하물 또는 운송물에 관한 손해배상청구가 운송인의 사용인이나 대리인에 대하여 제기된 경우에 그 손해가 그 사용인이나 대리인의 직무집행에 관하여 생겼을 때에는 그 사용인이나 대리인은 운송인이 주장할 수 있는 항변과 책임제한을 원용할 수 있다.

③ 제2항에도 불구하고 여객 또는 수하물의 손해가 운송인의 사용인이나 대리인의 고의로 인하여 발생하였거나 또는 여객의 사망·상해·연착(수하물의 경우 멸실·훼손·연착)이 생길 염려가 있음을 인식하면서 무모하게 한 작위 또는 부작위로 인하여 발생하였을 때에는 그 사용인이나 대리인은 운송인이 주장할 수 있는 항변과 책임제한을 원용할 수 없다.

④ 제2항의 경우에 운송인과 그 사용인이나 대리인의 여객, 수하물 또는 운송물에 대한 책임제한금액의 총액은 각각 제905조·제907조·제910조 및 제915조에 따른 한도를 초과하지 못한다.

[본조신설 2011.5.23.]

제900조(실제운송인에 대한 청구) ① 운송계약을 체결한 운송인(이하 "계약운송인"이라 한다)의 위임을 받아 운송의 전부 또는 일부를 수행한 운송인(이하 "실제운송인"이라 한다)이 있을 경우 실제운송인이 수행한 운송에 관하여는 실제운송인에 대하여도 이 장의 운송인의 책임에 관한 규정을 적용한다. 다만, 제901조의 순차운송에 해당하는 경우는 그러하지 아니하다.

② 실제운송인이 여객·수하물 또는 운송물에 대한 손해배상책임을 지는 경우 계약운송인과 실제운송인은 연대하여 그 책임을 진다.

③ 제1항의 경우 제899조제2항부터 제4항까지를 준용한다. 이 경우 제899조제2항·제3항 중 "운송인"은 "실제운송인"으로, 같은 조 제4항 중 "운송인"은 "계약운송인과 실제운송인"으로 본다.

④ 이 장에서 정한 운송인의 책임과 의무 외에 운송인이 책임과 의무를 부담하기로 하는 특약 또는 이 장에서 정한 운송인의 권리나 항변의 포기는 실제운송인이 동의하지 아니하는 한 실제운송인에게 영향을 미치지 아니한다.

[본조신설 2011.5.23.]

제901조(순차운송) ① 둘 이상이 순차(順次)로 운송할 경우에는 각 운송인의 운송구간에 관하여 그 운송인도 운송계약의 당사자로 본다.

② 순차운송에서 여객의 사망, 상해 또는 연착으로 인한 손해배상은 그 사실이 발생한 구간의 운송인에게만 청구할 수 있다. 다만, 최초 운송인이 명시적으로 전 구간에 대한 책임을 인수하기로 약정한 경우에는 최초 운송인과 그 사실이 발생한 구간의 운송인이 연대하여 그 손해를 배상할 책임이 있다.

③ 순차운송에서 수하물의 멸실, 훼손 또는 연착으로 인한 손해배상은 최초 운송인, 최종 운송인 및 그 사실이 발생한 구간의 운송인에게 각각 청구할 수 있다.

④ 순차운송에서 운송물의 멸실, 훼손 또는 연착으로 인한 손해배상은 송하인이 최초 운송인 및 그 사실이 발생한 구간의 운송인에게 각각 청구할 수 있다. 다만, 제918조제1항에 따라 수하인이 운송물의 인도를 청구할 권리를 가지는 경우에는 수하인이 최종 운송인 및 그 사실이 발생한 구간의 운송인에

게 그 손해배상을 각각 청구할 수 있다.

⑤ 제3항과 제4항의 경우 각 운송인은 연대하여 그 손해를 배상할 책임이 있다.

⑥ 최초 운송인 또는 최종 운송인이 제2항부터 제5항까지의 규정에 따라 손해를 배상한 경우에는 여객의 사망, 상해 또는 연착이나 수하물·운송물의 멸실, 훼손 또는 연착이 발생한 구간의 운송인에 대하여 구상권을 가진다.

[본조신설 2011.5.23.]

제902조(운송인 책임의 소멸) 운송인의 여객, 송하인 또는 수하인에 대한 책임은 그 청구원인에 관계없이 여객 또는 운송물이 도착지에 도착한 날, 항공기가 도착할 날 또는 운송이 중지된 날 가운데 가장 늦게 도래한 날부터 2년 이내에 재판상 청구가 없으면 소멸한다.

[본조신설 2011.5.23.]

제903조(계약조항의 무효) 이 장의 규정에 반하여 운송인의 책임을 감면하거나 책임한도액을 낮게 정하는 특약은 효력이 없다.

[본조신설 2011.5.23.]

제2절 여객운송 <신설 2011.5.23.>

제904조(운송인의 책임) 운송인은 여객의 사망 또는 신체의 상해로 인한 손해에 관하여는 그 손해의 원인이 된 사고가 항공기상에서 또는 승강(乘降)을 위한 작업 중에 발생한 경우에만 책임을 진다.

[본조신설 2011.5.23.]

제905조(운송인의 책임한도액) ① 제904조의 손해 중 여객 1명당 11만3천100 계산단위의 금액까지는 운송인의 배상책임을 면제하거나 제한할 수 없다. <개정 2014.5.20.>

② 운송인은 제904조의 손해 중 여객 1명당 11만3천100 계산단위의 금액을 초과하는 부분에 대하여는 다음 각 호의 어느 하나를 증명하면 배상책임을 지지 아니한다. <개정 2014.5.20.>

1. 그 손해가 운송인 또는 그 사용인이나 대리인의 과실 또는 그 밖의 불법한 작위나 부작위에 의하여 발생하지 아니하였다는 것

2. 그 손해가 오로지 제3자의 과실 또는 그 밖의 불법한 작위나 부작위에 의하여만 발생하였다는 것

[본조신설 2011.5.23.]

제906조(선급금의 지급) ① 여객의 사망 또는 신체의 상해가 발생한 항공기사고의 경우에 운송인은 손해배상청구권자가 청구하면 지체 없이 선급금(先給金)을 지급하여야 한다. 이 경우 선급금의 지급만

으로 운송인의 책임이 있는 것으로 보지 아니한다.

② 지급한 선급금은 운송인이 손해배상으로 지급하여야 할 금액에 충당할 수 있다.

③ 선급금의 지급액, 지급 절차 및 방법 등에 관하여는 대통령령으로 정한다.

[본조신설 2011.5.23.]

제907조(연착에 대한 책임) ① 운송인은 여객의 연착으로 인한 손해에 대하여 책임을 진다. 다만, 운송인이 자신과 그 사용인 및 대리인이 손해를 방지하기 위하여 합리적으로 요구되는 모든 조치를 하였다는 것 또는 그 조치를 하는 것이 불가능하였다는 것을 증명한 경우에는 그 책임을 면한다.

② 제1항에 따른 운송인의 책임은 여객 1명당 4천694 계산단위의 금액을 한도로 한다. 다만, 여객과의 운송계약상 그 출발지, 도착지 및 중간 착륙지가 대한민국 영토 내에 있는 운송의 경우에는 여객 1명당 1천 계산단위의 금액을 한도로 한다. <개정 2014.5.20.>

③ 제2항은 운송인 또는 그 사용인이나 대리인의 고의로 또는 연착이 생길 염려가 있음을 인식하면서 무모하게 한 작위 또는 부작위에 의하여 손해가 발생한 것이 증명된 경우에는 적용하지 아니한다.

[본조신설 2011.5.23.]

제908조(수하물의 멸실 · 훼손에 대한 책임) ① 운송인은 위탁수하물의 멸실 또는 훼손으로 인한 손해에 대하여는 그 손해의 원인이 된 사실이 항공기상에서 또는 위탁수하물이 운송인의 관리하에 있는 기간 중에 발생한 경우에만 책임을 진다. 다만, 그 손해가 위탁수하물의 고유한 결함, 특수한 성질 또는 숨은 하자로 인하여 발생한 경우에는 그 범위에서 책임을 지지 아니한다.

② 운송인은 휴대수하물의 멸실 또는 훼손으로 인한 손해에 대하여는 그 손해가 자신 또는 그 사용인이나 대리인의 고의 또는 과실에 의하여 발생한 경우에만 책임을 진다.

[본조신설 2011.5.23.]

제909조(수하물의 연착에 대한 책임) 운송인은 수하물의 연착으로 인한 손해에 대하여 책임을 진다. 다만, 운송인이 자신과 그 사용인 및 대리인이 손해를 방지하기 위하여 합리적으로 요구되는 모든 조치를 하였다는 것 또는 그 조치를 하는 것이 불가능하였다는 것을 증명한 경우에는 그 책임을 면한다.

[본조신설 2011.5.23.]

제910조(수하물에 대한 책임한도액) ① 제908조와 제909조에 따른 운송인의 손해배상책임은 여객 1명당 1천131 계산단위의 금액을 한도로 한다. 다만, 여객이 운송인에게 위탁수하물을 인도할 때에 도착지에서 인도받을 때의 예정가액을 미리 신고한 경우에는 운송인은 신고 가액이 위탁수하물을 도착지에서 인도할 때의 실제가액을 초과한다는 것을 증명하지 아니하는 한 신고 가액을 한도로 책임을 진

다. <개정 2014.5.20.>

② 제1항은 운송인 또는 그 사용인이나 대리인의 고의로 또는 수하물의 멸실, 훼손 또는 연착이 생길 염려가 있음을 인식하면서 무모하게 한 작위 또는 부작위에 의하여 손해가 발생한 것이 증명된 경우에는 적용하지 아니한다.

[본조신설 2011.5.23.]

제911조(위탁수하물의 일부 멸실 · 훼손 등에 관한 통지) ① 여객이 위탁수하물의 일부 멸실 또는 훼손을 발견하였을 때에는 위탁수하물을 수령한 후 지체 없이 그 개요에 관하여 운송인에게 서면 또는 전자문서로 통지를 발송하여야 한다. 다만, 그 멸실 또는 훼손이 즉시 발견할 수 없는 것일 경우에는 위탁수하물을 수령한 날부터 7일 이내에 그 통지를 발송하여야 한다.

② 위탁수하물이 연착된 경우 여객은 위탁수하물을 처분할 수 있는 날부터 21일 이내에 이의를 제기하여야 한다.

③ 위탁수하물이 일부 멸실, 훼손 또는 연착된 경우에는 제916조제3항부터 제6항까지를 준용한다.

[본조신설 2011.5.23.]

제912조(휴대수하물의 무임운송의무) 운송인은 휴대수하물에 대하여는 다른 약정이 없으면 별도로 운임을 청구하지 못한다.

[본조신설 2011.5.23.]

제3절 물건운송 <신설 2011.5.23.>

제913조(운송물의 멸실 · 훼손에 대한 책임) ① 운송인은 운송물의 멸실 또는 훼손으로 인한 손해에 대하여 그 손해가 항공운송 중(운송인이 운송물을 관리하고 있는 기간을 포함한다. 이하 이 조에서 같다)에 발생한 경우에만 책임을 진다. 다만, 운송인이 운송물의 멸실 또는 훼손이 다음 각 호의 사유로 인하여 발생하였음을 증명하였을 경우에는 그 책임을 면한다.

1. 운송물의 고유한 결함, 특수한 성질 또는 숨은 하자

2. 운송인 또는 그 사용인이나 대리인 외의 자가 수행한 운송물의 부적절한 포장 또는 불완전한 기호 표시

3. 전쟁, 폭동, 내란 또는 무력충돌

4. 운송물의 출입국, 검역 또는 통관과 관련된 공공기관의 행위

5. 불가항력

② 제1항에 따른 항공운송 중에는 공항 외부에서 한 육상, 해상 운송 또는 내륙 수로운송은 포함되지 아니한다. 다만, 그러한 운송이 운송계약을 이행하면서 운송물의 적재(積載), 인도 또는 환적(換積)할 목적으로 이루어졌을 경우에는 항공운송 중인 것으로 추정한다.

③ 운송인이 송하인과의 합의에 따라 항공운송하기로 예정된 운송의 전부 또는 일부를 송하인의 동의 없이 다른 운송수단에 의한 운송으로 대체하였을 경우에는 그 다른 운송수단에 의한 운송은 항공운송으로 본다.

[본조신설 2011.5.23.]

제914조(운송물 연착에 대한 책임) 운송인은 운송물의 연착으로 인한 손해에 대하여 책임을 진다. 다만, 운송인이 자신과 그 사용인 및 대리인이 손해를 방지하기 위하여 합리적으로 요구되는 모든 조치를 하였다는 것 또는 그 조치를 하는 것이 불가능하였다는 것을 증명한 경우에는 그 책임을 면한다.

[본조신설 2011.5.23.]

제915조(운송물에 대한 책임한도액) ① 제913조와 제914조에 따른 운송인의 손해배상책임은 손해가 발생한 해당 운송물의 1킬로그램당 19 계산단위의 금액을 한도로 하되, 송하인과의 운송계약상 그 출발지, 도착지 및 중간 착륙지가 대한민국 영토 내에 있는 운송의 경우에는 손해가 발생한 해당 운송물의 1킬로그램당 15 계산단위의 금액을 한도로 한다. 다만, 송하인이 운송물을 운송인에게 인도할 때에 도착지에서 인도받을 때의 예정가액을 미리 신고한 경우에는 운송인은 신고 가액이 도착지에서 인도할 때의 실제가액을 초과한다는 것을 증명하지 아니하는 한 신고 가액을 한도로 책임을 진다. <개정 2014.5.20.>

② 제1항의 항공운송인의 책임한도를 결정할 때 고려하여야 할 중량은 해당 손해가 발생된 운송물의 중량을 말한다. 다만, 운송물의 일부 또는 운송물에 포함된 물건의 멸실, 훼손 또는 연착이 동일한 항공화물운송장(제924조에 따라 항공화물운송장의 교부에 대체되는 경우를 포함한다) 또는 화물수령증에 적힌 다른 운송물의 가치에 영향을 미칠 때에는 운송인의 책임한도를 결정할 때 그 다른 운송물의 중량도 고려하여야 한다.

[본조신설 2011.5.23.]

제916조(운송물의 일부 멸실·훼손 등에 관한 통지) ① 수하인은 운송물의 일부 멸실 또는 훼손을 발견하면 운송물을 수령한 후 지체 없이 그 개요에 관하여 운송인에게 서면 또는 전자문서로 통지를 발송하여야 한다. 다만, 그 멸실 또는 훼손이 즉시 발견할 수 없는 것일 경우에는 수령일부터 14일 이내에 그 통지를 발송하여야 한다.

② 운송물이 연착된 경우 수하인은 운송물을 처분할 수 있는 날부터 21일 이내에 이의를 제기하여야

한다.

③ 제1항의 통지가 없는 경우에는 운송물이 멸실 또는 훼손 없이 수하인에게 인도된 것으로 추정한다.

④ 운송물에 멸실 또는 훼손이 발생하였거나 그런 것으로 의심되는 경우에는 운송인과 수하인은 서로 운송물의 검사를 위하여 필요한 편의를 제공하여야 한다.

⑤ 제1항과 제2항의 기간 내에 통지나 이의제기가 없을 경우에는 수하인은 운송인에 대하여 제소할 수 없다. 다만, 운송인 또는 그 사용인이나 대리인이 악의인 경우에는 그러하지 아니하다.

⑥ 제1항부터 제5항까지의 규정에 반하여 수하인에게 불리한 당사자 사이의 특약은 효력이 없다.

[본조신설 2011.5.23.]

제917조(운송물의 처분청구권) ① 송하인은 운송인에게 운송의 중지, 운송물의 반환, 그 밖의 처분을 청구(이하 이 조에서 "처분청구권"이라 한다)할 수 있다. 이 경우에 운송인은 운송계약에서 정한 바에 따라 운임, 체당금과 처분으로 인한 비용의 지급을 청구할 수 있다.

② 송하인은 운송인 또는 다른 송하인의 권리를 침해하는 방법으로 처분청구권을 행사하여서는 아니 되며, 운송인이 송하인의 청구에 따르지 못할 경우에는 지체 없이 그 뜻을 송하인에게 통지하여야 한다.

③ 운송인이 송하인에게 교부한 항공화물운송장 또는 화물수령증을 확인하지 아니하고 송하인의 처분 청구에 따른 경우, 운송인은 그로 인하여 항공화물운송장 또는 화물수령증의 소지인이 입은 손해를 배상할 책임을 진다.

④ 제918조제1항에 따라 수하인이 운송물의 인도를 청구할 권리를 취득하였을 때에는 송하인의 처분 청구권은 소멸한다. 다만, 수하인이 운송물의 수령을 거부하거나 수하인을 알 수 없을 경우에는 그러 하지 아니하다.

[본조신설 2011.5.23.]

제918조(운송물의 인도) ① 운송물이 도착지에 도착한 때에는 수하인은 운송인에게 운송물의 인도를 청구할 수 있다. 다만, 송하인이 제917조제1항에 따라 처분청구권을 행사한 경우에는 그러하지 아니 하다.

② 운송물이 도착지에 도착하면 다른 약정이 없는 한 운송인은 지체 없이 수하인에게 통지하여야 한 다.

[본조신설 2011.5.23.]

제919조(운송인의 채권의 시효) 운송인의 송하인 또는 수하인에 대한 채권은 2년간 행사하지 아니하면 소멸시효가 완성한다.

[본조신설 2011.5.23.]

제920조(준용규정) 항공화물 운송에 관하여는 제120조, 제134조, 제141조부터 제143조까지, 제792조, 제793조, 제801조, 제802조, 제811조 및 제812조를 준용한다. 이 경우 "선적항"은 "출발지 공항"으로, "선장"은 "운송인"으로, "양륙항"은 "도착지 공항"으로 본다.

[본조신설 2011.5.23.]

제4절 운송증서 <신설 2011.5.23.>

제921조(여객항공권) ① 운송인이 여객운송을 인수하면 여객에게 다음 각 호의 사항을 적은 개인용 또는 단체용 여객항공권을 교부하여야 한다.

1. 여객의 성명 또는 단체의 명칭

2. 출발지와 도착지

3. 출발일시

4. 운항할 항공편

5. 발행지와 발행연월일

6. 운송인의 성명 또는 상호

② 운송인은 제1항 각 호의 정보를 전산정보처리조직에 의하여 전자적 형태로 저장하거나 그 밖의 다른 방식으로 보존함으로써 제1항의 여객항공권 교부를 갈음할 수 있다. 이 경우 운송인은 여객이 청구하면 제1항 각 호의 정보를 적은 서면을 교부하여야 한다.

[본조신설 2011.5.23.]

제922조(수하물표) 운송인은 여객에게 개개의 위탁수하물마다 수하물표를 교부하여야 한다.

[본조신설 2011.5.23.]

제923조(항공화물운송장의 발행) ① 송하인은 운송인의 청구를 받아 다음 각 호의 사항을 적은 항공화물운송장 3부를 작성하여 운송인에게 교부하여야 한다.

1. 송하인의 성명 또는 상호

2. 수하인의 성명 또는 상호

3. 출발지와 도착지

4. 운송물의 종류, 중량, 포장의 종별·개수와 기호

5. 출발일시

6. 운송할 항공편

7. 발행지와 발행연월일

8. 운송인의 성명 또는 상호

② 운송인이 송하인의 청구에 따라 항공화물운송장을 작성한 경우에는 송하인을 대신하여 작성한 것으로 추정한다.

③ 제1항의 항공화물운송장 중 제1원본에는 "운송인용"이라고 적고 송하인이 기명날인 또는 서명하여야 하고, 제2원본에는 "수하인용"이라고 적고 송하인과 운송인이 기명날인 또는 서명하여야 하며, 제3원본에는 "송하인용"이라고 적고 운송인이 기명날인 또는 서명하여야 한다.

④ 제3항의 서명은 인쇄 또는 그 밖의 다른 적절한 방법으로 할 수 있다.

⑤ 운송인은 송하인으로부터 운송물을 수령한 후 송하인에게 항공화물운송장 제3원본을 교부하여야 한다.

[본조신설 2011.5.23.]

제924조(항공화물운송장의 대체) ① 운송인은 제923조제1항 각 호의 정보를 전산정보처리조직에 의하여 전자적 형태로 저장하거나 그 밖의 다른 방식으로 보존함으로써 항공화물운송장의 교부에 대체할 수 있다.

② 제1항의 경우 운송인은 송하인의 청구에 따라 송하인에게 제923조제1항 각 호의 정보를 적은 화물수령증을 교부하여야 한다.

[본조신설 2011.5.23.]

제925조(복수의 운송물) ① 2개 이상의 운송물이 있는 경우에는 운송인은 송하인에 대하여 각 운송물마다 항공화물운송장의 교부를 청구할 수 있다.

② 항공화물운송장의 교부가 제924조제1항에 따른 저장·보존으로 대체되는 경우에는 송하인은 운송인에게 각 운송물마다 화물수령증의 교부를 청구할 수 있다.

[본조신설 2011.5.23.]

제926조(운송물의 성질에 관한 서류) ① 송하인은 세관, 경찰 등 행정기관이나 그 밖의 공공기관의 절차를 이행하기 위하여 필요한 경우 운송인의 요청을 받아 운송물의 성질을 명시한 서류를 운송인에게 교부하여야 한다.

② 운송인은 제1항과 관련하여 어떠한 의무나 책임을 부담하지 아니한다.

[본조신설 2011.5.23.]

제927조(항공운송증서에 관한 규정 위반의 효과) 운송인 또는 송하인이 제921조부터 제926조까지를 위반하는 경우에도 운송계약의 효력 및 이 법의 다른 규정의 적용에 영향을 미치지 아니한다.

[본조신설 2011.5.23.]

제928조(항공운송증서 등의 기재사항에 관한 책임) ① 송하인은 항공화물운송장에 적었거나 운송인에게 통지한 운송물의 명세 또는 운송물에 관한 진술이 정확하고 충분함을 운송인에게 담보한 것으로 본다.

② 송하인은 제1항의 운송물의 명세 또는 운송물에 관한 진술이 정확하지 아니하거나 불충분하여 운송인이 손해를 입은 경우에는 운송인에게 배상할 책임이 있다.

③ 운송인은 제924조제1항에 따라 저장·보존되는 운송에 관한 기록이나 화물수령증에 적은 운송물의 명세 또는 운송물에 관한 진술이 정확하지 아니하거나 불충분하여 송하인이 손해를 입은 경우 송하인에게 배상할 책임이 있다. 다만, 제1항에 따라 송하인이 그 정확하고 충분함을 담보한 것으로 보는 경우에는 그러하지 아니하다.

[본조신설 2011.5.23.]

제929조(항공운송증서 기재의 효력) ① 항공화물운송장 또는 화물수령증이 교부된 경우 그 운송증서에 적힌 대로 운송계약이 체결된 것으로 추정한다.

② 운송인은 항공화물운송장 또는 화물수령증에 적힌 운송물의 중량, 크기, 포장의 종별·개수·기호 및 외관상태대로 운송물을 수령한 것으로 추정한다.

③ 운송물의 종류, 외관상태 외의 상태, 포장 내부의 수량 및 부피에 관한 항공화물운송장 또는 화물수령증의 기재 내용은 송하인이 참여한 가운데 운송인이 그 기재 내용의 정확함을 확인하고 그 사실을 항공화물운송장이나 화물수령증에 적은 경우에만 그 기재 내용대로 운송물을 수령한 것으로 추정한다.

[본조신설 2011.5.23.]

제3장 지상 제3자의 손해에 대한 책임 <신설 2011.5.23.>

제930조(항공기 운항자의 배상책임) ① 항공기 운항자는 비행 중인 항공기 또는 항공기로부터 떨어진 사람이나 물건으로 인하여 사망하거나 상해 또는 재산상 손해를 입은 지상(지하, 수면 또는 수중을 포함한다)의 제3자에 대하여 손해배상책임을 진다.

② 이 편에서 "항공기 운항자"란 사고 발생 당시 항공기를 사용하는 자를 말한다. 다만, 항공기의 운항

을 지배하는 자(이하 "운항지배자"라 한다)가 타인에게 항공기를 사용하게 한 경우에는 운항지배자를 항공기 운항자로 본다.

③ 이 편을 적용할 때에 항공기등록원부에 기재된 항공기 소유자는 항공기 운항자로 추정한다.

④ 제1항에서 "비행 중"이란 이륙을 목적으로 항공기에 동력이 켜지는 때부터 착륙이 끝나는 때까지를 말한다.

⑤ 2대 이상의 항공기가 관여하여 제1항의 사고가 발생한 경우 각 항공기 운항자는 연대하여 제1항의 책임을 진다.

⑥ 운항지배자의 승낙 없이 항공기가 사용된 경우 운항지배자는 이를 막기 위하여 상당한 주의를 하였음을 증명하지 못하는 한 승낙 없이 항공기를 사용한 자와 연대하여 제932조에서 정한 한도 내의 책임을 진다.

[본조신설 2011.5.23.]

제931조(면책사유) 항공기 운항자는 제930조제1항에 따른 사망, 상해 또는 재산상 손해의 발생이 다음 각 호의 어느 하나에 해당함을 증명하면 책임을 지지 아니한다.

1. 전쟁, 폭동, 내란 또는 무력충돌의 직접적인 결과로 발생하였다는 것

2. 항공기 운항자가 공권력에 의하여 항공기 사용권을 박탈당한 중에 발생하였다는 것

3. 오로지 피해자 또는 피해자의 사용인이나 대리인의 과실 또는 그 밖의 불법한 작위나 부작위에 의하여서만 발생하였다는 것

4. 불가항력

[본조신설 2011.5.23.]

제932조(항공기 운항자의 유한책임) ① 항공기 운항자의 제930조에 따른 책임은 하나의 항공기가 관련된 하나의 사고에 대하여 항공기의 이륙을 위하여 법으로 허용된 최대중량(이하 이 조에서 "최대중량"이라 한다)에 따라 다음 각 호에서 정한 금액을 한도로 한다.

1. 최대중량이 2천킬로그램 이하의 항공기의 경우 30만 계산단위의 금액

2. 최대중량이 2천킬로그램을 초과하는 항공기의 경우 2천킬로그램까지는 30만 계산단위, 2천킬로그램 초과 6천킬로그램까지는 매 킬로그램당 175 계산단위, 6천킬로그램 초과 3만킬로그램까지는 매 킬로그램당 62.5 계산단위, 3만킬로그램을 초과하는 부분에는 매 킬로그램당 65 계산단위를 각각 곱하여 얻은 금액을 순차로 더한 금액

② 하나의 항공기가 관련된 하나의 사고로 인하여 사망 또는 상해가 발생한 경우 항공기 운항자의 제930조에 따른 책임은 제1항의 금액의 범위에서 사망하거나 상해를 입은 사람 1명당 12만5천 계산단

위의 금액을 한도로 한다.

③ 하나의 항공기가 관련된 하나의 사고로 인하여 여러 사람에게 생긴 손해의 합계가 제1항의 한도액을 초과하는 경우, 각각의 손해는 제1항의 한도액에 대한 비율에 따라 배상한다.

④ 하나의 항공기가 관련된 하나의 사고로 인하여 사망, 상해 또는 재산상의 손해가 발생한 경우 제1항에서 정한 금액의 한도에서 사망 또는 상해로 인한 손해를 먼저 배상하고, 남는 금액이 있으면 재산상의 손해를 배상한다.

[본조신설 2011.5.23.]

제933조(유한책임의 배제) ① 항공기 운항자 또는 그 사용인이나 대리인이 손해를 발생시킬 의도로 제930조제1항의 사고를 발생시킨 경우에는 제932조를 적용하지 아니한다. 이 경우 항공기 운항자의 사용인이나 대리인의 행위로 인하여 사고가 발생한 경우에는 그가 권한 범위에서 행위하고 있었다는 사실이 증명되어야 한다.

② 항공기를 사용할 권한을 가진 자의 동의 없이 불법으로 항공기를 탈취(奪取)하여 사용하는 중 제930조제1항의 사고를 발생시킨 자에 대하여는 제932조를 적용하지 아니한다.

[본조신설 2011.5.23.]

제934조(항공기 운항자의 책임의 소멸) 항공기 운항자의 제930조의 책임은 사고가 발생한 날부터 3년 이내에 재판상 청구가 없으면 소멸한다.

[본조신설 2011.5.23.]

제935조(책임제한의 절차) ① 이 장의 규정에 따라 책임을 제한하려는 자는 채권자로부터 책임한도액을 초과하는 청구금액을 명시한 서면에 의한 청구를 받은 날부터 1년 이내에 법원에 책임제한절차 개시의 신청을 하여야 한다.

② 책임제한절차 개시의 신청, 책임제한 기금의 형성·공고·참가·배당, 그 밖에 필요한 사항에 관하여는 성질에 반하지 아니하는 범위에서 「선박소유자 등의 책임제한절차에 관한 법률」의 예를 따른다.

[본조신설 2011.5.23.]

부칙 <제12591호, 2014.5.20.>

제1조(시행일) 이 법은 공포한 날부터 시행한다.

제2조(무기명식의 주권에 관한 경과조치) 이 법 시행 전에 발행된 무기명식의 주권에 관하여는 종전의 규정에 따른다.

제3조(운송인의 배상한도에 관한 경과조치) 이 법 시행 당시 이미 운송인의 배상책임이 발생한 경우에

그 한도액에 대하여는 종전의 규정에 따른다.

제4조(다른 법률의 개정) ① 건설산업기본법 일부를 다음과 같이 개정한다.

제59조제3항 중 "기명주식"을 "주식"으로 한다.

② 산업발전법 일부를 다음과 같이 개정한다.

제42조제3항 중 "기명주식(記名株式)"을 "주식"으로 한다.

③ 소방산업의 진흥에 관한 법률 일부를 다음과 같이 개정한다.

제29조제3항 중 "기명주식"을 "주식"으로 한다.

④ 소프트웨어산업 진흥법 일부를 다음과 같이 개정한다.

제32조제3항 중 "기명주식(記名株式)"을 "주식"으로 한다.

⑤ 외국인토지법 일부를 다음과 같이 개정한다.

제2조제2호라목 후단을 삭제한다.

⑥ 전기공사공제조합법 일부를 다음과 같이 개정한다.

제11조제3항 중 "기명주식(記名株式)"을 "주식"으로 한다.

⑦ 정보통신공사업법 일부를 다음과 같이 개정한다.

제48조제3항 중 "기명주식(記名株式)"을 "주식"으로 한다.

⑧ 주택저당채권유동화회사법 일부를 다음과 같이 개정한다.

제12조제4항 단서 중 "기명주식(記名株式)"을 "주식"으로 한다.

⑨ 채무자 회생 및 파산에 관한 법률 일부를 다음과 같이 개정한다.

제252조제2항 중 "「상법」 제339조(질권의 물상대위)와 제340조(기명주식의 등록질)제3항의 규정"
을 "「상법」 제339조(질권의 물상대위) 및 제340조(주식의 등록질)제3항"으로 한다.

⑩ 콘텐츠산업 진흥법 일부를 다음과 같이 개정한다.

제20조의8제3항 중 "기명주식"을 "주식"으로 한다.

⑪ 한국주택금융공사법 일부를 다음과 같이 개정한다.

제32조제4항 단서 중 "기명주식"을 "주식"으로 한다.

색 인

first come, first served 378, 379, 381, 382, 383, 387
FSS(Fixed Satellite Service) 362, 379, 381, 396

(G)

Galileo 79, 300, 425, 426, 468, 469
Garcia 139
GCOS(Global Climate Observing System) 437
Gemini 452, 493
GEO(Group on Earth Observations) 436
GeoEye 454, 457, 465
GEONETCast 437
GEOSS(Global Earth Observation System of Systems) 436, 437, 439, 467, 469
GIACC(Group on International Aviation and Climate Change) 253
GIRSPOT 459
Global Positioning System 425
Globalstar 427, 430
GMDSS(Global Maritime Distress Safety System) 442
GMES(Global Monitoring for Environment and Security) 444, 468, 469, 475
GNS(Global Navigation System) 424
GOES(Geostationary Operational Environmental Satellites) 401
GOS(Global Observing System) 440
GOSAT(Greenhouse gases Observation SATellite) 302, 464, 466
GOSIC(Global Observing Systems Information Center) 437
GPS(Global Positioning System) 300, 424, 434, 468
GSO(Geostationary Satellite Orbit) 381
GTE(Groups of Technical Experts) 384

(H)

H 2A 302
Helios 458
Henningsen v. Bloomfield Motors Inc. 238
Horizontal Agreement 123

(I)

IADC(Inter-Agency Space Debris Coordination Committee) 480
IASA(International Aviation Safety Assessment) 153, 154
ICJ(International Court of Justice) 29, 313, 314
ICSU(International Council of Scientific Unions) 437
IFIC(International Frequency Information Circular) 389
IFRB(International Frequency Registration Board) 367, 372, 375, 378

IIA 199, 201, 204
IISL(International Institute of Space Law) 310
IKONOS 위성 445
ILC(International Law Commission) 350
ILS(International Launch Services) 505
IMO(International Maritime Organization) 254, 442
IMT-2000 385
In Re Air Crash Disaster at Tenerife, Canary Islands 196
Inmarsat 362, 427, 428
INSPIRE(Infrastructure for Spatial Information in the European Community) 469
International Code of Conduct for Outer Space Activities 330, 331, 479
International Maritime Organization 428
International Telecommunications Satellite Organization 426, 429
Intersputnik 428
IOSA(IATA Operational Safety Audit) 153, 161
IPA(Provisions Implementing the IATA Intercarrier Agreement to be Included in Conditions of Carriage and Tariffs) 199, 201, 202
IPCC(Intergovernmental Panel on Climate Change) 467
IRG(Inter-conference Representative Group) 384
Iridium 334, 500
Iridium 33 430, 479
ISA(Italian Space Agency) 299, 480
ISDR(International Strategy for Disaster Reduction) 441
ISRO(Indian Space Research Organization) 465
ISS(International Space Station) 492, 493
ITAR(International Traffic in Arms Regulations) 447
ITR(International Telecommunications Regulations) 367, 377
ITSO(International Telecommunication Satellite Organization) 427
ITU BR(International Telecommunication Union Radiocommunication Bureau) 367, 384, 387, 389, 390, 391, 392, 393, 394
ITU 총회 364
ITU 헌장 364, 378, 434
ITU 협약 373, 375, 377, 380
I'm Alone 139

(J)

JAA 100, 158, 161
JAXA(Japan Aerospace Exploration Agency) 438, 443, 465, 488
Jenks 310, 347

Jupiter 425

박원화

제8회 외무고시합격, 외교부 근무 시작
외교부 국제기구과장, 정책기획국장
기후변화협약 실천 1997년 교토의정서 채택 교섭 한국 수석 대표
주 남아공, 스위스 한국대사
고려대학교(신문방송, 국제법)
프랑스 국제행정학원(국제정치학)
캐나다 맥길대학교(항공우주법)
INTELSAT 법률전문가(1990~1994년)
한국항공대학교 항공우주법 교수(2009-2015년). 현 초빙교수
KAVO(F1 한국 그랑프리 운영법인) 대표이사(2011년)
국제우주분쟁 중재재판관(2012년 10월 이래)

『항공법 제3판』(2009년), 『항공사법』(2012년), 『항공운송법』(2013년), 『항공우주법개론』(2013년), 『국제항공법제3판』(2014년), 『우주법 제5판』(20014년), 『항공우주법』(2015년)
기타 국내·외 저널 논문 다수

정영진

프랑스 파리 11대학(Université Paris-Sud 11) 법학 박사(우주법)
한국항공우주연구원(KARI) 선임연구원

이구희

한국항공대학교 법학 박사(항공법)
대한항공 부장
정석대학 겸임교수(2014년 이래)
한국항공우주정책법학회 이사

『항공법정책』(20015년)
기타 논문 다수

항공우주법개론

제2판

초판인쇄 2016년 3월 1일
초판발행 2016년 3월 1일

지은이 박원화·정영진·이구희
펴낸이 채종준
펴낸곳 한국학술정보㈜
주소 경기도 파주시 회동길 230(문발동)
전화 031) 908-3181(대표)
팩스 031) 908-3189
홈페이지 http://ebook.kstudy.com
전자우편 출판사업부 publish@kstudy.com
등록 제일산-115호(2000. 6. 19)

ISBN 978-89-268-7208-6 93360